한 번에 합격, 자격증은 이기적

이렇게 기막힌 적중률

함께 공부하고 특별한 혜택까지!
이기적 스터디 카페

구독자 약 15만 명, 전강 무료!
이기적 유튜브

오직 스터디 카페 멤버에게만
주어지는 특별 혜택!

이기적 스터디 카페

이기적 스터디 카페

 합격을 위한 기적 같은 선물
또기적 합격자료집

 혼자 공부하기 외롭다면?
온라인 스터디 참여

 모든 궁금증 바로 해결!
전문가와 1:1 질문답변

 1년 내내 진행되는
이기적 365 이벤트

 도서 증정 & 상품까지!
우수 서평단 도전

 간편하게 한눈에
시험 일정 확인

합격까지 모든 순간 이기적과 함께!
이기적 365 EVENT

QR코드를 찍어 이벤트에 참여하고 푸짐한 선물 받아가세요!

1. 기출문제 복원하기
이기적 책으로 공부하고 시험을 봤다면 7일 내로 문제를 제보해 주세요!

2. 합격 후기 작성하기
당신만의 특별한 합격 스토리와 노하우를 전해 주세요!

3. 온라인 서점 리뷰 남기기
온라인 서점에서 책을 구매하고 평점과 리뷰를 남겨 주세요!

4. 정오표 이벤트 참여하기
더 완벽한 이기적이 될 수 있게 수험서의 오류를 제보해 주세요!

※ 이벤트별 혜택은 변경될 수 있으므로 자세한 내용은 해당 QR을 참고해 주세요.

기적의 적중률, 여러분의 참여로 완성됩니다
기출 복원 EVENT

기출 복원하기 ▶

영진닷컴 쇼핑몰 **30,000원**

전원 지급

네이버페이 포인트 쿠폰 N Pay 최대 **20,000원**

1. 이기적 수험서로 공부하고 시험에 응시했다면 누구나 참여 가능

2. 응시일로부터 7일 이내 복원 문제만 인정(수험표 첨부 필수!)

3. 중복, 누락, 허위 문제는 당첨 대상에서 제외

※ 이벤트별 혜택은 변경될 수 있으므로 자세한 내용은 해당 QR을 참고해 주세요.

시험 환경 100% 재현!
CBT 온라인 문제집

CBT 온라인 문제집 이용 가이드

STEP 1 CBT 사이트 (cbt.youngjin.com) 접속하기

STEP 2 과목을 선택하고 시작하기 버튼 클릭하기

STEP 3 시간에 맞춰 문제 풀고 합격 여부 확인하기

STEP 4 로그인하면 MY 페이지에서 응시 결과 확인 가능

글자 크기 조절
글자 크기 100% 150% 200%

안 푼 문제 수 확인 가능
· 전체 문제 수 : 40 · 안 푼 문제 수 : 40

실제 시험처럼 시간 재며 풀기
제한 시간 40분
남은 시간 37분 39초

모바일 접속도 가능

답안 표기란에 체크

안 푼 문제로 바로 이동 가능
합격 결과 즉시 확인

이기적 CBT

합격을 위해 모두 드려요.
이기적 합격 솔루션!

이기적이 여러분을 위해 준비했어요

시행처 발표 출제기준 반영, 2026년 출제기준

정보처리산업기사의 2026년 출제기준, 완벽 분석!
정확하게 확인하고, 다시 한번 합격을 위해 달립니다~

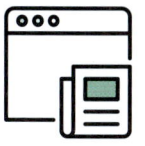

언제든지 PC와 모바일로, CBT 온라인 문제집

요즘에는 정보처리산업기사 필기 시험을 컴퓨터로 본다고?
시험장에 가서 당황하지 않도록 미리 모의고사를 풀어보세요!

정답을 체크하고 해설까지, 자동 채점 서비스

도서 내 최신 기출문제를 풀면서 정답을 입력해 보세요!
QR을 찍어서 정답을 제출하면 자동으로 채점을 해드려요~

1:1 질문답변부터 이벤트까지, 이기적 스터디 카페

모르는 내용은 서로 물어보고 깜짝 이벤트도 참여하세요.
시험이 끝나고 나의 합격 후기를 공유하면 선물도 드려요!

※ 〈2026 이기적 정보처리산업기사 필기 기본서〉를 구매하고 인증한 회원에게만 드리는 혜택입니다.

◀ 모든 혜택 한 번에 보기

정오표 바로가기 ▶

책은 너무 무겁다면? 가볍게 만나자!
이기적 전자책(eBook)

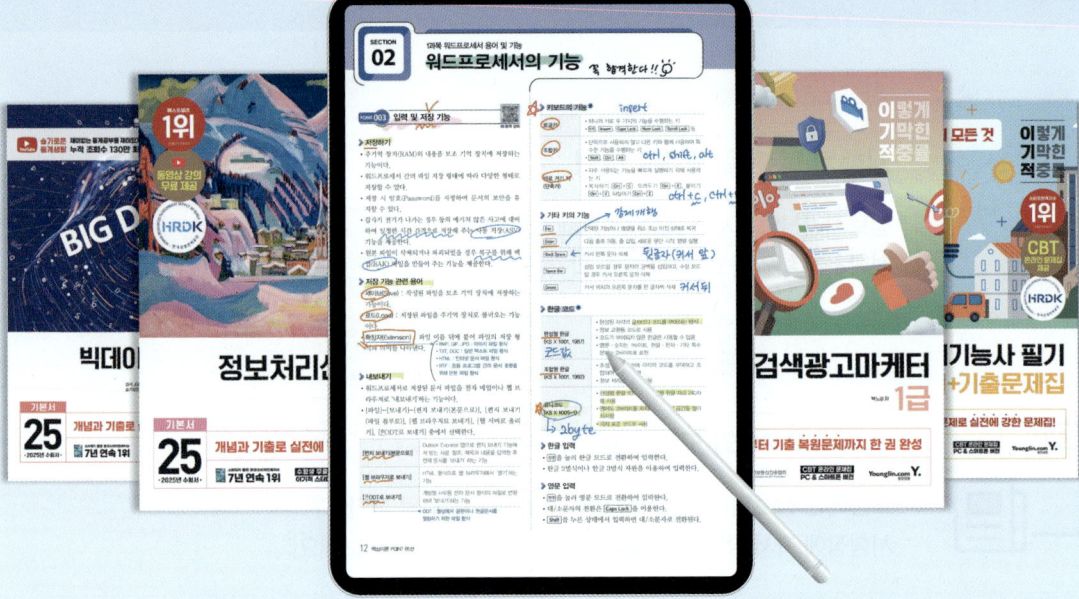

LIGHT
여러 권의 책도
eBook으로
구매하면 0.0g!

EASY
필요한 키워드
손쉽게 검색 &
무제한 필기 가능

FAST
배송 기다림 없이
즉시 다운받고
바로 학습 가능

이용방법

| 온라인 서점 접속 | | eBook 메뉴에서 이기적 도서 검색 | | [eBook] 상품 구매 | | 서점별 eBook뷰어로 바로 이용 가능 |

※ eBook은 배송 과정이 없는 디지털 상품으로 온라인 서점별 앱에서 바로 이용 가능하며 이와 별개로 **도서 전체의 PDF 파일은 제공하지 않습니다.**

◀ 이기적 전자책 보러가기

이렇게
기막힌
적중률

정보처리산업기사
필기 기본서

"이" 한 권으로 합격의 "기적"을 경험하세요!

차례

출제빈도에 따라 분류하였습니다.
- 상 : 반드시 보고 가야 하는 이론
- 중 : 보편적으로 다루어지는 이론
- 하 : 알고 가면 좋은 이론

PART 01 응용 SW 기초 기술 활용

CHAPTER 01 운영체제 개론
- 상 SECTION 01 운영체제의 개요 ············ 1-24
- 상 SECTION 02 프로세스 관리 ············ 1-29
- 상 SECTION 03 교착상태 ············ 1-33
- 상 SECTION 04 프로세스 스케줄링 ············ 1-38
- 중 SECTION 05 UNIX, Linux ············ 1-45
- 중 SECTION 06 기억장치 관리 ············ 1-51
- 중 SECTION 07 가상 기억장치 ············ 1-55

CHAPTER 02 네트워크 개론
- 중 SECTION 01 데이터 통신의 개요 ············ 1-62
- 상 SECTION 02 OSI 7계층과 오류 제어 방식 ············ 1-75
- 상 SECTION 03 TCP/IP 프로토콜, 패킷 교환 ············ 1-82
- 상 SECTION 04 IP 주소와 경로 제어 ············ 1-88

PART 02 애플리케이션 설계

CHAPTER 01 소프트웨어 설계
- 중 SECTION 01 소프트웨어 설계 모델링 ············ 1-100
- 중 SECTION 02 구조적 분석 도구 ············ 1-106
- 상 SECTION 03 모듈 ············ 1-111
- 하 SECTION 04 재사용 ············ 1-117
- 상 SECTION 05 소프트웨어 아키텍처 ············ 1-120
- 상 SECTION 06 소프트웨어 아키텍처 패턴 ············ 1-126

CHAPTER 02 객체지향 설계와 디자인 패턴

- SECTION 01 소프트웨어 설계 기법과 객체지향 프로그래밍 ... 1-136
- SECTION 02 객체지향 설계 원칙 ... 1-142
- SECTION 03 디자인 패턴 ... 1-146
- SECTION 04 GoF 패턴 ... 1-149

CHAPTER 03 현행 시스템 분석과 UML

- SECTION 01 요구사항 개발 ... 1-156
- SECTION 02 요구사항 확인 기법과 FTR ... 1-162
- SECTION 03 UML과 럼바우 분석 기법 ... 1-167
- SECTION 04 UML 다이어그램 ... 1-171

PART 03 테스트 및 배포

CHAPTER 01 통합 구현

- SECTION 01 통합 구현 ... 1-182
- SECTION 02 형상 관리 ... 1-191
- SECTION 03 버전 관리 ... 1-196

CHAPTER 02 애플리케이션 테스트

- SECTION 01 테스트 관리 ... 1-204
- SECTION 02 테스트 케이스와 테스트 오라클 ... 1-208
- SECTION 03 V-모델과 테스트 레벨 ... 1-212
- SECTION 04 테스트 시나리오와 테스트 기법 ... 1-218
- SECTION 05 테스트 커버리지 ... 1-226
- SECTION 06 통합 테스트 ... 1-232

CHAPTER 03 애플리케이션 성능 개선

- SECTION 01 애플리케이션 성능 개선 ... 1-242
- SECTION 02 소스코드 최적화 ... 1-250

CHAPTER 04 UI 설계
- SECTION 01 UI 환경 분석 — 1-256
- SECTION 02 UI 표준과 지침 — 1-259
- SECTION 03 UI 설계 — 1-264

CHAPTER 05 애플리케이션 배포
- SECTION 01 소스코드 검증 기법 — 1-270

PART 04 프로그래밍 언어

CHAPTER 01 C언어
- SECTION 01 C언어의 개요 — 1-274
- SECTION 02 라이브러리 — 1-280
- SECTION 03 연산자 — 1-288
- SECTION 04 배열 — 1-300
- SECTION 05 포인터 — 1-306
- SECTION 06 구조체 — 1-312

CHAPTER 02 Java
- SECTION 01 Java의 개요 — 1-316
- SECTION 02 자료형 — 1-324
- SECTION 03 클래스 — 1-335
- SECTION 04 상속 — 1-341
- SECTION 05 예외 처리와 형 변환 — 1-347

CHAPTER 03 Python

- SECTION 01 스크립트 언어 — 1-356
- SECTION 02 자료형 — 1-361
- SECTION 03 연산 — 1-370
- SECTION 04 함수 — 1-378

CHAPTER 04 제어문과 반복문

- SECTION 01 제어문 — 1-388
- SECTION 02 반복문 — 1-397

PART 05 프로그램 구현

CHAPTER 01 개발환경 구축

- SECTION 01 기본 개발환경의 이해 — 1-406
- SECTION 02 프레임워크와 테스트 — 1-412
- SECTION 03 UI 구현 — 1-416

CHAPTER 02 소프트웨어 개발 보안

- SECTION 01 소프트웨어 개발 보안 — 1-438
- SECTION 02 암호화 알고리즘 — 1-442

CHAPTER 03 시스템 인터페이스 설계

- SECTION 01 시스템 인터페이스 요구사항 확인 — 1-448
- SECTION 02 시스템 인터페이스 대상 식별 — 1-453
- SECTION 03 미들웨어 솔루션 — 1-460

PART 06 데이터베이스 구축

CHAPTER 01 데이터베이스

- ㉠ SECTION 01 데이터베이스의 개념 — 1-466
- ㉠ SECTION 02 데이터베이스 관리 시스템 — 1-474
- ㉡ SECTION 03 데이터 관리 — 1-479
- ㉡ SECTION 04 빅데이터 관리 — 1-483
- ㉠ SECTION 05 스키마와 데이터베이스 언어 — 1-488

CHAPTER 02 데이터베이스 설계

- ㉡ SECTION 01 데이터베이스 설계의 개념 — 1-494
- ㉠ SECTION 02 데이터 모델 — 1-500
- ㉠ SECTION 03 관계형 데이터베이스 모델 — 1-510
- ㉠ SECTION 04 키와 무결성 — 1-517

CHAPTER 03 데이터베이스 정규화

- ㉠ SECTION 01 이상 현상과 함수적 종속 — 1-524
- ㉠ SECTION 02 정규화 — 1-528
- ㉡ SECTION 03 반정규화 — 1-534

CHAPTER 04 SQL

- ㉠ SECTION 01 관계 대수와 관계 해석 — 1-538
- ㉠ SECTION 02 DDL(데이터 정의어) — 1-545
- ㉡ SECTION 03 DML(데이터 조작어) — 1-552
- ㉠ SECTION 04 DCL(데이터 제어어) — 1-568
- ㉡ SECTION 05 TCL(트랜잭션 제어어) — 1-579

CHAPTER 05 병행 제어와 보안

- ㉠ SECTION 01 트랜잭션 — 1-582
- ㉠ SECTION 02 트랜잭션 관리 — 1-588
- ㉡ SECTION 03 보안과 권한 설정 — 1-596
- ㉡ SECTION 04 분산 데이터베이스 — 1-599

CHAPTER 06 데이터 입출력 구현

- 중 SECTION 01 선형 자료구조   1-604
- 중 SECTION 02 비선형 자료구조   1-611
- 상 SECTION 03 정렬   1-619
- 상 SECTION 04 검색과 해싱   1-626
- 상 SECTION 05 인덱스 구조와 파일 편성   1-632

별책 기출공략집   2권

- 대표 기출 90선   2-3
- 최신 기출문제 01~05회   2-37
- 최신 기출문제 정답 & 해설   2-81

이 책의 구성

STEP 1 핵심만 정리한 이론

정보처리산업기사 시험에
자주 출제되는 핵심 이론만 쏙쏙!

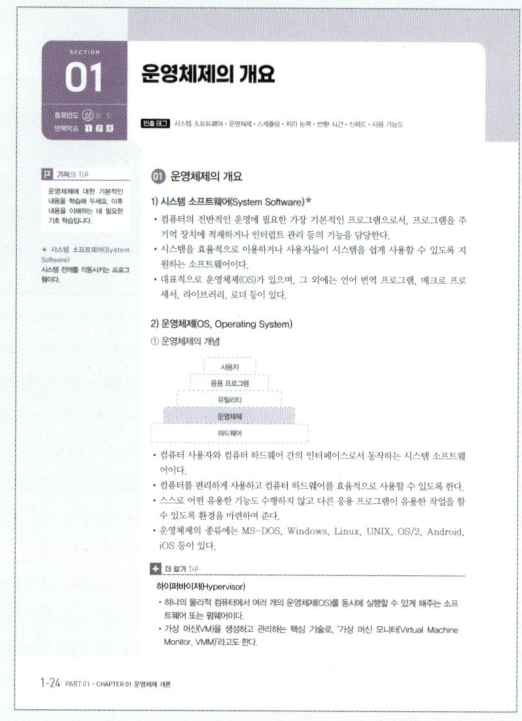

- 출제 빈도와 빈출 태그 확인
- 반복 학습을 통해 이론 완벽 숙지
- 기적의 TIP과 더 알기 TIP 참고

STEP 2 이론을 확인하는 기출문제

앞에서 공부한 이론을 바탕으로
기출 예상 문제 풀어보기

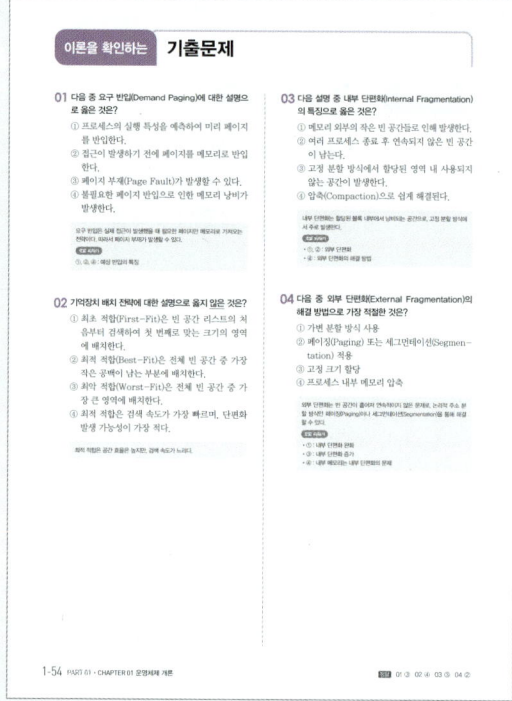

- 문제와 함께 이론 내용 복습
- 정답은 하단에서 바로 확인 가능
- 이론에 없는 내용도 문제로 학습

STEP 3 대표 기출 90선

자주 출제되는 핵심 포인트와
대표 빈출 문제 확인하기

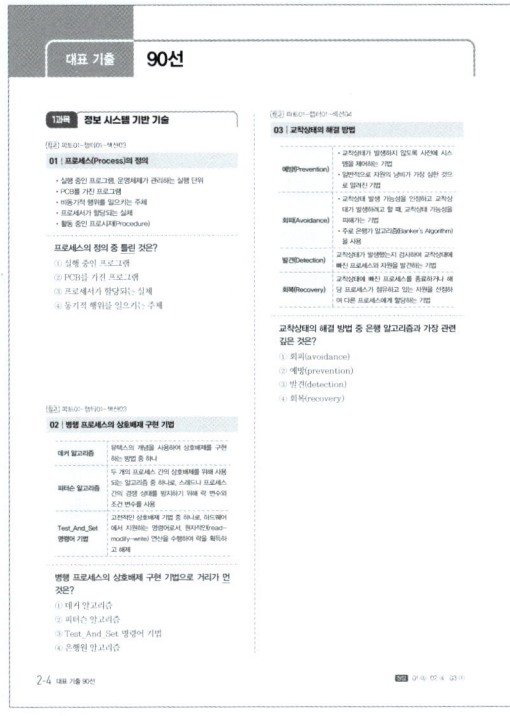

- 최빈출 핵심 내용으로 복습
- 대표 빈출 문제로 시험 연습
- 이론과 문제 연계로 마지막 정리

STEP 4 최신 기출문제 5회분

자격증 준비에서 가장 중요한
최신 기출문제 풀어보기

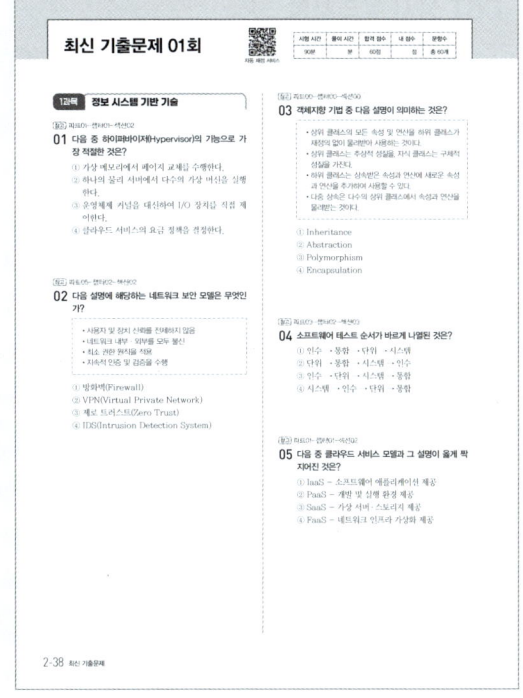

- 과년도 기출문제 5회 제공
- 2025년 최신 기출문제 수록
- 친절한 해설로 틀린 문제 바로 복습

CBT 시험 가이드

CBT란?

CBT는 시험지와 필기구로 응시하는 일반 필기시험과 달리, 컴퓨터 화면으로 시험 문제를 확인하고 그에 따른 정답을 클릭하면 네트워크를 통하여 감독자 PC에 자동으로 수험자의 답안이 저장되는 방식의 시험입니다.

오른쪽 QR코드를 스캔해서 큐넷 CBT를 체험해 보세요!

큐넷 CBT 체험하기

CBT 응시 유의사항

- 수험자마다 문제가 모두 달라요, 문제은행에서 자동 출제됩니다!
- 답지는 따로 없어요!
- 문제를 다 풀면, 반드시 '제출' 버튼을 눌러야만 시험이 종료되어요!
- 시험 종료 안내방송이 따로 없어요!

FAQ

Q. CBT 시험이 처음이에요! 시험 당일에는 어떤 것들을 준비해야 좋을까요?

A. 시험 20분 전 도착을 목표로 출발하고 시험장에는 주차할 자리가 마땅하지 않은 경우가 많으므로, 대중교통을 이용하는 것을 추천합니다. 무사히 시험 장소에 도착했다면 수험자 입장 시간에 늦지 않게 시험실에 입실하고, 자신의 자리를 확인한 뒤 착석하세요.

Q. 기존보다 더 어려워졌을까요?

A. 시험 자체의 난이도 차이는 없지만, 랜덤으로 출제되는 CBT 시험 특성상 경우에 따라 유독 어려운 문제가 많이 출제될 수는 있습니다. 이러한 돌발 상황에 대비하기 위해 이기적 CBT 온라인 문제집으로 실제 시험과 동일한 환경에서 미리 연습해 두세요.

Q. 풀었던 문제의 답안 수정은 어떻게 하나요?

A. 마킹한 답안을 수정할 경우에는 문제지 화면에서 수정하고자 하는 문제의 답을 다시 클릭하면 먼저 체크한 번호는 없어지고 새로 선택한 번호가 검은색으로 마킹됩니다.

Q. 문제를 다 풀고 나면 어떻게 하나요?

A. 문제를 다 풀고 시험을 종료하려면, '시험 종료' 버튼을 클릭하면 됩니다. 마킹하지 않은 문제가 있을 경우 남은 문제의 문제번호 목록을 보여 주고, 남은 문제번호를 선택한 다음 [문항으로 이동] 버튼을 클릭하면 문제화면에 클릭한 문제가 나타납니다. 남은 문제가 없을 경우 최종적으로 종료 여부를 확인하는 대화상자가 나타나며 [예]를 클릭하면 시험이 종료되고 수험자가 작성한 답안은 자동으로 저장되어 서버로 전송됩니다.

CBT 진행 순서

좌석번호 확인 — 수험자 접속 대기 화면에서 본인의 좌석번호를 확인합니다.

⬇

수험자 정보 확인 — 시험 감독관이 수험자의 신분을 확인하는 단계입니다.
신분 확인이 끝나면 시험이 시작됩니다.

⬇

안내사항 — 시험 안내사항을 확인하고, 다음을 클릭합니다.

⬇

유의사항 — 시험과 관련된 유의사항을 확인합니다.

⬇

문제풀이 메뉴 설명 — 시험을 볼 때 필요한 메뉴에 대한 설명을 확인합니다.
메뉴를 이용해 글자 크기와 화면 배치를 조정할 수 있습니다.
남은 시간을 확인하며 답을 표기하고, 필요한 경우 아래의 계산기를 이용할 수 있습니다.

⬇

문제풀이 연습 — 시험 보기 전, 연습을 해 보는 단계입니다.
직접 시험 메뉴화면을 클릭하며, CBT가 어떻게 진행되는지 확인합니다.

⬇

시험 준비 완료 — 문제풀이 연습을 모두 마친 후 [시험 준비 완료] 버튼을 클릭하면 시험 감독관의 지시에 따라 시험이 시작됩니다.

⬇

시험 시작 — 시험이 시작되었습니다. 수험자는 제한 시간에 맞추어 문제풀이를 시작합니다.

⬇

답안 제출 — 시험을 완료하면 [답안 제출] 버튼을 클릭합니다. 답안을 수정하기 위해 시험화면으로 돌아가고 싶으면 [아니오] 버튼을 클릭합니다.

⬇

답안 제출 최종 확인 — 답안 제출 메뉴에서 [예] 버튼을 클릭하면, 수험자의 실수를 방지하기 위해 한 번 더 주의 문구가 나타납니다. 시험 문제 풀이가 완벽히 끝났다면 [예] 버튼을 클릭하여 최종 제출합니다.

⬇

합격 발표 — CBT 시험이 모두 종료되면, 퇴실할 수 있습니다.

이제 완벽하게 CBT 필기시험에 대해 이해하셨나요?
그렇다면 이기적이 준비한 CBT 온라인 문제집으로 학습해 보세요!
이기적 온라인 문제집 : https://cbt.youngjin.com

이기적 CBT
바로가기

시험의 모든 것

시험 알아보기

● 자격증명
- 정보처리산업기사
- Industrial Engineer Information Processing

● 자격 소개
정보 시스템 기반 기술을 활용하여 소프트웨어 기능에 대한 구현 및 테스트를 수행하고 사용자에게 배포하는 직무이다.

● 응시 자격
- 모든 학과 응시 가능
- 실기는 필기 합격자 대상

● 필기 시험 과목
- 정보 시스템 기반 기술
- 프로그래밍 언어 활용
- 데이터베이스 활용

● 검정 방법
- 필기 : 객관식 4지 택일형, 과목당 20문항(과목당 30분)
- 실기 : 필답형(2시간 30분)

출제기준

● 개요
- 적용 기간 : 2025.01.01.~2027.12.31.
- 정보통신 〉 정보기술 〉 정보처리산업기사

출제기준 상세 보기

● 세부 출제기준

응용 SW 기초 기술 활용	운영체제 기초 활용
	네트워크 기초 활용
	기본 개발환경 구축
애플리케이션 설계	공통 모듈 설계
	객체지향 설계
테스트 및 배포	애플리케이션 테스트 수행
	UI 테스트
	애플리케이션 배포
프로그래밍 언어 활용	기본 문법 활용
	언어 특성 활용
	라이브러리 활용
프로그램 구현	개발환경 구축
	공통 모듈 구현
	화면 구현
	서버 프로그램 구현
데이터베이스 이해	데이터베이스 기초 활용
	논리 데이터베이스 설계
	물리 데이터베이스 설계
SQL 활용	기본 SQL 작성
	고급 SQL 작성
데이터베이스 프로그래밍	데이터 조작 프로시저 작성
	데이터 조작 프로시저 최적화

접수 및 응시

● **시험 일정**
- 1년에 필기/실기 각 3회씩 시행
- 정확한 시험 일정은 시행처 참고

● **유의 사항**
- 원서접수시간은 원서접수 첫날 10:00부터 마지막 날 18:00까지
- 시험 일정은 종목별, 지역별로 상이할 수 있음
- '접수 일정 전에 공지되는 해당 회별 수험자 안내(Q-net 공지사항 게시)' 참조 필수

● **합격 기준**
- 필기 : 100점을 만점으로 하여 과목당 40점 이상, 전과목 평균 60점 이상
- 실기 : 100점을 만점으로 하여 60점 이상

합격 발표

● **합격자 발표**
- 시험 종료 즉시 합격 여부 확인 가능
- 필기 시험 합격 예정자 및 최종 합격자 발표 시간은 해당 발표일 09:00

● **자격증 발급**
- 인터넷 발급 신청하여 우편 수령
- 인터넷 자격증 발급신청 접수 기간 : 월요일~일요일(24시간) 연중 무휴
- 인터넷을 이용한 자격증 발급신청이 가능한 경우
  - 배송 신청 가능자 : 공단이 본인 확인용 사진을 보유한 경우(2005년 9월 이후 자격취득자 및 공인인증 가능자)
- 인터넷 우편 배송 신청 전 공단에 직접 방문하여야 하는 경우
  - 공단에서 확인된 본인 사진이 없는 경우
  - 신분 미확인자인 경우(사진상이자 포함)
  - 법령개정으로 자격 종목의 선택이 필요한 경우
- 인터넷 자격증 발급 시 비용 발생
- 발급 문의 : 32개 지부/지사

고사장 및 시험 관련 문의
- 시행처 : 한국산업인력공단
- 홈페이지 : www.q-net.or.kr

☎ 1644-8000

시험 출제 경향

정보처리산업기사 필기 시험은 총 60문항(90분)으로 구성되며, 전반적인 경향은 IT 기초 이론과 실무 적용 능력을 함께 평가하는 데 초점이 맞춰져 있다.

먼저 정보 시스템 기반 기술 과목은 운영체제, 네트워크, 개발환경, 테스트와 배포 등 IT 분야의 기초 기술 전반을 다룬다. 단순한 이론 암기에 그치지 않고 개발 현장에서 즉시 활용 가능한 기반 기술 이해와 적용 능력을 평가하는 영역이다.

프로그래밍 언어 활용 과목은 수험생이 실제 코드를 작성하고 해석할 수 있는 능력을 중심으로 출제된다. 따라서 이 과목은 개발 실무 전반에 필요한 기초부터 응용까지의 능력을 종합적으로 검증하는 파트라고 할 수 있다.

마지막으로 데이터베이스 활용은 전체 시험에서 가장 중요한 영역으로 꼽히며, 특히 SQL 관련 문제가 높은 비중을 차지한다. 합격의 핵심 영역으로, SQL을 통한 문제 풀이 능력을 안정적으로 확보하는 것이 전체 합격 전략의 핵심이다.

종합하면, 이 시험은 운영체제·네트워크 이해 → 프로그래밍 언어 기본기 → SQL 실무 활용이라는 흐름을 통해 수험생의 전반적인 IT 실무 능력을 검증한다. 특히 데이터베이스 과목은 고득점 확보가 가능한 핵심 영역이므로, SQL을 중심으로 안정적인 점수를 확보하고 나머지 과목에서 기초 개념을 보완하는 전략이 합격의 열쇠가 된다.

과목 01 정보 시스템 기반 기술 실무 기반 기초 기술 20문항

운영체제, 네트워크, 개발환경, 애플리케이션 설계, 테스트·배포 등 기본 SW 기반 기술을 평가한다.

01 운영체제 기초 활용 — 15%
빈출 태그: 운영체제 개념, 종류, 기본명령어, Shell Script

02 네트워크 기초 활용 — 20%
빈출 태그: 프로토콜, OSI 7계층, TCP/UDP, IP주소 체계

03 기본 개발환경 구축 — 15%
빈출 태그: 개발도구 설치, 라이브러리/패키지, 버전관리

04 애플리케이션 설계 — 20%
빈출 태그: 공통 모듈 설계, 아키텍처 개념, 객체지향 설계, 디자인 패턴

05 애플리케이션 테스트 및 배포 — 30%
빈출 태그: IDE 활용, 디버깅, 단위·통합 테스트, UI 테스트, 소스코드 검증, 빌드/배포

과목 02 프로그래밍 언어 활용 — 코딩 및 개발 역량

20문항

프로그래밍 언어 문법, 특성, 모듈 구현, 화면/UI, 서버 프로그램 등을 중심으로 출제된다.

01 기본 문법 활용 — 20%
빈출 태그 데이터 타입, 변수, 연산자, 명령문

02 언어 특성 활용 — 20%
빈출 태그 절차적 언어, 객체지향, 스크립트 언어

03 라이브러리 활용 — 15%
빈출 태그 데이터/파일 입출력, 예외 처리, 프로토타입

04 공통 모듈 구현 — 15%
빈출 태그 재사용, 모듈화, 결합도·응집도

05 화면 구현 — 10%
빈출 태그 UI 프레임워크, HTML/CSS/JS

06 서버 프로그램 구현 — 20%
빈출 태그 API, 인터페이스, 보안 취약성

과목 03 데이터베이스 활용 — DB 실무 활용 능력 평가

20문항

데이터베이스의 기본 개념부터 논리/물리 설계, SQL 활용, 프로시저, 성능 최적화까지 포괄적으로 평가한다.

01 데이터베이스 이해 — 15%
빈출 태그 DB 개념, 유형, 무결성, 엔티티·릴레이션

02 논리 DB 설계 — 15%
빈출 태그 E-R 모델링, 정규화, 데이터 제약조건

03 물리 DB 설계 — 10%
빈출 태그 물리적 저장소, 인덱스

04 기본 SQL 작성 — 25%
빈출 태그 DDL, DML, DCL, TCL

05 고급 SQL 작성 — 20%
빈출 태그 조인, 서브쿼리, 집합연산자, 뷰, 인덱스

06 DB 프로그래밍 — 15%
빈출 태그 프로시저 작성·오류처리, 최적화, 성능 측정

Q&A

Q 정보처리산업기사 시험은 1년에 몇 번 시행되나요?

A 한국산업인력공단에서 연 3회 정기시험을 시행하며, 필기와 실기는 각각 일정 간격을 두고 진행됩니다. 자세한 사항은 시험 전 시행처 홈페이지를 반드시 확인하세요.

Q 필기시험 합격 후 실기시험까지의 유효기간은 어떻게 되나요?

A 필기시험 합격일로부터 2년간 유효합니다. 예를 들어 2026년 상반기에 필기를 합격했다면, 2028년 상반기까지 실기시험에 합격해야 최종 자격을 취득할 수 있습니다. 시험 유효기간은 시행처 홈페이지에서 확인할 수 있습니다.

Q 합격 기준은 어떻게 되나요?

A 필기와 실기 모두 100점 만점에 60점 이상을 받아야 합격합니다. 정보처리산업기사 필기의 경우 과락 점수가 있으므로 과목당 40점 이상을 받아야 합니다.

Q 시험 난이도는 어느 정도인가요?

A 필기는 IT 기초와 SQL, 프로그래밍 기본기에 충실하면 충분히 대비할 수 있으며, 실기는 단순 암기보다 실제 구현 능력과 서술형 답안 작성이 중요합니다. 특히 SQL과 프로그래밍 영역의 난이도가 높은 편입니다.

Q 자격 취득 후 유효기간이 있나요?

A 정보처리산업기사 자격은 별도의 유효기간 없이 평생 자격으로 유지됩니다. 다만 최신 기술 트렌드를 반영하기 위해 관련 실무 능력은 지속적으로 학습하는 것이 권장됩니다.

Q 다른 국가기술 자격증과의 차이점은 무엇인가요?

A 정보처리산업기사는 IT 분야의 가장 기본적이고 범용적인 자격증으로, 프로그래밍, 데이터베이스, 네트워크를 모두 다룬다는 점에서 전문성과 범용성을 동시에 갖추고 있습니다. 산업안전기사·정보보안기사 등 특정 분야 자격증과 달리 IT 전반을 다루는 기반 자격입니다.

Q 과목별로 어떤 영역이 가장 많이 출제되나요?

A 정보 시스템 기반 기술은 운영체제 · 네트워크, 프로그래밍 언어 활용은 기본 문법과 서버 구현, 데이터베이스 활용은 SQL 문제가 가장 많이 출제됩니다.

Q 출제 비중이 가장 큰 과목은 무엇인가요?

A 세 과목의 문항 수는 동일하지만, 실무와 직결되는 데이터베이스(SQL)가 합격에 큰 영향을 미칩니다.

Q 그렇다면 정보처리산업기사 필기 시험은 어떻게 준비하는 것이 좋을까요?

A ① 출제 범위 파악하기
- 시험은 총 3과목으로, 각 20문항씩 출제됩니다.
- 운영체제 · 네트워크, 프로그래밍 문법, SQL이 핵심이므로 이 부분을 먼저 학습하는 것이 효율적입니다.

② 기초 개념 정리하기
- 정보 시스템 기반 기술 : 운영체제의 개념 · 명령어, TCP/IP, OSI 7계층 등 암기 위주 학습
- 프로그래밍 언어 활용 : 변수 · 제어문 · 객체지향 개념 등 기초 문법 이해
- 데이터베이스 활용 : DB 설계 이론 + SQL 문법을 실습처럼 반복 학습

③ 기출문제 풀이 집중하기
- 필기는 난이도가 기출문제와 유사하게 유지되는 경우가 많습니다.
- 최근 3~5개년 기출을 풀어보면 출제 경향과 자주 반복되는 문제 유형을 쉽게 파악할 수 있습니다.

④ 시간 관리 연습하기
- 총 90분 동안 60문제를 풀어야 하므로, 평균 1문항당 1분 30초 이내에 풀어야 합니다.
- 어려운 문제는 과감히 넘기고, 쉬운 문제부터 해결하는 연습이 필요합니다.

⑤ 정리노트 · 오답노트 활용
- 암기할 내용이 많은 과목은 짧게 정리된 요약집이나 본인만의 오답노트를 만들어 반복 확인하는 것이 효과적입니다.
- 실제 시험 시간과 동일하게 기출문제를 풀어보며, 문제풀이 속도와 집중력을 점검하세요.
- 실수 유형을 확인해 시험장에서 같은 실수를 줄일 수 있습니다.

PART 01

응용 SW 기초 기술 활용

파트 소개

운영체제와 네트워크는 소프트웨어 개발 및 정보 시스템 이해의 기초를 형성합니다. 운영체제는 자원 관리, 프로세스 제어, 스케줄링을 담당하며 UNIX·Linux와 같은 실무 환경과도 직결됩니다. 네트워크는 데이터 통신, OSI 7계층, TCP/IP 프로토콜, IP 주소 체계 등 시스템 간 연결 구조를 학습하는 핵심 영역입니다. 시험에서는 운영체제의 스케줄링·교착상태, 네트워크의 계층 구조와 프로토콜 문제가 빈번히 출제되므로 반드시 집중 학습이 필요합니다.

CHAPTER 01

운영체제 개론

학습 방향

운영체제의 기본 개념과 프로세스 관리, 교착상태, 스케줄링, UNIX/Linux 환경을 학습합니다. 기출에서 반복되는 교착상태 조건과 스케줄링 알고리즘은 필수 암기 영역입니다. 교착상태 4조건, 예방/회피 방법은 암기표로 정리하고, 스케줄링 알고리즘은 계산 문제 대비를 위해 직접 예시 데이터를 만들어 손으로 연습해 보는 것이 효과적입니다.

출제 빈도

Section	난이도	비율
SECTION 01	상	15%
SECTION 02	상	20%
SECTION 03	상	20%
SECTION 04	상	15%
SECTION 05	중	10%
SECTION 06	중	10%
SECTION 07	중	10%

운영체제의 개요

빈출 태그 시스템 소프트웨어 • 운영체제 • 스케줄링 • 처리 능력 • 반환 시간 • 신뢰도 • 사용 가능도

01 운영체제의 개요

1) 시스템 소프트웨어(System Software)★

- 컴퓨터의 전반적인 운영에 필요한 가장 기본적인 프로그램으로서, 프로그램을 주기억 장치에 적재하거나 인터럽트 관리 등의 기능을 담당한다.
- 시스템을 효율적으로 이용하거나 사용자들이 시스템을 쉽게 사용할 수 있도록 지원하는 소프트웨어이다.
- 대표적으로 운영체제(OS)가 있으며, 그 외에는 언어 번역 프로그램, 매크로 프로세서, 라이브러리, 로더 등이 있다.

2) 운영체제(OS, Operating System)

① 운영체제의 개념

- 컴퓨터 사용자와 컴퓨터 하드웨어 간의 인터페이스로서 동작하는 시스템 소프트웨어이다.
- 컴퓨터를 편리하게 사용하고 컴퓨터 하드웨어를 효율적으로 사용할 수 있도록 한다.
- 스스로 어떤 유용한 기능도 수행하지 않고 다른 응용 프로그램이 유용한 작업을 할 수 있도록 환경을 마련하여 준다.
- 운영체제의 종류에는 MS-DOS, Windows, Linux, UNIX, OS/2, Android, iOS 등이 있다.

➕ **더 알기 TIP**

하이퍼바이저(Hypervisor)
- 하나의 물리적 컴퓨터에서 여러 개의 운영체제(OS)를 동시에 실행할 수 있게 해주는 소프트웨어 또는 펌웨어이다.
- 가상 머신(VM)을 생성하고 관리하는 핵심 기술로, '가상 머신 모니터(Virtual Machine Monitor, VMM)'라고도 한다.

📋 **기적의 TIP**

운영체제에 대한 기본적인 내용을 학습해 두세요. 이후 내용을 이해하는 데 필요한 기초 학습입니다.

★ **시스템 소프트웨어(System Software)**
시스템 전체를 작동시키는 프로그램이다.

- 타입1(베어메탈)과 타입2(호스트 기반)로 나뉘며, 하드웨어 자원을 가상화해 VM 간 공유를 가능하게 한다.
- 가상화 계층을 제공하여 CPU, 메모리, I/O를 VM에 할당한다.
- 운영체제 대신 장치를 제어하지 않고, VM이 독립적으로 OS를 구동하게 지원한다.
- 따라서 물리 서버 자원을 효율적으로 분할하여 여러 가상 시스템 운영을 가능하게 하는 기능이 핵심이다.

② 운영체제의 목표
- 컴퓨터 시스템의 처리량과 신뢰성을 최대화한다.
- 컴퓨터 시스템의 반환 시간, 응답 시간, 처리 시간, 대기 시간, 경과 시간을 최소화한다.
- 컴퓨터를 구성하고 있는 자원을 효율적으로 운영하고 제어한다.
- 사용자에게 편리한 인터페이스를 제공한다.
- 제한된 자원을 효율적으로 공유하기 위하여 스케줄링한다.

> **기적의 TIP**
> 운영체제에서는 무슨 시간이든 무조건 최소화해야 합니다.

③ 운영체제의 기능
- 사용자와 시스템 간의 편리한 인터페이스를 제공한다.
- 컴퓨터 시스템의 성능을 최적화시킨다.
- 자원의 효과적인 관리를 위해 스케줄링★ 기능을 제공한다.
- 자원 보호 기능을 제공한다.
- 시스템에서 발생하는 오류로부터 시스템을 보호한다.
- 사용자들 간에 데이터를 공유할 수 있도록 한다.

★ 스케줄링(Scheduling)
누가, 언제, 어떤 자원을, 어떻게 사용할지를 결정하는 것을 의미한다.

02 운영체제의 성능 평가 기준

처리 능력(Throughput)	일정 시간 내에 시스템이 처리하는 일의 양
반환 시간(Turnaround Time)	작업 의뢰 시간부터 처리 완료까지 걸린 시간
신뢰도(Reliability)	시스템이 주어진 문제를 정확하게 해결하는 정도
사용 가능도(Availability)★	시스템을 사용할 필요가 있을 때 즉시 사용 가능한 정도

★ 사용 가능도
= 가용성

1) 처리 능력(Throughput) 향상
- 시간당 처리되는 작업 수, 초당 처리되는 메모리 바이트 수 또는 초당 처리되는 CPU 사이클 수와 같이 측정된다.
- 처리량이 많을수록 운영체제는 더 많은 작업을 더 짧은 시간에 처리할 수 있다.
- 처리량 결정 요소

자원 관리 최적화	리소스를 적절하게 할당하고 중복을 피함으로써 더 많은 작업을 처리할 수 있음
스케줄링 알고리즘 개선	프로세스를 효율적으로 스케줄링해야 함
병렬 처리	다중 프로세서, 다중 스레드 또는 분산 시스템과 같은 기술을 사용하여 작업을 동시에 처리함

> **기적의 TIP**
> **처리 능력의 예**
> 웹 서버의 처리량이란, 초당 처리할 수 있는 요청 수이다. 처리량이 많을수록 웹 서버는 더 많은 사용자를 처리할 수 있다.

2) 반환 시간(Turnaround Time) 단축

- 반환 시간이 감소될수록 처리 속도가 빨라진다.
- 사용자가 시스템의 상태를 인지하고 상호 작용을 유지하는 데 중요한 역할을 한다.
- 사용자 경험과 성능의 질에 직접적인 영향을 준다.
- 짧은 반환 시간은 빠른 시스템 반응성과 실시간 상호 작용을 제공하여 사용자가 작업을 원활하게 수행할 수 있도록 한다.
- 반환 시간 결정 요소

처리 능력	시스템의 처리 능력이 높을수록 작업을 더 빠르게 처리할 수 있음
대역폭	시스템의 대역폭이 높을수록 데이터를 더 빠르게 전송할 수 있음
지연 시간	시스템의 지연 시간은 시스템의 다양한 부분 간의 거리로 인해 발생하며, 지연 시간이 길수록 데이터가 한 지점에서 다른 지점으로 이동하는 데 걸리는 시간이 길어짐

> **기적의 TIP**
>
> **반환 시간의 예**
> 웹 페이지를 클릭하고 나면, 브라우저는 서버에 페이지를 요청하고 서버는 요청을 처리하여 사용자 디스플레이에 반환한다. 이 과정에서 반환 시간은 클릭 시간부터 사용자가 페이지를 볼 수 있는 시간까지 걸리는 시간을 의미한다.

3) 신뢰도(Reliability) 향상

- 신뢰도가 높을수록 일을 정확하게 처리한다.
- 신뢰도의 특징

안정성	시스템이 지속적으로 작동하고 중단되지 않는 능력
오류 처리	운영체제가 오류를 탐지하고 처리할 수 있는 능력
오류 허용	오류가 발생해도 시스템이 중단되지 않고 작동할 수 있는 능력

- 신뢰도 향상 방법

디버깅	시스템에서 오류를 찾고 수정
테스트	시스템을 테스트하고 오류가 없는지 확인
백업	시스템의 데이터를 백업하여 손실되는 것을 방지
복구	시스템이 충돌하면 복구할 방법 준비

> **기적의 TIP**
>
> **신뢰도의 예**
> 병원의 의료 장비나 은행의 컴퓨터 시스템 등은 항상 올바르게 작동해야 하며 오작동할 가능성이 없어야 한다.

4) 사용 가능도(Availability) 향상

- 한정된 자원을 여러 사용자가 요구할 때, 어느 정도 신속하고 충분히 지원해 줄 수 있는지의 정도를 의미한다.
- 시스템 가용성이 높을수록 중단 없는 서비스 제공이 가능하여 평균 처리 지연이 줄어든다.
- 사용 가능도의 특징

가동 시간	높은 사용 가능도를 갖는 시스템은 오랜 시간 동안 작동하고 중단되지 않으며, 사용자에게 연속적으로 서비스를 제공할 수 있음
유지보수 및 장애 복구	운영체제는 계획된 유지보수 작업과 예기치 않은 장애 상황에서도 최소한의 중단 시간으로 시스템을 유지할 수 있어야 하며, 이를 위해 백업 시스템이나 장애 복구 메커니즘 등을 활용해야 함
가용성 계획	시스템이 사용자에게 항상 접근 가능하고 사용 가능하도록 보장하는 데 필요한 조치와 절차를 정의함

> **기적의 TIP**
>
> **사용 가능도의 예**
> 은행의 컴퓨터 시스템이나 항공사의 예약 시스템 등은 항상 사용할 수 있어야 하며 고객이 언제든지 업무를 처리할 수 있도록 해야 한다.

03 RAID(Redundant Array of Independent Disks)

1) RAID의 개념
- 여러 개의 물리적 저장 장치(HDD 또는 SSD)를 하나로 묶어 하나의 논리적 저장 장치처럼 사용하게 하는 기술이다.
- 데이터 저장의 성능 향상 및 안정성(신뢰성) 확보를 동시에 달성하는 데 목적이 있다.

2) 핵심 기술

스트라이핑(Striping)	데이터를 작은 블록으로 나누어 여러 디스크에 분산 저장하여 읽기/쓰기 속도를 향상시킨다.	성능 목적
미러링(Mirroring)	동일한 데이터를 복수의 디스크에 동시에 저장하여 디스크 장애 발생 시 데이터 손실을 방지한다.	안정성 목적
패리티(Parity)	데이터 복구에 사용되는 추가적인 오류 검출/수정 정보(주로 XOR 연산 값)를 저장하여 디스크 장애 시 데이터를 재구성할 수 있게 한다.	안정성 및 효율성 목적

3) 종류(Level)

Level	구성 방식	최소 디스크 수	주요 목적 및 특징
RAID 0	스트라이핑 (Striping)	2개	• 최대 성능(읽기/쓰기 속도 향상) • 중복성이 없어 디스크 하나만 고장나도 모든 데이터 손실
RAID 1	미러링 (Mirroring)	2개	• 최대 안정성(데이터 중복) • 사용 가능한 용량은 전체 디스크 용량의 50%만 사용
RAID 5	분산 패리티 + 스트라이핑	3개	• 성능과 안정성 균형 • 패리티 정보를 모든 디스크에 분산 저장 • 디스크 1개 장애까지 데이터 보호 가능
RAID 6	이중 패리티 + 스트라이핑	4개	• 높은 안정성 • 2개의 디스크 동시 장애까지 데이터 보호 가능 • 쓰기 성능은 RAID 5보다 느림
RAID 10 (1+0)	미러링 후 스트라이핑	4개 (짝수)	• 고성능 + 고안정성 • RAID 1로 묶인 쌍들을 RAID 0으로 결합 • 디스크 장애 복구가 용이하며 성능이 우수

> **기적의 TIP**
>
> RAID는 데이터를 저장하는 방식에 따라 여러 레벨로 구분되며, 각 레벨은 성능과 안정성 목표가 다릅니다.

이론을 확인하는 기출문제

01 운영체제의 목표에 해당하지 않는 것은?
① 컴퓨터 시스템의 처리량과 신뢰성을 최대화한다.
② 반환 시간, 응답 시간, 대기 시간을 최소화한다.
③ 사용자가 직접 하드웨어를 제어하도록 지원한다.
④ 제한된 자원을 효율적으로 공유하기 위하여 스케줄링한다.

> 운영체제는 사용자가 직접 하드웨어를 제어하지 않도록 인터페이스를 제공하는 역할을 한다. 따라서 ③은 운영체제의 목표가 아니다.

02 다음 중 운영체제의 성능 평가 기준과 설명이 올바르게 연결된 것은?
① 처리 능력(Throughput) – 시스템이 주어진 문제를 정확하게 해결하는 정도
② 반환 시간(Turnaround Time) – 작업 의뢰부터 처리 완료까지 걸린 시간
③ 신뢰도(Reliability) – 시스템이 즉시 사용 가능한 정도
④ 사용 가능도(Availability) – 시스템이 처리하는 일의 양

> **오답 피하기**
> • 처리 능력 : 일정 시간 내 처리하는 양
> • 신뢰도 : 문제를 정확하게 해결하는 정도
> • 사용 가능도 : 필요할 때 즉시 사용할 수 있는 정도

03 시스템 소프트웨어에 해당하지 않는 것은?
① 운영체제(OS)
② 언어 번역 프로그램
③ 매크로 프로세서
④ 워드프로세서

> 워드프로세서는 응용 소프트웨어에 속하며, 시스템 소프트웨어가 아니다. 운영체제, 언어 번역기, 매크로 프로세서, 로더 등은 시스템 소프트웨어이다.

04 운영체제에서 스케줄링(Scheduling)의 의미로 옳은 것은?
① 데이터 오류를 탐지하고 수정하는 방법
② 누가, 언제, 어떤 자원을 사용할지를 결정하는 것
③ 시스템을 즉시 사용할 수 있는 정도
④ 작업 의뢰 후 처리 완료까지 걸리는 시간

> 스케줄링은 CPU나 자원을 여러 사용자에게 효율적으로 배분하기 위한 방법으로, '누가, 언제, 어떤 자원을 사용할지 결정'하는 과정이다.

정답 01 ③ 02 ② 03 ④ 04 ②

SECTION 02 프로세스 관리

출제빈도 상 중 하
반복학습 1 2 3

빈출 태그 프로세스 • PCB • 스레드 • 임계 영역 • 상호배제 • 세마포어

01 프로세스(Process)

1) 개념
- 실행 중인 프로그램이다.
- 실행할 수 있는 프로세스 제어 블록(PCB)을 가진 프로그램이다.
- 프로세서가 할당되는 실체이다.
- 프로시저가 활동 중인 것이다.
- 비동기적 행위를 일으키는 주체이다.

2) 프로세스 제어 블록(PCB, Process Control Block)
- 운영체제가 프로세스를 관리하기 위해 프로세스에 대한 중요한 정보를 저장해 놓은 곳이다.
- 프로세스가 생성될 때마다 고유의 PCB가 생성되며, 프로세스가 소멸하면 PCB도 소멸된다.
- PCB에 저장된 정보에는 프로세스의 현재 상태, 프로세스의 우선순위, 프로세스에 할당된 자원에 대한 정보, CPU 레지스터 정보 등이 있다.

> **기적의 TIP**
>
> 프로세스와 스레드의 개념을 출제된 기출문제를 통해 정리하세요.

02 프로세스 상태 전이

1) 개념
- 프로세스가 다양한 상태를 거치면서 실행되는 과정을 말한다.
- 프로세스는 운영체제의 스케줄러에 의해 관리되며, 상태 전이를 거쳐 실행된다.

2) 절차

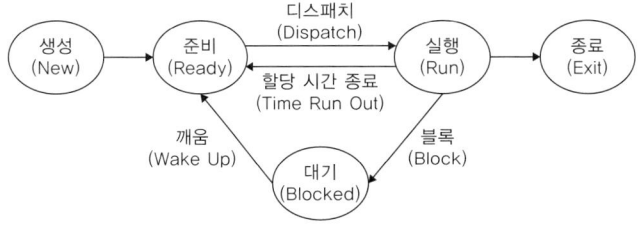

① 생성(Created)

프로세스가 생성되었지만, 아직 실행되기 전인 상태이다. 프로세스 제어 블록(PCB)이 생성되고 초기화된다.

② 준비 상태(Ready State)

프로세스가 CPU를 할당받기 위해 준비하고 있는 상태이다.

③ 실행 상태(Running State)

준비 상태의 프로세스가 CPU를 할당받아 실행 중인 상태이다.

디스패치(Dispatch)	우선순위가 가장 높은 프로세스가 준비 상태에서 실행 상태로 전환되는 것이다. 준비 상태에서 대기하고 있는 프로세스 중 하나가 CPU를 할당받아 실행 상태로 변하는 시점이다.
할당 시간 종료 (Time Run Out)	실행 상태의 프로세스가 할당 시간(타이머)이 종료되어 준비 상태로 전환되는 것이다. 자신에 할당된 시간만큼 CPU를 사용하고 준비 상태로 변하는 시점이다.

④ 대기 상태(Blocked State)

실행 상태의 프로세스가 종료되기 전에 입·출력 등의 다른 작업이 필요할 경우 CPU를 반납하고 작업의 완료를 기다리는 상태이다.

블록(Block)	실행 상태에서 대기 상태로 전환되는 것이다.
웨이크 업(Wake Up)	대기 상태의 프로세스가 웨이크 업(조건 만족)되면 준비 상태로 전환된다. I/O 작업이 완료되어 준비 상태로 이동하는 시점이다.

⑤ 종료(Terminated)

프로세스가 실행을 마치고 종료되는 상태이다. 프로세스가 더 이상 필요하지 않을 때 발생하며, PCB 등의 자원이 해제된다.

+ 더 알기 TIP

- I/O 요구 : 프로세스가 CPU를 사용 중에 I/O 행위가 필요하여 보류 상태로 이동하는 시점이다.
- Suspend : 보류 상태에서 운영체제에 의해 일시적으로 벗어나는 상태이다.

03 스레드(Thread)

1) 개념

- 프로세스 내에서의 작업 단위로서 시스템의 여러 자원을 할당받아 실행하는 프로그램의 단위를 의미한다.
- 스레드를 이용하면 하드웨어, 운영체제의 성능과 응용 프로그램의 성능을 향상시킬 수 있다.
- 한 개의 프로세스는 여러 개의 스레드를 가질 수 있다.
- 구분

커널 스레드	커널 레벨에서 생성되는 스레드
사용자 스레드	라이브러리에 의해 구현된 일반적인 스레드

2) 다중 스레드의 메모리 영역

코드(Code) 영역	프로그램 명령 코드 자체를 저장하는 메모리 영역으로 Hex 파일이나 BIN 파일이 저장되는 영역이다.
데이터(Data) 영역	전역 변수, 정적 변수, 배열, 구조체 등이 저장되는 영역이다.
스택(Stack) 영역	지역 변수, 매개 변수, 리턴 값 등 잠시 사용되었다가 사라지는 임시 데이터를 저장하는 영역이다. 함수 호출 시 생성되고, 함수가 끝나면 시스템에 반환된다.
힙(Heap) 영역	malloc( ), free( )와 같은 동적인 메모리를 할당하고자 할 때 사용하는 메모리 영역이다.

3) 사용자 수준 스레드의 장점

- 높은 이식성 : 기본 커널을 변경할 필요가 없으므로 모든 운영체제에 적용할 수 있어 이식성이 높다.
- 오버헤드 감소 : 커널의 도움 없이 스레드 교환이 가능해서, 사용자와 커널 전환에 따른 오버헤드가 줄어든다.

04 병행 프로세스(Concurrent Process)

1) 개념
- 두 개 이상의 프로세스들이 동시에 실행 상태에 있는 것이다.
- 독립적 병행 프로세스와 협동적 병행 프로세스로 구분할 수 있다.

> **기적의 TIP**
> 독립적 병행 프로세스는 여러 프로세스들이 독립적으로 실행되고, 협동적 병행 프로세스는 서로 협업하여 동시에 실행됩니다.

2) 오류 방지 방법

① 임계 영역(Critical Section, 임계 구역)
- 어느 한 시점에서 하나의 프로세스가 자원 또는 데이터를 사용하도록 지정된 공유 영역이다.
- 임계 영역에서의 작업은 신속하게 이루어져야 한다.
- 임계 영역 내의 프로그램에서는 교착상태가 발생하지 않도록 해야 한다.
- 임계 영역 내의 프로그램에서는 무한 반복이 발생하지 않도록 해야 한다.

② 상호배제(Mutual Exclusion)
- 공유 변수에 접근하고 있는 하나의 프로세스 외에는 다른 모든 프로세스가 공유 변수를 접근하지 못하도록 제어하는 기법이다.
- 상호배제 구현 기법에는 데커 알고리즘, 피터슨 알고리즘, Lamport의 빵집 알고리즘, Test and set 명령어 기법, Swap 명령어 기법 등이 있다.

③ 동기화 기법(Synchronization)
- 공유 데이터와 이 데이터를 처리하는 프로시저를 포함하는 병행성 구조이다.
- 종류

세마포어(Semaphore)	Dijkstra가 제안한 방법으로, 연산 P와 V를 통해서 프로세스 사이의 동기를 유지하고 상호배제의 원리를 보장한다.
모니터(Monitor)	모니터의 경계에서 상호배제가 시행되며, 모니터 외부에서는 모니터 내부의 데이터를 직접 액세스할 수 없다.

이론을 확인하는 기출문제

01 프로세스(Process)에 대한 설명으로 옳은 것은?
① 실행 준비가 완료된 정적인 프로그램이다.
② 실행 중인 프로그램으로, 프로세서가 할당되는 실체이다.
③ 하드디스크에 저장된 실행 파일 자체를 의미한다.
④ 운영체제에 의해 생성되지만 PCB는 생성되지 않는다.

> **오답 피하기**
> • ① 정적인 프로그램은 프로그램이지 프로세스가 아니다.
> • ③ 하드디스크에 저장된 것은 단순한 프로그램 파일이다.
> • ④ 프로세스가 생성될 때 반드시 PCB가 함께 생성된다.

02 프로세스 제어 블록(PCB)에 저장되지 <u>않는</u> 정보는?
① 프로세스의 현재 상태
② 프로세스 우선순위
③ CPU 레지스터 정보
④ 사용자 인터페이스(UI) 레이아웃

> PCB에는 프로세스의 상태, 우선순위, 할당 자원, CPU 레지스터 정보 등이 저장된다.

03 스레드(Thread)의 특징으로 옳은 것은?
① 한 프로세스는 반드시 하나의 스레드만 가진다.
② 커널 모드에서만 스레드를 생성할 수 있다.
③ 스레드는 프로세스 내 작업 단위로, 여러 개 존재할 수 있다.
④ 스레드는 PCB에 의해 독립적으로 관리된다.

> **오답 피하기**
> • ① 하나의 프로세스는 여러 스레드를 가질 수 있다.
> • ② 사용자 스레드도 존재한다.
> • ④ PCB는 프로세스를 위한 자료구조이고, 스레드 자체는 TCB(Thread Control Block) 등으로 관리된다.

04 병행 프로세스(Concurrent Process) 제어와 관련된 설명으로 옳지 <u>않은</u> 것은?
① 임계 영역에서는 한 시점에 하나의 프로세스만 공유 자원에 접근해야 한다.
② 상호배제는 공유 변수 접근을 제어하는 기법이다.
③ 세마포어는 연산 P와 V를 이용해 상호배제를 구현한다.
④ 모니터는 프로세스 간 직접 데이터 접근을 허용해 효율성을 높인다.

> 모니터는 직접 접근을 허용하지 않고, 경계에서 상호배제를 시행한다.

정답 01 ② 02 ④ 03 ③ 04 ④

SECTION 03 교착상태

빈출 태그 교착상태 • 상호배제 • 점유 및 대기 • 비선점 • 환형 대기 • 은행원 알고리즘 • 인터럽트

01 교착상태(Deadlock)

1) 개념
- 둘 이상의 프로세스들이 서로 다른 프로세스가 차지하고 있는 자원을 요구하며 무한정 기다리게 되어 해당 프로세스들의 진행이 중단되는 현상이다.
- 두 개 이상의 작업이 서로 상대방의 작업이 끝나기만을 기다리고 있기 때문에 결과적으로 아무것도 완료되지 못하는 상태이다.

> **기적의 TIP**
> 자주 출제되는 내용을 기준으로 기출문제와 함께 정리하세요.

2) 교착상태의 발생 조건

① 상호배제(Mutual Exclusion)
- 한 번에 한 프로세스만이 어떤 자원을 사용할 수 있다.
- 운영체제에서 자원을 보호하는 데 필수적이다.
- 상호배제가 없다면 여러 프로세스가 동시에 자원에 접근하여 데이터 불일치나 충돌이 발생할 수 있다.

> **기적의 TIP**
> 교착상태는 4가지 조건이 동시에 성립될 때 발생합니다.

＋ 더 알기 TIP

상호배제의 예
- 프린터 자원을 사용할 때 여러 프로세스나 스레드가 프린터를 사용하려고 할 때, 프린터는 한 번에 하나의 작업만을 처리할 수 있다. 한 프로세스나 스레드가 프린터를 점유하고 작업을 수행하는 동안, 다른 프로세스나 스레드는 프린터를 사용할 수 없고, 대기해야 한다. 상호배제 조건이 충족되지 않으면 여러 프로세스나 스레드가 동시에 프린터를 사용하려고 하여 충돌이 발생하게 된다.
- 프로세스 A와 프로세스 B가 각각 프린터와 스캐너를 사용하고자 할 때, 프로세스 A는 프린터를 점유한 상태에서 스캐너를 요청 후 대기하고 있으며, 프로세스 B는 스캐너를 점유한 상태에서 프린터를 요청 후 대기하고 있다고 가정한다. 이때 프린터와 스캐너는 각각 다른 프로세스에 의해 점유되고 있으므로, 두 프로세스 모두 대기 상태에 머무르게 된다. 이러한 상황에서는 프로세스 A와 B가 서로 원하는 자원을 가지고 있으며, 둘 중 어느 하나라도 양보하지 않는다면 교착상태가 발생한다.

② 점유 및 대기(Hold and Wait)
- 프로세스는 다른 자원이 할당되기를 기다리는 동안 이미 확보한 자원을 계속 보유하고 있다.
- 프로세스나 스레드는 자원을 점유한 상태에서 추가적인 자원을 얻기 위해 대기해야 한다.

> **더 알기** TIP

점유 및 대기의 예
- 한 프로세스나 스레드가 자원을 점유한 상태에서 다른 프로세스나 스레드가 요청한 자원을 사용할 수 없게 되면서 교착상태 상황이 발생하는데, 모든 프로세스나 스레드가 자원을 점유하고 대기하며 작업의 진행이 멈추는 상황이 발생할 수 있다.
- 이를 방지하기 위해 운영체제는 프로세스가 모든 필요한 자원을 한 번에 요청하도록 강제할 수 있으며, 자원을 독립적으로 할당하는 대신에 자원을 모두 요청한 이후에 한꺼번에 할당하는 방식을 사용할 수도 있다.

③ 비선점(Non-preemption)
- 자원을 보유하고 있는 프로세서로부터 다른 프로세스가 강제로 그 자원을 빼앗을 수 없다.
- 해결하기 위해 운영체제는 일부 자원은 선점 가능한(Preemptable) 자원으로 설정하여, 우선순위가 더 높은 프로세스나 스레드가 해당 자원을 점유할 수 있도록 한다.

> **더 알기** TIP

비선점의 예
프로세스 A와 프로세스 B가 동시에 공유 데이터를 읽고 쓰는 상황을 가정할 때, 프로세스 A가 공유 데이터를 점유하고 쓰는 도중에 프로세스 B가 해당 데이터를 읽고자 한다. 비선점(Non-preemption) 조건이 적용된 경우, 프로세스 A가 자원을 빼앗아 가지고 올 수 없으므로 프로세스 B는 계속해서 접근을 기다려야 한다.

④ 환형 대기(Circular Wait)
- 이미 자원을 가진 프로세스가 앞이나 뒤의 프로세스 자원을 요구한다.
- 각 프로세스나 스레드는 다음 프로세스나 스레드가 점유한 자원을 요구하며, 이러한 요구가 순환적으로 반복되는 경우이다.
- 한 프로세스가 다음 프로세스에 의해 요구되는 자원을 가지고 있으며, 동시에 다음 프로세스가 이전에 점유한 자원을 요구하게 되어 순환적인 대기 상태가 형성된다.
- 운영체제는 자원에 순서를 부여하거나, 자원 할당을 중앙 집중화하여 프로세스나 스레드 간의 순환 대기를 방지한다.

> **더 알기** TIP

환형 대기의 예
- 프로세스 A와 프로세스 B가 각각 계좌 A와 계좌 B에 접근하여 자금을 이체하려고 할 때 프로세스 A는 계좌 A를 점유하고 계좌 B에 접근해야 하며, 프로세스 B는 계좌 B를 점유하고 계좌 A에 접근해야 한다. 이러한 상황에서는 프로세스 A와 B가 서로가 점유한 자원을 요구하고 대기하며, 요구가 순환적으로 반복되어 순환 대기 상태가 형성된다.
- 해결을 위해서는 은행에서는 자원에 대한 접근을 일정한 순서로 제한함으로써 순환 대기 조건을 방지한다.

➕ **더 알기 TIP**

무한정 대기

가능성이 없는 기다림을 무한정 지속하므로 프로그램은 더 이상 진행하지 못하고 중단된 상태이다.

무한정 대기	가능성이 있는 상태를 무한정 기다린다.
교착상태	가능성이 없는 상태를 무한정 기다린다.

02 교착상태의 해결 방법

1) 예방(Prevention)★

- 교착상태가 발생하지 않도록 사전에 시스템을 제어하는 방법이다.
- 해결 방법

상호배제 조건 제거	공유할 수 있는 자원을 사용하거나 상호배제 대상 자원의 개수를 증가시킴으로써 여러 개의 프로세스나 스레드가 동시에 자원을 사용할 수 있도록 한다.
점유와 대기 조건 제거	프로세스나 스레드가 필요한 모든 자원을 한 번에 요청하도록 강제할 수 있다. 즉, 모든 자원을 얻은 후에야 작업을 시작할 수 있도록 한다.
비선점 조건 제거	프로세스나 스레드가 다른 프로세스나 스레드가 점유한 자원을 강제로 빼앗아 사용할 수 있도록 한다.
순환 대기 조건 제거	자원에 번호를 할당하거나 우선순위를 부여하여 순환 대기 상태를 방지한다. 이를 통해 프로세스나 스레드 간에 자원 할당의 순서를 조정한다.

★ 예방(Prevention)
자원의 낭비가 가장 심한 것으로 알려진 기법이다.

➕ **더 알기 TIP**

예방 해결의 예

계좌에 접근하기 위해서는 계좌 번호에 따라 순서를 부여하고, 프로세스나 스레드는 오름차순으로 계좌에 접근하도록 하여 순환 대기 조건을 방지하고, 은행에서의 교착상태를 예방할 수 있다.

2) 회피(Avoidance)

- 교착상태 발생 가능성을 인정하고 교착상태가 발생하려고 할 때, 교착상태 가능성을 피해 가는 방법이다.
- 시스템 상태를 모니터링하고 자원 할당의 안전성을 사전에 분석하여 교착상태가 발생할 가능성이 있는 상황을 회피한다.

➕ **더 알기 TIP**

회피의 예

자동차 공장은 각 작업 스테이션에 조립 작업을 위해 필요한 부품과 장비, 정비사 등의 자원을 할당한다. 특정 작업 스테이션에 자원을 할당하고자 할 때, 시스템은 해당 자원을 할당한 후에도 작업 스테이션들이 부품, 장비, 정비사가 준비되어 있는 상태인지 사전에 검사한다.

➕ **더 알기 TIP**

은행원 알고리즘

- 단계

시스템 초기화	시스템은 사용할 수 있는 자원의 수와 각 프로세스의 최대 자원 요구량을 파악한다.
자원 요청	프로세스가 자원을 요청하고 시스템이 해당 자원의 가용 여부 분석을 시작한다.
안전성 검사	시스템은 자원 요청에 의해 시스템 상태가 안정 상태를 유지할 수 있는지를 평가한다. 안정 상태가 되면 자원을 할당하고, 그렇지 않으면 프로세스는 대기 상태에 머무르게 된다.

- 은행원 알고리즘의 예
  - 은행에는 100장의 수표와 1,000달러의 현금이 있다.
  - 고객 A는 50장의 수표와 500달러의 현금이 필요하다.
  - 고객 B는 25장의 수표와 250달러의 현금이 필요하다.
  - 은행가 알고리즘은 고객 A와 B가 모두 필요한 자원을 안전하게 할당할 수 있는지 확인이 필요하다. 은행은 100장의 수표와 1,000달러의 현금이 있으므로 고객 A와 B 모두에게 필요한 자원을 할당할 수 있다.

3) 발견(Detection, 탐지)

- 시스템 내에서 교착상태가 발생했는지 검사하여 교착상태에 빠진 프로세스와 자원을 발견하고, 이를 처리하는 방법이다.
- 교착상태가 발생할 때까지 대기하지 않고 주기적으로 시스템 상태를 모니터링하여 교착상태를 탐지하는 것이 특징이다.
- 자원 할당 그래프(Resource Allocation Graph)*를 이용하여 관리한다.
- 자원 할당 그래프를 이용한 교착상태 탐지 절차

자원 할당 그래프 생성	시스템의 현재 상태를 기반으로 자원 할당 그래프를 생성한다.
사이클 탐지	자원 할당 그래프에서 순환 구조(사이클)가 존재하는지 탐지하며, 순환 구조가 존재한다는 것은 교착상태가 발생했음을 의미한다.
교착상태 처리	교착상태가 탐지되면 해당 교착상태를 해결하기 위한 조치를 취한다. 일반적으로는 교착상태에 관여한 프로세스 중 하나를 강제로 중지시키거나, 자원을 선점하여 교착상태를 해제한다.

★ 자원 할당 그래프

프로세스와 자원 간의 관계를 표현하는 그래프로, 프로세스와 자원을 노드로 나타내고 할당 관계를 간선으로 표현한다.

4) 회복(Recovery)

- 교착상태에 빠진 프로세스를 종료하거나 해당 프로세스가 점유하고 있는 자원을 선점하여 다른 프로세스에게 할당하는 기법이다.
- 교착상태가 이미 발생한 후에 대응하는 방법이므로, 교착상태 해결까지 일시적인 시스템 중단이 발생할 수 있다. 따라서 회복을 수행하기 전에 다른 프로세스나 사용자들에게 영향을 주는지 주의해야 한다.
- 주로 교착상태가 발생한 프로세스를 중지하거나, 교착상태에 관련된 자원을 선점하여 교착상태를 해제한다.

- 회복 절차

교착상태 탐지	자원 할당 그래프나 다른 탐지 알고리즘을 활용한다.
교착상태 상황 분석	탐지된 교착상태 상황을 분석하여 어떤 프로세스와 자원이 교착상태에 관여하고 있는지 파악한다.
프로세스 중지	교착상태에 관여한 프로세스 중 하나를 선택하여 중지한다.
자원 선점	교착상태에 관련된 자원 중 하나를 선점하여 다른 프로세스에게 할당한다.

➕ 더 알기 TIP

회복의 예

은행에서의 계좌 이체 상황에서 교착상태가 발생한 경우를 가정한다. 교착상태에 관여한 프로세스 중 하나를 선택하여 중지시키고, 해당 프로세스가 점유한 자원을 반납한다. 그리고 교착상태에 관련된 자원 중 하나를 다른 프로세스에게 할당하여 자원을 활용할 수 있는 상태로 복구한다.

이론을 확인하는 기출문제

01 교착상태(Deadlock)가 발생하기 위한 필요조건에 해당하지 않는 것은?

① 상호배제(Mutual Exclusion)
② 점유 및 대기(Hold and Wait)
③ 비선점(Non-preemption)
④ 다중 프로세싱(Multi-processing)

교착상태는 상호배제, 점유 및 대기, 비선점, 환형 대기 4가지 조건이 모두 충족될 때 발생한다.

02 교착상태 해결 방법 중 회피(Avoidance)에 해당하는 알고리즘은?

① 라운드 로빈 알고리즘
② 뱅커 알고리즘(Banker's Algorithm)
③ 최단 작업 우선(SJF) 알고리즘
④ 다단계 피드백 큐 스케줄링

오답 피하기
①, ③, ④는 CPU 스케줄링 기법이다.

정답 01 ④ 02 ②

SECTION 04 프로세스 스케줄링

출제빈도 상 중 하
반복학습 1 2 3

빈출 태그 선점 스케줄링 • 비선점 스케줄링 • RR • SRT • SJF • HRN • 에이징

> **기적의 TIP**
> 프로세스 스케줄링 기법 중 선점형과 비선점형을 구분할 수 있어야 합니다. 특히 HRN 스케줄링 기법의 공식과 특징은 확실하게 정리하세요.

01 프로세스 스케줄링(Process Scheduling)

1) 개념
- 프로세스의 생성 및 실행에 필요한 시스템의 자원을 해당 프로세스에 할당하는 작업이다.
- 다중 프로그래밍 운영체제에서 자원의 성능을 향상시키고 효율적인 프로세서의 관리를 위해 작업 순서를 결정하는 것이다.

> **더 알기 TIP**
> 바람직한 스케줄링은 CPU 이용률 최대화, 응답 시간 및 반환 시간 최소화, 대기 시간 최소화 등의 정책을 기본으로 한다.

2) 목적

공평성	모든 프로세스가 자원을 공평하게 배정받아야 하며, 그 과정에서 특정 프로세스가 배제되면 안 된다.
효율성	시스템 자원이 유휴 시간이 없이 사용되도록 스케줄링하고, 유휴 자원을 사용하려는 프로세스에는 우선권을 준다.
안정성	시스템 자원을 점유하거나 파괴하려는 프로세스로부터 자원을 보호한다.
확장성	프로세스가 증가해도 시스템이 안정적으로 작동하도록 조치해야 한다.
반응 시간 보정	시스템은 적절한 시간 안에 프로세스의 요구에 반응해야 한다.
무한 연기 방지	특정 프로세스 작업이 무한히 연기되면 안 된다.

> **기적의 TIP**
> 프로세스 스케줄링은 특정 프로세스가 시스템 자원을 독점하거나 파괴하는 것을 막는 것이 목적이며, 이를 위해 중요도에 따라 우선순위를 배정합니다.

3) 스케줄링 관점(Scheduling Criteria)

시스템 관점	• CPU 이용률(CPU Utilization) : 전체 시간 중 CPU가 쉬지 않고 일한 시간 • 처리량(Throughput) : 단위 시간당 수행 완료한 프로세스의 수
프로그램 관점	• 소요 시간(Turnaround Time) : 프로세스가 Ready Queue에서 대기한 시간부터 작업을 완료하는 데 걸리는 시간 • 대기 시간(Waiting Time) : 프로세스가 Ready Queue에서 대기한 시간 • 응답 시간(Response Time) : 프로세스가 처음으로 CPU를 할당받기까지 걸린 시간

> **기적의 TIP**
> 스케줄링 관점이란, 스케줄링의 효율을 분석하는 기준을 의미합니다.

4) 종류

선점 스케줄링 (Preemptive Scheduling)	• 한 프로세스가 CPU를 할당받아 실행 중이라도 우선순위가 높은 다른 프로세스가 CPU를 강제적으로 빼앗을 수 있는 방식이다. • 긴급하고 높은 우선순위의 프로세스들이 빠르게 처리될 수 있다. • 선점을 위한 시간 배당에 대한 인터럽트용 타이머 클록(Clock)이 필요하다. • 온라인 응용에 적합한 스케줄링이다. • 종류 : RR, SRT, MLQ, MFQ
비선점 스케줄링 (Non-preemptive Scheduling)	• 한 프로세스가 일단 CPU를 할당받으면 다른 프로세스가 CPU를 강제로 빼앗을 수 없고, 사용이 끝날 때까지 기다리는 방식이다. • 모든 프로세스에 대한 요구를 공정히 처리하여 응답 시간의 예측이 용이하다. • CPU의 사용 시간이 짧은 프로세스들이 사용 시간이 긴 프로세스들로 인하여 오래 기다리는 경우가 발생할 수 있다. • 종류 : FIFO, SJF, HRN, 우선순위, 기한부 스케줄링

02 선점 스케줄링(Preemptive Scheduling)

1) RR(라운드 로빈, Round Robin)

- 주어진 시간 할당량(Time Slice) 안에 작업을 마치지 않으면 준비 상태 큐의 가장 뒤로 배치된다.
- 시분할 시스템(Time-sharing System)을 위해 고안된 방식이다.
- 시간 할당량이 커지면 FCFS 스케줄링*과 같은 효과를 얻을 수 있으며, 시간 할당이 작아지면 프로세스 문맥 교환*이 자주 일어난다.

2) SRT(Shortest Remaining Time)

- 작업이 끝나기까지의 남아있는 실행 시간 추정치가 가장 작은 작업을 먼저 실행시키는 기법이다.
- FIFO 기법*보다 평균 대기 시간이 감소한다.
- 작업 시간이 큰 경우 오랫동안 대기하여야 한다.

3) MLQ(다단계 큐, Multi Level Queue)

- 선점형+비선점형 방식이다.
- 프로세스들을 우선순위에 따라 상위, 중위, 하위 단계의 단계별 준비 상태 큐를 배치하는 기법이다.
- 우선순위가 가장 높은 큐에서는 비선점형으로 사용되고, 우선순위가 낮은 큐에서는 선점형으로 사용된다.
- 상위 큐는 우선순위가 가장 높은 큐로 신속한 처리를 필요로 하는 시스템 프로세스가 입력되며 중위 큐는 대화형 프로세스, 하위 큐는 일괄 처리 프로세스가 입력된다.
- 대기 리스트 간 프로세스의 이동은 되지 않는다.

★ FCFS 스케줄링(First Come First Serve Scheduling)
CPU를 먼저 요청한 프로세스가 먼저 CPU를 배정받는 스케줄링 방법이다.

★ 문맥 교환(Context Switch)
하나의 프로세스가 CPU를 사용 중인 상태에서 다른 프로세스가 CPU를 사용하도록 하기 위해, 이전의 프로세스의 상태(문맥)를 보관하고 새로운 프로세스의 상태를 적재하는 작업이다.

★ FIFO 기법(First In First Out)
먼저 요청한 프로세스가 먼저 자원을 제공받으며, 이미 사용 중이라면 사용이 끝날 때까지 기다려야 하는 스케줄링 방법이다.

4) MFQ(다단계 피드백 큐, Multi Level Feedback Queue)
- FCFS(FIFO)+RR(라운드 로빈) 방식이다.
- 각 준비 상태 큐마다 부여된 시간 할당량 안에 완료하지 못한 프로세스는 다음 단계의 준비 상태 큐로 이동하는 기법이다.
- 새로운 프로세스는 높은 우선순위를 가지지만 프로세스의 실행 시간이 길어질수록 점점 낮은 우선순위 큐로 이동하며, 마지막 단계에서 FCFS(FIFO) 방식을 적용한다. 이때 우선순위가 낮을수록 시간 할당량을 크게 줌으로써 보완이 가능하다.
- 입출력 위주와 CPU 위주인 프로세스의 특성에 따라 큐마다 서로 다른 CPU 시간 할당량을 부여한다.

03 비선점 스케줄링(Non-preemptive Scheduling)

1) FIFO(First In First Out)
- 준비 상태 큐에 도착한 순서대로 CPU를 할당하는 기법이다.
- FCFS(First Come First Service)라고도 한다.

+ 더 알기 TIP

FIFO 스케줄링에서 다음과 같은 3개의 작업에 대하여 모든 작업의 평균 대기 시간 및 평균 반환 시간을 구하시오.

작업	도착 시간	실행 시간
P1	0	13
P2	3	35
P3	8	10

- 실행 순서 : P1 → P2 → P3
- 평균 대기 시간

P1 대기 시간	0
P2 대기 시간	13-3 = 10
P3 대기 시간	(13+35)-8 = 40
평균 대기 시간	(0+10+40)/3 ≒ 16.67

- 평균 반환 시간

P1 반환 시간	13-0 = 13
P2 반환 시간	(13+35)-3 = 45
P3 반환 시간	(13+35+10)-8 = 50
평균 반환 시간	(13+45+50)/3 = 36

2) SJF(Shortest Job First)

- 준비 상태 큐에서 기다리고 있는 프로세스 중에서 실행 시간이 가장 짧은 프로세스에게 먼저 CPU를 할당하는 스케줄링 기법이다.
- 평균 대기 시간을 최소화한다.

➕ 더 알기 TIP

SJF 스케줄링에서 다음과 같이 4개의 작업이 준비 상태 큐에 있을 때 모든 작업의 평균 대기 시간 및 평균 반환 시간을 구하시오.

작업	실행 시간
P1	6
P2	3
P3	8
P4	7

- 실행 순서 : P2 → P1 → P4 → P3
- 평균 대기 시간

P2 대기 시간	0
P1 대기 시간	3
P4 대기 시간	3+6 = 9
P3 대기 시간	3+6+7 = 16
평균 대기 시간	(0+3+9+16)/4 = 7

- 평균 반환 시간

P2 반환 시간	3
P1 반환 시간	3+6 = 9
P4 반환 시간	(3+6)+7 = 16
P3 반환 시간	(3+6+7)+8 = 24
평균 반환 시간	(3+9+16+24)/4 = 13

➕ 더 알기 TIP

SRT와 SJF의 비교

- SRT : 남아 있는 짧은 작업 우선 처리, 선점형(강제로 실행을 멈출 수 있음)
- SJF : 짧은 작업 우선 처리, 비선점형(강제로 실행을 멈출 수 없음)

3) HRN(Highest Response-ratio Next)

- 어떤 작업이 서비스를 받을 시간과 그 작업이 서비스를 기다린 시간으로 결정되는 우선순위에 따라 CPU를 할당하는 기법이다.
- 우선순위 계산식 = (대기 시간+서비스를 받을 시간)/서비스를 받을 시간

➕ 더 알기 TIP

HRN 방식으로 스케줄링할 경우, 입력된 작업이 다음과 같을 때 처리되는 작업 순서를 구하시오.

작업	도착 시간	실행 시간
P1	5	20
P2	40	20
P3	15	45
P4	20	20

- 우선순위

P1 우선순위	(5+20)/20 = 1.25
P2 우선순위	(40+20)/20 = 3
P3 우선순위	(15+45)/45 ≒ 1.33
P4 우선순위	(20+20)/20 = 2

- 작업 순서 : P2 → P4 → P3 → P1

4) 우선순위(Priority)

- 준비 상태 큐에서 대기하는 프로세스에게 부여된 우선순위가 가장 높은 프로세스에게 먼저 CPU를 할당하는 기법이다.
- 우선순위가 낮은 프로세스는 무한 정지(Indefinite Blocking)★가 발생할 수 있으며, 에이징(Aging) 기법★으로 이를 해결할 수 있다.

5) 기한부(Deadline) 스케줄링

- 프로세스별 마감 시간을 정해서 그 시간 안에 프로세스가 끝날 수 있도록 프로세스의 순서를 조정하는 기법이다.
- 제한된 시간 내에 반드시 작업이 완료되도록 스케줄링해야 한다. 만약 작업이 제한 시간 안에 완료되지 않으면 해당 작업은 CPU 사용 시간을 할당받을 수 없다.
- 작업이 완료되는 시기를 정확하게 추정하기는 어려우며, 동시에 많은 작업이 수행되면 스케줄링하기가 더욱 복잡해진다.

★ 무한 정지(Indefinite Blocking, 무기한 봉쇄)
우선순위가 높은 프로세스가 Blocking 되어 있어 CPU가 계속해서 대기해야 하는 상황이다.

★ 에이징(Aging) 기법
시스템에서 특정 프로세스의 우선순위가 낮아서 무한정 기다리는 경우를 방지하기 위해서 기다린 시간에 비례하여 일정 시간이 지나면 우선순위를 한 단계씩 높여주는 방법이다.

이론을 확인하는 기출문제

01 다음 중 프로세스 스케줄링의 목적에 해당하지 <u>않는</u> 것은?
① 공평성 확보와 무한 연기 방지
② CPU 이용률 극대화와 처리량 증대
③ 응답·대기·소요 시간의 최소화
④ 특정 프로세스의 자원 독점을 허용해 성능 향상

> 스케줄링은 자원 독점을 막고 공평·효율·안정·확장성을 달성하려는 정책이다.

02 스케줄링 기준과 설명 연결로 옳은 것은?
① CPU 이용률 – 단위 시간당 완료된 프로세스 수
② 처리량 – 전체 시간 중 CPU가 일한 비율
③ 응답 시간 – 처음으로 CPU를 할당받기까지의 시간
④ 대기 시간 – 제출부터 종료까지의 전체 경과 시간

> 오답 피하기
> • ① 처리량에 대한 설명이다.
> • ② CPU 이용률에 대한 설명이다.
> • ④ 소요(반환) 시간에 대한 설명이다.

03 선점 스케줄링에 해당하는 것만 고른 것은?
① RR, SRT
② FIFO, SJF
③ HRN, 우선순위(기본형)
④ 기한부, SJF

> • 선점형 스케줄링 : RR, SRT, MLQ, MFQ
> • 비선점형 스케줄링 : FIFO, SJF, HRN, Priority, Deadline

04 라운드 로빈(RR)에 대한 설명으로 옳은 것은?
① 타임 슬라이스가 커질수록 SJF에 수렴한다.
② 타임 슬라이스가 작을수록 문맥 교환이 잦아진다.
③ 시분할이 아니며 배치 처리에만 적합하다.
④ 선점이 불가능하다.

> 오답 피하기
> • ① 커지면 FCFS(=FIFO)에 가까워진다.
> • ③ RR은 시분할을 위해 고안되었다.
> • ④ RR은 전형적인 선점형이다.

05 SRT(Shortest Remaining Time)에 대한 설명으로 옳은 것은?
① 도착 순으로만 처리한다.
② 남은 실행 시간이 가장 짧은 작업을 선점 실행한다.
③ 평균 대기 시간을 늘리는 경향이 있다.
④ SJF와 동일하게 선점이 불가능하다.

> 오답 피하기
> • ① FCFS에 대한 설명이다.
> • ③ 평균 대기 시간을 줄이는 경향이 있다.
> • ④ SRT는 선점형, SJF는 비선점형이 기본이다.

06 HRN(Highest Response-ratio Next)에서 처음 선택될 작업은?

작업	대기 시간	서비스 시간
P1	10	5
P2	2	2
P3	0	1

① P1
② P2
③ P3
④ 임의 선택

> • 응답 시간 R=(대기 시간+서비스 시간)/서비스 시간
> • P1=3.0, P2=2.0, P3=1.0이므로, P1이 먼저 실행된다.

정답 01 ④ 02 ③ 03 ① 04 ② 05 ② 06 ①

07 우선순위 스케줄링의 문제와 해결책 연결로 옳은 것은?

① 무한 정지 – 타임 슬라이스 축소
② 무한 정지 – 에이징(Aging)
③ 응답 지연 – 우선순위 고정
④ 처리량 저하 – 선점 금지

우선순위가 낮은 프로세스의 무기한 봉쇄는 에이징으로 완화한다.

오답 피하기
- ① 타임 슬라이스는 RR 조정 항목이다.
- ③ 응답 지연 완화에는 우선순위 조정 · 선점 등이 필요하다.
- ④ 선점 금지는 보통 처리량 개선과 무관하며 역효과가 날 수 있다.

08 MLQ(다단계 큐)와 MFQ(다단계 피드백 큐)의 차이로 옳은 것은?

① MLQ는 큐 간 이동이 없고, MFQ는 실행 미완료 시 하위 큐로 이동한다.
② 두 방식 모두 큐 간 이동이 자유롭다.
③ MLQ는 모두 선점형, MFQ는 모두 비선점형이다.
④ MLQ는 RR만 사용하고 MFQ는 FCFS만 사용한다.

오답 피하기
- ② MFQ만 큐 간 이동이 가능하다.
- ③ MLQ와 MFQ 모두 선점 · 비선점을 혼합해서 사용한다.
- ④ MLQ · MFQ 모두 FCFS, RR, 우선순위 등 여러 기법을 조합한다.

09 기한부(Deadline) 스케줄링의 특징으로 옳은 것은?

① 마감 시간 준수가 핵심이며, 기한을 넘기면 실행 가치가 없다.
② 평균 대기 시간만 최소화하면 된다.
③ SJF와 동일한 기준을 사용한다.
④ 배치 처리 전용으로 대화식 시스템에는 부적합하다.

실시간 맥락에서 마감(Deadline) 충족이 최우선이다.

SECTION 05 UNIX, Linux

빈출 태그 UNIX · 커널 · 쉘 · I-node · exec · chmod · umask

01 UNIX

1) 개념
- 시분할(Time-sharing) 시스템을 위해 설계된 대화식 운영체제이다.
- 소스가 공개된 개방형 시스템(Open System)이다.
- 트리 구조의 파일 시스템을 갖는다.
- 멀티 태스킹(Multi-tasking)과 멀티 유저(Multi-user)를 지원한다.
- 하나 이상의 작업에 대하여 백그라운드에서 수행할 수 있다.
- 90% 이상이 고급 언어인 C로 구성되어 있기 때문에 이식성이 높다.

➕ 더 알기 TIP

다중(멀티) 태스킹 (Multi-tasking)	하나의 주기억 장치와 CPU로 구성된 컴퓨터 시스템에서 여러 개의 프로그램을 동시에 처리할 수 있는 방식으로 사용자 관점에서의 다중 프로그래밍을 의미한다.
다중(멀티) 프로그래밍 (Multi-programming)	하나의 주기억 장치와 CPU로 구성된 컴퓨터 시스템에서 주기억 장치에 여러 개의 프로그램을 적재하여 처리하는 방식으로 단위 시간 내에 처리량을 최대로 한다.
다중(멀티) 프로세싱 (Multi-processing)	하나의 주기억 장치와 여러 개의 CPU로 구성된 컴퓨터 시스템에서 주기억 장치에 하나 또는 여러 개의 프로그램을 적재하여 처리하는 방식으로 보통 병렬 시스템을 의미한다.
다중(멀티) 컴퓨터 (Multi-computer)	여러 개의 독립적인 컴퓨터 시스템에서 하나의 작업을 공동으로 처리할 수 있는 시스템으로 보통 분산 컴퓨터 시스템이라고 한다.

2) UNIX 시스템의 구성

① 커널(Kernel)
- UNIX 시스템의 가장 핵심적인 부분이다.
- 프로세스 관리, 메모리 관리, 파일 관리, 입·출력 관리 등의 기능을 수행한다.

② 쉘(셸, Shell)
- 사용자가 지정한 명령들을 해석하여 커널로 전달하는 명령어 해석기이다.
- 시스템과 사용자 간의 인터페이스를 담당한다.
- 반복적인 명령을 프로그램으로 만드는 프로그래밍 기능을 제공한다.
- 초기화 파일을 이용해 사용자 환경을 설정하는 기능을 제공한다.
- 종류

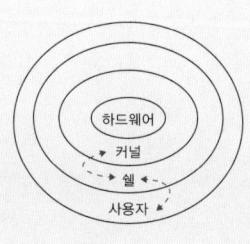
▲ 쉘의 역할

Bourne 쉘	• 유닉스에서 가장 오래되고 인기 있는 쉘이다. • 간단하고 사용하기 쉽도록 설계되었다.
C 쉘	• Bourne 쉘을 기반으로 한 쉘이다. • C 프로그래밍 언어와 유사한 구문을 사용한다.
Korn 쉘	• Bourne 쉘과 C 쉘을 기반으로 한 쉘이다. • Bourne 쉘의 기능과 C 쉘의 기능을 모두 갖추고 있다.
bash 쉘	• bash는 Bourne Again SHell의 약자로, Korn 쉘을 기반으로 한 쉘이다. • 유닉스와 리눅스에서 가장 인기 있는 쉘이다.
zsh 쉘	• zsh는 zsh shell의 약자로, bash를 기반으로 한 쉘이다. • 강력하고 사용자 정의가 용이한 쉘로 설계되었다.

③ 유틸리티(Utility)
- 사용자의 편의를 위한 프로그램이다.
- 종류 : 편집기, 컴파일러, 인터프리터 등

3) UNIX 파일 시스템의 구조

부트 블록(Boot Block)	부팅에 필요한 코드를 저장하고 있는 블록이다.
슈퍼 블록(Super Block)	전체 파일 시스템에 대한 정보를 저장하고 있는 블록이다.
I-node 블록(Index Node Block)	각 파일에 대한 정보를 저장하고 있는 블록으로 파일 소유자의 식별번호, 파일 크기, 파일의 최종 수정 시간, 파일 링크 수 등의 내용을 가지고 있다.
데이터 블록(Data Block)	실제 데이터를 저장하고 있는 블록이다.

4) UNIX 명령어
① 시스템 관련 명령어

login	UNIX 시스템에 접속한다.
logout	UNIX 시스템 접속을 종료한다.
finger	시스템에 등록된 사용자의 정보를 표시한다.
who	현재 로그인 중인 각 사용자에 관한 정보를 표시한다.
ping	네트워크상의 문제를 진단한다.
fsck	파일 시스템의 무결성을 검사한다.
mount	기존 파일 시스템에 새로운 파일 시스템을 서브 디렉터리에 연결한다.
uname	현 시스템 정보를 확인한다. ★

★ 옵션 -a
시스템의 모든 정보를 출력한다.

② 프로세스 관련 명령어

fork	새로운 프로세스를 생성한다.
exec	새로운 프로세스를 수행한다. ★
exit	프로세스 수행을 종료한다.
wait	자식 프로세스 중 하나가 종료될 때까지 부모 프로세스를 임시로 중지시킨다.
kill	현재 실행 중인 프로세스를 종료하거나 한 줄 전체를 지운다.
ps	현재 실행 중인 프로세스의 상태를 표시한다.
getpid	자신의 프로세스 아이디를 구한다.
getppid	부모 프로세스 아이디를 구한다.

★ exec( )
주어진 명령어를 실행하기 위해 기존 프로세스의 메모리 공간을 교체하는 명령어로, 새로운 프로세스를 생성하지 않고 쉘 프로세스를 대체한다.

③ 디렉터리 관련 명령어

pwd	현재 작업 중인 디렉터리의 경로를 표시한다.
ls	현재 디렉터리 내의 모든 파일을 표시한다.
mkdir	디렉터리를 생성한다.
rd	파일 디렉터리를 삭제한다.
cd	디렉터리의 위치를 변경한다.

④ 파일 관련 명령어

creat	파일을 생성한다.
open	파일을 사용할 수 있는 상태로 준비시킨다.
cp	파일을 복사한다.
rm	파일을 삭제한다.
mv	파일의 이름을 바꾼다.
cat	파일의 내용을 화면에 표시한다. ★
chmod	파일의 사용 권한을 지정한다.
chown	파일의 소유자를 변경한다.

★ cat/etc/*release*
리눅스 릴리즈의 정보를 확인한다.

02 Linux

1) 개념

- 1990년대 초반에 핀란드의 컴퓨터공학과 학생이던 리누스 토발즈(Linus Torvalds)가 만든 오픈소스 컴퓨터 운영체제로 UNIX와의 호환이 완벽하다.
- 멀티 태스킹(Multi-tasking)과 멀티 유저(Multi-user)를 지원한다.
- 대소문자를 구분한다.
- UNIX와 유사한 명령 줄 인터페이스(CLI)를 사용한다.
- UNIX와 유사한 많은 프로그램을 사용할 수 있다.
- 그래픽 사용자 인터페이스(GUI)★를 사용할 수 있다.
- 컴퓨터, 서버, 슈퍼컴퓨터, 임베디드 시스템을 포함한 다양한 플랫폼에서 사용된다.
- 안정적이고 보안에 있어 안전하며 확장 가능한 운영체제다.
- 종류 : RHEL, CentOS, Fedora, Ubuntu, Raspbian, Kali 등

★ 그래픽 사용자 인터페이스(GUI) Graphical User Interface의 줄임말로, 사용자가 편리하게 사용할 수 있도록 입출력 등의 기능을 알기 쉬운 아이콘 따위의 그래픽으로 나타낸 방식이다.

2) 기능

안정성	오류를 수정하고 장애로부터 스스로를 보호할 수 있는 여러 메커니즘을 갖추고 있다.
보안	사용자를 공격으로부터 보호할 수 있는 여러 메커니즘을 갖추고 있다.
확장성	다양한 하드웨어 플랫폼에서 실행할 수 있으며 다양한 수의 사용자를 지원할 수 있다.
유연성	사용자의 요구에 맞게 사용자 정의할 수 있으며 다양한 애플리케이션을 실행할 수 있다.

3) umask

- 기본 파일의 권한을 변경할 때 사용하는 값이다.
- r은 읽기(read), w는 쓰기(write), x는 실행(excute) 권한을 의미한다.
- 파일의 초기 권한은 666이고 디렉터리는 777이며, 여기에 umask 값을 빼서 파일의 권한을 설정할 수 있다.

소유자			그룹			사용자		
r	w	x	r	w	x	r	w	x
4	2	1	4	2	1	4	2	1

- rwx(7)은 모든 권한을 갖는다(4+2+1=7).
- ---- (0)은 모든 권한이 해제된 상태이다.
- 예를 들어 파일 권한 644는 소유자(읽기+쓰기), 그룹(읽기), 사용자(읽기) 권한이 부여된 상태이며 파일 권한 테이블에 표시하면 다음과 같다.

소유자			그룹			사용자		
r	w	x	r	w	x	r	w	x
4	2	1	4	2	1	4	2	1

더 알기 TIP

리눅스에서 생성된 파일 권한이 644일 경우 umask 값을 구하시오.

- 파일의 초기 권한은 666-umask = 664이므로, 666-664 = 022이다.
- 따라서 umask 값은 022가 된다.
- 이를 권한 테이블에 표시하면 다음과 같다.

	소유자			그룹			사용자	
r	w	x	r	w	x	r	w	x
4	2	1	4	2	1	4	2	1

−

	소유자			그룹			사용자	
r	w	x	r	w	x	r	w	x
4	2	1	4	2	1	4	2	1

=

	소유자			그룹			사용자	
r	w	x	r	w	x	r	w	x
4	2	1	4	2	1	4	2	1

4) 로그 파일

utmp	• 현재 로그인한 사용자 상태 정보를 담고 있는 로그 파일이다. • 사용자의 로그인 세션 정보, 로그인 및 로그아웃 시간 등을 포함할 수 있다. • 주로 시스템 관리와 감시 목적으로 사용된다.
wtmp	• 성공한 로그인/로그아웃 정보와 시스템 boot/shutdown의 히스토리를 담고 있는 로그 파일이다. • 로그인 및 로그아웃 시간, 사용자 이름, 로그인 유형(터미널 또는 원격 접속) 등의 정보를 포함한다. • 시스템 보안 감사, 사용자 활동 추적, 리소스 사용 분석 등에 사용된다.
btmp	• 잘못된 로그인 시도, 암호 공격, 무단 액세스 등의 보안 위반 시도에 대한 정보를 기록한다. • 주로 시스템 보안 분석, 침입 탐지 시스템, 계정 보호를 위한 조치 등에 사용된다.

이론을 확인하는 기출문제

01 UNIX의 특징으로 옳지 않은 것은?
① 시분할 시스템을 위해 설계된 대화식 운영체제이다.
② 트리 구조의 파일 시스템을 갖추고 있다.
③ 대부분 어셈블리 언어로 작성되어 이식성이 낮다.
④ 멀티태스킹과 멀티유저를 지원한다.

> UNIX는 90% 이상이 C 언어로 작성되어 이식성이 높다.

02 UNIX 시스템 구성 요소에 해당하지 않는 것은?
① 커널(Kernel)
② 쉘(Shell)
③ 유틸리티(Utility)
④ 스레드(Thread)

> UNIX 시스템은 커널, 쉘, 유틸리티로 구성된다. 스레드는 프로세스 실행 단위이지 구성 요소가 아니다.

03 UNIX 파일 시스템에서 각 파일의 소유자, 크기, 수정 시간 등을 저장하는 블록은?
① 부트 블록(Boot Block)
② 슈퍼 블록(Super Block)
③ I-node 블록(Index Node Block)
④ 데이터 블록(Data Block)

> 파일 소유자, 크기, 링크 수, 수정 시간 등은 I-node 블록에 저장된다.
>
> **오답 피하기**
> • ① 부팅 관련 코드 저장
> • ② 파일 시스템 전체 정보 저장
> • ④ 실제 데이터 저장

04 다음 중 프로세스 관련 UNIX 명령어와 설명이 바르게 연결된 것은?
① fork - 현재 프로세스를 종료한다.
② exec - 새로운 프로세스를 생성한다.
③ exit - 새로운 프로세스를 실행한다.
④ kill - 실행 중인 프로세스를 종료한다.

> **오답 피하기**
> • ① fork는 새로운 프로세스 생성이다.
> • ② exec은 새로운 프로세스를 실행하지만 기존 프로세스를 대체한다.
> • ③ exit은 프로세스를 종료한다.

05 Linux에서 umask 값이 022라면, 새로 생성된 일반 파일의 권한은? (기본 권한 666)
① 666
② 644
③ 622
④ 600

> 파일 권한 = 666 - 022 = 644

06 Linux 로그 파일과 내용 연결로 옳은 것은?
① utmp - 실패한 로그인 기록
② wtmp - 로그인/로그아웃 및 부팅 기록
③ btmp - 현재 로그인 사용자 정보
④ utmp - 시스템 종료 및 부팅 기록

> **오답 피하기**
> • ① utmp는 현재 로그인 사용자 정보이다.
> • ③ btmp는 실패한 로그인 기록을 저장한다.
> • ④ utmp는 현재 로그인 상태 정보를 담는다.

정답 01 ③ 02 ④ 03 ③ 04 ④ 05 ② 06 ②

SECTION 06 기억장치 관리

빈출 태그 최적 적합 • 최초 적합 • 최악 적합 • 단편화

01 반입 전략

1) 개념
- 보조기억장치에 보관 중인 프로그램이나 데이터를 주기억장치로 언제 가져올 것인지 결정하는 전략이다.
- 반입 전략의 종류에는 요구 반입(Demand Paging)과 예상 반입(Anticipatory Paging)이 있다.

2) 종류

구분	요구 반입(Demand Paging)	예상 반입(Anticipatory Paging)
개념	프로세스가 필요로 할 때 페이지를 메모리로 반입	프로세스의 실행 특성을 예측하여 미리 페이지를 반입
기준 시점	실제 접근이 발생했을 때	접근이 발생하기 전에
장점	초기 부팅시간 단축, 메모리 사용량 최소화	페이지 부재(Page Fault) 최소화, 응답 시간 단축 및 성능 향상
단점	페이지 부재 발생 시 성능 저하 가능	불필요한 페이지 반입 시 메모리 낭비 가능
활용 원리	필요한 시점마다 적재	지역성(Locality) 및 실행 패턴 기반 예측 후 선반입
핵심 키워드	필요할 때 가져온다	필요하기 전에 준비한다

➕ 더 알기 TIP

요구 반입은 '지금 당장 필요한 것만 가져오는 효율형 전략', 예상 반입은 '앞으로 필요할 것을 미리 가져오는 예측형 전략'입니다.

02 기억장치 배치 전략

1) 개념
- 보조기억장치에 보관 중인 프로그램이나 데이터를 주기억장치 내의 어디로 가져올 것인지 결정하는 전략이다.
- 배치 전략의 종류에는 최초 적합(First-Fit), 최적 적합(Best-Fit), 최악 적합(Worst-Fit) 등이 있다.

2) 종류

최초 적합(First-Fit)	• 빈 공간 리스트의 처음부터 검색하여, 처음으로 맞는 크기의 빈 영역에 배치한다. • 기억장치 전체의 빈 공간을 검색하지 않아도 된다. • 사용되지 않는 작은 빈 공간이 누적되는 경우 배치 결정이 늦어질 수 있다.
최적 적합(Best-Fit)	• 전체 빈 공간 중 가장 작은 공백이 남는 부분에 배치한다. 즉, 배치 후 내부 단편화가 가장 적은 공간에 배치된다. • 가용 공간을 반만 탐색해도 필요한 공간을 찾을 수 있다. • 가용 공간 리스트가 크기순이 아니라면 전 리스트를 탐색해야 한다. • 메모리를 보다 효율적으로 사용할 수 있으나, 탐색 시간이 상대적으로 더 오래 걸릴 수 있다.
최악 적합(Worst-Fit)	• 전체 빈 공간 중 가장 큰 영역에 배치한다. • 가장 큰 공간에 프로세스를 할당하여 메모리 내의 작은 빈 공간들을 유지하는 방식이다.

> **기적의 TIP**
> 기억장치 배치 전략의 목표는 효율적인 공간 활용과 단편화(Fragmentation)의 최소화입니다.

> **기적의 TIP**
> 속도를 중시하면 최초 적합, 공간 효율을 중시하면 최적 적합, 큰 여유 공간 확보를 원하면 최악 적합 방식을 사용합니다.

➕ 더 알기 TIP

기억장치 배치 전략의 예시

현재 메모리의 빈 공간이 다음과 같다. 새로 들어올 프로세스의 크기가 212KB일 때, 각 배치 전략에 따라 배치하시오.

블록 번호	크기(KB)
①	100
②	500
③	200
④	300
⑤	600

최초 적합(First-Fit)	첫 번째로 맞는 500KB에 배치
최적 적합(Best-Fit)	가장 근접한 300KB에 배치(남는 공간 88KB)
최악 적합(Worst-Fit)	가장 큰 600KB에 배치

03 단편화(Fragmentation)

1) 개념
- 주기억장치 상에서 빈번하게 기억 장소가 할당되고 반납됨에 따라 기억장소들이 조각들로 나누어지는 현상이다.
- 즉, 전체 메모리 용량은 충분하지만 연속적인 빈 공간이 부족하여 새로운 프로세스를 배치할 수 없는 상태를 의미한다.
- 단편화의 유형에는 내부 단편화(Internal Fragmentation)와 외부 단편화(External Fragmentation)가 있다.

2) 유형

구분	내부 단편화(Internal Fragmentation)	외부 단편화(External Fragmentation)
발생 원인	고정 분할(Fixed Partition) 등에서, 프로세스 크기보다 할당된 공간이 큰 경우	가변 분할(Variable Partition) 등에서, 빈 공간이 흩어져 연속적이지 않은 경우
특징	할당된 영역 안에서 남는 공간이 사용되지 못함, 메모리 안 '블록 내부 낭비'	전체적으로 빈 공간이 있지만 분산되어 있음, '블록 사이 낭비'
발생 위치	메모리 내부(할당된 블록 내부)	메모리 외부(블록 사이)
해결 방법	가변 분할 사용, 세분화된 할당	압축(Compaction), 통합(Coalescing), 페이징(Paging) / 세그먼테이션(Segmentation)

> **기적의 TIP**
> 내부 단편화는 '방 안에 남는 자리'의 문제이고, 외부 단편화는 '방은 많지만 이어지지 않은 공간'의 문제입니다.

더 알기 TIP

내부 단편화와 외부 단편화의 예시

내부 단편화	100KB 공간에 프로세스 80KB를 배치한 경우
	→ 남은 20KB는 내부적으로 사용 불가, 다른 프로세스에 배정할 수 없음
외부 단편화	여러 프로세스 종료 후, 빈 공간이 중간중간 흩어진 상태
	→ 총 40KB 빈 공간이 있지만, 연속적이지 않아 새로운 35KB 프로세스를 배치할 수 없음

이론을 확인하는 기출문제

01 다음 중 요구 반입(Demand Paging)에 대한 설명으로 옳은 것은?

① 프로세스의 실행 특성을 예측하여 미리 페이지를 반입한다.
② 접근이 발생하기 전에 페이지를 메모리로 반입한다.
③ 페이지 부재(Page Fault)가 발생할 수 있다.
④ 불필요한 페이지 반입으로 인한 메모리 낭비가 발생한다.

요구 반입은 실제 접근이 발생했을 때 필요한 페이지만 메모리로 가져오는 전략이다. 따라서 페이지 부재가 발생할 수 있다.

오답 피하기
①, ②, ④ : 예상 반입의 특징

02 기억장치 배치 전략에 대한 설명으로 옳지 <u>않은</u> 것은?

① 최초 적합(First-Fit)은 빈 공간 리스트의 처음부터 검색하여 첫 번째로 맞는 크기의 영역에 배치한다.
② 최적 적합(Best-Fit)은 전체 빈 공간 중 가장 작은 공백이 남는 부분에 배치한다.
③ 최악 적합(Worst-Fit)은 전체 빈 공간 중 가장 큰 영역에 배치한다.
④ 최적 적합은 검색 속도가 가장 빠르며, 단편화 발생 가능성이 가장 적다.

최적 적합은 공간 효율은 높지만, 검색 속도가 느리다.

03 다음 설명 중 내부 단편화(Internal Fragmentation)의 특징으로 옳은 것은?

① 메모리 외부의 작은 빈 공간들로 인해 발생한다.
② 여러 프로세스 종료 후 연속되지 않은 빈 공간이 남는다.
③ 고정 분할 방식에서 할당된 영역 내 사용되지 않는 공간이 발생한다.
④ 압축(Compaction)으로 쉽게 해결된다.

내부 단편화는 할당된 블록 내부에서 낭비되는 공간으로, 고정 분할 방식에서 주로 발생한다.

오답 피하기
- ①, ② : 외부 단편화
- ④ : 외부 단편화의 해결 방법

04 다음 중 외부 단편화(External Fragmentation)의 해결 방법으로 가장 적절한 것은?

① 가변 분할 방식 사용
② 페이징(Paging) 또는 세그먼테이션(Segmentation) 적용
③ 고정 크기 할당
④ 프로세스 내부 메모리 압축

외부 단편화는 빈 공간이 흩어져 연속적이지 않은 문제로, 논리적 주소 분할 방식인 페이징(Paging)이나 세그먼테이션(Segmentation)을 통해 해결할 수 있다.

오답 피하기
- ① : 내부 단편화 완화
- ③ : 내부 단편화 증가
- ④ : 내부 메모리는 내부 단편화의 문제

정답 01 ③ 02 ④ 03 ③ 04 ②

SECTION 07 가상 기억장치

빈출 태그 세그먼테이션・페이징・페이지 부재・워킹 셋・스래싱・LRU

01 가상 기억장치(Virtual Memory)

1) 개념
- 주기억장치(RAM)의 부족한 용량을 해결하기 위해 보조기억장치를 주기억장치처럼 사용하는 기법이다.
- 가상 기억장치의 일반적인 구현 방법에는 세그먼테이션 기법과 페이징 기법이 있다.

2) 구현 방법

① 세그먼테이션(Segmentation)
- 프로그램을 논리적인 단위(모듈)로 나누어 관리하는 방식이다.
- 각 세그먼트(Segment)*는 의미 있는 코드나 데이터 블록(main, 함수, 배열, 스택 등)이다.
- 세그먼트마다 크기가 다르며, 논리적 의미 단위로 주소 변환이 이루어진다.
- 사용자가 인식하는 논리 구조 그대로 메모리 관리가 가능하다.

★ 세그먼트(Segment)
프로그램을 보다 작은 논리적 크기로 나눈 단위로, 주기억장치에 읽어들일 수 있는 크기의 프로그램 최소 단위

② 페이징(Paging)
- 프로세스와 주기억장치 모두를 동일한 크기의 블록(페이지) 단위로 나누는 방식이다.
- 프로세스의 논리적 주소 공간을 '페이지(Page)*' 단위로 쪼개고, 주기억장치는 같은 크기의 '페이지 프레임(Frame)'으로 나누어 관리한다.
- 가상 기억장치에서 주기억장치로 주소를 조정(매핑)하기 위해 페이지의 위치 정보를 가진 페이지 맵 테이블이 필요하다.
- 페이지 크기에 따른 시스템 성능 비교

★ 페이지(Page)
가상 기억장치에 보관된 프로그램과 주기억장치의 영역을 동일한 크기로 나눈 것

구분	테이블 크기	단편화	디스크 접근 횟수	입・출력 (I/O) 시간	I/O 효율	메모리 활용 효율
페이지 크기 ↑	↓	↑	↓	↓	↑	↓
페이지 크기 ↓	↑	↓	↑	↑	↓	↑

> **기적의 TIP**
> I/O 효율과 I/O 횟수는 반비례의 개념입니다. 즉, 입・출력이 적을수록 효율이 높다고 생각해 주세요.

➕ **더 알기** TIP

세그먼테이션과 페이징 비교

구분	세그먼테이션(Segmentation)	페이징(Paging)
단위 기준	프로그램의 논리적 단위(코드, 함수, 데이터 등)	메모리의 물리적 단위(고정 크기 페이지)
단위 크기	가변 크기(각 세그먼트마다 다름)	고정 크기(모든 페이지 동일)
주소 구성	세그먼트 번호 + 오프셋	페이지 번호 + 오프셋
단편화 발생	외부 단편화 발생 가능	내부 단편화 발생 가능
특징	사람이 이해하기 쉬운 구조 (논리 중심 기법)	컴퓨터가 효율적으로 관리하기 쉬운 구조 (물리 중심 기법)
장점	프로그램 구조를 반영하여 관리 용이, 공유 및 보호 쉬움	외부 단편화 없음, 메모리 효율적 관리
단점	외부 단편화, 테이블 관리 복잡	내부 단편화, 테이블 크기 증가

02 페이지 부재(Page Fault)

1) 개념
- CPU가 참조하려는 페이지가 주기억장치(Main Memory)에 없는 현상을 말한다.
- 페이지 부재가 발생하면 운영체제(OS)가 이를 감지하고, 필요한 페이지를 보조기억장치(Disk)에서 주기억장치로 적재한다.
- 운영체제는 효율적인 페이지 교체 알고리즘을 통해 페이지 부재 횟수를 최소화하여 시스템 성능을 향상시킨다.

> 🚩 **기적의 TIP**
>
> 페이지 부재는 가상 메모리 시스템에서 반드시 발생하는 현상이며, 운영체제가 이를 얼마나 효율적으로 처리하느냐가 시스템 성능을 결정짓는 핵심 포인트입니다.

2) 발생 상황

① 요청된 페이지가 주기억장치에 없는 경우
- 발생 조건 : 페이지가 현재 메모리에 적재되어 있지 않음
- 현상 : 프로세스가 접근하려는 페이지가 메모리에 없으면 페이지 부재(Page Fault)가 발생한다. 이때 운영체제는 보조기억장치(Disk)에서 해당 페이지를 읽어와 주기억장치에 적재한다.

② 페이지 테이블(Page Table) 엔트리 오류
- 발생 조건 : 주소 매핑 정보가 잘못되었거나 비유효 상태
- 현상 : 페이지 테이블은 논리 주소(Logical Address)를 물리 주소(Physical Address)로 매핑한다. 이 매핑 정보가 잘못되었거나 유효하지 않으면 올바른 프레임(Frame)을 찾지 못해 페이지 부재가 발생한다.

> 🚩 **기적의 TIP**
>
> 페이지 부재는 단순히 페이지가 메모리에 없을 때만이 아니라, 주소 매핑 정보가 유효하지 않거나 접근 권한이 위반될 때도 발생합니다.

③ 접근 권한 위반(Protection Violation)
- 발생 조건 : 접근 권한 부족 또는 잘못된 접근 방식
- 현상 : 프로세스가 읽기 전용 페이지에 쓰기(write) 시도, 또는 권한이 없는 영역 접근 시 페이지 부재가 발생할 수 있다. 이 경우 운영체제는 예외(Exception) 처리 또는 프로세스 중단을 수행한다.

3) 페이지 부재 처리 절차

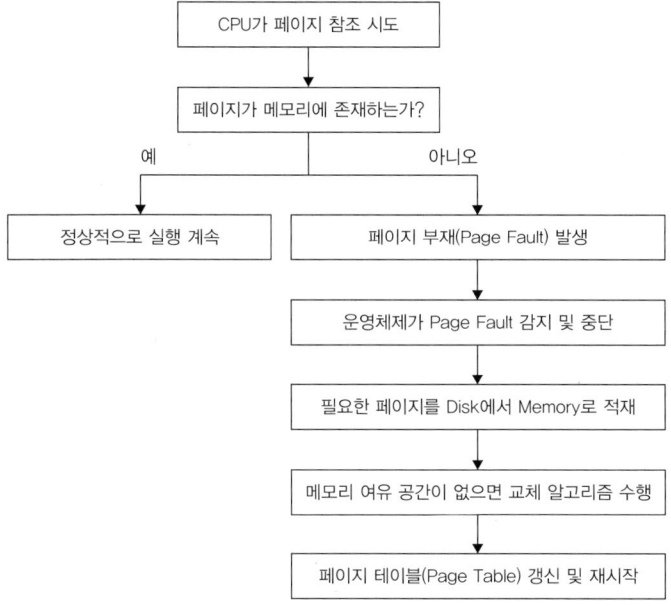

① 페이지 부재 감지(Page Fault Detection)
- 페이지 부재 예외(Page Fault Exception)를 감지하고, CPU가 이를 운영체제에 알린다.
- CPU는 해당 페이지가 메모리에 없음을 인식하고 트랩(Trap)을 발생시켜 운영체제 커널 모드로 전환한다.

② 페이지 적재 요청(Page Fetch / Swap-in)
- 디스크(Disk)에서 해당 페이지를 주기억장치로 가져온다.
- 운영체제는 보조기억장치의 스왑 영역(Swap Area)에서 해당 페이지를 읽어 메모리에 적재한다. 이 과정을 페이지 스와핑(Page Swapping) 또는 Page-in이라 한다.

③ 페이지 테이블 갱신(Page Table Update)
- 페이지가 적재된 물리적 위치를 페이지 테이블에 반영한다.
- 해당 페이지의 프레임(Frame) 번호, 유효 비트(Valid Bit) 등을 갱신하여 올바른 주소 변환이 가능하도록 한다.

④ 프로세스 재시작(Restart Instruction)
- 중단되었던 명령부터 다시 실행한다.
- CPU는 페이지 부재가 발생한 명령어를 다시 수행하여 정상적인 프로그램 흐름으로 복귀한다.

> **더 알기 TIP**
>
> 3개의 페이지를 수용할 수 있는 주기억장치가 있으며, 초기에는 모두 비어 있다고 가정한다. 다음의 순서로 페이지 참조가 발생할 때, FIFO 페이지 교체 알고리즘을 사용할 경우 몇 번의 페이지 부재가 발생하는가?
>
> 페이지 참조 순서 : 1, 2, 3, 1, 2, 4, 1, 2, 5
>
> | 참조 페이지 | 1 | 2 | 3 | 1 | 2 | 4 | 1 | 2 | 5 |
> |---|---|---|---|---|---|---|---|---|---|
> | 프레임 1 | 1 | 1 | 1 | 1 | 1 | 4 | 4 | 4 | 5 |
> | 프레임 2 | | 2 | 2 | 2 | 2 | 2 | 1 | 1 | 1 |
> | 프레임 3 | | | 3 | 3 | 3 | 3 | 3 | 2 | 2 |
> | 페이지 부재 | ○ | ○ | ○ | | | ○ | ○ | ○ | ○ |
>
> 총 7번의 페이지 부재가 발생한다.

03 가상 기억장치의 성능 관련 개념

1) 구역성(Locality)

- 프로세스가 실행되는 동안 일부 페이지만 집중적으로 참조되는 경향을 말한다.
- 이는 페이지 부재(Page Fault)를 줄이고, 메모리 접근 효율을 높이는 가상 기억 장치의 핵심 원리이다.
- 종류

시간 구역성 (Temporal Locality)	• 시간적으로 가까운 시점에 접근한 데이터는 재사용될 가능성이 높은 성질 • 예 반복문(Loop), 스택(Stack), 지역 변수, 부프로그램(Subprogram) 등
공간 구역성 (Spatial Locality)	• 한 번 접근한 주소 근처의 인접 주소들도 곧 접근될 가능성이 높은 성질 • 예 배열 순회(Array Traversal), 순차적 코드 실행 등

2) 워킹 셋(Working Set)

- 프로세스가 일정 시간 동안 자주 참조하는 페이지들의 집합을 의미한다.
- 일반적으로 최근에 사용된 페이지들로 구성되며, 프로세스 실행에 필요한 최소 페이지 단위를 가리킨다.
- 운영체제는 워킹 셋 크기(Working Set Size)를 적절히 유지하여 페이지 부재를 최소화하고 성능을 최적화한다.

> **기적의 TIP**
>
> 워킹 셋은 프로세스가 한 시점에서 실제로 필요로 하는 페이지들의 집합이다. 이를 충분히 메모리에 유지하면 스래싱(Thrashing)을 방지할 수 있다.

3) 스래싱(Thrashing)

- 과도한 페이지 부재(Page Fault)로 인해 프로세스 수행보다 페이지 교체에 더 많은 시간이 소요되는 현상을 말한다.
- 주로 메모리 부족 상황에서 발생하며, 프로세스가 동시에 필요한 페이지를 모두 메모리에 유지하지 못해 지속적으로 페이지 부재와 디스크 I/O가 반복되는 상태이다.

> **기적의 TIP**
>
> - 구역성은 '왜(Page Fault가 줄어드는가)'를 설명하고,
> - 워킹 셋은 '어떻게(페이지를 관리할 것인가)'를 보여주며,
> - 스래싱은 '결과(과도할 때 생기는 문제)'를 나타냅니다.

04 기억장치 교체 전략

1) 개념
- 주기억장치(Main Memory)의 모든 페이지 프레임이 사용 중일 때 어떤 페이지를 교체(제거)할지를 결정하는 알고리즘이다.
- 교체 전략의 목적은 페이지 부재(Page Fault) 횟수를 최소화하여 시스템 성능을 향상시키는 것이다.

2) 종류

① OPT(Optimal Replacement)
- 이후에 가장 오랫동안 사용되지 않을 페이지를 교체한다.
- 최소 페이지 부재율을 보장하지만, 실제 구현은 불가능(미래 예측 불가능)하다.
- 이상적인 알고리즘이다.

② FIFO(First In First Out)
- 가장 먼저 메모리에 적재된 페이지(가장 오래된 페이지)를 먼저 교체한다.
- 큐(Queue) 구조를 사용한다.
- 구현이 단순하지만, Belady의 anomaly(프레임 늘려도 부재↑)가 발생할 수 있다.

③ LRU(Least Recently Used)
- 가장 오랫동안 사용되지 않은 페이지를 교체한다.
- 각 페이지의 최근 사용 시점을 추적하여 과거 사용 이력을 기반으로 교체한다.
- 최근 사용한 페이지를 유지할 수 있어서 효율적이다.
- 구현이 복잡하며, 하드웨어에 부담을 줄 수 있다.

④ LFU(Least Frequently Used)
- 참조 횟수가 가장 적은 페이지(사용 빈도 낮은 페이지)를 교체한다.
- 페이지마다 참조 횟수 카운터를 유지해야 한다.
- 사용률 낮은 페이지를 제거할 수 있지만, 초기 접근 페이지 유지가 불가능하고, 구현이 복잡하다.

⑤ NUR(Not Used Recently)
- 최근에 사용되지 않은 페이지를 교체한다.
- 각 페이지에 참조 비트(Reference bit)와 변경 비트(Modify bit)를 둔다.
- 하드웨어 비트로 간단하게 구현할 수 있다.
- 정확도는 LRU보다 떨어진다.

⑥ SCR(Second Chance Replacement)
- FIFO의 단점을 보완한 기법이다.
- FIFO 기반이지만 참조 비트가 1이면 교체 기회를 연기(Second Chance)한다.
- 참조 비트 0인 페이지만 교체하여 불필요한 교체를 방지한다.
- 교체 순환 시 오버헤드가 발생할 수 있다.

> **기적의 TIP**
> - OPT : 이상적 기준, 실제 구현 불가
> - FIFO : 단순하지만 효율 낮음
> - LRU : 최근 사용 안 한 페이지 교체 → 효율 ↑
> - LFU : 사용 빈도 낮은 페이지 교체 → 오래된 데이터 제거
> - NUR : 최근 참조 X 페이지 교체 → 구현 간단
> - SCR : FIFO에 '두 번째 기회' 부여로 효율 개선

이론을 확인하는 기출문제

01 다음 설명 중 옳지 않은 것은?

① 가상 기억장치는 보조기억장치를 주기억장치처럼 사용하는 기법이다.
② 세그먼테이션은 내부 단편화, 페이징은 외부 단편화가 주로 발생한다.
③ 세그먼테이션은 논리 단위(코드·데이터 등) 기준으로 주소 변환을 수행한다.
④ 페이징은 프로세스와 메모리를 동일 크기 블록(페이지/프레임)으로 관리한다.

세그먼테이션 → 외부 단편화, 페이징 → 내부 단편화

02 페이지 크기를 증가시켰을 때의 변화로 가장 적절하지 않은 것은?

① 페이지 맵 테이블 크기 감소
② 내부 단편화 증가
③ 디스크 I/O(접근) 횟수 증가
④ I/O 효율 증가

페이지가 커지면 한 번에 더 많이 옮겨 I/O 횟수는 감소, I/O 효율은 증가. 테이블 크기는 줄고 내부 단편화는 늘어난다.

03 페이지 부재 발생 시 올바른 처리 순서로 나열한 것은?

A. 페이지 테이블 갱신
B. 페이지 부재 감지(트랩 발생, 커널 모드 전환)
C. 디스크에서 페이지 적재(Page-in/Swap-in)
D. 프로세스 재시작(중단 명령부터 재실행)

① B → C → A → D
② C → B → A → D
③ B → A → C → D
④ A → B → C → D

부재 감지 → 디스크에서 적재 → 테이블 갱신 → 재시작

04 다음 중 연결이 옳은 것을 모두 고르면?

㉠ 구역성(Locality) : 페이지 부재를 줄이는 원리
㉡ 워킹 셋(Working Set) : 일정 시간 자주 참조되는 페이지 집합
㉢ 스래싱(Thrashing) : 과도한 페이지 부재로 CPU 이용률 상승

① ㉠
② ㉠, ㉡
③ ㉡, ㉢
④ ㉠, ㉡, ㉢

스래싱은 CPU 이용률 급락과 디스크 I/O 폭증이 특징이다.

05 3개의 페이지를 수용할 수 있는 주기억장치가 있으며, 초기에는 모두 비어 있다고 가정한다. 다음의 순서로 페이지 참조가 발생할 때, FIFO 페이지 교체 알고리즘을 사용할 경우 몇 번의 페이지 부재가 발생하는가?

페이지 참조 순서 : 1, 2, 3, 2, 4, 2, 1

① 3회
② 4회
③ 5회
④ 6회

1(F), 2(F), 3(F) → [1,2,3]
2(hit)
4(F) → 1 교체 → [4,2,3]
2(hit)
1(F) → 2 교체 → [4,1,3]
부재 : 1,2,3,4,1 → 총 5회

참조 페이지	1	2	3	2	4	2	1
프레임 1	1	1	1	1	4	4	4
프레임 2		2	2	2	2	2	1
프레임 3			3	3	3	3	3
페이지 부재	○	○	○		○		○

정답 01 ② 02 ③ 03 ① 04 ② 05 ③

CHAPTER

02

네트워크 개론

학습 방향

네트워크의 기본 구조, OSI 7계층, TCP/IP 프로토콜, IP 주소 체계를 학습합니다. 특히 전송계층과 TCP/UDP, 라우팅과 서브넷 문제는 높은 출제 빈도를 보입니다. OSI 7계층은 암기구호를 활용해 순서를 외우고, 각 계층의 역할·프로토콜을 표로 정리하세요. TCP vs UDP 차이, IPv4/IPv6 차이는 비교표로 학습하면 효과적입니다. 라우팅 문제는 그림을 그려 직접 경로를 표시하는 방식으로 연습하세요.

출제 빈도

SECTION	난이도	비율
SECTION 01	중	20%
SECTION 02	상	30%
SECTION 03	상	30%
SECTION 04	상	20%

SECTION 01 데이터 통신의 개요

출제빈도 상 중 하
반복학습 1 2 3

빈출 태그 DTE • DCE • 직렬/병렬 전송 • 동기/비동기 전송 • CSMA/CD • 이더넷 • 라우터

> **기적의 TIP**
> 데이터 통신을 학습하기 위한 기초를 학습한다는 생각으로 가볍게 정리하세요.

01 데이터 통신 시스템의 구성

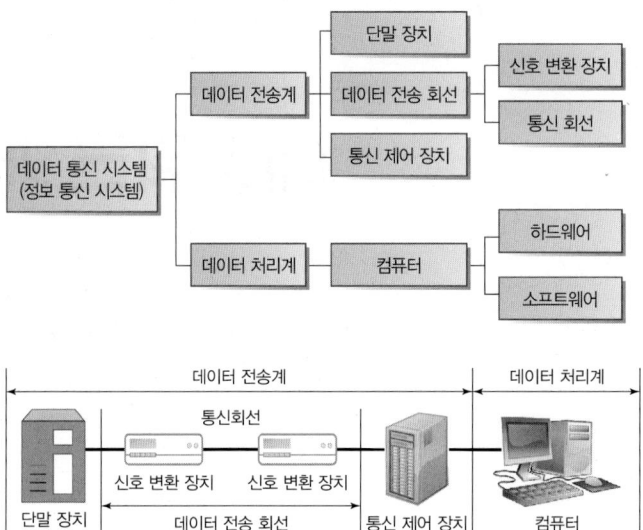

1) 데이터 전송계

① 단말 장치(DTE, Data Terminal Equipment)
- 데이터 통신 시스템과 사용자의 접점에 위치하여 데이터의 입·출력을 처리하는 장치이다.
- 기능 : 입·출력 기능, 전송 제어 기능, 기억 기능
- 종류

입력 전용 단말 장치	• 데이터 입력만 가능 • 키보드, 판독기(OMR/OCR/MICR) 등
출력 전용 단말 장치	• 데이터 출력만 가능 • 모니터, 프린터 등
입·출력 공용 단말 장치	• 입력과 출력 모두 가능 • 대부분의 단말 장치
스마트(Smart) 단말 장치	• 작업 처리 가능 • 지능형(Intelligent) 단말 장치라고도 함
더미(Dummy) 단말 장치	• 작업 처리 불가 • 비지능형(Non-intelligent) 단말 장치라고도 함

② 신호 변환 장치(DCE, Data Circuit-terminating Equipment)
- 단말 장치나 컴퓨터의 데이터와 통신 회선의 신호 간의 변환을 수행하는 장치이다.
- 데이터 회선 종단 장치(DCE, Data Circuit-terminal Equipment)라고도 한다.
- 종류

전화(Phone)	아날로그 신호 → 아날로그 회선
모뎀(MODEM, MOdulator/DEModulator)	디지털 신호 → 아날로그 회선
코덱(CODEC, COder/DECoder)	아날로그 신호 → 디지털 회선
DSU(Digital Service Unit)	디지털 신호 → 디지털 회선

➕ 더 알기 TIP

DTE, DCE 접속 규격

서로 다른 하드웨어인 단말 장치(DTE)와 신호 변환 장치(DCE, 데이터 회선 종단 장치) 간의 접속을 정확하게 수행하기 위한 기계적, 전기적, 기능적, 절차적 특성을 사전에 정의해 놓은 규격을 의미한다.

ITU-T★	V 시리즈	• DTE와 아날로그 통신 회선 간에 접속할 때의 규정을 정의한다. • 공중 전화 교환망(PSTN)을 통한 DTE/DCE 접속 규격이다. • V.24 : 데이터 터미널과 데이터 통신 기기의 접속 규격으로 기능적, 절차적 조건에 관한 규정이다.
	X 시리즈	• DTE와 디지털 교환망 간에 접속할 때의 규정을 정의한다. • 공중 데이터 교환망(PSDN)을 통한 DTE/DCE 접속 규격이다. • X.25 : 패킷 전송을 위한 DTE/DCE 접속 규격이다. • X.400 : 전자 메시지 처리 시스템(MHS★)의 시스템과 서비스를 규정하는 권고안이다.
EIA★	RS-232C	• DTE와 DCE 간의 물리적 연결과 신호 수준을 정의한다. • 공중 전화 교환망(PSTN)을 통한 DTE/DCE 접속 규격이다. • ISO2110, V.24, V.28을 사용하는 접속 규격이 있다.
ISO★	ISO 2110	• 공중 전화 교환망(PSTN)을 통한 DTE/DCE 접속 규격이다. • 주로 기계적 조건에 관한 규정이다.

★ ITU-T
International Telecommunication Union-Telecommunication, Standardization Sector

★ MHS
Message Handling Service

★ EIA
Electronic Industries Association

★ ISO
International Standards Organization

③ 통신 제어 장치(CCU, Communication Control Unit)

- 전송 회선과 컴퓨터 사이에 위치하여 컴퓨터를 대신해 전송 관련 제어 기능을 수행하는 장치이다.
- 회선 속도와 중앙 처리 장치 사이의 속도 차이를 조정한다.
- 통신 회선을 전기적으로 연결하고 송·수신이나 전송을 제어한다.
- 통신의 시작과 종료 제어, 전송 문자의 조립, 분해, 송신권 제어, 동기 제어, 오류 제어, 응답 제어 등을 한다.
- 제어 정보를 식별하고 통신 방식이나 다중 접속을 제어한다.
- 기밀 보호 기능을 제공한다.
- 전송 제어, 동기 제어, 오류 제어 등의 기능을 수행한다.

2) 데이터 처리계

하드웨어	중앙 처리 장치, 주변 장치
소프트웨어	운영체제, 통신 소프트웨어

02 데이터 전송 기술

1) 아날로그(Analog) 전송
- 아날로그 신호는 시간상으로 연속인 전압, 전류 또는 그 밖의 형태 신호이다.
- 신호의 감쇠 현상이 심해 장거리 전송 시 증폭기(Amplifier)에 의해 신호 증폭 후 전송해야 한다.

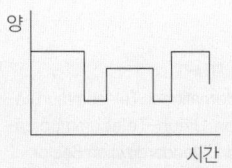
▲ 아날로그(Analog) 전송
▲ 디지털(Digital) 전송

2) 디지털(Digital) 전송
- 디지털 신호는 전기적인 2가지 상태(0 또는 1)로만 표현되는 신호이다.
- 장거리 전송 시 데이터의 감쇠 및 왜곡 현상을 방지하기 위해서 리피터(Repeater)를 사용한다.
- 전송 용량을 다중화하여 효율성이 높다.
- 암호화 작업이 가능하므로 안정성이 높다.
- 신호의 잡음을 제거할 수 있고 오류 검출이 쉽다.
- 신호가 0 또는 1의 값만 가지고 있어 신호 증폭이 용이하다.
- 아날로그에 비해 비용이 적게 들고 정보의 암호화가 쉽다.
- 전송량을 다중화할 수 있어 효율이 높고 전송 장비의 소형화가 가능하다.
- 아날로그 신호보다 많은 대역폭이 필요하다.

➕ 더 알기 TIP

PCM(Pulse Code Modulation, 펄스 코드 변조)
- 송신측에서 아날로그 데이터를 표본화하여 PAM(펄스 진폭 변조) 신호를 만든 후 양자화, 부호화 과정을 거쳐 디지털 형태로 전송하는 방식이다.
- PCM 과정 : 표본화 → 양자화 → 부호화

3) 통신 방식의 종류

단방향(Simplex) 통신	• 한쪽으로만 전송이 가능한 방식이다. • 예 TV, 라디오
반이중(Half-duplex) 통신	• 양쪽 방향으로 전송할 수 있지만, 동시에 양쪽에서 전송할 수는 없는 방식이다. • 예 무전기
전이중(Full-duplex) 통신	• 동시에 양쪽 방향에서 전송이 가능한 방식이다. • 예 전화

4) 직렬 전송과 병렬 전송

① 직렬 전송
- 비트들의 열이 하나의 전송 선로를 통해 순서에 따라 전송되는 방식이다.
- 모든 비트가 동일한 전송선을 사용하기 때문에 전송선이 비트별로 대응되는 병렬 전송 방식보다 장거리 전송에 유리하다.

② 병렬 전송
- 각 비트가 각자의 전송 선로를 통해 한꺼번에 전송되는 방식이다.
- 단위 시간에 다량의 데이터를 전송할 수 있지만 전송 거리가 멀어지면 전송선별로 비트가 도착하는 시간이 다를 수 있기 때문에 원래의 비트 블록을 복원하기 어렵고 비용도 많이 든다.
- 전송 선로가 직렬 전송에 비해 많으므로 전송 속도가 빠르다.
- 컴퓨터의 CPU와 주변 장치 사이의 전송에 이용된다.

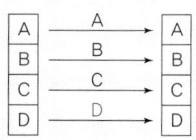
▲ 직렬 전송

▲ 병렬 전송

➕ 더 알기 TIP

PSK(Phase Shift Keying, 위상 편이 변조)
- 디지털 데이터를 반송파(carrier)의 위상 변화로 표현하는 디지털 변조 방식이다.
- 0과 1 등의 비트를 위상의 각도로 구분하여 전송하며, 대표적으로 BPSK(2위상)와 QPSK(4위상) 방식이 있다.

비트 신호 단위	위상(Phase) 수	진법(Base)	전송 속도 관계
1비트(Onebit)	2위상	2진	1 bps = 1 baud
2비트(Dibit)	4위상	4진	2 bps = 1 baud
3비트(Tribit)	8위상	8진	3 bps = 1 baud

5) 동기식 전송과 비동기식 전송

① 동기식(Synchronous) 전송
- 문자 또는 비트들이 데이터 블록을 송 · 수신한다.
- 전송 속도가 빠르고 효율이 높으며, 주로 원거리 전송에 사용한다.
- 프레임(Frame)은 동기 문자와 제어 정보, 데이터 블록으로 구성된다.
- 제어 정보의 앞부분을 프리앰블, 뒷부분을 포스트앰블이라고 한다.
- 정보 프레임 구성에 따라 문자 동기 방식, 비트 동기 방식, 프레임 동기 방식으로 구분한다.

② 비동기식(Asynchronous) 전송
- Byte와 Byte를 구분하기 위해 문자의 앞뒤에 각각 Start Bit와 Stop Bit를 가진다.
- 동기식보다 주로 저속도의 전송에 이용된다.
- 비트열이 전송되지 않을 때는 휴지 상태(Idle Time)가 된다.
- 12,000bps 이하의 저속 단거리 통신에 사용된다.
- 송신측에서 유휴 상태 비트를 전송하다가 전송 데이터가 발생하면 시작 비트 0을 전송한 뒤 데이터를 전송하는 방식이다.

03 컴퓨터 네트워크

1) 개념
- 네트워크(통신망, Network)란 원하는 정보를 원하는 수신자 또는 기기에 정확하게 전송하기 위한 기반 인프라를 의미한다.
- 컴퓨터 네트워크는 일반적으로 네트워크라고 불리며, 유·무선 매체를 이용하여 통신 설비를 갖춘 장치를 연결하는 통신망이다.

2) 네트워크 사용 시 장점
- 네트워크를 구축하여 서버를 통해 구성원들 간에 데이터 공유를 편리하게 할 수 있다.
- 주변 장치를 공유하여 공간 및 비용을 절약할 수 있다.
- 저장 서버를 지정하면 중복 백업을 방지하여 백업이 용이하다.
- 거리와 공간의 제약을 극복함으로써 다양한 응용 프로그램과 서비스 지원이 용이하다.
- 사용자에게 편리성과 효율성을 제공할 수 있다.

3) 거리(규모)에 따른 네트워크 분류

PAN (Personal Area Network)	• 개인 통신망이다. • 개인의 작업 공간을 중심으로 장치들을 서로 연결하기 위한 가장 작은 규모의 네트워크이다.
LAN (Local Area Network)	• 근거리 네트워크이다. • 회사, 학교 등 한정된 지역에서 컴퓨터, 프린터, 스캐너 등의 장치들을 연결하여 구축한 네트워크이다.
MAN (Metropolitan Area Network)	• 도시권 네트워크이다. • LAN의 확장형으로, 하나의 도시와 같이 LAN보다 더 큰 규모의 네트워크이다.
WAN (Wide Area Network)	• 광대역 네트워크이다. • MAN보다 더 넓은 범위와 규모의 네트워크이며, 멀리 떨어진 지역을 네트워크로 구성한다.

04 LAN(Local Area Network)

1) 개념
- 동일 빌딩 내 또는 수백 m~수 Km 이내의 한정된 지역 내 등 비교적 좁은 지역에 분산 배치된 컴퓨터와 프린터 등의 단말기를 통신 회선으로 연결하여 각종 정보를 교환할 수 있는 통신 네트워크이다.

2) 특징
- 단일 기관의 소유 및 제한된 지역 내의 네트워크이다.
- 어떤 종류의 통신 시스템 기기와도 연결할 수 있다.
- 광대역 전송 매체의 사용으로 고속 통신이 가능하다.

- 오류 발생률이 낮으며, 전송 지연을 최소화할 수 있다.
- 공유 매체 사용으로 경로 선택 없이 매체에 연결된 모든 장치로 데이터 전송이 가능하다.
- 통신기기의 재배치와 확장성이 좋다.
- 스마트폰, 태블릿, PC 등을 연결하는 Wi-Fi 기술을 이용한 무선 LAN(Wireless Local Area Network)의 비중이 높아지고 있다.

더 알기 TIP

LAN 전송 매체

LAN(Local Area Network)에서는 여러 종류의 케이블을 사용하여 장치 간 데이터를 전송한다. 대표적인 전송 매체로는 UTP 케이블을 사용하는 100BASE-T 규격이 있다.

100BASE-T	100Mbps의 전송 속도를 가지는 이더넷 표준 규격으로, 'BASE'는 베이스밴드 전송 방식을, 'T'는 Twisted Pair(꼬임쌍선) 케이블 사용을 의미한다.
UTP 케이블 (Unshielded Twisted Pair)	전자파 간섭을 줄이기 위해 두 가닥의 구리선을 서로 꼬아 만든 비차폐 꼬임쌍선 케이블이다. 일반적으로 우리가 사용하는 LAN 케이블이 여기에 해당한다.

3) LAN의 기본 형태(위상, 토폴로지, Topology)

형태	그림	설명
스타형(Star, 성형)		• 중앙에 호스트 컴퓨터(Host Computer)가 있고 이를 중심으로 터미널(Terminal)들이 연결되는 중앙 집중식의 네트워크 구성 형태이다. • 중앙 컴퓨터와 직접 연결되어 응답이 빠르고 통신 비용이 적게 소요되지만, 중앙 컴퓨터에 장애가 발생하면 전체 시스템이 마비된다.
링형(Ring)		• 데이터는 한쪽 방향으로만 흐르고 병목 현상이 드물지만, 두 노드 사이의 채널이 고장나면 전체 네트워크가 손상될 수 있다. • 한 노드가 절단되어도 우회로를 구성하여 통신이 가능하다.
버스형(Bus)		• 한 개의 통신 회선에 여러 개의 사이트가 연결된 형태이다. • 개별 노드의 고장은 다른 노드 간 통신에 영향을 주지 않지만, 중앙 회선의 고장은 전체 통신 불능을 초래할 수 있다.
계층형(Tree)		• 트리(Tree) 형태이다. • 분산 처리 시스템을 구성하는 방식이다.
망형(Mesh, Full Mesh)		• 각 사이트는 시스템 내의 모든 사이트와 직접 연결된 형태이다. • 통신 회선의 총 경로가 다른 네트워크 형태에 비해 가장 길게 소요된다. • 많은 단말기로부터 많은 양의 통신이 필요할 때 유리하다. • n개의 구간을 망형으로 연결하면 n(n-1)/2개의 회선이 필요하다.

4) 전송 방식에 의한 분류

베이스밴드(Baseband) 방식	• 신호 변조 없이 고유 주파수 영역을 사용하는 방식이다. • 시분할 다중화★ 방식(TDM)을 사용하고 통신 방식이 쉽고 경제적이다.
광대역(Broadband) 방식	• 디지털 신호를 아날로그 신호로 광대역 변조하는 방식이다. • 주파수 분할 다중화 방식(FDM)을 사용한다.

★ 다중화
여러 개의 채널이 하나의 통신 회선을 통하여 결합된 신호의 형태로 전송되고 수신측에서 다시 이를 여러 개의 채널 신호로 분리하는 것이다. 통신 회선을 다중화하면 선로의 공동 이용이 가능해 전송 효율을 높일 수 있다.

5) 전송 매체 접근 제어(MAC, Media Access Control)

- 하나의 통신 회선에 여러 대의 컴퓨터를 연결하여 통신이 가능하게 한다.
- 연결된 컴퓨터들이 일정한 규칙 없이 데이터를 전송할 경우, 통신 회선을 공유하기 때문에 데이터가 충돌하게 된다.
- MAC의 방식

CSMA(Carrier Sense Multiple Access)	• 각 노드가 데이터 프레임을 송신하기 전에 통신 회선을 조사하여 사용 중이면 대기하고, 그렇지 않으면 데이터 프레임을 송신하는 방식이다. • 동일 통신 회선을 통해 한 노드에서 데이터 프레임을 송신하는 도중에 다른 노드에서 또 다른 데이터 프레임을 송신하면 데이터 프레임의 충돌이 발생한다는 단점이 있다.
CSMA/CD(Carrier Sense Multiple Access/Collision Detection)	• CSMA 방식에서와 같이 충돌이 발생하는 문제점을 해소하기 위해 CSMA 방식에 충돌 검출 기능과 충돌 발생 시 재송신하는 기능을 추가한 방식이다. • 통신 회선이 사용 중이면 일정 시간 동안 대기하고, 통신 회선상에 데이터가 없을 때에만 데이터를 송신하며 송신 중에도 전송로의 상태를 계속 감시한다. • 송신 도중 충돌이 발생하면 송신을 중지하고, 모든 노드에 충돌을 알린 후 일정 시간이 지난 다음 데이터를 재송신한다.
토큰 버스(Token Bus)	• 버스형(Bus) LAN에서 사용하는 방식으로, 토큰이 논리적으로 형성된 링(Ring)을 따라 각 노드들을 차례로 옮겨 다니는 방식이다. • 토큰을 점유한 노드는 정보를 전송할 수 있고, 전송을 끝낸 후 토큰을 다음 노드로 전달한다.
토큰 링(Token Ring)	• 링형(Ring) LAN에서 사용하는 방식으로, 물리적으로 연결된 링(Ring)을 따라 순환하는 토큰을 이용하여 송신 권리를 제어한다. • 토큰은 프리 토큰(Free Token)★과 비지 토큰(Busy Token)★이 있는데, 송신할 데이터가 있는 노드는 링을 따라 순환하는 프리 토큰이 도착하면 토큰을 비지 상태로 변환시킨 후 데이터와 함께 전송한다.

★ 프리 토큰(Free Token)
회선을 사용할 수 있는 상태임을 나타낸다.

★ 비지 토큰(Busy Token)
회선이 데이터 전송에 사용 중임을 나타낸다.

➕ 더 알기 TIP

토큰 패싱(Token Passing)
- 자신이 전송하고자 할 때 접속되어 있는 노드들 사이를 순환하는 토큰(Token)을 취득하여 전송한 후, 전송이 완료되면 토큰을 반납하는 방식이다.
- 경쟁에 의해 발생하는 충돌 현상은 발생하지 않지만, 자신에게 토큰이 올 때까지 기다려야 하고 토큰이 유실되었을 때에는 무한정 대기해야 한다는 단점이 있다.
- 구성 방식에 따라 버스형일 때의 토큰 버스(Token Bus) 방식과 링형일 때의 토큰 링(Token Ring) 방식으로 구분할 수 있다.

6) LAN의 표준안 동향

이더넷(Ethernet)	• 가장 많이 사용하는 LAN 구축 방식으로, 제록스사에서 개발한 후 DEC와 인텔사가 연합하여 확장한 LAN의 표준안이다. • 1985년 IEEE에 의해 802.3이 표준안으로 채택된 후 대부분 버스형에 많이 사용된다. • CSMA/CD를 MAC 프로토콜로 사용하는 LAN의 종류이다.
고속 이더넷(Fast Ethernet)	• 100BASE-T라고도 불리는 이더넷의 고속 버전이다. • 100Mbps의 전송 속도를 지원하는 CSMA/CD 방식 기반의 LAN의 표준안이다.
기가비트 이더넷 (Gigabit Ethernet)	• 1Gbps의 속도를 제공한다. • 기존 이더넷 방식을 그대로 채택하고 있으므로 호환성이 높아 효율적이다.
FDDI(Fiber Distributed Data Interface)	• LAN 간의 트래픽 폭증 문제를 해결할 수 있는 고속 LAN으로 대표적인 표준이다. • 미국 표준협회(ANSI)와 ITU-T에 의해 표준화되었다. • 100Mbps의 속도를 갖는 두 개의 링으로 구성되어 있다.

05 네트워크 관련 장비

1) 리피터(Repeater)

- 리피터는 디지털 신호를 증폭시켜 주는 역할을 하여 신호가 약해지지 않고 컴퓨터로 수신되도록 한다.
- OSI 7 참조 모델★의 1계층에서 동작한다.

★ OSI 7 참조 모델
1계층 : 물리 계층
2계층 : 데이터 링크 계층
3계층 : 네트워크 계층
4계층 : 전송 계층
5계층 : 세션 계층
6계층 : 표현 계층
7계층 : 응용 계층

2) 허브(Hub)

- 네트워크에 연결된 각 회선이 모이는 접선 장치이다.
- 각 회선을 통합적으로 관리하는 장비이다.
- 네트워크 장치로, 여러 대의 컴퓨터나 기타 네트워크 장치를 연결하는 역할을 한다.
- 송신된 데이터를 연결된 모든 포트로 브로드캐스팅하여 전송한다.
- 데이터 충돌이 발생할 수 있으며, 충돌을 감지하지 못하고 전송된다.
- 논리적인 분리를 제공하지 않기 때문에 데이터가 한 포트로 들어오면 다른 모든 포트로 전송된다.
- 네트워크의 성능과 대역폭을 저하시킬 수 있다.
- 주로 작은 규모의 네트워크에서 사용되며, 저렴하고 간단한 연결을 위해 사용된다.

3) 스위치(Switch)

- 네트워크 장치로, 여러 대의 컴퓨터나 기타 네트워크 장치를 연결하는 역할을 한다.
- 데이터 충돌 없이 송신된 데이터를 특정 포트로 전송한다.
- 각각의 포트를 개별적으로 관리하여 데이터 전송 경로를 결정한다.
- 네트워크 성능을 개선하고 대역폭을 효율적으로 사용할 수 있다.
- 논리적인 분리를 제공하여 각 포트 간의 독립적인 통신이 가능하다.
- 대규모 네트워크에서 사용되며, 성능과 보안이 중요한 환경에서 사용된다.

- 스위치의 종류

유형	기능	대상	OSI 7계층
L1	전기 신호 변환 및 중계	전기 신호	물리 계층
L2	스위칭, 맥 주소 필터링	프레임	데이터 링크 계층
L3	패킷 라우팅, IP 주소 할당	패킷	네트워크 계층
L4★	전송 제어, 포트 매핑, 로드 밸런싱★	세그먼트	전송 계층
L5	세션 관리, 동기화	흐름	세션 계층

★ L4 스위치
서버나 장비, 네트워크 부하를 분산(Load Balancing)하고, 고가용성 시스템을 구축해 신뢰성과 확장성을 향상시킬 수 있으며, 장비 간 효과적인 결합을 통해 네트워크 시스템의 속도를 개선한다.

★ 로드 밸런싱
네트워크 트래픽을 여러 대의 서버 또는 리소스로 분산시켜 부하를 균등하게 분담하는 기술로서 단일 서버에 집중된 트래픽이 분산되어 성능을 향상시키고 가용성을 개선할 수 있다.

➕ 더 알기 TIP

허브와 스위치 비교

구분	허브(Hub)	스위치(Switch)
데이터 전송	브로드캐스트 전송	지정된 포트 전송
충돌 감지	감지하지 않음	감지함
성능 및 대역폭	성능 저하 및 저대역폭	성능 향상 및 대역폭 효율적 사용
논리적 분리	제공하지 않음	제공함(2계층)
OSI 계층	물리 계층(1계층)	데이터 링크 계층(2계층)
사용 환경	소규모 네트워크	대규모 네트워크

4) 브리지(Bridge)

- 네트워크에서 데이터 링크 계층(OSI 7 참조 모델의 2계층)에서 동작하는 장치로, 두 개의 네트워크 세그먼트를 연결하는 역할을 한다.
- 전송된 데이터 프레임을 수신하고 목적지 맥(MAC) 주소를 확인하여 수신 인터페이스로 전달한다.
- 네트워크 분리, 맥 주소 필터링, 충돌 도메인 분리, 확장성 등의 기능을 한다.

5) 라우터(Router)

- 여러 개의 네트워크 인터페이스를 가지고 있어 서로 다른 네트워크 간의 통신을 가능하게 도와주는 장치이다.
- 적절한 전송 경로를 선택하고 이 경로로 데이터를 전달한다.
- 패킷을 수신하고 목적지 주소를 확인하여 최적의 경로를 결정하여 전달한다.
- 라우터는 네트워크 트래픽을 분산하여 효율적인 통신을 제공한다.
- 라우터는 네트워크 분리 및 ACL 적용 등으로 보안 강화에 기여한다.
- OSI 7 참조 모델의 3계층에서 동작한다.

6) 게이트웨이(Gateway)

- 서로 다른 프로토콜을 사용하는 네트워크 간의 통신을 가능하게 하는 장치이다.
- 호스트나 네트워크를 다른 호스트나 네트워크와 연결하여 중개 기능을 수행한다.
- 데이터형식, 프로토콜, 통신 방법 등을 변환하여 상호 간의 통신을 원활하게 한다.

- 서로 다른 네트워크 간의 데이터 전달을 처리하며, 프로토콜 변환, 보안 및 인증 등의 역할을 수행한다.
- OSI 7 참조 모델의 3, 4계층에서 동작한다.

06 데이터 회선망

1) 전용 회선 및 교환 회선

전용 회선(Leased Line)	• 회선이 단말기 상호 간에 항상 고정된 방식이다. • 전송 속도가 빠르며, 오류가 적다.
교환 회선(Switched Line)	• 교환기에 의해 단말기 상호 간에 연결되는 방식이다. • 전용 회선에 비해 속도가 느리다.

2) 회선 구성 방식

① 점-대-점(Point-to-Point) 방식
- 중앙 컴퓨터와 단말기를 일대일로 연결하는 방식이다.
- 통신망을 성형(Star)으로 구성 시 사용한다.

② 다중점(Multi-Point) 방식
- 한 개의 통신 회선에 여러 개의 단말기를 연결하는 방식이다.
- 멀티 드롭(Multi-Drop) 방식이라고도 한다.
- 통신망을 버스형(Bus)으로 구성 시 사용한다.

③ 회선 다중(Line Multiplexing) 방식
- 다중화 방식이라고도 하며, 집선 회선(Concentrator Line) 방식*과 유사하다.
- 일정 지역 내에 있는 여러 대의 단말기를 지역의 중심에 설치된 다중화 장치(Multiplexer)에 연결하고, 다중화 장치와 컴퓨터 사이는 대용량 회선으로 연결하는 방식이다.

★ 집선 회선(Line Concentration Line) 방식
일정 지역 내의 중심에 집선 장치를 설치하고 여러 대의 단말기를 집선 장치에 연결하는 방식이다.

3) 회선 교환 방식(Circuit Switching)

- 음성 전화망과 같이 메시지가 전송되기 전에 발생지에서 목적지까지의 물리적 통신 회선 연결이 선행되어야 하는 교환 방식이다.
- 일단 통신 경로가 설정되면 데이터의 형태, 부호, 전송 제어 절차 등에 의한 제약을 받지 않는다.
- 고정된 대역폭 전송 방식으로 일정한 데이터 전송률을 제공하므로 두 가입자가 동일한 전송 속도로 운영된다.
- 송·수신자 간의 실시간 데이터 전송에 적합하다.
- 전송된 데이터에서 에러 제어나 흐름 제어는 사용자에 의해 수행되어야 한다.
- 회선이 접속되더라도 수신측이 준비 상태가 아니면 데이터 전송이 불가능하다.

4) 축적 교환 방식

① 메시지 교환 방식(Message Switching)

- 하나의 메시지 단위로 저장-전달(Store-and-Forward) 방식에 의해 데이터를 교환하는 방식이다.
- 각 메시지마다 수신 주소를 붙여서 전송하므로 메시지마다 전송 경로가 다르다.
- 네트워크에서 속도나 코드 변환이 가능하다.
- 특정 단말기가 메시지를 수신하면 다음 단말기가 메시지를 받을 준비가 될 때까지 기억 장치에 메시지를 저장했다가 다음 단말기에 메시지를 전송한다.
- 메시지 번호, 전송 날짜, 시간 등의 정보를 메시지에 포함해 전송할 수 있다.

② 패킷 교환 방식(Packet Switching)

- 메시지를 일정한 길이의 전송 단위인 패킷으로 나누어 전송하는 방식이다.
- 일정한 데이터 블록에 송·수신측 정보를 담은 것을 패킷이라고 한다.
- 다수의 사용자 간에 비대칭적 데이터 전송을 원활하게 하므로 모든 사용자 간에 빠른 응답 시간 제공이 가능하다.
- 전송에 실패한 패킷의 경우 재전송이 가능하며, 패킷 단위로 헤더를 추가하므로 패킷별 오버헤드가 발생할 수 있다.
- 종류

가상 회선(Virtual Circuit) 방식	• 단말기 간의 논리적인 가상 회선을 미리 설정하여 송신측과 수신측 사이의 연결을 확립한 후, 설정된 경로로 패킷들을 발생 순서대로 전송하는 연결 지향형 방식이다. • 모든 패킷은 초기 연결 때 정해진 동일한 경로로 전송된다. • 연결 설정 시에 경로가 미리 결정되기 때문에 각 노드에서 데이터 패킷의 처리 속도가 비교적 빠르다. • 패킷 전송을 완료하면 접속 종료 Clear Request 패킷을 전송한다. • '호(Call) 설정 → 전송 → 호 단절' 순서로 처리된다.
데이터그램(Datagram) 방식	• 데이터를 패킷 단위로 나누어 특정 경로의 설정 없이 전송되는 방식이다. • 패킷마다 전송 경로가 다르다. • 네트워크의 상황에 따라 적절한 경로로 전송이 되므로 융통성이 좋다. • 데이터 통신 시 연결 설정 및 연결 해제의 단계가 없이 각 패킷마다 수신처 주소를 기반으로 네트워크 내에서 라우팅되는 패킷 교환 방식이다. • 속도 및 코드 변환이 가능하고, 각 패킷은 오버헤드 비트가 필요하다. • 송신지는 같지만 전송 회선이 다양해 수신되는 패킷의 순서가 달라 재조립 과정이 필요하다.

이론을 확인하는 기출문제

01 DTE와 DCE의 연결에서 아날로그 회선에 디지털 신호를 실어 보내기 위한 장치는?

① 코덱(CODEC)
② 모뎀(MODEM)
③ DSU
④ 전화 단말기(Phone)

디지털 데이터를 아날로그 회선으로 전송하려면 변조/복조가 필요하며, 이를 수행하는 장치가 모뎀이다.

02 ITU-T 권고와 설명의 연결로 옳은 것은?

① V 시리즈 – PSDN(공중 데이터 교환망)에서의 DTE/DCE 접속
② X 시리즈 – PSTN(공중전화망)에서의 DTE/DCE 접속
③ V.24 – DTE/데이터 통신기기의 기능적·절차적 접속 규격
④ X.25 – 아날로그 모뎀 변조 방식 표준

오답 피하기
- ① V 시리즈는 PSTN(아날로그 회선) 접속 규정이다.
- ② X 시리즈는 PSDN(디지털 교환망) 접속 규정이다.
- ④ X.25는 패킷 전송용 DTE/DCE 접속 규격이다.

03 디지털 전송의 특징으로 옳지 않은 것은?

① 리피터로 감쇠·왜곡을 보정할 수 있다.
② 암호화가 용이하고 오류 검출이 쉽다.
③ 아날로그보다 항상 더 좁은 대역폭만 필요하다.
④ 전송 용량을 다중화하기 유리하다.

디지털은 때에 따라 아날로그보다 더 넓은 대역폭을 요구할 수 있다.

04 통신 방식과 예의 연결로 옳은 것은?

① 단방향(Simplex) – 전화
② 반이중(Half-duplex) – 무전기
③ 전이중(Full-duplex) – 라디오 방송
④ 반이중(Half-duplex) – 영상통화

오답 피하기
- ① 전화는 전이중
- ③ 라디오는 단방향
- ④ 영상통화는 전이중

05 직렬 전송에 대한 설명으로 옳은 것은?

① 각 비트를 각자의 전송선으로 동시에 보낸다.
② 전송선이 적어 원거리 전송에 적합하다.
③ 전송선이 많아 오류 가능성이 크다.
④ CPU-주변장치 내부 버스에서 주로 쓴다.

직렬은 한 선로로 순차 전송하여 원거리 전송에 유리하다.

오답 피하기
①, ③, ④는 병렬 전송에 대한 설명이다.

06 비동기식 전송의 특징으로 옳은 것은?

① 프레임 안에 프리앰블/포스트앰블을 둔다.
② 바이트마다 시작·종료(Start/Stop) 비트를 둔다.
③ 주로 고속 원거리 전송에 사용한다.
④ 데이터가 없을 때도 클록을 계속 보낸다.

비동기식은 바이트 경계를 Start/Stop 비트로 표시한다.

07 LAN 토폴로지와 특징 연결로 옳지 않은 것은?
① 스타형 – 중앙 장애 시 전체 마비 위험
② 링형 – 한 노드 절단 시 항상 전체 마비
③ 버스형 – 한 사이트 고장이 나머지에 영향 적음
④ 망형 – 회선 수가 많고 고비용이지만 다량 통신에 유리

링형은 우회로 구성으로 복구 가능한 경우가 있다.

08 MAC 방식과 설명 연결로 옳은 것은?
① CSMA – 충돌 검출·재전송 기능을 포함한다.
② CSMA/CD – 충돌 시 중지·재전송을 수행한다.
③ 토큰 링 – 버스형에서 논리 링을 따라 토큰 이동
④ 토큰 버스 – 물리 링에서 토큰 순환

CSMA/CD는 충돌을 검출하고 재전송한다.

오답 피하기
- ① CSMA는 채널 감지만 하고 충돌 검출 기능은 포함하지 않는다.
- ③ 토큰 링은 물리적 링(혹은 스타-와이어드 링)에서 토큰이 순환한다.
- ④ 토큰 버스는 버스형에서 논리적 링을 만들어 토큰을 전달한다.

09 네트워크 장비와 OSI 계층 매칭으로 옳은 것은?
① 리피터 – 1계층
② 브리지 – 3계층
③ 라우터 – 2계층
④ L4 스위치 – 7계층

오답 피하기
- ② 브리지는 2계층
- ③ 라우터는 3계층
- ④ L4 스위치는 4계층

10 교환 방식과 특징 연결로 옳은 것은?
① 회선 교환 – 전송 전 경로 설정, 실시간에 적합
② 메시지 교환 – 패킷 단위로 분할해 전송
③ 가상 회선 – 각 패킷이 매번 다른 경로 선택
④ 데이터그램 – 연결 설정 후 동일 경로로 순서 보장

오답 피하기
- ② 메시지 교환은 메시지 단위 저장·전달
- ③ 가상 회선은 논리 연결 후 같은 경로
- ④ 데이터그램은 연결 없이 패킷별 라우팅

SECTION 02

OSI 7계층과 오류 제어 방식

출제빈도 상 중 하
반복학습 1 2 3

빈출 태그 OSI 7계층 • 데이터 링크 • 네트워크 • 전송 • 세션 동기점 • ARQ • CRC

01 OSI(Open Systems Interconnection) 참조 모델

1) 개념
- 국제표준화기구(ISO)에서 개발한 모델이다.
- 컴퓨터 네트워크에서 여러 시스템이 데이터를 주고받고 서로 연동할 수 있는 표준화된 인터페이스를 제공하기 위해 프로토콜을 기능별로 나눈 것이다.
- 시스템 연결을 위한 표준 개발을 위하여 공통적인 기법을 제공한다.
- 시스템 간의 정보 교환을 위한 표준 설정을 가질 수 있도록 한다.
- 각 계층에 대해 서로 표준을 생산적으로 발전시킬 수 있도록 개념적, 기능적인 골격을 제공하는 역할을 한다.
- 일반적으로 OSI 7계층이라고 한다.

2) OSI 참조 모델에서 계층을 나누는 목적
- 시스템 간의 통신을 위한 표준을 제공한다.
- 시스템 간의 정보 교환을 하기 위한 상호 접속점을 정의한다.
- 관련 규격의 적합성을 조성하기 위한 공통적인 기반을 조성한다.

3) DPI(Deep Packet Inspection)
- OSI 7계층까지 전 계층의 프로토콜과 패킷 내부의 콘텐츠를 파악하여 침입 시도, 해킹 등을 탐지하고 트래픽을 조정하기 위한 패킷 분석 기술이다.
- 유해 정보 차단, 해킹 차단, 다양한 탐지/분석 모델이다.
- 네트워크 보안, 관리, 콘텐츠 관리 등의 목적을 갖는다.

> **기적의 TIP**
> OSI 7계층의 구조를 이해하고 계층별 담당 역할과 주요 프로토콜 및 ARQ 방식별 차이를 정리하세요.

> **기적의 TIP**
> **프로토콜의 기본 요소**
> 구문, 의미, 타이밍

02 OSI 7계층

	OSI 7계층	처리 데이터 단위
상위 계층 { L7	응용 계층(Application Layer)	Data
L6	표현 계층(Presentation Layer)	Data
L5	세션 계층(Session Layer)	Message
하위 계층 { L4	전송 계층(Transport Layer)	Segment
L3	네트워크 계층(Network Layer)	Packet
L2	데이터 링크 계층(Data Link Layer)	Frame
L1	물리 계층(Physical Layer)	Bit

1) 물리 계층(Physical Layer)
- 물리적인 장치와 인터페이스가 전송을 위해 필요한 기계적, 전기적, 기능적, 절차적 기능을 정의하는 계층이다.
- 장치와 전송 매체 간의 인터페이스 특성 규정, 전송 매체의 유형 규정, 전송로의 연결, 유지 및 해제를 담당한다.
- 프로토콜 종류 : RS-232C, V.24, X.21

2) 데이터 링크 계층(Data Link Layer)
- 인접한 두 개의 통신 시스템 간에 신뢰성 있는 효율적인 데이터를 전송하는 계층이다.
- 링크의 설정과 유지 및 종료를 담당한다.
- 전송 데이터의 흐름 제어, 프레임 동기, 오류 제어 등을 수행한다.
- 링크의 효율성을 향상시킨다.
- 프로토콜 종류 : HDLC, PPP, LLC, LAPB, LAPD, ADCCP

3) 네트워크 계층(Network Layer)
- 통신망을 통하여 패킷을 목적지까지 전달하는 계층이다.
- 패킷에 발신지와 목적지의 논리 주소를 추가한다.
- 라우터 또는 교환기는 패킷 전달을 위해 경로를 지정하거나 교환 기능을 제공한다.
- 경로 설정 및 네트워크 연결 관리를 수행한다.
- 프로토콜 종류 : X.25, IP, ICMP, IGMP

4) 전송 계층(Transport Layer)
- 통신 종단 간(End-to-End) 신뢰성 있고 효율적인 데이터를 전송하는 계층이다.
- 투명한 데이터 전송을 제공한다.
- 에러 제어 및 흐름 제어를 담당한다.
- 프로토콜 종류 : TCP, UDP

> **기적의 TIP**
> 데이터 링크, 네트워크, 전송, 응용 계층이 자주 출제됩니다. 계층별 기능과 프로토콜을 정리하세요.

5) 세션 계층(Session Layer)

- 프로세스 간에 대한 연결을 확립, 관리, 단절시키는 수단을 제공한다.
- 논리적 동기 제어, 긴급 데이터 전송, 통신 시스템 간의 회화 기능 등을 제공한다.
- 긴 파일 전송 중에 통신 상태가 불량하여 트랜스포트 연결이 끊어지는 경우 처음부터 다시 전송하지 않고 어디까지 전송이 진행되었는지를 나타내는 동기점★을 이용하여 오류를 복구한다.

★ 동기점
데이터를 전송할 때 특정 지점에서 복구할 수 있도록 통신 양단 간의 합의로 지정된다.

6) 표현 계층(Presentation Layer)

- 응용 간의 대화 제어(Dialogue Control)를 담당한다.
- 응용 계층과 세션 계층 사이에서 데이터 변환을 담당한다.
- 정보의 형식 설정, 암호화, 데이터 압축, 코드 변환, 문맥 관리 등의 기능을 수행한다.

7) 응용 계층(Application Layer)

- 사용자에게 서비스를 제공한다.
- 응용 프로세스와 직접 관계하여 일반적인 응용 서비스를 수행한다.
- 프로토콜 종류 : HTTP, FTP, SMTP, Telnet, DNS

> **더 알기 TIP**
>
> **DNS(Domain Name System)**
> - 사람이 이해하기 쉬운 도메인을 IP 주소로 변환하는 분산형 시스템이다.
> - 루트 서버는 모든 요청을 직접 처리하지 않고, TLD · 권한 서버로 질의를 위임한다.
> - 캐시를 통해 응답 시간을 줄이고 네트워크 부하를 낮춘다.
> - 트리 구조(루트 → TLD → 권한 서버)로 계층적으로 관리된다.

> **더 알기 TIP**
>
> **OSI 7계층 구조별 프로토콜과 장비**
>
> | 계층 | 지원 프로토콜 | 담당 장비 및 구성 요소 |
> | --- | --- | --- |
> | 응용 계층 | HTTP, SMTP, FTP, DNS, SNMP, Telnet | 웹 서버, 이메일 서버, DNS 서버, 프록시 서버 |
> | 표현 계층 | JPEG, GIF, MPEG, SSL, MIME | 암호화 장비, 압축 장비 |
> | 세션 계층 | NetBIOS, SIP, RTSP, NFS | 게이트웨이, 로드 밸런서 |
> | 전송 계층 | TCP, UDP, SCTP, SPX | 방화벽, 로드 밸런서, 게이트웨이 |
> | 네트워크 계층 | IP, ICMP, ARP, RARP, X.25, IGMP | 라우터, IP 스위치, 게이트웨이 |
> | 데이터 링크 계층 | HDLC, PPP, LLC, LAPB, LAPD, ADCCP | 스위치, 브리지, 네트워크 인터페이스 카드(NIC) |
> | 물리 계층 | RS-232, Ethernet, Wi-Fi, Bluetooth, V.24, X.21 | 리피터, 허브, 케이블 |

03 자동 반복 요청(ARQ)

1) 개념

- ARQ(Automatic Repeat reQuest)은 통신 경로에서 오류 발생 시 수신측은 오류의 발생을 송신측에 통보하고, 송신측은 오류가 발생한 프레임을 재전송하는 오류 제어 방식이다.
- 데이터 통신에서 신뢰성과 정확성을 보장하기 위한 중요한 오류 제어 기술이며, 이를 통해 데이터의 안정적인 전송과 오류 복구를 실현할 수 있다.

> **더 알기 TIP**
>
> **전송 제어 문자**
>
> | | |
> |---|---|
> | STX(Start of TeXt) | 본문(TEXT)의 시작, 머리말의 종료 |
> | ETX(End of TeXt) | 본문(TEXT)의 종료 |
> | ACK(ACKnowledge) | 정상적 응답 |
> | NAK(Not AcKnowledge) | 부정적인 응답, 재전송 요구 |
> | ENQ(ENQuiry character) | 상대국의 식별, 수신 또는 송신 상태 등의 문의 |

2) 종류

① 정지-대기 ARQ(Stop-and-Wait ARQ)

- 송신측이 한 블록 전송 후 수신측에서 오류의 발생을 점검 후 에러 발생 유무 신호★를 보내올 때까지 기다리는 방식이다.
- 수신측에서 에러 점검 후 제어 신호를 보내올 때까지 대기가 길어 오버헤드가 가장 부담이 크다.

★ 에러 발생 유무 신호
- ACK(ACKnowledgement) : 긍정 응답
- NACK(Negative ACKnowledgement, NAK) : 부정 응답

② 연속 ARQ(Continuous ARQ)

Go-Back-N ARQ	• 수신측으로부터 NACK 수신 시 오류 발생 이후의 모든 블록을 재전송하는 방식이다. • 송신자가 일련의 프레임을 연속적으로 전송하고, 수신자는 정확한 순서로 수신된 프레임을 확인한다. • 송신자는 일정한 윈도우 크기 안에서 프레임을 전송하고, 수신자는 정확한 순서로 프레임을 수신하면서 확인 응답(ACK)을 전송한다. • 송신자는 ACK를 받지 못하거나 NACK를 받으면 윈도우 안의 모든 프레임을 다시 전송한다. • 연속적인 프레임의 전송과 정확한 순서로의 수신을 가정하기 때문에 오류가 발생하면 재전송 범위가 윈도우 안의 모든 프레임으로 확장된다.
SR ARQ(Selective-Repeat ARQ, 선택적 재전송 ARQ)	• 수신측으로부터 NACK 수신 시 오류가 발생한 블록만 재전송하는 방식이다. • 송신자는 일정한 윈도우 크기 안에서 프레임을 전송하고, 수신자는 개별적인 ACK를 전송하여 정확한 프레임을 수신한 것을 알린다. • 송신자는 ACK를 받지 못하거나 NACK을 받은 프레임만 다시 전송하며, 나머지는 전송하지 않는다. • 개별적인 프레임의 전송과 수신을 가정하기 때문에 오류가 발생하였을 때 재전송 범위는 오류가 발생한 프레임만을 대상으로 한다.

➕ 더 알기 TIP

Go-Back-N ARQ과 SR ARQ 비교

구분	Go-Back-N ARQ	SR ARQ
재전송 범위	윈도우 내 모든 프레임	오류가 발생한 프레임
수신 확인 방식	윈도우 내 순서대로	개별적으로
재전송 동작	오류 발생 시 윈도우 내 모든 프레임 재전송	오류 발생 시 해당 프레임만 재전송
수신 확인 응답	ACK 사용	ACK 사용
송신자 동작	ACK를 받을 때까지 전송	ACK를 받은 프레임만 전송
물리 계층	RS-232, Ethernet, Wi-Fi, Bluetooth, V.24, X.21	리피터, 허브, 케이블

③ 적응적 ARQ(Adaptive ARQ)
- 채널 효율을 최대로 하기 위해 데이터 블록의 길이를 채널의 상태에 따라 동적으로 변경하는 방식이다.
- 전송 효율이 가장 좋지만, 제어 회로가 복잡하고 비용이 많이 들기 때문에 거의 사용되지 않는다.

3) 기능

오류 감지	다양한 기법★을 통해 송신자가 데이터 손상을 감지할 수 있다.
재전송 요청	송신자는 수신자로부터 재전송 요청을 받으면 해당 데이터를 다시 전송하여 데이터의 손실을 복구한다.
순서 제어	데이터는 일련번호(Sequence Number)와 함께 전송되며, 수신자는 데이터의 순서를 확인하여 정확한 순서로 재조립한다.
흐름 제어	수신자의 처리 능력을 초과하지 않도록 데이터를 조절하고, 네트워크 혼잡을 방지한다.

★ 오류 감지 기법
패리티 비트, 체크섬, 순환 중복 검사(CRC) 등

04 전송 오류 검출 방식

1) 패리티 검사(Parity Check)

① 개념
- 데이터 블록에 1비트의 패리티 비트(Parity Bit)를 추가하여 오류를 검출하는 방식이다.
- 홀수 패리티에서는 데이터의 비트 수가 홀수로 유지되도록 패리티 비트를 설정하고, 짝수 패리티에서는 데이터의 비트 수가 짝수로 유지되도록 패리티 비트를 설정한다.
- 패리티 체크는 단일 비트 오류를 감지할 수 있지만, 여러 비트 오류에 대해서는 감지하지 못하는 한계가 있어서 더 신뢰성 있는 오류 감지를 위해서는 보다 강력한 오류 제어 기술인 순환 중복 검사(CRC) 등을 사용하는 것이 좋다.

② 종류

홀수 패리티 (Odd Parity)	• 송신자는 전송할 데이터의 비트를 모두 더하고, 그 결과가 홀수가 되도록 패리티 비트를 설정한다. • 수신자는 전송된 데이터와 패리티 비트를 모두 더하여 결과가 홀수가 되면 오류가 없는 것으로 판단한다.
짝수 패리티 (Even Parity)	• 송신자는 전송할 데이터의 비트를 모두 더하고, 그 결과가 짝수가 되도록 패리티 비트를 설정한다. • 수신자는 전송된 데이터와 패리티 비트를 모두 더하여 결과가 짝수가 되면 오류가 없는 것으로 판단한다.

➕ 더 알기 TIP

짝수 패리티(Even Parity) 예제
- 전송할 데이터 : 1011010
- Parity 방식 : 짝수 패리티

1	0	1	1	0	1	0	P

- 데이터 비트 계산 : 1011010
  - 1의 개수 확인 : 데이터에는 1이 4개 있다.
  - 짝수 패리티 비트 계산 : 1의 개수에 따라 짝수 패리티 비트를 설정한다. 4개의 1이 있으므로, 짝수 패리티 비트는 0이 된다.

1	0	1	1	0	1	0	0

- 수신된 데이터 : 10110101

1	0	1	1	0	1	0	1

- 데이터 비트 계산 : 10110101
  - 1의 개수 확인 : 데이터에는 1이 5개 있다.
  - 짝수 패리티는 1의 개수가 짝수가 되도록 전송하였으므로, 수신된 데이터에는 오류가 존재함을 확인한다.

2) 순환 중복 검사(CRC, Cyclic Redundancy Check)
- 집단 오류에 대한 신뢰성 있는 오류 검출을 위해 다항식 코드를 사용하여 에러를 검사한다.
- 동기 전송 방식에서 주로 사용되는 오류 검출 방식으로, 프레임 단위로 오류 검출을 위한 코드를 계산하여 프레임 끝에 FCS를 부착한다.

3) 해밍 코드(Hamming Code) 방식
- 자기 정정 부호로서 1비트 오류는 정정하고, 2비트 오류는 검출할 수 있다.
- 1, 2, 4, 8, 16 … 비트 위치에 패리티 비트를 삽입해 에러 검출 및 수정을 수행한다.
- 정보 비트 외에 추가되어야 할 패리티 비트가 많이 필요하다.

📘 기적의 TIP

해밍 거리(Hamming Distance)
- 송신 데이터와 수신 데이터의 각 대응 비트가 서로 다른 비트의 수이다.
- 두 데이터상 같은 위치에 있는 비트 중 일치하지 않는 비트의 수를 센다.

이론을 확인하는 기출문제

01 OSI 참조 모델에서 계층을 나누는 주된 목적이 아닌 것은?
① 시스템 간 통신 표준 제공
② 상호 접속점(인터페이스) 정의
③ 관련 규격의 공통 기반 조성
④ 벤더 종속성 증가와 상호운용성 저하

OSI는 상호운용성을 높이기 위한 표준이다.

02 계층-프로토콜 연결로 옳은 것은?
① 물리 계층 – RS-232C
② 데이터 링크 계층 – TCP
③ 네트워크 계층 – PPP
④ 전송 계층 – ICMP

오답 피하기
• ② TCP는 전송 계층
• ③ PPP는 데이터 링크 계층
• ④ ICMP는 네트워크 계층

03 데이터 링크 계층의 기능이 아닌 것은?
① 프레임 동기 및 오류 제어
② 흐름 제어
③ 링크의 설정·유지·종료
④ 종단 간(End-to-End) 투명한 전송 보장

종단 간 신뢰성/투명 전송은 전송 계층의 역할이다.

04 전송 계층(Transport Layer) 프로토콜이 아닌 것은?
① TCP   ② UDP
③ ICMP   ④ SCTP

ICMP는 네트워크 계층 프로토콜이다.

05 세션(Session) 계층의 기능으로 옳은 것은?
① 프레임 단위의 오류 검출을 수행한다.
② 동기점으로 긴 전송 중단 시 재전송 위치를 복구한다.
③ 패킷에 논리 주소를 부여한다.
④ 데이터의 형식 변환과 암호화를 수행한다.

오답 피하기
• ① 데이터 링크 계층
• ③ 네트워크 계층
• ④ 표현 계층

06 ARQ 방식 비교로 옳은 것은?
① Stop-and-Wait은 NACK 이후 오류 프레임만 재전송한다.
② Go-Back-N은 오류 이후 윈도우 내 모든 프레임을 재전송한다.
③ Selective-Repeat은 오류 이후 모든 프레임을 재전송한다.
④ Adaptive ARQ는 고정 길이 블록만 사용한다.

오답 피하기
• ① 선택적 재전송(SR)의 설명이다.
• ③ SR은 오류가 발생한 프레임만 재전송한다.
• ④ 적응적 ARQ는 채널 상태에 따라 블록 길이를 조정한다.

정답 01 ④ 02 ① 03 ④ 04 ③ 05 ② 06 ②

SECTION 03 TCP/IP 프로토콜, 패킷 교환

빈출 태그 TCP/IP • TCP • UDP • IP 헤더 • TTL • 포트 • ARP

01 TCP/IP 프로토콜의 개요

1) 개념

★ TCP/IP
Transmission Control Protocol/
Internet Protocol

- TCP/IP★란, 인터넷에 연결된 서로 다른 기종의 컴퓨터 간에 데이터 송·수신이 가능하도록 도와주는 표준 프로토콜이다.
- TCP 프로토콜과 IP 프로토콜의 결합적 의미로서 TCP는 IP 위에서 동작한다.
- 접속형 서비스, 전이중 전송 서비스, 신뢰성 서비스를 제공한다.
- 네트워크 환경에 따라 여러 개의 프로토콜을 허용한다.
- TCP 프로토콜의 기본 헤더 크기는 20byte이고, 60byte까지 확장할 수 있다.
- OSI 표준 프로토콜과 가까운 네트워크 구조를 가진다.

➕ 더 알기 TIP

OSI 7계층과 TCP/IP 계층 비교

OSI 7계층		TCP/IP 계층
Layer 7	응용 계층	응용 계층(Application Layer)
Layer 6	표현 계층	
Layer 5	세션 계층	
Layer 4	전송 계층	전송 계층(Transport Layer)
Layer 3	네트워크 계층	인터넷 계층(Internet Layer)
Layer 2	데이터 링크 계층	링크 계층(Link Layer)
Layer 1	물리 계층	

2) TCP(Transmission Control Protocol)

- OSI 7계층의 전송 계층 역할을 수행한다.
- 서비스 처리를 위해 다중화(Multiplexing)와 역다중화(Demultiplexing)를 이용한다.
- 전이중 서비스와 스트림 데이터 서비스를 제공한다.

3) IP(Internet Protocol)

- OSI 7계층의 네트워크 계층에 해당하며 비신뢰성 서비스를 제공한다.
- 신뢰성이 부족한 비연결형 서비스를 제공하기 때문에 상위 프로토콜에서 이러한 단점을 보완해야 한다.

4) IP 프로토콜에서 사용하는 필드

Header Length	4bit	IP 헤더 뒷부분에 옵션 필드가 여러 개 붙을 수 있어 길이는 가변적이다.
Total Packet Length	16bit	전체 패킷의 길이를 바이트 단위로 표시한다. 길이는 헤더와 데이터(페이로드)를 더한 것이다. IP 헤더 및 데이터를 포함한 IP 패킷 전체의 길이를 바이트 단위로 길이를 표시한다. 최댓값은 $65535(2^{16}-1)$이다.
Time To Live	8bit	패킷을 전달할 수 있는 횟수 제한을 나타낸다.

➕ 더 알기 TIP

포트(Port)

- 컴퓨터끼리 정보를 교환하기 위해 사용하는 가상의 논리적 접속 위치를 의미한다.
- 포트 번호의 구분

0번 ~ 1023번	잘 알려진 포트(Well Known Port)
1024번 ~ 49151번	등록된 포트(Registered Port)
49152번 ~ 65535번	동적 포트(Dynamic Port)

- 잘 알려진 포트(Well Known Port)

20	FTP 데이터	69	TFTP
21	FTP 컨트롤	80	HTTP
23	TELNET	110	POP3
25	SMTP	161	SNMP 요청
53	DNS	162	SNMP 트랩
67	DHCP 서버	443	HTTPS
68	DHCP 클라이언트	520	RIP

02 TCP/IP의 구조

1) 링크 계층(Link Layer)

- 프레임을 송 · 수신한다.
- 네트워크 인터페이스 계층이라고도 한다.
- 프로토콜 종류

Ethernet	여러 장치를 연결하여 LAN(근거리 통신망)을 구축할 목적으로 설계된 네트워킹 기술이다.
IEEE 802	근거리 통신망과 도시권 통신망을 관할하는 전기 전자 기술자 협회(IEEE)의 표준 규칙들이다.
HDLC	High-level Data Link Control의 약어로, 각 프레임에 데이터 흐름을 제어하고 오류를 검출할 수 있는 비트열을 삽입하여 전송한다.
X.25	통신을 원하는 두 단말 장치가 패킷 교환망을 통해 패킷을 원활히 전달하기 위한 통신 프로토콜이다.
RS-232C	컴퓨터가 모뎀과 같은 다른 직렬 장치들과 데이터를 주고받기 위해 사용하는 인터페이스이다.

> **더 알기 TIP**
>
> **HDLC 프레임 구조**
>
> | 플래그 | 주소부 | 제어부 | 정보부 | FCS | 플래그 |
> |---|---|---|---|---|---|
>
> - 플래그(Flag) 필드 : 프레임의 양 끝에 고유 비트 패턴인 01111110로 제한하며, 한 프레임의 시작과 끝을 표시하므로 프레임의 동기화에 사용
> - 주소(address) 필드 : 프레임을 송수신하는 부스테이션을 식별하기 위해 사용
> - 제어 필드 : 정보 전송 프레임의 I 형식, 링크 감시 제어용 S 형식, 감시 기능 확장용 U 형식
> - 데이터(Data) 필드 : 실제 사용자 데이터를 포함하는 필드
> - FCS(Frame Check Sequence) 필드 : CRC(Cyclic Redundancy Checks) 방식을 이용하여 프레임의 에러 검출을 위한 필드

2) 인터넷 계층(Internet Layer)

- 주소 지정, 경로 설정을 제공한다.
- 네트워크 계층이라고도 한다.
- 프로토콜 종류

IP(Internet Protocol)	• 비연결형 및 비신뢰성 전송 서비스를 제공한다. • 라우팅과 단편화 기능을 수행한다. • 데이터그램(Datagram)이라는 데이터 전송 형식을 가진다. • 각 데이터그램이 독립적으로 처리되고 목적지까지 다른 경로를 통해 전송될 수 있어 데이터그램은 전송 순서와 도착 순서가 다를 수 있다. • 데이터 체크섬은 제공하지 않고, 헤더 체크섬만 제공한다. • 비연결성이기 때문에 송신지가 여러 개인 데이터그램을 보내면서 순서가 뒤바뀌어 도달할 수 있으며, IP 프로토콜의 헤더 크기는 최소 20~60byte 이다.
ICMP(Internet Control Message Protocol)	• IP 프로토콜에서는 오류 보고와 수정을 위한 메커니즘이 없어서 이를 보완하기 위해 설계된 프로토콜이다. • 메시지는 크게 오류 보고(Error-Reporting) 메시지와 질의(Query) 메시지로 나눌 수 있다. • 메시지 형식은 8바이트의 헤더와 가변 길이의 데이터 영역으로 분리된다. • 에코 메시지는 호스트가 정상적으로 동작하는지를 결정하는 데 사용할 수 있다.
IGMP(Internet Group Management Protocol)	• 시작지 호스트에서 여러 목적지 호스트로 데이터를 전송할 때 사용되는 프로토콜이다. • 멀티캐스트 그룹에 가입한 네트워크 내의 호스트를 관리한다.
STP(Spanning Tree Protocol)	• 네트워크 루프를 방지하기 위한 프로토콜이다. • 네트워크에 연결된 스위치 중에서 하나를 루트 브리지로 선택하고, 루트 브리지에서 멀리 떨어진 스위치들로 가는 경로를 차단하여 네트워크 루프를 방지한다.
ARP(Address Resolution Protocol)	• 논리 주소(IP 주소)를 물리 주소(MAC 주소)로 변환하는 프로토콜이다. • 네트워크에서 두 호스트가 성공적으로 통신하기 위하여 각 하드웨어의 물리적인 주소 문제를 해결해 줄 수 있다.
RARP(Reverse Address Resolution Protocol)	• 호스트의 물리 주소(MAC 주소)를 이용하여 논리 주소(IP 주소)로 변환시켜주는 프로토콜이다. • IP 호스트가 자신의 물리 네트워크 주소(MAC)는 알지만 IP 주소를 모르는 경우, 서버에게 IP 주소를 요청하기 위해 사용한다.

더 알기 TIP

IP 패킷의 필드 구조

필드	설명
버전(Version)	4비트 필드로, 현재 주로 사용되는 IPv4의 경우 값은 4이다.
헤더 길이(Header Length)	4비트 필드로, IP 헤더의 길이를 32비트 단위로 표시한다.
서비스 유형(Type of Service)	8비트 필드로, IP 패킷의 우선순위와 서비스 품질을 나타낸다.
패킷 전체 길이(Total Length)	16비트 필드로, IP 패킷 전체의 길이를 바이트 단위로 표시한다.
식별자(Identification)	16비트 필드로, IP 패킷을 식별하기 위한 값을 가지고 있다.
플래그(Flags)	3비트 필드로, 패킷의 조각(fragmentation) 상태를 나타낸다.
조각 오프셋(Fragment Offset)	13비트 필드로, 조각된 패킷의 위치를 표시한다.
생존 시간(TTL, Time To Live)	8비트 필드로, 패킷의 유효 기간을 나타낸다. 라우팅에서 사용되며, 라우터를 통과할 때마다 값을 감소시킨다.
프로토콜(Protocol)	8비트 필드로, IP 패킷의 상위 계층 프로토콜을 나타낸다. 예를 들어, ICMP, TCP, UDP 등이 될 수 있다.
헤더 체크섬(Header Checksum)	16비트 필드로, 헤더의 오류 검사를 위한 값이다.
출발지 주소(Source Address)와 목적지 주소(Destination Address)	각각 32비트 필드로, 패킷의 출발지 IP 주소와 목적지 IP 주소를 나타낸다.
옵션(Options)	필요에 따라 IP 헤더에 추가적인 옵션 정보를 포함할 수 있는 부가적인 필드이다.

더 알기 TIP

ARP와 RARP 비교

구분	ARP	RARP
목적	IP 주소를 MAC 주소로 매핑	MAC 주소를 IP 주소로 매핑
기능	IP 주소를 기반으로 MAC 주소를 찾음	MAC 주소를 기반으로 IP 주소를 찾음
동작	송신자는 목적지 IP 주소에 해당하는 MAC 주소를 요청하고, 네트워크상의 다른 시스템에서 응답받음	송신자는 자신의 MAC 주소와 요청한 IP 주소를 전송하여 네트워크상의 RARP 서버에서 응답받음
프로토콜	네트워크 계층(IP)과 링크 계층(MAC) 사이에서 작동	링크 계층(MAC)과 네트워크 계층(IP) 사이에서 작동
예시	송신자가 목적지 IP 주소에 해당하는 MAC 주소를 알아내기 위해 사용	네트워크 부팅 과정에서 MAC 주소를 통해 시스템에 IP 주소를 할당하기 위해 사용

3) 전송 계층(Transport Layer)

- 호스트 간 신뢰성 있는 통신을 제공한다.
- 프로토콜 종류

TCP (Transmission Control Protocol)	• 신뢰성 있는 연결 지향형 전달 서비스를 제공한다. • 순서 제어, 에러 제어, 흐름 제어 기능을 제공한다. • 전이중 서비스와 스트림 데이터 서비스를 제공한다. • 메시지를 캡슐화(Encapsulation)와 역캡슐화(Decapsulation)한다. • 서비스 처리를 위해 다중화(Multiplexing)와 역다중화(Demultiplexing)를 이용한다.
UDP (User Datagram Protocol)	• 비연결형 및 비신뢰성 전송 서비스를 제공한다. • 흐름 제어나 순서 제어가 없어 전송 속도가 빠르다. • 수신된 데이터의 순서 재조정 기능을 지원하지 않는다. • 복구 기능을 제공하지 않는다.

➕ 더 알기 TIP

TCP와 UDP 비교

구분	TCP	UDP
연결성	연결 지향	비연결성
신뢰성	신뢰성 있는 전송	비신뢰성 전송
순서	순차적인 데이터 전송	비순차적인 데이터 전송
오류 제어	오류 검출 및 복구	기본적인 오류 검출
흐름 제어	흐름 제어 및 혼잡 제어	흐름 제어 없음
대역폭	대역폭 소모량 많음	대역폭 소모량 적음
예시	파일 전송, 이메일 등	DNS 조회, 스트리밍 등

4) 응용 계층(Application Layer)

- 응용 프로그램 간의 데이터 송·수신을 제공한다.
- 프로토콜 종류

FTP	• 파일 전송 프로토콜로, 네트워크를 통해 파일을 전송하는 데 사용한다. • 주요 용도 : 파일 공유, 원격 파일 액세스, 웹 서버 파일 업로드 등
SMTP	• 전자 메일을 보내기 위해 사용되는 프로토콜로, 이메일을 보내는 서버와 클라이언트 간 통신을 처리한다. • 주요 용도 : 이메일 전송, 이메일 수신 서버 간 통신
SNMP	• 네트워크 관리 프로토콜, 네트워크 장비의 상태 모니터링, 구성 관리, 경고 등에 사용한다. • 주요 용도 : 네트워크 장비 관리, 장비 상태 모니터링, 경고 및 알림 등
Telnet	• 원격 로그인 서비스로, 클라이언트가 원격 호스트에 로그인하고 명령을 실행할 수 있다. • 주요 용도 : 원격 접속, 원격 호스트 제어, 원격 명령 실행

기적의 TIP

SNMP(Simple Network Management Protocol)
- 네트워크 장비 및 시스템을 관리하기 위해 사용되는 프로토콜이다.
- 네트워크 장비의 상태 모니터링, 구성 관리, 경고 및 알림 등 다양한 관리 작업을 수행하는 데 사용된다.
- 클라이언트-서버 모델을 기반으로 하며, 주로 관리자가 네트워크 장비를 모니터링하고 관리하는 데 사용된다.

이론을 확인하는 기출문제

01 TCP와 UDP 비교로 옳은 것은?

① TCP는 비연결형이며 흐름 제어가 없다.
② UDP는 순차적 전송과 재전송을 보장한다.
③ TCP는 연결 지향이며 순서·재전송·흐름/혼잡 제어를 제공한다.
④ UDP는 신뢰성 전송을 위해 재전송을 제공한다.

> **오답 피하기**
> - ① TCP는 연결 지향이며 흐름/혼잡 제어를 갖는다.
> - ② UDP는 재전송·순서 보장 기능이 없다.
> - ④ UDP는 재전송·흐름 제어가 없다(체크섬은 가능).

02 IP 헤더의 TTL(Time To Live)에 대한 설명으로 옳은 것은?

① 전체 패킷의 바이트 길이를 의미한다.
② 라우터를 지날 때마다 1씩 증가한다.
③ 패킷의 유효 수명을 나타내며 라우터 통과 시 감소한다.
④ 상위 계층 프로토콜(TCP/UDP)을 식별한다.

> **오답 피하기**
> - ① 전체 패킷의 길이는 Total Length 필드에서 정의한다.
> - ② TTL은 증가하지 않고 감소한다.
> - ④ 상위 계층 프로토콜을 식별하는 것은 Protocol 필드이다.

03 포트 번호와 프로토콜 연결로 옳은 것은?

① HTTPS - 443
② TFTP - 80
③ SNMP 요청 - 110
④ DNS - 25

> **오답 피하기**
> - ② TFTP는 69번 포트
> - ③ SNMP 요청은 161번, 110은 POP3
> - ④ DNS는 53번, 25는 SMTP

04 ARP/RARP에 대한 설명으로 옳은 것은?

① ARP는 MAC을 IP로 매핑한다.
② RARP는 IP를 MAC으로 매핑한다.
③ ARP는 IP 주소를 MAC 주소로 매핑한다.
④ RARP는 멀티캐스트 그룹을 관리한다.

> **오답 피하기**
> - ① RARP의 설명이다.
> - ② RARP는 MAC→IP 매핑이다.
> - ④ 멀티캐스트 관리는 IGMP가 담당한다.

05 인터넷 계층 프로토콜과 기능 연결로 옳은 것은?

① ICMP - 오류 보고 및 질의 메시지 제공
② IGMP - 유니캐스트 경로 최적화
③ STP - IP 단편화/재조립 제공
④ IP - 에코·타임스탬프 등 오류 보고 제공

> **오답 피하기**
> - ② IGMP는 멀티캐스트 그룹 관리이다.
> - ③ STP는 L2 루프 방지이며 IP 단편화는 IP가 담당한다.
> - ④ 오류 보고는 ICMP가 담당한다.

SECTION 04 IP 주소와 경로 제어

빈출 태그 IPv4 • CIDR • 서브넷 마스크 • IPv6 • 천이 전략 • CSMA/CA • RIP/OSPF/BGP

> 기적의 TIP
> 시험에 자주 출제되는 내용이니 놓치지 마세요.

01 IPv4(Internet Protocol version 4)

1) 개념
- 32비트 길이의 IP 주소이다.
- 주소의 각 부분을 8비트씩 4개로 나눠서 10진수로 표현한다.
- IP 주소는 네트워크 주소(NetID) + 호스트 주소(HostID)로 이루어진다.

2) 특징
- IPv4의 가장 큰 문제는 주소의 고갈이다.
- 32비트 주소 공간은 약 42억 개의 주소를 표현할 수 있으며, 이는 현재 인터넷에 연결된 기기 수를 충분히 지원하지 못한다.
- IPv4는 초기에는 클래스 기반 주소 할당 방식을 사용했다.
- A, B, C, D, E 클래스로 주소를 구분하고, 각 클래스에는 주소 범위와 할당 가능한 호스트 수에 대한 규칙을 가지고 있다. 이러한 주소 할당 방식은 주소 공간의 낭비와 유연성 부족으로 인해 문제가 발생하는 원인이 되었다.
- IPv4에서 서브넷팅(Subnetting)과 CIDR(Classless Inter-Domain Routing)가 도입되어 주소 공간을 효율적으로 사용할 수 있게 되었다.
- 서브넷팅은 주소 공간을 더 작은 네트워크로 분할하여 관리하고 식별할 수 있게 해주며, CIDR은 서브넷 마스크를 사용하여 IP 주소를 더 세밀하게 할당하는 방법이다.
- 인터넷 프로토콜 스위트의 핵심인 네트워크 계층 프로토콜로 사용된다.
- 이 계층에서 패킷의 경로 선택과 라우팅을 담당하며, 데이터를 패킷으로 분할하여 목적지로 전송한다.

> **더 알기 TIP**
>
> **서브넷 마스크(Subnet Mask)**
> - 네트워크를 작은 내부 네트워크로 분리하여 효율적으로 네트워크를 관리하기 위한 수단이다.
> - 서브넷 마스크는 32bit의 값으로 IP 주소를 네트워크와 호스트 IP 주소로 구분하는 역할을 한다.
> - 이진 형태로 표현되며, 주소의 네트워크 부분은 1로, 호스트 부분은 0으로 구성된다. 이를 통해 서브넷 마스크는 IP 주소의 네트워크와 호스트를 구분하여 목적지 주소로의 패킷 전달을 위한 라우팅 결정에 사용된다.
> - CIDR 표기 형식 : 10진수의 IP/네트워크 ID의 1비트의 개수

➕ 더 알기 TIP

Q1. CIDR(Classless Inter-Domain Routing) 표기로 203.241.132.82/27과 같이 사용되었다면, 해당 주소의 서브넷 마스크(Subnet Mask)는?

- 203.241.132.82/27에서 '/27'은 32bit의 2진수 IP 주소 중 27bit가 네트워크 ID인 1비트의 개수이고 나머지 5(32-27)bit가 호스트 ID인 0비트의 개수라는 의미이다.
- 서브넷 마스크 : 11111111.11111111.11111111.11100000
- 10진수 표기법 : 255.255.255.224

Q2. 192.168.1.0/24 네트워크를 FLSM 방식을 이용하여 4개의 Subnet으로 나누고 IP Subnetzero를 적용했다. 이때 Subnetting된 네트워크 중 4번째 네트워크의 4번째 사용할 수 있는 IP 주소는?

- 192.168.1.0/24에서 '/24'는 네트워크 ID 1비트가 24개라는 의미이다.
- 서브넷 마스크 : 11111111.11111111.11111111.00000000
- 255.255.255.0은 C클래스를 서브넷으로 사용하는 것을 의미한다.
- FLSM 방식으로 4개의 서브넷을 나누라고 지시했으나 2의 승수 단위로만 나눌 수 있으므로 $2^2 = 4$, 즉 4개로 Subnetting하여야 한다.
- 256/4=64이므로 각 subnet에 할당되는 IP는 대역별로 64개가 된다.

No	대역
1	192.168.1.0~63
2	192.168.1.64~127
3	192.168.1.128~191
4	192.168.1.192~256

- 각 대역의 첫 번째 IP(4번째 네트워크의 경우 192.168.1.192)는 네트워크 ID, 마지막 IP는 브로드캐스트 주소로 할당된다.
- 따라서 사용 가능한 IP는 192.168.1.193부터이며, 4번째는 193, 194, 195, 196로 196번이다.

Q3. 192.168.1.222/28라는 IP가 소속되어 있는 네트워크 주소와 브로드캐스트 주소는?

- 192.168.1.0/28이란 첫 28비트가 1로 설정되고, 나머지 4비트가 0으로 설정됨을 의미한다.
- 서브넷 마스크 : 11111111.11111111.11111111.11110000
- 255.255.255.240은 C클래스를 서브넷으로 사용하는 것을 의미한다.
- 마지막 옥텟 11110000에서 뒤 "0" 4개가 이 네트워크에서 사용할 수 있는 subnet IP 개수($2^4 = 16$)가 된다.
- IP 대역이 16개이므로 16의 배수 구간 중 222를 포함하는 것을 찾는다.
  - 네트워크 ID : 192.168.1.208
  - 서브넷 범위 : 192.168.1.208 - 192.168.1.223
  - 호스트 범위 : 192.168.1.209 - 192.168.1.222(네트워크 ID와 브로드캐스트 주소를 제외한 범위)
- 따라서 주어진 IP 주소 192.168.1.222/28은 네트워크 주소가 192.168.1.208이고, 브로드캐스트 주소는 192.168.1.223이다.

Q4. 200.1.1.0/24 네트워크를 FLSM(Fixed-Length Subnet Mask) 방식을 이용하여 10개의 subnet으로 나누고 ip subnet-zero를 적용했다. 이때 서브네팅된 네트워크 중 10번째 네트워크의 broadcast IP 주소는?

- 200.1.1.0/24에서 '/24'는 1의 개수가 24개라는 의미이다.
- 서브넷 마스크 : 11111111.11111111.11111111.00000000
- 255.255.255.0은 C클래스를 서브넷으로 사용하는 것을 의미한다.
- FLSM 방식으로 10개의 서브넷을 나누라고 지시했으나 2의 승수 단위로만 나눌 수 있으므로 $2^3 < 10 \leq 2^4 = 16$, 즉 16개로 subneting하여야 한다.
- 256/16=16이므로 각 subnet에 할당되는 IP는 16개가 된다.
- 각 대역의 첫 번째 IP는 네트워크 ID, 마지막 IP는 브로드캐스트 주소로 할당된다. 10번째 대역의 마지막 200.1.1.159가 브로드캐스트 IP가 된다.

3) 주소 체계

클래스 A	• 0.0.0.0 ~ 127.255.255.255 • 기본 서브넷 마스크 : 255.0.0.0 • 국가나 대형 통신망에서 사용한다.
클래스 B	• 128.0.0.0 ~ 191.255.255.255 • 기본 서브넷 마스크 : 255.255.0.0 • 중대형 통신망에서 사용한다.
클래스 C	• 192.0.0.0 ~ 223.255.255.255 • 기본 서브넷 마스크 : 255.255.255.0 • 소규모 통신망에서 사용한다.
클래스 D	• 224.0.0.0 ~ 239.255.255.255 • 멀티캐스트용으로 사용한다.
클래스 E	• 240.0.0.0 ~ 255.255.255.255 • 실험용으로 사용한다.

> **기적의 TIP**
>
> C 클래스의 기본 서브넷 마스크는 255.255.0.0으로 192.0.0.0~223.255.255.255 사이의 IP 대역이 C 클래스에 해당합니다.

4) 주소 유형

유니캐스트(Unicast)	하나의 호스트에서 다른 하나의 호스트에게 전달하는 1:1 통신 방식이다.
멀티캐스트(Multicast)	하나의 호스트에서 네트워크상의 특정 그룹 호스트들에게 전달하는 1:그룹 통신 방식이다.
브로드캐스트(Broadcast)	로컬 네트워크에 연결되어 있는 모든 시스템에게 프레임을 보내는 1:N 통신 방식이다.

02 IPv6(Internet Protocol version 6)

1) 개념
- IPv4의 주소 부족 문제를 해결하기 위하여 개발되었다.
- 128비트 길이의 IP 주소이다.
- 16비트씩 8개의 필드로 분리 표기된다.
- 패킷 헤더는 40바이트의 고정된 길이를 가진다.

2) 장점
- 인증 및 보안 기능을 포함하고 있어 IPv4보다 보안성이 강화되었다.
- IPv6 확장 헤더를 통해 네트워크 기능 확장이 용이하다.
- 임의 크기의 패킷을 주고받을 수 있도록 패킷 크기에 제한이 없다.
- 멀티미디어의 실시간 처리가 가능하다.
- 자동으로 네트워크 환경 구성이 가능하다.

3) 주소 유형

유니캐스트(Unicast)	하나의 호스트에서 다른 하나의 호스트에게 전달하는 1:1 통신 방식이다.
멀티캐스트(Multicast)	하나의 호스트에서 네트워크상의 특정 그룹 호스트들에게 전달하는 1:그룹 통신 방식이다.
애니캐스트(Anycast)	하나의 호스트에서 그룹 내의 가장 가까운 곳에 있는 수신자에게 전달하는 '가장 가까운 1:1' 통신 방식이다.

4) IPv4에서 IPv6로의 천이 전략

듀얼 스택(Dual Stack)	• 호스트가 IPv4와 IPv6를 모두 처리할 수 있도록 2개의 스택을 구성하는 전략이다. • IPv4와 IPv6가 동시에 동작하여야 한다.
터널링(Tunneling)	• IPv6를 사용하는 두 컴퓨터가 서로 통신하기 위해 IPv4를 사용하는 네트워크 영역을 통과해야 할 때 사용되는 전략이다. • 터널링을 통과하기 위해 패킷은 IPv4 주소를 가져야만 한다. • IPv6 패킷은 그 영역에 들어갈 때 IPv4 패킷 내에 캡슐화되고, 터널링을 나올 때 역캡슐화된다.
헤더 변환 (Header Translation)	• IPv4 패킷 헤더를 IPv6 패킷 헤더로 변환하거나 그 반대의 동작을 수행하는 전략이다. • 다른 방식에 비해 속도가 빠르지만, IP 계층 변환에 따른 제약점을 가지고 있다.

> **더 알기 TIP**

IPv4와 IPv6 비교

구분	IPv4	IPv6
주소 길이	32비트	128비트
표시 방법	8비트씩 4부분으로 10진수로 표시 예) 202.30.64.22	16비트씩 8부분으로 16진수로 표시 예) 2001:0230:abcd:ffff:0000:0000:ffff:1111
주소 개수	약 43억 개	약 43억×43억×43억×43억 개
주소 할당	비순차적 할당	순차적 할당
품질 제어	지원 수단 없음	품질 보장 용이
보안 기능	IPSec 프로토콜 별도 설치	기본으로 제공
PnP★	지원 수단 없음	지원 수단 있음
헤더 크기	가변 길이	고정 길이
주소 유형	유니캐스트, 멀티캐스트, 브로드캐스트	유니캐스트, 멀티캐스트, 애니캐스트

★ PnP
플러그 앤 플레이(Plug & Play)란, 새로운 장치를 컴퓨터에 집어넣었을 때 컴퓨터가 그 장치를 자동으로 인식하는 기능이다.

03 통신 규격

1) CSMA/CA(Carrier Sense Multiple Access with Collision Avoidance)

- 무선 네트워크에서 데이터 전송 시, 매체가 비어있음을 확인한 뒤 충돌을 회피하기 위해 임의 시간을 기다린 후 데이터를 전송하는 방법이다.
- 네트워크에 데이터의 전송이 없는 경우라도 동시 전송에 의한 충돌에 대비하여 확인 신호를 전송한다.
- 전송 절차

캐리어 감지 (Carrier Sense)		전송하려는 노드가 데이터를 전송하기 전에 채널을 모니터링하여 다른 노드가 이미 데이터를 전송 중인지 확인하고, 채널이 사용 중인 경우 전송을 지연시킨다.
충돌 회피(Collision Avoidance)		캐리어 감지 후 채널이 사용 중이지 않은 것으로 판단된 경우에도 다른 노드가 동시에 데이터를 전송할 가능성이 있으므로, 충돌을 피하기 위한 추가적인 절차를 수행한다.
	RTS (Request to Send)	전송하려는 노드는 대상 노드에게 데이터 전송을 요청하는 RTS 프레임을 전송한다.
	CTS(Clear to Send)	대상 노드는 RTS를 받으면 채널이 사용 가능하다는 응답으로 CTS 프레임을 전송한다.
	NAV(Network Allocation Vector)	CTS 프레임을 받은 노드는 일정 시간 동안 채널을 점유하여 다른 노드가 데이터를 전송하지 못하도록 한다.
데이터 전송		충돌 회피 절차가 완료되면 데이터를 전송하는 것으로, 데이터 전송 중에도 캐리어 감지를 계속하여 채널이 사용 중인지 확인하고, 채널이 사용 중이면 데이터 전송을 중지하고 충돌을 피한다.

2) CSMA/CD(Carrier Sense Multiple Access with Collision Detection)

- 자유 경쟁으로 채널 사용권을 확보하는 방법으로 노드 간의 충돌을 허용하는 네트워크 접근 방법이다.
- 전송 중에 충돌이 감지되면 패킷의 전송을 즉시 중단하고 충돌이 발생한 사실을 모든 스테이션이 알 수 있도록 간단한 통보 신호를 송신한다.
- 스테이션의 수가 많아지면 충돌이 많아져서 효율이 떨어진다.
- 어느 한 기기에 고장이 발생하여도 다른 기기의 통신에 영향을 전혀 미치지 않는다.
- 전송 절차

캐리어 감지 (Carrier Sense)	전송하려는 노드가 데이터를 전송하기 전에 채널을 모니터링하여 다른 노드가 이미 데이터를 전송 중인지 확인하고, 채널이 사용 중인 경우 전송을 지연시킨다.
충돌 감지 (Collision Detection)	데이터를 전송하는 동안 노드는 채널을 계속 감지하면서 자신의 전송이 다른 노드와 충돌하는지 확인하고, 충돌이 감지되면 데이터 전송을 중지하고 임의의 시간 동안 대기한 후에 다시 전송을 시도한다.
지수 백오프 (Exponential Backoff)	• 충돌이 발생한 경우, 노드는 지수 백오프 알고리즘을 사용하여 재전송을 지연시킨다. • 재전송 시간은 충돌 횟수에 따라 점점 증가하며, 임의의 시간 동안 대기한 후에 재전송을 시도한다.
데이터 전송	• 충돌이 발생하지 않고 채널이 사용할 수 있는 경우, 노드는 데이터를 전송한다. • 데이터 전송 중에도 캐리어 감지와 충돌 감지를 지속적으로 수행하여 충돌이 발생하는지 감지하고, 충돌이 발생하면 전송을 중지하고 충돌을 해결한다.

➕ 더 알기 TIP

IEEE 802의 표준 규격

802.3	CSMA/CD
802.4	토큰 버스(Token Bus)
802.5	토큰 링(Token Ring)
802.11	무선 LAN
802.11g	2.4GHz 대역에서 최대 54Mbps의 속도 제공
802.11n	2.4GHz와 5GHz 대역에서 최대 600Mbps의 속도 제공(MIMO 안테나 기술 사용)
802.11e	보안 기능 및 QoS(Quality of Service) 강화를 위해 MAC 지원 기능 제공

04 경로 제어(Routing)

1) 개념

- 각 메시지에서 목적지까지 갈 수 있는 여러 경로 중 한 가지 경로를 설정해 주는 과정이다.
- 경로 설정 방식에는 Fixed Routing(고정 경로 제어), Adaptive Routing(적응 경로 제어), Flooding(범람 경로 제어), Random Routing(임의 경로 제어) 등이 있다.

2) 경로 설정 프로토콜

★ AS
Automatic System, 자율 시스템

구분	IGP (Interior Gateway Protocol)	EGP (Exterior Gateway Protocol)	BGP (Border Gateway Protocol)
정의	단일 자율 시스템(AS) 내부에서 경로 설정을 위해 사용하는 프로토콜	여러 자율 시스템(AS) 간에 경로 설정을 위해 사용하는 프로토콜	인터넷에서 경계 게이트웨이 간에 사용되는 경로 설정 프로토콜
사용 환경	AS★ 내부 네트워크	AS 간 또는 인터넷 외부 네트워크	인터넷 게이트웨이 간의 경로 설정 및 라우팅 정보 교환
경로 선택 방식	거리 벡터, 링크 상태 알고리즘 등 다양한 방식 사용	AS 경계에 따라 정책 기반으로 경로 선택	AS 경계에 따라 정책 기반으로 경로 선택
주요 프로토콜	RIP, OSPF, EIGRP 등	EGP	BGP
특징	내부 네트워크에 사용되며 AS 내부에서 경로 정보 교환 및 최적 경로 선택	AS 간 경로 설정을 위해 사용되며 인터넷 외부 네트워크에 적용되지 않음	인터넷 게이트웨이 간 경로 설정과 인터넷 전체의 라우팅 테이블 관리
주소 체계	AS 내부 IP 주소 체계 (예 192.168.x.x)	AS 내부 IP 주소 체계 (예 192.168.x.x)	인터넷 공인 IP 주소 체계 (예 203.0.113.x)

3) IGP(Interior Gateway Protocol, 내부 게이트웨이 프로토콜)

RIP(Routing information Protocol)	• 거리 벡터 알고리즘을 기반으로 동작한다. • 네트워크 간에 경로 정보를 교환하고, 경로의 거리(호핑 수)를 기준으로 최적 경로를 선택한다. • RIP는 가장 간단한 형태의 IGP 프로토콜이다. • 최적의 경로를 산출하기 위한 정보로서 홉(거리값)만을 고려하므로, RIP을 선택한 경로가 최적의 경로가 아닌 경우가 많이 발생할 수 있다. • 소규모 네트워크 환경에 적합하다. • 최대 홉 카운트를 15홉 이하로 한정하고 있다.
OSPF(Open Shortest Path First)	• 링크 상태 알고리즘을 기반으로 동작한다. • 네트워크 간에 링크 상태 정보를 교환하고, 각 링크의 상태에 따라 가장 짧은 경로를 선택하여 경로 설정을 수행한다. • 대규모 네트워크에서 확장성과 안정성을 갖는 프로토콜로 널리 사용한다.
IS-IS(Intermediate System to Intermediate System)	• OSPF와 유사한 링크 상태 알고리즘을 기반으로 동작하는 IGP 프로토콜이다. • 네트워크 간에 링크 상태 정보를 교환하고, 네트워크 상태에 따라 최적 경로를 선택하여 경로를 설정한다. • 주로 중간 시스템 간의 경로 설정을 위해 사용되며, 대규모 네트워크에서 확장성과 안정성을 갖는 프로토콜이다.
EIGRP(Enhanced Interior Gateway Routing Protocol)	• Cisco의 프로토콜로, 거리 벡터와 링크 상태 알고리즘을 결정한다. • 네트워크 간에 경로 정보를 교환하고, 최적 경로를 계산하여 경로 설정을 수행한다. • 자동적인 경로 복구와 네트워크 변화에 대한 빠른 수용력을 갖고 있다

05 트래픽 제어(Traffic Control)

1) 개념
- 네트워크의 보호, 성능 유지, 네트워크 자원의 효율적 이용을 위해 전송되는 패킷의 흐름 또는 그 양을 조절하는 기능이다.
- 흐름 제어, 혼잡 제어, 교착상태 방지 기법이 있다.

2) 기법

흐름 제어 (Flow Control)	\multicolumn{2}{l|}{네트워크의 원활한 흐름을 위해 송신측과 수신측의 전송 패킷의 양이나 속도를 조절한다.}
	정지-대기 (Stop-and-Wait)	• 수신측으로부터 ACK를 받은 후 다음 패킷을 전송하는 방식이다. • 한 번에 하나의 패킷만 전송 가능하다.
	슬라이딩 윈도우 (Sliding Window)	• 한 번에 여러 개의 프레임을 나누어 전송할 경우 효율적인 방식이다. • 수신측으로부터 이전에 송신한 프레임에 대한 ACK를 받으면 송신 윈도우가 증가하고, NAK를 받으면 송신 윈도우의 크기가 감소한다.
혼잡 제어 (Congestion Control)	\multicolumn{2}{l|}{네트워크 측면에서 패킷의 흐름을 제어하여 오버플로우(Overflow)를 방지한다.}
교착상태 방지 (Deadlock Avoidance)	\multicolumn{2}{l|}{교환기 내의 기억공간에 패킷들이 꽉 차서 다음 패킷이 들어오지 못하는 현상(Deadlock)을 방지한다.}

이론을 확인하는 기출문제

01 클래스와 기본 서브넷 마스크 연결로 옳은 것은?
① A – 255.255.255.0
② B – 255.0.0.0
③ C – 255.255.255.0
④ D – 255.255.255.0

> **오답 피하기**
> - ① A는 255.0.0.0
> - ② B는 255.255.0.0
> - ④ D는 멀티캐스트용

02 CIDR 표기 203.241.132.82/27의 서브넷 마스크는?
① 255.255.255.240
② 255.255.255.224
③ 255.255.255.192
④ 255.255.255.248

/27은 네트워크 비트가 27개이므로 255.255.255.224가 된다.

> **오답 피하기**
> - ① /28
> - ③ /26
> - ④ /29

03 192.168.1.0/24를 FLSM으로 4개 서브넷으로 분할(Subnet-zero 적용)할 때, 4번째 서브넷의 4번째 사용 가능한 IP는?
① 192.168.1.196
② 192.168.1.195
③ 192.168.1.197
④ 192.168.1.200

/24를 4개로 나누면 증가폭 64: 192, 네트워크 ID는 .192, 사용 가능은 .193~.254이므로 4번째 사용 IP는 .196이다.

> **오답 피하기**
> - ② 3번째 사용 IP
> - ③ 5번째 사용 IP
> - ④ 범위는 .193~.254, .200은 임의 값

04 IPv6에 대한 설명으로 옳은 것은?
① 주소 길이 64비트, 헤더 가변 길이
② 주소 길이 128비트, 헤더 40바이트 고정
③ 주소 길이 128비트, 헤더 최소 20바이트
④ 주소 길이 32비트, 헤더 40바이트 고정

IPv6 주소는 128비트이며 기본 헤더는 40바이트 고정이다.

05 IPv4→IPv6 전이(Transition) 전략으로 옳은 것은?
① 듀얼 스택은 IPv6만 동작하도록 IPv4를 비활성화한다.
② 터널링은 IPv6 패킷을 IPv4 패킷에 캡슐화해 IPv4 구간을 통과시킨다.
③ 헤더 변환은 속도가 느려 실제로 사용되지 않는다.
④ 터널링은 주소 없이도 통신이 가능하다.

> **오답 피하기**
> - ① 듀얼 스택은 IPv4·IPv6 동시 운용
> - ③ 헤더 변환은 실제로 사용됨
> - ④ 주소 체계는 필요

06 주소 유형 설명으로 옳은 것은?
① 멀티캐스트는 네트워크에 연결된 모든 호스트로 전송한다.
② 애니캐스트는 그룹 중 가장 가까운 한 지점으로 전송한다.
③ 브로드캐스트는 IPv6에서만 사용된다.
④ 유니캐스트는 1:다 전송이다.

> **오답 피하기**
> - ① 멀티캐스트는 1:그룹(가입자 집합)
> - ③ IPv6는 애니캐스트 사용
> - ④ 유니캐스트는 1:1

정답 01 ③ 02 ② 03 ① 04 ② 05 ② 06 ②

07 IEEE 802 표준과 기술 연결로 옳은 것은?

① 802.3 – CSMA/CD
② 802.5 – 무선 LAN
③ 802.11 – 토큰 버스
④ 802.4 – 토큰 링

> 오답 피하기
> - ② 802.5는 토큰 링
> - ③ 802.11은 무선 LAN
> - ④ 802.4는 토큰 버스

08 라우팅 프로토콜 설명으로 옳은 것은?

① RIP은 최대 홉 카운트를 15로 제한한다.
② OSPF는 거리 벡터 알고리즘을 사용한다.
③ BGP는 AS 내부용 IGP이다.
④ EIGRP는 링크 상태만 사용하는 표준 오픈 프로토콜이다.

RIP은 거리 벡터 기반으로 최대 15홉까지 경로를 인정한다.

> 오답 피하기
> - ② OSPF는 링크 상태 알고리즘
> - ③ BGP는 AS 간의 경로 벡터 프로토콜
> - ④ EIGRP는 시스코(Cisco) 하이브리드 프로토콜

09 흐름 제어 방식 설명으로 옳은 것은?

① 정지-대기는 다수 프레임을 윈도우로 연속 전송한다.
② 슬라이딩 윈도우는 ACK에 따라 윈도우를 조절하며 여러 프레임을 연속 전송한다.
③ 정지-대기는 윈도우 크기를 크게 해 처리량을 높인다.
④ 슬라이딩 윈도우는 매 프레임 ACK을 기다려야만 다음 프레임을 보낸다.

슬라이딩 윈도우는 연속 전송이 가능하고 ACK/NAK에 따라 윈도우가 조정된다.

10 멀티캐스트 주소 범위를 사용하는 클래스는?

① 클래스 C
② 클래스 D
③ 클래스 E
④ 클래스 A

클래스 D(224.0.0.0~239.255.255.255)는 멀티캐스트용이다.

PART

02

애플리케이션 설계

파트 소개

소프트웨어 설계는 단순한 코드 작성 이전에 체계적이고 안정적인 시스템을 만들기 위한 첫 단계입니다. 요구사항을 분석하여 구조적·객체지향적 설계 기법을 적용하면 유지보수성과 확장성이 높은 소프트웨어를 개발할 수 있습니다. 이 파트에서는 UML 등 설계 모델링, 모듈화와 재사용, 소프트웨어 아키텍처 패턴을 학습합니다. 이어서 객체지향 원칙(SOLID)과 GoF 디자인 패턴을 익혀 시험에서 반복되는 문제를 대비합니다.

CHAPTER

01

소프트웨어 설계

학습 방향

설계 모델링과 구조적 분석 도구, 모듈 설계 원칙을 학습합니다. 특히 응집도·결합도, 아키텍처 패턴은 기출에서 자주 다뤄지는 핵심 영역으로 반드시 정리해야 합니다. UML 다이어그램과 DFD/ERD는 기호를 직접 손으로 그려보면서 공부하고, 응집도·결합도는 사례 문제를 많이 풀어 보세요. 아키텍처 패턴은 MVC·Layered 구조 그림을 그려 차이를 시각적으로 기억하세요.

출제 빈도

SECTION	빈도	비율
SECTION 01	중	20%
SECTION 02	중	15%
SECTION 03	상	20%
SECTION 04	하	10%
SECTION 05	상	20%
SECTION 06	상	15%

SECTION 01 소프트웨어 설계 모델링

빈출 태그 설계 모델링 • 상위 설계 • 하위 설계 • 모듈화 • 정보은닉 • 추상화 • Fan-in/Fan-out

> **기적의 TIP**
> 소프트웨어 설계 단계를 흐름별로 학습한다는 생각으로 학습하세요.

★ 모델링
현실 세계에 존재하는 데이터를 추상화하여 컴퓨터 세계로 옮기는 변환 과정

01 소프트웨어 설계 모델링

1) 개념
- 요구사항 분석 단계에서 규명된 필수 기능들의 구체적인 구현 방법을 명시하는 기법이다.
- 요구사항(기능, 성능)을 만족하는 소프트웨어의 내부 구조 및 동적 행위들을 모델링★하여 표현하고 분석, 검증, 명세화하는 단계이다.
- '무엇을(What)'으로부터 '어떻게(How)'로 관점을 전환하면서 최종 제작할 소프트웨어의 청사진을 만드는 것이 목적이다.

2) 설계 모델링의 원칙
- 변경이 쉽도록 구조화되어야 한다.
- 하나의 함수 안에 특정 기능을 수행하는 데 필요한 자료만 사용하도록 규제한다.
- 독립적이고 기능적인 특성을 지닌 모듈 단위로 분할 설계한다.
- 계층적 구조를 가져야 한다.

02 소프트웨어 설계

1) 개념
- 본격적인 프로그램의 구현에 들어가기 전에 소프트웨어를 구성하는 뼈대를 정의해 구현의 기반을 만드는 것을 의미한다.
- 상위 설계(High Level Design)와 하위 설계(Low Level Design)로 구분된다.

> **기적의 TIP**
> 소프트웨어 설계 분류를 암기하기보다는 이해하는 방향으로 정리하세요.

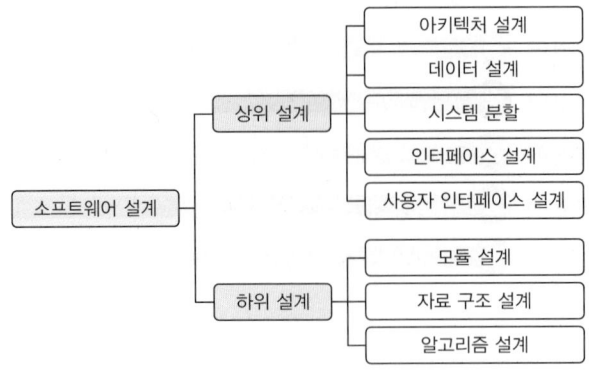

- 소프트웨어 설계 대상

구조 모델링	• SW를 구성하는 컴포넌트의 유형, 인터페이스, 내부 설계 구조 등 상호 연결 구조를 모델링하는 것이다. • 구성 요소에는 프로시저, 데이터 구조, 모듈, 파일 구조 등이 있다. • 구성 요소들의 연결 구조, 포함 관계를 시스템 구조라고 한다.
행위 모델링	• 소프트웨어 구성 요소들의 기능과 구성 요소들이 언제, 어떤 순서로 기능을 수행하고 상호 작용하는지를 모델링하는 것이다. • 시스템 각 구성 요소의 기능적인 특성을 모델링하는 것이다. • 입·출력 데이터, 데이터의 흐름과 변환, 데이터의 저장, 실행 경로, 상태 전이, 이벤트 발생 순서 등이 행위 모델링에 속한다.

더 알기 TIP

소프트웨어 공학에서의 모델링(Modeling)
- 모델(Model)과 ing의 결합으로 모델(모형)을 만드는 일을 의미한다.
- 일반적으로 설계를 모델(Model)이라 하므로 모델링은 설계하는 행위를 의미한다.

기적의 TIP

소프트웨어 생명주기(SDLC)는 요구사항 분석 → 설계 → 구현 → 테스트 → 유지보수의 순서로 진행됩니다.

- 소프트웨어 설계 방법

구조적 설계	• 기능적 관점으로 소프트웨어에 요구된 기능이나 자료 처리 과정, 알고리즘 등을 중심으로 시스템을 나눠 설계하는 방식이다. • 시스템의 각 모듈은 최상위 기능에서 하위 기능으로 하향적으로 세분화한다. • 신뢰성 향상, 유연성 제공, 재사용이 용이하다는 특징이 있다. • 순차(Sequence) 구조, 선택(Selection) 구조, 반복(Repetition) 구조 등이 기본이다. • Coad/Yourdon
자료 중심 설계	• 입·출력 자료의 구조를 파악하여 소프트웨어 자료구조를 설계하는 방식이다. • 객체지향 설계 방식과 다르게 데이터 중심적인 접근 방식으로, 소프트웨어 시스템의 구조를 명확하게 정의하고, 유지보수성과 재사용성을 높이는 효과적인 방법이다. • 데이터베이스 설계와 밀접한 관련이 있으며, 데이터베이스를 이용하여 시스템의 데이터를 관리하는 경우 특히 유용하다. • Jackson, Warnier-Orr
객체지향 설계	• 자료와 자료에 적용될 기능을 함께 묶어 추상화하는 개념이다. • 시스템은 객체로 구성된다. • Yourdon, Shlaer-Mellor, Rumbaugh, Booch

더 알기 TIP

구조적 분석
- 자료(Data)의 흐름과 처리를 중심으로 한 요구 분석 방법이며, 전체 시스템의 일관성 있는 이해를 돕는 분석 도구로, 모형화에 필요한 도구 제공 및 시스템을 나누어 분석할 수 있다.
- 정형화된 분석 절차에 따라 사용자 요구사항을 파악, 문서화하는 체계적 분석 방법으로 자료 흐름도, 자료 사전, 소단위 명세를 사용한다.
- 시스템 분할이 가능하며 하향식 분석 기법을 사용하고 분석자와 사용자 간의 의사소통을 돕는다.

2) 설계의 기본 원리

분할과 정복 (Divide and Conquer)	하나의 큰 문제를 여러 개의 작은 부분으로 나누고, 이 작은 문제들을 각각 해결한 후 결과를 모아서 원래의 큰 문제를 해결하는 것
추상화(Abstraction)	문제의 전체적이고 포괄적인 개념을 설계한 후 차례로 세분화하여 구체화시키는 것
단계적 분해 (Stepwise Refinement)	상위의 중요 개념으로부터 하위의 개념으로 구체화시키는 것
모듈화(Modularity)	소프트웨어의 성능을 향상시키거나 시스템의 수정 및 재사용, 유지 관리 등이 용이하도록 시스템의 기능들을 모듈 단위로 나누는 것
정보은닉 (Information Hiding)	한 모듈 내부에 포함된 절차와 자료들의 정보가 감추어져 다른 모듈이 접근하거나 변경하지 못하도록 하는 것

더 알기 TIP

추상화의 유형

과정 추상화	자세한 수행 과정을 정의하지 않고, 전반적인 흐름만 파악할 수 있게 설계하는 방법
데이터 추상화	데이터의 세부적인 속성이나 용도를 정의하지 않고, 데이터 구조를 대표할 수 있는 표현으로 대체하는 방법
제어 추상화	이벤트 발생의 정확한 절차나 방법을 정의하지 않고, 대표할 수 있는 표현으로 대체하는 방법

3) 상위 설계

- 아키텍처 설계(Architecture Design)★, 예비 설계(Preliminary Design)라고 한다.
- 전체 골조(뼈대)를 세우는 단계이다.
- 종류

아키텍처(구조) 설계	시스템의 전체적인 구조
데이터 설계	시스템에 필요한 정보를 자료구조/데이터베이스 설계에 반영
시스템 분할	전체 시스템을 여러 개의 서브 시스템으로 분리
인터페이스 설계	시스템의 구조와 서브 시스템들 사이의 관계
사용자 인터페이스 설계	사용자와 시스템의 관계

★ 아키텍처 설계(Architecture Design)
소프트웨어 시스템의 구조와 구성 요소, 그리고 이들 간의 상호 작용을 정의하는 과정으로, 시스템의 성능, 품질, 유지보수성 등을 고려하여 설계한다. 이를 통해 재사용성과 확장성이 높은 안정적인 소프트웨어 시스템을 구축한다.

4) 하위 설계

- 모듈 설계(Module Design), 상세 설계(Detail Design)라고 한다.
- 시스템 각 구성 요소의 내부 구조, 동적 행위 등을 결정하여 각 구성 요소의 제어와 데이터 간의 연결에 대해 구체적인 정의를 하는 단계이다.
- 하위 설계의 방법에는 절차 기반(Procedure-Oriented), 자료 위주(Data Oriented), 객체지향(Object-Oriented) 설계 방법 등이 있다.

더 알기 TIP

절차 기반(Procedure-Oriented)
- 프로그램을 절차적으로 설계하고 구현하는 방법으로, 문제를 단계별로 분해하여 각 단계를 수행하는 함수나 프로시저를 만들어 처리한다.
- 소규모 프로그램에서는 이해와 구현이 단순하여 프로그램의 실행 속도가 빠르다는 장점이 있다.
- 코드의 재사용성과 확장성이 낮다는 단점이 있다.

- 종류

모듈 설계	각 모듈의 실제적인 내부를 의사코드(pseudo-code)로 표현
자료구조 설계	요구분석에서 생성된 정보를 바탕으로 소프트웨어를 구현하는 데 필요한 자료구조로 변환
알고리즘 설계	인터페이스에 대한 설명, 자료구조, 변수 등에 대한 상세한 정보를 작성

더 알기 TIP

상위 설계와 하위 설계의 비교

구분	상위 설계	하위 설계
정의	시스템의 아키텍처 및 기본적인 모듈 구성	모듈 내부의 동작 및 세부적인 구현 방법 정의
목표	시스템의 기능 및 특성 결정	모듈의 기능을 충족시키는 구현 방법 결정
관련 내용	기능적 요구사항, 비기능적 요구사항 등 고려	알고리즘, 데이터 구조, 변수 등 구체적인 구현
결과물	아키텍처 다이어그램, 인터페이스 명세서 등	클래스 다이어그램, 시퀀스 다이어그램, 코드 등
추상화	높은 수준의 추상화	낮은 수준의 추상화
구현	구현 단계에서는 구체화가 필요하지 않음	구현 단계에서 구체화가 필요함

03 소프트웨어 구조도

1) 개념

- 구조적 설계 방법의 하나로, 시스템의 구조를 표현하는 것이다.
- 모듈과 모듈 간의 관계를 나타내는 그래픽 다이어그램으로 각 모듈은 상자로 표시되며, 모듈 간의 관계는 선으로 연결된다.
- 각 모듈은 입력, 출력, 처리 등의 기능을 수행하고, 이러한 기능은 모듈의 상자 안에 표시되며, 각 모듈의 이름과 번호를 표시하여 모듈의 식별을 용이하게 한다.
- 모듈 단위로 시스템을 분할하여 설계하고, 각 모듈이 독립적으로 개발될 수 있도록 한다.
- 각 모듈 간의 의존성을 최소화하여 시스템 유지보수성을 향상시키고, 시스템의 복잡도를 낮춘다. 따라서 소프트웨어 구조도는 대규모 소프트웨어 시스템의 설계와 개발에 효과적으로 활용된다.

2) 주요 용어

Fan-in	주어진 한 모듈을 제어하는 상위 모듈 수
Fan-out	주어진 한 모듈이 제어하는 하위 모듈 수
Depth	최상위 모듈에서 주어진 모듈까지의 깊이
Width	같은 등급(Level)의 모듈 수
Super ordinate	다른 모듈을 제어하는 모듈
Subordinate	어떤 모듈에 의해 제어되는 모듈

3) Fan-in과 Fan-out

- Fan-in은 해당 모듈을 제어하는 상위 모듈의 수를 의미하므로, 해당 모듈로 '들어오는' 개수를 파악하면 된다.
- Fan-out 해당 모듈이 제어하는 하위 모듈의 수를 의미하므로, 해당 모듈에서 '나가는' 개수를 파악하면 된다.
- Fan-in과 Fan-out을 분석하면 시스템 복잡도 파악이 가능하다.

Fan-in이 높은 경우	• 재사용 측면에서 잘된 설계로 볼 수 있다. • 시스템 구성 요소 중 일부가 동작하지 않으면 시스템이 중단되는 단일 장애 발생 가능성이 있다. • 단일 장애 발생을 방지하기 위해 중점 관리가 필요하다.
Fan-out이 높은 경우	• 불필요한 타 모듈의 호출 여부를 확인한다. • Fan-out을 단순하게 설계할 수 있는지 검토한다.

> **기적의 TIP**
>
> 시스템의 복잡도를 최적화하기 위해서는 Fan-in은 높이고 Fan-out은 낮추도록 설계해야 합니다.

+ 더 알기 TIP

모듈 F에서의 Fan-in과 Fan-out을 구하시오.

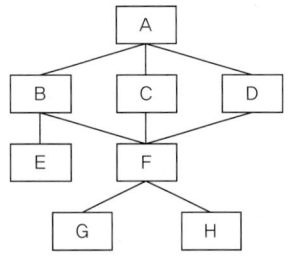

Fan-in은 F를 제어하는 B, C, D이고 Fan-out은 F가 제어하는 G, H이므로 Fan-in은 3, Fan-out은 2이다.

이론을 확인하는 기출문제

01 설계의 기본 원리로 옳지 않은 것은?
① 분할과 정복
② 단계적 분해
③ 모듈화
④ 모듈 간 결합도 증가

결합도는 낮출수록 변경에 유리하다.

02 상위 설계와 하위 설계의 연결로 옳은 것은?
① 상위 설계-모듈 내부 알고리즘
  하위 설계-아키텍처 구조
② 상위 설계-아키텍처·인터페이스
  하위 설계-의사코드·자료구조
③ 상위 설계-코드 레벨 변수 정의
  하위 설계-비기능 요구 식별
④ 상위 설계-클래스 다이어그램 상세 코드
  하위 설계-프로세스 분할

상위는 구조와 인터페이스, 하위는 모듈 내부 상세(의사코드, 자료구조 등)이다.

03 다음 중 행위 모델링에 해당하는 것은?
① 컴포넌트 유형과 인터페이스 정의
② 데이터 저장 구조 정의
③ 상태 전이, 이벤트 순서, 실행 경로
④ 파일·모듈 포함 관계

행위 모델링은 수행 순서, 상호작용, 상태 변화 등을 표현한다.

오답 피하기
①, ②, ④는 구조 모델링

04 설계 방법에 대한 설명으로 옳은 것은?
① 구조적 설계는 상향식으로 기능을 합성한다.
② 자료 중심 설계는 입·출력 자료구조를 바탕으로 소프트웨어 자료구조를 설계한다.
③ 객체지향 설계는 데이터와 기능을 분리한다.
④ 구조적 분석은 DFD를 사용하지 않는다.

자료 중심 설계는 데이터 구조를 중심으로 설계한다.

오답 피하기
• ① 구조적 설계는 보통 하향식 분해
• ③ 객체는 데이터와 기능을 함께 캡슐화
• ④ 구조적 분석의 핵심 도구가 DFD

05 구조도 복잡도 최적화 원칙으로 옳은 것은?
① Fan-in 낮고 Fan-out 높게
② Fan-in 높고 Fan-out 낮게
③ Fan-in·Fan-out 모두 높게
④ Fan-in·Fan-out 모두 낮게

재사용성과 단순화를 위해 Fan-in은 높이고 Fan-out은 낮추는 것이 바람직하다.

06 Super ordinate / Subordinate에 대한 설명으로 옳은 것은?
① Super ordinate는 제어되는 모듈, Subordinate는 제어하는 모듈
② 둘 다 같은 의미
③ Super ordinate는 다른 모듈을 제어, Subordinate는 제어를 받음
④ Subordinate는 상위 모듈을 제어

Super가 상위 제어, Sub가 하위 제어를 의미한다.

정답 01 ④ 02 ② 03 ③ 04 ② 05 ② 06 ③

SECTION 02 구조적 분석 도구

빈출 태그 DFD • 프로세스 • 자료 저장소 • 단말 • 자료 사전 • 소단위 명세서 • 의사결정표

> **기적의 TIP**
> 구조적 분석 도구인 자료 흐름도의 정의와 표기법, 자료 사전의 표기법이 자주 출제됩니다. 출제 빈도가 높으니 정확히 정리하고 반드시 암기하세요.

> **기적의 TIP**
> 자료 흐름도(DFD)는 시간 흐름을 명확하게 표현할 수는 없습니다. 즉, '언제' 데이터를 처리하는지는 보여줄 수는 없지만 '어디에서 → 어디로' 데이터가 이동하는지를 보여줄 수 있습니다.

★ 4가지의 기본 기호
- 처리
- 자료 흐름
- 자료 저장소
- 단말

01 자료 흐름도(DFD, Data Flow Diagram)

1) 개념
- 시스템이나 프로그램 간의 총체적인 데이터 흐름을 표시할 수 있으며, 기본적인 데이터 요소와 그들 사이의 데이터 흐름 형태로 기술된다.
- 시스템 내의 모든 자료 흐름을 4가지의 기본 기호★로 기술하고 이런 자료 흐름을 중심으로 한 분석용 도구이다.
- DFD의 요소는 화살표, 원, 사각형, 직선(단선/이중선)으로 표시하고 구조적 분석 기법에 이용된다.
- 자료 흐름 그래프 또는 버블(Bubble) 차트라고도 한다.
- 그림 중심의 표현이고 다차원적이며 하향식 분할 원리를 적용한다.
- 갱신하기 쉬워야 하며 이름의 중복을 제거하여 이름으로 정의를 쉽게 찾을 수 있도록 한다.
- 정의하는 방식이 명확해야 한다.

2) 자료 흐름도의 작성
- 출력 자료 흐름은 입력 자료 흐름을 이용해 생성해야 한다.
- 입력, 출력 자료 자체에 대해서만 인지하고 자료의 위치나 방향은 알 필요가 없다.
- 자료 흐름 변환의 형태에는 본질 변환, 합성의 변환, 관점의 변환, 구성의 변환 등이 있다.
- 작성 원칙

자료 보존의 원칙	출력 자료 흐름은 반드시 입력 자료 흐름을 이용해 생성한다.
최소 자료 입력의 원칙	출력 자료를 산출하는 데 필요한 최소의 자료 흐름만 입력한다.
독립성의 원칙	프로세스는 오직 자신의 입력 자료와 출력 자료 자체에 대해서만 알면 된다.
지속성의 원칙	프로세스는 항상 수행하고 있어야 한다.
순차 처리의 원칙	입력 자료 흐름의 순서는 출력되는 자료 흐름에서도 지키도록 한다.
영구성의 원칙	자료 저장소의 자료는 입력으로 사용해도 삭제되지 않는다.

3) 구성 요소 및 표기법
① 구성 요소

② 표기법

프로세스(Process)	자료를 변환시키는 시스템의 한 부분을 나타낸다.	프로세스 이름
자료 흐름(Data Flow)	자료의 이동(흐름)을 나타낸다.	자료 이름
자료 저장소(Data Store)	시스템에서의 자료 저장소(파일, 데이터베이스)를 나타낸다.	자료 저장소 이름
단말(Terminator)	자료의 발생지와 종착지(시스템의 외부에 존재하는 사람이나 조직체)를 나타낸다.	단말 이름

02 소단위 명세서(Mini-Specification)

1) 개념
- 세분화된 자료 흐름도에서 최하위 단계 프로세스(버블)의 처리 절차를 기술한 것으로, 프로세스 명세서라고도 한다.
- 분석가의 문서이며, 자료 흐름도(DFD)를 지원하기 위하여 작성한다.
- 서술 문장, 구조적 언어, 의사결정 나무, 의사결정표(판단표), 그래프 등을 이용하여 기술한다.

2) 사용 도구
① 구조적 언어(Structured Language)
- 자연어 일부분으로 한정된 단어와 문형, 제한된 구조를 사용하여 명세서를 작성하는 가장 보편적인 방법이다.
- 예

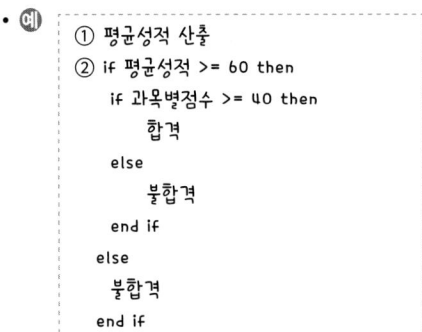

② 의사결정 나무(Decision Tree)
- 현재 상황과 목표와의 상호 관련성을 나무의 가지를 이용해 표현한 것으로, 불확실한 상황에서의 의사결정을 위한 분석 방법이다.
- 예

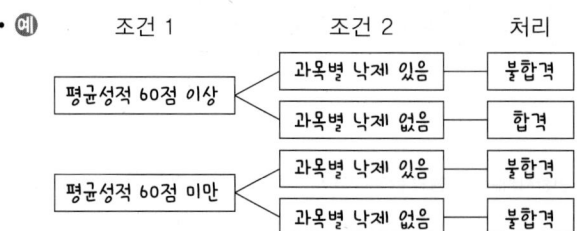

③ 의사결정표(Decision Table)
- 복잡한 의사결정 논리를 기술하는 데 사용하며, 주로 자료 처리 분야에서 이용된다.
- 예

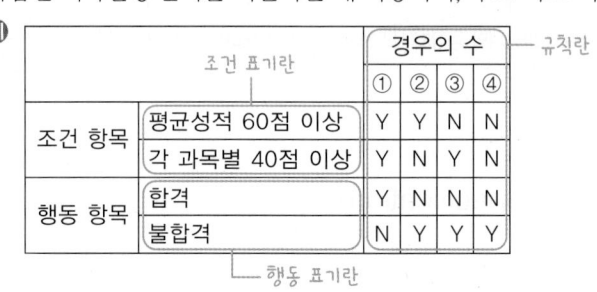

3) 역할
- 사용자나 시스템 분석가가 검증할 수 있는 형태로 표현되어야 한다.
- 여러 계층의 사람들이 효과적으로 의사소통을 할 수 있는 형태로 표현되어야 한다.
- 소단위 명세서에서는 설계와 구현 사항에 대해 임의로 결정하지 말아야 한다.

03 자료 사전(DD, Data Dictionary)

1) 개념
- 시스템과 관련된 모든 자료의 명세와 자료 속성을 파악할 수 있도록 조직화한 도구이다.
- 소프트웨어에서 사용하는 모든 자료 항목을 규칙에 맞게 정리한 집합이다.
- 자료 흐름을 구성하는 자료 항목, 자료 저장소를 구성하는 자료 항목, 자료에 대한 의미, 자료 원소의 단위 및 값 등을 기술해야 한다.

2) 표기법

=	자료의 정의	~(으)로 구성되어 있다(is compose of).
+	자료의 연결	그리고(and, along with)
( )	자료의 생략	생략할 수 있는 자료(optional)
[ ]	자료의 선택	• 다중 택일(selection), 또는(or) • 항목 간 구분은 |로 함
{ }	자료의 반복	반복(iteration of) $\{\ \}_n$ 최소 n번 이상 반복 $\{\ \}^n$ 최대 n번 이하 반복 $\{\ \}^n_m$ m번 이상 n번 이하 반복
**	자료의 설명	주석(comment)

3) 역할

- 자료 흐름도에 기술한 모든 자료의 정의를 기술한 문서이다.
- 구조적 시스템 방법론에서 자료 흐름도, 소단위 명세서와 더불어 중요한 분석 문서 중 하나이다.
- 자료 사전 이해도를 높이고자 할 때는 하향식 분할 원칙에 맞추어 구성 요소를 재정의한다.

4) 작성 시 고려할 사항

① 자료의 의미 기술
- 자료의 의미는 주석을 통해서 기술하고 중복되는 기술을 피해야 한다.

② 자료 구성 항목의 기술
- 구성 항목을 그룹으로 묶고 각 그룹에 대해 의미 있는 이름을 부여한 후, 이름이 붙여진 각 그룹을 다시 정의한다.

③ 동의어(Alias)
- 자료 사전에 이미 정의된 자료 항목에 대한 또 다른 이름의 동의어가 많아지면 자료의 명칭에 혼동이 생길 우려가 있다.
- 동의어 중 하나는 자료의 구성 항목을 정의하고, 동의어 간에는 서로 참조가 되는 관계를 명시한다.

④ 자료 정의의 중복 제거
- 자료 정의는 중복성을 제거하고 간단명료하게 하는 것이 좋다.

이론을 확인하는 기출문제

01 자료 흐름도(DFD)의 특징으로 옳지 <u>않은</u> 것은?
① 시스템의 총체적 데이터 흐름을 그림으로 표현한다.
② 처리·자료 흐름·자료 저장소·단말의 4가지 기본 기호로 기술한다.
③ 시간의 흐름과 처리 시점을 명확히 표현한다.
④ 자료 흐름 중심의 구조적 분석 도구이다.

> DFD는 '어디서→어디로'의 데이터 이동을 보여주지만 '언제' 처리되는지는 표현하지 못한다.

02 DFD 작성 원칙으로 옳은 것은?
① 자료 보존 : 출력은 입력과 무관하게 생성한다.
② 독립성 : 프로세스는 자료의 위치·방향을 알아야 한다.
③ 순차 처리 : 입력 순서는 출력에서 달라져도 된다.
④ 영구성 : 자료 저장소에 저장된 자료는 입력에 사용해도 삭제되지 않는다.

> **오답 피하기**
> • ① 출력은 반드시 입력을 이용해 생성
> • ② 프로세스는 입력/출력 '자료 그 자체'만 알면 됨
> • ③ 입력 순서는 출력에서도 지켜야 함

03 DFD의 기호와 의미의 연결로 옳은 것은?
① 자료 흐름 – 원(원형)
② 단말 – 이중선(평행선)
③ 프로세스 – 사각형(고정)
④ 자료 저장소 – 평행선(이중선)

> **오답 피하기**
> • ① 자료 흐름은 화살표
> • ② 단말은 사각형
> • ③ 프로세스는 원 또는 둥근 사각형

04 소단위 명세서(Mini-Spec)에 대한 설명으로 옳지 <u>않은</u> 것은?
① 최하위 프로세스(버블)의 처리 절차를 기술한다.
② 구조적 언어·의사결정 나무·의사결정표 등으로 표현한다.
③ DFD를 지원하는 분석가의 문서다.
④ 설계·구현 세부를 임의로 결정해 포함한다.

> Mini-Spec은 분석 산출물로, 설계/구현 세부를 임의로 결정해 넣지 않는다.

05 자료 사전(DD) 표기와 의미의 연결로 옳은 것은?
① = – 자료의 연결(and)
② + – 그리고(and)
③ ( ) – 다중 택일(selection)
④ { } – 주석(comment)

> **오답 피하기**
> • = : 자료의 정의
> • + : 자료의 연결
> • ( ) : 자료의 생략
> • [ ] : 자료의 선택
> • { } : 자료의 반복
> • ** : 자료의 설명

정답 01 ③ 02 ④ 03 ④ 04 ④ 05 ②

SECTION 03 모듈

빈출 태그 모듈 · 모듈화 · 결합도 · 응집도 · 자료 결합도 · 내용 결합도 · 기능적 응집도

01 모듈(Module)

1) 개념
- 전체 프로그램에서 어떠한 기능을 수행할 수 있는 실행 코드를 의미한다.
- 재사용이 가능하며 자체적으로 컴파일할 수 있다.
- 시스템 개발 시 기간과 노동력을 절감할 수 있다.
- 모듈의 독립성은 결합도와 응집도에 의해 측정된다.
- 변수의 선언을 효율적으로 할 수 있어 기억 장치를 유용하게 사용할 수 있다.
- 모듈마다 사용할 변수를 정의하지 않고 상속하여 사용할 수 있다.
- 각 모듈의 기능이 서로 다른 모듈과의 과도한 상호 작용을 회피함으로써 이루어지는 것을 기능적 독립성이라 한다.

2) 모듈 설계 방법
- 출입구를 하나씩 갖게 하여 복잡도와 중복성을 줄이고 일관성을 유지할 수 있도록 설계한다.
- 유지보수가 쉽도록 설계한다.
- 모듈 크기는 시스템의 전반적인 기능과 구조를 이해하기 쉬운 크기로 설계한다.
- 모듈 기능은 예측할 수 있어야 하며 지나치게 제한적이어서는 안 된다.
- 모듈 간의 효과적인 제어를 위해 설계에서 계층적 자료 조직이 제시되어야 한다.
- 적당한 모듈의 크기를 유지하고 모듈 간의 접속 관계를 분석하여 복잡도와 중복을 줄인다.

3) 모듈 설계의 특징
- 모듈 독립성이 높다는 것은 단위 모듈을 변경하더라도 타 모듈에 영향이 적다는 의미이며, 오류 발견과 해결이 쉬워진다.
- 모듈 인터페이스 설계 시 인덱스 번호, 기능 코드 등 전반적인 논리 구조에 영향을 끼치지 않도록 한다.

> **기적의 TIP**
>
> 소프트웨어 기능 단위인 모듈에 관한 내용을 학습합니다. 모듈 설계에 있어 결합도와 응집도의 개념과 관계를 정리하고 종류별 정의를 알아두세요.

4) 모듈화를 통하여 얻을 수 있는 것

① 유지보수 용이성
- 모듈화된 소프트웨어는 각 모듈이 독립적으로 개발되기 때문에 수정 및 유지보수가 쉬워진다.
- 모듈 단위로 수정할 수 있으므로 전체 소프트웨어를 수정하지 않아도 되므로 시간과 비용을 절약할 수 있다.

② 재사용성
- 모듈화된 소프트웨어는 각 모듈이 재사용할 수 있는 독립적인 기능을 가지기 때문에 다른 프로젝트에서도 사용할 수 있다.
- 모듈화는 코드의 재사용성을 높이고 개발 생산성을 향상시킬 수 있다.

③ 테스트 용이성
- 각 모듈이 독립적으로 개발되고 테스트 되기 때문에 모듈화된 소프트웨어는 전체 시스템을 테스트하는 것보다 쉽게 테스트할 수 있어서 버그를 더 빨리 찾아내고 수정할 수 있다.

④ 확장성
- 모듈화된 소프트웨어는 새로운 모듈을 추가하거나 기존 모듈을 제거하여 소프트웨어를 쉽게 확장할 수 있어 비즈니스 요구사항이 변경되더라도 더 쉽게 대응할 수 있다.

⑤ 독립성
- 각 모듈은 독립적으로 개발되기 때문에 다른 모듈에 영향을 주지 않아 모듈 간의 결합도를 낮출 수 있으며, 소프트웨어 전체의 안정성을 향상시킬 수 있다.

02 결합도(Coupling)

1) 개념
- 서로 다른 두 모듈 간의 상호 의존도를 의미하며, 두 모듈 간의 기능적인 연관 정도를 나타낸다.
- 모듈 간의 결합도를 약하게 하면 모듈 독립성이 향상되어 시스템을 구현하고 유지보수 작업이 쉬워진다.
- 자료 결합도가 설계 품질이 가장 좋다.

2) 종류

자료 결합도 (Data Coupling)	• 모듈 간의 인터페이스가 자료 요소로만 구성된 경우로 다른 모듈에 영향을 주지 않는 가장 바람직한 결합도이다. • 모듈 간의 내용을 전혀 알 필요가 없다.	결합도 약함 (높은 품질) ↑
스탬프 결합도 (Stamp Coupling)	• 두 모듈이 같은 자료구조를 조회하는 경우의 결합도이다. • 자료구조의 어떠한 변화 즉, 포맷이나 구조의 변화는 그것을 조회하는 모든 모듈 및 변화되는 필드를 실제로 조회하지 않는 모듈까지도 영향을 미치게 된다. • 배열, 레코드, 구조 등이 모듈 간 인터페이스로 전달되는 경우와 관계된다.	
제어 결합도 (Control Coupling)	• 어떤 모듈이 다른 모듈의 내부 논리 조작을 제어하기 위한 목적으로 제어 신호를 이용하여 통신하는 경우의 결합도이다. • 하위 모듈에서 상위 모듈로 제어 신호가 이동하여 상위 모듈에 처리 명령을 부여하는 권리 전도 현상이 발생하게 된다.	
외부 결합도 (External Coupling)	• 어떤 모듈에서 외부로 선언한 변수(데이터)를 다른 모듈에서 참조할 경우의 결합도이다. • 모듈이 외부 환경(파일, 기기, 외부 인터페이스)의 형식이나 프로토콜을 직접 참조할 때 발생하는 결합이다.	
공통 결합도 (Common Coupling)	• 한 모듈이 다른 모듈에게 제어 요소를 전달하고 여러 모듈이 공통 자료 영역을 사용하는 경우의 결합도이다. • 공통 데이터 영역의 내용을 수정하면 이 데이터를 사용하는 모든 모듈에 영향을 준다.	
내용 결합도 (Content Coupling)	• 가장 강한 결합도를 가지고 있으며, 한 모듈이 다른 모듈의 내부 기능 및 그 내부 자료를 조회하도록 설계된 경우의 결합도이다. • 한 모듈에서 다른 모듈의 내부로 제어 또는 이동된다. • 한 모듈이 다른 모듈 내부 자료의 조회 또는 변경할 수 있다. • 두 모듈이 같은 문자(Literals)의 공유가 가능하다.	↓ 결합도 강함 (낮은 품질)

03 응집도(Cohesion)

1) 개념

- 모듈이 독립적인 기능으로 구성된 정도를 의미한다.
- 명령어, 명령어의 모임, 호출문, 특정 작업 수행 코드 등 모듈 안의 요소들이 서로 관련된 정도를 말한다.
- 구조적 설계에서 기능 수행 시 모듈 간 최소한의 상호 작용을 하여 하나의 기능만을 수행하는 정도를 표현한다.
- 응집도가 높다는 것은 필요한 요소들로 구성됨을 의미하고, 응집도가 낮다는 것은 요소 간의 관련성이 적음을 의미한다.

2) 종류

기능적 응집도 (Functional Cohesion)	모듈 내부의 모든 기능이 단일한 목적을 위해 수행되는 경우의 응집도이다.	응집도 강함 (높은 품질)
순차적 응집도 (Sequential Cohesion)	한 모듈 내부의 한 기능 요소에 의한 출력 자료가 다음 기능 요소의 입력 자료로 제공되는 경우의 응집도이다.	↑ │ │
통신적 응집도 (Communication Cohesion)	동일한 입력과 출력을 사용하여 다른 기능을 수행하는 활동들이 모여 있을 경우의 응집도이다.	│ │
절차적 응집도 (Procedural Cohesion)	모듈이 다수의 관련 기능을 가질 때 모듈 안의 구성 요소들이 그 기능을 순차적으로 수행할 경우의 응집도이다.	│ │
시간적 응집도 (Temporal Cohesion)	연관된 기능이라기보다는 특정 시간에 처리되어야 하는 활동들을 한 모듈에서 처리할 경우의 응집도이다.	│ │
논리적 응집도 (Logical Cohesion)	유사한 성격을 갖거나 특정 형태로 분류되는 처리 요소들이 한 모듈에서 처리되는 경우의 응집도이다.	│ ↓
우연적 응집도 (Coincidental Cohesion)	서로 간에 어떠한 의미 있는 연관 관계도 없는 기능 요소로 구성될 경우의 응집도이다.	응집도 약함 (낮은 품질)

➕ 더 알기 TIP

모듈(Module)이란 전체 시스템을 기능별로 나눈 작은 단위를 의미하며, 각 모듈은 독립적으로 작성되어 서브 루틴, 서브 시스템, 작업 단위로 표현될 수 있다. 모듈화를 통해 시스템은 유지보수성과 확장성을 높일 수 있는데, 모듈화의 목표는 다음과 같다.
- 모듈 간 결합도의 최소화(Loose Coupling)
- 모듈 내 요소 간의 응집도 최대화(Strong Cohesion)

04 모듈과 컴포넌트

1) 모듈(Module)
- 자료구조와 알고리즘을 캡슐화하여 정의된 인터페이스를 통해 제공되는 프로그램 구성 단위이다.
- 독립적으로 이해 · 개발 · 수정이 가능한 프로그램 구성 단위이지만, 단독 실행이 보장되지는 않는다.
- 표준화된 인터페이스와 캡슐화를 통해 재사용이 용이하다.

2) 컴포넌트(Component)
- 실제로 동작하고 있는 엔티티로써 활동 중인 독립적인 단위이다.
- 소프트웨어 시스템에서 독립적인 업무 또는 기능을 수행하는 모듈로 교체가 가능한 부품이다.
- 모듈화로 생산성을 향상했으나 모듈의 소스코드 레벨의 재활용으로 인한 한계성을 극복하기 위하여 등장하였다.
- 인터페이스를 통해서 연결된다.

➕ **더 알기** TIP

모듈과 컴포넌트의 예

1개 서버에 100개의 클라이언트가 서비스받고 있다고 하자. 이때 모듈은 서버 1+서비스 구현된 모듈 1개로 총 2개이며, 컴포넌트는 실제 동작하고 있는 서버 1+클라이언트 100개로 총 101개이다.

3) 모듈과 컴포넌트의 비교

구분	모듈	컴포넌트
주요 목적	소프트웨어 복잡도 해소	소프트웨어 재사용성 향상
재사용 단위	소스코드	실행 코드
독립성	구현 언어 종속적, 플랫폼에 종속적	특정 기술 스택에 맞추어 개발 가능, 동일 플랫폼 기반 개별적 연계
응용	단일 애플리케이션	분산 애플리케이션
중심 사상	모듈화, 추상화	객체지향, CBD
호출 방법	함수 호출	구현 기술 인터페이스
특징	여러 모듈이 하나의 애플리케이션을 형성하는 계층 구조	다른 컴포넌트와 커뮤니케이션 네트워크를 이루면서 서비스

➕ **더 알기** TIP

모듈 분할의 특징

- 설계의 질을 측정할 수 있고 유지보수가 쉽고 재사용이 쉽다.
- 모듈 분할 시 영향을 주는 설계 형태
    - 추상화(Abstraction)
    - 모듈화(Modularity)
    - 정보은닉(Information Hiding)
    - 복잡도(Complexity)
    - 시스템 구조(System Structure)

이론을 확인하는 기출문제

01 다음 모듈 간 결합도에 대한 설명 중 가장 바람직한 결합도는?

① 인터페이스가 자료 요소로만 구성되어 다른 모듈의 내부를 알 필요가 없다.
② 여러 모듈이 공통 데이터 영역을 공유한다.
③ 내부 논리를 제어하기 위한 플래그를 인자로 전달한다.
④ 한 모듈이 다른 모듈의 내부 데이터에 직접 접근·수정한다.

> 자료 요소만 주고받는 '자료 결합도'가 가장 약한 결합이며, 가장 바람직한 결합도이다.
>
> **오답 피하기**
> - ② 공통 결합도
> - ③ 제어 결합도
> - ④ 내용 결합도

02 결합도 중 품질이 가장 낮은(가장 강한) 것은?

① 스탬프 결합도
② 제어 결합도
③ 외부 결합도
④ 내용 결합도

> 결합도의 종류 : (약함, 최상) 자료 〈 스탬프 〈 제어 〈 외부 〈 공통 〈 내용 (강함, 최악)

03 응집도 중 품질이 가장 높은 것은?

① 기능적 응집도
② 통신적 응집도
③ 절차적 응집도
④ 우연적 응집도

> 응집도의 종류 : (강함, 최상) 기능적 〉 순차적 〉 통신적 〉 절차적 〉 시간적 〉 논리적 〉 우연적 (약함, 최악)

04 모듈 독립성을 높이는 올바른 설계 원칙은?

① 결합도↑, 응집도↓
② 결합도↑, 응집도↑
③ 결합도↓, 응집도↓
④ 결합도↓, 응집도↑

> 결합도는 낮추고 응집도는 높이는 것이 올바른 설계 원칙이다.

05 여러 모듈이 공통 데이터 영역의 값을 함께 사용하는 경우의 결합도는?

① 외부 결합도
② 공통 결합도
③ 제어 결합도
④ 자료 결합도

> 공유 데이터 영역 사용은 '공통 결합도'에 해당한다.

06 모듈과 컴포넌트에 대한 설명으로 옳은 것은?

① 모듈은 교체 가능한 실행 부품으로 인터페이스로만 연결된다.
② 컴포넌트는 독립 실행 가능한 단위로 인터페이스를 통해 연결되며 교체 가능하다.
③ 컴포넌트는 소스코드 수준의 재사용만을 가능한다.
④ 모듈은 실제 동작 중인 실체로 클라이언트 수만큼 인스턴스가 늘어난다.

> **오답 피하기**
> - ① 컴포넌트의 설명이다.
> - ③ 컴포넌트는 배포 단위/실행 단위로 재사용이 가능하다.
> - ④ 객체의 설명이다.

정답 01 ① 02 ④ 03 ① 04 ④ 05 ② 06 ②

SECTION 04 재사용

출제빈도 상 중 **하**
반복학습 1 2 3

빈출 태그 재사용 • 공통 모듈 • 명세 기법 • N-S 차트

01 재사용(Reuse)

1) 개념
- 검증된 기능을 파악하여 재구성하는 것을 의미한다.
- 모듈을 최적화하여 타 시스템에 적용하면 개발 비용과 기간을 낮출 수 있다.
- 생산성 및 소프트웨어의 품질이 향상된다.
- 재사용 시 해당 모듈은 외부 모듈과의 응집도는 높고, 결합도는 낮아야 한다.
- 기존 소프트웨어에 재사용 소프트웨어를 추가하기 어려운 문제점이 발생할 수 있다.

2) 소프트웨어 재사용의 이점
- 개발 시간과 비용을 단축한다.
- 프로젝트 실패의 위험을 줄여준다.
- 개발 지식을 공유할 수 있다.
- 소프트웨어의 품질이 향상된다.
- 소프트웨어 개발의 생산성을 높인다.

3) 재사용 범위에 따른 분류

라이브러리 (Library)	• 여러 프로젝트에서 공통으로 사용되는 함수나 클래스 등의 코드 집합이다. • 일반적으로 다른 소프트웨어와 결합하여 사용되며, 이를 통해 개발 생산성을 높일 수 있다.
프레임워크 (Framework)	• 특정한 애플리케이션 혹은 시스템을 개발하는 데 사용되는 구조와 규칙, 그리고 라이브러리들의 집합이다. • 특정 문제나 분야를 해결하기 위해 설계된 재사용 가능한 아키텍처와 소프트웨어 요소들의 집합이다. • 특정한 도메인에 특화되어 있으며, 개발자는 프레임워크의 구조를 따라 코드를 작성하여 애플리케이션을 개발할 수 있다. • 개발자가 애플리케이션의 핵심 로직에 집중할 수 있도록 기본적인 구조와 규칙을 제공한다. • 단순히 특정 기능만 제공하는 것이 아니라, 전반적인 애플리케이션의 뼈대(구조)를 제공하여 설계의 재사용을 돕는다.
컴포넌트 (Component)	• 재사용할 수 있는 소프트웨어 조각으로, 일반적으로 독립적인 기능을 가지고 있다. • 다른 소프트웨어에서 사용할 수 있으며, 컴포넌트 단위로 설계 및 개발할 수 있다.
마이크로서비스 (Microservice)	• 독립적인 기능을 수행하는 작은 규모의 서비스이다. • 다른 서비스와 결합되어 애플리케이션을 구성하며, 이를 통해 애플리케이션의 확장성과 유지보수성을 향상시킬 수 있다.

> **기적의 TIP**
> 재사용을 통해 얻을 수 있는 이점과 공통 모듈, 모듈 명세화 도구인 N-S 차트에 대해 정리하세요.

> **기적의 TIP**
> **역공학(Reverse Engineering)**
> 소프트웨어를 분석하여 소프트웨어 개발과정과 데이터 처리 과정을 설명하는 분석 및 설계 정보를 재발견하거나 다시 만들어내는 작업으로, 현재 프로그램으로부터 데이터, 아키텍처, 절차에 관한 분석 및 설계 정보를 추출합니다.

> **기적의 TIP**
> **리팩토링(Refactoring)**
> 소프트웨어를 보다 쉽게 이해할 수 있고, 적은 비용으로 수정할 수 있도록 겉으로 보이는 동작의 변화 없이 내부 구조를 변경하는 것을 의미합니다.

4) 재사용 구분에 따른 분류

함수와 객체	클래스, 메서드 단위로 소스코드 등을 재사용한다.
애플리케이션(Application)	공통 업무를 처리할 수 있도록 구현된 애플리케이션을 공유하여 재사용한다.
컴포넌트(Component)	컴포넌트 자체 수정 없이 인터페이스를 통하여 컴포넌트 단위로 재사용한다.

02 공통 모듈

1) 개념
- 각 서브 시스템에서 공통으로 사용하는 기능(날짜 처리 등)을 묶어 하나의 공통된 모듈로 개발한다.
- 모듈 재사용성을 높이고 중복 개발로 인한 낭비를 없애기 위해 설계 단계에서 공통 모듈을 분리한다.
- 같은 기능을 재사용함으로 기능에 대한 정합성 유지 및 중복 개발을 방지할 수 있다.
- 유지보수 단계에서도 모듈 변경을 통하여 관련된 시스템을 일괄 변경할 수 있다.

2) 명세 기법

정확성(Correctness)	실제 구현 시 꼭 필요한 기능인지 확인할 수 있도록 정확히 작성한다.
명확성(명료성, Clarity)	해당 기능에 대해 일관되게 이해되고, 하나로 해석될 수 있도록 작성한다.
완전성(Completeness)	시스템 구현 시 필요한 것, 요구되는 것을 모두 작성한다.
일관성(Consistency)	공통 기능 간 서로 충돌이 발생하지 않도록 작성한다.
추적성(Traceability)	공통 기능에 대한 요구사항 출처, 관련 시스템이 유기적 관계 구분이 가능하도록 작성한다.

3) 테스트 종류

화이트박스 테스트	소스코드를 보면서 테스트 케이스를 다양하게 만들어 테스트한다.
메서드 기반 테스트	공통 모듈의 외부에 공개된 메서드 기반 테스트이다.
화면 기반 테스트	화면 단위로 단위 모듈을 개발 후의 화면에 직접 데이터를 입력하여 테스트한다.

> **기적의 TIP**
>
> 모듈 명세화 도구의 종류에는 흐름도(Flowchart), N-S 도표(Nassi-Schneiderman Chart), 의사 코드(Pseudo Code), 의사결정표(Decision Table), 의사결정도(Decision Diagram), PDL(Program Design Language), 상태 전이도(State Transition Diagram), 행위도(Action Diagram) 등이 있습니다.

★ 임의의 제어 이동
GOTO문과 같은 무조건 분기를 표현할 도표가 없다.

03 N-S 도표(Nassi-Schneiderman Chart)

- 구조적 프로그램의 순차, 선택, 반복의 구조를 사각형으로 도식화하여 알고리즘의 논리적 기술에 중점을 둔 도형식 표현 방법이다.
- 주로 박스 다이어그램을 사용하여 논리적인 제어 구조로 흐름을 표현한다.
- 임의의 제어 이동★이 어렵다.
- 이해하기 쉽고 코드 변환이 용이하다.
- 조건이 복합된 곳의 처리를 시각적으로 명확히 식별하는 데 적합하다.

이론을 확인하는 기출문제

01 재사용 가능한 모듈의 바람직한 특성으로 옳은 것은?

① 결합도↑ 응집도↓
② 결합도↑ 응집도↑
③ 결합도↓ 응집도↓
④ 결합도↓ 응집도↑

모듈 설계 원칙과 마찬가지로 재사용 가능한 모듈 역시 결합도는 낮고 응집도는 높을수록 좋다.

02 공통 모듈 명세의 원칙으로 옳지 않은 것은?

① 정확성–필수 기능을 정확히 기술
② 완전성–필요사항을 모두 기술
③ 일관성–기능 간 충돌이 있으면 더 많이 쓰는 기능을 임의로 선택
④ 추적성–요구 출처·연관 시스템을 추적 가능하게 하는 기술

임의로 선택하는 것이 아니라 충돌이 없도록 일관성을 유지해야 한다.

03 N–S 도표에 대한 설명으로 옳은 것은?

① 임의 분기(GOTO) 표현이 쉬워 자유도가 높다.
② 순차/선택/반복을 박스 다이어그램으로 표현한다.
③ 흐름도보다 코드 변환이 어렵다.
④ 시간 흐름 표현에 중점을 둔 도구이다.

오답 피하기
- ① 임의 분기 곤란
- ③ 코드 변환 용이
- ④ 논리 제어 중심

04 다음 중 프레임워크에 대한 설명으로 옳은 것은?

① 실행 가능한 독립 부품으로 인터페이스로 교체·연결된다.
② 공통 함수·클래스 집합으로 다른 프로그램에 링크해 사용한다.
③ 특정 도메인 애플리케이션 개발을 위한 뼈대와 규칙을 제공한다.
④ 서비스 단위로 분리되어 네트워크 넘나드는 소규모 독립 서비스이다.

오답 피하기
- ① 컴포넌트
- ② 라이브러리
- ④ 마이크로서비스

05 공통 모듈 테스트에 대한 설명으로 옳지 않은 것은?

① 화이트박스 테스트는 소스코드를 보며 경로/조건을 설계한다.
② 메서드 기반 테스트는 외부 공개 메서드를 중심으로 검증한다.
③ 화면 기반 테스트는 화면 단위로 데이터 입력해 확인한다.
④ 화이트박스 테스트는 UI 화면에서만 입력을 주어 검증한다.

화이트박스 테스트는 소스코드의 내부 로직과 경로를 분석하여 검증한다.

정답 01 ④ 02 ③ 03 ② 04 ③ 05 ④

SECTION 05 소프트웨어 아키텍처

빈출 태그 ▶ 소프트웨어 아키텍처 개념 • 품질 속성과 설계 원리 • 아키텍처 프레임워크 • 아키텍처 평가 기법 • 4+1 뷰 모델

> **기적의 TIP**
>
> 소프트웨어의 전체적인 설계 도인 소프트웨어 아키텍처에 대해 학습합니다. 아키텍처 프레임워크의 개념과 시스템 품질 속성 등 출제된 내용을 중심으로 정리하세요.

★ 구조적인 틀(Structure Frame)
시스템 개발을 위하여 결정된 컴포넌트의 구조 모델

★ 비구조적인 틀(Non Structure Frame)
해당 구조 모델 이외 다른 아키텍처 설계의 결정들

01 소프트웨어 아키텍처(Software Architecture)

1) 개념

- 요구사항을 기반으로 개발 대상 소프트웨어의 기본 틀(뼈대)을 만드는 것이다.
- 다수의 이해 관계자가 참여하는 복잡한 개발에서 상호 이해, 타협, 의사소통을 체계적으로 접근하기 위한 것이다.
- 전체 시스템의 전반적인 구조를 체계적으로 설계하는 것이다.
- 설계 및 구현을 위한 구조적인 틀★과 비구조적인 틀★을 제공하는 역할을 한다.

> **➕ 더 알기 TIP**
>
> **권형도(2004)의 정의**
>
> 소프트웨어 아키텍처(Software Architecture)는 '소프트웨어를 구성하는 컴포넌트들의 상호 작용 및 관계, 각각의 특성을 기반으로 컴포넌트들이 상호 유기적으로 결합하는 소프트웨어의 여러 가지 원칙들의 집합'이다.

2) 시스템 품질 속성

가용성(Availability)	인가된 사용자가 원하는 시간이나 장소에서 필요 정보에 접근할 수 있고, 사용할 수 있도록 보장하는 것
변경 용이성(Modifiability)	개발자가 새로운 기능을 추가하거나 변경하더라도 부담 없이 변경할 수 있도록 해주는 것
성능(Performance)	처리량, 응답 시간, 사용 가능도 등을 측정하는 것
보안성(Security)	권한이 없는 사용자가 데이터나 프로그램을 사용할 수 없도록 하는 것
사용 편의성(Usability)	소프트웨어를 쉽게 사용할 수 있는가의 정도
시험 용이성(Testability)	소프트웨어를 쉽게 검사할 수 있는가의 정도

3) 특징

- 간략성 : 이해하고 추론할 수 있을 정도로 간결해야 한다.
- 추상화 : 시스템의 추상적인 표현을 사용한다.
- 가시성 : 시스템이 포함해야 하는 것들을 가시화해야 한다.

4) 평가 기준

- 시스템은 어떻게 모듈로 구성되는가?
- 시스템은 실행 시에 어떻게 행동하고, 연결되는가?
- 시스템은 어떻게 비소프트웨어 구조(CPU, 파일 시스템, 네트워크, 개발팀 등)와 관계하고 있는가?

02 아키텍처 프레임워크(Architecture Framework)

1) 개념

- 아키텍처 프레임워크는 원하는 목적물을 일정 수준 이상의 품질을 유지하면서 빠르게 만들어 낼 수 있도록 체계화한 설계와 구현을 하는 데 도움을 주는 전반적인 구조와 틀을 정의한 것이다.
- 복잡한 소프트웨어 문제를 해결하거나 서술하는 데 필요한 기본 구조를 제공함으로써 재사용이 가능하게 해준다.

> 기적의 TIP
>
> 프레임워크(Framework)는 '뼈대에 해당하는 기본 구조'를 의미합니다.

> 더 알기 TIP
>
> **프레임워크(Framework)**
> - 반제품 상태의 제품을 토대로 도메인별로 필요한 서비스 컴포넌트를 사용하여 재사용성 확대와 성능을 보장받을 수 있게 하는 개발 소프트웨어이다.
> - 프레임워크가 일반적인 프로그램 흐름과 반대로 동작한다고 해서 IoC(Inversion of Control)라고 하기도 한다.
> - 라이브러리와는 달리 사용자 코드에서 프레임워크를 호출해서 사용하고, 그에 대한 제어도 사용자 코드가 가지는 방식이다.

2) 구성 요소

구분	설명
아키텍처 명세서(AD, Architecture Description)	• 아키텍처를 기록하기 위한 산출물 • 하나의 AD는 하나 이상의 View로 구성 • 개별 뷰, 인터페이스 명세서 등
이해 관계자(Stakeholder)	• 소프트웨어 시스템 개발에 관련된 모든 사람과 조직 • 고객, 개발자, 프로젝트 관리자 등을 포함
관심사(Concerns)	• 같은 시스템에 대해 서로 다른 이해관계자의 의견과 목표 • 예 <table><tr><td>사용자 입장</td><td>기본 기능 + 신뢰성/보안성 요구</td></tr><tr><td>유지보수자 입장</td><td>유지보수 용이성</td></tr><tr><td>개발자 입장</td><td>적은 비용 + 적은 인력</td></tr></table>
관점(Viewpoint)	• 뷰 개발 시 토대가 되는 패턴이나 양식 • 서로 다른 역할이나 책임으로 시스템이나 산출물에 대한 서로 다른 관점
뷰(View)	• 서로 관련 있는 관심사들의 집합이라는 관점에서 전체 시스템을 표현한 것 • 이해 관계자들과 이들이 가지는 생각이나 견해로부터 전체 시스템을 표현(4+1 View)
근거(Rationale)	• 아키텍처 결정 근거 • 회의 결과, 보고 결과 등

03 소프트웨어 아키텍처 설계

1) 설계 원리

단순성	다양한 요소를 단순화하여 복잡성을 최소화한다.
효율성	활용 자원의 적절성과 효율성을 높인다.
분할(계층화)	다루기 쉬운 단위로 묶어서 계층화한다.
추상화	부가적인 기능이 아닌 핵심 기능 위주로 컴포넌트를 정의한다.
모듈화	내부 요소의 응집도를 높이고 각 모듈의 외부 결합도를 낮춘다.

2) 설계 과정

설계 목표 설정	시스템의 개발 방향을 명확히 하기 위해 설계에 영향을 주는 비즈니스 목표, 우선순위 등의 요구사항을 분석하여 전체 시스템의 설계 목표를 설정
시스템 타입 결정	시스템과 서브 시스템의 타입을 결정하고, 설계 목표와 함께 고려하여 아키텍처 패턴을 선택
아키텍처 패턴 적용	아키텍처 패턴을 참조하여 시스템의 표준 아키텍처를 설계
서브 시스템 구체화	서브 시스템의 기능 및 서브 시스템 간의 상호작용을 위한 동작과 인터페이스를 정의
검토	아키텍처가 설계 목표에 부합하는지, 요구사항이 잘 반영되었는지, 설계의 기본 원리를 만족하는지 등을 검토

▲ SW 아키텍처 설계 과정

04 평가 방법론

1) 유형

Scenario Based	• 품질 요소를 위해 미리 정의된 Profile에 의존하여 평가하는 방식(⑩ ATAM, SAAM 등) • 시나리오의 정밀함에 따라 평가 결과도 정밀해질 수 있음 • 평가 유형 : 예측 평가
Simulation Based	• BMT(BenchMarking Test) 시뮬레이션 기반으로 평가하는 방식 • 평가 유형 : 실무 평가
Experience Based	• 정량적인 분석이 어려운 경우 적용하는 경험 기반으로 평가하는 방식 • 평가 유형 : 사례 평가
Mathematical Model Based	• 기준 모델을 수치화하고 이를 기초로 평가하는 방식(수학적 기반 모델) • 평가 유형 : 정량적 평가

2) 종류

SAAM(Software Architecture Analysis Method)	• 소프트웨어 아키텍처의 품질 속성(특히 변경 용이성, 기능성)을 분석하기 위해 개발된 최초의 체계적인 아키텍처 분석 기법이다. • 주로 시나리오 기반 분석을 통해 시스템이 다양한 변경 요구나 사용 상황을 어떻게 수용하는지 평가한다. • 아키텍처의 구조적 적합성과 모듈 간의 상호작용을 검토하여 유지보수성, 확장성 등을 정량·정성적으로 판단한다.
ATAM(Architecture Trade Off Analysis Method)	• SAAM을 승계한 방법론으로, 아키텍처가 품질 속성을 만족하는지 판단하고, 어떻게 절충(TradeOff)하면서 상호 작용하는지 분석하는 평가 방법이다. • 모든 품질 속성을 평가하고, 관심 있는 모든 관련 당사자가 참여한다. • 정량적/정성적 분석/평가를 수행하며, 민감점(Sensitivity Point)과 절충점(Tradeoff Point)을 찾는 데 중점을 둔다.
CBAM(Cost Benefit Analysis Method)	• ATAM에서 경제적인 부분을 보완한 형태로, 소프트웨어 아키텍처를 ROI 관점에서 평가하며 시스템이 제공하는 품질에서 경제적 이득 측면을 고려한다. • 비용과 이익을 기반으로 ROI★를 계산하여 수익이 최대화되는 소프트웨어 아키텍처를 선정한다.
ARID(Active Review for Intermediate Design)	• ATAM과 ADR(Active Design Review를 혼합한 형태이다. • 전체 아키텍처가 아닌 한 부분에 대한 품질 요소에 집중하여 평가를 진행한다.
ADR(Active Design Review)	• 아키텍처 구성 요소 간 응집도를 평가한다. • 전체 아키텍처 완성 전 단일 컴포넌트 및 소그룹 컴포넌트에 평가에 적합한 방법이다.

★ ROI
Return On Investment(투자 수익률)

05 4+1 View Model

1) 개념

- Kruchten에 의해 Object 표기법을 사용하다가 1995년 Booch의 UML이 정의되면서 Booch 표기법을 포함하여 4+1이 되었다.
- 다양하고 동시적인 View를 기반으로 소프트웨어 위주 시스템의 아키텍처를 묘사하는 View 모델이다.
- 복잡한 소프트웨어 아키텍처를 다양한 이해 관계자들이 바라보는 관점으로, 다양한 측면을 고려하기 위하여 다양한 관점을 바탕으로 정의한 모델이다.
- Logical View(분석 및 설계), Implementation View(프로그래머), Process View(시스템 통합자), Deployment View(시스템 엔지니어), Use Case View(사용자)의 5계층으로 분류한 모델이다.

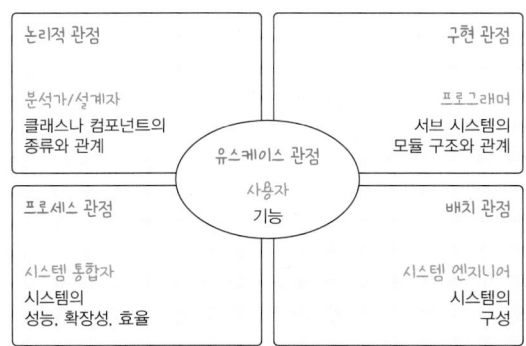

2) 구성 요소

유스케이스 뷰 (Usecase View)	• 아키텍처를 도출하고 설계하는 작업을 주도하는 뷰이다. • 시스템 검증 시에도 활용된다.	유스케이스/활동 다이어그램
		사용자 관점
논리 뷰 (Logical View)	• 시스템의 기능적인 요구사항이 어떻게 제공되는지 설명하는 뷰이다. • 클래스나 컴포넌트의 종류와 관계를 설명하고 설계가 실제로 구현되는지 설명한다.	클래스/시퀀스 다이어그램
		설계자, 분석자 관점
프로세스 뷰 (Process View)	• 시스템의 비기능적인 속성으로 자원의 효율적인 사용, 병행 실행, 비동기, 이벤트 처리 등을 표현한 뷰이다. • 성능, 확장성, 효율성 관련 시스템 통합자의 관점이다.	시퀀스/협력 다이어그램
		개발자, 시스템 통합자 관점
구현 뷰 (Implementation View)	• 개발 환경 안에서 정적인 소프트웨어 모듈의 구성을 보여주는 뷰이다. • 컴포넌트 구조와 의존성을 보여주고 컴포넌트에 관한 부가적인 정보를 정의한다.	컴포넌트 다이어그램
		개발자 관점
배포 뷰 (Deployment View)	• 컴포넌트가 물리적 환경에서 배치 연결 작업이 어떻게 실행되는지를 매핑해서 보여주는 뷰이다. • 시스템을 구성하는 처리장치 간의 물리적 배치에 초점을 둔 관점이다.	배치(배포) 다이어그램
		개발자, 시스템 통합자 및 테스터 관점

➕ 더 알기 TIP

4+1 뷰 모델의 예시(온라인 쇼핑몰)

유스케이스 뷰	• 고객은 상품을 검색하고, 상품을 장바구니에 담고, 주문한다. • 쇼핑몰은 고객의 검색 요청을 처리한다. • 고객의 장바구니 정보를 관리하고, 고객의 주문을 처리한다.
논리 뷰	• 상품은 상품의 이름, 가격, 설명 등을 가진 객체이다. • 장바구니는 고객이 구매한 상품들의 목록이다. • 주문은 고객이 구매한 상품들의 정보와 배송 정보 등을 가진 객체이다.
프로세스 뷰	• 고객은 웹 브라우저를 통해 쇼핑몰에 접속한다. • 쇼핑몰은 고객의 브라우저에서 요청을 받는다. • 쇼핑몰은 요청을 처리하고, 결과를 고객의 브라우저에 응답한다.
구현 뷰	• 상품은 데이터베이스에 저장된다. • 장바구니는 웹 애플리케이션에서 관리된다. • 주문은 웹 애플리케이션에서 처리되고, 배송 시스템과 연동된다.
배포 뷰	• 상품 데이터베이스는 물리적인 서버에 설치된다. • 웹 애플리케이션은 웹 서버에 설치된다. • 배송 시스템은 별도의 시스템으로 구현된다.

이론을 확인하는 기출문제

01 소프트웨어 아키텍처의 개념에 대한 설명으로 옳지 않은 것은?
① 요구사항을 기반으로 전체 시스템의 구조를 설계한다.
② 컴포넌트 구조만 포함하며 비구조적 요소는 고려하지 않는다.
③ 이해 관계자 간 의사소통을 원활히 하는 수단이 된다.
④ 설계 및 구현을 위한 구조적 틀과 비구조적 틀을 제공한다.

아키텍처는 구조적 틀뿐 아니라 비구조적 틀까지 포함한다.

02 다음 중 소프트웨어 아키텍처의 시스템 품질 속성에 해당하지 않는 것은?
① 가용성(Availability)
② 보안성(Security)
③ 사용 편의성(Usability)
④ 정규화(Normalization)

정규화는 데이터베이스 설계 기법이다.

03 아키텍처 프레임워크의 구성 요소로 이해 관계자의 요구와 목표를 나타내는 것은?
① View
② Stakeholder
③ Concerns
④ Rationale

Concerns(관심사)는 이해관계자의 의견 · 목표를 의미한다.

04 소프트웨어 아키텍처 설계 원리에 해당하지 않는 것은?
① 단순성
② 모듈화
③ 추상화
④ 병렬 처리

병렬 처리는 아키텍처 원리가 아니라 구현 · 성능과 관련된 기법이다.

05 아키텍처 평가 방법론 중 ROI(투자수익률) 관점을 반영한 방법은?
① SAAM
② ATAM
③ CBAM
④ ADR

CBAM은 ATAM을 확장해 경제적 비용 · 이익을 고려한다.

06 Kruchten이 제안한 4+1 View Model에 해당하지 않는 것은?
① 유스케이스 뷰
② 논리 뷰
③ 프로세스 뷰
④ 데이터베이스 뷰

4+1 뷰는 유스케이스, 논리, 프로세스, 구현, 배포로 구성된다.

정답 01 ② 02 ④ 03 ③ 04 ④ 05 ③ 06 ④

소프트웨어 아키텍처 패턴

빈출 태그 아키텍처 패턴 • 레이어 패턴 • 클라이언트-서버 • 파이프-필터 • MVC • 브로커 • 블랙보드

> **기적의 TIP**
>
> 소프트웨어 아키텍처 패턴의 정의와 종류, 그리고 종류 중 MVC 패턴, 파이프 필터 패턴이 종종 출제됩니다. 출제 표기의 내용과 문제를 같이 정리하세요.

01 아키텍처 패턴(Architecture Pattern)

1) 개념

- 소프트웨어 설계에서 공통적으로 발생하는 문제를 효과적으로 해결하기 위한 템플릿 또는 가이드라인을 의미한다.
- 시스템의 전체 구조와 그 구조의 주요 요소들과 그 요소들 간의 관계에서 발생하는 패턴들을 주로 정의한다.
- 이를 통해서 재사용 가능한 설계를 제공하며, 개발자들은 시스템을 더 효과적으로 설계하고 이해할 수 있다.
- 주어진 상황에서의 소프트웨어 아키텍처에서 일반적으로 발생하는 문제점들에 대한 일반화되고 재사용 가능한 솔루션으로, 디자인 패턴(Design Pattern)과 유사하나 더 큰 범위에 속한다.

2) 장점

- 개발 시간 단축
- 고품질의 소프트웨어 생산
- 검증된 구조로 안정적인 개발 가능
- 이해관계자들이 공통된 아키텍처를 공유하므로 의사소통이 간편
- 시스템 구조 이해도가 높아 유지보수에 유리
- 시스템의 특성을 개발 전에 예측하는 것이 가능

02 아키텍처 패턴의 유형

1) 레이어 패턴(Layered Pattern, 계층화 패턴)

① 개념

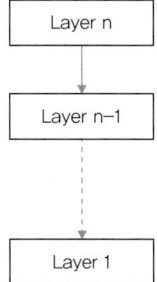

- 소프트웨어를 계층 단위(Unit)로 나누며, N-tier 아키텍처 패턴이라고도 한다.
- 계층적으로 조직화할 수 있는 서비스로 구성된 애플리케이션에 적합하다.
- 전통적인 방법으로 층 내부의 응집도를 높이는 것이 중요하다.
- 모듈들의 응집된 집합 계층 간의 관계는 사용 가능의 관계로 표현한다.

② 장단점

장점	정보은닉의 원칙 적용, 높은 이식성을 가진다.
단점	추가적인 실행 시 오버헤드(너무 많은 계층으로 성능 감소 발생)가 발생한다.

③ 구조
- 3계층 구조
    - Presentation Layer(프리젠테이션 레이어)
    - Application Layer(애플리케이션 레이어)
    - Data Layer(데이터 레이어)
- 4계층 구조
    - Presentation Layer(프리젠테이션 레이어)
    - Persistence Layer(퍼시스턴스 레이어)
    - Business Layer(비즈니스 레이어)
    - Data Layer(데이터 레이어)

④ 활용
- 데스크톱 애플리케이션
- OSI 7 Layers, TCP/IP 5 Layers

2) 클라이언트-서버 패턴(Client-Server Pattern)

① 개념

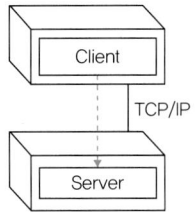

- 하나의 서버와 다수 클라이언트로 구성되며, 클라이언트가 서버에 서비스를 요청하면 커뮤니케이션이 이루어진다. 서버는 응답을 위해 항상 대기 중이어야 한다.
- 여러 컴포넌트에 걸쳐서 데이터와 데이터를 처리하는 애플리케이션에 적합하다.

② 장단점

장점	직접 데이터 분산, 위치 투명성을 제공한다.
단점	서비스와 서버의 이름을 관리하는 레지스터가 없어 이용할 수 있는 서비스 시간에 불편함을 초래한다.

③ 활용
- 이메일, 문서 공유, 은행 등 온라인 애플리케이션
- 클라이언트-서버 모델

3) 마스터-슬레이브 패턴(Mater-Slave Pattern)

① 개념

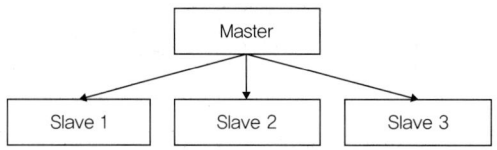

- 마스터 컴포넌트가 지시한 일을 여러 슬레이브 컴포넌트가 병렬 처리하여 결과를 취합한다.
- 마스터는 동등한 구조를 지닌 독립적인 슬레이브로 작업을 분산한다.
- 슬레이브들이 결과값을 반환하면 최종 결과값을 계산한다.

② 장단점

장점	도중에 몇 개의 슬레이브가 고장이 나도 업무 처리에 문제가 없다.
단점	슬레이브의 상태가 공유되지 않으므로 분리 가능한 문제에만 적용할 수 있다.

4) 파이프-필터 패턴(Pipe-Filter Pattern)

① 개념

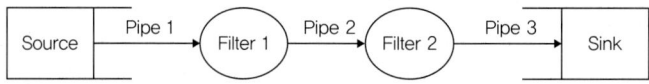

- 데이터 흐름(Data Stream)을 생성하고 처리하는 시스템을 위한 구조이다.
- 필터는 파이프를 통해 받은 데이터를 변경시키고 그 결과를 파이프로 전송한다.
- 각 처리 과정은 필터 컴포넌트에서 이루어지며, 처리되는 데이터는 파이프를 통해 흐른다. 이 파이프는 버퍼링 또는 동기화 목적으로 사용될 수 있다.
- 컴파일러와 연속한 필터들은 어휘 분석, 파싱, 의미 분석, 코드 생성을 수행한다.

② 구성 요소

Pipe	각 단계에서 처리한 결과를 저장하고 다음 단계로 전달한다.
Filter	입력 데이터를 처리하고 결과를 Pipe로 전달한다.

③ 장단점

장점	• 필터 교환과 재조합을 통해서 높은 유연성을 제공한다. • 확장성 : 필터를 추가하거나 삭제함으로써 시스템을 확장할 수 있다. • 사용성 : 각 단계의 필터를 독립적으로 개발하고, 이를 다른 시스템에서 재사용할 수 있다. • 유연성 : 각 단계의 필터를 독립적으로 수정하거나 교체함으로써 시스템의 동작을 변경할 수 있다.
단점	• 상태 정보 공유를 위해 비용이 소요되며 데이터 변환에 과부하가 걸릴 수 있다. • 성능 저하 : Pipe를 통해 데이터가 전달되므로 처리 속도가 느려질 수 있다. • 복잡성 : 많은 필터가 필요한 경우, 시스템의 구조가 복잡해질 수 있다. • 의존성 : 각 단계에서 필터가 잘 동작하려면, 이전 단계의 필터의 결과가 적절한 형태여야 한다. 따라서 각 단계의 필터를 설계할 때 이를 고려해야 한다.

④ 활용

- 컴파일러, 어휘분석, 구문 분석, 의미 분석, 코드 생성
- 데이터 변환, 버퍼링, 동기화

5) 브로커 패턴(Broker Pattern)

① 개념

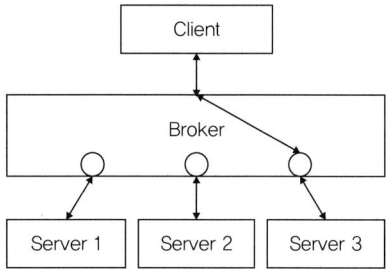

- 컴포넌트가 컴퓨터와 사용자를 연결해 주는 역할을 하며 분산 시스템에 주로 사용된다.
- 요청에 응답하는 컴포넌트들이 여러 개 존재할 때 적합하다.
- 중앙 집중식 서버(Broker)가 존재하여, 시스템의 노드들이 Broker에게 메시지를 보내면 Broker는 해당 메시지를 적절한 대상 노드에 전달하는 역할을 한다.

② 장단점

장점	• 품질 관리 : Broker를 통해 시스템의 일관성과 정합성을 관리하기 쉽다. • 성능 향상 : Broker를 통해 노드 간의 직접적인 통신이 아닌, 간접적인 통신이 이루어지므로, 성능 저하를 줄일 수 있다. • 확장성 : 시스템이 확장될 때, 새로운 노드를 추가하기 위한 작업이 줄어든다.
단점	• 단일 장애 지점 : Broker가 시스템의 중심 역할을 해서, Broker가 다운되면 시스템 전체가 마비될 수 있다. • 복잡성 : 시스템이 복잡해질수록, Broker의 역할과 동작 방식을 이해하고 관리하기 어려워진다. • 보안성 : 중앙 집중식 서버인 Broker가 공격 대상이 될 가능성이 있다. 따라서 추가적인 보안 조치가 필요하다.

③ 활용

- Apache ActiveMQ, Apache Kafka, RabbitMQ, JBoss Messaging과 같은 메시지 브로커 소프트웨어
- 실제 시스템 컴포넌트를 사용하는 사용자로부터 서비스의 구체적인 구현을 감추어야 할 때(캡슐화)

6) 피어 투 피어 패턴(P2P, Peer to Peer Pattern)

① 개념

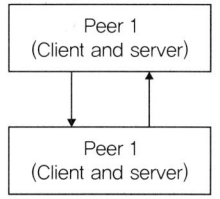

- 클라이언트-서버 스타일에 대칭적 특징을 추가한 형태이다.
- Peer가 하나의 컴포넌트로 대응되며 컴포넌트는 클라이언트와 서버 역할을 모두 수행한다.

② 장단점

장점	• 확장성 : 새로운 노드가 시스템에 추가될 때, 전체 시스템의 성능이 향상되고, 노드들이 적극적으로 데이터를 공유하기 때문에 데이터의 분산과 가용성이 높아진다. • 탄력성 : 시스템 내의 한 노드가 다운되어도 다른 노드가 대체하여 작업을 수행할 수 있다. 이를 통해 시스템의 가용성이 높아진다. • 보안성 : 중앙 집중식 서버가 없으므로, 시스템이 분산되어 있어서 공격 대상이 줄어든다.
단점	• 품질 관리 : 시스템이 분산되어 있어서 각 노드가 데이터를 관리하므로 데이터의 일관성과 정합성을 관리하기 어렵다. • 성능 제한 : 시스템이 분산되어 있어서 노드 간의 메시지 교환에 따른 성능 저하가 발생할 수 있다. • 보안성 : P2P 패턴에서는 각 노드가 서로 신뢰할 수 있는지에 대한 문제가 발생할 수 있다. 따라서 데이터의 보안성을 확보하기 위한 추가적인 보안 조치가 필요하다.

7) 이벤트-버스 패턴(Event-Bus Pattern)

① 개념

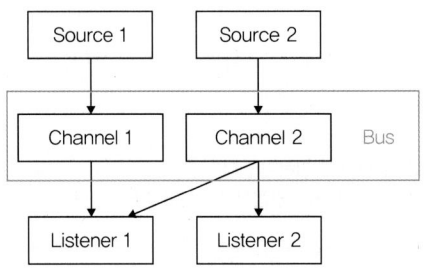

- 소스 이벤트가 메시지를 발행하면 해당 채널 구독자가 메시지 수신 후 해당 이벤트를 처리하는 방식이다.
- 소스는 이벤트 버스를 통해 특정 채널로 메시지를 발행하고, 리스너는 특정 채널에서 메시지를 구독한다. 리스너는 이전에 구독한 채널에 발행된 메시지에 대해 알림을 받는다.

② 주요 컴포넌트

이벤트 소스(Event Source, 생성)	처리 결과나 데이터
이벤트 리스너(Event Listener, 수행)	특정 채널의 메시지를 구독
이벤트 채널(Event Channel, 통로)	서버, 클라이언트, 컴포넌트
이벤트 버스(Event Bus, 관리)	메시지 경로

8) 모델-뷰-컨트롤러 패턴(MVC, Model View Controller Pattern)

① 개념

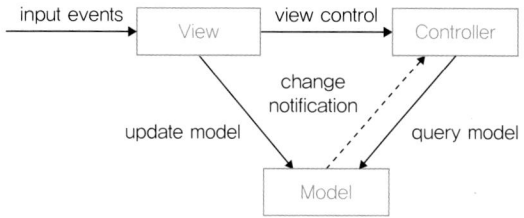

- Model, View, Controller의 약자이며 하나의 애플리케이션, 프로젝트를 구성할 때 그 구성 요소를 세 가지의 역할로 구분한 패턴이다.
- UI와 비즈니스 로직을 분리하여 유지보수성과 재사용성을 향상시킨다.

② 구성 요소

Model	• 핵심 기능 + 데이터 • 데이터와 비즈니스 로직을 관리한다(사용자가 편집하길 원하는 모든 데이터를 가지고 있어야 한다).
View	• 사용자에게 정보를 표시한다(다수 뷰가 정의될 수 있음). • 레이아웃과 화면을 처리한다(모델이 가지고 있는 정보를 따로 저장해서는 안 된다).
Controller	• 사용자로부터 입력을 처리한다. • 명령을 모델과 뷰 부분으로 라우팅한다(모델이나 뷰에 대해서 알고 있어야 한다).

③ 장단점

장점	• 유지보수 용이성 : 비즈니스 로직과 UI를 분리하여 코드의 수정 및 유지보수를 용이하게 할 수 있다. • 재사용성 : Model과 Controller는 다른 View와 함께 재사용할 수 있으므로, 코드의 재사용성을 높일 수 있다. • 확장성 : 각 구성 요소를 독립적으로 개발하고, 이를 결합하여 시스템을 확장할 수 있다.
단점	• 구현 복잡성 : 구성 요소들 사이의 의존성이 높아 구현이 복잡할 수 있다. • 성능 저하 : Model과 View 사이의 데이터 전달 과정에서 성능 저하가 발생할 수 있다. • 학습 비용 : 개발자들이 MVC 패턴을 이해하고 사용하기 위해서는 학습 비용이 들 수 있다.

④ 활용

- 웹 애플리케이션
- 동일 모델에 대한 다양한 뷰
- 대규모 소프트웨어 개발이 필요하거나 다양한 UI를 제공하고자 하는 경우

> **더 알기 TIP**
>
> **MVC 패턴과 파이프 필터 패턴 비교**
>
> MVC 패턴은 양방향으로 데이터를 전달하고, 파이프-필터 패턴은 단방향으로 데이터를 전달한다.

9) 블랙보드 패턴(Blackboard Pattern)

① 개념

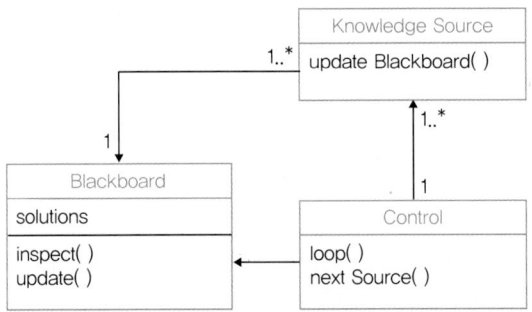

- 결정적 해결 전략이 존재하지 않는 문제 해결에 적합하며 음성 인식, 신호 해석 등에 활용된다.
- 블랙보드의 데이터를 컴포넌트에서 검색을 통하여 찾을 수 있다.
- Shared Data, Database와 같은 데이터 중심 패턴 중 하나이다.
- 명확히 정의된 문제 해법이 없을 때 문제를 풀어가는 하나의 방식을 정의한 패턴이다.
- 대략적으로 해법을 수립하기 위해 특수한 서비스 시스템의 지식을 조합하는 패턴이다.

② 구성 요소

Blackboard	문제에 대한 정보와 해결 방법을 공유하는 공간으로, 중앙 집중식 서버나 공유 메모리 등으로 구성된다.
Knowledge Source	전문가 시스템의 각 전문가를 나타내며, 자신의 의견을 제시하고 Blackboard에서 문제를 해결하기 위한 정보를 수집한다.
Controller	Blackboard에서 전문가들의 의견을 종합하여 최종적인 결론을 내리는 역할을 한다.

③ 장단점

장점	• 완벽한 해법을 찾기 어려운 경우에 사용할 수 있다. • KS(Knowledge Source), Control, Blackboard가 독립적으로 동작하여 가변성이나 유지보수성이 좋다. • 다른 문제 도메인에 재사용될 수 있다.
단점	• 완벽한 해법을 제시하지 못하므로 얼마 동안 동작해야 하는지 알 수가 없다(성능 문제). • 계산 결과가 항상 동일하지 않아 테스트가 어렵다. • 많은 시간에 걸쳐 수정되어야 하므로 개발에 많은 노력이 필요하다.

10) 인터프리터 패턴(Interpreter Pattern)

① 개념

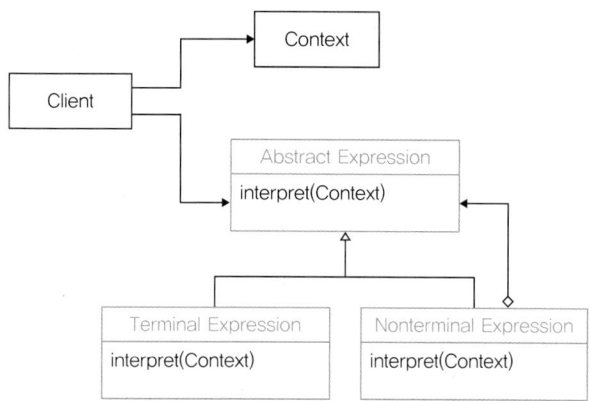

- 특정 언어로 작성된 프로그램을 해석하는 컴포넌트를 설계할 때 사용된다.
- 주로 특정 언어로 작성된 문장 혹은 표현식이라고 하는 프로그램의 각 라인을 수행하는 방법을 지정한다. 기본 아이디어는 언어의 각 기호에 대해 클래스를 만드는 것이다.
- DB 쿼리 언어, 통신 프로토콜 정의 언어에 사용된다.

② 구성 요소

Abstract Expression	모든 문법 규칙 클래스들의 공통 인터페이스 역할을 한다.
Terminal Expression	단일 토큰을 나타내는 문법 규칙 클래스이다.
Nonterminal Expression	여러 개의 토큰을 조합한 복합 규칙을 나타내는 클래스이다.
Context	문장을 해석하는 데 필요한 정보를 저장하는 클래스이다.

③ 장단점

장점	• 유연성 : 새로운 문법 규칙을 추가하거나 변경하기 쉽다. • 확장성 : 문법 규칙과 해석 방법을 분리하여, 문법 규칙을 변경하더라도 해석 방법을 변경할 필요가 없다. • 유지보수 용이성 : 해석 방법과 문법 규칙을 분리함으로써 코드를 이해하고 수정하기 쉽다.
단점	• 성능 저하 : 문장을 해석하려면 반복적인 작업이 필요하므로, 처리 속도가 느려질 수 있다. • 복잡성 : 여러 개의 클래스를 조합하여 해석 방법을 구성해야 하므로, 구현이 복잡해질 수 있다. • 제한된 범위 : 인터프리터 패턴은 특정한 문법 규칙을 처리하기 위한 패턴으로, 범용성이 떨어질 수 있다.

이론을 확인하는 기출문제

01 소프트웨어 아키텍처 패턴에 대한 설명으로 옳지 <u>않</u>은 것은?
① 설계에서 반복적으로 발생하는 문제에 대한 재사용 가능한 해법을 제공한다.
② 디자인 패턴보다 작은 범위에서 적용되는 설계 지침이다.
③ 검증된 구조로 개발 시간을 단축할 수 있다.
④ 이해 관계자 간 의사소통을 원활하게 한다.

아키텍처 패턴은 디자인 패턴보다 더 큰 범위에서 적용된다.

02 다음 중 레이어 패턴(Layered Pattern)의 특징에 대한 설명으로 옳지 <u>않</u>은 것은?
① N-tier 아키텍처 패턴이라고도 한다.
② 정보 은닉과 높은 이식성을 가진다.
③ 너무 많은 계층은 실행 시 성능 저하를 일으킬 수 있다.
④ 상태 공유가 어렵고 병렬 처리에는 적합하지 않다.

상태 공유 문제는 마스터-슬레이브 패턴의 단점이다.

03 클라이언트-서버 패턴의 장점으로 옳은 것은?
① 상태 공유가 어려운 문제 해결에 적합하다.
② 직접 데이터 분산과 위치 투명성을 제공한다.
③ 필터 교환을 통해 유연성을 제공한다.
④ 중앙 집중식 Broker로 성능 향상을 도모한다.

클라이언트-서버 패턴은 데이터 분산과 위치 투명성을 제공한다.

04 파이프-필터 패턴의 활용 사례로 가장 적합한 것은?
① 데이터베이스 질의 처리
② 컴파일러의 어휘 분석, 구문 분석, 코드 생성
③ 사용자 인터페이스와 비즈니스 로직 분리
④ 분산 시스템에서 메시지 브로커 역할

컴파일러는 대표적인 파이프-필터 활용 사례이다.

05 MVC(Model-View-Controller) 패턴에 대한 설명으로 옳지 <u>않</u>은 것은?
① UI와 비즈니스 로직을 분리하여 유지보수가 용이하다.
② Model과 Controller는 다른 View와 재사용이 가능하다.
③ 파이프-필터 패턴과 동일하게 단방향 데이터 흐름을 가진다.
④ 다양한 UI 제공이 필요한 대규모 개발에 적합하다.

MVC는 양방향 데이터 전달을 가진다.

06 다음 중 블랙보드(Blackboard) 패턴의 특징으로 옳은 것은?
① Broker를 통해 노드 간 간접 통신을 제공한다.
② Peer가 클라이언트와 서버 역할을 동시에 수행한다.
③ 음성 인식 등 해법이 명확하지 않은 문제 해결에 적합하다.
④ Pipe와 Filter를 통해 데이터 스트림을 전달한다.

블랙보드 패턴은 해법이 명확하지 않은 문제(음성 인식 등)에 적합하다.

정답 01 ② 02 ④ 03 ② 04 ② 05 ③ 06 ③

CHAPTER

02

객체지향 설계와 디자인 패턴

학습 방향

객체지향의 기본 원칙과 GoF 패턴을 학습합니다. 캡슐화 · 상속 · 다형성의 개념을 바탕으로 SOLID 원칙과 Singleton · Factory 등 핵심 패턴을 반드시 구분할 수 있어야 합니다. 각 패턴을 UML 클래스 다이어그램으로 표현하면 기억이 잘 됩니다. 객체지향 설계 원칙은 '어떤 상황에서 위반되는가'를 사례 중심으로 학습하세요.

출제 빈도

SECTION 01	상	25%
SECTION 02	중	20%
SECTION 03	상	30%
SECTION 04	중	25%

SECTION 01 소프트웨어 설계 기법과 객체지향 프로그래밍

빈출 태그 구조적 프로그래밍 • 절차적 프로그래밍 • 객체지향 • 캡슐화 • 정보은닉 • 상속 • 다형성

> **기적의 TIP**
> 소프트웨어 설계 기법 중 객체지향 프로그래밍에 관한 내용입니다. 객체지향을 이해하고 객체지향의 구성 요소, 객체지향의 특징, 캡슐화, 정보은닉, 관계성 등은 자주 출제되는 내용이니 정확히 정리하세요.

01 소프트웨어 설계 기법

1) 구조적 프로그래밍(Structured Programming)
- 프로그램의 이해가 쉽고 디버깅 작업이 쉽다.
- 한 개의 입구(입력)와 한 개의 출구(출력) 구조를 갖도록 한다.
- GOTO(분기)문은 사용하지 않는다.
- 구조적 프로그래밍의 기본 구조

순차(Sequence) 구조	코드를 순서대로 진행
선택(Selection) 구조	조건문, 선택문 등
반복(Iteration) 구조	반복문 등

2) 절차적 프로그래밍(Procedural Programming)
- 순서대로 일련의 명령어를 나열하여 프로그래밍한다.
- Function 기반의 프로그래밍이며, 프로시저로써 Function 외에도 Subroutine이 문법적으로 구현되어 있다.
- 절차형 언어의 경우 규모가 커지면 커질수록 함수가 기하급수적으로 늘어난다.
- 함수가 타 프로그램과 문제를 일으킬 수 있는 문제점을 가지고 있다.
- 프로그램과 별개로 데이터 취급이 되므로 완전하지 않고 현실 세계 문제를 프로그램으로 표현하는 데 제약이 있다.

3) 객체지향(Object Oriented)
- 현실 세계의 대상인 개체(Entity)를 속성(Attribute)과 메서드(Method)로 결합하여 객체(Object)로 표현(모델링)한다.
- 소프트웨어 개발 대상을 기능이 아닌 객체로 하며 객체 간의 상호관계를 모델링하는 방식이다.
- 구조적 소프트웨어 위기를 해결하기 위한 생산성, 재사용성, 확장성, 사용 편의성, 유지보수성 요구로 인하여 등장하였다.
- 현실 세계를 객체라는 모형으로 형상화하므로 사용자와 개발자의 상호 이해도가 높다.

> **더 알기 TIP**
>
> **구조적 분석 기법과 객체지향 분석 기법**
>
> | 구조적 분석 기법 | • 큰 문제를 작게 쪼개어 기능(모듈)으로 분리한다.
• 기능(모듈) 중심으로 시스템을 파악하며, 순차적인 처리가 중요시 되는 하향식(Top-down) 방식이다. |
> |---|---|
> | 객체지향 분석 기법 | • 작은 문제들을 해결할 수 있는 객체들을 만든다.
• 객체들을 상호 작용하도록 조합해서 큰 객체를 만든다. |

02 객체지향 프로그래밍(Object Oriented Programming)

1) 개념

- 컴퓨터 소프트웨어를 구조적인 코드 단위로 보는 것이 아니라 객체(Object) 단위로 구분하고 객체 간의 모음으로 설계하는 것이다.
- 소프트웨어 내의 객체는 서로 메시지(Message)를 주고받는다.
- 처리 요구를 받은 객체가 자기 자신 안에 있는 내용을 가지고 처리하는 방식이다.
- 프로그램이 단순화되고 생산성, 신뢰성이 높아져 대규모 개발에 많이 사용된다.

2) 구성 요소

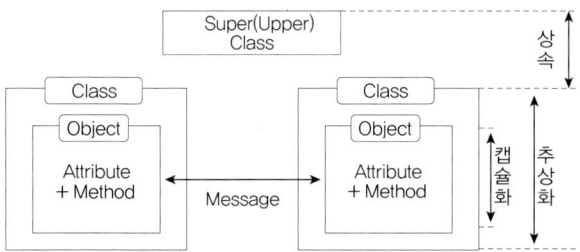

Class	• 공통된 속성+행위를 갖는 유사한 집합을 정의한 것으로, 일반적인 Type(틀)을 의미한다. • 기본적인 사용자 정의 데이터형이며, 데이터를 추상화하는 단위이다. • 추상화 · 캡슐화 · 정보은닉을 통해 데이터(속성)와 그 데이터를 조작하는 연산(메서드)을 묶어 정의한 구조이다. • 상위 클래스(부모 클래스, Super Class), 하위 클래스(자식 클래스, Sub Class)로 나뉜다.
Object	• 데이터와 함수를 묶어 캡슐화하는 대상이다. • 사용자가 편집하길 원하는 모든 데이터를 가지고 있어야 한다. • Class에 속한 Instance를 Object라고 한다(실체 = 변수 = Instance). • 하나의 소프트웨어 모듈로서 목적, 대상을 표현한다. • 같은 클래스에 속한 각각의 객체를 Instance라고 한다.
Attribute	Object가 가지고 있는 데이터 값이다.
Method	Object의 행위인 함수이다.
Message	Object 간에 서로 주고받는 통신을 의미한다.

03 객체지향의 특징

1) 캡슐화(Encapsulation)
- 서로 관련성이 높은 데이터(속성)와 그와 관련된 기능(메서드, 함수)을 묶는 기법이다.
- 결합도가 낮아져 소프트웨어 개발에 있어 재사용성이 높아진다.
- 정보은닉을 통하여 타 객체와 메시지 교환 시 인터페이스가 단순해진다.
- 변경 발생 시 오류의 파급 효과가 적다.
- **예** 은행 계좌에서 계좌의 정보(잔액, 계좌번호 등)는 private로 설정하여 외부에서 직접 접근할 수 없도록 하고, 계좌에서 제공하는 기능(입금, 출금, 잔액 조회 등)만 외부에 노출시켜 사용할 수 있다. 이를 통해 계좌의 정보를 안전하게 보호할 수 있다.

2) 정보은닉(Information Hiding)
- 캡슐화의 결과물 중 하나로, 객체의 내부 구현 세부 사항을 외부로부터 숨기는 것을 의미한다.
- 객체의 사용자는 객체의 인터페이스(메서드와 속성)만 알고 있으면 되며, 내부적인 동작 방식을 알 필요가 없다.
- 객체를 더 모듈화하고 유지보수를 쉽게 만들며, 코드 변경에 대한 영향을 최소화하는 데 도움이 된다.
- **예** 자동차 객체 내부의 엔진 정보나 기어박스 정보는 외부에서 직접 접근할 수 없도록 private*로 설정하고, 자동차 객체에서 제공하는 기능(주행, 브레이크 등)만 외부에서 사용할 수 있다. 이를 통해 자동차의 내부 구조와 구현 세부 사항을 보호할 수 있다.

★ private
Java에서 정보은닉을 표기할 때 private는 외부에서 클래스 내부 정보에 접근하지 못하도록 하는 '접근금지'의 의미가 있다.

3) 추상화(Abstraction)
- 시스템 내의 공통 성질을 추출한 뒤 추상 클래스를 설정하는 기법이다.
- 현실 세계를 컴퓨터 시스템에 자연스럽게 표현할 수 있다.
- 종류 : 기능 추상화, 제어 추상화, 자료 추상화
- **예** 자동차의 공통적인 특성(주행, 브레이크, 가속 등)을 추출하여 자동차 객체의 공통 인터페이스를 정의하고, 자동차 객체를 상속받는 구체적인 하위 객체(승용차, 트럭, 버스 등)들이 동일한 인터페이스를 공유할 수 있으며, 코드의 재사용성과 유지보수성을 높일 수 있다.

4) 상속성(Inheritance)
- 상위(부모) 클래스의 모든 속성과 연산을 하위(자식) 클래스가 재정의 없이 물려받아 사용하는 것이다.
- 상위 클래스는 추상적 성질을, 하위 클래스는 구체적 성질을 가진다.
- 하위 클래스는 상속받은 속성과 연산에 새로운 속성과 연산을 추가하여 사용할 수 있다.

- 다수 상위 클래스에서 속성과 연산을 물려받는 것을 다중 상속이라고 한다.
- 예 동물 클래스를 상속받는 고양이 클래스를 생성한다면, 동물 클래스에서 정의한 속성(입, 코, 귀, 다리, 먹이)과 메서드를 상속받아 사용할 수 있으며, 고양이에게 필요한 속성(털의 색상, 크기 등)과 메서드(야옹 하기, 캣타워에서 놀기 등)를 추가하여 사용할 수 있다.

5) 다형성(Polymorphism)

- 객체가 다양한 모양을 가지는 성질을 뜻한다.
- 오퍼레이션이나 속성의 이름이 하나 이상의 클래스에서 정의되고 각 클래스에서 다른 형태로 구현될 수 있는 개념이다.
- 상속 관계에서 상위 클래스 타입의 변수로 하위 클래스의 객체를 참조할 수 있는 성질을 말한다.
- 오버로딩(같은 이름 순서 재사용)★과 오버라이딩(재정의)★이 있다.
- 예 동물 클래스에서 makesound( ) 메서드를 정의하고, 이를 상속받은 개 클래스와 고양이 클래스에서 각각 다르게 구현한다면, 다형성을 구현할 수 있다. 개 클래스에서는 "멍멍" 소리를 내고, 고양이 클래스에서는 "야옹" 소리를 내는 것처럼 다르게 구현할 수 있다.

★ 사전적 의미
- 오버로딩 : 과적, 과부하
- 오버라이딩 : 가장 우선되는, 최우선으로 되는, 다른 것보다 우선인

+ 더 알기 TIP

객체지향 기법에서의 관계성

is member of	연관성(Association)	참조 및 이용 관계
is instance of	분류화(Classification)	동일한 형의 특성을 갖는 관계
is part of	집단화(Aggregation)	객체 간의 구조적인 집약 관계
is a	일반화(Generalization), 특수화(Specialization)	클래스 간의 개념적인 포함 관계

04 오버로딩(Overloading)과 오버라이딩(Overriding)

1) 오버로딩(Overloading)

① 정의
- 한 클래스 안에서 메서드 이름은 같게, 매개변수 목록(개수·타입·순서)을 다르게 하여 여러 메서드를 정의하는 기법이다.
- 호출 시점에 컴파일러가 시그니처로 선택하는 정적 바인딩(compile-time resolution)이다.

② 사용 목적
- 같은 의미의 동작을 다양한 입력 형태로 처리할 때 이름을 통일하여 가독성과 유지보수성이 향상된다.
- API 설계 시 편리한 인터페이스를 제공할 수 있다.

③ 주의사항
- 메서드 이름은 동일해야 한다.
- 매개변수 시그니처(개수·타입·순서)가 하나 이상 달라야 한다.
- 반환 타입만 달라서는 오버로딩이 성립하지 않는다.
- 접근 제어자나 예외 선언은 오버로딩 성립 조건이 아니다(달라도 됨).

2) 오버라이딩(Overriding)

① 정의
- 상속 관계에 있는 두 클래스에서, 상위 클래스에 정의된 메서드를 하위 클래스에서 동일한 시그니처로 재정의하는 것이다.
- 자바(Java) 언어에서는 static 메서드나 private 메서드는 오버라이딩이 불가능하다(이 경우는 '재정의'가 아니라 '숨김(Hiding)' 처리).

② 사용 목적
- 상속받은 메서드를 하위 클래스 상황에 맞게 재정의하여 다형성을 구현한다.

③ 성립 조건
- 하위 클래스의 메서드 이름, 매개변수 개수와 타입(시그니처)은 상위 클래스의 것과 완전히 동일해야 한다.
- 반환 타입은 동일해야 하며, 자바 5 이후에는 공변 반환(Covariant Return Type) 즉, 상위 반환 타입의 하위 타입으로 변경은 가능하다.
- 접근 제어자는 상위 클래스 메서드보다 좁아질 수 없다(예 상위가 public이면, 하위도 반드시 public).
- 상위 메서드보다 더 큰 범위의 예외를 선언할 수 없다(더 좁은 범위는 가능).

+ 더 알기 TIP

오버로딩과 오버라이딩의 비교

구분	오버로딩(Overloading)	오버라이딩(Overriding)
접근 제어자	모든 접근 제어자 사용 가능	상위 클래스 메서드의 접근 제어자보다 더 넓은 범위의 접근 제어자를 하위 클래스 메서드에서 설정 가능
리턴형	달라도 됨	같아야 함
메서드명	같아야 함	같아야 함
매개변수	달라야 함	같아야 함
적용 범위	같은 클래스 내	상속 관계

이론을 확인하는 기출문제

01 구조적 프로그래밍(Structured Programming)에 대한 설명으로 옳지 않은 것은?
① 하나의 입구와 하나의 출구 구조를 갖는다.
② GOTO 문을 지양한다.
③ 선택, 반복, 순차 구조를 기본으로 한다.
④ 프로그램과 데이터를 객체 단위로 결합하여 표현한다.

구조적 프로그래밍은 객체 결합이 아니라 기능 중심 설계 기법이다.

02 절차적 프로그래밍(Procedural Programming)의 특징으로 옳은 것은?
① 현실 세계의 개체를 속성과 메서드로 표현한다.
② 함수 기반으로 순서대로 명령어를 나열한다.
③ 객체 간 메시지를 주고받으며 동작한다.
④ 데이터와 함수가 하나로 묶여 재사용성이 높다.

절차적 프로그래밍은 함수 기반·순서 지향적이다.

03 객체지향 프로그래밍(OOP)의 구성 요소로 옳지 않은 것은?
① Class   ② Attribute
③ Method   ④ Sequence

Sequence는 OOP 구성 요소가 아니라 구조적 프로그래밍 기본 구조이다.

04 캡슐화(Encapsulation)에 대한 설명으로 옳은 것은?
① 클래스의 상위 개념을 하위 클래스가 물려받는 것
② 객체의 내부 구현 세부 사항을 외부에 드러내는 것
③ 데이터와 메서드를 묶어 정보은닉과 재사용성을 높이는 것
④ 동일한 이름의 메서드를 여러 클래스에서 다르게 정의하는 것

캡슐화는 데이터와 메서드 결합 + 정보은닉이다.

05 다형성(Polymorphism)에 해당하지 않는 것은?
① 같은 메서드명을 상황에 맞게 여러 형태로 구현
② 오버로딩(Overloading)
③ 오버라이딩(Overriding)
④ 상위 클래스의 속성과 연산을 하위 클래스가 물려받음

상속성은 다형성이 아니라 별도의 객체지향 특징이다.

06 오버로딩(Overloading)에 대한 설명으로 옳은 것은?
① 상속 관계에서 부모 메서드를 재정의하는 것이다.
② 같은 클래스 내에서 메서드 이름은 같으나 매개변수가 달라야 한다.
③ 부모 클래스 메서드보다 접근 제어자를 좁힐 수 없다.
④ 메서드 선언부는 부모와 완전히 같아야 한다.

오버로딩 : 같은 클래스 내 → 이름 동일, 매개변수 다름

07 오버라이딩(Overriding)의 특징으로 옳은 것은?
① 같은 클래스 내에서 메서드 이름을 중복 정의한다.
② 상속 관계에서 부모 메서드를 재정의한다.
③ 반환형은 달라도 된다.
④ 매개변수 개수와 타입은 달라야 한다.

오버라이딩 : 상속 관계에서 부모 메서드 재정의

정답 01 ④ 02 ② 03 ④ 04 ③ 05 ④ 06 ② 07 ②

SECTION 02 객체지향 설계 원칙

빈출 태그 SOLID · SRP · OCP · LSP · ISP · DIP · 객체지향 방법론

> **기적의 TIP**
> 객체지향의 원칙, 객체지향 개발 방법론의 종류 등 출제 빈도가 높은 부분을 중점적으로 학습하세요.

> ★ SOLID
> 객체지향 설계 원칙은 시스템 변경이나 확장에 유연한 시스템을 설계하기 위해 지켜야 할 원칙으로, 다섯 가지 원칙의 앞 글자를 따 SOLID라고 합니다.

01 객체지향 설계 원칙(SOLID★)

1) 단일 책임의 원칙(SRP, Single Responsibility Principle)
- 모듈/클래스가 오직 하나의 변경 이유만 갖도록 하는 원칙이다.
- 기능이 하나라는 뜻이 아니라, 서로 다른 변경 축을 분리해 변경 시 해당 모듈만 영향을 받게 한다.
- 객체가 여러 가지 기능을 가질 경우, 이를 분리하여 각각의 객체가 담당하도록 해야 한다. 이를 통해 객체 간의 의존성을 낮추고 코드의 복잡도를 줄일 수 있다.
- 객체가 여러 가지 기능을 가지고 있으면 이를 수정하거나 유지보수하기 어려워지며, 다른 객체와의 상호 의존성이 높아져 결합도가 높아지면 코드의 복잡도를 증가시키고 유지보수를 더욱 어렵게 만들어 버그 발생 확률을 높인다.
- 객체의 응집성을 높이고 결합도를 낮추는 효과를 가져온다.

2) 개방-폐쇄의 원칙(OCP, Open Closed Principle)
- 소프트웨어 구성 요소는 확장에 대해서는 개방되어야 하나 수정에 대해서는 폐쇄적이어야 한다.
- 새로운 기능이 추가되면 기존 코드를 수정하지 않고, 기존 코드를 확장하여 새로운 기능을 추가할 수 있도록 설계해야 한다.
- 부모 클래스를 수정하지 않고, 자식 클래스를 추가하여 새로운 기능을 구현할 수 있다.
- 소프트웨어의 유연성, 확장성, 유지보수성을 높이고, 코드 재사용성을 높일 수 있다.

> **기적의 TIP**
> 예를 들어 상속을 사용하여 새로운 기능을 추가할 수 있도록 설계하는 것이 OCP를 따르는 방법입니다.

3) 리스코프 치환 원칙(LSP, Liskov Substitution Principle)
- 어떤 클래스가 상속 관계에 있을 때, 자식 클래스는 부모 클래스의 역할을 수행할 수 있어야 한다는 것이다.
- 부모 클래스가 들어갈 자리를 자식 클래스로 대체하여도 계획대로 작동해야 한다.
- LSP를 준수하기 위해서 자식 클래스는 부모 클래스의 속성과 기능을 모두 상속받아야 하며, 부모 클래스의 기능을 제대로 수행할 수 있어야 한다.
- 하위 클래스는 상위 클래스의 기능을 무너뜨리거나 제약을 위반하지 않고 확장해야 한다.
- 코드의 재사용성과 유연성을 높일 수 있다.

4) 인터페이스 분리 원칙(ISP, Interface Segregation Principle)
- 클라이언트는 자신이 사용하지 않는 메서드와 의존 관계를 맺으면 안 된다.
- 클라이언트가 사용하지 않는 인터페이스 때문에 영향을 받아서는 안 된다.
- 인터페이스는 클라이언트의 요구에 따라 작게 분리되어야 하며, 클라이언트가 필요로 하는 기능만 제공해야 한다.
- 클라이언트가 불필요한 의존성을 가지지 않도록 하고, 코드의 유연성을 높일 수 있다.
- 인터페이스를 더욱 명확하고 유연하게 정의할 수 있으며, 코드의 가독성과 유지보수성을 높일 수 있다.

> **기적의 TIP**
>
> 하나의 인터페이스가 여러 개의 메서드를 가지고 있는 경우 클라이언트는 자신이 필요로 하는 메서드만 사용하지 않고, 다른 불필요한 메서드에도 의존성을 가질 수 있습니다. 따라서 인터페이스 분리 원칙에 따르면 인터페이스를 작게 분리하여 클라이언트가 필요로 하는 메서드만 포함하도록 하는 것이 좋습니다.

5) 의존 역전 원칙(DIP, Dependency Inversion Principle)
- 구체적인 구현이 아닌 추상화에 의존해야 하며, 상위 수준의 모듈은 하위 수준의 모듈에 의존하지 않아야 한다.
- DIP를 준수하기 위해서는 추상화된 인터페이스나 추상 클래스에 의존해야 하며, 구체적인 구현 클래스에는 의존해서는 안 된다. 또한, 의존성 주입(Dependency Injection)을 사용하여 런타임 시에 의존 관계를 설정할 수 있다.
- 코드의 결합도를 낮출 수 있으며, 유지보수성과 확장성을 높일 수 있다.

02 객체지향 방법론

1) Booch(부치) 방법
- 미시적 개발과 거시적 개발을 모두 사용하는 방법이다.
- 설계 부분만 존재하며 문서화를 강조하여 다이어그램 기반으로 개발되었다.
- 분석과 설계가 분리되지 않으며, 정적 모델과 동적 모델로 표현된다.

2) Jacobson 방법(OOSE, Object Oriented SW Engineering)
- Use Case★를 모든 모델의 근간으로 활용하는 접근 방법이다.
- 분석, 설계 및 구현으로 구성된다.
- 기능적 요구사항 중심이며, 시스템 변화에 유연하다.

★ Use Case
사용자, 외부 시스템, 다른 요소들이 시스템과 상호작용하는 방법을 기술한다.

3) Rumbaugh(럼바우) 방법(OMT, Object Modeling Technology)
- 모든 소프트웨어 구성 요소를 그래픽 표기법으로 모델링하는 방법이다.
- 객체지향 분석, 시스템 설계, Object 설계/구현 4단계로 구성된다.
- 분석 활동을 객체 모델, 동적 모델, 기능 모델로 나누어 수행한다.
  - 객체 모델링 : 객체도를 이용하여 시스템의 정적 구조를 표현한다.
  - 동적 모델링 : 상태도를 이용하여 객체의 제어 흐름/상호 반응을 표현한다.
  - 기능 모델링 : 자료 흐름도를 이용하여 데이터값의 변화 과정을 표현한다.
- 복잡한 대형 개발 프로젝트에 유용하다.
- 기업 업무의 모델링에 있어 편리하고 사용자와 의사소통이 원활하다.
- CASE와 연동이 충실하다.

4) Coad와 Yourdon 방법
- E-R 다이어그램을 사용하여 객체의 행위를 데이터 모델링하는 데 초점을 둔 방법이다.
- 객체 식별, 구조 식별, 주체 정의, 속성 및 관계 정의, 서비스 정의 등의 과정으로 구성된다.
- 객체지향 분석과 설계에 대한 이해도가 높은 분석가와 설계자에게 적합한 기법이지만 최근에는 UML*이 더 많이 사용되고 있다.

5) Wirfs-Brock 방법
- 분석과 설계 간의 구분이 없다.
- 고객 명세서를 평가하여 설계 작업까지 연속적으로 수행하는 방법이다.

★ UML
통합 모델링 언어(Unified Modeling Language)는 시스템의 디자인을 시각화하는 언어이자 모델이다.

03 클래스 설계

1) 개념
- 분석 단계 중 아직 확정되지 않은 클래스 내부 부분 중 구현에 필요한 중요한 사항을 결정하는 작업을 의미한다.
- 클래스의 서비스 인터페이스에 대한 정확한 정의, 메서드 내부의 로직 등 객체의 상태 변화와 오퍼레이션의 관계를 상세히 설계해야 하며, 클래스가 가지는 속성값에 따라 오퍼레이션 구현이 달라진다.
- 객체의 상태 변화 모델링은 필수이다.

2) 클래스 인터페이스*
- 클래스 구현 : 실제 설계로부터 클래스를 구현하려는 개발자
- 클래스 사용 : 구현된 클래스를 이용하여 다른 클래스를 개발하려는 개발자
- 클래스 확장 : 구현된 클래스를 확장하여 다른 클래스를 만들려는 개발자

★ 클래스 인터페이스
관점에 따라 관심이 다르므로, 클래스 인터페이스가 중요하다.

3) 협약에 의한 설계(Design by Contract)의 3가지 타입

선행 조건(Pre Condition)	• 오퍼레이션이 호출되기 전에 참이 되어야 할 조건이다. • 메서드의 입력 매개 변수는 null일 수 없다는 것이 사전 조건일 수 있다. • 사전 조건이 충족되지 않으면 메서드는 예외를 발생시킨다.
결과 조건(Post Condition)	오퍼레이션이 수행된 후 만족해야 하는 조건이다.
불변 조건(Invariant Condition)	클래스 내부가 실행되는 동안 항상 만족하여야 하는 조건이다.

이론을 확인하는 기출문제

01 SOLID 원칙 중 "객체는 하나의 책임만 가져야 한다"는 원칙은?
① OCP(개방-폐쇄 원칙)
② LSP(리스코프 치환 원칙)
③ SRP(단일 책임 원칙)
④ DIP(의존 역전 원칙)

SRP는 객체가 단 하나의 책임만 가지도록 설계하는 원칙이다.

02 개방-폐쇄 원칙(OCP)의 설명으로 옳은 것은?
① 확장에는 개방적이고 수정에는 폐쇄적이어야 한다.
② 부모 클래스의 메서드는 자식 클래스에서 삭제 가능하다.
③ 불필요한 메서드 의존을 막기 위해 인터페이스를 분리한다.
④ 상위 수준 모듈은 하위 수준 모듈에 의존해야 한다.

OCP는 확장 개방, 수정 폐쇄를 의미한다.

03 리스코프 치환 원칙(LSP)에 대한 설명으로 옳지 않은 것은?
① 자식 클래스는 부모 클래스를 대체할 수 있어야 한다.
② 부모 클래스의 기능을 자식 클래스에서 오버라이딩하거나 삭제해서는 안 된다.
③ 부모 클래스를 자식 클래스로 치환했을 때 정상적으로 동작해야 한다.
④ 자식 클래스는 부모 클래스의 속성과 기능을 상속받지 않아도 된다.

자식 클래스는 반드시 부모 클래스의 속성과 기능을 상속해야 한다.

04 ISP(인터페이스 분리 원칙)의 목적에 가장 부합하는 설명은?
① 클라이언트가 필요하지 않은 메서드까지 의존하지 않도록 한다.
② 객체는 단 하나의 책임만 가지도록 한다.
③ 부모 클래스를 자식 클래스로 치환해도 정상 동작해야 한다.
④ 상위 수준 모듈이 하위 수준 모듈에 의존하지 않도록 한다.

ISP는 불필요한 의존을 줄이고 인터페이스를 분리하는 원칙이다.

05 DIP(의존 역전 원칙)에 대한 설명으로 옳은 것은?
① 하위 모듈이 상위 모듈에 의존해야 한다.
② 구체적 구현보다는 추상화에 의존해야 한다.
③ 하나의 객체는 하나의 책임만 가져야 한다.
④ 새로운 기능 추가 시 기존 코드를 수정해야 한다.

DIP는 추상화에 의존하고, 의존성 주입을 활용하는 원칙이다.

06 객체지향 방법론 중 Use Case를 중심으로 하는 방법은?
① Booch 방법
② Jacobson 방법
③ Rumbaugh 방법
④ Wirfs-Brock 방법

Jacobson 방법(OOSE)은 Use Case 중심 접근법이다.

07 Rumbaugh(럼바우) 방법의 모델링 구성에 포함되지 않는 것은?
① 객체 모델
② 동적 모델
③ 기능 모델
④ 컴포넌트 모델

Rumbaugh 방법은 객체, 동적, 기능 모델로 분석한다.

정답 01 ③ 02 ① 03 ④ 04 ① 05 ② 06 ② 07 ④

SECTION 03 디자인 패턴

빈출 태그 디자인 패턴・GoF・장점・단점・구성 요소・활용 시기

> **기적의 TIP**
> 디자인 패턴의 정의와 패턴을 사용하는 이유 및 장단점을 정리하세요.

> **기적의 TIP**
> 다양한 응용 소프트웨어 시스템들을 개발할 때 서로 간에 공통되는 설계 문제가 존재하는데, 각 해결책 사이에도 공통점이 있으며 이러한 유사점을 패턴이라고 합니다.

> **기적의 TIP**
> '디자인 패턴'은 소프트웨어 설계에서 자주 발생하는 문제에 대한 일반적이고 반복적인 해결 방법이고, '구조 패턴'은 객체를 조직화하는 데 유용한 패턴을 의미합니다.

> **기적의 TIP**
> 디자인 패턴은 객체지향 설계의 핵심 개념 중 하나이지만, 적절하게 사용하지 않으면 오히려 코드의 복잡도를 증가시키고, 코드의 이해와 수정을 어렵게 할 수 있습니다.

01 디자인 패턴(Design Pattern)

1) 개념
- 자주 사용하는 설계 형태를 정형화하여 유형별로 설계 템플릿을 만들어 두고 소프트웨어 개발 중 나타나는 과제를 해결하는 방법의 하나이다.
- 개발자 간 원활한 의사소통, 소프트웨어 구조 파악 용이, 설계 변경에 대한 유연한 대처, 개발의 효율성, 유지보수성, 운용성 등 소프트웨어 품질 향상에 도움을 준다.
- 객체지향 프로그래밍 설계 시 유사한 상황에서 구조적인 문제를 해결할 수 있도록 방안을 제공해 주며, GoF(Gang of Four) 분류가 가장 많이 사용된다.

2) 장점
- 개발자들이 새로운 문제를 해결하는 데 드는 시간과 노력을 최소화할 수 있어서 생산성을 높이고, 시간과 비용을 절감하는 데 큰 도움이 된다.
- 개발자 간의 원활한 의사소통을 지원한다.
- 코드의 구조가 명확해지고 객체 간의 관계가 명확해지므로, 코드의 이해와 수정이 쉬워진다.
- 소프트웨어 구조 파악이 쉽다.
- 패턴은 반복적으로 발생하는 문제에 대한 일반적인 해결책을 제공하므로, 같은 문제에 대해서는 패턴을 재사용할 수 있어서 코드의 양을 줄이고, 코드의 재사용성을 높이는 데 큰 도움이 된다.
- 설계 변경 요청에 유연한 대처를 할 수 있다.
- 객체지향 설계 및 구현의 생산성을 높이는 데 적합하다.

3) 단점
- 객체지향 설계/구현 위주로 사용된다.
- 초기 투자 비용 부담이 된다.
- 디자인 패턴을 적용하기 위해서는 패턴에 대한 이해와 학습이 필요하다.
- 디자인 패턴이 무조건적인 것이 아니라, 상황에 따라 적용 여부가 달라진다.
- 잘못된 패턴 적용은 오히려 코드의 가독성과 유지보수성을 떨어뜨리는 결과를 초래할 수 있다.
- 디자인 패턴을 남용하는 경우, 코드의 복잡도가 증가할 수 있다.

02 디자인 패턴의 구성 요소

1) 필수 요소
- 패턴 이름 : 패턴을 부를 때 사용하는 이름과 패턴의 유형
- 문제 : 패턴이 사용되는 분야 또는 배경, 해결하는 문제를 의미
- 해법 : 패턴을 이루는 요소들, 관계, 협동(Collaboration) 과정
- 결과 : 패턴을 사용하면 얻게 되는 이점이나 영향

2) 추가 요소
- 알려진 사례 : 간단한 적용 사례
- 샘플 코드 : 패턴이 적용된 원시 코드
- 원리, 정당성, 근거

03 디자인 패턴의 활용

1) 활용 시기
- 새로운 소프트웨어를 개발할 때
- 기존 소프트웨어를 재개발할 때
- 기존 소프트웨어에 새로운 기능을 추가할 때

2) 고려 사항
- 상황에 맞게 적절한 패턴을 선택해야 한다.
  - 디자인 패턴으로 모든 문제를 해결할 수 있는 것은 아니다.
  - 디자인 패턴의 한계를 고려하여 디자인 패턴을 적용해야 한다.
- 코드의 가독성과 유지보수성을 고려해야 한다.
  - 상황에 맞지 않는 디자인 패턴을 적용하면 오히려 소프트웨어의 품질과 유지보수성을 저하시킬 수 있다.
  - 디자인 패턴을 적용하면 코드가 복잡해질 수 있으므로, 코드의 가독성과 유지보수성을 고려하여 디자인 패턴을 적용해야 한다.
- 코드의 성능과 효율성을 고려해야 한다.
  - 디자인 패턴을 적용하면 성능과 효율성이 저하될 수 있다.
  - 코드의 성능과 효율성을 고려하여 디자인 패턴을 적용해야 한다.

이론을 확인하는 기출문제

01 디자인 패턴의 개념에 대한 설명으로 옳지 않은 것은?
① 자주 사용하는 설계 형태를 정형화한 설계 템플릿이다.
② 객체지향 프로그래밍에서만 사용 가능하며, 절차적 프로그래밍에서는 적용할 수 없다.
③ 반복적으로 발생하는 문제에 대한 일반적이고 재사용 가능한 해결 방법이다.
④ 개발자 간 의사소통과 코드 재사용성을 높이는 데 도움을 준다.

> 디자인 패턴은 객체지향에서 주로 쓰이지만, 절차적 환경에도 적용 가능하다.

02 디자인 패턴을 사용할 때 얻을 수 있는 장점으로 옳지 않은 것은?
① 개발자 간의 의사소통을 원활히 한다.
② 소프트웨어 구조 파악과 설계 변경 대응이 쉽다.
③ 코드 재사용성과 생산성을 높일 수 있다.
④ 코드 복잡도를 증가시켜 유지보수를 어렵게 만든다.

> 코드 복잡도 증가는 디자인 패턴의 남용 시 발생하는 단점이다.

03 다음 중 디자인 패턴의 단점으로 옳은 것은?
① 초기 투자 비용이 발생한다.
② 검증된 해결책을 제공해 생산성을 높인다.
③ 객체 간 관계를 명확히 하여 코드 이해를 쉽게 한다.
④ 설계 변경에 유연하게 대처할 수 있다.

> 디자인 패턴은 학습 비용과 초기 투자 비용 부담이 따른다.

04 디자인 패턴의 구성 요소에 해당하지 않는 것은?
① 패턴 이름(Name)
② 문제(Problem)
③ 해법(Solution)
④ 알고리즘 복잡도(Algorithm Complexity)

> 디자인 패턴의 필수 구성 요소는 패턴 이름(Name), 문제(Problem), 해법(Solution), 결과(Result)이고, 추가적으로 알려진 사례, 샘플 코드 등이 포함될 수 있다. 따라서 알고리즘 복잡도는 구성 요소가 아니다.

05 다음 중 디자인 패턴을 활용하기 적합한 시기는?
① 새로운 소프트웨어 개발 시
② 기존 소프트웨어 재개발 시
③ 기존 소프트웨어에 새로운 기능 추가 시
④ 위 모든 경우

> 디자인 패턴은 보기의 모든 경우(①~③)에 적용 가능하다.

06 디자인 패턴 활용 시 고려 사항으로 옳지 않은 것은?
① 상황에 맞는 패턴을 선택해야 한다.
② 코드의 가독성과 유지보수성을 고려해야 한다.
③ 무조건 적용하는 것이 품질 향상에 유리하다.
④ 코드 성능과 효율성을 고려해야 한다.

> 디자인 패턴은 만능이 아니므로 무조건 적용하면 오히려 품질이 저하될 수 있다.

정답 01 ② 02 ④ 03 ① 04 ④ 05 ④ 06 ③

SECTION 04 GoF 패턴

출제빈도 상 **중** 하
반복학습 1 2 3

빈출 태그 GoF 패턴 • 생성 패턴 • 구조 패턴 • 행위 패턴 • 팩토리 메서드 • 어댑터 • 옵저버

01 GoF(Gangs of Four) 패턴의 개념

- 에릭 감마(Eric Gamma), 리처드 헬름(Richard Helm), 랄프 존슨(Ralph Johnson), 존 브리시데스(John Vlissides)가 제안하였다.
- 객체지향 설계 단계 중 재사용에 관한 유용한 설계를 디자인 패턴화하였다.
- GoF 디자인 패턴은 생성 패턴 5가지, 구조 패턴 7가지, 행위 패턴 11가지로 총 23가지 패턴으로 분류된다.

생성 패턴	팩토리 메서드 패턴(Factory Method Pattern), 추상 팩토리 패턴(Abstract Factory Pattern), 빌더 패턴(Builder Pattern), 프로토타입 패턴(prototype Pattern), 싱글턴 패턴(Singleton Pattern) 등
구조 패턴	어댑터 패턴(Adapter Pattern), 브리지 패턴(Bridge Pattern), 컴포지트 패턴(Composite Pattern), 데코레이터 패턴(Decorator Pattern), 퍼싸드 패턴(Facade Pattern), 플라이웨이트 패턴(Flyweight Pattern), 프록시 패턴(Proxy Pattern) 등
행위 패턴	책임 연쇄 패턴(Chain of Responsibility Pattern), 명령 패턴(Command Pattern), 반복자 패턴(Iterator Pattern), 기록 패턴(Memento Pattern), 상태 패턴(State Pattern), 전략 패턴(Strategy Pattern), 템플릿 메서드 패턴(Template Method Pattern), 해석자 패턴(Interpreter Pattern), 감시자 패턴(Observer Pattern), 방문자 패턴(Visitor Pattern), 중재자 패턴(Mediator Pattern) 등

> **기적의 TIP**
> GoF 패턴의 정의와 생성, 구조, 행위 패턴을 구분하는 문제가 자주 출제됩니다. 각각의 패턴을 이해하고 정확하게 구분할 수 있도록 학습하세요.

02 생성 패턴(Creational Patterns)

1) 개념
- 객체를 생성하는 것과 관련된 패턴이다.
- 객체의 생성과 변경이 전체 시스템에 미치는 영향을 최소화하도록 만들어주어 유연성을 높일 수 있고 코드를 유지하기가 쉬운 편이다.
- 객체의 생성과 참조 과정을 추상화함으로써 시스템을 개발할 때 부담을 덜어준다.

2) 종류
① 팩토리 메서드 패턴(Factory Method Pattern)
- 상위 클래스에서 객체를 생성하는 인터페이스를 정의하고, 하위 클래스에서 인스턴스를 생성하도록 하는 방식이다.
- Virtual-Constructor 패턴이라고도 한다.

> **기적의 TIP**
> **팩토리 메서드 패턴의 활용**
> 게임에서 캐릭터를 생성하는 작업은 복잡한 로직을 가지고 있는데, Factory Method 패턴을 사용하면 캐릭터 생성을 서브 클래스에서 처리하여 객체 생성의 유연성을 높일 수 있다. 새로운 캐릭터를 추가하거나 기존 캐릭터를 변경할 때도 유연하게 대처할 수 있으며, 객체 생성 코드의 중복을 피할 수 있다. 이러한 방식으로 Factory Method 패턴을 사용하면 객체 생성의 유연성을 높일 수 있으며, 유지보수 및 확장이 쉬운 시스템을 구현할 수 있다.

> **기적의 TIP**
>
> **추상 팩토리 패턴의 활용**
> 데이터베이스 연결에는 여러 종류의 데이터베이스가 있을 수 있다. Abstraction Factory 패턴을 사용하면 인터페이스를 정의하고, 이를 구현하는 클래스들을 사용하여 데이터베이스 연결을 생성할 수 있다. 이렇게 하면 다양한 데이터베이스에 대한 연결을 일관된 방식으로 생성할 수 있다.

② 추상 팩토리 패턴(Abstract Factory Pattern)
- 구체적인 클래스에 의존하지 않고 서로 연관되거나 의존적인 객체들의 조합을 만들어 인터페이스를 제공하는 패턴이다.
- 관련된 서브 클래스를 그룹지어 한 번에 교체할 수 있다.

③ 빌더 패턴(Builder Pattern)
- 복잡한 객체를 생성하기 위해 다양한 객체들을 조합하는 방식을 제공한다.
- 객체를 생성하는 방식을 분리함으로써, 객체 생성의 유연성과 확장성을 높일 수 있다.

④ 프로토타입 패턴(Prototype Pattern)
- Prototype을 먼저 생성하고 인스턴스를 복제하여 사용하는 구조이다.
- 미리 만들어 둔 원형(Prototype) 객체를 복제(클론)해서 새 인스턴스를 얻는다.
- 프로토타입 레지스트리에 등록해 두고 필요시 clone()으로 생성한다.
- 비용이 많이 소요되는 경우에 주로 사용한다.

> **기적의 TIP**
>
> **프로토타입 패턴의 활용**
> 데이터베이스 쿼리에서는 쿼리 결과를 처리하는 데 드는 비용이 높을 수 있다. 이때 Prototype 패턴을 사용하면 한 번 생성된 결과를 복제하여 새로운 객체를 만들 수 있으며, 데이터베이스에 다시 쿼리하는 비용을 줄일 수 있다.

⑤ 싱글턴 패턴(Singleton Pattern)
- 생성된 객체를 어디에서든지 참조할 수 있도록 하는 패턴이다.
- 전역 변수를 사용하지 않고 객체를 하나만 생성하도록 한다.

03 구조 패턴(Structural Patterns)

1) 개념
- 클래스나 객체를 조합해 더 큰 구조를 만드는 패턴이다.
- 복잡한 형태의 구조를 갖는 시스템을 개발하기 쉽게 만들어주는 패턴이다.
- 새로운 기능을 가진 복합 객체를 효과적으로 작성할 수 있다.
- 예 서로 다른 인터페이스를 지닌 2개의 객체를 묶어 단일 인터페이스를 제공하거나 객체들을 서로 묶어 새로운 기능을 제공하는 패턴이다. 프로그램 내의 자료구조나 인터페이스 구조 등을 설계하는 데 많이 활용된다.

2) 종류

① 어댑터 패턴(Adapter Pattern)
- 클래스의 인터페이스를 다른 인터페이스로 변환하여 다른 클래스가 이용할 수 있도록 도와준다.
- 호환성이 없는 인터페이스 때문에 함께 동작할 수 없는 클래스들이 함께 작동하도록 해준다.

② 브리지 패턴(Bridge Pattern)
- 기능 클래스 계층과 구현 클래스를 연결하는 역할을 한다.
- 구현부에서 추상층을 분리하여 각자 독립적으로 확장할 수 있게 도와준다.

③ 컴포지트 패턴(Composite Pattern)
- 객체들의 관계를 트리 구조로 구성하여 복합 객체와 단일 객체를 구분 없이 다룬다.
- 사용자가 단일 객체와 복합 객체 모두를 동일하게 다루도록 한다.

④ 데코레이터 패턴(Decorator Pattern)
- 기존 객체의 구조를 변경하지 않고, 동일한 인터페이스를 유지하면서 새로운 책임(기능)을 동적으로 추가할 수 있게 한다.
- 기능 확장이 필요할 때, 클래스를 상속받아 서브 클래스를 만드는 대신 런타임에 객체를 감싸서(Wrapper) 기능을 확장하는 대안으로 사용된다.

⑤ 퍼사드 패턴(Facade Pattern)
- 서브 시스템에 있는 인터페이스 집합에 대해 하나의 통합된 인터페이스(Wrapper)를 제공한다.
- 서브 시스템을 좀 더 사용하기 편하게 만드는 상위 수준의 인터페이스를 정의한다.

> **기적의 TIP**
>
> **퍼사드 패턴의 활용**
> 컴퓨터 시스템에서 파일을 읽거나 쓰는 작업은 복잡한 내부 구조를 가지고 있다. 이때 Facade 패턴을 사용하면 파일 시스템을 쉽게 사용할 수 있는 인터페이스를 제공하여 사용자가 쉽게 파일을 읽거나 쓸 수 있도록 도와줄 수 있다. 이러한 방식으로 복잡한 시스템을 단순한 인터페이스로 제공하면 사용자가 시스템을 쉽게 이해하고 사용할 수 있으며, 유지보수 및 확장이 쉬운 시스템을 구현할 수 있다.

⑥ 플라이 웨이트 패턴(FlyWeight Pattern)
- 크기가 작은 여러 개의 객체를 매번 생성하지 않고 가능한 한 공유할 수 있도록 한다.
- 유사한 객체들이 많을 경우 메모리를 절약할 수 있다.

⑦ 프록시 패턴(Proxy Pattern) 등
- 어떤 다른 객체로 접근하는 것을 통제하기 위해서 그 객체의 대리자(Surrogate) 또는 자리채움자(Placeholder)를 제공하는 패턴이다.
- 접근이 어려운 객체에 접근할 수 있는 인터페이스의 역할을 수행한다.

> **기적의 TIP**
>
> **프록시 패턴의 활용**
> 파일을 열고 읽는 작업은 시스템 리소스를 많이 사용하는데, Proxy 패턴을 사용하면 파일을 열고 읽는 작업을 대리자 객체가 처리하고, 필요한 경우에만 원래 파일 객체에 접근하여 작업을 수행할 수 있다. 이러한 방식으로 원래 객체에 대한 접근을 제어하면서 시스템 리소스를 효율적으로 사용할 수 있으며, 유연하고 확장할 수 있는 시스템을 구현할 수 있다.

04 행위 패턴(Behavioral Patterns)

1) 개념
- 반복적으로 사용되는 객체들의 상호 작용을 패턴화한 것으로, 클래스나 객체들이 상호 작용하는 방법과 책임을 분산하는 방법을 정의한다.
- 메시지 교환과 관련된 것으로, 객체 간의 행위나 알고리즘 등과 관련된 패턴을 말한다.

2) 종류
① 책임 연쇄 패턴(Chain of Responsibility Pattern)
- 요청을 처리할 수 있는 객체가 둘 이상 존재하여 한 객체가 처리하지 못하면 다음 객체로 넘어가는 형태의 패턴이다.
- 각 객체가 고리(Chain)로 묶여 있어 요청이 해결될 때까지 고리를 따라 책임이 넘어간다.

> **기적의 TIP**
>
> **책임 연쇄 패턴의 활용**
> 컴퓨터 시스템에서 로그인 요청을 처리하는데, 요청이 발생했을 때 여러 객체가 해당 요청을 처리할 수 있다. 이때 Chain of Responsibility 패턴을 사용하면 로그인 요청을 처리할 객체를 동적으로 결정할 수 있으며, 로그인 요청을 처리하는 다양한 객체를 쉽게 추가하거나 삭제할 수 있다. 이러한 방식으로 객체 간의 결합도를 낮추고, 유연성이 높은 시스템을 구현할 수 있다.

② 명령 패턴(Command Pattern)
- 명령어를 캡슐화하여 재사용하거나 취소할 수 있도록 필요한 정보를 로그에 남기는 패턴이다.
- 요청을 객체의 형태로 캡슐화하여 서로 요청이 다른 사용자의 매개변수화, 요청 저장, 로깅, 연산의 취소를 지원한다.

③ 반복자 패턴(Iterator Pattern)
- 접근이 잦은 객체는 동일한 인터페이스를 사용하도록 하는 패턴이다.
- 내부 표현부를 노출하지 않고 어떤 객체 집합에 속한 원소들을 순차적으로 접근할 수 있는 방법을 제공한다.

④ 기록 패턴(Memento Pattern)
- 특정 시점에서의 객체 내부 상태를 객체화함으로써 이후 요청에 따라 객체를 해당 시점의 상태로 돌릴 수 있는 기능을 제공하는 패턴이다.
- [Ctrl]+[Z] 기능이 이 패턴의 대표적 기능이다.

⑤ 상태 패턴(State Pattern)
- 객체의 내부 상태에 따라 스스로 행동을 변경할 수 있게끔 허가하는 패턴이다.
- 이벤트를 객체 상태에 따라 다르게 처리해야 할 때 사용한다.

⑥ 전략 패턴(Strategy Pattern)
- 동일 계열 알고리즘을 개별적으로 캡슐화하여 상호 교환 및 독립적으로 원하는 알고리즘을 사용한다.
- 알고리즘을 사용하는 사용자와 상관없이 독립적으로 알고리즘을 다양하게 변경할 수 있다.

⑦ 템플릿 메서드 패턴(Template Method Pattern)
- 객체의 연산에는 알고리즘의 뼈대만을 정의하고 각 단계에서 수행할 구체적 처리는 서브 클래스 쪽으로 미루는 패턴이다.
- 상위에서 인터페이스를 정의하고 하위에서 구체화한다.

⑧ 해석자 패턴(Interpreter Pattern)
- 언어에 문법 표현을 정의하는 패턴이다.
- 주어진 언어에 대해 그 언어의 문법을 위한 표현 수단을 정의하고, 이와 아울러 그 표현 수단을 사용하여 해당 언어로 작성된 문장을 해석하는 해석기를 정의한다.

> **기적의 TIP**
>
> **템플릿 메서드 패턴의 활용**
> 게임에서 캐릭터의 이동 알고리즘은 여러 캐릭터에서 공통으로 사용된다. 이때 Template Method 패턴을 사용하면 캐릭터의 이동 알고리즘의 뼈대를 상위 클래스에서 정의하고, 하위 클래스에서 이를 구체화하여 다양한 캐릭터의 이동 알고리즘을 구현할 수 있다. 이러한 방식으로 공통된 알고리즘을 재사용하면서도, 다양한 캐릭터의 이동 방식을 구현할 수 있다.

⑨ 감시자 패턴(Observer Pattern)
- 이벤트 발행–구독(Publish–Subscribe) 방식으로, 한 객체(주체, Subject)의 상태가 변하면 이를 관찰자(Observer) 객체들에게 통지하여 자동으로 갱신되도록 한다.
- 객체 사이의 1대다(1:多) 의존 관계를 정의해, 주체의 상태 변화가 옵저버 객체들에 전달되도록 한다.

⑩ 방문자 패턴(Visitor Pattern)
- 객체 구조를 이루는 원소에 대해 수행할 연산을 표현하는 패턴이다.
- 처리 기능을 별도의 클래스로 구성하고, 분리된 처리 기능은 각 클래스를 방문(Visit)하여 수행한다.
- 연산을 적용할 원소의 클래스를 변경하지 않고도 새로운 연산을 정의할 수 있게 한다.

⑪ 중재자 패턴(Mediator Pattern)
- 상호 작용을 캡슐화하여 결합도를 낮추기 위해 사용한다.
- 객체들이 직접 서로를 참조하지 않도록 함으로써 개발자가 객체들의 상호작용을 독립적으로 다양화시킬 수 있도록 한다.

> **더 알기 TIP**
>
> **아키텍처 패턴과 디자인 패턴**
>
> | 아키텍처 패턴 | 시스템 전체 구조를 설계하기 위한 참조 모델 |
> | --- | --- |
> | 디자인 패턴 | 서브 시스템 내 컴포넌트와 그들 간의 관계를 구성하기 위한 참조 모델 |

기적의 TIP

감시자 패턴의 활용

주식 시장에서는 주가가 변경될 때마다 다른 객체들에 이를 알리고 업데이트해야 한다. 이때 Observer 패턴을 사용하면 주가 변경을 Subject로 등록하고, Observer로 등록된 다른 객체들에게 이를 자동으로 전달하여 업데이트할 수 있다. 이러한 방식으로 객체 간의 결합도를 낮출 수 있으며, 유연하고 확장할 수 있는 시스템을 구현할 수 있다.

기적의 TIP

아키텍처 패턴이 상위 설계에 이용됩니다.

이론을 확인하는 기출문제

01 GoF 디자인 패턴에 대한 설명으로 옳지 않은 것은?
① 객체지향 설계 단계에서 재사용 가능한 설계 방안을 제공한다.
② 생성 5가지, 구조 7가지, 행위 11가지 총 23가지 패턴으로 분류된다.
③ 아키텍처 패턴과 동일하게 시스템 전체 구조를 설계하는 참조 모델이다.
④ Eric Gamma 등 네 명이 제안하였다.

> GoF 패턴은 시스템 전체 구조를 설계하는 아키텍처 패턴이 아니라, 컴포넌트 간 설계 참조 모델이다.

02 다음 중 생성 패턴(Creational Pattern)에 해당하는 것은?
① 추상 팩토리(Abstract Factory)
② 어댑터(Adapter)
③ 데코레이터(Decorator)
④ 옵저버(Observer)

> 생성 패턴은 객체 생성 관련 패턴으로, 팩토리 메서드·추상 팩토리·빌더·프로토타입·싱글턴 등이 있다.

03 구조 패턴(Structural Pattern)의 특징으로 옳은 것은?
① 객체의 생성 과정을 캡슐화하여 시스템 의존성을 줄인다.
② 클래스나 객체를 조합하여 더 큰 구조를 만든다.
③ 객체 간의 행위나 알고리즘을 패턴화한다.
④ 메시지 교환을 통해 책임을 분산한다.

> 구조 패턴은 클래스·객체를 조합해 더 큰 구조를 만드는 패턴이다.

04 행위 패턴(Behavioral Pattern)에 해당하지 않는 것은?
① 책임 연쇄(Chain of Responsibility)
② 상태(State)
③ 전략(Strategy)
④ 퍼사드(Facade)

> 퍼사드는 구조 패턴이다.

05 싱글턴(Singleton) 패턴에 대한 설명으로 옳은 것은?
① 동일 계열 알고리즘을 캡슐화하여 교체 가능하게 한다.
② 객체를 하나만 생성하고 어디서든 참조할 수 있게 한다.
③ 여러 객체를 트리 구조로 묶어 복합 객체처럼 다룬다.
④ 부모 클래스의 인터페이스를 다른 인터페이스로 변환한다.

> 싱글턴 패턴은 전역 변수 없이 객체를 하나만 생성해 공유하도록 보장한다.

06 옵저버(Observer) 패턴의 활용 예로 가장 적절한 것은?
① 주가가 변할 때 이를 여러 객체에 자동 통보한다.
② 서로 호환되지 않는 인터페이스를 연결한다.
③ 요청을 처리할 객체가 없으면 다음 객체로 전달한다.
④ 객체 생성을 서브클래스에서 담당한다.

> 옵저버 패턴은 상태 변화가 여러 객체에 자동 전파되는 구조로, 대표적으로 주식 시장 알림 등이 있다.

정답 01 ③ 02 ① 03 ② 04 ④ 05 ② 06 ①

CHAPTER

03

현행 시스템 분석과 UML

학습 방향

현행 시스템 분석과 UML 파트는 요구사항 도출에서 시스템 설계로 넘어가는 연결 축에 해당하며, 시험에서는 요구사항 개발 절차와 UML 다이어그램 해석 능력을 중심으로 출제됩니다. 요구사항 개발·확인은 단계별 절차와 FTR·프로토타입 등 기법의 특징을 구분해 이해하고, UML은 주요 다이어그램의 구성요소와 흐름, 럼바우 기법은 3 모델의 관계를 함께 익혀야 합니다.

출제 빈도

SECTION 01	하	25%
SECTION 02	중	20%
SECTION 03	상	30%
SECTION 04	상	25%

SECTION 01 요구사항 개발

출제빈도 상 중 **하**
반복학습 1 2 3

빈출 태그 기능적/비기능적 요구사항 • 요구사항 개발 과정 • 요구사항 명세 기법

> **기적의 TIP**
> 요구사항 개발은 비전문가인 고객의 요구를 듣고 그 요구를 관리하는 단계를 말합니다. 요구사항을 분석하고 명세하는 전체적인 흐름을 이해하는 것이 중요합니다.

> ★ 소단위 명세서(Mini-Spec)
> 처리 절차나 논리적 활동을 기술하는 도구로, 프로그램 설계 언어(PDL)로 간단하게 기술하는 명세서이다.

01 요구공학과 요구사항의 이해

1) 요구공학(Requirements Engineering)

① 개념
- 사용자의 요구를 추출, 분석, 명세, 검증, 관리하는 체계적인 활동이다.
- 사용자 요구를 정확히 반영한 시스템 개발이 중요한 목적이다.
- 명확한 문서화로 의사소통 향상 · 변경 관리 · 유지보수 효율화가 가능하다.
- 자료 흐름도(DFD), 자료 사전(DD), 소단위 명세서★ 등이 활용된다.

② 목적
- 이해관계자 간 원활한 의사소통을 지원한다.
- 요구사항 누락 및 오류를 방지하고, 비용과 시간을 절감한다.
- 요구사항 변경 추적 및 이력 관리가 가능하다.
- 비용과 일정의 타당성 조사 및 요구사항 정의서 작성 등을 수행한다.

2) 요구사항(Requirements)

① 요구사항 베이스라인(Base Line, 기준선)
- 이해당사자 간 명시적 합의된 요구사항을 의미한다.
- 프로젝트의 목표 달성 여부를 판단하는 기준이 된다.
- 이후 변경 사항을 체계적으로 관리하기 위한 기준이다.

② 요구사항의 분류
- 기술 내용에 따른 분류

기능적 요구사항 (Functional Requirement)	• 시스템이 '무엇을' 해야 하는지(동작 중심) • 사용자에게 직접 보이는 기능 • 예 로그인, 회원가입, 주문처리
비기능적 요구사항 (Non-Functional Requirement)	• 성능 · 보안 · 품질 · 안정성 등 '어떻게' 수행할 것인지 • 시스템 수행 환경 및 제약조건 • 예 속도, 보안, 가용성, 품질

- 기술 관점(대상)에 따른 분류

사용자 요구사항 (User Requirement)	• 사용자가 시스템을 통해 하고 싶은 일 • 예 상품을 검색할 수 있어야 한다.
시스템 요구사항 (System Requirement)	• 시스템이 이를 구현하기 위해 가져야 할 기능/성능 • 예 검색어 입력 시 2초 이내 결과 출력

> **기적의 TIP**
> 모든 시스템 요구사항이 비기능적인 것은 아닙니다.

③ 요구사항 검토 기준
- 기능 요구사항과 비기능 요구사항을 구분하고 우선순위 여부를 확인한다.
- 요구사항이 하나 이상의 고수준 요구사항으로부터 유도된 것인지 확인한다.
- 이해관계자나 다른 원천(Source)으로부터 직접 발생한 것인지 확인한다.
- 요구사항이 제품에 관한 것인지 프로세스에 관한 것인지 확인하고 요구사항이 소프트웨어에 미치는 영향의 범위를 확인한다.
- 요구사항이 소프트웨어 생명주기 동안에 변경이 발생하는지를 확인한다.

02 SWEBOK 기반의 요구사항 개발 프로세스

1) 개념
- 요구사항 개발은 사용자의 요구를 도출(Elicitation) → 분석(Analysis) → 명세(Specification) → 확인(Validation)하는 체계적인 과정이다.
- 각 단계는 논리적 순서로 연결되며, 최종 목표는 정확하고 일관된 요구사항 문서화이다.

> **기적의 TIP**
> SWEBOK(Software Engineering Body of Knowledge, 소프트웨어 공학 지식체계) : 국제표준화기구의 정보 기술 분야인 ISO/IEC에서 의견을 모아 집필 발간하는 표준화 체계 문서

2) 절차

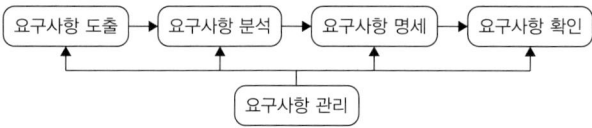

① 요구사항 도출(Requirement Elicitation)
- 소프트웨어가 해결해야 할 문제를 이해하고, 요구를 수집·정의하는 첫 단계이다.
- 현재 시스템의 상태를 파악하고 문제를 명확히 규정하여 목표를 구체화한다.
- 요구사항의 위치(어디서 나오는가)와 수집 방법(어떻게 얻는가)을 결정한다.
- 이해관계자(Stakeholder)가 식별되고, 개발팀과 고객 간의 소통 기반이 형성된다.
- 요구사항 도출 기법 : 고객의 발표, 문서 조사, 설문, 업무 절차 및 양식 조사, 브레인스토밍, 워크숍, 인터뷰, 관찰 및 모델의 프로토타이핑, Use Case, 벤치마킹, BPR(업무 재설계), RFP(제안요청서) 등

② 요구사항 분석(Requirement Analysis)
- 도출된 요구사항을 검토·정제하여 실제 개발 범위와 제약을 명확히 하는 과정이다.
- 소프트웨어가 환경과 어떻게 상호작용하는지를 분석하고, 모순·중복·누락된 요구를 식별해 정리한다.
- 결과적으로 요구사항 정의서(SRS) 작성의 기반이 된다.
- 요구사항 분석 기법 : 사용자 인터뷰, 의견 청취, 기존 문서 분석 및 조정, 사용자 업무 관찰 및 모델 작성, 설문 조사 등
- 요구사항 분석 수행 단계
  - 문제 인식 : 인터뷰, 설문 조사 등 도구를 활용하여 요구사항을 파악하는 단계이다.
  - 전개 : 파악한 문제를 자세히 조사하는 단계이다.

> **기적의 TIP**
> 요구사항은 충분하고 정확하게 기술되어야 하며 이후 단계에서 검증·구현·비용 추정이 가능해야 합니다. 불필요하거나 비현실적인 요구는 조기에 제거하고, 모호한 표현은 수치화하거나 구체화해야 합니다.

- 평가와 종합 : 요구사항을 다이어그램이나 자동화 도구를 이용하여 종합하는 단계이다.
- 검토 : 요구 분석 작업의 내용을 검토, 재정리하는 단계이다.
- 문서화 : 요구사항 분석 내용을 문서로 만드는 단계이다.

더 알기 TIP

요구사항 분석이 어려운 이유
- 사용자의 요구사항이 모호하고 불명확하다.
- 개발하고자 하는 시스템 자체가 복잡하다.
- 사용자의 요구는 예외가 많고, 수정 요구가 많다.
- 소프트웨어 개발 과정 중에 요구사항이 계속 변할 수 있다.
- 모순되는 요구사항이 나오거나 동일한 내용이 다르게 표현될 수 있다.
- 개발자와 사용자 간의 지식이나 표현의 차이가 커서 상호 이해가 쉽지 않다.

③ 요구사항 명세(Requirement Specification)

- 요구사항 분석 결과를 체계적이고 명확하게 문서화하는 단계이다.
- 시스템 정의서, 시스템 요구사항, 소프트웨어 요구사항으로 구체화된다.
- 기능 요구사항은 누락 없이 명확하게 기술하고, 비기능 요구사항은 필요한 항목만 구체적으로 명시한다.
- 설계자가 정확히 이해하고 구현할 수 있고, 사용자가 쉽게 이해할 수 있도록 한다.
- 오류 추적 및 수정이 용이해야 한다.
- 명세 문서는 향후 설계 · 검증 · 유지보수의 기준 문서(SRS)로 활용된다.

더 알기 TIP

좋은 요구사항 명세의 6대 속성
- 정확성(Accuracy) : 요구사항이 올바르게 기술되어야 함
- 명확성(Clarity) : 오직 한 가지 의미로만 해석 가능해야 함
- 완전성(Completeness) : 기능 + 비기능 요구사항이 모두 표현되어야 함
- 일관성(Consistency) : 요구사항 간 상충이나 모순이 없어야 함
- 수정 용이성(Modifiability) : 변경이 용이하고 관리가 쉬워야 함
- 추적성(Traceability) : 요구의 출처(RFP, 제안서 등)까지 추적 가능해야 함

기적의 TIP

정형 분석(Formal Analysis)
- 검증/확인 단계에서 병행되는 '정확성 검증 기법'이다.
- 요구사항을 형식적으로 정의된 언어(수학적 기호·논리식)로 표현하여 명확성과 일관성을 검증하는 단계이다.
- 구문(Syntax)과 의미(Semantics)가 명확하게 정의된 표현식을 사용하여 모호성을 최소화한다.

더 알기 TIP

요구사항 명세 기법 비교

구분	정형 명세(Formal Specification)	비정형 명세(Informal Specification)
기반	수학적, 모델링 기반	자연어 기반
종류	Z, VDM, Petri-Net, LOTOS, CSP, CCS, FSM 등	Decision Table, ER 모델링, State Chart, Use Case 등
장점	시스템 특성을 정확·간결하게 표현, 명세와 구현 간 일치성 확보	작성 및 이해가 쉽고, 의사소통에 용이
단점	이해관계자의 부담이 큼, 일반 사용자 이해도 낮음	표현이 모호할 수 있음, 세밀한 명세에 한계 있음

④ 요구사항 확인(Requirement Validation)
- 요구사항 분석 결과(명세서)가 정확하고 일관되었는지 검토·검증하는 단계이다.
- 작성된 요구사항 문서를 검증(Verification)하고, 사용자의 실제 요구와 일치하는지 확인(Validation)한다.
- 오류를 조기에 발견해 리소스 투입 전 문제를 예방하는 목적이 있다.
- 주요 활동
  - 문서 검토 : 이해관계자들이 요구사항 정의서를 검토하여 표준·이해 가능성·완전성 등을 점검
  - 검증(Verification) : 이전 단계에서 정의한 규격·요구를 충족하는지 판단
  - 확인(Validation) : 실제 사용자 요구사항에 부합하는지 입증
  - 형상 관리(Configuration Management) : 요구사항 문서, 데이터, 프로그램 등의 변경 이력 및 버전 관리 수행

> **기적의 TIP**
>
> **검증 항목의 예시**
> - 회사의 표준에 적합한가?
> - 이해 가능한가?
> - 일관성이 유지되는가?
> - 기능이 누락 없이 완전한가?

더 알기 TIP

검증(Verification)과 확인(Validation) 비교

구분	검증(Verification)	확인(Validation)
의미	제대로 만들었는가?	올바른 것을 만들었는가?
목적	개발 산출물이 규격/요구사항에 부합하는지 확인	결과물이 사용자 요구에 적합한지 확인
시점	각 개발 단계별로 반복 수행	최종 단계에서 주로 수행
주체	개발자, 검토자	사용자, 고객
예시	설계서 검토, 코드 인스펙션	사용자 수용 테스트, 프로토타입 검증
데이터 접근 특성	최근 접근 데이터 재사용 ↑	인접 주소 데이터 재사용 ↑

> **기적의 TIP**
>
> 시험에서는 검증(Verification)과 확인(Validation)의 차이가 자주 출제되므로, 이 부분을 명확하게 구분할 수 있도록 공부하세요.

⑤ 요구사항 관리(Requirement Management)
- 요구사항 명세서의 변경 사항을 체계적으로 추적·통제·관리하는 과정이다.
- 요구사항의 변경이 시스템 전체에 미치는 영향을 분석하고, 승인 절차를 거쳐 적절히 반영한다.
- 주요 활동
  - 변경 요청 수집 : 사용자 또는 개발팀으로부터 요구사항 변경 제안 접수
  - 변경 분류 및 승인 : 중요도·범위별로 변경 분류 후 승인 절차 수행
  - 영향 분석 : 변경이 명세서·설계·코드·테스트에 미치는 영향 평가
  - 변경 반영 및 검토 : 변경 내용을 문서화하고 관련 산출물 업데이트
  - 추적 및 형상 관리 : 변경 이력 관리, 버전 통제, 요구사항 간 추적성 유지

> **기적의 TIP**
>
> 요구사항 관리의 핵심은 '요구사항의 생명주기 전체를 통제하고, 일관성을 유지하는 것'입니다.

> **더 알기 TIP**
>
> **요구사항 관리 도구의 필요성**
> - 효율성 향상 : 요구사항 변경 · 추적 업무의 자동화로 관리 효율 극대화
> - 누락 · 중복 방지 : 빠지거나 중복된 요구사항을 쉽게 식별 가능
> - 비용 · 편익 분석 : 변경으로 인한 비용 대비 만족도 분석 용이
> - 변경 추적성 확보 : 변경 발생 시점과 원인, 영향 범위를 손쉽게 추적
> - 영향 평가 용이 : 변경이 전체 시스템에 미치는 파급 효과 분석 가능
> - 품질 보증 : 시스템이 올바르게 구축되는지 검증 가능
> - 의사소통 향상 : 사용자−개발자 간 요구사항 전달의 정확성 확보

⑥ 요구사항 할당(Requirement Allocation)
- 도출 · 분석된 요구사항을 시스템의 구성요소(모듈, 서브 시스템, 컴포넌트 등)에 적절히 분배(배정)하는 단계이다.
- 각 요구사항을 어떤 아키텍처 요소가 담당할지 결정하고, 구성요소 간 상호작용을 분석하여 추가 요구사항을 식별한다.

이론을 확인하는 기출문제

01 요구사항 분류에 대한 설명으로 옳은 것은?
① 비기능적 요구사항은 곧 시스템 요구사항을 의미한다.
② 사용자 요구사항은 항상 비기능적 요구사항에 해당한다.
③ 시스템 요구사항에는 기능적 요구사항이 포함될 수 없다.
④ 비기능적 요구사항은 보통 시스템 요구사항의 일부이며, 시스템·요구사항에는 기능·비기능이 모두 포함될 수 있다.

비기능은 주로 시스템 관점에서 정의되지만, 시스템 요구사항과 동일한 개념은 아니다. 시스템 요구사항에는 기능·비기능 모두 포함될 수 있다.

02 SWEBOK 기반 요구사항 개발의 올바른 절차 순서는?
① 분석 → 도출 → 명세 → 확인
② 도출 → 명세 → 분석 → 확인
③ 도출 → 분석 → 명세 → 확인
④ 도출 → 확인 → 분석 → 명세

도출(Elicitation) → 분석(Analysis) → 명세(Specification) → 확인(Validation)

03 정형 기법의 적용 위치에 대한 설명으로 옳은 것은?
① 정형 분석은 요구사항 도출 단계에서 이해관계자 식별에 활용된다.
② 정형 명세는 확인(Validation) 단계에서만 사용된다.
③ 정형 명세는 명세 단계에서 형식 언어로 SRS를 작성하는 활동이고, 정형 분석은 주로 확인/검증 단계에서 일관성·완전성 등을 점검한다.
④ 정형 분석은 요구사항 분석의 마지막 고정 단계이며 다른 단계와 병행될 수 없다.

• 정형 명세(Formal Specification) : 명세 단계의 작성 방식
• 정형 분석(Formal Analysis) : 검증/확인 단계의 분석·검사 기법

04 좋은 요구사항 명세의 속성으로 옳지 않은 것은?
① 정확성(Accuracy)
② 명확성(Clarity)
③ 완전성(Completeness)
④ 가변성(Variability)

정확성·명확성·완전성·일관성·수정 용이성·추적성

05 요구사항 관리(Requirement Management) 및 도구의 필요성으로 옳지 않은 것은?
① 변경 사항의 영향 분석과 승인 절차를 통해 요구사항을 통제한다.
② 추적성과 형상 관리를 통해 누락·중복을 줄이고 버전을 통제한다.
③ 도구를 활용하면 변경의 비용·편익 분석과 발생 지점 추적이 용이하다.
④ 도구를 사용하면 요구사항 변경이 원천적으로 발생하지 않도록 차단할 수 있다.

도구는 변경을 '통제·추적·평가'하는 데 도움을 줄 뿐, 변경 자체를 차단하지는 못한다.

정답 01 ④ 02 ③ 03 ③ 04 ④ 05 ④

SECTION 02 요구사항 확인 기법과 FTR

출제빈도 상 **중** 하
반복학습 1 2 3

빈출 태그 프로토타이핑 • 모델 검증 • 요구사항 검토 • 인수 테스트 • FTR

> **기적의 TIP**
> - 요구사항 확인 기법은 도출·분석된 요구가 정확하고 일관된 지 검증하는 방법으로, '찾은 요구가 올바른지 확인하는 단계'에서 사용됩니다.
> - 요구사항 도출 기법은 사용자의 요구를 발견하고 수집하기 위한 방법으로, '무엇이 필요한지 찾아내는 단계'에서 사용됩니다.

01 요구사항 확인 기법(Requirement Validation Techniques)

1) 프로토타이핑(Prototyping)

① 개념
- 도출된 요구사항을 기반으로 시제품(Prototype)을 제작해 실제 시스템과 비교·검증·보완하는 요구사항 확인 기법이다.
- 새로운 요구사항을 추가로 발견하거나, 잘못된 요구를 조기에 수정할 수 있다.
- 엔지니어 관점의 검증 수단으로, 실제 구현 전에 잘못된 요구를 적용하여 발생하는 자원 낭비를 방지할 수 있다.
- 장단점

장점	• 이해관계자 간 의사소통 향상(문서보다 시각적으로 이해 쉬움) • 잘못된 요구사항을 조기에 발견·수정 가능 • 반복 제작으로 품질 향상 및 요구 명확화 가능 • 프로토타입 이후 요구 변경률 감소
단점	• 사용자 관심이 핵심 기능보다 외형(UI·디자인)으로 쏠릴 수 있음 • 추가 개발 비용 및 인력 소모 발생 • 일부 기능만 제작 시 전체 시스템 완성도 과대평가 위험

② 절차

요구사항 수집 및 분석	사용자 요구사항을 수집하고 이를 분석하여 요구사항 명세서를 작성한다.
설계	요구사항 명세서를 기반으로 프로토타입 설계를 수행한다.
개발	설계된 프로토타입을 개발한다.
검토 및 피드백	개발된 프로토타입을 사용자에게 제공하여 검토 및 피드백을 수집한다.
프로토타입 정제	검토 및 피드백을 바탕으로 프로토타입을 수정한다.
요구사항 검증	수정된 프로토타입을 바탕으로 요구사항 검증을 수행한다.

2) 모델 검증(Model Validation)

① 개념
- 요구사항 분석 단계에서 개발된 모델의 품질을 검증하는 기법이다.
- 개발자가 작성한 모델(객체 모델, 데이터 모델, 설계 모델 등)이 요구사항을 정확하게 반영하고 있는지 확인한다.
- 소프트웨어를 실제로 구현하기 전에 논리적 오류를 최소화하고 품질을 향상시키는 것이 목적이다.

② 종류

구분	정적 분석(Static Analysis)	동적 분석(Dynamic Analysis)
개념	프로그램을 실행하지 않고 모델이나 소스코드의 구조·논리를 검토	프로그램을 실행하면서 모델이나 코드의 동작을 검증
대상	명세서, 설계 문서, 소스코드	실행 가능한 코드, 시뮬레이션 환경
목적	명세의 일관성·정확성·통신 경로 등을 확인	실행 시 발생할 수 있는 오류·결함·메모리 누수 등을 분석
도구/방법	코드 리뷰(Code Review), 워크스루(Walkthrough), 정형 검증(Formal Verification) 등	디버깅(Debugging), 테스트(Test Execution), 시뮬레이션(Simulation) 등
특징	코드를 실행하지 않음, 논리적 구조 점검, 설계 단계에서 수행	코드를 실제 실행, 런타임 오류 탐지, 구현 이후 수행

> **기적의 TIP**
> - 정적 코드 분석 : 소스코드를 직접 분석하여 흐름상 버그나 오류를 찾아내는 방식
> - 정적 문서 분석 : 요구사항 또는 설계 문서를 검토하여 불일치·누락 사항을 식별하는 방식

3) 요구사항 검토(Review)

- 요구사항 확인의 가장 일반적인 방법으로, 여러 검토자가 참여하여 다음 항목을 점검한다.
- 점검 항목
  - 오류(Error)
  - 잘못된 가정(Incorrect Assumptions)
  - 불명확성(Ambiguities)
  - 표준과의 차이(Deviation from Standards)

4) 인수 테스트(Acceptance Test)

① 개념

- 사용자나 고객의 요구사항 만족 여부를 확인하기 위한 테스트 단계이다.
- 소프트웨어 개발의 마지막 단계에서 수행된다.
- 실제 사용 시 발생할 수 있는 문제를 사전에 발견 및 수정하는 것이 목적이다.

② 종류

- 계약 인수 테스트(Contract Acceptance Test) : 계약상의 요구사항을 만족하는지 확인
- 규정 인수 테스트(Regulation Acceptance Test) : 법적·규제 기준 준수 여부 확인
- 알파 테스트(Alpha Test) : 개발 환경에서 사용자가 개발자와 함께 수행
- 베타 테스트(Beta Test) : 실제 사용 환경에서 최종 사용자가 수행
- 사용자 인수 테스트(User Acceptance Test) : 최종 사용자가 시스템 사용성을 검증
- 운영 인수 테스트(Operational Acceptance Test) : 시스템 운영 가능 여부 검증

③ 절차
- 계획(Planning) : 인수 테스트의 목적, 범위, 방법, 절차를 정의
- 설계(Design) : 테스트 케이스, 환경, 데이터 설계
- 구현(Implementation) : 테스트 케이스 실행 및 결과 기록
- 검토(Review) : 결과 분석 및 결함 추적·수정
- 수행(Execution) : 수정된 제품 재테스트 및 인수 조건 검증
- 완료(Closure) : 결과 문서화 및 환경 정리

➕ 더 알기 TIP

요구사항 도출 기법(Requirement Elicitation Techniques)

인터뷰(Interview)	사용자와 직접 대화하여 요구사항을 구체적으로 파악
설문조사(Survey)	다수의 사용자에게 설문지를 배포해 의견을 수집
시나리오(Scenario)	사용자의 실제 사용 상황과 행동을 기술
스토리보드(Storyboard)	화면 구성·흐름을 그림과 글로 시각화
워크숍(Workshop)	이해관계자들이 모여 의견을 제시·조율
브레인스토밍(Brainstorming)	자유로운 아이디어 발상으로 다양한 요구 도출
분석 모델링(Analysis Modeling)	도출된 요구를 구조적 모델(DFD, ERD 등)로 표현하여 명확화

🔑 기적의 TIP

브레인스토밍(BS)의 4가지 규칙
- 비판 금지 : 사용자는 대부분이 초보자이므로 사용자의 의견을 비판하게 되면 사용자에게 얻을 수 있는 문제를 파악하기가 어렵게 되므로 비판을 금지한다.
- 자유분방 : 어떠한 사용자의 의견도 경청한다.
- 다수 환영 : 사용자의 의견이 많을수록 문제 대상의 접근이 용이하다.
- 연쇄 개선 : 중요한 의견이 나왔을 때 집중적으로 질문한다.

02 정형 기술 검토(FTR, Formal Technical Review)

1) 개념
- 요구사항 일치 여부, 표준 준수, 결함 발생 여부 등을 검토하는 정적 분석 기법이다.
- 소프트웨어 개발 과정에서 발생할 수 있는 오류와 결함을 사전에 발견하기 위해 전문가들이 참여하는 체계적인 검토 방법이다.

2) 목적

품질 향상	오류·결함을 조기에 발견 및 수정하여 제품 품질을 높임
생산성 향상	초기 단계에서 오류를 수정함으로써 전체 개발 효율을 향상
지식 공유	전문가 간 토론을 통해 개발 지식과 경험을 공유
표준 준수	개발 프로세스가 표준을 따르고 있는지 검증
비용 절감	조기 검토를 통해 유지보수 및 재작업 비용을 절감

➕ 더 알기 TIP

효과적인 프로젝트 관리를 위한 3대 요소
- 사람(People) – 인적 자원
- 문제(Problem) – 문제 인식
- 프로세스(Process) – 작업 계획

3) 특징

구조화된 절차 준수	일관된 검토 절차로 효율성 확보
전문가 참여 필요	높은 정확도와 완성도를 위한 전문가 참여 필수
오류 · 결함 발견 능력 강화	코드 · 문서 검토를 통해 품질 향상
개발 초기 적용 가능	초기 단계에서 문제를 조기에 제거 가능
문서화 필수	검토 결과를 문서로 남겨 향후 개선에 활용

4) 정형 기술 검토 지침 사항

의제와 범위를 유지하라	회의 목적과 주제를 일관되게 유지
참가자 수를 제한하라	소수의 핵심 인원 중심으로 효율적 검토
체크리스트 작성	점검 항목 명확화 및 시간 · 자원 배분
제품 검토에 집중하라	개발자 개인이 아닌 산출물 중심으로 검토
논쟁과 반박 제한	토론이 아닌 검토 목적 중심으로 진행
검토 과정 · 결과 재검토	피드백 및 개선 사항 점검
문제 영역 명확히 표현	발견된 결함과 원인을 구체적으로 기록

이론을 확인하는 기출문제

01 다음 중 프로토타이핑(Prototyping) 기법의 단점으로 가장 적절한 것은?
① 사용자와의 의사소통이 향상된다.
② 잘못된 요구사항을 조기에 발견할 수 있다.
③ 일부 기능만 제작 시 전체 완성도를 과대평가할 수 있다.
④ 반복적인 제작을 통해 품질을 향상시킬 수 있다.

> 프로토타이핑은 요구사항을 명확히 하는 장점이 있지만, 일부 기능만 구현된 시제품이 전체 시스템처럼 보이는 착시 효과를 줄 수 있다.

02 다음 설명 중 정적 분석(Static Analysis)에 대한 설명으로 옳은 것은?
① 프로그램을 실행하면서 오류를 검증한다.
② 디버깅(Debugging)이나 시뮬레이션을 활용한다.
③ 명세서, 설계 문서, 소스코드를 검토하는 방식이다.
④ 런타임 환경에서 메모리 누수를 탐지한다.

> 정적 분석은 프로그램을 실행하지 않고, 명세서·설계 문서·소스코드의 논리적 구조를 검토하는 방식이다.
> **오답 피하기**
> ①, ②, ④ : 동적 분석

03 요구사항 검토 시 점검해야 할 항목으로 가장 거리가 먼 것은?
① 오류(Error)
② 불명확성(Ambiguities)
③ 표준과의 차이(Deviation from Standards)
④ 모듈 간 인터페이스 테스트 결과

> 요구사항 검토는 명세 수준의 오류나 불명확성을 검토하는 과정이다.
> **오답 피하기**
> ④는 구현 이후의 통합 테스트 단계에서 수행된다.

04 정형 기술 검토(FTR)에 대한 설명으로 옳지 않은 것은?
① 요구사항 일치 여부와 표준 준수 여부를 검토하는 정적 분석 기법이다.
② 개발자의 개인 역량을 평가하기 위한 절차로 수행된다.
③ 소프트웨어 개발 과정의 오류를 조기에 발견하기 위해 수행된다.
④ 검토 결과를 문서화하여 향후 개선에 활용할 수 있다.

> FTR은 제품(산출물)을 검토하는 절차이며, 개발자 개인 평가가 아니라 결함 발견 및 품질 향상이 목적이다.

05 다음 중 효과적인 프로젝트 관리의 3대 요소에 해당하지 않는 것은?
① 사람(People)
② 문제(Problem)
③ 프로세스(Process)
④ 제품(Product)

> 프로젝트 관리의 3대 핵심 요소는 사람(People), 문제(Problem), 프로세스(Process)이다.
> **오답 피하기**
> 제품(Product)은 결과물이므로 요소에 해당하지 않는다.

정답 01 ③ 02 ③ 03 ④ 04 ② 05 ④

SECTION 03 UML과 럼바우 분석 기법

빈출 태그 개념 모델링・UML・럼바우・객체/동적/기능 모델링

01 개념 모델링(Conceptual Modeling)

1) 개념
- 실세계의 복잡한 상황을 단순화하여 개념적으로 표현한 모델을 만드는 과정이다.
- 문제 상황(도메인)을 시각적으로 표현함으로써 요구사항을 명확히 이해하고, 시스템 개발의 방향을 구체화한다.
- 모델은 요구사항 분석의 핵심 도구로, 문제를 구조적으로 이해하고 해결책을 설명한다.
- 엔티티(Entity), 관계(Relationship), 종속성(Dependency) 등을 통해 개발 대상 도메인을 구체적으로 표현한다.
- 요구사항의 관점에 따라 다양한 형태로 표현되며, 일반적으로 UML(Unified Modeling Language)이 사용된다.

2) 종류

Use Case Diagram	사용자의 요구사항을 기능 단위로 표현(사용자와 시스템 간 상호작용 중심)
Data Flow Model(DFD)	데이터의 흐름과 처리 과정을 시각적으로 표현
State Model	시스템 또는 객체의 상태 변화 과정을 상태 전이도로 표현
Goal Based Model	시스템이 달성해야 할 목표 중심으로 요구를 구조화
User Interaction Model	사용자와 시스템 간 인터페이스 및 입력・출력 흐름 표현
Object Model	객체 간 속성과 관계를 구조적으로 표현(클래스 다이어그램 등)
Data Model	데이터의 구조, 제약조건, 관계 등을 표현(E-R 다이어그램 등)

> **기적의 TIP**
>
> **요구사항 분석 도구**
> 개념 모델링을 수행할 때 자주 활용되는 분석 도구는 다음과 같습니다.
> - Data Flow Diagram(DFD)
> - Data Dictionary(DD)
> - UML Diagram
> - E-R Diagram

02 UML(Unified Modeling Language)

1) 개념
- 객체지향 소프트웨어 개발 과정에서 시스템 분석 → 설계 → 구현 단계의 산출물을 명세화(Specify), 시각화(Visualize), 문서화(Document) 하는 데 사용하는 표준 모델링 언어(Standard Modeling Language)이다.
- James Rumbaugh의 OMT(Object Modeling Technique), Grady Booch의 Booch 방법론, Ivar Jacobson의 OOSE(Object-Oriented Software Engineering) 방법론을 통합하여 표준화한 언어이다.
- OMG(Object Management Group)에서 표준화하였다(1997.1, UML 1.0 Release).

> **기적의 TIP**
> UML은 방법론이 아니라 언어(Language)입니다.

> **기적의 TIP**
> '개념 모델링'은 요구사항을 모델로 표현하는 활동이며, '럼바우 분석 기법'은 그중 객체지향적 접근을 위한 방법론이고, 'UML'은 이런 모델들을 표현하기 위한 표준 표기 언어입니다.

2) 럼바우 객체지향 분석 기법(OMT, Object Modeling Technique)

① 개념
- 소프트웨어의 구성요소를 그래픽으로 모형화한 기법으로, 객체 모델링 기법(Object Modeling Technique)이라고도 한다.
- 분석 절차 : 객체 모델링 → 동적 모델링 → 기능 모델링

② 기법별 작성 도구

객체 모델링 (Object Modeling)	객체 다이어그램	시스템에서 요구되는 객체와 관계를 구조화
동적 모델링 (Dynamic Modeling)	상태도(State Diagram)	제어 흐름 · 상호작용 · 상태 변화를 시간 순서로 표현
기능 모델링 (Functional Modeling)	자료 흐름도(DFD)	데이터의 흐름과 처리 과정을 표현

> **기적의 TIP**
> 객체 모델링 순서
> - 객체와 클래스를 식별
> - 클래스에 대한 자료를 사전 작성
> - 클래스 간의 관계 정의
> - 객체 속성 및 연결 관계 정의
> - 클래스 계층화 및 모듈로 정의
> - 생성된 모형을 반복적으로 검증

③ 분석 절차
- 객체 모델링 : 정보 모델링이라고도 한다. 시스템에서 요구되는 객체를 찾아내어 속성과 연산 식별 및 객체 간의 관계를 규정하여 객체를 다이어그램으로 표시한다.
- 동적 모델링 : 제어 흐름, 상호 작용, 동작 순서 등의 상태를 시간 흐름에 따라 상태 다이어그램으로 표시한다.
- 기능 모델링 : 여러 프로세스 간의 자료 흐름을 표시한다. 어떤 데이터를 입력하여 어떤 결과를 가져올 수 있을지를 표현한다.

> **기적의 TIP**
> 동적 모델링 순서
> - 사건의 상호 작용 순서에 대한 시나리오 작성
> - 시나리오를 역할과 시간에 따라 표기한 후 사건 추적도 작성
> - 사건 추적도를 사건 발생자의 관계로 설명하는 사건 흐름도 작성
> - 사건과 상태를 연결시킨 상태도 작성

> **기적의 TIP**
> 기능 모델링 순서
> - 외부와 시스템 간의 입출력 자료를 정의
> - 자료 흐름도를 상세화
> - 프로세스 기능에 대한 정의를 기능 명세서로 작성
> - 제약 조건 파악
> - 최적화 기준 명세화

3) UML의 주요 특성

시각화(Visualization)	클래스, 유스케이스, 상태 다이어그램 등으로 시스템 구조를 시각적으로 표현
문서화(Documentation)	개발 프로세스 및 산출물을 기록 · 공유(개발자 간 의사소통 도구 제공)
명세화(Specification)	분석 · 설계 · 구현의 완전한 모델 제공(예 시퀀스 다이어그램)
구축(Construction)	모델이 객체지향 언어(Java 등)로 매핑(Mapping) 가능
확장성(Extensibility)	사용자가 모델 요소를 확장 · 수정 가능
표준화(Standardization)	OMG에서 제정한 국제 표준, 다양한 플랫폼 간 호환성 보장

4) UML 소프트웨어에 대한 관점

기능적 관점	• 사용자 측면에서 본 소프트웨어의 기능을 나타내며, 사용 사례 모델링이라고도 한다. • 요구 분석 단계에서 사용한다. • UML에서는 Use Case Diagram을 사용한다.
정적 관점	• 소프트웨어 내부의 구성요소 사이의 구조적 관계를 나타낸다. • 객체, 속성, 연관 관계, 오퍼레이션의 시스템 구조를 나타낸다. • UML에서는 Class Diagram을 사용한다.
동적 관점	• 시스템의 내부 동작을 나타낸다. • UML에서는 Sequence Diagram, State Diagram, Activity Diagram을 사용한다.

5) UML의 기본 구성요소

사물(Things)	객체지향 모델의 기본 구성요소(예 클래스, 인터페이스 등)
관계(Relationships)	객체 간 연관성(예 연관, 집합, 포함, 일반화, 의존, 실체화)
다이어그램(Diagram)	사물과 관계를 도식화한 것으로, 뷰(View)를 제공(예 구조 다이어그램(정적), 행위 다이어그램(동적))

+ 더 알기 TIP

사물(Things)의 종류

구조 사물(Structure Things)	시스템의 개념적, 물리적 요소를 표현(Class, Use Case, Component, Node)
행동 사물(Behavioral Things)	시간과 공간에 따른 요소들의 행위를 표현(Interaction, State Machine)
그룹 사물(Grouping Things)	요소들을 그룹으로 묶어서 표현(Package)
주해 사물(Annotation Things)	부가적인 설명이나 제약 조건들을 표현(Note)

6) UML의 확장과 표기법

스테레오 타입	• UML의 기본 요소 외 확장 요소 표현 시 사용 • 기호는 길러멧(Guillemet) ≪ ≫		
접근 제어자	+	public	모든 클래스 접근 가능
	−	private	해당 클래스 내에서만 접근
	#	protected	동일 패키지 또는 하위 클래스 접근
	~	package	동일 패키지 내 접근 가능
연관 관계 다중성 표기	1		1개 객체 연결
	* 또는 0..*		0이거나 0개 이상 객체 연결
	1..*		1개 이상 객체 연결
	0..1		0 또는 1개 객체 연결
	1,3,6		명시된 개수만큼 객체 연결
	n		n개 객체 연결
	n..*		n개 이상 객체 연결

이론을 확인하는 기출문제

01 다음 중 개념 모델링(Conceptual Modeling)에 대한 설명으로 옳지 <u>않은</u> 것은?
① 실세계의 복잡한 상황을 단순화하여 개념적으로 표현하는 과정이다.
② 문제 상황(도메인)을 시각적으로 표현하여 요구사항을 명확히 이해한다.
③ 개발 대상 도메인을 수치적 계산 모델로 변환하는 과정이다.
④ 일반적으로 UML이 사용되며, 엔티티·관계·종속성을 표현할 수 있다.

> 개념 모델링은 수치적 계산 모델이 아니라, 요구사항을 시각적으로 구조화하는 과정이다.
>
> **오답 피하기**
> ③ : 수학적 모델링의 개념

02 럼바우 객체지향 분석 기법(OMT)의 분석 절차 순서로 올바른 것은?
① 기능 모델링 → 객체 모델링 → 동적 모델링
② 객체 모델링 → 동적 모델링 → 기능 모델링
③ 동적 모델링 → 기능 모델링 → 객체 모델링
④ 기능 모델링 → 동적 모델링 → 객체 모델링

> 럼바우 기법은 객체 모델링 → 동적 모델링 → 기능 모델링 순으로 진행된다.

03 다음 중 UML의 주요 특성에 해당하지 <u>않는</u> 것은?
① 시각화(Visualization)
② 명세화(Specification)
③ 표준화(Standardization)
④ 최적화(Optimization)

> UML의 대표 특성 : 시각화, 명세화, 문서화, 구축, 확장성, 표준화

04 UML에서 정적 관점을 표현하기 위해 사용하는 다이어그램은?
① Use Case Diagram
② Class Diagram
③ Sequence Diagram
④ Activity Diagram

> • 기능적 관점 : Use Case Diagram
> • 정적 관점 : Class Diagram
> • 동적 관점 : Sequence, State, Activity Diagram

05 다음 중 UML의 접근 제어자(Access Modifier)와 기호의 연결이 올바른 것은?
① # → private
② ~ → package
③ - → public
④ + → protected

기호	접근제어자	설명
+	public	모든 클래스 접근 가능
-	private	해당 클래스 내에서만 접근
#	protected	동일 패키지 또는 하위 클래스 접근
~	package	동일 패키지 내 접근 가능

정답 01 ③ 02 ② 03 ④ 04 ② 05 ②

SECTION 04 UML 다이어그램

출제빈도 상 중 하
반복학습 1 2 3

빈출 태그 구조/행위 다이어그램 • 클래스 다이어그램 • 유스케이스 다이어그램

01 구조 다이어그램(Structural Diagram)

1) 개념
- 시스템의 구조(Structure)와 구성요소 간의 관계(Relationship)를 시각적으로 표현하는 UML 다이어그램이다.
- 소프트웨어 개발자가 시스템의 구성요소를 이해하고 설계하는 데 도움을 준다.
- 시스템 변경이나 개선 시 구성요소 간의 의존 관계를 파악하여 전체 구조를 분석하는 데 유용하다.
- 즉, 시스템의 정적인 구조를 표현하는 다이어그램이다.

> **기적의 TIP**
> 본 섹션은 출제 비중이 높습니다. 구조/행위 다이어그램을 구분할 수 있어야 하고 각 다이어그램의 목적을 기억하세요. 행위 다이어그램 하위 유스케이스 다이어그램의 구성요소와 관계는 자주 출제되는 부분이니 완벽히 정리해야 합니다.

2) 종류

① 클래스 다이어그램(Class Diagram)
- 시스템 내의 클래스, 인터페이스, 관계를 시각적으로 표현한다.
- 클래스의 속성, 메소드, 상속, 연관, 집합 관계를 나타낸다.
- 요구사항 분석 및 설계 단계에서 가장 중요하게 사용된다.

> **기적의 TIP**
> 클래스 다이어그램 → 클래스 간 관계, 상속, 속성, 메소드

② 객체 다이어그램(Object Diagram)
- 클래스 다이어그램의 인스턴스(실체화) 상태를 표현한다.
- 특정 시점에서 객체 간 관계와 상태를 시각적으로 보여준다.
- 객체 간 상호작용 및 실제 구성 파악에 유용하다.

> **기적의 TIP**
> 객체 다이어그램 → 클래스의 인스턴스, 객체 관계, 상태

③ 복합체 구조 다이어그램(Composite Structural Diagram)
- 복잡한 시스템의 내부 구조를 분석하기 위한 다이어그램이다.
- 객체의 내부 구성요소와 내부 상호작용 구조를 표현한다.
- 클래스, 컴포넌트, 인터페이스 등으로 내부 구조를 모델링한다.
- 시스템의 복잡성 분석 및 구조적 설계에 필수이다.
- 다른 다이어그램들과 결합하여 시스템의 전반적인 구조를 이해하고 설계할 수 있도록 돕는다.

> **기적의 TIP**
> 복합체 구조 다이어그램 → 내부 구조, 구성요소 간 상호작용, 복잡성 분석

④ 배치 다이어그램(Deployment Diagram)
- 시스템의 물리적 배치(Deployment)와 구성(Configuration)을 표현한다.
- 하드웨어(서버, 컴퓨터, 네트워크 등)와 소프트웨어 간의 관계를 표시한다.
- 각 요소가 어떤 물리적 위치에 배포되는지 표현한다.
- 시스템의 배포 구조를 모델링할 때 사용한다.

> **기적의 TIP**
> 배치 다이어그램 → 물리적 구조, 하드웨어-소프트웨어 관계, 배포

> **기적의 TIP**
> 컴포넌트 다이어그램 → 모듈화, 재사용성, 컴포넌트 구조

⑤ 컴포넌트 다이어그램(Component Diagram)
- 시스템을 구성하는 컴포넌트 간의 구조 및 관계를 표현한다.
- 각 컴포넌트가 수행하는 기능과 상호 작용을 시각화한다.
- 모듈화 · 재사용성 향상에 매우 유용한 다이어그램이다.
- 다양한 모델링 도구에서 지원되며, 소프트웨어 시스템의 구조를 분석하고 설계하는 데에 있어서 필수적인 도구이다.

> **기적의 TIP**
> 패키지 다이어그램 → 그룹화, 모듈화, 의존성, 구조화

⑥ 패키지 다이어그램(Package Diagram)
- 여러 개체(Class, Component 등)를 그룹화하여 패키지 단위로 표현한다.
- 시스템의 모듈화 및 구조화를 가능하게 한다.
- 패키지 간의 의존성 및 관계를 명확하게 표현한다.
- 소프트웨어 개발자들이 시스템을 구성하는 요소들을 이해하고, 이를 관리하고 유지보수하는 데에 큰 도움을 준다.

02 행위 다이어그램(Behavioral Diagram)

> **기적의 TIP**
> 구조 다이어그램이 '정적인 관계'를 표현한다면, 행위 다이어그램은 '시간에 따른 동적 흐름'을 표현합니다.

1) 개념
- 시스템의 동작(Behavior)을 표현하는 UML 다이어그램이다.
- 시스템 내에서 발생하는 객체 간 상호 작용, 메시지 흐름, 이벤트 발생 등을 시각화한다.

2) 종류

> **기적의 TIP**
> 유스케이스 다이어그램 → Actor, Use Case, 관계(연관·포함·확장)

① 유스케이스 다이어그램(Use Case Diagram)
- 시스템과 사용자(Actor) 간의 상호 작용을 표현
- 시스템이 제공하는 기능과 사용자가 시스템을 이용하는 방식을 시각화

> **기적의 TIP**
> 활동 다이어그램 → 시작/종료 노드, 액션, 조건 분기, 병합, 동기화

② 활동 다이어그램(Activity Diagram)
- 시스템 내부의 프로세스 흐름 또는 업무 절차를 표현
- 순차적 작업 흐름, 분기, 병렬 흐름 등을 도식화
- 설계 · 구현 전 시스템 동작을 파악하는 데 유용

> **기적의 TIP**
> 상태 다이어그램 → 상태(State), 이벤트(Event), 전이(Transition)

③ 상태 머신 다이어그램(State Machine Diagram)
- 객체의 상태 변화와 생명주기를 표현
- 상태(State), 이벤트(Event), 전이(Transition)로 구성
- 상태는 동그라미, 전이는 화살표로 표시

> **기적의 TIP**
> 협력 다이어그램 → 객체(Object), 메시지(Message), 링크(Link)

④ 협력 다이어그램(Collaboration Diagram)
- 객체 간 메시지 교환 과정을 표현
- 객체 간의 관계와 역할을 강조
- 메시지의 방향과 순서를 화살표로 표시

⑤ 상호 작용 다이어그램(Interaction Diagram)
- 객체 간 메시지를 통한 상호 작용 전체를 시각화
- 하나의 Use Case를 수행하기 위한 객체 간 동작을 표현
- 대표 다이어그램 : 시퀀스 다이어그램, 통신 다이어그램

> **기적의 TIP**
>
> 상호 작용 다이어그램 → 객체(Object), 메시지(Message), 순서 번호

더 알기 TIP

대표적인 상호 작용 다이어그램

시퀀스 다이어그램 (Sequence Diagram)	• Use Case 실현을 위해 시스템 구성 요소들이 상호 작용하는 순서를 표현한다. • 시간의 흐름(Top→Bottom)을 따라 메시지 호출 순서를 보여준다. • 시스템의 동작 과정을 단계별로 시각화할 수 있다. • 구성요소 : 객체(Object), 생명선(Lifeline), 실행(Activation), 메시지(Message), 시간(Time)
통신 다이어그램 (Communication Diagram)	• 객체 간의 통신 관계 및 메시지 교환을 중심으로 표현한다. • 객체 간의 관계, 역할, 메시지 흐름 및 시간 제약 등을 한눈에 파악할 수 있다. • 시퀀스 다이어그램과 1:1 상호 변환이 가능하다.

03 클래스 다이어그램(Class Diagram)

1) 개념

- 시스템을 구성하는 객체 간의 관계를 추상화하여 논리적 구조로 표현한 다이어그램이다.
- 객체지향 분석, 설계, 구현 단계 전반에 걸쳐 지속적으로 사용된다.
- 클래스(Class), 속성(Attribute), 오퍼레이션(Operation)을 중심으로 구성된다.

2) 구성요소

클래스 이름(Class Name)	• 클래스의 이름을 표시 • 예 Rectangle, Dog
속성(Attribute)	• 클래스의 특성(변수, 프로퍼티)을 정의 • 예 height : int, width : int
오퍼레이션(연산, Operation)	• 클래스가 수행할 기능(메소드)을 정의 • 예 +getArea() : int, +resize(int, int)
접근 제어자(Access Modifier)	• 속성, 연산의 접근 범위를 표시 • 예 + public, − private, # protected, ~ package
타입(Type)	• 속성이나 리턴 값의 자료형 표시 • 예 int, string, float 등
매개변수(Parameter)	• 오퍼레이션이 받는 입력값 • 예 resize(int, int)의 (int, int)
리턴 타입(Return Type)	• 오퍼레이션 수행 후 반환값의 자료형 • 예 getArea() : int

➕ 더 알기 TIP

클래스 다이어그램 예시

Rectangle
height : int width : int
+getArea() : int +resize(int, int)

- height, width → 속성
- +getArea() → public 메소드
- resize(int, int) → 매개변수를 가진 오퍼레이션

강아지 예시로 이해하기

강아지
다리수 : int = 4 꼬리 : int = 1
+걷는다() +꼬리를흔든다()

- 클래스 이름 : 강아지
- 속성 : 다리수, 꼬리
- 오퍼레이션 : 걷는다(), 꼬리를흔든다()

> **기적의 TIP**
> 강아지를 클래스로 묶는다고 생각하면 클래스 구조가 자연스럽게 이해됩니다.

04 유스케이스 다이어그램(Use Case Diagram)

1) 개념
- 객체지향 분석의 초기 단계에서 사용자의 요구를 기능적 측면에서 기술하기 위한 도구이다.
- 액터(Actor)와 유스케이스(Use Case)로 구성된다.
- 시스템이 제공해야 하는 서비스 목록(Service List)을 도출한다.

2) 주요 요소

시스템 경계(System Boundary)	• 시스템이 제공하는 사례(Use Case)들의 범위를 표시 • 큰 규모의 객체로 구현되는 존재
액터(Actor)	• 시스템 외부에서 서비스를 이용하는 주체 • 시스템이 특정한 사례(Use Case)를 실행하도록 요구할 수 있는 존재
유스케이스(Use Case)	• 사용자 관점에서 본 시스템의 기능을 표현 • 시스템이 제공해야 하는 개별적인 서비스 기능
관계(Relationship)	• 액터, 유스케이스 간의 연결 관계 • 연관, 포함, 확장, 일반화 관계 등

+ 더 알기 TIP

유스케이스 다이어그램 예시

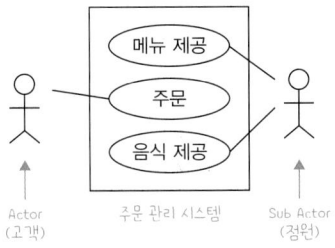

- 타원 : 기능
- 사람 : 사용자
- 실선 : 사용자 – 기능 간 관계
- 사각형 : 프로그램 범위

> **기적의 TIP**
> 타원(Use Case)은 시스템의 기능이며, 사람(Actor)은 시스템 외부의 사용자를 의미합니다.

3) 유스케이스 관계의 유형

연관 관계(Association)	• Actor와 Use Case 간 상호 작용 표현 • 관계 기호 : 실선
포함 관계(Include)	• 한 Use Case가 다른 Use Case 실행을 포함할 때 • 관계 기호 : 점선 + ⟪include⟫
확장 관계(Extend)	• 특정 조건에서 추가 기능(확장 기능)이 수행될 때 • 관계 기호 : 점선 + ⟪extend⟫
일반화 관계(Generalization)	• 유사한 Use Case/Actor를 추상화하여 그룹화할 때 • 관계 기호 : 화살표(하위→상위)

> **기적의 TIP**
> 유스케이스 다이어그램에 관계는 뒤에서 공부할 UML 전체 관계 중 일부만 사용합니다.

+ 더 알기 TIP

의미 중심의 관계 유형

접속(Communication)	• Actor ↔ Use Case 간 상호작용(=연관(Association)) • 예 고객 ↔ 주문
사용(Uses)	• 공통 기능을 여러 Use Case에서 공유(=포함(Include)) • 예 로그인 → 거래 조회
확장(Extends)	• 기본 유스케이스 수행 시 특정 조건 만족 시 확장 수행 • 예 예금 → 이체
일반화(Generalization)	• 하위 Use Case가 상위 Use Case의 기능 상속 • 예 고객(법인/개인)

4) 작성 절차

① 액터 식별
- 모든 사용자 역할과 상호 작용하는 타 시스템을 식별한다.
- 정보를 주고받는 하드웨어 및 지능형 장치를 식별한다.

② Use Case 식별
- Actor가 요구하는 서비스와 정보를 식별한다.
- Actor가 시스템과 상호 작용하는 행위를 식별한다.

③ 관계 정의
- Actor와 Actor 그리고 액터와 Use Case의 관계 분석을 정의한다.
- Use Case와 Use Case 간의 관계 분석을 정의한다.

④ Use Case 구조화
- 두 개의 상위 Use Case에 존재하는 공통 서비스를 추출한다.
- 추출된 서비스로 Use Case를 정의한다.
- 추출된 서비스를 사용하는 Use Case와 관계를 정의한다.
- 조건에 따른 서비스 수행 부분을 분석하여 구조화한다.

05 UML 관계 표현

1) 표현 방법

종류	표시	설명
단방향 연관 관계	──────▶	• 한쪽 클래스만 다른 클래스를 알고 있는 관계 • 참조 방향이 한쪽뿐임
양방향 연관 관계	──────	• 두 클래스가 서로를 알고 있는 관계(상호 참조) • 서로 상대 객체를 참조 가능
의존 관계	------▶	• 한 객체의 변경이 다른 객체에 영향을 미침 • 짧은 시간 동안만 유지되는 관계
일반화 관계	──────▷	• 상속 관계(IS-A) • 하위 클래스가 상위 클래스의 속성과 기능 상속
집합 관계	──────◇	• 전체-부분 관계(느슨한 포함) • 부분 객체는 독립적으로 존재 가능
포함 관계	──────◆	• 강한 전체-부분 관계 • 부분 객체는 전체 객체에 종속(전체가 사라지면 부분도 소멸)
실체화 관계	------▷	• 인터페이스와 실제 구현 클래스 간의 관계 • 행동(메소드)의 구현 표현

2) UML 관계의 종류

① UML 연관 관계(Association)
- 한 클래스의 객체가 다른 클래스의 객체와 연결되어 있음을 표현하는 관계이다.
- 'A 객체가 B 객체를 참조할 수 있다.'는 의미를 가진다.
- UML 클래스 다이어그램에서 실선(-)으로 표시한다.
- 예 한 명 이상의 선생님은 여러 명의 학생과 상담할 수 있으며, 각 학생은 한 명 이상의 선생님과 상담 관계를 가질 수 있다.

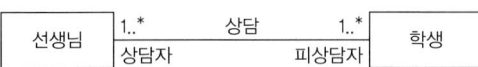

> **기적의 TIP**
> - 연관 관계선(Association Line) : 두 클래스 간의 연결을 실선으로 표현(선생님 – 상담 – 학생)
> - 연관 관계명(Association Name) : 관계의 의미를 명확히 하기 위해 이름 부여 (상담)
> - 역할명(Role Name) : 각 클래스가 수행하는 역할을 명시(상담자, 피상담자)
> - 다중성(Multiplicity) : 한 클래스의 인스턴스가 상대 클래스 인스턴스와 관계 맺는 개수(1, 0..1, 1..*, * 등)

② UML 의존 관계(Dependency)
- 한 클래스가 다른 클래스를 잠시 참조하거나 사용하는 관계이다.
- 연관 관계보다 약한 연결(Weak Association)이다.
- '메서드를 호출하거나, 일시적으로 객체를 사용하는 경우'에 해당한다.
- 점선 화살표(- - - >)로 표현되며, 영향을 주는 객체(사용자, User) - - - > 영향을 받는 객체(Target) 방향으로 표시된다.
- 예 운전자는 자동차를 통해 연료를 사용(참조)하지만, 연료가 바뀐다고 해서 운전자 클래스 자체는 영향을 받지 않는다.

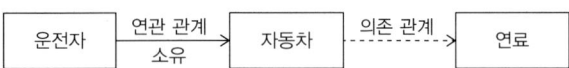

> **기적의 TIP**
> - 연관 관계 → 객체들이 "항상 연결된 상태" (예 학생 ↔ 강의)
> - 의존 관계 → 객체가 "필요할 때만 잠깐 참조" (예 운전자가 주유할 때만 연료 사용)

③ UML 일반화 관계(Generalization)
- 객체지향(OOP)에서의 상속(Inheritance) 관계를 UML로 표현한 것이다.
- 상위 클래스(Super Class)의 속성과 기능(메서드)을 하위 클래스(Sub Class)가 상속받아 재사용하는 관계이다.
- 'is-a 관계'(A는 B의 일종이다)를 표현한다.
- UML에서는 실선 + 속이 빈 삼각형 화살표(▷)로 표시한다.
- 예 식기세척기, 세탁기, 로봇청소기는 모두 '가전제품의 한 종류' → '식기세척기 is a 가전제품'

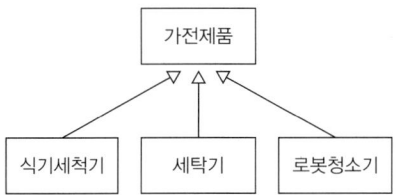

> **기적의 TIP**
> 일반화 관계는 상속을 의미하며, 하위 클래스는 상위 클래스의 속성과 기능을 물려받습니다.

④ UML 집합 관계(Aggregation)
- 전체(Whole)와 부분(Part) 간의 관계를 나타낸다.
- 전체가 부분을 포함하긴 하지만, 부분 객체는 전체 객체와 독립적으로 존재할 수 있다.
- 약한 포함 관계(Weak Whole-Part Relationship)이다.
- UML에서는 빈 마름모(◇)로 표시한다.
- 예 "학교"는 전체(Whole), "학생"와 "교사"는 부분(Part)이다. 학생이나 교사는 학교가 없어져도 독립적으로 존재 가능하다.

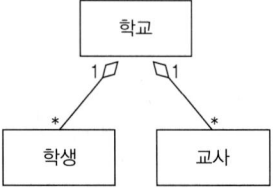

⑤ UML 포함 관계(Composition)
- 부분(Part) 객체가 전체(Whole) 객체에 완전히 속하는 강한 포함 관계이다.
- 부분 객체는 전체 객체에 생명주기를 종속하며, 전체가 사라지면 부분도 함께 소멸된다.
- UML에서 채워진 마름모(◆)로 표현한다.
- 예 "책상은 상판과 다리로 구성된다." 즉, 책상이 없어지면 상판과 다리도 존재할 수 없다.

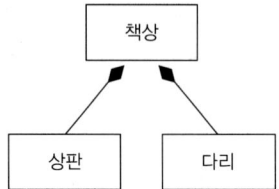

⑥ UML 실체화 관계(Realization)
- 인터페이스(Interface)와 이를 실제 구현한 클래스(Class) 간의 관계를 표현한다.
- '행동에 대한 구현 관계'를 나타낸다.
- 인터페이스에서 정의된 오퍼레이션(행동 규약)을 클래스가 구체적으로 구현(Implement)하는 것을 의미한다.
- UML에서는 점선 + 속이 빈 삼각형 화살표(▷)로 표시한다.
- 예 "날다"는 '날 수 있는' 기능을 정의한 인터페이스이고, "나비", "비행기", "드론"은 각각 그 기능을 구체적으로 실현하는 클래스이다.

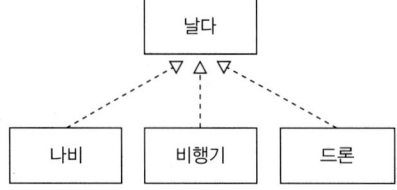

이론을 확인하는 기출문제

01 다음 중 구조 다이어그램(Structural Diagram)에 대한 설명으로 옳은 것은?

① 시스템의 시간적 흐름과 객체 간 메시지 교환을 표현한다.
② 시스템의 정적인 구조와 구성요소 간의 관계를 시각적으로 표현한다.
③ 사용자의 요구사항을 기능 단위로 표현하여 시스템의 범위를 정의한다.
④ 객체 간 상호작용의 순서를 시간의 흐름에 따라 나타낸다.

구조 다이어그램은 시스템의 정적 구조를 표현하며, 구성요소 간의 관계(relationship)를 시각화한다.

02 다음 중 클래스 다이어그램(Class Diagram)에서 사용되는 요소와 그 설명의 연결이 올바른 것은?

① 속성(Attribute) – 클래스가 수행할 기능 정의
② 오퍼레이션(Operation) – 클래스의 이름 표시
③ 접근 제어자(Access Modifier) – 속성의 접근 범위 지정
④ 리턴 타입(Return Type) – 매개변수의 자료형을 의미

접근 제어자는 속성이나 메서드의 접근 범위를 지정하며 +public, -private, #protected, ~package 등으로 표시한다.

오답 피하기
- 속성 : 클래스의 상태나 특징을 나타내는 변수
- 오퍼레이션 : 클래스가 수행할 기능(메서드)
- 리턴 타입 : 메소드(오퍼레이션) 실행 후 반환되는 값의 자료형

03 다음 중 유스케이스 다이어그램(Use Case Diagram)의 관계 유형이 잘못 연결된 것은?

① 연관 관계(Association) – 액터와 유스케이스 간 상호 작용
② 포함 관계(Include) – 하나의 유스케이스가 다른 유스케이스를 포함
③ 확장 관계(Extend) – 여러 유스케이스에서 공통 기능을 공유
④ 일반화 관계(Generalization) – 유사한 유스케이스를 그룹화

공통 기능 공유는 포함 관계(Include)에 해당하며, 확장 관계(Extend)는 특정 조건에서 추가 기능이 수행될 때 사용된다.

04 다음 중 UML 관계에 대한 설명으로 옳지 않은 것은?

① 연관 관계 : 한 클래스의 객체가 다른 클래스 객체와 연결됨
② 의존 관계 : 한 객체의 변경이 다른 객체에 영향을 미침
③ 집합 관계 : 부분 객체는 전체 객체와 생명주기를 공유함
④ 실체화 관계 : 인터페이스와 실제 구현 클래스 간의 관계

집합 관계는 약한 포함 관계로, 부분 객체는 전체와 생명주기를 공유하지 않는다.

오답 피하기
생명주기를 공유하는 관계는 포함 관계이다.

05 다음 중 UML 관계 유형과 예시의 연결이 올바르지 않은 것은?

① 일반화 관계 : 가전제품 → 세탁기
② 포함 관계 : 책상 → 다리
③ 집합 관계 : 학교 → 학생
④ 실체화 관계 : 비행기 → 로봇청소기

비행기와 로봇청소기는 서로 다른 클래스 간의 상속이다.

PART 03

테스트 및 배포

파트 소개

소프트웨어는 개발이 끝나더라도 철저한 테스트와 성능 개선, 품질 관리 과정을 거쳐야 비로소 안정적으로 사용자에게 제공될 수 있습니다. 이 파트에서는 형상 관리와 버전 관리 등 협업 기반 통합 구현, 테스트 관리 및 다양한 기법, 성능 개선과 결함 관리, UI 설계 원칙, 소프트웨어 배포와 품질 관리 전 과정을 학습합니다. 시험에서는 V-모델, 테스트 기법, 결함 관리, UI 지침, 품질 관리 등에서 높은 출제 빈도를 보이며 실무와도 밀접하게 연관됩니다.

CHAPTER

01

통합 구현

학습 방향

모듈을 통합해 하나의 시스템으로 완성하는 과정을 다룹니다. 형상 관리, 버전 관리 개념과 Git · SVN 같은 도구는 시험 단골이므로 명령어와 개념을 반드시 익혀야 합니다. Git/SVN 명령어는 표로 정리하고, 형상 관리 개념은 시험에서 용어 정의 문제로 자주 나오므로 반드시 알아 두세요.

출제 빈도

SECTION 01	중	30%
SECTION 02	상	40%
SECTION 03	상	30%

SECTION 01 통합 구현

출제빈도 상 중 하
반복학습 1 2 3

빈출 태그 단위 모듈 · 모듈화 · 분할과 정복 · 정보은닉 · 자료 추상화 · IDE · 빌드 자동화

> **기적의 TIP**
> 통합 구현은 단위 모듈을 통합하는 과정에 사용되는 통합 개발 환경과 빌드 자동화 도구에 관한 내용을 학습합니다. 빈출 태그와 기출 표기를 통해 중요 내용을 정리하세요.

01 단위 모듈

1) 개념
- 소프트웨어 구현에 필요한 다양한 동작 중 한 가지 동작을 수행하는 기능을 모듈로 구현한 것을 의미한다.
- 사용자 또는 다른 모듈로부터 값을 전달받아 시작되는 작은 프로그램이다.
- 독립적인 컴파일이 가능하며, 다른 모듈에 호출되거나 삽입될 수 있다.
- 단위 모듈들은 독립적으로 구현되지만, 필요에 따라 결합하여 상위 기능이나 복합 기능을 구성할 수 있다.
- 종류 : 화면, DB 접근, 인터페이스, 비즈니스 트랜잭션, 데이터 암호화 등

2) 단위 모듈 구현 과정

① 단위 기능 명세서* 작성
- 복잡한 시스템을 단순하게 구현하기 위한 추상화 작업이 필요하다.
- 대형 시스템을 분해하여 단위 기능별로 구분하고, 각 기능들을 계층적으로 구성하는 구조화 과정을 거친다.
- 모듈의 독립적인 운용과 한 모듈 내의 정보가 다른 모듈에 영향을 주지 않도록 정보은닉의 원리를 고려한다.

② 입·출력 기능 구현
- 단위 기능 명세서에서 정의한 데이터 형식에 따라 입·출력 기능을 위한 알고리즘 및 데이터를 구현한다.
- 단위 모듈 간의 연동 또는 통신을 위한 입·출력 데이터를 구현한다.
- 입·출력 기능 구현 시 사용자 인터페이스인 CLI*, GUI*와의 연동을 고려한다.

③ 알고리즘 구현
- 입·출력 데이터를 바탕으로 단위 기능별 요구사항들을 구현 가능한 언어를 이용하여 모듈로 구현한다.
- 구현된 단위 기능들이 사용자의 요구와 일치하는지 확인하는 과정이 필요하다.

★ 단위 기능 명세서
설계 과정에서 작성하는 기능 및 코드 명세서나 설계 지침과 같이 단위 기능을 명세화한 문서들이다.

★ CLI
텍스트 기반 인터페이스이며, 키보드를 통해 명령어를 입력하여 컴퓨터와 상호작용한다.

★ GUI
그래픽 기반 인터페이스이며, 마우스를 통해 메뉴, 버튼, 아이콘 등의 그래픽 요소를 클릭하여 컴퓨터와 상호작용한다.

02 모듈화

1) 개념
- 소프트웨어의 성능을 향상시키거나 시스템의 수정 및 재사용, 유지 관리 등을 위해 시스템의 기능들을 모듈 단위로 분해하는 것을 의미한다.
- 소프트웨어 개발에 있어 기능을 나누고 추상화하여 소프트웨어의 성능을 향상시키고 유지보수를 효과적으로 구현하기 위한 기법이다.

2) 구현 원리

① 분할과 정복(Divide & Conquer)
- 복잡한 문제를 분해, 모듈 단위로 문제를 해결한다.
- 소프트웨어를 모듈화하여 각 모듈을 분할과 정복 방식으로 개발하면, 각 모듈을 독립적으로 테스트하고 디버깅할 수 있으므로 전체 소프트웨어 개발 프로세스를 단순화하고 개발 시간을 단축할 수 있다.
- 절차

Divide	큰 문제를 작은 부분 문제로 나누는 단계	• 문제를 나누는 기준을 설정한다. • 문제를 나눌 때, 부분 문제들의 크기는 서로 균등하게 분배되도록 한다. • 분할된 부분 문제들은 각각 독립적으로 해결된다.
Conquer	각각의 작은 부분 문제를 해결하는 단계	• 분할된 부분 문제들은 각각 해결하는 방법을 찾는다. • 해결 방법은 부분 문제의 크기와 성격에 따라 다르지만, 보통 재귀적인 방식으로 구현된다.
Combine	작은 부분 문제를 결합하여 전체 문제를 해결하는 단계	• 해결된 작은 부분 문제들을 결합하여 전체 문제를 해결한다. • 해결 방법은 문제의 성격과 해결 방법에 따라 다르다. • Merge, Join 등의 방법을 사용하여 결합한다.

② 정보은닉(Information Hiding)
- 어렵거나 변경 가능성이 있는 모듈을 타 모듈로부터 은폐시킨다.
- 소프트웨어 시스템의 유지보수와 확장성을 개선하는 데 도움이 된다.
- 모듈 간 인터페이스가 일관되게 유지되면, 새로운 모듈을 추가하거나 기존 모듈을 변경하더라도 시스템 전체에 영향을 미치지 않도록 할 수 있다.

③ 자료 추상화(Data Abstraction)
- 함수 내에 자료구조의 표현 명세를 은폐, 자료와 자료에 적용할 수 있는 오퍼레이션을 함께 정의한다.
- 데이터 추상화의 핵심은 사용자가 데이터를 다루는 데 필요한 최소한의 정보만을 드러내는 것이다.
- 사용자는 데이터를 쉽게 다룰 수 있으며, 데이터의 내부 구현에 대해 신경을 쓰지 않아도 된다. 따라서, 데이터 추상화는 소프트웨어의 유지보수 및 확장성을 높이는 데에 큰 도움이 된다.

- 절차
    - 추상화된 데이터 타입을 식별하고 정의한다.
    - 데이터 타입에 필요한 연산을 식별하고 정의한다.
    - 데이터 타입에 필요한 연산이 구현되어 있는지 검증한다.
    - 데이터 타입이 다른 모듈에서 사용될 경우, 인터페이스를 제공하여 구현의 세부 정보를 숨긴다.
    - 추상화된 데이터 타입을 사용하여 다른 모듈을 작성한다.

> **더 알기 TIP**
>
> **추상화의 예**
>
> 은행 시스템에서 계좌(Account)라는 개념을 추상화한다고 가정할 때, 사용자는 계좌에 대한 정보를 입력하거나 조회할 수 있지만, 계좌의 내부 구현 방식에 대한 세부 정보는 숨김으로써 보호된다. 사용자는 계좌에 대한 추상적인 개념만 이해하면 되므로, 계좌에 대한 다양한 기능을 쉽게 사용할 수 있다.

④ 모듈의 독립성(Module Independence)
- 낮은 결합도, 높은 응집도를 갖도록 한다.
- 소프트웨어의 유지보수와 확장성을 개선하는 데에 큰 도움이 된다.
- 모듈이 다른 모듈에 의존하는 경우에는 하나의 모듈이 변경되면 다른 모듈도 영향을 받을 수 있으므로, 모듈 간 상호 작용을 최소화하는 것이 중요하다.

3) 단위 모듈 테스트

- 프로그램의 단위 기능을 구현하는 모듈이 정해진 기능을 정확히 수행하는지 검증하는 것이다.
- 모듈을 단독적으로 실행할 수 있는 환경과 테스트에 필요한 데이터가 모두 준비되어 있어야 한다.
- 테스트 기법

> **기적의 TIP**
>
> 단위 모듈 테스트는 단위 모듈에 대한 코드를 테스트하기 때문에 시스템 수준의 오류는 발견할 수 없다는 점에 유의하세요.

화이트박스 테스트 (White Box Test)	• 소프트웨어 또는 컴포넌트 등의 로직에 대한 수행을 테스트하기 위한 기법 • 응용 프로그램의 내부 구조, 동작을 디테일하게 검사하는 방식 • 소스코드의 논리적인 경로 테스트 • 개발자 관점의 단위 테스팅 기법
블랙박스 테스트 (Black Box Test)	• 사용자가 소프트웨어 또는 제품에 대한 요구사항과 결과물이 일치하는지 확인하기 위한 테스트 기법 • 소프트웨어의 내부 구조나 작동 원리를 모르는 상태에서 동작을 검사하는 방식 • 해당 기능의 작동 여부 테스트 • 사용자 관점의 테스팅 기법

4) 구현 단계의 작업 절차

코딩 계획 ⇨ 코딩 ⇨ 컴파일 ⇨ 코드 테스트

03 통합 개발 환경(IDE, Integrated Development Environment)

1) 개념
- C++, Java 등의 언어를 이용한 소프트웨어 개발 단계에서 패키지 인크루딩, 소스코드 편집, 컴파일, 디버깅, 바이너리 배포 등 모든 작업을 통합 지원한다.
- 편집기, 컴파일러, 디버거 등의 다양한 도구를 하나의 인터페이스로 통합하여 제공한다.
- 오류 체크를 시각화하여 확인 및 수정을 쉽도록 지원한다.
- 컴파일에 필요한 외부 추가 기능을 연계하여 개발의 편의성을 높였다.

2) 종류

① 이클립스(Eclipse)
- Java 기반의 개발도구로, 다양한 플러그인을 지원하여 다양한 언어와 프레임워크를 사용할 수 있다.
- 오픈소스 기반으로 무료로 사용할 수 있다.
- 자동 완성 기능이 뛰어나며 디버깅, 테스트, 빌드 등의 기능을 지원한다.

② 비주얼 스튜디오(Visual Studio)
- 마이크로소프트에서 개발한 개발도구로, C++, C#, .NET 등의 언어와 프레임워크를 지원한다.
- 코드 작성 및 디버깅을 비롯하여 빌드, 테스트, 배포까지 다양한 기능을 제공한다.
- 강력한 코드 편집기와 자동 완성 기능을 제공하며, IntelliSense라는 기능을 통해 코드 작성 시 적절한 선택지를 제안해주어 개발 생산성이 높다.
- Azure Cloud 서비스와 연동하여 클라우드 개발 및 배포를 지원하며, Git을 포함한 다양한 소스코드 버전 관리 도구와 연동하여 협업 개발에 적합하다.

더 알기 TIP

Azure Cloud
- 마이크로소프트에서 제공하는 클라우드 컴퓨팅 플랫폼이다.
- 인프라, 플랫폼, 애플리케이션 서비스 및 데이터를 클라우드에서 실행하고 관리한다.
- 가상 머신, 데이터베이스, 스토리지, 인공지능, 분석 등 다양한 서비스를 제공하여 사용자가 필요로 하는 다양한 요구사항에 대응할 수 있다.
- 마이크로소프트 제품과 서비스와 연동이 잘 되어 있어 사용하기 편리하다.

③ Xcode
- 애플에서 개발한 개발도구로, iOS 및 macOS 애플리케이션 개발에 사용된다.
- Objective-C, Swift 등의 언어를 지원하며, 인터페이스 빌더(Interface Builder)를 통해 GUI 개발을 할 수 있다.
- 시뮬레이터를 제공하여 디버깅 및 테스트를 할 수 있다.
- 무료로 사용할 수 있다.

④ 안드로이드 스튜디오(Android Studio)
- 안드로이드 애플리케이션 개발에 특화된 개발도구로, Java 및 Kotlin 언어를 지원한다.
- 안드로이드 SDK 및 NDK를 지원하여 UI 디자인, 디버깅, 테스트, 빌드, 배포 등의 작업을 수행할 수 있다.
- 안드로이드 에뮬레이터를 제공하여 디바이스 없이도 테스트할 수 있다.
- 편리한 사용자 인터페이스를 제공한다.

⑤ IntelliJ IDEA
- Java 및 다양한 언어를 지원하는 개발도구로, 안드로이드 스튜디오의 기반이 되었다.
- 코드 작성, 디버깅, 테스트, 빌드, 배포 등의 작업을 지원하며, 다양한 플러그인을 지원하여 다양한 언어와 프레임워크를 사용할 수 있다.
- Java, Kotlin, Scala 등의 JVM 기반 언어를 지원한다.
- 안드로이드 애플리케이션 개발도 가능하다.

⑥ PyCharm
- JetBrains에서 개발한 파이썬(Python) 전용 통합 개발 환경(IDE)으로, 코드 작성, 디버깅, 테스트, 패키지 관리, 배포 등을 지원한다.
- 코드 자동 완성, 구문 하이라이팅, 코드 리팩토링, 실시간 오류 검사, 코드 스타일 분석 등의 기능이 제공되어 생산성을 높인다.

⑦ Atom
- 오픈소스 기반의 텍스트 에디터로, 다양한 언어와 프레임워크를 지원한다.
- 플러그인을 통해 기능을 확장할 수 있으며, Git과 연동할 수 있다.

> **기적의 TIP**
>
> 라이선스 종류
> - 무료 버전 : Community Edition
> - 유료 버전 : Ultimate Edition
> - 대규모 프로젝트 : Ultimate Edition

+ 더 알기 TIP

Xcode, Android Studio, PyCharm 비교

구분	Xcode	Android Studio	PyCharm
개발 언어	Swift, Objective-C	Java, Kotlin	Python
지원 플랫폼	macOS, iOS, iPadOS	Android, Chrome OS	Windows, macOS, Linux
디자인	Interface Builder 사용	Layout Editor 사용	GUI Designer 사용
디버깅	LLDB 디버거	Android Studio Debugger	디버거 사용
버전 관리	Git, Subversion	Git, Mercurial, Subversion	Git, Mercurial, Subversion
플러그인	Xcode 확장 프로그램 사용	플러그인 사용 가능	다양한 플러그인 제공
기능	앱 개발, 웹 개발, 게임 개발, AR/VR 개발 등	앱 개발, 게임 개발, IoT 개발 등	웹 개발, 데이터 분석, 과학 계산 등
가격	무료	무료	커뮤니티 버전 무료, 전문가 버전 구매 가능

3) 구성 요소

소스코드 편집기 (Editor)	시각적 신호를 활용한 구문(Syntax) 강조와 같은 기능을 포함하여 소프트웨어 코드를 작성하도록 돕는 텍스트 편집기로서, 언어별 자동 완성 기능과 코드 작성 중 버그 검사를 제공한다.
컴파일러(Compiler), 로컬 빌드 자동화	텍스트 편집기 내에서 생성된 고급 소스코드를 디지털 컴퓨터의 중앙 처리 장치(CPU)가 이해할 수 있는 일련의 기계어 명령으로 변환한다.
디버거(Debugger)	소스코드에서 오류를 찾고 애플리케이션 성능 및 기능을 테스트하는 데 도움이 되도록 설계되었다.

4) IDE 도구의 기능

개발 환경 지원	프로그래밍 언어를 가지고 컴퓨터 프로그램을 작성할 수 있는 환경 제공
컴파일(Compile)	문법에 어긋나는지 확인하고 기계어로 변환하는 기능 제공
디버깅(Debugging)	프로그래밍 과정에 발생하는 오류 및 비정상적인 연산 제거
외부 연계	외부 형상, 배포 관리 기능과 연계되어 자동 배포 등 가능
DB 연동	JDBC★, ODBC★ 등을 통한 데이터베이스 연동
배포(Deployment)	소프트웨어를 최종 사용자에게 전달하기 위한 기능

★ JDBC(Java DataBase Connectivity)
- Java 언어 안에서 데이터베이스를 연결해주는 프로그램이다.
- Java에서 SQL을 실행하기 위한 Java API(Application Programming Interface)이다.

★ ODBC(Open DataBase Connectivity)
- Microsoft에서 데이터베이스를 연결해주는 표준 프로그램이다.
- ODBC에서 정해준 순서로 사용하면 어떠한 데이터베이스 관리 시스템을 사용하더라도 연결할 수 있다.

04 빌드 자동화 도구

1) 개념

- 소스코드 컴파일 후 다수의 연관된 모듈을 묶어 실행 파일로 만든다.
- 소프트웨어 개발자가 반복 작업해야 하는 코딩을 잘 짜여진 프로세스를 통해 자동으로 실행하여, 신뢰성 있는 결과물을 생산해 낼 수 있는 작업 방식 및 방법이다.
- 소스코드 컴파일, 테스트, 분석 등을 실시하여 실행할 수 있는 애플리케이션으로 자동 생성하는 프로그램이다.
- 지속해서 증가하는 라이브러리의 자동 추가 및 관리(전처리★, Preprocessing)를 지원한다.
- 컴파일 전 코드 내 주석을 제거하거나 외부 라이브러리를 탑재하는 등의 컴파일 준비 과정이다.
- 최근에는 오픈소스인 Gradle이 등장했으며, 구글이 안드로이드의 기본 빌드 시스템으로 Gradle을 선택하면서 사용자가 급증하였다.
- 기능 : 코드 컴파일, 컴포넌트 패키징, 파일 조작, 개발 테스트 실행, 버전 관리 도구 통합, 문서 생성, 배포 기능, 코드 품질 분석
- 프로세스 : 컴파일 → 패키징 → 단위 테스트 → 정적 분석 → 리포팅 → 배포 → 최종 빌드

★ 전처리
소스코드를 컴파일하기 전에 수행되는 처리 과정으로, 주석 제거, 매크로 치환, 외부 라이브러리 삽입(include), 조건부 컴파일 등의 작업을 수행하여 컴파일러가 해석할 수 있는 최종 소스 형태로 변환하는 단계이다.

2) 종류

① Ant

- 아파치 소프트웨어 재단에서 개발한 Java의 공식적인 빌드 도구로, XML 기반 빌드 스크립트를 사용한다.
- 정해진 규칙이 없고, 절차적이다(명확한 빌드 절차 정의가 필요).
- 생명주기를 갖지 않아 각 Target에 대한 의존 관계와 작업을 정의해 주어야 한다.
- 유연성이 높으나 프로젝트가 복잡해지는 경우 Build 과정의 이해가 어려워진다.
- XML, Remote Repository를 가져올 수 없고 스크립트의 재사용이 어렵다.

> **더 알기 TIP**
>
> **Repository**
> - 파일의 현재 버전과 변경 이력 정보를 저장하는 저장소이다.
> - 인증받은 컴포넌트를 등록하는 저장소로 손쉽게 컴포넌트를 이용할 수 있다.
> - 저장소는 컴포넌트의 최신 버전을 유지하고 있으며, 컴포넌트의 버전별 상태도 유지하고 관리함으로써 사용자가 컴포넌트 이용을 쉽게 한다.

② Maven

- 프로젝트에 필요한 모든 종속성(Dependency)을 리스트의 형태로 Maven에 알려서 종속성을 관리한다.
- XML 기반의 프로젝트 관리 도구로 빌드, 배포, 문서화 등의 작업을 자동화할 수 있다.
- 중앙 저장소를 이용하여 의존성 관리를 효율적으로 할 수 있다.
- 사용성이 좋지만 맞춤화된 로직 실행이 어렵다.
- 'Jar', 'Class Path'를 선언만 하면 직접 내려받을 필요가 없이 Repository에서 필요한 파일을 불러오므로 계층적인 데이터를 표현하기에는 좋지만, 흐름이나 조건부 상황을 표현하기 어렵다.

③ Gradle

- Maven처럼 Groovy★를 기반으로 제작된 DSL★을 스크립트 언어로 사용하는 오픈소스 형태의 자동화 도구이다.
- 안드로이드 앱 개발 환경에서 사용된다.
- JVM 기반의 빌드 도구이며, Ant와 Maven의 단점을 보완한 오픈소스 기반의 Build 자동화 도구로 프로젝트 시작 시 설정에 드는 시간을 절약할 수 있다.
- 한스 도커(Hans Dockter)를 중심으로 6인의 개발자가 공동 개발하였다.
- if, else, for 등의 로직 구현이 가능하고, XML을 사용하지 않아 간결하고 빠른 성능을 제공한다.
- 유연성과 확장성을 제공하며 하나의 Repository 내에 멀티 프로젝트를 구성할 수 있다.

★ Groovy
Java를 기반으로 Python, 루비, 스몰토크 등의 특징을 더한 동적 객체지향 프로그래밍 언어

★ DSL(Domain Specific Language)
웹 페이지에 사용되는 HTML과 같이 특정한 도메인에 특화된 언어

④ Jenkins
- Java 기반의 오픈소스 형태의 빌드 자동화 도구로 쉽게 설치할 수 있다.
- 서버 기반의 도구로서 클라이언트의 요청을 처리하기 위해 서버에서 실행되는 서블릿 실행과 생명주기를 관리하는 서블릿* 컨테이너에서 실행된다.
- Web UI를 지원하고 SVN, Git 등의 대부분 형상 관리 도구와 연동할 수 있다.

★ 서블릿
작은 프로그램

⑤ Makefile
- 여러 파일을 한 번에 빌드하는 등 복잡한 빌드 과정을 자동화할 수 있는 강력한 도구이다.
- 빠른 빌드와 일관성 있는 실행 파일 생성이 가능하며, Makefile의 유지보수도 쉽게 할 수 있다.

➕ 더 알기 TIP

개발 환경 인프라 구성 방식
- 온프레미스(On-Premise) 방식 : 외부 인터넷망이 차단된 상태에서 인트라넷 망만을 활용하여 개발 환경을 구축하는 방식이다.
- 클라우드(Cloud) 방식 : 클라우드 공급 서비스를 제공하는 회사들(아마존, 구글, MS 등)의 서비스를 임대하여 개발 환경을 구축하는 방식이다.
- 하이브리드(Hybrid) 방식 : 온프레미스와 클라우드 방식을 혼용한 방식이다.

3) 클라우드 서비스
- 인터넷을 통해 컴퓨팅 자원을 필요한 만큼 빌려 쓰는 방식이다.
- 집이나 회사에 직접 장비를 사서 설치·운영하지 않고, 클라우드 제공사가 대신 운영해 주고 사용자는 사용한 만큼 비용을 지불한다.
- IaaS, PaaS, SaaS, FaaS로 구분된다.

IaaS	VM, 스토리지 같은 인프라 제공(AWS EC2)
PaaS	개발·실행·테스트 환경 제공(Heroku, Google App Engine)
SaaS	애플리케이션을 서비스 형태로 제공(Gmail, Office 365)
FaaS	이벤트 기반 서버리스 함수 실행 모델

➕ 더 알기 TIP

컨테이너
- 애플리케이션과 그 실행에 필요한 모든 파일(코드, 런타임, 시스템 도구, 라이브러리 등)을 하나로 묶어 표준화된 패키지로 만든 경량화된 가상화 기술이다.
- 가상머신(VM)은 운영체제를 통째로 가상화하지만, 컨테이너는 가볍고 빠르다.

이론을 확인하는 기출문제

01 단위 모듈(Unit Module)의 특징으로 옳지 않은 것은?

① 한 가지 동작을 수행하는 기능을 모듈로 구현한다.
② 사용자나 다른 모듈의 입력으로 시작된다.
③ 다른 모듈에서 호출·삽입될 수 있다.
④ 독립적으로 컴파일할 수 없다.

> 단위 모듈은 한 가지 기능을 수행하며, 독립적으로 컴파일 및 호출/삽입이 가능하다.

02 모듈의 독립성(Module Independence)의 목표로 옳은 것은?

① 높은 결합도, 낮은 응집도
② 낮은 결합도, 높은 응집도
③ 결합도나 응집도와 무관
④ 모듈 간 상호작용 최대화

> 모듈 독립성의 핵심은 낮은 결합도와 높은 응집도이다. 이는 변화에 따른 영향 최소화와 유지보수성 향상으로 이어진다.

03 분할과 정복(Divide & Conquer)의 올바른 단계 순서는?

① Conquer → Divide → Combine
② Divide → Conquer → Combine
③ Combine → Divide → Conquer
④ Divide → Combine → Conquer

> 분할과 정복의 순서는 Divide(분할) → Conquer(정복) → Combine(결합)이다. 각각 분해·개별 해결·결합 단계로 진행된다.

04 iOS 및 macOS 애플리케이션 개발에 특화된 IDE는?

① Eclipse
② Visual Studio
③ Xcode
④ IntelliJ IDEA

> Xcode는 애플이 제공하는 iOS/macOS 전용 IDE이다.

05 빌드 자동화 도구에 대한 설명으로 옳은 것은?

① Ant는 중앙 저장소 기반 의존성 관리를 제공한다.
② Maven은 Convention over Configuration과 중앙 저장소 기반 의존성 관리를 제공한다.
③ Gradle은 XML 스크립트만 사용한다.
④ Jenkins는 로컬 IDE로 클라이언트에서만 실행된다.

> **오답 피하기**
> - ① Ant : XML 기반 빌드 스크립트를 사용하지만, 중앙 저장소 의존성 관리 기능은 없다.
> - ③ Gradle : Groovy 기반 DSL을 사용하며 XML을 쓰지 않는다.
> - ④ Jenkins : 서버 기반 CI 도구이며, 클라이언트 IDE가 아니라 웹 UI를 통한 자동화 플랫폼이다.

06 다음 중 도구와 특징의 연결이 옳지 않은 것은?

① Gradle — Groovy 기반 DSL, Android 빌드에 사용
② Jenkins — 서버 기반 CI, Web UI·형상관리 연동
③ Makefile — 분산 빌드 서비스, GitHub 연동
④ TeamCity — JetBrains의 CI/CD 도구

> Makefile은 규칙에 따라 빌드를 자동화하는 스크립트 도구이다.
> **오답 피하기**
> 분산 빌드 서비스, GitHub 연동은 Travis CI의 특징이다.

정답 01 ④ 02 ② 03 ② 04 ③ 05 ② 06 ③

SECTION 02 형상 관리

출제빈도 상 중 하
반복학습 1 2 3

빈출태그 형상 관리 • 형상 항목 • 형상 통제 위원회 • 베이스라인 • 형상 절차

01 형상 관리

1) 개념
- 개발 단계에 생성되는 모든 문서, 코드 등 소프트웨어의 변경 사항을 체계적으로 관리하기 위하여 추적하고 통제하는 것이다.
- 작업 산출물을 형상 항목(Configuration Item)이라는 형태로 선정하고, 형상 항목 간의 변경 사항 추적과 통제 정책을 수립하고 관리한다.
- 요구사항 변경 또는 오류로 지속해서 변화하는 자료이며, 이러한 변화의 이력을 관리하여 유지보수성을 향상할 수 있다.
- 소프트웨어는 물리적 산출물이 없어 가시성*이 부족하므로, 형상 관리를 통해 개발 산출물의 변경 내역과 상태를 체계적으로 관리하고, 개발 과정의 가시성을 확보한다.
- 단순 버전 관리 기반의 소프트웨어 운용을 좀 더 포괄적인 학술 분야의 형태로 넓히는 근간을 의미한다.

2) 형상 관리 항목
- 개발 프로세스에서 생산되거나 사용되는 작업 산출물, 작업 산출물들의 집합체를 의미한다.
- 대표적인 소프트웨어 형상 항목
  - 프로젝트 요구 분석서
  - 운영 및 설치 지침서
  - 요구사항 명세서
  - 설계/인터페이스 명세서
  - 테스트 설계서
  - 소프트웨어 품질보증
  - 형상 관리, V&V* 계획서와 같은 계획서
  - 코드 모듈(소스와 오브젝트 전체)
  - 소스코드, 테스트 코드 등

> **기적의 TIP**
>
> 형상 관리는 개발 단계에 생성되는 모든 문서와 코드 등 소프트웨어에 관한 자료의 관리를 의미합니다. 이런 자료의 체계적 관리는 결과적으로 좋은 소프트웨어의 근간이 됩니다. 형상 관리의 개념, 관리 항목, 도구, 절차 등 출제된 내용이 반복 출제되니 기출되었던 문제들을 함께 확인하세요.

★ 가시성
눈에 띄는 정도를 말하며, 가시성이 결핍되면 소프트웨어의 계획, 분석, 개발, 테스트 등의 전체적인 흐름을 파악할 수 없게 된다.

★ V&V
확인 및 검증(Verification & Validation)

3) 필요성

- 이미 수정된 오류가 갑자기 다시 나타나거나, 사용하던 문서나 코드가 갑자기 사라지거나 찾을 수 없는 경우가 발생할 수 있다.
- 형상 관리가 없으면 원시 코드와 실행 코드의 버전이 일치하지 않아 오류 추적과 유지보수가 어렵다.
- 요구사항이 자주 변경되고, 변경이 어떤 결과를 가져올지 예측할 수 없다.
- 무엇을 변경해야 할지 막연하고, 따라서 변경에 대한 노력을 예측할 수 없다.
- 분산된 지역에서 소프트웨어를 병렬적으로 개발하기 어렵다.
- 제품 납기일을 맞추기가 어렵고, 프로젝트가 계획대로 잘 진행되고 있는지 알 수 없다.

4) 효과

관리적 효과	• 표준 확립으로 전사적 IT 자원 관리가 편리해지므로, 기간별/팀별/업무별 산출물 현황 및 변경 이력 통계를 파악할 수 있다. • 제품 개발 관련 산출물이 자동 생성되고 관리된다. • 개발/유지보수 활동을 통합 관리할 수 있다. • 변경 프로세스의 체계를 확립하고, 외주 개발 통제 및 현황 파악에 도움이 된다.
품질 향상 효과	• 산출물 버전 관리를 자동으로 생성 관리할 수 있어 결함 및 오류가 감소한다. • 변경 프로그램의 이력 관리를 통하여 문제 파악 및 버그 수정이 쉬워지고, 변경 내용의 영향 분석이 쉬워진다.

5) 형상 관리 도구

- 소프트웨어 개발 생명주기 전반에 걸쳐 생성되는 소스코드와 문서 등과 같은 산출물의 종합 및 변경 과정을 체계적으로 관리하고 유지하는 일련의 개발 관리 활동이다.
- 소프트웨어에 가시성과 추적 가능성을 부여하여 제품의 품질과 안전성을 높인다.
- 형상 식별, 형상 통제, 형상 상태 보고, 형상 감사를 통하여 변경 사항을 관리한다.
- 이전 리비전이나 버전에 대한 정보에 접근할 수 있어 배포본 관리에 유용하다.
- 불필요한 사용자의 소스 수정을 제한할 수 있다.
- 같은 프로젝트에 대해 여러 개발자가 동시 개발이 가능하다.

6) 형상 관리 담당자

- 프로젝트 팀원 중 프로젝트 전체 흐름을 볼 수 있는 중간 개발자 이상의 인원 중 선정한다.
- 규모가 작은 프로젝트에서는 겸직할 수 있다.
- 형상 관리 계획서에 따라 형상 관리 활동 수행하며, 형상 관리의 생성 및 유지하는 책임을 진다.
- 형상 관리 절차의 개발 및 문서화와 베이스라인의 확립 및 변화 관리를 한다.
- 수행 활동 : Kick-off Meeting 참석, 형상 관리 계획서 작성에 참여, 형상 항목 식별 및 관리, 주기적인 형상 상태 보고

7) 형상 통제 위원회(CCB, Configuration Control Board)

- 담당자는 형상 항목의 변경으로 영향을 받는 사람들로 구성한다(프로젝트 관리자, 형상 담당자, 품질 담당자, 기술 담당자 또는 고객 측 담당자 등).
- 변경 내용의 중요도에 따라 '1급 형상 통제 위원회'와 '2급 형상 통제 위원회'로 구성하기도 한다.
- 책임
  - 형상 항목의 변경을 수락 또는 거절하는 책임을 진다.
  - 형상 항목이 통제를 거쳐 변경되도록 한다.
- 역할
  - 형상 항목을 결정한다.
  - 베이스라인 수립 여부를 결정한다.
  - 승인된 변경에 대해 책임 및 보증한다.
  - 베이스라인의 변경 요청이 필요한 경우, 이에 대해 검토 및 승인한다.
  - 베이스라인 라이브러리에 산출물들의 완성을 승인한다.

> **기적의 TIP**
>
> **베이스라인(Baseline, 기준선)**
> - 소프트웨어 개발의 특정 시점에서 형상 항목이 소프트웨어 개발에 하나의 완전한 산출물로써 쓰여질 수 있는 상태의 집합을 의미한다.
> - 책임이 동반된 관리하에 선정되고 추후 개발의 기초가 되며, 오직 공식적인 변경 통제 절차에 의해서만 변경될 수 있는 대상이다. [IEEE 1024]

02 형상 관리 절차

1) 형상 식별(Configuration Identification)

- 형상 관리의 가장 기본이 되는 활동으로, 형상 관리 계획을 근거로 형상 관리의 대상이 무엇인지 식별하는 과정이다.
- 변경 추적성 부여와 대상 식별을 위해 ID와 관리번호를 할당한다.
- 형상 항목 대상 : 품질 관리 계획서, 품질 관리 매뉴얼, 요구사항 명세서, 설계/인터페이스 명세서, 테스트 설계서, 소스코드
- 형상 항목 선정 활동
  - 관리 방법이나 변경에 대한 통제 여부에 따라 산출물을 구분하고, 이 중 변경에 대한 통제가 필요한 산출물을 선정하는 활동을 의미한다.
  - 제품 개발 초기 단계에서 프로젝트 관리자가 형상 담당자나 형상 관리 대상이 되는 형상 항목을 선정한다.
- 형상 식별자 선정

| Project. ID | Doc. ID | Version. ID | Draft. ID |

  - 형상 항목에 유일한 이름과 번호를 정하고 버전을 부여하는 식별 체계를 의미한다.
  - 지정된 식별자는 산출물의 파일명으로 쓰이며, 일정한 법칙을 가지고 유지된다.
  - 파일명으로 문서의 종류와 버전을 쉽게 알 수 있는 장점이 있다.

> **기적의 TIP**
>
> 형상 관리는 최초 계획을 수립하고 형상 식별, 통제, 감사, 기록 및 보고와 같은 활동들과 같은 일련의 과정들을 거치게 됩니다.

2) 형상 통제(Configuration Control)

- 형상 통제 위원회 운영을 통하여 변경 통제가 이루어져야 한다.
- 요구사항 변경 요구를 관리하고, 변경 제어와 형상 관리 등의 통제를 지원하고, 기준선에 대한 관리 및 형상 통제를 수행한다.
- 시스템에 대한 변경 사항을 체계적으로 관리하고, 이를 통해 시스템의 안정성과 유지보수성을 높이는 데에 중요한 역할을 한다.
- 형상 통제 절차
  - 변경 요청 검토 : 변경 요청이 들어왔을 때, 해당 변경이 적절한지 검토하여 승인 여부를 결정한다.
  - 변경 사항 문서화 : 변경 사항이 승인되면, 변경 요청서를 작성하여 변경 사항을 문서화한다.
  - 변경 사항 추적 : 변경 사항이 문서로 만들어진 후에는 추적 시스템을 이용하여 변경 사항의 이력을 관리한다.
  - 변경 사항 테스트 : 변경 사항이 이루어진 후에는 변경 사항이 시스템에 영향을 미치지 않는지 테스트한다.
  - 변경 사항 승인 : 변경 사항이 모든 검토 및 테스트를 거쳤을 때, 변경 사항을 승인하여 형상 관리 시스템에 반영한다.
  - 변경 사항 문서화 및 배포 : 변경 사항이 승인되면, 변경 사항에 대한 문서화 작업과 배포 작업을 수행한다.

3) 형상 감사

- 기준선의 무결성 평가 단계로서 개발자, 유지보수 담당자가 아닌 제3자의 객관적인 확인 및 검증 과정을 통해 새로운 형상의 무결성을 확보하는 활동이다.
- 형상 감사 시 고려 사항
  - 명시된 변경이 정확하게 수정되었는가?
  - 기술 검토를 수행하였는가?
  - 개발 프로세스를 준수하였는가?
  - 변경 발생 시, 형상 관리 절차를 준수하였는가?
  - 변경에 대한 정보(변경일, 변경인, 변경 사항)를 기록하였는가?
- 기록/보고 항목
  - 승인된 형상 목록
  - 계획된 변경 상태
  - 승인된 변경의 구현 상태

➕ 더 알기 TIP

형상 관리 자동화 및 원시 코드 관리를 지원하는 도구
- Inter solve PVCS
- Source Safe
- Rational Clear Case

4) 형상 기록/보고

- 소프트웨어 개발 상태에 대한 보고서를 제공하는 단계로 기준선에 대한 변경과 처리 과정에서의 변경을 상태 보고에 모두 기록한다.
- 형상 상태 기록
  - 무슨 일이 있었는가?
  - 누가 수행했는가?
  - 언제 일어났는가?
  - 다른 것에 어떤 영향을 미쳤는가?
- 형상 상태 보고서
  - 형상 관리 계획서에서 정한 주기대로(분기를 넘지 않도록) 작성 및 제출한다.
  - 형상 담당자가 작성하고 상위 관리자에게 보고한다.
  - 주요 내용 : 베이스라인의 상태, 변경 제어 상태, 형상 통제위원회 활동 내역, 변경 요청의 상태 등

이론을 확인하는 기출문제

01 형상 관리의 주요 목적에 대한 설명으로 옳지 <u>않은</u> 것은?

① 소프트웨어 변경 사항을 추적하고 통제한다.
② 개발 산출물을 형상 항목으로 선정하여 관리한다.
③ 소프트웨어의 가시성을 낮추어 개발 과정 추적을 어렵게 한다.
④ 요구사항 변경과 오류 수정 이력을 관리하여 유지보수를 용이하게 한다.

형상 관리는 가시성을 높여 추적과 통제를 용이하게 하는 활동이다.

02 형상 통제 위원회(CCB)의 역할로 적절하지 <u>않은</u> 것은?

① 형상 항목 변경의 승인 여부 결정
② 베이스라인 수립 여부 결정
③ 승인된 변경에 대한 보증
④ 산출물의 코드 작성과 디버깅 직접 수행

CCB는 변경 승인과 검토를 담당하며, 코드 작성·디버깅은 개발자의 역할이다.

SECTION 03 버전 관리

출제빈도 상 중 하
반복학습 1 2 3

빈출 태그 형상관리 • 버전관리 • 변경관리 • 공유폴더 • 클라이언트/서버 • 분산저장소 • Git/SVN

> **기적의 TIP**
> 본 섹션에서는 버전 관리 도구의 관리 방식에 따른 분류와 종류, 주요 명령어가 출제됩니다. 출제 내용뿐 아니라 각 방식의 구분 방법, 도구의 종류별 특징, 명령어 등을 폭넓게 학습하세요.

> **기적의 TIP**
> 형상 관리는 버전 관리, 리비전 관리, 변경 관리, 빌드 관리, 이슈 관리 등을 모두 포함합니다.

01 버전 관리와 변경 관리

1) 버전 관리(Version Management)
- 과거부터 현재에 이르기까지 요구사항 등의 변화에 따라 다양한 형상 항목에 버전을 부여함으로써 이력을 관리하는 것이다.
- 버전을 통해 시간적인 변경 사항과 해당 작업 담당자를 추적할 수 있다.

2) 변경 관리(Change Management)
- 변경된 요구사항에 대하여, 비용 및 기간 등을 고려하고 타당성을 평가한다.
- 요구사항이 타당한 경우 제품 또는 산출물을 변경하고, 그렇지 않을 때 변경을 거부하는 활동이다.

> **더 알기 TIP**
>
> 형상 관리 ⊇ 버전 관리 ⊇ 변경 관리
>
> | | |
> |---|---|
> | 형상 관리 (Configuration Management) | • 버전 관리와 변경 관리의 개념을 포함한다.
• 프로젝트 진행 상황, 빌드와 릴리즈 퍼블리싱까지 모두 관리할 수 있는 통합 시스템이라고 할 수 있다. |
> | 버전 관리(Version Management) | • 변경 이력을 추적 관리하는 가장 좋은 방법이 버전으로 구분하는 것이다.
• 사소한 체크인과 체크아웃부터 릴리즈, 퍼블리싱의 과정을 버전으로 관리한다. |
> | 변경 관리(Change Management) | • 소스코드의 변경 상황을 관리한다.
• 문서의 변경 이력과 복원 등의 기능이 제공된다. |

02 버전 관리의 도구

1) 공유 폴더 방식
- 담당자 한 명이 공유 폴더 내 자료를 자신의 PC로 복사한 후 컴파일하여 이상 유무를 확인하고, 파일의 오류가 확인되면 해당 파일을 등록한 개발자에게 수정을 의뢰한다.
- 개발자들은 매일 완료된 파일을 공유 폴더에 복사하여 관리한다.

- 파일에 이상이 없다면 다음날 각 개발자가 동작 여부를 다시 확인한다.
- 파일의 변경 사항을 데이터베이스에 기록하여 관리한다.
- 종류 : SCCS(Source Code Control System), RCS(Revision Control System), PVCS(Polytron Version Control System), QVCS(Quma Version Control System)

2) 클라이언트/서버 방식
- 버전 관리 자료가 중앙 시스템(서버)에 저장되어 관리되는 방식이다.
- 서버의 자료를 개발자별로 자신의 PC(클라이언트)로 복사하여 작업 후 변경된 내용을 서버에 반영하고, 모든 버전 관리는 서버에서 수행하는 방식이다.
- 하나의 파일을 서로 다른 개발자가 작업할 경우 경고 메시지를 출력한다.
- 서버에 문제가 생기면, 서버가 복구되기 전까지 다른 개발자와의 협업 및 버전 관리 작업을 중단한다.
- 종류 : CVS, SVN(Subversion), CMVC, Perforce, CVSNT, Clear Case

더 알기 TIP

Perforce(P4D)
- 2014년 출시된 형상 관리 툴이며, 코드와 바이너리 파일의 변환을 추적하기 위해 제작되었다.
- Merge 속도가 빠르다.
- 히스토리 검색이 편리하다.
- 리비전 넘버링 인터페이스가 편리하다.
- 큰 리소스 관리에 좋다.
- 바이너리 파일 처리가 매우 빠르다.
- 파일명이 바뀌면 히스토리 추적이 곤란하다.
- CLI(Command Line Interface)가 상대적으로 약하다.

3) 분산 저장소 방식
- 버전 관리 자료가 원격 저장소와 지역 저장소에 함께 저장되어 관리된다.
- 지역 저장소에서 버전 관리가 가능하므로 원격 저장소에 문제가 생겨도 지역 저장소의 자료를 이용하여 작업할 수 있다.
- 개발자별로 원격 저장소의 자료를 각자의 지역 저장소로 복사하여 작업 후 변경 사항을 지역 저장소에서 우선 적용하여 지역 버전 관리가 가능하다.
- 작업 단위 파일을 수정한 다음에 지역 저장소에 먼저 커밋(Commit)한 이후, 다시 원격 저장소에 반영(Push)하는 방식이다.
- 종류 : Git, Bazaar, Mercurial, TeamWare, Bitkeeper, Plastic SCM, GNU arch

➕ 더 알기 TIP

기타 분산 저장소 방식의 형상 관리 도구
- Mercurial : Git와 유사한 형상 관리 도구로, 사용하기 쉽고 안정적이다. 오픈소스이며, 다양한 기능을 제공한다.
- Bazaar : 가벼우면서도 다양한 기능을 제공하는 형상 관리 도구이다. 개발자들 간에 협업하기 쉽고, 다양한 플랫폼을 지원한다.
- Darcs : 분산형 소프트웨어 버전 관리 시스템으로, 특히 오프라인에서 작업할 때 유용하다. 쉽게 배울 수 있고, 개발자들 간의 협업이 쉽다.
- Fossil : 분산형 형상 관리 도구 중 가벼운 도구이다. 자체적인 웹 인터페이스를 제공하며, 이를 통해 다양한 기능을 제공한다.

03 주요 버전 관리 도구

1) CVS(Concurrent Versions System)
- 동시 버전 시스템으로, 오픈소스 프로젝트에서 널리 사용되었다.
- 소프트웨어 프로젝트를 진행할 때, 파일로 이뤄진 모든 작업과 모든 변화를 추적하고, 여러 개발자가 협력하여 작업할 수 있게 한다.
- 최근에는 CVS가 한계를 맞아, 이를 대체하는 Subversion이 개발되었다.

2) RCS(Revision Control System)
- 다수의 사용자가 동시에 파일 수정을 할 수 없도록 파일 잠금 방식으로 버전을 관리하는 도구이다.
- CVS와의 차이점은 소스 파일의 수정을 한 사람만으로 제한한다.
- 동시에 소스를 수정하는 것을 방지하며 다른 방향으로 진행된 개발 결과를 합치거나 변경 내용을 추적할 수 있는 소프트웨어 버전 관리 도구이다.

➕ 더 알기 TIP

CVS와 RCS 비교

구분	CVS	RCS
개념	다중 파일의 버전 관리를 위한 도구	개별 파일의 버전 관리를 위한 도구
저장소 유형	중앙 집중식	중앙 집중식
파일 동기화	자동으로 동기화	수동으로 동기화
브랜치 관리	지원	미지원
파일 락	지원	지원
파일 충돌	충돌 발생 시 자동으로 해결	충돌 발생 시 수동으로 해결
클라이언트	명령줄 인터페이스 및 GUI 클라이언트	명령줄 인터페이스
속도	빠름	느림
기능	브랜치, 태그, 머지 등 다양한 기능 제공	단순한 버전 관리 기능 제공

3) SVN(Subversion)

- 파일 락을 이용하여 동시에 파일을 수정하는 것을 방지하는 방식이며, 파일 변경 이력을 통째로 저장하여 파일 크기가 커질 가능성이 있다.
- CVS와 비교하여 속도 개선, 저장 공간 절약, 변경 관리 단위가 작업 모음 단위로 개선 등이 이루어졌다.
- 2000년부터 콜랩넷에서 개발되었다.
- CVS와 사용 방법이 유사해 CVS 사용자가 쉽게 도입해 사용할 수 있다.
- 아파치 최상위 프로젝트로서 전 세계 개발자 커뮤니티와 함께 개발되고 있다.
- 디렉터리, 파일을 자유롭게 이동해도 버전 관리가 가능하다.
- SVN은 다양한 보안 기능을 제공하며, Windows, Mac, Linux 등 다양한 플랫폼에서 사용할 수 있다.
- 주요 용어

repository	프로젝트의 파일 및 변경 정보가 저장되는 장소이다.
trunk	메인 개발 소스. 개발 소스를 commit 했을 때 개발 소스가 모이는 곳이다.
branch	trunk에서 분기된 개발 소스로 실험적인 기능을 추가하거나, 출시를 위한 안정화 버전 작업을 할 때 사용한다.
tag	특정 시점에서 프로젝트의 스냅숏을 찍어두는 것을 의미한다.
check-in	체크아웃으로 가져온 파일을 수정 후 저장소(Repository)에 새로운 버전으로 갱신한다.

➕ 더 알기 TIP

CVS와 SVN 비교

구분	CVS	SVN
형상 관리 유형	중앙 집중식 버전 관리 시스템	중앙 집중식 버전 관리 시스템
브랜치 및 태그	별도로 관리됨	디렉터리 구조로 관리됨
병합	주로 특정 브랜치 간 병합이 어려움	병합 작업이 상대적으로 간단함
이진 파일 지원	이진 파일 관리에 제한적임	이진 파일 관리가 강화됨
릴리즈 노트 지원	지원하지 않음	지원함
보안 및 권한 관리	간단한 접근 제어만 가능	서버 레벨 및 권한 관리 지원
네트워크 프로토콜	표준 rsh, ssh 등 프로토콜 사용	커스텀 프로토콜(svn://, http:// 등)
저장소 포맷	구식 포맷 사용	더 최신의 저장소 포맷을 사용함
변경 세트 추적	개별 파일 기반으로 변경 내역을 커밋	변경된 파일 그룹을 한 번에 커밋 가능
검색 및 쿼리	기능이 제한적	파일 및 디렉터리 이력에 대한 쿼리 가능

4) Bit Keeper

- 대규모 프로젝트에서 빠른 속도와 효율적인 협업을 위해 개발된 분산 버전 관리 시스템(DVCS)이다.
- 한때 Linux 커널 개발에 사용되었으며, 이후 라이선스 갈등을 계기로 Git의 개발을 촉발한 도구로 알려져 있다.

5) Git

- 리눅스 커널의 소스코드 관리를 위해 사용하던 BitKeeper의 라이센스 문제로 인해 개발되었다.
- 프로그램 등의 소스코드 관리를 위한 분산 저장소 방식 시스템이다.
- 2005년 리누스 토르발스가 리눅스 커널 개발에 이용하려고 개발하였으며, 현재는 다른 곳에도 널리 사용되고 있다.
- 지역 저장소*와 원격 저장소* 2개의 저장소가 존재한다.
- 지역 저장소에서 버전 관리가 진행되어, 버전 관리가 빠르다.
- Git의 작업 폴더는 모두, 전체 기록과 각 기록을 추적할 수 있는 정보를 포함하고 있으며, 완전한 형태의 저장소이다.
- 네트워크에 접근하거나 중앙 서버에 의존하지 않는다.

★ 지역 저장소
개발자가 실제 작업하는 저장소

★ 원격 저장소
다수 개발자가 협업을 위해 공동 관리하는 저장소

➕ 더 알기 TIP

SVN과 Git 비교

구분	SVN	Git
분산형 관리	중앙 집중식 버전 관리 시스템	각 개발자가 로컬 저장소를 가짐
저장소 모델	디렉터리 구조로 관리됨	브랜치와 마스터 브랜치 구조
브랜치 및 병합	복잡한 브랜치 및 병합 작업 가능	브랜치와 병합이 간편함
원격 저장소	하나의 중앙 원격 저장소만 사용	다수의 원격 저장소와 연결 가능
커밋	로컬에서 커밋 후 중앙으로 커밋	로컬에서 커밋 후 원격으로 푸시
변경 이력 추적	파일 단위로 변경 이력 추적	파일 단위가 아닌 줄 단위로 추적
이진 파일 지원	이진 파일 관리 가능	이진 파일 관리 가능
경량 태그	더 많은 메타데이터와 함께 태그 생성	태그는 브랜치와 비슷한 경량 개념
보안 및 권한 관리	서버 레벨에서 권한 관리 지원	제한된 접근 제어 및 권한 설정 가능
커밋 ID	일련번호를 사용한 커밋 ID 생성	해시값을 사용하여 고유한 커밋 ID 생성
네트워크 프로토콜	커스텀 프로토콜(svn://, http:// 등)	HTTPS, SSH 등 다양한 프로토콜 지원
개발자 경험	명령어가 상대적으로 복잡함	복잡한 명령어보다 간편한 명령어 사용

6) Clear Case

- 복수 서버, 복수 클라이언트 구조이다.
- 서버 확장 요구가 있을 때 필요한 서버를 하나씩 추가할 수 있다.

04 주요 명령어

1) Git 주요 명령어

init	새로운 로컬 git 생성하기
add	저장소(Staging Area)에 파일을 추가하기
commit	작업 내역 지역 저장소에 저장하기
branch	새로운 파생 저장소인 브랜치 생성하기
checkout	선택한 브랜치로 이동하기
merge	현재 브랜치와 지정한 브랜치를 병합하기
fetch	Git 서버에서 코드를 받아오기
pull	Git 서버에서 최신 코드 받아와 병합하기
remote	원격 저장소 추가하기
clone	원격 저장소에 있는 프로젝트 복사하여 내려받기
push	원격 저장소에 업로드

> **기적의 TIP**
> 버전 관리 도구 명령어는 단어의 의미를 보면 쉽게 이해할 수 있습니다. 단어를 통해 정리하세요.

2) Subversion(SVN) 주요 명령어

import	아무것도 없는 서버의 저장소에 맨 처음 소스 파일을 저장한다.
check out	타 개발자가 수정 작업을 위하여 저장소(Repository)에 저장된 파일을 자신의 작업 공간으로 인출한다.
commit	체크인 시 이전 갱신 사항이 있는 경우, 충돌(Conflict)이 있으면 알림을 표시하고 diff(코드 비교) 도구를 이용하여 수정한 뒤 Commit(예치) 과정을 수행한다.
diff	새로운 개발자가 추가된 파일의 수정 기록(Change Log)을 보면서 기존 개발자가 처음 추가한 파일과 이후 변경된 파일의 차이를 본다.
update	저장소에 존재하는 최신 버전 자료와 자신의 작업 공간과 동기화(Update)한다.
branch	주 저장소에서 파생된 프로젝트이다.
fork	원본 저장소를 사용자의 계정으로 복사하여 독립적인 개발을 가능하게 하는 저장소 분기 방식으로, 주로 GitHub와 같은 플랫폼에서 사용된다.
info	지정된 파일에 대한 정보를 표시한다.
merge	다른 디렉터리에서 작업된 버전 관리 내역을 기본 개발 작업과 병합한다.

> **기적의 TIP**
> 포크한 프로젝트를 배포·공유·파생·개발할 때는 원본 소프트웨어의 오픈소스 라이선스 조건을 반드시 준수해야 합니다.

이론을 확인하는 기출문제

01 형상 관리(Configuration Management)에 해당하지 <u>않는</u> 것은?
① 버전 관리
② 변경 관리
③ 이슈 관리
④ 알고리즘 분석

> 형상 관리는 버전 관리 · 변경 관리 · 빌드 관리 · 이슈 관리 등을 포함하며, 알고리즘 분석은 해당하지 않는다.

02 버전 관리의 주요 목적은 무엇인가?
① 변경 이력과 담당자 추적
② 성능 최적화
③ 사용자 요구 모델링
④ 하드웨어 관리

> 버전 관리는 시간적 변경 이력과 작업 담당자를 추적 관리하는 데 목적이 있다.

03 공유 폴더 방식 버전 관리 도구에 해당하는 것은?
① Git
② RCS
③ SVN
④ Perforce

> 공유 폴더 방식에는 SCCS, RCS, PVCS, QVCS 등이 있다.

04 SVN(Subversion)의 특징으로 옳은 것은?
① 파일 단위 관리만 지원한다.
② CVS보다 개선되어 디렉터리 관리와 권한 관리가 강화되었다.
③ 완전 분산 저장소 구조이다.
④ Git의 기반이 되었다.

> SVN은 CVS의 한계를 개선한 중앙집중형 도구로, 디렉터리 단위 관리 및 권한 관리 기능을 강화하였다.

05 Git에 대한 설명으로 옳지 <u>않은</u> 것은?
① 분산 저장소 방식이다.
② 로컬 저장소와 원격 저장소를 모두 가진다.
③ CVS 기반으로 개발되었다.
④ 브랜치와 병합이 간편하다.

> Git은 BitKeeper의 라이선스 문제로 새로 개발된 도구이므로 CVS 기반이 아니다.

정답 01 ④ 02 ① 03 ② 04 ② 05 ③

CHAPTER

02

애플리케이션 테스트

학습 방향

테스트는 소프트웨어 품질 확보의 핵심입니다. V-모델, 블랙박스·화이트박스 기법, 테스트 케이스와 오라클, 커버리지 등은 자주 출제되는 영역이므로 반드시 숙지해야 합니다. 블랙박스·화이트박스 기법은 예제 문제를 직접 풀며 적용하세요. V-모델은 개발 단계와 테스트 단계 매칭표를 그려 반복 학습하면 좋습니다. 커버리지는 코드 예시를 통해 문장·분기·조건을 체크해보는 연습이 필요합니다.

출제 빈도

SECTION 01	중	15%
SECTION 02	상	20%
SECTION 03	상	20%
SECTION 04	상	20%
SECTION 05	중	15%
SECTION 06	중	10%

SECTION 01 테스트 관리

출제빈도 상 **중** 하
반복학습 1 2 3

빈출 태그 소프트웨어 테스트 • 테스트 프로세스 • 테스트 목적 • 품질 척도 • 테스트 원리

> **기적의 TIP**
> 테스트 관련 용어가 자주 출제됩니다. 테스트 챕터 전체 내용이 실기와도 연계되어 출제된 적이 있으므로, 출제된 문제를 기준으로 학습하세요.

01 소프트웨어 테스트

1) 개념
- 소프트웨어 개발 단계에서 사용자 요구사항에 서술된 동작과 성능, 사용성, 안정성 등을 만족하는지 확인하기 위하여 소프트웨어의 결함을 찾아내는 활동이다.
- 품질 향상, 오류 발견, 오류 예방 관점에서 수행하는 행동이다.

품질 향상 관점	반복적인 테스트를 거쳐 제품의 신뢰도를 향상시키는 품질 보증 활동이다.
오류 발견 관점	잠재된 오류를 발견하고 이를 수정하여 올바른 프로그램을 개발하는 활동이다.
오류 예방 관점	코드 리뷰, 동료 검토, 인스펙션 등을 통해 오류를 사전에 발견하는 활동이다.

> **기적의 TIP**
> 테스트(Test)는 소프트웨어 테스트, 애플리케이션 테스트, 응용 프로그램 테스트, 응용 소프트웨어 테스트 모두를 같은 개념으로 이해하면 됩니다.

> **기적의 TIP**
> Software Test는 소프트웨어 전체의 기능·성능·품질을 검증하는 활동이고, Application Test는 특정 응용 프로그램(애플리케이션)의 동작과 요구사항 충족 여부를 검증하는 활동입니다.

2) 테스트 프로세스(Test Process)

단계	활동	주요 산출물
계획 및 제어	• 테스트 계획 수립 • 테스트 목적 및 범위 정의 • 테스트 일정 수립 • 테스트 리소스 관리 • 테스트 계획 검토	테스트 계획서
분석 및 설계	• 소프트웨어 요구사항, 설계 문서, 시스템 아키텍처 분석 • 테스트 케이스, 테스트 시나리오 설계	• 테스트 설계 문서 • 테스트 케이스, 테스트 시나리오 명세서
구현 및 실행	• 테스트 케이스 작성 • 테스트 환경 설정 • 테스트 실행 및 결과 분석	• 테스트 케이스 • 테스트 실행 결과 보고서
평가 및 보고	• 테스트 결과 평가 • 결함 관리 • 테스트 보고서 작성 • 테스트 결과 검토	• 테스트 결과 보고서 • 결함 보고서, 결함 추적 행렬

3) 목적에 따른 테스트

성능(Performance)	소프트웨어의 응답 시간, 처리량 등을 테스트
회복(Recovery)	소프트웨어에 고의로 부하를 가하여 실패하도록 유도하고 올바르게 복구되는지 테스트
구조(Structural)	소프트웨어 내부의 논리적인 경로, 소스코드의 복잡도 등을 평가
회귀(Regression)	소프트웨어의 변경 또는 수정된 코드에 새로운 결함이 없음을 확인
안전(Security)	소프트웨어가 불법적인 침입으로부터 시스템을 보호할 수 있는지 확인
강도(Stress)	소프트웨어에 과도하게 부하를 가하여도 소프트웨어가 정상적으로 실행되는지 확인
병행(Parallel)	변경된 소프트웨어와 기존 소프트웨어에 동일한 데이터를 입력하여 두 결과 결과를 비교 확인

4) 소프트웨어 테스트의 품질 척도

- 컴퓨터 프로그램이 얼마나 쉽게 테스트할 수 있는가에 대한 성질이다.
- 컴퓨터 엔지니어가 설계 단계에서부터 테스트 용이성을 염두에 두고 설계해야 한다.
- 품질 척도

작동성(Operability)	시스템이 버그(Bug)를 적게 가지도록 하여 시험이 효율적으로 되어야 한다.
관찰성(Observability)	입력에 대해 출력이 명확히 생성되어야 한다.
조종성(Controllability)	출력은 입력의 조합으로 생성될 수 있어야 한다.
분해성(Decomposability)	모듈들은 독립적으로 시험되어야 한다.
단순성(Simplicity)	시험할 것이 적을수록 시험이 빨리 종료되어야 한다.
안정성(Stability)	실패를 잘 극복할 수 있어야 한다.
이해성(Understandability)	설계 변경이 프로그램으로 잘 전달되어야 하며 문서화가 정확하고 완전해야 한다.

02 소프트웨어 테스트의 원리

1) 테스팅은 결함이 존재함을 밝히는 활동이다.

소프트웨어의 잠재적인 결함을 줄일 수 있지만, 결함이 발견되지 않아도 결함이 없다고 증명할 수는 없다.

2) 완벽한 테스팅은 불가능하다.

무한 경로, 무한 입력값, 무한 시간이 소요되어 완벽하게 테스트할 수 없으므로 리스크 분석과 우선순위를 토대로 테스트에 집중해야 한다.

3) 테스팅은 개발 초기에 시작해야 한다.

애플리케이션의 개발 단계에 테스트를 계획하고 SDLC(Software Development Life Cycle)의 각 단계에 맞춰 전략적으로 접근하는 것을 고려해야 한다.

4) 결함 집중(Defect Clustering)

- 애플리케이션 결함의 대부분은 파레토의 법칙에 따라 소수의 특정한 모듈에 집중되어 존재한다.
- 파레토의 법칙(Law of Pareto) : '80대20 법칙' 또는 '2대8 법칙'이라고도 하며, 전체 결과의 80%가 전체 원인의 20%에서 일어나는 현상을 가리킨다. 이를테면 20%의 VIP 고객이 백화점 전체 매출의 80%에 해당하는 만큼 쇼핑하는 현상을 그 예시로 볼 수 있다.

5) 살충제 패러독스(Pesticide Paradox)

- 동일한 테스트 케이스로 반복 테스트 시 어느 시점부터 더 이상 결함을 발견할 수 없으므로 주기적으로 테스트 케이스를 리뷰하고 개선해야 한다.
- 탐색적 테스팅, JIT(Just-in-time) 테스팅 등의 경험 기반 접근을 통한 테스트 케이스의 개선이 필요하다.

6) 테스팅은 정황(Context)에 의존한다.

- 정황과 비즈니스 도메인에 따라 테스트를 다르게 수행하여야 한다.
- 예를 들어, 테스트 수행 시 사용되는 하드웨어, 소프트웨어, 네트워크 환경 등이 달라서 같은 애플리케이션을 다른 테스트 환경에서 실행했을 때 다른 결과가 나올 수 있다. 따라서 테스트를 수행하기 전에 해당 애플리케이션이 실행되는 환경과 조건을 고려하여 테스트 계획을 수립하고 테스트를 수행해야 한다.

7) 오류-부재의 궤변(Absence of Errors Fallacy)

- 소프트웨어에 결함이 없더라도 사용자의 요구사항을 충족하지 못한다면 품질이 높다고 말할 수 없다.
- 결함 부재를 검증하는 것만으로 소프트웨어의 품질을 보장할 수 없다는 것을 강조한 것으로 테스트를 통해 결함을 발견하고, 품질 향상에 노력을 기울이는 것이 중요하다.

이론을 확인하는 기출문제

01 소프트웨어 테스트의 목적 중 올바르지 않은 것은?
① 품질 향상
② 오류 발견
③ 오류 예방
④ 완벽한 결함 제거

테스트는 결함을 줄일 수 있지만 완벽하게 제거할 수는 없다.

02 테스트 프로세스 단계에 해당하지 않는 것은?
① 계획 및 제어
② 분석 및 설계
③ 구현 및 실행
④ 배포 및 유지보수

테스트 프로세스는 계획·분석·구현·평가 및 보고 단계로 이루어진다.

03 성능·회복·안전·회귀 테스트와 같이 목적에 따라 나뉘는 소프트웨어 테스트에 해당하지 않는 것은?
① 성능 테스트
② 회복 테스트
③ 정규화 테스트
④ 회귀 테스트

정규화는 데이터베이스 설계 기법이다.

04 테스트 품질 척도로서 "출력은 입력의 조합으로 생성될 수 있어야 한다"라는 설명에 해당하는 것은?
① 작동성(Operability)
② 관찰성(Observability)
③ 조종성(Controllability)
④ 단순성(Simplicity)

입력의 조합으로 출력을 제어할 수 있어야 하는 성질은 조종성이다.

05 다음 중 소프트웨어 테스트의 원리에 대한 설명으로 옳지 않은 것은?
① 테스팅은 결함이 존재함을 밝히는 활동이다.
② 완벽한 테스팅은 가능하다.
③ 테스팅은 개발 초기에 시작해야 한다.
④ 오류-부재의 궤변은 품질을 보장하지 못함을 의미한다.

완벽한 테스팅은 불가능하다.

06 동일한 테스트 케이스를 반복 실행할 경우 더 이상 결함이 발견되지 않는 현상을 설명하는 용어는?
① 결함 집중
② 살충제 패러독스
③ 오류-부재의 궤변
④ 파레토 법칙

살충제 패러독스(Pesticide Paradox)에 대한 설명이다.

07 "애플리케이션 결함의 대부분이 소수의 특정 모듈에 집중된다"는 법칙은?
① 살충제 패러독스
② 파레토 법칙
③ 오류-부재의 궤변
④ 결함 집중

결함 집중은 파레토 법칙(80:20 법칙)을 따른다.

정답 01 ④ 02 ④ 03 ③ 04 ③ 05 ② 06 ② 07 ④

SECTION 02 테스트 케이스와 테스트 오라클

빈출 태그 테스트 케이스 • 테스트 절차 • 구성 요소 • 오라클 • 오라클 종류

01 테스트 케이스(Test Case)

1) 개념
- 구현된 소프트웨어가 사용자의 요구사항을 정확하게 준수했는지를 확인하기 위해 설계된 입력값, 실행 조건, 기대 결과 등으로 구성된 테스트 항목에 대한 명세서를 의미한다.
- 명세 기반 테스트★의 설계 산출물이다.
- 테스트 케이스를 설계 단계에 작성하면 테스트 시 오류를 방지하고, 테스트 수행에 있어 낭비를 줄일 수 있다.
- 테스트 케이스 프로세스를 통해 정확성, 재사용성, 간결성을 보장한다.
- 표준 테스트 케이스 형식

ID	시나리오	테스트 단계	테스트 데이터	예상 결과	실제 결과	통과 실패

★ 명세 기반 테스트
테스트 수행의 증거로도 활용되며, 사용자의 요구사항에 대한 명세를 빠짐없이 테스트 케이스로 구현하고 있는지 확인한다.

2) 테스트 케이스 작성 절차
- 테스트 계획 검토 및 자료 확보 → 위험 평가 및 우선순위 결정 → 테스트 요구사항 정의 → 테스트 구조 설계 및 테스트 방법 결정 → 테스트 케이스 정의 → 테스트 케이스 타당성 확인 및 유지보수 → 테스트 수행

3) 테스트 케이스 자동 생성
- 자료 흐름도 → 테스트 경로 관리, 입력 도메인 분석 → 테스트 데이터 산출, 랜덤 테스트 → 무작위 값 입력, 신뢰성 검사

4) 테스트 케이스의 구성 요소(ISO/IEC/IEEE 29119-3★)

식별자(Identifier)	항목 식별자
테스트 항목(Test Item)	테스트할 모듈 또는 기능
입력 명세(Input Specification)	입력값 또는 조건
출력 명세(Output Specification)	테스트 케이스 실행 시 기대 출력 결과
환경 설정(Environmental Needs)	테스트 수행 시 필요한 H/W, S/W 환경
특수 절차 요구(Special Procedure Requirement)	테스트 케이스 수행 시 요구 절차
의존성 기술(Interface Dependencies)	테스트 케이스 간 의존성

★ ISO/IEC/IEEE 29119-3
소프트웨어 테스트의 전체 수명주기에 대한 표준

5) 테스트 케이스 작성 시 주의 사항

- 목적을 명확하게 정의하기 : 각 테스트 케이스가 검증하려는 목적을 명확하게 정의한다.
- 입력 데이터와 예상 결과 정의하기 : 각 테스트 케이스에 대한 입력 데이터와 예상 결과를 명확하게 정의한다.
- 실행 조건을 고려하기 : 특정 테스트 케이스를 실행하기 위해서는 실행 조건이 필요할 수 있다. 이러한 실행 조건을 미리 고려하여 테스트 케이스를 작성해야 한다.
- 예외 상황 고려하기 : 예외 상황에 대한 테스트 케이스도 작성해야 한다. 예를 들어, 입력 데이터가 잘못된 경우나, 시스템이 과부하 상태인 경우 등의 예외 상황을 고려해야 한다.
- 테스트 결과 기록하기 : 테스트 케이스를 실행한 결과를 기록하면, 실행한 테스트 케이스의 결과를 추적하고, 버그를 발견한 경우 해당 버그를 식별하고 추적할 수 있다.
- 재사용성을 고려하기 : 테스트 케이스를 작성할 때는 재사용이 가능하도록 테스트 케이스의 설계를 깔끔하게 하고, 필요한 경우 파라미터화 된 테스트 케이스를 사용해야 한다.
- 관리 및 유지보수 : 테스트 케이스의 수정이나 삭제 등이 필요한 경우를 대비하여 테스트 케이스를 구성하는 요소들을 명확하게 정의하고, 테스트 케이스의 변경 이력을 관리해야 한다.

02 테스트 오라클(Test Oracle)

1) 개념

- 테스트의 결과가 참인지 거짓인지를 판단하기 위해서 사전에 정의된 참(True)값을 입력하여 비교하는 기법 및 활동을 말한다.
- 예상되는 출력물 또는 동작이 무엇인지에 대한 지식을 제공하며, 이를 통해 테스트가 정확하게 수행되었는지를 확인할 수 있다.
- 테스트 오라클을 작성하고 유지보수하는 것은 소프트웨어의 품질을 보장하는 데 중요한 역할을 한다.

2) 종류

① 참(True) 오라클

- 모든 입력값에 적합한 결과를 생성하여, 발생한 오류를 모두 검출할 수 있는 오라클이다.
- 예를 들어, 계산기 소프트웨어의 테스트를 수행한다고 가정할 때 테스트 케이스는 다양한 숫자와 연산자를 입력하여 예상 결과를 생성하고, 이를 True Oracle과 비교하여 실제 결과와 일치하는지를 확인한다.

② 일관성(Consistent) 검사 오라클
- 애플리케이션 변경이 있을 때, 수행 전과 후의 결과값이 동일한지 확인하는 오라클이다.
- 시스템이 올바르게 동작하는지를 판단하기 위해 시스템의 명세서를 사용하여 예상 결과를 계산한다. 이때, 시스템의 명세서와 예상 결과가 일치할 때만 해당 테스트 케이스가 성공한 것으로 판단한다.

③ 샘플링(Sampling) 오라클
- 대용량 데이터를 다루는 시스템에서 효과적이다. 대규모 데이터를 전부 테스트하는 것은 시간과 자원이 많이 소요되기 때문에 일부 데이터를 검증함으로써 검증 시간과 비용을 줄일 수 있다.
- 임의로 선정한 몇 개의 입력값에 대해서만 기대하는 결과를 제공한다.

④ 휴리스틱(Heuristic) 오라클
- 샘플링 오라클을 개선한 오라클이다.
- 몇몇의 임의 입력값에 대해 올바른 결과를 제공하고, 나머지 값들에 대해서는 휴리스틱(추정)으로 처리한다.

이론을 확인하는 기출문제

01 테스트 케이스(Test Case)의 구성 요소에 해당하지 <u>않는</u> 것은?

① 입력 명세(Input Specification)
② 출력 명세(Output Specification)
③ 환경 설정(Environmental Needs)
④ 알고리즘 복잡도(Algorithm Complexity)

테스트 케이스는 식별자·테스트 항목·입출력 명세·환경 설정·특수 절차·의존성 기술로 구성된다.

02 테스트 케이스 작성 시 주의사항으로 옳지 <u>않은</u> 것은?

① 목적을 명확히 정의한다.
② 입력과 예상 결과를 정의한다.
③ 실행 조건과 예외 상황을 고려한다.
④ 테스트 결과 기록은 필요하지 않다.

테스트 결과 기록은 추적성과 유지보수성을 위해 반드시 필요하다.

03 테스트 오라클(Test Oracle)의 개념으로 옳은 것은?

① 테스트의 결과를 자동 배포하는 절차
② 테스트의 결과가 참/거짓인지 판정하는 기준
③ 테스트 케이스의 자동 생성 도구
④ 테스트 환경 구성 방식

오라클은 테스트 결과가 정확한지 판정하는 기준 또는 활동을 의미한다.

04 모든 입력값에 대한 기대 결과를 생성하여 모든 오류를 검출할 수 있는 오라클은?

① 참(True) 오라클
② 일관성 검사 오라클
③ 샘플링 오라클
④ 휴리스틱 오라클

모든 입력값과 결과를 보장하는 것은 True Oracle이다.

05 대규모 데이터를 전부 검증하지 않고 일부만 검증하는 오라클은?

① 참(True) 오라클
② 샘플링(Sampling) 오라클
③ 휴리스틱(Heuristic) 오라클
④ 일관성 검사 오라클

일부 데이터만 확인하는 방식은 샘플링 오라클이다.

06 일부 값은 정확히 검증하고 나머지는 추정으로 처리하는 오라클은?

① 휴리스틱 오라클
② 샘플링 오라클
③ 참 오라클
④ 일관성 검사 오라클

샘플링의 개선형으로 추정을 포함하는 것은 휴리스틱 오라클이다.

정답 01 ④ 02 ④ 03 ② 04 ① 05 ② 06 ①

SECTION 03 V-모델과 테스트 레벨

출제빈도 상 중 하
반복학습 1 2 3

빈출 태그 검증・확인・구조 기반・명세 기반・정적/동적・목적별 테스트・V-모델

> **기적의 TIP**
>
> 관련 내용 중 가장 출제 밀도가 높은 부분입니다. 테스트에 관한 내용은 필기/실기 가리지 않는 빈출이므로 본문의 전체 내용을 모두 꼼꼼히 학습하세요.

01 테스트의 분류

1) 시각에 따른 테스트

① 검증(Verification) 테스트
- 제품이 명세서대로 완성되었는지 검증하는 단계이다.
- 개발자의 시각에서 제품의 생산 과정을 테스트하는 것을 의미한다.

② 확인(Validation) 테스트
- 사용자의 요구사항을 잘 수행하고 있는지 확인하는 단계이다.
- 사용자의 시각에서 생산된 제품의 결과를 테스트하는 것을 의미한다.

> **더 알기 TIP**
>
> **검증과 확인 비교**
>
> | 구분 | 검증(Verification) | 확인(Validation) |
> | --- | --- | --- |
> | 정의 | 제품이 요구사항 명세서에 따라 설계 및 구현되었는지 검증하는 과정 | 제품이 실제 사용 환경에서 사용자의 요구사항을 충족시키는지 평가하는 과정 |
> | 목적 | 제품이 올바르게 설계 및 구현되었는지 확인하여 결함을 최소화하기 위함 | 사용자의 요구사항을 충족시키고, 실제 사용 환경에서 문제가 발생하지 않도록 보장하기 위함 |
> | 수행 시점 | 개발 중 검증, 개발 완료 후 검증 수행 | 제품 출시 전 완료 |
> | 검증 대상 | 문서, 코드, 디자인 등 제품 개발 과정의 산출물 | 제품 자체 및 제품이 사용되는 실제 환경 |
> | 수행 방법 | 검토, 검사, 정적 분석, 테스트 등 | 통합 테스트, 시스템 테스트, 인수 테스트 등 |
> | 결함 발견 | 빨리 발견 가능 | 출시 후 사용자로부터 발견되는 경우가 많음 |
> | 수정 비용 | 낮은 비용 | 높은 비용 |
> | 테스트 기간 | 짧은 기간 | 긴 기간 |
> | 수행 단계 | 제품 개발 초기 단계 | 제품 개발 후 단계 |
> | 결과 산출물 | 검증 보고서 | 검증 및 검사 보고서, 사용자의 피드백 등 |

2) 테스트 기반(Test Bases)에 따른 테스트

① 구조 기반 테스트
- 소프트웨어 내부의 구조(논리 흐름)에 따라 테스트 케이스를 작성하고 확인하는 테스트 방식이다.
- 종류

구문 기반(Statement Testing)	프로그램 내의 모든 문장을 한 번 이상 수행하도록 테스트 케이스를 설계하는 기법
결정 기반(Decision Testing)	프로그램 내의 각 분기들을 한 번 이상 수행하도록 테스트 케이스를 설계하는 기법
조건 기반(Condition Testing)	프로그램 내의 각 조건을 보장하기 위해 조건들이 참이 되는 경우와 거짓이 되는 경우를 모두 수행하도록 테스트 케이스를 설계하는 기법
데이터 흐름(Data Flow Testing)	프로그램 내에서 변수들이 값을 할당받은 지점이나 사용된 지점에 따라 프로그램의 테스트 경로들을 선택하는 기법

② 명세 기반 테스트
- 사용자의 요구사항에 대한 명세를 기반으로 테스트 케이스를 작성하고 확인하는 테스트 방식이다.
- 종류

동등 분할 (Equivalence Partitioning)	입력값과 결과값이 동일한 경우, 하나의 그룹으로 간주하는 기법
경계값 분석 (Boundary Value Analysis)	입력 조건의 중간값보다 경계값에서 오류가 발생될 확률이 높다는 점을 이용하여 입력 조건의 경계값을 테스트 케이스로 선정하여 검사하는 기법
분류 트리 (Classification Tree Method)	SW의 일부 또는 전체를 트리 구조로 표현하여 테스트 케이스를 설계하는 기법
상태 전이 (State Transition Testing)	시스템의 모든 입출력 상태를 식별하고, 도달 가능한 모든 상태의 입력 조합을 포함하는 상태 전이 테이블을 정의한 후, 테스트 케이스를 설계하는 기법
결정 테이블 (Decision Table Testing)	요구사항의 논리와 발생 조건에 따라서 생성될 수 있는 결과를 테이블의 형태로 나열한 것으로, 조건과 행동의 모든 가능한 조합을 고려하여 테스트 케이스를 생성하는 기법
원인-결과 분석 (Cause-Effect Graphing)	논리적으로 테스트 케이스를 생성하기 위해, 원인과 결과에 근거하여 테스트 케이스를 생성하는 기법
조합 테스트 (Combinatorial Test Techniques)	잠재적 조합 요소의 거대한 양을 처리하기 위한 테스트 케이스를 선정하는 데 도움을 주는 통계적 테스트 기법
시나리오 (Scenario Testing)	비즈니스 시나리오 또는 프로세스 흐름을 기반으로 테스트 케이스를 설계하는 기법
오류 추정 (Error Guessing)	Ad-hoc Testing이라고도 하며, 특정한 SW가 주어졌을 때, 직관과 경험의 의하여 어떤 특정한 형태의 결함이 발생할 것이라고 예측하고, 이 결함을 드러내 주는 테스트 케이스를 설계하는 기법

③ 경험 기반 테스트
- 테스터의 경험을 기반으로 수행하는 테스트 방식이다.
- 요구사항에 대한 명세가 미흡하거나 테스트 시간에 제약이 있는 경우 수행하면 효과적이다.

- 종류

오류 추정(Error Guessing)	과거 유사 시스템에서 발생했던 오류, 결함, 장애 발생의 경험을 토대로 그 결함을 테스트하는 기법
체크리스트	테스트하고 평가해야 할 내용과 경험을 분류하여 나열해 놓은 체크리스트를 기반으로 테스트를 실행하는 기법
탐색적 테스팅(Exploratory Testing)	테스트 차터(Test charter)를 기반으로 정해진 시간 내에 테스트 설계, 수행, 계획, 기록 및 학습을 동시에 진행하는 휴리스틱(Heuristic) 테스팅 기법

3) 프로그램 실행 여부에 따른 테스트

① 정적 테스트
- 애플리케이션을 직접 실행하지 않고 명세서나 소스코드를 대상으로 분석하는 테스트 방식이다.
- 소프트웨어 개발 초기에 결함 발견이 가능하여, 개발 비용을 낮출 수 있다.
- 종류

워크스루(Walkthrough, 검토회의)	• 소프트웨어 검토를 위해 미리 준비된 자료를 바탕으로 정해진 절차에 따라 평가하는 방법 • 오류 조기 검출이 목적임 • 검토 자료를 회의 전에 배포하여 사전 검토한 후 짧은 시간 동안 회의 진행
인스펙션(Inspection)	• 저작자 외의 다른 전문가 또는 팀이 검사하여 오류를 찾아내는 공식적 검토 방법 • 워크스루를 발전시킨 형태

> **더 알기 TIP**
>
> **기타 정적 테스트의 종류**
>
> Code Test, Orthogonal Array Testing, Prior Defect History Testing, Risk-Based Testing, Run Chart, Statistical Profile Testing 등

② 동적 테스트
- 애플리케이션을 직접 실행하여 오류를 찾는 테스트 방식이다.
- 소프트웨어 개발의 모든 단계에서 테스트를 수행한다.
- 종류

화이트박스 테스트(White Box Test)	• 원시 코드의 논리적인 모든 경로를 테스트하여 테스트 케이스를 설계 • 모듈 안의 작동을 직접 관찰, 모든 문장을 한 번 이상 수행함 • 종류 : 기초 경로 검사(Base Path Testing), 제어 구조 검사(Control Structure Testing)
블랙박스 테스트(Black Box Test)	• 각 기능이 완전히 작동되는 것을 입증하는 테스트(=기능 테스트) • 사용자의 요구사항 명세를 보면서 테스트함 • 종류 : 동치 분할 검사(Equivalence Partitioning Testing), 경계값 분석(Boundary Value Analysis), 원인-효과 그래프 검사(Cause-Effect Graphing Testing), 오류 예측 검사(Error Guessing), 비교 검사(Comparison Tesing)

> **기적의 TIP**
>
> 화이트박스 테스트와 블랙박스 테스트에 대한 자세한 내용은 뒤에서 알아볼 거예요. 여기에서는 어떻게 나눠지는지 이해하고 넘어가 주세요.

> **기적의 TIP**
>
> 화이트박스 테스트 → 구조 기반
> 블랙박스 테스트 → 명세 기반

4) 테스트 목적에 따른 테스트

회복 테스트(Recovery Testing)	시스템에 고의로 실패를 유도하고, 시스템의 정상적 복귀 여부를 테스트하는 기법
안전 테스트(Security Testing)	불법적인 소프트웨어가 접근하여 시스템을 파괴하지 못하도록 소스코드 내의 보안적인 결함을 미리 점검하는 테스트 기법
성능 테스트(Performance Testing)	시스템이 응답하는 시간, 특정 시간 내에 처리하는 업무량, 사용자 요구에 시스템이 반응하는 속도 등을 측정하는 테스트 기법
구조 테스트(Structure Testing)	시스템의 내부 논리 경로, 소스코드의 복잡도를 평가하는 테스트 기법
회귀 테스트(Regression Testing)	시스템의 변경 또는 수정된 코드에 새로운 결함이 없음을 확인하는 테스트 기법
병행 테스트(Parallel Testing)	변경된 시스템과 기존 시스템에 동일한 데이터를 입력 후 결과를 비교하는 테스트 기법

➕ 더 알기 TIP

성능 테스트의 상세 유형

부하 테스트(Load Testing)	시스템에 부하를 계속 증가시켜 시스템의 임계점을 찾는 테스트
강도 테스트(Stress Testing)	임계점 이상의 부하를 가하여 비정상적인 상황에서의 처리 능력을 측정하는 테스트
스파이크 테스트(Spike Testing)	짧은 시간에 사용자가 몰릴 때 시스템의 반응을 측정하는 테스트
내구성 테스트(Endurance Testing)	오랜 시간 동안 시스템에 높은 부하를 가하여 시스템 반응을 확인하는 테스트

02 V-모델

1) 개념

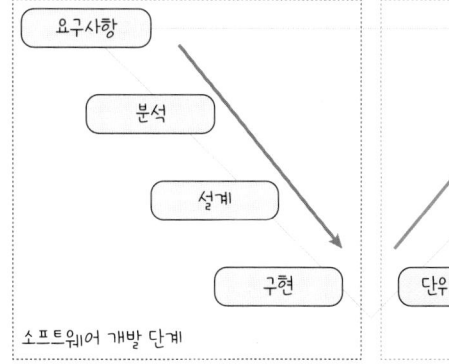
소프트웨어 개발 단계

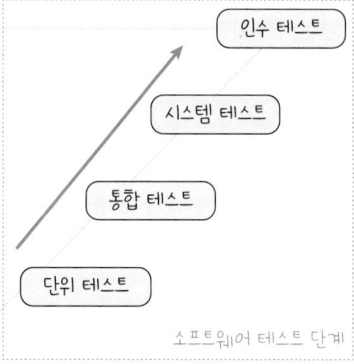
소프트웨어 테스트 단계

- 애플리케이션 개발 단계에 따라 단위 테스트, 통합 테스트, 시스템 테스트, 인수 테스트, 설치 테스트로 분류한다.
- 애플리케이션을 총체적으로 관리하기 위한 테스트 활동의 묶음이다.
- 각각의 테스트 레벨은 서로 독립적이며, 각각 다른 테스트 계획과 연결하는 전략이 필요하다.

2) 테스트 레벨의 종류

① 단위 테스트(Unit Test)
- 개발자가 원시 코드를 대상으로 각각의 단위를 다른 부분과 연계되는 부분은 고려하지 않고 단위 자체에만 집중하여 테스트한다.
- 객체지향에서 클래스 테스팅이 여기에 해당한다.

② 통합 테스트(Integration Test)
- 단위 테스트를 통과한 개발 소프트웨어/하드웨어 컴포넌트 간 인터페이스 및 연동 기능 등을 구조적으로 접근하여 테스트한다.
- 단위 테스트가 완료된 모듈들을 결합하여 하나의 시스템으로 완성시키는 테스트이다.
- 종류

비점진적 통합 방식	모든 모듈이 미리 결합되어 있는 프로그램 전체를 테스트	
점진적 통합 방식	모듈 단위로 단계적으로 테스트	
	하향식 통합	상위 모듈에서 하위 모듈 방향으로 통합
	상향식 통합	하위 모듈에서 상위 모듈 방향으로 통합
	혼합식 통합	하위 수준에서는 상향식, 상위 수준에서는 하향식으로 통합

③ 시스템 테스트
- 단위/통합 테스트가 가능한 완벽히 완료되어 기능상에 문제가 없는 상태에서 실제 환경과 가능한 유사한 환경에서 진행한다.
- 시스템 성능과 관련된 요구사항이 완벽하게 수행되는지를 테스트하기 때문에 사전 요구사항이 명확해야 한다.
- 개발 조직과는 독립된 테스트 조직에서 수행한다.

④ 인수 테스트
- 일반적인 테스트 레벨의 가장 마지막 상위 레벨로, 소프트웨어 제품에 대한 요구사항이 제대로 이행되었는지 확인하는 단계이다.
- 테스팅 환경을 실사용자 환경에서 진행하며 수행하는 주체가 사용자이다.
- 종류

사용자 인수 테스트	사용자가 시스템 사용의 적절성 여부를 확인한다.
운영상의 인수 테스트	시스템 관리자가 시스템 인수 시 수행하는 테스트 기법이다.
계약 인수 테스트	계약상의 인수/검수 조건을 준수하는지를 확인한다.
규정 인수 테스트	소프트웨어가 정부 지침, 법규, 규정 등에 맞게 개발되었는지 확인한다.
알파 테스트	• 개발자 관점에서 수행되며, 사용상의 문제를 반영되도록 하는 테스트이다. • 개발자의 장소에서 사용자가 개발자 앞에서 수행하며, 오류와 사용상의 문제점을 사용자와 개발자가 함께 확인하면서 검사하는 기법이다.
베타 테스트	• 선정된 다수의 사용자가 자신들의 사용 환경에서 일정 기간 사용하면서 테스트한다. • 문제점이나 개선사항 등을 기록하고 개발 조직에 통보하여 반영되도록 하는 테스트이다.

> **암기 TIP**
> 알파는 개장 사테, 베타는 사장 사테
> - 알파 테스트 : 개발자 장소에서 사용자가 테스트
> - 베타 테스트 : 사용자 장소에서 사용자가 테스트

이론을 확인하는 기출문제

01 다음 중 검증(Verification)에 대한 설명으로 옳은 것은?

① 사용자 요구사항 충족 여부를 확인하는 과정이다.
② 개발 완료 후 사용자 환경에서 수행된다.
③ 개발자의 시각에서 문서·코드 등의 산출물을 점검한다.
④ 인수 테스트 단계에서 수행된다.

> 검증은 개발자의 시각에서 산출물을 점검하는 활동으로, 개발 과정 중 수행된다.

02 다음 중 명세 기반 테스트 기법에 해당하지 <u>않는</u> 것은?

① 경계값 분석
② 상태 전이 테스트
③ 원인-결과 그래프
④ 기초 경로 검사

> 기초 경로 검사는 화이트박스(구조 기반) 테스트 기법이다.

03 정적 테스트에 해당하는 기법으로 옳은 것은?

① 워크스루
② 화이트박스 테스트
③ 블랙박스 테스트
④ 회귀 테스트

> 정적 테스트는 프로그램 실행 없이 수행되며 워크스루, 인스펙션 등이 포함된다.

04 소프트웨어에 고의로 실패를 유도하고 복구 여부를 점검하는 테스트는?

① 회복 테스트
② 성능 테스트
③ 회귀 테스트
④ 병행 테스트

> 고의 실패 후 정상 복귀 여부를 확인하는 것은 회복 테스트이다.

05 V-모델에서 단위 테스트(Unit Test)에 대한 설명으로 옳은 것은?

① 모듈 간 인터페이스와 연동 기능을 점검한다.
② 클래스 수준에서 단위 자체의 기능만 점검한다.
③ 실제 운영 환경과 유사한 환경에서 시스템 전체를 검증한다.
④ 계약 조건을 충족하는지 확인하는 최종 단계이다.

> 단위 테스트는 클래스·모듈 수준에서 단독 기능을 점검한다.

06 알파 테스트와 베타 테스트의 차이로 옳게 짝지어진 것은?

① 알파 - 사용자 장소 / 베타 - 개발자 장소
② 알파 - 개발자 장소 / 베타 - 사용자 장소
③ 알파 - 운영자 수행 / 베타 - 계약자 수행
④ 알파 - 법규 준수 / 베타 - 계약 조건

> 알파는 개발자 장소에서 사용자 수행, 베타는 사용자 장소에서 사용자 수행이다.

정답 01 ③ 02 ④ 03 ① 04 ① 05 ② 06 ②

SECTION 04 테스트 시나리오와 테스트 기법

출제빈도 상 중 하
반복학습 1 2 3

빈출 태그 테스트 시나리오 • 테스트 환경 • 화이트박스 • 블랙박스 • 경로 검사 • 경계값 분석

> **기적의 TIP**
>
> 출제 빈도가 높은 섹션이므로 집중해서 공부하세요. 화이트박스 테스트와 블랙박스 테스트의 차이 및 각 테스트별 하위 분석 기법을 모두 정리하세요. 필기와 실기를 넘나들며 출제되므로, 한 번 학습하는 김에 완벽히 정리하세요.

★ 테스트 케이스(Test Case)
테스트하기 위한 테스트 시나리오이다. 사례별로 입력 데이터의 유형(정상적인 데이터, 잘못된 데이터 등)을 정의하고, 그에 따른 예상 결과를 기술한 것이다.

01 테스트 시나리오(Test Scenario)

1) 개념
- 테스트를 위한 여러 테스트 케이스의 집합으로 테스트 케이스의 동작 순서를 기술한 문서이다.
- 테스트 순서에 대한 구체적인 절차, 사전 조건, 입력 데이터 등을 정리하여 테스트 항목을 빠짐없이 수행할 수 있도록 한다.

2) 작성 시 유의점
- 테스트 항목을 시스템별, 모듈별, 항목별 테스트 시나리오를 분리하여 작성한다.
- 고객의 요구사항과 설계 문서 등을 토대로 테스트 시나리오를 작성한다.
- 테스트 항목은 식별자 번호, 순서 번호, 테스트 데이터, 테스트 케이스★, 예상 결과, 확인 등의 항목을 포함하여 작성한다.

02 테스트 환경 구축

1) 개념
- 개발된 응용 소프트웨어가 실제 운영 시스템에서 정상적으로 작동하는지 테스트할 수 있게 하기 위해 실제 운영 시스템과 동일 또는 유사한 사양의 하드웨어, 소프트웨어, 네트워크 등의 시설을 구축하는 활동이다.
- 테스트 환경에 따라 테스트를 수행할 수 있는 기능이 다르며 테스트 환경이 테스트의 결과에 많은 영향을 미치기 때문에 테스트 환경 구축이 중요하다.

2) 유형

하드웨어 기반	서버 장비(WAS, DBMS), 클라이언트 장비, 네트워크 장비 등의 장비를 설치하는 작업이다.
소프트웨어 기반	구축된 하드웨어 환경에 테스트할 응용 소프트웨어를 설치하고 필요한 데이터를 구축하는 작업이다.
가상 시스템 기반	물리적으로 개발 환경 및 운영 환경과 별개로 독립된 테스트 환경을 구축하기 힘든 경우에는 가상 머신(Virtual Machine) 기반의 서버 또는 클라우드 환경을 이용하여 테스트 환경을 구축하고, 네트워크는 VLAN과 같은 기법을 이용하여 논리적 분할 환경을 구축할 수 있다.

03 화이트박스 테스트(White Box Test)

1) 개념
- 모듈의 원시 코드를 오픈시킨 상태에서 코드의 모든 논리적 경로를 테스트하는 방법이다.
- 소스코드(Source Code)의 모든 문장을 한 번 이상 수행하여 모듈 안의 작동을 직접 관찰할 수 있다.
- 산출물의 기능별로 적절한 프로그램의 제어 구조에 따라 선택, 반복 등의 부분들을 수행함으로써 논리적 경로를 점검한다.
- 테스트 데이터를 선택하기 위하여 검증 기준(Test Coverage)을 정한다.
- 테스트 데이터를 이용해 실제 프로그램을 실행함으로써 오류를 찾는 동적 테스트(Dynamic Test)에 해당한다.
- 높은 테스트 정확성과 효율성, 코드 문제 해결 및 보안 취약점 발견 등의 장점이 있다.

> **더 알기 TIP**
>
> **화이트박스 테스트를 통해 찾을 수 있는 오류**
> - 세부적 오류
> - 논리 구조상의 오류
> - 반복문 오류
> - 수행 경로 오류
> - 알고리즘 오류에 따른 원치 않는 결과
> - 탈출구가 없는 반복문의 사용
> - 틀린 계산 수식에 의한 잘못된 결과

2) 장점

테스트 케이스의 정확성과 효율성 향상	시스템의 내부 동작 원리를 이해하기 때문에 더 정확하고 효율적인 테스트 케이스를 개발할 수 있어 문제점을 빠르게 발견하고 수정할 수 있다.
코드 문제 및 개선사항 파악 가능	시스템의 코드와 구조를 분석하기 때문에 코드 문제를 발견하고 수정할 수 있고, 코드의 개선사항을 도출하여 소프트웨어의 효율성을 높일 수 있다.
코드 디버깅 용이성 증가	시스템의 내부 동작 원리를 이해하게 되므로, 코드 디버깅이 더욱 쉬워져서 시스템의 문제점을 더욱 쉽게 파악하고 해결할 수 있다.
보안 취약점 발견 가능	시스템의 내부 동작 원리를 이해하므로, 보안 취약점을 빠르게 발견하고 해결할 수 있어서 시스템의 보안성이 높다.

3) 종류

① 기초 경로 검사(Basic Path Testing)
- Tom McCabe가 제안한 대표적 화이트박스 테스트 기법이다.
- 테스트 케이스 설계자가 절차적 설계의 논리적 복잡성을 측정할 수 있게 한다.
- 측정 결과는 실행 경로의 기초★를 정의하는 데 지침으로 사용된다.
- 핵심 지표 $V(G) = E - N + 2P$

★ 기초 경로(Basic Path)
- 제어 흐름 그래프를 분석하여 선형 독립 실행 경로 집합을 찾는다.
- McCabe의 순환 복잡도를 사용하여 선형 독립 경로 수를 결정한 다음 얻어진 각 경로에 대한 테스트 사례를 생성한다.

> **기적의 TIP**
>
> E=간선 수, N=노드 수, P=연결 성분 수(단일 모듈이면 보통 P=1)

➕ 더 알기 TIP

기초 경로 검사의 예

다음과 같이 x와 y의 값에 따라 z의 값을 결정하는 코드가 있다고 가정할 때

1	if (x > 0 && y > 0) {
2	z = x + y;
3	} else {
4	z = x - y;
5	}

- 경로 1(2행) : 1 → 2
  → x와 y가 모두 양수인 경우, z는 x와 y의 합 계산
- 경로 2(4행) : 1 → 4 → 5
  → x와 y 중 하나 이상이 음수인 경우, z는 x와 y의 차 계산

② 제어 구조 검사(Control Structure Testing)

조건 검사(Condition Testing)	프로그램 모듈 내에 있는 논리적 조건을 테스트한다.
루프 검사(Loop Testing)	프로그램의 반복 구조에 초점을 맞춰 테스트한다.
데이터 흐름 검사 (Data Flow Testing)	프로그램에서 변수의 정의와 변수 사용의 위치에 초점을 맞춰 테스트한다.

➕ 더 알기 TIP

데이터 흐름 검사의 예

다음과 같이 변수 a와 b에 각각 10과 20의 값을 할당하고, 두 변수의 합인 c를 계산한 뒤, c의 값이 30보다 큰 경우 "Pass", 작거나 같은 경우 "Fail"을 반환하는 코드가 있다고 가정해 보자.

1	int a = 10;
2	int b = 20;
3	int c = a + b;
4	if (c > 30) {
5	result = "Pass";
6	} else {
7	result = "Fail";
8	}

- 변수 a와 b의 값을 10과 20으로 설정한 후, c의 값이 30인 경우
- 변수 a와 b의 값을 5와 25로 설정한 후, c의 값이 30인 경우
- 변수 a와 b의 값을 15와 15로 설정한 후, c의 값이 30인 경우
- 변수 a와 b의 값을 5와 10으로 설정한 후, c의 값이 15인 경우

4) 검증 기준

문장 검증	소스코드의 모든 구문이 한 번 이상 수행된다.
분기 검증	소스코드의 모든 조건문이 한 번 이상 수행된다.
조건 검증	소스코드의 모든 조건문에 대해 조건이 True인 경우와 False인 경우가 한 번 이상 수행된다.
분기/조건 검증	소스코드의 모든 조건문과 각 조건문에 포함된 개별 조건식의 결과가 True인 경우와 False인 경우가 한 번 이상 수행된다.

04 블랙박스 테스트(Black Box Test)

1) 개념

- 소프트웨어가 수행할 특정 기능을 알기 위해 각 기능이 완전히 작동되는 것을 입증하는 테스트로 기능 테스트라고도 한다.
- 요구사항 명세를 보면서 테스트하며, 주로 구현된 기능을 테스트한다.
- 소프트웨어 인터페이스에서 실시되는 테스트이다.

> **더 알기 TIP**
>
> **블랙박스 테스트를 통해 찾을 수 있는 오류**
> - 인터페이스 오류
> - 자료구조상의 오류
> - 성능 오류
> - 시작과 종결상의 오류
> - 부정확하거나 누락된 기능
> - 비정상적인 자료를 입력해도 오류 처리를 수행하지 않는 경우
> - 정상적인 자료를 입력해도 요구된 기능이 제대로 수행되지 않는 경우
> - 경계값을 입력할 경우 요구된 출력 결과가 나오지 않는 경우

2) 장점

사용자 관점에서 테스트 가능	시스템을 외부에서 바라보기 때문에 사용자의 관점에서 테스트할 수 있다. 사용자는 시스템의 내부 동작 원리를 몰라도 시스템이 원하는 대로 동작하는지 확인할 수 있어서 사용자의 요구사항을 충족시키는지를 테스트할 수 있다.
시간과 비용 절약	시스템의 내부 동작 원리를 알 필요가 없으므로 시스템의 구조나 코드를 이해하는 시간과 비용을 절약할 수 있고, 시스템의 변경 사항에 따른 재테스트 비용도 줄일 수 있다.
다양한 테스트 케이스 생성 가능	입력과 출력만으로 시스템을 테스트하기 때문에 다양한 입력값을 생성하여 테스트 케이스를 만들 수 있어서 시스템의 경계값이나 예외 상황 등을 테스트하는 데에 도움을 준다.
독립적인 테스트 수행 가능	시스템의 내부 동작 원리를 알 필요가 없으므로 테스트를 수행하는 팀과 시스템을 개발하는 팀이 독립적으로 작업할 수 있어서 테스트의 객관성을 유지할 수 있고, 테스트 결과의 신뢰성을 높일 수 있다.

3) 종류

① 동치 분할 검사(Equivalence Partitioning)
- 입력 자료에 초점을 맞춰 테스트 케이스를 만들고 검사하는 방법이다.
- 입력 조건에 타당한 입력 자료와 그렇지 않은 자료의 개수를 균등하게 나눠 테스트 케이스를 설정한다.

> **+ 더 알기 TIP**
>
> **동치 분할 검사의 예**
> - 로그인 기능을 가진 웹 애플리케이션을 테스트할 때, 아이디와 비밀번호 입력값을 다음과 같이 정의한다고 가정해 보자.
>
> | 아이디 | 5~15자 이내의 영문자와 숫자 조합 |
> |---|---|
> | 비밀번호 | 8~20자 이내의 영문자, 숫자, 특수문자 조합 |
>
> - 이럴 경우, 아이디 입력값이 유효한 경우와 유효하지 않은 경우로 나누어 각각 대표적인 값을 선택하여 테스트 케이스를 만들 수 있다.
> - 입력값에 대해 다음과 같은 테스트 케이스를 만들 수 있다.
>
> | 유효한 경우 | "testuser1", "mynameis1234" |
> |---|---|
> | 잘못된 경우 | "", "testuser1!", "1234567890123456789" |

② 경계값 분석(Boundary Value Analysis)
- 입력 자료에만 치중한 동치 분할 기법을 보완한 기법으로, 대표적인 명세 기반 기법이다.
- 분할의 경계 부분에 해당되는 입력값에서 결함이 발견될 확률이 경험적으로 높다는 점을 활용하여 결함을 방지하기 위해 경계값을 테스트 케이스에 포함하여 테스트하는 기법이다.

> **+ 더 알기 TIP**
>
> **경계값 분석 예**
>
> 어떤 프로그램에서는 1부터 100까지의 수를 입력받아 처리하는 기능을 제공한다고 가정할 때, 다음과 같은 테스트 케이스를 만들 수 있다.
>
> - 입력값이 최소 경계값(1)인 경우 : 1
> - 입력값이 최대 경계값(100)인 경우 : 100
> - 입력값이 최소 경계값보다 작은 경우 : 0, -1
> - 입력값이 최대 경계값보다 큰 경우 : 101, 1000
> - 입력값이 최소 경계값과 최대 경계값 사이에 있는 경우 : 50, 73 등

② 원인-효과 그래프 검사(Cause-Effect Graphing)
- 입력 데이터 간의 관계와 출력에 영향을 미치는 상황을 체계적으로 분석한다.
- 효용성이 높은 테스트 케이스를 선정해 검사한다.

> **+ 더 알기 TIP**
>
> **원인-효과 그래프 검사의 예**
> - 효과 : 사용자는 쇼핑 카트에 새 제품을 추가할 수 있다.
> - 원인
>   - 사용자가 시스템에 로그인되어 있다.
>   - 사용자가 제품을 선택했다.
>   - 사용자가 제품에 대한 수량을 입력했다.
>   - 사용자가 "카트에 추가" 단추를 클릭했다.

③ 오류 예측 검사(Error Forecast)
- 과거의 경험이나 감각으로 테스트하는 기법이다.
- 다른 테스트 기법으로는 찾기 어려운 오류를 찾아내는 보충적 검사 기법이다.

> **+ 더 알기 TIP**
>
> **오류 예측 검사의 예**
> - 고객 계정을 관리하기 위한 소프트웨어 시스템이 개발되어 블랙박스 테스트를 사용하여 시스템을 테스트했지만, 일부에서 다음과 같은 오류가 발견되었다.
> - 시스템을 사용하여 새 계정을 만들거나 기존 계정을 업데이트할 때 오류가 발생할 가능성이 더 높은 것으로 발견되었다.
> - 오류 발생할 가능성이 있는 위치에 대한 정보는 테스트 작업의 우선순위를 정하는 데 사용된다.
> - 테스터는 시스템의 다른 영역보다 계정 생성 및 업데이트를 테스트하는 데 중점을 둔다.

④ 비교 검사(Comparison Testing)
- 동일한 테스트 자료를 여러 버전의 프로그램에 입력하고 동일한 결과가 출력되는지 테스트하는 기법이다.

> **+ 더 알기 TIP**
>
> **비교 검사의 예**
>
> > 웹 사이트의 쇼핑몰 기능을 개발하고 있는데, 결제 모듈을 업데이트하고자 한다고 가정할 때, 기존 결제 모듈과 새로운 결제 모듈의 결과를 비교하여 테스트할 수 있다.
>
> - 기존 결제 모듈과 새로운 결제 모듈을 각각 사용하여 동일한 상품을 구매하는 테스트 케이스를 만든다.
> - 구매 과정에서 발생할 수 있는 모든 예외 상황(결제 실패, 결제 취소 등)에 대한 테스트 케이스도 만든다.
> - 각각의 테스트 케이스를 실행하여, 기존 결제 모듈과 새로운 결제 모듈의 결과를 비교한다.
> - 비교 결과, 두 결제 모듈의 결과가 같다면 새로운 결제 모듈이 기존 결제 모듈과 호환성이 좋다고 판단할 수 있다. 그렇지 않다면 문제점을 파악하여 수정한다.

05 화이트박스 테스트와 블랙박스 테스트 비교

구분	화이트박스 테스트	블랙박스 테스트
테스트 대상	소프트웨어의 내부 동작, 코드, 구조 등	소프트웨어의 기능, 요구사항, 사용자 입장 등
목적	코드의 오류, 구조적 문제 등을 발견하여 개선	소프트웨어의 외부 요구사항을 만족하는지 확인
테스트 기법	기초 경로 검사, 제어 구조 검사	동치 분할 검사, 경계값 분석, 원인-효과 그래프 검사, 오류 예측 검사, 비교 검사
테스트 케이스	내부 구조에 대한 이해와 분석에 기반한 케이스	요구사항과 사용자 관점에서 독립적으로 설계된 케이스
테스트 수행자	개발자, 테스터 등	테스터, 사용자 등
테스트 커버리지	문장, 분기, 경로 등을 테스트하여 커버리지를 측정	요구사항, 사용자 시나리오 등을 테스트하여 측정
장점	• 테스트 케이스의 정확성과 효율성 향상 • 코드 문제 및 개선사항 파악 가능 • 코드 디버깅 용이성 증가 • 보안 취약점 발견 가능	• 사용자 관점에서 테스트 가능 • 시간과 비용 절약 • 다양한 테스트 케이스 생성 가능 • 독립적인 테스트 수행 가능
단점	• 코드나 구조 변경 시 테스트 케이스 수정이 필요함 • 개발자나 전문가에게만 적용 가능한 경우가 있음 • 요구사항 미준수 문제 발견이 어려울 수 있음 • 테스트 케이스 누락 가능성, 요구사항 미준수 탐지가 어려움	• 누락된 테스트 케이스가 있을 가능성이 있음 • 테스트 케이스 설계가 어려울 수 있음 • 오류 발견 후 수정이 어려울 수 있음

이론을 확인하는 기출문제

01 테스트 시나리오에 대한 설명으로 옳은 것은?
① 여러 테스트 케이스의 집합으로 동작 순서를 기술한 문서이다.
② 단일 테스트 케이스만을 기록한 문서이다.
③ 테스트 환경의 하드웨어 구성을 기술한 문서이다.
④ 소프트웨어 요구사항 명세를 대신하는 문서이다.

> 테스트 시나리오는 여러 테스트 케이스의 집합으로 동작 순서를 기술한 문서이다.

02 테스트 환경 구축에 해당하지 않는 것은?
① 하드웨어 기반 장비 설치
② 소프트웨어 설치 및 데이터 구축
③ 가상 머신 기반 환경 구축
④ 사용자 요구사항 수집

> 테스트 환경 구축은 HW, SW, 가상 환경 기반으로 이루어지며, 요구사항 수집은 해당되지 않는다.

03 화이트박스 테스트의 대표적인 기법이 아닌 것은?
① 기초 경로 검사
② 제어 구조 검사
③ 동치 분할 검사
④ 조건 검사

> 동치 분할 검사는 블랙박스 테스트 기법에 속한다.

04 블랙박스 테스트 기법에 해당하는 것은?
① 경계값 분석
② 기초 경로 검사
③ 루프 검사
④ 데이터 흐름 검사

> 경계값 분석은 블랙박스 테스트 기법이며, 나머지는 화이트박스 테스트 기법에 속한다.

05 화이트박스 테스트와 블랙박스 테스트의 비교로 옳은 것은?
① 화이트박스는 기능 중심, 블랙박스는 코드 중심
② 화이트박스는 내부 코드 검증, 블랙박스는 외부 요구사항 검증
③ 두 방법 모두 내부 코드 분석이 필요하다.
④ 두 방법 모두 사용자 관점 테스트에 해당한다.

> **오답 피하기**
> - ① 화이트박스는 코드 중심, 블랙박스는 기능 중심
> - ③ 화이트박스에만 해당
> - ④ 블랙박스에만 해당

정답 01 ① 02 ④ 03 ③ 04 ① 05 ②

SECTION 05 테스트 커버리지

빈출 태그 테스트 커버리지 · 코드 커버리지 · 구문/조건/결정 커버리지

> **기적의 TIP**
> 필기시험에서는 출제 빈도가 낮지만, 실기시험에서는 출제된 적이 있습니다. 간단히 정리하세요.

01 테스트 커버리지(Test Coverage)

1) 개념

- 주어진 테스트 케이스에 의해 수행되는 소프트웨어의 테스트 범위를 측정하는 테스트 품질 측정 기준이며, 테스트의 정확성과 신뢰성을 향상시키는 역할을 한다.
- 완전한 커버리지를 보장하는 것은 불가능하지만, 충분한 커버리지를 보장함으로써 소프트웨어의 품질을 향상시킬 수 있다.
- 테스트 커버리지를 통해 테스트 케이스의 부족한 부분을 파악하고 추가적인 테스트 케이스를 개발할 수 있다.

2) 유형

기능 기반 커버리지 (Function Coverage)	• 테스트 대상 애플리케이션의 전체 기능을 모수로 설정하고, 실제 테스트가 수행된 기능의 수를 측정하는 방법이다. • 기능 기반 테스트 커버리지는 100% 달성을 목표로 하며, 일반적으로 UI가 많은 시스템의 경우 화면 수를 모수로 사용할 수도 있다.
라인 커버리지 (Line Coverage)	• 애플리케이션 전체 소스코드의 Line 수를 모수로 테스트 시나리오가 수행한 소스코드의 Line 수를 측정하는 방법이다. • 단위 테스트에서는 이 라인 커버리지를 척도로 사용하기도 한다.
코드 커버리지 (Code Coverage)	• 소프트웨어 테스트 충분성 지표 중 하나로 소스코드의 구문, 조건, 결정 등의 구조적 코드 자체가 얼마나 테스트되었는지를 측정하는 방법이다. • 테스트 수행 정도로서 구문 커버리지, 조건 커버리지, 결정 커버리지, 조건/결정 커버리지, 변경 조건/결정 커버리지, 다중 조건 커버리지로 구분한다.

02 코드 커버리지의 유형

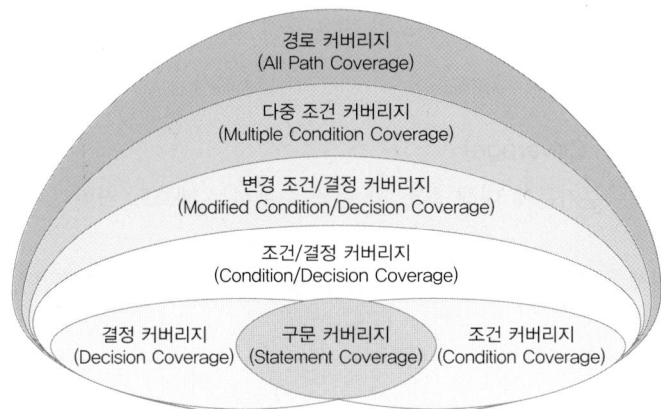

1) 구문 커버리지(Statement Coverage)
- 코드 구조 내의 모든 구문에 대해 한 번 이상 수행하는 테스트 커버리지를 말한다.
- 조건문의 결과와 관계없이 구문의 실행 개수로 계산한다.

> **더 알기 TIP**
>
> **구문 커버리지의 예**
>
> 아래 코드는 x의 값에 따라 y의 값을 결정한다.
> - x가 양수인 경우에는 y가 x의 두 배가 되고,
> - x가 음수인 경우에는 y는 x가 반으로 나누어진 값이 된다.
>
> | 1 | (x > 0) { |
> |---|---|
> | 2 | y = x * 2; |
> | 3 | } else { |
> | 4 | y = x / 2; |
> | 5 | } |
>
> - x의 값을 3으로 설정한 경우
>   → 1번 구문(if문)이 참이 되어 y의 값이 6이 되는 것을 확인할 수 있다.
> - x의 값을 –2로 설정한 경우
>   → 1번 구문(if문)이 거짓이 되어 3번 구문(else문)이 실행되어 y의 값이 –1이 되는 것을 확인할 수 있다.
> - x의 값을 0으로 설정한 경우
>   → 1번 구문(if문)이 거짓이 되어 3번 구문(else문)이 실행되어 y의 값이 0이 되는 것을 확인할 수 있다.
>
> 위와 같이 모든 구문을 한 번씩 실행하는 것이 구문 커버리지를 충족하는 것이다.

2) 조건 커버리지(Condition Coverage)

- 결정 포인트 내의 모든 개별 조건식에 대해 수행하는 테스트 커버리지를 말한다.
- 결정 포인트 내의 각 개별 조건식이 적어도 한 번은 참(T)과 거짓(F)의 결과가 되도록 수행한다.

3) 결정 커버리지(Decision Coverage)

- 결정 포인트 내의 모든 분기문에 대해 최소 한 번씩 수행하는 테스트 커버리지를 말한다.
- 결정 포인트 내의 전체 조건식이 적어도 한 번은 참(T)과 거짓(F)의 결과를 수행한다.

➕ 더 알기 TIP

결정 커버리지의 예

아래 코드는 x와 y의 값에 따라 z의 값을 결정된다.
- x와 y가 모두 양수인 경우에 z는 x와 y의 합이 되고,
- x와 y가 모두 음수인 경우에 z는 x와 y의 차가 되고,
- 그 외의 경우에는 z가 0이 된다.

1	`if (x > 0 && y > 0) {`
	`z = x + y;`
2	`} else if (x < 0 && y < 0) {`
	`z = x - y;`
3	`} else {`
	`z = 0;`
	`}`

- x의 값을 3, y의 값을 4로 설정한 경우
  → 1번 조건문(if문)이 참이 되어 z의 값이 7이 되는 것을 확인할 수 있다.
- x의 값을 -3, y의 값을 -4로 설정한 경우
  → 2번 조건문(else if문)이 참이 되어 z의 값이 1이 되는 것을 확인할 수 있다.
- x의 값을 0, y의 값을 5로 설정한 경우
  → 3번 조건문(else문)이 실행되어 z의 값이 0이 되는 것을 확인할 수 있다.
- x의 값을 0, y의 값을 -5로 설정한 경우
  → 3번 조건문(else문)이 실행되어 z의 값이 0이 되는 것을 확인할 수 있다.

위와 같이 모든 조건문의 각각의 경우를 한 번씩 실행하는 것이 결정 커버리지를 충족하는 것이다.

4) 조건/결정 커버리지(Condition/Decision Coverage)
- 전체 조건식의 결과가 참(T) 한 번, 거짓(F) 한 번을 갖도록 개별 조건식을 조합하는데, 이때 개별 조건식도 참(T) 한 번, 거짓(F) 한 번을 모두 갖도록 조합하는 테스트 커버리지를 말한다.
- 결정 커버리지와 조건 커버리지를 포함하는 커버리지이다.

5) 변경 조건/결정 커버리지(Modified Condition/Decision Coverage)
- 개별 조건식이 다른 개별 조건식에 영향을 받지 않고 전체 조건식에 독립적으로 영향을 주도록 하는 테스트 커버리지를 말한다.
- 조건과 결정을 복합적으로 고려한 측정 방법이며, 결정 포인트 내의 다른 개별적인 조건식 결과에 상관없이 독립적으로 전체 조건식의 결과에 영향을 준다.

➕ 더 알기 TIP

변경 조건/결정 커버리지의 예

아래 코드는 x와 y의 값에 따라 z의 값을 결정된다.
- x와 y가 모두 양수인 경우에 z는 x와 y의 합이 되고,
- x와 y가 모두 음수인 경우에 z는 x와 y의 차가 되고,
- 그 외의 경우에는 z가 0이 된다.

1	if (x > 0 && y > 0) {
	z = x + y;
2	} else if (x < 0 && y < 0) {
	z = x - y;
3	} else {
	z = 0;
	}

- 첫 번째 if문의 조건을 충족하는 경우
  → x와 y를 양수 값으로 설정한다. (예 x = 5, y = 3)
    이 경우 첫 번째 if문이 참이 되어 z = x + y로 설정된다.
- 두 번째 if문의 조건을 충족하는 경우
  → x와 y를 음수 값으로 설정한다. (예 x = -2, y = -4)
    이 경우 두 번째 if문이 참이 되어 z = x - y로 설정된다.
- 어떤 if문도 참이 아닌 경우
  → x와 y를 서로 다른 부호의 값으로 설정한다. (예 x = 2, y = -3)
    이 경우 어떤 if문도 참이 아니므로 else 절이 실행되어 z = 0으로 설정된다.

6) 다중 조건 커버리지(Multiple Condition Coverage)

- 결정 포인트 내에 있는 모든 개별 조건식의 모든 가능한 논리적 조합을 고려하는 테스트 커버리지를 말한다.
- 가장 강력하고 논리적 수준의 100% 커버리지를 보장한다.

➕ **더 알기 TIP**

다중 조건 커버리지의 예

> 예를 들어, 사용자의 로그인을 검증하는 함수가 있다고 할 때,
> - 사용자가 입력한 ID와 비밀번호가 일치하면 로그인이 성공하고,
> - 그렇지 않으면 로그인이 실패한다.
>
> 이 함수에는 다음과 같은 세 가지 조건이 있다.
> - 입력한 ID가 등록된 ID와 일치하는가?
> - 입력한 비밀번호가 등록된 비밀번호와 일치하는가?
> - 사용자의 계정이 활성화 상태인가?
>
> 이 함수를 테스트하기 위해서는 다음과 같은 테스트 케이스가 필요하다.
> → ID와 비밀번호가 모두 일치하고, 계정이 활성화 상태인 경우
> → ID와 비밀번호가 모두 일치하지만, 계정이 비활성화 상태인 경우
> → ID와 비밀번호가 일치하지 않고, 계정이 활성화 상태인 경우
> → ID와 비밀번호가 일치하지 않고, 계정이 비활성화 상태인 경우

이론을 확인하는 기출문제

01 테스트 커버리지(Test Coverage)의 설명으로 옳지 않은 것은?

① 테스트 품질을 측정하는 기준이다.
② 테스트의 부족한 부분을 파악하고 보완할 수 있다.
③ 완전한 커버리지가 가능하다.
④ 소프트웨어 품질 향상에 기여한다.

테스트 커버리지는 충분성 지표이지만 완전한 커버리지는 불가능하다.

02 기능 기반 커버리지(Function Coverage)의 설명으로 옳은 것은?

① 소스코드 내 모든 구문을 기준으로 측정한다.
② 애플리케이션의 전체 기능을 모수로 설정해 측정한다.
③ 개별 조건식의 참·거짓을 모두 실행하도록 한다.
④ 모든 논리적 조합을 고려하는 가장 강력한 기법이다.

기능 기반 커버리지는 전체 기능을 모수로 하여 실제 수행된 기능의 수를 측정한다.

03 코드 커버리지(Code Coverage)의 하위 유형이 아닌 것은?

① 구문 커버리지   ② 조건 커버리지
③ 기능 커버리지   ④ 다중 조건 커버리지

코드 커버리지에는 구문·조건·결정·조건/결정·변경 조건/결정·다중 조건 커버리지가 있다.

04 구문 커버리지(Statement Coverage)에 대한 설명으로 옳은 것은?

① 조건식의 모든 참·거짓을 한 번 이상 수행한다.
② 코드 내 모든 구문을 한 번 이상 수행한다.
③ 결정 포인트의 모든 분기를 최소 한 번 이상 수행한다.
④ 모든 조건식의 논리적 조합을 고려한다.

구문 커버리지는 모든 구문을 한 번 이상 실행하는 것을 의미한다.

05 조건/결정 커버리지의 특징으로 옳은 것은?

① 결정 커버리지와 조건 커버리지를 동시에 만족한다.
② 가장 강력한 기법으로 모든 조합을 고려한다.
③ 각 조건식이 독립적으로 전체 결과에 영향을 준다.
④ UI 기반 테스트에 활용된다.

조건/결정 커버리지는 조건과 결정 커버리지를 모두 충족하는 기법이다.

06 변경 조건/결정 커버리지(Modified Condition/Decision Coverage)에 대한 설명으로 옳은 것은?

① 조건 커버리지만 만족하면 된다.
② 다른 조건식에 상관없이 독립적으로 전체 결과에 영향을 준다.
③ 모든 가능한 조합을 고려한다.
④ 소프트웨어 기능 단위를 기준으로 한다.

변경 조건/결정 커버리지는 각 조건식이 다른 조건식과 무관하게 독립적으로 결과에 영향을 주도록 설계하는 기법이다.

07 다중 조건 커버리지(Multiple Condition Coverage)의 설명으로 옳은 것은?

① 소스코드의 모든 구문을 실행한다.
② 전체 조건식이 참/거짓 한 번씩 되도록 한다.
③ 개별 조건식이 독립적으로 결과에 영향을 주도록 한다.
④ 모든 개별 조건식의 가능한 조합을 고려한다.

다중 조건 커버리지는 모든 개별 조건식의 모든 가능한 논리 조합을 고려하는 가장 강력한 커버리지다.

정답 01 ③ 02 ② 03 ③ 04 ② 05 ① 06 ② 07 ④

SECTION 06 통합 테스트

빈출 태그 단위/통합 테스트 • 상향식/하향식 통합 • 테스트 자동화 • 테스트 하네스 • 드라이버 • 스텁

> **기적의 TIP**
> 출제 빈도가 높은 섹션입니다. 단위 테스트부터 통합 테스트까지의 절차를 이해하고 상향식 통합과 하향식 통합의 차이 그리고 테스트 하네스 도구의 역할까지 정리하세요.

01 단위 테스트(Unit Test)

1) 개념
- 하나의 모듈을 기준으로 독립적으로 진행되는 가장 작은 단위의 테스트이다.
- 애플리케이션을 구성하는 하나의 기능이 올바르게 동작하는지를 독립적으로 테스트하는 것이다.
- 구현 단계에서 각 모듈의 개발을 완료한 후 개발자가 명세서의 내용대로 정확히 구현되었는지 테스트한다.
- 모듈 내부의 구조를 구체적으로 볼 수 있는 구조적 테스트를 주로 시행한다.
- 소프트웨어 최소 기능 단위인 모듈, 컴포넌트를 테스트하는 것으로 사용자의 요구사항을 기반으로 한 기능 테스트를 제일 먼저 수행한다.
- 인터페이스, 자료구조, 독립적 기초 경로, 오류 처리 경로, 예외 조건 등을 테스트한다.

2) 지원 도구

JUnit	Java 언어로 개발된 소프트웨어의 단위 테스트를 위한 도구로, 테스트 케이스 작성, 실행, 결과 확인 등을 지원한다.
NUnit	.NET Framework에서 사용되는 단위 테스트 도구로, JUnit에 영향을 받아 개발되었으며 테스트 케이스 작성, 실행, 결과 확인 등을 지원한다.
XCTest	애플의 iOS, macOS, watchOS, tvOS 등에서 사용되는 단위 테스트 도구로, Swift 언어로 개발된 소프트웨어의 단위 테스트를 지원한다.
PyUnit	Python 언어로 개발된 소프트웨어의 단위 테스트를 위한 도구로, JUnit에 영향을 받아 개발되었으며 테스트 케이스 작성, 실행, 결과 확인 등을 지원한다.
Jasmine	자바스크립트 언어로 개발된 소프트웨어의 단위 테스트를 위한 도구로, BDD(Behavior-Driven Development) 스타일의 테스트를 지원한다.
Mocha	Node.js에서 사용되는 자바스크립트 런타임 환경에서 동작하는 단위 테스트 도구로, 테스트 케이스 작성, 실행, 결과 확인 등을 지원한다.
PHPUnit	PHP 언어로 개발된 소프트웨어의 단위 테스트를 위한 도구로, JUnit에 영향을 받아 개발되었으며 테스트 케이스 작성, 실행, 결과 확인 등을 지원한다.

> **기적의 TIP**
> 단위 테스트 지원 도구(xUnit)의 종류에는 JUnit, NUnit, JMockit, EMMA, PHPUnit, HttpUnit, DBUnit, CppUnit 등이 있습니다.

CppUnit	C++ 언어로 개발된 소프트웨어의 단위 테스트를 위한 도구로, JUnit에 영향을 받아 개발되었으며 테스트 케이스 작성, 실행, 결과 확인 등을 지원한다.
Google Test	C++ 언어로 개발된 소프트웨어의 단위 테스트를 위한 도구로, xUnit 스타일의 테스트, 테스트 케이스 작성, 실행, 결과 확인 등을 지원한다.
Mockito	자바 언어로 개발된 소프트웨어의 단위 테스트에서 Mock 객체를 생성하고 관리하는 도구이다.
PowerMock	자바 언어로 개발된 소프트웨어의 단위 테스트에서 Mock 객체 생성과 동시에 Static, Final 등의 제약조건을 테스트할 수 있는 도구이다.
EasyMock	자바 언어로 개발된 소프트웨어의 단위 테스트에서 Mock 객체를 생성하고 관리하는 도구이다.
Karma	자바스크립트 언어로 개발된 소프트웨어의 단위 테스트를 위한 도구로, 다양한 브라우저에서 테스트를 수행이 가능하다.
Protractor	Angular JS 프레임워크를 사용하는 자바스크립트 언어로 개발된 소프트웨어의 단위 테스트를 위한 도구로, 브라우저상에서 실행되는 End-to-End 테스트를 지원한다.
Selenium	다양한 언어와 브라우저에서 웹 애플리케이션의 테스트를 수행하는 오픈소스 도구로, 단위 테스트뿐만 아니라 End-to-End 테스트를 지원한다.

02 통합 테스트(Integration Test)

1) 개념

- 각 모듈을 결합하여 시스템을 완성하는 과정에서 모듈 간 인터페이스 혹은 통합된 컴포넌트 간 상호 작용 오류 및 결함을 찾아 해결하기 위한 테스트 기법이다.
- 개별적으로 테스트한 모듈을 통합하여 시스템 전체의 동작을 검증하는 소프트웨어 테스트 단계이다.
- 개발된 모든 모듈이 통합되고, 상호 작용하는 방식이 검증되는 단계로서, 시스템의 완성도와 품질을 평가하는 데 중요한 역할을 한다.

2) 종류

점진적 통합 방식 (상향식/하향식)	• 단계적으로 통합하며 테스트한다. • 오류 수정이 쉽다. • 인터페이스 관련 오류를 테스트할 수 있다. • 상향식 통합, 하향식 통합 방식이 있다.
비점진적 통합 방식 (빅뱅 통합)	• 모든 모듈이 결합된 프로그램 전체를 대상으로 테스트한다. • 소규모, 짧은 기간 내 소프트웨어에 적합하다. • 오류 발견/장애 위치 파악 또는 수정이 어렵다. • 빅뱅 통합 방식이 있다.

03 통합 테스트 방식

1) 상향식 통합 테스트(Bottom Up Integration Test)

① 개념
- 프로그램 구조에서 최하위 레벨인 모듈을 구성하고 상위 모듈 방향으로 통합하며 검사한다.

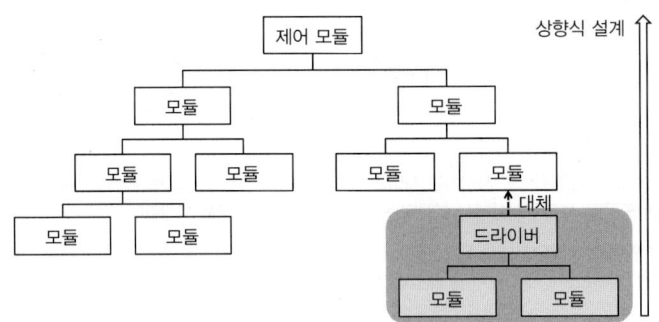

② 특징
- 하위 모듈에서 상위 모듈로 점진적으로 통합하기 때문에, 하위 모듈의 결함이 상위 모듈로 전파되는 것을 방지할 수 있다.
- 상위 모듈이 아직 개발되지 않은 경우, 더미 모듈인 드라이버(Driver)를 사용하여 테스트를 수행할 수 있다.
- 하위 모듈이 모두 개발 완료된 후 상위 모듈을 통합하는 하향식 통합 테스트에 비해, 개발 속도가 빠르다.
- 하위 모듈이 개발 중일 때 테스트를 수행하기 때문에, 결함을 조기에 발견하고 수정할 수 있다.

③ 사용 대상
- 하위 모듈의 개발이 상위 모듈의 개발보다 먼저 완료되는 경우
- 하위 모듈의 결함이 상위 모듈로 전파되는 것을 방지하고 싶은 경우
- 개발 속도를 빠르게 하고 싶은 경우
- 모듈의 개발이 순차적으로 진행되는 경우
- 상위 모듈의 개발이 하위 모듈의 개발보다 더 오래 걸리는 경우
- 하위 모듈의 테스트가 쉽고 빠른 경우

④ 유의 사항
- 하위 모듈은 독립적으로 테스트할 수 있어야 한다.
- 테스트 드라이버는 하위 모듈의 인터페이스를 정확하게 구현해야 한다.
- 테스트 케이스는 하위 모듈의 모든 기능을 테스트할 수 있도록 설계해야 한다.
- 하위 모듈의 테스트가 완료된 후, 상위 모듈로 통합할 때는 모듈의 의존성이 높아질 수 있으므로, 테스트 케이스를 신중하게 설계해야 한다.

⑤ 절차
- 하위 모듈을 클러스터로 결합한다.
- 상위 모듈에서 데이터 입출력을 확인하기 위해 더미 모듈인 드라이버를 작성한다.
- 통합된 클러스터 단위로 테스트를 수행한다.
- 테스트가 완료되면 클러스터는 프로그램 구조의 상위로 이동하여 결합하고 드라이버는 실제 모듈로 대체한다.

2) 하향식 통합 테스트(Top Down Integration Test)

① 개념
- 상위 컴포넌트를 테스트하고 점증적으로 하위 컴포넌트를 검사한다.
- 주요 제어 모듈을 기준으로 아래로 통합하며 진행한다.
- 하위 컴포넌트 개발이 완료되지 않았을 때 스텁(Stub)을 사용하기도 한다.
- 우선 통합법, 깊이 우선 통합법, 너비 우선 통합법 등이 있다.
- 하위 레벨 모듈들은 특정한 소프트웨어 부가 기능을 수행하는 클러스터들에 결합한다.

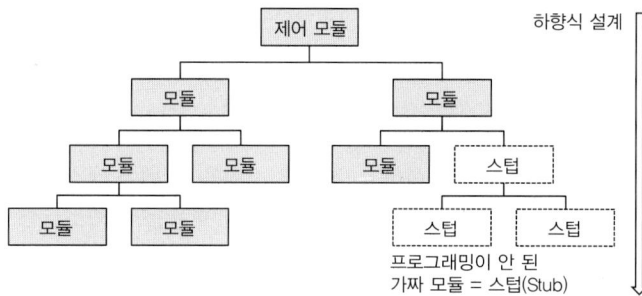

② 특징
- 모듈 간의 인터페이스와 시스템의 동작이 정상적으로 잘 되고 있는지를 빨리 파악하고자 할 때 상향식보다는 하향식 통합 테스트를 사용하는 것이 좋다.
- 시스템 테스트 가능 : 상위 모듈부터 통합하며, 아직 개발되지 않은 하위 모듈은 스텁(Stub)으로 대체하여 시스템 동작을 점진적으로 확인할 수 있다.
- 개발 일정 예측 가능 : 하위 모듈이 완성되기 전에도 스텁을 이용해 상위 기능 검증이 가능하므로, 개발 진행 상황을 조기에 파악할 수 있다.
- 통합 오류를 찾기 어려울 수 있음 : 하위 모듈에서 문제가 발생하지 않더라도 상위 모듈에서는 오류가 발생할 수 있는데, 이 상황에서는 각 하위 모듈에서 개별적으로 테스트를 수행해야 한다.
- 테스트 스텁 사용 가능 : 하위 모듈이 아직 개발되지 않은 경우, 테스트 스텁을 사용하여 상위 모듈을 테스트할 수 있다.
- 문제 발견이 늦어질 수 있음 : 하위 모듈이 모두 완성된 후에 테스트를 진행하므로, 문제가 발생한 경우 그 문제를 해결하기가 더욱 어려워질 수 있다.
- 개발자와 테스터 간 협력 필요 : 개발자와 테스터가 밀접하게 협력하여 수행해야 한다.

+ 더 알기 TIP

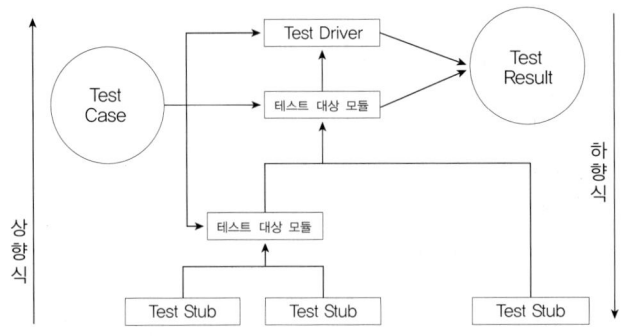

3) 샌드위치 테스트(Sandwich Test, 혼합식 테스트)

- 상향식과 하향식의 장점을 이용하는 방식(하향식+상향식)이다.
- 하위 프로젝트가 있는 대규모 프로젝트에 사용하는 방식이다.
- 병렬 테스트가 가능하고 시간 절약이 가능하다.
- 스텁(Stub)과 드라이버(Driver)의 필요성이 매우 높은 방식이며, 비용이 많이 들어간다.

4) 빅뱅

- 시스템을 구성하는 모듈을 각각 따로 구현하고, 전체 시스템을 한 번에 테스트한다.
- 테스트를 위한 드라이버(Driver)와 스텁(Stub) 없이 실제 모듈들로 테스트를 진행한다.
- 단시간 테스트를 수행하나 결함의 격리가 어려운 방식이다.

+ 더 알기 TIP

구분	하향식	상향식	빅뱅
드라이버/스텁	스텁(Stub)	드라이버(Driver)	실제 모듈로 테스트
수행	상위→하위	하위→상위	동시
장점	• 장애 위치 확인 용이 • 초기 프로토타입 가능	• 장애 위치 확인 용이 • 모든 모듈이 개발 준비되어 있지 않아도 됨	소규모 시스템에 단기간 테스트 가능
단점	• 많은 스텁 필요 • 낮은 수준 모듈은 부적절한 테스트 가능성	• 초기 프로토타입 불가 • 중요한 모듈들이 마지막에 테스트 될 가능성이 있음	• 장애 위치 확인 어려움 • 모든 모듈이 개발 준비되어 있어야 함

04 테스트 자동화 도구

1) 개념
- 애플리케이션 개발 중 반복되는 다양한 테스트 과정을 HW/SW적으로 자동화 도구를 사용하여 일관성 및 생산성을 향상시킬 수 있다.
- 테스트 관리, 소스코드 리뷰 및 인스펙션, 테스트 설계 및 개발, 테스트 수행 등 테스트에 포함되는 다양한 과정을 자동으로 지원하는 도구이다.

2) 고려 사항
- 모든 과정이 아닌 그때그때 맞는 적절한 도구를 선택
- 자동화 도구를 고려하여 프로젝트 일정 계획
- 프로젝트 초기에 테스트 엔지니어 투입 시기 계획

3) 테스트 수행 단계별 테스트 자동화 도구

테스트 계획 단계	요구사항 관리 도구
테스트 분석 및 설계 단계	테스트 케이스 생성 도구
테스트 수행 단계	테스트 자동화/정적 분석/동적 분석/성능 테스트/모니터링 도구
테스트 관리 단계	커버리지 분석/형상 관리/결함 추적 및 관리 도구

4) 유형

① 정적 분석 도구
- 프로그램을 실행하지 않고 소스코드 분석을 통해 결함을 발견하는 도구이다.
- 코딩 표준, 코딩 스타일, 코딩 복잡도, 남은 결함 등을 발견하기 위해 사용한다.

② 테스트 실행 도구
- 스크립트 언어를 사용하여 테스트를 실행하는 방법으로서 테스트 데이터와 수행 방법 등이 포함된 스크립트를 작성한 후 실행한다.
- 종류

데이터 주도 접근 방식	• 테스트 데이터를 스프레드시트 문서에 저장하고 실행하는 방식으로 다양한 테스트 데이터를 동일한 테스트 케이스로 반복하여 실행하는 방식이다. • 새로운 데이터의 경우 미리 작성된 스크립트에 테스트를 추가하여 테스트를 진행할 수 있다.
키워드 주도 접근 방식	• 테스트를 수행할 동작을 나타내는 키워드와 테스트 데이터를 스프레드시트 문서에 저장하여 실행하는 방식이다. • 키워드를 이용하여 테스트를 정의할 수 있다.

③ 성능 테스트 도구
- 애플리케이션의 처리량, 응답 시간, 경과 시간, 자원 사용률에 대해 가상의 사용자를 생성하고 테스트를 수행함으로써 성능 목표를 달성하였는지를 확인하는 테스트 자동화 도구이다.

④ 테스트 통제 도구
- 테스트 계획 및 관리, 수행, 결함 관리 등을 수행한다.

⑤ 테스트 하네스 도구
- 소프트웨어 컴포넌트를 테스트할 수 있게 하거나 프로그램의 입력을 받아들이거나 빠진 컴포넌트의 기능을 대신하거나 실행 결과와 예상 결과를 비교하기 위하여 동원된 소프트웨어 도구이다.

5) 장단점

장점	• 반복되는 테스트 데이터를 다시 입력할 때 자동화한다. • 사용자 요구 기능의 일관성 있는 검증에 유리하다. • 테스트 결과값에 대한 객관적인 평가 기준을 제공한다. • UI가 없는 서비스의 경우에도 정밀한 테스트가 가능하다. • 테스트 시간 단축과 인력 투입 비용을 최소화할 수 있다.
단점	• 도구 사용 방법에 대한 교육 및 학습이 필요하다. • 프로세스 단계별로 적용하기 위한 시간, 노력이 필요하다. • 도구 구매 비용, 유지 관리 비용이 많이 들어 추가적인 투자가 필요하다.

05 테스트 하네스(Test Harness) 도구의 구성 요소

1) 개념

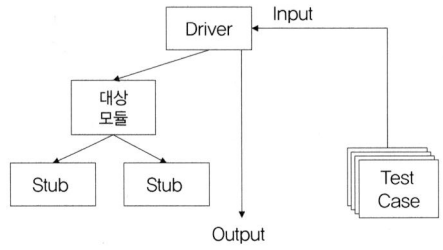

1) 테스트 드라이버(Test Driver)
- 하위 → 상위 모듈로 통합하면서 테스트하는 상향식 테스트에서 사용한다.
- 테스트 대상을 제어하고 동작시키는 데 사용되는 도구를 의미한다.
- 시스템 및 컴포넌트를 시험하는 환경 일부분으로 시험을 지원하는 목적하에 생성된 코드와 데이터이다.
- 모듈의 API를 호출하여 모듈의 동작을 시뮬레이션하고, 테스트 케이스에서 정의된 테스트 입력을 제공한다.

2) 테스트 스텁(Test Stub)
- 상위 → 하위 모듈 방향으로 통합 테스트를 진행하는 하향식 테스트에서 사용한다.
- 상위 모듈에서 하위 모듈로의 테스트를 진행하는 과정 중 하위 시스템 컴포넌트의 개발이 완료되지 않은 상황에서 시스템 테스트를 진행하기 위하여 임시로 생성된 가상의 더미 컴포넌트(Dummy Component)이다.

➕ 더 알기 TIP

테스트 드라이버와 테스트 스텁의 비교

구분	테스트 드라이버(Test Driver)	테스트 스텁(Test Stub)
용도	하위 모듈을 구동	하위 모듈을 대체
특징	• 구현이 비교적 어려움 • Bottom-Up 점증 통합 • 하위 모듈의 중요도가 높을 때	• 구현이 쉬움 • Top-Down 점증 통합 • 상위 모듈의 중요도가 높을 때
문제점	초기에 구조 파악이 어려움	알고리즘, 데이터 구조, 변수 등 구체적인 구현이 없어 실제 동작을 충분히 검증하기 어려움
차이점	• 이미 존재하는 하위 모듈과 존재하지 않는 상위 모듈의 인터페이스 역할 수행 • 개발 완료 시 본래 모듈로 대체함	• 하위 모듈에서 상위 모듈을 호출할 때 완벽한 기능을 임시로 수행하는 더미 모듈 • 깊이 우선 스텁과 너비 우선 스텁
예	데이터베이스 접근 모듈(DB 모듈, 하위 모듈)을 구현했지만, 이를 호출하는 상위 모듈(애플리케이션 로직)이 아직 준비되지 않았다면, DB 모듈을 직접 호출하고 입력을 전달하여 결과를 확인하는 가상의 호출 프로그램을 작성하는데, 이때 이 가상의 호출 프로그램이 Driver가 됨	서버는 준비되어 있고 클라이언트를 구축한다고 할 때 클라이언트를 가상으로 연결한다고 가정하면, 이때 클라이언트가 Stub이 됨

3) 테스트 슈트(Test Suites)

- 일정한 순서에 의하여 수행될 개별 테스트의 집합 또는 패키지이다.
- 슈트는 응용 분야나 우선순위, 내용에 연관된다.

4) 테스트 케이스(Test Case)

- 요구에 맞게 개발되었는지 확인하기 위하여 테스트할 입력과 예상 결과를 정의한 것이다.
- 테스트 자동화를 도입하면 테스트 케이스는 데이터 레코드로 저장될 수 있고 테스트 스크립트로 정의할 수 있다.

5) 테스트 스크립트(Test Script)

테스트 케이스를 수행하여 그 결과를 보고할 목적으로 명령어 또는 이벤트 중심의 스크립트 언어로 작성한 파일로 수행 경로에 영향을 미칠 논리 조건들을 포함하고 있다.

6) 목 오브젝트(Mock Object)

테스트를 위해 사용자 행위를 미리 조건부로 입력해 두고 그 상황에 맞는 행위를 수행하는 객체이다.

> 🚩 **기적의 TIP**
>
> 테스트 케이스는 테스트에 필요한 입력값, 실행 조건, 기대 결과 등으로 만들어진 테스트 항목 명세서이고, 테스트 시나리오는 테스트 케이스의 동작 순서를 기술한 문서입니다. 개념을 명확히 구분하세요.

이론을 확인하는 기출문제

01 단위 테스트(Unit Test)에 대한 설명으로 옳지 <u>않은</u> 것은?

① 모듈 내부의 구조를 구체적으로 볼 수 있는 구조적 테스트를 주로 시행한다.
② 사용자 요구사항 기반의 기능 테스트는 단위 테스트에 해당하지 않는다.
③ 개발자가 명세서대로 모듈이 정확히 구현되었는지 확인한다.
④ 소프트웨어 최소 기능 단위인 모듈, 컴포넌트를 대상으로 수행한다.

> 단위 테스트는 모듈의 내부 구조 확인뿐만 아니라 사용자 요구사항 기반 기능 테스트도 포함한다.

02 다음 중 단위 테스트 지원 도구와 언어의 연결이 올바른 것은?

① JUnit – Python
② NUnit – .NET
③ XCTest – Android
④ Jasmine – PHP

> [오답피하기]
> • ① JUnit – Java
> • ③ XCTest – iOS · macOS
> • ④ Jasmine – JavaScript

03 통합 테스트에 대한 설명으로 옳은 것은?

① 각 모듈을 독립적으로 테스트하는 단계이다.
② 모듈 간 상호작용 오류 및 결함을 찾아내는 테스트 기법이다.
③ 모듈 내부의 제어 구조를 검사하는 기법이다.
④ 빅뱅 방식은 대규모 소프트웨어에 적합하다.

> 통합 테스트는 모듈을 결합해 상호작용 오류를 찾는 과정이다.

04 상향식 통합 테스트(Bottom Up)의 특징으로 옳지 <u>않은</u> 것은?

① 하위 모듈부터 상위 모듈 방향으로 통합한다.
② 스텁(Stub)을 사용하여 상위 모듈을 대체한다.
③ 결함이 조기에 발견될 수 있다.
④ 테스트 드라이버를 사용한다.

> 상향식은 드라이버(Driver)를 사용하며, 스텁은 하향식에서 사용된다.

05 하향식 통합 테스트(Top Down)의 특징으로 옳은 것은?

① 주요 제어 모듈을 기준으로 하위로 점진적으로 통합한다.
② 드라이버(Driver)를 사용하여 하위 모듈을 대체한다.
③ 하위 모듈 개발이 먼저 끝난 경우에 유리하다.
④ 결함을 조기에 발견하기 쉽다.

> 하향식 통합은 상위 모듈부터 점차 하위로 통합하며, 하위 모듈이 미완성일 경우 스텁을 사용한다.

06 테스트 자동화 도구에 대한 설명으로 옳지 <u>않은</u> 것은?

① 테스트 관리·설계·수행 과정을 자동으로 지원할 수 있다.
② 성능 테스트 도구는 응답 시간·자원 사용률 등을 검증한다.
③ 모든 프로젝트에서 동일한 자동화 도구를 사용하는 것이 권장된다.
④ 정적 분석 도구는 프로그램 실행 없이 결함을 찾는다.

> 자동화 도구는 프로젝트 상황에 맞게 선택해야 하며, 모든 프로젝트에 동일 도구를 사용하는 것은 권장되지 않는다.

정답 01 ② 02 ② 03 ② 04 ② 05 ① 06 ③

CHAPTER

03

애플리케이션 성능 개선

학습 방향

애플리케이션 성능 개선과 소스코드 최적화 기법을 학습합니다. 병목 현상 해결, 튜닝, 리팩토링은 시험 단골 문제이며 실무에서도 중요합니다. 성능 개선 방법은 CPU/메모리 병목 사례를 표로 외우고, 리팩토링·최적화 관련 문제는 실제 코드 예시를 통해 연습하는 것이 효과적입니다.

출제 빈도

SECTION 01	상	55%
SECTION 02	중	45%

SECTION 01 애플리케이션 성능 개선

출제빈도 상 중 하
반복학습 1 2 3

빈출 태그 성능 지표 • DB 성능 저하 • 알고리즘 기법 • 시간 복잡도 • 순환 복잡도

기적의 TIP

본 섹션은 주로 알고리즘 설계 기법과 알고리즘 시간 복잡도의 출제 빈도가 높습니다. 특히 알고리즘 시간 복잡도의 Big-O 표기법은 다양한 형태와 다양한 분야의 객관식 지문으로 출제되니 꼭 정리하세요.

01 애플리케이션 성능 개선

1) 성능 측정 지표

처리량(Throughput)	주어진 시간에 처리할 수 있는 프로세스 처리 수
응답 시간(Response Time)	데이터 입력 완료 시부터 응답 출력이 개시될 때까지의 시간
경과 시간(Turnaround Time)	입력한 시점부터 그 결과의 출력이 완료할 때까지 걸리는 시간
자원 사용률(Resource Usage)	프로세스 처리 중 사용하는 CPU 사용량, 메모리 사용량, 네트워크 사용량
가용성(Availability)	애플리케이션이 사용할 수 있는 시간의 비율
확장성(Scalability)	애플리케이션이 더 많은 작업을 처리하기 위해 확장할 수 있는 능력
안정성(Reliability)	애플리케이션이 일정 기간 잘 작동하는 정도

2) 유형별 성능 분석 도구

- 성능/부하/스트레스(Performance/Load/Stress) 점검 도구 : 측정 지표인 처리량, 응답 시간, 경과 시간 등을 점검하기 위해 가상의 시스템 부하나 스트레스를 통해 성능을 분석하는 도구이다.
- 모니터링(Monitoring) 도구 : 성능 모니터링, 성능 저하 원인 분석, 시스템 부하량 분석, 장애 진단, 사용자 분석, 용량 산정 등의 기능을 통하여 애플리케이션 실행 시 자원 사용량을 확인하고 분석하는 도구이다.

기적의 TIP

관측성(Observability)
- 시스템 내부 상태를 외부 지표로 이해할 수 있는 능력이다.
- 로그는 이벤트 기록, 메트릭은 수치 지표, 트레이스는 요청 경로 추적을 의미한다.
- 이 3가지를 함께 활용해 분산 시스템 상태를 효과적으로 파악한다.

3) 위험 감시(Risk Monitoring)

- 위험 요소 징후들에 대하여 계속해서 인지하는 것이다.
- 위험 감시 절차

위험 식별 (Risk Identification)	• 프로젝트에서 발생할 수 있는 위험을 식별한다. • 현재 상황과 문제점을 파악하고, 과거 프로젝트의 경험을 바탕으로 가능한 위험을 모두 파악해야 한다.
위험 평가 (Risk Assessment)	• 파악한 위험을 평가한다. • 발생 가능성과 영향도를 고려하여 위험의 우선순위를 결정한다.
위험 대응 계획 수립 (Risk Response Planning)	• 위험에 대응하기 위한 계획을 수립한다. • 위험을 방지하거나, 최소화하는 방법을 찾아내야 한다.
위험 모니터링 (Risk Monitoring)	• 수립한 계획을 실행하고, 위험 상황을 모니터링한다. • 위험이 발생하면 즉시 대응 계획을 실행하고, 그 결과를 기록한다.

02 애플리케이션 성능 저하 원인

1) 데이터베이스 연결 및 쿼리 실행 시 발생하는 성능 저하

- DB Lock : 과도한 데이터 조회/업데이트/인덱스 생성 시 발생하며, Lock의 해제 시까지 대기하거나 처리되지 못하고 종료된다.
- 불필요한 DB Fetch : 필요한 데이터보다 많은 대량의 데이터 요청이 들어오면 발생하며, 결과 세트에서 마지막 위치로 커서를 옮기는 작업이 빈번한 경우 응답 시간 저하 현상이 발생한다.
- 연결 누수(Connection Leak) : DB 연결과 관련한 JDBC 객체를 사용 후 종료하지 않을 경우 발생한다.
- 부적절한 Connection Pool Size : 커넥션 풀 크기를 너무 작거나 크게 설정하였을 경우 발생한다.
- 기타 : 트랜잭션이 Commit되지 않고 커넥션 풀에 반환되거나, 잘못 작성된 코드로 인해 불필요한 Commit이 자주 발생하는 경우 발생한다.

> **더 알기 TIP**
>
> **DB Lock 최소화 방안**
> - 트랜잭션 수 줄이기 : 트랜잭션 수를 줄이면 Lock 충돌이 줄어들기 때문에 성능 저하를 최소화할 수 있다.
> - Lock 범위 줄이기 : 배타적 Lock을 설정할 때 가능한 범위를 줄이면 Lock 충돌을 최소화할 수 있다.
> - Lock 대기 시간 줄이기 : Lock 대기 시간이 길어질수록 성능이 저하될 수 있다. 이를 방지하기 위해 Lock 대기 시간을 최소화하는 방법을 고려할 수 있다.
> - Deadlock 예방 : Deadlock을 방지하기 위해서는 트랜잭션 수행 순서를 조정하거나, Lock 대기 시간을 제한하는 방법을 고려할 수 있다.

2) 내부 로직으로 인한 성능 저하

- 웹 애플리케이션의 인터넷 접속 불량이나 대량의 파일로 인해 부하가 발생하는 경우이다.
- 정상적으로 처리되지 않은 오류 처리로 인한 부하가 발생하거나 트랜잭션이 수행되는 동안 외부 트랜잭션(외부 호출)이 장시간 수행되거나, 타임아웃이 일어나는 경우이다.

3) 잘못된 환경 설정이나 네트워크 문제로 인한 성능 저하

- 환경 설정으로 인한 성능 저하 : Thread Pool, Heap Memory의 크기를 너무 작게 설정하면 Heap Memory Full 현상이 발생한다.
- 네트워크 장비로 인한 성능 저하 : 라우터, L4 스위치 등 네트워크 관련 장비 간 데이터 전송 실패 또는 전송 지연에 따른 데이터 손실이 발생한다.

★ 알고리즘
• 주어진 과제를 해결하는 방법과 절차를 의미한다.
• 알고리즘은 자연어, 의사코드(Pseudocode), 순서도, 프로그래밍 언어를 이용하여 표현 가능하다.

★ 의사코드(Pseudocode)
특정 프로그래밍 언어의 문법에 따라 쓰인 것이 아니라, 일반적인 언어로 코드를 흉내 내 알고리즘을 써놓은 코드

★ 순서도의 구조
구조, 순차, 선택, 반복, 입출력

기적의 TIP
분할 정복법은 재귀 호출로 인해 과도한 오버헤드가 발생할 수 있으며, 이를 방지하기 위해서는 부분 문제 수를 제한하는 방법을 고려해야 합니다. 또한, 부분 문제의 해결 방법이 명확하지 않을 수 있으며, 문제 분할 방법이 문제에 따라 다르게 결정될 수 있습니다.

★ 피보나치 수열 알고리즘
재귀 호출(동적 계획법)뿐만 아니라, 분할 정복법을 통해서도 구현 가능

03 알고리즘★ 설계 기법

1) 분할 정복법(Divide & Conquer)

① 개념
• 제시된 문제를 분할이 불가할 때까지 나누고, 각 과제를 해결하면서 다시 결합해 문제의 답을 얻는 Top-Down 방식이다.
• 예 퀵 정렬 알고리즘, 병합(합병) 정렬 알고리즘

② 절차

| 1. 분할(Divide) : 정복이 필요한 과제를 분할이 가능한 부분까지 분할한다. |
| 2. 정복(Conquer) : 1에서 분할된 하위 과제들을 모두 해결(정복)한다. |
| 3. 결합(Combine) : 2에서 정복된 해답을 모두 취합(결합)한다. |

③ 장단점

장점	• 병렬 처리가 가능하다. • 문제를 작은 단위로 분할하여 해결하므로, 문제의 크기가 커지더라도 해결이 가능하다. • 각각 분할된 문제를 독립적으로 해결하므로, 구현이 쉽고 단순하다.
단점	• 분할 단계에서의 오버헤드가 발생할 수 있다. • 분할된 문제를 해결한 후 합병하는 과정이 필요하므로, 추가적인 연산 시간이 필요하다. • 문제를 잘게 분할하다 보면, 문제 해결에 필요한 최소한의 크기보다 작아져서 오히려 문제 해결이 불가능해질 수 있다.

2) 동적 계획법(Dynamic Programming)

① 개념
• 주어진 문제를 해결하기 위해 부분 문제에 대한 답을 계속적으로 활용해 나가는 Bottom-Up 방식이다.
• Optimal Substructure(최적 부분 구조) : 큰 문제를 작은 문제로 나누어 해결하며, 작은 문제의 최적 해결 방법을 결합하여 전체 문제의 최적 해결 방법을 얻을 수 있다.
• Overlapping Subproblems(중복 부분 문제) : 작은 문제들이 서로 중복되는 부분 문제를 포함하고 있다.
• 예 플로이드 알고리즘, 피보나치 수열 알고리즘★

② 절차

| 1. 부분 문제로 분리 |
| 2. 가장 낮은 단계의 부분 문제 해답 계산 |
| 3. 이 부분 문제의 해답을 이용해 상위 부분 문제를 해결 |

③ 장단점

장점	• 중복되는 부분 문제를 한 번만 해결하고 결과를 저장하여 다시 사용함으로써, 연산 시간을 단축한다. • 복잡한 문제를 작은 문제로 쪼개어 해결하며, 작은 문제의 최적 해결 방법을 결합하여 전체 문제의 최적 해결 방법을 얻는다. • 다양한 문제에 적용 가능하다.
단점	• 문제에 따라서는 메모리 사용량이 많아질 수 있다. • 부분 문제 간의 의존성이 큰 경우, 문제를 나누기가 어려울 수 있다. • 문제를 해결하기 위해 각 부분 문제의 결과를 저장하는 과정이 필요하기 때문에 구현이 복잡할 수 있다. • 이전 단계의 해답을 활용하기 위해 반드시 기억할 수 있는 저장소가 필요하므로 속도는 빠르지만 공간 복잡도가 커진다.

3) 탐욕법(Greedy Method)

① 개념

- 국소적인 관점에서 최적의 해결 방법을 구하는 기법으로 최적의 해결 방법을 구하지는 못하나 동적 계획법보다 효율적이라고 할 수 있다.
- 예 크루스칼 알고리즘, 다익스트라 알고리즘

> **기적의 TIP**
>
> 탐욕법은 매 단계에서 가장 좋은 선택을 하므로, 매우 빠른 실행 속도와 적은 메모리 사용량을 보이지만 이 방법이 항상 최적해를 보장하지는 않습니다. 항상 결과를 검증하여 최적해임을 보장해야 한다는 것을 기억하세요.

② 절차

```
1. 문제를 부분 문제로 분리
2. 각 부분 문제에 대한 최적해를 구함
3. 각 부분 문제의 최적해를 결합하여 전체 문제의 최적해를 구함
```

③ 장단점

장점	• 실행 속도가 매우 빠르다. • 적은 메모리를 사용한다. • 단순하고 구현하기 쉽다.
단점	• 항상 최적해를 보장하지는 않는다. • 지역 최적해에 빠질 가능성이 있다. • 문제에 따라 Greedy Method가 적용되지 않을 수 있다.

4) 퇴각 검색법(Backtracking)

- 어떤 문제의 최적해를 구하기 위해 모든 가능성을 찾아가는 방법이다.
- N-Queen 문제 해결 시에 응용된다.
- 동적 계획법과 같이 기억할 저장소가 필요하다.

5) 분기 한정법(Branch & Bound)

- 정해진 범위(Bound)를 벗어나는 값들은 가지치기(Branch)해가며 결과값을 추적해 나가는 방식이다.
- 예 최적 우선 탐색(Best First Search) 알고리즘, A* 알고리즘★

★ A* 알고리즘
가중치 그래프에서 시작 노드에서 목표 노드까지의 최단 경로만 구하려 하는 그리드 알고리즘

6) 근사 해법(Approximation Algorithm)
- 복잡도가 매우 높은 문제에 대해 가장 근사치의 값을 구하는 기법이다.
- NP-Hard 문제★를 해결하기 위해 주어진 시간에 최적해에 가장 가까운 답을 찾는 결정성 알고리즘을 구현하는 기법이다.
- 시간 복잡도, 공간 복잡도, 정밀도를 척도로 평가된다.
- 예) 근사 알고리즘

★ NP-Hard 문제
다항 시간 내에 풀기 어렵다고 판단되는 문제

> 기적의 TIP
> 시간 복잡도의 개념, 특징, 표기법 등을 꼭 기억하세요.

04 알고리즘 시간 복잡도

1) 분할 정복법(Divide & Conquer)
① 개념
- 알고리즘의 실행 시간, 즉 알고리즘을 수행하기 위해 프로세스가 수행하는 연산 횟수를 수치화한 것으로 시간이 아닌 명령어의 실행 횟수를 표기한 것이다.

Big-O Notation	• 알고리즘의 실행 시간이 최악일 때를 표기하는 방법이다. • 실행 횟수는 어떠한 경우에도 표기 수치보다 많을 수 없다.
Big-θ Notation	• 알고리즘의 실행 시간이 평균일 때를 표기하는 방법이다. • 실행 횟수는 평균적인 수치로 표기하기 까다롭다.
Big-Ω Notation	• 알고리즘의 실행 시간이 최상일 때를 표기하는 방법이다. • 실행 횟수는 어떠한 경우에도 표기 수치보다 적을 수 없다. • 신뢰성이 떨어진다.

- 시간 복잡도 계산 공식

$$T(n) = aT(n/b) + f(n)$$

- $T(n)$: 입력 크기가 n일 때 알고리즘의 시간 복잡도
- a : 문제를 나누는 데 사용되는 부분 문제의 개수
- n/b : 각 부분 문제의 크기
- $f(n)$: 분할된 문제를 해결하고 다시 합병하는 데 필요한 추가 작업의 수

➕ 더 알기 TIP

시간 복잡도의 함수 그래프

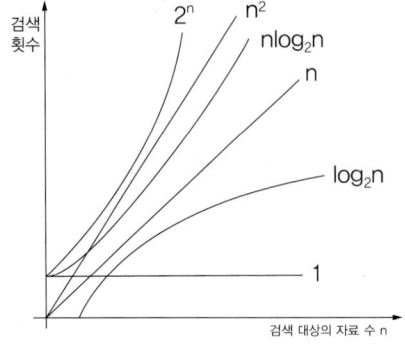

2) 정렬 방식별 알고리즘 시간 복잡도

종류	최상	평균	최악
선택 정렬	$O(n^2)$	$O(n^2)$	$O(n^2)$
버블 정렬	$O(n^2)$	$O(n^2)$	$O(n^2)$
삽입 정렬	$O(n)$	$O(n^2)$	$O(n^2)$
힙 정렬	$O(nlog_2n)$	$O(nlog_2n)$	$O(nlog_2n)$
병합 정렬	$O(nlog_2n)$	$O(nlog_2n)$	$O(nlog_2n)$
퀵 정렬	$O(nlog_2n)$	$O(nlog_2n)$	$O(n^2)$

3) 시간 복잡도에 따른 알고리즘

- 시간 복잡도는 알고리즘이 문제를 해결하기 위한 시간(연산)의 횟수를 말한다.
- 시간 복잡도를 고려하는 것은 최적화를 위해 필요하다.
- 알고리즘의 소요 시간에 대한 정확한 평가는 어려워 자료의 수 n이 증가할 때 시간(Time Complexity)이 증가하는 대략적인 패턴을 의미한다.

4) 시간 복잡도 Big-O 표기법

$O(1)$	상수 시간의 복잡도를 의미하며 입력값 n이 주어졌을 때, 문제를 해결하는 데 오직 한 단계만 거친다(해시 함수).
$O(log_2n)$	로그 시간의 복잡도를 의미하며 입력값 n이 주어졌을 때, 문제를 해결하는 데 필요한 단계들이 연산마다 특정 요인에 의해 줄어든다(이진 탐색).
$O(nlog_2n)$	선형 로그 시간의 복잡도를 의미하며 문제 해결을 위한 단계 수는 nlog₂n번의 수행 시간을 갖는다(퀵 정렬, 힙(Heap) 정렬, 병합(합병) 정렬).
$O(n)$	선형 시간의 복잡도를 의미하며 문제를 해결하기 위한 단계의 수와 입력값 n이 1:1 관계이다(순차 탐색).
$O(n^2)$	제곱 시간의 복잡도를 의미하며 문제를 해결하기 위한 단계의 수는 입력값 n의 제곱근이다(거품 정렬, 삽입 정렬, 선택 정렬).
$O(C^n)$	지수 시간의 복잡도를 의미하며 문제를 해결하기 위한 단계의 수는 주어진 상수값 C의 n제곱이다.

05 McCabe의 순환 복잡도(Cyclomatic)

1) 개념
- 프로그램의 이해 난이도는 제어 흐름 그래프의 복잡도에 따라 결정되며, 복잡도를 싸이클로메틱 개수로 산정하는 방법이다.
- 싸이클로메틱의 개수와 원시 프로그램 오류의 개수는 밀접한 관계가 있다.
- 최대 10을 넘지 않도록 하며, 10이 넘을 경우 이를 분해하도록 한다.

> **기적의 TIP**
> 순환 복잡도를 계산하는 문제는 'McCabe의 Cyclomatic 수를 계산하시오.'라는 문제로 출제되었습니다.

2) 계산 방식
- 복잡도 = 화살표 수 − 노드 수 + 2(제어 흐름 그래프를 통해 파악)
- 복잡도 = 영역 수(폐 구간) + 1(제어 흐름 그래프를 통해 파악)
- 복잡도 = 의사결정 수 + 조건 수 + 1(프로그램 코드상에서 파악, 제어 흐름 그래프를 그리기 어려운 경우에 활용)

➕ **더 알기 TIP**

제어 흐름 그래프가 다음과 같을 때 McCabe의 Cyclomatic 수는 얼마인가?

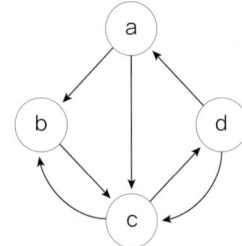

- 순환 복잡도 : V(G) = E − N + 2
  - E : 화살표 수
  - N : 노드 수(점)
- 결과 : 7 − 4 + 2 = 5

이론을 확인하는 기출문제

01 애플리케이션 성능 지표와 설명이 옳지 <u>않은</u> 것은?
① 처리량 – 단위 시간 내 처리할 수 있는 건수
② 응답 시간 – 입력 완료~출력 개시까지 시간
③ 경과 시간 – 입력~출력 완료까지 전체 시간
④ 자원 사용률 – 애플리케이션의 가용 시간 비율

자원 사용률은 CPU · 메모리 · 네트워크 등 자원 소모 비율을 뜻한다.

02 DB 성능 저하 원인으로 옳지 <u>않은</u> 것은?
① DB Lock
② 불필요한 DB Fetch
③ Connection Leak
④ 인덱스 튜닝

인덱스 튜닝은 성능 저하 원인이 아니라 성능 개선 방안이다.

03 시간 복잡도 Big-O 표기와 예가 옳지 <u>않은</u> 것은?
① $O(1)$ – 해시 함수
② $O(\log n)$ – 이진 탐색
③ $O(n \log n)$ – 퀵, 힙, 병합 정렬
④ $O(n^2)$ – 힙 정렬

힙 정렬은 $O(n \log n)$이다.

04 McCabe의 순환 복잡도(Cyclomatic Complexity) 계산 공식이 옳지 <u>않은</u> 것은?
① 화살표 수 – 노드 수 + 2
② 영역 수 + 1
③ 의사결정 수 + 조건 수 + 1
④ 결함 수 + 테스트 케이스 수 + 1

결함 수 · 테스트 케이스 수는 Cyclomatic Complexity 계산 요소가 아니다.

정답 01 ④ 02 ④ 03 ④ 04 ④

SECTION 02 소스코드 최적화

빈출태그 클린 코드 • 스파게티 코드 • 외계인 코드 • 정적 분석 • 동적 분석

> **기적의 TIP**
> 소스코드 최적화에 필요한 용어인 클린 코드, 외계인 코드가 반복 출제됩니다. 소스코드 분석 도구 중 정적 분석과 동적 분석의 차이를 알 수 있도록 합니다.

01 소스코드 최적화

1) 개념
- 읽기 쉽고 변경 및 추가가 쉬운 클린 코드를 작성하는 것을 의미한다.
- 소스코드 품질을 위해 기본적으로 지킬 원칙과 기준을 정의하고 있다.

2) 좋은 코드(Clean Code)와 나쁜 코드(Bad Code)

좋은 코드 (Clean Code)	• 깔끔하게 잘 정리된 코드이다. • 중복 코드 제거로 애플리케이션의 설계가 개선된다. • 가독성이 높아 애플리케이션의 기능에 대해 쉽게 이해할 수 있다. • 버그를 찾기 쉬워지며, 프로그래밍 속도가 빨라진다. • 유형 : 보기 좋은 배치, 작은 함수, 분석 가능한 제어 흐름, 오류 처리, 간결한 주석, 의미 있는 이름
나쁜 코드 (Bad Code)	• 다른 개발자가 로직(Logic)을 이해하기 어렵게 작성된 코드이다. • 변수/메서드에 대한 명칭을 알 수 없다. • 동일한 처리 로직이 중복되게 작성되었다. • 스파게티 코드(Spaghetti code)라고도 한다. • 유형 : 오염, 문서 부족, 의미 없는 이름, 높은 결합도, 아키텍처 침식

> **➕ 더 알기 TIP**
>
> **스파게티 코드와 외계인 코드**
>
> | | |
> |---|---|
> | 스파게티 코드
(Spaghetti code) | • 처리 로직의 제어가 체계화되어 있지 않고 스파게티 면처럼 서로 얽혀있는 코드이다.
• 잦은 오류가 발생할 가능성이 있다.
• 소스코드 이해 부족으로 인하여 코드를 계속 덧붙이기 할 경우 코드 복잡도가 증가한다. |
> | 외계인 코드
(Alien Code) | • 외계인이 코딩한 것과 같이 이해할 수 없는 코드이다.
• 오래되거나 참고 문서 또는 개발자가 없어 유지보수 작업이 어려운 프로그램을 의미한다. |

3) 코드의 간결성 유지 지침
- 공백을 이용하여 실행문 그룹과 주석을 명확히 구분하고, 복잡한 논리식과 산술식은 괄호와 들여쓰기(Indentation)를 통해 명확히 표현한다.
- 빈 줄을 사용하여 선언부와 구현부를 구별하고, 한 줄에 되도록 적은 문장을 코딩한다.

4) 좋은 코드(Clean Code)의 작성 원칙

가독성	이해하기 쉬운 용어를 사용하고 들여쓰기 등을 활용하여 코드를 쉽게 읽을 수 있도록 작성한다.
단순성	클래스/메서드/함수는 최소 단위로 분리해 한 번에 한 가지 기능만 처리한다.
의존성 배제	다른 모듈에 미치는 영향을 최소화하여 코드 변경 시 다른 부분에 영향이 없도록 작성한다.
중복성	최소화 중복된 코드는 삭제하여 공통된 코드로 사용한다.
추상화	상위 클래스/메서드/함수에서 간략하게 애플리케이션 특성을 나타내고, 상세 내용은 하위 클래스/메서드/함수에서 구현한다.

5) 소스코드 최적화 유형

클래스 분할 배치	• 하나의 클래스는 하나의 역할만 수행하도록 응집도를 높인다. • 모듈 크기를 작게 작성한다.
좋은 이름 사용	변수나 함수 이름은 Naming Rule을 정의하여 기억하기 좋고, 발음이 쉬운 것으로 사용한다.
코딩 형식 준수	• 개념적 유사성이 높은 종속 함수를 사용하여 논리적으로 코드를 라인별로 구분하여 가독성을 높인다. • 호출하는 함수는 앞쪽에 배치, 호출되는 함수는 뒤쪽에 배치하고 지역변수는 각 함수 맨 처음에 선언한다.
느슨한 결합 (Loosely Coupled)	클래스 간 의존성을 느슨하게 하도록 인터페이스 클래스를 이용하여 추상화된 자료구조와 메서드를 구현한다.
적절한 주석	코드의 간단한 기능 안내 및 중요 코드를 표시할 때 적절히 사용한다.

02 소스코드 품질 분석

1) 정적 분석(Static Analysis)

① 개념
- 잠재적인 실행 오류와 코딩 표준 위배 사항 등 보안 약점을 검출한다.
- 검출된 약점을 수정/보완하여 소프트웨어의 안전성을 강화하고 향후 발생하는 오류 수정 비용을 줄일 수 있다.
- 개발 초기의 결함을 찾을 때 사용하며, 개발 완료 시점에서는 개발된 소스코드의 품질 검증을 위해 사용한다.
- 소스코드에서 코딩의 복잡도, 모델 의존성, 불일치성 등을 분석할 수 있다.

② 정적 분석 기법

소스코드 검증	검증 가이드라인을 통한 보안 조치
코드 리뷰	개발자가 작성하고 다른 개발자가 정해진 방법을 통해 검토하는 방법(동료 검토, 제3자 검토라고도 함)
리버스 엔지니어링	시스템의 기술적인 원리를 구조 분석을 통해 발견하는 방법

★ 소스코드 품질 분석 도구
- 소스코드의 코딩 스타일, 코드에 설정된 코딩 표준, 코드의 복잡도, 코드에 존재하는 메모리 누수 현상, 스레드 결함 등을 발견하기 위해 사용하는 분석 도구이다.
- 정적 분석 도구와 동적 분석 도구로 구분된다.

> **기적의 TIP**
>
> '정적 분석 도구가 아닌 것은?'이라는 단순한 형식으로 많이 출제됩니다. 동적 분석 도구와 정적 분석 도구의 종류를 잘 구분하세요.

③ 정적 분석 도구의 종류

도구	특징	지원 언어	지원 환경
PMD	• Java, Apex, XML 등 다양한 언어에서 사용 가능 • 코드 스타일 검사, 복잡도 분석, 보안 분석 등의 기능을 제공	Java, Apex, XML 등	Windows, macOS, Linux
CPPCheck	• C, C++ 언어에서 사용 가능 • 메모리 누수, 잘못된 포인터 사용, 배열 경계 검사 등의 기능을 제공	C, C++	
SonarQube	• 20개 이상의 프로그램 언어 분석 가능 • 코드 커버리지, 코드 스타일 검사, 보안 분석 등의 기능을 제공하며, 코드 품질 대시보드를 제공	다양한 언어	
Checkstyle	• Java 언어에서 사용할 수 있는 코드 스타일 검사 도구 • 코드 스타일 규칙을 쉽게 수정하고 추가할 수 있으며, 자동화된 코드 리뷰를 제공	Java	
CCM	• C, C++ 언어에서 사용할 수 있는 코드 복잡도 분석 도구 • 소스코드의 복잡도를 측정하여 유지보수성을 향상시키는 데에 도움을 줌	C, C++	
Cobertura	• Java 언어에서 사용할 수 있는 코드 커버리지 분석 도구 • 코드 커버리지 보고서를 생성하고, 코드 커버리지를 측정하는 데에 도움을 줌	Java	

2) 동적 분석(Dynamic Analysis)

① 개념
- 소프트웨어 소스코드보다는 실행 과정에서 다양한 입·출력 데이터의 변화 및 사용자 상호 작용에 따른 변화를 점검하는 분석 기법이다.
- 소스코드를 실행시키면서 프로그램의 결함 및 취약점, 메모리 및 스레드 결함 등을 분석할 수 있다.

② 동적 분석 기법

디버깅	논리적인 오류(버그)를 찾아내는 테스트 과정
스트레스 테스트	결과 관찰을 위해 한계점에 이르는 테스트를 수반
모의 해킹	내부 또는 외부에서 실제 해커가 사용하는 해킹 도구와 기법 등을 이용하여 정보 시스템으로의 침투 가능성을 진단하는 선의의 해킹 기법
리버스 엔지니어링	동적 역공학 분석 툴을 이용하여 구조 분석

➕ **더 알기 TIP**

테스트(Testing)와 디버깅(Debugging)

구분	테스트(Testing)	디버깅(Debugging)
개념	소프트웨어에 결함(Fault)이 존재하는지 확인하고, 결함으로 인해 발생하는 장애(Failure)를 발견하는 활동	발견된 장애를 발생시킨 결함의 근본 원인을 찾고, 코드를 수정하여 결함을 제거하는 개발 활동
목적	결함의 존재를 식별하고, 소프트웨어가 요구사항 및 명세에 맞게 작동하는지 확인하여 품질 수준에 대한 정보를 얻는 것 (오류 식별/예방적 접근)	발견된 결함을 해결하고, 수정된 코드가 올바르게 작동하는지 검증하여 소프트웨어의 신뢰성을 확보하는 것 (오류 수정/교정적 접근)

주요 활동	테스트 케이스 설계 및 실행, 결과 기록, 발견된 장애 보고	장애 발생 지점 추적, 변수 및 프로그램 흐름 분석, 코드 수정, 수정 사항 확인 테스트(재확인)
수행 주체	테스터(Tester) 또는 개발자(Developer)	개발자(Developer)
수행 시점	개발자가 코드를 작성한 후 (통상 디버깅보다 선행)	테스트를 통해 장애(버그)가 발견된 후 (테스트 결과에 의존)

③ 동적 분석 도구의 종류

도구	기능	지원 언어	지원 환경
Valgrind	메모리 오류 검사, 성능 분석, 프로파일링 등	C, C++, Assembly 등	Linux
GDB	디버깅, 코드 실행 제어 등	C, C++, Assembly 등	Windows, macOS, Linux
JProfiler	자바 애플리케이션의 성능 분석, 메모리 프로파일링 등	Java	
VisualVM	JVM 기반의 자바 애플리케이션의 성능 분석, 메모리 프로파일링 등	Java	
Apache JMeter	웹 애플리케이션의 성능 테스트, 부하 테스트 등	Java	
Fiddler	웹 애플리케이션의 네트워크 트래픽 분석, 디버깅 등	다양한 언어, 프로토콜	Windows
Avalanche	네트워크 성능 테스트, 부하 테스트, 실시간 분석 등	다양한 언어, 프로토콜	Windows, Linux

더 알기 TIP

정적 분석 도구와 동적 분석 도구의 비교

구분	정적 분석 도구	동적 분석 도구
작동 원리	코드를 실행하지 않고, 소스코드 자체를 분석하여 오류나 취약점을 찾음	코드를 실행하여 동작 중에 발생하는 오류나 취약점을 찾음
검사 대상	소스코드	실행 중인 코드
검사 시점	컴파일 이후, 빌드 이전에 수행	실행 중 또는 디버깅 중에 수행
오류 검출	코드 스타일, 복잡도, 보안 취약점 등	메모리 오류, 성능 문제, 보안 취약점 등
사용 예시	코드 품질 검사, 보안 검사, 버그 검사 등	메모리 누수 검사, 성능 분석, 디버깅 등
수행 단계	소스코드 작성 및 컴파일 → 정적 분석 도구로 소스코드 분석 → 결과 리포트 작성	소스코드 작성 및 컴파일 → 동적 분석 도구로 실행 중인 코드 분석 → 결과 리포트 작성

기적의 TIP

대표적인 정적 분석 도구의 종류에는 pmd, cppcheck, checkstyle, FindBugs 등이 있고, 동적 분석 도구의 종류에는 Avalanche, Valgrind, valMeter 등이 있습니다.

03 소프트웨어 품질 목표(Software Quality and Goals)

정확성(Correctness)	사용자의 요구 기능을 충족시키는 정도
신뢰성(Reliability)	주어진 시간 동안 주어진 기능을 오류 없이 수행하는 정도
사용 용이성(Usability)	사용에 필요한 노력을 최소화하고 쉽게 사용할 수 있는 정도, 적절한 사용자 인터페이스와 문서를 가지고 있는 정도
효율성(Efficiency)	명시된 조건에서 소프트웨어 제품의 일정한 성능과 자원 소요량의 관계에 관한 속성, 즉 요구되는 기능을 수행하는 데 필요한 자원의 소요 정도
무결성(Integrity)	허용되지 않는 사용이나 자료의 변경을 제어하는 정도

이론을 확인하는 기출문제

01 소스코드 최적화 관련 설명으로 옳지 <u>않은</u> 것은?

① 좋은 코드는 가독성이 높고 유지보수가 쉽다.
② 나쁜 코드는 스파게티 코드, 외계인 코드라고도 불린다.
③ 클린 코드는 중복 코드가 많아도 상관없다.
④ 외계인 코드는 이해하기 어려운 오래된 코드이다.

클린 코드는 중복 코드를 제거하여 설계를 개선한다.

02 좋은 코드(Clean Code)의 특징으로 옳지 <u>않은</u> 것은?

① 보기 좋은 배치, 작은 함수
② 오류 처리와 의미 있는 이름 사용
③ 높은 결합도와 아키텍처 침식
④ 분석 가능한 제어 흐름

높은 결합도와 아키텍처 침식 등은 나쁜 코드의 특징이다.

03 소스코드 분석 도구의 분류로 옳지 <u>않은</u> 것은?

① 정적 분석 – 소스코드 실행 없이 분석
② 동적 분석 – 실행 중 동작과 오류 검사
③ 정적 분석 도구 예시 – PMD, CPPCheck
④ 동적 분석 도구 예시 – Cobertura, Checkstyle

Cobertura · Checkstyle은 정적 분석 도구이다.

04 정적 분석 도구에 해당하지 <u>않는</u> 것은?

① PMD
② CPPCheck
③ SonarQube
④ Valgrind

Valgrind는 실행 중 메모리 오류를 검사하는 동적 분석 도구이다.

정답 01 ③ 02 ③ 03 ④ 04 ④

CHAPTER

04

UI 설계

학습 방향

사용자의 요구를 반영한 UI 환경 분석과 설계 지침, 프로토타입·스토리보드 작성 기법을 학습합니다. 일관성, 표준화 개념은 빈출 영역입니다. UI 설계 지침(일관성·가시성 등)은 체크리스트 형태로 외우세요. 스토리보드·와이어프레임은 실제 도형을 그려 보면서 연습하면 이해도가 높습니다. 시험에서는 정의 암기 + 예시 적용이 동시에 필요합니다.

출제 빈도

SECTION 01	중	30%
SECTION 02	상	40%
SECTION 03	상	30%

SECTION 01 UI 환경 분석

빈출 태그: UI 경향 분석 • 사용자 요구사항 • 기능 분석 • UI 요구사항 요소 • 정황 시나리오 • 페르소나

> **기적의 TIP**
> 본 섹션은 사용자 인터페이스를 확인하기 위해 사용자의 경향 및 요구사항을 파악하여 정황 시나리오를 작성하는 단계입니다. 출제율이 낮으니 간단히 흐름만 정리하세요.

★ UI(User Interface, 사용자 인터페이스)
사용자가 어떤 방식으로 응용 프로그램을 이용하는가를 설계하는 작업

01 UI 표준을 위한 환경 분석

1) 사용자 경향 분석
- 기존 및 현재의 UI★ 경향을 숙지하고 현재 UI의 단점을 작성한다.
- 사용자의 요구사항을 파악하고, 쉽게 이해할 수 있는 기능 위주로 기술 영역을 정의한다.

2) 사용자 경향 분석 시 주의점

① 다양한 사용자 그룹 파악
- 사용자 그룹을 너무 좁게 정의하면, 다른 사용자 그룹의 요구사항을 놓치게 될 수 있다.
- 가능한 모든 사용자 그룹을 고려하여 사용자 경험(UX)을 설계하는 것이 중요하다.

② 인터뷰 질문의 정확성
- 인터뷰할 때, 질문이 너무 추상적이거나 주관적인 답변을 유도하면 안 된다.
- 명확하고 구체적인 질문을 하여 사용자의 요구사항과 선호도를 정확히 파악해야 한다.

③ 사용자의 행동 고려
- 사용자가 인터페이스에서 어떤 작업을 수행하는 데 필요한 최소한의 동작을 고려해야 한다.
- 사용자가 자주 사용하는 기능이나 단축키 등을 파악하여 인터페이스를 최적화할 수 있다.

④ 시나리오 기반 테스트
- 사용자 경험을 평가하는 방법의 하나는 시나리오 기반 테스트이다.
- 테스트를 진행할 때 실제 사용 환경과 유사한 조건에서 테스트를 진행해야 한다.

⑤ 사용자 피드백 수집
- 사용자의 피드백을 수집하는 것이 중요하다.
- 사용자들의 요구사항과 선호도를 고려하여 인터페이스를 개선할 수 있다.

⑥ 보안 문제 고려
- 인터페이스에서 보안에 관련된 문제가 발생할 수 있다.
- 사용자 경험을 개선하는 동시에 보안에 대한 고려도 필요하다.

3) 기능 및 설계 분석

① 기능 조작성 분석
- 사용자 편의를 위한 조작에 관한 분석을 확인한다.
- 예 스크롤바 지원 가능 여부, 마우스 조작 시 동선 확인

② 오류 방지 분석
- 조작 시 오류에 대해 예상 가능한지 확인한다.
- 예 의도치 않은 페이지 이동, 기능 버튼의 명확한 구분이 가능한지 확인, 기능 버튼의 이름이 사용자 조작과 일치하는지 확인

③ 최소한의 조작으로 업무 처리가 가능한 형태인지 분석
- 작업 흐름에 가장 적합한 레이아웃인지 확인한다.
- 예 기능 특성에 맞는 UI 확인 및 조작 단계 최소화와 동선 단순 여부 확인

④ UI의 정보 전달력 확인
- 중요 정보인지, 쉽게 전달 가능한지 여부와 정보 제공의 간결성, 명확성, 정보 제공 방식의 일관성, 사용자의 이해성을 확인하고 상호연관성이 높은 정보인지 확인한다.
- 예 오류 발생 시 해결 방법의 접근 용이성 확인

4) UI 요구사항 요소

데이터 요구	• 사용자 요구 모델과 객체들의 핵심 특성에 기반하여 데이터 객체를 정리한다. • 인터페이스에 영향을 줄 수 있으니, 초기에 확인한다. • 예 Email 메시지 속성 : 제목, 송신자, 송신일, 참조인, 답변 등
기능 요구	• 동사형으로 사용자의 목적 달성을 위해 실행해야 할 기능을 설명한다. • 기능 요구 목록으로 정리한다. • 최대한 철저하게 작성해야 한다. • 예 사용자는 메일을 작성하거나 수신, 참조하여 발송할 수 있다.
제품, 서비스 품질	• 감성 품질과 데이터/기능 요구 외 제품 품질과 서비스 품질을 고려한다. • 시스템 처리 능력 등 정량화 가능한 요구사항을 확인한다.
제약 사항	• 사전에 제약 사항의 변경 여부를 확인한다. • 예 비용, 데드라인, 시스템 준수에 필요한 규제 등

02 정황 시나리오

1) 정황 시나리오 작성
- 개발하는 서비스의 초기 모양을 상상하는 단계이다.
- 사용자 관점에서 작성하며 요구사항 정의에서 가장 기초적인 시나리오를 의미한다.
- 높은 수준과 낙관적인 상황에서 이상적 시스템 동작에 초점을 둔다.
- 육하원칙을 따르고 사용자가 주로 사용하는 기능 기반에서 작성한다.
- 간단명료하게 작성하여 정확하게 전달하고, 같은 동작 기능은 하나의 시나리오에 통합한다.
- 외부 전문가, 경험자에게 검토를 의뢰하도록 한다.

> **기적의 TIP**
>
> **페르소나(Persona, 퍼소나)**
> - 제품이나 서비스를 설계할 때, 목표 사용자의 특성·목표·행동 패턴을 대표하도록 구체적으로 설정한 가상의 인물상이다.
> - 사용자 집단을 추상적으로 표현하는 대신, 실제 인물처럼 구체적인 프로필을 부여해 사용자의 요구와 경험을 더 잘 반영할 수 있게 한다.

이론을 확인하는 기출문제

01 UI 경향 분석 시 주의사항으로 옳지 <u>않은</u> 것은?
① 다양한 사용자 그룹 파악
② 추상적·주관적 질문 활용
③ 시나리오 기반 테스트 진행
④ 사용자 피드백 수집

> 추상적·주관적 질문은 요구사항 파악에 방해가 되므로 옳지 않다.

02 UI 요구사항 요소에 해당하지 <u>않는</u> 것은?
① 데이터 요구
② 기능 요구
③ 서비스 품질
④ 개발자 개인 코딩 스타일

> UI 요구사항 요소 : 데이터 요구(UI가 처리할 데이터 형식, 제약조건 등), 기능 요구(UI가 제공해야 할 동작, 입력·출력 처리 등), 서비스 품질 요구(응답 시간, 사용성, 접근성 등 품질 특성)

03 정황 시나리오의 특징으로 옳은 것은?
① 시스템 중심으로 기술한다.
② 사용자의 경험과 상황을 기반으로 작성한다.
③ 기술적 세부 구현 위주로 작성한다.
④ 오류 상황은 고려하지 않는다.

> **오답 피하기**
> • ① 사용자 중심이어야 함
> • ③ 기술 구현보다 사용 과정 설명
> • ④ 예외 상황 고려 필요

04 페르소나(Persona)에 대한 설명으로 옳지 <u>않은</u> 것은?
① 목표 인구집단의 대표 사용자 모델이다.
② 제품을 사용할 가능성이 없는 인물도 포함된다.
③ 가상의 인물이지만 실제 사용자 특성을 반영한다.
④ 목표 달성 과정에서의 활동·환경을 고려한다.

> 제품과 무관한 사용자는 페르소나에 포함되지 않는다.

정답 01 ② 02 ④ 03 ② 04 ②

UI 표준과 지침

빈출태그 UI・UI 설계 원칙・UI 지침・UI 표준・UX

01 UI 표준 및 지침

1) UI의 개념
- 인간, 디지털 기기, 소프트웨어 사이에서 의사소통할 수 있도록 만들어진 매개체이다.
- 인간과 컴퓨터의 상호 작용(HCI)에 필요한 화상, 문자, 소리, 수단(장치)을 의미한다.

2) UI의 특징
- 실사용자의 만족도에 직접 영향을 준다.
- 적절한 UI 구성은 편리성, 가독성, 동선의 축약 등으로 작업 시간을 줄일 수 있고 업무 효율을 높일 수 있다.
- 실사용자가 수행해야 할 기능을 구체적으로 제시한다.
- UI 설계 전 반드시 아키텍처를 파악하고 있어야 한다.

3) UI의 분야

표현 분야	전체적인 구성과 콘텐츠의 상세 표현을 위한 분야
정보 제공과 전달 분야	물리적 제어를 통한 정보 제공과 전달을 위한 분야
기능 분야	기능적으로 사용자가 쉽고 간편하게 사용하도록 하는 분야

4) UI 개발 시스템이 가져야 할 기능
- 사용자 입력의 검증
- 에러 처리와 에러 메시지 처리
- 도움과 프롬프트(Prompt) 제공

> 🎯 **기적의 TIP**
> 사용자 인터페이스 설계에 관한 내용을 학습합니다. 출제 빈도가 높으니 내용을 정확히 정리하세요.

> **기적의 TIP**
>
> '직'진하다 '유'턴해서 '학'교 앞에서 '유'턴해!
> UI 설계 원칙은 사용자가 직접 접하는 환경이므로 직관적이고 기능 접근이 유효해야 하며, 쉽게 배우고 기능이나 오류에 유연성 있게 접근할 수 있어야 합니다.

02 UI 설계

1) UI 설계 원칙

① 직관성(Intuitiveness)

- 사용자가 UI를 처음 접했을 때 그 의미나 사용법이 자연스럽게 느껴지도록 설계하는 원칙이다.
- 사용자는 처음 UI를 보고도 그것이 무엇을 의미하며 어떻게 사용해야 하는지 쉽게 이해할 수 있어야 한다.
- 즉, UI 요소는 직관적이어야 하며, 사용자가 필요한 작업을 쉽게 수행할 수 있도록 구성되어야 한다.

② 유효성(Efficiency, 효율성)

- 사용자가 시스템 또는 애플리케이션을 사용하여 목표를 달성하는 데 얼마나 효과적으로 그리고 정확하게 수행할 수 있는지를 의미한다.
- 예를 들어, 버튼은 누르면 작동한다는 것이 유효성 원칙에 해당한다.
- **예** 사용자가 주문을 쉽게 하고 이를 확인할 수 있으며 주문 프로세스가 무리 없이 작동하는 경우, 그 시스템은 높은 유효성을 갖는 것이라고 할 수 있다.

③ 학습성(Learnability)

- 사용자가 UI를 처음 접했을 때 그것을 어떻게 사용해야 하는지를 쉽게 배울 수 있도록 설계하는 원칙이다.
- UI 요소는 사용자의 경험이나 배경지식에 구애받지 않고 쉽게 이해할 수 있어야 한다. 이를 통해 사용자는 쉽게 UI를 학습하고 작업을 수행할 수 있다.

④ 유연성(Flexibility)

- 사용자의 요구를 최대한 수용하면서 오류를 최소화해야 한다는 것으로, UI 요소가 다양한 상황에서도 사용자가 원하는 대로 동작하도록 하여 사용자가 UI를 더욱 효율적으로 사용할 수 있도록 하는 원칙이다.
- 예를 들어, UI 요소는 여러 가지 방법으로 사용될 수 있어야 하며, 사용자의 선호에 따라 조절할 수 있어야 한다. 이를 통해 사용자는 자신이 원하는 방식으로 UI를 사용할 수 있게 된다.

+ 더 알기 TIP

피드백(Feedback)

UI와 관련된 기본 개념 중 하나로, 시스템의 상태와 사용자의 지시에 대한 효과를 보여주어 사용자가 명령에 대한 진행 상황과 표시된 내용을 해석할 수 있도록 도와주는 것이다.

2) UI 설계의 필요성

- 구현 대상 결과의 오류를 최소화하고, 구현하는 결과를 얻는 데 필요한 노력을 줄일 수 있다.
- 막연한 작업 기능에 대하여 구체적 방법을 제시한다.
- 사용자 편의성을 높여 작업 시간 단축, 업무 이해도를 높인다.
- 정보 제공자/공급자 사이의 원활하고 쉬운 매개 임무를 수행한다.

3) UI 설계 지침

사용자 중심	실사용자의 이해를 바탕으로 쉽게 이해하고 사용할 수 있는 환경을 제공한다.
일관성	사용자가 쉽게 기억하고 빠르게 습득할 수 있도록 버튼이나 조작법을 제공한다.
단순성	인지적 부담을 줄이도록 가장 간단한 조작 방법으로 작동하도록 한다.
가시성	주요 기능은 메인 화면에 배치하여 쉽게 조작할 수 있도록 한다.
표준화	기능 구조의 선행 학습 이후 쉽게 이용할 수 있도록 디자인을 표준화한다.
접근성	사용자의 직무, 성별, 나이 등의 조건을 고려한 다양한 계층을 수용해야 한다.
결과 예측 가능	작동 대상 기능만 보고도 결과 예측이 가능해야 한다.
명확성	사용자 관점에서 개념적으로 쉽게 인지할 수 있어야 한다.
오류 발생 해결	오류가 발생하면 사용자가 상황을 정확히 인지할 수 있어야 한다.

➕ 더 알기 TIP

가시성을 고려한 UI 설계 시 고려 사항

- 명확한 레이블(Labeling) : 사용자가 UI 요소가 어떤 기능을 수행하는지 쉽게 이해할 수 있도록 레이블을 붙여야 한다. 예를 들어, 버튼에 "확인" 또는 "취소"와 같은 레이블을 붙여 사용자가 쉽게 버튼의 기능을 이해할 수 있도록 한다.
- 일관성(Consistency) : 사용자는 UI 요소를 일관된 방식으로 사용하고 인식할 수 있어야 한다. 예를 들어, 모든 버튼이 같은 위치에 있어야 하고, 모든 아이콘이 일관된 크기와 색상을 갖도록 해야 한다.
- 적절한 표시(Proper Signifies) : 사용자가 필요한 정보를 쉽게 찾을 수 있도록 UI 요소를 표시해야 한다. 예를 들어, 텍스트 필드에 힌트 텍스트를 표시하거나, 선택할 수 있는 UI 요소를 강조하여 표시하는 것이 이에 해당한다.
- 레이아웃(Layout) : UI 요소의 레이아웃은 사용자가 UI 요소를 쉽게 찾고 인식할 수 있도록 구성해야 한다.

③ UX(User eXperience, 사용자 경험)

1) UX의 개념
- 제품을 대상으로 직·간접적으로 사용하면서 느끼고 생각하게 되는 지각과 반응, 행동 등 모든 경험을 의미한다.
- UI는 사람과 시스템 간의 상호 작용을 의미하지만, UX는 제품과 서비스, 회사와 상호 작용을 통해서 전체적인 느낌이나 경험을 말한다.
- UX에 영향을 주는 요소 : 성능, 시간

2) 모바일 사용자 UX 설계 시 고려 사항(행정안전부 고시)
- 시스템을 사용하는 대상, 환경, 목적, 빈도 등을 고려한다.
- 사용자가 직관적으로 서비스 이용 방법을 파악할 수 있도록 한다.
- 입력의 최소화, 자동 완성 기능을 제공한다.
- 사용자의 입력 실수를 수정할 수 있도록 되돌림 기능을 제공한다.
- 모바일 서비스의 특성에 적합한 디자인을 제공한다.

이론을 확인하는 기출문제

01 UI의 특징으로 옳지 않은 것은?
① 실사용자 만족도에 영향
② 작업 시간 단축 가능
③ 기능을 구체적으로 제시
④ 아키텍처보다 UI 설계 우선

UI 설계 전에는 소프트웨어 아키텍처를 우선 숙지해야 한다.

02 UI 설계 원칙에 해당하지 않는 것은?
① 직관성
② 유효성
③ 학습성
④ 보안성

UI 설계 원칙 : 직관성, 유효성, 학습성, 유연성

03 UI 설계 지침으로 옳지 않은 것은?
① 사용자 중심
② 일관성
③ 단순성
④ 성능 최적화

성능 최적화는 성능 개선 항목이다.

04 UI 구현 시 오류 메시지 지침으로 옳지 않은 것은?
① 명확하고 이해하기 쉽게 작성
② 문제 해결 방법 제공
③ 시각적으로 강조
④ 메시지를 숨겨 항상 보이지 않게 함

오류 메시지는 사용자 경험 고려가 필요하나 항상 숨기는 것은 아니다.

05 UI 개발 기법과 설명 연결이 옳지 않은 것은?
① 3C 분석 – 고객·자사·경쟁사 분석
② SWOT 분석 – 강점·약점·기회·위협 분석
③ 시나리오 플래닝 – 사용자 인터페이스 단순화
④ 사용성 테스트 – 실제 사용자 테스트

시나리오 플래닝은 불확실성 제거를 위한 경영 전략 기법이다.

06 UX에 대한 설명으로 옳지 않은 것은?
① 제품 사용 경험 전반 의미
② UI는 상호 작용, UX는 총체적 경험
③ 성능·시간은 UX 요소
④ UX는 단순히 화면 디자인 요소만을 의미한다.

UX(User Experience)는 사용자가 제품이나 서비스를 사용하면서 경험하는 총체적 만족감과 가치를 의미한다.

정답 01 ④ 02 ④ 03 ④ 04 ④ 05 ③ 06 ④

SECTION 03 UI 설계

빈출 태그 UI 설계 단계 • UI 상세 설계 • UI의 종류 • UI 설계 도구 • UI 프로토타입 • 감성 공학 • HCI

> **기적의 TIP**
> 사용자 인터페이스 설계 과정을 학습합니다. 전체적인 설계 흐름과 출제된 내용 위주로 간단히 정리하세요.

01 UI 설계 단계

1) UI 설계 단계
① **문제 정의** : 시스템의 목적과 해결해야 할 문제를 정의한다.
② **사용자 모델 정의** : 사용자 특성을 결정하고, 소프트웨어 작업 지식 정도에 따라 초보자, 중급자, 숙련자로 구분한다.
③ **작업 분석** : 사용자의 특징을 세분화하고 수행되어야 할 작업을 정의한다.
④ **컴퓨터 오브젝트 및 기능 정의** : 작업 분석을 통하여 어떤 사용자 인터페이스에 표현할지를 정의한다.
⑤ **사용자 인터페이스 정의** : 모니터, 마우스, 키보드, 터치스크린 등과 같은 물리적 입·출력 장치 등의 상호 작용 오브젝트를 통하여 시스템 상태를 명확히 한다.
⑥ **디자인 평가** : '사용자 능력, 지식에 적합한가?', '사용자가 사용하기 편리한가?' 등의 평가를 의미하며, 사용성 공학을 통하여 사용성 평가를 할 수 있다. 평가 방법론으로는 GOMS★, Heuristics★ 등이 있다.

> ★ **GOMS**
> 인간이 어떤 행위를 할지 예측하여 그 문제를 해결하는 데 필요한 소요 시간, 학습 시간 등을 평가하기 위한 기법
>
> ★ **Heuristics**
> 논리적 근거가 아닌 어림짐작을 통하여 답을 도출해 내는 방법

2) UI의 종류
① CLI(Command Line Interface)
- 텍스트 기반 인터페이스로, 사용자가 텍스트 명령어를 입력하여 컴퓨터와 상호 작용하는 방식이다.
- 메모리와 시스템 리소스를 적게 사용하지만, 명령어를 모두 외워야 하고 시각적으로 사용자가 정보를 파악하기 어려운 단점이 있다.
- COPY A.txt B.txt★, DEL A.txt★ 형태의 명령을 사용한다.
- Windows 운영체제 이전 모델인 MS-DOS 시절에 사용했던 방식이다.

② GUI(Graphical User Interface)
- 그래픽 기반 인터페이스로, 사용자가 그래픽 요소를 클릭하거나 드래그 앤 드롭 등의 방식으로 컴퓨터와 상호 작용하는 방식이다.
- 시각적으로 사용자가 정보를 파악하기 쉽고, 사용자가 작업을 쉽게 수행할 수 있다. 하지만 CLI보다 시스템 리소스를 많이 사용하며, 배우기 어렵고 복잡한 단점이 있다.

> ★ **COPY A.txt B.txt**
> A.txt 파일을 B.txt 파일명으로 복사하는 명령이다.
>
> ★ **DEL A.txt**
> A.txt 파일을 삭제하는 명령이다.

- GUI의 세 가지 분류

Desktop GUI	일반적으로 개인용 컴퓨터에서 사용되는 GUI로, 윈도우, 맥 OS, 리눅스 등의 운영체제에서 사용된다.
Mobile GUI	모바일 기기에서 사용되는 GUI로, 안드로이드, iOS 등의 모바일 운영체제에서 사용된다.
Web GUI	웹 브라우저에서 사용되는 GUI로, 웹 애플리케이션에서 사용된다.

③ NUI(Natural User Interface)
- 사용자의 자연스러운 동작을 인식하여 컴퓨터와 상호 작용하는 방식을 의미한다.
- 사용자가 어떠한 기계적인 인터페이스나 명령어를 사용하지 않고도, 자기 몸의 움직임이나 목소리, 손가락 등을 사용하여 컴퓨터를 제어할 수 있도록 하는 것을 목표로 한다.
- 사용자가 자기 몸의 동작을 사용하여 컴퓨터를 제어할 수 있어서 더욱 자연스러운 인터페이스를 경험할 수 있다.
- 사용자와 컴퓨터 간의 상호 작용을 자연스럽게 만들어주며, 사용자가 더욱 직관적으로 시스템을 제어할 수 있도록 한다.
- 사용자 경험을 개선하며, 사용자와 컴퓨터 간의 거리를 좁혀주는 데 이바지한다.
- CLI나 GUI와는 달리 사용자의 직관성과 창의성을 존중하며, 더욱 개인화된 사용자 경험을 제공할 수 있다.
- ⓘ 스마트폰의 터치스크린, 음성 인식 기술, 제스처 인식 기술 등

④ OUI(Organic User Interface)
- 사용자가 느끼는 인터페이스의 물리적 형태를 고려하여 설계되므로, 사용자의 느낌이 자연스러워진다.
- 사용자와 인터페이스 간의 경계를 흐리게 하며, 사용자가 더욱 직관적으로 시스템을 제어할 수 있도록 한다.
- OUI는 인간의 느낌과 체험에 기반을 둔 디자인을 적용하여, 사용자가 더욱 편리하고 자연스러운 인터페이스를 경험할 수 있도록 한다.
- 최근 스마트홈, 스마트카, 가상 현실, 증강 현실 등의 분야에서 활발하게 연구되고 있으며, 사용자와 인터페이스 간의 상호 작용을 더욱 개선하고 편리하게 만드는 데 이바지할 것으로 기대된다.

> **기적의 TIP**
>
> OUI를 사용하여 자동차의 인포테인먼트 시스템을 제어할 경우, 사용자는 자동차의 운전대(스티어링 휠) 등과 같은 물리적 요소를 조작함으로써 시스템을 제어할 수 있습니다.

⑤ TUI(Text UI, 텍스트 사용자 인터페이스)
- 텍스트 단어를 입력하여 상호 작용을 수행하는 방식이다.
- RUN, STOP, WAIT 형태의 명령을 사용한다.
- CLI(명령줄 인터페이스)가 등장하기 전에 사용했던 UI이다.

⑥ WUI(Webbase UI, 웹 기반 사용자 인터페이스)
- 웹 브라우저를 통해 상호 작용을 수행하는 방식이다.
- 인터넷 웹 페이지를 열람하고 조작하는 인터페이스이다.

⑦ Touch UI(터치 사용자 인터페이스)
- 음성, 온도, 촉감을 통해 상호 작용을 수행하는 방식이다.
- 스마트 TV, 스마트폰, 노트북, 출입 관리 등에 응용하는 방식이다.

➕ 더 알기 TIP

대표적인 UI의 종류

CLI (Command Line Interface)	명령과 출력이 테스트 형태로 이뤄지는 인터페이스
GUI (Graphical User Interface)	아이콘이나 메뉴를 마우스로 선택하여 작업을 수행하는 그래픽 환경의 인터페이스
NUI (Natural User Interface)	사용자의 자연스러운 움직임을 인식하여 서로 주고받는 정보를 제공하는 사용자 인터페이스
OUI (Organic User Interface)	모든 사물과 사용자 간 상호 작용을 위한 인터페이스

02 UI 설계 도구

1) UI 설계에 도움을 주는 도구들

① 와이어 프레임(Wire Frame)
- UI 중심의 화면 레이아웃은 선(Wire)을 이용하여 개략적으로 작성한다.
- 화면 단위로 밑그림(Layout)을 설계하는 작업이다.
- 구성할 화면의 개략적인 레이아웃이나 UI 요소 등의 틀을 설계하는 단계로, 기획 단계 초기에 작성한다.
- 개발 관계자(디자이너, 개발자, 기획자) 사이의 레이아웃 협의, 현재 진행 상황 등을 공유할 때 사용한다.
- 손 그림, 파워포인트, 포토샵 등을 이용한다.
- 툴 : 핸드라이팅, 파워포인트, 키노트, Sketch, Balsamiq, Mockup, Adobe Experience Design, 카카오 오븐 등

▲ 와이어 프레임의 예

② 목업(Mockup)
- 와이어 프레임보다 좀 더 실제 제품과 유사하게 만들어지는 실물 크기의 정적 모형으로 시각적으로만 구현된다.
- 툴 : 카카오 오븐, Balsamiq Mockup, Power Mockup 등

▲ 목업의 예

③ 스토리보드(Storyboard)
- UI/UX 구현에 수반되는 사용자와 작업, 인터페이스 간 상호 작용을 시각화한 것이다.
- 개발자/디자이너와의 의사소통을 돕는 도구이다.
- 완성해야 할 서비스와 예상되는 사용자 경험을 미리 보기 위한 방법론이다.
- 작성 목적 : 설계에 필요한 조각을 모아 순서대로 놓고 배치해 보고 쌓아서 조립하는 과정으로 설계 단계에서 발생할 수 있는 문제를 미리 발견하고 대처하기 위함이다.
- 작성 방법 : 상단/우측 → 제목, 작성자 기재, 좌측 → UI 화면, 우측 → Description
- 작성 단계 : 메뉴 구성도 만들기 → 스타일 확정하기 → 설계하기

▲ 스토리보드의 예

2) UI 요소의 종류

라디오 버튼	선택 영역에서 어느 하나를 선택할 때 사용하는 버튼으로, 항목 중 1개만 선택할 수 있다.
체크박스	선택 영역에서 라디오 버튼과 달리 동시에 여러 항목을 선택할 수 있다.
토글 버튼	항목을 on/off 할 때 사용된다.
드롭다운(목록상자)	기본값이 보이는 디폴트 값을 가지고 있다가 드롭다운 버튼을 누르면 선택 항목이 표시된다.

○ 남자
◉ 여자
▲ 라디오 버튼

☑ 정보처리기사
☐ 네트워크관리사
☑ 빅데이터분석기사
▲ 체크박스

▲ 토글 버튼

▲ 드롭다운(목록상자)

03 감성 공학

1) 개념

- 인간이 가지고 있는 소망으로서의 이미지나 감성을 구체적 제품 설계를 통하여 실현해 내는 공학적 접근 방법으로 인간과 컴퓨터 간의 상호 작용, 즉 HCI* 설계에 인간의 특성, 감성 등의 정량적 측정과 평가를 통하여 제품 환경 설계에 반영하는 인문 사회 과학, 공학, 의학 등 여러 분야의 학문이 융합된 기술이다.
- 감각 및 생체 계측, 센서, 인공지능 등의 생체 제어 기술 등을 통해 과학적으로 접근한다.
- 최종 목표는 감성 공학을 통하여 인간이 쉽고 편리하고 쾌적하게 시스템과 어우러지는 것이다.
- 1988년 시드니 국제 학회에서 '감성 공학'으로 명명된다.

★ HCI
Human-Computer Interaction,
인간-컴퓨터 상호 작용

> **기적의 TIP**
> - 감성 공학 요소 기술 : 기초 기술, 구현 기술, 응용 기술
> - 감성 공학 관련 기술 : 생체 측정 기술, 인간 감성 특성 파악 기술, 감성 디자인 기술, 오감 센서 및 감성 처리 기술, 마이크로 기구 설계, 사용성 평가 기술, 가상 현실 기술

2) 접근 방법

1류(의미 미분법)	인간의 감각, 감성을 표현하는 어휘(형용사)를 이용하여 제품에 대한 이미지를 조사 분석하고, 디자인 요소에 연계하는 접근 방법이다.
2류	1류와 기본 틀은 공유하고, 감성 어휘 수집의 전 단계에서 평가자들의 생활양식을 추가한다. 제품에 대한 기호 및 수요를 분석 대상의 소속 지역, 생활양식, 의식 문화를 분석하는 접근 방법이며 1류와 함께 감성의 심리적 특성을 강조한다.
3류	1류의 감성 어휘 대신 평가자가 특정 시제품을 사용하여 측정한 감각 척도로 감성을 표출하는 방법이다. 평가자의 생리적 감각 계측을 통해서 그 객관성이 보완되고 정량화된 값으로 산출된다. 대상 제품의 물리적인 특성에 대하여 객관적인 지표와의 연관 분석을 통하여 제품 설계에 응용된다. 인간 감각 계측과 이의 활용이 강조된 접근 방법으로 감성의 생리적 특성을 중요시한다.

3) HCI

- 인간과 컴퓨터의 상호 작용을 연구하여 어떻게 하면 좋은 제품을 만들 수 있는지를 연구한다.
- UI는 사용자가 직접적으로 조작하게 되므로 색감, 레이아웃의 불편함 등 사용자의 감성적인 부분을 파악한다.
- HCI의 목적
  - 컴퓨터를 인간이 쉽게 사용할 수 있게 하여 상호 작용(UX)을 개선하는 것이다.
  - 컴퓨터의 도구로서 잠재력을 극대화해 인간의 의지를 더 자유롭게 한다.
  - 인간의 창의력, 인간 사이의 의사소통과 협력을 증진하는 데 있다.

이론을 확인하는 기출문제

01 UI 설계 단계에 대한 설명으로 옳지 않은 것은?
① 문제 정의 – 목적과 문제 정의
② 사용자 모델 정의 – 사용자 특성·숙련도 구분
③ 사용자 인터페이스 정의 – 소프트웨어 아키텍처 설계
④ 디자인 평가 – GOMS·Heuristics 등으로 사용성 평가

> 사용자 인터페이스 정의는 입·출력 장치 등의 상호 작용 오브젝트를 통해 시스템 상태를 명확히 하는 단계이다.

02 CLI(Command Line Interface)에 대한 설명으로 옳지 않은 것은?
① 텍스트 기반 명령으로 상호 작용
② COPY, DEL 같은 명령 사용
③ 시각적으로 정보 파악이 쉬움
④ MS-DOS 시절 사용

> CLI는 시각적으로 정보 파악이 어렵다.

03 NUI와 OUI에 대한 설명으로 옳지 않은 것은?
① NUI – 동작·음성 등 자연스러운 동작 인식
② NUI – 사용자의 직관적 제어
③ OUI – 물리적 형태를 고려한 설계
④ OUI – 사용자와 인터페이스의 경계를 강화

> OUI는 경계를 흐려 보다 자연스럽게 제어하도록 한다.

04 UI 설계 도구와 특징 연결이 옳지 않은 것은?
① 와이어 프레임 – 화면 단위 밑그림, 레이아웃 협의
② 목업 – 정적 모형, 시각적 구현
③ 스토리보드 – 상호 작용 시각화, 의사소통 도구
④ 와이어 프레임 – 완성품과 동일한 동작 구현

> 와이어프레임(Wireframe) : 화면 단위의 밑그림, 구성 요소와 레이아웃 구조 협의에 사용
>
> **오답 피하기**
> 실제 동작과 유사하게 구현하여 테스트하는 것은 프로토타입(Prototype)이다.

05 UI 프로토타입에 대한 설명으로 옳지 않은 것은?
① 스토리보드/와이어 프레임에 Interaction 적용
② 동적인 형태로 구현된 모형
③ 사용자 요구 분석 없이 작성
④ Axure, Invision Studio 등 툴 활용

> 프로토타입은 도출된 요구사항을 토대로 작성한다.

06 감성 공학 접근 방법에 대한 설명으로 옳지 않은 것은?
① 1류 – 의미 미분법으로 감성 어휘 분석
② 2류 – 생활양식 등 맥락 추가 분석
③ 3류 – 생리적 감각 계측으로 정량화
④ 1류 – 물리적 센서 계측만 활용

> • 1류 : 의미 미분법(Semantic Differential Method) 등을 사용해 감성 어휘를 분석(언어적·심리적 접근)
> • 2류 : 맥락적 분석 – 생활양식, 문화, 환경 등을 추가적으로 고려
> • 3류 : 생리적 계측 – 뇌파, 맥박, 시선추적 등 생리·생체 신호를 측정하여 정량화

정답 01 ③ 02 ③ 03 ④ 04 ④ 05 ③ 06 ④

CHAPTER

05

애플리케이션 배포

학습 방향

소스코드 검증과 테스트 자동화 개념을 학습합니다. 정적·동적 테스트 도구, 테스트 프레임워크 구성, 코드 품질 분석 기법은 최신 출제에서도 비중이 높습니다. 정적/동적 테스트는 목적·특징·예시 도구를 비교표로 정리하세요. 테스트 프레임워크는 구성요소(테스트 러너·테스트 스위트·테스트 자동화)와 역할을 짝지어 암기하면 효과적입니다.

출제 빈도

SECTION 01   중   100%

SECTION 01 소스코드 검증 기법

빈출 태그 정적/동적 분석 • 소스코드 검증 도구 • 테스트 프레임워크 • 자동화

> **기적의 TIP**
> 사용자 인터페이스 설계 과정을 학습합니다. 전체적인 설계 흐름과 출제된 내용 위주로 간단히 정리하세요.

01 소스코드 검증 도구

1) 개념
- 소프트웨어의 결함이나 오류 등의 보안 취약점을 찾아내고 제거하는 도구이다.
- 구현된 소프트웨어를 실행하지 않고 테스트하는 정적 테스트 도구와 구현된 소프트웨어를 실행하여 동작을 보면서 테스트하는 동적 테스트 도구로 구분한다.

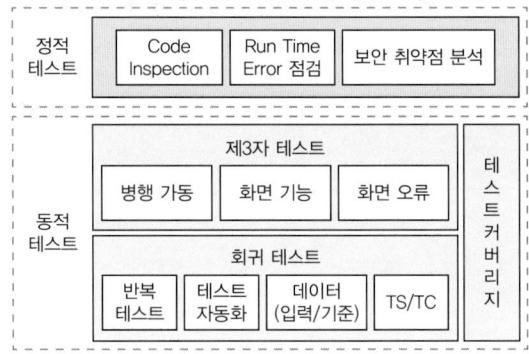

2) 분류

정적 테스트 도구	• 테스트하기 전에 코딩 오류, 성능 저하, 보안 취약점 등의 결함을 조기에 발견할 수 있다. • 개발의 생산성을 향상시킨다. • 운영 환경에서 프로그램의 품질 향상을 제고한다. • 정량적인 품질 관리 시스템을 구축할 수 있도록 한다.
동적 테스트 도구	• 테스트 미수행 코드를 확인한다. • 분기문(결정문) 등, 특정 유형의 코드 구조가 충분히 테스트되었는지를 확인하여 추가적인 테스트를 진행한다. • 애플리케이션의 안정성을 제고한다. • 소스 품질 관리(통제) 활동을 할 수 있는 정량적인 품질 관리 시스템을 구축할 수 있다.

➕ **더 알기 TIP**

구분	정적 분석	동적 분석
점검 대상	프로그램 소스코드	실제 애플리케이션
평가 기술	기존 패턴 비교	HTTP 메시지의 변경 점검
점검 단계	애플리케이션 개발 시점	애플리케이션 운영 시점
결과	소스의 라인별 결과	요청/응답에 따른 결과

02 테스트 프레임워크

1) 개념
- 테스트 케이스를 별도의 테스트 코드로 작성하고 동작시킬 수 있는 환경을 제공하는 동적 분석 도구이다.
- 개발자의 반복적이고 시간이 많이 소요되는 테스트 작업을 자동화하여 테스트에 소요되는 시간과 노력을 절감할 수 있도록 한다.

2) 구성

테스트 코드	• 테스트 코드 작성 및 자동화된 운영 환경을 구성한다. • 빌드 도구와 연계하여 빌드 수행 시 테스트 코드를 동작시켜 자동화된 테스트 환경을 제공한다.
테스트 저장소	테스트 수행을 위한 테스트 코드, 테스트 데이터, 관련 테스트 스크립트, 테스트 수행 결과를 저장하고 관리한다.

이론을 확인하는 기출문제

01 소스코드 검증 도구에 대한 설명으로 옳지 <u>않은</u> 것은?
① 정적 테스트 도구는 프로그램을 실행하지 않고 코드의 결함을 조기에 발견한다.
② 동적 테스트 도구는 실행 중 애플리케이션의 동작을 점검한다.
③ 정적 테스트 도구는 HTTP 메시지 변경을 통한 동작 점검에 활용된다.
④ 동적 테스트 도구는 테스트 미수행 코드나 분기문 커버리지를 확인한다.

정적 테스트 도구는 HTTP 메시지 점검이 아니라 소스코드 자체를 분석한다.

02 테스트 프레임워크에 대한 설명으로 옳지 <u>않은</u> 것은?
① 테스트 프레임워크는 정적 분석 도구에 해당한다.
② 테스트 프레임워크는 테스트 코드를 작성·실행할 수 있는 환경을 제공한다.
③ 테스트 프레임워크는 테스트 자동화를 통해 시간과 노력을 절감한다.
④ 테스트 저장소에는 코드, 데이터, 스크립트, 수행 결과가 저장된다.

테스트 프레임워크는 동적 분석 도구이다.

PART 04

프로그래밍 언어

파트 소개

프로그래밍 언어는 개발자의 아이디어를 컴퓨터가 이해할 수 있는 코드로 표현하는 도구입니다. C언어는 포인터·배열을 통한 메모리 제어 능력을 학습하는 데 필수적이며, Java는 객체지향 언어로 클래스·상속·예외 처리의 개념을 바탕으로 출제됩니다. Python은 최근 데이터·AI 활용 등으로 주목받으며 간결한 문법과 다양한 자료형·함수 사용법이 자주 등장합니다. 또한 제어문과 반복문은 모든 언어에 공통되는 기본 요소로 반드시 익혀야 합니다.

CHAPTER

01

C언어

학습 방향

C언어의 개념부터 포인터, 구조체까지 학습합니다. 메모리 직접 제어, 배열·포인터 관계 문제는 기출에서 단골로 등장하므로 반드시 대비해야 합니다. 포인터는 "주소값 → 참조 → 역참조" 흐름을 그림으로 그리며 연습하세요. 배열과 포인터 문제는 기출을 직접 풀면서 인덱스·주소 변화를 추적해보는 게 가장 효과적입니다.

출제 빈도

SECTION 01	중	15%
SECTION 02	중	15%
SECTION 03	상	15%
SECTION 04	상	20%
SECTION 05	상	20%
SECTION 06	중	15%

SECTION 01 C언어의 개요

출제빈도 상 **중** 하
반복학습 1 2 3

빈출태그 C언어 • 자료형 • 기억 클래스 • 변수명 규칙 • 형 변환 문자 • 이스케이프 시퀀스

> **기적의 TIP**
> C언어의 기본적인 내용을 학습해야 합니다. C언어의 자료형 크기와 변수명 작성 규칙에 집중하여 공부하세요.

01 C언어의 기초

1) 개념
- 1972년 미국 벨 연구소의 데니스 리치에 의해 개발되었다.
- 컴파일러 방식의 언어이다.
- 시스템 프로그래밍에 가장 적합한 언어이다.
- 포인터에 의한 번지 연산 등 다양한 연산 기능을 가진다.
- 이식성이 뛰어나 컴퓨터 기종과 관계없이 프로그램을 작성할 수 있다.
- UNIX 운영체제를 구성한다.

2) 기본 구조
- main 함수를 반드시 포함해야 하며, main 함수부터 실행이 시작된다.
- 영문 대 · 소문자를 엄격하게 구별한다.
- 문장을 끝마칠 때는 세미콜론(;)을 사용한다.
- 여러 개의 문장을 묶어 하나의 블록으로 구성할 때 중괄호({ })를 사용한다.
- 한 줄 주석문은 //로 표기하고 범위 주석문은 /* ~ */로 표기한다.

> **기적의 TIP**
> 프로그래밍 언어에서 세미콜론(;)은 문장의 끝을 의미합니다.

➕ 더 알기 TIP

프로그래밍 언어
- 사람과 컴파일러가 이해할 수 있는 약속된 형태의 언어를 의미한다.
- 저급 언어와 고급 언어로 나눌 수 있다.

저급 언어	• 기계어 : 0과 1로 표시되는 언어 • 어셈블리어 : 기호를 사용하여 기계어를 표현한 언어
고급 언어	• 사용자가 이해하기 쉽도록 표현한 언어 • C, C++, C#, Java, Python 등

02 C언어의 기본 자료형

1) 개념
- 자료형(Data type)이란 데이터의 특징을 결정하는 변수의 선언을 의미한다.
- 변수를 선언함과 동시에 변수에 값을 저장하기 위한 데이터 특징을 지정해 주어야 한다.

2) 종류

자료형			크기(byte)
정수형	signed	short	2
		int	2 또는 4
		long	4
		long long	8
	unsigned	unsigned short	2
		unsigned int	2 또는 4
		unsigned long	4
		unsigned long long	8
실수형		float	4
		double	8
		long double	8
문자형	signed	char	1
	unsigned	unsigned char	1

➕ **더 알기 TIP**

정규 표현식(Regular Expression, RegEx)
- 문자열에서 특정한 패턴을 검색, 치환, 추출하기 위해 사용하는 문자열 표현 규칙이다.
- 예를 들어, 이메일 주소나 전화번호처럼 일정한 형식을 가진 문자열을 쉽게 찾아내거나 검증할 수 있다.
- 주요 메타 문자

.	임의의 한 문자	?	0회 또는 1회
^	문자열의 시작	{n}	n회 반복
$	문자열의 끝	{n,}	n회 이상 반복
[]	문자 집합	{n,m}	n~m회 반복
[^]	부정 문자 집합	|	또는(or)
*	0회 이상 반복	()	그룹화
+	1회 이상 반복	\	이스케이프

03 C언어의 기억 클래스

1) 개념
- C언어에서 변수로 사용할 기억 장소 위치를 프로그래머가 직접 지정할 수 있다.
- 기억 장소의 특성에 맞게 변수를 선언함으로써 기억 장소를 절약할 수 있다.
- 개발할 프로그램의 특성에 맞게 기억 장소를 사용함으로써 실행 속도를 높일 수 있으며, 에러를 감소시킬 수 있다.

2) 종류

① 자동 변수(Automatic Variables)
- 자동 변수는 함수 내에서 선언되는 변수로, 해당 함수가 호출될 때 생성되고 함수가 종료될 때 소멸한다.
- 기본적으로 자동 변수는 초기화되지 않으며, 쓰레기값(Garbage Value)을 가지고 있다.
- auto 키워드를 사용하여 선언하거나, 특정 기억 클래스를 명시적으로 지정하지 않으면 자동 변수로 간주한다.

② 정적 변수(Static Variables)
- 정적 변수는 함수 내부 및 외부에서 접근할 수 있는 변수이다.
- 프로그램이 실행될 때 생성되며, 프로그램이 종료될 때까지 유지된다.
- static 키워드를 사용하여 선언한다.
- 초기화되지 않을 경우, 정적 변수는 0으로 자동 초기화된다.

③ 외부 변수(External Variables)
- 외부 변수는 여러 파일에서 공유할 수 있는 변수이다.
- 여러 파일에서 동일한 외부 변수를 사용하려면 변수를 하나의 파일에 선언하고, 다른 파일에서 extern 키워드를 사용하여 선언해야 한다.
- 초기화되지 않을 경우, 외부 변수는 0으로 자동 초기화된다.

④ 레지스터 변수(Register Variables)
- 레지스터 변수는 자주 사용되는 변수를 CPU 레지스터에 저장하여 접근 속도를 높이는 기능을 제공한다.
- 레지스터 변수는 register 키워드를 사용하여 선언한다.
- 변수가 실제로 레지스터에 저장될지는 컴파일러에 의해 결정되며, 레지스터에 저장되지 않을 수도 있다.

04 C언어의 변수명 작성 규칙

- 영문 대소문자(A~Z, a~z), 숫자(0~9), '_'를 혼용하여 사용할 수 있으며, 영문자는 대소문자를 구분한다.
- 첫 글자는 숫자로 시작할 수 없고, 영문자나 '_'로 시작해야 한다.
- 공백을 포함할 수 없다.
- 예약어(Reserved Word)*를 사용할 수 없다.

> **기적의 TIP**
>
> **헝가리안 표기법(Hungarian Notation)**
> 변수명 작성 시, 변수의 자료형을 알 수 있도록 자료형을 의미하는 문자를 포함하여 작성하는 방법이다(⑩ stdName, iMax(접두어 i, int형)).

05 형 변환 문자와 이스케이프 시퀀스

1) 형 변환 문자(출력 형식 지정 문자)

① 종류

%d	10진 정수
%o	8진 정수
%x	16진 정수
%f	10진 실수(소수 이하 6자리까지)
%e	지수
%c	문자
%s	문자열
%p	포인터의 주소 값 출력

★ 예약어의 종류
auto, beak, case, char, const, continue, default, do, double, else, enum, extern, float, for, goto, if, int, long, register, return, short, signed, sizeof, static, struct, switch, typedef, union, unsigned, void, volatile, while 등(총 32개)

> **기적의 TIP**
>
> printf("%d", num);의 %d는 num을 10진 정수로 변환하라는 의미입니다. 시험에 자주 나오니 꼭 기억하세요.

② 예제

`#include <stdio.h>` `int main( ) {`	• 표준 입출력 라이브러리 포함 • main( ) 함수 시작

`    int num1 = 10;`
`    int num2 = 20;`
`    float num3 = 3.14;`
	정수형 변수 num1, num2와 실수형 변수 num3을 선언하고 초기값 할당

`    printf("10진수: %d\n", num1);` `    printf("8진수: %o\n", num1);`	%d와 %o를 사용하여 정수를 10진수와 8진수로 출력
`    printf("10진수: %d\n", num2);` `    printf("16진수: %x\n", num2);`	%d와 %x를 사용하여 정수를 10진수와 16진수로 출력
`    printf("실수: %f\n", num3);`	%f를 사용하여 실수를 출력
`    printf("실수를 정수로 출력: %d\n", (int) num3);`	%d와 %를 사용하여 실수를 정수로 출력
`    return 0;` `}`	main( ) 함수 종료

결과	10진수: 10 8진수: 12 10진수: 20 16진수: 14 실수: 3.140000 실수를 정수로 출력: 3

2) 이스케이프 시퀀스(Escape Sequence)

① 종류

\n	new line	커서를 다음 줄 처음으로 이동한다.
\r	carriage return	커서를 현재 줄 처음으로 이동한다.
\t	tab	커서를 일정 간격만큼 띄운다.
\b	backspace	커서를 뒤로 한 칸 이동한다.
\f	form feed	한 페이지를 넘긴다.
\0	null character	널 문자를 출력한다.
\'	single quote	작은따옴표를 출력한다.
\"	double quote	큰따옴표를 출력한다.
\\	backslash	역슬래시를 출력한다.
\a	alert	벨 소리를 발생한다.

> **기적의 TIP**
> 역슬래시는 환경에 따라 '\' 외에 '₩'로 출력되기도 합니다. 한글 서체에서 사용 빈도가 낮은 \를 사용 빈도가 높은 ₩로 대체했기 때문입니다. 따라서 다르게 생겼어도 같은 문자로 취급됩니다.

② 예제

`#include <stdio.h>` `int main( ) {`	• 표준 입출력 라이브러리 포함 • main( ) 함수 시작
`    printf("Hello, World!\n");` `    printf("안녕하세요!\n");`	\n : 줄바꿈
`    printf("\"저는 신희장\"입니다.\n");`	\" : 따옴표 출력
`    printf("\\n은 줄바꿈을 의미합니다.\n");`	\\ : 역슬래시 출력
`    printf("\t탭\t테스트\n");`	\t : 탭 문자 출력
`    printf("역슬래시: \\, 따옴표: \", 탭: \t\n");`	다중 이스케이프 시퀀스
`    return 0;` `}`	main( ) 함수 종료

| 결과 | Hello, World!
안녕하세요!
"저는 신희장"입니다.
\n은 줄바꿈을 의미합니다.
    탭   테스트
역슬래시: \, 따옴표: ", 탭: |

이론을 확인하는 기출문제

01 C언어에 대한 설명으로 옳지 않은 것은?
① 1972년 데니스 리치가 개발하였다.
② 컴파일러 방식의 언어이다.
③ main 함수 없이도 실행할 수 있다.
④ 이식성이 뛰어나 다양한 기종에서 사용 가능하다.

C언어는 main 함수부터 실행이 시작된다.

02 C언어의 기본 자료형과 크기의 연결이 옳은 것은?
① short → 2바이트
② int → 6바이트
③ long long → 16바이트
④ char → 4바이트

오답 피하기
- ② int : 2 또는 4바이트
- ③ long long : 8바이트
- ④ char : 1바이트

03 C언어 기억 클래스 중 프로그램 실행 시 생성되어 종료 시까지 유지되며 초기화하지 않으면 0으로 자동 초기화되는 것은?
① 자동 변수(auto)
② 정적 변수(static)
③ 외부 변수(extern)
④ 레지스터 변수(register)

정적 변수는 static 키워드로 선언하며, 프로그램이 끝날 때까지 값이 유지되고 기본값은 0이다.

04 변수명 작성 규칙으로 옳지 않은 것은?
① 첫 글자는 숫자가 될 수 없다.
② 예약어는 사용할 수 없다.
③ 공백을 포함할 수 없다.
④ 대소문자를 구분하지 않는다.

C언어는 대소문자를 구분한다.

05 printf 함수에서 정수를 16진수로 출력하기 위한 형 변환 문자는?
① %d
② %f
③ %x
④ %s

오답 피하기
- ① %d는 10진수
- ② %f는 실수
- ④ %s는 문자열

06 이스케이프 시퀀스 중 커서를 다음 줄 처음으로 이동하는 것은?
① \t
② \r
③ \n
④ \0

오답 피하기
- ① 탭
- ② 현재 줄 처음으로 이동
- ④ 널 문자

정답 01 ③ 02 ① 03 ② 04 ④ 05 ③ 06 ③

SECTION 02 라이브러리

빈출 태그 라이브러리 • 정적/동적 라이브러리 • 헤더 파일 • string.h • stdio.h • stdlib.h

> **기적의 TIP**
> C언어는 다양한 라이브러리를 제공합니다. 작성하는 프로그램의 특성에 따라 라이브러리를 추가하여 프로그램을 쉽게 작성할 수 있습니다. 라이브러리의 기본 개념과 C언어의 표준 라이브러리의 종류와 기능을 정리하세요.

01 C 라이브러리

1) 개념 및 구성

- 라이브러리(Library, 패키지)란 필요할 때 찾아서 쓸 수 있도록 모듈화되어 제공되는 프로그램을 말한다.
- 라이브러리는 모듈과 패키지를 총칭하며, 모듈이 개별 파일이라면 라이브러리는 파일들을 모아 놓은 폴더라고 볼 수 있다.
- 프로그래밍 언어에 따라 일반적으로 도움말, 설치 파일, 샘플 코드 등을 제공한다.
- 표준 라이브러리는 프로그래밍 언어가 기본적으로 가지고 있는 라이브러리를 의미하며, 외부 라이브러리는 별도의 파일 설치를 해야 하는 라이브러리를 의미한다.

2) 종류

정적 라이브러리(SLL)	정적 링킹(Static Linking) 과정에서 링커가 프로그램에 필요로 하는 부분을 라이브러리에서 찾아 실행 파일에 복사하는 방식의 라이브러리이다.	• 윈도우 : *.lib • 리눅스 : *.a
동적 라이브러리(DLL)	동적 링킹(Dynamic Linking) 과정에서 링커가 라이브러리 내용을 복사하지 않고 해당 내용의 주소만 가지고 있다가 런타임에 실행 파일과 라이브러리가 메모리에 위치할 때 해당 주소로 가서 필요한 내용을 가져오는 방식의 라이브러리이다(공유 라이브러리).	• 윈도우 : *.dll • 리눅스 : *.so

3) 라이브러리 사용 시 장점

- 코드를 재사용하기 쉽다.
- 코드의 내용을 숨겨 기술 유출을 방지할 수 있다.
- 이미 구현된 기능들을 가져다 쓸 수 있어 개발 시간을 단축할 수 있다.
- 컴파일 시간을 단축할 수 있다.

> **기적의 TIP**
> **헤더 파일(.h)**
> • 함수 및 데이터 타입의 선언을 통해 컴파일러에게 어떤 함수와 데이터 타입을 사용할 수 있도록 한다.
> • 상수와 매크로 정의, 프로토타입 선언, 오류 코드 및 메시지, 타사 라이브러리와의 상호 작용 등의 기능을 수행한다.
> • 라이브러리를 사용하기 위해서는 #include 지시문을 통해 라이브러리 헤더 파일을 삽입하는 과정이 필요하다.

02 표준 라이브러리

1) string.h

① 개념 및 종류
- C언어의 표준 문자열 처리에 사용되는 기능들을 제공한다.

• 문자열 함수

함수	설명
strlen(문자열)	문자열의 길이를 구함
strcmp(문자열1, 문자열2)	문자열1과 문자열2를 비교
strcpy(대상 문자열, 원본 문자열)	문자열 복사(덮어쓰기)
strcat(최종 문자열, 붙일 문자열)	문자열 이어붙이기
strchr(문자열, 검색할 문자)	문자열의 앞부터 문자 검색(해당 문자의 포인터 반환)
strrchr(문자열, 검색할 문자)	문자열의 뒤부터 문자 검색
strstr(대상 문자열, 검색할 문자열)	• 문자열 안에서 문자열 검색 • 문자열을 찾으면 해당 문자열부터 NULL 바로 앞까지의 문자열이 나옴(해당 문자열의 포인터 반환)
strtok(대상 문자열, 기준 문자)	• 문자를 기준으로 문자열을 자름 • 자른 문자열을 한 번에 얻을 수 없으므로 while로 계속 반복 사용

② 예제

코드	설명

`#include <stdio.h>`
`#include <string.h>`
`int main( ) {`
	• 표준 입출력 라이브러리 추가
	• 표준 문자열 라이브러리 추가
	• main( ) 함수 시작

`    char str1[20] = "Hello";` `    char str2[20] = "World";`	• str1[20] 변수 초기화 및 "Hello" 입력 • str2[20] 변수 초기화 및 "World" 입력
`    strcpy(str1, "Hello, ");` `    printf("strcpy: %s\n", str1);`	strcpy( ) 함수
`    strcat(str1, str2);` `    printf("strcat: %s\n", str1);`	strcat( ) 함수
`    int length = strlen(str1);` `    printf("strlen: %d\n", length);`	strlen( ) 함수

`    int result = strcmp(str1, str2);`
`    if (result == 0) {`
`        printf("strcmp: 두 문자열은 같습니다.\n");`
`    } else if (result < 0) {`
`        printf("strcmp: str1이 str2보다 작습니다.\n");`
`    } else {`
`        printf("strcmp: str1이 str2보다 큽니다.\n");`
`    }`
	• strcmp( ) 함수
	• str1이 "Hello, World"이고, str2가 "World"이므로, result < 0이 선택됨

`    char* ptr = strchr(str1, 'W');`
`    if (ptr != NULL) {`
`        printf("strchr: 'W'를 찾았습니다.\n");`
`    } else {`
`        printf("strchr: 'W'를 찾지 못했습니다.\n");`
`    }`
	• strchr( ) 함수
	• ptr은 str1에서 처음으로 발견된 문자 'W'의 포인터를 가리킴
	• tr1에서 문자 W를 찾음

`    return 0;` `}`	main( ) 함수 종료

결과	strcpy: Hello, strcat: Hello, World strlen: 12 strcmp: str1이 str2보다 작습니다. strchr: 'W'를 찾았습니다.

2) stdio.h

① 개념 및 종류

- C언어의 표준 입·출력 라이브러리(Standard Input and Output Library)이다.
- 입력 함수

scanf("문자열 %형식 문자", &변수명)	기본 문법
scanf("문자열 %d", &정수변수명)	10진수 정수를 변수에 입력

- 출력 함수

printf("문자열 %형식 문자", 값)	기본 문법
printf("문자열 %d", 값);	값을 10진수 정수로 출력
printf("문자열 %f", 값);	값을 10진수 실수로 출력
printf("문자열 %c", 값);	값을 문자로 출력
printf("문자열 %x", 값);	값을 16진수 소문자로 출력
printf("문자열 %X", 값);	값을 16진수 대문자로 출력

- 문자/문자열 입출력 함수

getchar( )	문자 1개 입력
putchar( )	문자 1개 출력
fgets( )	문자열 입력(줄 단위)
fputs( )	문자열 출력

- 파일 입출력 함수

fopen( )	파일 열기
fclose( )	파일 닫기

➕ 더 알기 TIP

파일 입출력 필수 프로토타입 4종

fopen()	• 파일을 열고, 파일 포인터를 반환하는 함수이다. • 파일을 읽기, 쓰기, 추가 등의 모드로 열 수 있다. • 형식 : FILE *fopen(const char *filename, const char *mode);
fscanf()	• 파일에서 서식화된 데이터를 읽어들이는 함수이다. • scanf() 함수와 비슷하지만, 파일 포인터를 첫 번째 인자로 받는다. • 형식 : int fscanf(FILE *stream, const char *format, ...);
fgetc()	• 파일에서 한 문자를 읽어들이는 함수이다. • EOF(파일의 끝)를 만나면 EOF를 반환한다. • 형식 : int fgetc(FILE *stream);
fgets()	• 파일에서 한 줄의 문자열을 읽어들이는 함수이다. • 최대 n-1개의 문자를 읽어들이며, 개행 문자도 포함된다. • 형식 : char *fgets(char *str, int n, FILE *stream);

② 예제

코드	설명
`#include <stdio.h>` `int main( ) {`	• 표준 입출력 라이브러리 추가 • main( ) 함수 시작
`    printf("Hello, World!\n");`	printf( ) 함수

`    int num;`
`    printf("정수를 입력하세요: ");`
`    scanf("%d", &num);`
`    printf("입력한 정수는 %d입니다.\n", num);`
	• scanf( ) 함수
	• 표준 입력에서 정수를 입력받아 변수에 저장

`    char ch;`
`    printf("문자를 입력하세요: ");`
`    ch = getchar( );`
`    printf("입력한 문자는 '%c'입니다.\n", ch);`
	• getchar( ) 함수
	• 표준 입력에서 한 문자를 입력받아 반환

`    char output = 'A';`
`    printf("문자 출력: ");`
`    putchar(output);`
`    printf("\n");`
	• putchar( ) 함수
	• 표준 출력에 한 문자를 출력

`    return 0;` `}`	main( ) 함수 종료

결과	Hello, World! 정수를 입력하세요: 10 [Enter] 입력한 정수는 10입니다. 문자를 입력하세요: A [Enter] 입력한 문자는 'A'입니다. 문자 출력: A

3) stdlib.h

① 개념 및 종류

- C 표준 유틸리티 함수를 모아놓은 헤더 파일이다.
- 문자열 → 숫자 변환 함수

함수	설명
atoi(문자열)	문자열을 정수(int)로 변환
atof(문자열)	문자열을 실수(float)로 변환
atol(문자열)	문자열을 long 정수로 변환
atoll(문자열)	문자열을 long long 정수로 변환
strtol(문자열, 끝 포인터, 진법)	진법 지정 문자열을 정수로 변환

- 동적 메모리 관련 함수

함수	설명
malloc( )	메모리 할당
calloc( )	초기화된 메모리 할당
realloc( )	메모리 크기 재조정
free( )	메모리 해제

> **기적의 TIP**
>
> **malloc( )**
> - malloc( ) 함수는 실행 시간에 힙 메모리를 할당받는다.
> - malloc( ) 함수를 실행하여 메모리를 할당받지 못하면 널(null) 값이 반환된다.
> - malloc( ) 함수로 할당받은 메모리는 free( ) 함수를 통해 해제시킨다.

• 기타 함수

exit( )	프로그램 즉시 종료
rand( )	난수 생성
abs( )	절댓값 계산

② 예제

코드	설명

`#include <stdio.h>`
`#include <stdlib.h>`
`int main( ) {`
	• 표준 입출력 라이브러리 추가
	• 표준 문자열 라이브러리 추가
	• main( ) 함수 시작

`    char str1[ ] = "123";`
`    char str2[ ] = "3.14";`
`    char str3[ ] = "9876543210";`
`    char str4[ ] = "12345678901234567890";`
	문자열 배열변수 선언 및 초기값 입력

`    int num1 = atoi(str1);` `    printf("atoi: %d\n", num1);`	atoi( ) 함수 : 문자열을 정수로 변환
`    float num2 = atof(str2);` `    printf("atof: %f\n", num2);`	atof( ) 함수 : 문자열을 실수로 변환
`    long num3 = atol(str3);` `    printf("atol: %ld\n", num3);`	atol( ) 함수 : 문자열을 long 정수로 변환
`    long long num4 = atoll(str4);` `    printf("atoll: %lld\n", num4);`	atoll( ) 함수 : 문자열을 long long 정수로 변환

`    char str5[ ] = "1000xyz";`
`    char* endptr;`
`    long num5 = strtol(str5, &endptr, 10);`
`    if (*endptr != '\0') {`
`        printf("strtol: 변환 중 에러가 발생했습니다.\n");`
`    } else {`
`        printf("strtol: %ld\n", num5);`
`    }`
	• strtol( ) 함수 : 문자열을 long 정수로 변환(범위와 에러 처리 가능)
	• endptr 포인터 변수는 strtol( ) 함수가 변환을 중단한 위치를 가리킴
	• strtol( ) 함수가 변환을 성공적으로 완료한 경우, endptr은 str5의 끝을 가리킴. 그렇지 않은 경우, endptr은 변환을 중단한 위치를 가리킴
	• str5의 끝은 "xyz"이므로, endptr은 "xyz"의 주소를 가리킨다. *endptr이 '\0'이 아니므로, '변환 중 에러가 발생했습니다'를 출력

`    return 0;` `}`	main( ) 함수 종료

결과	atoi: 123 atof: 3.140000 atol: 9876543210 atoll: 9223372036854775807 strtol: 변환 중 에러가 발생했습니다.

4) ctype.h

① 개념 및 종류
- C언어에서 표준 문자(character)를 검사하고 조작하는 함수들을 제공한다.
- 문자 변환 함수

toupper( )	영문자를 대문자로 변환
tolower( )	영문자를 소문자로 변환

- 문자 판별 함수

isalnum( )	알파벳 또는 숫자인지 판별
isalpha( )	알파벳인지 판별
isdigit( )	숫자인지 판별
islower( )	소문자인지 판별
isupper( )	대문자인지 판별
isspace( )	공백 문자인지 판별

② 예제

코드	설명

``c
#include <stdio.h>
#include <ctype.h>
int main( ) {
``
	• 표준 입출력 라이브러리 추가
	• 표준 문자열 조작 라이브러리 추가
	• main( ) 함수 시작

``c
    char ch;
    printf("알파벳 또는 숫자인지 확인합니다.\n");
    printf("문자를 입력하세요: ");
    scanf("%c", &ch);
    if (isalnum(ch)) {
        printf("%c는 알파벳 또는 숫자입니다.\n", ch);
    } else {
        printf("%c는 알파벳 또는 숫자가 아닙니다.\n", ch);
    }
``
	• ch 문자열 변수 선언
	• isalnum( ) 함수
	• scanf(" %c", &ch); 앞에 공백을 넣어 이전 입력 버퍼를 비움

``c
    printf("알파벳인지 확인합니다.\n");
    printf("문자를 입력하세요: ");
    scanf("%c", &ch);
    if (isalpha(ch)) {
        printf("%c는 알파벳입니다.\n", ch);
    } else {
        printf("%c는 알파벳이 아닙니다.\n", ch);
    }
``
	isalpha( ) 함수

``c
    printf("숫자인지 확인합니다.\n");
    printf("문자를 입력하세요: ");
    scanf("%c", &ch);
    if (isdigit(ch)) {
        printf("%c는 숫자입니다.\n", ch);
    } else {
        printf("%c는 숫자가 아닙니다.\n", ch);
    }
``
	isdigit( ) 함수

`printf("소문자를 대문자로 변환합니다.\n");`
`printf("문자를 입력하세요: ");`
`scanf("%c", &ch);`
`char upper = toupper(ch);`
`printf("%c를 대문자로 변환하면 %c입니다.\n", ch, upper);`
	toupper( ) 함수

`printf("대문자를 소문자로 변환합니다.\n");`
`printf("문자를 입력하세요: ");`
`scanf("%c", &ch);`
`char lower = tolower(ch);`
`printf("%c를 소문자로 변환하면 %c입니다.\n", ch, lower);`
	tolower( ) 함수

`return 0;` `}`	main( ) 함수 종료

결과	알파벳 또는 숫자인지 확인합니다. 문자를 입력하세요: A [Enter] A는 알파벳 또는 숫자입니다. 알파벳인지 확인합니다. 문자를 입력하세요: a [Enter] a는 알파벳입니다. 숫자인지 확인합니다. 문자를 입력하세요: 1 [Enter] 1는 숫자입니다. 소문자를 대문자로 변환합니다. 문자를 입력하세요: a [Enter] a를 대문자로 변환하면 A입니다. 대문자를 소문자로 변환합니다. 문자를 입력하세요: A [Enter] A를 소문자로 변환하면 a입니다.

5) 기타 C 표준 라이브러리

math.h	• 수학 함수들을 제공한다. • 주요 함수 : sqrt, pow, abs
time.h	• 시간 처리에 사용되는 기능을 제공한다. • 주요 함수 : time, clock
stdbool.h	• 자료형 및 값 정의용 헤더이다. • 논리적인 값을 다루기 위한 불 자료형과 관련된 매크로 정의를 제공한다.

이론을 확인하는 기출문제

01 C의 정적 라이브러리에 대한 설명으로 가장 적절한 것은?

① 실행 중에 필요한 기호를 메모리에서 동적으로 찾아 결합한다.
② 링커가 필요한 부분을 컴파일/링크 시점에 실행 파일로 복사한다.
③ 운영체제에 따라 *.dll, *.so 확장자를 사용한다.
④ 런타임에만 주소를 유지하고 내용은 복사하지 않는다.

정적 링킹은 라이브러리의 필요한 코드가 실행 파일로 복사된다(Windows *.lib, Linux *.a).

02 헤더 파일(.h)의 주된 목적을 가장 잘 설명한 것은?

① 바이너리 구현을 포함해 최적화를 수행한다.
② 함수 정의만 담고 컴파일 결과를 제공한다.
③ 함수·타입 선언, 상수·매크로, 프로토타입 등을 제공해 컴파일러에 사용 가능 정보를 전달한다.
④ 운영체제 커널 모듈을 로드한다.

헤더는 선언, 상수, 매크로, 프로토타입 등을 제공하며 #include로 삽입해 사용한다.

03 string.h에 대한 설명으로 옳지 <u>않은</u> 것은?

① strlen은 문자열 길이를 구한다.
② strcpy(dst, src)는 src를 dst로 복사(덮어쓰기) 한다.
③ strstr(hay, needle)은 부분 문자열의 포인터를 반환할 수 있다.
④ strtok는 한 번 호출로 모든 토큰을 한 번에 반환한다.

strtok는 상태를 유지하며 반복 호출해 토큰을 얻는다.

04 stdio.h와 관련된 설명으로 가장 적절한 것은?

① scanf("%d", &x)는 10진 정수 입력을 받는다.
② printf("%X", v)는 16진수 소문자로 출력한다.
③ getchar( )는 문자열 한 줄을 입력받는다.
④ putchar( )는 문자열을 출력한다.

오답 피하기
- ② %X는 16진수 출력(대문자 A~F)
- ③ 문자 1개를 읽어오는 함수
- ④ 문자 1개를 출력하는 함수

05 stdlib.h의 동적 메모리 관련 설명으로 옳은 것은?

① malloc 실패 시 임의의 쓰레기 포인터를 반환한다.
② calloc은 메모리를 할당하지만 0으로 초기화하지 않는다.
③ realloc은 크기 재조정에 실패하더라도 기존 포인터를 항상 무효화한다.
④ free로 해제해야 메모리 누수를 방지할 수 있다.

오답 피하기
- ① 실패 시 NULL 포인터 반환
- ② 할당한 메모리를 0으로 초기화
- ③ 실패 시 NULL을 반환하고, 기존 포인터는 여전히 유효하게 남아 있음

06 ctype.h에 대한 설명으로 옳은 것은?

① isdigit('A')는 참을 반환한다.
② toupper('a')는 'A'를 반환할 수 있다.
③ islower('Z')는 참을 반환한다.
④ isspace('\t')는 거짓을 반환한다.

오답 피하기
- ① isdigit( )은 숫자(0~9)일 때만 참을 반환
- ③ islower( )는 소문자(a~z)일 때만 참을 반환
- ④ isspace( )는 공백 문자(스페이스, 탭, 개행 등)에 대해 참을 반환

정답 01 ② 02 ③ 03 ④ 04 ① 05 ④ 06 ②

SECTION 03 연산자

빈출 태그 연산자 우선순위 · 단항/산술/시프트/관계/비트/논리 연산자

01 연산자 우선순위

1) 개념 및 구성

연산자	종류	결합 방향	우선순위
기타 연산자	( ) [ ] . ->	좌 → 우	높음 ↑
단항 연산자	+ - ! ~ ++ -- & * sizeof	우 → 좌	
산술 연산자	* / %	좌 → 우	
	+ -		
시프트 연산자	⟪ ⟫	좌 → 우	
관계 연산자	⟨ ⟨= ⟩ ⟩=	좌 → 우	
	== !=		
비트 연산자	& || ^	좌 → 우	
논리 연산자	&& ||	좌 → 우	
조건 연산자	?:	우 → 좌	
할당 연산자	= += -= *= /= %= ⟪= ⟫=	우 → 좌	
콤마 연산자	,	좌 → 우	↓ 낮음

> **기적의 TIP**
> C언어의 연산자는 모든 C코드 문제의 기본이 되므로, 해당 내용을 기본적으로 알고 있어야 다음 내용을 이해할 수 있습니다. 선수 학습이라는 생각으로 예제를 통해 정리하세요.

> **기적의 TIP**
> C언어의 연산자 우선순위
> (높음) 괄호( ) → 산술 연산자 → 비트 이동(시프트) 연산자 → 관계 연산자 → 비트 논리 연산자 → 논리 연산자 (낮음)

> **기적의 TIP**
> C언어는 기본 문법 문제와 코드 문제가 고르게 출제됩니다. 최소한 기초적인 내용은 정확히 정리하세요.

02 연산자의 종류

1) 단항 연산자

① 종류

!	부정(NOT)
~	1의 보수(0→1, 1→0)를 구함
++	1씩 증가를 의미함
--	1씩 감소를 의미함
&	변수의 주소를 의미함
*	변수의 내용을 의미함
sizeof	변수, 변수형, 배열의 저장 장소의 크기를 Byte 단위로 변환

② 단항 연산자 예제

코드	설명
`#include <stdio.h>` `int main( ) {`	• 표준 입출력 라이브러리 추가 • main( ) 함수 시작
`    int x = 10;` `    int result;`	정수형 변수 x 초기화, result, 변수 선언
`    result = ++x;` `    printf("증가 연산자: %d\n", result);`	• 증가 연산자 (++) • x를 1 증가시킨 후 result에 할당

`    x = 10; --`
`    result = --x;`
`    printf("감소 연산자: %d\n", result);`
	• 감소 연산자 (--)
	• x를 1 감소시킨 후 result에 할당

`    x = 10; --`
`    result = -x;`
`    printf("부호 반전 연산자: %d\n", result);`
	• 부호 반전 연산자 (-)
	• x의 부호를 반전하여 result에 할당

`    x = 10; --`
`    result = ~x;`
`    printf("비트 반전 연산자: %d\n", result);`
	• 비트 보수 연산자 (~)
	• x의 비트를 반전하여 result에 할당

`    int flag = 0;`
`    result = !flag;`
`    printf("논리 반전 연산자: %d\n", result);`
	• 논리 반전 연산자 (!)
	• flag의 논리 반전 값을 result에 할당

`    return 0;` `}`	main( ) 함수 종료

결과
증가 연산자: 11
감소 연산자: 9
부호 반전 연산자: -10
비트 반전 연산자: -11
논리 반전 연산자: 1

③ sizeof 예제

코드	설명
`#include <stdio.h>` `int main( ) {`	• 표준 입출력 라이브러리 추가 • main( ) 함수 시작

`    int x = 10;`
`    double y = 3.14;`
`    char ch = 'A';`
	x는 정수형, y는 실수형, ch는 문자형 변수를 선언하고 초기화

`    int size1 = sizeof(x);`
`    int size2 = sizeof(double);`
`    int size3 = sizeof(ch);`
`    printf("변수 x의 크기: %d 바이트\n", size1);`
`    printf("자료형 double의 크기: %d 바이트\n", size2);`
`    printf("변수 ch의 크기: %d 바이트\n", size3);`
	• sizeof(x) : int 형 변수 x의 크기를 계산하여 반환
	• sizeof(double) : double 자료형의 크기를 계산하여 반환
	• sizeof(ch) : char 형 변수 ch의 크기를 계산하여 반환

`    return 0;` `}`	main( ) 함수 종료

결과
변수 x의 크기: 4 바이트
자료형 double의 크기: 8 바이트
변수 ch의 크기: 1 바이트

2) 산술 연산자

① 개념 및 종류

- 정수 산술 연산은 정수의 결과값을, 실수 산술 연산은 실수의 결과값을 갖는다.
- 부호를 나타내는 단항 연산자 +, -는 이항 산술 연산자보다 우선순위가 높다.
- 이항 연산자 +, -는 *, /, %보다 우선순위가 낮다.

+	더하기	두 개의 값을 더함
-	빼기	첫 번째 값에서 두 번째 값을 뺌
*	곱하기	두 개의 값을 곱함
/	나누기	첫 번째 값을 두 번째 값으로 나누어 몫을 구함
%	나머지	첫 번째 값을 두 번째 값으로 나누어 나머지를 구함(실수 사용 불가)

> **기적의 TIP**
>
> '부호를 나타내는 단항 연산자 +, -는 이항 산술 연산자보다 우선순위가 높다.'는 의미는 -5*2에서는 (-5)가 먼저 처리된다는 의미이고, '이항 연산자 +, -는 *, /, %보다 우선순위가 낮다.'는 의미는 2+3*4일 경우 3*4가 먼저 계산된다는 뜻입니다.

② 예제

```c #include <stdio.h> int main( ) {```	• 표준 입출력 라이브러리 추가 • main( ) 함수 시작

``c
    int num1 = 10;
    int num2 = 5;```
	num1과 num2라는 정수형 변수를 선언 및 초기화

``c
    int addition = num1 + num2;
    int subtraction = num1 - num2;
    int multiplication = num1 * num2;
    int division = num1 / num2;
    int modulus = num1 % num2;
    float division_float = (float)num1 / num2;```
	• 덧셈 연산
	• 뺄셈 연산
	• 곱셈 연산
	• 나눗셈 연산
	• 나머지 연산
	• 정수 나눗셈 결과를 실수로 변환

``c
    printf("덧셈: %d\n", addition);
    printf("뺄셈: %d\n", subtraction);
    printf("곱셈: %d\n", mulTIPlication);
    printf("나눗셈(정수): %d\n", division);
    printf("나머지: %d\n", modulus);
    printf("나눗셈(실수): %f\n", division_float);```
	각 변수 출력

```c return 0; }```	main( ) 함수 종료
결과	덧셈: 15 뺄셈: 5 곱셈: 50 나눗셈(정수): 2 나머지: 0 나눗셈(실수): 2.000000

3) 시프트(Shift, 비트 이동) 연산자

① 종류

<<	Left shift	비트를 왼쪽으로 이동 → 값 2배
>>	Right shift	비트를 오른쪽으로 이동 → 값 1/2배

② 예제

`#include <stdio.h>` `int main( ) {`	• 표준 입출력 라이브러리 추가 • main( ) 함수 시작
`int num = 10;`	10진수 10을 2진수로 표현하면 1010
`int left_shift = num << 2;` `int right_shift = num >> 1;`	• 비트를 왼쪽으로 2칸 시프트 • 비트를 오른쪽으로 1칸 시프트

`printf("num: %d\n", num);`
    `printf("left_shift: %d\n", left_shift);`
    `printf("right_shift: %d\n", right_shift);`
	각 변수 출력

`return 0;` `}`	main( ) 함수 종료

결과	num: 10 left_shift: 40 right_shift: 5

4) 관계 연산자

① 개념 및 종류

- 관계 연산은 두 피연산자(연산의 대상)의 관계를 비교하여 관계가 성립하면 참을, 성립하지 않으면 거짓을 연산의 결과값으로 생성한다.

<	미만
<=	이하
>	초과
>=	이상
==	같음
!=	다름

> **기적의 TIP**
>
> 관계 연산자의 결과값은 C언어에서는 참 또는 거짓, Java 언어에서는 true 또는 false로 생성됩니다.

② 예제

`#include <stdio.h>` `int main( ) {`	• 표준 입출력 라이브러리 추가 • main( ) 함수 시작
`int num1 = 10;` `int num2 = 5;`	num1과 num2라는 정수형 변수를 선언 및 초기화

`int greater = num1 > num2;`
    `int lesser = num1 < num2;`
    `int equal = num1 == num2;`
    `int not_equal = num1 != num2;`
    `int greater_equal = num1 >= num2;`
    `int lesser_equal = num1 <= num2;`
	• num1이 num2보다 큰지 확인
	• um1이 num2보다 작은지 확인
	• um1과 num2가 같은지 확인
	• um1과 num2가 다른지 확인
	• um1이 num2보다 크거나 같은지 확인
	• um1이 num2보다 작거나 같은지 확인

| ```
    printf("num1 > num2: %d\n", greater);
    printf("num1 < num2: %d\n", lesser);
    printf("num1 == num2: %d\n", equal);
    printf("num1 != num2: %d\n", not_equal);
    printf("num1 >= num2: %d\n", greater_equal);
    printf("num1 <= num2: %d\n", lesser_equal);
``` | 각 변수 출력 |
| ```
    return 0;
}
``` | main( ) 함수 종료 |

> **기적의 TIP**
>
> C언어는 숫자를 통해 논리값을 표현하므로, 참(True)은 1(또는 그 외 양의 정수)로 반환되고 거짓(False)은 0으로 반환됩니다.

결과	num1 > num2: 1 num1 < num2: 0 num1 == num2: 0 num1 != num2: 1 num1 >= num2: 1 num1 <= num2: 0

5) 비트(비트 논리) 연산자

① 종류

&	AND	비트 논리곱
| |	OR	비트 논리합
^	XOR	비트 배타적 논리합
~	NOT	비트 논리부정

② 예제 1

| ```
#include <stdio.h>
int main( ) {
``` | • 표준 입출력 라이브러리 추가<br>• main( ) 함수 시작 |
| ```
    unsigned int num1 = 10;
    unsigned int num2 = 5;
``` | • 2진수로 표현하면 1010<br>• 2진수로 표현하면 0101 |
| ```
    unsigned int bitwise_and = num1 & num2;
    unsigned int bitwise_or = num1 || num2;
    unsigned int bitwise_xor = num1 ^ num2;
    unsigned int bitwise_not = ~num1;
``` | • 비트 AND 연산<br>• 비트 OR 연산<br>• 비트 XOR 연산<br>• 비트 NOT 연산 |
| ```
    printf("비트 AND: %u\n", bitwise_and);
    printf("비트 OR: %u\n", bitwise_or);
    printf("비트 XOR: %u\n", bitwise_xor);
    printf("비트 NOT: %u\n", bitwise_not);
``` | 각 변수 출력 |
| ```
    return 0;
}
``` | main( ) 함수 종료 |

결과	비트 AND: 0 비트 OR: 15 비트 XOR: 15 비트 NOT: 4294967285
```

➕ 더 알기 TIP

비트 AND: 0	두 비트 모두 1 → 1	1010 (10진수 : 10) & 0101 (10진수 : 5) 0000 (10진수 : 0)
비트 OR: 15	하나라도 1이면 1	1010 (10진수 : 10) || 0101 (10진수 : 5) 1111 (10진수 : 15)
비트 XOR: 15	서로 다르면 1	1010 (10진수 : 10) ^ 0101 (10진수 : 5) 1111 (10진수 : 15)
비트 NOT: 4294967285	비트를 반전(1→0, 0→1)	~ 0000 0000 0000 0000 0000 0000 0000 1010 1111 1111 1111 1111 1111 1111 1111 0101

> **🏁 기적의 TIP**
>
> **bitwise_not의 결과가 매우 크죠?**
> C에서 ~10은 32비트(4바이트) 기준으로 부호 없는 정수 (unsigned int)의 모든 비트를 반전시킨 결과입니다. 즉, ~10=0xFFFFFFF5= 4294967285가 됩니다.
> 이때 만약 부호 있는 정수 (int)를 기준으로 한다면 결과값은 -11이 됩니다.

③ 예제 2

```c
#include <stdio.h>
int main(int argc, char *argv[ ]) {
    int a = 4;
    int b = 7;
    int c = a || b;
    printf("%d", c);
    return 0;
}
```

코드	설명
`#include <stdio.h>`	• 표준 입출력 라이브러리 추가
`int main(int argc, char *argv[ ]) {`	• main( ) 함수 시작
`int a = 4;` `int b = 7;`	정수형 변수 a, b 선언 및 초기화
`int c = a || b;`	비트 OR 연산
`printf("%d", c);`	변수 출력
`return 0;`	
`}`	main( ) 함수 종료

결과	7

➕ 더 알기 TIP

10진수 4	2진수 : 0100	
10진수 7	2진수 : 0111	
int c = a || b;	하나라도 1이면 1	0100 (10진수 : 4) || 0111 (10진수 : 7) 0111 (10진수 : 7)

6) 논리 연산자

① 종류

!	NOT	논리부정	true(1) → false(0), false(0) → true(1)
&&	AND	논리곱	두 논리값이 모두 참일 때만 참
||	OR	논리합	두 논리값 중 하나라도 참이면 참

> **🏁 기적의 TIP**
>
> 논리 연산자의 우선순위는 'NOT → AND → OR'이며, NOT 연산자는 단항 연산자입니다.

> **🏁 기적의 TIP**
>
> **논리 상수값**
> Java 언어의 경우는 명확하게 논리 상수값이 true, false 로 존재하나 C언어의 경우는 논리 상수값이 존재하지 않습니다.

② 논리 연산

변수 A	변수 B		!A	A && B	A || B
거짓	거짓	⇨	참	거짓	거짓
거짓	참		참	거짓	참
참	거짓		거짓	거짓	참
참	참		거짓	참	참

③ 예제

코드	설명
`#include <stdio.h>` `int main( ) {`	• 표준 입출력 라이브러리 추가 • main( ) 함수 시작
`    int num1 = 10;` `    int num2 = 5;`	정수형 변수 num1, num2 선언 및 초기화

`    int logical_and = (num1 > 0) && (num2 < 10);`
`    int logical_or = (num1 > 0) || (num2 > 10);`
`    int logical_not = !(num1 = = num2);`
	• 논리 AND 연산
	• 논리 OR 연산
	• 논리 NOT 연산

`    printf("(num1 > 0) && (num2 < 10): %d\n", logical_and);`
`    printf("(num1 > 0) || (num2 > 10): %d\n", logical_or);`
`    printf("!(num1 = = num2): %d\n", logical_not);`
	각 변수 출력

`     printf("결과를 10진수로 표현: %d, %d, %d\n", (int)logical_and, (int)logical_or, (int)logical_not);` `    printf("결과를 문자로 표현: %c, %c, %c\n", (char)logical_and, (char)logical_or, (char)logical_not);`	각 변수 출력
`    return 0;` `}`	main( ) 함수 종료

| 결과 | (num1 > 0) && (num2 < 10): 1
(num1 > 0) \|\| (num2 > 10): 1
!(num1 = = num2): 1
결과를 10진수로 표현: 1, 1, 1
결과를 문자로 표현: , , |

➕ 더 알기 TIP

(num1 > 0) && (num2 < 10);	(10 > 0) → true (1) (5 < 10) → true (1)	1 && 1 → 1 (참)
(num1 > 0) || (num2 > 10);	(10 > 0) → true (1) (5 > 10) → false (0)	1 || 0 → 1 (참)
!(num1 = = num2);	(10 = = 5) → false (0)	!(0) → 1 (참)
결과를 문자로 표현: , ,	각각 1을 char로 출력하려 하므로 ASCII 코드 1번 문자를 출력하게 되는데, ASCII 1번은 화면에 보이지 않는 제어 문자(시작 헤더)이다. 즉, 이 줄은 화면에 아무것도 보이지 않거나 깨져서 보일 수 있다.	

7) 조건 연산자

① 종류

?:	조건에 따라 두 값 중 하나를 선택

> **기적의 TIP**
> ?:는 C언어에서 유일하게 3개의 피연산자를 갖는 삼항 연산자입니다.

② 기본 형식

조건식 ? 참일 때 값 : 거짓일 때 값

- 조건식이 참(true)이면 ? 뒤의 첫 번째 값이 선택되고, 조건식이 거짓(false)이면 : 뒤의 두 번째 값이 선택된다.
- 예 big = a > b ? a : b;
  ➡ "만약 a가 b보다 크면 big에는 a를 넣고, 그렇지 않으면 b를 넣어라." 즉, a와 b 중 더 큰 값이 big에 저장된다.

③ 예제

```
#include <stdio.h>
int main( ) {
    int num1 = 10;
    int num2 = 5;
    int max = (num1 > num2) ? num1 : num2;
    printf("두 수 중 최댓값: %d\n", max);
    printf("최댓값을 실수로 표현: %f\n", (float)max);
    return 0;
}
```

	• 표준 입출력 라이브러리 추가 • main( ) 함수 시작
	정수형 변수 num1, num2 선언 및 초기화
	조건 연산자로 최댓값 구하기
	각 변수 출력
	main( ) 함수 종료

결과	두 수 중 최댓값: 10 최댓값을 실수로 표현: 10.000000

8) 할당(대입) 연산자

① 개념 및 종류

- 할당 연산자는 변수에 어떤 값을 저장(대입)할 때 사용한다.
- 연산 대상과 대입 대상이 되는 변수가 같을 경우는 복합 연산자를 이용하여 축약하여 표현할 수 있다.
- 할당 연산자의 결합 방향은 우측에서 좌측으로 연산이 수행된다.

=		a = b	a에 b를 저장(일반적인 대입)
+=	a += b	a = a + b	a에 b를 더해서 저장
-=	a -= b	a = a - b	a에서 b를 빼서 저장
*=	a *= b	a = a * b	a에 b를 곱해서 저장
/=	a /= b	a = a / b	a를 b로 나눈 값 저장
%=	a %= b	a = a % b	a를 b로 나눈 나머지 저장
<<=	a <<= b	a = a << b	a를 왼쪽으로 b비트 이동
>>=	a >>= b	a = a >> b	a를 오른쪽으로 b비트 이동

> **기적의 TIP**
> 대입 연산자는 C언어와 Java가 동일합니다.

> **기적의 TIP**
> 복합 대입 연산자란, 변수 스스로를 연산의 대상으로 삼을 때 더 짧게 쓰는 방식입니다. 예를 들어 a = a + 3;을 a += 3;처럼 쓸 수 있습니다.

② 예제

`#include <stdio.h>` `int main( ) {`	• 표준 입출력 라이브러리 추가 • main( ) 함수 시작
`int num1 = 10;` `int num2 = 5;`	정수형 변수 num1, num2 선언 및 초기화

`num1 += num2;`
    `printf("+= 연산자: %d\n", num1);`
    `num1 -= num2;`
    `printf("-= 연산자: %d\n", num1);`
	• += 대입 연산 처리 및 출력
	
	• -= 대입 연산 처리 및 출력

`num1 *= num2;`
    `printf("*= 연산자: %d\n", num1);`
    `num1 /= num2;`
    `printf("/= 연산자: %d\n", num1);`
	• *= 대입 연산 처리 및 출력
	
	• /= 대입 연산 처리 및 출력

`num1 %= num2;`
    `printf("%%= 연산자: %d\n", num1);`
    `num1 <<= 2;`
    `printf("<<= 연산자: %d\n", num1);`
    `num1 >>= 1;`
    `printf(">>= 연산자: %d\n", num1);`
	• %= 대입 연산 처리 및 출력
	
	• <<= 2 대입 연산 처리 및 출력
	
	• >>= 1 대입 연산 처리 및 출력

`return 0;` `}`	main( ) 함수 종료

결과	+= 연산자: 15 -= 연산자: 10 *= 연산자: 50 /= 연산자: 10 %= 연산자: 0 <<= 연산자: 0 >>= 연산자: 0

9) 콤마(나열) 연산자

① 종류

,	여러 식을 순서대로 실행하고 마지막 식의 결과값을 반환

② 예제

`#include <stdio.h>` `int main( ) {`	• 표준 입출력 라이브러리 추가 • main( ) 함수 시작
`int x = 1, y = 2, z = 3;`	정수형 변수 x, y, z 선언 및 초기화
`int result = (x += 1, y += 2, z += 3);`	여러 개의 표현식을 연결한 후 결과를 할당
`printf("x: %d, y: %d, z: %d\n", x, y, z);` `printf("result: %d\n", result);`	각 변수 출력
`return 0;` `}`	main( ) 함수 종료

결과	x: 2, y: 4, z: 6 result: 6

> **더 알기** TIP
>
> | result: 6 | 마지막 식인 z += 3의 결과 |
> |---|---|

10) 증가/감소 연산자

① 개념 및 종류

- 변수의 값을 1씩 증가 또는 감소시킬 때 사용한다.
- ++는 1 증가, --는 1 감소를 의미하며, 각각 전위형(Prefix)과 후위형(Postfix)의 방식이 있다.

++a	전위 증가	a를 먼저 1 증가	먼저 증가, 그다음 반환(증가된 값 반환)
a++	후위 증가	a를 나중에 1 증가	먼저 반환, 그다음 증가(원래 값 반환)
--a	전위 감소	a를 먼저 1 감소	먼저 감소, 그다음 반환(감소된 값 반환)
a--	후위 감소	a를 나중에 1 감소	먼저 반환, 그다음 감소(원래 값 반환)
<<=	a <<= b	a = a << b	a를 왼쪽으로 b비트 이동
>>=	a >>= b	a = a >> b	a를 오른쪽으로 b비트 이동

> **더 알기** TIP
>
> | 전위 증가 연산자(++num) | • 변수의 값을 1 증가시킨 후에 증가된 값을 반환한다.
• 변수의 값을 먼저 증가시킨 후에 반환한다. |
> |---|---|
> | 후위 증가 연산자(num++) | • 변수의 값을 반환한 후에 변수의 값을 1 증가시킨다.
• 변수의 값을 먼저 반환한 후에 증가시킨다. |
> | 예제 | `int num = 5;`
`int result1 = ++num;`
`int num = 5;`
`int result2 = num++;` |
> | 결과 | result1: 6
result2: 5 |

② 예제

`#include <stdio.h>` `int main( ) {`	• 표준 입출력 라이브러리 추가 • main( ) 함수 시작
`    int i = 5;`	정수 변수 i를 5로 초기화
`    int a = ++i;` `    printf("a의 값은 %d입니다.\n", a);`	변수의 값을 1 증가시킨 다음 결과를 반환

`    int j = 5;`
`    int b = j++;`
`    printf("b의 값은 %d입니다.\n", b);`
	변수의 값을 반환한 다음 1 증가

`    int k = 5;`
`    int c = k--;`
`    printf("c의 값은 %d입니다.\n", c);`
	변수의 값을 반환한 다음 1 감소

```
    int m = 5;
    int d = --m;                    변수의 값을 1 감소시킨 다음 결과를 반환
    printf("d의 값은 %d입니다.\n", d);
    return 0;
}                                    main( ) 함수 종료
```

결과	a의 값은 6입니다. b의 값은 5입니다. c의 값은 5입니다. d의 값은 4입니다.

11) 기타 연산자

( )	함수 호출 연산자	함수를 호출할 때 사용
[ ]	배열 인덱스 연산자	배열을 선언하거나 배열의 원소를 값으로 처리할 때 사용
.	멤버 접근 연산자	구조체 변수의 멤버에 접근할 때 사용
->	포인터 멤버 접근 연산자	구조체 포인트에서 특정 필드를 가리킬 때 사용

이론을 확인하는 기출문제

01 다음 식의 값으로 옳은 것은?

```
-5*2+6/3
```

① -7   ② -9
③ -8   ④ -6

연산자 우선순위에 따라 곱셈(*)과 나눗셈(/)을 먼저 계산한 후, 결과를 더한다.

02 C언어 연산자 우선순위(높음→낮음)로 옳은 것은?

① 산술 → 괄호 → 시프트 → 논리 → 대입
② 괄호 → 산술 → 시프트 → 관계 → 비트 논리 → 논리 → 조건 → 대입 → 콤마
③ 괄호 → 관계 → 산술 → 시프트 → 조건 → 논리 → 대입 → 콤마
④ 단항 → 괄호 → 산술 → 시프트 → 관계 → 논리 → 비트 논리 → 대입

(높음) 괄호( ) → 산술 → 시프트 → 관계 → 비트 논리 → 논리 → 조건(?:) → 대입(=,+=,…) → 콤마(,) (낮음)

03 다음 중 시프트 연산 결과가 옳은 것은?

```
int num=10;
```

① num<<2는 20   ② num>>1은 10
③ num<<2는 40   ④ num>>1은 6

오답 피하기
- ① <<는 왼쪽 시프트 → 10 << 2 = 1010 → 101000 = 40
- ② >>는 오른쪽 시프트 → 10(1010) >> 1 = 0101 = 5
- ④ 10 >> 1 = 5

04 다음 중 비트 연산자와 동작의 연결이 옳지 않은 것은?

① & : 비트 AND(논리곱)
② ^ : 비트 XOR(배타적 논리합)
③ | : 비트 OR(논리합)
④ || : 논리 OR(참/거짓 평가)

||는 논리 연산자로, 비트 연산자가 아니다.

05 int a=4, b=7; int c = a || b; 의 c 값은?

① 0
② 1
③ 4
④ 7

||는 논리 OR이므로 피연산자 값이 아닌 참(1)/거짓(0)을 반환한다. 문제에서는 둘 다 0이 아니므로 1이다.

06 다음 코드 실행 결과로 옳은 것은?

```
int i=5; int a=++i;
int j=5; int b=j++;
```

① a=5, b=6
② a=6, b=6
③ a=6, b=5
④ a=5, b=5

- 전위(++i)는 증가 후 반환 → a=6
- 후위(j++)는 반환 후 증가 → b=5

07 다음 중 콤마 연산자 사용 결과로 옳은 것은?

```
int x=1,y=2,z=3;
int result = (x+=1, y+=2, z+=3);
```

① x=2, y=4, z=6, result=4
② x=2, y=4, z=6, result=6
③ x=2, y=4, z=3, result=3
④ x=1, y=2, z=3, result=6

콤마 연산자는 왼쪽부터 순서대로 평가하고 마지막 식의 값을 결과로 반환한다.

정답 01 ③ 02 ② 03 ③ 04 ④ 05 ② 06 ③ 07 ②

SECTION 04 배열

빈출 태그 배열 • 인덱스 • 초기화 • 문자열 • 널 문자 • 2차원 배열 • 행 우선

> **기적의 TIP**
> 배열 또한 C언어 코드의 기본 바탕이 되는 내용입니다. 예제를 통해 확실하게 정리하세요.

> **기적의 TIP**
> C언어에서는 프로그래머가 직접 정의하여 사용하는 자료형을 사용자 정의 자료형이라고 하며, 주로 배열, 구조체, 공용체 등이 이에 포함됩니다.

01 배열(Array)

1) 개념
- 같은 자료형의 데이터를 연속된 메모리 공간에 저장할 수 있는 묶음(집합)이다.
- 같은 자료형의 값을 메모리 공간에 순서에 따라 하나의 이름(배열명)으로 모아 놓은 것이다.

2) 특징
- 인덱스(Index)는 항상 0부터 시작한다.
- 배열 요소의 범위는 배열명[0] ~ 배열명[배열 요소의 개수−1]이다.
- 각각의 값은 이름[인덱스]로 접근할 수 있다.
- 한 번의 선언으로 여러 개의 메모리 공간을 관리할 수 있다.

3) 배열 변수 선언문

① 1차원 배열

```
자료형 배열명[배열 요소의 개수];
```

> **기적의 TIP**
> int score[5];
> → 정수형 값 5개를 저장할 수 있는 배열

② 2차원 배열

```
자료형 배열명[행의 개수][열의 개수];
```

> **기적의 TIP**
> int table[3][4];
> → 3행 4열짜리 정수형 2차원 배열

4) 배열의 초기화

① 개념
- 배열을 선언하면서 동시에 값을 넣을 수 있으며, 이를 배열의 초기화라고 한다.
- 배열 선언과 동시에 초기화 시 요소의 개수는 생략할 수 있다.

② 예제

`int a[3] = {1, 2, 3};`	• 일반 초기화 • a[0]=1, a[1]=2, a[2]=3
`int b[ ] = {10, 20, 30};`	• 크기 생략 가능(값 개수로 결정) • b[0]=10, b[1]=20, b[2]=30
`static int c[5] = {11, 12};`	• 나머지는 자동으로 0으로 채움 • c[0]=11, c[1]=12, c[2]=0, c[3]=0, c[4]=0

결과	1, 2, 3 10, 20, 30 11, 12, 0, 0, 0

➕ 더 알기 TIP

정적(Static)

배열의 초기화에서 할당된 배열에 값이 입력되지 않으면 기본값은 0이다.

② 배열(Array)

1) 개념

- 하나의 줄에 값들이 일렬로 나열된 배열이다.
- 같은 자료형의 데이터를 순서대로 저장하는 자료구조이다.

2) 1차원 문자 배열과 문자열

- 문자열 상수를 1차원의 문자 배열을 통해 메모리에 저장하면 주소가 반환된다.
- 문자 배열은 문자열과 1byte의 널 문자('\0')를 포함하고 있다.
- 문자 상수의 경우는 1byte의 char 자료형으로 문자형 변수에 저장된다. 이때 문자 상수는 ASCII 코드로 표현된다.

🚩 기적의 TIP

문자열은 문자 여러 개로 구성되며, 끝을 알려주는 특수한 문자 '\0'(널 문자)가 자동으로 마지막에 붙어요. 이 널 문자가 있어야 C언어는 "아! 여기까지가 문자열이구나!"하고 알 수 있어요.

➕ 더 알기 TIP

ASCII 코드

- 컴퓨터가 문자(글자)를 숫자로 이해할 수 있도록 만든 문자 인코딩 체계이다.
- 즉, 컴퓨터는 문자(⑩ A, B, 1, !)를 직접 이해하지 못하므로 문자마다 고유한 숫자(정수)를 부여한 게 ASCII 코드이다.
- 주요 예시

'A'	65	' ' (공백)	32
'a'	97	'!'	33
'0'	48	'\n' (줄바꿈)	10

➕ 더 알기 TIP

C의 기본 상수

정수 상수 (Integer Constants)	• 정수값을 나타낸다. • 10진수, 16진수, 8진수 등의 진법으로 표현할 수 있다. • 부호 있는(int) 및 부호 없는(unsigned) 정수를 표현할 수 있다. • ⑩ 123, -456, 0, 0x1A (16진수), 077 (8진수)
실수 상수 (Floating-point Constants)	• 부동 소수점 값을 나타낸다. • 소수점과 지수(e 또는 E)를 사용하여 표현된다. • float, double, long double과 같은 데이터 유형으로 표현된다. • ⑩ 3.14, -0.001, 2.5e3, 1.23E-4

문자 상수 (Character Constants)	• 단일 인용부호(작은 따옴표)로 묶인 단일 문자를 나타낸다. • ASCII 또는 Unicode 문자를 나타낼 수 있다. • 정수값으로 저장되며, 대부분 int 형식으로 사용된다. • 예 'A', 'x', '1', '&', '\n'
문자열 상수 (String Constants)	• 연속된 문자들을 나타낸다. • 이중 인용부호(큰 따옴표)로 묶여 있다. • 내부적으로는 null 종료 문자로 취급되며, char 배열로 저장된다. • 예 "Hello, world!", "C Programming", ""
포인터 상수 (Pointer Constants)	• 포인터가 가리키는 주소값이 없음을 나타낸다. • 프로그램에서 포인터가 아직 유효한 주소를 가리키지 않을 때 사용된다. • 보통 NULL 매크로로 정의되며, 0 또는 (void*)0과 같은 값으로 표현된다. • 예 NULL

3) 예제

`#include <stdio.h>`	표준 입출력 헤더 선언
`int main(int argc, char *argv[ ])` `{`	명령행 인수를 처리하기 위한 argc와 argv 매개 변수를 갖는 main( ) 함수 시작

`    int i;`
`    char ch[4] = {'H', 'R', 'D', 'K'};`
`    char str[5] = "hrdk";`
	• 정수형 변수 i를 선언
	• 크기 4인 문자형 배열 ch를 선언하고 초기값 설정
	• 크기가 5인 문자형 배열 str을 선언하고 초기값을 설정

`    for(i = 0; i < 4; i++)`
`        printf("%c", ch[i]);`
`    printf("\n");`
`    printf("%s\n", str);`
	• i를 0부터 3까지 반복
	• ch 배열의 i번째 요소인 문자를 출력
	• 개행 문자 출력
	• str 배열에 저장된 문자열 출력

`    return 0;` `}`	• main 함수의 종료 • 프로그램을 성공적으로 종료

결과	HRDK hrdk

➕ 더 알기 TIP

ch[4] = {'H', 'R', 'D', 'K'};	마지막 식인 z += 3의 결과			
	H	R	D	K
str[5] = "hrdk";	str[5] 변수			
	h	r	d	k	\0
%c	문자 형식 지정자			

03 2차원 배열(2D Array)

1) 개념

- 행(row)과 열(column) 형태로 데이터를 저장하는 배열이다.
- 표(table)처럼 데이터를 저장할 수 있다.
- 2차원 배열 변수의 원소에 초기값을 배정하면 행 우선(Row-Major) 원칙을 적용하여 행 인덱스를 고정한 상태에서 열 인덱스를 먼저 증가시키면서 초기값을 배정한다.
- 2차원 배열 인덱스의 시작 값은 행 인덱스와 열 인덱스 모두 0이다.

2) 예제 1

코드	설명
`#include <stdio.h>`	표준 입출력 헤더 선언
`int main(int argc, char *argv[ ])` `{`	명령행 인수를 처리하기 위한 argc와 argv 매개 변수를 갖는 main( ) 함수 시작
`    int i, j, sub_total;` `    int s[3][2] = {{10, 20}, {30, 40}, {50, 60}};`	• 정수형 변수 i, j, sub_total을 선언 • 2차원 정수형 배열 s를 선언하고 초기값을 설정

`    for (i = 0; i < 3; i++) {`
`        sub_total = 0;`
`        for (j = 0; j < 2; j++)`
`    sub_total += s[i][j];`
	• 외부 반복문을 시작한다. i를 0부터 2까지 반복
	• 학생의 총점을 저장하는 sub_total 변수를 초기화
	• 내부 반복문을 시작한다. j를 0부터 1까지 반복
	• s 배열의 i번째 행과 j번째 열에 해당하는 요소를 더하여 sub_total에 누적

`        printf("%d번 학생 총점: %d\n", i + 1, sub_total);` `    }`	• i번째 학생의 총점을 출력 • 변수의 값을 +1씩 증가시킴
`    return 0;` `}`	• main( ) 함수 종료 • 프로그램을 성공적으로 종료

결과	1번 학생 총점: 30 2번 학생 총점: 70 3번 학생 총점: 110

+ 더 알기 TIP

`for ( i = 0; i < 3; i++)`	학생을 나타내는 행에 접근하기 위한 반복문
`for ( j = 0; j < 2; j++)`	과목을 나타내는 열에 접근하기 위한 반복문
`s[3][2] = {{10, 20}, {30, 40}, {50, 60}};`	s[3][2] 배열

행/열	0	1
0	10	20
1	30	40
2	50	60

더 알기 TIP

반복문 설계
- 진입 조건과 종료 조건을 명확히 하는 것이 핵심이다.
- 무한 루프는 예외 처리나 이벤트 루프에서나 제한적으로 사용한다.
- break 남용은 흐름을 복잡하게 만들어 유지보수성을 떨어뜨린다.
- 카운터 증가는 필요조건일 뿐, 종료 조건 설계가 더 중요하다.
- 테스트 시 경계값(0, 1, 최대치)을 반드시 점검한다.

3) 예제 2

코드	설명
`#include <stdio.h>`	표준 입출력 헤더 선언
`int main( ) {`	main 함수 정의
`    int scores1[5] = {85, 92, 78, 90, 87};` `    int sum1 = 0;`	• 크기가 5인 1차원 배열 scores1을 선언 • 학생 성적의 합을 저장하는 sum1 변수를 초기화

`    for (int i = 0; i < 5; i++) {`
`        sum1 += scores1[i];`
`    }`
`    printf("1차원 배열의 학생 성적 합계: %d\n", sum1);`
	• 반복문 시작 : i를 0부터 4까지 반복
	• 배열의 i번째 요소를 sum1에 더하여 합을 계산
	• 차원 배열 scores1의 학생 성적 합계를 출력

`    int scores2[5][3] = {`
`        {85, 90, 80},`
`        {92, 88, 95},`
`        {78, 85, 80},`
`        {90, 92, 88},`
`        {87, 85, 90}`
`    };`
	5개의 행과 3개의 열을 갖는 2차원 배열 scores2를 선언하고 초기값을 설정

`    int sum2 = 0;` `    for (int i = 0; i < 5; i++) {`	• 학생 성적의 합을 저장하는 sum2 변수를 초기화 • 외부 반복문 시작 : i를 0부터 4까지 반복

`        for (int j = 0; j < 3; j++) {`
`            sum2 += scores2[i][j];`
`        }`
`    }`
	• 내부 반복문 시작 : j를 0부터 2까지 반복
	• 배열의 i번째 행과 j번째 열에 해당하는 요소를 더하여 sum2에 누적

`    printf("2차원 배열의 학생 성적 합계: %d\n", sum2);`
`    return 0;`
`}`
	• 2차원 배열 scores2의 학생 성적 합계를 출력
	• ain( ) 함수 종료

결과
```
1차원 배열의 학생 성적 합계: 432
2차원 배열의 학생 성적 합계: 1305
```

이론을 확인하는 기출문제

01 다음 설명 중 배열의 인덱스에 대한 옳은 것은?
① 인덱스는 1부터 시작한다.
② 마지막 인덱스는 요소 개수와 같다.
③ 인덱스는 0부터 시작하며, 마지막은 요소 개수-1이다.
④ 인덱스는 음수를 허용한다.

C 배열의 인덱스는 0부터 시작하고, 마지막은 요소 개수-1이다.

02 다음 배열 선언 중 의미 연결이 올바른 것은?
① int score[5]; → 서로 다른 자료형 5개 저장
② int table[3][4]; → 3행 4열의 정수형 2차원 배열
③ char name[5] = "hello"; → 유효
④ int a[ ]; → 크기 생략 선언 가능

오답 피하기
- ① 같은 자료형만 저장
- ③ "hello"가 6바이트(널 포함)라 길이 5로는 불가
- ④ 초기값 없이 크기 생략 불가

03 다음 배열 초기화 결과 c[2], c[3], c[4]의 값은?

```
static int c[5] = {11, 12};
```

① 0, 0, 0
② 11, 12, 0
③ 12, 11, 0
④ 초기화되지 않음(쓰레기값)

- C 언어에서 static 배열은 전역/정적 영역에 저장되며, 명시적으로 초기화하지 않은 원소는 자동으로 0으로 초기화된다.
- {11, 12}라고 했으므로, c[0] = 11, c[1] = 12이고, 나머지 c[2], c[3], c[4]는 자동으로 0으로 채워진다.

04 다음 중 문자 배열과 문자열에 대한 설명으로 옳은 것은?
① 문자열은 널 문자 '\0' 없이도 자동 인식된다.
② char str[5] = "hrdk";에서 str[4]는 '\0'이다.
③ 문자 상수는 2바이트 이상을 차지한다.
④ 문자열 상수는 char에 저장한다.

"hrdk" 뒤에는 널 문자가 자동으로 붙어 str[4]= ='\0'이다.

오답 피하기
- ① '\0' 필요
- ③ 문자 상수는 보통 1바이트 char
- ④ 문자열은 배열에 저장

05 다음 2차원 배열 초기화에서 s[1][0]의 값은?

```
int s[3][2] = {
   {10, 20},
   {30, 40},
   {50, 60}
};
```

① 10   ② 20
③ 30   ④ 40

배열 인덱스는 0부터 시작하므로,
s[0][0] = 10, s[0][1] = 20
s[1][0] = 30, s[1][1] = 40
s[2][0] = 50, s[2][1] = 60
따라서 s[1][0]의 값은 30이다.

06 다음 코드의 출력 결과로 옳은 것은?

```
int scores1[5] = {85,92,78,90,87};
int sum1 = 0;
for (int i = 0; i < 5; i++) sum1 += scores1[i];
printf("%d\n", sum1);
```

① 412   ② 427
③ 432   ④ 437

85+92+78+90+87 = 432

정답 01 ③ 02 ② 03 ① 04 ② 05 ③ 06 ③

SECTION 05 포인터

출제빈도 **상** 중 하
반복학습 1 2 3

빈출 태그 포인터 • 주소 연산자 • 역참조 • NULL 포인터 • 동적 메모리 • 배열과 포인터 • 함수 매개변수

> **기적의 TIP**
> 포인터는 C언어를 학습하는 수많은 수험생의 의지를 꺾는 주범입니다. 조금 어렵더라도 기본 개념을 정리하고 출제된 문제를 풀어보면서 포인터의 실제 사용과 사용하는 방법을 정리하세요. 필기시험뿐만 아니라 실기시험에도 꼭 출제되는 부분입니다.

> **기적의 TIP**
> Java 언어에는 포인터 연산자가 존재하지 않습니다. 꼭 기억하세요.

01 포인터(Pointer)

1) 개념
- 포인터(Pointer)는 다른 객체의 주소를 저장하는 변수이다. 즉, 객체에 대한 참조(Reference)를 하는 다른 객체를 가리키는 자료형이다.
- 주로 고급 언어에서 사용되며, C언어에서는 필수 개념이다.
- 포인터 연산자(*)를 통해 메모리 주소를 직접 참조하거나 조작할 수 있다.

➕ **더 알기 TIP**

포인터 지원 언어의 종류
PL/I, ALGOL, PASCAL, C, C++

2) 특징
- 객체를 참조하려면 주소(메모리 위치)가 필요하므로 포인터는 주소형이다.
- 배열의 원소를 효율적으로 저장하거나 다룰 때 유용하다.
- 다수의 리스트 또는 연결된 구조를 만들 수 있다.
- 선언 시 * 기호 사용 → int *p; (정수형 주소를 가리키는 포인터)
- null 값을 가진 포인터는 어떤 객체도 가리키고 있지 않다는 의미이다.

➕ **더 알기 TIP**

포인터 사용 시 문제점
여러 포인터가 하나의 객체를 동시에 가리키는 경우, 한 포인터가 값을 바꾸면 다른 포인터에도 영향을 준다. 이로 인해 의도하지 않은 값 변경이나 프로그램 오류 발생 가능성이 있다.

02 포인터의 활용

동적 메모리 할당	• 동적으로 메모리를 할당하고 사용할 수 있다. • malloc, calloc, realloc과 같은 함수를 사용하여 메모리를 할당하고 포인터를 통해 해당 메모리를 조작할 수 있다.
배열 및 문자열 처리	• 배열은 포인터의 연속적인 블록으로 간주하며, 포인터를 사용하여 배열 요소에 접근하고 조작할 수 있다. • C에서 문자열은 포인터를 사용하여 표현되며, 포인터를 통해 문자열을 조작하고 처리할 수 있다.
함수 호출과 반환	• 함수의 매개 변수로 포인터를 사용하여 함수 내에서 해당 변수를 직접 조작할 수 있다. • 포인터를 반환하여 함수 외부에서 해당 값을 사용할 수 있다.
구조체와 연결 리스트 구현	• 포인터를 사용하여 구조체* 간의 연결 리스트를 구현할 수 있다. • 구조체 내에서 포인터를 사용하여 다른 구조체를 참조하고 연결할 수 있다.
하드웨어 리소스 접근	• 포인터를 사용하여 메모리 맵 레지스터(Memory-mapped Register) 등에 값을 읽고 쓸 수 있어서 하드웨어를 제어할 수 있는 프로그램을 작성할 수 있다. • 임베디드 시스템 등에서 주로 사용된다.

★ 구조체
서로 다른 타입의 데이터를 하나로 묶어서 사용하는 사용자 정의 자료형이다.

03 포인터 변수

1) 개념
- 포인터 변수는 다른 변수의 주소(메모리 위치)를 저장하는 변수이다.
- 포인터를 통해 간접적으로 변수의 값을 참조하거나 수정할 수 있다.

2) 선언 및 대입
- 포인터 변수는 아래의 형태로 선언한다.

```
자료형*  변수명;
```

또는

```
자료형 *변수명;
```

- 주소 연산자 &를 사용해 일반 변수의 주소를 포인터에 대입한다.

+ 더 알기 TIP

포인터 변수의 선언과 대입 과정 이해하기

`int num = 10;`
`int *p;`
`p = &num;`
	• 정수형 변수 num에 10을 저장
	• 정수형 변수의 주소를 저장하는 포인터 변수 p 선언
	• num의 주소를 p에 저장(p는 num의 주소를 가리킴)

즉, p는 주소를 저장하는 변수(포인터), &num은 num의 주소, *p는 주소 p가 가리키는 진짜 값(10)을 의미한다.

> **기적의 TIP**
> 포인터 연산자(*)는 역참조 연산자 또는 간접 연산자라고도 합니다.

3) 관련 연산자

&	주소 연산자	모든 변수에 대한 주소값을 구하는 연산자
*	포인터 연산자	포인터 변수의 자료(내용)를 구하는 연산자

4) 예제로 이해하기

① 예제 1

`#include <stdio.h>`	stdio.h 표준 입출력 헤더 선언
`int main( ) {`	main( ) 함수 시작

`    int num = 10;`
`    int *ptr;`
`    ptr = &num;`
	• 정수형 변수 num 선언 및 초기화
	• 포인터 변수 선언
	• ptr에 num 변수의 주소를 할당

`    printf("변수의 값: %d\n", num);`
`    printf("변수의 주소: %p\n", &num);`
`    printf("포인터가 가리키는 값: %d\n", *ptr);`
	• num 변수의 값을 출력
	• num 변수의 주소를 출력
	• 포인터 ptr이 가리키는 변수의 값을 출력

`    return 0;` `}`	• main( ) 함수 종료 • 프로그램 종료

결과	변수의 값: 10 변수의 주소: 0x7ffd77fae95c 포인터가 가리키는 값: 10

+ 더 알기 TIP

`ptr = &num;`	num의 주소를 ptr에 대입 (즉, ptr은 이제 num을 가리킴)
`printf("변수의 주소: %p\n", &num);`	num의 주소값을 16진수 포맷으로 출력 (%p : 주소값 형식 지정자)

② 예제 2

`#include <stdio.h>`	stdio.h 표준 입출력 헤더 선언
`int main( ) {`	main( ) 함수 시작

`    int num;`
`    int* p1;`
`    num = 100;`
`    p1 = &num;`
	• int 타입의 num 변수를 선언
	• int 포인터 변수 p1을 선언
	• num 변수에 100이라는 값을 할당
	• p1 포인터 변수에 num 변수의 주소를 할당

`    printf("일반 변수 접근: %d\n", num);` `    printf("포인터 변수 접근: %d\n", *p1);`	• num 변수의 값을 출력 • p1 포인터 변수가 가리키는 변수의 값을 출력
`    return 0;` `}`	• main( ) 함수 종료 • 프로그램 종료

결과	일반 변수 접근: 100 포인터 변수 접근: 100

③ 예제 3

#include <stdio.h>	stdio.h 표준 입출력 헤더 선언
int main( ) {	main( ) 함수 시작

int i;
    int A[ ] = {10, 20, 30, 40, 50};
    int* p;
    p = A; // p = &A[0];
	• int 타입의 변수 i를 선언
	• int 타입의 배열 A를 선언하고 초기값으로 10, 20, 30, 40, 50을 할당
	• int 포인터 변수 p를 선언
	• p에 배열 A의 첫 번째 요소인 A[0]의 주소를 할당

for(i = 0; i < 5; i++)
    {
        printf("%5d", *(p+i));
    }
	• i가 0부터 4까지 증가하는 동안 반복
	• 포인터 p를 사용하여 A[i]의 값을 출력

return 0; }	• main( ) 함수 종료 • 프로그램 종료

결과	10 20 30 40 50

➕ 더 알기 TIP

printf("%5d", *(p+i));	• printf("%5d", A[i]); 표현도 가능 • %5d : 5자리 정수 형식으로 출력 • *(p+i) : p가 가리키는 메모리 주소에 i를 더한 위치의 값을 가져옴

④ 예제 4

#include <stdio.h>	stdio.h 표준 입출력 헤더 선언
int main( ) {	main( ) 함수 시작

int NUM = 98;
    int* ptr;
    ptr = &NUM;
    NUM = NUM + 1;
	• 정수형 변수 NUM을 선언하고 98로 초기화
	• int 포인터 변수 ptr을 선언
	• ptr에 NUM 변수의 주소를 할당
	• NUM 변수의 값을 1 증가

printf("%d\n", NUM); *ptr = *ptr + 1;
    printf("%d\n", *ptr);
    printf("%p\n", &ptr);
	• NUM 변수의 값을 출력
	• 포인터 ptr이 가리키는 변수의 값을 1 증가시킴
	• ptr 포인터 변수가 가리키는 변수의 값을 출력
	• ptr의 주소값이 출력

return 0; }	• main( ) 함수 종료 • 프로그램 종료

결과	99 100 0x7ffd91343d30

⑤ 예제 5

`#include <stdio.h> stdio.h`	표준 입출력 헤더 선언
`int main(int argc, char *argv[ ]) {`	main( ) 함수 시작

`    int a[2][2] = {{11, 22}, {44, 55}};`
`    int i, sum = 0;`
`    int *p;`
`    p = a[0];`
	• 2x2 크기의 2차원 배열 a를 선언하고 초기화
	• a 배열의 요소는 {11, 22}와 {44, 55}로 초기화
	• 정수형 포인터 p를 선언
	• p 포인터를 a 배열의 첫 번째 행의 시작 주소로 설정. 배열 이름 a는 첫 번째 요소의 주소를 나타냄

`    for ( i = 1; i < 4; i++)`
`        sum += *(p + i);`
`    printf("%d", sum);`
	• 반복문을 사용하여 p 포인터 배열 요소에 접근
	• i는 1부터 3까지 증가하며, 배열의 첫 번째 행 두 번째 열부터 차례대로 조건에 해당하는 요소에 접근하는 데 사용
	• p 포인터를 사용하여 i 번째 열에 해당하는 요소를 간접 참조하여 값을 가져와 sum 변수에 더함
	• sum 변수의 값을 출력

`    return 0;` `}`	• main( ) 함수 종료 • 프로그램 종료

결과	121

+ 더 알기 TIP

for (i = 1; i < 4; i++)	i = 1;의 i는 배열의 두 번째 행에 해당하는 요소에 접근하는 데 사용

이론을 확인하는 기출문제

01 포인터에 대한 설명으로 옳지 <u>않은</u> 것은?
① 다른 객체의 주소를 저장하는 변수이다.
② * 연산자를 이용해 가리키는 값(내용)에 접근할 수 있다.
③ C언어에서 포인터는 선택 사항이며 없어도 대부분의 기능을 대체할 수 있다.
④ 어떤 객체도 가리키지 않음을 나타내는 NULL 포인터가 있다.

C언어에서 포인터는 필수 개념이며 메모리 · 배열 · 문자열 · 함수 간 데이터 전달 등 핵심 기능에 폭넓게 사용된다.

02 다음 코드 실행 결과로 옳은 것은?

```
int num = 10;
int *p = &num;
*p = 20;
printf("%d\n", num);
```

① 10 ② 20
③ 컴파일 오류 ④ 정의되지 않음

p는 num의 주소를 가리키며 *p=20;은 간접 참조(역참조)로, num 값을 20으로 변경한다.

03 다음의 주어진 코드에 대한 설명으로 옳은 것은?

```
int A[ ] = {10,20,30,40,50};
int *p = A;
```

① *(p+2)은 20이다.
② p = = &A[0]이 성립할 수 없다.
③ 포인터로는 배열 요소에 접근할 수 없다.
④ *(p+3)은 40이다.

오답 피하기
- ① p는 &A[0] → p+2는 &A[2]
  *(p+2) = A[2] = 30
- ② p는 배열의 첫 번째 요소 주소를 가리킴
  &A[0]도 첫 번째 요소 주소 → 항상 성립
- ③ 포인터로 배열 요소 접근 가능(*(p+i) 형태)

04 다음 프로그램의 출력 결과는?

```
int a[2][2] = {{11,22},{44,55}};
int *p = a[0];
int sum = 0;
for (int i=1; i<4; i++) sum += *(p+i);
printf("%d", sum);
```

① 77 ② 99
③ 121 ④ 132

- 메모리 배치
  a[0][0] = 11
  a[0][1] = 22
  a[1][0] = 44
  a[1][1] = 55
- int *p = a[0];
  → p는 a[0][0](=11)의 주소를 가리킴
  → 즉, 1차원처럼 {11,22,44,55}를 순차적으로 접근 가능
- i=1 → *(p+1) = a[0][1] = 22
  i=2 → *(p+2) = a[1][0] = 44
  i=3 → *(p+3) = a[1][1] = 55
- 합계 = 22 + 44 + 55 = 121

05 동적 메모리와 포인터에 대한 설명으로 옳지 <u>않은</u> 것은?
① malloc 실패 시 NULL을 반환한다.
② calloc은 할당한 메모리를 0으로 초기화 한다.
③ realloc 실패 시에도 기존 포인터는 그대로 유효하다.
④ 동적으로 할당한 메모리는 해제하지 않아도 자동 반환된다.

동적 할당은 반드시 free로 해제해야 한다.

정답 01 ③ 02 ② 03 ④ 04 ③ 05 ④

SECTION 06 구조체

빈출 태그 구조체 • 사용자 정의 자료형 • struct 키워드 • 멤버 접근

> **기적의 TIP**
> C언어 구조체의 기본 개념과 사용 방법을 기출문제를 통해 정리하세요.

01 구조체(Structure)

1) 개념
- 여러 개의 관련 있는 데이터를 하나로 묶어주는 사용자 정의 자료형이다.
- 서로 다른 자료형의 값을 메모리 공간에 순서대로 하나의 단위로 참조할 수 있도록 구성해 놓은 것이다.

2) 특징
- 서로 다른 자료형(⑩ 정수 + 문자열 등)을 하나로 묶을 수 있다.
- 메모리 공간에 연속적으로 배치되어 관리된다.
- struct라는 키워드를 사용하여 선언한다.
- 사용 순서: 구조체 선언 → 구조체 변수 선언 → 구조체 멤버 접근

02 구조체 구성 3단계

1) 구조체 선언
- 구조체를 구성하는 멤버(변수)들의 데이터 타입과 이름을 지정하며, 일반적으로 함수의 외부에 선언한다.
- 기본 구조

```
struct 구조체명
{
    데이터형1 멤버명1;
    데이터형2 멤버명2;
    ...
};
```

2) 구조체 변수 선언
- 정의된 구조체를 기반으로 실제 사용할 변수를 선언하며, 이때 구조체 타입의 변수를 생성한다.
- 기본 구조

```
struct 구조체명 구조체변수명;
```

3) 구조체 멤버 접근

- 선언된 구조체 변수를 통해 구조체 내의 멤버에 접근하고, 값을 읽거나 수정한다.
- 기본 구조

구조체변수명 . 멤버명

> **기적의 TIP**
>
> 구조체 멤버 접근을 구조체 멤버 참조라고 하기도 합니다. 이 두 용어는 거의 같은 의미로 혼용되지만, 필기시험에서는 혼란을 줄 수 있으니 문맥을 잘 보고 판단하는 것이 중요합니다.
> - 구조체 멤버 접근 : 구조체 안의 멤버를 사용하거나 값을 변경하는 것
> - 구조체 멤버 참조 : 구조체 안에 있는 멤버를 참조하는 것

➕ 더 알기 TIP

구조체 코드로 이해하기

| 코드 | ```c
#include <stdio.h>

// 학생 구조체 정의
struct Student {
    char name[50];
    int age;
    int studentID;
};

int main( ) {
// 학생 정보 입력
    struct Student student1;
    printf("학생 이름: ");
    scanf("%s", student1.name);
    printf("학생 나이: ");
    scanf("%d", &student1.age);
    printf("학생 학번: ");
    scanf("%d", &student1.studentID);

// 학생 정보 출력
    printf("\n입력된 학생 정보:\n");
    printf("이름: %s\n", student1.name);
    printf("나이: %d\n", student1.age);
    printf("학번: %d\n", student1.studentID);

    return 0;
}
``` |
| 구조 | <table><tr><th>데이터형</th><th>멤버</th></tr><tr><td>char</td><td>name</td></tr><tr><td>int</td><td>age</td></tr><tr><td>int</td><td>studentID</td></tr></table> |
```

이론을 확인하는 기출문제

01 구조체에 대한 설명으로 옳지 않은 것은?
① 서로 다른 자료형의 데이터를 하나로 묶을 수 있다.
② 메모리 공간에 연속적으로 배치되어 관리된다.
③ 동일 자료형만 저장할 수 있다.
④ 사용자 정의 자료형이다.

> 구조체는 서로 다른 자료형을 하나로 묶는 사용자 정의 자료형이며, 멤버들이 연속적으로 배치된다.

02 다음 중 구조체 선언의 기본 형식으로 가장 알맞은 것은?
① struct 구조체명 { 데이터형1 멤버1; 데이터형2 멤버2; };
② struct 구조체명; 만으로 멤버를 모두 정의한다.
③ 구조체명 struct { 멤버; }
④ typedef 구조체변수명 struct { 멤버; };

> 구조체는 struct 구조체명 { … }; 형태로 멤버의 타입과 이름을 지정해 선언한다.

03 구조체 변수 선언으로 옳은 것은? (단, 구조체 선언이 이미 끝났다고 가정한다.)
① struct 구조체명 구조체변수명;
② 구조체변수명 struct 구조체명;
③ 구조체명.구조체변수명;
④ struct 구조체변수명 { … };

> 선언된 구조체 타입으로 구조체 변수를 생성할 때 struct 구조체명 구조체변수명;을 사용한다.

04 구조체 멤버 접근(참조)의 기본 형식으로 알맞은 것은?
① 구조체변수명->멤버명
② 구조체변수명.멤버명
③ struct.멤버명
④ 멤버명.구조체변수명

> 구조체 변수로 멤버에 접근할 때는 . 연산자를 사용한다.

05 구조체 사용 순서로 가장 적절한 것은?
① 구조체 변수 선언 → 구조체 선언 → 멤버 접근
② 구조체 선언 → 구조체 변수 선언 → 멤버 접근
③ 멤버 접근 → 구조체 선언 → 구조체 변수 선언
④ 구조체 변수 선언 → 멤버 접근 → 구조체 선언

> 구조체 사용 순서 : 구조체 선언 → 구조체 변수 선언 → 구조체 멤버 접근

06 구조체 선언 위치에 대한 설명으로 옳은 것은?
① 반드시 main 함수 내부에만 선언해야 한다.
② 전역으로 선언할 수 없고 파일마다 재선언해야 한다.
③ 일반적으로 함수의 외부에 선언하여 타입을 정의한다.
④ 선언 없이 멤버 접근이 가능하다.

> **오답 피하기**
> - ① 구조체는 main 내부뿐 아니라 전역, 지역 모두 선언 가능
> - ② 구조체는 전역으로 선언 가능하며, header에 선언 후 여러 파일에서 #include 하여 재사용함
> - ④ 반드시 구조체 타입을 선언해야 하고, 변수 정의 후 멤버 접근(변수.멤버) 가능

정답 01 ③ 02 ① 03 ① 04 ② 05 ② 06 ③

CHAPTER

02

Java

학습 방향

Java는 객체지향 언어로 클래스, 상속, 다형성, 예외 처리가 핵심입니다. 실무와 시험 모두에서 중요한 영역이므로 문법과 개념을 함께 학습해야 합니다. 클래스·상속 문제는 UML 다이어그램을 함께 그려보며 관계를 파악하세요. 예외 처리 try-catch 구문은 실제 코드 예시를 손으로 타이핑하며 학습해야 합니다.

출제 빈도

SECTION	난이도	비율
SECTION 01	중	20%
SECTION 02	중	15%
SECTION 03	상	25%
SECTION 04	상	20%
SECTION 05	상	20%

SECTION 01 Java의 개요

빈출 태그 객체지향 • 클래스 • 객체 • 캡슐화 • 상속 • 다형성 • Java 표준 라이브러리

> **기적의 TIP**
> Java는 대표적인 객체지향 프로그래밍 언어입니다. 앞에서 학습한 객체지향 프로그래밍을 간단히 복습하고 Java 언어를 학습하면 좀 더 쉽게 내용을 이해할 수 있습니다.

> **기적의 TIP**
> 반복 출제 빈도가 높은 편이므로 자주 출제되는 내용 위주로 학습하세요. Java의 연산자는 C언어와 기본 문법이 유사하므로 차이를 확인하면서 정리하세요.

01 객체지향 프로그래밍(Object Oriented Programming)

1) 개념
- 컴퓨터 소프트웨어를 구조적인 코드 단위로 보는 것이 아니라 객체 단위로 구분하고 객체 간의 모음으로 설계하는 것이다.
- 소프트웨어 내의 객체는 서로 메시지(Message)를 주고받는다.
- 처리 요구받은 객체가 자기 자신 안에 있는 내용을 가지고 처리하는 방식이다.
- 프로그램이 단순화되고 생산성, 신뢰성이 높아져 대규모 개발에 많이 사용된다.

2) 구성 요소

Class(클래스)	• 객체를 만들기 위한 틀(설계도) • 공통된 속성과 연산(행위)을 갖는 객체의 집합을 정의한 것(Type)
Object(객체)	• 클래스를 바탕으로 만들어진 실제 대상 • 클래스에서 만들어진 실제 사용 가능한 인스턴스
Attribute(속성)	• 객체가 가지는 데이터(변수) • 객체가 가지고 있는 정보
Method(메서드)	• 객체가 수행할 수 있는 동작(함수) • 객체가 할 수 있는 행위나 기능
Message(메시지)	• 객체 간의 명령 전달 방법 • 객체들 사이에서 동작을 요청하거나 명령을 주고받는 방식

> **더 알기 TIP**
> **Class(클래스)와 Object(객체)**
> Class는 구조적 기법에서의 단위 테스트(Unit Test)와 같은 개념이며, 상위 클래스(부모 클래스, Super Class)와 하위 클래스(자식 클래스, Sub Class)로 나누어진다.
> Object*는 데이터와 함수를 묶어 캡슐화하는 대상이 되며, Class에 속한 Instance를 Object라고 한다. 즉, 같은 클래스에 속한 각각의 객체를 인스턴스라고 한다.

★ Object(객체)
- 상태, 동작, 고유 식별자를 가진 모든 것이라 할 수 있다.
- 필요한 자료구조와 이에 수행되는 함수들을 가진 하나의 독립된 존재이다.
- 객체의 상태는 속성값에 의해 정의된다.

3) 특징

① 캡슐화(Encapsulation)
- 서로 관련성이 높은 데이터(속성)와 그와 관련된 기능(메서드, 함수)을 묶는 기법이다.
- 결합도가 낮아져 소프트웨어 개발에 있어 재사용성이 높아진다.

- 정보은닉을 통하여 타 객체와 메시지 교환 시 인터페이스가 단순해진다.
- 변경 발생 시 오류의 파급 효과가 적다.

② 상속(Inheritance)
- 상위 클래스의 모든 속성, 연산을 하위 클래스가 재정의 없이 물려받아 사용하는 것*이다.
- 상위 클래스는 추상적 성질을, 자식 클래스는 구체적 성질을 가진다.
- 하위 클래스는 상속받은 속성과 연산에 새로운 속성과 연산을 추가하여 사용할 수 있다.

★ 다중 상속
다수의 상위 클래스에서 속성과 연산을 물려받는 것을 의미한다.

③ 다형성(Polymorphism)
- 객체가 다양한 모양을 가지는 성질을 뜻한다.
- 오퍼레이션이나 속성의 이름이 하나 이상의 클래스에서 정의되고 각 클래스에서 다른 형태로 구현될 수 있는 개념이다.
- 상속 관계에서 상위 클래스 타입의 변수로 하위 클래스의 객체를 참조할 수 있는 성질을 말한다.
- 현재 코드를 변경하지 않고 새로운 클래스를 쉽게 추가할 수 있다.
- 오버로딩(같은 이름 순서 재사용)과 오버라이딩(재정의)이 있다.

④ 추상화(Abstraction)
- 시스템 내의 공통 성질을 추출한 뒤 추상 클래스를 설정하는 기법이다.
- 현실 세계를 컴퓨터 시스템에 자연스럽게 표현할 수 있다.
- 추상화의 종류로는 기능 추상화, 제어 추상화, 자료 추상화가 있다.

⑤ 정보은닉(Information Hiding)
- 객체 내부의 속성과 메서드를 숨기고 공개된 인터페이스를 통해서만 메시지를 주고받을 수 있도록 하는 것을 의미한다.
- 객체의 내부 정보를 보호하여 코드의 유지보수성과 안정성을 높이는 데 이바지한다.
- 예기치 못한 부작용(Side Effect)을 줄이기 위해서 사용한다.

📌 기적의 TIP

Java에서 정보은닉을 표기할 때 private는 외부에서 클래스 내부 정보에 접근하지 못하도록 하는 '접근금지'의 의미를 가집니다.

02 Java 언어

1) 개념
- 객체지향 프로그래밍 언어이다.
- 추상화, 상속화, 다형성과 같은 특징을 가진다.
- 네트워크 환경에서 분산 작업이 가능하도록 설계되었다.
- 특정 컴퓨터 구조와 무관한 가상 바이트 머신 코드를 사용하므로 플랫폼이 독립적이다.
- 가비지 콜렉터(Garbage Collector)*의 특징을 가지는 개발자 친화적인 객체지향 언어이다.

★ 가비지 콜렉터(Garbage Collector)
Java에서 더 이상 사용되지 않는 객체(쓰레기)를 자동으로 메모리에서 제거해주는 기능이다. S/W 개발 중에는 유효하지 않은 쓰레기(Garbage) 메모리가 발생하는데, Java에서는 C언어와 달리 JVM(Java Virtual Machine) 쓰레기 컬렉터가 불필요 메모리를 알아서 정리해 준다.

2) Java 언어의 기본 자료형

분류	예약어	크기(byte)	비고
정수형	byte	1	-127 ~ +128
	short	2	-32,768 ~ +32,767
	int	4	-2,147,483,648 ~ +2,147,483,647
	long	8	-9,223,372,036,854,775,808 ~ +9,223,372,036,854,775,807
실수형	float	4	단정도 실수형(유효 자리는 7 정도)
	double	8	배정도 실수형(유효 자리는 15 정도)
문자형	char	2	유니코드 문자열 1자
논리형	boolean	1	true, false

> **기적의 TIP**
> 논리형은 이론적으로는 1비트 타입이지만 실제 메모리에서는 최소 1바이트 이상 사용합니다.

3) 이스케이프 시퀀스(Escape Sequence)

\n	new line	커서를 다음 줄 처음으로 이동한다.
\r	carriage return	커서를 현재 줄 처음으로 이동한다.
\t	tab	커서를 일정 간격만큼 띄운다.
\b	backspace	커서를 뒤로 한 칸 이동한다.
\f	form feed	한 페이지를 넘긴다.
\'	single quote	작은따옴표를 출력한다.
\"	double quote	큰따옴표를 출력한다.
\\	backslash	역슬래시를 출력한다.

4) Java의 접근 제한자

public	모든 접근을 허용
protected	같은 패키지에 있는 객체와 상속 관계의 객체들만 허용
default	같은 패키지에 있는 객체들만 허용
private	현재 객체 내에서만 허용

5) Java의 출력 메서드

System.out.print( )	괄호 안을 출력하고 줄바꿈을 안 함
System.out.println( )	괄호 안을 출력하고 줄바꿈을 함
System.out.printf( )	변환 문자를 사용하여 출력

➕ 더 알기 TIP

형 변환 문자

%d	10진 정수
%o	8진 정수
%x	16진 정수
%f	10진 실수
%e	지수
%c	문자
%s	문자열

6) Java의 변수명 작성 규칙

- 영문 대소문자(A~Z, a~z), 숫자(0~9), '_', '$'를 혼용하여 사용할 수 있으며, 영문자는 대소문자를 구분한다.
- 첫 글자는 영문자나 '_', '$'로 시작해야 한다.
- 공백을 포함할 수 없다.
- 예약어(Reserved Word)를 사용할 수 없다.

03 Java 표준 라이브러리

1) 개념

- Java에서 자주 사용하는 기능들을 모아 놓은 패키지(도구 모음)를 의미하며, Java는 라이브러리를 패키지에 포함하여 제공한다.
- Java에서 패키지를 사용하려면 'import java.util'과 같이 import 문을 이용해 선언한 후 사용한다.
- import로 선언된 패키지 안에 있는 클래스의 메서드를 사용할 때 클래스와 메서드를 마침표(.)로 구분하여 사용한다(예 Math.abs( )).

2) 주요 패키지 및 예시 도구

java.lang	• Java에 기본적으로 필요한 인터페이스, 자료형, 예외 처리 등에 관한 기능을 제공하며 import 문 없이 사용할 수 있다. • String, System, Process, Runtime, Math, Error
java.util	• 날짜 처리, 난수 발생, 복잡한 문자열 처리 등에 관련된 기능을 제공한다. • Date, Calendar, Random, StringTokenizer
java.io	• 파일 입출력과 관련된 기능 및 프로토콜을 제공한다. • InputStream, OutputStream, Reader, Writer
java.net	• 네트워크와 관련된 기능을 제공한다. • Socket, URL, InetAddress
java.awt	• 사용자 인터페이스와 관련된 기능을 제공한다. • Frame, Panel, Dialog, Button, CheckBox

> **기적의 TIP**
>
> instanceof 연산자는 참조 변수가 참조하고 있는 인스턴스의 실제 타입을 반환합니다.

04 연산자 우선순위

연산자	종류	결합 방향	우선순위
기타 연산자	( ) [ ] .	좌 → 우	높음 ↑
단항 연산자	+ - ! ~ ++ --	우 → 좌	
산술 연산자	* / %	좌 → 우	
	+ -		
시프트 연산자	<< >> >>>	좌 → 우	
관계 연산자	< <= > >= instanceof	좌 → 우	
	== !=		
비트 연산자	&	좌 → 우	
	^		
	|		
논리 연산자	&&	좌 → 우	
	||		
조건 연산자	?:	우 → 좌	
할당 연산자	= += -= *= /= %= <<= >>=	우 → 좌	↓ 낮음

+ 더 알기 TIP

C언어와 Java 연산자 비교

종류	C언어	Java
산술 연산자	+ - * / %	
할당 연산자	= += -= *= /= %=	
비교 연산자	== != < <= > >=	
논리 연산자	&& || !	
비트 연산자	& | ^ ~	
증감 연산자	++ --	
조건 연산자	?:	
비트 이동 연산자	<< >>	<< >> >>>
멤버 접근 연산자	. (Dot)	
배열 접근 연산자	[ ]	
형 변환 연산자	(type)	
instanceof 연산자	지원 안 됨	instanceof
sizeof 연산자	sizeof	지원 안 됨
포인터 연산자	* &	지원 안 됨

05 Java의 스트림(Stream)

1) 스트림(Stream)의 개념
- 프로그램과 외부 자원(파일, 네트워크, 메모리 등) 간에 데이터를 순차적으로 전달하는 입출력 통로이다.
- 자바의 모든 입출력은 스트림을 통해 수행되며, 데이터는 한 방향으로만 흐른다.
- 입력(Input)과 출력(Output)으로 구분되며, 읽기와 쓰기를 동시에 하려면 각각의 스트림이 필요하다.
- 기본 스트림(File, Byte, Object 등)과 보조 스트림(Buffered, Data 등)으로 구분하여 사용할 수 있다.
- 처리 데이터의 형태에 따라 바이트 기반 스트림(Byte Stream)과 문자 기반 스트림(Character Stream)으로 나뉜다.

2) 바이트 기반 스트림(Byte Stream)
- 바이트 기반 스트림은 모든 데이터를 1바이트 단위로 처리하며, 이미지, 동영상, 실행 파일 등 이진(Binary) 데이터 입출력에 사용된다.
- 자바에서는 InputStream과 OutputStream이 모든 바이트 스트림의 상위(추상) 클래스로 정의되어 있다.
- 이 두 클래스는 바이트 입출력의 공통 기능을 제공하며, 실제 데이터 처리 방식은 각각의 하위 클래스가 구현한다.

+ 더 알기 TIP

바이트 기반 스트림 계층 구조

① InputStream(추상 클래스)

```
├── FileInputStream         : 파일에서 바이트 단위로 읽기
├── ByteArrayInputStream    : 메모리의 바이트 배열로부터 입력
├── ObjectInputStream       : 직렬화된 객체를 복원하여 입력
├── BufferedInputStream     : 버퍼를 이용한 효율적 입력
└── PipedInputStream        : 스레드 간 통신용 입력 스트림
```

② OutputStream(추상 클래스)

```
├── FileOutputStream        : 파일에 바이트 단위로 쓰기
├── ByteArrayOutputStream   : 메모리의 바이트 배열로 출력
├── ObjectOutputStream      : 객체를 직렬화하여 출력
├── BufferedOutputStream    : 버퍼를 이용한 효율적 출력
└── PipedOutputStream       : 스레드 간 통신용 출력 스트림
```

3) 문자 기반 스트림(Character Stream)

- 문자를 대상으로 입 · 출력하는 스트림으로, char 단위로 처리한다.
- 바이트와 문자 간 문자 인코딩(예 UTF-8, EUC-KR)을 고려하며, 파일 · 네트워크의 바이트 데이터를 문자로 해석할 때는 브리지 스트림을 사용한다.
- 자바에서는 Reader와 Writer가 모든 문자 스트림의 상위(추상) 클래스이다. 공통 기능을 제공하고, 실제 동작은 하위 클래스가 구현한다.
- 텍스트 파일/프로토콜 처리에 적합하고, 줄 단위 처리 · 버퍼링과 함께 사용하면 효율적이다.

➕ 더 알기 TIP

문자 기반 스트림 계층 구조

① InputStream(추상 클래스)

├── FileReader	: 파일에서 문자 단위로 읽기
├── InputStreamReader	: 바이트 → 문자 변환
├── BufferedReader	: 버퍼/라인 읽기 지원
├── StringReader	: 문자열을 입력 소스로 사용
├── CharArrayReader	: char[]를 입력 소스로 사용
├── PipedReader	: 스레드 간 통신용 입력 스트림
└── PushbackReader	: 한 글자 되돌리기

② OutputStream(추상 클래스)

├── FileWriter	: 파일에 문자 단위로 쓰기
├── OutputStreamWriter	: 문자 → 바이트 변환
├── BufferedWriter	: 버퍼/라인 쓰기 지원
├── StringWriter	: 문자열 버퍼에 출력
├── CharArrayWriter	: char[] 버퍼에 출력
├── PipedWriter	: 스레드 간 통신용 출력 스트림
└── PrintWriter	: 포맷/편의 메서드 제공

이론을 확인하는 기출문제

01 객체지향 프로그래밍(OOP)에 대한 설명으로 옳지 않은 것은?
① 소프트웨어를 객체 단위로 구분하고 객체들의 모음으로 설계한다.
② 객체는 서로 메시지를 주고받는다.
③ 처리 요구를 받은 객체가 자기 안의 내용으로 처리한다.
④ 프로그램이 복잡해지고 생산성·신뢰성이 낮아 대규모 개발에 부적합하다.

OOP는 프로그램 단순화, 생산성·신뢰성 향상으로 대규모 개발에 적합하다.

02 클래스(Class)와 객체(Object)에 대한 설명으로 옳지 않은 것은?
① 클래스는 객체를 생성하기 위한 설계도 역할을 한다.
② 객체는 클래스 그 자체이며, 설계도로만 존재하고 메모리에 만들어지지 않는다.
③ 객체는 클래스로부터 생성된 실체(인스턴스)이다.
④ 클래스는 속성과 메서드로 구성될 수 있다.

객체는 클래스 그 자체가 아니라, 클래스로부터 생성된 메모리에 존재하는 인스턴스이다.

03 캡슐화·정보은닉에 대한 설명으로 가장 적절한 것은?
① 관련 없는 데이터와 기능을 함께 묶어 결합도를 높인다.
② 캡슐화는 인터페이스를 복잡하게 하여 오류 파급을 키운다.
③ 정보은닉은 공개된 인터페이스만 통해 메시지를 주고받게 하여 부작용을 줄인다.
④ 캡슐화는 재사용성과 무관하다.

정보은닉은 내부를 숨기고 인터페이스만 노출하여, 부작용 감소 및 유지보수성 증가가 특징이다.

04 상속(Inheritance)에 대한 설명으로 옳은 것은?
① 하위 클래스는 상위 클래스의 속성과 연산을 물려받아 사용하고, 새로운 속성과 연산을 추가할 수 있다.
② 상위 클래스가 구체적이고 하위 클래스가 추상적이다.
③ 다중 상속은 모든 언어에서 반드시 지원된다.
④ 상속은 코드 재사용과는 관계가 없다.

오답 피하기
- ② 상위 클래스가 추상적, 하위 클래스가 구체적
- ③ C++은 지원하지만, Java·C# 등은 직접적인 다중 상속을 지원하지 않음
- ④ 코드 재사용성은 상속의 주요 장점 중 하나임

05 다형성(Polymorphism)에 대한 설명으로 옳은 것은?
① 동일 이름의 연산은 하나의 클래스에서만 정의 가능하다.
② 서로 다른 클래스의 객체를 같은 이름으로 지칭하고, 오버로딩·오버라이딩으로 다르게 구현할 수 있다.
③ 오버로딩과 오버라이딩은 동일 개념이다.
④ 다형성은 새로운 클래스 추가 시 기존 코드 변경을 늘린다.

다형성은 같은 인터페이스/이름에 대해 다른 동작을 허용한다.

06 다음 중 C에는 없고 Java에는 있는 연산자 조합으로 옳은 것은?
① sizeof, &
② instanceof, >>>
③ ->, sizeof
④ *, &, ?:

Java에는 instanceof, 부호 없는 오른쪽 시프트 >>>가 있다.

정답 01 ④ 02 ② 03 ③ 04 ① 05 ② 06 ②

SECTION 02 자료형

빈출 태그 Java 자료형 • 기본형 • 참조형 • 배열 • 문자열 • String 메서드 • main 메서드

> **기적의 TIP**
> 자료형에 대한 내용은 Java 코드 문제를 풀기 위한 기본 지식을 습득한다는 관점에서 공부해 주세요. 이번 섹션에 표현된 문법 구조는 시험에 직접적으로 출제된다기보다는 좀 더 복잡한 코드의 기본이 되는 내용이므로 가볍게 여기지 않도록 해주세요.

01 Java의 자료형(Data Type)

1) 기본형(Primitive Type)
- 프리미티브(Primitive) 타입이라고도 불리며, 변수에 값을 직접 저장한다.
- 논리형, 문자형, 정수형, 실수형으로 나뉘며, 각각 다양한 크기와 범위를 가진다.
- 기본형은 메모리를 적게 사용하고 연산이 빠르다.

① 논리형
- 오직 두 가지 값(true(참) 또는 false(거짓))을 가지는 자료형이다.
- 예제

`boolean isRaining = true;`	isRaining이라는 이름의 논리형 변수를 선언하고, true 값을 저장
`System.out.println("비가 오는 중인가요? " + isRaining);`	"비가 오는 중인가요? "라는 문자열 뒤에 isRaining 값을 붙여 출력

결과	비가 오는 중인가요? true

② 문자형
- 16비트 유니코드를 사용하여 한 개의 문자를 저장하는 자료형이다.
- 예제

`char grade = 'A';`	문자 'A'를 grade라는 문자형 변수에 저장
`System.out.println("학점: " + grade);`	"학점: " 문자열과 grade 변수를 문자열 연결(+)하여 출력

결과	학점: A

> **기적의 TIP**
> **Java에서의 char 자료형**
> - 단일 문자 하나만 저장하는 데 사용된다.
> - 예를 들어 char ch = 'A'; 처럼 하나의 문자만 가능하며, 작은따옴표로 감싼다.
> - 여러 개의 문자를 저장하려면 String 클래스를 사용해야 한다.

> **기적의 TIP**
> 문자형은 작은따옴표(' ')를 사용하여야 합니다. 큰따옴표(" ")는 문자열을 나타냅니다("A"는 String, 'A'는 char). 또한 한 글자만 가능하다는 것을 꼭 기억해 두세요.

③ 정수형

- 소수점 없는 정수값을 저장하는 자료형이다.
- 종류

byte	1바이트(8비트)	-128 ~ 127
short	2바이트(16비트)	-32,768 ~ 32,767
int	4바이트(32비트)	약 ±21억
long	8바이트(64비트)	엄청 큼

- 예제

`byte age = 20;`	1바이트로 나이 저장
`short year = 2028;`	2바이트로 년도 저장
`int population = 1000000;`	4바이트로 인구 수 저장

`System.out.println("나이: " + age);`
`System.out.println("년도: " + year);`
`System.out.println("인구 수: " + population);`
	각각의 값을 출력

결과	나이: 20 년도: 2028 인구 수: 1000000

④ 실수형

- 소수점이 있는 숫자(부동 소수점 수)를 저장하는 자료형이다.
- 종류

float	32비트(4바이트)	소수점 이하 약 7자리
double	64비트(8바이트)	소수점 이하 약 15자리

- 예제

`float weight = 68.5f;`	몸무게를 float 타입으로 저장
`double pi = 3.141592;`	원주율을 double 타입으로 저장
`System.out.println("몸무게: " + weight);` `System.out.println("원주율: " + pi);`	변수값을 문자열과 함께 출력

결과	몸무게: 68.5 원주율: 3.141592

> **기적의 TIP**
>
> float은 뒤에 f를 반드시 붙여서 사용해야 하지만, double은 기본이므로 f를 붙이지 않아도 됩니다.

2) 참조형(Reference Type)

- 객체(Object)를 다룰 때 사용되며, 객체의 주소(참조)를 저장한다.
- 클래스, 인터페이스, 배열 등을 포함한다.
- 객체는 힙(Heap) 메모리에 동적으로 할당되며, 그 주소가 참조형 변수에 저장된다.

① 클래스

- 객체의 설계도이며, 객체를 생성하기 위한 템플릿 역할을 한다.
- 클래스 기반으로 객체를 생성하고, 해당 객체의 주소를 참조형 변수에 저장한다.
- 예제

``java
class Person {
    String name;
    int age;
}
``
	• Person 클래스 선언
	• 문자열 name 멤버 변수
	• 정수형 age 멤버 변수 설정

``java
public class Main {
    public static void main(String[ ] args) {
        Person person = new Person( );
        person.name = "이기적";
        person.age = 25;
``
	• Main 클래스 선언
	• Person 클래스의 인스턴스를 생성하고, 이를 "person" 변수에 할당
	• "person" 객체의 "name" 멤버 변수에 "이기적" 문자열을 저장
	• "person" 객체의 "age" 멤버 변수에 25라는 정수를 저장

``java
        System.out.println("이름: " + person.name);
        System.out.println("나이: " + person.age);
    }
}
``
	• "System.out.println"을 사용하여 "person" 객체의 이름과 나이를 화면에 출력

결과	이름: 이기적 나이: 25

② 인터페이스
- 메서드의 집합으로, 객체의 행동 규약을 정의한다.
- 클래스에서 인터페이스를 구현(Implement)하여 해당 규약에 따라 행동한다.
- 예제

| ```
interface Drawable {
    void draw( );
}
``` | - "Drawable"은 인터페이스로, 그림을 그릴 수 있는 객체를 나타내기 위해 정의됨<br>- "void draw( );" 메서드가 선언되어 있으며, 그림을 그리는 데 사용됨 |
| ```
class Circle implements Drawable {
    public void draw( ) {
        System.out.println("원을 그립니다.");
    }
}
``` | - "Circle" 클래스는 "Drawable" 인터페이스를 구현한 클래스<br>- "Drawable" 인터페이스의 메서드인 "draw( )"를 오버라이딩<br>- "public void draw( )" 메서드는 원을 그리는 동작을 구현<br>- "System.out.println"을 사용하여 "원을 그립니다."라는 메시지를 출력 |
| ```
public class Main {
    public static void main(String[ ] args)
    {
        Circle circle = new Circle( );
        circle.draw( );
    }
}
``` | - Main 클래스 선언<br>- Main 클래스는 main( ) 메서드를 가지고 있음(시작점)<br>- main( ) 메서드의 내부에서는 Circle 클래스의 circle 인스턴스를 생성<br>- circle의 draw( ) 메서드를 호출 |

> **기적의 TIP**
> "Circle" 클래스는 그림을 그릴 수 있는 원을 표현하는 클래스입니다.

결과	원을 그립니다.

③ 열거형
- 사전에 정의된 상수들의 집합을 나타낸다.
- 열거형은 관련된 상수 값을 그룹으로 묶어 사용하며, 각 상수는 고유한 이름을 가지고 있다.
- 예제

| ```
enum Day {
    SUNDAY, MONDAY, TUESDAY, WEDNESDAY,
THURSDAY, FRIDAY, SATURDAY
}
``` | 열거 상수 Day 클래스 "SUNDAY", "MONDAY", "TUESDAY", "WEDNESDAY", "THURSDAY", "FRIDAY", "SATURDAY"로 나타냄 |
| ```
public class Main {
    public static void main(String[ ] args) {
        Day today = Day.SUNDAY;
        System.out.println("오늘은 " + today +
"입니다.");
    }
}
``` | - Main 클래스 선언(시작점)<br>- "Day today = Day.SUNDAY;" 코드는 "Day" 열거형(enum)에서 "SUNDAY" 열거 상수를 선택하고, "today" 변수에 할당<br>- 선택된 요일을 문자열로 출력 |

> **기적의 TIP**
> "Day" 열거형(enum)은 일주일의 요일을 나타내는 열거 상수를 정의합니다.

결과	오늘은 SUNDAY입니다.
```

④ 문자열
- 문자들의 시퀀스로, Java에서는 java.lang.String 클래스를 사용하여 문자열을 표현한다.
- 예제

> **기적의 TIP**
> 문자열은 큰따옴표(" ")로 묶어서 표현합니다.

```java
public class Main {
    public static void main(String[ ] args) {

        String message = "안녕하세요!";
        System.out.println(message);
    }
}
```

- Main 클래스 선언
- main( ) 메서드 정의
- message 문자열 변수를 선언하고 "안녕하세요!"라는 문자열로 초기화
- message 변수의 값을 표준 출력에 출력

| 결과 | 오늘은 SUNDAY입니다. |

⑤ 배열
- 동일한 유형의 데이터를 여러 개 저장하는 자료구조이다.
- 예제

> **기적의 TIP**
> 배열은 고정된 크기를 가지며, 각 요소는 인덱스를 통해 접근합니다.

```java
public class Main {
    public static void main(String[ ] args) {

        int[ ] numbers = {1, 2, 3, 4, 5} ;
            System.out.println("첫 번째 숫자: " + numbers[0]);
            System.out.println("배열 길이: " + numbers.length);
    }
}
```

- Main 선언 클래스 정의
- main( ) 메서드 정의
- numbers인 정수 배열을 선언하고 초기화
- numbers 배열의 첫 번째 요소(인덱스 0)를 문자열 결합하여 출력
- numbers 배열의 길이를 출력

| 결과 | 첫 번째 숫자: 1
배열 길이: 5 |

➕ 더 알기 TIP

Java의 자료형 비교

구분	기본형	참조형
논리형	boolean	
문자형	char	
정수형	byte, short, int, long	
실수형	float, double	
문자열		String
배열		Array
클래스		User defined Class
인터페이스		Interface
열거형		Enum
기타 자료형		등등(等等)

02 Java의 배열과 문자열

1) 배열

① C언어의 배열과 Java의 배열 비교

구분	C언어 배열	Java 배열
개념	기본형 값들의 묶음	객체(Object)로 만들어진 배열
접근 방식	값 자체를 저장하고 사용	배열 객체를 참조 변수로 접근
메모리 구조	배열이 메모리에 연속된 공간으로 직접 존재	배열은 객체(Heap)로 존재하고 변수는 주소만 가짐(참조)
예시	int arr[5];	int[ ] arr = new int[5];

> **기적의 TIP**
>
> C언어 배열은 '서랍장' : 값 그 자체를 저장하고 다루는 방식
> - int arr[5]; → 5칸짜리 서랍장을 직접 만들고, 거기에 값을 직접 넣는 것
> - arr[0] = 10; → 첫 번째 서랍에 값 10을 직접 넣는 것
> - 서랍(배열)은 메모리에 연속적으로 존재하고, 각각의 위치에 직접 접근함

② Java 배열의 선언 규칙
- 배열은 선언한 뒤 초기화하거나, 배열 객체 생성 후 사용해야 한다.
- 배열을 선언할 때에는 크기 지정이 불가능하지만, 생성할 때에는 반드시 크기를 지정해야 한다.
- 다차원 배열을 255차원까지 선언 가능하다.
- 기본 구조

```
int a[ ] = { 1, 2, 3 };
int[ ] a = { 1, 2, 3 };
int[ ] a = new int[3];
```

> **기적의 TIP**
>
> Java 배열은 '주소를 가리키는 짐 보관함 티켓' : 배열은 객체이고, 변수는 그 주소를 가리키는 참조형
> - int[ ] arr = new int[5]; → 짐 보관소에 5칸짜리 보관함 객체를 만들고, 그 위치 티켓(arr)을 가지고 있는 것
> - arr[0] = 10; → 티켓을 통해 보관소에 접근해서 첫 번째 칸에 10을 넣는 것
> - 변수 arr는 배열 그 자체가 아니라 배열 객체의 주소(참조값)를 담고 있음

③ Java 배열의 크기
- 배열의 크기(즉, 요소의 개수)는 배열이름.length 속성을 통해 알 수 있다.
- 배열의 크기는 한 번 생성하면 변경이 불가능하다.
- 예제 1

public class ArrayEx001 {	ArrayEx001 클래스 선언
public static void main(String[ ] args) {	main( ) 메서드 정의
int[ ] intArr = { 1, 2, 3 };	1차원 배열 초기화

for (int i = 0; i < intArr.length; i++) {
      System.out.print(intArr[i] + " ");
    }
    System.out.println( );
  }
}
	• 0부터 intArr 배열 크기만큼 순회하면서 배열에 입력된 1, 2, 3을 순서대로 출력하고 공백을 추가
	• 개행 출력하여 행 바꿈
	• 프로그램 종료

결과	1 2 3

> **기적의 TIP**
>
> 눈에 보이지는 않지만 3 뒤에도 공백이 1칸 출력됩니다.

더 알기 TIP

int[ ] intArr = { 1, 2, 3 };	배열에 1, 2, 3 저장
intArr.length;	intArr의 길이 계산

- 예제 2

`public class ArrayEx002 {`	ArrayEx002 클래스 선언
`    public static void main(String[ ] args) {`	main( ) 메서드 정의
`        int[ ] intArr = new int[3];`	1차원 배열 intArr을 생성하고 크기를 3으로 설정

`        for (int i = 0; i < intArr.length; i++)`
`            intArr[i] = i + 1;`
`        for (int i : intArr) {`
`            System.out.print(i + " ");`
`        }`
`        System.out.println( );`
`    }`
`}`
	• 배열 인덱스 i를 0부터 배열 크기만큼 반복
	• intArr 배열에 순서대로 수열 1, 2, 3 저장
	• intArr 배열에 저장된 1, 2, 3을 뒤에 공백을 추가하면서 순서대로 출력
	• 개행 출력하여 행 바꿈
	• 프로그램 종료

> **기적의 TIP**
> 눈에 보이지는 않지만 3 뒤에도 공백이 1칸 출력됩니다.

결과	1 2 3

+ 더 알기 TIP

int[3];	배열 요소는 모두 0으로 초기화됨

- 예제 3

`public class ArrayEx003 {`	ArrayEx003 클래스 선언
`    public static void main(String[ ] args) {`	main( ) 메서드를 선언
`        int[ ] score = { 100, 90, 80, 70, 60 };`	• 1차원 배열 score를 선언하고, 값을 초기화 • 배열에는 100, 90, 80, 70, 60이 저장

`        for (int i : score) {`
`            System.out.print(i + " ");`
`        }`
`        System.out.println( );`
`    }`
`}`
	• 확장 for 반복문을 사용하여 배열 score를 순회
	• score의 각 요소를 i에 순차적으로 출력하고, 공백을 추가
	• 개행 출력하여 행 바꿈
	• 프로그램 종료

결과	100 90 80 70 60

+ 더 알기 TIP

each-for 문(향상된 for 문)
- 객체 내의(여러 개의) 대상을 차례로 접근할 때 유용하다.
- 형식

```
for(타입변수선언 : 배열객체명) { 실행문; }
```

2) 문자열

① 개념
- 문자들의 연속된 집합(문자열 리터럴)로, Java에서는 String이라는 클래스로 표현된다.
- 문자열은 한 번 생성되면 내용을 바꿀 수 없다.
- 기본 구조

```
//문자열형의 생성(대입형)
String strArr1 = "Java";

//String 클래스의 생성자를 이용하여 초기화
String strArr2 = new String("Java");
```

② String 클래스
- String 클래스는 주로 문자열을 출력하거나 결합하는 데 사용한다.
- java.lang 패키지의 주요 클래스 중의 하나이다.
- Java 언어는 String 클래스를 통해 편리하게 문자열을 사용할 수 있다.
  - 예) String str = new String("정보처리 한방 합격!");
- String 클래스를 이용하면 "문자열" 간 결합이 용이하다.
  - 예) System.out.println(name + "님 합격을 축하합니다!");
- String 클래스의 주요 메서드

char charAt(int index)	인덱스 위치의 문자 하나 리턴
boolean equals(Object obj)	다른 문자열 객체와 비교
String replace(char oldChar, char newChar)	특정 문자를 새로운 문자로 치환
static String valueOf( )	숫자값을 문자형으로 처리
int length( )	문자열의 길이(널 문자 제외)

- 예제

public class ArrayEx004 {
    public static void main(String[ ] args) {
 	
        String str = "SSAP";
        int length = str.length( );
 	
        for (int i = length-1; i >= 0; i--)
            System.out.printf("%c", str.charAt(i));
        System.out.println( );
    }
}
	ArrayEx004 클래스 선언
	main( ) 메서드 정의
	
	• 문자열 변수 str을 선언하고, 'SSAP'이라는 값 할당
	• 문자열 str의 길이를 구하여 length 변수에 할당
	• for을 사용하여 i를 length –1부터 0까지 감소시킴
	• str 문자열의 i번째 문자를 형식화된 출력으로 출력
	• 개행 출력하여 행 바꿈
	• 프로그램 종료

결과	PASS

③ Java 언어의 문자열과 + 연산자
- 문자열형 변수나 리터럴에 대하여 연결(문자열 연결)한다.
- + 연산자를 사용할 경우, 기본형이나 참조형 데이터를 문자열로 자동 형 변환시켜 준다.
- 예제 1

코드	설명
`public class ArrayEx005 {`	ArrayEx005 클래스 선언
`    public static void main(String[ ] args) {`	main( ) 메서드 정의

`        String strS1 = "Gisa";`
`        String strS2 = "One Pass!";`
`        String strS3 = strS1 + strS2;`
	• 문자열 변수 strS1을 선언하고, "Gisa"라는 값을 할당
	• 문자열 변수 strS2를 선언하고, "One Pass!"라는 값을 할당
	• strS1과 strS2를 연결하여 새로운 문자열 strS3을 생성

`        System.out.println(strS3);`
`        System.out.println(100 + "점 합격~!");`
`    }`
`}`
	• strS3 문자열을 출력
	• 100과 "점 합격~!"을 연결하여 출력

결과	GisaOne Pass! 100점 합격~!

- 예제 2

코드	설명
`import java.util.Scanner;`	Scanner 클래스를 사용하기 위해 java.util 패키지를 임포트
`public class ArrayEx006 {`	ArrayEx006 클래스 선언
`    public static void main(String[ ] args) {`	main( ) 메서드 정의

`        Scanner input = new Scanner(System.in);`
`        System.out.print("== 덧셈(1) 뺄셈(2) 선택 : ");`
`        String sel = input.next( );`
	• 입력을 받기 위해 Scanner 객체를 생성
	• 사용자에게 메시지를 출력하여 연산 선택을 요청
	• 사용자로부터 문자열을 입력받아 sel 변수에 저장

`        if (sel.equals("1"))`
`            System.out.println("10 + 20 = " + (10 + 20));`
`        if (sel.equals("2"))`
`            System.out.println("10 - 20 = " + (10 - 20));`
	• sel 변수의 값이 "1"과 같은지 확인
	• 만약 sel 변수의 값이 "1"과 같다면, "10 + 20 = 30"을 출력
	• sel 변수의 값이 "2"와 같은지 확인
	• 만약 sel 변수의 값이 "2"와 같다면, "10 - 20 = -10"을 출력

`    }` `}`	• main 메서드의 종료 • ArrayEx006 클래스의 종료

결과	사용자가 "1"을 입력했으면	10 + 20 = 30
	사용자가 "2"를 입력했으면	10 - 20 = -10

03 main( ) 메서드

1) 개념
- Java 프로그램이 실행될 때 제일 먼저 시작하는 메서드로, main( )이 있어야 프로그램이 실행된다.
- main( ) 메서드를 포함하는 클래스의 접근 지정자는 public이다.

2) 기본 구조

```
public static void main(String[ ] args) {
    //여기에 실행될 코드 작성
}
```

- public : 누구나 접근할 수 있도록
- static : 객체를 만들지 않아도 실행되도록
- void : 리턴값 없음
- String[ ] args : 실행 시 외부에서 값을 받을 수 있는 배열

3) 예제

Number 클래스 정의

```
class Number {
    private int x;
    void setX(int i) {
        x = i;
    }
    int getX( ) {
        return x;
    }
}
```

- Number 클래스 정의
- x라는 정수형 멤버 변수를 가지고 있음
- setX( ) 메서드는 x 변수에 값을 설정하는 역할(i라는 매개 변수를 받아 x 변수에 할당)
- getX( ) 메서드는 x 변수의 값을 반환하는 역할

Test 클래스 정의 + main( ) 메서드

```
public class Test {
    public static void main(String[ ] args) {
        Number obj = new Number( );
        obj.setX(100);
        System.out.println(obj.getX( ));
    }
}
```

- Test 클래스에 main 메서드가 포함
- main 메서드는 프로그램의 진입점으로, 프로그램이 실행되면 처음으로 호출
- Number 클래스의 객체 obj를 생성
- obj.setX(100)을 호출하여 obj 객체의 x값을 100으로 설정
- System.out.println(obj.getX( ))을 호출하여 obj 객체의 x값을 출력

결과	100

이론을 확인하는 기출문제

01 다음 중 기본형/참조형에 대한 설명으로 옳은 것은?

① int, double, boolean 등은 참조형이다.
② 기본형은 값을 직접 저장하고, 참조형은 객체의 주소(참조)를 저장한다.
③ String과 배열은 기본형이다.
④ 참조형 변수는 객체 자체를 스택에 저장한다.

> **오답 피하기**
> • ① int, double, boolean은 기본형(Primitive Type)
> • ③ String과 배열은 참조형(Reference Type)
> • ④ 참조형 변수는 객체의 참조값을 가짐

02 문자형(char)에 대한 설명으로 옳은 것은?

① "A"는 char 리터럴이다.
② 'A'는 char 리터럴이며, char는 16비트 유니코드를 저장한다.
③ char의 크기는 1바이트다.
④ 문자형은 반드시 String 클래스로만 표현한다.

> **오답 피하기**
> • ① "A"는 문자열(String) 리터럴
> • ③ Java에서 char의 크기는 2바이트(16비트)
> • ④ char는 기본형, String은 참조형

03 실수형 리터럴 표기에 대한 설명으로 옳은 것은?

① float 리터럴은 접미사 f 없이 써야 한다.
② double 리터럴은 접미사 d를 반드시 붙여야 한다.
③ float는 32비트이며 리터럴에 f/F를 붙여 표기할 수 있다.
④ double은 32비트이므로 float과 동일하다.

> **오답 피하기**
> • ① f 필요
> • ② d 필수 아님
> • ④ double은 64비트

04 배열에 대한 설명으로 옳은 것은?

① int[] a = new int[3]; 생성 후 길이는 a.length로 얻는다.
② 배열은 한 번 생성한 뒤에도 크기를 자유롭게 바꿀 수 있다.
③ int[3] a;처럼 선언만으로 크기를 지정할 수 있다.
④ 배열 변수에는 요소값들이 직접 저장된다.

> **오답 피하기**
> • ② Java 배열은 한 번 생성하면 크기를 변경할 수 없음
> • ③ Java는 배열 선언 시 크기 지정 불가, 생성 시 new와 함께 크기 지정
> • ④ 배열 변수는 배열 객체의 참조값(주소)을 저장하며, 실제 요소값은 힙 메모리에 저장

05 문자열(String)과 연산에 대한 설명으로 옳은 것은?

① String은 가변이라 내용을 직접 수정할 수 있다.
② 문자열 연결 시 +는 기본형도 자동으로 문자열로 변환하여 연결한다.
③ 문자열 비교는 ==로 하는 것이 권장된다.
④ 문자열 길이는 length 필드로 얻는다.

> **오답 피하기**
> • ① String은 불변(immutable) 클래스
> • ③ 문자열 내용 비교는 equals() 메서드 사용
> • ④ Java에서 String 길이는 length( ) 메서드 사용

06 main( ) 메서드 시그니처로 옳은 것은?

① public static void main(String args[])
② public void main(String[] args)
③ static public int main(String[] args)
④ public static void main(String arg)

> String args[] 대신 String[] args나 String... args도 허용된다.

정답 01 ② 02 ② 03 ③ 04 ① 05 ② 06 ①

SECTION 03 클래스

빈출 태그 클래스 • 필드 • 메서드 • 생성자 • public class 규칙 • 추상 클래스 • 오버라이딩

01 클래스(Class)

1) 개념
- 자바에서 클래스란 객체(Object)를 정의하는 틀 또는 설계도와 같은 의미로 사용된다.
- 객체지향 기법에서 하나 이상의 유사한 객체들을 묶어서 하나의 공통된 특성을 표현한 것으로, 자료 추상화의 개념이다.
- 구성 요소

필드(Field)	객체의 상태를 저장하는 변수(멤버 변수)
메서드(Method)	객체의 행동/기능을 정의하는 함수(멤버 함수)
생성자(Constructor)	객체를 만들 때 호출되는 특수한 메서드

2) 특징
- 클래스를 선언한 후 new 연산자를 사용하여 객체를 생성하고, 객체에 대한 레퍼런스 변수(참조 변수)를 선언하여 객체를 활용한다.
- Java 소스 파일(.java)에는 여러 개의 class 작성이 가능하지만, public class는 한 개만 작성할 수 있다. public class가 있을 경우에는 반드시 클래스명을 파일명으로 지정한다.
- main method는 실행의 시작을 위해 반드시 필요하며, 실행을 시작하는 public class 내에 작성하고 main method가 있는 class명으로 파일명을 지정해야만 실행할 수 있다.

3) 기본 구조

```
접근제한자 class 클래스명 {
    //필드
    //생성자
    //메서드
}
```

> **기적의 TIP**
>
> Java 클래스는 Java 코드를 분석하기 위한 기본이 되는 부분입니다. 도서의 예제 코드를 통해서 Java의 표현을 확실하게 이해해 두세요.

> **기적의 TIP**
>
> Java의 모든 클래스에는 생성자가 반드시 존재하고, 하나 이상의 생성자를 만들 수 있습니다. 만약 생성자를 생략하면(직접 만들지 않으면), 컴파일러가 기본 생성자를 자동으로 만들어 바이트 코드 파일에 추가합니다.

> **기적의 TIP**
>
> **Java의 접근 제한자(접근 제어자, 접근 지정자)**
> - public : 모든 접근을 허용한다.
> - private : 오직 같은 클래스 내부에서만 접근 가능하다.
> - default : 같은 패키지에 있는 객체들만 허용한다.
> - protected : 같은 클래스, 같은 패키지, 그리고 다른 패키지에 있는 하위 클래스에서 접근 가능하다.

> **기적의 TIP**
> Java 클래스명을 작성할 때에는 $, _ 외의 특수문자는 사용할 수 없습니다.

4) 작성 규칙

- 클래스명은 하나 이상의 문자로 이루어져야 한다.
- 영문 대소문자, 숫자, 특수문자($, _)로 클래스명을 작성한다.
- 반드시 대문자로 시작하는 것이 관례이다(예 Student, Car).
- 예약어(키워드)는 클래스 이름으로 사용할 수 없다.

5) 종류

일반 클래스(Class)	가장 기본적인 클래스 형태로, 필드와 메서드를 포함해 객체를 생성
추상 클래스(Abstract Class)	하나 이상의 추상 메서드를 포함하며, 직접 객체 생성 불가
인터페이스(Interface)	전부 추상 메서드로 구성된 설계도, 다중 구현 가능
내부 클래스(Inner Class)	클래스 내부에 선언된 클래스, 외부 클래스와 밀접하게 작동
익명 클래스(Anonymous Class)	이름이 없는 일회성 클래스, 주로 이벤트 처리 등에 사용
최종 클래스(Final Class)	상속이 불가능한 클래스, 보안/설계 보호용
래퍼 클래스(Wrapper Class)	기본형 데이터를 객체형으로 감싸는 클래스

> **기적의 TIP**
> 강아지라는 클래스가 있다면
> - 강아지 : 클래스
> - 진돗개, 시츄, 치와와 : 객체
> - 발이 4개 : 속성
> - 짖는다 : 메서드

6) 예제

① Person 클래스 내에 name, age 멤버 변수 사용

Person 클래스 정의	
`class Person {`	• Person 클래스 선언 • Person 클래스는 name, age로 구성

`    private String name;`
`    private int age;`
	• 문자열 멤버 변수 name 선언
	  – String : 문자열 데이터를 저장하는 데 사용되는 Java의 내장 클래스
	• 정수형 멤버 변수 age 선언
	  – int : 정수 데이터를 저장하는 데 사용되는 Java의 내장 자료형

`    public Person(String name, int age) {`
`        this.name = name;`
`        this.age = age;`
`    }`
	• 클래스의 생성자 정의 부분
	• Person은 생성자의 이름으로, 클래스와 동일한 이름을 사용
	• 괄호 안의 매개 변수(String name, int age)는 생성자에 전달되는 데이터를 나타냄
	• this.name = name과 this.age = age는 생성자에 전달된 값을 클래스의 변수에 할당하는 역할
	  – this : 현재 인스턴스
	  – this.name : 클래스의 name 변수

코드	설명

`    public void sayHello( ) {`
`        System.out.println("저는 " + name + "입니다. " + age + "살입니다.");`
`    }`
`}`
	• 클래스 내에 정의된 메서드를 나타내는 부분
	– void : 메서드가 반환하는 값의 유형이 없음
	– sayHello : 메서드의 이름
	• System.out.println : 콘솔에 텍스트를 출력하는 데 사용되는 Java의 내장 메서드

Main 클래스 정의 : sayHello( ) 메서드 호출

코드	설명
`public class Main {`	• Main 클래스 선언 – public : 클래스가 다른 클래스에서 접근 가능 – class : 클래스 정의 – Main : 클래스의 이름 – 중괄호({ }) : 클래스의 시작과 끝
`    public static void main(String[ ] args) {`	• 프로그램의 실행 흐름을 시작 • main( ) 메서드 정의 – main : Java 프로그램의 진입점(entry point)으로, 프로그램이 실행될 때 첫 번째로 호출되는 메서드 – String[ ] args : 명령줄 인수를 전달받기 위한 문자열 배열 매개 변수
`        Person person = new Person("Shin", 35);`	• Person 클래스의 객체를 생성하고, person이라는 변수에 할당 • 괄호 안의 "Shin"과 35는 Person 클래스의 생성자에 전달되는 값

`        person.sayHello( );`
`    }`
`}`
	person 객체의 sayHello( ) 메서드를 호출

결과	저는 Shin입니다. 35살입니다.

② 사각형의 넓이와 둘레 계산

Rectangle 클래스 정의

```java
class Rectangle {
    int width;
    int height;
    public int getArea( ) {
        return width * height;
    }
    public int getRound( ) {
        return 2 * (width + height);
    }
}
```

- Rectangle 클래스는 width와 height라는 두 개의 정수형 멤버 변수를 가짐
- getArea( ) 메서드는 사각형의 넓이를 계산하여 반환
- getRound( ) 메서드는 사각형의 둘레를 계산하여 반환

ClassEx001 클래스 정의

```java
public class ClassEx001 {
    public static void main(String[ ] args) {
        Rectangle aaa = new Rectangle( );
        aaa.width = 10;
        aaa.height = 20;
        System.out.println("사각형의 넓이 : " + aaa.getArea( ));
        System.out.println("사각형의 둘레 : " + aaa.getRound( ));
    }
}
```

- ClassEx001 클래스는 main( ) 메서드를 포함
- main( ) 메서드는 프로그램의 진입점(entry point)이며, 프로그램이 실행되면 처음으로 호출
- Rectangle 클래스의 객체 aaa를 생성
- aaa 객체의 width와 height 멤버 변수에 각각 10과 20의 값을 할당
- aaa.getArea( ) 메서드를 호출하여 사각형의 넓이를 계산하고 출력
- aaa.getRound( ) 메서드를 호출하여 사각형의 둘레를 계산하고 출력

결과

사각형의 넓이: 200
사각형의 둘레: 60

02 추상 클래스(Abstract Class)

1) 개념
- 추상 메서드를 하나 이상 포함하는 클래스이다.
- 직접 객체 생성이 불가능하다(new로 생성할 수 없음).
- 추상 메서드를 포함할 수 있지만, 반드시 포함해야 하는 것은 아니다.
- 완전한 구현된 메서드와 추상 메서드를 모두 가질 수 있다.

2) 추상 메서드(Abstract Method)
- 자식 클래스에서 재정의해야만 사용할 수 있는 메서드를 의미한다.
- 선언만 있고 내부에 실행 코드가 없다.
- 추상 메서드를 가진 클래스는 무조건 abstract로 선언해야 한다.
- 객체를 직접 생성할 수 없으며, 다른 클래스에서 상속받아 사용해야 한다.
- 다중 상속을 지원하지 않는다(Java에서는 단일 상속만을 지원).

> **기적의 TIP**
> 추상 메서드는 부모 클래스가 자식 클래스에게 "이 메서드 꼭 만들어!"라고 강제하는 것이라고 이해하면 됩니다.

3) 추상 메서드의 재정의
- 추상 메서드의 상속 관계에서 부모 클래스가 자식 클래스에게 주는 구현 의무를 말한다.
- 부모 클래스와 상속 관계에 있다면 반드시 부모 클래스의 추상 메서드를 재정의해야 프로그램에 오류가 발생하지 않는다.

> **더 알기 TIP**
> 추상 메서드의 재정의는 오버라이딩(Overriding)의 한 형태입니다(추상 메서드의 재정의 ⊆ 오버라이딩).

4) 클래스의 형 변환(다형성)
- 부모 클래스 타입으로 자식 객체를 참조하는 방식이다.
- 추상 클래스 타입으로 자식 클래스의 객체를 생성하고, 자식 클래스에서 구현된 메서드를 호출할 수 있다.
- 재정의한 메서드를 부모 클래스의 객체 변수를 통해 사용하려면 부모 클래스의 객체 변수를 선언할 때 자식 클래스의 생성자를 이용하는 것을 의미한다.

> **기적의 TIP**
> 클래스 형 변환(다형성)은 추상 클래스의 가장 실용적인 사용 방식입니다.

이론을 확인하는 기출문제

01 다음 중 클래스(Class)에 대한 설명으로 가장 옳은 것은?
① 프로그램에서 실제 동작하는 실행 객체 자체이다.
② 객체를 만들기 위한 틀(설계도)로, 공통 속성과 연산을 정의한다.
③ 데이터만 묶는 그릇이며 메서드는 포함할 수 없다.
④ 자료 추상화와는 무관한 개념이다.

> 클래스는 객체 생성을 위한 설계도이며 자료 추상화 개념을 따른다.

02 소스 파일과 public class 규칙으로 옳은 것은?
① 하나의 .java 파일에는 public class를 여러 개 둘 수 있다.
② .java 파일명은 임의로 정해도 된다(공개 클래스와 무관).
③ 하나의 .java 파일에 여러 클래스 정의는 가능하지만 public class는 한 개만 가능하며, 파일명은 그 public class명과 같아야 한다.
④ main 메서드가 있는 클래스는 public일 수 없다.

> 보조적인 클래스(패키지-private 클래스)는 여러 개 넣을 수 있어도 public class는 하나만 가능하며, 파일명과 이름은 동일해야 한다.

03 생성자(Constructor)에 대한 설명으로 옳지 <u>않은</u> 것은?
① 클래스에는 생성자가 반드시 존재한다.
② 생성자를 생략하면 컴파일러가 기본 생성자를 제공한다.
③ 생성자는 객체 생성 시 자동 호출되는 특수 메서드다.
④ 생성자는 반환형을 int로 선언할 수 있다.

> 생성자는 반환형을 명시하지 않는다.

04 추상 클래스(abstract class)에 대한 설명으로 옳은 것은?
① new로 직접 객체를 만들 수 있다.
② 반드시 추상 메서드를 1개 이상 포함해야 한다.
③ 완전한 메서드와 추상 메서드를 함께 가질 수 있다.
④ 인터페이스와 동일하므로 구분 없이 사용한다.

> 추상 클래스는 구현 메서드와 추상 메서드를 동시에 가질 수 있으며, 직접 인스턴스화가 불가능하다.

05 추상 메서드 재정의(오버라이딩)에 대한 설명으로 옳은 것은?
① 자식 클래스가 재정의하지 않아도 자동 구현된다.
② 부모가 강제하는 구현 의무로, 자식이 반드시 재정의해야 한다.
③ 같은 이름 다른 매개변수로 만드는 오버로딩과 동일하다.
④ 재정의해도 부모 타입 참조로는 호출할 수 없다.

> 추상 메서드는 자식 클래스가 구현(override)해야 한다.

06 main( ) 메서드와 실행에 대한 설명으로 옳은 것은?
① public static void main(String[] args) 시그니처를 사용하며, 실행 시작점은 main이 있는 public 클래스로 본다.
② main은 인스턴스 메서드여야 하므로 static을 붙이면 안 된다.
③ main은 반환값이 있으므로 int를 리턴해야 한다.
④ main이 없어도 임의 클래스에서 바로 실행된다.

> **오답 피하기**
> • ② static 필수
> • ③ 반환형은 void
> • ④ main 없이 실행 불가

정답 01 ② 02 ③ 03 ④ 04 ③ 05 ② 06 ①

SECTION 04 상속

출제빈도 상 중 하
반복학습 1 2 3

빈출 태그 상속 • extends • 단일 상속 • 오버로딩 • 오버라이딩 • super • 다형성

> **기적의 TIP**
>
> 객체지향 개발도구에서 상속을 학습합니다. Java에서 사용되는 상속, 오버로딩, 오버라이딩 등의 개념과 표현 방법을 예제를 통해 이해하도록 하세요. 본 섹션은 필기시험뿐 아니라 실기시험에도 종종 출제되는 부분이니 꼭 정리하세요.

01 상속(Inheritance)

1) 개념

- 클래스 상속이란 자식(Sub) class가 부모(Super) class의 속성(멤버 변수, 필드, Field)과 메서드를 상속받는 것이다.
- 자식 class는 부모 class의 생성자와 private 요소를 제외한 모든 멤버를 상속받는다.
- Java 언어에서 상속 시 사용하는 예약어는 'extends'이다.
- 부모 class의 메서드와 속성을 별도의 선언 없이 블록 안에 있는 것처럼 접근하여 사용한다.
- Java 언어에서는 단일 상속만 가능하다. 즉, 자식 class는 단 하나의 부모 class를 상속받을 수 있다.
- Java 언어의 모든 class는 Object class를 상속받는다.

> **더 알기 TIP**
>
> - 부모 class = 상위 class, 슈퍼 class, 기본 class
> - 자식 class = 하위 class, 서브 class, 파생 class

2) 기본 구조

```
class 부모클래스명 {
    필드
    메서드
}
class 자식클래스명 extends 부모클래스명 {
}
```

3) 예제

부모 Vehicle 클래스 정의(자동차의 공통적인 기능을 정의)

```java
class Vehicle {
    protected String brand;
    public Vehicle(String brand) {
        this.brand = brand;
    }
    public void start( ) {
        System.out.println(brand + "가 출발");
    }
    public void stop( ) {
        System.out.println(brand + "가 정지");
    }
}
```

- Vehicle 클래스는 자동차를 나타내는 부모 클래스
- brand 멤버 변수는 자동차의 브랜드
- Vehicle 클래스의 생성자는 brand 값을 매개 변수로 받아 초기화
- start( ) 메서드는 자동차 출발 메시지 출력
- stop( ) 메서드는 자동차 정지 메시지 출력

자식 Car 클래스 정의(자동차의 공통 기능을 상속받고 자동차의 개별 기능을 정의)

```java
class Car extends Vehicle {
    private int numOfSeats;
    public Car(String brand, int numOfSeats) {
        super(brand);
        this.numOfSeats = numOfSeats;
    }
    public void autodr( ) {
        System.out.println(brand + " 자율주행 ON");
    }
}
```

- Car extends Vehicle는 Vehicle 클래스를 상속받는 자식 클래스
- numOfSeats 멤버 변수는 자동차의 좌석 수를 저장
- Car 클래스의 생성자는 brand와 numOfSeats 값을 매개 변수로 받아 초기화
- autodr( ) 메서드는 자동차가 자율주행 기능을 하고 있을 때 출력되는 메시지를 출력

자식 Car 클래스 정의(자동차의 공통 기능을 상속받고 자동차의 개별 기능을 정의)

```java
InheritanceExample
public class InheritanceExample {
    public static void main(String[ ] args) {
        Car car = new Car("BMW", 5);
        car.start( );
        car.autodr( );
        car.stop( );
    }
}
```

- InheritanceExample은 메인 클래스로, 프로그램의 실행 진입점
- main( ) 메서드에서 Car 클래스의 자식 객체 car를 생성
- 브랜드는 "BMW"이고 좌석 수는 5로 초기화
- car.start( )를 호출하여 자동차가 출발할 때 출력되는 메시지 출력
- car.autodr( )를 호출하여 자동차가 자율주행할 수 있을 때 출력되는 메시지 출력
- car.stop( )을 호출하여 자동차가 정지할 때 출력되는 메시지 출력

결과	BMW가 출발 BMW 자율주행 ON BMW가 정지

02 오버로딩(Overloading, 중복 정의)

1) 개념
- 한 class 내에서 같은 이름의 메서드를 사용하는 것이다.
- 같은 이름의 메서드를 여러 개 정의하면서 매개 변수의 유형과 개수가 달라지도록 하는 기술이다.
- 메서드의 이름을 일관성 있게 유지하면서 다양한 매개 변수를 처리하는 데 사용된다.
- 코드의 가독성과 편의성을 높일 수 있으며, 다양한 입력을 처리하는 유연성을 제공한다.

2) 활용

다양한 입력 처리	메서드 이름은 동일하게 유지하면서 다양한 매개 변수를 처리하기 위해 사용
코드 가독성과 편의성	비슷한 기능을 수행하는 메서드들을 동일한 이름으로 그룹화하면 코드의 가독성을 높이고, 메서드 사용의 편의성 제공
메서드 이름 일관성	연관된 작업을 수행하는 메서드들이 동일한 이름을 가지면서도 서로 다른 매개 변수를 사용하여 메서드 이름을 일관성 있게 유지

> **기적의 TIP**
>
> 다양한 입력을 처리할 수 있다는 것은 예를 들어, add( ) 메서드로 정수, 실수, 문자열 등 다양한 타입의 데이터를 더할 수 있다는 것을 의미합니다.

3) 예제

Calculator 클래스 정의

```java
public class Calculator {
    public int add(int num1, int num2) {
        return num1 + num2;
    }

    public double add(double num1, double num2) {
        return num1 + num2;
    }

    public String add(String str1, String str2) {
        return str1 + str2;
    }
```

- add 메서드를 정의
- 두 개의 정수 매개 변수를 받아서 덧셈 연산을 수행

- add 메서드를 재정의
- 두 개의 실수 매개 변수를 받아서 덧셈 연산을 수행하고, 그 결과를 반환

- add 메서드를 한 번 더 재정의
- 두 개의 문자열 매개 변수를 받아서 연결(concatenate) 연산을 수행하고, 그 결과를 반환

main 메서드 정의

```java
    public static void main(String[ ] args) {
        Calculator calculator = new Calculator( );



        int sum1 = calculator.add(2, 3);
        System.out.println("정수 덧셈 결과: " + sum1);
```

- 프로그램의 시작점
- Calculator 클래스의 인스턴스를 생성

calculator 객체의 add 메서드를 호출하여 두 개의 정수를 더하고, 그 결과를 sum1 변수에 저장한 후 그 결과를 출력

`    double sum2 = calculator.add(2.5, 3.5);` `    System.out.println("실수 덧셈 결과: " + sum2);`	calculator 객체의 add 메서드를 호출하여 두 개의 실수를 더하고, 결과를 sum2 변수에 저장한 후 그 결과를 출력
`    String concatenatedString = calculator.add("Hello", " World!");` `    System.out.println("문자열 연결 결과: " + concatenatedString);`	calculator 객체의 add 메서드를 호출하여 두 개의 문자열을 연결하고, 결과를 concatenatedString 변수에 저장한 후 결과를 출력
`    }` `}`	main( ) 메서드의 끝을 표시하고, Calculator 클래스의 정의를 마침

결과	정수 덧셈 결과: 5 실수 덧셈 결과: 6.0 문자열 연결 결과: Hello World!

03 오버라이딩(Overriding, 재정의)

1) 개념
- 부모 class에서 상속받은 메서드를 자식 class에서 내용만 변경하여 다시 정의하는 것이다.
- 클래스 상속 상황에서 부모 class의 멤버를 자식 class에서 상속받았지만, 자식 class에서 해당 멤버의 내용을 수정하여 자식 class 객체에 적용하는 것을 의미한다.
- 부모 class의 정의에는 영향을 주지 않으며, 주로 다형성(Polymorphism)을 구현하기 위해 사용한다.

2) 예제

부모 Person 클래스 정의

`class Person {`
`    String name = "홍길동";`
`    void sleep( ) {`
`        System.out.println("SLEEP");`
`    }`
`}`
	• Person 클래스는 name이라는 문자열 멤버 변수와 sleep( ) 메서드를 가지고 있음
	• name 멤버 변수 "홍길동"으로 초기화
	• sleep( ) 메서드는 "SLEEP"이라는 메시지를 출력

자식 Student 클래스 정의

`class Student extends Person {`
`    void sleep( ) {`
`        System.out.println("Good Night");`
`    }`
`}`
	• Student extends Person은 Person 클래스를 상속받는 자식 클래스
	• sleep( ) 메서드를 오버라이딩 하여 부모 클래스의 sleep( ) 메서드를 재정의
	• sleep( ) 메서드는 "Good Night"이라는 메시지를 출력

> **기적의 TIP**
> 메서드 오버로딩이란 메서드를 과적한다는 의미이고, 메서드 오버라이딩이란 상위 선언 메서드를 하위 클래스에서 무시한다는 의미입니다.

Text 클래스 정의(실행 클래스)

```
public class Main {
    public static void main(String[ ] args) {
        Student std = new Student( );
        System.out.print(std.name + ",");
        std.sleep( );
    }
}
```

- 프로그램의 실행 진입점
- main( ) 메서드에서 Student 클래스의 객체 std를 생성
- std.name을 출력. std 객체는 Student 클래스의 멤버 변수 name을 상속받았으므로 "홍길동"이 출력
- std.sleep( )을 호출하여 Student 클래스에서 오버라이딩 된 sleep( ) 메서드가 실행. "Good Night"이 출력

결과 | 홍길동, Good Night

더 알기 TIP

구분	오버로딩(Overloading)	오버라이딩(Overriding)
정의	한 클래스에서 같은 이름의 메서드를 여러 개 정의	부모 클래스의 메서드를 자식 클래스에서 재정의
매개 변수	매개 변수의 개수, 타입, 순서가 다름	매개 변수의 개수, 타입, 순서가 부모와 동일
반환 타입	반환 타입은 오버로딩에 영향을 주지 않음	반환 타입은 오버라이딩에 영향을 주지 않음
상속 관계	상속 관계에 있는 클래스 간에도 오버로딩 가능	상속 관계에 있는 부모-자식 클래스 간에만 오버라이딩 가능
컴파일 시간	컴파일러가 메서드 호출을 구별하여 적절한 메서드 선택	컴파일러가 부모 클래스의 메서드를 무시하고 자식 클래스의 메서드를 선택
런타임 시간	컴파일 시에 정적 바인딩으로 처리되며, 오버로딩된 메서드는 컴파일 시에 결정됨	실행 시에 런타임 다형성으로 처리되며, 오버라이딩된 메서드는 객체의 실제 타입에 따라 결정됨

이론을 확인하는 기출문제

01 Java 상속에 대한 설명으로 옳은 것은?
① 자식 클래스는 부모의 private 멤버와 생성자까지 상속받는다.
② Java는 다중 상속을 지원하므로 extends A, B가 가능하다.
③ 모든 클래스는 Object를 상속받으며, 상속 선언은 extends를 사용한다.
④ 부모 멤버는 항상 super. 없이 접근할 수 없다.

> **오답 피하기**
> • ① private과 생성자는 상속되지 않음
> • ② Java는 클래스 다중 상속을 허용하지 않음
> • ④ 부모와 자식이 같은 이름을 가진 멤버가 있을 때 구분을 위해 super.를 사용

02 다음 중 오버로딩(Overloading)의 성립 조건으로 옳지 않은 것은?
① 메서드의 이름이 같다.
② 매개변수 목록(개수·타입·순서)이 달라야 한다.
③ 반환형만 바꾸면 오버로딩이 된다.
④ 한 클래스 내부에서 정의할 수 있다.

> 반환형(return type)만 다르고 매개변수가 같다면 오버로딩이 되지 않는다.

03 오버라이딩(Overriding) 규칙으로 옳지 않은 것은?
① 매개변수 목록이 부모와 동일해야 한다.
② 접근 제어자는 더 넓게는 가능하나 더 좁게는 불가하다.
③ static 메서드도 인스턴스 메서드처럼 오버라이딩된다.
④ 실행 시 실제 객체 타입에 따라 호출될 메서드가 결정된다.

> static은 오버라이딩이 불가능하다(정적 바인딩, 메서드 숨김 개념).

04 다음 중 생성자/부모 호출 관련 설명으로 옳은 것은?
① 자식 생성자에서 부모 생성자를 호출하려면 super( )가 첫 줄이어야 한다.
② 부모 기본 생성자가 없더라도 컴파일러가 항상 자동 제공한다.
③ this( )와 super( )를 한 생성자에서 동시에 부를 수 있다.
④ 부모 생성자는 오버로딩 대상이다.

> **오답 피하기**
> • ② 부모가 기본 생성자를 정의하지 않으면 자식이 명시적으로 super( )를 호출해야 함
> • ③ 동시에 호출 불가(둘 다 첫 줄 규칙)
> • ④ 생성자는 메서드가 아니며 오버라이딩/오버로딩 개념과 구분됨

05 다음 코드의 출력으로 옳은 것은?

```
class Person { void sleep(){ System.out.println("SLEEP"); } }
class Student extends Person { void sleep(){ System.out.println("Good Night"); } }
public class T {
  public static void main(String[] args){
    Person p = new Student();
    p.sleep();
  }
}
```

① SLEEP ② Good Night
③ 컴파일 에러 ④ 런타임 에러

> 업캐스팅 + 오버라이딩은 동적 바인딩으로 자식의 sleep()를 실행한다.

06 다음 중 오버라이딩이 가능한 대상만을 고른 것은?
① final 메서드
② private 메서드
③ 인스턴스 메서드
④ static 메서드

> **오답 피하기**
> • ① final은 재정의 불가
> • ② private는 상속되지 않아 재정의 대상 아님
> • ④ static은 숨김(hiding)만 가능

정답 01 ③ 02 ③ 03 ③ 04 ① 05 ② 06 ③

SECTION 05 예외 처리와 형 변환

빈출 태그 예외 처리 · try-catch-finally · 형 변환 · 스레드

01 예외 처리(Exception Handling)

1) 개념
- 프로그램 실행 중에 발생하는 오류 중, 프로그램이 멈추지 않도록 처리할 수 있는 오류이다.
- 프로그램이 갑자기 종료되지 않고, 오류 상황에 적절히 대응하도록 하는 것이 목적이다.

2) 예외 처리 상황
- 예외 상황에 대응하고 프로그램의 안정성과 신뢰성을 향상시키는 데 사용된다.
- 프로그램의 안정성과 예외 상황에 대한 명확한 처리를 지원한다.
- 개발자는 예외를 적절하게 처리하여 예외 상황에 대응하고, 코드의 가독성과 유지보수성을 향상시킬 수 있다.

> **기적의 TIP**
> Java에서 예외 처리를 위한 표현 방법을 예제를 통해 정리하세요.

3) 특징

① 예외 클래스 계층 구조
- 예외를 클래스로 표현하며, 모든 예외 클래스는 Throwable 클래스를 상속받는다.
- 예외 클래스들은 계층 구조를 형성하고, 다양한 예외 종류를 나타낼 수 있다.
- 예외 클래스는 Java 런타임 시스템 또는 사용자가 직접 정의할 수 있다.
- 종류

Checked 예외	Exception 상속, 컴파일러가 처리 강제
Unchecked 예외	RuntimeException 상속, 처리 강제 없음

② 예외 처리 방법

try-catch-finally	· try : 예외 발생 가능성이 있는 코드 · catch : 예외가 발생했을 때 처리할 코드 · finally : 예외 발생 여부와 상관없이 항상 실행되는 코드
다중 catch	여러 예외를 각각 다른 방법으로 처리 가능

> **기적의 TIP**
>
> **try-with-resources**
> - JAVA 7부터 도입된 문법으로, 파일 입출력 스트림, 네트워크 소켓 등 사용 후 반드시 닫아주어야 하는 자원(resource) 관리를 위한 것이다.
> - try 블록이 끝날 때, 자원이 정상적으로 사용되었든 예외가 발생했든 관계없이 AutoCloseable 인터페이스를 구현한 자원들을 자동으로 닫아준다.
> - 기존에는 finally 블록을 사용하여 자원을 수동으로 닫아주어야 했지만, 이 경우 코드가 복잡해지고 자원 해제 과정에서 또 다른 예외가 발생할 가능성이 있었다. 반면에 try-with-resources 구문은 이러한 복잡성을 해소하고, 누락된 자원 해제로 인한 메모리 누수나 오류를 방지하여 코드의 안정성을 높여준다.

③ 예외 발생 및 선언

throw	예외를 직접 발생시킴
throws	메서드에서 발생할 수 있는 예외를 선언

④ 사용자 정의 예외(Custom Exception)
직접 예외 클래스를 만들어 특정 상황에서 사용 가능하다.

⑤ 예외 전파
- 예외가 발생하면 Java는 호출 스택을 따라 예외를 전파한다.
- 이전 호출자에서 예외를 처리하지 않으면, 예외는 상위 호출자로 전파되어 처리될 때까지 계속 전파된다.

4) 예제

코드	설명
| ```java
public class TryCatchFinallyExample {
    public static void main(String[ ] args) {
``` | • TryCatchFinallyExample 클래스 선언<br>• main( ) 메서드 정의 |
| ```java
        try {
            int result = divide(10, 0);
            System.out.println("나눈 결과: " + result);
``` | • try 블록 시작<br>• divide(10, 0) 메서드를 호출하여 10을 0으로 나누는 연산을 수행<br>• result 변수에 저장된 값을 출력<br>• 실행되지 않고, catch 블록으로 이동될 수 있음 |
| ```java
        } catch(ArithmeticException e) {
            System.out.println("0으로 나눌 수 없습니다.");
``` | • catch 블록을 시작<br>• ArithmeticException 예외를 잡아서 처리<br>• "0으로 나눌 수 없습니다."라는 메시지를 출력 |
| ```java
        } finally {
            System.out.println("예외 처리 완료");
        }
    }
``` | • finally 블록을 시작<br>• 예외 발생 여부와 상관없이 항상 실행되는 코드를 포함<br>• "예외 처리 완료"라는 메시지 출력<br>• finally 블록을 종료 |
| ```java
    public static int divide(int dividend, int divisor) {
        return dividend / divisor;
    }
}
``` | • divide( ) 메서드를 선언<br>• dividend를 divisor로 나누기 수행<br>• dividend를 divisor로 나눈 결과를 반환(이때, 0으로 나누기 예외가 발생할 수 있음)<br>• divide( ) 메서드 종료 |

결과	0으로 나눌 수 없습니다. 예외 처리 완료
```

02 형 변환(Casting)

1) 개념
- 부모 클래스의 구조를 가지면서 자식 클래스의 속성이나 메서드로 재정의하고 싶을 때 사용하는 기법이다.
- 만약 부모 클래스의 구조를 가져야 할 이유가 없다면, 부모 클래스를 상속받아 재정의하고 있는 자식 클래스의 구조로 객체 변수를 만들어 사용하면 된다.
  예 Super Chicken a = new Sub Chicken( );

2) 예제
① 형 변환의 예

코드	설명
`public class CastingExample {`	CastingExample 클래스 선언
`    public static void main(String[ ] args) {`	main( ) 메서드 정의

`        int num1 = 10;`
`        double num2 = num1;`
`        System.out.println("num1: " + num1);`
`        System.out.println("num2: " + num2);`
	// 암시적 형 변환(자동 캐스팅)
	• int 타입 변수 num1을 선언하고 10으로 초기화
	• num1을 double 타입인 num2에 할당(암시적 형 변환)
	• num1 출력
	• num2 출력

`        double num3 = 3.14;`
`        int num4 = (int) num3;`
`        System.out.println("num3: " + num3);`
`        System.out.println("num4: " + num4);`
	// 명시적 형 변환(강제 캐스팅)
	• double 타입 변수 num3를 선언하고 3.14로 초기화
	• num3를 int 타입인 num4에 할당 (명시적 형 변환)
	• num3 출력
	• num4 출력

`        int num5 = 1000;`
`        byte num6 = (byte) num5;`
`        System.out.println("num5: " + num5);`
`        System.out.println("num6: " + num6);`
`    }`
`}`
	// 바람직하지 않은 형 변환
	• int 타입 변수 num5를 선언하고 1000으로 초기화
	• num5를 byte 타입인 num6에 할당 (명시적 형 변환, 값의 손실 발생)
	• num5 출력
	• num6 출력

결과	num1: 10 num2: 10.0 num3: 3.14 num4: 3 num5: 1000 num6: −24

② 상속에서의 형 변환의 예

코드	설명

``java
class Animal {
    public void sound( ) {
        System.out.println("동물이 소리를 내고 있습니다.");
    }
}
``
	• Animal 클래스 정의
	• 반환 값이 없는 sound( ) 메서드 정의
	• "동물이 소리를 내고 있습니다."를 출력하는 기능 정의

``java
class Cat extends Animal {
    public void sound( ) {
        System.out.println("고양이가 야옹 소리를 내고 있습니다.");
    }
    public void scratch( ) {
        System.out.println("고양이가 발톱을 갈고 있습니다.");
    }
}
``
	• Cat 클래스는 Animal 클래스를 상속
	• sound 메서드 정의
	• "고양이가 야옹 소리를 내고 있습니다."를 출력하는 기능 정의
	• scratch( ) 메서드 정의
	• Cat 클래스의 인스턴스에서 sound( ) 메서드를 호출하면 "고양이가 야옹 소리를 내고 있습니다."라는 문장이 출력
	• scratch( ) 메서드를 호출하면 "고양이가 발톱을 갈고 있습니다."라는 문장이 출력

``java
public class CastingExample {
    public static void main(String[ ] args) {
        Animal animal1 = new Animal( );
        Cat cat1 = new Cat( );
``
	• Animal 클래스의 인스턴스인 animal1 생성
	• Cat 클래스의 인스턴스인 cat1 생성

``java
        animal1.sound( );
        cat1.sound( );
``
	• animal1 객체의 sound( ) 메서드를 호출하여 "동물이 소리를 내고 있습니다." 출력
	• cat1 객체의 sound( ) 메서드를 호출하여 "고양이가 야옹 소리를 내고 있습니다." 출력

``java
        Animal animal2 = cat1;
        animal2.sound( );
        animal2.scratch( );
``
	• cat1 객체를 Animal 타입인 animal2 변수에 할당(암시적 형 변환이 발생)
	• animal2는 Animal 클래스의 인스턴스지만, 실제로는 Cat 클래스의 인스턴스를 참조하고 있음
	• animal2는 Animal 타입으로 선언되었기 때문에 scratch( ) 메서드에 접근할 수 없음(이 부분은 컴파일 오류가 발생함)

``java
        Cat cat2 = (Cat) animal2;
        cat2.sound( );
        cat2.scratch( );
    }
}
``
	• animal2 객체를 Cat 타입으로 명시적으로 형 변환하여 cat2 변수에 할당
	• cat2.sound( );: cat2 객체의 sound( ) 메서드를 호출하여 "고양이가 야옹 소리를 내고 있습니다."를 출력
	• cat2.scratch( );: cat2 객체의 scratch( ) 메서드를 호출하여 "고양이가 발톱을 갈고 있습니다."를 출력

결과	동물이 소리를 내고 있습니다. 고양이가 야옹 소리를 내고 있습니다. 고양이가 야옹 소리를 내고 있습니다. 고양이가 야옹 소리를 내고 있습니다. 고양이가 발톱을 갈고 있습니다.

더 알기 TIP

Animal animal1 = new Animal( );	Animal 클래스의 기본 생성자를 호출하여 animal1 객체를 초기화
Cat cat1 = new Cat( );	Cat 클래스의 기본 생성자를 호출하여 cat1 객체를 초기화
animal2.sound( );	• animal2 객체의 sound( ) 메서드를 호출하여 "고양이가 야옹 소리를 내고 있습니다."를 출력 • 암시적 형 변환으로 인해 animal2는 Cat 클래스의 인스턴스를 참조하므로, Cat 클래스의 sound( ) 메서드가 호출
Cat cat2 = (Cat) animal2;	명시적 형 변환을 통해 animal2 객체를 Cat 타입으로 변환
cat2.scratch( );	cat2는 Cat 클래스의 인스턴스이므로 Cat 클래스에서 정의된 모든 메서드에 접근 가능

03 스레드(Thread)

1) 개념

- 하나의 프로그램(프로세스) 안에서 동시에 여러 작업을 수행할 수 있도록 하는 실행 단위이다.
- 일반적으로 하나의 프로그램에는 기본적으로 하나의 스레드(Main Thread)가 존재하며, 이를 통해 순차적으로 명령이 실행된다.

2) 스레드 생성 방법

① Thread 클래스 상속

```
class MyThread extends Thread {
    public void run() {
        System.out.println("스레드 실행 중...");
    }
} public class ThreadExample {
    public static void main(String[] args) {
        MyThread t = new MyThread();
        t.start();     // 스레드 실행
    }
}
```

② Runnable 인터페이스 구현

```java
class MyRunnable implements Runnable {
    public void run() {
        System.out.println("Runnable 스레드 실행 중...");
    }
} public class RunnableExample {
    public static void main(String[] args) {
        Thread t = new Thread(new MyRunnable());
        t.start();
    }
}
```

- run() : 스레드가 실행할 작업을 정의
- start() : 새로운 스레드를 생성하고 run() 메서드를 호출함

더 알기 TIP

스레드의 주요 메서드

start()	스레드를 시작한다.
run()	스레드가 실행할 코드를 정의한다.
sleep(ms)	지정된 시간(ms) 동안 일시 정지한다.
join()	다른 스레드가 종료될 때까지 기다린다.
setPriority()	스레드의 우선순위를 지정한다.

이론을 확인하는 기출문제

01 Java의 예외 유형과 계층에 대한 설명으로 옳은 것은?

① Checked 예외는 RuntimeException 계열이다.
② Unchecked 예외는 컴파일러가 처리를 강제한다.
③ 모든 예외 클래스는 Throwable을 상속하며, Checked 예외는 Exception 계열, Unchecked 예외는 RuntimeException 계열이다.
④ 예외 클래스는 계층 구조가 아니라 나열형 구조다.

오답 피하기
- ① Checked ≠ RuntimeException
- ② Unchecked는 강제 아님
- ④ 예외는 계층 구조

02 try-catch-finally에 대한 설명으로 옳은 것은?

① try는 반드시 catch와만 쓰며 finally는 사용할 수 없다.
② catch는 하나만 사용 가능하다.
③ finally 블록은 예외 발생 여부와 관계없이 항상 실행된다.
④ try-catch는 메서드 내부에서 사용할 수 없다.

finally는 자원 정리 등 마무리 코드에 사용된다.

오답 피하기
- ① try-finally도 가능
- ② 다중 catch 가능
- ④ try-catch는 메서드 블록 안에서 사용

03 throw와 throws의 차이에 대한 설명으로 옳은 것은?

① throw는 메서드 선언부에서 예외 가능성을 선언한다.
② throws는 메서드 내부에서 즉시 예외를 발생시킨다.
③ throw는 예외 객체를 직접 발생, throws는 메서드가 발생시킬 수 있는 예외를 선언한다.
④ throw와 throws는 함께 사용할 수 없다.

오답 피하기
- ① 선언부에서 사용하는 것은 throws임
- ② 메서드 내부에서 예외를 발생시키는 것은 throw임
- ④ 한 메서드 안에서 throws로 선언하고, 내부에서 throw로 실제 발생시키는 경우가 많음

04 예외 전파에 대한 설명으로 옳은 것은?

① 예외는 발생한 메서드 안에서 반드시 처리해야 하며, 밖으로 나갈 수 없다.
② 예외는 호출 스택을 따라 상위 호출자에게 전파될 수 있다.
③ throws를 사용하면 예외 전파가 중단된다.
④ 전파 과정에서 예외는 자동으로 RuntimeException으로 변환된다.

오답 피하기
- ① 반드시 내부 처리 필요 없음
- ③ throws는 전파를 선언하는 것
- ④ 자동 변환 없음

정답 01 ③ 02 ③ 03 ③ 04 ②

05 아래 코드 실행 결과로 옳은 것은?

```java
public class TryCatchFinallyExample {
  public static void main(String[] args) {
    try {
      int result = divide(10, 0);
      System.out.println("나눈 결과: " + result);
    } catch (ArithmeticException e) {
      System.out.println("0으로 나눌 수 없습니다.");
    } finally {
      System.out.println("예외 처리 완료");
    }
  }
  public static int divide(int dividend, int divisor) { return dividend / divisor; }
}
```

① 나눈 결과: 0
② 0으로 나눌 수 없습니다.
③ 0으로 나눌 수 없습니다.
　예외 처리 완료
④ 예외 처리 완료
　0으로 나눌 수 없습니다.

catch 출력 후 finally가 항상 실행된다.

06 다음 코드에 대한 설명으로 옳은 것은?

```java
Animal animal2 = cat1;
animal2.sound();
animal2.scratch();
Cat cat2 = (Cat) animal2;
cat2.scratch();
```

① animal2.scratch();는 컴파일 오류이다.
② Cat cat2 = (Cat) animal2;는 항상 런타임 오류를 발생시킨다.
③ 업캐스팅은 명시적 캐스팅이 필요하다.
④ 다운캐스팅 없이도 animal2로 scratch() 호출이 가능하다.

animal2의 컴파일타임 타입은 Animal이므로, Animal에 정의되지 않은 scratch()는 호출할 수 없다(컴파일 에러 발생).

CHAPTER 03

Python

학습 방향

Python은 간결한 문법과 유연한 자료형, 함수 활용이 핵심입니다. 리스트·딕셔너리 등 자료구조, 함수 정의와 호출 문제가 자주 출제됩니다. 리스트·딕셔너리 자료형은 "추가-삭제-탐색" 메서드 사용 예제를 직접 실행해보세요. 함수 정의/호출, 람다, 내장 함수는 실습형 문제로 반복 학습하는 것이 효과적입니다.

출제 빈도

SECTION 01	중	20%
SECTION 02	상	30%
SECTION 03	중	25%
SECTION 04	상	25%

SECTION 01 스크립트 언어

빈출 태그 스크립트 언어 • 서버/클라이언트 스크립트 • PHP 연산자 • Python 표준 라이브러리

> **기적의 TIP**
> 스크립트 언어와 Python의 기본 개념을 정리하세요.

01 스크립트 언어(Script Language)

1) 개념
- 운영체제나 애플리케이션에서 특정 기능을 자동화하거나 제어하기 위해 작성되는 언어이다.
- 컴파일 언어(C, Java 등)처럼 실행 파일을 만들지 않고, 스크립트 자체를 바로 실행할 수 있다.
- 일반적으로 인터프리터 방식(코드를 한 줄씩 실행)으로 동작한다.
- 스크립트 언어에 내장된 번역기로 번역되어 실행되고, 실행 단계에서 구문을 분석한다.

2) 특징
- 실행 시 별도의 컴파일 과정이 필요 없으므로 코드 수정 후 즉시 실행이 가능하다 (개발 속도 빠름).
- 운영체제 명령어를 자동화(Batch, Shell Script 등)하거나, 응용 프로그램 동작을 제어(웹 페이지, 서버 사이드 등)하는 데 적합하다.
- 코드가 간결하고 직관적이므로 초보자도 배우기 쉽다.
- 인터프리터 방식이므로 실행 속도는 컴파일 언어보다 느리다.
- 시스템 관리, 데이터 처리, 웹 개발, 게임 엔진 제어 등, 다양한 응용 분야에서 활용할 수 있다.

3) 종류

① 서버 측 스크립트 언어
- 서버에서 실행되어 결과(HTML 등)를 클라이언트에 전달하는 언어이다.
- 종류

ASP(Active Server Page)	• 서버 측에서 동적으로 수행되는 페이지를 만들기 위한 언어 • Windows 계열 OS에서 실행
JSP(Java Server Page)	• Java를 기반으로 하며, 서버 측에서 동적으로 수행되는 페이지를 만들기 위한 언어 • HTML에 EL/JSTL(과거에는 스크립틀릿) 등으로 동적 요소 삽입 • JDBC/프레임워크를 통해 DB 연동 가능 • Tomcat/Jetty 등 서블릿 컨테이너에서 동작(멀티 OS)

PHP (Hypertext Preprocessor)	• HTML 문서에 삽입하여 사용(JSP와 유사) • 오픈소스, 웹 개발에 많이 활용 • MySQL 등과 연동이 간단(PDO/확장 모듈) • Apache(mod_php) 또는 Nginx+PHP-FPM 등에서 실행 • 다양한 연산자/내장 함수 제공, 멀티 OS 지원
파이썬(Python)	• 인터프리터 방식, 객체지향 언어 • 실행 시점에 데이터 타입을 결정하는 동적 타이핑 지원

+ 더 알기 TIP

PHP의 연산자

PHP는 C언어를 기반으로 만들어진 언어이므로 연산자는 유사하다.

산술 연산자	+ - * / % **
할당 연산자	== += -= *= /* %=
증가/감소 연산자	++ --
관계 연산자	== === != 〈 〉 !== 〉 〈 〉= 〈=
논리 연산자	and or xor && || !

단, 다음과 같은 연산자를 추가로 사용하므로 알아두면 좋다.

==	==는 값만 같으면 참이지만 ===는 데이터 타입까지 같아야만 참이 된다.
〈 〉	!=과 같은 연산자이다.
!==	!=는 값이 다르면 참이지만 !==는 데이터 타입까지 달라야 참이 된다.
and	&&와 같은 연산자이다.
or	||와 같은 연산자이다.
xor	XOR(^) 연산자이다.
@	오류 제어 연산자로 명령어가 정상이면 수행, 오류가 발생하면 수행하지 않게 하는 연산자이다.

② 클라이언트 측 스크립트 언어

- 사용자의 브라우저에서 직접 실행되는 언어이다.
- 종류

JavaScript	• HTML이나 CSS로 표현하기 어려운 동작 구현 • 소스코드가 HTML 내부에 포함됨 • 변수 선언이 자유로움(ES5까지는 var, ES6부터 let/const 지원) • 웹 브라우저에서 해석되어 실행됨
VBScript	• 마이크로소프트가 개발 • Visual Basic 문법 일부를 반영한 스크립트 언어 • 주로 Internet Explorer(IE) 환경에서 사용(현재는 거의 사용 ×)

02 Python

1) 개념

- 1991년 귀도 반 로섬(Guido van Rossum)이 개발한 고급 프로그래밍 언어이다.
- 플랫폼에 독립적이고 인터프리터식, 객체지향적, 동적 타이핑(Dynamically Typed) 대화형 언어이다.
- 코드가 간결하고 알아보기 쉽고, 매우 쉬운 문법 구조로 초보자들도 쉽게 배울 수 있다.

➕ **더 알기 TIP**

Scrapy(스크래피)
- Python 기반 웹 크롤링 프레임워크이다.
- 특징
  - 가볍고 빠름(대량의 데이터 수집 가능)
  - 확장성 우수(다양한 웹 크롤링 기능 지원)
  - 데이터 마이닝, 정보 수집, 자동화 테스트 등에 활용

2) Python 변수명 작성 규칙

- 영문 대소문자(A~Z, a~z), 숫자(0~9), '_'를 혼용하여 사용할 수 있으며, 영문자는 대소문자를 구분한다.
- 첫 글자는 영문자나 '_'로 시작해야 한다.
- 공백을 포함할 수 없다.
- 예약어(Reserved Word)를 사용할 수 없다.

> 🏁 **기적의 TIP**
> Python 변수명 작성 규칙은 C 언어의 변수명 작성 규칙과 기본적으로는 동일합니다.

3) Python 표준 라이브러리

① 개념

- 라이브러리를 사용하려면 'import 모듈명'과 같이 선언하고, 사용할 때는 마침표(.)로 구분하여 '모듈명.함수( )'와 같이 사용한다.
- Python 표준 라이브러리에는 다양한 모듈과 패키지가 포함되어 있다.
- 일반적으로 모듈/패키지 단위로 import하고, 필요시 'from 모듈명 import 함수/클래스' 형태로 특정 요소만 불러올 수 있다.

② 종류

구분	모듈	설명
운영체제/시스템	os	운영체제와 상호작용(getcwd( ), system( ))
	sys	인터프리터 관련 기능(sys.argv, sys.exit( ))
문자열/데이터 처리	re	정규표현식 처리(findall( ), sub( ))
	json	JSON 데이터 인코딩/디코딩
	csv	CSV 파일 읽기/쓰기
날짜/시간	datetime	날짜, 시간 처리(date( ), strftime( ))
수학/통계	math	수학 함수(cos( ), log( ))
	statistics	통계 함수(mean( ), median( ))
난수/랜덤	random	난수 생성 및 무작위 선택(choice( ), random( ))
데이터베이스	sqlite3	SQLite 데이터베이스 사용
네트워크/웹	urllib	URL 요청/응답 처리
	socket	네트워크 통신을 위한 소켓 프로그래밍
병렬 처리	multiprocessing	프로세스 기반 병렬 처리
	threading	스레드 기반 병렬 처리
기타	email	이메일 메시지 처리
	logging	실행 로그 기록 및 관리
내장 함수	(abs, pow, print 등)	import 없이 기본 제공

이론을 확인하는 기출문제

01 다음 중 스크립트 언어의 특징으로 옳지 <u>않은</u> 것은?
① 실행 파일을 만들지 않고 스크립트를 바로 실행할 수 있다.
② 일반적으로 인터프리터 방식으로 한 줄씩 실행된다.
③ 코드 수정 후 별도 컴파일 없이 즉시 실행해 보기 쉽다.
④ 반드시 컴파일 과정을 거쳐야만 실행된다.

> 스크립트 언어는 컴파일 없이 인터프리터 방식으로 동작하고 수정 즉시 실행이 가능하다.

02 다음 중 서버 측 스크립트 언어만으로만 묶인 것은?
① JSP, PHP, Python
② JavaScript, PHP, ASP
③ VBScript, JSP, PHP
④ JavaScript, VBScript, Python

- 서버 측(Server-side) : JSP, PHP, ASP, Python
- 클라이언트 측(Client-side) : JavaScript, VBScript

03 PHP 연산자에 대한 설명으로 옳은 것은?
① "=="는 값만 같으면 참이고, "==="는 값과 데이터 타입이 모두 같아야 참이다.
② "<>"는 논리곱 연산자이다.
③ "and"는 "||"와 같은 연산자이다.
④ "@" 연산자는 오류가 없어도 실행을 중단시키는 연산자이다.

오답 피하기
- ② "<>"는 '같지 않음' 비교
- ③ "and"는 논리곱, "||"는 or
- ④ "@"는 오류 제어(오류 시 억제)

04 다음 중 표준 라이브러리 모듈과 용도 연결이 올바른 것은?
① re - 정규표현식 처리
② math - 난수 생성 및 무작위 선택
③ urllib - 소켓 수준의 통신(저수준 소켓)
④ json - CSV 파일 읽기/쓰기

오답 피하기
- ② 난수는 random
- ③ 소켓 통신은 socket, urllib는 URL 요청/응답
- ④ CSV 처리는 csv 모듈

05 Python 변수명 작성 규칙으로 옳지 <u>않은</u> 것은?
① 첫 글자는 영문자나 '_'로 시작해야 한다.
② 공백을 포함할 수 없다.
③ 예약어는 변수명으로 사용할 수 없다.
④ 첫 글자는 숫자로 시작할 수 있다.

> 첫 글자는 숫자로 시작할 수 없다.

06 다음 설명 중 스크립트 언어와 컴파일 언어의 비교로 옳은 것은?
① 스크립트 언어는 보통 컴파일 결과만 실행하므로 수정 후 즉시 실행이 어렵다.
② 스크립트 언어는 인터프리터 방식으로 실행되어 운영체제 자동화나 웹 제어에 적합하다.
③ 컴파일 언어는 브라우저에서만 실행된다.
④ 스크립트 언어는 항상 서버에서만 실행된다.

오답 피하기
- ① 스크립트 언어는 수정 후 즉시 실행이 쉬움
- ③ 컴파일 언어(C, Java 등)는 브라우저 전용이 아님
- ④ 자바스크립트처럼 클라이언트 측에서 실행되기도 함

정답 01 ④ 02 ① 03 ① 04 ① 05 ④ 06 ②

SECTION 02 자료형

출제빈도 상 중 하
반복학습 1 2 3

빈출 태그 dict • list • set • tuple • 슬라이싱

01 Python의 자료형

1) 숫자형(Numeric Types)

정수형(int)	• 정수(소수점 없는 수) 값을 나타내는 자료형 • 양수, 음수, 0 표현	예 0, 1, 100, −100
실수형(float)	• 실수(소수점 있는 수(부동소수점)) 값을 나타내는 자료형 • 소수점을 가지는 숫자 표현	예 3.14, 2.0, −0.32
복소수형(complex)	• 복소수 값을 나타내는 자료형 • 실수부와 허수부로 구성되며, "실수부 + 허수부j" 형태로 표현	예 2 + 4j, −1.5 + 2j

2) 시퀀스형(Sequence Types)

문자열(str)	• 문자의 시퀀스로 이루어진 자료형 • 작은따옴표('')나 큰따옴표("")로 감싸서 표현	예 "Hello", 'World', "1234"
리스트(list)	• 여러 요소의 순서가 있는 변경 가능한 시퀀스 • 대괄호([ ])로 표현하며, 요소들은 쉼표로 구분	예 [1, 2, 3], ['apple', 'banana', 'orange']
튜플(tuple)	• 여러 요소의 순서가 있는 변경 불가능한 시퀀스 • 괄호(( )) 또는 괄호 없이 표현하며, 요소들은 쉼표로 구분	예 (1, 2, 3), 'a', 'b', 'c'

3) 매핑형(Mapping Types)

딕셔너리(dict)	• 키-값(key-value) 쌍으로 구성된 자료형 • 중괄호({ })를 사용하며 표현하며, 각 쌍은 콜론(:)으로 구분	예 {'name': 'John', 'age': 25}

4) 집합형(Set Types)

집합(set)	• 고유한 요소들로 구성된 자료형 • 중괄호({ })를 사용하며 표현하며, 각 요소는 쉼표로 구분	예 {1, 2, 3}, {'apple', 'banana', 'orange'}

5) 부울형(Boolean Type)

불리언(bool)	• 참(True) 또는 거짓(False) 값을 나타내는 자료형 • 조건문이나 논리 연산에서 주로 사용	예 True, False

> **기적의 TIP**
>
> Python의 기본 자료형과 표현 방식을 정리하세요.
> - 숫자형 : int, float, complex
> - 시퀀스형 : str, list(가변), tuple(불변)
> - 매핑형 : dict(Key-Value)
> - 집합형 : set(중복 불가)
> - 부울형 : bool(True/False)
> - None형 : None(값 없음)

> **기적의 TIP**
>
> 딕셔너리(dict)는 사전형 데이터를 의미하며, Key와 Value를 1:1로 대응시킨 형태로 하나의 Key에는 하나의 Value만이 대응됩니다. 리스트나 튜플처럼 순차적으로(Sequential) 해당 요소값을 구하지 않고 Key를 통해 Value를 얻습니다. 또한 키값에 List, Set이 올 수 없고 키값은 중복될 수 없다는 점도 반드시 기억해 두세요.

6) None 형(None Type)

None	• 값이 존재하지 않음을 나타내는 자료형 • 주로 변수에 초기값을 할당하지 않거나 함수에서 반환 값이 없을 때 사용	ⓐ x = None def f( ): return None

02 Python의 주요 자료형

1) 딕셔너리(Dictionary)

① 개념
- 키-값 쌍(Pair)으로 이루어진 데이터 구조이다.
- 변경할 수 있는(Mutable) 데이터 구조이다.
  - 내부 요소를 추가, 수정, 삭제할 수 있다.
  - 데이터를 동적으로 관리하기에 적합하다.
- 유니크한 키(Key)와 값(Value)의 쌍으로 구성되어 있다.
  - 키는 유일해야 하며, 값은 키와 연결되어 있다.
  - 키를 사용하여 값을 검색하고 수정할 수 있다.
- 순서가 유지되지 않는다.
  - 내부 요소의 순서가 보장되지 않는다.
  - 인덱스를 사용하여 요소에 접근할 수 없다.
  - 슬라이싱을 지원하지 않는다.
- 다양한 데이터 유형을 지원한다.
  - 다양한 데이터 유형을 값으로 가질 수 있다.
  - 문자열, 숫자, 리스트, 튜플, 딕셔너리 등을 값으로 사용할 수 있다.
- 메모리 사용량이 많다.
  - 내부적으로 해시 테이블을 사용하며, 큰 데이터 세트에서 메모리 사용량이 매우 증가할 수 있다.
- 검색 및 수정 속도가 빠르다.
  - 해시 테이블을 사용하여 키를 기반으로 값을 빠르게 검색하고 수정할 수 있다.
  - 따라서 많은 양의 데이터를 효율적으로 처리하는 데 적합하다.

> **기적의 TIP**
>
> 딕셔너리(dict)는 기본적으로 키(Key)를 기반으로 값(Value)를 찾는 매핑형 자료형입니다. 슬라이싱(slicing)이란 순서가 있는 시퀀스 자료형에서 일부 구간을 잘라내는 기능인데, 딕셔너리(dict)는 순서(index) 기반이 아니라 Key → Value 매핑 구조이기 때문에 '인덱스 0~3 구간'처럼 슬라이싱을 적용할 수 없습니다. 다만 list(dict.keys( )) 또는 list(dict.items( ))로 변환하면 슬라이싱처럼 활용할 수는 있습니다.

② 기본 구조

```
{Key1:Value1, Key2:Value2, Key3:Value3, ... }
```

- 중괄호({ }) 안에 작성한다.
- 각 Key-Value 쌍은 콜론(:)으로 구분한다.
- 여러 쌍이 있을 경우 쉼표(,)로 구분한다.

③ 예제

```
>>> dic = {'name':'park', 'phone':'01055554444',
'birth':'19861201'}
```

dic 정보

Key	Value
name	park
phone	1055554444
birth	19861201

2) 리스트(List)

① 개념
- 요소들의 순서가 있는 변경 가능한(Mutable) 데이터 구조이다.
- 데이터를 저장하고 관리하는 데 유연성을 제공한다. 리스트는 데이터의 순서가 중요하거나, 데이터를 동적으로 변경해야 할 때 자주 활용된다.
- 순서가 있는 데이터 구조이다.
  - 리스트는 요소들을 순서대로 저장하며, 각 요소는 0부터 시작하는 인덱스를 가진다.
  - 이 순서는 리스트에 추가되는 순서를 유지한다.
- 변경할 수 있는(Mutable) 데이터 구조이다.
  - 리스트는 내부 요소를 추가, 수정, 삭제할 수 있다.
  - 데이터를 동적으로 관리하기에 적합하다.
- 다양한 데이터 유형을 지원한다.
  - 리스트는 다양한 데이터 유형을 요소로 가질 수 있다.
  - 숫자, 문자열, 또는 다른 리스트와 같은 다른 데이터 구조를 포함할 수 있다.
- 인덱스를 통한 접근과 슬라이싱이 가능하다.
  - 리스트는 각 요소에 대한 인덱스를 사용하여 접근할 수 있다.
  - 슬라이싱을 통해 리스트의 일부분을 추출할 수 있다.
- 메모리 사용량이 많지 않다.
  - 리스트는 요소들을 연속적으로 저장하므로, 메모리 사용량이 많지 않다.
  - 큰 데이터 세트에서 메모리 사용량이 리스트의 크기에 비례하여 증가할 수 있다.
- 다양한 내장 함수와 메서드 제공한다.
  - Python은 리스트를 다루기 위한 다양한 내장 함수와 메서드를 제공한다.
  - 이를 통해 리스트의 요소를 검색, 정렬, 수정, 추가, 삭제 등 다양한 작업을 수행할 수 있다.

② 기본 구조

```
[Value1, Value2, Value3....]
```

- 대괄호([ ])로 묶는다.
- 값(요소, element)들은 쉼표(,)로 구분한다.
- 값들은 숫자, 문자열, 불리언, 다른 리스트 등 어떤 자료형도 가능하다.

> **기적의 TIP**
>
> 리스트 요소의 번호는 0부터 시작한다는 점을 반드시 기억해 두세요.

③ 예제

| animals = ['고양이', '개', '토끼', '코끼리'] | 리스트 생성 |

• 예제 1

| print(animals[0])
print(animals[2]) | • 리스트 요소에 접근
• 리스트 요소 출력 |

| 결과 | 고양이
토끼 |

• 예제 2

| animals[1] = '호랑이'
print(animals) | 2번째 리스트 요소 수정 |

| 결과 | ['고양이', '호랑이', '토끼', '코끼리'] |

• 예제 3

| print(len(animals)) | 리스트 길이 출력 |

| 결과 | 4 |

> **기적의 TIP**
> 앞의 예제 결과와 이어진다고 생각하면서 공부해 주세요.

• 예제 4

| animals.append('사자')
print(animals) | • 리스트에 요소 추가
• 리스트 출력 |

| 결과 | ['고양이', '호랑이', '토끼', '코끼리', '사자'] |

• 예제 5

| animals.remove('토끼')
print(animals) | • 리스트에서 요소 제거
• 리스트 출력 |

| 결과 | ['고양이', '호랑이', '코끼리', '사자'] |

• 예제 6

| for animal in animals:
    print(animal) | • 리스트 순회(iteration)
• 리스트 출력 |

| 결과 | 고양이
호랑이
코끼리
사자 |

3) 집합(set)

① 개념
- 고유한 요소들의 모음으로, 중복을 허용하지 않는 데이터 구조이다.
- 중복된 값을 제거하거나 고유한 값들을 관리해야 할 때 유용하게 사용된다.
- 집합 연산을 활용하여 데이터의 교집합, 합집합, 차집합 등을 계산할 수 있다.
- 고유한 요소들의 모음이다.
  - 집합은 중복된 값을 허용하지 않는다.
  - 집합에는 각 요소가 한 번씩만 포함된다.
- 변경할 수 있는(Mutable) 데이터 구조이다.
  - 집합은 내부 요소를 추가, 삭제할 수 있다.
  - 데이터를 동적으로 관리하기에 적합하다.
- 순서가 없는 데이터 구조이다.
  - 집합은 요소들의 순서를 보장하지 않는다.
  - 인덱스를 사용하여 요소에 접근할 수 없다.
  - 슬라이싱을 지원하지 않는다.
- 다양한 데이터 유형을 지원한다.
  - 집합은 다양한 데이터 유형을 요소로 가질 수 있다.
  - 숫자, 문자열, 튜플 등을 요소로 사용할 수 있다.
- 집합 연산을 지원한다.
  - 집합은 수학적인 집합 연산을 지원한다.
  - 교집합, 합집합, 차집합 등의 연산을 쉽게 수행할 수 있다.
- 메모리 사용량이 많다.
  - 집합은 내부적으로 해시 테이블을 사용한다.
  - 큰 데이터 세트에서 메모리 사용량이 매우 증가할 수 있다.

> **기적의 TIP**
> 집합(set)은 순서가 없는(un-ordered) 자료형이기 때문에 인덱스(index) 개념 자체가 없습니다. 따라서 '0번째부터 3번째까지' 같은 구간 참조가 불가능합니다. 만약 슬라이싱을 하려면 먼저 리스트(list)로 변환해야 합니다.

② 기본 구조

```
{Value1, Value2, Value3....}
```

- 중괄호({ }) 안에 값(Value)을 나열한다.
- 각 요소는 쉼표(,)로 구분한다.
- 값은 중복될 수 없다(자동으로 중복 제거됨).
- 순서가 없다(인덱스로 접근 불가, 슬라이싱 불가).

③ 예제

| names = {'John', 'Emily', 'Michael'} | names 집합 생성 |

- 예제 1

| `names.add('Jessica')`
`print(names)` | 집합에 요소 추가 |

| 결과 | {'John', 'Emily', 'Michael', 'Jessica'} |

> **기적의 TIP**
> 집합(set)은 순서가 없는 자료형이므로 출력 순서는 고정되지 않습니다.

- 예제 2

`names.remove('Emily')` `print(names)`	집합에서 요소 제거
결과	{'John', 'Michael', 'Jessica'}

- 예제 3

`names2 = {'Michael', 'Daniel', 'Sarah'}`	names2 집합 생성
결과	{'John', 'Michael', 'Jessica'} {'Michael', 'Daniel', 'Sarah'}

- 예제 4

`intersection = names.intersection(names2)` `print(intersection)`	names 집합과 names2 집합의 교집합 출력
결과	{'Michael'}

- 예제 5

`union = names.union(names2)` `print(union)`	names 집합과 names2 집합의 합집합 출력
결과	{'John', 'Michael', 'Jessica', 'Daniel', 'Sarah'}

- 예제 6

`difference = names.difference(names2)` `print(difference)`	names 집합-names2 집합(차집합) 출력
결과	{'John', 'Jessica'}

> **기적의 TIP**
> - names 집합-names2 집합 : {'John', 'Jessica'}
> - names2 집합-names 집합 : {'Daniel', 'Sarah'}

4) 튜플(Tuple)

① 개념

- 시퀀스(Sequence) 데이터 타입에 해당하며, 다양한 데이터 타입들을 주어진 순서에 따라 저장할 수 있으나 저장된 내용을 변경할 수 없다.
- 괄호(( ))로 묶어 표현한다.
- 값을 그룹화하는 데 사용할 수 있다.
- 튜플은 요소를 변경할 수 없는(Immutable, 불변형) 데이터 구조이므로, 한 번 생성된 튜플의 요소를 변경하거나 추가할 수 없다.
- 튜플은 인덱스를 통해 요소에 접근하거나, 슬라이싱을 사용하여 튜플 일부분을 추출할 수 있다.

② 기본 구조

```
(Value1, Value2, Value3....)
```

- 소괄호(( ))를 사용한다.
- 여러 요소를 순서대로 저장한다.
- 각 요소는 쉼표(,)로 구분한다.

③ 예제
- 예제 1

`numbers = (1, 2, 3, 4, 5)` `print(numbers)`	숫자로 이루어진 튜플

결과	(1, 2, 3, 4, 5)

- 예제 2

`fruits = ('사과', '바나나', '딸기')` `print(fruits)`	문자열로 이루어진 튜플

결과	('사과', '바나나', '딸기')

- 예제 3

`person = ('홍길동', 30, '서울')` `print(person)`	혼합 데이터 유형으로 이루어진 튜플

결과	('홍길동', 30, '서울')

④ 슬라이싱 예제

`my_tuple = (1, 2, 3, 4, 5, 6, 7, 8, 9, 10)`	my_tuple 튜플 생성

- 예제 1

`part_tuple = my_tuple[2:6]` `print(part_tuple)`	인덱스 2부터 5까지의 부분 튜플 추출

결과	(3, 4, 5, 6)

- 예제 2

`part_tuple = my_tuple[1:]` `print(part_tuple)`	인덱스 1부터 끝까지의 부분 튜플 추출

결과	(2, 3, 4, 5, 6, 7, 8, 9, 10)

- 예제 3

`part_tuple = my_tuple[0:9:2]` `print(part_tuple)`	인덱스 0부터 8까지 2의 간격으로 요소를 추출하는 부분 튜플

결과	(1, 3, 5, 7, 9)

> **기적의 TIP**
>
> Python에서 인덱스(Index)는 0부터 시작합니다. 즉, 시퀀스 자료형(list, tuple, str)은 0 기반 인덱스(Zero-based Indexing)를 사용하고, 음수 인덱스도 사용할 수 있어요.

➕ **더 알기 TIP**

Python 주요 자료형 비교

구분	딕셔너리(dict)	리스트(list)	집합(set)	튜플(tuple)
기본 구조	{Key: Value, ...}	[Value1, Value2, ...]	{Value1, Value2, ...}	(Value1, Value2, ...)
저장 형태	Key-Value 쌍 (매핑형)	값(Value)들의 순서 있는 모음	중복 없는 값들의 모음	값(Value)들의 순서 있는 모음
순서	○	○	×	○
중복	○	○	×	○
수정(변경)	○	○	○	×
인덱스/슬라이싱	×	○	×	○
변환	dict( ) 함수	list( ) 함수	set( ) 함수	tuple( ) 함수
활용 예시	데이터 매핑(이름→전화번호)	순차적 데이터 저장	수학적 집합 연산, 중복 제거	변경 불가 데이터 묶음

이론을 확인하는 기출문제

01 다음 중 딕셔너리의 키로 사용할 수 없는 것은?
① 'id'
② ('x','y')
③ [1,2]
④ 10

> 딕셔너리의 키는 불변(해시 가능)이어야 한다. 리스트는 가변이라 키로 사용할 수 없다.
>
> **오답 피하기**
> • ① 문자열은 불변 → 키 가능
> • ② 튜플(원소도 불변인 경우) → 키 가능
> • ④ 정수는 불변 → 키 가능

02 A = {1, 2, 2, 3}, B = {3, 4}일 때 len(A|B)의 결과는?
① 2
② 3
③ 4
④ 5

> 집합은 중복을 제거한다. A는 {1,2,3}이 되고 A|B는 {1,2,3,4}이므로, 길이는 4이다.

03 my_tuple = (1,2,3,4,5,6,7,8,9,10)일 때 my_tuple[0:9:2]의 결과는?
① (1,3,5,7,9)
② (2,4,6,8,10)
③ (1,2,3,4)
④ (3,4,5,6)

> 시작 0부터 9(미포함)까지 2칸 간격 → 인덱스 0,2,4,6,8 → (1,3,5,7,9)

04 정수 5 하나만 담긴 튜플을 만드는 올바른 문법으로 옳은 것은?
① t = (5)
② t = (5,)
③ t = tuple(5)
④ t = [5]

> 단일 원소 튜플은 뒤에 쉼표가 필요하다.

05 다음 중 슬라이싱을 직접 지원하지 않는 것은?
① list
② tuple
③ dict
④ str

> dict는 매핑형으로 순서 인덱스 기반 슬라이싱을 지원하지 않는다(키/값 목록으로 변환하면 가능).

정답 01 ③ 02 ③ 03 ① 04 ② 05 ③

SECTION 03 연산

빈출태그 인덱싱 · 슬라이싱 · 리스트 메서드 · 딕셔너리 메서드 · 클래스 메서드 · 정적 메서드

> **기적의 TIP**
> 앞에서 배웠던 내용과 이어서 학습해 주세요. 필기시험의 출제 빈도는 낮지만, 실기시험과도 연결되니 도서에 제시된 예제를 통해 python의 표현을 익히도록 합니다.

01 문자열 처리(String Processing)

1) 개념
- 문자들의 모음을 다루는 문자열(String)에 대해 인덱싱 · 슬라이싱 · 검색 · 변환 · 결합 같은 다양한 연산을 수행하는 것을 의미한다.
- 예제

string = 'Python Good'

시퀀스	string										
인덱스	0	1	2	3	4	5	6	7	8	9	10
	-11	-10	-9	-8	-7	-6	-5	-4	-3	-2	-1
문자열	P	y	t	h	o	n		G	o	o	d

> **기적의 TIP**
> 역순으로 맨 오른쪽의 인덱스는 -1이다.

2) 인덱싱(Indexing)
- 문자열의 각 문자에는 인덱스가 할당되며, 첫 번째 문자의 인덱스는 0이다.
- 문자열의 특정 위치에 있는 문자를 추출하기 위해 대괄호([ ])와 인덱스를 사용한다.
- 하나의 문자를 추출하려면 추출하려는 문자의 인덱스(0부터 시작)를 지정한다.
- 예제

> **기적의 TIP**
> 앞의 예제 내용과 이어진다고 생각하면서 공부해 주세요.

s = string[1] print(s)	결과	y
s = string[10] print(s)	결과	d
s = string[-1] print(s)	결과	d
s = string[-6] print(s)	결과	n

3) 슬라이싱(Slicing)
- 문자열의 부분 문자열을 추출하기 위해 슬라이싱을 사용한다.
- 슬라이싱은 인덱스 범위를 지정하여 추출한다.
- 시작 인덱스는 포함되고, 종료 인덱스는 포함되지 않는 범위를 지정한다.

• 종류 및 예제

[:]	처음부터 끝까지 추출	s = string[:] print(s)	결과	Python Good
[x:]	인덱스 x부터 끝까지 추출	s = string[7:] print(s)	결과	Good
		s = string[-3:] print(s)	결과	ood
[:y]	처음부터 인덱스 (y-1)까지 추출	s = string[:3] print(s)	결과	Pyt
		s = string[:-7] print(s)	결과	Pyth
[x:y]	인덱스 x부터 (y-1)까지 추출	s = string[1:3] print(s)	결과	yt
		s = string[-1:-4] print(s)	결과	Good
[x:y:z]	인덱스 x부터 (y-1)까지 z만큼 건너뛰면서 추출	s = string[1:8:2] print(s)	결과	yhnG
		s = string[:5:2] print(s)	결과	Pto

02 메서드(Method)

1) 개념

- 객체(Object)에 속한 함수(Function)를 의미한다.
- 객체가 가진 데이터(속성)를 다루거나, 객체와 관련된 동작(기능)을 수행한다. 즉, 객체가 할 수 있는 행동을 정의한 함수라고 생각하면 된다.
- 객체의 상태를 변경하거나, 객체에 대한 동작을 수행하며, 객체에 대한 정보를 반환할 수도 있다.

기적의 TIP

메서드(Method)란, 객체(Object)에 속해 그 객체의 데이터(속성)를 다루거나 동작을 정의하는 함수를 의미합니다.

더 알기 TIP

시험에는 메서드에 대해 다음과 같은 문장으로 출제됩니다.
- 메서드는 객체에 대해 특정한 동작을 수행하거나 속성을 조작하는 함수이다.
- 메서드는 객체에 속한 함수이다.
- 객체의 타입에 따라 다양한 메서드가 제공된다.
- 메서드는 해당 객체의 특성과 기능을 나타낸다.
- 객체는 데이터와 해당 데이터를 처리하는 메서드로 구성된 개체이다.
- 객체는 메서드를 호출하는 대상 객체이다.

2) 기본 구조

객체.메서드(인자)

3) List 객체의 메서드
① 종류

append( )	리스트에 요소 추가
extend( )	리스트에 다른 리스트의 모든 요소 추가
insert( )	리스트의 특정 인덱스에 요소를 삽입
remove( )	리스트에서 첫 번째로 나오는 특정 요소를 제거
pop( )	리스트에서 특정 인덱스의 요소를 제거하고 반환
index( )	리스트에서 특정 요소의 첫 번째 인덱스를 반환
sort( )	리스트의 요소를 오름차순으로 정렬
reverse( )	리스트의 순서를 역으로 뒤집기

➕ **더 알기** TIP

List 객체 메서드에는 별도의 내림차순 전용 메서드는 없다. 다만, sort(reverse=True) 또는 sorted(..., reverse=True) 옵션으로 내림차순 출력이 가능하다.

② 예제

```fruits = ['사과', '바나나']```
```fruits.append('딸기')```
```print(fruits)```
	결과	['사과', '바나나', '딸기']

```fruits = ['사과', '바나나']```
```additional_fruits = ['딸기', '오렌지']```
```fruits.extend(additional_fruits)```
```print(fruits)```
	결과	['사과', '바나나', '딸기', '오렌지']

```fruits = ['사과', '바나나']```
```fruits.insert(1, '딸기')```
```print(fruits)```
	결과	['사과', '딸기', '바나나']

```fruits = ['사과', '바나나', '딸기']```
```fruits.remove('바나나')```
```print(fruits)```
	결과	['사과', '딸기']

```fruits = ['사과', '바나나', '딸기']```
```removed_fruit = fruits.pop(1)```
```print(removed_fruit)```
```print(fruits)```
	결과	바나나
		['사과', '딸기']

```fruits = ['사과', '바나나', '딸기']```
```index = fruits.index('바나나')```
```print(index)```
	결과	1

```numbers = [5, 2, 7, 1]```
```numbers.sort( )```
```print(numbers)```
	결과	[1, 2, 5, 7]

`fruits = ['바나나', '사과', '딸기']`
`fruits.sort( )`
`print(fruits)`
	결과	['딸기', '바나나', '사과']	

`fruits = ['사과', '바나나', '딸기']`
`fruits.reverse( )`
`print(fruits)`
	결과	['딸기', '바나나', '사과']	

4) Dictionary 객체의 메서드

① 종류

keys( )	딕셔너리의 모든 키(key)를 반환
values( )	딕셔너리의 모든 값(value)을 반환
items( )	딕셔너리의 모든 키-값 쌍을 반환
get( )	지정된 키에 해당하는 값을 반환
pop( )	지정된 키에 해당하는 값을 제거하고 반환
update( )	다른 딕셔너리나 키-값 쌍들로 현재 딕셔너리를 업데이트

> **기적의 TIP**
> get( )은 키가 존재하지 않는 경우 기본값(N/A)을 반환할 수도 있습니다.

② 예제

`person = {'name': 'John', 'age': 30, 'city': 'Seoul'}`
`keys = person.keys( )`
`print(keys)`
	결과	dict_keys(['name', 'age', 'city'])

`person = {'name': 'John', 'age': 30, 'city': 'Seoul'}`
`values = person.values( )`
`print(values)`
	결과	dict_values(['John', 30, 'Seoul'])

`person = {'name': 'John', 'age': 30, 'city': 'Seoul'}`
`items = person.items( )`
`print(items)`
	결과	# dict_items([('name', 'John'), ('age', 30), ('city', 'Seoul')])

`person = {'name': 'John', 'age': 30, 'city': 'Seoul'}`
`name = person.get('name')`
`print(name)`
`occupation = person.get('occupation', 'N/A')`
`print(occupation)`
	결과	John
		N/A

`person = {'name': 'John', 'age': 30, 'city': 'Seoul'}`
`age = person.pop('age')`
`print(age)`
`print(person)`
	결과	30
		{'name': 'John', 'city': 'Seoul'}

`person = {'name': 'John', 'age': 30, 'city': 'Seoul'}`
`additional_info = {'occupation': 'Engineer', 'country': 'USA'}`
`person.update(additional_info)`
`print(person)`
	결과	{'name': 'John', 'age': 30, 'city': 'Seoul', 'occupation': 'Engineer', 'country': 'USA'}

03 메서드의 종류

1) 인스턴스 메서드(Instance Method)

① 개념
- 가장 일반적인 메서드이다.
- 객체의 속성에서 접근하거나 수정하고, 객체의 상태를 변경하는 데 사용한다.
- 다른 객체에 영향이 없고 메서드를 호출한 해당 객체에만 영향을 준다.
- 메서드의 첫 번째 파라미터로 객체 자신을 의미하는 self를 사용한다.

② 호출 방법
- 해당 클래스 안

```
self.메서드명
```

- 클래스 밖

```
객체.메서드명
```

③ 예제

코드	설명

`class Person:`
`    def __init__(self, name):`
`        self.name = name`
	• `__init__` 메서드는 생성자(constructor)라고 불리며, 객체 생성 시 자동으로 실행
	• name을 받아 인스턴스 변수 self.name에 저장

`    def greet(self):` `        return f"안녕? 내 이름은 {self.name}"`	greet 메서드는 인스턴스 메서드로, 객체에 저장된 name 값을 불러와 문장을 반환
`p = Person("이기적")`	Person 클래스의 객체 p를 생성하고, name="이기적"을 저장
`print(p.greet( ))`	객체의 인스턴스 메서드를 호출하여 출력
결과	안녕? 내 이름은 이기적

2) 클래스 메서드(Class Method)

① 개념
- 클래스에 속한 메서드로서, 클래스 변수(모든 인스턴스가 공유하는 변수)를 다루는 데 주로 사용된다.
- 첫 번째 인자로 cls를 가지며, cls는 해당 클래스 자체를 가리킨다.
- @classmethod 데코레이터를 사용한다.

➕ 더 알기 TIP

데코레이터(Decorator)
- 개념
  - 함수나 클래스를 수정하거나 감싸는 역할을 하는 함수이다.
  - 원래 함수의 코드를 직접 고치지 않고 기능을 확장하거나 수정할 수 있다.
  - @데코레이터명 형식으로 함수나 클래스 위에 작성한다.

- 특징
  - 인자로 함수(또는 클래스)를 받아, 새로운 기능을 추가한 후 다시 반환한다.
  - 중복 코드를 줄이고, 가독성과 유지보수성을 높이는 데 도움을 준다.
  - 인증, 로깅, 성능 측정 등에 자주 사용된다.
- 주요 기능

함수 기능 확장	• 함수의 기능을 추가하거나 수정 • 인자 유효성 검사, 로깅, 성능 측정 등의 작업을 함수에 적용
코드 재사용성	• 공통적인 기능을 가진 코드를 여러 함수에 적용 가능 • 중복 코드 제거 → 유지보수 용이
인증과 권한 부여	• 웹 서비스에서 사용자 인증 여부, 권한 확인을 위해 사용 • ⓔ 관리자만 실행할 수 있는 함수 제한
코드 간결성	• 코드의 목적과 기능을 한눈에 파악 가능 • 함수 본연의 로직과 부가 기능을 분리

② 호출 방법
- 클래스명 호출

```
클래스명.메서드명
```

- 객체명 호출

```
객체명.메서드명
```

③ 클래스 메서드의 사용 이유
- 클래스 자체와 관련된 작업을 수행하고, 클래스 변수에 접근하여 조작할 수 있다.
- 인스턴스의 생성과 상관없이 클래스 자체에 대한 작업을 수행해야 할 때 유용하다.
- 클래스 레벨에서 공유되므로, 클래스의 상태를 변경하거나 클래스의 특정 동작을 수행하는 데 사용될 수 있다.

④ 예제

`class MyClass:` `    count = 0 # 클래스 변수`	• MyClass 클래스 정의 • count 클래스 변수 선언

`    @classmethod`
`    def class_method(cls):`
`        cls.count += 1`
`        print("클래스 메서드 호출")`
	• @classmethod 데코레이터를 사용하여 class_method( )라는 클래스 메서드 정의
	• 클래스 메서드는 첫 번째 매개 변수로 cls를 사용하며, 해당 클래스에 대한 접근 제공
	• class_method( ) 내부에서는 cls.count += 1을 통해 클래스 변수인 count의 값을 1 증가시킴
	• "클래스 메서드 호출"이라는 메시지 출력

`MyClass.class_method( )`	• MyClass.class_method( )을 통해 클래스 메서드를 호출 • count 변수의 값이 1 증가하고 "클래스 메서드 호출"이 출력

결과	클래스 메서드 호출

> **기적의 TIP**
>
> 클래스 메서드를 호출할 때에는 인스턴스 생성 없이 호출이 가능합니다. 그러므로 클래스 메서드는 인스턴스 변수가 아니라 클래스 단위의 속성을 다루며, 클래스 변수 읽기와 수정이 가능합니다.

> **기적의 TIP**
>
> 객체(인스턴스)로 호출하는 것도 가능은 하지만, 내부적으로도 결국 cls를 넘기므로 클래스명 기준으로 실행됩니다.

> **기적의 TIP**
>
> 클래스 변수란, 해당 클래스의 모든 인스턴스가 공유하는 변수를 의미합니다.

3) 정적 메서드(Static Method)

① 개념
- 인스턴스(객체)와 무관하게 동작하는 메서드로, 객체 생성 없이도 호출이 가능하다.
- self 파라미터를 가지고 있지 않아서, 인스턴스 변수에 액세스가 불가능하다.
- 클래스 내부에 정의되었지만 일반 함수와 다를 바 없다.
- 클래스와 연관성을 내포할 수 있다. 즉, 특정 로직이 해당 클래스와 관련이 있을 때, 클래스 안에 넣어 관리하기 위해 사용한다.
- @staticmethod 데코레이터를 사용한다.

② 호출 방법
- 클래스명 호출

클래스명.정적메서드명

- 객체명 호출

객체명.정적메서드명

> **기적의 TIP**
> 객체명으로 호출하는 것도 가능하지만 보통 클래스명으로 호출하는 것을 권장합니다.

③ 예제

| ```
class MathUtils:
    @staticmethod
    def add(x, y):
        return x + y

print(MathUtils.add(3, 5))
``` | • @staticmethod 데코레이터는 정적 메서드를 정의할 때 사용<br>• self(인스턴스)나 cls(클래스)를 받지 않으므로, 객체 상태와 무관하게 독립적으로 실행<br><br>• MathUtils 클래스의 객체를 생성하지 않고, 곧바로 add( ) 호출이 가능<br>• 단순히 두 숫자를 더하는 유틸리티 역할 |
|---|---|

결과	8
```

이론을 확인하는 기출문제

01 다음 코드의 출력으로 알맞은 것은?

```
string = "Python Good"
print(string[-4:-1])
```

① Goo ② Good
③ ood ④ Go

음수 인덱스는 오른쪽에서 왼쪽으로 -1, -2 …를 의미한다. [-4:-1]은 "시작 포함, 끝 미포함" 규칙이므로 인덱스 7~9(문자 G, o, o)가 잘린다.

02 다음 코드의 출력으로 알맞은 것은?

```
s = "Python Good"
print(s[1:8:2])
```

① yhnG ② ythnG
③ ytnG ④ ythGo

슬라이싱 [start:stop:step]에서 start=1, stop=8(미포함), step=2이다. 즉, 인덱스 1,3,5,7 문자를 모으면 s[1]='y', s[3]='h', s[5]='n', s[7]='G'이다.

오답 피하기
'끝 미포함'을 잊으면 글자가 하나 더 붙는 실수를 하므로 주의한다.

03 아래 코드 실행 후 len(fruits)의 값은?

```
fruits = ['사과', '바나나']
more = ['딸기', '오렌지']
fruits.append(more)
print(len(fruits))
```

① 2 ② 3
③ 4 ④ 5

append는 '리스트 끝에 하나의 요소를 그대로 붙인다'는 의미이다. more 전체가 하나의 원소(리스트)로 들어가므로 결과는 ['사과','바나나', ['딸기','오렌지']]가 되고 길이는 3이 된다.

04 아래 딕셔너리에 대한 설명으로 가장 알맞은 것은?

```
person = {'name': 'John', 'age': 30, 'city': 'Seoul'}
age = person.pop('age')
print(age)
print(person)
```

① 30 출력 후 {'name': 'John', 'city': 'Seoul'}이 남는다.
② 30 출력 후 원본은 변화 없다.
③ 에러가 발생한다(KeyError).
④ None 출력 후 {'name': 'John', 'city': 'Seoul'}이 남는다.

pop(key)는 해당 키를 삭제하며 그 값을 반환한다. 따라서 첫 줄에서 30을 출력하고, age 키가 제거된 딕셔너리만 남는다.

05 클래스/정적/인스턴스 메서드에 대한 다음 코드의 출력 결과는?

```
class MyClass:
    count = 0
    @classmethod
    def inc(cls):
        cls.count += 1
    @staticmethod
    def add(x, y):
        return x + y

MyClass.inc()
a = MyClass()
b = MyClass()
a.inc()
b.inc()
print(MyClass.count)
```

① 0 ② 1
③ 2 ④ 3

@classmethod는 첫 인자로 cls를 받아 클래스 변수를 다룬다. 인스턴스로 호출하더라도 내부적으로는 클래스 메서드가 되어 count를 증가시킨다. 총 3회 호출이므로 3이 출력된다.

SECTION 04 함수

출제빈도 상 중 하
반복학습 1 2 3

빈출 태그 함수 정의 • 호출 • 매개변수 • 반환값 • range • if/elif/else • 스코프(전역/지역)

01 함수(Function)

1) 개념
- 프로그램에서 특정 기능(작업)을 수행하도록 묶어둔 코드 집합이다.
- 재사용이 가능한 코드 블록으로, 한 번 정의하면 여러 곳에서 반복적으로 호출할 수 있다.
- 코드의 구조화와 모듈화를 통해 가독성과 유지보수성 향상에 도움이 된다.

2) 기본 구조

> **기적의 TIP**
> 함수명은 소문자+언더스코어 형식으로 작성하는 것을 권장합니다.

```
def 함수명(매개변수1, 매개변수2, ...):
    수행문장1
    수행문장2
    ...
    return 결과값
```

- 매개변수(Parameter) : 함수에 전달할 입력값
- 수행문장(Body) : 함수가 실행할 코드 블록
- return 결과값 : 함수 실행 후 호출자에게 반환할 값(없으면 자동으로 None)

3) 예제

① 예제 1

코드	설명
```def greet(name): greeting = "안녕하세요, " + name + "님!" return greeting```	• name 매개 변수를 갖는 greet 함수를 정의 • "안녕하세요, "와 name 변수의 값을 조합한 후 "님!" 문자열을 더하여 생성 • greeting 변수에 저장된 값 반환
```user_name = input("이름을 입력하세요: ")message = greet(user_name)print(message)```	• 사용자로부터 입력을 받아 user_name 변수에 저장 • greet 함수 호출하고, 사용자가 입력한 user_name 값을 인자로 전달하고 반환된 인사말을 message 변수에 저장 • message 변수에 저장된 인사말 출력

결과	이름을 입력하세요: Shin `Enter` 안녕하세요, Shin님!

② 예제 2

코드	설명

``python
def calculate_average(scores):
    total = sum(scores)
    average = total / len(scores)
    return average
``
	• scores 매개 변수를 갖는 calculate_average 함수 정의
	• scores 리스트의 모든 요소 합하여 total 변수에 저장
	• scores 리스트의 요소 수로 나누어 평균을 계산하여 average 변수에 저장
	• 평균값 반환

``python
def determine_grade(score):
    if score >= 90:
        return 'A'
    elif score >= 80:
        return 'B'
    elif score >= 70:
        return 'C'
    elif score >= 60:
        return 'D'
    else:
        return 'F'
``
	• score라는 매개 변수를 갖는 determine_grade는 함수를 정의
	• if ~ elif 함수를 이용하여 점수별 분기를 처리

``python
student1_scores = [85, 92, 78, 90, 88]
student2_scores = [76, 80, 65, 92, 70]
``
	student1, student2의 점수 리스트 정의

student1 계산 및 출력

코드	설명

``python
student1_average = calculate_average(student1_scores)
student1_grade = determine_grade(student1_average)
print("학생1 평균 성적:", student1_average)
print("학생1 학점:", student1_grade)
``
	• calculate_average 함수를 호출하여 학생1의 성적 리스트 student1_scores의 평균 성적을 계산하고, 그 값을 student1_average 변수에 저장
	• determine_grade 함수를 호출하여 학생1의 평균 성적 student1_average에 대한 학점을 결정하고, 그 값을 student1_grade 변수에 저장
	• "학생1 평균 성적:"과 student1_average 변수의 값을 출력
	• "학생1 학점:"과 student1_grade 변수의 값을 출력

student2 계산 및 출력

코드	설명

``python
student2_average = calculate_average(student2_scores)
student2_grade = determine_grade(student2_average)
print("학생2 평균 성적:", student2_average)
print("학생2 학점:", student2_grade)
``
	• calculate_average 함수를 호출하여 학생2의 성적 리스트 student2_scores의 평균 성적을 계산하고, 그 값을 student2_average 변수에 저장
	• determine_grade 함수를 호출하여 학생2의 평균 성적 student2_average에 대한 학점을 결정하고, 그 값을 student2_grade 변수에 저장
	• "학생2 평균 성적:"과 student2_average 변수의 값을 출력
	• "학생2 학점:"과 student2_grade 변수의 값을 출력

결과	학생1 평균 성적: 86.6 학생1 학점: B 학생2 평균 성적: 76.6 학생2 학점: C

③ 예제 3

a = 0 b = 0	전역 변수 a와 b를 선언하고 0으로 초기화

def func1( ):
    a = 10
    b = a
    return b
	• func1 함수 선언
	• 함수 내에 지역 변수 a를 10으로 초기화
	• 함수 내에 지역 변수 b에 a의 값 할당
	• 함수의 반환값으로 b 값을 반환

def func2( ):
    global a
    b = a
    return b
	• func2 함수 정의
	• 전역 변수 a를 사용하기 위해 선언
	• 지역 변수 b에 전역 변수 a의 값 할당
	• 함수의 반환값으로 b 값 반환

a = 20 b = 20 print(func1( )) print(func2( ))	• 전역 변수 a에 20 할당 • 전역 변수 b에 20 할당 • func1 함수를 호출하고 반환된 값 출력 • func2 함수를 호출하고 반환된 값 출력
a = a + 20 b = b + 20 print(func1( )) print(func2( ))	• 전역 변수 a(20)에 20을 더한 값 할당 • 전역 변수 b(20)에 20을 더한 값 할당 • func1 함수를 호출하고 반환된 값 출력 • func2 함수를 호출하고 반환된 값 출력
결과	10 20 10 40

02 주요 함수

1) range( ) 함수

① 개념
- 일정한 범위의 정수 시퀀스를 생성하는 함수이다.
- 주로 반복문(for 문)에서 사용된다.
- 반환값은 range 객체이며, 필요할 때 순차적으로 값을 생성한다.
- 시작 값, 종료 값, 간격(step)을 지정할 수 있다.

② 기본 구조

range(stop)	# 0부터 stop-1까지
range(start, stop)	# start부터 stop-1까지
range(start, stop, step)	# start부터 stop-1까지, step 간격

> **기적의 TIP**
> range(stop)은 0부터 stop-1까지(stop 미만)임을 명심하세요.

③ 예제
• 연속된 정수 출력

for i in range(5): print(i)	range(5)는 0~4까지의 숫자를 생성

결과	0 1 2 3 4

- count_even_numbers 함수 선언

| ```
def count_even_numbers(start, end):
    count = 0
    for num in range(start, end + 1):
        if num % 2 == 0:
            count += 1
    return count
``` | • start와 end 매개 변수를 갖는 count_even_numbers라는 함수를 정의<br>• count 변수를 0으로 초기화<br>• start부터 end까지의 범위에서 반복<br>• 현재 숫자 num이 짝수인지 확인<br>• 짝수인 경우, count 변수를 1 증가<br>• 짝수의 개수를 나타내는 count 값을 반환 |
| ```
start_num = 1
end_num = 10
even_count = count_even_numbers
(start_num, end_num)
print(f"{start_num}부터 {end_num}까지의
짝수 개수: {even_count}")
``` | • 시작 값으로 1을 설정<br>• 종료 값으로 10을 설정<br>• count_even_numbers 함수를 호출하여 시작 값과 종료 값 사이의 짝수 개수를 계산하고, 그 값을 even_count 변수에 저장<br>• 시작 값과 종료 값, 그리고 짝수 개수를 출력 |

> **기적의 TIP**
>
> num % 2는 num을 2로 나눈 나머지를 의미합니다.

결과	1부터 10까지의 짝수 개수: 5

2) if ~ elif ~ else 조건문

① 개념

- 조건에 따라 코드 블록을 실행하는 제어문이다.
- 여러 조건을 순차적으로 평가하여 특정 조건이 참일 때 해당 코드 블록을 실행한다.

② 기본 구조

```
if 조건1:
    수행문장1      # 조건1이 True일 경우 실행문
elif 조건2:
    수행문장2      # 조건1일 False이고 조건2가 True일 경우 실행문
else:
    수행문장3      # 조건1과 조건2가 모두 False일 경우 실행문
```

> **기적의 TIP**
>
> if는 반드시 하나 필요, elif는 여러 개 가능, else는 선택적 (조건이 모두 거짓일 때 실행) 으로 사용합니다. else가 없는 경우, 출력 결과가 없이 넘어가게 됩니다.

③ 예제

score = 85	점수 85 저장
if score >= 90: grade = "A"	조건 거짓(85는 90 이상이 아님)
elif score >= 80: grade = "B"	• 조건 참(85는 80 이상) • grade = "B" 실행
else: grade = "C"	실행되지 않음(이미 위에서 조건 만족)
print(grade)	"B" 출력

결과	B

3) map( ) 함수

① 개념
- 반복 가능한(iterable) 객체의 각 요소에 함수를 적용하는 함수이다.
- 주어진 함수를 순회 가능한(iterable) 객체의 모든 요소에 적용하여 새로운 이터레이터(iterator)를 반환한다.
- 반환값은 map 객체이며, 필요시 list( )로 변환한다.
- 반복 가능한 모든 자료형(list, tuple 등)에 사용할 수 있다.

② 기본 구조

```
map(function, iterable)
```

- function : 적용할 함수(순회할 수 있는 객체의 각 요소를 받아서 처리)
- iterable : 순회할 수 있는 객체(list, tuple, set, dict 등과 같은 여러 형태의 컬렉션을 포함)

③ 예제

`numbers = [1, 2, 3, 4]`	숫자 리스트를 준비
`result = map(lambda x: x*2, numbers)`	리스트의 각 원소 x에 대해 x*2를 수행하는 함수를 적용
`print(list(result))`	map 객체를 리스트로 변환

결과	[2, 4, 6, 8]

> **기적의 TIP**
> 만약 print(list(result))가 아니라 print(result)라고 한다면 map 객체의 정보만 출력되어 결과가 〈map object at 0x000001F4B8B3A9D0〉로 출력됩니다.

4) split( ) 함수

① 개념
- 문자열을 특정 구분자(delimiter) 기준으로 잘라 리스트로 반환하는 문자열 메서드이다.
- 기본 구분자는 공백(space)이며, 원하는 문자나 문자열을 구분자로 지정할 수 있다.
- 반환값은 리스트이다.

② 기본 구조

```
string.split([sep], [maxsplit])
```

- sep : 구분자(생략하면 공백 기준)
- maxsplit : 분할 횟수 제한(기본값은 제한 없음)

③ 예제(사용자가 '12a34'를 입력했다고 가정)

`a, b = map(int, input('문자열 입력: ').split('a'))`	• input('문자열 입력: ')는 사용자로부터 문자열을 입력받는 내장 함수 • 입력 프롬프트로 "문자열 입력: "을 출력, 사용자는 여기에 '12a34'를 입력 • 입력받은 문자열 '12a34'를 split('a')를 사용하여 공백을 기준으로 분리 • split( ) 함수는 문자열을 지정한 구분자를 기준으로 나누어 리스트로 반환 • 'a'를 구분자로 사용하여 문자열을 분리 → 12 34 • map(int, ...)는 분리된 문자열 리스트의 각 요소를 int( ) 함수를 통해 정수로 변환하는 내장 함수 • map( ) 함수는 지정된 함수를 시퀀스(리스트, 튜플 등)의 모든 요소에 적용하고, 그 결과를 새로운 이터레이터로 반환 → 12 34 • a, b = ...는 unpacking을 통해 map( ) 함수의 결과를 a와 b 변수에 각각 할당 • 입력된 문자열을 정수로 변환한 값들이 순서대로 a와 b에 할당 → a = 12, b = 34
`print(a, b)`	a와 b 변수의 값을 출력
결과	12 34

5) while 문(반복문)

① 개념
- while 문은 주어진 조건식이 참(True)인 동안 반복적으로 실행되는 제어문이다.
- 조건식이 거짓(False)이 되면 반복이 종료되어 다음 문장으로 이동한다.
- 반복 횟수가 미리 정해지지 않았을 때 주로 사용된다.

② 기본 형식

```
while 조건식:
    실행문
```

03 함수 호출과 매개 변수 전달

1) 개념

① 함수 호출(Function Call)
- 정의된 함수를 실제로 실행시키는 것이다.
- 함수를 호출하면 함수 안에 있는 코드 블록이 실행되고, 결과값이 반환된다.

② 매개변수 전달(Parameter Passing)
- 함수 호출 시 값(인자, argument)을 함수로 전달하는 것이다.
- 함수 내부에서 그 값을 받아주는 변수를 매개변수(parameter)라고 한다.

> **기적의 TIP**
>
> 함수를 '부르는 것'이 호출, 그때 '데리고 가는 값'이 매개변수 전달이라고 이해하세요.

③ 예제

```
def cs(n) :
    s=0
    for num in range(n+1):
        s+=num
    return s
print(cs(11))
```

- print(cs(11)) 명령문을 통해 정수 11을 cs( ) 함수에 전달한 후 반환되는 값을 출력
- cs( ) 함수에 정수 11이 매개변수 n에 전달된 후, for~in 반복문을 통해 0부터 11까지의 num의 값을 s에 누적
- s의 최종 결과 66이 반환되며 print( ) 함수를 통해 콘솔에 출력

결과	66

2) 변수의 범위 지정(scope)

① 전역 변수(Global Variable)
- 함수 밖에서 선언된 변수로, 프로그램 전체에서 사용이 가능하다.
- 함수 내에서 값을 변경할 수 있으며, 함수 외부에서도 변경된 값을 유지한다.
- 함수 내에서 선언하지 않고, 함수 외부에서 선언되거나 전역 영역에서 선언된다.
- 함수 외부에서는 추가적인 선언 없이 전역 변수에 접근하고 사용할 수 있다.
- 프로그램의 여러 부분에서 공유되므로, 사용에 주의해야 한다.
- 함수 안에서 전역 변수를 그대로 사용하려면 global 키워드가 필요하다.
- global 변수명과 같은 형식으로 전역 변수를 참조하고 값을 변경할 수 있다.

② 지역 변수(Local Variable)
- 함수 안에서 선언된 변수로, 그 함수 안에서만 유효하다.
- 함수가 끝나면 사라지며, 외부에서는 접근이 불가능하다.
- 함수가 호출될 때 생성되고, 함수가 종료될 때 소멸한다.
- 함수 내에서 변수를 선언하면 해당 함수 내에서만 유효한 지역 변수가 된다.
- 함수 외부에서는 해당 함수의 지역 변수에 직접 접근할 수 없다.
- 지역 변수와 동일한 이름의 전역 변수가 있다면, 함수 내에서 지역 변수가 먼저 사용된다.

➕ **더 알기 TIP**

이름 충돌 방지
- 전역 변수와 지역 변수가 같은 이름을 가지면 혼동이 발생하며, Python에서는 함수 안에서 지역 변수를 우선적으로 사용한다.
- 따라서 전역/지역 변수를 구분해주는 것이 중요하다.

③ 예제

x = 10	전역 변수 선언 및 초기화
| ```
def func( ):
    y = 20
    print("전역 변수 x:", globals( )['x'])
    print("지역 변수 y:", locals( )['y'])
func( )
``` | • func( ) 함수 선언<br>• 지역 변수 y 선언 및 초기화<br>• 전역 변수 x 출력<br>• 지역 변수 y 출력 |

결과	전역 변수 x: 10 지역 변수 y: 20

04 제너레이터 함수와 이터레이터 객체

1) 제너레이터(Generator) 함수

- yield 키워드를 사용하여 값을 하나씩 반환하는 함수이다.
- 일반 함수처럼 return으로 한 번에 결과를 반환하지 않고, 호출될 때마다 실행이 중단과 재개를 반복하면서 필요한 시점에만 데이터를 생성한다.
- 메모리를 절약하고, 큰 데이터나 무한 반복 처리에 유용하다.
- 모든 데이터를 한꺼번에 저장하지 않고 지연(lazy) 평가 방식으로 값을 생성한다.

2) 이터레이터(Iterator)

- 이터레이터는 데이터를 순차적으로 하나씩 꺼내는 객체이다.
- 반복 가능한 객체(Iterable)에 iter() 함수를 적용하여 생성된다.
- next() 함수를 호출할 때마다 다음 요소를 반환하며, 끝에 도달하면 StopIteration 예외가 발생한다.
- 내부적으로 __iter__()와 __next__() 메서드를 구현한다.
- 모든 이터레이터는 한 번 사용하면 재사용할 수 없고, 다시 사용하려면 새로 생성해야 한다.
```

이론을 확인하는 기출문제

01 다음 코드 실행 후 변수 a의 값으로 알맞은 것은?

```
def f(x):
    print(x + 1)

a = f(3)
```

① 3
② 4
③ None
④ 1

> f(3) 호출 시 함수 내부의 print(x+1)가 먼저 실행되어 4가 출력된다. 그러나 f는 return을 하지 않았으므로 기본 반환값은 None이다. 따라서 a에는 None이 저장된다.

02 다음 코드의 출력 결과로 알맞은 것은?

```
print(sum(range(1, 10, 2)))
```

① 15
② 20
③ 25
④ 30

> range(1, 10, 2)는 1부터 9까지 홀수(1,3,5,7,9)를 만든다. 합계는 1+3+5+7+9이므로, 25가 출력된다.

03 다음 코드의 출력 결과는?

```
a, b = map(int, "12a34".split('a'))
print(a * b)
```

① 46
② 34
③ 12
④ 408

> "12a34".split('a')는 ['12', '34']이고, map(int, ...)로 정수 변환하면 a=12, b=34이다. 그러므로 곱셈의 결과는 408이다.

04 다음 코드의 출력으로 알맞은 것은?

```
x = 10
def foo():
    x = 20
    return x

def bar():
    global x
    x = x + 5
    return x

print(foo(), x)
print(bar(), x)
```

① 20 10
  15 15
② 20 20
  15 15
③ 20 10
  10 15
④ 20 20
  10 15

> foo( ) 안의 x는 지역 변수(20), 함수 밖 x는 전역 변수(10)이다. 첫 출력은 (foo( ), x) → 20 10이다. 이후 bar( )에서 global x로 전역 x를 10→15로 변경하므로 두 번째 출력은 (bar( ), x) → 15 15이다.

05 다음 함수와 호출 결과로 알맞은 것은?

```
def determine_grade(score):
    if score >= 90:
        return 'A'
    elif score >= 80:
        return 'B'
    elif score >= 70:
        return 'C'
    elif score >= 60:
        return 'D'
    else:
        return 'F'

print(determine_grade(80), determine_grade(59.9))
```

① A D
② B F
③ B D
④ C F

> 80은 elif score >= 80에 해당하므로 B, 59.9는 60 미만이므로 F가 반환된다.

정답 01 ③ 02 ③ 03 ④ 04 ① 05 ②

CHAPTER 04

제어문과 반복문

학습 방향

모든 언어에 공통되는 조건 분기와 반복 구조를 학습합니다. if · switch · for · while · do-while 구문은 기출에서 매번 출제됩니다. 흐름도를 직접 그려보고, 조건식 결과에 따라 분기되는 과정을 눈으로 확인하세요. 반복문 문제는 출력 결과 예측 문제로 자주 나오므로 손으로 코드를 써보며 연습하세요.

출제 빈도

SECTION 01 상 50%
SECTION 02 상 50%

SECTION 01 제어문

출제빈도 상 중 하
반복학습 1 2 3

빈출 태그 if/else • elif • 삼항 • switch/fall-through • 언어별 문법차

> **기적의 TIP**
> 출제 빈도가 높은 부분입니다. 각 언어별 제어문 표현과 문법, 예약어의 사용법을 구분하여 정리하세요.

> **기적의 TIP**
> C언어의 if, if~else, 다중 if, switch~case, while, do~while, for, break, continue는 Java 언어에서도 같은 문법으로 사용된다는 것을 알아두세요.

01 if문

1) 개념
- 조건식이 참(True)이면 특정 코드 블록을 실행하는 제어문이다.
- 프로그램의 실행 흐름을 분기(branch)시키는 역할을 한다.
- 조건식을 평가하여 조건이 참(True)이면 if 블록 안의 문장을 실행하고, 조건이 거짓(False)이면 if 블록을 건너뛰고 다음 코드를 실행한다.
- 조건이 거짓(False)이면 if문 내부의 문장은 실행되지 않는다.

2) 기본 구조

① C언어, Java

```
if (조건식) {
    수행문장;    // 조건식의 결과가 참일 때 실행하는 명령문
}
```

② Python

```
if 조건식:
    수행문장    # 조건식의 결과가 참일 때 실행하는 명령문
```

3) 예제

① C언어

코드	설명
`#include <stdio.h>`	표준 입출력 라이브러리 포함
`int main( ) {` `    int score = 95;`	정수형 변수 score에 95 저장

`    if (score >= 90) {`
`        printf("A 학점");`
`    }`
	조건이 참이면 실행 : 95 >= 90 → true

`    return 0;` `}`	프로그램 정상 종료

결과	A 학점

② Java

`int score = 95;`	정수형 변수 score에 95 저장

`if (score >= 90) {`
`    System.out.println("A 학점");`
`}`
	• 조건 검사 : 95 >= 90 → true
	• 조건이 참이므로 { } 블록 안 실행

결과	A 학점

> **기적의 TIP**
>
> Java 예시는 C 언어 예시와 거의 동일하며, 출력문만 printf → System.out.println으로 바꿔서 이해해 주세요.

③ Python

`score = 95`	변수 score에 95 저장
`if score >= 90:` `    print("A 학점")`	• 조건 검사 : 95 >= 90 → True • 조건이 참(True)이므로 아래 블록 실행

결과	A 학점

02 if ~ else문

1) 개념
- 조건이 참일 때와 거짓일 때 실행할 코드를 각각 지정하는 조건문이다.
- 코드에서 둘 중 하나는 반드시 실행된다.
- 조건식을 평가하여 조건이 True(참)이면 if 블록을 실행하고, 조건이 False(거짓)이면 else 블록을 실행한다.

2) 기본 구조

① C언어, Java

```
if (조건식) {
    수행문장1;    // 조건식의 결과가 참일 때 실행하는 명령문
} else {
    수행문장2;    // 조건식의 결과가 거짓일 때 실행하는 명령문
}
```

② Python

```
if 조건식:
    수행문장1     # 조건식의 결과가 참일 때 실행하는 명령문
else:
    수행문장2     # 조건식의 결과가 거짓일 때 실행하는 명령문
```

3) 예제

① C언어

코드	설명
`#include <stdio.h>`	표준 입출력 라이브러리 포함
`int main( ) {` `    int score = 75;`	정수형 변수 score에 75 저장
`    if (score >= 80) {` `        printf("합격");`	조건이 참이면 실행

`    } else {`
`        printf("불합격");`
`    }`
	조건이 거짓이면 실행 : 75 >= 80 → 거짓(false)

`    return 0;` `}`	else 블록 실행

결과	불합격

② Java

코드	설명
`int score = 75;`	변수 score에 75 저장
`if (score >= 80) {` `    System.out.println("합격");`	조건 검사 : 75 >= 80 → 거짓(false)

`} else {`
`    System.out.println("불합격");`
`}`
	if 블록은 실행되지 않고, else 블록이 실행

결과	불합격

③ Python

코드	설명
`score = 75`	변수 score에 75 저장
`if score >= 80:` `    print("합격")`	조건 검사 : 75 >= 80은 거짓(False)
`else:` `    print("불합격")`	if 블록은 실행되지 않고, else 블록이 실행

결과	불합격

03 if ~ else if ~ else문

1) 개념
- 여러 개의 조건을 순차적으로 검사하여 각각에 맞는 코드를 실행하는 다중 조건문이다.
- 첫 번째로 참(True)이 되는 조건만 실행하고, 나머지는 건너뛴다.
- 모든 조건이 거짓일 때는 else 블록을 실행한다.

2) 기본 구조

① C언어, Java : if ~ else if ~ else

```
if (조건1) {
    수행문장1;        // 조건식1의 결과가 참일 때 실행하는 명령문
} else if (조건2) {
    수행문장2;        // 조건식1이 거짓이고 조건식2의 결과가 참일 때 실행하는 명령문
} else if (조건3) {
    수행문장3;        // 조건식1, 조건식2가 거짓이고 조건식3의 결과가 참일 때 실행하는 명령문
} else {
    수행문장4;        // 조건식1, 조건식2, 조건식3의 결과가 거짓일 때 실행하는 명령문
}
```

② Python : if ~ elif ~ else

```
if 조건1:
    수행문장1        # 조건식1의 결과가 참일 때 실행하는 명령문
elif 조건2:
    수행문장2        # 조건식1이 거짓이고 조건식2의 결과가 참일 때 실행하는 명령문
elif 조건3:
    수행문장3        # 조건식1, 조건식2가 거짓이고 조건식3의 결과가 참일 때 실행하는 명령문
else:
    수행문장4        # 조건식1, 조건식2, 조건식3의 결과가 거짓일 때 실행하는 명령문
```

> **기적의 TIP**
>
> C언어와 Java는 if ~ else if ~ else문을 사용하고, Python은 if ~ elif ~ else문을 사용한다는 차이가 있습니다.

3) 예제

① C언어

| ```c
#include <stdio.h>

int main( ) {
    int score = 85;
``` | score = 85 저장 |
| ```c
    if (score >= 90) {
        printf("A 학점");
``` | 85는 90 이상이 아니므로 거짓(false) |
| ```c
    } else if (score >= 80) {
        printf("B 학점");
``` | 85는 80 이상이므로 참(true) → "B 학점" 출력 |
| ```c
    } else if (score >= 70) {
        printf("C 학점");
    } else {
        printf("F 학점");
    }
    return 0;
}
``` | 이후 조건은 검사하지 않고 종료 |

결과	B 학점

② Java

| ```java
public class Main {
    public static void main(String[ ] args) {
        int score = 85;
``` | score = 85 저장 |
| ```java
        if (score >= 90) {
            System.out.println("A 학점");
``` | 85는 90 이상이 아니므로 거짓(false) |
| ```java
        } else if (score >= 80) {
            System.out.println("B 학점");
``` | 85는 80 이상이므로 참(true) → "B 학점" 출력 |
| ```java
        } else if (score >= 70) {
            System.out.println("C 학점");
        } else {
            System.out.println("F 학점");
        }
    }
}
``` | 이후 조건은 검사하지 않고 종료 |

결과	B 학점

③ Python

score = 85	score = 85 저장
if score >= 90: print("A 학점")	if score >= 90: → 거짓(False)
elif score >= 80: print("B 학점")	elif score >= 80: → 참(True) → "B 학점" 출력

elif score >= 70:
    print("C 학점")
else:
    print("F 학점")
	이후 조건들은 실행하지 않고 종료

결과	B 학점

04 삼항 연산자에 의한 조건문

1) 개념

- 조건식의 참/거짓 여부에 따라 두 값 중 하나를 선택하는 연산자이다.
- Python의 경우 순서가 다른 언어와 반대이므로 주의하여 사용해야 한다.
- if문보다 간단히 표현할 수 있지만, 대체로 if문을 권장한다.
- 짧은 분기에는 유용하지만, 중첩 사용은 가독성이 떨어질 수 있다.

2) 기본 구조

① C언어, Java

```
조건식 ? 참값 : 거짓값
```

② Python

```
참값 if 조건식 else 거짓값
```

> **기적의 TIP**
>
> Python에는 삼항 연산자가 존재하지 않습니다. 다만, if ~ else 구조가 3항으로 구성되어 있으므로 함께 공부해 보세요.

+ 더 알기 TIP

a와 b 중에 큰 수가 big에 저장되는 문장을 사용하고 싶다면,
- C언어, Java는 big = a > b ? a : b;
- Python은 big = a if a > b else b

3) 예제

① C언어

`#include <stdio.h>`
 	
 `int main( ) {`
     `int score = 85;`
	정수형 변수 score에 85 저장

`const char* result = (score >= 80) ? "합격" : "불합격";`	85 >= 80 → 참(true) → "합격" 선택
`printf("%s", result);`	result 포인터 변수에 "합격" 저장
`return 0;` `}`	문자열 "합격" 출력

결과	합격

② Java

`public class Main {`
     `public static void main(String[ ] args) {`
         `int score = 85;`
	변수 score에 85 저장

`String result = (score >= 80) ? "합격" : "불합격";`	• 조건식 평가 : 85 >= 80 → true → "합격" 선택 • "합격"이 result에 저장

`System.out.println(result);`
     `}`
 `}`
	result 값 "합격" 출력

결과	합격

③ Python

`score = 85`	변수 score에 85 저장
`result = "합격" if score >= 80 else "불합격"`	• 조건식 평가 : 85 >= 80 → True → "합격" 선택 • result 변수에 "합격" 저장
`print(result)`	"합격" 출력

결과	합격

05 switch~case 문

1) 개념
- 하나의 조건 변수 값을 여러 경우(case)와 비교하여 실행할 블록을 선택하는 제어문이다.
- 다중 if~else 문보다 가독성이 좋다.
- break를 넣지 않으면 fall-through가 발생(아래 case로 계속 실행)한다.

> **기적의 TIP**
> Python에서는 switch~case 문을 지원하지 않습니다.

2) 기본 구조

```
switch (조건식) {
    case 값1:
        수행문장1;    // 조건값이 1일 때 실행하는 명령문
        break;
    case 값2:
        수행문장2;    // 조건값이 2일 때 실행하는 명령문
        break;
    default:
        수행문장3;    // 조건값이 모든 case에 해당하지 않을 때 실행하는 명령문
        break;
}
```

> **기적의 TIP**
> 마지막 default: 뒤의 break; 는 생략할 수 있습니다.

3) 예제

`#include <stdio.h>`
`int main( ) {`
`    int score = 2;`
	score 변수에 2를 대입

`    switch (score) {`	score 값을 기준으로 분기

`        case 1:`
`            printf("1등");`
`            break;`
	• score가 1일 때 실행
	• switch문을 빠져나가고 다음 문장으로 이동

`        case 2:`
`            printf("2등");`
`            break;`
	score가 2일 때 실행

`        default:` `            printf("등수 없음");`	그 외의 값일 때 실행
`            break;`	마지막이라 생략 가능

`    }`
`    return 0;`
`}`
	결과 출력

결과	2등

이론을 확인하는 기출문제

01 다음 중 Python에서 다중 분기를 나타내는 키워드는?

① elseif
② else if
③ elif
④ elsif

> Python에서는 if → elif → else 형태로 여러 조건을 순차 검사한다.

02 다음 Python 코드의 출력으로 옳은 것은?

```
score = 75
if score >= 80:
    print("A")
elif score >= 70:
    print("B")
else:
    print("C")
```

① A
② B
③ C
④ 아무 것도 출력되지 않음

> 첫 조건(≥80)은 거짓, 두 번째 조건(≥70)은 참이므로 첫 번째로 참이 된 elif만 실행되어 "B"가 출력된다. 이후 조건은 평가하지 않는다.

03 Python에서 a와 b 중 큰 값을 변수 big에 담는 올바른 표현은?

① big = (a > b) ? a : b
② big = a if a > b else b
③ big = a > b ? a : b
④ big = a then a > b else b

> Python은 ? : 연산자가 아니라 조건부 표현식 A if 조건 else B를 사용한다.

04 다음 C 코드의 출력은? (단, 줄바꿈 없이 이어서 출력된다고 가정한다.)

```
int x = 1;
switch (x) {
    case 1: printf("One ");
    case 2: printf("Two ");
    default: printf("End");
}
```

① One
② One Two End
③ Two End
④ End

> switch에서 break;가 없으면 fall-through가 발생하여 아래의 case가 연달아 실행된다. x==1이므로 case 1 실행 후 case 2, default까지 이어져 "One Two End"가 출력된다.

05 다음 중 Python에서 직접 지원하지 않는 제어문은?

① if ~ else
② if ~ elif ~ else
③ switch ~ case
④ 조건부 표현식(A if 조건 else B)

> Python은 switch ~ case 구문을 제공하지 않는다.

정답 01 ③ 02 ② 03 ② 04 ② 05 ③

반복문

빈출 태그 for • while • do-while • range/iterable • break/continue

01 for 문

1) 개념
- 반복문(Loop)의 한 종류이다.
- 일정 횟수만큼 명령어(코드 블록)를 반복 실행하기 위해 사용하는 제어문이다.
- 보통 횟수를 정해서 반복하는 상황에 가장 많이 쓰인다.
- 반복 변수를 초기화하는 초기식은 한 번만 수행되고, 조건식을 만족하면 하위 명령문을 수행한 후, 증감식을 수행하고, 조건식을 검사하면서 반복한다.

> **기적의 TIP**
> 프로그래밍 언어에서 반복문은 기본 구조입니다. 반복문만 단독으로 구성된 문제는 많지 않지만, 다른 함수 또는 기능과 혼합되어 출제되므로 확실히 정리하세요.

2) 기본 구조

① C언어, Java

```
for (초기식; 조건식; 증감식)
{
    명령문1;      // 반복 실행할 코드
    ...
    명령문n;
}
```

② Python

```
for 변수 in 반복가능객체:
    명령문1;      # 반복 실행할 코드
    ...
    명령문n;
```

> **기적의 TIP**
> Python의 for문은 C/Java의 for(초기식; 조건식; 증감식) 형태가 없고, 반복 가능한 객체(iterable)를 순회하는 구조로 이루어집니다.

3) 예제

① C언어

코드	설명

`#include <stdio.h>`
`int main( ) {`
    `for (int i = 1; i <= 5; i++) {`
        `printf("%d\n", i);`
    `}`
    `return 0;`
`}`
	• 전처리 지시문
	• main 함수 정의
	
	• 현재 반복에서의 i 값을 정수 형식(%d)으로 출력
	• 개행 문자(\n)로 줄바꿈
	
	• 현재 반복에서의 i 값을 정수 형식(%d)으로 출력
	• 개행 문자(\n)로 줄바꿈

결과	1 2 3 4 5

➕ 더 알기 TIP

for (int i = 1; i <= 5; i++) 실행 흐름

- i = 1 → 조건 1 <= 5 참 → printf("%d\n", 1); 실행 → 1 출력
- i = 2 → 조건 2 <= 5 참 → 2 출력
- i = 3 → 조건 3 <= 5 참 → 3 출력
- i = 4 → 조건 4 <= 5 참 → 4 출력
- i = 5 → 조건 5 <= 5 참 → 5 출력
- i = 6 → 조건 6 <= 5 거짓 → 반복 종료

② Java

코드	설명
`public class Main {`	Main이라는 이름의 클래스를 선언
`public static void main(String[ ] args) {`	Java 프로그램의 시작 메서드
`for (int i = 1; i <= 5; i++) {`	• int i = 1; → 변수 i를 1로 초기화 • i <= 5; → i가 5 이하일 동안 반복 • i++ → 한 번 실행 후 i를 1씩 증가

`System.out.println(i);`
        `}`
    `}`
`}`
	현재 반복에서의 i 값을 출력

결과	1 2 3 4 5

③ Python

> **🏆 기적의 TIP**
>
> Python에서 결과를 줄바꿈 없이 1 2 3 4 5 로 출력하고 싶다면 print(i, end=" ")로 수정하면 됩니다.

코드	설명

`for i in range(1, 6):`	• for 반복문 시작
	• range(1, 6) : 1부터 5까지 정수를 순서대로 생성하는 반복가능 객체(iterable)
	  – 시작값 : 1
	  – 끝값 : 6(끝값은 포함되지 않음)
	  – i : 매 반복마다 range에서 꺼낸 숫자가 저장되는 변수

`print(i)`	현재 반복에서의 i 값을 출력

결과	1 2 3 4 5

더 알기 TIP

Python의 리스트 순회

`fruits = ["사과", "바나나", "딸기"]`
`for fruit in fruits:`
    `print(fruit)`
	# 리스트 생성
	# 리스트에서 요소를 하나씩 꺼냄
	# 꺼낸 요소 출력

결과	사과 바나나 딸기

02 while 문

1) 개념

- 조건식이 참(true)인 동안 명령문을 반복 실행하는 제어문이다.
- 반복 횟수가 정해져 있지 않고, 조건의 만족 여부에 따라 반복이 계속될지 종료될지 결정된다.
- 조건이 참이면 반복 블록 내부를 실행하고, 조건이 거짓이면 반복문을 종료한다.
- 블록 내부의 명령문을 실행한 후 다시 조건식을 검사하고, 조건식 결과에 따라 반복하거나 종료된다.
- 조건식이 처음부터 거짓이라면 내부 문장은 한 번도 실행되지 않는다.
- 조건식이 항상 참이면 무한 반복되므로, break; 문이나 다른 제어문을 사용하여 탈출해야 한다.

> **기적의 TIP**
>
> for 문은 '횟수 기반 반복'에 적합, while 문은 '조건 기반 반복'에 적합합니다.

> **기적의 TIP**
>
> break; 문은 반복 블록을 벗어날 때 사용하며, 중첩된 반복 블록에서는 자신에게 가장 가까운 반복 블록(중괄호, { }) 1개를 벗어나게 됩니다.

> **기적의 TIP**
>
> Python에서는 블록({ }) 대신 콜론(:)과 들여쓰기로 구분합니다.

2) 기본 구조

```
while (조건식) {
    명령문1;
    ...
    명령문n;
}
```

3) 예제

① 1부터 5까지 출력

`#include <stdio.h>` `int main( ) {`	• 표준 입출력 함수 선언 • main 함수 정의
`int i = 1;`	변수 i를 선언하고, 초기값 1을 저장
`while (i <= 5) {`	• 조건식 : i <= 5가 참일 동안 반복 블록 실행 • 즉, i가 1, 2, 3, 4, 5일 때까지만 반복
`printf("%d\n", i);`	• 현재 i 값을 출력 • %d : 정수 출력 서식 지정자 • \n : 줄바꿈 문자 → 출력 후 다음 줄로 이동

`        i++;` `    }`	• i = i + 1과 같음 • 매 반복마다 i를 1 증가 • 다시 조건 i <= 5를 검사
`    return 0;` `}`	프로그램 정상 종료

결과	1 2 3 4 5

② 무한 반복과 break

`#include <stdio.h>` `int main( ) {`	• 표준 입출력 함수 • 프로그램의 시작
`    int i = 1;`	제어 변수 i를 1로 초기화
`    while (1) {`	• 조건이 1 → 항상 참(true) → 무한 반복 • 종료 조건은 break로 직접 제어해야 함
`        printf("%d\n", i);`	현재 i 값을 출력하고 줄바꿈(\n)
`        if (i == 5) break;`	만약 i가 5라면, break 실행 → 반복문 강제 종료
`        i++;`	• i를 1 증가시킴 • 즉, 1 → 2 → 3 → 4 → 5 순서대로 진행

`    }`
`    return 0;`
`}`
	• while 블록 끝 → 다시 while(1) 조건 확인(항상 참이라 다시 반복)
	• 하지만 i == 5일 때 break가 걸리므로 실제로는 무한루프가 아님

결과	1 2 3 4 5

③ 사용자 입력받아 종료하기

`#include <stdio.h>` `int main( ) {`	• 표준 입출력 헤더 포함 • 프로그램 시작
`    int num;`	사용자 입력을 저장할 정수형 변수 num 선언
`    printf("숫자를 입력하세요 (0 입력 시 종료): ");` `    scanf("%d", &num);`	사용자에게 안내 메시지를 출력한 뒤, 숫자를 입력받아 num에 저장
`    while (num != 0) {`	• 조건 : num이 0이 아닐 동안 반복 • 즉, 사용자가 0을 입력하면 조건이 거짓이 되어 반복문을 빠져나옴
`        printf("입력한 값: %d\n", num);`	사용자가 입력한 값을 그대로 출력

`        printf("숫자를 입력하세요 (0 입력 시 종료): ");` `        scanf("%d", &num);`	• 다시 숫자를 입력받아 num에 저장 • 입력값이 0이 아니면 계속 반복, 0이면 종료
`    }`	while 반복문 끝

`    printf("프로그램을 종료합니다.\n");`
`    return 0;`
`}`
	반복이 끝나면(즉, 사용자가 0을 입력했을 때) 안내 메시지를 출력

결과	숫자를 입력하세요 (0 입력 시 종료): 3 입력한 값: 3 숫자를 입력하세요 (0 입력 시 종료): 7 입력한 값: 7 숫자를 입력하세요 (0 입력 시 종료): 0 프로그램을 종료합니다.

03 do~while 문

1) 개념
- 명령문을 일단 실행하고 나서 조건식을 검사하여 반복 실행 여부를 결정한다.
- 조건 검사를 나중에 하기 때문에, 블록이 최소 1번은 반드시 실행된다.
- 실행 순서 : 블록 실행 → 조건 검사 → 참이면 다시 실행 / 거짓이면 종료

2) 기본 구조

```
do {
    명령문1;
    ...
    명령문n;
} while (조건식);
```

> **기적의 TIP**
>
> Python에서는 do~while 문을 지원하지 않습니다.

> **기적의 TIP**
>
> while 문과 do ~ while 문의 차이는 조건 검사의 시점에 있습니다. while 문은 '조건 먼저 검사', do ~ while 문은 '조건 나중 검사'입니다.

3) 예제

① C언어, Java

`#include <stdio.h>` `int main( ) {`	• 표준 입출력 헤더 포함 • 프로그램 시작
`    int i = 1;`	반복에 사용할 변수 i 선언 후 1로 초기화

`    do {`
`        printf("%d\n", i);`
`        i++;`
`    } while (i <= 5);`
	• do { ... } 블록 안의 코드를 조건과 상관없이 먼저 한 번 실행
	• 실행이 끝난 후 while (i <= 5) 조건 검사
	• 조건이 참이면 다시 블록 실행, 거짓이면 종료

`    return 0;` `}`	프로그램 정상 종료

> **기적의 TIP**
>
> while문 뒤에 세미콜론(;)은 반드시 있어야 합니다 (while(조건식);). 이 부분은 시험 문제에도 자주 나오므로 꼭 알아두세요.

결과	1 2 3 4 5

➕ 더 알기 TIP

while (i <= 5); 실행 흐름

- i = 1 → 블록 실행 → 1 출력 → i=2
- 조건 검사 2 <= 5 참 → 다시 실행 → 2 출력 → i=3
- 조건 검사 3 <= 5 참 → 3 출력 → i=4
- 조건 검사 4 <= 5 참 → 4 출력 → i=5
- 조건 검사 5 <= 5 참 → 5 출력 → i=6
- 조건 검사 6 <= 5 거짓 → 반복 종료

② Python

`i = 1`	제어 변수 i를 1로 초기화
`while True:`	조건이 True이므로 무한 반복에 들어감 대신 안쪽에서 break를 사용해 종료 조건을 직접 만들어야 함
`    print(i)`	현재 i 값을 출력
`    i += 1`	i = i + 1과 같음 i를 1 증가시킴
`    if i > 5:` `        break`	만약 i 값이 5보다 커지면 반복문을 강제로 종료

> **기적의 TIP**
>
> Python에는 do ~ while 문법이 없으므로, while True + break를 사용하여 최소 한 번은 실행하고 조건을 나중에 검사하는 구조를 만들 수 있습니다.

결과	1 2 3 4 5

➕ 더 알기 TIP

if i > 5: 실행 흐름

- i = 1 → 출력 1 → i=2
- i = 2 → 출력 2 → i=3
- i = 3 → 출력 3 → i=4
- i = 4 → 출력 4 → i=5
- i = 5 → 출력 5 → i=6 → 조건 i > 5 참 → break 실행 → 반복 종료

이론을 확인하는 기출문제

01 C/Java의 for(초기식; 조건식; 증감식) 실행 흐름으로 옳은 것은?

① 초기식 → 본문 → 조건식 → 증감식 → 조건식 → …
② 초기식 → 조건식 → 본문 → 증감식 → 조건식 → …
③ 조건식 → 초기식 → 본문 → 증감식 → 조건식 → …
④ 초기식 → 조건식 → 증감식 → 본문 → 조건식 → …

초기식은 한 번만 실행되고, 바로 조건을 검사한 뒤(참일 때) 본문 → 증감식 → 다시 조건 검사 순서로 반복된다.

02 다음 Python 코드의 출력 결과는?

```
for i in range(2, 7, 2):
    print(i, end=' ')
```

① 2 3 4 5 6
② 2 4 6
③ 2 4
④ 3 5

range(2, 7, 2)는 2부터 7 미만까지 2씩 증가 → 2, 4, 6 순서대로 출력된다.

03 do~while 문에 대한 설명으로 옳지 <u>않은</u> 것은?

① 블록이 최소 1회는 실행된다.
② while(조건식);에서 세미콜론이 필요하다.
③ Python에서도 do~while이 동일 문법으로 제공된다.
④ 조건 검사는 블록 실행 후에 수행된다.

C/Java에는 do~while이 있지만, Python에는 해당 문법이 없다.

04 다음 C 코드에서 출력되는 (i,j) 쌍의 개수는?

```
for (int i = 1; i <= 3; i++) {
    for (int j = 1; j <= 3; j++) {
        if (j == 2) break;
        printf("(%d,%d) ", i, j);
    }
}
```

① 9
② 6
③ 4
④ 3

j==2에서 inner loop만 break되어 각 행(i)마다 j=1 한 번만 출력된다. i가 1~3이므로 총 3회 출력된다.

05 다음 Python 코드의 출력 결과는?

```
i = 1
while True:
    print(i, end=' ')
    i += 1
    if i > 3:
        break
```

① 1 2
② 1 2 3
③ 1 2 3 4
④ 2 3 4

본문을 먼저 실행하고(i=1 → 출력), 증가 후 조건(i>3)으로 탈출한다.

정답 01 ② 02 ② 03 ③ 04 ④ 05 ②

PART 05

프로그램 구현

파트 소개

프로그래밍 언어 학습을 넘어 실제 구현으로 나아가기 위해서는 개발환경 구축, 보안, 시스템 인터페이스 이해가 필요합니다. 이 파트에서는 IDE와 서버 프로그램, UI 구현 같은 기본 환경부터 소프트웨어 개발 보안, 시큐어 코딩, 암호화 알고리즘까지 학습합니다. 또한 요구사항 분석과 미들웨어 기반 연계 설계는 시험에서 반복 출제되는 영역으로 반드시 정리해야 합니다.

CHAPTER

01

개발환경 구축

학습 방향

개발환경을 구성하는 IDE, 서버 프로그램, UI 구현 방식을 학습합니다. 시험에서는 개발 도구와 환경 요소, 서버의 역할이 자주 등장합니다. IDE 기능(편집기, 디버거 등)을 표로 정리하고, 서버 동작 흐름은 클라이언트-서버 다이어그램을 그려 학습하세요. UI 구현은 HTML · CSS 기본 예제를 직접 실행해보며 기억을 강화하세요.

출제 빈도

SECTION 01	중	35%
SECTION 02	상	35%
SECTION 03	중	30%

SECTION 01 기본 개발환경의 이해

출제빈도 상 (중) 하
반복학습 1 2 3

빈출 태그 운영체제・IDE・On-Prem/Cloud/Hybrid・시스템 설치 보고서

01 운영체제 설치

1) 운영체제별 개발환경

① 개발의 정의
특정 개발환경(엔진, 프레임워크 등)에서 함수와 라이브러리 같은 개발도구를 활용해, 개발 언어로 인터페이스를 구현하고 특정 플랫폼이나 운영체제에서 동작하는 프로그램을 만드는 과정이다.

② 운영체제별 개발환경 비교

구분	윈도우	유닉스
주요 OS	Windows7, Windows10, Windows Server	AIX, HP-UX, Solaris, Linux(Redhat, Fedora)
프로그래밍 언어	ASP, ASPX, PHP for Win, JSP for Win	PHP, JSP
웹 서버	IIS, Apache for Windows	Apache
데이터베이스	MS-SQL	MySQL, Oracle, Solaris

> **더 알기 TIP**
>
> **개발환경 구축에 필요한 정보**
> - 개발환경 구축은 설치하는 운영체제에 따라 웹 서버, 데이터베이스, 프로그래밍 언어가 상이할 수 있다.
> - 해당 프로젝트의 목적과 구축 설계에 대한 명확한 이해가 필요하다.
> - 개발하고자 하는 프로그램에 맞는 하드웨어와 소프트웨어의 선정이 중요하다.
> - 개발에 사용되는 제품들의 성능, 라이선스, 사용 편의성 등에 대한 내용을 파악하고 있어야 한다.

2) 운영체제 선택 및 고려사항

① 운영체제 선택

Windows 계열	• 마이크로소프트(MS)에서 개발한 상용 운영체제이다.
	• GUI(그래픽 사용자 인터페이스) 중심으로, 사용이 쉽고 직관적이다.
	• 주로 개인용 PC, 기업용 서버 등에서 주로 사용된다.
	• 종류
	  - Windows Home
	  - Windows Pro
	  - Windows Pro for Workstation

리눅스/유닉스 계열	• 오픈소스 기반으로, 개발사 및 제공 업체가 다양하다.
	• CLI(명령어 기반 인터페이스) 중심으로, 서버/개발 환경에서 선호한다.
	• 다중 사용자와 다중 작업을 지원하여 안정성과 보안성이 높다.
	• 주로 웹 서버, 데이터베이스 서버 등 서버 환경에 많이 활용된다.
	• 종류
	  – Redhat 계열 : Redhat, Fedora, CentOS
	  – Debian 계열 : Debian, Ubuntu, Kali, Raspbian
	  – 기타 계열 : Gentoo, Arch, Slackware 등

② 운영체제 설치 시 고려사항

- 상용 운영체제를 설치할 경우에는 반드시 라이선스 및 수량을 확인해야 한다.
- 설치하려는 운영체제가 개발 통합 환경(IDE) 및 주요 개발 툴과 호환되는지 검토해야 한다.
- 해당 운영체제가 EOS(End of Service)*에 해당하지는 않는지 확인해야 한다.
- 운영체제 설치 후에는 최신 보안 패치가 적용되었는지 점검해야 한다.
- 설치 직후에는 보안 취약점 점검 항목에 따라 필요한 조치를 수행해야 한다.

★ EOS(End of Service)
운영체제(OS)나 소프트웨어가 제조사(벤더)에서 더 이상 지원하지 않는 상태를 의미한다.

③ 운영체제 운용 시 고려사항

- 시스템 운용 과정에서는 외부 침입이나 바이러스에 대응할 수 있도록 관리해야 한다.
- 시스템이 통제 불능 상태에 빠지지 않도록 주기적으로 점검해야 한다.
- 불필요한 리소스를 낭비하거나 중요한 데이터가 유실되지 않도록 보안 관리에 주의를 기울여야 한다.
- 유형별 운용 기준

서버 운용 기준	• 운용 아키텍처 및 기능 파악 • 네트워크 구성 현황 및 장비 매뉴얼 확보 • 장비 가동 및 중지 매뉴얼 확인 • 백업 주기, 보안 업데이트 주기 설정 및 점검 • 문제 발생 시 대처 방안 마련
개별 PC 운용 기준	• 정기적인 데이터 백업 • 주기적 보안 업데이트 • 시스템 백업 정례화 • 문제 발생 시 문의처 정보 확인

3) 시스템 설치 보고서

① 개념

- 시스템 설치 보고서란, 설치 성공 여부를 확인하고 향후 운영 안정성을 보장하기 위한 문서이다.
- 운영체제 및 개발도구 설치 후, 시스템이 성공적으로 설치되었는지 확인하기 위해 작성한다.
- 보고서에는 시스템 개요, 설치 환경, 작업 요약, 상세 작업, 설치 결과, 문제점 및 해결 방법 등이 포함된다.

> 기적의 TIP
>
> **RPO와 RTO**
> - RPO(Recovery Point Objective, 데이터 복구 지점 목표)는 허용 가능한 데이터 손실 범위를 의미한다. 예를 들어 RPO가 1시간이라면 최대 1시간 내의 데이터 손실은 감수 가능하다는 뜻이다.
> - RTO(Recovery Time Objective, 복구 시간 목표)는 서비스 복구까지 걸리는 시간 한도를 의미한다.
> - RPO와 RTO는 둘 다 비즈니스 연속성 계획(BCP)의 핵심 지표로, 백업 주기와 복구 전략은 RPO·RTO 값에 따라 달라진다.

② 작성 항목

시스템 개요	설치된 시스템의 전반적인 개요와 특징을 설명하고 시스템의 구성 및 운영 환경에 대해 기술한다.
시스템 설치 작업 요약	시스템 설치 작업의 전반적인 내용을 요약해서 기술하며 서버 주소, 작업 내역 및 결과, 운영환경, DB, 애플리케이션별 작업 내역을 기술한다.
상세 작업 내역	개발환경 내 운영체제, 데이터베이스, 애플리케이션 설치 현황 및 계정 정보에 대해 기술한다.
플랫폼 설치 결과	플랫폼 설치가 완료된 상태를 검토하기 위한 결과물로 구분(S/W, D/B, VPN 등), 장비(UNIX, NT 등), S/W명, 설치 일자, 설치 테스트 결과(성공/실패), 설치 수량 등을 기술한다.
시스템 설치 결과	모든 시스템의 구성 요소가 계획대로 설치되었는지 검증하고 설치 완료 상태를 보고하는 것으로 시스템명, 설치 일시, 설치 테스트, 설치 담당자 등을 기술한다.
시스템 정기 점검	시스템 설치 이후에 시스템에 대한 정기 점검을 실시할 수 있으며, 이 경우 작업 내역을 문서로 기록하고, OS 계정과 패스워드 관리대장은 관리자가 관리하고 기밀성 보장을 위해 암호화하여 안전하게 관리한다.

> **기적의 TIP**
>
> 개발도구에는 컴파일러, 디버거, 빌드 도구, 버전 관리 도구(Git), 성능 분석 도구, 테스트 도구, 통합개발환경(IDE) 등이 포함됩니다.

02 개발도구

① 개념
- 엔진이나 프레임워크 같은 개발환경에서 제공하는 함수와 라이브러리를 활용해, 개발자가 프로그래밍 언어로 프로그램을 더 쉽게 만들 수 있도록 도와주는 도구이다.
- 넓은 개념으로 보면 개발자가 소프트웨어를 개발할 때 사용하는 모든 도구를 의미한다.

② 종류

통합개발환경(IDE)	• 다양한 개발 도구를 하나로 묶어 제공하는 환경 • 예 Eclipse, Visual Studio, Xcode
형상관리 도구	• 소스코드 및 변경 이력을 관리하는 도구 • 예 Git, SVN
빌드/배포 도구	• 프로그램을 자동으로 컴파일하고 배포를 지원하는 도구 • 예 Ant, Jenkins
프레임워크	• 공통 기능을 제공하여 개발 생산성과 표준화를 지원하는 코드 집합 • 예 Spring, Django
DB 모델링 도구	• 데이터베이스 구조를 설계·분석·모델링하는 도구 • 예 ERwin, DA#

③ 개발도구 설치 시 고려사항
- 개발도구와 운영체제 간의 호환성 및 충돌 여부를 확인해야 한다.
- 사용 중인 개발도구의 버전을 반드시 확인해야 한다.
- 상용 소프트웨어인 경우 라이선스 수량을 확인해야 한다.
- 개발도구의 보안성을 고려하여 최신 패치가 적용되었는지 확인해야 한다.
- 각 개발도구가 운영체제와 정상적으로 연동되는지 확인해야 한다.

2) 통합개발환경(IDE, Integrated Development Environment)

① 개념
- 소프트웨어 개발에 필요한 여러 도구를 하나의 환경에서 통합 제공하는 시스템이다.
- 보통 코드 편집기 + 컴파일러/인터프리터 + 디버거 + 빌드/실행 + 버전관리 연동(Git) 등을 포함한다.
- 생산성 향상, 오류 감소, 일관된 개발 절차 지원 등이 목적이다.

> **기적의 TIP**
> 통합개발환경(IDE)은 '편집·빌드·디버그·형상관리까지 한 번에' 제공하는 시스템이라고 이해해 주세요.

② 핵심 기능

코드 편집 지원	문법 강조(Highlight), 자동 완성(IntelliSense), 코드 포맷팅, 코드 스니펫
컴파일 · 빌드 · 실행	언어 · 프로젝트별 빌드 스크립트 통합, 단일 실행 버튼 제공
디버깅	중단점(Breakpoint), 단계 실행(Step in/out/over), 변수 · 메모리 감시(Watch)
형상관리 연동	Git/SVN 등 버전 관리 통합, 변경 이력 · 브랜치 · 병합 UI 지원
테스트/품질 관리	단위 테스트(JUnit 등), 정적 분석(린터), 코드 커버리지 측정
패키지 · 의존성 관리	Maven, Gradle, npm, pip 등과 연동
프로파일링/성능 분석	CPU · 메모리 사용량 계측
확장성/도움 도구	• 플러그인, 프레임워크 지원, LSP(Language Server Protocol) • 통합 터미널, 원격 · 컨테이너 개발, 에뮬레이터/시뮬레이터(Android/iOS)

> **기적의 TIP**
> 프로파일링/성능 분석은 제품에 따라 제공됩니다.

+ 더 알기 TIP

의존성 관리 도구(Dependency Management Tool)
- 프로젝트 개발 시 필요한 외부 라이브러리나 모듈을 자동으로 관리해주는 도구이다.
- 개발자가 수동으로 라이브러리를 다운로드하고 버전을 맞추는 번거로움을 줄여준다.
- 각 라이브러리의 버전, 경로, 호환성을 자동으로 추적하고 충돌을 방지한다.
- 이러한 도구는 설정 파일(pom.xml, build.gradle 등)을 통해 의존성을 선언적으로 관리한다.
- 네트워크를 통해 중앙 저장소(repository)에서 필요한 라이브러리를 자동으로 다운로드한다.
- 대표적으로 Maven(자바), Gradle(자바/안드로이드), npm(Node.js), pip(Python) 등이 있다.

③ 종류

Eclipse	자바(Java) 기반의 대표적인 오픈소스 IDE. 다양한 플러그인 지원
Visual Studio	마이크로소프트의 IDE. C/C++, C#, .NET 등 폭넓게 지원
Xcode	애플이 제공하는 macOS · iOS 앱 개발용 IDE
IntelliJ IDEA	JetBrains사가 개발한 IDE. 자바 개발에 특화, 생산성 도구 풍부
Android Studio	구글이 제공하는 안드로이드 앱 개발 전용 IDE
PhpStorm	PHP 언어 전용 상용 IDE

+ 더 알기 TIP

JRE(Java Runtime Environment)
- 자바 프로그램 실행을 위한 런타임 환경이다.
- JVM(Java Virtual Machine) + 라이브러리로 구성된다.
- 개발보다는 자바 프로그램을 시스템에서 실행하기 위한 것이다.

03 응용 시스템 개발 인프라 구축

1) 개발환경 인프라 구축의 개념

- 개발환경 인프라란, 시스템을 개발하기 위해 필요한 서버, 네트워크, 도구 등을 갖추는 것이다.
- 개발하려는 전체 시스템에 필요로 하는 서비스를 효율적으로 선택하여 개발환경을 구축해야 한다.
- 구축 방식

On-Premise 방식	• 회사 내부(인트라넷)에서만 사용하는 독립 개발환경 • 보안에 민감한 데이터·정보를 외부와 차단 가능 • 장비를 직접 구매·설치해야 하므로 초기 비용이 큼
클라우드 방식	• 아마존 AWS, 구글 GCP, MS Azure 등 외부 클라우드 서비스 이용 • 장비를 직접 사지 않고 임대하여 사용 • 초기 비용 적고, 구축 빠름, 필요에 따라 확장 용이
Hybrid 방식	• On-Premise + 클라우드를 혼합 사용 • 보안·비용·확장성을 균형 있게 활용 가능

> **기적의 TIP**
> - On-Premise : 보안↑, 비용·시간↑
> - Cloud : 비용·시간↓, 확장성↑
> - Hybrid : 두 장점 혼합
> - 중요 고려 요소 : 보안, 비용, 확장성, 표준화, 자동화

2) 개발환경 인프라 고려사항

- 목표 시스템을 충분히 이해했는가?
- 개발환경(로컬)과 운영환경(실제 서비스)이 구분되어 충돌 방지되는가?
- 개발 서버가 단계별로 나눠져(Staging) 안전한 소스와 실험 중인 소스가 분리되는가?
- 안정적인 운영을 위해 테스트/배포 자동화가 가능한가?
- 비용이 지나치게 늘어나지 않는가?
- 서비스가 커져도 확장 가능(Scalability)한가?
- 오픈소스를 쓸 경우 커뮤니티 활용이 가능한 환경인가?
- 여러 개발자가 동시에 참여할 수 있도록 표준화가 되어 있는가?

3) 클라우드 기반 개발 인프라 구축

- 단순히 서버와 저장공간만 빌리는 것이 아니라, 개발자 도구/협업툴/자동화 서비스까지 제공한다.
- 사용자는 필요한 범위와 사용량에 따라 비용을 지불하는 방식으로 서비스를 이용할 수 있으며, 서비스 제공자는 이중화된 데이터 센터를 운영하여 안정적인 서비스를 보장한다.

이론을 확인하는 기출문제

01 운영체제 설치 시 고려사항으로 가장 적절하지 <u>않은</u> 것은?

① 상용 OS라면 라이선스 및 수량을 확인한다.
② IDE · 개발 툴과의 호환성을 미리 검토한다.
③ EOS(End of Service) 여부를 확인한다.
④ 보안 패치는 설치 직후가 아니라 추후 여유가 있을 때 적용해도 된다.

보안 패치는 설치 직후 최신 상태로 적용해야 한다.

02 운영체제별 개발환경 비교로서 <u>틀린</u> 연결은?

① Windows – IIS
② UNIX/Linux – Apache
③ Windows – MS-SQL
④ UNIX/Linux – ASP/ASPX

ASP/ASPX는 주로 Windows/IIS에서 동작한다.

03 개발 인프라 구축 방식 설명으로 옳지 <u>않은</u> 것은?

① On-Premise : 보안 장점이 있으나 초기 비용 · 시간이 크다.
② Cloud : 초기 비용이 낮고 확장성이 높다.
③ Hybrid : 두 방식을 혼합해 균형을 취한다.
④ Cloud : 장비를 직접 구매 · 설치해야 한다.

Cloud는 장비를 임대(서비스 이용)하는 방식이다.

04 다음 중 IDE의 핵심 기능이 <u>아닌</u> 것은?

① 문법 강조, 자동 완성, 코드 포맷팅
② 중단점, 단계 실행, 변수 감시 등 디버깅
③ Git 연동, 빌드/실행, 테스트 통합
④ 데이터센터 이중화 제공

데이터센터 이중화는 인프라/운영 영역이다.

05 시스템 설치 보고서에 포함될 내용으로 가장 거리가 <u>먼</u> 것은?

① 설치 결과(성공/실패), 설치 일자, 설치 수량
② OS/DB/애플리케이션 설치 현황 및 계정 정보
③ 서버 주소, 작업 요약, 테스트 결과
④ 마케팅 캠페인 일정 및 광고 예산

설치 보고서는 설치 · 검증 · 운영 관련 기술 내역을 다룬다.

정답 01 ④ 02 ④ 03 ④ 04 ④ 05 ④

SECTION 02 프레임워크와 테스트

출제빈도 상 중 하
반복학습 1 2 3

빈출 태그 프레임워크 • IoC • MVC • DAO/DTO/VO • 테스트 7원칙

01 프레임워크(Framework)

1) 개념

- 프레임워크(Framework)는 '틀(Frame)'과 '작업(Work)'의 합성어로, 소프트웨어 개발에서 작업을 수행하기 위한 규칙과 구조를 의미한다.
- 소프트웨어 공학자 랄프 존슨(Ralph Johnson)은 프레임워크를 '소프트웨어의 구체적인 부분에 해당하는 설계와 구현을 재사용이 가능하게끔 일련의 협업화된 형태로 클래스들을 제공하는 것'이라고 정의하였다.
- 즉, 소프트웨어 프레임워크(Application Framework)란 특정 운영체제에서 응용 프로그램을 개발하기 위한 표준 구조를 구현한 클래스와 라이브러리의 모임을 말한다. 이는 효율적인 시스템 개발을 위해 코드 라이브러리, 애플리케이션 인터페이스(API), 설정 정보 등을 묶어 제공하며, 재사용이 가능하도록 공통적인 개발환경의 기본 뼈대를 제공한다.
- 넓은 의미에서는 정보 시스템의 개발 및 운영을 지원하는 도구와 가이드까지 포함하며, 결국 프레임워크는 개발 목적에 맞게 효율적인 구조를 미리 마련해 둔 개발 방식이라 할 수 있다.

> **기적의 TIP**
>
> **프레임워크(Framework)**
> - Frame(틀) + Work(작업) → 개발 작업의 규칙과 구조 제공
> - 재사용 가능한 설계·구현 뼈대(클래스·라이브러리 집합)
> - 코드 라이브러리, API, 설정 정보 등 → 공통 개발환경 제공
> - 효율적 개발, 표준화, 재사용성 확보

2) 특징

모듈화(Modularity)	• 인터페이스에 의한 캡슐화로 모듈화를 강화 • 설계·구현 변경 시 영향 최소화 • 소프트웨어 품질 향상
재사용성(Reusability)	• 인터페이스를 통해 반복 사용 가능한 컴포넌트 제공 • 재사용을 통한 개발 생산성 향상 • 소프트웨어 품질과 효율성 제고
확장성(Extensibility)	• 다형성(Polymorphism)을 이용해 인터페이스 확장 가능 • 서비스·환경 변화에 유연하게 대응 • 애플리케이션 분리와 재사용 용이
제어의 역흐름 (Inversion of Control)	• 애플리케이션이 흐름을 제어하지 않고 프레임워크가 제어 • 다형성을 통해 필요한 시점에 객체·메서드를 호출 • 제어 권한이 프레임워크에 있어 구조적 일관성 확보

> **기적의 TIP**
>
> 다형성(Polymorphism)이란, 같은 이름의 메서드(함수)나 연산자가 상황(객체 타입)에 따라 다르게 동작하는 성질을 말합니다. 즉, 프레임워크는 공통된 인터페이스를 제공하고, 개발자는 자신의 요구에 맞게 다르게 구현할 수 있는 것을 의미합니다.

더 알기 TIP

MVC(Model-View-Controller) 모델
- 소프트웨어 설계 패턴 중 하나로, 사용자 인터페이스(UI)와 비즈니스 로직을 분리하여 개발하는 구조이다.
- 웹 애플리케이션 프레임워크에서 가장 널리 사용되는 아키텍처이다.
- 구성 요소

모델(Model)	데이터와 비즈니스 로직을 관리하는 부분
뷰(View)	사용자에게 보여지는 화면(UI)
컨트롤러(Controller)	사용자의 입력을 받아 모델과 뷰를 연결하는 중간 제어자

02 소프트웨어 테스트

1) 개념
- 구현된 애플리케이션이나 시스템이 사용자의 요구사항을 만족하는지 확인하기 위해 결함을 찾아내는 활동이다.
- 기능적 요소뿐 아니라 비기능적 요소까지 검증한다.

2) 소프트웨어 테스트의 7원칙

① 테스트는 결함의 존재를 확인하는 활동이다.
- 테스트를 수행했다고 해서 결함이 전혀 없다는 것을 보장할 수는 없다.
- 발견된 문제가 없더라도, 그것이 곧 무결함을 의미하지는 않는다.
- 즉, 테스트는 결함이 없음을 증명하는 것이 아니라, '결함이 있음을 찾아내는 것'에 목적이 있다.

② 완벽한 테스트는 불가능하다.
- 현실적으로 모든 입력값, 조건, 시나리오를 전부 다 검증할 수는 없다.
- 따라서 리스크가 큰 부분을 중심으로 우선순위를 정해 효율적으로 테스트해야 한다.

③ 테스트는 계획 단계부터 해야 한다.
- 요구사항 분석, 설계 단계부터 테스트를 병행하면 문서상의 오류를 조기에 발견할 수 있다.
- 개발 초기에 문제를 발견하면, 개발이 완료된 뒤 발견되는 문제보다 해결 비용과 시간이 훨씬 적게 든다.
- 초기부터 테스트 설계를 해두면 개발 완료 즉시 테스트를 실행할 수 있어 전체 일정을 단축할 수 있다.

④ 결함 집중
- 소프트웨어 결함은 주로 일부 모듈에 몰려 나타나는 경우가 많다.
- 발견 → 가시화 → 제거 → 예방의 순서로 정량적으로 관리할 수 있어야 한다.
- '낚시의 법칙', '파레토의 법칙(80:20 법칙)'을 적용한다.

> **기적의 TIP**
> 낚시의 법칙은 '결함은 특정 모듈에 몰린다 → 집중 테스트가 효율적이다.'가 포인트입니다.

➕ **더 알기 TIP**

낚시의 법칙(Defect Clustering Rule)
- 소프트웨어 결함은 특정 부분(모듈, 기능)에 집중적으로 몰려 발생하는 경향이 있다는 법칙이다.
- 마치 낚시꾼이 고기가 많은 곳을 찾아야 많은 고기를 잡을 수 있듯이, 테스트도 결함이 많이 발생하는 부분에 집중하면 효율이 높아진다.
- 예를 들어 복잡도가 높은 모듈, 새로 개발된 기능, 여러 모듈과 연동되는 부분 등에 결함이 집중된다.

➕ **더 알기 TIP**

파레토의 법칙(Pareto Principle, 80:20 법칙)
- 전체 결과의 80%가 원인의 20%에서 발생한다는 법칙이다.
- 소프트웨어 테스트에 적용하면, 전체 결함의 80%가 전체 모듈의 20%에서 발견된다는 의미로 쓰인다.
- 따라서, 리스크가 높은 소수의 부분을 중점적으로 테스트하는 것이 효과적이다.

> **기적의 TIP**
> 파레토의 법칙은 '결함의 대부분은 일부 모듈에서 발생한다.'가 포인트입니다.

⑤ 살충제 패러독스(Pesticide Paradox)
- 동일한 테스트 케이스만 반복 실행하면 새로운 결함을 발견하기 어렵다.
- 이를 방지하려면 테스트 케이스를 주기적으로 개선하거나 새로운 접근 방식을 도입해야 한다.

⑥ 테스트는 상황에 맞게 수행되어야 한다.
- 소프트웨어의 종류, 프로젝트 목표, 일정, 예산, 리스크 수준 등에 따라 적절한 테스트 기법을 선택해야 한다.
- 운영 중인 시스템과 신규 개발 프로젝트는 서로 다른 테스트 전략이 필요하다.

⑦ 오류-부재의 궤변(Absence of Errors Fallacy)
- 결함을 모두 수정했다 하더라도 사용자의 요구사항이나 비즈니스 목적을 충족하지 못한다면 소프트웨어의 품질은 높다고 볼 수 없다.
- '에러가 없는 것'이 곧 '성공적인 소프트웨어'를 의미하지 않는다.

3) 소프트웨어 테스트의 명세

- 테스트가 완료되면 테스트 계획과 테스트 케이스 설계부터 단계별 테스트 시나리오, 테스트 결과까지 모두 포함된 문서를 일관성 있게 작성한다.
- 테스트 계획, 소요 비용, 테스트 결과에 의해 판단 가능한 대상 소프트웨어의 품질 상태를 포함한 요약 문서를 작성한다.
- 품질 상태는 품질 지표인 테스트 성공률, 발생한 결함의 수와 결함의 중요도, 테스트 커버리지 등이 포함된다.
- 테스트 결과서는 결함에 관련된 내용을 중점적으로 기록하며, 결함의 내용, 결함의 재현 순서를 상세하게 기록한다.
- 단계별 테스트 종료 시 테스트 실행 절차를 리뷰하고 결과에 대한 평가를 수행하며, 그 결과에 따라 실행 절차를 최적화하여 다음 테스트에 적용한다.

이론을 확인하는 기출문제

01 MVC 구성요소와 역할의 연결로 옳지 않은 것은?
① Model – 데이터/비즈니스 로직 관리
② View – 사용자 화면(UI) 표시
③ Controller – 입력을 받아 Model과 View를 중개
④ Controller – DB CRUD를 직접 수행하여 영속성 보장

Controller는 흐름 제어와 중개를 담당하며, DB 접근/영속성은 DAO 등 영속 계층 책임이다.

02 소프트웨어 테스트 원칙에 대한 설명으로 옳지 않은 것은?
① 테스트는 결함의 존재를 드러낼 수 있으나 결함 부재를 증명하진 못한다.
② 모든 입력과 경로를 전수 검증하는 완벽한 테스트가 이상적이며 현실적으로 가능하다.
③ 동일 케이스만 반복하면 새로운 결함 발견이 어려워 테스트를 주기적으로 개선해야 한다.
④ 결함은 일부 모듈에 집중되는 경향이 있어 위험 중심으로 테스트를 우선한다.

소프트웨어 테스트는 현실적으로 완벽한 테스트가 불가능하다.

정답 01 ④ 02 ②

SECTION 03 UI 구현

빈출 태그 서버 • 클라이언트 • HTML 구조 • CSS 박스모델 • DOM/이벤트

01 웹과 클라이언트 환경 이해

1) 서버와 클라이언트

서버(Server)	• HTML 문서를 클라이언트로 전달하는 것이다. • 콘텐츠 제공뿐 아니라 클라이언트로부터 콘텐츠를 전달받는 것도 웹 서버의 기능에 속한다. • 종류 : Apache, IIS, nginx, GWS 등
클라이언트(Client)	• 네트워크를 통하여 다른 서버 시스템상의 컴퓨터에 원격 서비스에 접속할 수 있는 응용 프로그램이나 서비스를 의미한다. • 웹 브라우저에 URL을 입력하여 그 URL에 해당하는 웹 서버로 웹 페이지에 대한 요청을 전달하는 기능을 한다. • 종류 : 파이어폭스, 크롬, IE, Edge 등

2) 웹 사이트와 웹 페이지

웹 사이트(Web Site)	인터넷 프로토콜 기반의 네트워크에서 URL을 통하여 보이는 웹 페이지들의 의미 있는 묶음이다.
웹 페이지(Web Page)	WWW(World Wide Web) 상에 있는 개개의 문서를 의미한다.

02 HTML(Hyper Text Markup Language)

> **기적의 TIP**
> HTML(Hyper Text Markup Language)은 '웹 페이지 구조 설계'에 해당됩니다.

> **기적의 TIP**
> HTML 문서(웹 페이지)에는 그림, CSS, 자바스크립트가 포함됩니다.

★ CSS(Cascading Style Sheets)
웹 페이지의 디자인과 레이아웃을 지정하는 스타일 시트 언어이다. HTML이 웹 문서의 구조(Structure)를 정의한다면, CSS는 표현(Style)을 담당한다.

1) 개념

- 웹 페이지를 표현하기 위한 마크업 언어로, 태그(tag)를 사용하여 문서의 구조를 정의한다.
- 프로그래밍 언어가 아니라, 웹 페이지에서 텍스트, 이미지, 링크, 표와 같은 요소가 '무엇을 어디에 배치할지' 구조화하는 역할을 한다.
- CSS(Cascading Style Sheets)★를 통해 디자인을 적용하고, JavaScript를 통해 동적인 기능을 추가함으로써 웹 페이지의 전체적인 틀을 제공한다.

2) 기본 구조 및 태그

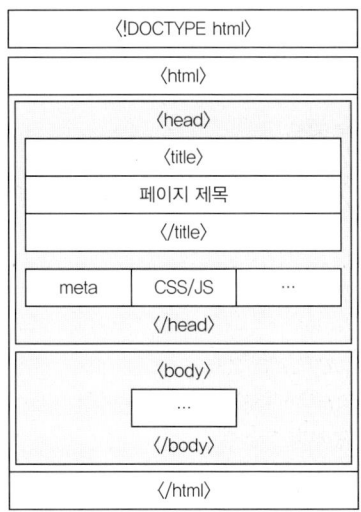

> **기적의 TIP**
>
> HTML 문서 구조는 'Doctype + html + head(정보) + body(화면)'가 기본입니다.

> **기적의 TIP**
>
> - head 안 = meta 정보, title, CSS/JS
> - body 안 = 실제 사용자에게 보이는 내용

① 최상위 태그

태그	설명
`<!DOCTYPE html>`	웹 페이지가 HTML5 문서임을 의미하며, HTML5에는 반드시 표기
`<html>...</html>`	HTML 문서의 시작과 끝을 의미

➕ 더 알기 TIP

`<!DOCTYPE html>` 선언
- HTML5 문서임을 명시적으로 나타내는 중요한 선언이다.
- HTML5 표준에서는 이 독타입 선언을 사용하는 것이 필수적이다.
- 브라우저는 이 선언을 통해 문서가 HTML5 표준에 따라 해석되어야 함을 인식한다.
- 생략하면 브라우저가 호환 모드로 렌더링하여 예기치 않은 동작을 일으킬 수 있다.

② HEAD 관련 태그

태그	설명
`<head>...</head>`	문서 설명, 메타데이터, 외부 리소스를 담는 영역
`<title>...</title>`	웹 브라우저의 제목 표시줄에 표시될 문서의 제목 기입
`<meta>`	문서 정보(작성자, 검색 키워드, 인코딩, 만료일자 등) 지정
`<style>...</style>`	문서 내부에서 CSS를 정의
`<link>`	외부 CSS 파일이나 기타 리소스를 불러올 때 사용
`<script>...</script>`	JavaScript 코드를 삽입하거나 외부 JS 파일을 불러올 때 사용

> **기적의 TIP**
>
> `<style>`은 CSS와 관련된 것이 표시되며, 사용될 수도 있고 사용되지 않을 수도 있는 부분입니다.

③ 문단 관련 태그

태그	설명
`<body>...</body>`	본문의 시작부터 끝까지 지정
`<hr>`	수평선 설정
` `	줄 바꿈
`<p>...</p>`	문단 바꿈
`<center>...</center>`	가운데 정렬
`<div>...</div>`	문서를 구분하여 문단별로 정렬

> **기적의 TIP**
>
> 문단은 사용자에게 보여주는 실제 내용이 구현되는 부분, 즉 화면에 보여지는 부분입니다.

> **+ 더 알기 TIP**
>
> **HTML5에서 변경된 태그**
> - 〈hr〉 : size, width, align 속성은 더 이상 권장되지 않고, 대신 CSS로 height, width, text-align 등을 지정
> - 〈center〉...〈/center〉 : CSS의 text-align: center; 사용 권장

④ 목록 관련 태그

태그	설명
〈ul〉...〈/ul〉	순서가 없는 기호 목록 작성
〈ol〉...〈/ol〉	순서가 있는 숫자 목록 작성
〈li〉	목록 각각의 내용 정의
〈dl〉...〈/dl〉	용어에 대한 정의 목록 작성
〈dt〉...〈/dt〉	용어의 제목 작성
〈dd〉...〈/dd〉	용어의 내용 작성

> **기적의 TIP**
>
> 〈ul〉과 〈ol〉 안에는 반드시 〈li〉가 들어가야 하고, 〈dl〉은 〈dt〉+〈dd〉 세트로 사용됩니다.

⑤ 글자 관련 태그

태그	설명
〈hn〉...〈/hn〉	제목 작성 시 사용(크기를 1~6까지 작성 가능)
〈font〉...〈/font〉	글꼴 모양 변경 시 사용
〈!-- --〉	주석문 처리
〈i〉...〈/i〉	이탤릭체 적용
〈b〉...〈/b〉	굵은 글꼴 적용
〈u〉...〈/u〉	밑줄 적용
〈sup〉...〈/sup〉	위첨자 적용
〈sub〉...〈/sub〉	아래첨자 적용
〈strike〉...〈/strike〉	취소선 적용
〈cite〉...〈/cite〉	인용문 적용
〈code〉...〈/code〉	프로그램 소스코드 표현 시 적용

> **+ 더 알기 TIP**
>
> **HTML5에서 변경된 태그**
> - 〈font〉 ... 〈/font〉 : CSS의 font-family, color 등으로 대체
> - 〈i〉 ... 〈/i〉 : 단순 스타일링용, 의미 강조 시 〈em〉 사용 권장
> - 〈b〉 ... 〈/b〉 : 단순 스타일링용, 의미 강조 시 〈strong〉 사용 권장
> - 〈u〉 ... 〈/u〉 : CSS의 text-decoration: underline; 권장
> - 〈strike〉 ... 〈/strike〉 : 〈s〉 또는 CSS의 text-decoration: line-through; 사용 권장

⑥ 멀티미디어 삽입 관련 태그

태그	설명
〈a〉	하이퍼링크 연결
〈embed〉	멀티미디어 개체 삽입
〈object〉	멀티미디어 개체 삽입(플레이어 지정)
〈img〉	이미지 삽입

⟨map⟩	이미지맵 사용
⟨area⟩	이미지맵 내에 영역을 분할
⟨applet⟩	자바 애플릿 삽입

➕ 더 알기 TIP

HTML5에서 변경된 태그
- ⟨object⟩ : ⟨embed⟩ 또는 ⟨video⟩/⟨audio⟩ 사용 권장
- ⟨applet⟩ : 보안 문제로 완전 폐지(사용하지 않음)

➕ 더 알기 TIP

⟨a⟩ 태그(Anchor Tag)
- 하이퍼링크(Hyperlink)를 만들 때 사용하는 태그이다.
- 사용자는 이 태그를 통해 다른 웹 페이지, 이메일, 파일, 또는 같은 문서 내 특정 위치로 이동할 수 있다.
- 속성

href 속성	연결할 대상 주소(URL)를 지정하며, 필수 속성이다.
target 속성	링크를 새 창(_blank)이나 현재 창(_self)에 열 수 있다.
title 속성	마우스를 올렸을 때 표시되는 툴팁(보조 설명)을 지정한다.

⑦ 표 관련 태그

⟨table⟩...⟨/table⟩	표 시작과 끝 설정
⟨tr⟩...⟨/tr⟩	행(Row) 분할
⟨td⟩...⟨/td⟩	열(Cell) 분할
⟨th⟩...⟨/th⟩	제목/헤더 셀(글자 굵게, 가운데 정렬)
⟨caption⟩...⟨/caption⟩	표의 캡션 표시

➕ 더 알기 TIP

⟨input⟩ 태그의 type 속성
- ⟨input⟩ 태그는 사용자로부터 데이터를 입력받기 위한 폼 요소를 생성한다.
- type 속성은 입력 필드의 형식과 동작 방식을 지정하는 핵심 속성이다.
- 종류

type="text"	한 줄의 일반 텍스트를 입력받는다.
type="password"	입력 문자를 별표(●) 등으로 표시하여 비밀번호 입력용으로 사용한다.
type="radio"	여러 항목 중 하나만 선택할 수 있는 라디오 버튼을 만든다.
type="checkbox"	여러 항목을 복수 선택할 수 있는 체크박스를 만든다.
type="submit"	폼에 입력된 데이터를 서버로 전송하는 제출 버튼을 만든다.
type="reset"	입력된 내용을 모두 초기화한다.

- type="email", type="number", type="date" 등은 HTML5에서 추가된 유효성 검증 입력 필드이다.

3) 레이아웃

```
┌─────────────────────────────────────┐
│           Header 영역                │
├─────────────────────────────────────┤
│         Navigation 영역              │
├──────────────────────┬──────────────┤
│ Section              │              │
│  ┌────────────────┐  │              │
│  │  Article 영역   │  │  Aside 영역   │
│  └────────────────┘  │              │
│  ┌────────────────┐  │              │
│  │  Article 영역   │  │              │
│  └────────────────┘  │              │
├──────────────────────┴──────────────┤
│           Footer 영역                │
└─────────────────────────────────────┘
```

Header	• 사이트나 문서의 머리글 영역 • 로고, 사이트 맵, 로그인/회원가입 버튼, 검색 창 등
Navigation	• 본문의 주요 내비게이션(메인 메뉴) 영역 • 페이지 이동 메뉴를 지정할 때 사용
Section	• 문서의 독립적인 콘텐츠 영역 • 주제를 기준으로 영역을 구분할 때 사용
Article	• 독립적으로 사용 가능한 개별 콘텐츠 • 기사, 게시글, 블로그 포스트 등
Aside	• 본문과 직접적 관련은 없지만 부가적인 내용 • 광고, 추천 글, 사이드 메뉴 등
Footer	• 문서의 바닥글 영역 • 저작권, 개인정보 보호정책, 회사 주소, 연락처 등

03 CSS(Cascading Style Sheets)

> **기적의 TIP**
> CSS(Cascading Style Sheets)는 '웹 페이지 스타일링'에 해당됩니다.

1) 개념

- CSS는 HTML이나 XML 기반 문서의 표시 방법을 정의하는 스타일 시트 언어이다.
- HTML이 웹 문서의 구조를 담당한다면, CSS는 글꼴, 색상, 레이아웃, 배경 등 디자인과 표현을 담당한다.
- 스타일을 미리 정의해 두면 문서 전체에 일괄 적용할 수 있어 수정이 간편하고 일관성 유지에 유리하다.
- 오픈 웹의 핵심 언어 중 하나로, W3C(World Wide Web Consortium)★가 표준을 관리하며 다양한 브라우저에서 공통 규격으로 사용된다.

> ★ W3C(World Wide Web Consortium)
> 월드 와이드 웹(World Wide Web)의 기술 표준을 개발·관리하는 국제 표준화 기구이다. 다양한 브라우저, 운영체제, 기기에서 웹이 동일하게 작동하도록 호환성을 보장하며, 모든 브라우저는 W3C가 정한 CSS 표준을 따르도록 구현해야 한다.

2) 문법

① 기본 구조

선택자	선언 시작	스타일					선언 끝
		속성명	값	속성명	속성값	
P	{	color:	red;	text-align:	center;	}

```
선택자 {
   속성명: 속성값;
   속성명: 속성값;
}
```

- 선택자(Selector) : 스타일을 적용할 대상을 지정(HTML 요소, ID, Class 등)
- 스타일(Style) : '속성: 값;'의 형식으로 사용
  - 속성(Property) : 적용할 스타일 항목(예 color, text-align)
  - 값(Value) : 속성에 지정할 구체적인 값(예 red, center)

② 예제 : 모든 <p> 요소의 글자 색을 빨간색으로 하고, 가운데 정렬한다.

```
p {
   color: red;
   text-align: center;
}
```

> **기적의 TIP**
> 속성과 값은 반드시 :으로 구분하고, 각 선언은 ;으로 끝냅니다.

3) 선택자

공용 선택자(Universal Selector, 일반 선택자)	• * 기호를 사용하여 HTML 문서 내의 모든 요소에 동일한 스타일을 적용할 수 있다. • 표기법 : * { … } • 예제 : css * { margin:0; padding:0; }
태그 선택자 (Tag Selector)	• 특정 HTML 태그명을 선택하여 해당 태그 전체에 스타일을 적용한다. • 표기법 : 태그명 { … } • 예제 : css p { color:blue; }
클래스 선택자 (Class Selector)	• . 기호와 클래스명을 사용하며, 여러 요소에 같은 클래스를 지정하면 동일한 스타일을 그룹화하여 적용할 수 있다. • 표기법 : .클래스명 { … } • 예제 : css .title { font-size:20px; }
아이디 선택자 (ID Selector)	• # 기호와 아이디명을 사용하여 특정 아이디를 가진 단 하나의 요소에 스타일을 적용한다. • 표기법 : #아이디명 { … } • 예제 : css #main { background:yellow; }
그룹 선택자 (Group Selector)	• 여러 선택자를 콤마(,)로 구분하여 나열하면, 다양한 요소에 한 번에 동일한 스타일을 적용할 수 있다. • 표기법 : 선택자1, 선택자2 { … } • 예제 : css h1, h2, p { text-align:center; }

> **기적의 TIP**
> CSS 선택자는 '어떤 HTML 요소에 스타일을 적용할지 지정하는 방법'을 의미합니다.

> **기적의 TIP**
> 아이디 선택자(ID Selector)는 문서 내에서 고유해야 합니다.

+ 더 알기 TIP

CSS 선택자 우선순위(Specificity)

- 여러 개의 CSS 규칙이 같은 요소에 적용될 경우, 우선순위(Specificity)에 따라 어떤 스타일이 적용될지가 결정된다.
- 기본적으로 명시적이고 구체적인 선택자일수록 우선순위가 높다.
- 우선순위 : ① !important 〉② 인라인 스타일 〉③ ID 선택자 〉④ 클래스/속성/의사 클래스 선택자 〉⑤ 태그/의사 요소 선택자
  - 인라인 스타일 (style="…")은 가장 강력하며, HTML 내부에 직접 정의된 스타일이다.
  - ID 선택자(#id) 는 문서 내에서 유일하므로 높은 우선순위를 가진다.

- 클래스 선택자(.class)와 속성 선택자([type=text]), 의사 클래스(:hover)는 그다음 순위이다.
- 태그 선택자(div, p)와 전체 선택자(*)는 가장 낮은 우선순위를 가진다.

4) 필수 속성

① 텍스트 관련

color	• 글자에 적용되는 색상을 지정한다.
	• 지정 방법
	  – 색상명(예 red, blue, green)
	  – 16진수(hex)(예 #FF0000)
	  – RGB(예 rgb(255, 0, 0))
	  – RGBA(예 rgba(255, 0, 0, 0.5)(투명도 포함))

font-family	• 텍스트에 사용할 글꼴을 지정한다. • 여러 글꼴을 순서대로 지정하면, 브라우저가 앞의 글꼴을 지원하지 못할 경우 다음 글꼴을 적용한다. • 마지막에는 계열 글꼴(generic font family)을 적는 것이 좋다.

font-size	• 텍스트 크기를 지정한다.
	• 단위 종류
	  – px : 고정된 절대 크기(화면 해상도 기준)
	  – em : 부모 요소의 글자 크기를 기준으로 한 상대 크기
	  – rem : HTML 최상위(root) 요소의 크기를 기준으로 한 상대 크기
	  – % : 부모 요소 대비 백분율 크기

font-weight	• 글자의 굵기를 조절한다.
	• 주요 값
	  – normal : 보통 굵기, 기본값
	  – bold : 굵게
	  – lighter : 얇게
	  – 100 ~ 900 : 숫자 값(400 = normal, 700 = bold)

text-align	• 텍스트의 수평 정렬 방식을 지정한다.
	• 주요 값
	  – left : 왼쪽 정렬(기본값)
	  – right : 오른쪽 정렬
	  – center : 가운데 정렬
	  – justify : 양쪽 정렬(문단 끝을 맞춤, 마지막 줄 제외)

text-indent	• 블록 요소의 첫 줄 들여쓰기를 설정하는 데 사용한다.
	• 주요 특징
	  – 기본값 0(들여쓰기 없음)
	  – 값 양수 또는 음수 값을 사용
	  – 양수 값 들여쓰기(왼쪽 여백 증가)
	  – 음수 값 내어쓰기(왼쪽 여백 감소)
	  – 적용 대상 블록 요소(예 ⟨p⟩, ⟨div⟩, ⟨h1⟩ 등)
	  – 비적용 대상 인라인 요소(예 ⟨b⟩, ⟨i⟩, ⟨span⟩ 등)

② 색상/배경 관련

background-color	• 요소의 배경 색상을 지정한다. • color 속성과 마찬가지로 색상명, 16진수, RGB, RGBA 방식 모두 사용 가능하다.
background-image	• 요소의 배경에 이미지를 삽입한다. • 이미지가 지정된 경우 background-color보다 위에 표시된다.

background-repeat	• 배경 이미지를 반복할지 여부를 지정한다.
	• 주요 값
	  – repeat : 가로·세로 반복(기본값)
	  – repeat-x : 가로 방향만 반복
	  – repeat-y : 세로 방향만 반복
	  – no-repeat : 반복하지 않음

background-size	• 배경 이미지 크기를 조정한다.
	• 주요 값
	  – auto : 원본 크기 유지
	  – cover : 요소를 가득 채우도록 확대/축소
	  – contain : 요소 안에 맞게 축소(비율 유지)

background-position	• 배경 이미지의 시작 위치를 지정한다. • 주요 값 : left, center, right, top, bottom, 혹은 좌표값(px, %)

background-attachment	• 스크롤 시 배경 이미지의 동작 방식을 지정한다.
	• 주요 값
	  – scroll : 내용과 함께 스크롤(기본값)
	  – fixed : 배경을 화면에 고정
	  – local : 요소 스크롤에 따라 이동

③ 박스 모델 관련

width / height	• width : 콘텐츠(content) 영역의 가로 크기를 지정한다. • height : 콘텐츠(content) 영역의 세로 크기를 지정한다.
padding	• 콘텐츠와 테두리(border) 사이의 여백(안쪽 여백)을 지정한다. • 방향별 지정이 가능하다(padding-top, padding-right, padding-bottom, padding-left).

border	• 요소 경계선을 지정한다.
	• 두께 → 스타일 → 색상 순으로 지정할 수 있다.
	• 스타일 값의 예
	  – solid : 실선
	  – dashed : 점선
	  – dotted : 점 모양
	  – double : 이중선

margin	• 요소 바깥쪽의 여백으로, 다른 요소와의 간격을 만든다. • 방향별 지정이 가능하다(margin-top, margin-right, margin-bottom, margin-left). • 세로 방향의 margin은 겹침(collapse) 현상이 발생할 수 있다.

box-sizing	• 요소 크기를 계산하는 방식을 지정한다.
	• 주요 값
	  – content-box : width/height는 content만 포함(기본값)
	  – border-box : width/height에 content + padding + border 포함

④ 위치 관련

position	• 요소의 배치 기준을 지정한다.
	• 주요 값
	  – static : 기본 위치(기본값, 문서 흐름 그대로)
	  – relative : 원래 위치 기준으로 상대적 이동
	  – absolute : 부모 요소(또는 가장 가까운 position 지정 조상)를 기준으로 절대적 위치
	  – fixed : 화면(Viewport)을 기준으로 고정(스크롤해도 움직이지 않음)
	  – sticky : 스크롤 위치에 따라 relative → fixed로 변환되는 혼합 모드

| top, left, right, bottom | • position이 relative/absolute/fixed/sticky일 때, 요소의 구체적 위치를 지정한다.<br>• 예제 : div 박스를 왼쪽에서 20px, 위에서 50px 떨어진 절대 위치에 고정해서 배치하라.<br>```
div {
  position: absolute;
  top: 50px; left: 20px;
}
``` |
| z-index | • 요소의 쌓임 순서(Stacking Order)를 지정한다.
• 값이 클수록 위쪽에 표시된다. |

⑤ 레이아웃 관련

display	• 요소가 화면에 표시되는 방식을 결정한다. • 주요 값 　- block : 한 줄 전체 차지(div, p 등 기본값) 　- inline : 줄 안에서 흐름에 따라 배치(span, a 등) 　- inline-block : inline처럼 배치되지만, block처럼 크기 지정 가능 　- flex : 1차원 레이아웃(가로·세로 정렬 유연) 　- grid : 2차원 레이아웃(행과 열 단위로 배치)
Flex 관련 속성	• display: flex일 때만 사용 가능하다. • 종류 　- justify-content : 주 축(가로 또는 세로) 정렬(flex-start, flex-end, center, space-between, space-around) 　- align-items : 교차 축 정렬(flex-start, flex-end, center, stretch)
Grid 관련 속성	• display: grid일 때만 사용 가능하다. • 종류 　- grid-template-rows : 행(row)의 크기 정의 　- grid-template-columns : 열(column)의 크기 정의

⑥ 기타 자주 쓰이는 속성

overflow	• 요소 크기를 초과하는 내용을 처리하는 방식이다. • 주요 값 　- visible : 넘친 부분 표시(기본값) 　- hidden : 넘친 부분 잘라내기 　- scroll : 항상 스크롤바 표시 　- auto : 필요할 때 스크롤바 표시
opacity	• 요소의 투명도를 지정한다(0 = 완전 투명, 1 = 불투명). • 소수점으로 지정할 수 있다(0.5는 반투명).
cursor	• 마우스 포인터 모양을 지정한다. • 주요 값 　- default : 기본 화살표 　- pointer : 손 모양(보통 링크에 사용) 　- text : 텍스트 입력 모양
```

더 알기 TIP

input 태그

text	일반 텍스트 입력 필드를 생성한다.
password	비밀번호를 입력받는 입력 필드를 생성한다.
radio	여러 옵션 중 하나를 선택할 수 있는 라디오 버튼 그룹을 생성한다.
checkbox	여러 옵션 중 하나 이상을 선택할 수 있는 체크박스를 생성한다.
submit	폼 데이터를 서버로 제출하는 서브밋 버튼을 생성한다.
button	사용자 정의 기능을 수행하는 버튼을 생성한다.
hidden	사용자에게 보이지 않고 데이터를 서버로 전송할 수 있는 숨겨진 입력 필드를 생성한다.

5) 박스 모델(Box Model)

① 개념

- HTML 문서의 모든 요소는 사각형 박스로 렌더링*되며, 이 구조를 박스 모델(Box Model)이라고 한다.
- 이 박스는 Content → Padding → Border → Margin의 4가지 영역으로 구성된다.

★ 렌더링(Rendering)
코드나 데이터를 사람이 볼 수 있는 화면이나 이미지로 변환하는 과정이다.

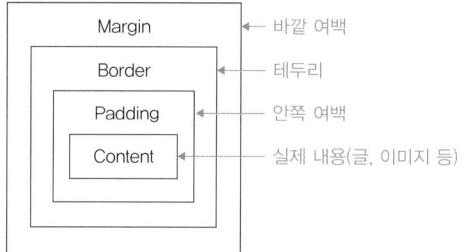

- Margin ← 바깥 여백
- Border ← 테두리
- Padding ← 안쪽 여백
- Content ← 실제 내용(글, 이미지 등)

- 브라우저는 DOM + CSSOM → Render Tree를 만들어 각 요소의 박스 모델 크기와 위치를 계산한다.

더 알기 TIP

렌더링(Rendering)

- 서버에서 받은 HTML, CSS 파일을 브라우저가 읽어서 우리가 보는 화면으로 바꿔주는 과정이다.
- 렌더링의 단계
  - HTML 문서를 읽어 DOM(Document Object Model) 트리 생성
  - CSS를 읽어 스타일 규칙을 CSSOM(CSS Object Model)* 트리에 반영
  - DOM + CSSOM을 합쳐 렌더 트리(Render Tree) 생성
  - 각 요소의 크기와 위치를 계산(Layout 단계)
  - 픽셀 단위로 화면에 그림(Painting 단계)

★ CSSOM(CSS Object Model)
JavaScript에서 CSS를 조작할 수 있는 API 집합이다. HTML 대신 CSS가 대상인 DOM이라고 생각할 수 있으며, 사용자가 CSS 스타일을 동적으로 읽고 수정할 수 있는 방법이다.

② 구성 요소

Content(내용 영역)	• 글자, 이미지 등 실제 콘텐츠가 들어가는 부분 • width, height로 크기를 지정
Padding(안쪽 여백)	• 콘텐츠와 테두리(Border) 사이의 여백 • 배경색/배경 이미지는 padding 영역까지 확장됨 • 속성 : padding, padding-top/right/bottom/left
Border(테두리)	• 요소의 경계선 • border-width, border-style, border-color로 지정 • 속성 축약 가능 : border: 2px solid black;
Margin(바깥 여백)	• 요소와 요소 사이의 간격 • 위·아래 margin은 겹침(collapse) 현상이 발생할 수 있음 • 속성 : margin, margin-top/right/bottom/left

6) position

① 개념

- position은 요소의 위치 지정 방식을 정의한다.
- 위치 속성(top, left, right, bottom)과 함께 사용되며, 어떤 기준을 잡을지가 position 값에 따라 달라진다.

② 주요 값

static	• 모든 요소의 기본 위치 지정 방식이다(기본값). • HTML 문서의 흐름(기본 배치 순서)에 따라 자동으로 배치된다. • top, left 같은 위치 속성은 적용되지 않는다.
relative	• 요소를 자기 자신 원래 위치(static 위치) 기준으로 이동시킨다(상대 위치). • 공간은 그대로 차지하면서, 눈에 보이는 요소만 이동한다.
absolute	• 요소를 가장 가까운 조상 요소 중 position이 relative/absolute/fixed로 지정된 요소를 기준으로 배치한다(절대 위치). • 해당 기준 요소가 없으면 브라우저 화면(body)을 기준으로 배치된다. • 원래 차지하던 공간은 사라지고, 지정된 위치에 고정된다.
fixed	• 브라우저 화면(Viewport)을 기준으로 고정된다(고정 위치). • 스크롤을 내려도 항상 같은 위치에 남아 있다(ⓓ 화면 상단 고정 메뉴, 광고 배너).
sticky	• 처음에는 relative처럼 동작하다가, 스크롤이 특정 임계점에 도달하면 fixed처럼 고정된다 (스크롤에 따라 상대→고정 변환). • 주로 스크롤 시 상단 고정 메뉴 등에 사용한다.

04 자바스크립트(JavaScript)

1) 개념

- 자바스크립트(JavaScript)는 웹 브라우저에서 주로 사용되는 객체지향 프로그래밍 언어이다.
- HTML과 CSS가 구조(Structure)와 표현(Style)을 담당한다면, 자바스크립트는 동작(Behavior)을 담당한다.

> **기적의 TIP**
>
> 자바스크립트(JavaScript)와 다음에 나오는 HTML의 이벤트 처리는 '웹 페이지 동작 구현'에 해당됩니다.

- 자바스크립트를 이용하면 웹 페이지에서 발생하는 사용자 이벤트(클릭, 입력, 마우스 움직임 등)를 처리할 수 있다.
- 다양한 내장 객체(Math, Date, Array 등)와 API를 제공하여 동적인 웹 페이지를 구현할 수 있다.
- 현재는 브라우저뿐만 아니라 Node.js 환경에서도 사용되며, 프론트엔드와 백엔드 모두 활용 가능한 언어로 발전했다.

> **기적의 TIP**
>
> 이름이 비슷해서 많이 헷갈리지만, 자바(Java)와 자바스크립트(JavaScript)는 완전히 다른 언어입니다. Java는 컴파일 언어(백엔드·앱 개발용)이고, JavaScript는 인터프리터 언어(웹 페이지 제어용)입니다.

➕ 더 알기 TIP

JavaScript의 배열(Array)
- 한 개의 변수에 여러 개의 값을 순차적으로 저장할 때 사용한다.
- 배열 안에 들어있는 값들을 '요소'라고 한다.

2) 작성 방법

- HTML 문서 안에서 〈script〉 … 〈/script〉 태그를 이용해 작성한다.
- 위치
  - 〈head〉 영역 : 페이지 로딩 전에 실행할 스크립트 작성
  - 〈body〉 영역 : 화면 요소와 상호작용하는 스크립트 작성

> **기적의 TIP**
>
> - HTML = 뼈대
> - CSS = 꾸밈
> - JavaScript = 움직임

① 기본 구조

```
〈!DOCTYPE html〉
〈html〉
〈head〉
 〈title〉JavaScript 예제〈/title〉
 〈script〉
  function myFunction( ) {
   document.getElementById("exam").innerHTML = "변경 후";
  }
 〈/script〉
〈/head〉
〈body〉
 〈h1〉JavaScript 구현 예〈/h1〉
 〈p id="exam"〉변경 전〈/p〉
 〈button type="button" onclick="myFunction( )"〉변경〈/button〉
〈/body〉
〈/html〉
```

- 〈script〉 태그 : Java Script와 같은 클라이언트 사이드 스크립트(client-side scripts)를 정의할 때 사용하는 HTML 태그
- function myFunction( ) { … } : 함수를 정의(여기서는 텍스트 변경 기능)
- document.getElementById("exam") : HTML 문서에서 id="exam"인 요소를 찾음
- .innerHTML = "변경 후" : 선택된 요소의 내용을 변경
- 〈button onclick="myFunction( )"〉 : 버튼 클릭 시 자바스크립트 함수 실행

> **➕ 더 알기 TIP**
>
> Java Script의 메서드
>
> | | |
> |---|---|
> | console.log() | 디버깅 및 메시지 출력을 위한 함수 |
> | document.write() | HTML 문서에 직접 내용을 삽입하는 함수 |
> | window.alert() | 사용자에게 경고 메시지를 띄우는 함수 |
> | document.getElementById() | 특정 ID 속성을 가진 HTML 요소를 선택하는 함수 |

② 예제 : 버튼을 누르면 〈p〉의 내용이 "버튼을 누른 후입니다!"로 바뀜

```
<!DOCTYPE html>
<html>
<body>
  <p id="text">버튼을 누르기 전입니다.</p>
  <button onclick="changeText( )">눌러보세요</button>

  <script>
    function changeText( ) {
      document.getElementById("text").innerHTML = "버튼을 누른 후입니다!";
    }
  </script>
</body>
</html>
```

③ 외부 자바스크립트 파일 적용
- 자바스크립트의 기본 구조는 HTML 안에 〈script〉 … 〈/script〉 태그를 직접 작성하는 방식인데, 다음과 같은 장단점이 존재한다.
  - 장점 : 예제를 빠르게 보여주거나, 간단한 기능을 HTML 문서 안에 바로 작성 가능
  - 단점 : 코드가 길어질수록 HTML과 JS가 뒤섞여서 관리가 어려워짐
- 따라서 .js 확장자를 가진 별도 파일을 만들어 자바스크립트 코드를 분리하고, HTML에서는 〈script src="파일명.js"〉〈/script〉로 불러오면 다음과 같은 장점이 있다.
  - HTML과 JS 코드가 분리되어 가독성·유지보수성 향상
  - 하나의 JS 파일을 여러 HTML 페이지에서 재사용 가능 → 코드 중복 제거
  - 수정 시 외부 파일만 고치면 모든 페이지에 반영
- 예제

```
<body>
  <p id="exam">변경 전</p>
  <button onclick="myFunction( )">변경</button>
  <script src="script.js"></script>
</body>
```

```
// script.js
function myFunction( ) {
  document.getElementByld("exam").innerHTML = "변경 후";
}
```

3) 변수와 변수명 작성 규칙

① 변수의 선언
- 자바스크립트는 동적 타입 언어이므로, 변수를 선언할 때 자료형(int, string 등)을 지정하지 않아도 된다.
- 값이 할당되는 순간 데이터 유형이 자동으로 결정된다.
- 일반적인 경우 특별히 변수 선언을 할 필요는 없지만, 변수 선언 없이 값을 대입하면 자동으로 전역 변수가 된다.
- 선언 방법

var	• 변수 재선언과 재할당 가능 • 오류를 유발할 수 있어 현재는 권장하지 않음
let	• 변수 재선언은 불가능, 재할당은 가능 • 블록({ }) 범위 안에서만 유효함
const	• 변수 재선언과 재할당 모두 불가능 • 반드시 선언과 동시에 초기화해야 함

> **기적의 TIP**
> 전통적으로 var를 사용했지만, 현재는 let과 const의 사용이 표준입니다.

> **기적의 TIP**
> 값이 변할 수 있으면 let, 변하지 않는 값이면 const입니다.

② 변수명 작성 규칙
- 영문 대소문자(A~Z, a~z), 숫자(0~9), '_', '$'를 혼용하여 사용할 수 있으며, 영문자는 대소문자를 구분한다.
- 첫 글자는 영문자나 '_', '$'로 시작해야 하며, 숫자로 시작할 수 없다.
- 공백, 특수문자(?, !, %, -, 따옴표 등)는 사용할 수 없다.
- 자체적으로는 한글 변수명 사용할 수는 있지만, 권장되지는 않는다.
- 예약어(Reserved Word)를 사용할 수 없다.

4) 연산자 우선순위

연산자	종류	우선순위
최우선 연산자	( ) [ ]	높음 ↑
증감 연산자	++ --	
산술 연산자	* / % + -	
시프트 연산자	>> << >>>	
비교 연산자	> < >= <= == !=	
비트 연산자	& ^ |	
논리 연산자	&& ||	
대입 연산자	= += -=	↓ 낮음

> **기적의 TIP**
> **자바스크립트에 <<< 연산자가 없는 이유**
> - <<< 연산자(부호 없는 왼쪽 시프트 연산자)는 자바스크립트에 존재하지 않습니다.
> - 왼쪽 시프트(<<) 자체가 이미 빈 자리를 무조건 0으로 채우기 때문에 '부호 없는 왼쪽 시프트'라는 개념은 필요하지 않습니다.
> - 따라서 <<<는 문법적으로 정의되어 있지 않고, 사용하면 오류가 납니다.

5) 제어문

① 조건문(Condition Statement)

if ~ else	조건식이 참이면 if 블록 실행, 거짓이면 else 블록 실행
switch ~ case	하나의 값에 따라 여러 경우(case) 중 하나를 실행, break 키워드를 사용하여 분기 종료

② 반복문(Loop Statement)

while	조건식이 참일 동안 계속 반복
for	초기값을 설정한 뒤, 조건식이 참인 동안 반복하며 매번 증감식을 실행
do ~ while	무조건 한 번 실행 후 조건 검사를 진행

> **더 알기 TIP**
>
> **화살표 함수(Arrow Function)**
> - ES6에서 도입된 간결한 함수 표현식으로, function 키워드 대신 => 기호를 사용한다.
> - 자신만의 this, arguments를 갖지 않고 상위 스코프의 것을 그대로 사용한다.
> - 표현식이 한 줄일 경우 return과 중괄호{ }를 생략할 수 있어 코드가 더 짧아진다.
> - 화살표 함수는 간결한 문법이 가능하며, 함수 표현식을 대체하기 위해 도입되었다.
> - 화살표 함수 (x, y) => { return x + y; }는 두 인자를 받아 합을 반환한다.

6) 배열의 주요 속성(Property)

- length는 배열의 요소 개수(길이)를 반환한다.
- 배열의 크기를 늘리거나 줄일 때에도 자동으로 갱신된다.

7) 배열의 주요 메서드(Method)

① 요소 추가/제거 관련

push()	• 배열 끝에 요소 추가 • 예 arr.push(10)
pop()	• 배열 끝의 요소 제거 • 예 arr.pop()
unshift()	• 배열 앞에 요소 추가 • 예 arr.unshift(1)
shift()	• 배열 앞의 요소 제거 • 예 arr.shift()
splice(start, deleteCount, item...)	• 지정 위치에서 요소 추가/삭제 • 예 arr.splice(2,1,"a")
slice(start, end)	• 배열 일부를 복사하여 새 배열 반환 • 예 arr.slice(1,3)

② 탐색/검색 관련

indexOf()	• 특정 값의 첫 번째 인덱스 • 예 arr.indexOf("A")
lastIndexOf()	• 특정 값의 마지막 인덱스 • 예 arr.lastIndexOf("A")
includes()	• 배열에 특정 값 존재 여부 • 예 arr.includes(3)
find()	• 조건에 맞는 첫 번째 요소 반환 • 예 arr.find(x =& x & 5)
findIndex()	• 조건에 맞는 첫 번째 인덱스 반환 • 예 arr.findIndex(x =& x & 5)

8) DOM과 자바스크립트

① DOM의 개념과 구조

- DOM(Document Object Model, 문서 객체 모델)은 HTML이나 XML 문서를 트리(Tree) 구조의 객체 모델로 표현한 것을 의미한다.
- 웹 브라우저는 HTML 문서를 파싱하여 DOM을 생성하고, 이를 통해 자바스크립트가 문서의 각 요소를 제어할 수 있다.
- DOM 트리 구조

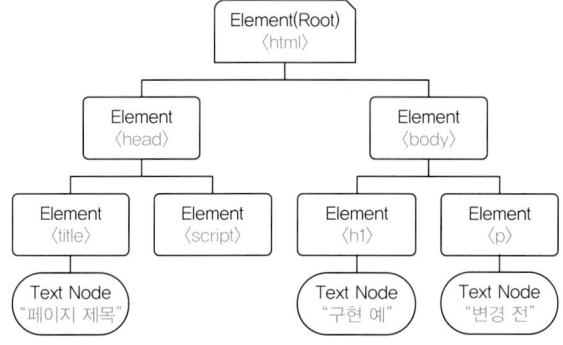

문서 노드(Document Node)	최상위 객체(document)
요소 노드(Element Node)	HTML 태그(⟨body⟩, ⟨p⟩, ⟨div⟩ 등)
속성 노드(Attribute Node)	요소의 속성(id, class, href)
텍스트 노드(Text Node)	태그 안의 실제 텍스트 값

② 자바스크립트와의 관계

- 자바스크립트는 DOM에 접근하여 문서 구조, 내용, 스타일을 동적으로 변경하는 도구이다. 즉, DOM는 자료구조, JS는 제어 언어의 관계이다.
- DOM은 HTML이나 XML 문서를 트리 구조의 객체 모델로 표현한 것으로, 문서 내의 모든 요소를 정의하고 각 요소에 접근·조작할 수 있는 표준 인터페이스를 제공한다.

> **기적의 TIP**
>
> 자바스크립트는 DOM을 제어하기 위한 스크립트 언어라는 것을 꼭 기억해 두세요.

- 웹 브라우저는 웹 페이지를 로딩할 때 해당 문서를 파싱하여 DOM을 생성하며, 이 HTML DOM은 문서의 모든 요소를 계층적(Tree) 구조로 나열한다.
- DOM 조작 예시
  - 문서 객체 선택 : document.getElementById("title")
  - 내용 변경 : element.innerHTML = "새로운 제목"
  - 스타일 변경 : element.style.color = "red"
  - 이벤트 바인딩 : element.addEventListener("click", func)

➕ 더 알기 TIP

async/await
- ES7(ECMAScript 2017)에서 도입된 자바스크립트의 비동기 처리 문법이다.
- 콜백 헬(Callback Hell)과 같은 복잡한 비동기 코드를 마치 동기적으로 실행되는 코드처럼 간결하고 직관적으로 작성할 수 있게 해준다는 장점이 있다.
- async 키워드는 함수가 Promise를 반환함을 나타내고, await 키워드는 Promise가 처리(resolved)될 때까지 함수의 실행을 일시 중지시킨다.

③ HTML DOM을 통한 자바스크립트 구현 방법

구분	설명
요소 조작(Element Control)	• 페이지의 요소(노드)를 추가, 변경, 삭제 가능 • 예 document.createElement( ), element.innerHTML, element.remove( )
속성 조작(Attribute Control)	• 특정 요소의 속성 값을 읽거나 수정 가능 • 예 element.setAttribute( ), element.getAttribute( )
스타일 및 CSS 조작(Style Control)	• 요소의 스타일 속성을 변경하거나 새로운 스타일 규칙 추가 가능 • 예 element.style.color = "red"; • CSS 클래스 추가/삭제 : element.classList.add("active")
이벤트 제어(Event Control)	• HTML 요소에 이벤트 리스너를 추가하거나 제거 가능 • 예 element.addEventListener("click", function( ){ ... })

➕ 더 알기 TIP

DOM 접근 메서드
- getElementById(id) : 특정 id 요소 반환
- getElementsByTagName(tag) : 태그명으로 여러 요소 반환
- querySelector(selector) : CSS 선택자 기반 첫 번째 요소 반환
- querySelectorAll(selector) : CSS 선택자 기반 모든 요소 반환

➕ 더 알기 TIP

DOM 속성
- innerHTML : 태그 안의 HTML 코드 변경
- value : 입력 요소(⟨input⟩, ⟨textarea⟩) 값 변경
- style : CSS 속성 동적 변경

④ DHTML(Dynamic HTML)
- DHTML은 HTML, CSS, JavaScript, DOM을 조합하여 정적인 웹 페이지를 동적으로 변화시키는 기술이다.
- 페이지 전체를 다시 로드하지 않고도 일부만 갱신할 수 있으며, 사용자와 실시간으로 상호작용할 수 있다.
- CGI*로 처리해야 할 작업들을 각 클라이언트에서 처리하기 때문에 서버의 부하를 줄일 수 있다.
- 원하는 정보를 얻기 위해 웹 서버를 찾을 필요가 없게 만들어주는 인터렉티브(interactive)한 페이지이다.
- 특히 초기 웹 환경에서는 메뉴나 애니메이션 구현에 많이 활용되었다.

> **기적의 TIP**
>
> DHTML = HTML + CSS + JavaScript + DOM

★ CGI(Common Gateway Interface)
웹 서버와 외부 프로그램(예: 스크립트, 응용 프로그램) 간에 데이터를 주고받기 위한 표준 인터페이스이다. 사용자의 요청마다 서버가 프로그램을 실행하여 결과를 반환하므로, 서버의 부하가 크다.

⑤ XML(eXtensible Markup Language)
- XML은 데이터를 저장하고 전달하기 위한 사용자 정의 마크업 언어이다.
- 태그를 사용자가 직접 정의할 수 있으며, 태그 이름은 대소문자를 구분한다.
- HTML이 화면 표현을 목적으로 한다면, XML은 데이터 구조 저장과 교환에 중점을 둔다.
- 문서는 계층적 트리 구조를 가지며, 시작 태그와 종료 태그를 반드시 맞춰야 하는 등 문법 오류에 엄격하다.

> **기적의 TIP**
>
> XML에서는 대소문자를 구분하므로, Name ≠ name입니다.

+ 더 알기 TIP

HTML과 XML의 비교

구분	HTML	XML
목적	웹 문서 표현	데이터 저장, 교환
태그	정해진 태그 사용	사용자 정의 가능
대소문자	구분하지 않음	구분함

9) JavaScript의 Location 객체

① href
- 현재 페이지의 전체 URL을 문자열로 반환하거나 설정한다.
- 예

console.log(window.location.href);	현재 페이지의 URL 출력
window.location.href = 'https://www.example.com';	URL 변경

② hostname
- 호스트명만 반환하거나 설정한다(example.com 등).
- 예

console.log(window.location.hostname);	'example.com' 출력

> **기적의 TIP**
>
> Location 객체는 현재 문서의 URL을 나타내며, 이 URL을 조작할 수 있는 다양한 프로퍼티와 메서드를 제공합니다.

③ pathname
- URL의 경로 부분을 반환하거나 설정한다(/path/to/page 등).
- 예

| console.log(window.location.pathname); | '/path/to/page' 출력 |

④ search
- 쿼리 문자열을 반환하거나 설정한다(?name=value 등).
- 예

| console.log(window.location.search); | '?name=value' 출력 |

05 HTML의 이벤트 처리

1) 개념

- HTML의 이벤트 처리(Event Handling)란 사용자의 동작(클릭, 입력, 마우스 이동, 키보드 입력 등)에 따라 자바스크립트 코드를 실행하는 기능을 의미한다.
- 기본적으로 〈script〉 태그 내부에 작성된 코드는 문서 로딩 시 한 번만 실행되기 때문에, 사용자와의 다양한 상호작용을 위해 HTML 요소에 이벤트를 연결할 수 있다.
- 이벤트는 HTML 태그 속성으로 직접 지정할 수도 있고, addEventListener( ) 메서드를 통해 자바스크립트 코드에서 동적으로 등록할 수도 있다.

2) 주요 이벤트와 특징

onclick	• 버튼, 링크, 폼 요소 등 다양한 요소에서 사용되며, 사용자가 해당 요소를 클릭할 때 동작한다. • 이벤트 핸들러가 false를 반환할 경우 해당 요소의 기본 기능(예 〈form〉 전송)이 차단된다.
onmousedown / onmouseup	• onclick과 유사하지만, 마우스를 누르는 순간(onmousedown)과 놓는 순간(onmouseup)을 구분할 수 있다. • 예 드래그 기능 구현 시 활용
onmouseover / onmouseout	• 마우스 포인터가 요소 위로 올라올 때(onmouseover), 요소에서 벗어날 때(onmouseout) 동작한다. • 예 메뉴 강조, 툴팁 표시 등에 사용
onchange	• 〈input〉, 〈select〉, 〈textarea〉 요소에서 값이 변경된 후 입력 포커스를 잃었을 때 실행된다. • 예 선택 목록 변경 시 자동으로 다른 값 반영
onload	• 문서 전체(〈body〉) 또는 특정 요소(〈img〉, 〈iframe〉 등)가 모두 로드되었을 때 실행된다. • 예 페이지가 완전히 로딩된 후 초기화 함수 실행
onkeydown / onkeyup	• 사용자가 키보드를 누를 때(onkeydown), 누른 키를 뗄 때(onkeyup) 발생한다. • 예 입력값 실시간 검증, 단축키 기능 구현

3) 이벤트 등록 방식

① HTML 속성 방식

```
<button onclick="alert('클릭됨')">눌러보세요</button>
```

② 자바스크립트 코드 방식

```
document.getElementById("btn").onclick = function( ) {
  alert("클릭됨");
}
```

③ 표준 이벤트 등록 방식

```
document.getElementById("btn").addEventListener("click", function( ) {
  alert("클릭됨");
});
```

> **기적의 TIP**
> addEventListener( )는 하나의 요소에 여러 개의 이벤트 핸들러를 등록할 수 있어 유지보수성이 높으므로, 권장하는 방식입니다.

06 고차 함수(Higher-Order Function)

1) 개념
- 함수를 인자로 받거나, 함수를 반환하는 함수이다.
- 함수를 일급 객체(First-Class Citizen)로 취급하는 언어에서 가능하다.
- 고차 함수를 사용하면 코드를 더 간결하고 유연하게 작성할 수 있다.

2) 조건(둘 중 하나 이상)
- 다른 함수를 인자로 받는다(예 Array.prototype.map, Array.prototype.filter).
- 함수를 결과값으로 반환한다(예 클로저를 생성하는 함수).

> **기적의 TIP**
> 고차 함수는 함수를 인자로 받거나 반환하는 것 중 하나만 만족해도 되며, 함수형 프로그래밍의 핵심 개념 중 하나입니다.

> **기적의 TIP**
> 일급 객체란 변수에 할당되거나, 다른 함수의 인자로 전달되거나, 함수의 반환값으로 사용될 수 있는 객체를 의미합니다.

이론을 확인하는 기출문제

01 다음 중 웹 클라이언트에 대한 설명으로 가장 알맞은 것은?
① 서버는 콘텐츠만 제공하고 수신은 하지 않는다.
② 브라우저가 URL을 요청으로 전달해 웹 서버와 통신한다.
③ 크롬·파이어폭스는 대표적인 웹 서버다.
④ 클라이언트는 파일 업로드 같은 전송을 수행하지 않는다.

> **오답 피하기**
> • ① 서버는 제공 및 수신(업로드 처리) 모두 수행
> • ③ 크롬·파이어폭스는 클라이언트(브라우저)
> • ④ 클라이언트도 폼/파일 업로드 요청 전송

02 다음 중 head 영역에 넣기 부적절한 태그는?
① ⟨meta charset="utf-8"⟩
② ⟨title⟩문서 제목⟨/title⟩
③ ⟨h1⟩페이지 제목⟨/h1⟩
④ ⟨link rel="stylesheet" href="style.css"⟩

> ⟨h1⟩은 화면 본문에 표시되는 콘텐츠이므로 body에 위치하는 것이 적절하다.

03 CSS 선택자 설명으로 옳은 것은?
① #main(ID)은 여러 요소에 반복 지정해 그룹 스타일에 적합하다.
② .title(클래스)은 여러 요소에 공통 적용할 때 쓴다.
③ *(공용 선택자)는 특정 태그만 선택한다.
④ 태그 선택자는 반드시 id와 함께 써야 한다.

> **오답 피하기**
> • ① ID는 문서 내 고유가 원칙
> • ③ *는 문서 전체 요소에 적용
> • ④ 태그 선택자는 단독 사용 가능

04 box-sizing: border-box에 대한 설명으로 옳은 것은?
① width/height가 content만 포함한다.
② width/height에 content+padding+border가 포함된다.
③ margin도 width에 포함된다.
④ 박스 모델과 무관한 속성이다.

> **오답 피하기**
> • ①은 content-box 설명(기본값)
> • ③ margin은 외부 여백이라 포함되지 않음
> • ④ 박스 모델과 직접 관련

05 다음 중 position 속성 설명으로 옳은 것은?
① static은 top/left로 위치를 조정할 수 있다.
② relative는 원래 자리(흐름)는 유지한 채 보이는 위치만 이동한다.
③ absolute는 항상 화면(Viewport) 기준으로 배치된다.
④ fixed는 가장 가까운 조상 요소를 기준으로 배치된다.

> **오답 피하기**
> • ① static은 위치 속성 미적용.
> • ③ absolute는 가장 가까운 기준 조상(position 지정) 기준
> • ④ fixed는 뷰포트 기준

06 자바스크립트 변수 선언에 대한 설명으로 옳은 것은?
① var는 재선언·재할당 가능하므로 현재 권장된다.
② let은 블록 스코프지만 재선언이 가능하다.
③ const는 선언과 동시에 초기화해야 하며 재할당이 불가하다.
④ 변수명은 숫자로 시작해도 된다.

> **오답 피하기**
> • ① 현재는 let/const 사용 권장
> • ② let은 재선언 불가, 재할당 가능
> • ④ 식별자는 숫자로 시작 불가

정답 01 ② 02 ③ 03 ② 04 ② 05 ② 06 ③

CHAPTER

02

소프트웨어 개발 보안

학습 방향

보안은 개발 전 과정에 필요합니다. 보안 요구사항, 구축 방법론, 시큐어 코딩 가이드, 암호화 알고리즘은 기출에서 자주 출제됩니다. CIA(기밀성·무결성·가용성) 모델은 반드시 암기하세요. 시큐어 코딩 가이드는 입력 검증·인증·권한 관련 문제를 사례별로 정리하세요. 암호화는 대칭키/비대칭키 알고리즘을 비교표로 외우면 좋습니다.

출제 빈도

SECTION 01 중 50%
SECTION 02 상 50%

SECTION 01 소프트웨어 개발 보안

출제빈도 상 중 하
반복학습 1 2 3

빈출 태그 SDLC · 가용성/연속성 · RBAC · 버퍼 오버플로우 · 시큐어 코딩

> **기적의 TIP**
> 소프트웨어 개발 보안의 기본적인 개념과 출제되었던 빈출 태그의 용어 정도만 정리하세요.

01 소프트웨어 개발 보안

- 소프트웨어 개발 과정 전반에서 보안 취약점을 줄이고, 해킹이나 침해 같은 사이버 위협에 안전하게 대응할 수 있는 소프트웨어를 만들기 위한 활동을 말한다.
- 소프트웨어 개발 생명주기(SDLC)의 각 단계(요구사항 분석 → 설계 → 구현 → 테스트 → 유지보수)마다 필요한 보안 활동을 수행한다.

02 운영체제 보안-Secure OS

- 운영체제의 커널에 보안 기능을 추가한 것으로, 운영체제 자체의 보안 결함으로 발생할 수 있는 해킹 공격을 방어하기 위하여 사용된다.
- 네트워크 보안 제품이 무력화되었을 때 최후의 보호 수단으로서의 역할을 수행하며, 조직의 보안 정책 및 역할에 최적화된 보안 관리를 제공한다.
- 접근 통제 기법

MAC(Mandatory Access Control, 강제적 접근 통제)	보안 등급 기반 접근 제어
DAC(Discretionary Access Control, 임의적 접근 통제)	자원 소유자가 권한 부여
RBAC(Role Based Access Control, 역할 기반 접근 통제)	사용자의 역할(Role) 기반 접근 제어

- 목적

안정성	중단 없는 안정적 서비스 제공
보안성	핵심 서버 침입 차단 및 통합 보안 관리
신뢰성	중요 정보 보호 기반으로 신뢰 확보

> **더 알기 TIP**
>
> **제로 트러스트(Zero Trust)**
> - 기존의 경계 기반 보안 모델을 대체하는 현대 보안 아키텍처이다.
> - 네트워크 내부 사용자라도 자동으로 신뢰하지 않으며, 모든 접근은 인증 · 인가를 거쳐야 한다.
> - MFA, 세션 단위 접근 통제, 지속적 모니터링이 필수적으로 적용된다.
> - 내부자 공격이나 랜섬웨어 확산과 같은 최신 위협에 효과적이며, 클라우드 · 원격근무 환경에서 보안 표준으로 자리 잡고 있다.

03 소프트웨어 개발 보안 방법론

1) 정의

- 소프트웨어 개발 생명주기(SDLC) 전 과정에 걸쳐 보안 활동을 체계적으로 적용하여 안전한 소프트웨어를 개발하기 위한 절차와 기법을 말한다.
- 즉, 요구사항 분석 → 설계 → 구현 → 테스트 → 유지보수의 각 단계에서 보안 요구사항을 정의하고, 보안 취약점을 예방·검증하는 활동이 포함된다.

> **더 알기 TIP**
>
> **소프트웨어 개발 생명주기(SDLC, Software Development Life Cycle)**
>
> - 소프트웨어를 기획, 개발, 유지보수하기까지의 전 과정을 체계적으로 정의한 절차를 의미하며, 소프트웨어 개발을 단계별로 구분하여 체계적이고 효율적으로 관리할 수 있도록 한 개발 모델이다.
> - 주요 단계
>
> | 단계 | 설명 |
> |---|---|
> | 요구사항 분석
(Requirements Analysis) | • 사용자 요구를 수집·분석하여 시스템의 기능과 성능을 정의
• 산출물 : 요구사항 명세서(SRS) |
> | 설계(Design) | • 요구사항을 바탕으로 시스템 구조와 아키텍처 설계
• 데이터베이스 구조, 모듈 설계, UI 설계 포함
• 산출물 : 설계서, 데이터 모델 |
> | 구현
(Implementation/Coding) | • 설계된 내용을 프로그래밍 언어로 실제 소프트웨어를 작성
• 시큐어 코딩 적용 필요 |
> | 테스트(Test/Verification) | • 구현된 소프트웨어를 검증하여 요구사항을 충족하는지 확인
• 단위 테스트, 통합 테스트, 시스템 테스트, 인수 테스트 포함 |
> | 운영 및 유지보수
(Operation&Maintenance) | • 실제 환경에서 소프트웨어를 운영하며, 오류 수정 및 기능 개선 수행
• 유지보수 유형 : 수정 유지보수, 예방 유지보수, 완전 유지보수, 적응 유지보수 |

2) 7가지 보안 활동

보안 강화 활동 \ SDLC 단계	요구사항 및 Use Cases	구조 설계	테스트 계획	코드	테스트 및 테스트 결과	현장과의 피드백
악용 사례	○					
보안 요구사항	○					
위험 분석	○	○			○	
위험 기반 보안 테스트			○			
코드 검토				○		
침투 테스트					○	○
보안 운영						○

> **기적의 TIP**
> 정보 보안의 3대 요소란, 인가된 사람만 접근하고(기밀성), 인가된 사람만 수정할 수 있으며(무결성), 인가된 사용자가 원할 때 접근할 수 있어야 한다(가용성)는 의미입니다.

★ 신분 위장(Masquerading)
한 사람이나 시스템이 다른 사람이나 시스템으로 가장하는 것으로, 인증된 사용자나 시스템으로 가장하여 무단 액세스 또는 권한 위반을 시도하는 공격자의 행위를 말한다.

★ 서비스 거부 공격(DoS, DDoS)
정상적인 사용자가 네트워크·시스템·서비스를 이용하지 못하도록 자원을 고갈시키거나 기능을 마비시키는 공격을 말한다.

★ 고가용성(High Availability) 설계
시스템 장애나 공격이 발생하더라도 서비스가 지속적으로 제공되도록 보장하는 시스템 아키텍처 설계 방법을 의미한다.

> **기적의 TIP**
> 시큐어 코딩 = 안전한 코딩 표준 + 보안 약점 제거 기준 적용

04 정보 보안의 3대 요소

1) 기밀성(Confidentiality)
- 인가된 사용자만이 정보 자산에 접근할 수 있도록 하는 특성을 의미한다.
- 허가받지 않은 사용자가 정보를 열람하거나 유출할 수 없도록 보장하는 것이다.
- 기밀성을 위해 암호화, 접근통제, 패스워드, 방화벽 등의 기술이 사용된다.
- 만약 기밀성이 훼손되면 신분 위장(Masquerading)★이나 스니핑(Sniffing) 같은 공격으로 정보가 외부에 노출될 수 있다.

2) 무결성(Integrity)
- 정보가 인가된 사용자에 의해, 인가된 방법으로만 수정될 수 있도록 보장하는 특성을 의미한다.
- 데이터가 변조·삭제·위조되지 않고 정확성과 일관성을 유지하는 것이다.
- 데이터 변조 공격, 악의적 삭제, 중간자 공격(재전송 공격) 등이 무결성을 위협할 수 있다.
- 무결성을 위해 해시 함수, 전자서명, 무결성 검증 도구 등이 활용된다.

3) 가용성(Availability)
- 인가된 사용자가 필요할 때 적시에 정보 자산에 접근하여 사용할 수 있는 능력을 의미한다.
- 정상적인 사용자라면 언제든 필요한 데이터와 시스템을 사용할 수 있어야 한다.
- 가용성을 위해 데이터 백업, 이중화 시스템, 장애 대응 체계 등이 마련된다.
- 만약 가용성이 훼손되면 서비스 거부 공격(DoS, DDoS)★ 같은 공격에 의해 위협받을 수 있으며, 따라서 고가용성(High Availability) 설계★가 중요하다.

05 시큐어 코딩(Secure Coding)

- 소프트웨어 개발 과정에서 발생할 수 있는 보안 취약점을 사전에 예방하기 위해 안전한 코딩 기법을 적용하는 개발 방법론을 말한다.
- 특히 구현 단계에서 보안 약점을 제거하는 기준을 지침으로 삼아, 개발자가 보안에 안전한 프로그램 코드를 작성할 수 있도록 한다.
- 대표적으로 OWASP(Open Web Application Security Project)에서 발표하는 Top 10 취약점과, 이를 반영한 KISA(한국인터넷진흥원)의 보안 약점 제거 가이드가 활용된다.

이론을 확인하는 기출문제

01 다음 중 소프트웨어 개발 보안의 올바른 설명은?
① 개발 완료 후 테스트 단계에서만 보안을 적용해도 충분하다.
② SDLC 각 단계마다 보안 활동을 수행해 취약점을 줄인다.
③ 보안은 인프라 팀의 일이며 개발과는 무관하다.
④ 보안은 성능을 크게 저하시켜 운영 단계에서만 고려한다.

오답 피하기
- ①, ④ 사후 보안은 비용↑/효과↓
- ③ 개발팀도 핵심 주체

02 아래 중 가용성(Availability)과 연속성(Continuity)의 설명으로 옳은 것은?
① 가용성=복구계획, 연속성=정상 제공 시간 비율
② 가용성=정상 서비스 제공 시간 비율, 연속성=장애/재해 상황에서도 서비스 지속 능력
③ 두 용어는 동의어
④ 둘 다 데이터 정확성(무결성)을 뜻함

가용성은 평상시 서비스 제공 수준, 연속성은 장애 시에도 서비스를 이어가게 하는 능력이다.

03 SDLC 단계와 대표 보안 활동의 연결로 옳은 것은?
① 요구분석-침투 테스트
② 설계-위협 모델링
③ 구현-침투 테스트만 수행
④ 운영-개발 보안 활동 종료

오답 피하기
- ① 침투 테스트는 주로 테스트/검증 단계
- ③ 구현 단계는 시큐어 코딩·정적분석 중심
- ④ 운영 단계에서도 패치/모니터링 등 보안 진행

04 다음 중 보안 속성-통제수단의 연결이 옳은 것은?
① 기밀성 - 백업/이중화
② 무결성 - 전자서명/해시
③ 가용성 - 암호화
④ 기밀성 - 무결성 검증 도구

오답 피하기
- ① 백업/이중화는 가용성
- ③ 암호화는 기밀성
- ④ 무결성 도구는 무결성 확보 수단

05 위협-주요 보안 속성의 연결로 옳은 것은?
① 스니핑(Sniffing) - 기밀성
② 재전송 공격 - 가용성
③ DDoS - 무결성
④ 중간자 변조 - 가용성

오답 피하기
- ② 재전송은 무결성/인증 위협
- ③ DDoS는 가용성 위협
- ④ 변조는 무결성 위협

정답 01 ② 02 ② 03 ② 04 ② 05 ①

SECTION 02 암호화 알고리즘

빈출 태그 대칭키 • 비대칭키 • AES • RSA • ECC • 전자서명(부인방지)

> 🅿 **기적의 TIP**
> 출제 빈도가 상당히 높은 내용입니다. 이론과 문제를 연결지어 공부하세요.

01 암호화(Encryption)

1) 개념

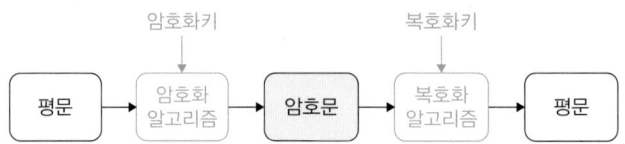

- 정보를 안전하게 보호하기 위해, 평문(Plaintext)을 특정 규칙(알고리즘)과 키(Key)를 사용하여 암호문(Ciphertext)으로 변환하는 과정을 암호화(Encryption)라고 하고, 암호문을 원래의 평문으로 되돌리는 과정을 복호화(Decryption)라고 한다.
- 암호화 및 복호화 과정에는 암호키(Cryptographic Key)가 필요하다.

> 🅿 **기적의 TIP**
> 중간에 정보가 유출되더라도 내용을 알아볼 수 없도록 하는 것이 암호화의 목적입니다.

2) 4대 목표

기밀성(Confidentiality)	• 인가된 사용자만 정보에 접근할 수 있도록 보장 • 예 대칭키/비대칭키 암호화
무결성(Integrity)	• 정보가 위·변조되지 않았음을 보장 • 예 해시 함수, 전자서명
인증(Authentication)	• 사용자가 주장하는 신원이 진짜임을 확인 • 예 디지털 인증서, 전자서명
부인방지(Non-repudiation)	• 송신자가 행위를 부인하지 못하도록 보장 • 예 공개키 기반 전자서명

> 🅿 **기적의 TIP**
> 암호 기술은 정보보안의 핵심 4대 요소를 달성하기 위해 사용됩니다.

3) 인증(Authentication)과 인가(Authorization)

인증(Authentication)	• '당신이 누구인지'를 확인하는 과정이다. • 사용자의 신원 증명을 보장하는 데 목적이 있다. • 시스템 접근 권한을 부여하기 위해 사용자가 주장하는 신원이 맞는지 검증하는 활동이다. • 예 사용자가 시스템에 접속할 때 ID와 비밀번호를 입력하여 본인임을 증명하는 것
인가(Authorization)	• 일단 인증된 사용자에게 '당신이 무엇을 할 수 있는지'를 확인하는 과정이다. • 사용자에게 부여된 접근 권한을 통제하는 데 목적이 있다. • 인증된 사용자가 특정 자원이나 기능에 접근하거나 조작할 권한이 있는지 결정한다. • 예 시스템에 로그인한 후에도, 일반 사용자는 게시글을 볼 수만 있고 관리자만 해당 게시글을 삭제할 수 있도록 권한을 분리하는 것

02 비밀키(Private Key, 대칭키) 암호화 기법

1) 개념

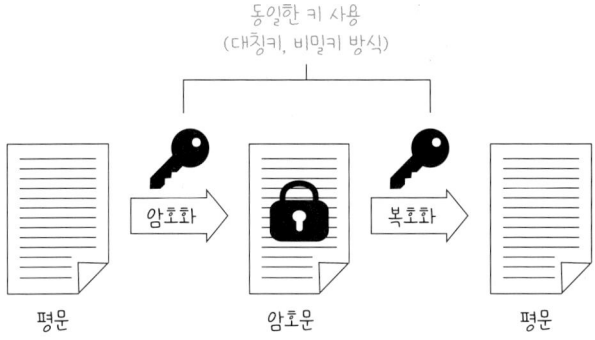

- 암호화와 복호화에 동일한 키를 사용하는 암호화 기법이다.
- 대칭키 암호화(Symmetric Key Encryption) 또는 개인키 암호화라고도 한다.
- 암호화/복호화 속도가 빠르고, 알고리즘이 단순하다.
- 사용자 수가 N명일 때 필요한 키 개수는 $N(N-1)/2$개이다.
- 데이터 전송 시 키 분배(Key Distribution)가 공개키 암호화 기법보다 어렵다.
- 사용자 수가 많아질수록 키 관리가 어렵다.

> **기적의 TIP**
>
> **PKI 구성요소**
> - 인증기관(CA, Certification Authority)
> - 등록기관(RA, Registration Authority)
> - 인증서 저장소 / 저장소 (Repository, Directory)
> - 인증서 폐지 목록(CRL, Certificate Revocation List)
> - 가입자 / 사용자(End Entity, Subscriber)
> - 정책 및 절차 문서(CP/CPS 등)

2) 종류

스트림(Stream) 암호	• 평문과 동일한 길이의 스트림 키를 생성하여, 비트 단위로 암호화 • 보통 XOR 연산 사용 • 대표 알고리즘 : RC4, A5/1, LSFR, SEAL, WEP, OFB
블록(Block) 암호	• 평문을 일정한 블록 단위(예 64비트, 128비트)로 나누어 암호화 • 대표 알고리즘 : DES, AES, ARIA, SEED, IDEA

블록(Block) 암호	DES(Data Encryption Standard)	• IBM이 개발, 1970년대 미국 표준 채택 • 64비트 블록 암호, 실제 키 길이는 56비트 • 16라운드 Feistel 구조 사용 • Brute-Force 공격(전사 공격)에 취약
	AES(Advanced Encryption Standard)	• DES를 대체하는 국제 표준 • 블록 크기 : 128비트, 키 길이: 128/192/256비트 • SPN(Substitution-Permutation Network) 구조 • 현재 가장 널리 쓰이는 대칭키 암호 알고리즘
	ARIA	• 국내에서 개발(대한민국 국가 표준 지정) • 블록 크기 : 128비트, 키 길이: 128/192/256비트 • 경량 환경(스마트카드, IoT) 및 하드웨어 구현에 효율적
	SEED	• 국내 개발 128비트 블록 암호 • Feistel 구조 기반 • 2005년 국제 표준 채택 • 인터넷 뱅킹 등 국내 공공 서비스에 활용
	IDEA(International Data Encryption Algorithm)	• DES 대체 목적으로 스위스에서 개발 • 서로 다른 대수 그룹의 세 가지 연산(덧셈, 곱셈, XOR)을 혼합 • 한때 PGP(Pretty Good Privacy)에 사용

> **기적의 TIP**
> 암호화키와 복호화키가 서로 다르기 때문에 공개키는 누구나 알 수 있도록 공개해도 됩니다

03 공개키(Public Key, 비대칭키) 암호화 기법

1) 개념

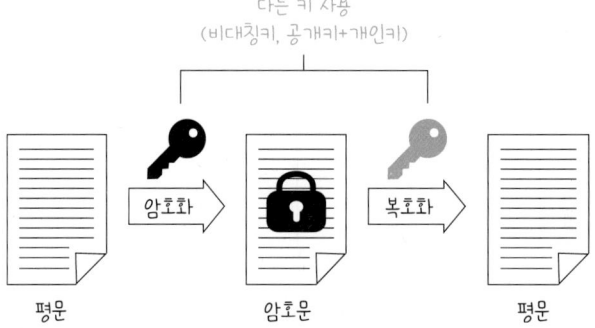

- 암호화와 복호화에 서로 다른 키를 사용하는 암호화 기법이다.
- 비대칭키 암호화(Asymmetric Key Encryption) 또는 공개키 암호화 기법이라고도 한다.
- 암호화/복호화 속도가 느리고, 알고리즘이 복잡하다.
- 사용자 수가 N명일 때 필요한 키 개수는 2N개이다.
- 데이터 전송 시 키 분배(Key Distribution)가 대칭키 암호화 기법보다 쉽다.
- 전자서명, 키 교환, 인증, 부인방지 등에 활용할 수 있다.

2) 종류

RSA (Rivest Shamir Adleman)	• 1978년 MIT에서 제안 • 소인수분해의 어려움에 기반 • 전자문서 인증, 전자서명, 부인방지에 활용 • 현재까지 가장 널리 사용되는 공개키 암호화 알고리즘 중 하나
El Gamal(엘가말)	• 이산 대수 문제의 어려움에 기반 • 같은 평문이라도 암호화할 때마다 다른 암호문 생성 • 암호문 길이가 원문보다 길어져(2배 수준) 효율성은 떨어짐
Diffie-Hellman(디피-헬만)	• 최초의 키 교환 프로토콜로, 두 사용자가 안전하게 비밀키를 공유하도록 설계됨 • 키 교환 자체는 가능하지만 인증 기능이 없어 중간자 공격에 취약하므로, 보통 인증 메커니즘과 함께 사용
ECC(Elliptic Curve Cryptography, 타원 곡선 암호)	• 타원 곡선의 수학적 성질을 이용 • RSA 대비 짧은 키 길이로 동일 수준의 보안 제공(효율적) • 스마트폰, IoT 같은 제한된 환경에서도 적합 • 최근 각종 보안 프로토콜에서 RSA를 대체하거나 함께 사용
Diffie-Gamal(디피-가말)	• 디피-헬만과 유사하게 비밀키를 안전하게 교환하는 기술 • 합의된 큰 소수와 원시근(Primitive Root)을 사용해 비밀키 생성 • 인터넷 통신, 보안 프로토콜에서 활용
Enigma(에니그마)	• 제2차 세계대전 전후에 사용된 전자기계식 암호 장치 • 로터, 플러그보드 등을 이용하여 문자를 복잡하게 치환 • 오늘날의 공개키 암호와 직접 연결되지 않지만, 현대 암호학 발전의 초기 사례로 간주됨

> **기적의 TIP**
> 디피-헬만 알고리즘(Diffie-Hellman Algorithm, DH Algorithm)
> 두 사용자가 사전에 어떠한 비밀 교환 없이 공중망 환경에서 비밀키(Secret Key)를 교환하게 해주는 알고리즘으로, 이산대수의 복잡성을 활용한 비밀키 교환 알고리즘이다.

04 해시(Hash) 암호화

1) 개념
- 임의의 길이를 가진 메시지를 입력하면, 고정된 길이의 출력값(해시값, Hash Value)을 생성하는 기법이다.
- 이때 생성된 값은 원본 데이터를 대표하는 의사 난수(Pseudo-random value)이며, 해시 함수(Hash Function)라고도 부른다.
- 단방향 함수로, 해시값만으로 원래 입력을 복원할 수 없다.
- 디지털 서명, 전자서명, 블록체인 등에서 데이터 무결성과 신뢰성을 제공한다.

> 기적의 TIP
> 동일한 입력값은 항상 동일한 해시값을 출력합니다.

2) 해시 함수의 3대 저항성

역상 저항성 (Preimage Resistance)	해시값이 주어졌을 때, 해당 해시값을 만들어낸 원래 입력값을 찾기 어려워야 하며, '일방향성(One-wayness)'이라고도 한다.
제2 역상 저항성 (Second Preimage Resistance)	어떤 입력값이 주어졌을 때, 그 입력값과 동일한 해시값을 만들어내는 다른 입력값을 찾기 어려워야 한다.
충돌 저항성 (Collision Resistance)	서로 다른 두 입력값이 동일한 해시값을 생성하는 것이 어려워야 하며, 충돌이 쉽게 발생하면 해시 알고리즘은 안전하지 않다고 평가된다.

3) 주요 해시 알고리즘

① SHA(Secure Hash Algorithm)
- 1993년 미국 NIST에서 개발된 해시 함수 계열로, 현재 가장 널리 사용되고 있는 표준 해시 알고리즘이다.
- SHA-1은 160비트 길이의 출력을 생성하며 전자서명 표준(DSA)에 사용되었지만, 충돌 취약점이 발견되어 더 이상 안전하지 않다고 평가된다.
- 이를 보완하기 위해 SHA-256, SHA-384, SHA-512와 같은 변형 알고리즘이 개발되었으며, 이들은 출력 길이를 늘려 보안성을 강화하였다.
- 특히 SHA-256은 블록체인, 전자서명, TLS 등 다양한 보안 분야에서 현재 가장 널리 활용되고 있다.

② MD5
- 128비트 출력 길이를 갖는 해시 함수로 한때 널리 사용되었으나, 충돌이 쉽게 발생한다는 취약점이 발견되었다.
- 이로 인해 보안성이 크게 떨어졌으며, 현재는 사용이 권장되지 않는다.

③ 기타
- RMD160 : 160비트 해시 함수
- HAS-160 : 한국에서 개발된 해시 함수
- HAVAL : 출력 길이를 가변적으로 선택할 수 있는 해시 함수

이론을 확인하는 기출문제

01 다음 중 대칭키(비밀키) 암호의 특징으로 옳지 <u>않은</u> 것은?

① 암호화와 복호화에 같은 키를 쓴다.
② 사용자 수가 N명일 때 필요한 키 수는 N(N-1)/2개이다.
③ 키 분배가 공개키 방식보다 쉽다.
④ 처리 속도가 빠른 편이다.

> 대칭키는 하나의 키를 공유하므로 배포와 관리의 난이도가 높습니다. 보통 공개키 방식이 키 분배가 더 쉽다.

02 사용자 수가 5명일 때 대칭키 방식에서 필요한 키의 개수는?

① 5개　　② 8개
③ 10개　　④ 12개

> N(N-1)/2=5(5-1)/2=10

03 다음 중 공개키(비대칭키) 암호가 <u>아닌</u> 것은?

① RSA　　② ECC
③ ElGamal　　④ AES

> AES는 128비트 블록을 쓰는 대칭키 알고리즘이다.

04 Diffie-Hellman에 대한 설명으로 옳은 것은?

① 전자서명 전용 알고리즘이다.
② 인증 기능 없이 비밀키를 교환하는 프로토콜이다.
③ 대칭키 블록 암호의 한 종류다.
④ 소인수분해 난이도에 근거한다.

> DH는 키 교환 프로토콜이며, 인증이 없어서 MITM에 취약해 보통 인증과 함께 사용한다.

05 다음 중 해시 함수의 '충돌 저항성'을 가장 잘 설명한 것은?

① 해시값만 보고 원문을 찾기 어렵다.
② 특정 입력과 같은 해시를 내는 다른 입력 두 개를 찾기 어렵다.
③ 서로 다른 두 입력이 같은 해시를 내도록 찾기 어렵다.
④ 같은 입력이 항상 같은 해시를 낸다.

> **오답 피하기**
> • ① 역상 저항성
> • ② 제2 역상 저항성
> • ④ 해시의 기본 성질

06 DES와 AES에 대한 설명으로 옳은 것은?

① DES는 128비트 키, AES는 56비트 키를 사용한다.
② DES는 SPN, AES는 Feistel 구조다.
③ DES는 64비트 블록·실키 56비트, AES는 128비트 블록·128/192/256비트 키를 쓴다.
④ AES는 공개키 암호다.

> DES는 64비트 블록·실효키 56비트의 Feistel, AES는 128비트 블록의 SPN 구조이다.

07 다음 중 대칭키와 공개키 비교로 옳은 것은?

① 대칭키는 느리고, 공개키는 빠르다.
② 대칭키는 빠르지만 키 분배가 어렵고, 공개키는 느리지만 키 분배가 쉽다.
③ 둘 다 키 분배가 동일하게 어렵다.
④ 공개키는 전송 기밀성에는 사용할 수 없다.

> **오답 피하기**
> • ① 대칭키는 빠르고, 공개키는 느림
> • ③ 공개키 암호화는 키 분배가 용이
> • ④ 수신자의 공개키로 암호화하면 전송 기밀성 보장 가능

정답 01 ③ 02 ③ 03 ④ 04 ② 05 ③ 06 ③ 07 ②

CHAPTER

03

시스템 인터페이스 설계

학습 방향

시스템 간 연계를 위한 요구사항 확인, 대상 식별, 미들웨어 솔루션을 학습합니다. 시험에서는 미들웨어 유형 문제가 단골로 출제됩니다. 요구사항 확인은 명세화 과정과 산출물을 순서도로 정리하세요. 미들웨어는 RPC · MOM · WAS 기능을 비교표로 작성해 반복 학습하면 효과적입니다.

출제 빈도

SECTION 01 중 35%
SECTION 01 중 35%
SECTION 03 상 30%

SECTION 01 시스템 인터페이스 요구사항 확인

빈출 태그 인터페이스 요구사항・기능/비기능 요건・동료 검토・워크스루・인스펙션

01 시스템 인터페이스 요구사항

1) 개념

- 하나의 시스템이 다른 시스템이나 하위 모듈과 연결될 때 필요한 입력, 출력, 데이터 형식, 통신 규약, 제약조건 등을 명확히 기술한 요구사항이다.
- 시스템 자체가 잘 동작하더라도 다른 시스템과의 연결이 부실하면 전체 환경에서 정상적인 서비스 제공이 불가능하기 때문에, 시스템 개발 초기 단계에서 반드시 정의되어야 한다.
- 특징

내부 인터페이스 요구사항	같은 시스템 내의 모듈・컴포넌트 간 상호작용 정의
외부 인터페이스 요구사항	다른 시스템, 장치, 네트워크 등과의 연계・통신 방식 정의

> **기적의 TIP**
> 요구사항 명세 시 반드시 데이터 형식, 통신 규약, 보안 제약을 포함해야 한다.

2) 분류

기능적 요구사항(Functional Requirements)	• 소프트웨어가 내・외부 시스템 간의 연계를 통해 수행해야 하는 구체적인 기능에 대한 요구사항이다. • 특징 – 시스템이 무엇을 해야 하는지(작업・처리・동작 방식)를 설명한다. – 입력과 출력, 데이터 처리 절차, 동작 조건 등을 명확히 기술한다. • 예시 : 사용자 인증, 데이터 검색, 주문 처리, 결제 승인, 파일 송수신 등
비기능적 요구사항(Non-Functional Requirements)	• 기능 자체가 아니라 기능이 어떤 조건에서, 어떤 품질 수준으로 수행되어야 하는지를 규정하는 요구사항이다. • 특징 – 기능 요구사항을 보조하는 제약조건의 성격을 갖는다. – 시스템의 품질(QoS, Quality of Service) 전반에 영향을 미치며, 사용자 경험과 직결된다. – 성능, 보안, 안정성, 사용성, 확장성, 호환성 등이 포함된다. • 예시 – 시스템 응답 시간은 2초 이내여야 한다. – 동시 접속자는 10,000명 이상 지원해야 한다. – 데이터 전송은 암호화되어야 한다. – 사용자 인터페이스(UI)는 직관적이고 접근성이 보장되어야 한다.

> **기적의 TIP**
> • 기능적 요구사항 = 무엇을 할 것인가(기능 중심), 작업・처리・서비스 정의
> • 비기능적 요구사항 = 어떻게 동작할 것인가(품질・제약 중심), 성능・보안・품질 조건

02 시스템 인터페이스 요구사항 문서화

1) 개념

- 시스템 인터페이스 요구사항을 문서로 정리하여, 개발자·테스터·운영자가 동일한 기준으로 이해하고 사용할 수 있도록 하는 과정이다.
- 요구사항 구성 항목

내/외부 인터페이스 이름	정의된 인터페이스의 명칭
연계 대상 시스템	데이터를 주고받는 대상 시스템 명시
연계 범위 및 내용	어떤 업무·데이터를 주고받을지 구체적으로 서술
연계 방식	파일 전송, DB 연동, API 호출, 메시지 큐 등 방식 정의
송신 데이터	전달되는 데이터 항목과 형식
인터페이스 주기	실시간/주기적(일/주/월 단위) 등 처리 주기
기타 고려사항	보안, 오류 처리, 로그 기록 등 운영 관점의 추가 조건

2) 요구사항 명세서의 실무 예시

```
요구사항 분류 : 시스템 인터페이스 요구사항
요구사항 번호 : SIR-DUMOK001
요구사항 명칭 : 네아로 연동  ← 인터페이스 이름
요구사항 상세 설명
• 정의 : 네이버 아이디로 회원 연동  ← 연계 대상 시스템        ┐ 연계 범위 및 내용
• 세부 내용                 ← 송신 데이터
  - 네이버 아이디 서비스인 네아로 API를 이용하여 두목넷 회원가입에 활용할 수 있도록 한다.
  - 두목넷 네아로 서비스 아이디가 네이버에 전달되고, API를 통하여 회원 정보를 가져온다.
  - 예상 트랜잭션 : 2,000건/일  ← 인터페이스 주기     연계 방식
  - 〈추가 정의 내용〉  ← 기타 고려사항
  - 네이버 회원 정보 중 이름, 닉네임, 이메일, 전화번호를 가져온다.
  - 네아로 서비스를 통하여 회원 가입할 때 회원 아이디를 "NAVER_"로 시작하도록 하여 구분한다.
산출 정보 : 네아로 API 적용 설명서와 두목넷 회원 DB 구조
요구사항 출처 : 고객지원팀
관련 요구사항 : SIR-DUMOK001
```

03 시스템 인터페이스 요구사항 분석 및 검증

1) 시스템 인터페이스 요구사항 분석

① 개념

- 여러 시스템 간의 데이터 교환 및 상호작용 방식을 명확하게 정의하는 과정이다.
- 한 시스템이 다른 시스템과 어떻게 연결되고 어떤 조건으로 정보를 주고받을지를 분석한다.

② 절차

- 요구사항 도출 : 소프트웨어 개발 요구사항 목록에서 외부 시스템과 관련된 요구사항을 선별하여 인터페이스 요구사항 명세서를 작성한다.
- 자료 준비 : 인터페이스와 관련된 요구사항 정의서, 아키텍처 문서, 현행 시스템의 연계 현황 등을 수집한다.

> **기적의 TIP**
>
> 분석 단계에서는 시스템 인터페이스 요구사항을 발굴하고 정리하며, 검증 단계에서는 요구사항이 명확하고 완전한지 확인 후, 최종적으로 프로젝트 기준(베이스라인)으로 확정하는 과정입니다.

> **기적의 TIP**
> 시스템 인터페이스 요구사항 분석은 요구사항 명세서에서 기능적인 요구사항과 비기능적인 요구사항을 명세하고 분류한 뒤 구체화하여 이해 관계자와 공유하는 과정입니다.

- 기능/비기능 요구사항 구분 : 인터페이스 요구사항을 기능적 요구사항과 비기능적 요구사항으로 구분한다.
- 분석 및 보완 : 인터페이스 요구사항 명세서를 요구사항 목록 및 관련 자료와 비교하여 누락된 부분을 보완하고, 모호한 부분을 수정한다.
- 공유 : 분석과 보완이 완료된 문서를 이해관계자와 공유한다.

2) 시스템 인터페이스 요구사항 검증

① 개념

- 인터페이스 설계 및 구현 전에 사용자의 요구사항을 명확히 하고, 그 요구사항 명세가 완전한지를 검토하는 과정이다.
- 요구사항 명세가 불완전하다면 설계 및 구현 단계에서 추가적인 수정이 발생하여 비효율이 생기므로, 검증 과정을 통해 사전에 문제를 방지해야 한다.

> **기적의 TIP**
> 시스템 인터페이스 요구사항 검증은 요구사항의 정확성, 일관성, 완전성을 확보하기 위한 활동입니다.

② 절차

검토 계획 수립	• 프로젝트의 규모, 학업 연한, 기간 등을 고려하여 검토 기준과 방법을 결정하는 단계이다. • 검토 책임자와 참여자(분석가, 아키텍트, 사용자, 테스트 담당자 등)를 선정하고, 검토 항목과 일정, 절차를 명확히 한다.
검토 및 오류 수정	• 작성된 요구사항 문서를 검토하고 오류를 발견하는 단계이다. • 오류가 발견되면 수정하고, 수정 결과를 반영하여 오류 조서를 작성한다. • 필요하다면 재검토를 실시하여 수정 사항이 적절히 반영되었는지를 확인한다.
베이스라인 설정	• 검토 및 오류 수정이 완료된 요구사항 명세서를 프로젝트 관리자와 관련자가 승인하여 기준선으로 설정하는 단계이다. • 베이스라인은 이후 개발 과정에서 모든 변경과 진척을 판단하는 기준이 된다.

3) 시스템 인터페이스 요구사항 품질평가 항목

기능 완전성(Function Completeness)	• 누락 없이 기능 요구사항을 잘 수집했는지를 평가하는 지표 • 도출된 기능 요구사항이 전체 사용자 기능 요구사항에서 차지하는 비율 • 계산식 : 도출된 기능요구사항 수/전체 사용자 기능 요구사항 수
품질 완전성(Quality Completeness)	• 성능 · 보안 · 호환성 등 비기능 요구사항을 얼마나 충분히 반영했는지를 평가하는 지표 • 도출된 비기능 요구사항이 전체 사용자 비기능 요구사항에서 차지하는 비율 • 계산식 : 도출된 비기능 요구사항 수/전체 사용자 비기능 요구사항 수
기능 정확성(Function Correctness)	• 기능 요구사항이 모호하지 않고 정확히 기술되었는지를 확인하는 지표 • 논리적으로 타당하게 기술된 기능 요구사항의 비율 • 계산식 : 논리적으로 기술한 기능 요구사항 수/도출된 세부 기능 요구사항 수
품질 정확성(Quality Correctness)	• 비기능 요구사항의 표현이 구체적이고 검증 가능하게 기술되었는지를 평가하는 지표 • 논리적으로 타당하게 기술된 비기능 요구사항의 비율 • 계산식 : 논리적으로 기술한 비기능 요구사항 수/도출된 세부 비기능 요구사항 수
요구사항 일관성 (Requirements Consistency)	• 요구사항 간에 모순이나 충돌이 없는지를 확인하는 지표 • 연관된 요구사항 간의 충돌 여부를 평가하는 지표 • 계산식 : 연관된 요구사항 간 충돌 건수/도출된 요구사항 내 연관 건수

04 요구사항 검증 방법

1) 시스템 인터페이스 요구사항 분석

프로토타이핑 (Prototyping)		• 실제 제품은 아니지만 기본적인 기능만 담은 시제품(프로토타입)을 만들어 사용자에게 보여주고 피드백을 받는 방법이다. • 사용자의 요구를 명확히 이해하고, 숨겨진 요구사항을 발견하는 데 유용하다.
테스트 설계 (Test Design)		• 테스트 케이스(Test Case)를 작성하고, 요구사항이 실제로 테스트 가능한지 확인하는 방법이다. • 요구사항이 모호하지 않고, 구체적이며 실행 가능한지 검증할 수 있다.
CASE(Computer Aided Software Engineering)		• 소프트웨어 개발 전 과정(요구 분석 → 설계 → 개발 → 유지보수)을 지원하는 자동화 도구를 활용하는 방법이다. • 요구사항 변경을 추적하고, 분석을 체계적으로 관리할 수 있다.
요구사항 검토 (Requirements Review)	동료 검토 (Peer Review)	• 작성자가 동료에게 요구사항을 설명하고, 동료가 결함을 찾아내는 비공식적 방법이다. • 공식적인 절차나 회의가 필요하지 않고, 문서 작성자와 같은 수준의 개발자나 분석가가 참여하는 경우가 많다.
	워크스루 (Walk Through)	• 검토 전에 요구사항 문서를 배포하여 짧은 검토회의를 진행하는 방법이다. • 사례를 통해 설계 문서, 코드, 테스트케이스 등을 점검하며 논리적 결함을 찾는다. • 복잡한 알고리즘이나 실시간 동작, 병렬 처리와 같은 기능을 설명할 때 유용하다. • 검토회의 전 명세서 배포 → 짧은 검토회의 → 결함 발견의 순서로 진행된다.
	인스펙션 (Inspection)	• 가장 공식적인 검토 방법이다. • 작성자가 아닌 다른 전문가가 문서를 검토하여 오류를 찾는다. • 계획 → 사전 준비 → 검토회의 → 수정 및 재검토(재작업) → 추적 단계로 진행된다.

> **기적의 TIP**
> 초기에는 프로토타입과 테스트 설계로 빠르게 확인하고, 이후에는 CASE 도구와 검토 절차(동료 검토 → 워크스루 → 인스펙션)로 점점 더 정밀하게 확인할 수 있다.

> **기적의 TIP**
> 인스펙션은 코드 품질 향상 기법으로, 정적 테스트 기법의 중 하나입니다.

➕ 더 알기 TIP

요구사항 검토 기법의 비교

구분	동료 검토(Peer Review)	워크스루(Walkthrough)	인스펙션(Inspection)
검토자	요구사항 작성자와 다른 개발자	요구사항 작성자, 다른 개발자, 테스트 엔지니어, 고객	요구사항 작성자, 다른 개발자, 테스트 엔지니어, 고객, 품질보증 전문가
검토 방법	작성자가 직접 설명하고 동료가 결함을 찾음	검토자가 문서를 직접 읽고 토론	검토자가 사전 준비 후 공식 회의에서 점검
검토 시간	짧음	비교적 긺	가장 긺
검토 결과	작성자가 개선	작성자가 개선, 여러 관점의 피드백 반영	오류 수정과 결과가 문서화되고 추적 관리
장점	빠르고 간편, 초기 오류 발견 용이	다양한 시각에서 검토 가능, 복잡한 기능 이해에 유용	가장 체계적이고 효과적인 방법, 품질 향상에 기여
단점	검토자의 전문성에 따라 품질 차이 발생	많은 시간과 노력이 필요	가장 많은 시간과 비용 소요

이론을 확인하는 기출문제

01 다음 중 시스템 인터페이스 요구사항 명세에 필수적으로 포함될 항목이 아닌 것은?
① 데이터 형식
② 통신 규약
③ 보안 제약
④ 개발자 인건비

> 인터페이스 명세는 데이터, 프로토콜, 보안 등에 대한 내용을 포함하고 있으며, 인건비는 관리 항목이다.

02 다음 중 기능적 요구사항으로 올바른 것은?
① 응답 시간 2초 이내
② 동시 접속 10,000명
③ 주문 승인 요청 생성
④ 전송 구간 암호화 적용

> - 기능적 요구사항(Functional Requirements) : 시스템이 무엇을 해야 하는가(What to do)에 대한 요구
> - 비기능적 요구사항(Non-Functional Requirements) : 시스템이 어떻게 동작해야 하는가(How to be)에 대한 요구

03 다음 중 인터페이스 연계 방식에 해당하지 않는 것은?
① 파일 전송
② DB 연동
③ API 호출
④ 상속(객체지향) 확장

> 상속은 설계 기법이며, 시스템 간 연계 방식이 아니다.

04 요구사항 검토 기법 중 가장 공식적이고 체크리스트 기반으로 재작업 및 추적을 포함하는 것은?
① 동료 검토(Peer Review)
② 워크스루(Walkthrough)
③ 인스펙션(Inspection)
④ 프로토타이핑(Prototyping)

> 인스펙션은 계획→사전 준비→검토회→수정/재검토→추적의 공식 절차로 진행한다.

정답 01 ④ 02 ③ 03 ④ 04 ③

SECTION 02 시스템 인터페이스 대상 식별

출제빈도 상 **중** 하
반복학습 1 2 3

빈출 태그 시스템 인터페이스 • 시스템 아키텍처 • 직접/간접 연계 방식 • 데이터 명세화

01 시스템 인터페이스 대상 식별

1) 시스템 아키텍처 요구사항

① 시스템 아키텍처(System Architecture)
- 시스템을 구성하는 요소(하드웨어, 소프트웨어, 데이터, 네트워크 등)와 그 요소들 사이의 관계를 체계적으로 표현한 설계 구조이다.
- 시스템을 어떻게 나누고 연결해서 전체가 잘 돌아가게 만들 것인지 그린 청사진(설계도)이라고 할 수 있다.

② 시스템 아키텍처 요구사항
- 아키텍처라는 큰 그림을 그리기 전에, 그 그림에 반드시 들어가야 할 조건들을 미리 뽑아내는 과정이다.
- 시스템 전체 설계도에 반드시 반영해야 할 성능 · 보안 · 확장성 같은 조건들을 미리 도출하는 것이다.

> **기적의 TIP**
> 출제빈도가 높지 않으므로, 기본 개념 위주로 이해하고 넘어가세요.

➕ **더 알기 TIP**

아키텍처 요구사항의 예시
- 성능은 얼마나 나와야 하는지(응답 속도, 처리량)
- 보안은 어떻게 확보할지(암호화, 접근 제어)
- 확장성은 어느 정도까지 고려할지(사용자 수 증가, 데이터 증가)
- 유지보수성은 어떤 방식으로 확보할지

2) 시스템 인터페이스

① 인터페이스(Interface)
- 두 개체 또는 시스템 간의 상호 작용을 가능하게 하는 경계 또는 접점을 의미한다.
- 소프트웨어에 의해 간접적으로 제어되는 장치와 소프트웨어를 실행하는 하드웨어이다.
- 기존의 소프트웨어와 새로운 소프트웨어를 연결하는 소프트웨어이다.
- 순서적 연산에 의해 소프트웨어를 실행하는 절차이다.
- 구성

모듈	특정 기능을 수행하도록 설계된 코드의 독립적인 단위
프로토콜	두 시스템 간의 데이터 전송 방식을 규정하는 규칙
프레임워크	소프트웨어 개발을 위한 기본 구조와 도구를 제공하는 플랫폼

> **기적의 TIP**
> 인터페이스는 예를 들면 두 나라 사이의 국경선처럼, 서로 다른 시스템들이 소통하고 데이터를 주고받을 수 있도록 규칙과 표준을 제공합니다.

② 시스템 인터페이스 식별
- 개발할 시스템이 어떤 다른 시스템들과 연결되는지 찾아내는 과정이다.
- 송신 시스템, 수신 시스템, 중계 시스템이 무엇인지 명확히 하는 단계이다.
- 개발할 시스템이 어떤 시스템과 데이터를 주고받을지 파악하고, 이를 문서화하는 과정이다.

③ 시스템 인터페이스 구성

송신 시스템	• 데이터를 만들어서 외부로 보내는 역할을 담당한다. • 보통 테이블이나 파일 형태로 데이터를 생성한 뒤 전송한다. • ⓓ ERP 시스템에서 매출 데이터를 생성해 회계 시스템으로 전송
수신 시스템	• 송신 시스템에서 보낸 데이터를 받아 자신이 사용할 수 있는 형식으로 변환한다. • 변환된 데이터를 DB에 저장하거나, 응용 프로그램에서 직접 활용할 수 있도록 한다. • ⓓ 회계 시스템이 ERP에서 보낸 매출 데이터를 변환하여 DB에 반영
중계 시스템	• 송신과 수신 사이에서 데이터 전달 과정을 감시하고 관리하는 역할을 한다. • 데이터가 잘 전송되고 있는지, 오류가 발생하지는 않았는지 모니터링한다. • ⓓ EAI(Enterprise Application Integration) 서버 같은 연계 솔루션

3) 데이터 표준과 명세

> **기적의 TIP**
>
> 시스템 인터페이스 데이터 표준이란 송·수신 간 주고받는 데이터의 틀을 미리 정해 놓은 약속이며, 이를 공통부–개별부–종료부로 나누어 명세서를 작성하는 것을 말합니다.

① 데이터 표준
- 시스템 간에 교환되는 데이터는 표준 형식을 정의해 사용한다.
- 인터페이스 설계 단계에서 송·수신 시스템 간 전송 표준 항목, 업무 처리 데이터, 공통 코드 정보 등을 빠짐없이 확인하고 명세서를 작성한다.
- 인터페이스는 공통부, 개별부, 종료부로 구성된다.

② 인터페이스 명세의 구성 요소

공통부		인터페이스 표준 항목을 포함한다.
	시스템 공통부	• 시스템 간 연동 시 필요한 공통정보 • ⓓ 인터페이스 ID, 전송 시스템 정보, 서비스 코드, 응답 결과, 장애 정보 등
	거래 공통부	• 실제 업무 처리에 필요한 정보 • ⓓ 직원 정보, 승인자 정보, 기기 정보, 매체 정보, 테스트 정보 등
개별부		송·수신 시스템에서 업무 처리에 필요한 데이터를 포함한다.
종료부		전송 데이터의 끝을 표시하는 문자를 포함한다.

③ 전문 구조 예시

◀──── 전문 공통부(고정 크기) ────▶◀ 전문 개별부(가변 크기) ▶◀전문 종료부▶

전문 길이 (8 Byte)	시스템 공통부 (248 Byte)	거래 공통부 (256 Byte)	데이터 (n Byte)	전문 종료 (2 Byte)

02 시스템 인터페이스 상세 설계

1) 내·외부 송수신 방식

① 직접 연계 방식
- 중계 서버나 별도 솔루션 없이 송신 시스템과 수신 시스템을 직접 연결하는 방식이다.
- 장단점

장점	• 연계 절차가 없어 처리 속도가 빠름 • 구현이 단순하고 개발 비용·기간이 경제적임
단점	• 시스템 간 결합도가 높아 변경 시 유연성이 떨어짐 • 전사적 통합 환경 구축이 어려움 • 보안 처리와 업무 로직을 인터페이스별로 따로 구현해야 하는 불편함 존재

② 간접 연계 방식
- 연계 솔루션(예 EAI 서버, 어댑터)을 이용해 송·수신 처리 및 모니터링을 수행하는 방식이다.
- 장단점

장점	• 송·수신 상태를 모니터링 및 통제 가능 • 서로 다른 네트워크/프로토콜 환경에서도 연계 가능 • 인터페이스 변경에 유연하게 대응 가능
단점	• 연계 절차가 복잡함 • 연계 서버 사용으로 성능 저하 가능 • 개발 및 테스트 기간이 길어짐

2) 연계 기술

DB Link	DB에서 제공하는 DB Link 객체를 이용해 수신 DB가 송신 DB를 직접 참조하는 방식		
DB Connection	수신 시스템 WAS에서 Connection Pool을 생성하여 송신 DB와 연결하는 방식		
API/Open API	송신 시스템에서 제공하는 API★를 호출해 데이터를 주고받는 방식		
JDBC	자바에서 JDBC 드라이버를 이용해 송신 DB와 연결하는 방식		
HyperLink	웹 애플리케이션에서 하이퍼링크를 통해 연계하는 방식		
Socket	서버에서 소켓을 생성해 포트 할당 후 클라이언트 요청 시 연결하는 방식		
Web Service	웹 표준을 이용해 시스템 간 데이터를 교환하는 방식		
	WSDL(Web Services Description Language)	서비스와 프로토콜을 기술하는 언어	
	UDDI(Universal Description, Discovery, and Integration)	전 세계 비즈니스 등록을 위한 XML 기반 레지스트리	
	SOAP(Simple Object Access Protocol)	객체 간 통신 규약	
연계 솔루션	EAI 서버나 어댑터를 이용해 송·수신 과정을 통합 관리하는 방식		

★ API
Application Programming Interface, 프로그램 간 상호 작용을 정의한 인터페이스 사양

+ 더 알기 TIP

웹의 3요소

웹 표준	웹에서 사용되는 기술이나 규약을 통일하여 웹 페이지의 구조와 동작을 표준화하는 것
웹 접근성	모든 사람이 웹 사이트를 이해하고 사용할 수 있도록 하는 것
웹 호환성	웹 사이트가 다양한 브라우저와 기기에서 동일하고 정확하게 표시되고 작동하는 것

3) 통신 · 처리 방식

① 통신 유형 : 데이터가 오갈 때 '응답을 어떻게 처리하느냐'에 관한 방식

단방향	데이터를 요청하고 응답이 필요 없는 방식
동기	요청 후 응답이 올 때까지 대기하는 방식(거래량 적고 빠른 응답 필요시)
비동기	요청 후 다른 작업을 하다가 응답이 오면 처리하는 방식(거래량 많거나 응답 지연 가능 시)

② 처리 유형 : 데이터를 '언제, 어떤 단위로 처리하느냐'에 관한 방식

지연 처리	단위 처리 비용이 크거나 과다할 때 모아 처리하는 방식
배치 처리	대량 데이터를 정해진 시간에 한 번에 처리하는 방식
실시간 처리	요청 즉시 처리해야 하는 방식

4) 데이터 명세화

> **기적의 TIP**
> 시스템 인터페이스 데이터 명세화란 개체·테이블·코드 정의서를 기반으로 송·수신 데이터의 형식, 속성, 규칙, 보안 적용 여부까지 구체적으로 문서화하는 과정을 말합니다.

① 개념
- 인터페이스 요구사항 분석 과정에서 식별된 연계 정보(개체 정의서, 테이블 정의서, 코드 정의서)를 토대로 데이터 명세를 작성하는 과정이다.
- 송·수신 과정에서 어떤 데이터를, 어떤 형식으로 주고받을지 문서화하는 단계이다.

② 데이터 정의 문서

개체 정의서(Entity Definition Document)	• 데이터베이스 개념 모델링 단계에서 작성 • 개체 타입, 속성, 식별자 등 개체와 관련된 정보 등을 명세
테이블 정의서(Table Definition Document)	• 데이터베이스 논리/물리 모델링 단계에서 작성 • 테이블의 속성명, 자료형, 길이, Key, Default 값, Index, 업무 규칙 등을 명세
코드 정의서(Code Definition Document)	• 전체 데이터베이스에서 유일하게 정의되는 코드의 명명 규칙을 확정 • 코드의 명명 규칙 확정 및 그에 따른 어떤 코드를 사용할지 등을 명세

③ 송 · 수신 데이터 명세 작성
- 단위 : 송·수신 시스템의 테이블 정의서, 파일 레이아웃을 기준으로 작성
- 항목 정의 : 데이터 타입, 길이, 필수 입력 여부, 식별자 여부를 명세
- 코드 데이터 : 공통 코드 여부를 확인하고 코드값 범위를 정의
- 보안 고려 : 법률적 근거 및 사내 보안 규정을 반영, 암호화 대상 칼럼을 선정하여 적용 여부를 정의

03 시스템 인터페이스 오류 관리

1) 오류 식별 및 처리

① 개념
- 내/외부 인터페이스 목록에 존재하는 각 인터페이스에 대해 발생 가능한 오류를 식별하고 오류 처리 방안을 명세화하는 것을 의미한다.
- 시스템 및 전송 오류 시 연계 프로그램 등에서 정의한 예외 상황과 대/내외 시스템 연계 시 발생할 수 있는 다양한 오류 상황을 식별 구분한다.

② 식별 대상
- 시스템 및 전송 오류 발생 시 연계 프로그램에서 정의된 예외 상황
- 내부 시스템 간, 또는 외부 시스템과의 연계 과정에서 발생할 수 있는 다양한 오류 상황

③ 오류 발생 영역
- 송신 시스템(연계 프로그램) ↔ 중계 시스템(연계 서비스)
- 중계 시스템(연계 서비스) ↔ 수신 시스템(연계 프로그램)

2) 오류 처리 유형

연계 서버 오류	연계 서버 실행 여부, 송·수신 전송 형식 변환 등 연계 서버 자체 기능 관련 오류
연계 데이터 오류	전송되는 데이터 값이 유효하지 않아 발생하는 오류
송신 시스템 연계 프로그램 오류	송신 데이터 추출 시 DB 접근 권한 오류, 데이터 변환 처리 오류
수신 시스템 연계 프로그램 오류	수신 데이터를 DB에 반영하는 과정 또는 데이터 변환 중 발생하는 오류

3) 오류 처리 방법

로그 기록 관리	연계 서버와 송·수신 시스템의 로그 파일에 오류 코드와 상세 내용을 기록하도록 연계 프로그램 작성
원인 분석	오류 발생 시 로그 파일을 확인해 원인을 분석하고 해결 방안 수립
데이터 오류 처리	연계 데이터 오류의 경우 데이터를 보정하고 재전송
접속 오류 처리	송·수신 시스템의 접속 오류는 담당자 또는 시스템 상태 확인 후 재전송
오류 코드 관리	• 오류를 유형별로 구분해 관리 • 오류 코드는 발생지·유형·일련번호를 포함한 명명 규칙으로 정의 • 오류 원인(데이터 에러, 네트워크 에러, 암호화/복호화 에러 등)을 포함하여 기술
오류 처리 명세화 절차	오류 상황을 식별·분류한 후, 발생 영역·오류 코드·메시지·설명·대응 방안을 문서화

> **기적의 TIP**
>
> 시스템 인터페이스 설계서는 전체 인터페이스의 개요를 담은 문서, 시스템 인터페이스 정의서는 각 인터페이스별 상세 명세를 담은 문서라고 이해해 주세요.

04 시스템 인터페이스 설계서 및 정의서

1) 시스템 인터페이스 설계의 개념

- 시스템의 구조와 서브시스템 간 관계를 표현한다.
- 기존 소프트웨어와 새로운 소프트웨어를 연결하는 역할을 한다.
- 소프트웨어가 제어하는 장치와 이를 실행하는 하드웨어의 동작을 고려한다.
- 순차적 절차를 통해 소프트웨어가 실행되는 과정을 규정한다.

2) 설계 단계

① 요구사항 분석

- 인터페이스 요구사항을 기반으로 필요한 시스템 연계 항목을 도출한다.
- 인터페이스 요구사항을 분석하여 시스템이 수행해야 하는 작업과 외부 시스템 또는 사용자와의 상호작용 방식을 이해한다.

② 인터페이스 디자인

- 요구사항 분석 결과를 기반으로 인터페이스 설계를 수행한다.
- 데이터 형식, 프로토콜, 인터페이스 유형 등을 결정한다.

③ 인터페이스 구현

- 설계된 인터페이스를 실제로 구현한다.
- 구현 후 테스트를 통해 정확성과 성능을 확인한다.

④ 인터페이스 테스트

- 구현된 인터페이스가 요구사항을 충족하는지 검증한다.
- 기능적 요구사항과 비기능적 요구사항 모두를 고려하여 테스트를 수행해야 한다.

⑤ 인터페이스 유지보수

- 인터페이스 변경 상황이 발생하면 수정하고 테스트를 반복 수행한다.
- 외부 시스템과의 상호작용을 안정적으로 유지하기 위해 지속적 관리가 필요하다.

3) 설계서 및 정의서

시스템 인터페이스 설계서	• 시스템 전체 인터페이스의 현황과 구조를 정리한 문서 • 인터페이스 목록(인터페이스 ID, 인터페이스명, 시스템 및 대내외 구분, 연계 방식, 통신 유형, 처리 유형, 주기, 데이터 형식)과 인터페이스 정의서를 통해 구현 • 내·외부 모듈 간 공통으로 제공되는 기능과 데이터 인터페이스 확인에 활용 • 송·수신 방법 및 데이터 명세화 과정에서 작성된 산출물을 기반으로 함 • 초안 작성 후 시스템 정의서와 비교·보완하여 최종 확정 • '어떤 인터페이스들이 존재하는가?'를 한눈에 볼 수 있게 하는 개요 문서
시스템 인터페이스 정의서	• 각 인터페이스별로 세부 구현 요건을 기술한 문서 • 인터페이스 ID, 요구 성능, 송·수신 데이터 항목, 속성, 시스템 정보 등 상세 명세 • 송신·수신 시스템 간의 데이터 저장소와 속성의 상세 내역 포함 • 시스템 간 연계를 유지하는 데 필요한 데이터 항목과 구현 요건 정의 • '이 인터페이스는 구체적으로 어떻게 동작해야 하는가?'를 규정하는 세부 문서

이론을 확인하는 기출문제

01 다음 중 인터페이스 공통부에 포함되는 정보로 가장 적절한 것은?

① 인터페이스 ID, 전송 시스템 정보, 서비스 코드
② 주문 번호, 주문 수량, 단가
③ 전송 종료를 나타내는 EOT 문자
④ 개인정보 칼럼의 암호화 대상 지정

공통부는 시스템 공통/거래 공통 정보(인터페이스 ID, 전송 시스템, 서비스 코드 등)를 포함한다.

02 시스템 간 간접 연계 방식의 장점으로 옳은 것은?

① 중계 없이 단순 연결로 처리 속도가 빠르다.
② 송·수신 상태를 모니터링 및 통제할 수 있다.
③ 구현이 단순하여 개발 비용과 기간이 경제적이다.
④ 인터페이스별 보안 처리·업무 로직을 각각 구현해야 한다.

간접 연계(EAI 등)는 모니터링·통제, 이기종 연계, 변경 유연성이 장점이다.

03 통신 유형 중 '요청 후 다른 작업을 수행하다가 응답이 오면 처리'에 해당하는 것은?

① 단방향
② 동기
③ 비동기
④ 지연 처리

응답 도착 시 처리하는 것은 비동기 처리에 대한 내용이다.

04 다음 중 테이블의 속성명, 자료형, 길이, Key, Default, Index 등을 명세하는 문서는?

① 개체 정의서
② 테이블 정의서
③ 코드 정의서
④ 시스템 공통부

물리/논리 스키마의 세부 속성은 테이블 정의서에 기술한다.

05 시스템 인터페이스 설계서와 정의서에 대한 설명으로 옳은 것은?

① 설계서는 인터페이스별 상세 구현 요건을 기술한다.
② 정의서는 인터페이스 ID, 요구 성능, 송·수신 데이터 항목과 속성 등 세부 구현 요건을 규정한다.
③ 설계서는 각 인터페이스의 데이터 항목·속성 상세 내역을 포함한다.
④ 정의서는 전체 인터페이스의 현황과 구조를 한눈에 정리한다.

설계서=개요/현황, 정의서=인터페이스별 상세 구현 요건

정답 01 ① 02 ② 03 ③ 04 ② 05 ②

미들웨어 솔루션

빈출 태그 미들웨어 • 데이터베이스 미들웨어 • 통신 미들웨어 • TP-Monitor • WAS

01 미들웨어(Middleware)

1) 개념

- 미들웨어는 운영체제(OS)와 애플리케이션 사이에서 동작하는 중간 계층 소프트웨어이다.
- 클라이언트와 서버 간의 데이터 통신, 이기종 환경(하드웨어 · 소프트웨어 · 네트워크 · 운영체제)에서의 연결을 지원한다.
- 표준화된 인터페이스를 제공하여 다양한 시스템 간 데이터 교환의 일관성을 유지한다.
- 분산 환경에서 여러 업무를 동시에 처리할 수 있어 부하 분산 및 자료 일관성을 보장한다.

➕ 더 알기 TIP

엔터프라이즈 미들웨어
- 엔터프라이즈 미들웨어는 한 장소에서 다른 장소로 기업 안팎에서 데이터를 운반하는 역할을 담당한다.
- 대부분 소프트웨어가 미들웨어 덕분에 제대로 기능할 수 있는데 이는 기업의 모든 부분에는 데이터가 필요하고 원활하게 데이터를 공급해야 하므로 데이터의 흐름을 지원해 주는 미들웨어가 매우 중요한 역할을 담당한다.

2) 특징

- 운영체제가 제공하는 서비스를 애플리케이션에 확장 · 제공한다.
- 서로 다른 환경의 시스템을 연결해 상호 연동이 가능하다.
- 분산된 업무 처리를 지원하여 성능과 안정성을 높인다.

02 미들웨어 솔루션

1) 개념
- 클라이언트와 서버 간 통신을 담당하는 시스템 소프트웨어 패키지를 의미한다.
- 다양한 하드웨어, 소프트웨어, 네트워크 환경에서도 표준화된 연결을 제공한다.
- 운영체제와 애플리케이션 사이에서 중간 매개자 역할을 수행한다.

> **기적의 TIP**
> 미들웨어가 '이런 역할을 하는 소프트웨어 계층이 필요하다'라는 이론적 정의라면, 미들웨어 솔루션은 '그것을 실제로 구현해 쓰는 소프트웨어 패키지'라고 이해해 주세요.

2) 분류

① 데이터베이스 미들웨어(DB Middleware)
- 애플리케이션과 데이터베이스를 연결해 주는 중간 소프트웨어이다.
- 클라이언트에게 공통 SQL 호출 인터페이스를 제공해, 여러 종류의 DBMS에 쉽게 접근할 수 있도록 한다. 즉, DB 전용 미들웨어라고 보면 된다.
- 원격지에 있는 데이터베이스 접근을 중계한다.
- 특정 DB에 종속되지 않고, 여러 DB를 하나의 방식으로 연결할 수 있다.
- 다양한 DBMS 환경에서 호환성과 일관성을 제공한다.
- 종류

종류	설명
ODBC(Open Database Connectivity)	마이크로소프트가 개발, 가장 널리 사용되는 DB 표준 인터페이스
JDBC(Java Database Connectivity)	자바 애플리케이션에서 DB 접근 시 사용하는 표준 인터페이스
.NET Data Provider	마이크로소프트 .NET 환경에서 DB 연결을 지원
ADO(ActiveX Data Objects)	마이크로소프트에서 제공, 윈도우 환경 애플리케이션에서 DB 연결 시 사용
DAO(Data Access Objects)	MS Access 같은 데스크톱 DB에 주로 사용
IDAP(Integrated Database Application Interface)	통합 DB 응용 프로그램 인터페이스
DRDA(Distributed Relational Database Architecture)	IBM에서 제안한 분산 관계형 DB 접근 아키텍처
OLE DB(Object Linking and Embedding Database)	다양한 데이터 원본(DBMS, 스프레드시트 등)에 접근하기 위한 마이크로소프트 기술

> **기적의 TIP**
> 데이터베이스 미들웨어(DB Middleware)는 '애플리케이션-TO-데이터베이스 방식'이고, 통신 미들웨어는 '애플리케이션-TO-애플리케이션' 방식입니다.

② 통신 미들웨어(Application-to-Application)
- 분산 환경에서 애플리케이션 간 통신을 가능하게 하는 소프트웨어이다.
- 클라이언트-서버 모델을 기반으로 동작하며, 미들웨어가 중간에서 요청·응답을 관리한다.
- 종류

종류	설명
RPC(Remote Procedure Call)	• 분산 처리 시스템을 구현하기 위해 응용 프로그램의 프로시저를 사용하여 원격 프로시저를 로컬 프로시저처럼 호출하는 방식 • 종류 : Sun Micro systems의 ONC, OMG(Object Management Group)의 CORBA, Google의 gRPC
MOM(Message Oriented Middleware)	• 메시지를 기반으로 하는 비동기식 메시지 전달 보장 방식 • 이기종의 분산 데이터베이스 시스템에서 데이터 동기화에 주로 사용 • 종류 : Oracle의 Message Q, JCP의 JMS, MS의 MSMQ

ORB(Object Request Broker)	• 객체지향 미들웨어로 코바(CORBA) 표준 스펙 구현 • 로컬 및 원격지에 있는 객체들 사이에 통신을 담당하는 핵심 기술 • 인터페이스는 인터페이스 정의 언어인 IDL 사용 • 최근에는 TP-Monitor의 장점인 트랜잭션 처리와 모니터링 등을 추가로 구현 가능 • 종류 : Micro Focus의 Orbix, OMG의 CORBA
TP-Monitor(Transaction Processing Monitor)	• 여러 소프트웨어 상호 간 혼합된 환경의 온라인 업무에서 세션, 시스템, 데이터베이스 사이의 트랜잭션을 감시 • 분산 환경에서 분산 트랜잭션을 처리 • 사용자 수가 증가해도 빠른 응답 속도를 보장해야 할 때 사용 • 트랜잭션 협력 서비스, 안정적인 메시지 큐잉 시스템, 일의 흐름 관리와 개발의 통합적인 서비스들을 제공 • 종류 : Oracle의 tuxedo, IBM의 WebSphere
WAS(Web Application Server)	• HTTP를 통한 사용자 컴퓨터나 장치에 Application을 수행 • 주로 DB 서버와 같이 동적 서버 콘텐츠를 수행하는 데 사용 • 동적인 웹 사이트, 웹 애플리케이션, 웹 서비스의 개발을 지원하기 위하여 설계 • 가용성, 성능, 기술 지원, 구축 비용 등 고려 • 종류 : RedHat의 JBoss, Tmax의 JEUS, Oracle의 Weblogic, IBM의 Websphere, GlassFish, Jetty, Resin, Tomcat
OTM(Object Transaction Monitor)	• 전통적인 TP-Monitor의 기능과 ORB에 의해 제공되는 객체기반 프로그램 인터페이스 제공 • 유연성 있는 통합적인 시스템 환경 제공

＋ 더 알기 TIP

최신 미들웨어 기술

- RESTful Web Services : HTTP 프로토콜을 기반으로 하는 웹 서비스로, 클라이언트와 서버 간의 통신을 위해 사용된다. RESTful은 Representational State Transfer의 약자로, 자원을 표현하고 상태를 전송하기 위한 아키텍처 스타일이다.
- Apache Kafka : 분산 스트리밍 플랫폼으로, 대용량의 실시간 데이터 스트림을 처리하는 데 사용된다.
- ZeroMQ : 메시지 지향 미들웨어로, 다양한 프로그래밍 언어와 플랫폼에서 사용할 수 있으며, 고성능, 확장성, 안정성 등의 특징을 제공한다.

③ 기타 미들웨어

메시징 미들웨어	• 메시지를 기반으로 애플리케이션 간 데이터를 교환하는 미들웨어 • 비동기 처리 지원, 대용량 데이터 연동에 유리
통합 미들웨어	• 기업 내 다양한 시스템을 하나의 통합된 환경으로 연결 • EAI(Enterprise Application Integration) 솔루션 등이 포함
보안 미들웨어	사용자 인증, 권한 관리, 데이터 암호화 등 보안 기능을 제공하는 미들웨어
웹 미들웨어	• 웹 환경에서 애플리케이션 실행과 서비스를 지원 • 동적 콘텐츠 처리, 세션 관리, 웹 서비스 연동 기능 포함
데이터베이스 미들웨어	• 원격 DB에 접근할 수 있도록 중계 기능을 제공 • DBMS 벤더에서 제공하는 소프트웨어가 많음(ODBC, JDBC 등 포함)
네트워크 미들웨어	네트워크 자원을 효율적으로 관리하고, 다양한 통신 프로토콜을 지원
모니터링 미들웨어	시스템과 애플리케이션의 동작 상태를 감시하고 성능을 분석하는 기능 제공
로깅 미들웨어	시스템 운영 및 애플리케이션 실행 과정에서 발생하는 이벤트와 로그를 관리

이론을 확인하는 기출문제

01 미들웨어에 대한 설명으로 가장 적절한 것은?

① 운영체제와 애플리케이션 사이의 중간 계층 소프트웨어로, 이기종 환경 연결과 부하 분산을 지원한다.
② 하드웨어 장치를 직접 제어하는 펌웨어로서 OS를 대체한다.
③ 단일 운영체제 전용으로만 동작하여 이기종 연결을 제한한다.
④ 분산 처리를 방해하므로 단일 서버 환경에만 적합하다.

오답 피하기
- ② 펌웨어(Firmware)에 대한 설명
- ③ 미들웨어는 이기종 간 연결을 가능하게 함
- ④ 분산 처리와 확장성을 지원하기 위해 존재함

02 데이터베이스 미들웨어(DB Middleware)에 대한 설명으로 옳은 것은?

① ODBC/JDBC 등 표준 인터페이스를 제공하여 다양한 DBMS 접근을 가능하게 한다.
② 메시지 기반 비동기 전달을 통해 이기종 시스템 간 데이터 동기화를 수행한다.
③ 분산 트랜잭션 감시와 안정적인 메시지 큐잉을 제공한다.
④ HTTP를 통해 동적 웹 애플리케이션을 수행한다.

오답 피하기
- ② MOM의 특징
- ③ TP-Monitor의 특징
- ④ WAS의 역할

03 메시지 지향 미들웨어(MOM)에 대한 설명으로 옳은 것은?

① 원격 프로시저를 로컬처럼 호출하며 IDL을 사용한다.
② 비동기 메시지 전달을 보장하며 JMS, MSMQ 등이 대표적이다.
③ HTTP 기반으로 동적 콘텐츠와 세션을 관리한다.
④ 자바에서 DB 접속을 표준화한 인터페이스이다.

오답 피하기
- ① ORB/CORBA
- ③ WAS
- ④ JDBC

04 TP-Monitor에 대한 설명으로 옳은 것은?

① 객체 간 통신을 위해 IDL을 사용하며 CORBA 스펙을 구현한다.
② 다양한 DBMS에 대한 SQL 접근을 표준화한다.
③ 분산 환경에서 트랜잭션을 감시·조정하고, 사용자 증가 시에도 빠른 응답을 보장하도록 설계된다.
④ HTTP를 통해 웹 애플리케이션을 실행하는 서버 소프트웨어이다.

오답 피하기
- ① ORB
- ② DB 미들웨어
- ④ WAS

05 다음 중 WAS(웹 애플리케이션 서버)의 예로만 묶인 것은?

① Tomcat, JEUS, Weblogic
② ORB, CORBA, IDL
③ Oracle Message Q, JMS, MSMQ
④ ODBC, JDBC, ADO

WAS(Web Application Server) : Tomcat, JEUS, WebLogic, JBoss, WebSphere 등

오답 피하기
- ② 객체지향 미들웨어
- ③ 메시지 지향 미들웨어(MOM)
- ④ 데이터베이스 연결 API

정답 01 ① 02 ① 03 ② 04 ③ 05 ①

PART 06

데이터베이스 구축

파트 소개

데이터베이스는 시험에서 가장 높은 비중을 차지하는 영역입니다. DB 개념부터 설계, 정규화, SQL, 병행 제어, 자료구조와 입출력까지 모두 출제됩니다. 특히 SQL과 정규화, 트랜잭션 관리, 인덱스와 검색 구조는 단골 문제입니다. 이 파트 학습을 통해 데이터의 저장·검색·보안 관리 능력을 강화하고, 실무에서도 바로 적용할 수 있는 기초를 다집니다.

CHAPTER

01

데이터베이스

학습 방향

DB의 정의, 특징, DBMS 역할을 학습합니다. 스키마와 데이터 언어, 빅데이터 관리도 최근 자주 출제됩니다. 3단계 스키마(외부–개념–내부)는 그림으로 정리하세요. DDL · DML · DCL은 SQL 예시와 함께 암기해야 합니다. 빅데이터 관리 개념은 최신 기출을 중심으로 확인하세요.

출제 빈도

SECTION	난이도	비율
SECTION 01	상	20%
SECTION 02	상	20%
SECTION 03	중	15%
SECTION 04	중	15%
SECTION 05	상	30%

SECTION 01 데이터베이스의 개념

출제빈도 상 중 하
반복학습 1 2 3

빈출 태그 정보 시스템 • 자료 처리 시스템 • DBMS • 데이터베이스 사용자

01 자료와 정보

1) 개념

① **자료(Data)**
- 가공되지 않은 사실이나 값이다.
- 의미가 부여되지 않은 숫자, 문자, 기호 등의 원시적 형태이다.
- 예) 85, 시험, 홍길동

② **정보(Information)**
- 자료를 가공 • 처리하여 의미를 부여한 결과이다.
- 의사결정이나 문제 해결에 활용 가능한 상태이다.
- 예) 홍길동의 시험 점수는 85점이다.

③ **지식(Knowledge)**
- 정보를 조직화 • 체계화하고, 경험 • 규칙 • 맥락이 결합된 것이다.
- 추론, 판단, 예측 등에 활용이 가능하다.
- 예) 이번 시험은 평균이 80점 이상이면 합격인데, 홍길동은 85점이므로 합격이다.

+ 더 알기 TIP

자료, 정보, 지식의 비교

구분	자료(Data)	정보(Information)	지식(Knowledge)
의미	가공되지 않은 사실 • 값	의미 있는 데이터, 패턴 • 규칙	체계화된 정보 + 경험 • 맥락
구조	무작위적, 비체계적	가공 • 구조화	조직화 • 체계화
가치	단순한 사실, 활용 불가	의사결정 • 업무 활용 가능	판단 • 추론 • 예측 지원
형태	수량, 문자, 원시값	분석 • 해석된 결과	규칙 • 법칙 • 노하우로 정리된 형태
표현	원시적 기록	정제 • 구조화된 문서 • 리포트	지식 체계, 매뉴얼, 규칙
활용	단순 저장	문제 해결, 보고 • 분석	전략 수립, 의사결정, 학습 • 교육
요소	단일 요소(숫자, 문자 등)	여러 자료 결합 → 정보 요소	다양한 정보가 축적 • 융합된 지식 요소

2) 정보 시스템(Information System)

① 개념
- 자료(Data)를 수집·저장·처리·전달하여 유용한 정보(Information)를 만들어 내는 시스템이다.
- 조직의 업무 수행과 의사결정을 지원하는 역할을 한다.
- 업무를 자동화하고 효율성을 향상시키며, 경영 의사결정을 지원하고, 대내외 환경 변화에 신속하게 대응할 수 있도록 해준다.

② 종류

거래 처리 시스템(TPS, Transaction Processing System)	• 기업의 일상적인 거래 활동을 처리하는 시스템 • 반복적이고 대량의 데이터를 신속·정확하게 처리 • 예 급여 관리, 판매 관리, 재고 관리
경영 정보 시스템(MIS, Management Information System)	• TPS에서 처리된 데이터를 요약·집계해 경영진에게 제공하는 시스템 • 보고서, 통계자료를 통해 중간 관리자 의사결정을 지원 • 예 월별 매출 보고, 생산량 집계
의사결정 지원 시스템(DSS, Decision Support System)	• 비정형적이고 비구조적인 의사결정을 지원 • 데이터 분석, 시뮬레이션, 예측 모델 등을 활용 • 예 신상품 출시 여부 판단, 투자 전략 수립
전사적 자원 관리(ERP, Enterprise Resource Planning)	• 인사, 회계, 생산, 물류 등 기업 자원을 하나로 통합 관리 • 중복 업무 제거, 효율성 극대화
고객 관계 관리(CRM, Customer Relationship Management)	• 고객 데이터를 기반으로 관계를 관리 • 고객 만족, 충성도 제고, 맞춤형 서비스 제공
공급망 관리(SCM, Supply Chain Management)	• 원자재 공급자 → 제조업체 → 유통업체 → 고객까지 이어지는 공급망 전체를 관리 • 재고 최적화, 물류 효율화, 납기 단축
지식 관리 시스템(KMS, Knowledge Management System)	• 조직 내 지식과 노하우를 체계적으로 관리 • 문서, 매뉴얼, 사례 데이터베이스를 공유해 학습과 혁신 지원

> **기적의 TIP**
> 정보 시스템은 목적에 따라 TPS, MIS, DSS 같은 관리 지원형부터, ERP, CRM, SCM, KMS 같은 기업 통합·전략 지원형까지 다양하게 존재합니다.

3) 자료 처리 시스템(Data Processing System)

① 개념
- 입력된 자료를 가공·변환하여 유용한 정보를 출력하는 시스템이다.
- 정보 시스템의 하위 개념으로, 정보 생산 과정의 핵심 역할을 한다.
- 반복적이고 대량의 데이터를 효율적으로 처리하며, 정확성과 신속성이 요구되고, 자동화된 시스템을 통해 오류를 줄일 수 있다.

② 기본 개념도

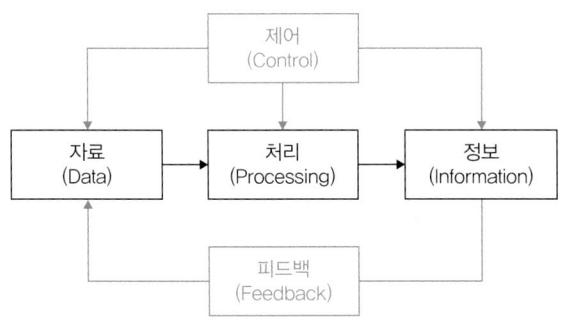

> **기적의 TIP**
> 정보 시스템은 자료를 수집·처리·전달해 조직의 의사결정을 지원하는 전체 시스템이고, 자료 처리 시스템은 자료를 입력받아 가공·출력하는 정보 시스템의 핵심 처리 메커니즘입니다.

자료(Data)	• 시스템의 입력(Input) 단계 • 원시 자료가 들어옴 • 예 숫자, 문자, 관찰 결과 등
처리(Processing)	• 입력된 자료를 가공·연산·변환하는 단계 • 처리 단계에서 자료가 의미 있는 형태로 바뀌어 정보가 됨 • 예 시험 점수의 평균 계산
정보(Information)	• 처리 결과(Output) 단계 • 의사결정이나 업무에 직접 활용할 수 있는 의미 있는 결과물 • 예 평균 점수로 합격 여부 계산
제어(Control)	• 처리 과정이 올바르게 진행되도록 관리·통제하는 요소 • 예 자료 입력 범위를 제한, 처리 규칙을 관리, 오류 감시
피드백(Feedback)	• 처리된 정보를 다시 입력 단계로 되돌려 자료로 활용하는 과정으로, 피드백을 통해 정보는 새로운 자료가 되어 또 다른 처리를 가능하게 함 • 예 합격 여부를 다시 다음 시험 계획 자료로 활용

③ 종류

일괄 처리 시스템(Batch Processing System)	• 일정 시간 동안 수집된 자료를 모아 한꺼번에 처리하는 방식 • 데이터를 처리하는 과정에서 중간 오류가 발생하면, 모든 데이터가 영향을 받을 수 있으므로 오류를 최소화하는 것이 중요함 • 오류 처리와 회복 기능을 반드시 고려해야 함 • 특징 : 그룹화, 자동화, 대량 처리, 비동기적 처리★ • 예 급여 관리, 세무 관리
온라인 실시간 처리 시스템(Online Real Time Processing System)	• 자료가 발생하는 즉시 처리하여 결과를 출력하는 방식(대화식 처리 방식) • 실시간으로 처리되므로, 데이터의 정확성과 신뢰성이 매우 중요함 • 데이터의 일관성과 무결성 보장을 위해 트랜잭션 처리 기능★ 필수 • 동시다발적인 사용자 요청을 처리할 수 있도록 시스템 자원을 효율적으로 관리해야 하므로 성능 최적화를 위한 캐싱, 인덱스, 파티셔닝 등의 기술이 적용되어야 함 • 특징 : 실시간 응답, 사용자와 상호 작용, 다중 사용자 동시성 처리, 실시간 데이터 업데이트, 대화 형성 • 예 항공 좌석 예약, 주식 거래
분산 처리 시스템(Distributed Processing System)	• 물리적으로 분리된 여러 컴퓨터/DB를 네트워크로 연결해 마치 하나의 시스템처럼 사용하는 방식 • 각각의 컴퓨터는 독립적으로 작업을 수행함 • 빠른 처리 속도와 대규모의 데이터 처리 가능 • 여러 대의 컴퓨터에 분산 저장되어 있어서 데이터의 안전성과 보안성을 보장하기 위해 데이터의 복제, 분산 트랜잭션 처리, 보안 관리 등의 기술 필요 • 특징 : 독립적 작업 수행, 병렬 처리로 속도 향상, 데이터 복제·분산 트랜잭션·보안 관리 필요 • 예 대용량 데이터 처리, 클라우드 컴퓨팅

★ 비동기적 처리
사용자가 요청한 순간에 바로 응답을 주지 않고 나중에 한꺼번에 처리하는 방식이다. 실시간 처리가 요청 즉시 처리하는 동기적 방식이라면, 일괄 처리는 요청 후 결과가 나중에 제공되는 비동기적 방식이다.

★ 트랜잭션 처리 기능
ACID 특성(원자성, 일관성, 격리성, 영속성)을 보장하는 것을 의미한다.

➕ 더 알기 TIP

분산 처리 시스템의 응용 형태

- 클라우드 기반 처리(Cloud-based Processing) : 클라우드 컴퓨팅 기술을 이용하여 데이터 처리를 수행하는 방식으로, 대량의 데이터를 처리할 때 사용한다.
- 인터넷 기반 처리(Internet-based Processing) : 인터넷 기술을 이용하여 데이터 처리를 수행하는 방식으로, 대표적으로 웹 서버에서 동적인 페이지를 생성하는 웹 애플리케이션에서 사용된다.

02 데이터베이스(Database)

1) 개념
- 여러 사람이 공동으로 사용하기 위해 체계적으로 저장·관리되는 데이터의 집합이다.
- 단순히 데이터를 모아둔 것이 아니라, 중복을 최소화하고 구조화하여 효율적으로 관리·활용할 수 있도록 한 것을 말한다.

2) 주요 요소

① 통합 데이터(Integrated Data)
- 각 사용자의 데이터를 한곳에 모아 통합한 데이터이다.
- 여러 응용 프로그램에서 발생한 데이터를 한데 모아 일관성 있게 관리해야 한다.

② 저장 데이터(Stored Data)
- 컴퓨터 하드웨어 저장 장치에 저장된 데이터이다.
- 보조기억장치(디스크 등)에 물리적으로 저장된다.
- 데이터베이스의 중요한 요소로서, 데이터베이스 시스템을 통해 데이터의 효율적인 관리와 보안이 보장되어야 한다.

③ 운영 데이터(Operational Data)
- 어떤 조직의 고유 기능을 수행하기 위해 꼭 필요한 데이터이다.
- 신속하고 정확한 데이터를 제공함으로써 조직의 의사결정과 업무 수행을 지원해야 한다.

④ 공용 데이터(Shared Data)
- 여러 사용자가 공동 소유·관리·활용하는 데이터이다.
- 여러 사용자들이 동시에 공유하고 활용할 수 있다.

3) 특성

① 실시간 접근성(Real Time Accessibility)
- 사용자의 수시적이고 비정형적인 질의에 실시간으로 응답할 수 있어야 한다.
- 사용자가 검색, 수정, 삭제 등을 요청하면 지연 없이 처리한다.
- 주요 특성

실시간 응답	사용자가 데이터를 요청하면, 데이터베이스는 최신 정보를 검색하여 즉시 결과를 반환한다.
실시간 업데이트	데이터베이스에 저장된 데이터가 변경되면, 해당 변경 사항이 실시간으로 반영되어 사용자에게 최신 정보를 제공한다.
동시 접근	다수의 사용자가 동시에 데이터를 요청하고 처리할 수 있으며, 데이터베이스 시스템은 동시 접근을 조율하여 일관성과 무결성을 유지한다.
신속한 처리	사용자가 데이터를 요청하면, 데이터베이스는 최소한의 지연 시간으로 데이터를 검색하고 처리하여 결과를 제공한다.
실시간 분석	데이터의 변경이 발생하면, 실시간으로 해당 데이터의 분석을 수행하고 결과를 제공한다.

② 내용에 의한 참조(Content Reference)
- 데이터는 저장된 위치가 아니라 내용(값)으로 참조된다.
- 관계형 데이터베이스에서 외래키(Foreign Key) 등을 통해 내용 기반 참조를 구현한다.
- 주요 특성

의미적 연결성	데이터베이스에서는 한 데이터가 다른 데이터를 참조함으로써 데이터 간의 관계를 정의하고 의미를 부여할 수 있어서 데이터 간의 상호 연결성을 유지하고 의미 있는 정보를 생성할 수 있다.
외래키	외래키는 다른 테이블이나 컬럼에서 데이터를 식별하는 역할을 하므로 외래키를 통해 데이터 간의 참조 관계를 구축할 수 있다.
데이터 무결성 유지	참조되는 데이터가 변경되거나 삭제되면, 이에 따라 참조하는 데이터에 대한 일관성을 유지하기 위해 적절한 제약조건과 관계를 설정하여 데이터베이스에서 데이터의 일관성과 정확성을 유지할 수 있도록 한다.
관계형 데이터베이스	관계형 데이터베이스에서는 테이블 간의 관계를 정의하고 외래키를 사용하여 내용 참조(Content Reference)를 구현하여 데이터베이스에서 데이터 간의 관계를 명확하게 표현하고 관리할 수 있다.

③ 동시 공유(Concurrent Sharing)
- 동일한 데이터를 여러 사용자가 동시에 공유할 수 있다. 이 과정에서 동시성 문제★가 발생할 수 있다.
- DBMS는 동시성 제어 기법을 통해 충돌을 방지하고 일관성을 보장해야 한다.
- 주요 특성

★ 동시성 문제
경쟁 조건(Race Condition), 교착 상태(Deadlock), 일관성 오류 등이 대표적이다. 이를 해결하기 위해 DBMS는 동시성 제어 메커니즘(Locking, Timestamp Ordering 등)을 제공한다.

동시성 제어	여러 사용자가 동시에 데이터를 읽고 쓸 수 있으므로, 동시성 제어 메커니즘을 통해 충돌을 방지하고 데이터의 일관성을 유지해야 한다.
동시 접근	각 사용자는 독립적으로 데이터를 조작하며, 다른 사용자의 작업과 상호 작용할 수 있어야 한다.
효율성	여러 사용자가 동시에 작업을 수행하므로 대기 시간이 줄어들고, 시스템의 활용도가 높아진다.

④ 계속적 변화(Continuous Evolution)
- 데이터베이스의 데이터는 삽입, 삭제, 갱신으로 끊임없이 변화한다.
- 사용자 요구와 기술 변화에 따라 구조와 성능이 개선된다.
- 주요 특성

유연한 구조	데이터베이스는 변경되는 요구사항에 따라 새로운 속성, 테이블, 관계 등을 추가하거나 기존 구조를 수정하여 적응할 수 있다.
데이터 마이그레이션	데이터베이스의 구조가 변경될 때 기존 데이터를 새로운 구조에 맞게 조정하는 작업을 의미한다.
버전 관리	데이터베이스의 버전 관리를 통해 이전 버전과의 호환성을 유지하면서 새로운 버전을 도입할 수 있다.
확장성과 성능 개선	데이터베이스의 성능 향상을 위해 구조와 인덱스 등을 조정할 수 있어서 데이터베이스의 용량 증가, 사용량 변화, 쿼리 최적화 등에 따라 필요한 조치를 취하여 성능을 최적화할 수 있다.
지속적인 개선	사용자 요구사항의 변화나 기술의 진보에 따라 데이터베이스는 지속적으로 발전하고 개선된다.

더 알기 TIP

데이터베이스 특성(은행 거래 예시)

실시간 접근성	• 은행 고객이 ATM에서 잔액을 조회하면 즉시 현재 잔액이 화면에 표시된다. • 고객이 송금하면 바로 상대방 계좌에 입금 내역이 반영된다.
내용에 의한 참조	• 고객이 계좌번호나 주민번호 같은 값(내용)을 입력하면, 은행 시스템은 그 계좌 정보를 찾아 보여준다. • 고객 데이터는 물리적 저장 위치를 몰라도 계좌번호(내용)로 접근 가능하다.
동시 공유	• 같은 시간에 수천 명의 고객이 동시에 ATM 출금, 인터넷 뱅킹 송금, 카드 결제를 수행할 수 있다. • 은행 시스템은 동시성 제어를 통해 "같은 계좌에서 동시에 여러 거래가 발생해도 일관성이 유지"되도록 한다. • 예 두 사람이 동시에 같은 계좌에서 돈을 인출하려고 하면, 먼저 완료된 거래가 반영되고 그 후 나머지가 처리된다.
계속적 변화	• 고객이 입금·출금할 때마다 계좌 잔액은 즉시 변경된다. • 신규 계좌 개설, 대출 실행, 자동이체 설정 같은 업무로 인해 데이터가 지속적으로 추가·갱신·삭제된다.

4) 구성

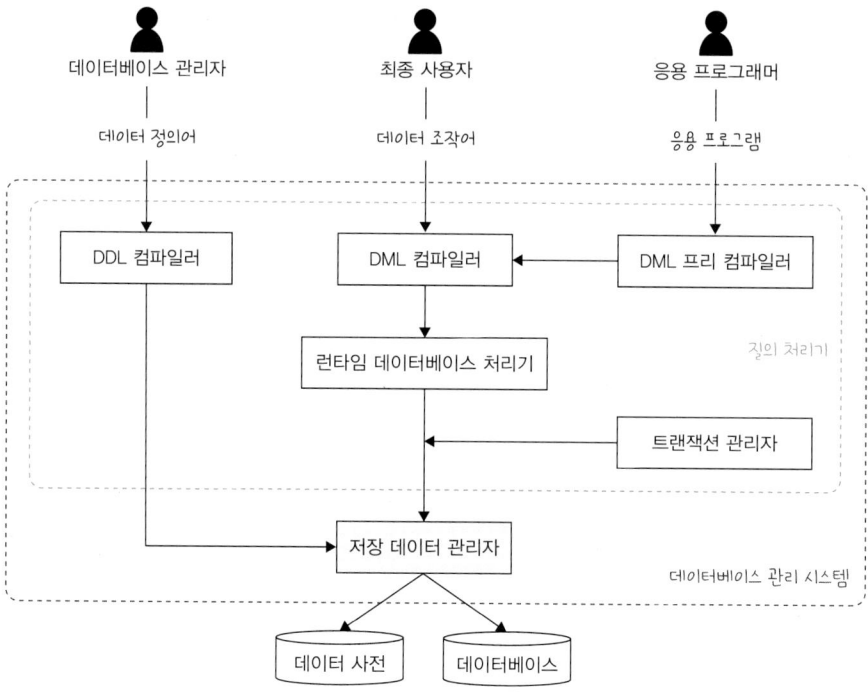

① 데이터베이스(Database)
- 자료와 정보를 저장하는 공간이다.
- 여러 개의 테이블(Table)로 구성되어 있다.
- 각 행(Row)은 레코드(Record)라고 하며, 한 건의 데이터를 의미한다.
- 각 열(Column)은 속성(Attribute)이라고 하며, 데이터의 특징 및 속성을 의미한다.

② 데이터베이스 관리 시스템(DBMS, Database Management System)
- 데이터베이스를 관리하고 제어하는 소프트웨어이다.
- 데이터 입력, 수정, 삭제, 검색 등을 처리한다.
- 데이터의 무결성, 일관성, 보안 등을 지원한다.
- Oracle, MySQL, PostgreSQL, SQL Server 등이 있다.

③ 데이터베이스 사용자

데이터베이스 관리자(DBA, Database Administrator)	• 데이터베이스 설계 · 구축 · 관리 책임자 • 테이블/인덱스 생성, SQL 튜닝, 성능 최적화 담당 • 행정적 책임 • 데이터 사전 구성 • 백업 및 복구 전략 수립 • 사용자 권한 관리, 보안 · 무결성 유지 • 시스템 모니터링 및 성능 분석
응용 프로그래머(Application Programmer)	• 데이터베이스를 활용한 응용 프로그램 개발자 • 요구사항 분석, 설계, 개발, 테스트, 배포 업무 • Java, C, Python, COBOL 등의 언어 사용
일반 사용자(End User)	• 실제로 데이터를 이용하는 사용자 • 업무에 따라 데이터 조회, 입력, 수정, 삭제 수행

④ 데이터베이스 언어

데이터 정의 언어(DDL)	• 데이터베이스의 구조와 스키마를 생성, 변경, 삭제하는 데 사용 • CREATE, ALTER, DROP
데이터 조작 언어(DML)	• 데이터베이스에 저장된 데이터를 검색, 삽입, 수정, 삭제하는 데 사용 • SELECT, INSERT, UPDATE, DELETE
데이터 제어 언어(DCL)	• 데이터베이스에 접근하고 사용자의 권한을 관리하는 데 사용 • GRANT, REVOKE, COMMIT, ROLLBACK

이론을 확인하는 기출문제

01 다음 중 '자료(Data) → 정보(Information) → 지식(Knowledge)'의 예로 가장 적절한 것은?

① 85 → 홍길동의 시험 점수는 85점이다. → 평균 80점 이상 합격 기준이므로 홍길동은 합격이다.
② 홍길동의 시험 점수는 85점이다. → 85 → 평균 80점 이상 합격 기준이므로 홍길동은 합격이다.
③ 85 → 평균 80점 이상 합격 기준이므로 홍길동은 합격이다. → 홍길동의 시험 점수는 85점이다.
④ 평균 80점 이상 합격 기준 → 홍길동의 시험 점수는 85점이다. → 85

원시값(자료) → 의미 부여(정보) → 규칙·맥락을 적용한 판단(지식)

02 정보 시스템 유형과 설명의 연결로 옳은 것은?

① 경영 정보 시스템(MIS) – 비정형적 의사결정 지원을 위한 시뮬레이션 중심
② 거래 처리 시스템(TPS) – 일상 거래의 대량 데이터를 신속·정확 처리
③ 의사결정 지원 시스템(DSS) – 급여 계산 등 반복적 업무의 대량 처리
④ 전사적 자원 관리(ERP) – 고객 충성도 제고와 맞춤형 서비스 제공 중심

오답 피하기
- ① 비정형 의사결정은 DSS
- ③ 대량 반복 처리는 TPS
- ④ 고객 중심은 고객 관계 관리(CRM)

03 자료 처리 시스템에 대한 설명으로 옳지 않은 것은?

① 일괄 처리 시스템 – 일정 시간 수집 후 한꺼번에 처리하는 비동기적 처리 방식이다.
② 온라인 실시간 처리 시스템 – 자료 발생 즉시 처리하며 트랜잭션 처리 기능이 중요하다.
③ 분산 처리 시스템 – 물리적으로 단일 컴퓨터에서만 처리하여 복제·보안 관리가 불필요하다.
④ 온라인 실시간 처리 시스템 – 다중 사용자 동시성 처리를 고려해야 한다.

분산 처리는 여러 컴퓨터/DB에 분산되어 복제·분산 트랜잭션·보안 관리가 필요하다.

04 데이터베이스의 특성에 대한 설명으로 옳은 것은?

① 실시간 접근성 – 사용자의 질의는 배치로만 처리되어 즉시 응답하지 않는다.
② 내용에 의한 참조 – 저장 위치로만 접근하며 외래키는 관련 없다.
③ 동시 공유 – 동시성 제어 없이도 일관성이 자연스럽게 유지된다.
④ 계속적 변화 – 삽입·삭제·갱신으로 데이터가 끊임없이 변하고 구조 개선이 가능하다.

오답 피하기
- ① 사용자의 질의에 실시간·즉시 응답 가능
- ② 사용자가 저장된 데이터의 위치가 아닌 값(내용)으로 데이터 검색
- ③ 동시성 제어를 통해 일관성 유지

SECTION 02 데이터베이스 관리 시스템

출제빈도 상 중 하
반복학습 1 2 3

빈출 태그 DBMS • 데이터 중복 제거 • 데이터 일관성 유지 • DBMS 필수 기능

> **기적의 TIP**
> DBMS는 데이터와 프로그램을 분리시켜, 여러 응용 프로그램이 데이터를 안전하고 효율적으로 공유하고 관리할 수 있도록 만든 시스템입니다.

> **기적의 TIP**
> 이전의 파일 시스템(File System)에서는 데이터가 프로그램에 종속적이었기 때문에, 데이터의 중복 저장과 불일치 문제가 자주 발생했었습니다.

01 DBMS(Database Management System)

1) 개념

- 데이터를 독립적으로 관리하여 데이터 종속성과 중복성 문제를 해결하기 위한 시스템이다.
- 여러 응용 프로그램이 동시에 같은 데이터를 쓰고 읽을 수 있도록 중간에서 응용 프로그램과 데이터의 중재자 역할을 한다.
- 데이터베이스의 구성, 접근 방법, 관리 유지에 대한 모든 책임을 진다.
  - 구성(Structure) : 테이블 · 스키마 생성
  - 접근 방법(Control) : 권한 관리, 동시성 제어
  - 관리 · 유지(Operation) : 백업, 복구, 성능 최적화

2) 장단점

장점	• 데이터 중복 제거 : 동일한 데이터를 여러 번 저장하지 않아 저장 공간 절약 및 중복성 최소화 가능 • 데이터 일관성 유지 : 여러 개의 테이블을 체계적으로 관리하여 데이터의 무결성 · 정합성 유지 • 데이터 공유 가능 : 여러 사용자가 동시에 같은 데이터를 활용할 수 있어 활용도와 편의성 증가 • 데이터 보안 유지 : 권한 관리 및 보안 기능을 적용해 중요한 데이터의 유출 방지 가능 • 시스템 신뢰성 확보 : 장애나 오류 상황에서 백업 · 복구 기능을 제공하여 데이터 보호 가능 • 개발 및 유지보수 비용 절감 : 표준화된 관리 체계로 시스템 개발/운영 효율성 향상
단점	• 시스템 장애 시 취약 : 중앙 집중적으로 데이터를 관리하기 때문에 장애 발생 시 데이터 손실 가능성 • 전문가 부족 : DB 설계 · 운영을 위한 전문 지식(DBA, 튜닝 기술 등) 필요 • 처리 속도 저하 가능 : 대규모 데이터 처리 시 속도 저하 발생 → 성능 튜닝 필요 • 높은 비용 : 서버, 소프트웨어 라이선스, DBA 인건비 등으로 도입 · 운영 비용이 큼 • 복잡성 : 체계적 구조로 인해 이해 · 관리 · 운영 난이도 높음

3) 유형(Type)

키-값(Key-Value) DBMS	• 유일한 키(Unique Key)에 하나의 값을 가지고 있는 형태의 DBMS • 예 Redis, DynamoDB 등
컬럼 기반 데이터 저장 (Column Family Data Store) DBMS	• Key 안에(Column, Value) 조합으로 된 여러 개의 필드를 갖는 DBMS • 예 Cassandra, HBase 등
문서 저장(Document Store) DBMS	• 값(Value)의 데이터 타입이 문서(Document)라는 타입을 사용하는 DBMS • 예 MongoDB, CouchDB 등
그래프(Graph) DBMS	• 시맨틱웹과 온톨로지 분야에서 활용되는 그래프로 데이터를 표현하는 DBMS • 예 Neo4j 등

> **기적의 TIP**
> DBMS의 유형은 데이터를 어떻게 저장·관리하느냐에 따른 분류로, 데이터 모델 기반의 분류라고 생각해 주세요.

02 종류

① 상용 DBMS

Oracle	• 오라클(Oracle)이 개발한 상용 DBMS • 대규모 엔터프라이즈 애플리케이션, 데이터웨어하우스에 널리 사용
MS SQL Server	• 마이크로소프트(Microsoft) 개발 • 기업용 애플리케이션, 데이터 분석에 많이 사용
IBM DB2	• IBM 개발 • 대규모 트랜잭션 처리, 엔터프라이즈 시스템에 활용
SAP HANA	• SAP 개발 • 인메모리 기반 DBMS • 실시간 분석, 빅데이터★ 처리에 특화
Teradata	• 테라데이터(Teradata)사 제공 • 대용량 데이터웨어하우스, 분석 시스템에 적합
Informix	• IBM 개발 • 중소규모 애플리케이션, IoT 환경에서 사용

★ 빅데이터(Big Data)
데이터의 생성 양, 주기, 형식 등이 기존 데이터에 비해 매우 크기 때문에 종래의 방법으로는 수집, 저장, 검색, 분석이 어려운 방대한 데이터이다.

② 무료/오픈소스 DBMS

MySQL	• 오라클(Oracle)에서 관리하는 오픈소스 DBMS • 웹 애플리케이션, 중소규모 시스템에서 가장 널리 사용
PostgreSQL	• PostgreSQL Global Development Group 개발 • 기업 · 공공기관에서도 쓰이는 고급 오픈소스 DBMS • 표준 SQL + 확장 기능 지원
SQLite	• Richard Hipp 개발 • 경량 DBMS • 별도 서버 설치 없이 모바일 · 임베디드 앱에서 널리 사용
MariaDB	• MySQL 원 개발진이 만든 DBMS(오라클 인수 후 분리) • MySQL과 호환되면서도 성능 · 기능 향상 제공
Firebird	• Firebird Project 개발 • 중소규모 애플리케이션에서 사용되는 무료 DBMS
MongoDB	• 대표적인 NoSQL(문서 기반) DBMS • JSON 형태(Document 기반) 데이터 저장 • 전통적인 테이블—관계 기반의 RDBMS★가 아님 • SQL 대신 자체 쿼리 사용

★ RDBMS
데이터를 테이블(Table) 형태로 관리하는 관계형 모델(Relational Model)에 기반을 둔 DBMS를 의미한다.

➕ 더 알기 TIP

DBMS 선정 시 유의 사항

- 요구사항 충족 : 프로젝트 · 애플리케이션의 요구사항을 만족해야 하므로 데이터의 양, 처리량, 성능, 보안, 가용성 등 고려
- 확장성 : 데이터 양 증가 시 하드웨어 확장(리니어스케일) · 클라우드 확장 지원 여부 확인
- 성능 : 응용 프로그램의 효율성과 성능에 직접적인 영향을 미치므로 처리량, 응답 시간, 동시 접속자 수 등 고려
- 보안 : 악의적 공격 · 무단 접근으로부터 데이터를 보호할 수 있어야 하므로 접근 제어, 암호화, 감사 로그 기능 제공 여부 확인
- 유지보수 및 지원 : 업데이트, 버그 수정, 패치 등의 유지보수 지원이 필수이며, 벤더 또는 커뮤니티의 기술 지원 여부 중요

- 비용 : 라이선스, 하드웨어, 유지보수 비용 고려(상용 DBMS는 높은 라이선스 비용이 발생하지만 안정적인 지원 보장, 오픈소스 DBMS는 무료이지만 추가적인 지원 비용이 발생 가능)
- 생태계 : 개발자 커뮤니티의 활발한 지원 여부를 확인하고, 풍부한 문서 · 도구 · 라이브러리 · 교육 등 고려

> **기적의 TIP**
>
> DBMS의 필수 기능은, 테이블의 구조를 정의하고, 테이블에 데이터를 조작하고, 그 데이터를 제어한다고 외워주세요.

03 필수 기능

① 정의 기능(Data Definition Facility)
- 데이터베이스의 구조를 정의하는 기능이다.
- 데이터 정의 언어(DDL)를 사용하여 데이터베이스의 구조를 정의 · 변경 · 삭제한다.
- 스키마, 테이블, 뷰, 인덱스를 정의한다.
- 논리적 구조와 물리적 구조 간의 변환이 가능하도록 사상(Mapping)을 명시한다.

> **기적의 TIP**
>
> 스키마를 정의한다는 것은 '테이블의 구조, 컬럼의 데이터 타입, 제약조건 등을 정의하는 작업'입니다.

② 조작 기능(Data Manipulation Facility)
- 데이터에 직접 접근하여 처리하는 기능이다.
- 데이터 정의 언어(DML)를 사용하여 데이터를 검색 · 삽입 · 삭제 · 변경한다.
- 사용자와 데이터베이스 간 인터페이스 역할을 한다.

③ 제어 기능(Data Control Facility)
- 데이터의 보안 · 무결성 · 동시성을 보장하는 기능이다.
- 데이터 조작 언어(DCL)를 사용하여 데이터베이스 사용자의 권한 관리 및 트랜잭션 제어를 수행한다.
- 보안(Security), 권한 관리(Authority), 무결성(Integrity), 병행 제어(Concurrency Control) 역할을 한다.

+ 더 알기 TIP

DBMS 필수 기능의 예시

정의 기능(DDL)	• 상황 : '학생 관리 데이터베이스를 새로 만든다.'
	• 사용 명령어
	　– 새로운 테이블 생성
	　　`CREATE TABLE 학생 (학번 INT PRIMARY KEY, 이름 VARCHAR(20), 학과 VARCHAR(20));`
	　– 테이블에 새로운 속성(열) 추가
	　　`ALTER TABLE 학생 ADD COLUMN 연락처 VARCHAR(20);`
	　– 테이블 삭제
	　　`DROP TABLE 학생;`

조작 기능(DML)	• 상황 : '학생 테이블에 데이터를 넣거나 꺼낸다.'
	• 사용 명령어
	　– 새로운 학생 데이터 추가
	　　`INSERT INTO 학생 VALUES (20230101, '김철수', '컴퓨터공학');`
	　– 특정 학과 학생 조회
	　　`SELECT * FROM 학생 WHERE 학과='컴퓨터공학';`
	　– 데이터 수정
	　　`UPDATE 학생 SET 학과='소프트웨어학과' WHERE 이름='김철수';`
	　– 데이터 삭제
	　　`DELETE FROM 학생 WHERE 학번=20230101;`

제어 기능(DCL)	• 상황 : '학생 DB를 안전하게 관리한다.'
	• 사용 명령어
	　– 사용자(user1)에게 학생 테이블 조회 권한 부여
	　　`GRANT SELECT ON 학생 TO user1;`
	　– 사용자(user1)의 수정 권한 회수
	　　`REVOKE UPDATE ON 학생 FROM user1;`
	　– 지금까지 작업한 변경사항 확정
	　　`COMMIT;`
	　– 방금 실행한 변경사항 취소
	　　`ROLLBACK;`

이론을 확인하는 기출문제

01 다음 중 DBMS의 장점이 아닌 것은?
① 데이터 중복 제거
② 데이터 일관성 유지
③ 시스템 신뢰성 확보
④ 시스템 장애 시 취약

> 중앙 집중 관리의 특성상 장애 시 취약은 DBMS의 단점이다.

02 다음 중 DBMS 언어와 기능의 연결이 옳지 않은 것은?
① 데이터 정의 언어(DDL) - CREATE, ALTER, DROP
② 데이터 조작 언어(DML) - SELECT, INSERT, UPDATE, DELETE
③ 데이터 제어 언어(DCL) - GRANT, REVOKE, COMMIT, ROLLBACK
④ 데이터 조작 언어(DML) - 사용자 권한 부여·회수

> 권한 부여·회수는 데이터 제어 언어(DCL)의 기능이다.

03 다음 중 DBMS 유형과 예시의 연결이 옳지 않은 것은?
① 키-값(Key-Value) DBMS - Redis
② 컬럼 기반 데이터 저장(Column Family Data Store) DBMS - Cassandra
③ 문서 저장(Document Store) DBMS - MongoDB
④ 그래프(Graph) DBMS - Cassandra

> 그래프 DBMS의 대표 예는 Neo4j이며, Cassandra는 컬럼 기반 DBMS이다.

04 다음 중 오픈소스 DBMS에 해당하는 것은?
① Oracle
② PostgreSQL
③ SAP HANA
④ Teradata

오답 피하기
①, ③, ④는 상용 DBMS이다.

05 다음 중 제어 기능(Data Control Facility)에 해당하지 않는 것은?
① 보안(Security) 및 권한 관리(Authority)
② 무결성(Integrity) 보장
③ 데이터 정의 언어(DDL)
④ 병행 제어(Concurrency Control)

> DDL은 정의 기능이며, 제어 기능은 보안·무결성·병행 제어 및 트랜잭션/권한 관리이다.

정답 01 ④ 02 ④ 03 ④ 04 ② 05 ③

SECTION 03 데이터 관리

빈출 태그 데이터웨어하우스 • 데이터 마트 • OLAP • OLAP 연산

01 데이터웨어하우스(Data Warehouse)

1) 개념
- 기업의 대량 정보 자산을 효율적으로 활용하기 위한 통합적 데이터 저장소이다.
- 의사결정 지원 시스템의 일환으로, 조직의 여러 운영 시스템에서 추출된 데이터를 통합하여 보관하는 대규모 데이터베이스이다.
- 효율적인 의사결정을 위한 주제 지향적, 통합적, 시계열적(Historical)★, 비휘발적(Non-Volatile)★인 데이터의 집합이다.
- 저장된 데이터는 OLAP(Online Analytical Processing)★를 통해 다차원으로 분석할 수 있다.
- DW는 분석을 목적으로 하기 때문에, 데이터는 정기적으로 적재될 뿐 실시간으로 빈번하게 갱신되지 않는다. 대신 읽기(Read) 위주의 작업을 수행한다.

★ 시계열적(Historical)
데이터웨어하우스는 시간에 따라 축적되는 데이터를 저장한다는 뜻으로, 과거부터 현재까지 시간 흐름을 보존한다.

★ 비휘발적(Non-Volatile)
한 번 데이터웨어하우스에 저장된 데이터는 빈번하게 변경·삭제되지 않는다는 특징이다.

★ OLAP(Online Analytical Processing)
'온라인 분석 처리'라는 의미로, 데이터웨어하우스에 저장된 데이터를 다차원적으로 분석하는 기술이다.

2) 특징

주제 중심 데이터 저장	비즈니스 분석·의사결정에 필요한 주제별 데이터(매출, 고객, 상품 등)를 중앙 집중 관리
시간 축적 데이터	과거 → 현재 → 최신까지 데이터를 축적하여, 추세 분석 가능
분석에 최적화된 구조	다차원 데이터 모델을 활용하여, 다양한 관점(지역·시간·상품별 등)에서 분석 가능
대규모 데이터 처리	대량 데이터를 효율적으로 처리하고 데이터 마이닝, 비즈니스 인텔리전스, 추세 분석 등에 활용

3) 기능

데이터 통합(Integration)	• 여러 운영 시스템에서 추출한 데이터를 통합하고 중복을 제거하여 일관된 형식으로 저장 • 신뢰할 수 있는 분석 및 의사결정 가능
데이터 정제(Cleansing)	• 오류 및 불일치하는 데이터 수정 • 데이터 품질 향상
데이터 분석(Analysis)	• OLAP, BI 도구 등을 통해 데이터 분석 • 전략적 의사결정 지원
데이터 마이닝(Data Mining)	• 데이터웨어하우징에서 수집되고 분석된 자료를 사용자에게 제공하기 위해 분류 및 가공하는 요소 기술 • 저장된 데이터에서 숨겨진 패턴·지식 추출 • 예측 모델링, 패턴 분석 가능

02 데이터 마트(Data Mart)

1) 개념
- 기업이나 조직에서 사용하는 데이터베이스 중 특정 분야나 업무에 특화된 데이터를 모아 둔 작은 규모의 데이터웨어하우스를 의미한다.
- 전사적인 데이터웨어하우스와 달리 특정 부서나 업무 영역의 데이터만을 다루기 때문에 규모가 작으며, 전사적 데이터웨어하우스의 하위 단계로 활용된다.

2) 특징
- ETL(Extract, Transform, Load) 과정을 통해 필요한 데이터를 추출하고, 변환하여 적재한다.
- 특정 부서나 업무에 필요한 데이터만을 수집하기 때문에 전사적 데이터웨어하우스보다 구조가 단순하고, 구축 및 운영 비용이 적게 든다.
- 데이터웨어하우스보다 더 빠르게 데이터를 처리하고 분석할 수 있기 때문에 실시간 의사결정에 유용하다.

03 OLAP(On-Line Analytical Processing, 온라인 분석 처리)

1) 개념
- 데이터웨어하우스나 데이터 마트에 저장된 대용량 데이터를 다양한 관점에서 분석하는 기술이다.
- 주제 중심으로 데이터를 가공·통합하여 의사결정 지원에 활용된다.

2) 주요 기능

다차원 데이터 분석	시간, 지역, 제품 등 다양한 차원에서 데이터 비교 분석
데이터 집계	요약된 결과 제공(예 분기별·연도별 합계)
다양한 분석 기능	롤업(Roll-up), 드릴다운(Drill down), 슬라이싱(Slicing), 다이싱(Dicing) 등
실시간 처리	최신 데이터를 빠르게 분석 가능
데이터 마이닝 지원	숨겨진 패턴 발견, 예측 모델링 가능

3) OLAP 연산의 종류

롤업(Roll-up)	• 데이터를 상위 수준으로 집계(요약)하는 연산 • 세부 데이터를 묶어서 더 큰 범위의 데이터로 합산 • 예) 일별 → 월별 → 연도별 매출
드릴다운(Drill down)	• 데이터를 하위 수준으로 분할(세분화) 하는 연산 • 요약된 데이터를 더 구체적인 단계로 내려가 분석 • 예) 연도별 → 월별 → 일별 매출
슬라이싱(Slicing)	• 특정 조건에 맞는 데이터만 선택해서 분석하는 연산 • 다차원 데이터에서 한 축(차원)을 고정하고 잘라냄 • 예) 서울 지역 매출만 추출
다이싱(Dicing)	• 여러 조건을 동시에 걸어 데이터를 잘라내는 연산 • 다차원 데이터를 여러 축 기준으로 제한 • 예) 2026년 + 서울 지역 매출

➕ 더 알기 TIP

OLTP(Online Transaction Processing, 온라인 거래 처리)

- 여러 이용자가 네트워크상에서 실시간으로 데이터베이스의 데이터를 조회 · 갱신하는 등의 단위 작업을 처리하는 방식을 말한다.
- 주로 신용카드 조회 업무나 자동 현금 지급 등의 금융 전산 관련 부문에서 많이 발생하기 때문에 '온라인 거래 처리'라고도 한다.
- OLAP와 OLTP 비교

구분	OLAP	OLTP
목적	분석, 의사결정 지원	거래 처리, 실시간 운영
데이터	대량의 이력 데이터	최신 트랜잭션 데이터
구조	다차원 데이터 모델	관계형 DB, 정규화 구조
작업	Roll-up, Drill-down, Slicing, Dicing	Insert, Update, Delete
예시	경영진 매출 분석, 추세 파악	카드 결제, ATM 출금

이론을 확인하는 기출문제

01 다음 중 데이터웨어하우스의 특징으로 가장 거리가 먼 것은?
① 주제 지향적·통합적 특성
② 시계열적(Historical) 데이터 축적
③ 비휘발적(Non-Volatile) 저장 특성
④ 거래 처리 중심의 Insert/Update/Delete 실시간 반영

> ④는 OLTP 성격이다. 데이터웨어하우스는 분석용으로 저장 후 빈번하게 변경하지 않는다.

02 데이터 마트에 대한 설명으로 옳은 것은?
① 전사적 범위를 대상으로 하는 중앙 저장소이다.
② 특정 부서나 업무에 특화된 소규모 데이터웨어하우스이다.
③ ETL 과정 없이 운영 DB에서 직접 분석한다.
④ 전사적 데이터웨어하우스보다 구축·운영 비용이 크다.

> 데이터 마트는 부서·업무 단위의 소규모 분석 저장소로 DW의 하위 개념이다.

03 OLAP 연산과 설명의 연결로 옳지 않은 것은?
① 롤업(Roll-up) : 일별 → 월별 → 연도별로 상위 수준 집계
② 드릴다운(Drill down) : 요약에서 세부로 하향 분석
③ 슬라이싱(Slicing) : 여러 차원을 동시에 제한해 부분 큐브 추출
④ 다이싱(Dicing) : 여러 축 기준으로 조건을 조합하여 부분 집합 분석

> 슬라이싱은 한 축을 고정해 '한 장면'을 자르는 것을 의미하며, 여러 차원을 동시에 제한하는 것은 다이싱이다.

04 OLAP과 OLTP의 비교로 옳지 않은 것은?
① OLAP – 다차원 데이터 모델 기반 분석
② OLAP – Roll-up, Drill-down 등 분석 작업 중심
③ OLTP – 거래 처리, 실시간 운영 데이터 갱신 중심
④ OLAP – 정규화 구조와 Insert/Update/Delete 중심의 트랜잭션 처리

> 정규화 구조와 Insert/Update/Delete 중심의 트랜잭션 처리는 OLTP의 특성이다.

05 데이터웨어하우스의 기능에 해당하지 않는 것은?
① 데이터 통합(Integration)
② 데이터 정제(Cleansing)
③ 데이터 마이닝(Data Mining)
④ 트랜잭션 처리 기능(ACID)으로 동시다발 갱신 처리

> ACID 기반 동시 갱신 처리는 OLTP/운영 DBMS의 역할이다. DW는 통합·정제·분석/마이닝을 수행한다.

정답 01 ④ 02 ② 03 ③ 04 ④ 05 ④

빅데이터 관리

빈출 태그 빅데이터 • 데이터 마이닝 • HDFS • MapReduce • YARN

01 빅데이터(Bigdata)

1) 개념

- 대용량(Volume), 다양성(Variety), 속도(Velocity)라는 3V 특성을 가지며, 빠르게 생성되고 끊임없이 변화하는 데이터를 포함한다.
- 다양한 소스에서 생성된 비정형(Unstructured) 데이터(예 SNS 글, 영상, 로그 데이터)가 많으며, 정형 · 반정형 · 비정형 데이터를 포함한다.
- 대규모 분산 시스템과 클라우드, NoSQL, 하둡(HDFS) 같은 기술을 통해 수집 · 저장 · 처리 · 분석된다.
- 기업의 전략적 의사결정, 과학 연구, 인공지능 학습 등 여러 분야에서 중요한 자산으로 활용된다.

> **기적의 TIP**
>
> 빅데이터의 3V 특성에 정확성(Veracity)과 가치(Value)를 추가하여 5V로 확장하기도 합니다.

2) 빅데이터 수집, 저장, 처리 기술

비정형/반정형 데이터 수집	• 정제되지 않은 텍스트, 영상, 로그 등 데이터를 확보하고 전송하는 기술 • 예 SNS 데이터 크롤링, 센서 데이터 수집
정형 데이터 수집	• 내/외부의 정제된 대용량 데이터의 수집 및 전송 기술 • 데이터베이스, ERP, CRM 등 기존 시스템의 구조화된 대용량 데이터 수집 및 전송 기술
분산 데이터 저장/처리	• 대규모 데이터를 여러 서버에 분산시켜 저장하고 병렬로 처리하는 기술 • 예 HDFS + MapReduce
분산 데이터베이스	• HDFS와 연계된 컬럼 기반 DB, NoSQL DB 등을 통해 실시간 조회 · 업데이트 가능 • 예 Cassandra, HBase
HDFS(Hadoop Distributed File System)	• 대규모 데이터를 분산 저장 · 처리하기 위해 개발된 하둡의 핵심 파일 시스템 • 대용량 데이터를 자동으로 여러 서버에 나누어 저장하고, 장애 발생 시 복제본으로 복구 가능

02 데이터 마이닝(Data Mining)

1) 개념

- 대규모 데이터 속에서 의미 있는 패턴(pattern), 규칙(rule), 관계(relationship)를 찾아내는 기술이다.
- 예측 모델링, 패턴 분석, 비즈니스 인텔리전스(BI), 금융, 마케팅, 의료, 과학 연구 등에서 활용할 수 있다.

> **기적의 TIP**
> 데이터 마이닝은 '문제 정의 → 데이터 준비(수집+전처리) → 모델링 → 평가 → 적용 → 유지'의 순서로 진행됩니다.

2) 절차

① 문제 정의 : 분석 대상과 목표, 범위, 방법을 결정한다.
② 자료 수집 : 분석에 필요한 데이터를 확보하고, 분석하기 쉬운 형태로 변환한다.
③ 데이터 전처리 : 잡음(noise)이나 이상치(outlier) 등을 제거하고, 분석에 적합하고 정확한 형태로 다듬는다.
④ 모델링 : 분석 대상에 적합한 데이터마이닝 모델을 선택하고, 모델을 학습시켜서 분석에 필요한 규칙, 패턴 등을 찾는다.
⑤ 평가 : 학습된 모델을 검증하여 모델의 정확도를 평가하는 것으로, 모델의 성능을 향상시킬 수 있다.
⑥ 적용 : 분석 결과를 활용하여 실제 업무와 의사결정에 활용한다.
⑦ 유지보수 : 모델의 유효성을 지속적으로 유지하기 위해 데이터를 계속 모니터링하고, 모델을 업데이트한다.

3) 주요 기법

분류(Classification)	• 데이터를 미리 정의된 그룹으로 나누는 기법 • 예 이메일을 '스팸/정상'으로 분류
연관 규칙 분석 (Association Rule Mining)	• 데이터 간의 상관관계 규칙을 발견 • 예 빵을 산 고객은 우유도 살 확률이 높다(장바구니 분석)
연속 패턴 분석 (Sequential Pattern Mining)	• 시간적 · 순서적 데이터에서 패턴을 발견 • 예 휴대폰 구매 후 3개월 내에 케이스 구매
군집화 (Clustering)	• 유사한 특성을 가진 데이터끼리 그룹화 • 예 고객 세분화(초등학생/중학생/고등학생 그룹)
예측 (Prediction)	• 과거 데이터를 바탕으로 미래 결과를 예측 • 예 주식 가격, 고객 이탈률 예측
이상 탐지 (Anomaly Detection)	• 정상 패턴과 다른 데이터 탐지 • 예 신용카드 사기, 네트워크 보안 침해 탐지
회귀 분석 (Regression Analysis)	• 독립 변수와 종속 변수의 관계 분석 • 예 광고비(독립 변수)가 매출액(종속 변수)에 미치는 영향
차원 축소 (Dimensionality Reduction)	• 데이터 속성 수를 줄여 분석 단순화, 노이즈 제거 • 예 PCA(주성분 분석)★

★ PCA(주성분 분석)
• 데이터에 있는 여러 변수들(특징, Feature)을 최대한 정보를 잃지 않으면서 차원을 줄이는 방법이다. 원래 변수들을 서로 상관성이 없는 새로운 변수(주성분, Principal Component)로 변환한다.

03 하둡(Hadoop)

1) 개념

- Java 기반의 오픈소스 프레임워크로, 대규모 빅데이터를 분산 · 병렬 처리할 수 있도록 개발된 시스템이다.
- 여러 대의 일반 PC급 컴퓨터를 묶어 하나의 대형 가상 스토리지처럼 사용할 수 있다.
- 대용량 데이터를 저렴한 비용으로 더 빠르고 안정적으로 처리할 수 있다.
- 핵심 구성 요소로는 HDFS(저장), YARN(자원/스케줄링), MapReduce(처리 엔진의 하나) 등이 있다.

2) 구성 요소

- ① HDFS(Hadoop Distributed File System)
- 대용량 데이터를 여러 노드(서버)에 분산 저장하는 파일 시스템이다.
- 데이터 복제(Replication)를 통해 안정성을 보장한다.
- 장애가 발생해도 다른 노드에서 데이터를 복구할 수 있다.
- 특징

분산 저장	대용량 데이터를 여러 대의 컴퓨터에 분산하여 저장한다. 이를 통해 데이터의 안정성과 가용성을 높일 수 있다.
높은 처리 속도	대용량 데이터를 분산하여 처리하므로 처리 속도가 빠르다.
높은 안정성	데이터의 복제와 체크섬 기능을 제공하여 데이터의 안정성을 높인다.
확장성	HDFS는 대규모 데이터 처리를 위해 설계되었기 때문에 노드를 추가하여 확장할 수 있다.

② MapReduce(맵리듀스)
- Google이 개발한 대규모 데이터 분산 처리 프로그래밍 모델이다.
- 대용량 데이터 처리를 위한 병렬 처리 기법을 제공하는 대표적인 모델이다.
- 임의의 순서로 정렬된 데이터를 분산 처리하고 이를 다시 합치는 과정을 거친다.
- Map 함수와 Reduce 함수 두 가지 기능으로 구성된다.

Map 함수	입력 데이터를 카-값 쌍(Key-Value Pair)으로 분산 처리하여 중간 결과 생성
Reduce 함수	Map 단계 결과를 그룹화하여 최종 결과 생성

- 하둡에서 이용할 수 있는 유일한 실행 엔진이었으나, 이후에 Apache Tez, Apache Spark 등과 같은 다른 엔진 지원도 추가되었다.

③ YARN(Yet Another Resource Negotiator)
- 하둡 클러스터에서 자원(Resource)을 효율적으로 관리하고, 작업(Job)을 스케줄링 및 실행해주는 리소스 관리 플랫폼이다.
- HDFS가 데이터를 저장하고, YARN이 그 데이터를 처리하는 여러 애플리케이션의 실행을 조율하는 역할을 한다.

> **기적의 TIP**
>
> YARN(Yet Another Resource Negotiator)은 Hadoop 2.0부터 분리된 핵심 구성 요소입니다. 하둡 1.0 시절에는 MapReduce 엔진이 자원 관리와 작업 실행을 모두 담당하면서 유연성 부족과 확장성 제약이라는 단점이 발생했고, 하둡 2.0부터 YARN을 도입하여 자원 관리와 처리 엔진을 분리했습니다.

➕ **더 알기 TIP**

하둡 에코시스템(Hadoop Ecosystem)
- 하둡은 기본 구성 요소 위에 다양한 부가 모듈과 도구들이 얹혀서 확장되는데, 이를 하둡 에코시스템이라고 한다.
- 종류

Hadoop Common	하둡 모듈들이 공통으로 사용하는 라이브러리/유틸리티
Sqoop	RDBMS와 Hadoop 간 데이터 이동 도구
Hive	SQL 기반 데이터 웨어하우스 툴
Pig	데이터 흐름 언어
HBase	분산형 NoSQL DB
Spark/Tez	MapReduce를 대체하는 분산 처리 엔진

3) 하둡의 작동 방식

데이터 분할	대용량 데이터를 작은 블록으로 분할
데이터 복제	분할된 블록을 여러 노드에 복제하여 저장
분산 처리 (MapReduce 활용)	Map 함수 → 데이터 분산 처리(중간 결과 산출)
	Reduce 함수 → 결과를 그룹화·집계하여 최종 결과 도출
데이터 병합	분산 처리된 결과를 통합
데이터 저장	최종 결과를 HDFS에 저장

4) 하둡의 활용 분야

- 빅데이터 분석 : 대규모 데이터 집합을 분석하는 핵심 플랫폼
- 검색 엔진 : 웹 데이터 처리 및 색인 구축
- 게임 산업 : 사용자 로그 및 행동 데이터 분석
- 금융 : 거래 내역·이상 거래 탐지, 리스크 관리
- 헬스케어 : 의료 데이터 분석, 환자 맞춤형 치료 연구
- 제조업 : 센서 데이터, 생산 라인 데이터 분석

04 연관 규칙 분석

1) 개념

- 대규모 데이터에서 항목들 간의 흥미로운 관계를 찾는 데이터 마이닝 기법이다. 주로 '장바구니 분석'에 사용된다.
- 신뢰도(Confidence)는 규칙의 정확성을 나타내는 지표이다.
- 신뢰도(X → Y) = 지지도(X ∪ Y) / 지지도(X)이다.
  - X 항목을 구매한 고객 중에서 Y 항목도 함께 구매한 고객의 비율을 의미한다.
  - 즉, 조건부 확률로, 'X가 발생했을 때 Y도 발생할 확률'을 나타낸다.

2) 예시

- '기저귀를 산 사람이 맥주도 산다'는 규칙에서, 신뢰도가 70%라면 기저귀를 산 고객 중 70%가 맥주도 샀다는 뜻이다.
- 이는 규칙의 유용성을 평가하는 중요한 척도가 된다.

이론을 확인하는 기출문제

01 다음 중 빅데이터(Bigdata)의 일반적 특징과 가장 거리가 먼 것은?

① 대용량(Volume), 다양성(Variety), 속도(Velocity) 특성 보유
② 비정형 데이터를 포함한 다양한 형식의 데이터 처리
③ HDFS, NoSQL 등 분산 처리/저장 기술 활용
④ 전통적 단일 DB 서버의 수직 확장만으로 충분히 처리

빅데이터는 분산 저장 및 처리가 전제이므로, 단일 서버 수직 확장만으로는 한계가 크다.

02 데이터 마이닝(Data Mining) 절차의 올바른 순서는?

① 문제 정의 → 자료 수집 → 데이터 전처리 → 모델링 → 평가 → 적용 → 유지보수
② 자료 수집 → 문제 정의 → 모델링 → 전처리 → 평가 → 적용 → 유지보수
③ 문제 정의 → 전처리 → 자료 수집 → 모델링 → 적용 → 평가 → 유지보수
④ 문제 정의 → 모델링 → 자료 수집 → 전처리 → 적용 → 평가 → 유지보수

03 HDFS(Hadoop Distributed File System)의 설명으로 옳지 않은 것은?

① 데이터 블록을 여러 노드에 분산 저장한다.
② 복제(Replication)로 장애 시 데이터 가용성을 높인다.
③ 체크섬 등으로 데이터 무결성을 확인한다.
④ 정규화된 스키마 기반 ACID 트랜잭션을 우선 지원한다.

오답 피하기
ACID 트랜잭션은 RDBMS/OLTP의 영역이다.

04 MapReduce에 대한 설명으로 옳지 않은 것은?

① Map 단계는 입력을 키-값 쌍으로 변환해 중간 결과를 만든다.
② Reduce 단계는 Map 결과를 그룹화/집계해 최종 결과를 만든다.
③ 하둡에서 이용할 수 있는 유일한 실행 엔진이다.
④ 키-값 기반 분산 처리 모델을 제공한다.

초기에는 주력이었지만 현재 하둡은 Apache Tez, Apache Spark 등 다른 엔진도 지원한다.

05 YARN(Yet Another Resource Negotiator)의 역할로 옳지 않은 것은?

① 하둡 클러스터의 자원 관리와 작업 스케줄링을 담당한다.
② Hadoop 2.0부터 처리 엔진과 자원 관리를 분리하기 위해 도입되었다.
③ HDFS가 데이터를 저장하고 YARN이 애플리케이션 실행을 조율한다.
④ 데이터 블록 복제와 체크섬 기능을 제공한다.

복제와 체크섬은 HDFS의 기능이다.

정답 01 ④ 02 ① 03 ④ 04 ③ 05 ④

SECTION 05 스키마와 데이터베이스 언어

빈출 태그 스키마의 3계층 · 데이터 독립성 · DDL · DML · DCL

01 스키마(Schema)

1) 개념
- 데이터베이스의 구조(Structure)를 정의한 것이다.
- 데이터베이스 안에 어떤 개체(Entity), 속성(Attribute), 관계(Relationship)가 존재하는지를 기술한다.
- 데이터베이스의 논리적 설계도(Logical Blueprint) 역할을 한다.
- 스키마의 특징

논리적 구조 정의	데이터베이스에 저장되는 데이터의 종류, 구성 방식, 형식 등을 정의
데이터 독립성 보장	• 데이터의 물리적 저장 방식이 바뀌어도 논리적 구조는 변하지 않음 • 외부 사용자의 뷰(View)와 내부 저장 구조를 분리
무결성 · 일관성 유지	제약조건(키, 참조 무결성 등)을 정의해 데이터의 정확성과 일관성 보장
유지보수 · 확장 용이	구조 변경이나 데이터 확장이 용이하도록 설계됨

> **기적의 TIP**
> 스키마 3계층 구조는 데이터 독립성을 보장하기 위해 존재하며, 이 덕분에 데이터베이스는 유연성과 안정성을 확보할 수 있습니다.

2) 스키마의 3계층

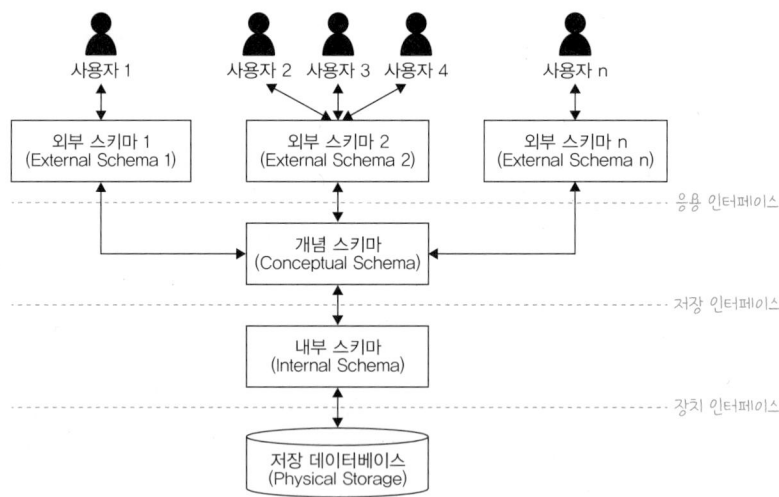

외부 스키마(External Schema)	• 사용자 또는 응용 프로그램 관점에서 본 데이터베이스 구조 • 사용자에게 필요한 데이터만 보여주고, 불필요하거나 민감한 데이터는 숨김 • 여러 개 존재 가능(사용자마다 다른 뷰 제공) • 보안성 강화, 사용자별 데이터 일관성 유지 효과가 있음 • ⓔ 인사팀은 인사 정보만 접근 가능, 재무팀은 회계 정보만 접근 가능

개념 스키마 (Conceptual Schema)	• 데이터베이스 전체를 통합적으로 정의한 구조(논리적 설계도) • 데이터 개체(Entity), 속성(Attribute), 관계(Relationship), 제약조건, 무결성 규칙 등을 포함 • 데이터베이스의 전체 구조와 관계를 파악할 수 있고, 설계·유지보수의 중심 역할 • 하나만 존재(모든 사용자가 공유하는 공통 구조) • 데이터 독립성 보장, 시스템 전반 구조 유지 효과가 있음 • 예 학생, 교수, 과목, 성적 엔티티와 그 관계를 정의한 ER 다이어그램
내부 스키마(Internal Schema)	• 데이터가 실제로 물리적 저장 장치에 어떻게 저장되는지를 정의한 구조 • 레코드의 저장 형식, 내부 레코드 순서, 저장 위치, 인덱스, 접근 경로 등을 포함 • DBMS 내부에서만 관리되는 구조이므로, 물리적 변경은 외부·개념 스키마에 영향 없음 • 저장 효율성과 성능 최적화 효과가 있음 • 예 B+트리 인덱스 적용, 해시 파일 구조, 데이터 블록의 저장 순서

3) 스키마의 독립성

① 개념
- 데이터 독립성은 데이터베이스의 구조가 변경되더라도, 사용자(View)나 응용 프로그램이 영향을 받지 않도록 하는 성질을 말한다.
- 데이터베이스는 외부 스키마 ↔ 개념 스키마 ↔ 내부 스키마 3계층 구조로 이루어지기 때문에, 각 단계가 서로 독립성을 가지며 변화에 강하다.

② 종류

논리적 독립성(Logical Data Independence)	• 개념 스키마가 변경되어도 외부 스키마(사용자 뷰)가 영향을 받지 않는 성질 • DB의 논리적 구조(테이블, 관계, 속성 등)를 수정해도 사용자 프로그램은 그대로 사용 가능 • 사용자(외부) 관점은 변함없이, 데이터 구조 확장/수정 가능 • 예 "학생 테이블"에 '이메일' 속성을 새로 추가했더라도, 기존에 "학번, 이름, 학과"만 조회하던 인사팀 뷰(외부 스키마)는 그대로 동작
물리적 독립성(Physical Data Independence)	• 내부 스키마(물리적 저장 구조)가 변경되어도 개념 스키마가 영향을 받지 않는 성질 • 데이터 저장 방식, 인덱스 구조, 파일 저장 경로가 바뀌어도 논리적 구조와 사용자 뷰는 그대로 유지 • 저장 장치나 성능 최적화를 위한 내부 변경이 사용자·응용 프로그램에 영향을 주지 않음 • 예 데이터를 HDD에서 SSD로 옮기거나 B+Tree 인덱스를 해시 인덱스로 변경해도, "학생-과목-성적" 관계(개념 스키마)는 동일하고 응용 프로그램도 수정 불필요

> **기적의 TIP**
> - 논리적 독립성 → 데이터 구조(테이블, 속성)를 변경해도 사용자 뷰는 그대로
> - 물리적 독립성 → 저장 방식(인덱스, 파일)을 변경해도 논리 구조는 그대로

02 데이터베이스 언어(Database Language)

1) 데이터 정의어(DDL, Data Definition Language)

① 개념
- 데이터베이스의 구조(스키마)를 정의·변경·삭제하는 언어이다.
- 테이블, 뷰(View), 인덱스(Index) 등 데이터베이스 객체의 틀을 다루는 명령어이다.
- 논리적 데이터 구조와 물리적 데이터 구조 간 사상(Mapping)을 정의한다.
- DDL 실행 결과는 데이터 사전(Data Dictionary)에 자동으로 기록된다.

② 특징
- 데이터베이스의 구조와 제약조건을 정확히 정의하는 것이 가능하다.
- 일관성과 무결성 유지에 기여한다.
- 주로 데이터베이스 관리자(DBA)나 디자이너 등이 사용한다.
- 일반 사용자보다는 DB 설계 및 유지보수 단계에서 주로 사용된다.

③ DDL 명령어

CREATE	• 데이터베이스나 객체(테이블, 뷰, 인덱스 등)를 생성
	• 예 학생의 학번·이름·학과를 관리하는 테이블 생성
	
	CREATE TABLE 학생 (
	  학번 INT PRIMARY KEY,
	  이름 VARCHAR(20),
	  학과 VARCHAR(30)
	);

ALTER	• 기존 데이터베이스 객체의 구조 수정 • 예 기존 학생 테이블에 연락처 열 추가 ALTER TABLE 학생 ADD COLUMN 연락처 VARCHAR(15);
DROP	• 데이터베이스 객체 삭제 • 예 학생 테이블 삭제 DROP TABLE 학생;

2) 데이터 조작어(DML, Data Manipulation Language)

① 개념
- 사용자와 DBMS 간의 인터페이스 역할을 하는 언어이다.
- 데이터베이스에 저장된 데이터를 조회·삽입·수정·삭제한다.
- 데이터의 내용(Data Content)을 다룬다.
- 데이터베이스의 구조(스키마)를 수정하려면 DDL을 사용해야 한다.

② 주요 특징
- 주로 사용자나 응용 프로그램에서 사용한다.
- 데이터의 검색 및 변경이 주요 활동이다.
- 실제 데이터에만 영향을 주며, 테이블 구조(스키마)에는 영향을 주지 않는다.

③ DML 명령어

SELECT	• 데이터베이스에서 데이터를 조회 • 예 학번이 20270101인 학생의 이름과 학과 조회 SELECT 이름, 학과 FROM 학생 WHERE 학번 = 20270101;
INSERT	• 데이터베이스에 새로운 데이터 추가 • 예 학생 테이블에 학번 20270101, 이름 김철수, 학과 컴퓨터공학 데이터 삽입 INSERT INTO 학생 VALUES (20270101, '김철수', '컴퓨터공학');

UPDATE	• 기존 데이터를 수정 • 예 학번이 20270101인 학생의 학과를 소프트웨어학과로 수정 UPDATE 학생 SET 학과 = '소프트웨어학과' WHERE 학번 = 20270101;
DELETE	• 데이터 삭제 • 예 학번이 20270101인 학생 데이터 삭제 DELETE FROM 학생 WHERE 학번 = 20270101;

3) 데이터 제어어(DCL, Data Control Language)

① 개념
- 데이터베이스의 보안(Security), 무결성(Integrity), 회복(Recovery), 병행 제어(Concurrency Control)를 담당하는 언어이다.
- 불법적인 접근을 차단하고, 정당한 사용자만이 권한에 맞게 데이터를 이용할 수 있도록 제어한다.
- 트랜잭션 제어와 사용자 권한 관리가 핵심이다.

➕ 더 알기 TIP

DCL의 주요 기능
- 보안 : 불법 사용자로부터 데이터 보호
- 무결성 : 잘못된 변경이나 오류 발생 시 데이터의 정확성과 일관성 유지
- 회복 : 장애 발생 시 데이터를 복구
- 병행 제어 : 여러 사용자가 동시에 데이터를 다뤄도 정확성을 유지

② DCL 명령어
- 트랜잭션 제어(무결성 관련)

COMMIT	• 현재 트랜잭션을 완료하고 모든 변경 사항을 데이터베이스에 영구 반영 • 예 COMMIT;
ROLLBACK	• 현재 트랜잭션을 취소하고, 실행 전 상태로 되돌림 • 오류 발생 시 데이터 일관성 보장 • 예 ROLLBACK;

- 권한 제어

GRANT	• 사용자나 그룹에 특정 권한을 부여 • 예 특정 사용자에게 테이블 조회 권한 부여 GRANT SELECT ON 테이블명 TO 사용자명;
REVOKE	• 사용자나 그룹의 권한을 회수 • 예 특정 사용자에게 부여된 SELECT 권한 해제 REVOKE SELECT ON 테이블명 FROM 사용자명;

- 사용자 관리

CREATE USER	• 새로운 사용자 생성 • 예 CREATE USER 사용자명 IDENTIFIED BY '비밀번호';
DROP USER	• 기존 사용자 삭제 • 예 DROP USER 사용자명;

이론을 확인하는 기출문제

01 다음 중 외부 스키마(External Schema)의 특징으로 옳은 것은?

① 데이터의 물리적 저장 구조(인덱스, 파일 경로 등)를 정의한다.
② 사용자 또는 응용 프로그램 관점에서 필요한 데이터만 부분적으로 표현하며 여러 개 존재할 수 있다.
③ 데이터베이스 전체를 통합적으로 한 번만 정의한다.
④ 레코드 저장 형식과 내부 접근 경로를 포함한다.

오답 피하기
- ①, ④ 내부 스키마
- ③ 개념 스키마

02 성능 향상을 위해 B+트리 인덱스를 해시 인덱스로 바꾸었는데 응용 프로그램과 뷰 수정 없이 정상 동작했다. 이 사례가 의미하는 독립성은?

① 논리적 데이터 독립성
② 스키마 통합성
③ 내용에 의한 참조
④ 물리적 데이터 독립성

문제는 '저장 방식(물리적 구조)을 변경했지만, 상위 계층(논리 스키마/응용 프로그램)은 영향받지 않았다'는 의미이다.

03 다음 중 데이터 제어어(DCL)의 주요 목적이 아닌 것은?

① 사용자 권한 관리와 보안
② 무결성 보장 및 트랜잭션 제어
③ 병행 제어 및 회복 지원
④ 테이블 구조 설계 및 변경

구조 설계·변경은 DDL의 역할이다.

04 DDL 실행 결과가 자동으로 기록되는 저장소는?

① 데이터 사전(Data Dictionary)
② 데이터 웨어하우스
③ 로그 버퍼(Log Buffer)
④ 인덱스 세그먼트(Index Segment)

DDL로 정의된 객체/제약 등 메타데이터는 데이터 사전에 기록된다.

정답 01 ② 02 ④ 03 ④ 04 ①

CHAPTER

02

데이터베이스 설계

학습 방향

개념 · 논리 · 물리 설계 과정을 학습합니다. ERD, 관계형 모델, 키와 무결성 제약조건은 반드시 숙지해야 합니다. ERD 다이어그램을 직접 그려보고, 키 종류와 무결성 제약조건은 사례 문제로 암기하세요. 설계 단계별 특징은 표로 비교 정리하는 것이 효과적입니다.

출제 빈도

SECTION 01	중	20%
SECTION 02	상	25%
SECTION 03	상	25%
SECTION 04	상	30%

SECTION 01 데이터베이스 설계의 개념

빈출 태그 요구사항 분석 • 개념적 설계 • 논리적 설계 • 물리적 설계

01 데이터베이스(DB) 설계 단계

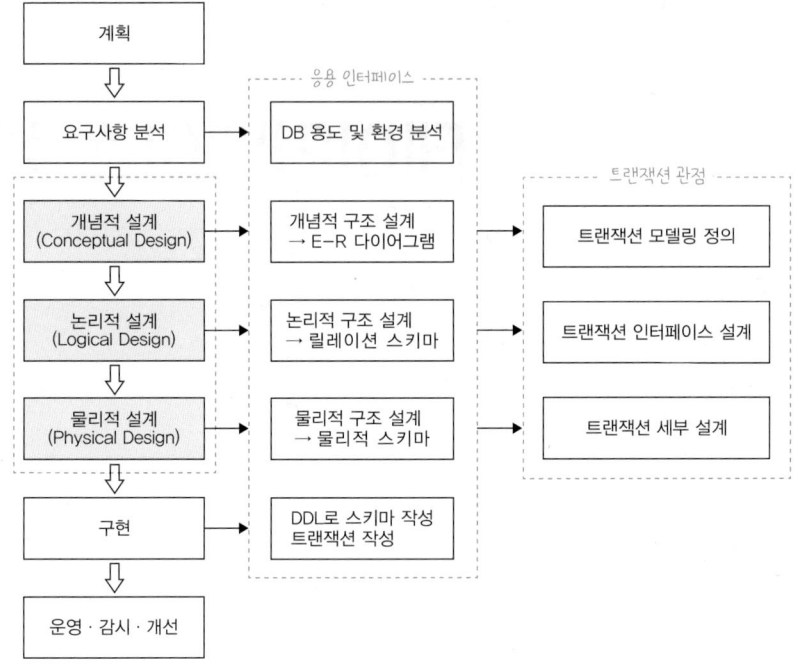

+ 더 알기 TIP

트랜잭션 관점
- 개념적 설계 단계 : 트랜잭션 모델링 정의(무슨 작업이 필요한가?)
- 논리적 설계 단계 : 트랜잭션 인터페이스 설계(사용자가 어떻게 사용할까?)
- 물리적 설계 단계 : 트랜잭션 세부 설계(실제 동시성 제어, 회복, 보안)

02 각 단계별 특징

1) 계획 단계
- DB의 목적과 필요성을 정의하는 단계이다.
- 어떤 업무를 지원할 것인지, 사용 환경은 어떤지 파악한다.
- 산출물은 DB 용도 및 환경 분석 문서이다.

2) 요구사항 분석 단계

- 사용자와 업무 담당자로부터 요구사항을 수집한다.
- 무엇을 저장하고 어떻게 활용할지 정의한다.
- 주요 활동의 예

사용자와의 인터뷰	데이터베이스 최종 사용자와 면담하여 어떤 정보를 저장하고, 어떻게 검색해야 하는지를 파악
요구사항 문서화	• 수집한 요구사항을 체계적으로 문서화하여 요구조건 명세서로 작성 • 추후 설계·구현 시 참고 자료로 활용
기존 시스템 분석	• 기존에 사용 중인 시스템이 있다면, 해당 시스템의 기능, 장단점, 제약조건 분석 • 새로운 DB 설계 시 반영
데이터 흐름 분석	• 데이터가 어디서 생성되고, 어떻게 이동하며, 최종적으로 어떻게 사용되는지를 분석 • 데이터 흐름도(DFD, Data Flow Diagram) 작성
데이터 요구사항 분석	• 데이터베이스에서 다룰 데이터의 종류와 특성을 정의 • 데이터 유형(Type), 길이(Size), 형식(Format), 값의 범위(Range) 등을 결정
보안 요구사항 분석	• 데이터의 중요도(민감 정보 여부)에 따라 보안 정책 수립 • 예 개인정보 접근 권한 설정, 암호화 적용
성능 요구사항 분석	• 시스템이 충족해야 할 성능 기준 분석 (예 응답 속도, 동시 접속자 수, 처리량 등) • 설계 시 인덱스, 파티셔닝, 클러스터링 등을 고려
데이터베이스 용도 파악 및 환경 분석	• 최종적으로 DB를 어떤 목적으로 사용할지, 어떤 환경에서 동작할지를 정의 • 사용자 요구사항을 바탕으로 요구조건 명세서 작성

> **기적의 TIP**
> 요구사항 분석 단계의 결과물이 이후 개념적 설계(E-R 다이어그램)로 이어집니다.

3) 개념적 설계(Conceptual Design)

- 현실 세계를 개체(Entity), 속성(Attribute), 관계(Relationship)로 모델링한다.
- DB의 구조를 추상화하여, E-R(Entity-Relationship) 다이어그램으로 표현한다.
- 산출물은 개념적 구조(E-R 다이어그램)이다.
- 수행 절차

요구사항 분석	• DB에 어떤 데이터를 저장해야 하고, 어떻게 사용되는지 분석 • 이전 단계에서 만든 요구조건 명세서를 기반으로 시작
엔티티(Entity) 타입 정의	• 현실 세계의 객체(사람, 사물, 사건 등)를 엔티티로 정의 • 예 학생(Student), 과목(Course), 교수(Professor)
속성(Attribute) 정의	• 각 엔티티가 가진 특성을 정의 • 예 학생(학번, 이름, 학과), 과목(과목번호, 과목명, 학점)
관계(Relationship) 타입 정의	• 엔티티 간의 연관성을 정의 • 예 학생 – 수강 – 과목, 교수 – 강의 – 과목
E-R 모델 작성	• 정의한 엔티티, 속성, 관계를 종합하여 E-R 다이어그램 작성 • 엔티티 → 사각형, 속성 → 타원, 관계 → 마름모 형태로 표현
E-R 모델 검증	• 작성된 E-R 모델이 요구사항을 제대로 반영했는지 확인 • 누락된 엔티티나 속성 또는 잘못 정의된 관계가 없는지 점검

4) 논리적 설계(Logical Design)

- 개념적 설계를 실제 데이터베이스 모델(관계형 등)에 맞게 변환한다.
- 목표 DBMS에 종속적인 논리적 스키마(Logical Schema)를 설계하는 과정이다.
- 개념적 설계에서 도출된 E-R 모델을 기반으로 구체적인 테이블 구조와 트랜잭션 인터페이스를 설계한다.
- 정규화(normalization) 등을 통해 중복 제거와 무결성 확보를 달성한다.
- 산출물은 논리적 구조(릴레이션 스키마)이다.
- 수행 절차

개념적 모델 변환	• E-R 다이어그램 등 개념적 설계 결과를 바탕으로 논리적 데이터 모델로 변환 • 엔티티 → 테이블, 속성 → 열(Column), 관계 → 외래키(FK)로 매핑
테이블 정의	• 각 테이블에 대해 컬럼, 데이터 유형, 제약조건(Primary Key, Unique, Not Null 등)을 정의 • 예 학생(학번 INT PRIMARY KEY, 이름 VARCHAR(20), 학과 VARCHAR(30))
관계 정의	• 테이블 간의 관계를 외래키 제약조건(Foreign Key)으로 구현 • 1:N, N:M 관계를 테이블 구조로 변환 • 예 수강(학번 FK, 과목코드 FK, 성적)
정규화	• 불필요한 데이터 중복 제거, 이상(Anomaly) 방지, 데이터 일관성 유지 • 1정규형 → 원자값 분해 • 2정규형 → 부분 함수 종속 제거 • 3정규형 → 이행 함수 종속 제거
논리적 모델 검증	• 설계된 테이블 구조가 요구사항을 충족하는지 확인 • 데이터 무결성, 트랜잭션 성능, 질의 응답 등을 검토 • 필요시 모델 정제(Refinement) 수행

5) 물리적 설계(Physical Design)

- 목표 DBMS에 종속적인 물리적 구조를 설계하는 과정이다.
- 논리적 설계 단계에서 정의한 스키마를 실제 DBMS의 저장 구조와 접근 경로로 구현한다.
- 성능 최적화, 보안, 백업·복구까지 포함하는 실무적 DB 구축 단계이다.
- 저장 레코드 양식 설계와 레코드 집중(Record Clustering)의 분석/ 설계, 액세스 경로 인덱싱, 클러스터링, 해싱 등의 설계가 포함된다.
- 산출물은 물리적 구조(물리적 스키마)이다.
- 물리적 설계 단계의 고려사항
  - 인덱스 구조 및 레코드 크기
  - 파일에 존재하는 레코드 개수
  - 트랜잭션의 갱신·참조 성향
  - 성능 향상을 위한 개념 스키마 변경 여부
  - 빈번한 질의·트랜잭션 수행 속도 최적화
  - 시스템 운용 시 파일 크기 변화 가능성

> **기적의 TIP**
>
> **저장 레코드(Stored Record)**
> - 물리적 데이터베이스 구조의 기본적인 데이터 단위이다.
> - 물리적 데이터베이스 구조는 여러 가지 타입의 저장 레코드 집합이라는 면에서 단순한 파일과 다르다.
> - 저장 레코드의 양식 설계 시 고려사항 : 데이터 타입, 데이터 순서, 접근 경로, 데이터 값의 분포, 접근 빈도 등

➕ 더 알기 TIP

물리적 설계 옵션 고려사항(거시적 관점)

- 반응 시간(Response Time) : 질의·트랜잭션 처리 속도
- 공간 활용도(Space Utilization) : 저장 장치 효율
- 트랜잭션 처리량(Transaction Throughput) : 동시 사용자 환경에서 처리 가능한 작업량

- 수행 절차

테이블 및 인덱스 생성	논리적 모델을 기반으로 실제 테이블과 인덱스 생성
저장 장치 및 파일 그룹 정의	데이터 파일과 로그 파일을 분리, RAID/SSD 등 장치 특성 고려
데이터 유형 및 크기 지정	각 컬럼의 데이터 타입과 크기를 명확히 지정(예) VARCHAR(100))
제약조건 정의	PK, FK, CHECK, UNIQUE, NOT NULL 등의 무결성 제약 반영
파티셔닝(Partitioning)	대용량 테이블을 파티션으로 분할하여 성능 및 관리 효율 확보
보안 설정(Security)	사용자 권한 부여, 암호화, 접근 제어
성능 튜닝(Performance Tuning)	인덱싱, 클러스터링, 해싱, 쿼리 최적화, 캐싱 등을 적용
백업 및 복구(Backup & Recovery)	정기 백업, 장애 대비 복구 계획 수립

➕ 더 알기 TIP

언어 번역 프로그램의 비교

구분	개념적 설계	논리적 설계	물리적 설계
개념	데이터베이스 모델링을 수행하는 단계로 데이터베이스의 개념적 모델을 만드는 단계	개념적 모델을 바탕으로 데이터베이스의 논리적 모델을 만드는 단계	논리적 모델을 바탕으로 실제 데이터베이스를 구축하는 단계
주요 작업 내용	• 요구사항 분석 • 엔티티 타입 정의 • 속성 정의 • 관계 타입 정의 • E-R 모델 작성 • E-R 모델 검증	• 논리적 모델 생성 • 테이블 정의 • 관계 정의 • 정규화 • 논리적 모델 검증	• 실제 데이터베이스를 구축 • 테이블 및 인덱스 생성 • 저장 장치와 파일 그룹 정의 • 데이터 유형 및 크기 지정 • 제약조건 정의 • 파티셔닝, 보안 설정 • 성능 튜닝, 백업 및 복구
주요 목표	데이터베이스에서 사용될 개념을 정의	개념적 모델을 논리적 구조로 변환	논리적 모델을 실제 데이터베이스 구조로 변환
수행 방법	엔티티, 속성, 관계 등의 개념을 사용하여 개념적 모델을 작성	엔티티, 속성, 관계 등의 개념을 사용하여 논리적 모델을 작성	논리적 모델을 바탕으로 실제 데이터베이스를 구축
결과물	E-R 모델	논리적 데이터 모델	실제 데이터베이스 구조

6) 구현 단계

- DBMS에서 실제 데이터베이스를 생성하는 단계이다.
- DDL(Data Definition Language)로 스키마를 작성한다.
- 트랜잭션(SQL 프로시저, 응용 프로그램)을 구현한다.
- 수행 절차

데이터베이스 생성	DBMS를 이용하여 물리적 데이터베이스 생성
테이블 생성	• 물리적 설계 단계에서 정의된 테이블 구조를 바탕으로 DDL 작성 • 예 CREATE TABLE 학생(학번 INT PRIMARY KEY, 이름 VARCHAR(20))
인덱스 생성	• 자주 검색되는 컬럼에 인덱스 부여 • 성능 향상 목적(예 CREATE INDEX idx_name ON 학생(이름))
데이터 삽입(INSERT)	신규 데이터 등록
데이터 수정(UPDATE)	기존 데이터 변경
데이터 삭제(DELETE)	불필요한 데이터 제거
보안 설정	• 사용자 계정 생성, 인증, 권한 부여/회수 • 예 GRANT SELECT, INSERT ON 학생 TO user1;
백업 및 복구	• 정기적 백업 수행 • 장애 발생 시 복구 절차 실행

7) 운영, 감시, 개선 단계

- 실제 서비스 환경에서 DB를 운영한다.
- 성능 모니터링, 백업/복구, 튜닝, 구조 개선 등의 유지보수를 수행한다.

이론을 확인하는 기출문제

01 다음 중 개념적 설계(Conceptual Design)의 산출물로 옳은 것은?
① 물리적 스키마
② 논리적 구조(릴레이션 스키마)
③ E-R 다이어그램
④ DDL 스크립트

개념적 설계의 결과는 개체·속성·관계를 표현한 E-R 다이어그램이다.

오답 피하기
- ① 물리적 설계 결과
- ② 논리적 설계 결과
- ④ 구현 단계 산출물

02 논리적 설계(Logical Design) 단계에서 수행하는 작업으로 가장 적절한 것은?
① 인덱스 설계와 파티셔닝
② 엔티티·속성·관계 도출 및 E-R 모델 작성
③ 엔티티를 테이블로 변환하고 정규화 수행
④ DB 용도 및 환경 분석 문서 작성

논리적 설계 : 엔티티→테이블, 관계→외래키 매핑 및 정규화

오답 피하기
- ① 물리적 설계
- ② 개념적 설계
- ④ 계획/요구사항 분석 단계

03 물리적 설계(Physical Design) 단계의 고려사항 및 활동이 아닌 것은?
① 저장 레코드 양식 설계와 레코드 집중(Record Clustering)
② 파티셔닝과 보안 설정
③ 외래키 제약으로 1:N 관계 구현
④ 백업 및 복구 계획 수립

외래키로 관계를 구현하는 것은 논리적 설계 작업이다.

04 요구사항 분석 단계의 활동으로 옳지 않은 것은?
① 데이터 흐름도(DFD) 작성
② 데이터 유형, 길이, 형식, 값의 범위 정의
③ 인덱스 구조와 레코드 크기 결정
④ 보안 요구사항 분석과 성능 요구사항 분석

인덱스와 레코드의 크기를 결정하는 것은 물리적 설계의 고려사항이다.

05 트랜잭션 관점의 연결로 옳은 것은?
① 개념적 설계-트랜잭션 인터페이스 설계
논리적 설계-트랜잭션 모델링 정의
물리적 설계-트랜잭션 세부 설계
② 개념적 설계-트랜잭션 모델링 정의
논리적 설계-트랜잭션 인터페이스 설계
물리적 설계-트랜잭션 세부 설계
③ 개념적 설계-트랜잭션 세부 설계
논리적 설계-트랜잭션 모델링 정의
물리적 설계-트랜잭션 인터페이스 설계
④ 개념적 설계-트랜잭션 모델링 정의
논리적 설계-트랜잭션 세부 설계
물리적 설계-트랜잭션 인터페이스 설계

정답 01 ③ 02 ③ 03 ③ 04 ③ 05 ②

SECTION 02 데이터 모델

출제빈도 상 중 하
반복학습 1 2 3

빈출 태그 데이터 모델 • 개념적 데이터 모델 • 개체-관계 모델 • 논리적 데이터 모델 • 개체/속성/관계

> **기적의 TIP**
>
> 데이터 모델은 현실 세계를 DB에 논리적으로 표현하기 위한 구조·연산·제약의 도구입니다.

01 데이터 모델(Data Model)

1) 개념

- 현실 세계를 데이터베이스에 표현하기 위한 중간 과정이다.
- 데이터베이스 설계 과정에서 데이터의 구조(Schema), 관계, 의미, 제약조건 등을 표현하기 위해 사용되는 개념적 도구들의 집합을 의미한다.
- 현실 세계를 단순화·추상화하여 논리적으로 표현하는 방법이다.

+ 더 알기 TIP

데이터베이스 모델의 유형

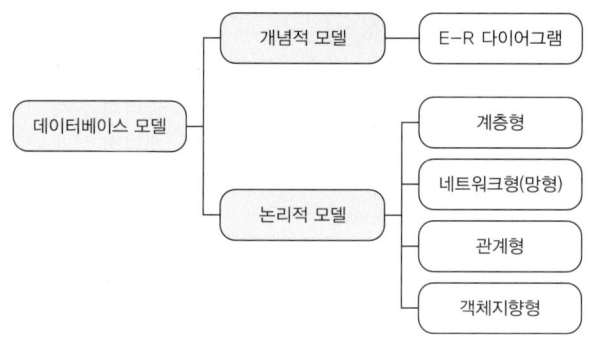

2) 목적

- 현실 세계의 복잡한 데이터를 체계적이고 일관성 있게 표현한다.
- 사용자와 개발자 간의 공통된 이해(언어)를 제공한다.
- 데이터베이스 설계의 기반을 제공하여 개념적 설계, 논리적 설계, 물리적 설계에 활용한다.

3) 주요 특징

- 데이터의 구조(Structure) : 데이터가 어떻게 조직되는지 정의(예 테이블, 필드, 키)
- 데이터의 연산(Operation) : 데이터 검색, 삽입, 삭제, 갱신 등 데이터에 대한 동작 정의
- 데이터의 제약조건(Constraint) : 데이터의 일관성과 무결성을 보장하기 위한 규칙 정의

02 개념적 데이터 모델(Conceptual Data Model)

1) 개념
- 속성(Attribute)으로 기술된 개체(Entity) 타입과 이들 간의 관계(Relationship)를 이용해 현실 세계를 표현하는 방법이다.
- 사람이 이해할 수 있는 형태의 정보 구조(Information Structure)를 표현하는 과정이다.
- 대표적인 개념적 데이터 모델에는 개체-관계(E-R) 모델이 있다.

> **기적의 TIP**
> '요구사항 분석 → 개체-관계 모델로 전환 → 이후 논리적 모델로 변환'으로 이어집니다.

2) 개체-관계 모델(E-R Model)

① 개념
- 대표적인 개념적 데이터 모델이다.
- 개체(Entity) 타입과 관계(Relationship) 타입을 이용해 현실 세계를 개념적으로 표현한다.

> **더 알기 TIP**
>
> **E-R 다이어그램(Entity-Relationship Diagram)**
> - 정보 공학 방법론에서 데이터베이스 설계의 표현으로 사용하는 모델링 언어로 P.Chen이 처음 제안한 방법이다.
> - 현실 세계의 개체(Entity)와 개체 간의 관계(Relationship)를 시각적으로 표현하는 도구이다.
> - 데이터베이스 설계의 개념적 단계에서 사용한다.
> - 사람과 컴퓨터 모두 이해하기 쉽게 그래프 형태로 작성한다.

② 표현 방법

기호		기호 이름	의미
사각형	□	개체(Entity)	객체 집합
마름모	◇	관계(Relationship)	개체 간의 연관
타원	○	속성(Attribute)	개체의 특성
실선	─	연결선	개체 타입과 속성 연결
이중 사각형	▭	강한 개체 타입	독립적으로 존재
타원 밑줄	⊙	기본키 속성	유일하게 식별
이중 타원	◎	다중값 속성	여러 값을 가질 수 있는 속성
점선 타원	⌀	유도 속성★	다른 속성으로부터 도출 가능

★ 유도 속성(Derived Attribute) 다른 속성으로부터 계산/유도되는 속성(예) 생년월일로부터 나이를 계산)

03 논리적 데이터 모델(Logical Data Model)

1) 개념
- 현실 세계를 DBMS가 이해할 수 있는 구조로 변환하는 과정이다.
- 개념적 데이터 모델(E-R 모델)에서 추출된 엔티티(Entity), 속성(Attribute), 관계(Relationship)를 테이블, 필드, 키 구조로 변환한다.
- 하드웨어나 소프트웨어와 독립적인 논리적인 데이터 구조를 정의한다.
- 필드(속성)로 정의된 데이터 타입과 이들 간의 관계로 현실 세계를 표현한다.
- 전략 수립 및 요구사항 분석 단계에서 사용하며, 이해 관계자와의 소통 시 보조 자료로 활용한다.

2) 종류

종류	설명
계층형(Hierarchical)	• 트리(Tree) 구조로 표현 • 상하 관계(1:N 관계)로 데이터 연결 • 예) 조직도, 폴더 구조
네트워크형(Network, 망형)	• 그래프 구조 기반, 포인터로 레코드 연결 • 다대다(N:M) 관계도 표현 가능 • CODASYL DBTG 모델에서 사용
관계형(Relational)	• 가장 널리 쓰임 • 데이터를 테이블(행/열) 구조로 표현 • SQL 기반
객체지향형(Object-Oriented)	• 객체지향 개념(클래스, 상속, 캡슐화)을 데이터 모델에 적용 • 멀티미디어, 복합 데이터 처리에 유리

① 계층형 데이터 모델(Hierarchical Data Model)
- 트리(Tree) 구조를 이용하여 데이터 간 상호관계를 계층적으로 정의한 모델이다.
- 개체 간의 관계를 부모-자식(Parent-Child) 구조로 표현한다.
- 1:N 관계만 허용되며, 사이클은 허용되지 않는다.
- 계층형 데이터 모델에서 개체(Entity)는 세그먼트(Segment)★로 표현된다.
- 특징
  - 상위 레코드 삭제 시, 하위 레코드도 함께 삭제되는 연쇄 삭제(Cascading Delete) 발생
  - 개체 간의 관계는 항상 하나(1개)만 허용
  - 구조가 단순하여 특정 경로의 검색은 빠르고 효율적
- 장단점

장점	• 데이터 무결성을 보장하기 위한 제약조건을 쉽게 설정 가능 • 데이터 구조가 단순하여 검색 속도가 빠름 • 구현, 수정, 검색이 용이 • 데이터 독립성 보장
단점	• 다대다(N:M) 관계 표현 불가 • 계층 구조가 바뀌면 데이터 구조 전체를 재구성해야 함 • 데이터 간 유연성이 부족 • 검색 경로가 제한적이며, 삽입/삭제 연산이 복잡

★ 세그먼트(Segment)
트리(Tree) 구조를 이루는 노드(Node)로, 데이터가 저장·전달되는 최소 단위

- 예시

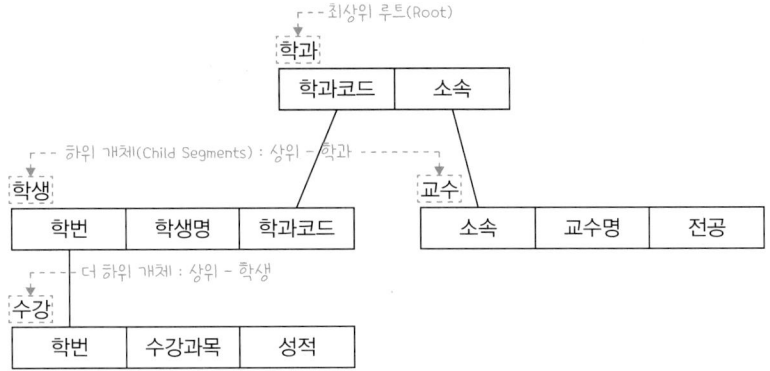

② 네트워크형 데이터 모델(Network Data Model, 망형 데이터 모델)
- 그래프(Graph) 구조를 기반으로 개체(Entity)와 관계(Relationship)를 표현한다.
- 상위와 하위 레코드 간 N:M 관계를 직접 지원한다.
- 오너(Owner)-멤버(Member) 관계로 데이터를 표현한다.
- CODASYL이 제안한 모델이므로 CODASYL 모델이라고도 하고, 대표적인 DBMS가 DBTG이므로 DBTG 모델이라고도 한다.
- 특징
  - 다중 연결(Multiple Link)을 지원하여, 복잡한 데이터 구조 표현 가능
  - 계층형 모델의 한계(1:N만 가능)를 극복하여, N:M 관계 표현 가능
  - 데이터 논리 구조를 그래프 형태로 표현
- 장단점

장점	• 유연성 : 다양한 관계(다중 부모/다중 자식) 표현 가능 • 동적 구조 변경 용이 : 새로운 관계 추가/수정 가능 • 복잡한 관계 표현 가능 : E-R 다이어그램처럼 다양한 형태 지원 • 성능 최적화 가능 : 다양한 인덱싱 기법 활용 • 비구조적 데이터 처리 가능 : 문서·그래프 데이터 처리에 적합 • 데이터 중복 최소화 : 관계를 통해 일관성 유지
단점	• 구조 복잡성 : 링크 구조 때문에 모델이 복잡해짐 • 질의 언어 한계 : SQL처럼 직관적이지 않음, 쿼리 작성 어려움 • 성능 저하 가능성 : 복잡한 관계·다양한 조인 연산으로 성능 저하 우려 • 확장성 제한 : 대규모 수평 확장 어려움 • 비용 문제 : 구현·유지보수 비용이 높음

- 예시

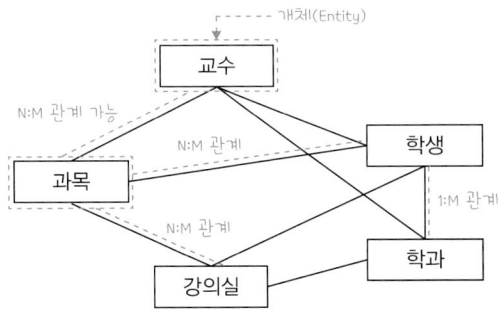

> **기적의 TIP**
> 관계형 데이터 모델은 뒤에서 따로 자세하게 공부할 수 있습니다. 여기에서는 다른 데이터 모델과 비교하는 것에 중점을 두고 공부하세요.

> **기적의 TIP**
> 관계형 데이터 모델은 표(Table) 기반, SQL 지원, 무결성 보장 때문에 가장 널리 쓰이는 데이터 모델입니다.

③ 관계형 데이터 모델(Relational Data Model)
- 계층형과 네트워크형 모델의 복잡성을 단순화한 모델이다.
- 데이터를 테이블(Table, 릴레이션) 형태로 표현한다.
- 테이블 간, 또는 테이블 내 속성 간의 관계(Relationship)를 통해 데이터를 관리한다.
- 1:1, 1:N, N:M 모든 관계를 자유롭게 표현하는 것이 가능하다.
- 오늘날 가장 널리 사용되는 DB 모델(Oracle, MySQL, PostgreSQL, MS SQL Server 등)이다.
- 특징
  - 기본 단위는 릴레이션(Relation, 테이블)
  - 구성 요소

튜플(Tuple)	행(Row, 레코드)
속성(Attribute)	열(Column, 필드)
도메인(Domain)	속성이 가질 수 있는 값의 범위

  - 데이터 조작 언어는 SQL
  - ACID 특성(원자성, 일관성, 격리성, 영속성) 보장
- 장단점

장점	• 일관성 : 트랜잭션의 ACID 특성 준수 • 무결성 유지 : PK, FK, CHECK 등 무결성 제약조건 설정 가능 • 표준화 : SQL을 사용하여 표준화된 데이터 조작 언어 제공 • 유연성 : ALTER 문으로 스키마 변경 용이 • 쉬운 질의 언어 : SQL은 직관적이고 학습 용이 • 중복 최소화 : 정규화를 통해 중복 데이터 방지 • 대용량 처리 가능 : 병렬 처리, 대규모 데이터 지원 • 성능 최적화 : 옵티마이저가 쿼리 실행 계획을 최적화
단점	• 비구조적 데이터 처리 어려움 : 문서, 그래프 등 비구조적 데이터에 약함 • 성능 저하 가능성 : 테이블 간 조인이 많을 경우 성능 저하가 발생하므로 인덱싱 필요 • 비용 : 상용 RDBMS는 라이선스 및 유지보수 비용 높음 • 확장성 한계 : 수평적 확장(Horizontal Scaling)에 제약 • 복잡한 모델링 필요 : 정규화 · 관계 설정 등 설계 난이도 존재 • 빠른 실시간 처리에 불리 : 대용량 실시간 데이터 처리에서는 NoSQL 계열이 더 적합

- 예시

학생(Student) ← 테이블명
기본키(Primary Key), 속성(Attribute, 열(Column))

학번(PK)	이름	전공
270001	이기적	컴퓨터공학과
270002	다코미	생명공학과
270003	이기적	생명공학과
270004	영지니	전자공학과	← 튜플(Tuple, 행(Row))
270005	다코미	컴퓨터공학과

↑ 도메인(Domain)

④ 객체지향형 데이터 모델(OODM, Object-Oriented Data Model)
- 현실 세계의 데이터를 객체(Object)와 클래스(Class) 단위로 표현한다.
- 데이터뿐 아니라 데이터를 처리하는 메서드(Method)까지 함께 모델링한다.
- 상속(Inheritance), 다형성(Polymorphism), 캡슐화(Encapsulation) 같은 객체지향 개념을 DB 모델링에 도입하였다.
- 복잡한 공학 데이터, 멀티미디어 데이터 등 관계형 모델로 표현하기 어려운 데이터를 효과적으로 다룰 수 있다.
- 특징
  - 모든 데이터를 객체(Object)로 표현
  - 동일한 성격을 가진 객체들을 클래스(Class)로 정의
  - 상위 클래스의 속성과 메서드를 하위 클래스가 물려받음(상속)
  - 같은 연산이 객체에 따라 다르게 동작 가능(다형성)
  - 데이터와 메서드를 하나로 묶어 내부는 숨기고 외부엔 인터페이스만 제공(캡슐화)
  - 현실 세계와 유사하여 실제 문제 영역을 직관적으로 모델링 가능
- 장단점

장점	• 현실 세계와 유사성 : 현실 세계의 개념과 구조를 그대로 반영 가능 • 재사용성 : 상속을 통해 속성과 메서드를 재사용할 수 있어 효율적 • 유연성 : 복잡한 객체 간의 관계를 쉽게 표현 가능 • 캡슐화 : 데이터 무결성 보장, 보안성 강화 • 다형성 : 다양한 형태의 동작을 처리할 수 있음 • 직관적 모델링 : 사용자 입장에서 이해가 쉬움 • 확장성 : 객체 단위 설계이므로 유지보수 · 확장 용이 • 데이터 무결성 보장 : 객체의 캡슐화와 캡슐 내부에서의 데이터 조작을 통해 데이터 무결성 보장 가능
단점	• 학습 곤란 : 객체지향에 대한 개념 숙지가 필요 • 모델링 복잡성 : 복잡한 객체 간 관계를 설계 · 관리하기 어려움 • 데이터 중복성 : 상속 · 객체 그래프에서 데이터 중복 발생 가능 • 변경 관리 어려움 : 구조 변경 시 관련된 객체와 메서드까지 수정 필요 • 성능 문제 : 대규모 데이터 처리 · 분산 처리에서 제약 발생 가능 • 비용 증가 : 구현 및 관리 비용이 높음

> **기적의 TIP**
>
> 객체지향 데이터 모델(OODM)은 데이터를 객체 · 클래스 단위로 표현하는 모델로, 현실 세계와 유사하고 유연하지만, 학습과 관리가 어렵고 대규모 처리에는 한계가 있습니다.

- 예시

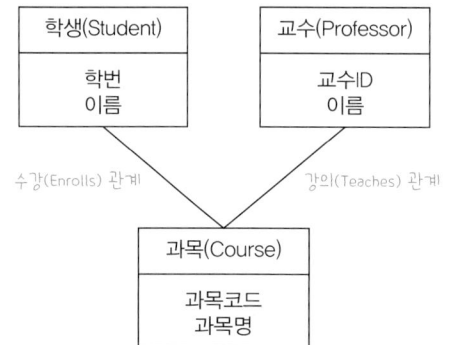

> **기적의 TIP**
>
> 논리 데이터 모델은 개체(Entity)−속성(Attribute)−관계(Relationship) 세 가지 요소로 구성되며, 현실 세계를 데이터베이스에 맞게 추상화하는 기본 틀을 제공합니다.

3) 구성 요소

개체(Entity)	• 현실 세계에서 독립적으로 존재할 수 있는 대상 • 데이터베이스에 저장할 필요가 있는 사람, 사물, 사건, 개념 등 • E−R 다이어그램에서 사각형(Rectangle)으로 표현
속성(Attribute)	• 개체가 가진 특성(성질) • 개체를 설명하는 구체적인 데이터 요소 • E−R 다이어그램에서 타원(Oval)으로 표현
관계(Relationship)	• 개체와 개체 사이의 연관성 • 두 개체 이상이 어떻게 연결되어 있는지를 나타냄 • E−R 다이어그램에서 마름모(Diamond)로 표현

① 개체(Entity)
- 정의
    - 데이터베이스에 저장할 대상이 되는 사물(유형·무형 모두 가능)
    - 속성(Attribute)의 집합으로 표현됨
    - 예 학생(개체) → 속성 : 학번, 이름, 학과
- 구분

개념적 개체	눈에 보이지 않는 추상적인 개체(예 학과, 과목)
물리적 개체	현실 세계에 존재하는 유형의 사물(예 책, 연필, 학생)

- 특징
    - 속성들의 집합으로 정의됨
    - 구체적(사람, 물건) 또는 추상적(부서, 과목) 사물 모두 포함
    - 서로 구분되는 특성을 가짐
- 종류

독립 엔티티(Kernel Entity, Master Entity)	• 현실 세계에 원래부터 존재하는 개체 • 예 사원, 고객, 부서, 창고
중심 엔티티(Transaction Entity)	• 업무 실행 과정에서 발생하는 개체 • 예 주문, 납품
종속 엔티티(Dependent Entity)	• 정규화 과정에서 중심 엔티티로부터 분리된 개체 • 예 주문 상세, 납품 상세
교차 엔티티(Associative Entity, Relative Entity)	• N:M 관계 해소를 위해 만들어지는 개체(교차 관계) • 예 수강(학생−과목), 구매(고객−상품)

- 속성과의 관계
    - 속성(Attribute)이란, 개체의 특성을 나타내는 가장 작은 논리적 단위
    - 속성 자체는 단독으로 큰 의미를 가지지 못하지만, 여러 속성이 모여 개체를 정의함
    - 예 학번, 이름, 학과 → 모여서 학생 개체를 표현

② 속성(Attribute)
- 정의
  - 데이터베이스를 구성하는 가장 작은 논리적 단위
  - 파일 구조상 데이터 필드(Field, 항목)에 해당함
  - 개체(Entity)의 특성을 설명하는 요소
  - 예 학생 개체(Entity)의 속성 → {학번, 이름, 학과}

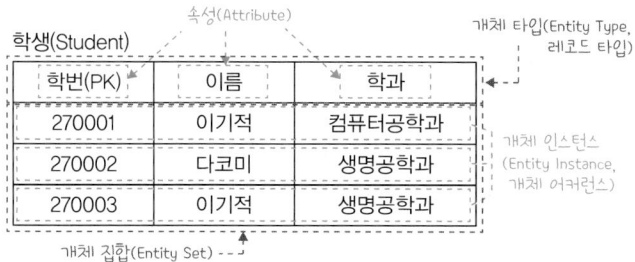

- 특징
  - 속성은 이름(Name)과 값(Value)으로 구성됨
  - 개체(Entity)는 여러 속성의 집합으로 정의됨
  - 속성 값은 시간에 따라 변할 수 있음(예 주소 변경, 전화번호 변경)
- 종류

단일값 속성(Single-valued Attribute)	• 한 개체에 대해 하나의 값만 존재하는 속성 • 예 주민등록번호, 학번
다중값 속성(Multi-valued Attribute)	• 한 개체에 대해 여러 개의 값이 존재할 수 있는 속성 • 예 전화번호(집, 휴대폰, 회사), 이메일(개인, 회사)
단순 속성(Simple Attribute)	• 더 이상 작은 구성 요소로 분해할 수 없는 속성 • 예 학번, 나이
복합 속성(Composite Attribute)	• 의미상 더 작은 속성으로 분해 가능한 속성 • 예 이름 → 성, 이름 / 주소 → 시, 구, 동, 우편번호
유도 속성(Derived Attribute)	• 다른 속성으로부터 계산되거나 유도될 수 있는 속성 • 예 나이, 총점, 근속연수

> **기적의 TIP**
>
> **개체 인스턴스(Entity Instance)**
> - 개체(Entity)의 실제 값(실체화된 예)
> - 개체가 갖는 속성(Attribute)에 구체적인 값이 채워진 상태
> - 데이터베이스 안에 저장된 개별 행(Row) 또는 레코드(Record)에 해당

- 표현 예시

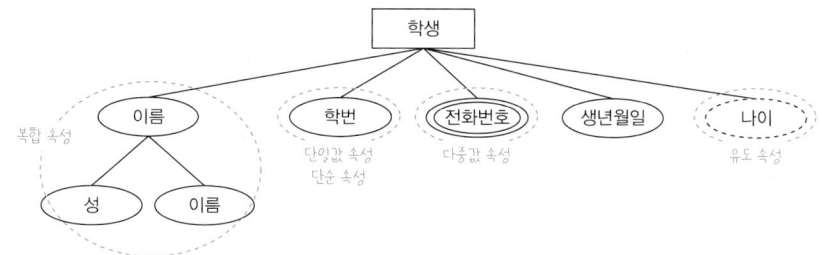

③ 관계(Relationship)
- 정의
  - 개체와 개체 사이, 혹은 속성과 속성 사이의 연관성을 의미
  - E-R 다이어그램에서 마름모(Diamond)로 표현
- 구분

속성 관계(Attribute Relationship)	• 한 개체 내부에서 속성과 속성 간의 연관성 • ⓓ 학생 개체의 "학번 ↔ 이름"은 서로 연결되어 한 학생을 정의
개체 관계(Entity Relationship)	• 서로 다른 개체들 간의 연관성 • ⓓ 학생(Student) ↔ 과목(Course) ↔ 수강(Enrolls)

- 종류

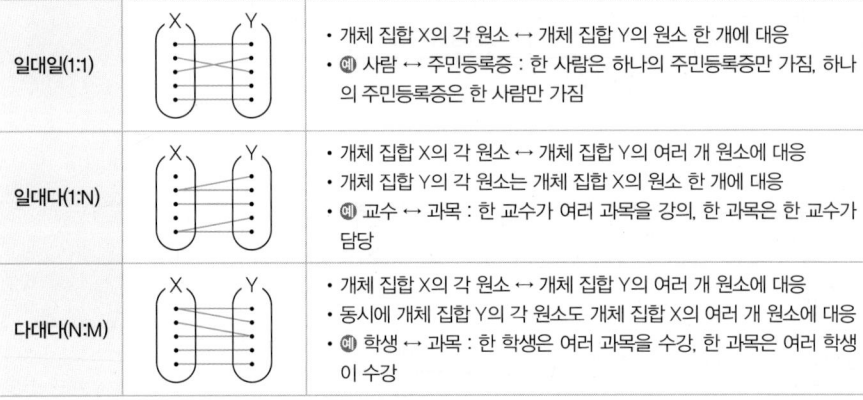

일대일(1:1)	• 개체 집합 X의 각 원소 ↔ 개체 집합 Y의 원소 한 개에 대응 • ⓓ 사람 ↔ 주민등록증 : 한 사람은 하나의 주민등록증만 가짐, 하나의 주민등록증은 한 사람만 가짐
일대다(1:N)	• 개체 집합 X의 각 원소 ↔ 개체 집합 Y의 여러 개 원소에 대응 • 개체 집합 Y의 각 원소는 개체 집합 X의 원소 한 개에 대응 • ⓓ 교수 ↔ 과목 : 한 교수가 여러 과목을 강의, 한 과목은 한 교수가 담당
다대다(N:M)	• 개체 집합 X의 각 원소 ↔ 개체 집합 Y의 여러 개 원소에 대응 • 동시에 개체 집합 Y의 각 원소도 개체 집합 X의 여러 개 원소에 대응 • ⓓ 학생 ↔ 과목 : 한 학생은 여러 과목을 수강, 한 과목은 여러 학생이 수강

> **기적의 TIP**
>
> E-R 다이어그램에서 관계를 표현하는 기수성(Cardinality)과 선택성(Optionality)에 관한 표기법에 대해 알아두세요.

➕ **더 알기 TIP**

기수성(Cardinality)과 선택성(Optionality)

기수성(Cardinality)	• 엔티티 간의 대응 관계 수(몇 개와 연결되는가?)
	• 종류 : 1:1, 1:N, N:M
	• 표기 방법(James Martin 표기법)
	
	  1:1 ─┼─┼─
	  1:M ─┼─〈─
	  N:M ─〉─〈─

선택성(Optionality)	• 관계 참여가 필수인지, 선택인지를 의미
	• 집합 의미(포함, 불포함)와 관련 있음
	• 종류
	
	  1:0(Optional) — 참여하지 않을 수도 있음(선택)
	  1:1(Mandatory) — 반드시 참여해야 함(필수)
	
	• 표기 방법(James Martin 표기법)
	
	  1:0 ─┼─○─
	  1:1 ─┼─┼─

이론을 확인하는 기출문제

01 다음 중 데이터 모델의 주요 특징에 해당하지 않는 것은?

① 데이터의 구조(Structure)
② 데이터의 연산(Operation)
③ 데이터의 제약조건(Constraint)
④ 보안 정책(Security Policy)

> 보안 정책은 설계 전반의 운영·관리 항목이지 데이터 모델의 3요소가 아니다.

02 E-R 다이어그램 표기와 의미의 연결이 옳은 것은?

① 사각형-관계, 마름모-개체, 타원-속성
② 사각형-속성, 마름모-관계, 타원-개체
③ 사각형-개체, 마름모-관계, 타원-속성
④ 사각형-개체, 마름모-속성, 타원-관계

03 계층형 데이터 모델(Hierarchical)의 설명으로 옳지 않은 것은?

① 부모-자식 구조의 1:N 관계만 허용한다.
② 상위 레코드 삭제 시 하위 레코드가 함께 삭제될 수 있다.
③ 개체는 세그먼트(Segment)로 표현된다.
④ 다대다(N:M) 관계를 직접 표현하기 용이하다.

> 계층형은 1:N만 허용하며 N:M을 직접 표현할 수 없다.

04 네트워크형 데이터 모델(Network, 망형)의 설명으로 옳지 않은 것은?

① CODASYL이 제안한 DBTG 모델이라고도 부른다.
② 오너(Owner)-멤버(Member) 관계로 데이터를 표현한다.
③ 다중 연결을 지원해 복잡한 구조 표현이 가능하다.
④ 1:N 관계만 허용한다.

> 네트워크형은 N:M 등 다양한 다중 연결을 지원한다.

05 논리적 데이터 모델(Logical Data Model)에 대한 설명으로 옳은 것은?

① 하드웨어·소프트웨어와 독립적인 논리적 데이터 구조를 정의한다.
② 개체·속성·관계를 도출해 E-R 모델을 작성한다.
③ B+트리 인덱스 등 물리적 저장 구조를 설계한다.
④ 사용자별로 필요한 데이터만 보이도록 개별 뷰를 제공한다.

> **오답 피하기**
> • ② 개념적 모델 단계
> • ③ 물리적 모델 단계
> • ④ 외부 스키마(뷰)

정답 01 ④ 02 ③ 03 ④ 04 ④ 05 ①

SECTION 03 관계형 데이터베이스 모델

빈출 태그 릴레이션 스키마 • 릴레이션 인스턴스 • 차수 • 기수 • 맵핑 룰 • CRUD 매트릭스

> **기적의 TIP**
> 관계형 데이터베이스 모델은 개체와 관계를 테이블(릴레이션)로 표현하는 가장 대표적인 논리 데이터 모델링 방식입니다.

01 개념 및 특징

1) 개념
- 대표적인 논리적 데이터 모델(Logical Data Model)이다.
- 계층형이나 네트워크형 모델보다 단순하고 직관적이기 때문에 가장 널리 사용된다.
- 데이터베이스를 구성하는 개체(Entity)나 관계(Relationship)를 2차원 테이블(= 릴레이션, Relation)로 표현한다.

2) 특징
- 다른 데이터베이스 모델에 비해 변환이 쉽다.
- 구조가 간결하고 사람이 이해하기 편리하다.
- 데이터 중복 최소화, 무결성 및 일관성 유지 등이 용이하다.

02 구성 요소

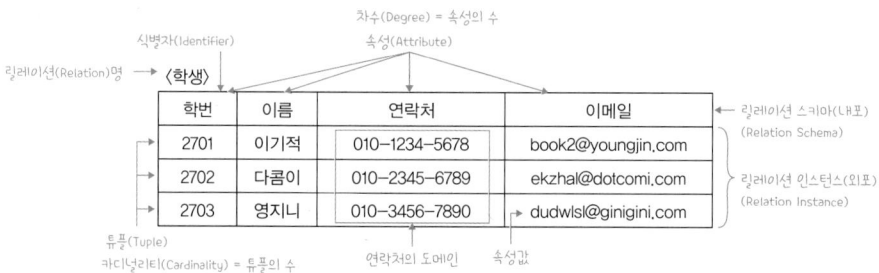

1) 릴레이션 스키마(Relation Schema)

① 정의
- 개념 모델(E-R 모델)에서 도출된 개체(Entity)나 관계(Relationship)를 컴퓨터에서 처리 가능한 테이블 구조(틀)로 변환한 것이다.
- 릴레이션의 이름 + 속성(Attribute)들의 집합으로 구성된다.
- 각 속성에는 이름, 데이터 타입, 제약조건(Primary Key, Not Null 등)이 포함된다.

② 특징
- 릴레이션의 구조적 정의만 포함한다(데이터는 포함되지 않음).
- 하나의 데이터베이스는 하나 이상의 릴레이션 스키마로 구성된다.

2) 릴레이션 인스턴스(Relation Instance)

① 정의
- 관계형 데이터베이스에서 릴레이션(Relation, 테이블)에 실제 저장된 데이터의 집합이다.
- 릴레이션 스키마가 구조(틀)을 정의한다면, 릴레이션 인스턴스는 그 구조에 맞게 저장된 구체적인 값이다.

② 구성

튜플(Tuple)	테이블의 한 행(Row)
속성(Attribute)	열(Column)
속성값(Value)	각 셀(Cell)에 들어가는 데이터

> **기적의 TIP**
> 릴레이션 인스턴스는 튜플(Tuple)들의 모임입니다.

③ 특징
- 릴레이션 스키마에 따라 저장된 실제 데이터이다.
- 각 행(Row)은 하나의 개체나 사건을 나타낸다.
- 인스턴스에 저장된 데이터는 도메인 제약, 키 제약, 참조 무결성 등을 만족해야 한다.
- 데이터의 검색(SELECT), 삽입(INSERT), 수정(UPDATE), 삭제(DELETE) 등의 연산을 수행한다.

3) 속성(Attribute)

① 정의
- 데이터베이스를 구성하는 가장 작은 논리적 단위이다.
- 릴레이션(Relation)의 열(Column)에 해당하며, 파일 구조에서의 필드(Field) 또는 항목(Item)과 같은 개념이다.

② 특징
- 속성은 더 이상 나눌 수 없는 단일 값(원자값(Atomic Value))만 저장해야 한다(원자성).
- 릴레이션 내에서 속성 간 순서는 의미가 없으며, 속성 이름만 일관성 있게 유지되면 순서는 바뀌어도 무관하다.
- 개체의 성질, 상태, 속성을 기술하는 역할을 한다.
- 디그리(Degree)는 속성의 수(차수)를 의미한다.

> **+ 더 알기 TIP**
>
> **관계형 데이터베이스 모델의 구성 요소 예시**
>
> 학과(학과번호, 학과이름, 위치)
> 학생(학생번호, 학생이름, 학년, 학과번호)

〈학과〉

학과번호	학과이름	위치
A0001	컴퓨터공학과	101호
A0002	생명공학과	201호
B0001	전자공학과	301호

〈학생〉

학생번호	학생이름	학년	학과번호
270001	이기적	1	A0001
260002	다코미	2	A0002
250003	영지니	3	B0001

① 학과 릴레이션 스키마
- 학과번호 : 기본키(Primary Key, PK) → 학과를 유일하게 식별
- 학과이름 : 속성(Attribute)
- 위치 : 속성(Attribute)

② 학생 릴레이션 스키마
- 학생번호 : 기본키(PK) → 학생을 유일하게 식별
- 학생이름 : 속성(Attribute)
- 학년 : 속성(Attribute)
- 학과번호 : 외래키(Foreign Key, FK) → 학과 릴레이션의 학과번호를 참조

4) 도메인(Domain)

① 정의
- 하나의 속성(열, Column)이 가질 수 있는 원자값들의 집합이다.
- 속성에 입력될 수 있는 값의 범위를 의미한다.

② 특징
- 데이터 타입(Data Type)과 연관되어 정의된다.
- 예 학번(정수형), 이름(문자형), 생년월일(Date 형식)
- 도메인을 정의함으로써 무결성(Integrity)과 일관성(Consistency)을 유지할 수 있다.
- 데이터 유효성 검사에 활용된다.
- 예 학년 속성의 도메인 = {1, 2, 3, 4} → 다른 값은 허용 불가
- 올바른 도메인 정의는 데이터베이스 품질 유지에 도움이 된다.

5) 튜플(Tuple)

① 정의
- 릴레이션(테이블)의 행(Row)에 해당하며, 파일 구조로 보면 레코드(Record)와 같은 개념이다.
- 릴레이션 스키마에 따라 구체적인 데이터가 입력된다.

② 특징
- 모든 튜플의 값은 서로 달라야 한다(중복 불가).
- 튜플 간 순서는 중요하지 않다(집합적 특성).
- 카디널리티(Cardinality)는 튜플의 수(기수)를 의미한다.

+ 더 알기 TIP

Degree(차수)와 Cardinality(기수)

Degree(차수)	• 한 릴레이션(테이블)에 포함된 속성(Attribute, 열)의 개수 • 릴레이션의 구조(스키마)를 설명할 때 사용 • 속성이 추가/삭제되면 차수가 변함 • 데이터가 바뀌어도 차수는 변하지 않음(구조적 개념)
Cardinality(기수)	• 한 릴레이션(테이블)에 포함된 튜플(Tuple, 행)의 개수 • 릴레이션의 크기(인스턴스)를 설명할 때 사용 • 데이터가 추가/삭제되면 기수가 변함 • 스키마(구조)가 변해도 기수는 변하지 않음(내용적 개념)

〈학생〉

Degree(차수): 속성(Attribute, 열)의 개수

학번	이름	전공
270001	이기적	컴퓨터공학과
270002	다코미	생명공학과
270003	이기적	생명공학과
270004	영지니	전자공학과
270005	다코미	컴퓨터공학과

Cardinality(기수): 튜플(Tuple, 행)의 개수

- 속성은 3개이므로, Degree = 3
- 튜플은 5개이므로, Cardinality = 5

+ 더 알기 TIP

A1, A2, A3이라는 3개 속성을 갖는 한 릴레이션에서 A1의 도메인은 3개 값, A2의 도메인은 2개 값, A3의 도메인은 4개 값을 갖는다. 이 릴레이션에 존재할 수 있는 가능한 튜플(Tuple)의 최대 수를 구하시오.

- 문제 상황
  릴레이션 R(A1, A2, A3)
  A1 도메인 = 3개 값(예 {a, b, c})
  A2 도메인 = 2개 값(예 {x, y})
  A3 도메인 = 4개 값(예 {1, 2, 3, 4})

- 핵심 개념
  튜플(Tuple) = 각 속성(Attribute)에서 하나씩 값을 선택해서 만든 조합(Combination)
  튜플의 수 = 도메인 값들의 곱

- 계산 과정
  A1에서 선택할 수 있는 값 = 3가지
  A2에서 선택할 수 있는 값 = 2가지
  A3에서 선택할 수 있는 값 = 4가지
  따라서 가능한 튜플의 최대 수 = 3 × 2 × 4 = 24

- 예를 들어,
  A1 = {a, b, c}
  A2 = {x, y}
  A3 = {1, 2, 3, 4}
  이므로, 가능한 튜플 조합을 보면
  (a, x, 1)
  (a, x, 2)
  (a, y, 3)
  (b, y, 4)
  (c, x, 1) … 등으로 전부 나열하면 24개이다. 즉, '튜플의 최대 수 = 각 속성 도메인 크기의 곱'이라고 생각하면 된다.

> **기적의 TIP**
>
> 후보키(Candidate Key)란, 릴레이션의 튜플을 유일하게 식별할 수 있는 속성들의 부분집합을 의미합니다. 여러 후보키 중 하나를 기본키(Primary Key)로 선택하고, 나머지는 대체키(Alternate Key)라고 합니다.

➕ 더 알기 TIP

한 릴레이션 스키마가 4개의 속성, 2개의 후보키 그리고 그 스키마의 대응 릴레이션 인스턴스가 7개의 튜플을 갖는다면 그 릴레이션의 차수(Degree)를 구하시오.

- 문제 정리
  릴레이션 스키마 속성(Attribute) = 4개
  후보키(Candidate Key) = 2개
  릴레이션 인스턴스 튜플(Row) = 7개
- 핵심 개념
  차수(Degree) = 속성(Attribute, 열)의 개수
  기수(Cardinality) = 튜플(Tuple, 행)의 개수
- 주의할 점
  후보키의 개수는 차수에 영향을 주지 않음
  튜플의 개수도 차수와는 무관
- 풀이
  속성 수 = 4개 → 차수 = 4
  후보키가 2개 있더라도, '속성 중 어떤 것이 키 역할을 할 수 있느냐'만 의미함
  튜플이 7개라도, 이는 '기수(Cardinality) = 7'을 의미할 뿐 차수와는 관련 없음

03 릴레이션(Relation)

1) 개념

- 관계형 데이터베이스에서 데이터를 2차원 표 형태로 저장하는 구조이다.
- 행(Row, 튜플, Tuple) + 열(Column, 속성, Attribute)로 구성되어 있다.
- 종류

개체 릴레이션(Entity Relation)	개체 자체를 표현(예 학생, 과목)
관계 릴레이션(Relationship Relation)	개체 간의 관계를 표현(예 수강)

- 구성 요소

릴레이션 스키마(Relation Schema)	• 릴레이션의 구조(틀)를 정의 • 속성(Attribute) 이름, 도메인(값의 범위), 제약조건 등 • 예 학생(학번, 이름, 학과)
릴레이션 인스턴스(Relation Instance)	• 실제 릴레이션에 저장된 데이터들의 집합 • 튜플들의 모임 • 예 학생 <table><tr><th>학번</th><th>이름</th><th>학과</th></tr><tr><td>270001</td><td>이기적</td><td>컴퓨터공학과</td></tr><tr><td>270002</td><td>다코미</td><td>생명공학과</td></tr><tr><td>270003</td><td>이기적</td><td>생명공학과</td></tr></table>

2) 릴레이션의 4가지 주요 특징

① 튜플의 유일성
- 릴레이션(테이블) 안의 각 튜플(Row)은 서로 달라야 한다.
- 기본키(Primary Key)가 있어서 튜플을 유일하게 식별할 수 있다.
- 데이터 중복을 방지하고, 무결성(Integrity)을 유지해야 한다.
- 예 학번이 같은 두 학생 튜플은 존재할 수 없음

② 튜플의 무순서성
- 릴레이션의 튜플의 순서는 의미가 없다.
- 튜플의 저장 순서는 중요하지 않으며, DBMS는 순서를 보장하지 않는다.
- 검색 시에는 정렬(ORDER BY) 같은 명령어로 원하는 순서를 따로 지정해야 한다.
- 릴레이션의 데이터를 자유롭게 검색하고, 필요한 연산을 수행할 수 있도록 도와준다.
- 예 학생 테이블에서 1번째 행, 2번째 행 순서는 의미가 없음

③ 속성의 원자성
- 각 속성(Attribute, 열)의 값은 반드시 더 이상 쪼갤 수 없는 단일값(원자값)이어야 한다.
- 제1정규형(1NF)의 핵심 조건이다.
- 릴레이션의 데이터를 일관성 있게 관리하고, 검색, 수정, 삭제하는 등의 작업을 수행할 수 있도록 도와준다.
- 예 "전화번호" 속성에 010-1234-5678, 010-5678-1234 두 개 값을 넣으면 원자성을 위반

④ 속성의 무순서성
- 릴레이션의 속성(열)은 순서와 상관없이 의미가 동일하다.
- 각 속성은 릴레이션 내에서 유일한 이름을 가진다.
- 어떤 순서로 출력하더라도 결과는 동일하므로, 데이터의 저장과 검색에서 유용하게 활용될 수 있다.
- 예 학생 릴레이션에서 (학번, 이름, 학과)나 (이름, 학과, 학번)은 동일한 구조

이론을 확인하는 기출문제

01 릴레이션 스키마(Relation Schema)의 정의로 옳은 것은?

① 릴레이션의 이름과 속성들의 집합으로 구성되며, 구조(내포)만 정의한다.
② 실제 저장된 튜플들의 집합으로 시간에 따라 변한다.
③ 도메인만을 모아 둔 메타데이터를 의미한다.
④ 사용자의 SELECT 결과 집합(질의 결과)을 의미한다.

스키마는 구조(틀) 정의이고, 데이터는 포함하지 않는다.

02 릴레이션 R(A, B, C, D)에 튜플이 12개 저장되어 있다. 올바른 설명은?

① 차수(Degree)=3, 기수(Cardinality)=12
② 차수(Degree)=4, 기수(Cardinality)=12
③ 차수(Degree)=4, 기수(Cardinality)=24
④ 차수(Degree)=12, 기수(Cardinality)=4

차수=속성 수(4), 기수=튜플 수(12)

03 릴레이션의 4가지 주요 특징에 대한 설명으로 옳지 않은 것은?

① 튜플의 유일성 : 기본키로 각 튜플을 식별한다.
② 튜플의 무순서성 : 저장 순서에는 의미가 없다.
③ 속성의 원자성 : 한 속성에 다중값을 허용한다.
④ 속성의 무순서성 : 속성 순서가 바뀌어도 의미는 동일하다.

각 속성의 값은 단일값(원자값)이어야 한다.

04 릴레이션 R(A1, A2, A3)에서 각 속성의 도메인 크기가 |A1|=2, |A2|=3, |A3|=5일 때, 가능한 튜플의 최대 수는?

① 10
② 20
③ 30
④ 60

가능한 튜플 최대 수 = 도메인 크기의 곱 = 2×3×5=30

정답 01 ① 02 ② 03 ③ 04 ③

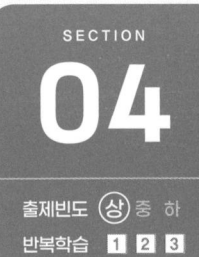

SECTION 04 키와 무결성

빈출 태그 슈퍼키 · 후보키 · 기본키 · 개체 무결성 · 참조 무결성 · 도메인 무결성

01 키(Key)

1) 개념
- 튜플(행)을 구별하거나, 릴레이션 간의 관계를 표현하기 위해 사용하는 속성(또는 속성 집합)으로, 테이블에서 데이터를 찾고 구분하는 기준이라고 할 수 있다.
- 데이터 무결성을 보장하고, 검색 · 삽입 · 삭제 · 갱신 같은 연산의 효율성을 높이는 역할을 한다.

2) 종류

① 슈퍼키(Super Key)
- 릴레이션의 각 튜플을 유일하게 식별할 수 있는 하나 이상의 속성들의 집합이다.
- 유일성(Uniqueness)은 만족하지만, 최소성(Minimality)은 만족하지 않는다.
- 릴레이션 내 모든 속성 중에서 선택할 수 있다.
- 기본키(Primary Key) 후보를 결정하는 데 사용된다.
- 하나의 속성으로만 구성될 수도 있고, 두 개 이상의 속성을 묶어 슈퍼키가 될 수도 있다.
- 예 {학번}, {학번, 이름}, {학번, 학과, 연락처} 모두 슈퍼키 가능

더 알기 TIP

유일성(Uniqueness)과 최소성(Minimality)

유일성(Uniqueness)	• 키값이 같으면 같은 튜플이어야 한다는 조건 • 각 튜플을 구별할 수 있어야 한다는 것 • 슈퍼키, 후보키, 기본키 모두 반드시 만족해야 하는 속성 • 예 학생 테이블에서 학번이 다르면 학생이 달라야 함
최소성(Minimality)	• 튜플을 구별하는 데 불필요한 속성이 포함되지 않아야 한다는 조건 • 더 이상 줄일 수 없는 최소한의 속성 조합이어야 함 • 예 학번 하나만으로 충분히 학생을 구분할 수 있는데 {학번 + 이름}을 키로 잡았다면, 유일성은 맞지만 최소성은 깨짐

> **기적의 TIP**
>
> 후보키와 기본키는 유일성 + 최소성을 모두 만족해야 하고, 슈퍼키는 최소성을 만족하지 않아도 됩니다.

② 후보키(Candidate Key)
- 릴레이션에서 모든 튜플을 유일하게 식별할 수 있는 최소 속성 집합이다.
- 유일성과 최소성을 모두 만족해야 한다.
- 슈퍼키 중에서 불필요한 속성이 제거된 '최소 슈퍼키'이다.
- 여러 개 존재할 수 있으며, 이 중 하나가 기본키로 선택된다.

- 검색, 조작 시 효율적인 데이터 접근이 가능하다.
- 예) 학생 테이블에서 {학번}, {주민번호}는 각각 후보키

③ 기본키(Primary Key)
- 후보키 중에서 대표로 선택된 키이다.
- 유일성과 최소성을 모두 만족해야 한다.
- NULL 값을 가질 수 없다.
- 각 튜플을 고유하게 식별할 수 있어야 한다(중복 불가).
- 릴레이션의 다른 속성과 구분되어 별도 표시된다.
- 데이터 검색, 수정, 삭제, 관리 시 가장 핵심적인 기준이 된다.
- 후보키 중에서 가장 적합한 속성(집합)을 선택한다.
- 예) 학생 테이블의 {학번}, {주민번호} 중에서 {학번}을 기본키로 선택

> **기적의 TIP**
> E-R 다이어그램이나 관계 스키마 표기에서 밑줄(Underline)이 있다면 대부분 해당 속성이 기본키(Primary Key)임을 표시합니다(항상 그런 것은 아님에 주의).

> **기적의 TIP**
> NULL(널)은 아직 알려지거나 모르는 값을 의미하며 정보의 부재를 나타내기 위해 사용합니다.

➕ 더 알기 TIP

키(Key)의 비교

- 슈퍼키 ⊃ 후보키 ⊃ 기본키
- 슈퍼키 : 넓은 개념 → 후보키 : 최소성 만족 → 기본키 : 최종 선택
- 비교표

구분	슈퍼키(Super Key)	후보키(Candidate Key)	기본키(Primary Key)
정의	릴레이션의 각 튜플을 유일하게 식별할 수 있는 속성 집합	슈퍼키 중에서 최소성을 만족하는 속성 집합	후보키 중 대표로 선택된 키
만족 조건	유일성	유일성 + 최소성	유일성 + 최소성 + NOT NULL
특징	최소성을 만족하지 않아도 됨, 모든 속성 조합 가능	여러 개 존재 가능, 기본키 후보가 됨	NULL 불가, 중복 불가, 데이터 검색·관리의 중심

④ 대체키(Alternate Key)
- 후보키 중에서 기본키로 선택되지 않은 나머지 키이다.
- 유일성과 최소성을 만족하지만 기본키로 채택되지 않은 속성이다.
- 기본키와 동일한 식별 능력을 가지며, 보조적인 식별자로 활용할 수 있다.
- 데이터 무결성을 보장하는 추가 수단이 될 수 있다.
- 예) 학생 테이블에서 {학번}, {주민번호}가 후보키일 때, {학번}을 기본키로 선택하면 {주민번호}는 대체키가 됨

⑤ 외래키(Foreign Key)
- '참조키'라고도 하며, 다른 릴레이션의 기본키를 참조하는 속성이다.
- 릴레이션 간의 관계(1:N, N:M 등)를 표현하는 핵심 속성이다.
- 참조 대상은 반드시 다른 릴레이션의 기본키(Primary Key)로 사용된다.
- 참조 무결성(Referential Integrity) 유지에 중요한 역할을 하며, 외래키값은 참조되는 기본키값 중 하나이거나 NULL만 가능하다.
- 두 릴레이션 간의 데이터 일관성과 정확성을 보장한다.

- 예
    - 〈학생〉 릴레이션 : 기본키 {학번}
    - 〈수강〉 릴레이션 : {학번, 과목코드, 성적}
    - 이때 〈수강〉 릴레이션의 {학번}은 외래키, 〈학생〉 릴레이션의 {학번}은 기본키

+ 더 알기 TIP

예제로 알아보는 키(Key)의 종류

〈학생〉

학번	주민번호	이름	나이
270001	080202-3123456	이기적	20
260002	070303-4234567	다코미	21
250003	030505-3345678	이기적	25

〈수강〉

과목코드	학과	학번	학점
A0001	컴퓨터공학과	270001	A
A0002	생명공학과	260002	B
B0001	전자공학과	250003	C

① 〈학생〉 테이블

슈퍼키	{학번}, {주민번호}, {학번+이름}, {학번+나이}, … 전부 가능
후보키	{학번}, {주민번호}
기본키	일반적으로 {학번}
대체키	{주민번호}
외래키	이 테이블 안에는 없음

> 🏁 **기적의 TIP**
>
> 〈학생〉 테이블에서 이름은 중복될 수 있으니 후보키가 될 수 없습니다.

② 〈수강〉 테이블

슈퍼키	{과목코드+학번}, {과목코드+학번+학점}, …
후보키	{과목코드+학번}
기본키	{과목코드+학번}
대체키	없음(후보키가 하나뿐이라 기본키로 선택됨)
외래키	학번 → 〈학생〉 테이블의 학번 참조(참조 무결성 유지)

> 🏁 **기적의 TIP**
>
> 〈수강〉 테이블에서 {과목코드+학번}이 후보키인 이유는, 과목코드만으로는 학생을 구분하지 못하고, 학번만으로는 과목을 구분하지 못하기 때문입니다. 이러한 것을 복합키(Composite Key, 혼합키)라고 합니다.

01 무결성(Integrity)

1) 개념

① 정의
- 데이터베이스에서 데이터의 정확성 · 일관성 · 유효성을 보장하는 포괄적인 개념이다.
- 데이터가 모순 없이 믿을 만하게 유지되도록 하는 큰 틀이 된다.
- 무결성의 종류에는 개체 무결성, 참조 무결성, 도메인 무결성, 사용자 정의 무결성 등이 있다.

② 릴레이션 무결성 규정(Relation Integrity Rules)
- 무결성을 관계형 모델에 맞게 구체적으로 정의해 둔 규칙 집합이다.
- 관계형 DB에서 무결성을 어떻게 적용할지 명시한 규칙이다.
- 도메인(Domain), 키(Key), 종속성(Dependency) 등이 정의 대상이 된다.

> **기적의 TIP**
> 릴레이션 무결성 규정이 관계형 모델 이론 차원에서 '데이터가 일관되려면 이런 규칙이 필요하다'라고 정해둔 것이라면, 무결성 제약조건은 그 규칙을 DBMS에서 실제로 구현·적용하는 방식이라고 생각하면 됩니다.

③ 무결성 제약조건(Integrity Constraints)

- 데이터베이스에 저장된 데이터의 일관성과 정확성을 보장하기 위해 설정하는 제약조건이다.
- 데이터 삽입, 수정, 삭제 과정에서 잘못된 데이터가 들어오지 않도록 방지하는 역할을 한다.
- 데이터 중복과 모순을 줄이고, 신뢰도 있는 데이터 관리를 가능하게 한다.
- 주요 내용
  - 데이터베이스는 항상 일관성(Consistency)을 유지해야 함
  - 불필요한 중복을 제거하고, 오류 발생을 최소화해야 함
  - 제약조건을 통해 무결성을 강제함(예 기본키 제약, 외래키 제약, 도메인 제약 등)

2) 종류

① 개체 무결성(Entity Integrity)

- 릴레이션의 기본키(Primary Key)는 NULL이나 중복 값을 가질 수 없다는 제약조건이다.
- 각 튜플(행)을 고유하게 식별할 수 있도록 보장할 수 있다.
- 특징

> **기적의 TIP**
> 개체 무결성 → 기본키는 반드시 존재해야 하고, 중복되면 안 된다.

고유성(Unique)	기본키값은 릴레이션 내에서 절대 중복될 수 없음
값의 존재(Existence)	기본키값은 NULL이 될 수 없음
일관성(Consistency)	기본키값은 중간에 임의로 변경되면 안 됨(튜플 식별 안정성 보장)

② 참조 무결성(Referential Integrity)

- 한 릴레이션의 외래키(Foreign Key) 값은 반드시 참조하는 릴레이션의 기본키값과 일치하거나, NULL이어야 한다는 제약조건이다.
- 릴레이션 간의 관계를 유지하고 데이터의 정확성과 일관성을 보장할 수 있다.
- 특징

> **기적의 TIP**
> 참조 무결성 → 외래키는 반드시 참조되는 기본키값이어야 한다.

> **기적의 TIP**
> 외래키값이 NULL이면 '아무것도 참조하지 않는다'라는 의미로 해석되므로, 참조 무결성을 위반하지 않습니다.

> **기적의 TIP**
> - 참조된 릴레이션의 행이 삭제되면, 해당 행을 참조하는 외래키가 NULL로 변경되거나, 기본값으로 설정되거나, 삭제 작업이 거부됩니다.
> - 참조된 릴레이션의 기본키값이 수정되면, 해당 값을 참조하는 외래키도 같이 수정됩니다.

참조 일관성	외래키값은 반드시 참조 대상 릴레이션의 기본키값과 일치해야 함
참조 무결성 제약조건	• 외래키값이 존재하지 않는 기본키값을 참조할 수 없음 • 잘못된 참조를 막아 데이터 불일치를 예방

삭제 및 갱신 동작 제어	• 참조된 기본키값이 삭제·수정될 때 외래키 처리 방식 제어
	• 동작 방식
	  - CASCADE : 외래키 행도 같이 삭제·갱신
	  - SET NULL : 외래키값을 NULL로 변경
	  - SET DEFAULT : 외래키값을 기본값으로 변경
	  - RESTRICT/NO ACTION : 참조된 기본키가 삭제·갱신되는 것을 거부

관계 유지	외래키-기본키 연결을 통해 릴레이션 간 상호작용을 정의 데이터 일관성과 정확성 보장

③ 도메인 무결성(Domain Integrity)

- 각 속성(Attribute)의 값은 해당 속성에 정의된 도메인(값의 범위·형식)을 반드시 만족해야 한다는 제약조건이다.
- 속성 값의 타당성(Validity)을 보장하여 잘못된 데이터 입력을 방지할 수 있다.
- 특징

도메인 범위 준수	• 속성 값은 사전에 정의된 범위 내에 있어야 함 • 예 나이는 0~100 사이의 정수
데이터 형식 일관성	• 속성 값은 정의된 자료형(Data Type)을 따라야 함 • 예 나이는 숫자형, 이름은 문자형
잘못된 데이터 차단	• 범위를 벗어나거나 형식이 맞지 않는 데이터는 입력 불가 • CHECK 제약조건 등으로 구현 가능

> **기적의 TIP**
> 도메인 무결성 → 속성 값은 정의된 도메인(범위·형식) 안에 있어야 한다.

④ 사용자 정의 무결성(User-defined Integrity)

- 개체·참조·도메인 무결성으로는 표현할 수 없는 현실 세계의 비즈니스 규칙을 데이터베이스에 반영하기 위해 사용자가 직접 정의하는 제약조건이다.
- 각 조직이나 응용 시스템의 특수한 규칙을 강제하여 업무 규칙 위반을 방지할 수 있다.
- 특징

업무 규칙 반영	일반적인 제약으로는 표현할 수 없는 조건을 직접 구현
구현 방법	CHECK, TRIGGER, ASSERTION 등의 DBMS 기능 활용
데이터 품질 강화	현실의 규칙과 DB 데이터가 불일치하지 않도록 강제

> **기적의 TIP**
> 사용자 정의 무결성 → 현실의 업무 규칙을 DB에 반영한 제약조건이다.

➕ 더 알기 TIP

예제로 알아보는 무결성(Integrity)의 종류

〈학생〉

학번	주민번호	이름	나이
270001	080202-3123456	이기적	20
260002	070303-4234567	다코미	21
250003	030505-3345678	이기적	25

〈수강〉

과목코드	학과	학번	학점
A0001	컴퓨터공학과	270001	A
A0002	생명공학과	260002	B
B0001	전자공학과	250003	C

개체 무결성	〈학생〉 릴레이션에서 학번이 기본키인데, 같은 학번 두 개를 넣거나 학번을 비워두면 안 됨
참조 무결성	• 〈수강〉 릴레이션의 학번은 반드시 〈학생〉 릴레이션에 존재하는 학번이어야 함 • 〈수강〉의 학번에 280001 같은 값이 들어가면, 〈학생〉에 없는 값이므로 참조 무결성 위반
도메인 무결성	• 〈학생〉의 나이는 정수여야 하고 음수가 되면 안 됨 • 〈수강〉의 학점을 A, B, C, D, F로 정했다면, 'Z'나 '0'은 허용 불가
사용자 정의 무결성	• 〈수강〉 릴레이션의 학점은 A, B, C, D, F 중 하나여야 함 • 학번은 특정 패턴(예 연도 2자리 + 일련번호 4자리)을 따라야 함 …

이론을 확인하는 기출문제

01 다음 중 〈학생〉(학번, 주민번호, 이름) 릴레이션에서 후보키가 될 수 있는 속성 집합만을 모두 고른 것은?

① {학번}, {주민번호}
② {학번, 이름}, {주민번호, 이름}
③ {이름}
④ {학번, 주민번호, 이름}

> 후보키는 유일성과 최소성을 모두 만족해야 한다.

02 키에 대한 설명으로 옳은 것은?

① 슈퍼키는 유일성과 최소성을 모두 만족해야 한다.
② 후보키는 유일성만 만족하면 된다.
③ 기본키는 NULL을 가질 수 없고 중복될 수 없다.
④ 대체키는 기본키보다 식별 능력이 약하다.

> **오답 피하기**
> • ① 슈퍼키는 최소성 불필요
> • ② 후보키는 유일성+최소성 모두 필요
> • ④ 대체키도 후보키이므로 식별 능력은 동일

03 참조 무결성에 대한 설명으로 옳지 <u>않은</u> 것은?

① 외래키 값은 참조 릴레이션의 기본키와 일치하거나 NULL이어야 한다.
② 참조된 기본키 행을 삭제할 때 RESTRICT/NO ACTION이면 삭제가 거부될 수 있다.
③ 외래키가 가리키는 기본키 값이 바뀌면 외래키도 함께 갱신되도록 설정할 수 있다.
④ 외래키 값은 참조 릴레이션에 존재하지 않는 값이어도 된다.

> ④는 참조 무결성 위반이다(존재하지 않는 기본키 참조 불가).

04 도메인 무결성의 예로 가장 적절한 것은?

① 기본키는 NULL을 가질 수 없다.
② 외래키는 참조 대상의 기본키와 일치해야 한다.
③ 나이 속성은 0~100 사이의 정수만 허용한다.
④ 두 속성의 조합으로 튜플을 유일하게 식별한다.

> ③은 속성값의 범위·형식 제한으로 도메인 무결성에 해당한다.
> **오답 피하기**
> • ① 개체 무결성
> • ② 참조 무결성
> • ④ 키의 식별 특성

05 사용자 정의 무결성의 사례로 옳은 것은?

① 기본키는 중복될 수 없다.
② 학번은 '연도 2자리+일련번호 4자리' 패턴이어야 한다.
③ 외래키는 NULL을 가질 수 없다.
④ 외래키는 항상 CASCADE로 삭제되어야 한다.

> ②는 현실 업무 규칙을 DB에 강제하는 사용자 정의 무결성의 예이다.
> **오답 피하기**
> • ① 개체 무결성
> • ③ 외래키는 NULL 가능
> • ④ 동작 방식은 선택 사항

정답 01 ① 02 ③ 03 ④ 04 ③ 05 ②

CHAPTER 03

데이터베이스 정규화

학습 방향

이상 현상과 함수적 종속을 기반으로 정규화 단계를 학습합니다. 반정규화까지 대비해야 점수를 확보할 수 있습니다. 삽입·삭제·갱신 이상 현상은 구체적인 예시 테이블로 정리하세요. 1NF~BCNF까지는 단계별로 연습문제를 풀면서 구조 변화를 확인하세요.

출제 빈도

SECTION 01	상	30%
SECTION 02	상	40%
SECTION 03	중	30%

SECTION 01 이상 현상과 함수적 종속

빈출 태그 이상 현상 • 삽입 이상 • 삭제 이상 • 갱신 이상 • 함수적 종속

> **기적의 TIP**
> 이상 현상과 종속성은 정규화로 들어가기 전의 사전점검 단계입니다. 릴레이션 구조에 존재하는 문제점을 발견하고, 이를 해결하는 정규화의 필요성을 확인하는 과정이라고 볼 수 있습니다.

01 이상 현상(Anomaly)

1) 개념
- 릴레이션을 비정상적으로 설계했을 때, 데이터 삽입·삭제·갱신 과정에서 불일치나 중복이 발생하는 문제를 의미한다.
- 속성 간의 함수적 종속성을 고려하지 않고, 한 테이블에 너무 많은 정보를 한꺼번에 넣었을 때 발생한다.
- 정규화(Normalization)를 통해 해결해야 하는 대표적인 문제점이다.

2) 종류

구분	설명
삽입 이상 (Insertion Anomaly)	• 특정 데이터를 추가하려고 할 때, 불필요한 다른 데이터까지 입력해야 하는 문제 • 예) 학생-수강 테이블에 새로운 학생을 등록하려면 최소 한 과목의 수강 내역을 같이 입력해야 함
삭제 이상 (Deletion Anomaly)	• 특정 데이터를 삭제할 때, 원하지 않는 다른 데이터까지 함께 사라지는 문제 • 예) 한 학생이 마지막으로 수강한 과목을 삭제하면, 그 학생의 정보 자체도 같이 사라짐
갱신 이상 (Update Anomaly)	• 같은 데이터가 여러 곳에 중복 저장되어 있어 한 곳만 수정하면 불일치가 발생하는 문제 • 예) 학생의 학년이 여러 튜플에 저장되어 있을 때, 일부만 수정하면 정보가 불일치

+ 더 알기 TIP

CDC(Change Data Capture)
- 데이터베이스에서 데이터의 변경 사항(삽입, 갱신, 삭제)을 실시간 또는 거의 실시간으로 추적하고 캡처하는 기술이다. 이 기술의 핵심은 변경분(델타)만을 추출하여 처리하는 데 있다.
- 변경분 추출 방식

방식	설명
트리거(Trigger) 기반	테이블에 변경이 발생하면 미리 정의된 트리거가 작동하여 변경 내역을 별도의 테이블에 기록한다.
로그(Log) 기반	데이터베이스의 트랜잭션 로그를 읽어 변경 사항을 파악한다. 이는 데이터베이스의 오버헤드가 적어 가장 효율적인 방법으로 꼽힌다.
스트림(Stream) 기반	Kafka와 같은 데이터 스트리밍 플랫폼을 활용하여 변경 사항을 실시간으로 전달한다.

더 알기 TIP

예제로 알아보는 이상 현상의 종류

〈수강〉

학번	과목코드	성적	학년
100	C413	A	4
200	C123	B	1
300	C312	B	3
400	C312	C	2
400	C324	A	2
400	E412	C	2

〈학생〉

학번	학년
100	4
200	1
300	3
400	2
500	1
600	3

삽입 이상	학번이 700번인 신입생을 추가하려고 해도 아직 수강한 과목이 없으면 〈수강〉 테이블에는 삽입할 수 없음
삭제 이상	학번이 100번인 학생이 한 과목만 수강했는데 그 과목(C413)을 삭제하면, 학생 정보 자체도 없어짐
갱신 이상	학번이 400번인 학생의 학년이 2학년에서 3학년으로 바뀌면 〈학생〉 테이블과 〈수강〉 테이블의 여러 튜플을 모두 수정해야 함(하나만 수정하면 불일치 발생)

02 함수적 종속(Functional Dependency)

1) 개념

- 릴레이션 내에서 속성 간에 의미적·논리적 관계가 존재하는 것을 말한다.
- 어떤 속성 X의 값이 주어지면, 다른 속성 Y의 값이 항상 유일하게 결정되는 경우를 의미한다.
- 표현은 X → Y로 하고, '속성 Y는 속성 X에 종속된다'라고 한다.
- 기준값인 X를 결정자(Determinant), 종속값인 Y를 종속자(Dependent)라고 한다.

> **기적의 TIP**
>
> 'X → Y는 X가 기준, Y는 따라간다.'라고 이해하면 쉽습니다. 즉, 결정자는 왼쪽, 종속자는 오른쪽에 위치합니다.

2) 함수 종속 추론 규칙(Armstrong's Axioms)

반사 규칙(Reflexivity)	• A ⊇ B이면 A → B • 예 {학번, 이름} ⊇ {학번} → 학번으로 학번을 결정
증가/첨가 규칙(Augmentation)	• A → B이면, AC → BC • 예 학번 → 이름이면, (학번, 과목코드) → (이름, 과목코드)
이행 규칙(Transitivity)	• A → B이고, B → C이면, A → C • 예 학번 → 학과, 학과 → 학과사무실이면, 학번 → 학과사무실
분해 규칙(Decomposition)	• A → BC이면, A → B 그리고 A → C • 예 학번 → (이름, 학과), 학번 → 이름이면, 학번 → 학과
결합 규칙(Union)	• A → B이고 A → C이면, A → BC • 예 학번 → 이름, 학번 → 학과이면, 학번 → (이름, 학과)

> **기적의 TIP**
>
> 반사 규칙은 '자기 자신이나 자기 부분집합은 항상 결정할 수 있다.'라는 당연한 성질을 표현합니다. 즉, 학번과 이름이 함께 주어지면, 당연히 학번을 알 수 있습니다.

3) 종류

완전 함수 종속 (Full Functional Dependency)	• 종속자가 기본키 전체에 종속되는 경우 • 기본키의 일부 속성만으로는 종속자를 결정할 수 없음 • 정상적, 제2정규형(2NF) 조건 충족
부분 함수 종속 (Partial Functional Dependency)	• 기본키의 일부 속성에만 종속되는 경우 • 제2정규형(2NF) 위반 원인
이행 함수 종속 (Transitive Functional Dependency)	• X → Y, Y → Z이면 X → Z가 성립하는 경우 • 제3정규형(3NF) 위반 원인
비함수적 종속 (Trivial Dependency)	• 종속자가 결정자에 포함되어 있는 경우 • 항상 성립, 정규화 영향 없음

➕ 더 알기 TIP

예제로 알아보는 함수 종속의 종류

〈주문〉

고객번호	제품번호	제품명	단가	주문량
A012	S-321	SD메모리	100,000	2
A012	M-789	메모리	50,000	1
A023	K-012	키보드	70,000	1
A123	K-012	키보드	70,000	2
A134	M-123	마우스	30,000	4

완전 함수 종속	(고객번호, 제품번호) → 주문량 주문량은 고객과 제품번호가 모두 있어야 결정됨(고객번호만이나 제품번호만으로는 주문량을 알 수 없음)
부분 함수 종속	(고객번호, 제품번호) → 제품명 제품명은 제품번호만으로도 결정됨 → 부분 종속
이행 함수 종속	제품번호 → 제품명, 제품명 → 단가이면, 제품번호 → 단가 따라서 (고객번호, 제품번호) → 제품명이 이행적으로 성립
비함수적 종속	(고객번호, 제품번호) → 고객번호 왼쪽 집합에 이미 포함된 값이므로 당연히 종속

이론을 확인하는 기출문제

01 이상 현상(Anomaly)에 대한 설명으로 가장 알맞은 것은?

① 릴레이션을 정규화했을 때 의도적으로 발생시키는 데이터 중복을 말한다.
② 릴레이션을 비정상적으로 설계했을 때 삽입·삭제·갱신 과정에서 불일치나 중복이 발생하는 문제이다.
③ 릴레이션 내 모든 속성이 기본키에 완전 함수 종속임을 의미한다.
④ 릴레이션에서 외래키가 NULL을 가질 수 없음을 의미한다.

> **오답 피하기**
> • ① 정규화는 이상 현상을 제거하기 위함
> • ③ 제2정규형(2NF) 조건
> • ④ 참조 무결성과 관련된 제약 조건

02 다음 중 삽입 이상(Insertion Anomaly)의 예로 가장 적절한 것은?

① 한 학생이 마지막으로 수강한 과목을 삭제하자 학생 정보까지 함께 사라졌다.
② 새로운 학생을 등록하려면 최소 한 과목의 수강 내역을 같이 입력해야 한다.
③ 학생의 학년이 여러 튜플에 중복 저장되어 일부만 수정되어 불일치가 발생했다.
④ 외래키값이 참조 릴레이션의 기본키값과 일치하지 않아 입력이 거부되었다.

> **오답 피하기**
> • ① 삭제 이상
> • ③ 갱신 이상
> • ④ 참조 무결성 위반

03 기본키가 (고객번호, 제품번호)인 릴레이션에서 다음 중 부분 함수 종속(Partial Functional Dependency)에 해당하는 것은? (단, 창고번호는 제품과 직접 관계가 없고, 제품명은 제품번호만으로도 결정된다고 가정함)

① (고객번호, 제품번호) → 주문량
② (고객번호, 제품번호) → (제품명, 주문량)
③ 제품번호 → (창고번호)
④ (고객번호, 제품번호) → 제품명

> **오답 피하기**
> • ① 전체 키 → 주문량 : 완전 함수 종속
> • ② 전체 키 → 제품명, 주문량 : 완전 함수 종속
> • ③ 제품번호 → 창고번호 : 기본키 일부와 관계없음(무의미한 종속 관계)

04 다음 중 이행 함수 종속(Transitive Functional Dependency)을 올바르게 설명한 것은?

① X → Y일 때, X의 부분 집합만으로도 Y가 결정되는 종속성
② X → Y, Y → Z이면 X → Z가 성립하는 종속성
③ A ⊇ B이면 A → B가 성립하는 종속성
④ A → BC이면 A → B는 되지만 A → C는 되지 않는 종속성

> **오답 피하기**
> • ① 부분 함수 종속
> • ③ 반사 규칙

05 다음 중 비함수적 종속(Trivial Dependency)의 예로 옳은 것은?

① (고객번호, 제품번호) → 고객번호
② 학번 → 학과사무실
③ 학번 → 이름
④ (학번, 과목코드) → 성적

> **오답 피하기**
> ②, ③, ④ : 일반 함수 종속

정답 01 ② 02 ② 03 ④ 04 ② 05 ①

SECTION 02 정규화

빈출태그 정규화 • 정규화의 과정 • 정규화의 종류

> **기적의 TIP**
> 정규형이란, 정규화 수준을 나타내는 단계를 의미합니다.

01 데이터베이스 정규화(Normalization)

1) 개념
- 논리적 설계 단계에서 종속성으로 인한 이상 현상(Anomaly)을 해결하기 위해, 속성 간 함수적 종속 관계를 분석하여 테이블(릴레이션)을 여러 개로 분해하는 과정이다.
- 정규형(Normal Form)에는 제1정규형(1NF), 제2정규형(2NF), 제3정규형(3NF), BCNF, 제4정규형(4NF), 제5정규형(5NF) 등이 있다.
- 불필요한 데이터 중복 방지, 데이터 일관성 및 무결성 확보, 효율적인 검색 및 관리 구조 제공 등이 가능하다.

2) 목적 및 필요성
- 정규화를 통해 속성 간의 종속 관계를 명확히 하여, 테이블 구조가 안정적으로 유지되도록 한다.
- 불필요한 중복을 제거하여 저장 공간을 절약하고, 중복으로 인한 불일치를 방지한다.
- 비정상적으로 설계된 테이블에서 나타나는 이상 현상을 줄여, 데이터 무결성을 보장한다.
- 동일한 정보가 여러 곳에 흩어져 있는 상황을 방지하여, 데이터의 일관성을 유지한다.
- 관계형 구조에서 속성 종속성을 분리함으로써 테이블 간의 논리적 불일치 가능성을 줄인다.
- 불필요한 속성과 데이터를 분리하여 전체 데이터베이스의 저장 효율을 높인다.
- 테이블이 구조적으로 정리되어 있어 검색, 갱신, 삭제 연산을 수행할 때 더 빠르고 정확한 처리가 가능하다.

3) 장단점

장점	• 정규화 수준이 높을수록 데이터 정합성(Consistency) 향상 • 유연하고 안정적인 데이터 구조 확보
단점	• 정규화 수준이 높아질수록 물리적 접근이 복잡해짐 • 데이터가 쪼개져 저장되므로 조인(Join) 연산이 많아짐 • 읽기(조회) 성능 저하 가능

02 정규화의 단계

```
비정규형 릴레이션
    ↓ 원자화
제1정규형(1NF)
    ↓ 부분 종속 제거
제2정규형(2NF)
    ↓ 이행 종속 제거
제3정규형(3NF)
    ↓ 결정자 = 후보키
보이스 코드 정규형(BCNF)
    ↓ 다치 종속 제거
제4정규형(4NF)
    ↓ 조인 종속 제거
제5정규형(5NF)
```

1) 비정규 릴레이션 → 1NF

- 모든 속성은 도메인의 원자값(더 이상 쪼갤 수 없는 값)만 가진다.
- 반복 그룹, 다중값, 리스트(콤마로 여러 값 저장 같은 만행)를 제거한다.
- 반복 컬럼을 행으로 펴거나 별도의 테이블로 분리한다.
- 한 셀에 값이 여러 개면 1NF 위반이다.
- 예시 : 콤마로 묶은 "DB, 운영체제"와 "김교수, 이교수" 같은 값을 원자값으로 나눔

〈수강〉

학번	이름	수강과목	교수명
100	이기적	DB, 운영체제	김교수, 이교수

〈수강〉

학번	이름	과목코드	수강과목	교수명
100	이기적	C101	DB	김교수
100	이기적	C102	운영체제	이교수

2) 1NF → 2NF

- 모든 비주요 속성은 기본키 전체에 완전 종속된다(부분 종속 금지).
- 부분 함수 종속(복합키의 일부분에만 의존)을 제거한다.
- 키 일부에만 의존하는 속성들을 별도의 테이블로 분리한다.
- 이 컬럼, 복합키의 한쪽만 알아도 정해지면 2NF 위반이다.
- 예시 : 각 테이블의 비주요 속성이 기본키 전체에만 종속되도록 수정

⟨수강⟩

학번	이름	과목코드	수강과목	교수명
100	이기적	C101	DB	김교수
100	이기적	C102	운영체제	이교수

⟨학생⟩

학번	이름
100	이기적

⟨과목⟩

과목코드	수강과목	교수명
C101	DB	김교수
C102	운영체제	이교수

⟨수강⟩

학번	과목코드
100	C101
100	C102

3) 2NF → 3NF

- 비주요 속성이 다른 비주요 속성에 의존하지 않는다(이행 종속 금지).
- 이행 함수 종속(X→Y, Y→Z로 인해 X→Z가 되는) 상황을 제거한다.
- 매개 속성(Y)을 중심으로 테이블을 분리한다.
- 키 → A, A → B라서 키 → B가 되면 3NF 위반이다.
- 예시 : 비주요 속성이 다른 비주요 속성에 종속되지 않도록 분리

⟨수강⟩

학번	이름	학과	학과사무실
100	이기적	컴퓨터공학과	201호
200	영지니	경영학과	301호

⟨학생⟩

학번	이름	학과
100	이기적	컴퓨터공학과
200	영지니	경영학과

⟨학과⟩

학과	학과사무실
컴퓨터공학과	201호
경영학과	301호

> **기적의 TIP**
>
> 3NF로도 안 잡히는 '복수 후보키 얽힘' 케이스를 BCNF가 정리합니다.

4) 3NF → BCNF

- 모든 결정자(Determinant)는 후보키여야 한다.
- 결정자이지만 후보키가 아닌 함수 종속을 제거한다.
- 그 결정자를 키로 가지는 테이블로 분해한다.
- X→Y가 있는데 X가 후보키가 아니면 BCNF 위반이다.
- 예시 : 학과사무실이 결정자인데, 이 속성은 후보키가 아닌 문제 제거

⟨강의⟩

교수명	과목코드	학과사무실
김교수	C101	201호
이교수	C102	301호

⟨과목⟩

교수명	과목코드
김교수	C101
이교수	C102

⟨학과사무실⟩

학과사무실	교수명
201호	김교수
301호	이교수

5) BCNF → 4NF

- 모든 비자명 다치(다중값) 종속 X → Y에서 X는 슈퍼키이다.
- 다치 종속을 제거한다.
- 독립 다중값을 각각 별도의 테이블로 분해한다.
- 한 튜플이 독립 리스트 두 개를 조합해 폭발적으로 늘어나면 4NF 위반이다.
- 예시 : 다치 종속으로 인한 이상 현상 제거

> **기적의 TIP**
>
> 어떤 릴레이션에서 속성 집합 X가 속성 집합 Y를 다치 종속한다는 것은, X의 값이 정해지면 Y의 값 집합이 X와 독립적으로 여러 개 존재할 수 있다는 의미입니다.

〈학생〉

이름	취미	특기
영진이	독서	피아노
영진이	독서	수영
영진이	등산	피아노
영진이	등산	수영

〈취미〉

이름	취미
영진이	독서
영진이	등산

〈특기〉

이름	특기
영진이	피아노
영진이	수영

6) 4NF → 5NF

- 모든 조인 종속은 후보키에 의해 암시되어야 한다.
- 조인 종속 때문에 세 개 이상 테이블을 조인해야만 원 데이터를 얻는, 애매한 결합 의존을 제거한다.
- 더 미세한 분해로 무손실 조인*을 보장하도록 재구성한다.
- 두 테이블 조인은 괜찮은데 세 개 이상 조인에서만 성립하는 제약이 있다면 5NF 위반이다.
- 예시 : 삼자(또는 그 이상) 관계의 조합에서 생기는 조인 종속 문제 해결

★ 무손실 조인
분해한 것을 다시 합쳤을 때 원래와 동일해야 한다.

> **기적의 TIP**
>
> **외부 조인(Outer Join)**
> - 조인 조건을 만족하지 않는 튜플(행)도 결과에 포함시키는 조인 방식이다.
> - 한쪽 테이블에만 존재하는 데이터도 결과 집합에 나타난다.
>
> | LEFT OUTER JOIN | 왼쪽 테이블의 모든 튜플을 유지하고, 오른쪽에서 일치하지 않으면 NULL로 채운다. |
> |---|---|
> | RIGHT OUTER JOIN | 오른쪽 테이블의 모든 튜플을 유지한다. |
> | FULL OUTER JOIN | 양쪽 테이블의 모든 튜플을 결과에 포함시킨다. |

〈프로젝트〉

직원	프로젝트	기술
영진이	A	Java
영진이	A	Python
영진이	B	Java
다코미	B	Python

〈직원-프로젝트〉

직원	프로젝트
영진이	A
영진이	B
다코미	B

〈직원-기술〉

직원	기술
영진이	Java
영진이	Python
다코미	Python

〈프로젝트-기술〉

프로젝트	기술
A	Java
A	Python
B	Java
B	Python

03 정규형의 종류

1) 제1정규형(1NF, First Normal Form)
- 모든 속성 값은 원자값(Atomic Value)으로만 구성되어야 하며, 반복 그룹이나 다중 값은 허용되지 않는다.
- 한 칸(속성)에 여러 값을 넣지 않고, 반드시 한 개의 값만 저장해야 한다.

2) 제2정규형(2NF, Second Normal Form)
- 제1정규형을 만족하면서, 기본키의 일부 속성에만 종속되는 부분 함수 종속을 제거해야 한다.
- 복합키가 있을 때만 의미가 있으며, 키 전체에 완전 종속되지 않은 속성을 분리한다.

3) 제3정규형(3NF, Third Normal Form)
- 제2정규형을 만족하면서, 비주요 속성이 다른 비주요 속성에 종속되는 이행 함수 종속을 제거해야 한다.
- 기본키가 아닌 속성이 또 다른 속성을 결정하지 못하게 함으로써 중복과 이상 현상을 줄인다.

4) BCNF(Boyce-Codd Normal Form)
- 제3정규형을 만족하면서, 모든 결정자(Determinant)가 후보키여야 한다는 조건을 추가한다.
- 후보키가 여러 개인 경우 3NF로는 잡히지 않는 종속 문제를 해결할 수 있다.

5) 제4정규형(4NF, Fourth Normal Form)
- BCNF를 만족하면서, 다치 종속(Multi-Valued Dependency)을 제거한다.
- 한 엔터티가 독립적인 여러 속성과 관계를 맺을 때, 조합으로 인해 중복이 폭발하는 상황을 방지한다.

6) 제5정규형(5NF, Fifth Normal Form, PJ/NF)
- 제4정규형을 만족하면서, 조인 종속(Join Dependency)을 제거한다.
- 분해된 여러 릴레이션을 조인했을 때만 나타나는 종속성을 해결하여, 무손실 조인을 항상 보장한다.

이론을 확인하는 기출문제

01 정규화(Normalization)의 주된 목적 설명으로 가장 적절한 것은?

① 조회 성능을 위해 테이블을 최대한 크게 합치는 과정
② 속성 간 종속성을 분석해 이상 현상을 줄이고 중복을 제거하는 과정
③ 물리 저장 구조(인덱스, 파일)를 설계하는 과정
④ 분산 DB 간 데이터 동기화를 위한 복제 설정 과정

정규화는 함수적 종속을 분석해 이상 현상과 중복을 줄이는 과정이다.

02 다음 중 제1정규형(1NF) 위반 사례로 가장 알맞은 것은?

① 한 칸(열)에 "DB, 운영체제"처럼 과목을 콤마로 여러 개 저장
② 기본키 일부만으로 결정되는 속성이 존재
③ 비주요 속성이 다른 비주요 속성에 의해 결정
④ 후보키가 아닌 결정자가 존재

1NF는 모든 속성이 원자값만 가져야 하므로 다중값/리스트 저장은 허용되지 않는다.

오답 피하기
- ② 2NF 위반
- ③ 3NF 위반
- ④ BCNF 위반

03 다음 중 제2정규형(2NF)의 핵심 조건으로 옳은 것은?

① 모든 결정자는 후보키여야 한다.
② 모든 속성은 원자값이어야 한다.
③ 모든 비주요 속성은 기본키 전체에 완전 함수 종속이어야 한다.
④ 모든 조인 종속은 후보키에 의해 암시되어야 한다.

2NF는 부분 함수 종속 제거(기본키 전체에 완전 종속)가 조건이다.

오답 피하기
- ① BCNF
- ② 1NF
- ④ 5NF

04 기본키가 (주문번호, 품목코드)인 테이블에서 "품목명"이 품목코드만으로 결정된다. 옳은 정규화 조치는?

① 테이블 유지(이미 2NF 만족)
② 품목명을 주문번호로 이행시키도록 속성 추가
③ (주문번호, 품목코드, 품목명)을 하나의 테이블로 통합
④ 품목명은 별도 테이블로 분리하고 품목코드를 외래키로 참조

품목명은 기본키 일부(품목코드)에만 종속 → 부분 종속 제거를 위해 분리 (2NF 달성)

05 다음 중 BCNF 위반 상황을 고른 것은?

① 비주요 속성이 비주요 속성에 종속
② 후보키가 아닌 속성 X가 다른 속성 Y를 결정 (X→Y)
③ 모든 속성이 원자값
④ 기본키 전체에 완전 함수 종속

BCNF는 모든 결정자가 후보키여야 하므로 후보키가 아닌 결정자는 허용하지 않는다.

06 세 개 이상 테이블을 조인할 때만 나타나는 결합 의존을 제거하고 무손실 조인을 항상 보장하는 단계는?

① 2NF ② 3NF
③ 4NF ④ 5NF

오답 피하기
- ① 부분 종속
- ② 이행 종속
- ③ 다치 종속

정답 01 ② 02 ① 03 ③ 04 ④ 05 ② 06 ④

반정규화

빈출 태그 반정규화 • 수직 분할 • 수평 분할 • 파티셔닝 • 클러스터링

01 반정규화(De-Normalization, 비정규화)

1) 개념
- 정규화된 데이터베이스에서 성능 저하 문제를 개선하기 위해 의도적으로 중복을 허용하거나 테이블을 합치는 기법이다.
- 설계 품질(무결성·일관성)보다는 조회 성능, 응답 속도를 우선시할 때 사용한다.
- 반정규화 기법에는 테이블 반정규화, 컬럼 반정규화, 관계 반정규화 등이 있다.

2) 사용 시기
- 정규화에 충실하였으나 수행 속도에 문제가 있는 경우
- 다량의 범위를 자주 처리해야 하는 경우
- 특정 범위의 데이터만 자주 처리하는 경우
- 처리 범위를 줄이지 않고는 수행 속도를 개선할 수 없는 경우
- 요약 자료만 주로 요구되는 경우

> **기적의 TIP**
> 반정규화는 정규화의 이상 현상을 해결하는 게 아니라, 정규화의 장점(무결성)과 단점(성능 저하) 사이에서 성능을 위해 일부러 규칙을 완화하는 것입니다.

> **기적의 TIP**
> 반정규화를 할 때에는 정규화로 분리된 테이블들을 합치거나, 나누거나, 중복 테이블을 추가하는 등의 방법을 사용합니다.

02 데이터베이스 분할(Partitioning, 파티셔닝)

1) 개념
- 데이터가 비대해지면서 조회 속도 저하나 관리의 어려움이 발생할 때 테이블을 여러 부분으로 분리하는 기법이다.
- 성능 향상, 관리 용이성, 가용성 확보 등이 목적이다.
- 분산 데이터베이스 분할이 가장 일반적이며, 파티션을 여러 노드에 분산 배치해 각 노드에서 로컬 트랜잭션을 수행할 수 있다.

2) 장단점

장점	• 전체 데이터 손실 위험 감소(가용성 증가) • 파티션 단위로 추가, 삭제, 변경, 백업 관리 용이 • 파티션 단위의 I/O 분산 처리로 갱신 성능 개선 • 전체 검색 시 필요한 파티션만 탐색(쿼리 성능 증가) • 필요한 데이터만 빠르게 조회 가능
단점	• 테이블 간 조인 비용 증가 • 테이블과 인덱스를 분리해서 파티셔닝 불가(반드시 동시에 파티셔닝해야 함)

3) 종류

범위 분할(Range Partitioning)	• 연속적인 값 • 지정된 값의 범위에 따라 분할 • 예 날짜 기준(1월, 2월, 3월별) 파티션
목록 분할(List Partitioning)	• 이산적인 값(목록) • 특정 값 목록을 기준으로 분할 • 예 국가별(한국, 일본, 미국) 파티션
해시 분할(Hash Partitioning)	• 해시 함수 결과 • 분할 키에 해시 함수를 적용해 분산 저장 • 예 고객 ID를 해시값으로 계산하여 파티션 배정
합성 분할(Composite Partitioning)	• 복합 방식 • 두 가지 이상의 분할 방식을 조합 • 예 날짜 기준으로 범위 분할 후, 각 범위 안에서 해시 분할
라운드로빈 분할(Round-Robin Partitioning)	• 균등 분배 • 순환 방식으로 행을 균등하게 분배 • 예 데이터가 들어올 때마다 순서대로 파티션에 할당

04 데이터베이스 클러스터링(Clustering)

1) 개념
- 두 대 이상의 서버를 하나의 서버처럼 운영하는 기술이다.
- 서버 이중화 및 공유 스토리지를 통해 가용성을 높일 수 있다.

2) 유형

병렬 처리 클러스터링(Parallel Processing Clustering)	\multicolumn{2}{l|}{• 여러 대의 서버가 동시에 작업을 분산 처리하여 전체 처리량(Throughput)을 높이는 방식 • 부하 분산(Load Balancing)이 핵심 • 클러스터 내 서버가 모두 Active 상태로 일하면서 성능을 높임 • 장단점}
	장점	• 병렬 처리로 속도 향상 • 트랜잭션 분산 가능 → 대규모 서비스 적합
	단점	• 모든 서버가 동시에 DB에 접근 → 공유 자원에서 병목 현상 발생 가능 • 서버 수가 늘어날수록 관리 복잡성 증가
고가용성(HA) 클러스터링(High Availability Clustering)	\multicolumn{2}{l|}{• 한 서버에 장애가 생기면 다른 서버가 자동으로 서비스 이어받기(Failover)를 하여 서비스 연속성 확보 • 주 서버(Active)와 대기 서버(Standby)를 구성하는 경우가 많음 • 장단점}
	장점	• 장애 발생 시 자동 전환 → 안정성 보장 • 서비스 중단을 최소화 → 고신뢰 서비스 구축 가능
	단점	• Active-Standby 방식은 대기 서버가 유휴 상태이므로 자원 낭비 발생 • 전환 시 약간의 지연 발생 가능

> **더 알기 TIP**
>
> **고가용성 시스템**
> - 장애 발생 시에도 서비스 중단을 최소화하는 설계 철학이다.
> - 가용성(Availability, A) = MTBF ÷ (MTBF + MTTR)
> - 고가용성 실현 3요소
>
> | | |
> |---|---|
> | 이중화(Redundancy) | 주요 장비를 이중 구성하여 장애 시 즉시 전환한다. |
> | 클러스터링(Clustering) | 다수 서버를 묶어 장애 허용·성능 확장을 제공한다. |
> | 로드밸런싱(Load Balancing) | 트래픽을 여러 서버에 분산시켜 가용성을 높인다. |

> **기적의 TIP**
> - MTBF : 평균고장간격
> - MTTR : 평균복구시간

3) 동작 방식

Active-Active 방식	• 클러스터링된 모든 서버가 동시에 활성화(Active) 상태에서 서비스 처리 • 요청을 분산해서 처리 → 부하 분산 효과 • 여러 서버가 동시에 작업하므로 처리 성능 향상 • DB 공유로 인해 병목 현상 발생 가능
Active-Standby 방식	• 하나의 서버만 활성(Active) 상태로 서비스 처리 • 나머지 서버는 대기(Standby) 상태에 있다가, 장애 발생 시 업무를 이어받음 • 자원 활용 효율은 떨어지지만 안정성이 높음 • 구조가 단순하고 구현이 쉬움 • 장애 발생 시 전환(Failover)까지 시간 지연이 발생

> **기적의 TIP**
> - 병렬 처리 = 성능 ↑ = 대체로 Active-Active 방식
> - 고가용성 = 안정성 ↑ = 대체로 Active-Standby 방식

이론을 확인하는 기출문제

01 반정규화(De-Normalization)의 설명으로 가장 옳은 것은?

① 이상 현상을 제거해 무결성을 극대화하는 정규화의 연장 절차
② 성능 향상을 위해 의도적으로 중복을 허용하거나 테이블을 합치는 기법
③ 분산 저장을 위한 데이터베이스 분할의 다른 명칭
④ 인덱스 추가나 응용 프로그램 수정만을 의미하는 최적화 기법

> 반정규화는 정규화된 구조에서 조회 성능·응답 속도를 위해 규칙을 완화하는 기법이다.

02 Active-Standby 방식의 데이터베이스 클러스터링 특징으로 옳은 것은?

① 모든 서버가 동시에 활성화되어 부하를 분산한다.
② DB 공유로 병목이 커지지만 처리량이 증가한다.
③ 장애 시 대기 서버가 업무를 이어받아 서비스 연속성을 확보한다.
④ 자원 활용 효율이 높고 항상 최대 성능을 낸다.

> **오답 피하기**
> ①, ②, ④ : Active-Active

정답 01 ② 02 ③

CHAPTER

04

SQL

학습 방향

DDL, DML, DCL과 뷰·카탈로그 등을 포함한 SQL을 학습합니다. SELECT·JOIN·서브쿼리 문제는 반드시 연습해야 합니다. SELECT, JOIN, GROUP BY는 기출에서 매번 나오므로 반드시 SQL 예제를 직접 실행하세요. 관계 대수는 집합 연산자와 함께 표로 정리하세요.

출제 빈도

SECTION	난이도	비율
SECTION 01	상	20%
SECTION 02	상	25%
SECTION 03	중	15%
SECTION 04	상	25%
SECTION 05	중	15%

SECTION 01 관계 대수와 관계 해석

빈출 태그 관계 대수 • 순수 관계 연산자 • 일반 집합 연산자 • 관계 해석

01 관계 대수(Relational Algebra)

1) 개념
- 관계형 데이터베이스에서 원하는 정보를 어떻게 도출할지(How)를 명시하는 절차적(Procedural) 방법이다.
- 관계 대수는 어떻게(How) 연산을 적용해 원하는 결과를 얻을지를 단계적으로 표현한다.
- 질의에 대한 해를 구하기 위해 수행해야 할 연산의 순서를 명시한다.
- 튜플(Tuple)과 관계(Relation)의 집합을 다루며, 관계형 데이터베이스의 질의와 연산을 수행하는 데 사용된다.
- 튜플과 릴레이션 간의 연산을 통해 원하는 데이터를 추출하고, 다양한 집합 연산자를 사용하여 데이터를 결합하고 정렬하는 등의 연산을 수행할 수 있다.
- 관계형 데이터베이스 질의와 연산의 이론적 기초가 되며, SQL 같은 비절차적 질의 언어를 이해하고 최적화하는 데 활용된다.

2) 연산자

① 순수 관계 연산자(Relational Operations)

Select(σ, 선택)	• 튜플 집합을 검색한다. • 릴레이션의 행에 해당하는 튜플을 선택하는 것이므로 수평적 연산이라고도 한다. • 연산자의 기호는 시그마(σ)를 사용한다. σ필드명='조건'(릴레이션명)
Project(π, 추출)	• 속성 집합을 검색한다. • 릴레이션의 열에 해당하는 속성을 추출하는 것이므로 수직적 연산이라고도 한다. • 연산자의 기호는 파이(π)를 사용한다. π필드명1,필드명2(릴레이션명)
Join(⋈, 결합)	• 두 릴레이션의 공통 속성을 연결한다. • 공통 속성을 기준으로 두 릴레이션을 합하여 새로운 릴레이션을 만드는 연산이다. • 연산자의 기호는 ⋈를 사용한다. R⋈JOIN조건S

Division(÷, 나누기)	• 두 릴레이션에서 특정 속성을 제외한 속성만 검색한다. • 두 개의 관계에서 공통 속성이 있을 때, 두 관계의 공통 속성의 값이 서로 다를 경우에 사용한다. • Division에서 나누어지는 릴레이션은 나누는 릴레이션의 모든 속성을 전부 포함하고 있다. • 연산자의 기호 ÷를 사용한다. R÷S

> **기적의 TIP**
>
> 나누기 연산은 조건 속성을 제거하고 나머지 속성만 반환하기 때문에 결과 릴레이션에는 조건에 사용된 "과목" 속성이 제거됩니다.

➕ 더 알기 TIP

예제로 알아보는 순수 관계 연산자

① Select(σ, 선택)
- 조건식 : σ_{학과='전자과'}(학생)
- 의미 : 학생 릴레이션에서 학과가 전자과인 학생의 튜플을 검색하시오.
- 예제

〈학생〉

학번	이름	학과	졸업년도
A101	이기적	국문과	2025
A102	영지니	전자과	2026
A103	다코미	전자과	2027
B101	기적이	영문과	2028

〈결과〉

학번	이름	학과	졸업년도
A102	영지니	전자과	2026
A103	다코미	전자과	2027

② Project(π, 추출)
- 조건식 : π_{학번,이름}(학생)
- 의미 : 학생 릴레이션에서 {학번}, {이름} 필드를 추출하시오.
- 예제

〈학생〉

학번	이름	학과	졸업년도
A101	이기적	국문과	2025
A102	영지니	전자과	2026
A103	다코미	전자과	2027
B101	기적이	영문과	2028

〈결과〉

학번	이름
A101	이기적
A102	영지니
A103	다코미
B101	기적이

③ Join(⋈, 결합)
- 조건식 : 학생⋈성적
- 의미 : 학생 릴레이션과 성적 릴레이션의 중복 속성을 제거하여 결합하시오.
- 예제

〈학생〉

학번	이름
A101	이기적
A102	영지니
A103	다코미
B101	기적이

〈성적〉

학번	과목	학점
A101	영어	A+
A102	영어	B
A103	국어	A
B101	국어	F

〈결과〉

학번	이름	과목	학점
A101	이기적	영어	A+
A102	영지니	영어	B
A103	다코미	국어	A
B101	기적이	국어	F

④ Division(÷, 나누기)
- 조건식 : 학생÷조건
- 의미 : 학생 릴레이션을 조건 릴레이션으로 나누시오.
- 예제

〈학생〉

학번	이름	과목	학점
A101	이기적	영어	A+
A102	영지니	영어	B
A103	다코미	국어	A
B101	기적이	국어	F

〈조건〉

과목
영어

〈결과〉

학번	이름	학점
A101	이기적	A+
A102	영지니	B

② 일반 집합 연산자(General Set Operations)

Union(∪, 합집합)	• 두 릴레이션의 튜플의 합집합을 구하는 연산이다. • 두 개의 릴레이션을 합쳐 하나의 릴레이션을 생성한다. • 연산자의 기호는 ∪를 사용한다. R∪S
Intersection(∩, 교집합)	• 두 릴레이션의 튜플의 교집합을 구하는 연산이다. • 연관성이 있는 두 개의 릴레이션에서 중복되는 레코드를 선택하여 릴레이션을 생성한다. • 연산자의 기호는 ∩를 사용한다. R∩S

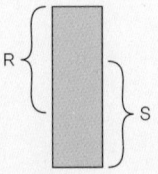
▲ 합집합

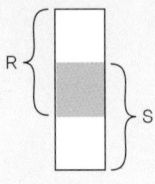
▲ 교집합

Difference(-, 차집합)	• 두 릴레이션의 튜플의 차집합을 구하는 연산이다. • 연관성이 있는 두 개의 릴레이션에서 중복되는 레코드를 제거하여 릴레이션을 생성한다. • 연산자의 기호는 -를 사용한다. R-S	
Cartesian Product(×, 교차곱)	• 두 릴레이션의 튜플의 교차곱(순서쌍)을 구하는 연산이다. • 두 릴레이션의 튜플을 곱하여 발생하는 모든 경우의 수를 생성한다. • 연산자의 기호는 ×를 사용한다. R×S	

> **기적의 TIP**
>
> R-S는 릴레이션 R에는 존재하지만 릴레이션 S에는 존재하지 않는 튜플을 조회합니다.

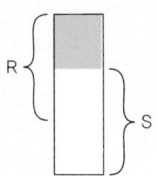
▲ 차집합

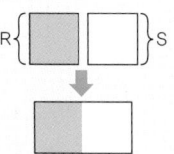
▲ 교차곱

➕ 더 알기 TIP

예제로 알아보는 일반 집합 연산자

① Union(∪, 합집합)
- 조건식 : 학생∪전학생
- 의미 : 학생 릴레이션과 전학생 릴레이션의 모든 학생을 합치시오.
- 예제

〈학생〉

학번	이름
A101	이기적
A102	영지니

〈전학생〉

학번	이름
A101	이기적
A104	신면철
C101	강희영

〈결과〉

학번	이름
A101	이기적
A102	영지니
A104	신면철
C101	강희영

② Intersection(∩, 교집합)
- 조건식 : 학생∩전학생
- 의미 : 학생 릴레이션과 전학생 릴레이션에 동시에 존재하는 학생들의 명단을 구하시오.
- 예제

〈학생〉

학번	이름
A101	이기적
A102	영지니
A103	다코미
B101	기적이

〈전학생〉

학번	이름
A101	이기적
A104	신면철
C101	강희영

〈결과〉

학번	이름
A101	이기적

③ Difference(-, 차집합)
- 조건식 : 학생-전학생
- 의미 : 학생 릴레이션에는 있지만 전학생 릴레이션에는 없는 학생들의 명단을 구하시오.
- 예제

〈학생〉

학번	이름
A101	이기적
A102	영지니
A103	다코미
B101	기적이

〈전학생〉

학번	이름
A101	이기적
A104	신면철
C101	강희영

〈결과〉

학번	이름
A102	영지니
A103	다코미
B101	기적이

④ Cartesian Product(×, 교차곱)
- 조건식 : 학생×성적
- 의미 : 학생 릴레이션의 모든 튜플과 성적 릴레이션의 모든 튜플을 가능한 모든 조합으로 연결하시오.
- 예제

〈학생〉

학번	이름
A101	이기적
A102	영지니
A103	다코미

〈성적〉

학번	학점
A101	A+
A102	B

〈결과〉

학생.학번	학생.이름	성적.학번	성적.학점
A101	이기적	A101	A+
A101	이기적	A102	B
A102	영지니	A101	A+
A102	영지니	A102	B
A103	다코미	A101	A+
A103	다코미	A102	B

➕ 더 알기 TIP

릴레이션 R의 차수가 4이고 카디널리티가 5이며, 릴레이션 S의 차수가 6이고 카디널리티가 7일 때, 두 개의 릴레이션을 카티션 프로덕트한 결과의 새로운 릴레이션의 차수와 카디널리티는 얼마인지 구하시오.

Cartesian Product(교차곱)의 결과 릴레이션은 두 릴레이션의 속성의 개수는 더하고, 각 튜플의 개수는 곱한 크기의 결과 릴레이션이 생성된다.

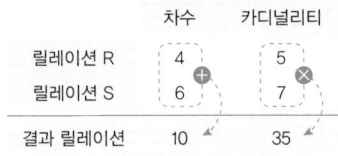

	차수	카디널리티
릴레이션 R	4	5
릴레이션 S	6	7
결과 릴레이션	10	35

즉, 정답은 '차수 10, 카디널리티 35'이다.

02 관계 해석(Relational Calculus)

1) 개념
- 원하는 정보가 무엇(What)인지만 정의하는 비절차적(Non-Procedural) 방법이다.
- 무엇을 구할 것인가를 기술한다.
- SQL과 같은 고급 질의 언어의 이론적 토대가 된다.

2) 종류

튜플 관계 해석(TRC, Tuple Relational Calculus)	• 튜플 변수를 사용하여 질의를 표현한다. • ⓓ 학생 릴레이션에서 학과가 컴퓨터공학인 튜플 t를 구하라. { t | t ∈ 학생 ∧ t.학과 = '컴퓨터공학' }
도메인 관계 해석(DRC, Domain Relational Calculus)	• 속성(도메인) 단위의 변수를 사용하여 질의를 표현한다. • ⓓ 학생 릴레이션에서 컴퓨터공학과인 학생의 이름과 학번을 구하라. { 〈이름, 학번〉 | ∃ 학과 (〈이름, 학번, 학과〉 ∈ 학생 ∧ 학과 = '컴퓨터공학') }

3) 자유 변수와 정량자

∀(전칭 정량자, Universal Quantifier)	• 모든 것에 대하여(For All) • ⓓ 모든 학생 x는 반드시 등록되어야 한다. ∀ x (학생(x) → 등록(x))
∃(존재 정량자, Existential Quantifier)	• 존재한다(There Exists) • ⓓ 컴퓨터공학과 학생이 적어도 한 명 존재한다. ∃ x (학생(x) ∧ x.학과 = '컴퓨터공학')

> 📑 **기적의 TIP**
>
> 관계 해석에서는 변수(variable)와 정량자(Quantifier)를 활용하여 조건을 표현합니다.

+ 더 알기 TIP

관계 대수(Relational Algebra)와 관계 해석(Relational Calculus)의 비교

구분	관계 대수	관계 해석
성격	절차적(How)	비절차적(What)
연산	집합 연산자, 선택, 투영, 조인 등	수학적 논리 표현(변수, 정량자)
특징	연산 절차 명시	조건 정의만 명시

이론을 확인하는 기출문제

01 관계 대수와 관계 해석의 비교로 옳은 것은?

① 관계 대수 : 비절차적
   관계 해석 : 절차적
② 관계 대수 : 절차적(How)
   관계 해석 : 비절차적(What)
③ 관계 대수 : 조건 정의만 명시
   관계 해석 : 연산 절차 명시
④ 관계 대수 : 변수, 정량자 등
   관계 해석 : 집합 연산자, 선택, 투영, 조인 등

> 관계 대수는 '어떻게' 연산을 적용할지, 관계 해석은 '무엇'을 구할지 기술한다.

02 관계 대수의 나누기 연산 R÷S에 대한 설명으로 옳은 것은?

① 결과 릴레이션은 S의 속성을 반드시 포함한다.
② 결과 릴레이션은 R의 모든 속성을 포함한다.
③ 결과 릴레이션은 R에서 S의 속성을 제거한 속성만 가진다.
④ 결과 릴레이션은 S의 카디널리티만을 반환한다.

> 나누기 결과는 조건에 사용된 속성(S)을 제거한 나머지 속성만 남는다.

03 다음 중 "학생 릴레이션에서 학과가 '컴퓨터공학'인 학생의 학번과 이름만"을 올바르게 구하는 관계 대수식은?

① σ학과='컴퓨터공학'(π학번,이름,학과(학생))
② π학번,이름(σ학과='컴퓨터공학'(학생))
③ π학과(σ학번,이름='컴퓨터공학'(학생))
④ σ학번,이름='컴퓨터공학'(π학과(학생))

04 다음 중 조인(⋈)에 대한 설명으로 옳은 것은?

① 두 릴레이션의 모든 가능한 조합을 생성한다.
② 공통 속성을 기준으로 두 릴레이션을 결합해 새로운 릴레이션을 만든다.
③ 속성(열)만 추출하는 수직 연산이다.
④ 튜플(행)만 선택하는 수평 연산이다.

> **오답 피하기**
> - ① 교차곱(×)
> - ③ 투영(π)
> - ④ 선택(σ)

정답 01 ② 02 ③ 03 ② 04 ②

SECTION 02 DDL(데이터 정의어)

빈출 태그 SQL・CREATE・ALTER・DROP・TRUNCATE

01 SQL(Structured Query Language)

1) 개념
- 관계형 데이터베이스(Relational Database)에서 데이터를 정의, 조작, 제어하기 위해 사용되는 표준 질의 언어이다.
- 관계 대수(Relational Algebra)와 관계 해석(Relational Calculus)를 이론적 기반으로 한다.
- 절차적 언어가 아닌 선언적 언어이므로, 무엇(What)을 하고 싶은지만 기술한다.

2) 종류

데이터 정의어(DDL)	• 데이터베이스 및 객체(테이블, 뷰 등) 구조 정의 • 명령어	
	CREATE	데이터베이스/테이블 생성
	ALTER	구조 변경
	DROP	객체 삭제
	TRUNCATE	테이블 데이터 전체 삭제(구조 유지)
데이터 조작어(DML)	• 데이터 조작(추가/수정/삭제/조회) • 명령어	
	SELECT	데이터 검색
	INSERT	데이터 삽입
	UPDATE	데이터 수정
	DELETE	데이터 삭제
데이터 제어어(DCL)	• 사용자 권한 관리와 보안 제어 • 명령어	
	GRANT	권한 부여
	REVOKE	권한 회수
트랜잭션 제어어(TCL)	• 트랜잭션 단위로 데이터 변경 제어 • 명령어	
	COMMIT	작업 확정
	ROLLBACK	작업 취소
	SAVEPOINT	특정 지점 저장

02 DDL(Data Definition Language, 데이터 정의어)

1) 개념
- 데이터베이스의 구조를 정의/변경/삭제하기 위한 언어이다.
- 논리적 데이터 구조와 물리적 데이터 구조 간의 사상(Mapping)을 정의한다.
- 실행된 결과는 데이터 사전(Data Dictionary)에 기록된다.

2) 종류

① CREATE
- 데이터베이스 객체(스키마, 도메인, 테이블, 뷰, 인덱스 등)를 새롭게 정의(생성)하는 DDL 명령어로, DB 구조를 처음 만드는 명령어이다.
- 기본 구조

```
CREATE TABLE 테이블명 (
  {열이름 데이터타입 [NOT NULL] [DEFAULT 기본값]},
  [{PRIMARY KEY (열이름_리스트)}],
  [{UNIQUE (열이름_리스트 …)}],
  [{FOREIGN KEY (열이름_리스트)
      REFERENCES 참조테이블명 (기본키_열이름)
      [ON DELETE {CASCADE | SET NULL | RESTRICT}]
      [ON UPDATE {CASCADE | SET NULL | RESTRICT}]}
  ],
  [CHECK (조건식)]
);
```

> **기적의 TIP**
> CREATE TABLE 기본 구조는 '속성 정의'와 '제약조건 정의'로 나눌 수 있습니다. 시험에서는 보통 제약조건 설명(PK/UNIQUE/FK/CHK/DEFAULT/NOT NULL)과 ON DELETE/ON UPDATE 옵션이 자주 출제됩니다.

- '{ }'는 반복, '[ ]'는 생략 가능, ' | '는 선택
- NOT NULL : 해당 열은 반드시 값이 입력되어야 함(널(Null) 값을 허용하지 않음)
- DEFAULT 값 : 값 입력이 없을 경우 기본값 자동 지정
- PRIMARY KEY : 테이블 내 행을 고유하게 식별(자동으로 NOT NULL + UNIQUE 속성 가짐)
- UNIQUE : 중복 불가 제약조건(NULL 허용)
- FOREIGN KEY : 다른 테이블의 기본키를 참조(참조 무결성 보장)
- ON DELETE/ON UPDATE 옵션

CASCADE	부모 데이터 삭제/변경 시 자식도 같이 삭제/변경
SET NULL	부모 데이터 삭제/변경 시 자식 값 NULL로 변경
RESTRICT/NO ACTION	부모 데이터가 참조 중이면 삭제/변경 불가

> **기적의 TIP**
> NOT IN 연산자와 NULL의 관계
> - SQL에서 NOT IN 연산자는 서브쿼리 결과에 NULL 값이 포함될 경우 예상치 못한 결과를 초래할 수 있다. 이는 SQL의 NULL 값이 '알 수 없음'을 의미하며, 다른 어떤 값과도 비교할 수 없다는 특성 때문이다.
> - WHERE column NOT IN (값1, 값2, …, NULL)과 같은 쿼리는 내부적으로 (column ◇ 값1 AND column ◇ 값2 AND … AND column ◇ NULL)로 해석된다.

- CHECK(조건식) : 입력 가능한 값의 범위 제한
- CREATE의 정의 대상

스키마(Schema)	• 데이터베이스 구조의 큰 틀, 객체들을 담는 논리적 공간 • 기본 구조
	CREATE SCHEMA 스키마이름 [AUTHORIZATION 사용자];

구분	설명
| 도메인(Domain) | • 속성이 가질 수 있는 값들의 집합(자료형 + 제약조건)<br>• 기본 구조<br><br>```
CREATE DOMAIN 도메인명 데이터타입
[DEFAULT 기본값]
[CONSTRAINT 제약조건명 CHECK (조건식)];
``` |
| 테이블(Table) | • 데이터를 실제로 저장하는 기본 객체<br>• 기본 구조<br><br>```
CREATE TABLE 테이블명 (
    열이름 데이터타입 [NOT NULL] [DEFAULT 기본값],
    ...
    [PRIMARY KEY (열리스트)],
    [UNIQUE (열리스트)],
    [FOREIGN KEY (열리스트) REFERENCES 참조테이블(기본키열)
        [ON DELETE 옵션] [ON UPDATE 옵션]],
    [CHECK (조건식)]
);
``` |
| 뷰(View) | • 실제 데이터를 저장하지 않고 SELECT 결과를 보여주는 가상 테이블<br>• 기본 구조<br><br>```
CREATE VIEW 뷰명 AS
SELECT 열리스트
FROM 테이블명
[WHERE 조건]
[WITH CHECK OPTION];
``` |
| 인덱스(Index) | • 검색 속도를 향상시키는 데이터 구조<br>• 기본 구조<br><br>```
CREATE [UNIQUE] INDEX 인덱스명
ON 테이블명 (열이름 [ASC | DESC], ...);
``` |

> **기적의 TIP**
> ASC는 오름차순, DESC는 내림차순을 의미합니다.

➕ 더 알기 TIP

Q1. 스키마 이름이 'JUNGBO'이고, 허가권자가 '이영진'인 스키마를 정의하시오.

```
CREATE SCHEMA JUNGBO AUTHORIZATION 이영진;
```

> **기적의 TIP**
> 데이터베이스 구축에 필요한 스키마를 정의하고, 사용자 '이영진'에게 스키마를 사용할 수 있는 권한을 부여하여, 'JUNGBO'라는 이름으로 스키마를 만들면 됩니다.

Q2. 속성값으로 'T'와 'F'로만 구성되는 'success'라는 이름의 도메인을 정의하시오(단, 속성값이 입력되지 않을 때 기본값은 'T'로 한다).

```
CREATE DOMAIN success CHAR(1)
DEFAULT 'T'
CONSTRAINT success CHECK(VALUE IN('T', 'F'));
```

Q3. 〈학생〉 테이블의 학과 속성값을 오름차순 정렬하여, 중복을 허용하지 않도록 'stud_idx'라는 이름의 인덱스를 정의하시오.

```
CREATE UNIQUE INDEX stud_idx
ON 학생(학과 ASC);
```

② ALTER

- 이미 생성된 데이터베이스 객체(특히 테이블)의 구조를 변경하기 위한 DDL 명령어로, 새로운 열 추가/기존 열 삭제/속성 변경/제약조건 수정 등에 사용된다.
- 기본 구조(1) – 열 추가(ADD)

```
ALTER TABLE 테이블명
ADD 열이름 데이터타입 [DEFAULT 값] [NOT NULL];
```

- 기본 구조(2) – 열 속성 변경(ALTER)

```
ALTER TABLE 테이블명
ALTER 열이름 SET DEFAULT 값;
```

- 기본 구조(3) – 열 삭제(DROP)

```
ALTER TABLE 테이블명
DROP COLUMN 열이름 [CASCADE];
```

> **기적의 TIP**
>
> **ALTER ··· MODIFY**
> - Oracle, MySQL 계열에서 사용한다.
> - 열의 데이터 타입, 제약조건, DEFAULT 값까지 한 번에 수정 가능하다.
> - 기본 구조
>
> ```
> ALTER TABLE 테이블명
> MODIFY 열이름 데이터타입;
> ```

> **기적의 TIP**
>
> CASCADE 옵션은 열을 참조하는 제약조건이나 뷰까지 연쇄적으로 삭제합니다.

➕ 더 알기 TIP

〈학생〉

학번	이름	학과	학년
100	이기적	컴퓨터공학과	2
200	영지니	경영학과	3

Q1. 〈학생〉 테이블에 '주소' 속성을 추가하시오(단, 주소 항목은 가변 길이 문자형으로 30자까지 입력될 수 있다).

```
ALTER TABLE 학생 ADD 주소 VARCHAR(30);
```

〈학생〉

학번	이름	학과	학년	학년
100	이기적	컴퓨터공학과	2	
200	영지니	경영학과	3	

Q2. 〈학생〉 테이블에서 '학년' 속성을 제거하시오.

```
ALTER TABLE 학생 DROP 학년 CASCADE;
```

〈학생〉

학번	이름	학과
100	이기적	컴퓨터공학과
200	영지니	경영학과

③ DROP

- 데이터베이스 객체(스키마, 도메인, 테이블, 인덱스 등)를 완전히 삭제하는 명령문이다.
- DELETE가 테이블 안의 데이터만 지우는 것과 달리, DROP은 구조 자체를 제거하기 때문에 이후에는 해당 객체를 더 이상 사용할 수 없다.
- 기본 구조

```
DROP SCHEMA 스키마_이름 [CASCADE | RESTRICT];
```

```
DROP DOMAIN 도메인_이름 [CASCADE | RESTRICT];
```

```
DROP TABLE 테이블_이름 [CASCADE | RESTRICT];
```

```
DROP INDEX 인덱스_이름;
```

> **기적의 TIP**
> DROP은 한번 실행하면 복구가 어렵기 때문에 신중히 사용해야 합니다.

+ 더 알기 TIP

CASCADE와 RESTRICT의 비교

CASCADE	• 참조 중이더라도 강제 삭제, 연쇄적으로 종속 객체까지 함께 삭제 • A 테이블을 B 테이블이 참조하더라도 A와 B 모두 삭제
RESTRICT	• 다른 개체에서 참조 중이면 삭제 불가 • A 테이블을 B 테이블이 참조하고 있으면 A 삭제 불가능

+ 더 알기 TIP

〈학생〉 테이블을 제거하시오.

〈학생〉

학번	이름	학과	학년
100	이기적	컴퓨터공학과	2
200	영지니	경영학과	3

```
DROP TABLE 학생 CASCADE;
```

④ TRUNCATE

- 테이블에 저장된 모든 데이터를 빠르게 삭제하는 명령문이다.
- DELETE와 달리 조건절(WHERE)을 사용할 수 없으며, 전체 데이터만 삭제 가능하다.
- 데이터는 지워지지만 테이블 구조, 제약조건, 인덱스 등은 그대로 유지된다.
- 일반적으로 롤백이 불가능(비가역적)하기 때문에 복구가 어렵다.
- DELETE보다 속도가 빠르고 시스템 자원 사용이 적다.
- 기본 구조

```
TRUNCATE TABLE 테이블_이름;
```

+ 더 알기 TIP

〈학생〉 테이블의 모든 데이터를 빠르게 제거하시오.

〈학생〉

학번	이름	학과	학년
100	이기적	컴퓨터공학과	2
200	영지니	경영학과	3

TRUNCATE TABLE 학생;

〈학생〉

학번	이름	학과	학년

이론을 확인하는 기출문제

01 다음 중 DDL에 대한 설명으로 옳지 않은 것은?

① DDL은 데이터베이스의 구조를 정의/변경/삭제한다.
② DDL 실행 결과는 데이터 사전(Data Dictionary)에 기록되지 않는다.
③ DDL은 논리적 데이터 구조와 물리적 데이터 구조 간의 사상(Mapping)을 정의한다.
④ DDL은 관계 대수/관계 해석을 이론적 기반으로 한다.

DDL 실행 결과는 데이터 사전에 기록된다.

02 다음 중 CREATE TABLE 제약조건 설명으로 옳은 것은?

① PRIMARY KEY는 NOT NULL이지만 UNIQUE는 아니다.
② UNIQUE 제약조건은 중복을 금지하지만 NULL은 허용될 수 있다.
③ FOREIGN KEY는 참조 테이블의 임의 열을 참조할 수 있다.
④ CHECK는 입력값이 없을 때 기본값을 지정한다.

오답 피하기
• ① PK는 NOT NULL+UNIQUE 모두 적용
• ③ FK는 참조 테이블의 기본키를 참조
• ④ 기본값은 DEFAULT

정답 01 ② 02 ②

03 외래키 옵션에 대한 설명으로 옳은 것은?

① ON DELETE CASCADE : 부모 행 삭제 시 자식 행도 함께 삭제된다.
② ON UPDATE SET NULL : 부모 키 변경 시 부모 키가 NULL로 변경된다.
③ ON DELETE RESTRICT : 부모 행은 자식이 있더라도 삭제된다.
④ ON UPDATE NO ACTION : 자식의 외래키가 자동으로 부모 값으로 갱신된다.

오답 피하기
- ② 자식 FK가 NULL이 되는 옵션
- ③ RESTRICT/NO ACTION은 참조 중이면 거부
- ④ NO ACTION은 갱신 거부

04 다음 중 도메인 정의로 옳은 것은? (값 미지정 시 기본값 'T', 허용 값 'T'와 'F'만)

① CREATE DOMAIN success CHAR(1) DEFAULT 'T' CONSTRAINT success CHECK (VALUE IN ('T','F'));
② CREATE DOMAIN success CHAR(1) CHECK DEFAULT 'T' IN ('T','F');
③ CREATE DOMAIN success CHAR(1) DEFAULT 'T' CHECK (success IN ('T','F'));
④ CREATE DOMAIN success DEFAULT 'T' CHAR(1) CHECK (VALUE = 'T' OR 'F');

05 다음 중 〈보기〉의 조건을 참고하여 작성한 ALTER TABLE 사용 예로 옳은 것은?

> 〈학생〉 테이블에 주소 컬럼(VARCHAR(30)) 추가 후, 학년 컬럼을 제약 참조까지 포함하여 제거

① ALTER TABLE 학생 ADD 주소 VARCHAR(30); ALTER TABLE 학생 DROP 학년 CASCADE;
② ALTER TABLE 학생 ADD COLUMN 주소 (30); ALTER TABLE 학생 DROP COLUMN 학년;
③ ALTER TABLE 학생 MODIFY 주소 VARCHAR(30) ADD; ALTER TABLE 학생 DROP 학년;
④ ALTER TABLE 학생 ALTER 주소 SET DEFAULT 30; ALTER TABLE 학생 DROP COLUMN 학년 RESTRICT;

06 DROP, TRUNCATE, DELETE에 관한 설명으로 옳은 것은?

① DROP TABLE은 데이터만 삭제하고 구조는 유지한다.
② TRUNCATE는 WHERE 절을 사용할 수 없다.
③ TRUNCATE는 일반적으로 롤백이 보장된다.
④ DELETE는 테이블 자체를 삭제한다.

오답 피하기
- ① DROP은 구조 자체 삭제
- ③ TRUNCATE는 일반적으로 비가역적(롤백 불가)
- ④ DELETE는 데이터만 삭제

SECTION 03 DML(데이터 조작어)

빈출 태그 SELECT・INSERT・UPDATE・DELETE

01 DML(Data Manipulation Language, 데이터 조작어)

1) 개념
- 데이터베이스에 저장된 데이터를 검색(SELECT), 삽입(INSERT), 삭제(DELETE), 변경(UPDATE)하는 데 사용하는 언어이다.
- 테이블 구조(스키마)는 건드리지 않고, 저장된 값만 다룬다.
- 사용자와 DBMS(Database Management System) 간의 데이터 조작 인터페이스를 제공한다.

> **기적의 TIP**
> 시험에서는 키워드뿐 아니라 함께 쓰이는 전치사(Into, From, Set)를 묻는 문제도 출제되므로 반드시 암기해 주세요.
> - INSERT INTO : 테이블에 새로운 데이터를 삽입
> - DELETE FROM : 테이블의 데이터를 삭제
> - UPDATE … SET : 테이블의 데이터를 수정

2) 종류
① SELECT
- 관계형 데이터베이스에서 데이터를 검색(조회)하기 위해 사용하는 SQL 명령어이다.
- 원하는 속성(열)과 조건(행)을 지정하여, 데이터베이스에 저장된 정보를 사용자가 원하는 형태로 출력한다.
- 특징
  - SQL에서 가장 많이 사용되는 명령어
  - WHERE, GROUP BY, HAVING, ORDER BY 등 다양한 절과 함께 사용 가능
  - 집계 함수(SUM, AVG 등)와 결합하여 통계・분석 기능 수행 가능
  - 조인(JOIN)・하위 질의(Subquery)와 함께 복잡한 조회도 가능
- 기본 구조

```
SELECT [ALL | DISTINCT] 속성명
FROM 릴레이션명
[WHERE 조건]
[GROUP BY 속성명1, 속성명2, …]
[HAVING 조건]
[ORDER BY 속성명 [ASC | DESC]];
```

> **기적의 TIP**
> WHERE → GROUP BY → HAVING → ORDER BY 실행 순서를 헷갈리지 않도록 꼭 암기해 주세요.

- SELECT : 조회할 속성(열, 필드) 지정
- DISTINCT : 중복되는 튜플(레코드, 행)을 제거하여 조회
- FROM : 조회할 테이블(릴레이션) 지정
- WHERE : 조건에 맞는 행만 선택
- GROUP BY : 특정 속성 기준으로 그룹화
- HAVING : 그룹화된 결과에 조건 부여
- ORDER BY : 결과 정렬(오름차순(기본값)은 ASC, 내림차순은 DESC)

> **기적의 TIP**
> 집계 함수(COUNT, SUM, AVG)는 단독 사용 시 GROUP BY 없이도 가능하지만, 열과 함께 쓰면 반드시 GROUP BY가 필요합니다.

+ 더 알기 TIP

⟨R1⟩

학번	이름	학년	학과	주소
1000	홍길동	1	컴퓨터공학	서울
2000	김철수	1	전기공학	경기
3000	강남길	2	전자공학	경기
4000	오말자	2	컴퓨터공학	경기
5000	장미화	3	전자공학	서울

⟨R2⟩

학번	과목번호	과목이름	학점	점수
1000	C100	컴퓨터구조	A	91
2000	C200	데이터베이스	A+	99
3000	C100	컴퓨터구조	B+	89
3000	C200	데이터베이스	B	85
4000	C200	데이터베이스	A	93
4000	C300	운영체제	B+	88
5000	C300	운영체제	B	82

> 기적의 TIP
>
> 이후에 나오는 예제에도 ⟨R1⟩과 ⟨R2⟩ 테이블이 사용됩니다.

Q1. ⟨R1⟩과 ⟨R2⟩의 테이블에서 아래의 ⟨결과⟩를 얻기 위한 SQL문을 작성하시오.

⟨결과⟩

과목번호	과목이름
C100	컴퓨터구조
C200	데이터베이스

```
SELECT 과목번호, 과목이름
  FROM R1, R2
  WHERE R1.학번 = R2.학번 AND R1.학과 = '전자공학' AND R1.이름 = '강남길';
```

- ⟨R1⟩, ⟨R2⟩ 테이블에서 학번이 같으면서, ⟨R1⟩의 학과가 '전자공학'이면서 '강남길'인 항목의 과목번호, 과목이름을 출력하는 SQL문이다.
- ⟨R1⟩, ⟨R2⟩ 테이블을 학번으로 조인하고, ⟨R1⟩ 테이블에서 '전자공학'이면서 '강남길'인 레코드를 ⟨R2⟩에서 검색하면 된다.

> 기적의 TIP
>
> 두 조건식을 모두 만족해야 하면 AND, 두 조건식 중 하나만 만족해도 되면 OR을 사용합니다.

Q2. ⟨R1⟩ 테이블에서 성이 '홍'인 학생의 레코드를 검색하시오.

```
SELECT *
  FROM R1
  WHERE 이름 LIKE '홍%';
```

⟨결과⟩

학번	이름	학년	학과	주소
1000	홍길동	1	컴퓨터공학	서울

+ 더 알기 TIP

LIKE 연산자
- 문자열 패턴 매칭에 사용되며, '%'는 0개 이상의 임의 문자를 의미한다.
- 기본 와일드카드

%	길이 0 이상 임의의 문자열
_	임의의 1글자

- '박%'는 이름이 '박'으로 시작하고, 뒤에 어떤 문자가 0개 이상 올 수 있는 모든 문자열과 매칭된다. → '박', '박영수', '박철', '박12' 등이 모두 검색된다.
- '박__'처럼 언더스코어(_)를 사용하면 언더스코어(_)의 수만큼인 경우만 매칭된다. → '박영수', '박12' 등이 검색된다.

② INSERT

- 테이블에 새로운 행(튜플, 레코드)을 삽입할 때 사용하는 SQL 명령어이다.
- 사용자가 지정한 테이블에 속성(열) 이름과 그에 대응하는 값들을 지정하여 데이터베이스에 추가한다.
- 기본 구조

```
INSERT INTO 테이블명 (열_이름1, 열_이름2, …)
    VALUES (값1, 값2, …);
```

- INSERT INTO 테이블명 (속성명 …) : 데이터가 삽입될 테이블과 속성명 지정 (모든 속성값을 다 넣을 경우 속성명 생략 가능)
- VALUES (속성값 …) : 각 속성에 삽입될 실제 값을 지정

+ 더 알기 TIP

속성 이름 생략 규칙
- 테이블의 모든 속성값을 삽입할 경우에는 속성 이름을 생략할 수 있다.
- 단, 일부 속성만 삽입할 경우에는 반드시 속성 이름을 지정해야 한다.
- 예 〈R2〉 테이블에 학번 : '7000', 과목번호 : 'C300', 과목이름 : '운영체제', 학점 : B+, 점수 : '89'인 학생을 삽입하시오.

모든 속성값을 삽입하므로 속성명 생략 가능	INSERT INTO R2 VALUES('7000', 'C300', '운영체제', 'B+', '89');
속성명 지정 삽입	INSERT INTO R2 (학번, 과목번호, 과목이름, 학점, 점수) VALUES('7000', 'C300', '운영체제', 'B+', '89');

➕ **더 알기** TIP

〈R2〉 테이블에 (학번 : 6000, 과목번호 : C100)인 레코드를 삽입하시오.

```
INSERT INTO R2(학번, 과목번호)
    VALUES(6000, C100);
```

〈결과〉

학번	과목번호	과목이름	학점	점수
1000	C100	컴퓨터구조	A	91
2000	C200	데이터베이스	A+	99
3000	C100	컴퓨터구조	B+	89
3000	C200	데이터베이스	B	85
4000	C200	데이터베이스	A	93
4000	C300	운영체제	B+	88
5000	C300	운영체제	B	82
6000	C100	NULL	NULL	NULL

③ UPDATE

- 테이블에 이미 저장되어 있는 기존 행(튜플)의 값을 수정(갱신)할 때 사용하는 SQL 명령어이다.
- 특정 열의 값을 새로운 값이나 연산 결과로 바꿀 수 있으며, 조건절(WHERE)을 통해 갱신할 행을 제한할 수 있다.
- 기본 구조

```
UPDATE 테이블_이름
SET 열_이름1 = 값1,
    열_이름2 = 값2, ...
WHERE 조건;
```

- UPDATE 테이블_이름 : 수정할 데이터가 저장된 테이블 지정
- SET 열_이름 = 값(또는 산술식) : 수정할 열과 새로운 값 지정
- WHERE 조건 : 수정 대상 행(레코드)을 제한(없으면 전체 행 수정)

🏁 **기적의 TIP**

조건절을 생략하면 해당 테이블의 모든 행이 수정되므로 주의해 주세요.

🏁 **기적의 TIP**

여러 개의 열을 동시에 갱신할 수 있습니다.

➕ **더 알기** TIP

〈R1〉 테이블의 '홍길동' 학년을 '2' 학년으로 갱신하시오.

```
UPDATE R1 SET 학년 = '2'
    WHERE 이름 = '홍길동'
```

〈결과〉

학번	이름	학년	학과	주소
1000	홍길동	2	컴퓨터공학	서울
2000	김철수	1	전기공학	경기
3000	강남길	2	전자공학	경기
4000	오말자	2	컴퓨터공학	경기
5000	장미화	3	전자공학	서울

④ DELETE
- 테이블에 저장된 데이터(행, 레코드)를 삭제할 때 사용하는 SQL 명령어이다.
- 특정 조건을 만족하는 행만 삭제할 수 있으며, WHERE 절을 생략하면 테이블의 모든 행이 삭제된다.
- 테이블 자체의 구조(열, 제약조건, 인덱스)는 그대로 유지된다.
- 기본 구조

```
DELETE
  FROM 테이블명
  WHERE 조건;
```

- DELETE FROM 테이블명 : 삭제할 데이터가 들어 있는 테이블 지정
- WHERE 조건 : 삭제할 행을 제한(조건 생략 시 전체 행 삭제)

➕ 더 알기 TIP

〈R1〉 테이블에서 '장미화' 레코드를 삭제하시오.

```
DELETE
  FROM R1
  WHERE 이름 = '장미화';
```

〈결과〉

학번	이름	학년	학과	주소
1000	홍길동	1	컴퓨터공학	서울
2000	김철수	1	전기공학	경기
3000	강남길	2	전자공학	경기
4000	오말자	2	컴퓨터공학	경기

02 SELECT 문의 확장 기능

1) BETWEEN ~ AND ~

① 개념
- 구간 값 조건식으로, 특정 값이 주어진 범위 안에 포함되는지를 검사한다.
- SQL의 WHERE 절에서 자주 사용된다.
- 숫자, 문자, 날짜 값에 모두 적용 가능하다.
- BETWEEN ~ AND ~ 형태만 사용할 수 있다(OR는 사용 불가).

② 기본 구조

```
SELECT 열_이름
    FROM 테이블명
    WHERE 열_이름 BETWEEN 하한값 AND 상한값;
```

- 하한값 이상(>=)이고, 상한값 이하(<=)인 값들을 검색한다.
- 양쪽 끝값도 포함한다.

+ 더 알기 TIP

〈R2〉 테이블에서 점수가 80점에서 85점까지인 학번, 점수 필드의 레코드를 검색하시오.

```
SELECT 학번, 점수
    FROM R2
    WHERE 점수 BETWEEN 80 AND 85;
```

〈결과〉

학번	점수
3000	85
5000	82

2) 그룹 함수(Aggregate Function)

① 개념

- 여러 행(Row)의 값을 집계하여 하나의 결과를 반환하는 함수이다.
- SELECT 절, HAVING 절 등에서 사용되며, 주로 GROUP BY와 함께 사용된다.
- 개별 행이 아닌 집단(그룹) 단위로 계산된 결과를 얻을 수 있다.

② 기본 구조

```
SELECT 그룹속성, 그룹함수
    FROM 테이블
    [WHERE 조건]
    GROUP BY 그룹속성
    [HAVING 그룹조건];
```

- WHERE : 그룹화 이전의 행 필터링
- HAVING : 그룹화 이후의 그룹 조건 필터링

기적의 TIP

그룹 함수는 보통 GROUP BY 절과 함께 사용되며, HAVING 절을 통해 그룹 단위 조건을 지정할 수 있습니다.

③ 종류

COUNT(열)	행(Row)의 개수 계산
SUM(열)	열 값들의 합계 계산
AVG(열)	열 값들의 평균 계산
MAX(열)	열 값 중 최댓값 반환
MIN(열)	열 값 중 최솟값 반환

> **기적의 TIP**
>
> AS는 CREATE TABLE ~ AS SELECT 구문에서는 테이블의 구조·데이터 타입·제약조건 등을 정의하는 데 활용되고, SELECT 문에서는 검색 결과 컬럼에 별칭을 부여하여 출력 필드명을 보기 쉽게 바꿔주는 역할을 합니다.

+ 더 알기 TIP

〈R2〉 테이블에서 과목번호별 점수의 평균을 구하시오.

```
SELECT 과목번호, AVG(점수) AS 평균
    FROM R2
    GROUP BY 과목번호;
```

〈결과〉

과목번호	평균
C100	90
C200	92.3
C300	85

3) HAVING 절

① 개념
- GROUP BY 절로 그룹화한 결과에 조건을 부여할 때 사용된다.
- WHERE 절은 그룹화 이전의 개별 행(Row)에 대한 조건, HAVING 절은 그룹화 이후의 집계 결과에 대한 조건을 지정한다.
- 주로 SUM, AVG, COUNT, MAX, MIN 같은 그룹 함수와 함께 사용된다.

② 기본 구조

```
SELECT 그룹속성, 그룹함수
    FROM 테이블
    [WHERE 행_조건]
    GROUP BY 그룹속성
    HAVING 그룹조건;
```

> **기적의 TIP**
>
> WHERE → GROUP BY → HAVING의 순서로 실행됩니다.

> **기적의 TIP**
>
> GROUP BY와 WHERE를 동시에 사용할 수는 있으나, 이 경우 WHERE가 먼저 실행되고 이후에 GROUP BY가 적용됩니다. GROUP BY는 WHERE 절 안에 포함되지 않습니다.

+ 더 알기 TIP

〈R2〉 테이블에서 과목이름별로 점수가 90점 이상인 학생 수를 구하되, 해당 학생 수가 1명 이상인 과목만 검색하시오.

```
SELECT 과목이름, COUNT(*) AS 학생수
    FROM R2
    WHERE 점수 >= 90
    GROUP BY 과목이름
    HAVING COUNT(*) >= 1;
```

> **기적의 TIP**
>
> *은 '모든 행'을 의미합니다.

〈결과〉

과목이름	학생수
컴퓨터구조	1
데이터베이스	2

4) ORDER BY 절

① 개념
- SQL에서 조회된 결과 행들을 특정 열(속성)을 기준으로 정렬할 때 사용하는 구문이다.
- 오름차순(ASC) 또는 내림차순(DESC)으로 지정할 수 있으며, 별도로 지정하지 않으면 기본값은 오름차순(ASC)이다.
- 여러 열을 기준으로 정렬 가능하다(먼저 지정한 열 우선 정렬 → 동일 값일 경우 두 번째 열 기준 정렬). 예 ORDER BY 학년 DESC, 이름 ASC;

> **기적의 TIP**
> ORDER BY는 결과 화면에서 보여지는 순서만 바꾸며, 실제 테이블 저장 순서를 변경하지 않습니다.

② 기본 구조

```
SELECT 열_이름
  FROM 테이블명
  [WHERE 조건]
  ORDER BY 열_이름 [ASC | DESC];
```

- ASC : 오름차순(작은 값 → 큰 값, 가나다순, A→Z, 1→9)
- DESC : 내림차순(큰 값 → 작은 값, 역순, Z→A, 9→1)

+ 더 알기 TIP

〈R2〉 테이블에서 점수를 기준으로 내림차순 정렬하시오.

```
SELECT *
  FROM R2
  ORDER BY 점수 DESC;
```

〈결과〉

학번	과목번호	과목이름	학점	점수
2000	C200	데이터베이스	A+	99
4000	C200	데이터베이스	A	93
1000	C100	컴퓨터구조	A	91
3000	C100	컴퓨터구조	B+	89
4000	C300	운영체제	B+	88
3000	C200	데이터베이스	B	85
5000	C300	운영체제	B	82

5) 하위 질의(Sub Query)

① 개념
- SQL 문 안에 포함된 또 다른 SELECT 문을 의미한다.
- 하나의 SQL 문에서 결과를 얻기 위해 다른 SELECT 문의 결과를 중간 단계로 활용하는 방식이다.
- 보통 WHERE 절, HAVING 절, FROM 절 등에서 사용된다.
- 하위 질의가 먼저 수행되어 그 결과가 메인 쿼리(Main Query)에 전달된다.

② 기본 구조

```
SELECT 열
  FROM 테이블
  WHERE 열 비교연산자 (SELECT 열 FROM 테이블 WHERE 조건);
```

> **기적의 TIP**
>
> 하위 질의(서브 쿼리)는 반드시 괄호( ) 안에 작성해야 합니다.

➕ 더 알기 TIP

Q1. 다음 SQL 문을 분석하시오.

```
SELECT 이름 FROM R1 WHERE 학번 IN
  (SELECT 학번 FROM R2 WHERE 과목번호 = 'C100');
```

〈결과〉

이름
홍길동
강남길

- 하위 질의(Sub Query) : R2 테이블에서 과목번호가 C100(컴퓨터구조)인 학생들의 학번을 검색 → 결과 : 1000, 3000
- 메인 질의(Main Query) : R1 테이블에서 학번이 1000 또는 3000인 학생의 이름을 검색 → R1에서 확인 : 1000 → 홍길동, 3000 → 강남길

Q2. 다음 [조건]에 부합하는 SQL 문을 작성하고자 할 때, SQL 문의 빈칸에 들어갈 내용은 무엇인지 쓰시오(단, '팀코드' 및 '이름'은 속성이며, '직원'은 테이블이다).

[조건]

이름이 '홍길동'인 팀원이 소속된 팀코드를 이용하여 해당 팀에 소속된 팀원들의 이름을 출력하는 SQL 문

[SQL 문]

```
SELECT 이름
FROM 직원
WHERE 팀코드 = (            );
```

- 하위 질의를 통해 홍길동의 팀코드를 먼저 찾고, 그 팀코드를 조건으로 사용해 같은 팀에 속한 모든 직원들의 이름을 출력한다.
- 따라서 빈칸에 들어갈 내용은 하위 질의는 다음과 같다.

```
SELECT 팀코드 FROM 직원 WHERE 이름 = '홍길동'
```

03 NoSQL(Not Only SQL)

1) 개념
- NoSQL은 SQL을 사용하지 않고, 스키마가 고정되지 않은 비관계형 데이터 모델을 사용하는 데이터베이스 관리 시스템(DBMS)을 의미한다.
- 관계형 데이터베이스(RDBMS)와 달리 정해진 스키마(테이블 구조) 없이 데이터를 유연하게 저장할 수 있다.
- 비정형/반정형 데이터(예 JSON, 문서, 키-값 쌍, 그래프 등)를 다루는 데 강점이 있다.

2) 특징

비관계형 데이터 모델	테이블/행/열 대신 문서(Document), 키-값(Key-Value), 그래프(Graph), 컬럼(Column) 구조 등 다양한 모델 사용
스키마 유연성	• 사전에 엄격한 스키마 정의가 필요 없음 • 데이터 구조 변경이 용이
확장성	• 수평적 확장(Scale-out)에 유리 • 대규모 데이터 처리와 분산 환경에서 효율적

➕ **더 알기 TIP**

대표적인 NoSQL DBMS
- 문서형(Document) : MongoDB, Couchbase
- 컬럼형(Column-oriented) : Cassandra, HBase
- 키-값형(Key-Value) : Redis, DynamoDB
- 그래프형(Graph) : Neo4j

3) 문서 업데이트 예제(Python, MongoDB)

```
# 특정 조건(query)에 맞는 문서를 찾아서 새로운 값(new_value)으로 업데이트
query = { "address": "Highway 7" }
new_value = { "$set": { "address": "Park Lane 38" } }

# 조건을 만족하는 첫 번째 문서를 업데이트
collection.update_one(query, new_value)
```

- query : 수정할 문서를 찾는 조건
  → {"address": "Highway 7"} → 주소가 "Highway 7"인 문서를 선택
- new_value : 수정할 새로운 값
  → "$set": {"address": "Park Lane 38"} → 주소를 "Park Lane 38"로 변경
- update_one( ) : 조건에 맞는 문서 하나만 수정(여러 개라면 update_many( ) 사용 가능)

04 절차형 SQL(Procedural SQL)

1) 개념
- 절차형 SQL은 SQL 문장의 연속적인 실행, 조건 분기, 반복 제어 등을 지원하여 복잡한 로직을 데이터베이스 내부에서 수행할 수 있도록 확장된 SQL이다.
- 일반 SQL(선언적 SQL)이 단순히 데이터 검색/삽입/수정/삭제를 수행하는 데 반해, 절차형 SQL은 제어 구조와 모듈화를 지원한다.
- 조건문(IF, CASE), 반복문(LOOP, WHILE, FOR) 등 프로그래밍적 흐름 제어가 가능하다.
- 기능별로 나눠서 작성할 수 있어 재사용성과 유지보수성이 향상된다.
- 블록 단위로 작성하여 저장 프로시저, 사용자 정의 함수, 트리거와 같은 DB 객체로 생성 및 실행할 수 있다.

> **기적의 TIP**
>
> **블록 구조**
>
> | | |
> |---|---|
> | DECLARE | 프로시저나 함수에서 사용할 변수·상수 등을 선언 |
> | BEGIN | 실행 시작점 |
> | END | 실행 종료점 |

2) PL/SQL(Procedural Language/SQL)
- Oracle에서 제공하는 SQL 확장 절차적 언어로, SQL만으로 부족한 변수, 제어문, 예외 처리 등의 프로그래밍 기능을 추가한 언어이다.
- 오라클 DBMS에서 사용되는 표준 데이터 액세스 언어이며, SQL과 완벽히 통합된다.
- 블록(Block) 단위 실행 방식을 지원하여 모듈화·재사용·예외 처리가 용이하다.

> **기적의 TIP**
>
> Oracle에서 구현된 대표적인 절차형 SQL이 PL/SQL입니다. 즉, PL/SQL은 절차형 SQL의 한 종류라고 생각해주세요.

- 특징

절차적 기능 제공	조건문(IF, CASE), 반복문(LOOP, FOR, WHILE), 예외 처리(EXCEPTION) 지원
변수·상수 선언 가능	SQL에서 직접 다룰 수 없는 데이터 저장과 연산 가능
블록 구조	DECLARE ~ BEGIN ~ EXCEPTION ~ END 형태로 모듈화된 코드 작성 가능
DB 객체와의 통합	저장 프로시저, 함수, 트리거를 작성하는 데 사용됨
실행 과정	사용자 프로세스가 PL/SQL 블록을 서버에 보내면, PL/SQL Engine이 SQL 부분은 SQL 실행기(SQL Statement Executor)로, 절차적 부분은 자체적으로 처리

- 기본 구조

```
DECLARE
   변수, 상수 선언
BEGIN
   SQL문 및 절차적 명령문 작성
EXCEPTION
   오류 발생 시 실행할 처리 구문
END;
/
```

- DECLARE : 선언부(선택) - 변수, 상수, 커서 선언
- BEGIN : 실행부(필수) - SQL문, 제어문 작성
- EXCEPTION : 예외 처리부(선택) - 오류 발생 시 처리
- END; / : 종료(필수) - 블록 끝을 나타냄, / 입력 시 실행

3) 저장 프로그램 객체(Stored Program Units)

① 저장 프로시저(Stored Procedure)

- 사용자가 자주 사용하는 SQL 명령문(특히 DML)을 모아 PL/SQL 블록으로 작성해 데이터베이스에 저장해 둔 서브 프로그램이다.
- 필요할 때마다 호출하여 반복적으로 사용할 수 있다.
- 호출된 함수는 서브 프로그램을 수행한 후 결과값을 반환하지만, 프로시저는 결과값을 반환하지 않는다.
- 특징

재사용성	• CREATE PROCEDURE로 생성하면 데이터베이스에 저장되어 여러 번 호출 가능 • DECLARE 블록으로 만든 일회성 프로시저와 차별화	
성능 향상	• 미리 컴파일된 상태로 DB에 저장 • 실행 시 속도 빠름	
호환성 및 유지보수	• 복잡한 SQL 문을 모듈화 • 코드 간결화, 유지보수 용이	
매개변수 지원	• 호출 시 외부 값 전달 가능(상황에 따라 다른 결과 생성) • 매개변수(Argument) 모드	
	IN	입력값 전달(기본값, 생략 가능)
	OUT	실행 결과 반환
	INOUT	입력과 출력 모두 사용

> **기적의 TIP**
>
> PL/SQL은 Oracle에서 제공하는 절차형 SQL 언어로, 이를 이용해 저장 프로시저, 사용자 정의 함수, 트리거와 같은 프로그램 단위를 작성할 수 있습니다. 따라서 저장 프로시저, UDF, 트리거는 PL/SQL로 구현되는 대표적인 객체에 해당합니다.

> **기적의 TIP**
>
> CREATE PROCEDURE로 생성된 저장 프로시저는 DECLARE로 선언된 프로시저와는 다르게 여러 번 반복해서 호출해서 사용할 수 있습니다.

- 저장 프로시저 생성 구문

```
CREATE [OR REPLACE] PROCEDURE 프로시저_이름
(
    매개변수1 [IN | OUT | INOUT] 자료형,
    매개변수2 [IN | OUT | INOUT] 자료형
)
IS
    -- 지역 변수 선언부
BEGIN
    -- 실행부(SQL 문장, 제어문 등)
    명령문1;
    명령문2;
EXCEPTION
    -- 예외 처리부(선택)
    예외 처리 문장;
END;
/
```

- OR REPLACE : 같은 이름의 프로시저가 있으면 덮어쓰기
- IS : 블록 시작
- BEGIN ~ END : 실행부 작성
- /(슬래시) : SQL*Plus 등에서 실행 종료

② 사용자 정의 함수(UDF, User-Defined Function)
- 사용자가 직접 작성하여 데이터베이스에 저장하는 PL/SQL 프로그램 모듈이다.
- 특정 계산이나 처리를 수행하고, RETURN문을 통해 반드시 하나의 값을 반환한다.
- SQL 문장(SELECT, WHERE 등) 안에서 호출 가능하며, 저장 프로시저와 달리 항상 반환값이 존재한다는 점이 특징이다.
- 특징

반환형(RETURN 자료형) 반드시 지정	함수는 반드시 단일 값 반환
매개변수 모드	IN만 사용 가능(OUT, INOUT은 불가)
RETURN 문 필수	BEGIN ~ END 블록 안에 RETURN [값]이 반드시 존재해야 함
재사용성	자주 사용하는 계산·처리를 함수로 정의해 두면 SQL 문에서 간단히 호출 가능

- 사용자 정의 함수 생성 구문

```
CREATE [OR REPLACE] FUNCTION 함수이름
(
    매개변수1 IN 자료형,
    매개변수2 IN 자료형, ...
)
RETURN 반환형
IS  -- 또는 AS
    지역변수 선언;
BEGIN
    -- 실행부
    명령문1;
    명령문2;
    RETURN 반환값;  -- 반드시 필요
END;
/
```

> **기적의 TIP**
>
> BEGIN과 END 사이의 PL/SQL 블록 내에 있는 RETURN 명령문은 생략이 불가능합니다.

- OR REPLACE : 기존에 동일 이름 함수가 있으면 덮어쓰기
- RETURN 반환형 : 반환 데이터 타입 명시
- RETURN [값] : 함수 실행 후 반환할 결과 지정

③ 트리거(Trigger)

- 데이터베이스에서 특정 사건(이벤트, Event)이 발생할 때 자동으로 실행되는 저장 프로시저(Stored Procedure)이다.
- 오라클 PL/SQL의 경우 주로 INSERT, UPDATE, DELETE 같은 DML 명령어가 실행될 때 동작한다.
- 테이블과는 독립적으로 데이터베이스에 지장되며, 사용자가 직접 호출하지 않아도 이벤트가 발생하면 자동으로 실행된다.
- 특징

자동 실행	이벤트 발생 시 별도 호출 없이 자동 수행
종류	• DML 트리거 : INSERT, UPDATE, DELETE 실행 시 수행 • DDL 트리거 : CREATE, ALTER, DROP 실행 시 수행
실행 시점 지정	• BEFORE : 이벤트 실행 전에 수행 • AFTER : 이벤트 실행 후에 수행
트리거 단위	• 행(Row) 트리거 : 이벤트가 발생한 각 행마다 실행 • 문장(Statement) 트리거 : 문장 전체에 대해 한 번만 실행
제한사항	• 트리거 블록 안에서는 COMMIT, ROLLBACK 같은 DCL 명령문 사용 불가 • 반드시 이벤트 발생 시에만 실행됨

- 트리거 생성 구문

```
CREATE [OR REPLACE] TRIGGER 트리거_이름
    {BEFORE | AFTER}
    트리거_이벤트 [OR 트리거_이벤트] ON 테이블명
    [FOR EACH ROW]
    [WHEN (조건식)]
DECLARE
    지역변수명 자료형;
BEGIN
    명령문1;
    명령문2;
    ...
END;
/
```

- BEFORE / AFTER : 이벤트 실행 전·후 시점 지정
- 트리거_이벤트 : INSERT, UPDATE, DELETE 중 하나 이상(OR로 연결 가능)
- FOR EACH ROW : 행 트리거(옵션 생략 시 문장 트리거)
- WHEN (조건식) : 특정 조건일 때만 트리거 수행

이론을 확인하는 기출문제

01 다음 중 DML 구문과 함께 사용하는 전치사의 연결이 옳지 않은 것은?

① INSERT INTO … VALUES …
② DELETE FROM … WHERE …
③ UPDATE … SET … WHERE …
④ SELECT … HAVING … WHERE …

> HAVING은 GROUP BY 뒤에 사용된다.

02 다음 중 SELECT 문의 실행 흐름(논리적 순서)으로 옳은 것은?

① SELECT → WHERE → GROUP BY → HAVING → ORDER BY
② WHERE → GROUP BY → HAVING → SELECT → ORDER BY
③ GROUP BY → WHERE → SELECT → HAVING → ORDER BY
④ SELECT → GROUP BY → WHERE → HAVING → ORDER BY

03 다음 중 GROUP BY 없이도 오류 없이 실행될 가능성이 가장 낮은 구문은?

① SELECT COUNT(*) FROM R2;
② SELECT AVG(점수) FROM R2 WHERE 과목번호='C100';
③ SELECT 과목번호, AVG(점수) FROM R2;
④ SELECT MAX(점수) FROM R2 WHERE 점수>=80;

> GROUP BY 과목번호가 필요하며, 없으면 오류 가능성이 가장 높다.

04 BETWEEN에 대한 설명으로 가장 옳은 것은?

① 양 끝값은 포함하지 않는다.
② 숫자에는 되지만 날짜에는 쓸 수 없다.
③ A BETWEEN x AND y는 $x \leq A \leq y$와 같다.
④ OR와 함께만 사용할 수 있다.

> 오답 피하기
> • ① 양 끝값 포함
> • ② 날짜에도 사용 가능
> • ④ 단독 사용 가능

05 다음 INSERT 구문 중 문법·의미가 올바른 것은? (R2의 모든 열에 값을 넣는 경우)

① INSERT R2 VALUES(6000,'C100','컴퓨터구조','A',95);
② INSERT INTO R2 (학번,과목번호,과목이름,학점,점수) VALUES (6000,'C100','컴퓨터구조','A',95);
③ INSERT INTO R2 VALUES 학번=6000, 과목번호='C100', … ;
④ INSERT INTO R2 (학번,과목번호) VALUES (6000,'C100','컴퓨터구조');

> 오답 피하기
> • ① INSERT 뒤에는 반드시 INTO가 있어야 함
> • ③ INSERT 문법에 없는 대입식 형태
> • ④ 열 2개 지정했는데 값 3개 제공

06 다음 UPDATE 구문에 대한 설명으로 옳은 것은?

① SET 절에서 여러 열을 동시에 변경할 수 없다.
② WHERE 절을 생략하면 해당 열만 일부 행이 수정된다.
③ 산술식을 SET 값으로 사용할 수 있다.
④ UPDATE는 스키마(열 정의) 자체를 변경한다.

> 오답 피하기
> • ① 여러 열을 ,로 구분해 동시에 수정 가능
> • ② WHERE 절을 생략하면 모든 행이 수정됨
> • ④ 스키마 변경은 ALTER이고, UPDATE는 데이터 값 변경

정답 01 ④ 02 ② 03 ③ 04 ③ 05 ② 06 ③

07 HAVING과 WHERE의 쓰임 구분으로 옳은 것은?

① WHERE는 그룹화 결과에 조건, HAVING은 개별 행에 조건을 건다.
② WHERE와 HAVING은 서로 바꿔 써도 동일하게 동작한다.
③ HAVING은 보통 SUM, AVG 등 그룹 함수 조건에 쓰인다.
④ HAVING은 GROUP BY 없이만 사용한다.

> **오답 피하기**
> - ① WHERE는 그룹화 이전 개별 행에 조건, HAVING은 그룹화 이후 집계 결과에 조건
> - ② 다르게 동작
> - ④ GROUP BY와 함께 주로 사용

08 다음 서브쿼리 사용 설명 중 옳지 않은 것은?

① 서브쿼리는 괄호로 감싸는 것이 원칙이다.
② 서브쿼리 결과를 IN 연산자와 함께 사용할 수 있다.
③ 메인쿼리가 먼저 수행된 후 서브쿼리가 수행된다.
④ WHERE, HAVING, FROM 등 다양한 절에서 활용된다.

> 보통 서브쿼리가 먼저 수행되고 그 결과를 메인쿼리가 이용한다.

09 PL/SQL 저장 프로그램 객체에 대한 설명으로 옳지 않은 것은?

① 저장 프로시저는 결과값을 반드시 반환할 필요가 없다.
② 사용자 정의 함수(UDF)는 RETURN 형을 갖고 반드시 단일 값을 반환한다.
③ UDF의 매개변수 모드는 IN만 가능하다.
④ 트리거 내부에서는 COMMIT/ROLLBACK 같은 DCL을 자유롭게 사용할 수 있다.

> 트리거 내부에서는 DCL이 금지된다.

10 NoSQL에 대한 설명으로 옳은 것은?

① 고정 스키마를 전제로 하며 수직 확장에 특화된다.
② 문서, 키-값, 컬럼, 그래프 등 비관계형 모델을 사용한다.
③ 관계형 조인 성능 최적화를 주된 목적으로 한다.
④ 모든 NoSQL은 SQL 문법을 그대로 사용한다.

> **오답 피하기**
> - ① RDB
> - ③ 관계형 DB
> - ④ MongoDB, Cassandra 등 각자 쿼리 언어가 다름

SECTION 04 DCL(데이터 제어어)

빈출 태그 GRANT · REVOKE · 뷰 · 시스템 카탈로그 · 인덱스

01 DCL(Data Control Language, 데이터 제어어)

1) 개념
- 데이터베이스 내에서 사용자 권한과 보안을 제어하는 SQL 명령어 집합이다.
- 특정 사용자에게 데이터 접근 권한을 부여하거나, 이미 부여한 권한을 회수하는 데 사용된다.
- 사용자별 접근 제어를 통해 데이터 유출과 손상 등을 방지한다.
- DB의 보안 관리, 무결성 유지, 접근 제어를 담당하는 언어이다.
- 테이블, 뷰, 인덱스, 프로시저 등 다양한 DB 객체에 대해 권한을 제어할 수 있다.

> **기적의 TIP**
> 일반 사용자보다는 DBA (Database Administrator)가 보안 관리 차원에서 실행합니다.

2) 종류

① GRANT
- 데이터베이스 관리자(DBA)나 객체 소유자가 특정 사용자에게 데이터베이스 자원(테이블, 뷰, 시퀀스 등)에 대한 접근 권한을 부여하기 위한 DCL 명령어이다.
- 부여할 수 있는 권한

객체 권한	SELECT, INSERT, UPDATE, DELETE 등
시스템 권한	CREATE SESSION, CREATE TABLE 등

> **기적의 TIP**
> GRANT의 반대 명령어는 REVOKE(부여한 권한 회수)입니다.

- 기본 구조

```
GRANT 권한_리스트
ON 객체_이름
TO 사용자 [WITH GRANT OPTION];
```

- GRANT 권한_리스트 : 부여할 권한(예 SELECT, INSERT 등)
- ON 객체_이름 : 권한이 적용될 객체(예 테이블, 뷰, 시퀀스 등)
- TO 사용자 : 권한을 받을 사용자
- WITH GRANT OPTION : (선택 사항) 사용자가 부여받은 권한을 다른 사용자에게 다시 부여할 수 있는 권한까지 허용(권한의 위임 가능)

➕ **더 알기 TIP**

관리자가 사용자 'OTH'에게 〈학생〉 테이블에 대해 UPDATE 할 수 있는 권한과 그 권한을 필요시 다른 사용자에게 부여할 수 있는 권한을 부여하시오.

```
GRANT UPDATE ON 학생 TO OTH WITH GRANT OPTION;
```

② REVOKE
- 데이터베이스 관리자(DBA)나 객체 소유자가 특정 사용자에게 부여했던 권한을 회수(취소)하기 위해 사용하는 DCL 명령어이다.
- GRANT의 반대 개념으로, 보안 및 권한 관리에 활용된다.
- 기본 구조

```
REVOKE 권한_리스트
ON 객체_이름
FROM 사용자 [CASCADE];
```

- REVOKE 권한_리스트 : 회수할 권한(예 SELECT, INSERT, UPDATE 등)
- ON 객체_이름 : 권한이 적용된 객체(예 테이블, 뷰, 시퀀스 등)
- FROM 사용자 : 권한을 회수할 사용자
- CASCADE : (선택 사항) 사용자가 받은 권한을 다른 사용자에게 부여했을 경우, 해당 사용자가 부여했던 모든 권한도 함께 연쇄적으로 취소

> **기적의 TIP**
>
> 권한을 회수한 후에는 해당 사용자는 지정된 객체에 더 이상 접근할 수 없습니다.

+ 더 알기 TIP

사용자 'OTH'에 부여했던 〈학생〉 테이블에 대한 UPDATE 권한을 취소하시오.

```
REVOKE UPDATE ON 학생 FROM OTH CASCADE;
```

+ 더 알기 TIP

시스템 권한(System Privilege)

- 특정 데이터베이스 객체 생성·수정·삭제 권한을 사용자에게 부여하는 것이다.
- 예시
  - CREATE SESSION : 데이터베이스 접속 권한
  - CREATE TABLE : 테이블 생성 권한
  - CREATE SEQUENCE : 시퀀스 생성 권한
  - CREATE VIEW : 뷰 생성 권한
  - CREATE PROCEDURE : 프로시저 생성 권한

02 뷰(View)

1) 개념

- 기본 테이블에서 유도되는 가상 테이블이다.
- 실제 데이터를 저장하거나 변경하지 않고, 기본 테이블의 데이터를 다양한 형태로 가공·제공한다.
- 주로 사용자 권한 제어 및 보안, 편의성 제공을 위해 사용된다.

2) 특징

생성	CREATE VIEW 문으로 생성
조회	일반 테이블처럼 SELECT로 조회 가능
변경	ALTER VIEW는 사용할 수 없으며, 재정의하려면 DROP VIEW 후 CREATE VIEW
중첩 뷰	뷰를 기반으로 다른 뷰 생성 가능
삭제	하나의 뷰가 제거되면 해당 뷰를 기초로 정의된 다른 뷰도 함께 삭제
제약 사항	삽입, 갱신, 삭제 연산에는 제약이 따름
종속성	뷰의 기반 테이블이 제거되면 해당 뷰도 자동으로 제거됨

> **기적의 TIP**
>
> 뷰의 정의 변경 시 ALTER 문을 사용할 수 없고, DROP 문을 이용한다는 점을 꼭 기억해 두세요.

3) 장단점

장점	• 논리적 데이터 독립성 제공 : 스키마 변경에도 뷰를 통해 동일하게 접근 가능 • 보안성 : 원본 테이블 전체를 노출하지 않고 필요한 데이터만 제공 • 일관성 : 중복 데이터를 통합하거나 동일한 데이터를 일관되게 제공 • 편의성 : 복잡한 SQL 문을 단순화하여 자주 쓰이는 데이터를 쉽게 조회 가능
단점	• ALTER VIEW 불가 : 뷰 정의 변경 시 DROP 후 재생성 필요 • DML 제약 : 삽입, 갱신, 삭제 연산이 제한적(특히 다중 테이블 기반 뷰)

4) 기본 구조

```
CREATE VIEW 뷰이름 AS
SELECT 열1, 열2, ...
FROM 기본테이블
[WHERE 조건];
```

- CREATE VIEW 뷰이름 : 생성할 뷰의 이름 지정
- AS : 뷰의 정의 시작 키워드
- SELECT 열1, 열2, ... : 뷰에서 보여줄 열(필드) 지정
- FROM 기본테이블 : 뷰의 기반이 되는 테이블 지정
- [WHERE 조건] : (선택 사항) 조건을 지정하여 특정 행만 뷰에 포함

➕ 더 알기 TIP

머티리얼라이즈드 뷰(Materialized View)

- 미리 정의된 질의(Query)의 결과를 데이터베이스 내부에 물리적인 테이블 형태로 저장하는 객체이다.
- 일반 뷰(View)는 질의가 실행될 때마다 동적으로 데이터를 가져오는 반면, 머티리얼라이즈드 뷰는 데이터를 미리 계산하여 저장해 두기 때문에 접근 속도가 매우 빠르다.
- 이러한 특성 때문에 데이터웨어하우스나 복잡한 질의가 많은 시스템에서 성능 최적화를 위해 주로 사용된다.

03 시스템 카탈로그(System Catalog)

1) 개념

- 데이터 사전(Data Dictionary)이라고도 하며, 데이터베이스 관리 시스템(DBMS)이 스스로 필요로 하는 여러 객체의 정의 및 제약조건 정보를 저장한 시스템 데이터베이스이다.
- 기본 테이블, 뷰, 인덱스, 사용자 계정, 접근 권한 등의 메타데이터(Meta Data)★를 저장한다.
- 시스템 카탈로그 자체도 시스템 테이블로 구성되어 있기 때문에 SQL 문(SELECT)으로 조회할 수 있다.
- 사용자가 직접 갱신할 수는 없고, SQL을 통해 객체를 생성/변경/삭제하면 DBMS가 자동 갱신한다.

★ 메타데이터(Meta Data)
데이터에 대한 정보. 즉, 데이터베이스에 저장된 자료들의 정보를 담고 있는 데이터

기적의 TIP

시스템 카탈로그는 사용자가 직접 갱신할 수 없다는 점을 꼭 기억하세요.

2) 기능

테이블 정보 조회	테이블 이름, 속성(컬럼) 정보, 제약조건 확인 가능
뷰(View) 정보 조회	뷰 이름, 정의된 쿼리, 참조하는 원본 테이블 확인
인덱스(Index) 정보 조회	인덱스 이름, 인덱스된 컬럼, 인덱스 종류 확인
사용자 계정 정보 조회	계정 이름, 권한, 비밀번호(암호화 저장) 확인

3) 시스템 카탈로그의 특징

메타데이터 저장소	데이터 자체가 아닌 데이터에 대한 데이터 저장
자동 갱신	사용자가 DDL 실행 시 시스템이 자동 관리
SQL 조회 가능	SELECT 문으로 검색 가능
보안/관리 핵심	DB 구조 · 권한 관리 · 최적화에 활용

03 인덱스(Index)

1) 개념

- 수많은 데이터 중에서 원하는 자료를 빠르고 효율적으로 검색하기 위해 사용하는 보조 데이터 구조이다.
- 데이터베이스 성능에 직접적인 영향을 주는 DBMS의 핵심 구성 요소이며, 테이블과 클러스터에 연관되어 독립적인 저장 공간을 가진다.
- 데이터의 주소를 관리 · 기억하는 인덱스 파일(Index File)과, 실제 데이터를 저장하는 데이터 파일(Data File)로 구성된다.

2) 특징

① 동작 원리
- 검색 시 먼저 인덱스 파일에서 키값을 검색하여 해당 데이터의 주소를 찾은 후, 데이터 파일에서 해당 주소의 실제 데이터를 가져온다.
- 인덱스 파일은 기본적으로 [키값, 주소]의 쌍으로 구성된다.

> **기적의 TIP**
>
> **키값(Key Value)**
> - 인덱스를 만들 때 지정한 열(속성)의 값
> - 인덱스 검색 시 기준 값으로 사용

> **기적의 TIP**
>
> **주소(Address/Pointer)**
> - 키값이 가리키는 실제 데이터가 저장된 물리적 위치
> - 인덱스는 키값과 함께 주소를 저장하여, 데이터를 직접 찾지 않고 주소를 통해 빠르게 접근

더 알기 TIP

해시 인덱스와 B+Tree 인덱스 비교

구분	해시 인덱스	B+Tree 인덱스
특징	해시 버킷으로 키 → 버킷 매핑	정렬된 트리(B+Tree) 구조
장점	동등 비교(=)에 특화	범위 검색(<, >, BETWEEN), 정렬/순차 스캔, = 비교 모두 우수
단점	범위 탐색에 약함(버킷에 순서 개념 없음)	해시만큼 단순, = 비교에서 압도적이진 않음
정렬/ORDER BY	지원 어려움	인덱스 순서 활용해 효율적
조인 키 적합성	데이터 분포, 조인 방식에 따라 다름	동일
사용 성향	일부 DBMS에서만 제공(제약 많음)	OLTP에서 범용 기본 선택
지원 여부	DBMS별 상이(엔진·테이블 유형 제한 가능)	대부분의 DBMS에서 기본 제공

② 관련 명령어

생성	CREATE INDEX 인덱스명 ON 테이블명(열이름);
삭제	DROP INDEX 인덱스명;

④ 장단점

장점	• 검색 속도 향상 : 원하는 데이터를 빠르게 찾을 수 있어 대용량 데이터 검색에 유리 • 시스템 부하 감소 : 불필요한 전체 테이블 스캔을 줄여 I/O(디스크 접근) 횟수 감소(CPU, 메모리 자원 사용량 절감) • 정렬 및 그룹화 효율 증가 : 인덱스가 이미 정렬된 구조(B-트리 등)를 사용하므로 추가적인 정렬 연산 부담이 줄어듦 • 데이터 무결성 및 중복 방지 지원 : UNIQUE INDEX 사용 시 중복 값 삽입 방지
단점	• 추가 저장 공간 필요 : 인덱스 파일을 별도로 관리해야 하므로 테이블 외에 추가 디스크 공간 소모 • 데이터 조작(DML) 성능 저하 : INSERT, UPDATE, DELETE 시 데이터 변경뿐 아니라 인덱스도 갱신해야 함 • 과도한 인덱스 생성 시 역효과 : 인덱스가 많을수록 DML 비용 증가(최적화가 필요) • 뷰(View)와 마찬가지로 관리 비용 발생 : 주기적으로 재구성(리빌드) 작업 필요(특히 B-트리 인덱스)

> **기적의 TIP**
>
> 데이터가 자주 변경되는 테이블에서는 데이터가 변경될 때마다 인덱스도 변경해 주어야 하므로 오히려 성능이 저하되는 요인이 되기도 합니다.

3) 작성 방법

① 기본 구조

```
CREATE [UNIQUE] INDEX 인덱스명
ON 테이블명 (열1 [ASC | DESC], 열2 ... );
```

- 인덱스명 : 인덱스의 이름(관례적으로 IDX_테이블명_컬럼명)
- ASC/DESC : 정렬 기준(기본값은 ASC)

② 예제

⟨학생⟩

학번	이름	학년	수강과목	점수
2090111	김철수	1	정보통신	85
2081010	이철준	2	컴퓨터	80
2090223	박태인	1	데이터베이스	88
2072020	김길동	3	운영체제	92
2081533	이영진	2	산업공학	90
2061017	최길동	4	컴퓨터	75

- ⟨학생⟩ 테이블에서 검색을 빠르고 효율적으로 하기 위해 CREATE문을 이용해 INDEX를 만든다.

```
CREATE UNIQUE INDEX Stud_idx
ON 학생(학번 ASC);
```

- ⟨학생⟩ 테이블의 '학번' 속성값을 오름차순 정렬하여, 'Stud_idx'라는 이름의 인덱스가 생성되었다.

⟨Stud_idx⟩

학번	주소
2061017	600
2072020	400
2081010	200
2081533	500
2090111	100
2090223	300

▲ 인덱스 테이블

⟨학생⟩

주소	학번	이름	학년	수강과목	점수
100	2090111	김철수	1	정보통신	85
200	2081010	이철준	2	컴퓨터	80
300	2090223	박태인	1	데이터베이스	88
400	2072020	김길동	3	운영체제	92
500	2081533	이영진	2	산업공학	90
600	2061017	최길동	4	컴퓨터	75

▲ 데이터 테이블

- 검색 과정 예시 : 학번 2081533 학생을 찾고 싶을 때
  - 먼저 인덱스 테이블에서 2081533 → 주소 500을 찾음
  - 그 주소를 따라가서 데이터 테이블에서 500번 위치의 레코드를 가져옴

4) 클러스터드 인덱스(Clustered Index)

① 개념

- 데이터 자체를 인덱스 키값 순서대로 재정렬하여 테이블을 구성하는 방식이다.
- 데이터 자체가 정렬되어 저장되기 때문에 인덱스 순서와 실제 데이터 저장 순서가 동일하다. 즉, '데이터 테이블의 물리적 순서 = 인덱스 순서'이다.
- 데이터가 이미 정렬되어 있으므로 대용량 테이블의 범위 검색(Range Scan)에 유리하다.
- 데이터 자체를 정렬하기 때문에 한 테이블에 하나만 생성할 수 있다.

> **기적의 TIP**
>
> 그림을 보면 인덱스 테이블은 학번을 오름차순으로 정렬했는데, 거기 대응하는 주소 값은 100 → 200 → 300 … 이런 순서가 아니라 600, 400, 200 … 이런 식으로 섞여 있죠. 이유는 바로 인덱스와 실제 데이터 저장 방식이 다르기 때문이에요. 즉, 인덱스는 '정렬된 학번 + 원래 주소'를 기억하는 것일 뿐, 주소까지 정렬하는 것은 아닙니다.

> **기적의 TIP**
>
> 보통 기본키(PK, Primary Key)나 자주 검색되는 대표 컬럼에 클러스터드 인덱스를 설정합니다.

② 예제
- 〈학생〉 테이블의 '학번'을 기준으로 오름차순하여 테이블을 재구성한다.

〈학생〉

학번	이름	점수
500	이영진	90
300	박태인	88
700	김정애	63
400	김길동	92
200	이철준	80
100	김철수	85
600	최길동	75
900	김정미	58
800	강희봉	99

➡

〈학생〉

학번	이름	점수
100	김철수	85
200	이철준	80
300	박태인	88
400	김길동	92
500	이영진	90
600	최길동	75
700	김정애	63
800	강희봉	99
900	김정미	58

- 재구성한 테이블을 일정한 크기로 나눠 Page 단위로 구성하고, 각 Data Page의 첫 번째 키값(대푯값)과 page 번호로 인덱스를 만든다.

★ Data Page
데이터베이스에서 테이블의 데이터를 일정한 크기로 나눈 저장 단위이다. 각 Data Page의 첫 번째 키값을 대푯값(대표 키, Representative Key)이라고 한다.

〈data page 1〉

학번	이름	점수
100	김철수	85
200	이철준	80
300	박태인	88

〈data page 2〉

학번	이름	점수
400	김길동	92
500	이영진	90
600	최길동	75

〈data page 3〉

학번	이름	점수
700	김정애	63
800	강희봉	99
900	김정미	58

⬇

〈Index〉

page 대푯값	page 번호
100	1
400	2
700	3

- 검색 과정 예시 : 학번 900 학생을 찾고 싶을 때

〈Index〉

page 대푯값	page 번호
100	1
400	2
700	3

〈data page 1〉

학번	이름	점수
100	김철수	85
200	이철준	80
300	박태인	88

〈data page 2〉

학번	이름	점수
400	김길동	92
500	이영진	90
600	최길동	75

〈data page 3〉

학번	이름	점수
700	김정애	63
800	강희봉	99
900	김정미	58

- 먼저 인덱스 테이블에서 대푯값 확인 → 700이 대푯값인 Page 3이 900을 포함하는 범위임을 찾음
- 인덱스에서 확인한 Page 3으로 이동
- Page 3 안에서 학번 900 데이터 검색

5) 넌 클러스터드 인덱스(Non Clustered Index)

① 개념

- 테이블을 재구성하지 않고, 원래 데이터는 그대로 둔 채 별도의 인덱스 구조를 만들어 검색하는 방식이다.
- 데이터의 물리적 순서와 독립적이므로, 인덱스 순서와 데이터 순서가 다를 수 있다.
- 인덱스는 '키값 + 데이터 주소(Row Locator)' 형태로 구성된다.
- '인덱스 검색 → 해당 주소로 이동 → 데이터 조회' 순서로 데이터를 가져온다.
- 하나의 테이블에 여러 개의 넌 클러스터드 인덱스를 둘 수 있다.
- 특정 값 검색에 빨라 많은 양의 데이터 중 일부 소량을 찾을 때 유리하다.

> **기적의 TIP**
> 범위 검색이나 정렬은 클러스터드 인덱스보다 불리합니다.

② 예제

- 〈학생〉 테이블을 일정한 크기의 페이지로 나눈다.

〈학생〉

학번	이름	점수
500	이영진	90
300	박태인	88
700	김정애	63
400	김길동	92
200	이철준	80
100	김철수	85
600	최길동	75
900	김정미	58
800	강희봉	99

⬇

〈data page 1〉

학번	이름	점수
500	이영진	90
300	박태인	88
700	김정애	63

〈data page 2〉

학번	이름	점수
400	김길동	92
200	이철준	80
100	김철수	85

〈data page 3〉

학번	이름	점수
600	최길동	75
900	김정미	58
800	강희봉	99

- 키값과 데이터의 위치를 나타내는 ROW id로 구성된 인덱스 페이지를 만든다.

〈index page 01〉

키값(학번)	Row_id
100	2-3
200	2-2
300	1-2
400	2-1
500	1-1

〈index page 02〉

키값(학번)	Row_id
600	3-1
700	1-3
800	3-3
900	3-2

> **기적의 TIP**
> ROW id는 (page 그룹, data page 번호, 행 위치)로 구성됩니다. page 그룹은 파일이 여러 종류일 때 사용되며 여기에서는 생략합니다.

- 인덱스 대푯값과 인덱스 page 번호로 구성된 ROOT 인덱스를 만든다.

〈ROOT 인덱스〉

index_대푯값	index_page_번호
100	01
600	02

> **기적의 TIP**
> 넌 클러스터드 인덱스 작성 시, 실제 데이터 페이지는 정렬되지 않지만 인덱스 페이지 안의 키값들은 정렬된 상태로 유지됩니다.

- 검색 과정 예시 : 학번 900 학생을 찾고 싶을 때

〈ROOT 인덱스〉

index_대푯값	index_page_번호
100	01
600	02

〈index page 01〉

키값(학번)	Row_id
100	2-3
200	2-2
300	1-2
400	2-1
500	1-1

〈index page 02〉

키값(학번)	Row_id
600	3-1
700	1-3
800	3-3
900	3-2

〈data page 1〉

학번	이름	점수
500	이영진	90
300	박태인	88
700	김정애	63

〈data page 2〉

학번	이름	점수
400	김길동	92
200	이철준	80
100	김철수	85

〈data page 3〉

학번	이름	점수
600	최길동	75
900	김정미	58
800	강희봉	99

- 먼저 ROOT 인덱스에서 학번 900이 포함된 대푯값 확인 → 600이 대푯값인 인덱스 Page 02가 해당 범위임을 찾음
- 인덱스에서 확인한 Page 02로 이동
- Page 02 안에서 학번 900의 ROW id(3-2)를 확인
- ROW id에 따라 Data Page 3의 두 번째 행에서 학번 900 학생 정보 검색

➕ 더 알기 TIP

클러스터드 인덱스와 넌 클러스터드 인덱스 비교

구분	클러스터드 인덱스	넌 클러스터드 인덱스
데이터 순서	정렬됨 (물리적 순서 = 인덱스 순서)	정렬 안 됨 (인덱스와 별개)
개수	테이블당 1개	여러 개 생성 가능
검색 방식	인덱스 → 데이터	인덱스 → 주소 → 데이터
효율성	범위 검색, 정렬 유리	단일 값, 소량 검색 유리
갱신 비용	삽입·수정 시 비효율	상대적으로 효율적

이론을 확인하는 기출문제

01 다음 GRANT 구문 설명 중 옳은 것은?

① GRANT는 객체 소유자만 실행할 수 있고 DBA는 실행할 수 없다.
② WITH GRANT OPTION을 지정하면 권한을 받은 사용자가 그 권한을 타 사용자에게 재부여할 수 있다.
③ GRANT는 테이블에만 적용되고 뷰에는 적용되지 않는다.
④ GRANT로 부여한 권한은 자동 만료되며 REVOKE가 불필요하다.

오답 피하기
- ① DBA도 GRANT 수행 가능
- ③ GRANT는 테이블뿐 아니라 뷰, 시퀀스 등 다양한 객체에 적용됨
- ④ 권한은 자동 만료 개념이 없고, 회수 시 REVOKE 사용

02 다음 REVOKE 구문에 대한 설명으로 가장 적절한 것은?

① CASCADE를 지정하면 회수 대상 사용자가 다른 사용자에게 부여한 동일 권한도 연쇄 취소된다.
② REVOKE는 시스템 권한에는 사용할 수 없다.
③ REVOKE에는 객체 이름을 기술할 수 없다.
④ REVOKE는 GRANT OPTION으로 부여된 권한만 회수할 수 있다.

오답 피하기
- ② 시스템 권한 회수에도 사용
- ③ 객체 명시 필요
- ④ 부여된 권한은 REVOKE로 회수 가능

03 다음 중 시스템 권한의 예로 옳지 않은 것은?

① CREATE SESSION
② CREATE TABLE
③ SELECT ON 학생
④ CREATE VIEW

특정 객체(테이블)에 대한 권한은 객체 권한이다.

04 뷰(View)에 대한 설명으로 옳지 않은 것은?

① CREATE VIEW로 생성한다.
② 정의 변경 시 ALTER VIEW로 수정한다.
③ 기본 테이블이 삭제되면 해당 뷰도 자동으로 제거된다.
④ 하나의 뷰를 삭제하면 그 뷰를 기초로 한 다른 뷰도 함께 삭제될 수 있다.

뷰 정의의 변경은 DROP VIEW 후 CREATE VIEW로 재생성해야 한다.

05 다음 중 뷰의 일반적 특징으로 가장 적절한 것은?

① 실제 데이터를 저장하며 DML 제약이 없다.
② 가상 테이블로서 SELECT는 가능하나, 삽입/갱신/삭제에는 제약이 따른다.
③ 항상 단일 테이블만 기반으로 생성된다.
④ 기본 테이블 구조 변경과 동기화되지 않는다.

오답 피하기
- ① 데이터를 저장하지 않음
- ③ 단일/다중 테이블 모두 가능(중첩 뷰 포함)
- ④ 기반 테이블에 의존하며 변경 시 영향을 받음

06 시스템 카탈로그(System Catalog)에 대한 설명으로 옳지 않은 것은?

① DB 객체의 정의·제약조건 등 메타데이터를 저장한다.
② 사용자가 DDL을 실행하면 DBMS가 자동 갱신한다.
③ 사용자가 직접 UPDATE문으로 내용을 수정할 수 있다.
④ SELECT 문으로 조회할 수 있다.

사용자가 직접 갱신(UPDATE) 불가하며, DBMS가 DDL 실행 결과로 자동 관리한다.

정답 01 ② 02 ① 03 ③ 04 ② 05 ② 06 ③

07 다음 인덱스 설명 중 옳지 않은 것은?
① 인덱스 항목은 일반적으로 [키값, 주소] 형태를 가진다.
② 인덱스의 주목적은 검색 성능 향상이다.
③ 인덱스가 많을수록 DML(INSERT/UPDATE/DELETE) 성능이 항상 좋아진다.
④ B-트리 기반 인덱스는 범위 검색에 유리하다.

> 인덱스가 너무 많아지면 DML 시 인덱스 갱신에 부담이 되므로 성능이 저하될 수 있다.

08 다음 CREATE INDEX 구문으로 옳은 것은?
① CREATE INDEX ON 학생(학번);
② CREATE UNIQUE INDEX Stud_idx ON 학생(학번 ASC);
③ CREATE INDEX Stud_idx 학생 학번;
④ CREATE INDEX Stud_idx ON 학생 VALUES(학번);

09 클러스터드 인덱스(Clustered Index)에 대한 설명으로 옳은 것은?
① 테이블당 여러 개 생성 가능하다.
② 데이터 물리적 순서가 인덱스 순서와 동일하다.
③ 범위 검색에 불리하고 단일 값 탐색에만 유리하다.
④ 데이터 테이블 재구성이 없으므로 갱신 비용이 매우 낮다.

> 오답 피하기
> • ① 1개만 가능
> • ③ 범위 검색에 특히 유리
> • ④ 물리적 순서를 유지해야 하므로 오히려 높음

10 넌 클러스터드 인덱스(Non-Clustered Index)에 대한 설명으로 옳지 않은 것은?
① 데이터 물리적 순서와 인덱스 순서가 다를 수 있다.
② 인덱스는 '키값 + 데이터 주소(ROW locator)'를 저장한다.
③ 한 테이블에 여러 개 생성할 수 있다.
④ 인덱스 순서에 맞춰 테이블 자체가 재정렬된다.

> 넌 클러스터드는 테이블을 재정렬하지 않고 별도의 구조에 키값+주소를 저장한다.

SECTION 05 TCL(트랜잭션 제어어)

출제빈도 상 중 하
반복학습 1 2 3

빈출태그 COMMIT · ROLLBACK · SAVEPOINT

01 트랜잭션(Transaction)

- 데이터베이스에서 수행되는 작업의 논리적 단위이다.
- 여러 SQL 문장을 하나로 묶어 '전부 성공(Commit)' 또는 '전부 실패(Rollback)' 하는 것이 원칙이다.
- ACID 특징

Atomicity(원자성)	• 전부 수행되거나 전부 취소
Consistency(일관성)	• 트랜잭션 완료 후 DB는 일관된 상태 유지
Isolation(격리성)	• 동시에 실행되는 트랜잭션 간 상호 간섭 차단
Durability(영속성)	• Commit된 결과는 영구 반영

> **기적의 TIP**
> 트랜잭션에 대해서는 뒤에서 더 자세하게 살펴볼 예정입니다. 여기에서는 개념 정도만 알아두고 TCL에 집중해 주세요.

02 TCL(Transaction Control Language, 트랜잭션 제어어)

1) 개념

- 데이터베이스에서 트랜잭션(Transaction)을 제어하기 위한 명령어 집합이다.
- 트랜잭션은 데이터베이스에서 수행되는 작업의 논리적 단위로, 여러 SQL 문장을 하나의 작업으로 묶어 처리한다. TCL은 이 트랜잭션의 시작, 저장, 취소, 완료를 관리하여 데이터의 일관성과 무결성을 보장한다.

2) 종류

① COMMIT
- 현재 트랜잭션에서 수행된 모든 변경 사항을 데이터베이스에 영구적으로 반영한다.
- COMMIT을 실행하면 이전 SAVEPOINT 지점도 모두 사라진다.
- 한 번 COMMIT된 데이터는 ROLLBACK으로 취소할 수 없다.
- 기본 구조

```
COMMIT;
```

② ROLLBACK
- 현재 트랜잭션에서 수행된 변경 사항을 취소하고 트랜잭션 시작 시점 또는 SAVEPOINT 시점으로 되돌린다.
- 데이터는 COMMIT 이전 상태로 복구된다.

> **기적의 TIP**
> 실제 기출문제에서 COMMIT과 ROLLBACK을 DCL의 종류로 출제하는 경우가 있습니다. 이러한 경우에는 문제를 잘 보고 가장 정답인 내용을 골라야 합니다.

> **기적의 TIP**
> 트리거 내부에서는 COMMIT, ROLLBACK이 금지됩니다. 트리거는 이벤트를 기반으로 자동 실행되므로, 트리거 내부에서 트랜잭션을 강제로 종료시키면 데이터 일관성이 깨질 수 있습니다.

> **기적의 TIP**
>
> **ROLLBACK의 범위**
> • 전체 트랜잭션 취소 : ROLLBACK;
> • 특정 지점까지만 취소 : ROLLBACK TO SAVE-POINT;

- 기본 구조

```
-- 전체 트랜잭션 취소
ROLLBACK;

-- 특정 SAVEPOINT 이후 취소
ROLLBACK TO 저장점이름;
```

③ SAVEPOINT
- 트랜잭션 내에서 중간 지점(저장점)을 설정한다.
- 이후 필요시 ROLLBACK TO를 이용해 특정 SAVEPOINT까지만 취소할 수 있다.
- 부분 복구를 가능하게 하는 TCL 명령어이다.
- 기본 구조

```
SAVEPOINT 저장점이름;
ROLLBACK TO 저장점이름;
```

> **기적의 TIP**
>
> SAVEPOINT 설정 전으로는 되돌릴 수 없습니다.

+ 더 알기 TIP

SET TRANSACTION
- 트랜잭션의 성격을 지정하는 명령어이다.
- 예시

```
SET TRANSACTION READ ONLY;    -- 읽기 전용 트랜잭션
SET TRANSACTION ISOLATION LEVEL SERIALIZABLE;    -- 가장 높은 격리 수준
```

이론을 확인하는 기출문제

01 COMMIT과 ROLLBACK에 대한 설명으로 옳지 않은 것은?

① COMMIT을 실행하면 이전의 SAVEPOINT들은 모두 사라진다.
② 한 번 COMMIT된 변경은 ROLLBACK으로 되돌릴 수 없다.
③ ROLLBACK은 트랜잭션 시작 시점이나 SAVEPOINT 지점으로 되돌릴 수 있다.
④ COMMIT 후에도 동일 트랜잭션 범위에서 ROLLBACK으로 되돌릴 수 있다.

COMMIT은 트랜잭션을 완료시키며, '한 번 COMMIT된 데이터는 ROLLBACK으로 취소할 수 없다'가 원칙이다.

02 다음 중 ACID 특성의 연결이 잘못된 것은?

① Atomicity – 전부 수행되거나 전부 취소
② Consistency – 완료 후 DB는 일관된 상태 유지
③ Isolation – 동시에 실행되는 트랜잭션 간 상호 간섭을 허용하여 처리량 향상
④ Durability – COMMIT된 결과는 영구 반영

Isolation은 상호 간섭을 차단하는 성질이다.

정답 01 ④ 02 ③

CHAPTER

05

병행 제어와 보안

학습 방향

트랜잭션 관리와 병행 제어, 보안·권한 설정, 분산 DB 관리까지 학습합니다. 시험에서 ACID 성질은 필수 암기입니다. 트랜잭션 상태도는 그림으로 학습하세요. 병행 제어(2PL, 타임스탬프)는 알고리즘 흐름을 순서도로 외우세요. 분산 DB 특성은 키워드 중심 암기가 필요합니다.

출제 빈도

SECTION 01	상	25%
SECTION 02	상	25%
SECTION 03	중	25%
SECTION 04	중	25%

SECTION 01 트랜잭션

빈출 태그 트랜잭션 • ACID • Undo/Redo • 즉각/지연 갱신법

01 트랜잭션(Transaction)

1) 개념
- 데이터베이스에서 하나의 논리적 작업 단위(Unit of Work)를 의미한다.
- 내부에 여러 SQL(읽기/쓰기)이 있더라도 성공이면 전부 반영, 실패이면 전부 폐기가 원칙이다.
- 실제 업무(◎ 계좌이체, 주문처리, 재고차감 등)를 일관되게 끝까지 수행하게 하고, 중간 실패나 동시 접근에도 데이터 무결성을 지키는 것이 목적이다.

2) 대표적인 연산 방법

COMMIT	• 트랜잭션이 성공적으로 종료된 후 수정된 내용을 지속적으로 유지하기 위한 연산 • ◎ 적립카드에 20점의 점수를 적립하는 트랜잭션을 수행해서 정상적으로 종료되는 경우	
	트랜잭션	절차
	read(card)	카드 인식
	A = A + 20	포인트 입력
	recognition	승인
	write(A)	포인트 적립
	COMMIT	정상 종료
ROLLBACK	• 트랜잭션이 비정상적으로 수행되었거나 오류가 발생했을 때 수행 작업을 취소하고 이전 상태로 되돌리기 위한 연산 • ◎ 적립카드에 20점의 점수를 적립하는 트랜잭션을 수행하는 도중 오류가 발생하는 경우	
	트랜잭션	절차
	read(card)	카드 인식 ◀
	A = A + 20	포인트 입력
	오류	작업 취소
	ROLLBACK	

02 ACID 특징

1) 원자성(Atomicity)
- 트랜잭션은 전부 수행(All)되거나 전혀 수행되지 않아야 한다.
- 중간에 하나의 오류가 발생하더라도 취소되어야 한다.
- COMMIT(적용)이나 ROLLBACK(취소) 연산으로 보장할 수 있다.
- 예 계좌이체(출금 + 입금)

```
BEGIN TRANSACTION;
UPDATE accounts SET balance = balance − 1000 WHERE id = 123;  -- 출금
UPDATE accounts SET balance = balance + 1000 WHERE id = 456;  -- 입금
COMMIT;
```

  − 두 개의 계정 간에 1,000원을 이체하는 트랜잭션이다.
  − BEGIN TRANSACTION으로 시작하여 COMMIT으로 끝난다.
  − 중간에 어떠한 오류도 발생하지 않으면 COMMIT이 실행되어 트랜잭션이 완료된다.
  − 만약 중간에 오류가 발생하면 ROLLBACK으로 모든 작업이 취소된다.

> **기적의 TIP**
> 원자성 = All or Nothing

> **기적의 TIP**
> 중간에 오류가 발생하면 ROLLBACK으로 원상 복구합니다.

2) 일관성(Consistency)
- 트랜잭션 전후로 데이터베이스의 무결성과 제약조건이 유지되어야 한다.
- 실행 결과가 DB 규칙(도메인, 제약조건, 비즈니스 규칙)에 어긋나면 안 된다.
- 트랜잭션의 무결성을 보장하는 중요한 특성 중 하나이다.
- 예 A 계좌 → B 계좌 100원 이체
  − A는 100원 감소, B는 100원 증가 → 전체 합계 변함없음 → 일관성 유지
  − 한쪽만 반영되면 불일치 → 일관성 위반

3) 격리성(Isolation, 고립성)
- 동시에 여러 트랜잭션이 수행되더라도 서로 간섭 없이 독립적으로 실행되어야 한다.
- 예 사용자 A와 B가 동시에 적립카드에 포인트 적립 → 각자 트랜잭션은 정확히 분리되어야 함
- 격리성 위반 시 문제(이상 현상)

Dirty Read	아직 COMMIT 안 된 데이터를 읽음
Non-repeatable Read	같은 쿼리인데 결과가 달라짐
Phantom Read	같은 조건인데 조회 행의 집합이 달라짐

- 격리 수준(Isolation Level)

Serializable	• 가장 높은 수준 • 모든 트랜잭션이 순차적으로 실행된 것과 동일한 결과 보장 • 정확성↑, 성능↓ (동시성 크게 떨어짐) • Dirty, Non-repeatable, Phantom Read 모두 방지

Repeatable Read	• 같은 조건의 SELECT는 항상 같은 결과(값) 보장 • 허용되는 문제 : Phantom Read
Read Committed	• 대부분의 상용 DBMS 기본값 • 다른 트랜잭션이 Commit한 데이터만 읽음 • 허용되는 문제 : Non-repeatable Read, Phantom Read
Read Uncommitted	• 가장 낮은 수준(사실상 격리 거의 없음) • 성능↑, 데이터 일관성↓ • 허용되는 문제 : Dirty Read, Non-repeatable Read, Phantom Read

➕ 더 알기 TIP

READ COMMITTED(커밋된 읽기)
- 트랜잭션이 커밋된 데이터만 읽을 수 있도록 허용하는 격리 수준이다.
- 즉, 다른 트랜잭션이 아직 커밋하지 않은 변경 내용(임시 데이터)은 읽을 수 없다.
- Dirty Read는 방지하지만, Non-Repeatable Read와 Phantom Read는 발생할 수 있다.
- READ COMMITTED의 이상 현상

Dirty Read(더러운 읽기)	다른 트랜잭션이 아직 커밋하지 않은 데이터를 읽는 현상
Non-Repeatable Read (반복 불가능한 읽기)	같은 데이터를 두 번 읽었을 때, 그 사이에 다른 트랜잭션이 값을 변경하여 결과가 달라지는 현상
Phantom Read(팬텀 읽기)	조건에 맞는 행을 다시 조회할 때, 다른 트랜잭션이 행을 추가/삭제하여 결과 행 수가 달라지는 현상

4) 영속성(Durability, 지속성)
- COMMIT된 결과는 시스템 장애가 발생하더라도 영구히 보존되어야 한다.
- 로그 기록, 체크포인트 등을 통해 보장할 수 있다.
- 예 포인트 적립이 완료되면 시스템 장애가 발생해도 적립 결과는 반드시 유지됨

➕ 더 알기 TIP

예제로 알아보는 ACID 특징

원자성(Atomicity)	이체 작업은 출금과 입금 두 개의 작업으로 구성되는데, 만약 이체 작업 중 A 계좌의 출금은 성공했지만 B 계좌의 입금은 실패하면, A 계좌의 출금 작업도 취소되어야 한다.
일관성(Consistency)	은행에서 A 계좌에서 B 계좌로 100원을 이체하는 트랜잭션을 수행한다고 가정할 때, 이 트랜잭션이 성공적으로 완료되면 A 계좌의 잔액은 100원 감소하고, B 계좌의 잔액은 100원 증가해야 한다. 만약 A 계좌의 잔액이 감소하지 않거나 B 계좌의 잔액이 증가하지 않는다면, 트랜잭션은 일관성 있는 상태를 유지하지 못했다고 할 수 있다.
격리성(Isolation, 고립성)	동일한 은행을 이용하는 사용자 A와 사용자 B가 동시에 계좌에 입금하더라도, 사용자 A에게 입금하는 처리 과정과 B에게 입금하는 처리 과정은 서로 구별되어 각각 정확하게 처리되어야 한다.
영속성(Durability, 지속성)	사용자가 계좌에 1,000,000원까지 저축했다면, 그 결과는 이후 입금이 이루어지기 전까지 계속 유지되어야 한다.

03 트랜잭션 상태(Transaction States)

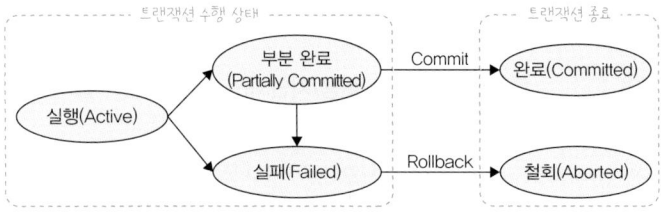

실행(Active, 활성, 활동)	트랜잭션 실행 중
부분 완료(Partially Committed)	모든 연산이 끝났으나 아직 DB에 영구 반영(Commit)은 되지 않은 상태
완료(Committed)	Commit 연산 수행 → DB에 변경사항 영구 저장
실패(Failed)	실행 도중 오류 발생 → 더 이상 정상 진행 불가
철회(Aborted)	실패 후 Rollback 수행 → 원래 상태로 복구

> 🅿 **기적의 TIP**
>
> '부분 완료' 단계는 문서 작성은 다 끝났지만 '저장 버튼을 아직 안 누른 상태'라고 이해하면 쉽습니다.

➕ 더 알기 TIP

트랜잭션은 실행 도중 '실행(Active) → 부분 완료(Partially Committed)'로 진행되며, 정상 종료 시 완료(Committed) 상태로 전환된다. 만약 오류가 발생하면 실패(Failed)로 전환되고, Rollback을 거쳐 철회(Aborted) 상태가 된다.

04 회복 연산(Recovery Operation)

- 트랜잭션을 수행하는 도중 장애로 인해 손상된 데이터베이스를 손상되기 이전의 정상적인 상태로 복구시키는 작업이다.
- 장애가 발생했을 때 데이터베이스를 일관성 있는 상태로 되돌리는 수단이다.
- 방법

Redo(재실행)	• 이미 Commit된 트랜잭션의 변경사항을 다시 반영 • 예 저장을 완료했는데 디스크에 일부 기록이 빠졌다. → 다시 써넣기
Undo(취소)	• Commit되지 못한 트랜잭션의 변경사항을 취소 • 예 실패한 연산의 변경 흔적이 DB에 남았다. → 되돌리기

05 즉각 갱신법(Immediate Update)

- 트랜잭션이 완료되기 전이라도 곧바로 DB에 반영하는 방식이다.
- '데이터베이스에 변경을 언제 반영할 것인가?'에 대한 갱신 정책이다.
- 중간에 실패하면 DB가 손상될 수도 있으므로, Redo와 Undo가 모두 필요하다.

➕ 더 알기 TIP

지연 갱신법(Deferred Update)

Commit이 되기 전까지 DB에는 반영하지 않고 Log에만 기록해 두었다가, Commit 시에만 반영하기 때문에 Undo는 필요 없고 Redo만 사용한다.

이론을 확인하는 기출문제

01 다음 중 트랜잭션의 원자성(Atomicity)에 대한 설명으로 가장 옳은 것은?

① 트랜잭션은 일부만 성공해도 나머지는 자동 보정하여 완료된다.
② 트랜잭션의 성공/실패 여부와 무관하게 항상 COMMIT된다.
③ 트랜잭션은 전부 수행되거나 전혀 수행되지 않으며, COMMIT/ROLLBACK으로 보장된다.
④ 트랜잭션이 실패해도 COMMIT으로 보장된다.

원자성은 "All or Nothing"으로, 하나라도 오류가 나면 전체가 취소된다.

02 다음 작업을 순서대로 수행했다면 최종 영구 반영 내용으로 옳은 것은?

A	UPDATE T SET P=P+10 WHERE id=1
B	SAVEPOINT S1
C	UPDATE T SET P=P+5 WHERE id=2
D	SAVEPOINT S2
E	DELETE FROM T WHERE id=3
F	ROLLBACK TO S2
G	ROLLBACK TO S1
H	COMMIT

① A만 반영된다.
② A, C만 반영된다.
③ A, C, E가 반영된다.
④ 아무것도 반영되지 않는다.

- ROLLBACK TO S2 → S2 이후의 작업(E)만 취소 → A, C는 유지
- 이어서 ROLLBACK TO S1 → S1 이후의 작업들(C 포함)을 취소 → 남는 건 A만
- 마지막 COMMIT → 남아 있는 변경(A)만 영구 반영

03 격리 수준과 허용/차단되는 현상 연결이 옳지 <u>않은</u> 것은?

① Read Uncommitted – Dirty/Non-repeatable/Phantom Read 허용
② Read Committed – Dirty Read 차단, Non-repeatable/Phantom 허용
③ Repeatable Read – 동일 조건 SELECT 결과(값) 일관, Phantom 허용
④ Serializable – Dirty만 차단, 나머지는 허용

Serializable은 가장 높은 수준으로 Dirty/Non-repeatable/Phantom 모두 방지한다.

04 다음 상황에서 관찰되는 이상 현상은 무엇인가?

트랜잭션 T1이 SELECT 잔액 FROM 계좌 WHERE id=10을 수행(결과 100) 후, 다른 트랜잭션 T2가 동일 행을 UPDATE하고 COMMIT했다. T1이 동일 SELECT를 다시 수행했더니 결과가 130으로 바뀌어 있었다. 격리 수준은 Read Committed이다.

① Dirty Read
② Non-repeatable Read
③ Phantom Read
④ 이상 현상 아님

Non-repeatable Read(비반복 가능 읽기)는 같은 트랜잭션 안에서 같은 행을 두 번 조회했을 때 결과가 달라지는 현상이다.

정답 01 ③ 02 ① 03 ④ 04 ②

05 트랜잭션 상태 전이로 옳은 것은?

① 모든 연산이 끝났고 아직 COMMIT 전이면 부분 완료(Partially Committed) 상태다.
② 오류가 발생하면 즉시 완료(Committed) 상태가 된다.
③ ROLLBACK 수행 후 상태는 실패(Failed)이다.
④ 실행 시작 직후 상태는 완료(Committed)이다.

오답 피하기
- ② 오류 시 → 실패(Failed)
- ③ ROLLBACK까지 끝나면 철회(Aborted) 상태
- ④ 처음 시작은 활동(Active) 상태

06 회복 연산에 대한 설명으로 옳은 것은?

① Redo는 커밋되지 않은 변경을 되돌리는 연산이다.
② Undo는 커밋된 변경을 반복 적용하는 연산이다.
③ Redo는 이미 Commit된 트랜잭션의 변경을 다시 반영하는 연산이다.
④ Undo는 커밋된 변경을 삭제하는 연산이다.

- Redo : 이미 Commit된 트랜잭션의 변경사항을 다시 반영
- Undo : Commit되지 못한 변경사항을 취소

07 즉각 갱신법(Immediate Update)과 지연 갱신법(Deferred Update)의 필요 회복 연산 조합으로 옳은 것은?

① 즉각 갱신 : Redo만
  지연 갱신 : Undo만
② 즉각 갱신 : Redo+Undo
  지연 갱신 : Redo만
③ 즉각 갱신 : Undo만
  지연 갱신 : Redo+Undo
④ 즉각 갱신 : 없음
  지연 갱신 : Undo만

- 즉각 갱신은 Commit 전에도 DB 반영 가능 → 중간 실패 흔적을 되돌리는 Undo, 일부 미기록을 다시 쓰는 Redo 모두 필요
- 지연 갱신은 Commit 시에만 반영 → Undo 불필요, Redo만 필요

08 다음 중 COMMIT에 대한 설명으로 옳지 <u>않은</u> 것은?

① COMMIT 후에는 SAVEPOINT들이 제거된다.
② COMMIT된 결과는 장애가 발생해도 영구 보존되어야 한다.
③ COMMIT된 변경은 ROLLBACK으로 되돌릴 수 있다.
④ COMMIT은 트랜잭션을 성공적으로 종료한다.

한 번 COMMIT된 데이터는 ROLLBACK으로 취소할 수 없다.

SECTION 02 트랜잭션 관리

출제빈도 상 중 하
반복학습 1 2 3

빈출 태그 로킹 • 타임스탬프 • 즉시/지연 갱신 • 체크포인트 • 그림자 페이징 • Redo/Undo

> **기적의 TIP**
> 트랜잭션 관리란, 여러 사용자의 동시 접근과 시스템 장애 상황에서도 데이터베이스가 ACID 특성을 지켜 무결성과 신뢰성을 유지하도록 하는 관리 체계입니다.

01 병행 제어(Concurrency Control)

1) 정의
- 여러 사용자가 동시에 데이터베이스를 공유할 때, 트랜잭션들이 서로 간섭하지 않고 일관성(Consistency)과 격리성(Isolation)을 유지하도록 제어하는 기법이다.
- 동시 실행 중에도 결과가 직렬 실행(Serial Schedule)과 동일하도록 보장하는 것이다.

2) 목적
- 데이터베이스 공유 최대화 → 여러 사용자가 동시에 접근 가능
- 일관성 보장 → 무결성 깨짐 방지
- 시스템 활용도 최대화 → CPU · 디스크 등 자원 효율적 사용
- 응답 시간 최소화 → 사용자 대기 시간 단축

> **기적의 TIP**
> 병행 제어의 종류에 대해서는 뒤에서 더 자세하게 공부할 수 있습니다.

3) 종류

로킹(Locking)	• 가장 기본적이고 전통적인 방법 • S-Lock(공유 잠금), X-Lock(배타적 잠금) 사용
타임스탬프(Timestamp)	• 트랜잭션마다 고유한 시간표(Timestamp)를 부여 • 시간 순서에 따라 직렬성 유지
최적 병행 수행(OCC)	• 충돌이 자주 발생하지 않는 환경에서 효율적 • 트랜잭션 실행 중에는 제약 없이 진행
다중 버전 기법(MVCC)	• 데이터를 여러 버전으로 관리 • 읽기 작업은 잠금 없이 수행 가능

4) 병행 수행 시 발생할 수 있는 문제점

갱신 분실(Lost Update)	같은 데이터를 동시에 갱신하다가 한쪽의 갱신 결과가 덮어써져 사라지는 현상
비완료 의존성(Uncommitted Dependency, Dirty Read)	한 트랜잭션이 아직 Commit하지 않은 변경 내용을 다른 트랜잭션이 읽는 경우 만약 그 트랜잭션이 Rollback되면, 읽은 쪽은 잘못된 데이터를 사용하게 됨
모순성(Inconsistency)	한 트랜잭션이 여러 데이터 항목을 갱신 중일 때, 다른 트랜잭션이 그 중 일부만 반영된 상태를 읽어서 불일치가 생기는 것
연쇄 복귀(Cascading Rollback)	하나의 트랜잭션 실패로 Rollback이 발생했을 때, 그 데이터를 참조한 다른 트랜잭션들까지 연쇄적으로 Rollback되는 현상

02 병행 제어의 종류

1) 로킹(Locking)

① 개념
- 여러 트랜잭션이 동시에 같은 데이터를 함부로 읽거나 쓰지 못하도록 '잠금'을 걸어 제어하는 방법이다.
- 한 트랜잭션이 LOCK을 걸면 다른 트랜잭션은 접근이 불가능하고, 작업이 끝나면 UNLOCK으로 해제한다.

> **기적의 TIP**
> 로킹은 운영체제의 임계 구역(Critical Section)과 유사한 개념입니다.

② 로킹 단위(Locking Granularity)
- 로킹의 대상이 되는 객체(파일, 테이블, 필드, 레코드)의 크기를 의미한다.
- 단위 크기에 따른 특징

크게 잠금	• 한꺼번에 넓은 범위를 잠금 • 관리 단순, 병행성 ↓, 사용자 동시 접근 ↓, Lock 수 ↓, 오버헤드 ↓
작게 잠금	• 세밀하게 나눠 잠금 • 관리 복잡, 병행성 ↑, 사용자 동시 접근 ↑, Lock 수 ↑, 오버헤드 ↑

③ 잠금의 상태(Lock Modes)

공유 잠금(S-Lock)	• 읽기만 허용, 쓰기는 불가 • 여러 트랜잭션이 동시에 공유 잠금 가능
배타적 잠금(X-Lock)	• 읽기/쓰기 모두 차단 • 다른 트랜잭션이 접근 불가 • 한 번에 한 트랜잭션만 배타적 잠금 가능

④ 2단계 로킹(2PL, Two-Phase Locking)
- 직렬성(Serializability)을 보장*하는 표준 방법이다.
- 트랜잭션이 Lock 요청과 해제 요청을 두 단계로 수행한다.
- 단계

확장 단계(Growing Phase)	• 트랜잭션이 데이터를 읽거나 쓰기 시작하면서 필요한 모든 잠금을 획득하는 단계 • 다른 트랜잭션의 접근을 막음 • LOCK은 가능하고, UNLOCK은 불가능
축소 단계(Shrinking Phase)	• 트랜잭션이 모든 작업을 끝내고 Commit 또는 Rollback 시점에 잠금을 해제하는 단계 • Commit 또는 Rollback 전까지는 모든 잠금을 유지해야 함 • LOCK은 불가능하고, UNLOCK은 가능

> **기적의 TIP**
> 2단계 로킹은 직렬성은 보장하지만, 교착상태(Deadlock)는 방지하지 못하므로 별도의 대책이 필요합니다.

> ★ 직렬성 보장(Serializable Schedule)
> 병행 실행의 결과가 직렬 실행과 동일한 효과를 보장하는 것이다. 처음에는 잠금만 늘려가다가(Growing) 끝날 때 해제만 줄여가는(Shrinking) 방식으로 직렬성을 보장한다.

> **+ 더 알기 TIP**
>
> **MVCC(Multi-Version Concurrency Control)**
> - 트랜잭션 시작 시점의 스냅샷을 통해 일관된 읽기를 제공한다.
> - 최신 버전을 보장하진 않으며 동시성 향상을 위해 버전 체인을 활용한다.
> - 쓰기 트랜잭션과 동일한 버전을 강제하지 않는다(독립적 스냅샷).
> - 락 감소로 읽기-쓰기 충돌은 줄지만, 갭락/넥스트키락 등으로 충돌은 여전히 가능하다.
> - 일부 모드에선 스냅샷 기준이 스테이트먼트 시작 시점일 수도 있다.
> - DBMS별 구현 차이를 이해하는 게 중요하다.

2) 타임스탬프 기법 (Timestamp Ordering, TO)

① 개념
- 각 트랜잭션은 DBMS로부터 고유한 타임스탬프를 부여받는다.
- 타임스탬프를 기준으로 트랜잭션 간 실행 순서를 미리 정해 직렬성을 보장하는 동시성 제어 기법이다.

② 동작 원리
- 트랜잭션의 연산(읽기/쓰기)은 타임스탬프 순서에 맞게 실행되어야 한다.
- 만약 순서를 위반하는 연산이 발생하면 그 트랜잭션은 Rollback(재시작)된다.

③ 장단점

장점	Lock을 걸지 않으므로 Deadlock(교착상태) 발생 없음
단점	오래된 트랜잭션이 반복적으로 Rollback될 수 있음(Starvation* 문제)

> **기적의 TIP**
> 타임스탬프란, 일종의 시간표 또는 번호라고 생각하면 됩니다.

★ Starvation(기아 현상)
여러 트랜잭션이 동시에 실행될 때, 특정 트랜잭션이 계속해서 실행 기회를 얻지 못하고 무한정 기다리는 상태

3) 최적 병행 수행(OCC, Optimistic Concurrency Control, 낙관적 병행 제어)

① 개념
- 트랜잭션이 실행되는 동안에는 별도의 잠금(Lock)을 걸지 않고 자유롭게 수행한다.
- Commit 직전 단계(검증 단계)에서만 충돌 여부를 검사한다.
- 충돌이 발견되면 Rollback 후 재시도한다.

② 특징
- 데이터 충돌이 드문 환경(읽기 위주, 갱신 적음)에 효과적이다.
- 갱신이 잦은 환경에서는 충돌이 자주 발생해 성능이 저하될 수 있다.
- 트랜잭션이 읽은 데이터 버전과 현재 데이터 버전을 비교하여 충돌을 감지한다.

> **기적의 TIP**
> OCC는 낙관적으로 충돌이 적을 것이라 가정한 후 트랜잭션 종료 시점에만 충돌 검사를 진행합니다.

③ 장단점

장점	• Lock을 걸지 않으므로 Deadlock(교착상태) 발생 없음 • 읽기 위주 환경에서 성능 · 확장성 ↑
단점	• 충돌 발생 시 Rollback 비용 ↑ • 갱신이 많은 환경에서는 오히려 성능 ↓

4) 다중 버전 기법(MVCC, Multi-Version Concurrency Control)

① 개념
- 트랜잭션마다 자신의 시작 시점에 유효한 데이터 버전을 할당받아 사용한다.
- 데이터를 갱신할 때에는 기존 값을 덮어쓰지 않고 새로운 버전을 생성한다.
- 여러 버전을 동시에 유지하여 읽기와 쓰기 작업을 분리하므로 병행성이 향상된다.

② 동작 원리
- 트랜잭션 시작 시점의 데이터 버전을 선택 → 읽기(Read) 작업 수행
- 다른 트랜잭션이 데이터를 변경하면 → 새로운 버전 생성
- 기존 버전은 유지 → 다른 트랜잭션은 자신에게 할당된 버전을 계속 사용 가능

③ 장단점

장점	• 읽기 작업은 Lock 없이 가능 → 동시성 ↑ • 읽기 전용 트랜잭션의 성능이 매우 뛰어남 • 일관성 유지(각 트랜잭션은 '자기만의 스냅샷'을 봄)
단점	• 버전이 계속 늘어나면 저장 공간 부담 ↑ • 불필요한 오래된 버전 정리(가비지 컬렉션)가 필요

03 회복(Recovery)

1) 회복의 개념

- 데이터베이스에서 장애나 오류로 인해 손실되거나 손상된 데이터를 이전의 정상 상태로 복구하는 과정이다.
- DB는 하드웨어 오류, 소프트웨어 오류, 시스템 고장, 사용자 실수 등 다양한 원인으로 손상될 수 있으며, 회복이 없다면 데이터 무결성(Consistency)과 신뢰성을 보장할 수 없다.
- 무결성과 일관성을 유지하며 장애 이전의 정상 상태로 복구하는 것을 목표로 한다.
- 트랜잭션의 원자성(Atomicity)과 영속성(Durability)을 보장한다.
- 회복 기법의 분류

트랜잭션 회복 (Transaction Recovery)	• 소프트웨어 오류, 시스템 다운 등으로 트랜잭션 실행 중 장애 발생 시 복구 • 기법 : 즉시 갱신, 지연 갱신, 체크포인트, 그림자 페이징, Redo/Undo
시스템 회복 (System Recovery)	• 전원 장애, 메모리 손상 등으로 시스템이 비정상 종료된 경우 복구 • 주로 로그 + 체크포인트 사용
미디어 회복 (Media Recovery)	• 디스크, 테이프 같은 비휘발성 저장 장치 손상 • 방법 : 백업 + 로그를 이용해 전체 DB 복원

➕ 더 알기 TIP

시스템 회복의 종류

로그 기반 복구 (Log-Based Recovery)	• 모든 변경 사항을 로그에 기록 • 장애 발생 시 로그를 활용해 Redo 또는 Undo 수행 • 내부적으로 즉시 갱신과 지연 갱신 방식을 포함함
체크포인트 기반 복구 (Checkpoint-Based Recovery)	• 특정 시점의 DB 상태를 저장 • 장애 발생 시 체크포인트 이후의 로그만 사용해 복구 • 복구 범위를 줄여 효율 ↑

> **더 알기 TIP**
>
> **데이터 차등 백업(Differential Backup)**
> - 전체 백업(Full Backup) 이후에 변경된 데이터만 선택적으로 백업하는 방식이다.
> - 전체 데이터를 매번 복사하지 않고, 가장 최근의 전체 백업 이후 변경된 부분만 저장한다.
> - 백업 용량과 시간을 줄이면서도 복구 속도를 일정 수준 유지할 수 있다.
> - 예 월요일에 전체 백업을 수행하고 화요일·수요일에는 차등 백업을 수행하는 경우, 수요일 백업에는 월요일 이후(화·수) 변경된 모든 데이터가 포함된다.
> - 복구 시에는 마지막 전체 백업 + 마지막 차등 백업만 필요하다.
> - 다만 시간이 지날수록 변경 누적 데이터가 커져 차등 백업 크기가 점점 증가한다.

2) 회복 기법의 종류

① 즉시 갱신(Immediate Update)
- 트랜잭션이 데이터 변경 연산(INSERT, UPDATE, DELETE)을 수행할 때 즉시 디스크(DB)에 반영하는 방식이다.
- 변경 내용은 Commit 이전이라도 실제 데이터베이스에 기록된다.
- 장애 발생 시 복구를 위해 모든 변경 사항을 로그에 기록하는 것이 필수이다.
- Redo와 Undo가 모두 필요하다.
  - Commit 완료된 트랜잭션 → Redo로 복구
  - Commit 전 장애 발생 → Undo로 취소

② 지연 갱신(Deferred Update)
- 트랜잭션이 실행 중 변경 연산(INSERT, UPDATE, DELETE)을 해도 즉시 DB에 반영하지 않고 로그에만 기록하는 방식이다.
- Commit 시점에만 로그 내용을 실제 데이터베이스에 반영한다.
- 변경을 모아 한 번에 반영하므로 성능을 향상시킬 수 있다.
- Redo만 필요하고, Undo는 필요 없다.
  - Commit 전까지는 DB에는 변경 사항이 없음 → Commit 실패 시 Undo 불필요
  - Commit 이후 장애 발생 시 → 로그를 참조해 Redo 작업만 수행

③ 체크포인트(Checkpoint, 검사 시점)
- 데이터베이스가 정상적으로 동작 중일 때 주기적으로 DB 상태와 로그 기록을 특정 시점(Checkpoint)에 저장해 두는 기법이다.
- 장애 발생 시 전체를 다 읽을 필요 없이 체크포인트 이후의 로그만 사용해 복구하므로 복구 시간을 단축시킬 수 있다.
- 보통 로그 기반 복구와 함께 사용되는데, 트랜잭션의 수가 많거나 로그의 크기가 클수록 효과 크다.
- 동작 원리
  - 일정 시간 간격 또는 특정 조건(트랜잭션 수, 로그 크기 등)에 도달하면 체크포인트 설정
  - 체크포인트 시점까지의 변경 내용은 DB에 반영하고, 로그에도 표시
  - 장애 발생 시, 체크포인트 이후의 로그만 Redo/Undo 수행

④ 그림자 페이징(Shadow Paging)
- 트랜잭션 실행 시, 기존 데이터 페이지의 사본(Shadow Page)을 만들어 두고 작업은 이 복사본 위에서 수행하는 기법이다.
- Commit 전 변경은 실제 DB에 반영되지 않고 그림자 페이지에만 존재한다.
  - 트랜잭션이 Commit되면 → 그림자 페이지를 새로운 실제 페이지로 교체
  - 트랜잭션이 Rollback되면 → 기존 그림자 페이지를 그대로 유지
- 장애 발생 시 Shadow Page(복사본)을 그대로 사용하여 빠르게 복구할 수 있다.
- 로그(Log)를 사용하지 않으므로 로그 오버헤드가 없고, 성능이 우수하다.

⑤ Redo / Undo 연산

REDO(재수행)	• Commit된 트랜잭션의 변경 사항을 로그를 이용해 다시 반영하는 작업
	• 필요 상황 : 장애로 인해 Commit은 되었지만, 실제 DB에 반영되지 못한 경우
	• 특징
	  - 로그에 기록된 변경 사항을 순차적으로 다시 적용
	  - Commit된 트랜잭션만 대상
	  - 데이터의 영속성(Durability) 보장

UNDO(취소, 되돌리기)	• Commit되지 않은 트랜잭션의 변경 사항을 로그를 이용해 취소하는 작업
	• 필요 상황 : 트랜잭션 실행 중 오류나 Rollback 발생 시
	• 특징
	  - 로그를 참조해 변경 이전 상태로 되돌림
	  - Commit되지 않은 트랜잭션 대상
	  - 데이터의 원자성(Atomicity) 보장

이론을 확인하는 기출문제

01 다음 중 로킹 단위(Granularity)에 대한 설명으로 옳은 것은?
① 큰 단위로 잠글수록 병행성은 높아지지만 Lock 수와 오버헤드는 증가한다.
② 작은 단위로 잠글수록 병행성은 낮아지고 Lock 수는 감소한다.
③ 큰 단위로 잠글수록 관리가 단순하지만 병행성은 낮아진다.
④ 작은 단위로 잠글수록 관리가 단순하고 오버헤드는 낮아진다.

- 크게 잠금 : 관리 단순, 병행성↓, Lock 수↓, 오버헤드↓
- 작게 잠금 : 관리 복잡, 병행성↑, Lock 수↑, 오버헤드↑

02 S-Lock와 X-Lock의 조합 중 허용되는 상황만 모두 고른 것은?

> ⓐ T1이 데이터 A에 S-Lock 중, T2가 A에 S-Lock 요청
> ⓑ T1이 데이터 A에 S-Lock 중, T2가 A에 X-Lock 요청
> ⓒ T1이 데이터 A에 X-Lock 중, T2가 A에 S-Lock 요청
> ⓓ T1이 데이터 A에 X-Lock 중, T2가 A에 X-Lock 요청

① ⓐ
② ⓐ, ⓑ
③ ⓑ, ⓒ
④ ⓒ, ⓓ

- S-Lock : 읽기만 허용, 여러 트랜잭션 동시에 공유 잠금 가능
- X-Lock : 읽기/쓰기 모두 차단, 한 번에 한 트랜잭션만 가능

03 2단계 로킹(2PL)에 대한 설명으로 옳은 것은?
① 직렬성은 보장하지만 교착상태는 별도 대책 없이는 방지하지 못한다.
② 확장 단계에서 LOCK과 UNLOCK이 모두 가능하다.
③ 축소 단계에서도 필요한 새로운 LOCK을 추가로 획득할 수 있다.
④ 2PL은 직렬성도 보장하지 못한다.

오답 피하기
- ② 확장 단계에서는 LOCK만 가능
- ③ 축소 단계에서는 LOCK 불가, UNLOCK만 가능
- ④ 2PL은 직렬성 보장이 핵심 장점

04 병행 수행 시 발생할 수 있는 문제점과 설명의 연결로 옳지 <u>않은</u> 것은?
① 갱신 분실 : 동시 갱신으로 한쪽의 변경이 사라짐
② 비완료 의존성(Dirty Read) : 미커밋 데이터를 다른 트랜잭션이 읽음
③ 모순성(Inconsistency) : 한 트랜잭션의 일부만 반영된 상태를 다른 트랜잭션이 읽어 불일치
④ 연쇄 복귀 : 한 트랜잭션 실패로 관련 없는 트랜잭션이 자동 COMMIT

연쇄 복귀란, 한 트랜잭션 실패로 참조한 다른 트랜잭션들까지 연쇄적으로 ROLLBACK되는 현상이다.

05 타임스탬프 기법(TO)의 특징으로 가장 적절한 것은?

① 잠금을 사용하므로 Deadlock을 근본적으로 제거한다.
② 순서를 위반하는 연산은 허용하되 나중에 Undo한다.
③ 타임스탬프 순서를 위반하면 해당 트랜잭션을 Rollback(재시작)한다.
④ 오래된 트랜잭션이 우선권을 가져 Starvation이 사라진다.

> **오답 피하기**
> - ① Lock을 사용하지 않아 Deadlock이 없음
> - ② 순서 위반 자체를 허용하지 않고, 위반 발생 시 즉시 Rollback
> - ④ Starvation(기아) 문제 발생 가능

06 낙관적 병행 제어(OCC)에 대한 설명으로 옳지 <u>않은</u> 것은?

① 트랜잭션 수행 중에는 별도 잠금 없이 진행한다.
② Commit 직전 검증 단계에서 충돌을 검사한다.
③ 갱신이 많은 환경에서 충돌이 드물어 가장 적합하다.
④ Deadlock(교착상태) 발생 우려가 없다.

갱신이 적고, 읽기 위주의 환경에서 적합하다.

07 MVCC의 장단점에 대한 설명으로 옳은 것은?

① 읽기 작업은 Lock 없이 가능하여 동시성이 높다.
② 버전이 늘어도 저장 공간 부담이 없다.
③ 각 트랜잭션은 다른 트랜잭션의 최신 버전만 강제로 보게 된다.
④ 읽기 전용 트랜잭션 성능은 낮다.

> **오답 피하기**
> - ② 버전이 늘어나면 저장 공간 부담 ↑
> - ③ 트랜잭션은 시작 시점의 스냅샷을 읽을 수 있음
> - ④ 읽기 전용 트랜잭션 성능이 매우 좋음

08 회복 기법 연결로 옳은 것은?

> Ⓐ 즉시 갱신법 – Redo만 필요
> Ⓑ 지연 갱신법 – Undo만 필요
> Ⓒ 즉시 갱신법 – Redo와 Undo 모두 필요
> Ⓓ 지연 갱신법 – Redo만 필요

① Ⓐ, Ⓑ
② Ⓐ, Ⓓ
③ Ⓒ, Ⓓ
④ Ⓑ, Ⓒ

- 즉시 갱신 : Commit 전에도 DB 반영 → Redo+Undo 필요
- 지연 갱신 : Commit 시에만 반영 → Redo만 필요, Undo 불필요

09 다음 중 체크포인트와 그림자 페이징에 대한 설명으로 옳은 것은?

① 체크포인트는 장애 시 전체 로그를 모두 읽게 하므로 복구 시간이 늘어난다.
② 그림자 페이징은 로그를 사용하지 않고, Commit 시 그림자 페이지를 실제 페이지로 교체한다.
③ 체크포인트는 트랜잭션의 원자성을 보장하기 위해 Undo만 수행한다.
④ 그림자 페이징은 Commit 전 변경을 항상 실제 DB에 즉시 반영한다.

> **오답 피하기**
> - ① 체크포인트는 복구 시간을 줄이는 것이 목적임
> - ③ Undo만 하는 게 아니라 Redo도 필요할 수 있음
> - ④ Commit 전에는 실제 DB에 반영하지 않고 새 페이지에만 반영, Commit 시 교체

SECTION 03 보안과 권한 설정

빈출 태그 암호화 • 접근 통제 • GRANT/REVOKE

> **기적의 TIP**
> 이 섹션은 앞에서 배웠던 내용을 복습한다고 생각하고 공부하세요.

01 데이터베이스 보안

1) 암호화(Encryption)
- 데이터를 저장하거나 네트워크 전송할 때, 권한 없는 사용자가 내용을 볼 수 없도록 보호하는 기법이다.
- 일반 평문을 암호화 알고리즘으로 변환하고, 권한이 있는 사용자만 복호화(Decryption)가 가능하다.
- 암호화 기법

비밀키 암호화
(Private Key, 대칭키)
	• 암호화/복호화에 동일한 키 사용
	• 특징
	  - 속도 빠름
	  - 키 관리 · 교환이 어려움
	  - 키가 노출되면 보안 취약
	• 대표 알고리즘 : DES, AES, ARIA, SEED, IDEA, RC4

공개키 암호화
(Public Key, 비대칭키)
	• 암호화/복호화에 서로 다른 키(공개키/개인키) 사용
	• 특징
	  - 공개키는 누구나 알 수 있지만, 개인키는 소유자만 가짐
	  - 키 교환이 안전함
	  - 속도가 느림
	• 대표 알고리즘 : RSA, ECC

2) 접근 통제(Access Control)
- 데이터베이스 보안을 강화하기 위해, 사용자가 허용된 범위 내에서만 데이터에 접근하도록 제어하는 기법이다.
- 사용자나 응용 프로그램이 무엇을 할 수 있는지(읽기, 쓰기, 수정, 삭제)를 제어한다.
- 보안의 핵심 원칙은 '최소 권한 원칙(Principle of Least Privilege)'으로, 꼭 필요한 권한만 부여한다.
- 접근 통제의 유형

임의 접근 통제 (DAC, Discretionary Access Control)	• 데이터 소유자가 접근 권한을 임의로 부여/회수 • 예 SQL의 GRANT, REVOKE
강제 접근 통제 (MAC, Mandatory Access Control)	• 보안 등급(Label)에 따라 접근 권한을 자동으로 제어 • 군사, 정부 기관 등에서 주로 사용
역할 기반 접근 통제 (RBAC, Role-Based Access Control)	• 사용자에게 직접 권한을 부여하지 않고, 역할(Role)에 권한을 부여 • 사용자는 해당 역할을 통해 권한 획득 • 기업의 ERP, DBMS에서 많이 사용

3) 데이터베이스 보안 적용 시 주의사항

① 접근 제어(Access Control)
- 사용자에게 최소 권한 원칙(Least Privilege)을 적용한다(꼭 필요한 권한만 부여).
- 비인가 접근 방지를 위해 암호화된 인증 체계를 사용한다.
- 민감 데이터 접근 시 로그 기록 및 감사를 수행한다.

② 데이터 암호화(Data Encryption)
- 개인정보·금융정보 등 민감한 데이터는 반드시 암호화하여 저장한다.
- 암호화 알고리즘과 키 관리를 철저히 운영하여 기밀성을 유지한다.

③ 취약점 관리(Vulnerability Management)
- DBMS 소프트웨어·응용 프로그램의 취약점을 주기적으로 점검하고 패치 및 업데이트한다.
- 불필요한 서비스나 악성 프로그램은 제거하고, 활성 포트 위주로 점검한다.
- 보안 업데이트 미비로 발생할 수 있는 공격 가능성을 최소화한다.

④ 백업과 복원(Backup & Recovery)
- 정기적으로 데이터베이스를 백업하고 안전한 장소에 보관한다.
- 장애·손실 발생 시 신속하게 복구할 수 있도록 체계적인 복원 절차를 마련해 둔다.

⑤ 감사와 모니터링(Audit & Monitoring)
- 데이터베이스 접근 기록을 감사하여 로그(Audit Log)로 남긴다.
- 이상 행위 탐지 또는 보안 위협 모니터링 등을 통해 실시간으로 대응하고 개선한다.

⑥ 보안 정책 및 교육(Security Policy & Training)
- 체계적 보안 정책(권한 관리, 암호화, 접근 통제 지침 등)을 수립한다.
- 보안 교육 및 훈련을 제공하여 구성원이 정책을 인식하고 준수할 수 있도록 한다.

02 권한 부여를 위한 SQL

1) GRANT
- 특정 사용자에게 데이터 객체나 시스템 기능에 대한 권한을 부여하는 명령어이다.
- 기본 구조

객체 권한 부여	• 특정 테이블/뷰 같은 객체에 대한 권한 • 기본 구조 `GRANT 권한 ON 데이터객체 TO 사용자 [WITH GRANT OPTION];` • 부여 가능한 객체 권한 : SELECT, INSERT, UPDATE, DELETE
시스템 권한 부여	• DB 전체에서 가능한 작업 권한 • 기본 구조 `GRANT 시스템권한 TO 사용자;` • 주요 시스템 권한 : CREATE SESSION, CREATE TABLE, CREATE SEQUENCE, CREATE VIEW, CREATE PROCEDURE

> **기적의 TIP**
>
> **WITH GRANT OPTION**
> 사용자가 부여받은 권한을 다른 사용자에게 다시 부여할 수 있는 권한을 부여한다. 즉, 권한을 부여받은 사용자가 다른 사용자에게도 같은 권한을 부여할 수 있다.

2) REVOKE

- 특정 사용자에게 부여한 권한을 회수(취소)하는 명령어이다.
- 기본 구조

```
REVOKE [GRANT OPTION FOR] 권한 ON 데이터객체 FROM 사용자 [CASCADE];
```

- GRANT OPTION FOR : 다른 사용자에게 권한을 부여할 수 있는 권한 취소
- CASCADE : 회수된 권한을 이용해 다른 사용자에게 전달되었던 권한까지 연쇄적으로 취소
- 취소 가능한 객체 권한 : SELECT, INSERT, UPDATE, DELETE

이론을 확인하는 기출문제

01 다음 설명과 접근 통제 유형의 연결이 옳은 것은?

> 가. 보안 등급(Label)에 따라 자동으로 접근을 제어한다.
> 나. 데이터 소유자가 임의로 권한을 부여/회수한다.
> 다. 사용자에게 직접 권한을 주지 않고 '역할'에 권한을 주고, 사용자는 그 역할을 부여받는다.

① 가-DAC, 나-MAC, 다-RBAC
② 가-MAC, 나-DAC, 다-RBAC
③ 가-RBAC, 나-DAC, 다-MAC
④ 가-MAC, 나-RBAC, 다-DAC

MAC=등급 기반, DAC=소유자 임의, RBAC=역할 기반

02 최소 권한 원칙에 가장 부합하는 운영 방안은?

① 초기에 모든 권한을 부여하고 추후 필요시 회수한다.
② 읽기 권한은 전사 공통으로 부여하고 쓰기만 제한한다.
③ 업무 수행에 필요한 권한만 선별적으로 부여하고 접근 로그를 감사한다.
④ 운영 편의를 위해 관리자 권한을 공용 계정에 집중한다.

오답 피하기
- ① 처음부터 필요한 권한만 부여해야 함
- ② 불필요한 범위까지 읽기 권한을 노출하는 것은 최소 권한 위배
- ④ 보안 취약 및 책임 추적성(책임소재) 불가능

정답 01 ② 02 ③

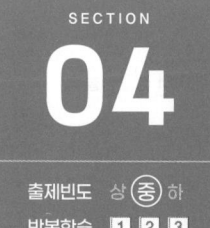

SECTION 04 분산 데이터베이스

빈출 태그 분산 DB · 투명성(위치/중복/병행/장애) · 연결 모델

01 분산 데이터베이스(Distributed Database)

1) 개념
- 네트워크로 연결된 여러 컴퓨터에 데이터가 분산 저장·관리되는 데이터베이스이다.
- 사용자는 이를 하나의 단일 데이터베이스처럼 이용할 수 있다.

2) 목표
- 데이터 분산 : 여러 컴퓨터에 데이터 분산 저장, 접근성·안정성 ↑
- 처리 분산 : 데이터 처리 작업을 나눠 수행, 처리 속도 ↑, 확장성 ↑
- 투명성 보장 : 사용자는 데이터의 물리적 위치나 복제 여부를 알 필요 없음
- 분산 트랜잭션 지원 : 여러 DB에 걸친 트랜잭션을 원자성 있게 처리
- 일관성 유지 : 여러 노드에서 갱신 시 일관성 확보 필수
- 보안 강화 : 분산 저장 특성상 접근·보안 관리 필요

3) 구성 요소

분산 처리기	각 노드에서 트랜잭션 실행 담당
분산 데이터베이스	지역별 설치된 DB 자체
통신 네트워크	노드 간 데이터 전송·연결 담당

4) 장단점

장점	• 질의 처리 시간 단축 • 데이터 공유성, 신뢰성, 가용성 ↑ • 점진적 확장 용이(필요시 서버 추가 가능) • 지역 자치성 강화(지역별 맞춤 관리 가능) • 병렬 처리 지원
단점	• 소프트웨어 개발·관리 비용 ↑ • 통신망 성능 저하 시 전체 성능 ↓ • 오류 발생 가능성 ↑ • 하드웨어 비용 ↑

5) 주요 특징

구분	설명
데이터 분산성(Distribution)	데이터를 여러 대의 컴퓨터에 나누어 저장·관리함으로써 데이터 접근성을 높이고 안정성을 보장한다.
투명성(Transparency)	사용자는 분산된 데이터를 하나의 단일 데이터베이스처럼 인식하며, 데이터의 위치나 복제 여부를 명시적으로 알 필요 없이 동일한 방식으로 접근할 수 있다.
일관성 유지(Consistency)	분산 환경에서도 데이터의 무결성과 일관성을 유지할 수 있도록 동시성 제어나 회복 기법을 제공한다.
지역 자치성(Local Autonomy)	각 지역(노드)은 독립적으로 데이터베이스를 관리하고 운영할 수 있으며, 필요에 따라 자체적인 정책과 절차를 적용할 수 있다.
병렬 처리(Parallel Processing)	여러 노드가 동시에 작업을 분산하여 처리함으로써 전체 시스템의 성능을 향상시키고 처리 속도를 높일 수 있다.
보안(Security)	데이터가 여러 노드에 분산되어 저장되므로 보안 위험이 커질 수 있으며, 이를 보호하기 위한 적절한 인증, 접근 제어, 암호화 등의 보안 메커니즘을 제공한다.

> **기적의 TIP**
> 분산 데이터베이스의 투명성은 사용자가 분산 환경을 인식하지 않고 단일 DB처럼 이용할 수 있게 해주는 성질입니다.

02 분산 데이터베이스의 투명성

1) 위치 투명성(Location Transparency)
- 하드웨어와 소프트웨어의 물리적 위치를 사용자가 알 필요는 없다.
- 사용자가 데이터의 실제 저장 위치를 몰라도 된다.
- 예 고객 정보가 어느 서버에 있든 동일한 SQL로 조회 가능

2) 중복(복제) 투명성(Replication Transparency)
- 사용자에게 통지할 필요 없이 시스템 안에 파일들과 자원들의 부가적인 복사를 자유롭게 할 수 있다.
- 데이터가 여러 서버에 복제되어 있어도 사용자 입장에서는 하나처럼 보인다.
- 예 주문 정보가 여러 서버에 복제되어 있어도 자동으로 처리

3) 병행 투명성(Concurrency Transparency)
- 다중 사용자들이 자원들을 자동으로 공유할 수 있다.
- 여러 사용자가 동시에 같은 데이터를 수정하더라도 충돌 없이 제어된다.
- 예 동시에 수정 시 하나의 트랜잭션만 반영, 나머지는 제어

4) 장애 투명성(Failure Transparency)
- 사용자들은 어느 위치의 시스템에 장애가 발생했는지 알 필요가 없다.
- 일부 서버가 장애가 나더라도 다른 서버에서 데이터 제공이 가능하다.
- 예 특정 서버 다운 시에도 다른 서버 복제본으로 서비스 유지

03 분산 데이터베이스의 연결 모델

1) 클라이언트/서버(Client/Server) 모델
- 가장 기본적이고 전통적인 분산 데이터베이스 모델이다.
- 클라이언트는 사용자 또는 애플리케이션으로, 데이터 조회·수정 같은 요청을 생성한다.
- 서버는 데이터베이스를 보관하고 있으며, 클라이언트의 요청을 처리해 결과를 반환한다.
- 중앙 집중식 데이터베이스와 유사한 방식으로 동작하며, 데이터베이스의 관리 및 보안이 중앙 집중화될 수 있다.
- 서버에 과부하가 발생할 수 있고, 서버 장애 시 전체 서비스가 중단될 수 있다는 한계가 있다.

2) 피어 투 피어(Peer-to-Peer) 모델
- 모든 노드가 동등한 권한을 가진 분산 구조이다.
- 각 피어(peer)는 클라이언트이자 동시에 서버 역할을 수행할 수 있다.
- 중앙 서버가 없으므로, 데이터는 네트워크 내 여러 노드에 분산 저장되고 공유된다.
- 특정 노드에 장애가 발생해도 다른 노드가 기능을 대신 수행할 수 있어 내결함성(Fault Tolerance)과 확장성이 뛰어나다.
- 중앙 관리자가 없기 때문에 데이터 일관성 유지, 보안, 관리가 어렵다는 단점이 있다.
- 대표적으로 블록체인이나 일부 P2P 파일 공유 시스템이 이러한 구조를 따른다.

3) 클러스터(Cluster) 모델
- 여러 대의 노드가 물리적으로 가까운 위치에서 연결되어 하나의 데이터베이스처럼 동작하는 모델이다.
- 데이터는 공유 저장소에 저장되고, 여러 노드가 이 저장소를 동시에 활용한다.
- 작업 부하를 여러 노드에 분산시킬 수 있어 성능(Throughput)과 가용성(Availability)이 크게 향상된다.
- 한 노드에 장애가 발생하더라도 다른 노드가 즉시 역할을 대신할 수 있어 안정적인 서비스 제공이 가능하다.
- 클러스터 구축과 유지에 비용이 발생하고 기술적 복잡성이 요구된다.

이론을 확인하는 기출문제

01 분산 데이터베이스의 목표로 보기 어려운 것은?
① 데이터 분산·처리 분산으로 접근성/성능 향상
② 사용자에게 데이터 물리 위치와 복제 여부를 숨기는 투명성 보장
③ 여러 DB에 걸친 트랜잭션의 원자성 처리(일관성 유지)
④ 데이터의 중앙 집중을 강화하여 단일 서버에서만 관리

> 분산 데이터베이스 목표는 데이터와 처리를 분산시켜 성능 및 접근성을 향상시키는 데 있다.

02 다음 보기의 내용이 의미하는 투명성은 무엇인가?

> 주문 테이블이 여러 서버에 복제되어 있지만 사용자는 항상 하나처럼 조회한다.

① 위치 투명성
② 중복(복제) 투명성
③ 병행 투명성
④ 장애 투명성

> 복제본 다수를 감추고 하나처럼 보이게 하는 성질은 중복(복제) 투명성이다.

03 분산 DB 구성 요소와 역할 연결로 옳은 것은?
① 분산 처리기 – 노드 간 데이터 전송 담당
② 분산 데이터베이스 – 각 노드에서 트랜잭션 실행
③ 통신 네트워크 – 데이터 저장소
④ 분산 처리기 – 각 노드에서 트랜잭션 실행

오답 피하기
- ① 분산 처리기 – 각 노드의 트랜잭션 실행
- ② 분산 데이터베이스 – 지역별 DB 자체
- ③ 통신 네트워크 – 노드 간 전송

04 Client/Server 모델의 특징으로 옳은 것은?
① 모든 노드가 동등하며 중앙 서버가 없다.
② 서버 과부하와 단일 장애점(SPOF) 위험이 존재한다.
③ 중앙 관리자가 없어 일관성·보안 관리가 어렵다.
④ 서버 없이 피어 간 직접 공유가 기본이다.

오답 피하기
①, ③, ④ : P2P의 특징

05 P2P 모델 설명으로 옳지 않은 것은?
① 각 노드가 클라이언트이자 서버 역할을 수행 가능
② 중앙 서버 부재로 내결함성·확장성 우수
③ 중앙 관리자 부재로 일관성·보안·관리 어려움
④ 중앙 집중 관리가 용이하여 일관성 유지 쉬움

> P2P 모델은 중앙 집중 관리가 없어서 일관성 유지가 어렵다.

06 클러스터 모델의 올바른 설명은?
① 노드들이 각자 독립 저장소만 사용하고 공유 저장소는 쓰지 않는다.
② 공유 저장소를 여러 노드가 동시에 이용하여 처리량과 가용성이 높다.
③ 중앙 서버가 없어 관리가 가장 단순하다.
④ 노드 하나만 장애 나도 서비스가 즉시 중단된다.

> 클러스터는 물리적으로 가까운 노드들이 공유 저장소를 함께 사용하며 부하 분산·고가용성을 얻고 장애 시 다른 노드가 이어받는다.

정답 01 ④ 02 ② 03 ④ 04 ② 05 ④ 06 ②

CHAPTER 06

데이터 입출력 구현

학습 방향

자료구조와 알고리즘을 기반으로 데이터 입출력을 학습합니다. 정렬, 검색, 해싱, 인덱스는 자주 출제되는 필수 영역입니다. 정렬 알고리즘은 시간 복잡도 비교와 함께 그림으로 연습하세요. 해싱은 충돌 해결 기법을 반드시 정리하세요. 인덱스 구조는 B트리 그림을 직접 그려보며 익히는 게 효과적입니다.

출제 빈도

SECTION 01 선형 자료구조

빈출 태그 자료구조 • 선형 구조 • 스택/큐/데크 • 인덱스 • 파일 편성

01 자료구조

1) 분류

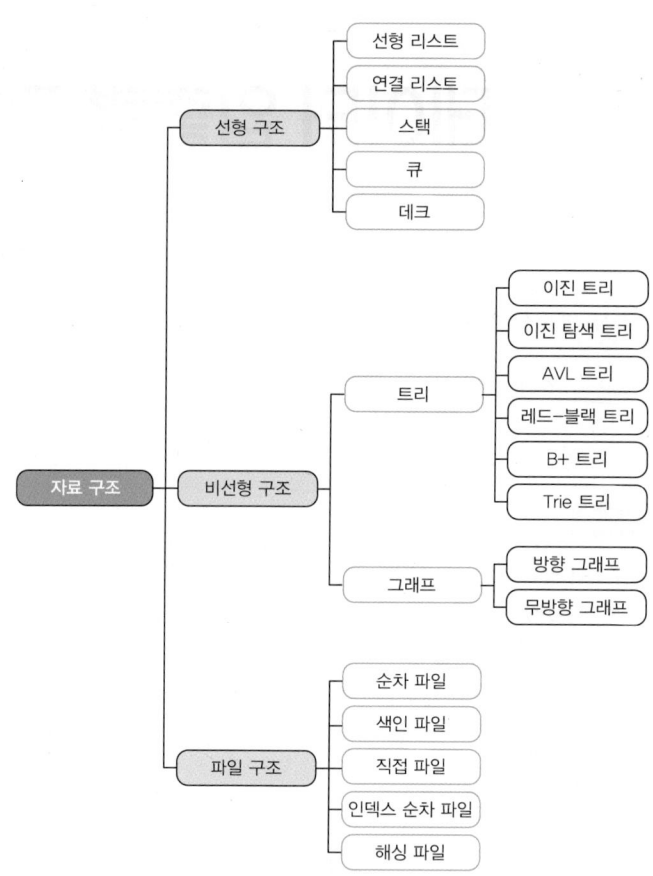

2) 활용

① 정렬(Sort)
- 데이터 집합을 일정한 기준에 따라 재배열하는 작업이다.
- 오름차순(ASC)과 내림차순(DESC)으로 정렬한다.

② 검색(Search)
- 저장된 데이터 중에서 원하는 값을 빠르게 찾는 작업이다.
- 선형 검색, 이진 검색, 해싱 검색 등 다양한 방법이 있다.

> **기적의 TIP**
> 자료구조의 활용은 데이터 접근과 효율적인 관리를 위한 핵심 기법입니다.

③ 인덱스(Index)
- 데이터베이스에서 검색 속도를 향상시키기 위해 별도로 만든 순서 데이터이다.
- 테이블 및 클러스터와 연관되며 독립적인 저장 공간을 보유한다.
- 일반적으로 B-트리 인덱스 구조를 많이 사용한다(Branch Block으로 분기 관리).
- 범위 검색(Range Search)에도 효과적이다(예 BETWEEN).

> **기적의 TIP**
>
> 인덱스는 책 뒤에 있는 '찾아보기(색인)'와 유사합니다.

④ 파일 편성(File Organization)
- 파일 내에서 레코드가 물리적으로 배열되는 방법이다.
- 순차 파일, 색인 파일, 직접 파일, 인덱스 순차 파일, 해싱 파일 등이 있다.

02 선형 자료구조(Linear Data Structure)

1) 개념
- 데이터를 순차적으로 나열하여 저장하고 처리하는 자료구조이다.
- 데이터가 한 줄(linear)로 연결되어 있으며, 앞뒤 관계가 1:1로 정의된다.

①—②—③—④—⑤

▲ 선형 자료구조

2) 특징

순차적 접근 (Sequential Access)	• 데이터가 일렬로 나열되어 있어 순서대로 접근해야 하는 경우가 많음 • 예 연결 리스트에서 중간 데이터를 찾을 때 앞에서부터 차례대로 탐색
메모리 활용 방식	• 배열 : 연속된 메모리 공간 사용 → 빠른 접근(인덱스) 가능 • 연결 리스트 : 비연속적인 메모리 활용 가능 → 삽입 · 삭제 유리
삽입과 삭제	• 구조에 따라 효율성이 다름 • 배열은 삽입 · 삭제에 비용이 크지만, 연결 리스트는 포인터 변경만으로 가능
특수한 처리 규칙	• 스택(Stack) : 후입선출(LIFO) • 큐(Queue) : 선입선출(FIFO) • 데크(Deque) : 양쪽 삽입 · 삭제 가능
응용성	• 프로그램 실행의 기본 흐름 관리 • 운영체제의 프로세스 관리, 네트워크 패킷 처리, 캐시 메모리, 수학적 계산(괄호 검사, DFS/BFS) 등 다양한 곳에 활용

3) 종류

배열(Array)	• 연속된 메모리 공간에 데이터를 순차적으로 저장하는 구조 • 인덱스(Index)로 원하는 데이터에 임의 접근(Random Access)할 수 있으므로 탐색 속도가 빠름 • 크기가 고정되어 있어 삽입 · 삭제가 비효율적 • 예 시험 점수표, 월별 매출 데이터
연결 리스트(Linked List)	• 데이터(Node)와 다음 노드의 주소(Pointer)로 이루어진 구조 • 메모리가 연속적일 필요 없음(동적 메모리 할당 가능) • 포인터만 변경하면 되기 때문에 삽입 · 삭제가 효율적 • 인덱스로 직접 접근 불가(순차 탐색만 가능) • 종류 : 단일 연결 리스트, 이중 연결 리스트, 원형 연결 리스트 • 예 음악 재생목록(앞뒤로 이동), 동적 메모리 관리

스택(Stack)	• 한쪽 끝에서만 삽입·삭제가 가능한 선형 구조 • 후입선출(LIFO, Last In First Out) • 마지막에 들어온 데이터가 가장 먼저 나감 • ⓔ 접시 쌓기(마지막에 올린 접시부터 꺼냄)
큐(Queue)	• 한쪽 끝에서 삽입, 다른 쪽 끝에서 삭제가 일어나는 구조 • 선입선출(FIFO, First In First Out) • 먼저 들어온 데이터가 먼저 나감 • ⓔ 은행 창구 번호표(먼저 뽑은 사람이 먼저 처리)
데크(Deque)	• 양쪽 끝에서 삽입과 삭제가 모두 가능한 큐 • 앞/뒤 어느 쪽에서도 데이터 추가·삭제 가능 • 스택과 큐의 기능을 모두 포함 • ⓔ 양쪽 문이 있는 버스(앞문·뒷문 모두로 승객이 타고 내릴 수 있음)

03 스택(Stack)

1) 개념

- 데이터를 임시적으로 저장하는 선형 자료구조이다.
- 후입선출(LIFO, Last-In First-Out) 방식으로, 마지막에 들어온 데이터가 먼저 나간다.
- 주로 함수 호출 관리, 연산 처리, 기억해야 할 임시 데이터 저장에 활용된다.
- 기본 동작

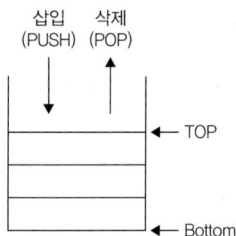

Bottom(바닥)	• 스택의 시작점(맨 아래) • 여기서는 데이터 삽입/삭제가 일어나지 않음
TOP(꼭대기)	• 스택의 현재 마지막 데이터 위치 • 삽입(PUSH)과 삭제(POP)이 모두 TOP에서만 일어남
삽입(PUSH)	• 새로운 데이터를 스택의 TOP 위에 쌓는 동작 • TOP 값이 1 증가
삭제(POP)	• 스택의 TOP 데이터를 꺼내는 동작 • TOP 값이 1 감소

- 알고리즘

삽입 알고리즘(Push)	TOP ← TOP + 1 if TOP 〉 n then Overflow else Stack(TOP) ← item • 스택의 맨 위(TOP)를 하나 올리고, 그 위치에 새로운 데이터를 저장 • 스택 크기 n을 초과하면 Overflow(스택 가득 참) 발생
삭제 알고리즘(Pop)	if TOP = 0 then Underflow else remove Stack(TOP) TOP ← TOP − 1 • TOP이 0이면 데이터가 없는 상태 → Underflow(스택 비어 있음) • 현재 TOP 위치의 데이터를 삭제하고, TOP 값을 1 감소

2) 대표적인 연산

push( )	스택의 맨 위에 데이터 삽입
pop( )	스택의 맨 위에서 데이터를 삭제 후 반환
top( )	스택의 맨 위의 데이터를 반환(삭제는 하지 않음)
isEmpty( )	스택이 비어있는지 확인
isFull( )	스택이 가득 찼는지 확인

3) 응용 분야

함수 호출 스택 (Function Call Stack)	• 함수 호출 정보를 저장하고, 함수 종료 시 해당 정보 제거 • 재귀 호출, 지역 변수 관리
수식 계산 (Expression Evaluation)	중위 표기식(Infix Notation)을 후위 표기식(Postfix Notation)으로 변환할 때 스택 활용
컴파일러(Compiler)	중간 코드 생성 및 실행 시 필요한 데이터 저장
운영체제 인터럽트 처리 (Interrupt Handling)	• 인터럽트 발생 시 현재 상태를 스택에 저장 후 ISR 실행 • 처리 후 원래 프로세스로 복귀할 때 스택에서 정보 복원
기타 활용	• 검색 기록 저장(뒤로 가기/앞으로 가기) • 운영체제의 시스템 호출(System Call) 관리 • 실행 중단 후 재개 기능(Debugging, Context Switching)

04 큐(Queue)

1) 개념

- 데이터 삽입은 한쪽 끝(Rear), 삭제는 반대쪽 끝(Front)에서 이루어지는 자료구조이다.
- 선입선출(FIFO, First In First Out) 방식으로, 먼저 들어온 데이터가 먼저 나간다.
- 데이터를 임시로 저장하는 컨테이너(Container)로 활용된다.
- 작업 순서 보장이 중요한 시스템(스케줄링, 버퍼, 이벤트 처리 등)에 널리 활용된다.

> **기적의 TIP**
> - 삽입 : 새로운 데이터가 오면 Rear에 추가됨 → E 삽입 시 [B, C, D, E]
> - 삭제 : 가장 앞에 있는 B가 삭제됨 → [C, D]

- 기본 동작

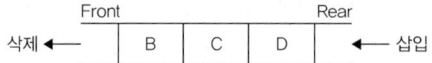

Front(앞)	데이터를 삭제(Dequeue)하는 위치
Rear(뒤)	데이터를 삽입(Enqueue)하는 위치

2) 대표적인 연산

enqueue(item)	Rear에 데이터 삽입
dequeue( )	Front에서 데이터 삭제
front( )	Front의 데이터 반환(삭제 없음)
rear( )	Rear의 데이터 반환(삭제 없음)
isEmpty( )	큐가 비어있는지 확인
isFull( )	큐가 가득 찼는지 확인

3) 응용 분야

작업 대기열(Task Queue)	먼저 들어온 작업을 먼저 처리해야 할 때 사용(예 운영체제의 프로세스 스케줄링)
데이터 버퍼(Data Buffer)	네트워크 통신이나 I/O에서 데이터 전송 순서 보장을 위해 사용(예 네트워크 패킷 전송 버퍼)
멀티 스레딩(Multi-threading)	스레드 간의 안전한 데이터 교환을 위해 큐 활용
이벤트 처리(Event Handling)	이벤트가 발생한 순서대로 큐에 저장 → 이벤트 처리기가 순차적으로 꺼내어 처리
기타 활용	데이터의 처리 순서가 중요한 분야(예 프린터 출력 대기열, 무한 스크롤 페이징, 메시지 큐(Message Queue) 등)

05 데크(Deque, Double-Ended Queue)

1) 개념

- 양쪽 끝(Front, Rear) 모두에서 삽입과 삭제가 가능한 자료구조이다.
- 스택(Stack)과 큐(Queue)의 성격을 모두 가진다.
- 입력 제한 데크를 Scroll(앞에서만 삽입 제한), 출력 제한 데크를 Shelf(앞에서만 삭제 제한)라고 한다.

- 기본 동작

```
        Front                Rear
삽입 →  ┌───┬───┬───┐  ← 삭제
삭제 ←  │ B │ C │ D │  ← 삽입
        └───┴───┴───┘
```

Front(앞쪽 끝)	• 삽입 가능(push_front) • 삭제 가능(pop_front)
Rear(뒤쪽 끝)	• 삽입 가능(push_back) • 삭제 가능(pop_back)

2) 대표적인 연산

push_front(item)	맨 앞에 데이터 삽입
push_back(item)	맨 뒤에 데이터 삽입
pop_front( )	맨 앞 데이터 삭제 및 반환
pop_back( )	맨 뒤 데이터 삭제 및 반환
front( )	맨 앞 데이터 확인(반환, 삭제 없음)
back( )	맨 뒤 데이터 확인(반환, 삭제 없음)

3) 응용 분야

문서 편집기(Document Editor)	Undo / Redo 기능 구현에 사용
미로 탐색(Maze Solving)	좌표 정보를 저장하고 탐색 경로를 출력할 때 활용
캐시(Cache)	LRU(Least Recently Used) 알고리즘 구현에 활용 → 새 데이터는 뒤에 추가, 오래된 데이터는 앞에서 삭제
기타	• 큐 + 스택 특성을 동시에 요구하는 문제에 적합(예 양방향 탐색, 덱 기반 슬라이딩 윈도우) • 다익스트라(Dijkstra) 알고리즘★, 문자열 처리, 파일 입출력, 행렬 회전 등

★ 다익스트라(Dijkstra) 알고리즘
그래프에서 한 정점에서 다른 모든 정점까지의 최단 경로를 찾는 알고리즘

더 알기 TIP

대표적인 선형 자료구조의 비교

구분	스택(Stack)	큐(Queue)	데크(Deque)
구조	LIFO(후입선출)	FIFO(선입선출)	양방향 큐
삽입 연산	push( )	enqueue( )	push_front( ), push_back( )
삭제 연산	pop( )	dequeue( )	pop_front( ), pop_back( )
접근 연산	top( )	front( ), rear( )	front( ), rear( )
구현	배열(Array) 또는 연결 리스트(Linked List)	배열(Array) 또는 연결 리스트(Linked List)	배열(Array) 또는 연결 리스트(Linked List)
활용	함수 호출 스택, 후위 표기법 변환, 컴파일러 등	작업 대기열, 흐름 제어, 컴퓨팅 등	데이터 삽입/삭제/검색이 빈번한 경우
응용 분야	웹 브라우저 뒤로/앞으로 가기, 괄호 검사, 문자열 뒤집기 등	CPU 작업 스케줄링, 데이터 버퍼, 멀티 스레딩 등	문서 편집기 Undo/Redo, 스크롤 이력, 미로 탐색, 캐시(LRU) 등

이론을 확인하는 기출문제

01 배열과 연결 리스트의 비교로 옳은 것은?

① 배열은 비연속 메모리를 사용하고, 연결 리스트는 연속 메모리를 사용한다.
② 배열은 인덱스를 통한 임의 접근이 빠르고, 연결 리스트는 삽입·삭제가 유리하다.
③ 연결 리스트는 인덱스로 임의 접근이 가능해 탐색이 빠르다.
④ 배열은 삽입·삭제가 연결 리스트보다 일반적으로 유리하다.

- 배열 : 연속 메모리, 임의 접근 빠름, 삽입·삭제 비용 ↑
- 연결 리스트 : 비연속 메모리, 노드/포인터를 사용해 삽입·삭제 유리, 순차 탐색 필요

02 다음 중 스택(Stack)의 대표적인 응용 분야로 옳지 않은 것은?

① 수식의 괄호 검사
② 수식 계산 (후위 표기법 변환)
③ 함수 호출의 순서 제어
④ 은행 창구의 고객 대기열 관리

은행 대기열처럼 선입선출(FIFO) 방식은 큐(Queue)의 응용이다. 스택은 후입선출(LIFO) 구조로 괄호 검사, 함수 호출 관리 등에 사용된다.

03 초기 상태가 빈 큐일 때 다음 연산을 수행한 후 큐의 상태로 옳은 것은?

ENQUEUE(A), ENQUEUE(B), ENQUEUE(C), DEQUEUE(), ENQUEUE(D)

① [A, B, C]
② [B, C, D]
③ [C, D]
④ [A, D]

- ENQUEUE는 rear(뒤)에 삽입하고, DEQUEUE는 front(앞)에서 삭제한다.
- 순서
  삽입 후 → [A, B, C]
  DEQUEUE() → A 삭제 → [B, C]
  ENQUEUE(D) → [B, C, D]

04 다음 연산을 순서대로 수행했을 때 최종 데크의 상태는?

push_back(1), push_back(2), push_front(3), pop_back(), push_front(4)

① [3, 1, 2]
② [4, 3, 1]
③ [1, 2, 4]
④ [2, 3, 4]

push_back(1) → [1]
push_back(2) → [1, 2]
push_front(3) → [3, 1, 2]
pop_back() → 2 삭제 → [3, 1]
push_front(4) → [4, 3, 1]

05 다음 중 스택 오버플로우(Stack Overflow)가 발생하는 상황은?

① 스택이 비었을 때 데이터를 꺼낼 경우
② 스택에 데이터를 넣을 때 저장 공간을 초과하는 경우
③ 큐에서 front가 rear보다 큰 경우
④ 데크에서 front와 rear가 교차하는 경우

스택이 가득 찬 상태에서 추가 삽입 시 오버플로우가 발생하고, 반대로 스택이 비었을 때 꺼내려 하면 언더플로우가 발생한다.

정답 01 ② 02 ④ 03 ② 04 ② 05 ②

SECTION 02 비선형 자료구조

빈출 태그 트리/이진 트리・전위/중위/후위・그래프・순환 복잡도

01 비선형 자료구조(Nonlinear Data Structure)

1) 개념
- 데이터가 계층적(hierarchical) 또는 망(network) 형태로 연결된 자료구조이다.
- 하나의 데이터가 여러 개의 데이터와 연결될 수 있어, 관계가 1:N 또는 N:N으로 확장된다.

2) 특징

계층적/망 형태 구조	트리(Tree)는 부모-자식 관계로 계층 구조 표현, 그래프(Graph)는 노드와 간선으로 네트워크 구조 표현
비순차적 접근 가능	특정 데이터에 접근하기 위해 반드시 앞에서부터 순서대로 갈 필요가 없고, 노드 간 관계(간선, 포인터)를 따라가면 됨
삽입・삭제의 유연성	노드(원소)와 간선(링크)을 동적으로 추가/삭제 가능
데이터 표현력 풍부	복잡한 관계를 모델링하기에 적합

3) 종류

트리(Tree)	• 계층적 자료구조 • 하나의 루트(Root)에서 시작하여 여러 자식(Child) 노드로 확장 • 종류 : 이진 트리, 이진 탐색 트리, AVL 트리, B-트리, Trie 등 • 활용 : 파일 시스템 구조, 데이터베이스 인덱스(B-Tree), 조직도
그래프(Graph)	• 노드(Vertex)와 간선(Edge)으로 구성된 구조 • 종류 : 방향 그래프, 무방향 그래프, 가중치 그래프 등 • 활용 : 네트워크 연결, 최단 경로 탐색(Dijkstra), 소셜 네트워크 분석

02 트리(Tree)

1) 개념
- 그래프(Graph)의 특수한 형태로, 사이클(Cycle)이 없는 자료구조이다.
- 트리에는 루트(Root) 노드가 반드시 하나 존재한다.
- 루트에서 임의의 노드로 가는 경로(Path)는 단 하나뿐이다.

- 구성 요소

노드(Node)	데이터를 저장하는 기본 단위
간선(Edge) 또는 가지(Branch)	노드와 노드를 연결하는 선

2) 트리의 구조와 관련 용어

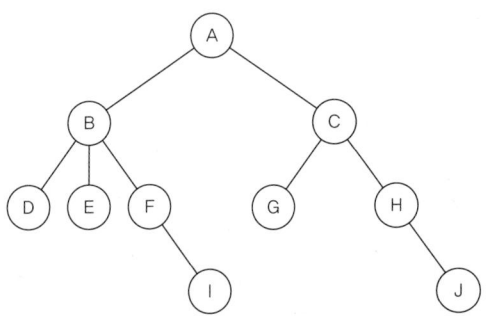

관련 용어	설명	그림에서의 예
노드(Node)	트리의 각 원소	A, B, C, D, E, F, G, H, I, J
근노드(Root Node)	가장 상위에 있는 노드	A
레벨(Level)	루트로부터 경로의 길이(시작을 0으로)	• 레벨 0 → A • 레벨 1 → B, C • 레벨 2 → D, E, F, G, H • 레벨 3 → I, J
조상 노드 (Ancestor Node)	어떤 노드까지 이르는 경로상의 모든 노드	I의 조상 노드는 A, B, F
부모 노드(Parent Node)	어떤 노드에 직접 연결된 이전 레벨의 노드	B는 D, E, F의 부모 노드
자식 노드(Child Node)	어떤 노드에 직접 연결된 다음 레벨의 노드	C의 자식 노드는 G, H
형제 노드(Brother Node)	같은 부모를 가진 노드	D, E, F는 형제, G, H도 형제
깊이(Depth)	트리의 최대 레벨	이 트리의 깊이는 3(루트 A에서 I 나 J까지의 경로)
차수(Degree)	특정 노드에 연결된 자식 노드의 수	• B의 차수 = 3(D, E, F) • C의 차수 = 2(G, H) • A의 차수 = 2(B, C)
단말 노드(Terminal Node, Leaf Node)	자식이 없는 노드(차수 = 0)	D, E, I, G, J
트리의 차수 (Degree of Tree)	트리 전체에서 가장 큰 차수	이 트리의 차수 = 3(B의 차수가 가장 큼)

➕ 더 알기 TIP

트리 노드의 종류

루트 노드(Root Node)	트리의 최상위에 있는 시작 노드
리프 노드(Leaf Node, 단말 노드, 종단 노드, 단(端) 노드)	• 자식이 없는 노드 • 트리의 가지 끝에 위치한 노드
내부 노드(Internal Node, 간선 노드, 간(間) 노드)	• 자식이 하나 이상 있는 노드 • 루트 노드 포함(리프를 제외한 나머지 노드 전부)

3) 응용 분야

디렉터리 구조	• 파일과 폴더를 계층적으로 관리 • ⓓ C 드라이브 → Program Files → App 폴더
데이터베이스(Database)	• 인덱스(Index) 구현에 사용 • 쿼리 최적화 및 데이터 정렬에도 활용
계층적 데이터 표현	• XML, JSON과 같은 마크업/데이터 교환 포맷에서 부모-자식 구조를 표현 • ⓓ 웹 문서의 DOM(Document Object Model) 구조
알고리즘	• 이진 탐색 트리(BST, Binary Search Tree) : 정렬 · 검색 알고리즘 • 힙(Heap) : 우선순위 큐(Priority Queue) 구현 • 트라이(Trie) : 문자열 검색 자동완성, 사전(Dictionary) 구조 구현
기타	• 네트워크 라우팅 : 경로 탐색 시 트리 구조 사용 • 게임 개발 : 의사결정 트리, 미니맥스 트리(게임 전략)

4) 이진 트리(Binary Tree)

① 개념
- 모든 노드의 차수(Degree)가 최대 2 이하인 트리이다.
- 특징
  - 레벨(Level) K에서 최대 노드 수 : 2^{K-1}
  - 깊이(Height, 레벨 수) h인 이진 트리의 최대 노드 수 : 2^h-1

> 🏆 **기적의 TIP**
> 깊이가 5인 이진 트리의 최대 노드 수는 $2^5 - 1 = 31$입니다.

② 구조

정 이진 트리 (Full Binary Tree)	모든 노드가 0개 또는 2개의 자식을 가지는 트리	
완전 이진 트리 (Complete Binary Tree)	마지막 레벨을 제외하면 모든 레벨이 채워져 있고, 마지막 레벨은 왼쪽부터 차례대로 노드가 채워진 트리	
사향 이진 트리 (Skewed Binary Tree)	모든 노드가 한쪽 자식만 가지는 트리	

> 🏆 **기적의 TIP**
> 정 이진 트리(Full Binary Tree)는 자식이 1개만 있는 노드가 존재할 수 없습니다.

③ 이진 트리 운행법(Traversal)

전위(Preorder) 운행	Root → Left → Right 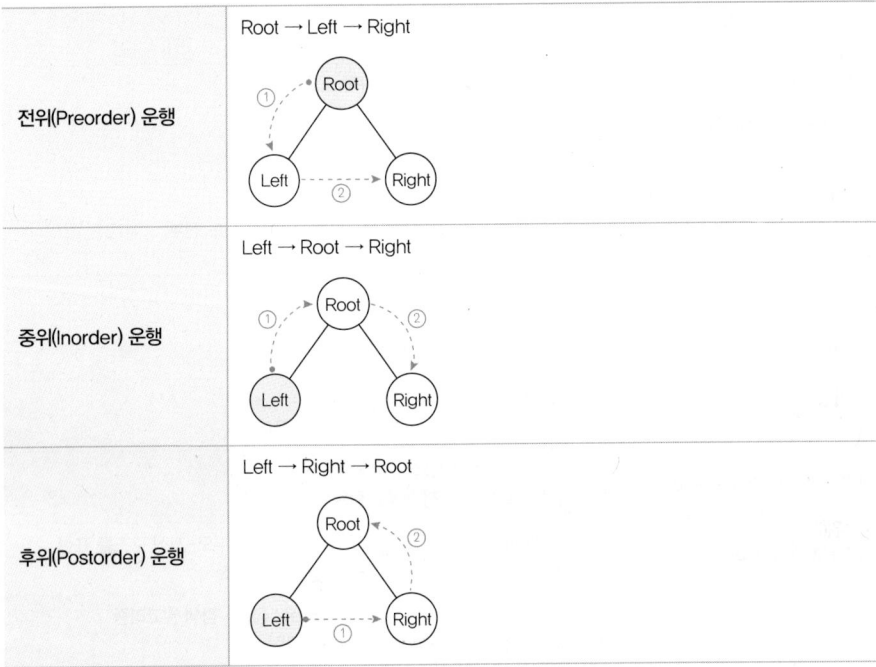
중위(Inorder) 운행	Left → Root → Right
후위(Postorder) 운행	Left → Right → Root

➕ **더 알기 TIP**

아래의 트리를 전위, 중위, 후위 방식으로 각각 운행한 경우 각 노드의 순서는 어떻게 되는지 알아보자.

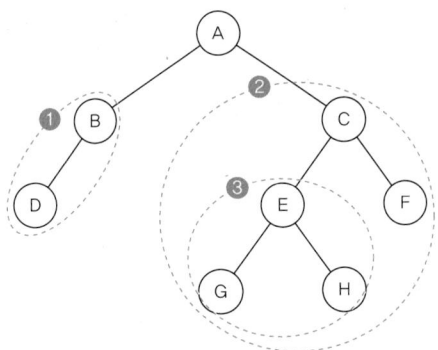

전위(Preorder) 운행	1. A ❶ ❷ 2. A B D ❷ 3. A B D C ❸ F 4. A B D C E G H F
중위(Inorder) 운행	1. ❶ A ❸ ❷ 2. D B A ❸ ❷ 3. D B A G E H C F
후위(Postorder) 운행	1. ❶ ❸ ❷ A 2. D B ❸ ❷ A 3. D B G H E ❷ A 4. D B G H E F C A

④ 수식 표기법(Expression Notation)
- 산술식을 표현할 때 이진 트리(수식 트리, Expression Tree)를 사용한다.
- 이진 트리를 순회(Traversal)하는 방식에 따라 수식 표기법이 달라진다.

전위(Prefix, Polish Notation) 표기법	• 연산자 → 피연산자 → 피연산자 • 예) + A B
중위(Infix) 표기법	• 피연산자 → 연산자 → 피연산자 • 예) A + B
후위(Postfix, Reverse Polish Notation) 표기법	• 피연산자 → 피연산자 → 연산자 • 예) A B +

➕ 더 알기 TIP

중위 표기법(Infix)인 (A*B)+(C*D) 수식을 전위 표기법과 후위 방식으로 변경하시오.

전위(Prefix) 표기법	1. 제일 바깥 연산자는 + 이므로, 괄호 앞으로 연산자 이동
	   +(A*B)(C*D)
	2. 괄호 안 변환
	   (A*B) → *AB
	   (C*D) → *CD
	3. 합치면 +*AB*CD

후위(Postfix) 표기법	1. 제일 바깥 연산자는 + 이므로, 괄호 뒤로 연산자 이동
	   (A*B)(C*D)+
	2. 괄호 안 변환
	   (A*B) → AB*
	   (C*D) → CD*
	3. 합치면 AB*CD*+

➕ 더 알기 TIP

운행법(Pre/In/Post)과 수식 표기법(Prefix/Infix/Postfix)
- 이진 트리를 Preorder 순회 → Prefix 표기법
- 이진 트리를 Inorder 순회 → Infix 표기법
- 이진 트리를 Postorder 순회 → Postfix 표기법

03 그래프(Graph)

1) 개념

- 정점(Vertex)과 간선(Edge)의 집합으로 이루어진 자료구조이다.
- 데이터 간의 관계(연결성)를 표현하는 비선형 자료구조이다.
- 표현 방법

인접 행렬(Adjacency Matrix)	• 2차원 배열로 표현 • 노드 수가 적고 간선이 많은 경우 유리
인접 리스트(Adjacency List)	• 각 정점에 연결된 간선을 리스트 형태로 표현 • 노드 수가 많고 간선이 적은 경우 유리

📌 **기적의 TIP**

인접 리스트는 선형 자료구조인 '리스트'를 이용해서 비선형 자료구조인 '그래프'를 구현하는 표현 방법입니다.

- 종류

방향 그래프(Directed Graph)	간선에 방향이 있는 그래프
무방향 그래프(Undirected Graph)	간선에 방향이 없는 그래프
완전 그래프(Complete Graph)	모든 정점들이 서로 연결된 그래프
부분 그래프(Subgraph, 부 그래프)	원래 그래프에서 일부 정점과 간선을 뽑아 만든 그래프

➕ 더 알기 TIP

신장 트리(Spanning Tree)
- 주어진 그래프의 모든 정점을 포함하면서, 사이클이 없는 부분 그래프이다.
- 즉, 그래프에서 꼭 필요한 간선만 골라서 트리 구조로 만든 것이다.
- 정점이 n개라면 간선은 항상 n-1개이다.

📑 기적의 TIP

그래프의 최대 간선 수를 구하는 문제가 자주 출제됩니다. 정점이 n개일 때 최대 간선 수의 공식을 꼭 알아두세요.

2) 최대 간선 수

무방향 그래프	$n(n-1)/2$
방향 그래프	$n(n-1)$

3) 순환 복잡도(Cyclomatic Complexity)

- 프로그램의 제어 구조(조건문, 반복문 등)의 복잡도를 정량적으로 측정하는 지표이다.
- 맥케이브 순환도(McCabe's Cyclomatic Number) 또는 맥케이브 복잡도 메트릭(McCabe's Complexity Metrics)이라고도 한다.
- 프로그램의 논리적 경로 수를 나타내며, 값이 클수록 프로그램의 복잡성이 증가하고 필요한 테스트 케이스 수도 많아진다.
- 제어 흐름도(Control Flow Graph)를 기반으로 계산한다.
- 계산 공식(제어 흐름 그래프에서)

$$V(G) = E - N + 2$$

- V(G) : 순환 복잡도(Cyclomatic Complexity)
- E : 간선(Edges, 화살표) 수
- N : 노드(Nodes, 정점) 수

4) 응용 분야

지도 정보(Geographic Information)	도로, 교통량, 도시 간 연결 등을 그래프로 모델링하여 최단 경로(Shortest Path) 계산에 활용
네트워크(Network)	노드와 연결선을 그래프로 표현하여 네트워크 구성 및 최단 경로를 계산에 활용
소셜 네트워크 분석(Social Network Analysis)	사용자와 관계를 그래프로 표현하여 소셜 네트워크 구성 및 분석에 사용
알고리즘(Algorithms)	최단 경로 알고리즘(다익스트라, 벨만-포드, 플로이드 워셜), 네트워크 플로우 알고리즘(최대 유량, 최소 컷 문제), 그래프 탐색(DFS, BFS) 등의 알고리즘에 사용

5) 인접 행렬(Adjacency Matrix)

- 그래프에서 정점(Vertex) 간의 연결 관계를 2차원 배열(행렬)로 표현하는 방법이다.
- 행렬의 원소 A_{ij}는 정점 V_i에서 V_j로 가는 간선(Edge)의 존재 여부를 나타낸다.
- 특징

방향 그래프(Directed Graph)	• A_{ij} = 1 : 정점 V_i에서 V_j로 가는 간선이 있음 • A_{ij} = 0 : 간선 없음
무방향 그래프(Undirected Graph)	• $A_{ij} = A_{ji}$ (대칭 행렬) • 두 정점이 연결되어 있으면 A_{ij} = 1, 아니면 0

- 장단점

장점	• 간선 존재 여부를 O(1)에 확인 가능(행렬 값만 보면 됨) • 구현이 단순함
단점	• 간선이 적은 희소 그래프(sparse graph)에서는 메모리 낭비 • n^2 크기의 배열 필요

➕ 더 알기 TIP

아래의 그림은 1부터 5까지 일렬로 가다가 마지막에 5에서 3으로 돌아가는 방향 그래프이다. 이를 인접 행렬로 표현하시오.

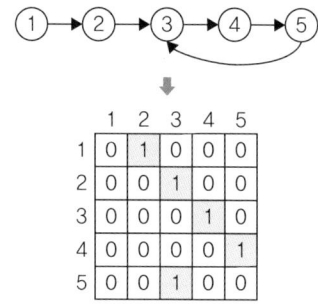

이론을 확인하는 기출문제

01 다음 중 비선형 자료구조의 특징에 대한 설명으로 옳지 않은 것은?
① 트리는 부모-자식 계층, 그래프는 노드와 간선의 네트워크로 표현한다.
② 노드 간 연결을 따라 비순차적으로 접근할 수 있다.
③ 노드와 간선을 동적으로 추가·삭제하기 용이하다.
④ 반드시 앞에서부터 순차적으로만 접근해야 한다.

> 비선형 구조(트리·그래프)는 계층/망 형태로 연결되어 비순차 접근이 가능하고, 포인터(간선)를 따라 임의의 노드로 진입할 수 있다.

02 다음 중 정 이진 트리(Full Binary Tree)에 대한 설명으로 옳은 것은?
① 모든 노드는 자식 수가 0개 또는 2개이다.
② 마지막 레벨을 제외하면 모두 채워지고, 마지막 레벨은 왼쪽부터 채워진다.
③ 모든 노드가 한쪽 자식만 가진다.
④ 깊이가 h일 때 최대 노드 수는 2^h이다.

> **오답 피하기**
> • ② 완전 이진 트리
> • ③ 사향 이진 트리
> • ④ 최대 노드 수는 이진 트리 일반식으로 2^h-1

03 다음 중위식(Infix Expression)을 후위식(Postfix Expression)으로 변환한 결과로 옳은 것은?

$(A+B)*(C-D)/E$

① AB+CD-*E/
② ABCD-+*E/
③ AB+CDE-*/
④ ABCD-*+E/

> 1. 괄호 안부터 처리
>   (A+B) → AB+
>   (C-D) → CD-
> 2. 곱셈 적용 : (AB+)(CD-)* → AB+CD-*
> 3. 나눗셈 적용 : (AB+CD-*)E → AB+CD-*E/
> 4. 최종 후위식 : AB+CD-*E/

04 정점 수가 n=6인 방향 그래프의 최대 간선 수는? (단, 자가 루프 없음)
① 15
② 21
③ 30
④ 36

> 방향 그래프의 최대 간선 수(자기 루프 제외)는 n(n-1)이다.

05 어떤 프로그램의 제어 흐름 그래프에서 간선 수 E=18, 노드 수 N=12일 때, 순환 복잡도 V(G)는?
① 6
② 7
③ 8
④ 9

> 맥케이브 순환 복잡도 V(G)=E-N+2

정답 01 ④ 02 ① 03 ① 04 ③ 05 ③

SECTION 03 정렬

출제빈도 **상** 중 하
반복학습 1 2 3

빈출 태그 버블 정렬 · 선택 정렬 · 삽입 정렬 · 시간 복잡도

01 정렬(Sort)

1) 개념

- 자료를 특정 기준에 따라 다시 나열하는 것을 의미한다.
- 정렬 알고리즘 선택 시 고려사항 : 데이터의 양, 초기 데이터의 배열 상태, 키값의 분포 상태, 사용 컴퓨터 시스템의 특성 등
- 종류

내부 정렬(Internal Sorting)	· 메모리 이용 · 메인 메모리 안에서 정렬을 끝낼 수 있는 경우
외부 정렬(External Sorting)	· 보조 기억 장치 이용 · 데이터가 너무 커서 메모리에 다 올릴 수 없는 경우, 보조 기억 장치 활용

2) 내부 정렬과 외부 정렬의 비교

구분	내부 정렬	외부 정렬
정렬 기법	삽입 정렬, 쉘 정렬, 선택 정렬, 버블 정렬, 퀵 정렬, 힙 정렬, 병합 정렬, 기수 정렬	2-way 병합, m-way 병합, 진동 병합, 균형 병합, 다단계 병합, 교대식 병합, 플리파즈 병합 등
대상 데이터 크기	메인 메모리 내에 저장 가능한 작은 데이터 집합	메모리에 전부 올릴 수 없는 대용량 데이터
사용되는 기억 장치	주기억 장치(메인 메모리)	보조 기억 장치(디스크, 테이프 등)
입·출력 단위	레코드 단위(Record-by-record), 블록 단위(Block-by-block)	파일 단위(File-by-file)
접근 방식	직접 접근(Direct Access), 순차 접근(Sequential Access)	순차 접근(Sequential Access)
성능	메모리 효율적인 사용, 빠른 속도, 안정적 성능	보조 기억 장치 입·출력 속도에 따라 처리 시간 달라짐

> **기적의 TIP**
>
> **알고리즘 방식별 분류**
>
> | | | |
> |---|---|---|
> | 내부 정렬 | 삽입 방식 | 삽입 정렬, 쉘 정렬 |
> | | 교환 방식 | 선택 정렬, 버블 정렬, 퀵 정렬 |
> | | 선택 방식 | 힙 정렬 |
> | | 분배 방식 | 기수 정렬 |
> | | 병합 방식 | 이진 병합 정렬 |
> | 외부 정렬 | 디스크 이용 | 2-way 병합 정렬, m-way 병합 정렬 |
> | | 테이프 이용 | 균형 병합 정렬, 다단계 병합 정렬, 계단식 병합 정렬, 교대식 병합 정렬 |

> **기적의 TIP**
>
> 기본적이고 느린 $O(n^2)$ 정렬(버블→선택→삽입)부터 시작하여, 개선형(쉘) → 효율적 분할 정복(퀵·병합) → 고급 자료구조/비교 외 정렬(힙·기수)로 진행됩니다.

02 버블 정렬(Bubble Sort)

1) 개념

- 인접한 두 원소를 비교 후 교환하면서 정렬하는 가장 단순한 알고리즘이다.
- 작은 값(또는 큰 값)이 한 단계씩 옆으로 '거품(bubble)'처럼 이동하는 모습에서 이름이 붙여졌다.

> **기적의 TIP**
>
> 버블 정렬에서는 '인접한 두 개의 레코드'를 기억하세요.

2) 동작 과정(오름차순 기준)

① 첫 번째 원소와 두 번째 원소 비교 → 큰 값을 뒤로 보냄
② 두 번째와 세 번째 비교 → 큰 값을 뒤로 보냄
③ … 마지막까지 반복하면 가장 큰 값이 맨 뒤에 위치
④ 나머지 구간(끝 원소 제외)에 대해 같은 과정을 반복
⑤ 전체 배열이 정렬될 때까지 진행

➕ 더 알기 TIP

예제로 알아보는 버블 정렬

- 초기 데이터 : [5, 3, 4, 1, 2]
- 1회전 : [3, 4, 1, 2, 5]

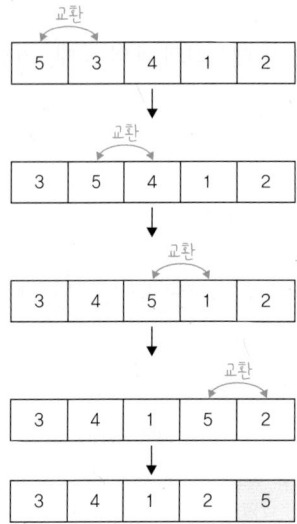

- 2회전 : [3, 1, 2, 4, 5]

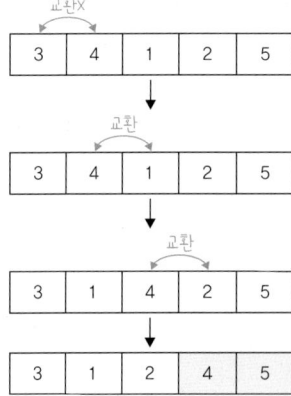

- 3회전 : [1, 2, 3, 4, 5] → 정렬 완료

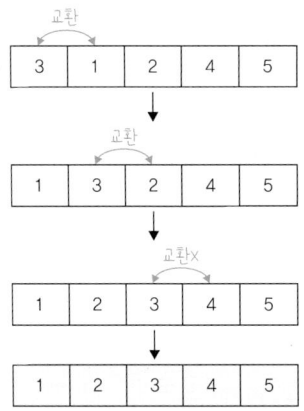

3) 특징

- 시간 복잡도 : 최상, 평균, 최악 → $O(n^2)$
- 공간 복잡도 : $O(1)$
- 안정성 : 안정 정렬(Stable Sort)
- 장점 : 구현이 매우 단순
- 단점 : 속도가 매우 느려 대규모 데이터에는 부적합

> **기적의 TIP**
>
> 공간 복잡도 O(1)은 입력 크기와 무관하게 일정한 크기의 메모리만 쓰는 정렬이라는 의미이며, 제자리 정렬(In-place Sort)이라고 부릅니다.

+ 더 알기 TIP

안정 정렬(Stable Sort)

- 정렬 대상 데이터에 동일한 값을 가진 요소들(동일 키)이 있을 때, 정렬 후에도 이들의 원래 순서가 그대로 유지되는 정렬 방식을 말한다.
- 예를 들어, 'A'라는 값을 가진 두 요소가 있고, 원래 'A1', 'A2' 순서였다면, 안정 정렬을 거친 후에도 항상 'A1', 'A2' 순서를 유지한다.
- 불안정 정렬(Unstable Sort)은 이와 반대로, 동일 키를 가진 요소들의 상대적 순서가 바뀔 수 있다.

03 선택 정렬(Selection Sort)

1) 개념

- 전체 데이터 중에서 최솟값(또는 최댓값)을 선택해서 맨 앞 원소와 교환하는 방식의 정렬 알고리즘이다.
- 각 회전마다 자리를 확정시키므로, n번째 회전이 끝나면 앞쪽 n개의 원소는 정렬이 완료된다.
- 비교 횟수는 항상 n(n-1)/2이며, 교환 횟수는 최대 n-1번이다.

2) 동작 과정(오름차순 기준)

① 배열 전체에서 최솟값 찾기 → 첫 번째 원소와 교환
② 두 번째 원소부터 끝까지 최솟값 찾기 → 두 번째 원소와 교환
③ 이 과정을 n-1번 반복하면 정렬 완료

➕ 더 알기 TIP

예제로 알아보는 선택 정렬

- 초기 데이터 : [5, 3, 4, 1, 2]
- 1회전 : [1, 3, 4, 5, 2]

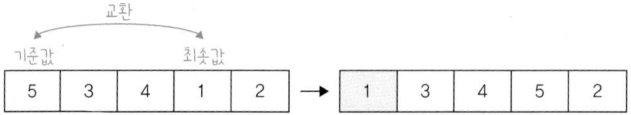

- 2회전 : [1, 2, 4, 5, 3]

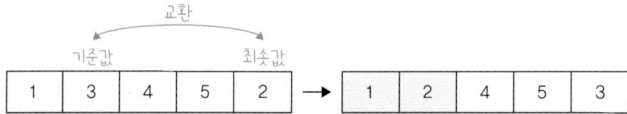

- 3회전 : [1, 2, 3, 5, 4]

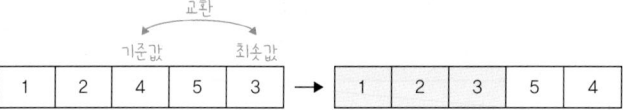

- 4회전 : [1, 2, 3, 4, 5] → 정렬 완료

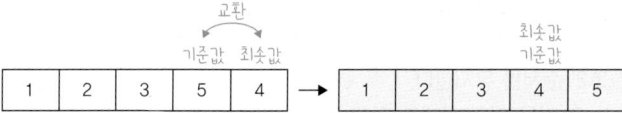

> **기적의 TIP**
> 선택 정렬은 교환 과정에서 동일 값의 상대적 순서가 보장되지 않기 때문에 불안정 정렬입니다.

3) 특징

- 시간 복잡도 : 최상, 평균, 최악 → $O(n^2)$
- 공간 복잡도 : $O(1)$
- 안정성 : 불안정 정렬(Unstable Sort)
- 장점 : 구현 간단, 교환 횟수가 최대 n-1번으로 적음
- 단점 : 비교 횟수 많음, 속도 느림

> **기적의 TIP**
> 선택 정렬은 매번 전체 데이터 중 최솟값을 찾아 맨 앞으로 옮긴다는 원리입니다. 즉, 정렬이 이미 되어 있든, 완전히 뒤죽박죽이든 항상 전체를 다 훑어서 최솟값을 찾아야 합니다. 그래서 선택 정렬은 비교 횟수가 일정합니다.

04 삽입 정렬(Insertion Sort)

1) 개념
- 배열을 앞에서부터 차례로 보면서, 현재 원소를 이미 정렬된 부분 배열에 알맞은 위치에 삽입하는 방식의 정렬 알고리즘이다.
- 카드를 한 장씩 집어 들고, 손 안의 카드들을 정렬된 상태로 유지하는 원리이다.

2) 동작 과정(오름차순 기준)
① 두 번째 원소부터 시작
② 현재 원소를 왼쪽의 정렬된 부분과 비교
③ 자기보다 큰 원소는 한 칸씩 뒤로 밀고, 알맞은 위치에 삽입
④ 마지막 원소까지 반복

➕ 더 알기 TIP

예제로 알아보는 삽입 정렬
- 초기 데이터 : [5, 3, 4, 1, 2]
- 1회전 : [3, 5, 4, 1, 2]

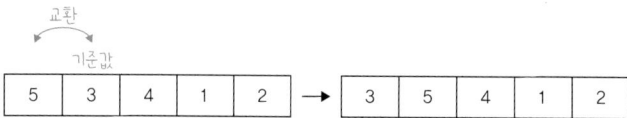

- 2회전 : [3, 4, 5, 1, 2]

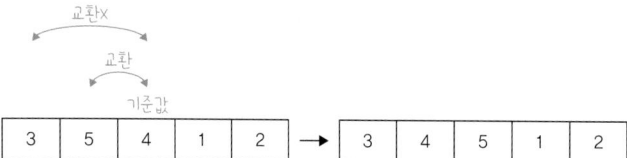

- 3회전 : [1, 3, 4, 5, 2]

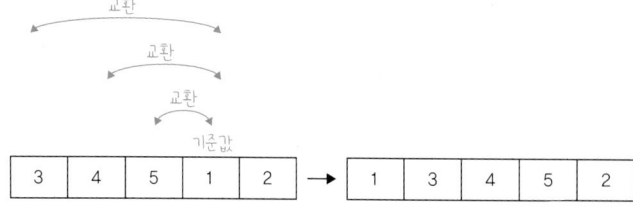

- 4회전 : [1, 2, 3, 4, 5] → 정렬 완료

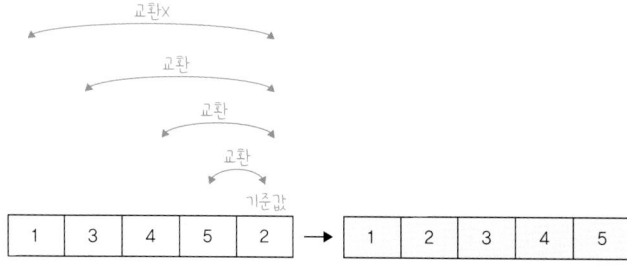

3) 특징

- 시간 복잡도 : 최상 → $O(n)$ / 평균, 최악 → $O(n^2)$
- 공간 복잡도 : $O(1)$
- 안정성 : 안정 정렬(같은 값의 상대 순서 유지)
- 장점 : 구현이 간단, 작은 데이터 집합에 효율적
- 단점 : 큰 데이터 집합에는 비효율적

> **기적의 TIP**
> 삽입 정렬은 이미 정렬이 되어 있는 경우에는 비교만 하고 교환하지 않습니다. 또한 역순 정렬일 경우 시간 복잡도가 최악입니다.

05 기타 정렬

① 쉘 정렬(Shell Sort)
- 삽입 정렬을 개선한 방식이다.
- 일정 간격(gap)으로 떨어진 원소들을 먼저 정렬하고, 간격을 점점 줄여가며 최종적으로 삽입 정렬을 수행한다.
- 삽입 정렬보다 비교 횟수와 교환 횟수를 감소시킬 수 있다.
- 시간 복잡도 : 최상 → $O(n\log n)$ / 평균 → $O(n^{1.5})$ / 최악 → $O(n^2)$
- 불안정 정렬

> **기적의 TIP**
> 시간 복잡도 표기에서 $O(n\log n)$과 $O(n\log_2 n)$이 혼용되어 사용되기도 합니다.
> - $O(n\log n)$: 일반적인 빅오(Big-O) 표기
> - $O(n\log_2 n)$: 로그의 밑(base)을 2로 명시한 것
> 빅오 표기법에서는 밑을 생략하는 게 일반적이므로 두 개를 동일하게 생각해도 됩니다.

② 퀵 정렬(Quick Sort)
- 피벗(pivot)을 기준으로 작은 값은 왼쪽, 큰 값은 오른쪽으로 분할하는 분할 정복(Divide & Conquer) 방식이다.
- 시간 복잡도 : 최상, 평균 → $O(n\log n)$ / 최악 → $O(n^2)$
- 잘못된 피벗을 선택한 최악의 경우 비교 횟수 : $n(n-1)/2$회
- 불안정 정렬

③ 병합 정렬(Merge Sort)
- 데이터를 더 이상 나눌 수 없을 때까지 분할한 후, 정렬하면서 병합(Merge)하는 방식이다.
- 시간 복잡도 : 최상, 평균, 최악 → $O(n\log n)$
- 안정 정렬

④ 힙 정렬(Heap Sort)
- 완전 이진 트리(Complete Binary Tree) 형태의 자료구조인 힙(Heap)을 이용하는 정렬 기법이다.
- 보통 최대 힙(Max Heap)을 사용하여, 루트 노드(가장 큰 값)를 꺼내어 배열 끝에 배치한 후, 남은 부분으로 다시 힙을 구성하여 반복 수행한다.
- 시간 복잡도 : 최상, 평균, 최악 → $O(n\log n)$
- 불안정 정렬

⑤ 기수 정렬(Radix Sort)
- 자릿수(Digit)별로 분배 · 정렬하여 전체를 정렬하는 방식이다.
- 비교 기반 정렬이 아니다.
- 안정 정렬

+ 더 알기 TIP

정렬 방식별 시간 복잡도와 공간 복잡도 비교

구분	시간 복잡도			공간 복잡도
	최상	평균	최악	
버블 정렬	$O(n^2)$	$O(n^2)$	$O(n^2)$	$O(1)$
선택 정렬	$O(n^2)$	$O(n^2)$	$O(n^2)$	$O(1)$
삽입 정렬	$O(n)$	$O(n^2)$	$O(n^2)$	$O(1)$
쉘 정렬	$O(nlogn)$	$O(n^{1.5})$	$O(n^2)$	$O(1)$
퀵 정렬	$O(nlogn)$	$O(nlogn)$	$O(n^2)$	$O(logn) \sim O(n)$
병합 정렬	$O(nlogn)$	$O(nlogn)$	$O(nlogn)$	$O(n)$
힙 정렬	$O(nlogn)$	$O(nlogn)$	$O(nlogn)$	$O(1)$

> **기적의 TIP**
>
> **정렬 알고리즘의 안정성**
> - 동일 키 값 요소의 원래 순서를 보존한다.
> - 안정성은 데이터 처리에서 중요하며, 특히 다중 키 정렬에서 필요하다.
> - 버블 정렬, 삽입 정렬, 병합 정렬은 안정적이다.
> - 퀵 정렬, 힙 정렬은 불안정하다.

이론을 확인하는 기출문제

01 내부 정렬과 외부 정렬의 비교로 옳지 않은 것은?
① 내부 정렬은 주기억장치를, 외부 정렬은 보조기억장치를 주로 사용한다.
② 내부 정렬은 직접/순차 접근이 가능하고, 외부 정렬은 주로 순차 접근을 사용한다.
③ 내부 정렬의 대상은 메모리에 전부 올릴 수 없는 대용량 데이터이다.
④ 외부 정렬의 성능은 보조기억장치 I/O 속도의 영향을 많이 받는다.

내부 정렬은 메인 메모리 안에서 정렬을 끝낼 수 있을 때, 외부 정렬은 데이터가 너무 커서 메모리에 다 올리지 못할 때 사용한다.

02 선택 정렬에 대한 설명으로 옳지 않은 것은?
① 비교 횟수는 항상 n(n-1)/2이다.
② 교환(스왑) 횟수는 최대 n-1이다.
③ 안정 정렬(Stable Sort)이다.
④ 최상·평균·최악 시간 복잡도는 모두 $O(n^2)$이다.

선택 정렬은 '비교 횟수 일정, 교환은 최대 n-1, 불안정 정렬'이 핵심이다.

03 외부 정렬 기법에 해당하는 것만 묶은 보기는?
① 2-way 병합, m-way 병합, 균형 병합
② 삽입 정렬, 선택 정렬
③ 힙 정렬, (내부) 병합 정렬
④ 쉘 정렬, 퀵 정렬, 힙 정렬

- 내부 정렬 : 삽입 정렬, 쉘 정렬, 선택 정렬, 버블 정렬, 퀵 정렬, 힙 정렬, 병합 정렬, 기수 정렬 등
- 외부 정렬 : 2-way 병합, m-way 병합, 진동 병합, 균형 병합, 다단계 병합, 교대식 병합, 플리파즈 병합 등

정답 01 ③ 02 ③ 03 ①

SECTION 04 검색과 해싱

빈출 태그 검색 • 이분 검색 • 선형 검색 • 해싱 검색 • 해싱 • 충돌

01 검색(Search)

1) 개념
- 기억 공간 내 기억된 자료 중에서 주어진 조건을 만족하는 자료를 찾는 과정이다.
- 데이터베이스, 파일 시스템, 알고리즘 문제 해결 등 모든 분야에서 필수이다.

2) 종류

① 이분 검색(Binary Search, 이진 검색)
- 정렬된 데이터 집합에서 원하는 값을 빠르게 찾기 위해, 검색 구간을 절반씩 줄여가며 탐색하는 방법이다.
- 검색 대상이 반드시 오름차순 또는 내림차순으로 정렬되어 있어야 적용 가능하다.
- 특징
  - 시간 복잡도 : $O(\log_2 n)$
  - 검색 효율이 매우 높아, 선형 검색에 비해 큰 데이터 집합에서 특히 효과적
  - 탐색 과정에서 비교가 이루어질 때마다 검색 범위가 절반으로 축소됨
  - 정렬되지 않은 데이터에는 사용할 수 없으므로, 사전에 정렬 필요
- 절차
  - 초기 설정 : 검색 범위의 처음 인덱스를 Low, 끝 인덱스를 High로 설정
  - 중간 인덱스 계산 : Mid = (Low + High) / 2로 중간 위치 구함
  - 비교 :
    찾고자 하는 값(Key) = Mid 값 → 검색 성공
    Key 〈 Mid 값 → 범위를 왼쪽 절반으로 좁힘(High = Mid − 1)
    Key 〉 Mid 값 → 범위를 오른쪽 절반으로 좁힘(Low = Mid + 1)
  - 범위를 좁혀가며 비교를 반복하다가 찾는 값이 발견되면 종료

> **기적의 TIP**
> 이분 검색은 정렬된 데이터에만 적용할 수 있습니다.

> **기적의 TIP**
> 이분 검색은 데이터 개수가 n일 때, 최대 약 log₂n 번의 비교만으로 검색이 가능합니다.

> **기적의 TIP**
> 만약 Low 〉 High가 되면, 찾는 값이 집합에 없는 것으로 판단합니다.

➕ 더 알기 TIP

다음과 같이 레코드가 구성되어 있을 때, 이진 검색 방법으로 'E'를 찾을 경우 비교되는 횟수를 구하시오.

A, B, C, D, E, F, G, H, I, J, K, L, M, N, O

①
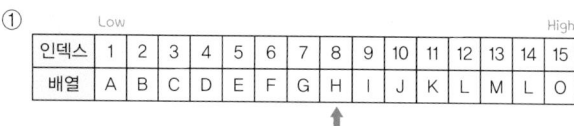

Low=1, High=15 → Mid=(1+15)/2=8 → 값은 H
→ 'E'(Key) 〈 'H' → 왼쪽 구간(1~7)으로 범위 축소

②
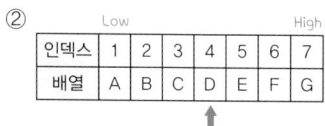

Low=1, High=7 → Mid=(1+7)/2=4 → 값은 D
→ 'E' 〉 'D' → 오른쪽 구간(5~7)으로 범위 축소

③

Low=5, High=7 → Mid=(5+7)/2=6 → 값은 F
→ 'E' 〈 'F' → 왼쪽 구간(5~5)으로 범위 축소

④

Low=5, High=5 → Mid=5 → 값은 E
→ 찾는 값 발견

∴ 총 4회 비교 후 검색 성공

② 선형 검색(Linear Search)
- 자료구조(배열, 리스트 등)에 저장된 데이터를 처음 원소부터 순서대로 하나씩 비교하여 원하는 값을 찾는 방법이다.
- 별도의 정렬이 필요하지 않고, 가장 단순하고 직관적인 검색 방식이다.
- 특징
  - 구현이 단순하고 추가적인 메모리나 자료구조가 필요 없음
  - 데이터 정렬 여부와 상관없이 언제든 사용할 수 있음
  - 탐색할 데이터 수가 많아질수록 시간이 오래 걸리므로 비효율적
  - 평균 비교 횟수 : $(n+1)/2$
  - 시간 복잡도 : $O(n)$

> 📌 **기적의 TIP**
>
> 선형 검색은 최악의 경우 n번 비교해야 한다.

- 절차
  - 배열(리스트)의 첫 번째 원소부터 시작
  - 찾고자 하는 값(Key)과 현재 위치의 값 비교
  - 값이 같으면 검색 성공 → 해당 인덱스 반환
  - 값이 다르면 다음 원소로 이동
  - 끝까지 비교했는데도 값이 없으면 검색 실패

③ 해싱 검색(Hashing Search)
- 키값을 해시 함수(Hash Function)에 입력하여 직접적으로 저장 위치(Address)를 계산하고, 그 위치에서 데이터를 찾는 방법이다.
- 평균적으로 O(1)의 빠른 검색이 가능하며, 삽입/삭제도 빠르게 처리할 수 있다.
- 충돌(Collision)이 발생할 수 있으며, 이를 해결하기 위한 기법이 필요하다.
- 데이터가 특정 패턴에 치우치면 성능이 저하될 수 있다.
- 대규모 데이터베이스에서 탐색 효율이 뛰어나다.

> **기적의 TIP**
> 충돌 해결 기법으로는 체이닝, 개방 주소법 등이 있습니다.

④ 이진 트리 검색(Binary Tree Search)
- 데이터를 이진 탐색 트리(Binary Search Tree) 구조로 저장하고, 루트에서 시작하여 왼쪽(작은 값) 또는 오른쪽(큰 값)으로 이동하며 탐색하는 방법이다.
- 삽입, 삭제, 탐색 모두 비교적 빠르게 가능하다.
- 균형 잡힌 트리(AVL, Red-Black Tree 등)에서는 항상 안정적으로 빠른 검색이 가능하다.
- 데이터의 크기 비교만으로 검색 경로가 결정된다.

⑤ 블록 검색(Block Search)
- 전체 데이터를 여러 블록(Block)으로 나눈 후, 블록 단위로 먼저 검색한 뒤 블록 내부에서 다시 선형 검색을 수행하는 방법이다.
- 보통 보조 인덱스 테이블 + 순차 검색 방식으로 구현된다.
- 정렬되지 않은 데이터에서도 사용할 수 있다.
- 데이터가 크고 메모리 접근 비용이 큰 경우에 효과적이다.

⑥ 제어 검색(Interpolated Search, 보간 검색)
- 이분 검색과 유사하지만, 단순히 중간을 자르는 대신 탐색 키값의 분포(값의 크기)를 고려하여 검색 위치를 예측하는 방식이다.
- 데이터가 균등하게 분포되어 있을 때 효율적이다.
- 평균 시간 복잡도는 O(loglogn)으로 이분 검색보다 빠르지만, 최악의 경우에는 O(n)이다.
- 값의 크기를 이용하므로 숫자형 데이터에 적합하다.
- 구현이 다소 복잡할 수 있다.

⑦ 피보나치 검색(Fibonacci Search)
- 이분 검색과 비슷하지만, 분할 기준을 피보나치 수열*에 따라 탐색하는 방법이다.
- 데이터 접근 횟수를 줄이려는 목적이며, 시간 복잡도는 O(logn)이다.
- 주로 순차적 접근이 많은 저장 장치(테이프, 선형 리스트 등)에서 사용한다.
- 이분 검색 대비 구현은 복잡하지만, 특정 환경에서는 더 효율적이다.

★ 피보나치 수열
'0, 1, 1, 2, 3, 5, 8, 13, …' 이런 식으로 앞의 두 수를 더해서 다음 수를 만들어가는 수열

02 해싱(Hashing)

1) 개념
- 키(Key)에 해싱 함수(Hash Function)를 적용하여 해시 테이블(Hash Table) 내의 저장 위치(홈 주소, Home Address)를 계산하고, 그 주소를 통해 데이터를 직접 접근하는 방식이다.
- 파일 시스템에서 직접 접근 방식(Direct Access Method)을 구현할 때 많이 사용된다.
- 검색 속도가 가장 빠르지만, 충돌 발생 시 처리에 부담이 있으며 메모리 사용량이 크다.

2) 해싱 함수(Hashing Function)

① 개념
- 키(Key, 검색 기준값)를 입력으로 받아서, 해시 테이블(Hash Table) 내의 저장 위치(주소)로 변환해 주는 수학적 함수이다.
- 좋은 해싱 함수는 충돌이 적고, 계산이 단순하며, 쉬워야 한다.

> **기적의 TIP**
> 해싱 함수는 '데이터를 보관할 집 주소를 만들어주는 계산기'라고 생각하면 됩니다.

② 종류

제산 방법 (Division Method)	• 키값을 양의 정수인 소수로 나누어 나머지를 홈 주소로 사용 • 예) 키=1234, 테이블 크기=100 → 97 사용 주소 = 1234 % 97 = 70 ∴ 70번 위치에 저장
중간 제곱 방법 (Mid-Square Method)	• 키를 제곱한 뒤, 그 결과의 중간 자릿수를 추출해서 주소로 사용 • 예) 키=1234 $1234^2 = 1522756$ 중간 2자리('27') → 주소=27 ∴ 27번 위치에 저장
중첩 방법 (Folding Method)	• 키값을 여러 부분으로 나누어 더하거나 XOR 해서 주소 계산 • 예) 키=123456 → 2자리씩 분할 12 + 34 + 56 = 102 102 % 100 = 02 ∴ 2번 위치에 저장
기수 변환 방법 (Radix Conversion Method)	• 키를 다른 진법으로 변환 후, 그 값을 주소로 사용 • 예) 키=1234(10진수) → 8진수 변환 1234(10진) = 2322(8진) 2322 % 100 = 22 ∴ 22번 위치에 저장

> **기적의 TIP**
> 제산 방법에서는 보통 해시 테이블 크기보다 조금 작은 소수(Prime Number)를 나눗셈의 기준으로 사용합니다.

계수 분석 방법 (Digit Analysis Method)	• 여러 키 집합의 분포를 미리 조사한 뒤, 분포가 고르게 나오는 자릿수만 사용 • ⓓ 키들이 1234, 2234, 3234, 4234, … 라면 네 번째 자리('4')는 항상 같음 → 의미 있는 분산은 앞의 두 자리 (12, 22, 32, 42, …)
	키=5234 → 앞의 두 자리 '52' 주소=52
	∴ 52번 위치에 저장

3) 해싱 오버플로우(Hashing Overflow)

① 개념

- 해싱(Hashing)에서 해시 함수(Hash Function)를 통해 키(Key)를 주소로 변환하면, 그 주소에 데이터를 저장하거나 검색할 수 있다. 그런데 서로 다른 키가 동일한 주소(홈 주소, Home Address)로 계산되는 경우가 발생할 수 있다.
- 이처럼 원래 저장할 슬롯(Slot)이나 버킷(Bucket)이 이미 차 있어서 새로운 데이터를 넣을 수 없는 상태를 해싱 오버플로우(Hashing Overflow)라고 한다.

② 대표적인 충돌 해결 방법

선형 개방 주소법 (Linear Open Addressing)	• 충돌 발생 시, 다음 슬롯(버킷)을 차례로 검사해 빈 공간에 저장 • 포인터와 추가적인 저장 공간이 필요하지 않고, 삽입/삭제 시 오버헤드가 적음 • 단순하지만 연속 충돌(Primary Clustering) 문제 발생 가능
폐쇄 주소법 (Closed Addressing, 체이닝)	• 충돌 발생 시, 같은 주소에 연결 리스트를 두어 여러 데이터를 함께 저장 • 충돌이 많아도 안정적이지만 메모리 오버헤드가 생김
재해싱(Rehashing)	• 충돌 발생 시, 다른 해싱 함수를 적용해 새로운 주소를 다시 계산 • 계산 비용이 크지만 분산 효과는 좋음

4) 관련 용어

① 동의어(Synonym)

- 해싱에서 같은 홈 주소(Home Address)로 계산된 레코드들의 집합이다.
- 서로 다른 키이지만 해시 함수 결과가 동일하여 같은 위치를 차지할 수 있는 경우이다.
- 예를 들어 'automobile', 'car', 'vehicle'는 서로 다른 키지만 의미적으로 '차량'이라는 같은 그룹에 묶일 수 있다.
- 동의어가 많아지면 충돌이 빈번해지므로, 충돌 해결 방법이 필요하다.

② 슬롯(Slot)

- 해시 테이블에서 데이터 1개(레코드 1개)를 저장할 수 있는 최소 단위의 공간이다.
- 여러 개의 슬롯이 모여 버킷(Bucket)을 구성한다.
- 슬롯 개수(=해시 테이블 크기)를 늘리면 충돌 확률이 줄어들고, 검색 성능이 향상된다.

> **기적의 TIP**
> 해싱 오버플로우는 해싱 충돌(Collision)로 인해 저장 공간이 꽉 차는 상황이라고 이해하면 됩니다.

> **기적의 TIP**
> 슬롯 = '저장칸'
> 버킷 = '저장칸 묶음'

③ 충돌(Collision)
- 서로 다른 두 키가 같은 해시 주소로 변환되는 현상이다.
- 충돌 발생 시 슬롯이 하나뿐이면 오버플로우가 발생하고, 버킷이 여러 슬롯으로 구성되어 있으면 같은 버킷 안에서 저장이 가능하다(오버플로우를 피할 수도 있음).
- 충돌은 해싱에서 피할 수 없는 문제이므로, 충돌 해결 기법이 반드시 필요하다.

이론을 확인하는 기출문제

01 아래처럼 정렬된 배열이 있다. 이분 검색(Binary Search)으로 문자 'M'을 찾을 때, 비교 횟수의 최댓값은?

> A, B, C, D, E, F, G, H, I, J, K, L, M, N, O

① 2회
② 3회
③ 4회
④ 5회

- 1차 : Low=1, High=15 → Mid=8(H), 'M'(13) 〉 'H' → 오른쪽(9~15)
- 2차 : Low=9, High=15 → Mid=12(L), 'M' 〉 'L' → 오른쪽(13~15)
- 3차 : Low=13, High=15 → Mid=14(N), 'M' 〈 'N' → 왼쪽(13~13)
- 4차 : Low=13, High=13 → Mid=13(M) → 성공

02 다음 설명에 해당하는 해싱 충돌 해결 기법은?

> 충돌 시 동일 주소에 연결 리스트를 두고 여러 레코드를 함께 저장한다. 충돌이 많아도 안정적으로 동작한다(메모리 오버헤드 존재).

① 선형 개방 주소법
② 폐쇄 주소법
③ 재해싱
④ 제산 방법

같은 홈 주소에 체이닝(연결 리스트)으로 걸어두는 방식은 폐쇄 주소법이다.

03 정렬된 데이터를 순차 접근 장치(테이프/선형 리스트)에서 검색할 때, 데이터 접근 횟수를 줄이기에 더 적합한 방법은?

① 이분 검색
② 제어(보간) 검색
③ 피보나치 검색
④ 선형 검색

피보나치 검색은 이분 검색과 유사하지만 피보나치 분할을 사용해 순차 접근 매체에서 접근 횟수를 줄이는 용도로 쓰인다.

04 블록 검색(Block Search)에 대한 설명으로 옳은 것은?

① 정렬된 데이터에서만 사용할 수 있다.
② 보조 인덱스 테이블 + 순차 검색으로 구현한다.
③ 범위를 절반으로 줄여가는 방식이다.
④ 해시 함수를 이용해 직접 홈 주소로 접근한다.

오답 피하기
- ① 정렬이 꼭 필요하지는 않음
- ③ 이진 검색(Binary Search)
- ④ 해싱(Hashing)

정답 01 ③ 02 ② 03 ③ 04 ②

인덱스 구조와 파일 편성

빈출 태그 B-Tree · 정적/동적 인덱싱 · 순차 파일/직접 파일/역파일

01 인덱스 구성

1) 인덱스(Index)

① 개념
- 데이터베이스에서 원하는 레코드(행)를 빠르게 찾기 위해 사용하는 데이터 구조이다.
- 테이블 전체를 순차적으로 검색하지 않고, 인덱스를 통해 빠른 접근 경로를 제공한다.
- 테이블이나 클러스터에 선택적으로 생성되는 객체로서, 원하는 레코드를 빠르게 탐색할 수 있도록 돕는다.
- 데이터베이스의 물리적 저장 구조와 밀접한 관련이 있으며, 삽입/삭제가 빈번한 경우에는 인덱스 관리 비용이 커지므로 인덱스를 최소화하는 것이 효율적이다.

② 특징
- 인덱스는 보통 B-트리(B-Tree) 또는 그 변형 구조(예 B+Tree)를 기반으로 구현된다.
- 데이터베이스 성능을 향상시키는 가장 일반적이고 효과적인 방법 중 하나이다.
- 읽기 성능(SELECT)은 향상되지만, 쓰기 작업(INSERT/UPDATE/DELETE)에는 오버헤드가 발생할 수 있다.
- 인덱스의 효율성은 데이터 분포, 쿼리 패턴, 인덱스 개수에 따라 달라진다.

2) 인덱스 구성 방법

B 트리(Balanced Tree)	· m차 B 트리는 균형 잡힌 다진 탐색 트리로, 루트와 단말 노드를 제외한 각 노드는 최소 m/2, 최대 m개의 자식을 가질 수 있음 · 모든 노드에 저장된 키값은 오름차순 정렬 상태로 유지됨 · 탐색, 삽입, 삭제 연산은 루트에서 시작하여 리프 노드에 도달할 때까지 진행 · 트리의 높이가 낮아 데이터 접근 속도가 빠름 · 노드의 분열(Split)과 병합(Merge)이 발생할 수 있음 · 균형이 유지되어 항상 일정한 탐색 성능 보장
B+ 트리	· B 트리를 개선한 구조로, 가장 널리 사용되는 데이터베이스 인덱스 구조 · 모든 데이터 레코드가 리프 노드(단말 노드)에만 저장됨 · 리프 노드들은 연결 리스트로 연결되어 있어 순차 검색(범위 검색)에 매우 유리 · 삽입/삭제 시 B 트리보다 노드 분열 · 병합이 적음(성능 안정적) · 탐색 경로가 일정(성능 예측이 가능) · 실제 DBMS에서 기본 인덱스 구조로 가장 많이 사용됨

트라이(Trie) 색인	• 키값 자체가 아니라, 키를 이루는 문자·숫자 단위로 경로를 따라가며 검색하는 트리 구조(예 문자열 검색) • 노드마다 키 전체가 아닌, 키의 일부(문자·숫자)를 저장 • 문자열 탐색에 최적화되어 사전(Dictionary), 자동완성, 검색엔진 등에서 많이 사용 • 삽입·삭제 시 노드의 분열·병합이 발생하지 않음 • 메모리 사용량이 많아질 수 있음(특히 키값이 길고 다양할 때) • 문자 기반 인덱스 구조라서 문자열 검색 속도가 빠름

➕ **더 알기 TIP**

B-Tree 계열 구조 비교

구분	B-트리	B*트리	B+트리
특징	기본적인 탐색 트리	B-트리 개선형	가장 널리 쓰임
노드의 키 수	m-1개	m*(2/3) (정의된 차수 기준)	m-1개
리프 노드 연결	연결 리스트 아님	연결 리스트 형태	연결 리스트 형태
탐색 시간 복잡도	O(logn)	O(logn)	O(logn)
범위 검색 효율성	중간값 탐색에 효율적	중간값 탐색에 효율적	모든 리프 노드 탐색 → 범위 검색에 뛰어남
리프 노드에서 키 저장	가능	필수	필수
삽입/삭제 성능	다소 복잡함(Split, Merge 빈번)	분열·합병 최소화 → B-트리보다 단순	비교적 단순
탐색 시 메모리 사용량	적음	적음	큼(리프 노드까지 탐색)
삽입 시 메모리 사용량	적음	적음	큼
범위 탐색 효율성	중간값 활용 효율적	중간값 활용 효율적	연결 리스트 기반 범위 탐색 매우 효율적
활용 분야	일반적인 데이터베이스	대용량 데이터 처리	범위 검색이 많은 데이터베이스

3) 정적 인덱싱과 동적 인덱싱

① 정적 인덱싱(Static Indexing)

- 데이터 삽입·삭제 시 인덱스의 내용은 바뀌지만, 인덱스 구조 자체는 변하지 않는 방식이다.
- 대표적으로 '색인 순차 파일(Index Sequential File)' 등이 있다.
- 특징
  - 인덱스 구조는 고정적(Static)
  - 삽입/삭제가 많으면 인덱스와 데이터 불일치 문제가 발생할 수 있음
  - 성능 저하 가능성 → 주기적으로 재구성 필요
  - 인덱스와 데이터 부분이 별도의 파일로 구성됨
  - 주로 변경이 적은 정적 데이터에 적합

② 동적 인덱싱(Dynamic Indexing)
- 데이터 삽입 시 미리 준비된 빈 공간에 저장하고, 블록이 꽉 차면 동적으로 분열(Split)되는 방식이다.
- 대표적으로 '가상 기억 접근 방식(Virtual Memory Access Method)' 등이 있다.
- 특징
    - 데이터 양의 변화에 따라 인덱스 구조가 동적으로 조정됨
    - 삽입·삭제가 빈번해도 성능이 안정적
    - 블록 단위로 자동 분할/병합 → 인덱스 효율 유지
    - 인덱스와 데이터 부분이 별도의 파일로 구성됨
    - 대규모·변동이 많은 데이터베이스에 적합

더 알기 TIP

정적 인덱싱과 동적 인덱싱 비교

구분	정적 인덱싱	동적 인덱싱
구조	고정적	동적으로 변화
대표 방식	색인 순차 파일	가상 기억 접근 방식
삽입/삭제 처리	인덱스 불일치 발생, 재구성 필요	자동 분열/병합으로 안정적
성능	변경이 적을 때 유리	변경이 많아도 효율 유지
적용 분야	정적 데이터	대규모·변동 데이터

02 파일 편성 기법(File Organization Method)

1) 개념
- 데이터베이스나 파일 시스템에서 레코드를 물리적으로 저장하고, 검색·삽입·삭제·갱신을 어떻게 효율적으로 수행할지를 정해주는 방법이다.
- 단순히 데이터를 저장하는 것만으로는 검색이나 갱신이 비효율적일 수 있으므로, 데이터의 물리적 저장 구조를 잘 설계하는 것이 성능(검색 속도, 공간 활용도, 유지보수)에 직접적인 영향을 준다.

2) 파일 편성 기법
① 순차 파일(Sequential File)
- 데이터를 키값 기준으로 정렬해 저장하고, 접근도 순차적으로 진행하는 방식이다.
- 특징
    - 레코드들의 논리적 순서 = 물리적 저장 순서
    - 새로운 데이터 삽입이 비효율적(다시 정렬 필요)
    - 검색 시 특정 레코드를 찾으려면 처음부터 순차적으로 읽어야 함(검색 속도 ↓)
    - 대량의 데이터를 순차적으로 처리하는 경우(배치 처리)에 적합
    - 테이프 같은 순차 접근 매체에서 많이 사용됨

② 색인 순차 파일(ISAM, Indexed Sequential Access Method)
- 순차 파일에 인덱스(Index)를 추가해 빠른 검색을 가능하게 한 방식이다.
- 구성

기본 영역(Prime Area)	• 실제 데이터 레코드가 저장되는 부분 • 레코드가 키값 순서대로 정렬되어 저장됨 • 데이터 검색의 기본 대상이 됨	
색인 영역(Index Area)	• 인덱스 정보가 저장되는 부분으로, 기본 영역의 레코드를 빠르게 찾을 수 있도록 함 • 다단계 인덱스 구조로 되어 있어 대용량 데이터도 효율적으로 검색 가능	
	트랙 인덱스	하나의 트랙 단위 레코드 위치 정보 저장
	실린더 인덱스	여러 트랙(=실린더) 단위 위치 정보 저장
	마스터 인덱스	실린더 인덱스를 관리하는 최상위 인덱스
오버플로우 영역 (Overflow Area)	• 기본 영역이 꽉 차서 새로운 레코드를 삽입할 수 없을 때 사용하는 예비 저장 공간 • 오버플로우가 많아질수록 성능 저하가 발생할 수 있음	
	실린더 오버플로우 영역	해당 실린더 내에서 넘친 데이터를 저장
	독립 오버플로우 영역	모든 실린더에서 공통으로 사용하는 별도의 공간

- 특징
  - 순차 접근 + 인덱스를 통한 직접 접근 모두 가능
  - 데이터 파일과 인덱스 파일을 별도로 구성
  - 삽입·삭제 시 인덱스는 그대로 두고 오버플로우 영역을 사용
  - 검색 속도는 순차 파일보다 훨씬 빠름
  - 삽입·삭제가 빈번하면 오버플로우 영역이 많아져 성능 저하 가능

③ 직접 파일(Direct File)
- 해싱(Hashing) 같은 방법을 이용하여 레코드의 저장 위치를 직접 계산하는 방식이다.
- 특징
  - 접근 시간이 매우 빠름
  - 레코드의 추가·삭제 시, 파일 전체의 복사가 필요 없음
  - 충돌(Collision) 발생 시 별도의 처리 필요
  - 실시간 조회 시스템에 적합
  - 구조가 복잡하고, 기억 공간이 많이 필요할 수 있음

④ 색인 파일(Indexed File)
- 각 레코드에 접근하기 위한 인덱스만 따로 관리하는 구조이다.
- 특징
  - 키값과 물리적 주소를 인덱스에 저장
  - 데이터 검색은 인덱스를 먼저 참조한 후 실제 데이터에 접근
  - 인덱스 구조에 따라 성능 차이가 큼(B-트리, B+트리 등)
  - 대용량 데이터베이스에서 일반적으로 사용
  - 순차 검색과 직접 검색을 모두 지원

⑤ VSAM 파일(Virtual Storage Access Method)
- IBM에서 제안한 대형 시스템용 파일 관리 기법으로, 가상 기억 장치(Virtual Storage)를 활용하여 데이터를 효율적으로 관리하는 방식이다.
- 현대 DBMS의 파일 관리 기법에 많은 영향을 준 표준적 구조이다.
- 특징
  - 색인 순차 파일을 확장한 구조
  - 대규모 데이터를 키 순서와 인덱스를 활용해 관리
  - 동적 인덱싱을 사용하여 삽입·삭제 시 자동으로 블록 분할/병합
  - 순차 접근과 직접 접근 모두 지원
  - 대형 메인프레임/운영체제(특히 IBM 시스템)에서 널리 사용

⑥ 역파일(Inverted File)
- 색인 파일을 변형한 것으로, 검색 키마다 인덱스를 따로 구성하여 하나의 데이터 파일에 대해 여러 인덱스를 두는 방식이다.
- 특정 속성뿐만 아니라 여러 속성 값을 이용한 검색이 가능하다.
- 특징
  - 하나의 데이터 파일에 대해 다중 인덱스(Multiple Index)를 가질 수 있음
  - 특정 키값으로 원하는 레코드의 위치를 빠르게 찾을 수 있음
  - 다양한 검색 조건(예 이름, 주소, 전화번호 등 여러 키)을 동시에 지원
  - 삽입·삭제 시 모든 관련 인덱스를 갱신해야 하므로 관리 비용 ↑
  - 검색 속도는 매우 빠르지만, 저장 공간과 갱신 비용이 많이 듦

이론을 확인하는 기출문제

01 다음의 내용 중 틀린 설명은?

① 정적 인덱싱은 삽입·삭제가 많으면 인덱스와 데이터의 불일치로 재구성이 필요할 수 있다.
② 동적 인덱싱은 데이터 양의 변화에 따라 분열/병합으로 구조를 조정한다.
③ 정적/동적 모두 인덱스와 데이터가 별도 파일로 구성될 수 있다.
④ 동적 인덱싱은 오버플로우 영역만 사용하고 인덱스 구조는 변하지 않는다.

오버플로우에 의존해 구조가 고정적인 것은 정적 인덱싱이다.

02 색인 순차 파일(ISAM)의 구성 요소가 아닌 것은?

① 마스터 인덱스
② 실린더 인덱스
③ 페이지 디렉터리
④ 트랙 인덱스

ISAM은 보통 트랙/실린더/마스터 인덱스와 오버플로우 영역으로 구성된다.

03 ISAM에서 오버플로우 영역이 계속 커질 때의 현상으로 옳은 것은?

① 삽입·삭제가 많아질수록 성능이 안정적으로 향상된다.
② 검색·삽입 성능 저하 및 주기적 재구성 필요성 증가가 나타날 수 있다.
③ 직접 접근은 빨라지나 순차 접근만 느려진다.
④ 인덱스 재구성이 불가능해 파일을 새로 만들어야 한다.

오버플로우 체인이 길어지면 접근 경로가 길어져 성능이 저하되고, 재구성(리오거나이즈) 필요성이 커진다.

04 다음 설명에 해당하는 파일 편성은 무엇인가?

> 대형 시스템에서 가상 기억을 활용하고, 동적 인덱싱으로 블록 분할/병합을 수행하며, 순차·직접 접근을 모두 지원한다. IBM 메인프레임 계열에서 널리 사용된다.

① 순차 파일
② ISAM
③ VSAM
④ 직접 파일

'키워드 가상 기억 + 동적 인덱싱 + 순차/직접 접근'은 VSAM의 특징이다.

05 트라이(Trie) 색인에 대한 설명으로 옳지 않은 것은?

① 키 전체 대신 문자나 숫자 단위를 각 노드에 저장한다.
② 문자열 자동완성이나 사전 등에서 많이 사용된다.
③ 삽입/삭제 시 노드 분열·병합이 빈번하다.
④ 키 공간이 다양하고 길 경우 메모리 사용량이 커질 수 있다.

삽입/삭제 시 노드 분열·병합이 빈번한 것은 B-트리 계열이다.

정답 01 ④ 02 ③ 03 ② 04 ③ 05 ③

이기적과 함께 또, 기적
또, 합격

이기적 강의는
무조건 0원!

이기적 영진닷컴

공부하다가
궁금한 사항은?

이기적 스터디 카페

자격증은 이기적!

합격입니다.

 이기적 강의는 무조건 0원!
이기적 영진닷컴

공부하다가 궁금한 사항은?
이기적 스터디 카페

정보처리산업기사
필기

기출
공략

YoungJin.com Y.
영진닷컴

시험 환경 100% 재현!

CBT 온라인 문제집

CBT 온라인 문제집 이용 가이드	
STEP 1	CBT 사이트 (cbt.youngjin.com) 접속하기
STEP 2	과목을 선택하고 시작하기 버튼 클릭하기
STEP 3	시간에 맞춰 문제 풀고 합격 여부 확인하기
STEP 4	로그인하면 MY 페이지에서 응시 결과 확인 가능

글자 크기 조절
글자 크기 100% 150% 200%
안 푼 문제 수 확인 가능
· 전체 문제 수 : 40 · 안 푼 문제 수 : 40
실제 시험처럼 시간 재며 풀기
제한 시간 40분
남은 시간 37분 39초
답안 표기란
모바일 접속도 가능
컴퓨터활용능력 2급 필기
1. 다음 중 1TB(Tera Byte)에 해당하는 것은?
① 1024 Bytes
② 1024 × 1024 Bytes
③ 1024 × 1024 × 1024 Bytes
④ 1024 × 1024 × 1024 × 1024 Bytes
2. 다음 중 아래의 기능이 의미하는 용어는?
다중 처리 시스템에서 특정 처리기에 과중한 부하가 걸리지 않도록 시간을 조정하여 부하를 골고루 분배하는 것
① Load Map
② Load Segent
③ Load Balancing
④ Loading Address
답안 표기란에 체크
계산기
1/14
안 푼 문제
답안 제출
안 푼 문제로 바로 이동 가능
합격 결과 즉시 확인

이기적 CBT

이렇게 기막힌 적중률

정보처리산업기사
필기 기본서

"이" 한 권으로 합격의 "기적"을 경험하세요!

차례

대표 기출 90선

1과목	정보 시스템 기반 기술	2-4
2과목	프로그래밍 언어 활용	2-16
3과목	데이터베이스 활용	2-28

최신 기출문제

최신 기출문제 01회(2025년 3회)	2-38
최신 기출문제 02회(2025년 2회)	2-47
최신 기출문제 03회(2025년 1회)	2-55
최신 기출문제 04회(2024년 3회)	2-64
최신 기출문제 05회(2024년 2회)	2-72

최신 기출문제 정답&해설

최신 기출문제 01회 정답&해설	2-83
최신 기출문제 02회 정답&해설	2-89
최신 기출문제 03회 정답&해설	2-96
최신 기출문제 04회 정답&해설	2-104
최신 기출문제 05회 정답&해설	2-111

대표 기출 90선

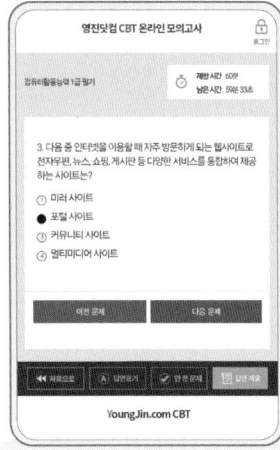

 ◀ 접속

CBT 온라인 문제집

① QR 코드 찍기(PC는 홈페이지 접속)
② 랜덤 모의고사 무료 응시
③ 풀이 후 자동 채점
④ 해설 즉시 확인 가능

대표 기출 90선

1과목 정보 시스템 기반 기술

참고 파트01-챕터01-섹션02

01 | 프로세스(Process)의 정의

- 실행 중인 프로그램, 운영체제가 관리하는 실행 단위
- PCB를 가진 프로그램
- 비동기적 행위를 일으키는 주체
- 프로세서가 할당되는 실체
- 활동 중인 프로시저(Procedure)

프로세스의 정의 중 틀린 것은?
① 실행 중인 프로그램
② PCB를 가진 프로그램
③ 프로세서가 할당되는 실체
④ 동기적 행위를 일으키는 주체

참고 파트01-챕터01-섹션02

02 | 병행 프로세스의 상호배제 구현 기법

데커 알고리즘	뮤텍스의 개념을 사용하여 상호배제를 구현하는 방법 중 하나
피터슨 알고리즘	두 개의 프로세스 간의 상호배제를 위해 사용되는 알고리즘 중 하나로, 스레드나 프로세스 간의 경쟁 상태를 방지하기 위해 락 변수와 조건 변수를 사용
Test_And_Set 명령어 기법	고전적인 상호배제 기법 중 하나로, 하드웨어에서 지원하는 명령어로서, 원자적인(read-modify-write) 연산을 수행하여 락을 획득하고 해제

병행 프로세스의 상호배제 구현 기법으로 거리가 먼 것은?
① 데커 알고리즘
② 피터슨 알고리즘
③ Test_And_Set 명령어 기법
④ 은행원 알고리즘

참고 파트01-챕터01-섹션03

03 | 교착상태의 해결 방법

예방(Prevention)	교착상태가 발생하지 않도록 사전에 시스템을 제어하는 기법으로, 일반적으로 자원의 낭비가 가장 심한 것으로 알려진 기법
회피(Avoidance)	교착상태 발생 가능성을 인정하고 교착상태가 발생하려고 할 때, 교착상태 가능성을 피해가는 기법으로, 주로 은행가 알고리즘(Banker's Algorithm)을 사용
발견(Detection)	교착상태가 발생했는지 검사하여 교착상태에 빠진 프로세스와 자원을 발견하는 기법
회복(Recovery)	교착상태에 빠진 프로세스를 종료하거나 해당 프로세스가 점유하고 있는 자원을 선점하여 다른 프로세스에게 할당하는 기법

교착상태의 해결 방법 중 은행 알고리즘과 가장 관련 깊은 것은?
① 회피(avoidance)
② 예방(prevention)
③ 발견(detection)
④ 회복(recovery)

정답 01 ④ 02 ④ 03 ①

참고 파트01-챕터01-섹션05

04 | 커널(Kernel)

- UNIX 시스템의 중심부
- 주기억장치에 적재된 후 상주하면서 실행
- 프로세스 관리, 기억장치 관리, 입·출력 관리, 파일 관리, 시스템 호출 인터페이스 등의 기능 담당
- 하드웨어를 캡슐화

UNIX에서 커널에 대한 설명으로 틀린 것은?

① 컴퓨터가 부팅될 때 주기억장치에 적재된 후 상주하면서 실행된다.
② 프로그램과 하드웨어 간의 인터페이스 역할을 담당한다.
③ 기억장치 관리, 파일 관리, 프로세스 관리, 명령어 해석기 역할을 수행한다.
④ UNIX의 가장 핵심적인 부분이다.

참고 파트01-챕터01-섹션05

05 | UNIX 파일 권한 설정

chmod : 파일의 사용자별 권한 변경 명령

소유자	그룹	일반 사용자
rwx	rwx	rwx

- r : read(읽기)
- w : write(쓰기)
- x : excute(실행)

UNIX 시스템에서 파일 모드가 'rwxr-xr-x'이다. 이 파일에 대한 설명 중 옳은 것은?

① 모든 사용자는 실행 가능하다.
② 권한을 나타내는 숫자는 '757'이다.
③ 모든 사용자는 쓰기 가능하다.
④ 파일 소유자는 읽기 불가능하다.

오답 피하기

소유자	그룹	일반 사용자
rwx	r-x	r-x
111	101	101
7	5	5

참고 파트01-챕터01-섹션04

06 | SJF 스케줄링

SJF(Shortest Job First) 스케줄링은 먼저 도착한 작업들의 실행시간을 오름차순으로 정렬하고, 각 작업의 대기시간을 계산한다.

다음 표와 같은 작업부하가 시간 0에 도착했을 경우 SJF 방식으로 스케줄링할 때 평균 대기시간은?

작업	실행시간
1	10
2	29
3	3
4	7
5	12

① 13시간
② 18시간
③ 23시간
④ 28시간

오답 피하기

각 작업의 실행시간을 오름차순으로 정리하고 대기시간을 계산하면 아래와 같다.

작업	실행시간	대기시간
3	3	0
4	7	3(작업 3의 실행시간)+0(작업 3의 대기시간) = 3
1	10	7(작업 4의 실행시간)+3(작업 4의 대기시간) = 10
5	12	10(작업 1의 실행시간)+10(작업 1의 대기시간) = 20
2	29	12(작업 5의 실행시간)+20(작업 5의 대기시간) = 32

따라서 평균 대기시간은 (0+3+10+20+32)/5 = 13(시간)이다.

참고 파트01-챕터01-섹션04

07 | FIFO 알고리즘

FIFO(First In First Out, 선입선출) 알고리즘은 가장 먼저 적재된 페이지를 먼저 교체하는 기법이다.

FIFO 기법을 적용하여 작업 스케줄링을 하였을 때, 다음 작업들의 평균 회수시간(Turnaround time)은? (단, 문맥교환시간은 무시한다.)

작업	도착시간	CPU 사용시간
A	0	6
B	1	3
C	2	1
D	3	8

① 9.25
② 8.25
③ 7.75
④ 7.25

오답 피하기

작업	도착시간	사용시간	시작시간	종료시간	회수시간
A	0	6	0	6	6-0=6
B	1	3	6	9	9-1=8
C	2	1	9	10	10-2=8
D	3	8	10	18	18-3=15

따라서 평균 회수시간은 (6+8+8+15)/4 = 37/4 = 9.25이다.

참고 파트01-챕터02-섹션02

08 | OSI 7 계층

물리 계층 (Physical Layer)	• 전기적, 기능적, 절차적 기능 정의 • 표준 : RS-232C
데이터 링크 계층 (Data Link Layer)	• 흐름 제어, 에러 제어 • 표준 : HDLC, LLC, LAPB, LAPD, ADCCP
네트워크 계층 (Network Layer)	• 경로 설정 및 네트워크 연결 관리 • 표준 : X.25, IP
전송 계층 (Transport Layer)	• 통신 양단 간(End-to-End)의 에러 제어 및 흐름 제어 • 표준 : TCP, UDP
세션 계층 (Session Layer)	프로세스 간에 대한 연결을 확립, 관리, 단절 수단 제공
표현 계층 (Presentation Layer)	코드 변환, 암호화, 압축, 구문 검색
응용 계층 (Application Layer)	• 응용 프로세스 간의 정보 교환, 전자 사서함, 파일 전송 등 • 표준 : HTTP, FTP, DNS, SNMP

OSI 7 계층 중 프로세스 간의 대화 제어 및 동기점을 이용한 효율적인 데이터 복구를 제공하는 계층은?

① 물리 계층
② 네트워크 계층
③ 세션 계층
④ 표현 계층

09 | TCP/IP 인터넷 계층 프로토콜

TCP 계층	• 메시지를 송·수신자의 주소와 정보로 묶어 패킷 단위로 분류 • 전송 데이터의 흐름 제어와 데이터의 에러 유무 검사 • OSI 7 계층 중 전송 계층에 해당
IP 계층	• 패킷 주소를 해석하고 경로를 결정하여 다음 호스트로 전송 • OSI 7 계층 중 네트워크 계층에 해당

TCP/IP 프로토콜의 IP 계층에 대응하는 OSI 참조 모델의 계층은?

① 물리 계층
② 전송 계층
③ 네트워크 계층
④ 세션 계층

10 | HDLC 구조

| FLAG | ADDRESS | CONTROL | INFORMATION | FCS | FLAG |

- 플래그(Flag) 필드 : 프레임의 양 끝에 고유 비트 패턴인 01111110로 제한하며, 한 프레임의 시작과 끝을 표시하므로 프레임의 동기화에 사용
- 주소(address) 필드 : 프레임을 송수신하는 부스테이션을 식별하기 위해 사용
- 제어 필드 : 정보 전송 프레임의 I 형식, 링크 감시 제어용 S 형식, 감시 기능 확장용 U 형식
- 데이터(Data) 필드 : 실제 사용자 데이터를 포함하는 필드
- FCS(Frame Check Sequence) 필드 : CRC(Cyclic Redundancy Checks) 방식을 이용하여 프레임의 에러 검출을 위한 필드

HDLC 프레임의 구조가 순서대로 옳은 것은?

① 플래그→주소부→제어부→정보부→FCS→플래그
② 플래그→제어부→FCS→정보부→주소부→플래그
③ 플래그→주소부→정보부→FCS→제어부→플래그
④ 플래그→제어부→FCS→주소부→정보부→플래그

11 | 자동 반복 요청(ARQ)

- 통신 경로에서 오류 발생 시 수신측은 오류의 발생을 송신측에 통보하고, 송신측은 오류가 발생한 프레임을 재전송하는 오류 제어 방식
- 종류

정지-대기 ARQ (Stop-and-Wait ARQ)	• 송신이 한 블록 전송 후 수신측에서 오류의 발생을 점검 후 에러 발생 • 유무 신호(ACK/NAK 신호)를 보내올 때까지 기다리는 방식 • 수신측에서 에러 점검 후 제어 신호를 보내올 때까지 오버헤드가 효율면에서 가장 부담이 큼
연속 ARQ (Continuous ARQ)	• Go-Back-N ARQ : 수신측으로부터 NAK 수신 시 오류 발생 이후의 모든 블록을 재전송하는 방식 • 선택적 재전송 ARQ(Selective-Repeat ARQ) : 수신측으로부터 NAK 수신 시 오류가 발생한 블록만 재전송하는 방식
적응적 ARQ (Adaptive ARQ)	• 채널 효율을 최대로 하기 위해 데이터 블록의 길이를 채널의 상태에 따라 동적으로 변경하는 방식 • 구현이 어렵고, 가격이 비쌈

데이터 프레임을 연속적으로 전송 중 NAK를 수신하면 오류가 발생한 프레임 이후에 전송된 모든 데이터 프레임을 재전송하는 오류 제어 방식은?

① Go-back-N ARQ
② Selective-Repeat ARQ
③ Stop-and-Wait ARQ
④ Forward Error Connection

12 | 네트워크 장비

브리지 (Bridge)	• 네트워크를 구성할 때 디지털 신호를 아날로그 신호로 변환하여 전송하고 다시 수신된 신호를 원래대로 변환하기 위한 전송 장치 • 네트워크 세그먼트를 서로 연결해 주는 장치
라우터 (Router)	• 네트워크 계층을 지원하며, 네트워크를 구성하기 위해 반드시 필요한 장비로 정보 전송을 위한 최적의 경로를 찾아 통신망에 연결하는 장치 • 전송되는 패킷들의 경로를 결정 • 브리지(Bridge)와 게이트웨이(Gateway) 기능을 지원

다음 중 라우터(Router)에 관한 설명으로 틀린 것은?

① 네트워크 계층을 지원한다.
② 전송되는 패킷들의 경로를 결정한다.
③ 게이트웨이(Gateway) 기능을 지원한다.
④ 브릿지(Bridge) 기능만을 지원한다.

13 | ARP와 RARP

• ARP(Address Resolution Protocol) : IP 주소를 이용하여 물리적인 MAC 주소를 찾아 주는 프로토콜
• RARP(Reverse Address Resolution Protocol) : 호스트의 물리 주소를 통하여 논리 주소인 IP 주소를 얻어오기 위해 사용되는 프로토콜

다음 국제표준 통신 프로토콜 중 IP 주소를 물리 주소로 변환하기 위해 사용되는 것은?

① ARP
② TCP
③ ICMP
④ DHCP

14 | 서브네팅(Sub Netting)

• 할당된 네트워크 주소를 다시 여러 개의 작은 네트워크로 나누어 사용하는 것
• 4바이트의 IP 주소 중 네트워크 주소와 호스트 주소를 구분하기 위한 비트를 서브넷 마스크라 하며, 이를 변경하여 네트워크 주소를 여러 개로 분할

IP 주소의 수는 한정되어 있으므로 어떤 기관에서 배정받은 하나의 네트워크 주소를 다시 여러 개의 작은 네트워크로 나누어 사용하는 것은?

① Subnetting
② SLIP
③ MAC
④ IP address

15 | LAN 토폴로지(Topology)

링형 (Ring)	• 인접한 컴퓨터와 단말기들을 서로 연결하여 양방향으로 데이터 전송이 가능한 방식 • 데이터는 한쪽 방향으로만 흐르고 병목 현상이 드물지만, 두 노드 사이의 채널이 고장 나면 전체 네트워크가 손상될 수 있음 • 한 노드가 절단되어도 우회로를 구성하여 통신이 가능
버스형 (Bus)	• 하나의 회선 양끝에 종단 장치가 필요하며, 컴퓨터의 증설이나 삭제가 용이한 방식 • 한 개의 통신 회선에 여러 개의 사이트가 연결된 형태 • 한 사이트의 고장은 나머지 사이트들 간의 통신에 아무런 영향을 주지 않음
계층형 (Tree)	• 트리(Tree) 형태이며, 분산 처리 시스템을 구성하는 방식 • 노드의 추가, 삭제가 쉽지만, 노드에 트래픽이 집중될 때 하위 노드에 영향을 끼칠 수 있음
망형 (Mesh)	• 네트워크 내의 모든 컴퓨터들을 통신 회선으로 직접 연결하는 방식 • 통신 회선의 총 경로가 다른 네트워크 형태에 비해 가장 길게 소요 • 많은 단말기로부터 많은 양의 통신을 필요로 하는 경우에 유리 • n개의 구간을 망형으로 연결하면 n(n-1)/2개의 회선이 필요

LAN의 토폴로지 형태에 해당하지 않는 것은?

① Star형
② Bus형
③ Ring형
④ Sqare형

16 | 소프트웨어 형상 항목

• 정의 단계의 문서(소스 레벨과 수행 형태인 컴퓨터 프로그램)
• 개발 단계의 문서와 프로그램(숙련자와 사용자를 목표로 한 컴퓨터 프로그램 서술 문서)
• 유지보수 단계의 변경 사항
• 프로그램 내에 포함된 자료구조

소프트웨어 형상관리의 대상으로 거리가 먼 것은?

① 소스 레벨과 수행 형태인 컴퓨터 프로그램
② 숙련자와 사용자를 목표로 한 컴퓨터 프로그램을 서술하는 문서
③ 프로그램 내에 포함된 자료구조
④ 시스템 개발 비용

17 | 베이스라인(Baseline)

• 소프트웨어 개발 과정 중 특정 시점이나 목적을 위하여 만들어진 산출물의 집합
• 공식적인 변경 통제 절차를 통해서만 변경 가능한 형상 항목
• 베이스라인의 용도

변경 관리	특정 베이스라인과 현재 버전의 차이를 비교하여 변경 사항을 파악하고 관리
릴리즈 관리	테스트를 통과한 안정적인 베이스라인을 기반으로 릴리즈를 진행
문제 해결	문제가 발생했을 때, 관련 베이스라인으로 되돌아가 문제의 근본 원인을 파악하고 해결
다중 버전 관리	여러 팀이 동시에 개발을 진행하는 경우, 각 팀의 작업 내용을 담은 베이스라인을 활용하여 버전 충돌을 방지하고 통합

다음 설명에 해당하는 형상관리와 관련된 용어는?

• 소프트웨어 개발 과정 중 특정 시점이나 목적을 위하여 만들어진 산출물의 집합
• 공식적인 변경 통제 절차를 통해서만 변경 가능한 형상 항목

① 기능 점수(Function Point)
② 베이스라인(Baseline)
③ 기본 경로(Basis Path)
④ 사용자 스토리(User Story)

참고 파트03-챕터01-섹션01

18 | 빌드(Build) 자동화 도구

- 소스코드 컴파일 후 다수의 연관된 모듈을 묶어 실행 파일로 만든다.
- 소프트웨어 개발자가 반복 작업해야 하는 코딩을 잘 짜여진 프로세스를 통해 자동으로 실행하여, 신뢰성 있는 결과물을 생산해 낼 수 있는 작업 방식 및 방법이다.
- 소스코드 컴파일, 테스트, 분석 등을 실시하여 실행할 수 있는 애플리케이션으로 자동 생성하는 프로그램이다.
- 종류 : Jenkins(CI/CD 서버), Maven(Java 빌드 도구), Gradle(Java/Android 빌드 도구), Ant(Java 빌드 도구), Make(전통적인 빌드 도구), MSBuild(.NET 빌드 도구)

개발 환경 구성을 위한 빌드(Build) 도구에 해당하지 않는 것은?

① Maven
② Ant
③ Git
④ Gradle

참고 파트03-챕터01-섹션01

19 | 모듈화 원리

- 결합도는 최소화하고 응집도는 최대화
- 적절한 크기로 작성
- 모듈의 내용이 다른 곳에도 적용이 가능하도록 표준화
- 보기 좋고 이해하기 쉽게 작성

모듈 작성 시 주의 사항으로 거리가 먼 것은?

① 적절한 크기로 작성한다.
② 모듈 간의 결합도를 최대화한다.
③ 보기 쉽고 이해하기 쉽도록 작성한다.
④ 자료 추상화와 정보은닉의 성격을 가지도록 한다.

참고 파트03-챕터01-섹션01

20 | 결합도(Coupling)

- 두 모듈 간의 상호 의존도로 한 모듈 내에 있는 처리 요소들 사이의 기능적인 연관 정도
- 모듈 간의 결합도를 약하게 하면 모듈 독립성이 향상되어 시스템을 구현하고 유지보수 작업이 쉬움
- (약함) 자료 결합도 〉 스탬프 결합도 〉 제어 결합도 〉 공통 결합도 〉 내용 결합도 (강함)

다른 모듈 내의 외부 선언을 하지 않은 자료를 직접 참조하므로 의존도가 대단히 높고, 순서 변경이 다른 모듈에 영향을 주기 쉬운 모듈 결합도에 해당하는 것은?

① 제어 결합도
② 외부 결합도
③ 공통 결합도
④ 내용 결합도

참고 파트03-챕터01-섹션01

21 | 응집도(Cohesion)

- 한 모듈 내에 있는 처리 요소들 사이의 기능적인 연관 정도를 나타냄
- (강함) 기능적 응집도 〉 순차적 응집도 〉 교환적 응집도 〉 절차적 응집도 〉 시간적 응집도 〉 논리적 응집도 〉 우연적 응집도 (약함)

다음 중 Myers가 구분한 응집도(Cohesion)의 정도에서 가장 낮은 응집도를 갖는 단계는?

① 순차적 응집도(Sequential Cohesion)
② 기능적 응집도(Functional Cohesion)
③ 시간적 응집도(Temporal Cohesion)
④ 우연적 응집도(Coincidental Cohesion)

정답 18 ③ 19 ② 20 ④ 21 ④

22 | 다형성(Polymorphism)

- 많은 상이한 클래스들이 동일한 메서드명을 이용하는 능력을 의미
- 한 메시지가 객체에 따라 다른 방법으로 응답할 수 있는 것
- 메시지에 의해 객체가 연산을 수행하게 될 때 하나의 메시지에 대해 각 객체가 가지고 있는 고유한 방법으로 응답할 수 있는 능력

객체지향 개념에서 다형성(Polymorphism)과 관련한 설명으로 틀린 것은?

① 다형성은 현재 코드를 변경하지 않고 새로운 클래스를 쉽게 추가할 수 있게 한다.
② 다형성이란 여러 가지 형태를 가지고 있다는 의미로, 여러 형태를 받아들일 수 있는 특징을 말한다.
③ 메서드 오버라이딩(Overriding)은 상위 클래스에서 정의한 일반 메서드의 구현을 하위 클래스에서 무시하고 재정의할 수 있다.
④ 메서드 오버로딩(Overloading)의 경우 매개 변수 타입은 동일하지만 메서드명을 다르게 함으로써 구현, 구분할 수 있다.

오답 피하기

메서드 오버라이딩(Overriding)의 경우 매개 변수 타입은 동일하지만 메서드명을 다르게 함으로써 구현, 구분할 수 있다.

23 | 추상화(Abstraction)

- 필요 없는 부분은 생략하고 객체의 속성 중 중요한 것만 개략적으로 표현하는 것
- 소프트웨어 설계에서 사용되는 대표적인 추상화 기법

자료 추상화	데이터나 객체의 중요한 특징을 강조하고, 불필요한 세부 사항을 숨기는 것
제어 추상화	프로그램 흐름을 제어하는 추상화 기법으로, 절차적 프로그래밍이나 객체지향 프로그래밍에서 사용
과정 추상화	시스템의 작업을 단순화하고 추상화하는 것으로, 소프트웨어 공학에서 사용

객체지향 기법 중 다음 설명이 의미하는 것은?

객체의 성질을 분해하여 공통된 성질을 추출하여 슈퍼클래스를 선정하는 것이다. 즉, 불필요한 부분을 생략하고 객체의 속성 중 가장 중요한 것에만 중점을 두어 개략화, 모델화 하는 것이다. 예를 들면, 자동차와 말이란 클래스에서 "타는 것"이란 클래스를 만드는 것이다.

① Inheritance
② Abstraction
③ Polymorphism
④ Encapsulation

참고 파트02-챕터02-섹션01

24 | 캡슐화(Encapsulation)

- 속성과 관련된 연산(Operation)을 클래스 안에 묶어서 하나로 취급하는 것을 의미
- 결합도가 낮아져 소프트웨어 개발에 있어 재사용성이 높아짐
- 정보은닉을 통하여 타 객체와 메시지 교환 시 인터페이스가 단순해짐
- 변경 발생 시 오류의 파급 효과가 적음
- 데이터와 데이터를 조작하는 연산을 하나의 모듈로 결합시키는 것

객체지향 기법의 캡슐화(Encapsulation)에 대한 설명으로 틀린 것은?

① 변경 발생 시 오류의 파급 효과가 적다.
② 인터페이스가 단순화 된다.
③ 소프트웨어 재사용성이 높아진다.
④ 상위 클래스의 모든 속성과 연산을 하위 클래스가 물려받는 것을 의미한다.

참고 파트03-챕터04-섹션02

25 | UI 설계 지침

- 사용자 중심 : 실사용자의 이해를 바탕으로 쉽게 이해하고, 쉽게 사용할 수 있는 환경 설계
- 일관성 : 사용자가 기억하기 쉽고 빠른 습득을 가능하도록 버튼이나 조작법 설계
- 단순성 : 인지적 부담을 줄이도록 조작 방법을 가장 간단히 작동하도록 설계
- 결과 예측 가능 : 작동시킬 기능만 보고도 결과를 미리 예측 가능하도록 설계
- 가시성 : 메인 화면에 주요 기능을 노출시켜 최대한 조작이 쉽도록 설계
- 표준화 : 기능 구조와 디자인을 표준화 하여 한번 학습한 이후에는 쉽게 사용할 수 있도록 설계
- 접근성 : 사용자의 연령, 성별, 인종 등 다양한 계층이 사용할 수 있도록 설계
- 명확성 : 사용자가 개념적으로 쉽게 인지할 수 있도록 설계
- 오류 발생 해결 : 오류가 발생하면 사용자가 쉽게 인지할 수 있도록 설계

UI 설계 지침의 항목이 아닌 것은?

① 사용자 중심
② 이식성
③ 가시성
④ 표준화

참고 파트00-챕터00-섹션00

26 | UML(Unified Modeling Language)

- 실시간 시스템 및 분산 시스템을 포함한 다양한 종류의 시스템의 분석과 설계에 사용될 수 있음
- 객체 지향적 분석과 설계 방법론의 표준화를 목표로 OMG(Open Management Group)에서 개발하고 있는 통합 모델링 언어
- 실시간 시스템 및 분산 시스템에도 UML을 적용할 수 있음

UML(Unified Modeling Language)에 대한 설명 중 틀린 것은?

① 객체 지향 시스템을 개발할 때 산출물을 명세화, 시각화, 문서화 하는 데 사용된다.
② 개발하는 시스템을 이해하기 쉬운 형태로 표현하여 분석가, 의뢰인, 설계자가 효율적인 의사소통을 할 수 있게 해준다.
③ 개발 방법론이나 개발 프로세스가 아니라 표준화된 모델링 언어이다.
④ 동적 모델은 시스템의 내부 동작을 말하며, UML에서는 Class Diagram을 사용한다.

오답 피하기
Class Diagram은 정적 모델을 나타내며, 시스템의 구조를 표현한다.

참고 파트02-챕터02-섹션03

27 | 디자인 패턴(Design Pattern)

- 소프트웨어를 개발하면서 발생하는 반복적인 문제들을 어떻게 해결할 것인지에 대한 해결 방안
- 종류

생성 패턴 (Creational Pattern)	Singleton(싱글톤 패턴), Factory Method(팩토리 메서드 패턴), Abstract Factory(추상 팩토리 패턴), Builder(빌더 패턴), Prototype(프로토타입 패턴)
구조 패턴 (Structural Pattern)	Adapter(어댑터 패턴), Bridge(브릿지 패턴), Composite(컴포지트 패턴), Decorator(데코레이터 패턴), Facade(퍼사드 패턴), Flyweight(플라이웨이트 패턴), Proxy(프록시 패턴)
행위 패턴 (Behavioral Pattern)	Observer(옵저버 패턴), Strategy(전략 패턴), Command(커맨드 패턴), State(상태 패턴), Chain of Responsibility(책임 연쇄 패턴), Visitor(방문자 패턴), Interpreter(인터프리터 패턴), Memento(메멘토 패턴), Mediator(중재자 패턴), Template Method(템플릿 메서드 패턴), Iterator(이터레이터 패턴)

GoF(Gangs of Four) 디자인 패턴의 생성 패턴에 속하지 않는 것은?

① 추상 팩토리(Abstract Factory)
② 빌더(Builder)
③ 어댑터(Adapter)
④ 싱글턴(Singleton)

참고 파트02-챕터02-섹션04

28 | 팩토리 메서드 패턴(Factory Method Pattern)

- 부모 클래스에서 객체들을 생성할 수 있는 인터페이스를 제공하지만, 자식 클래스들이 생성될 객체들의 유형을 변경할 수 있도록 하는 생성 패턴
- 객체를 생성하기 위한 인터페이스를 정의하여 어떤 클래스가 인스턴스화 될 것인지는 서브 클래스가 결정하도록 함

다음 내용이 설명하는 디자인 패턴은?

- 객체를 생성하기 위한 인터페이스를 정의하여 어떤 클래스가 인스턴스화 될 것인지는 서브 클래스가 결정하도록 하는 것
- Virtual-Constructor 패턴이라고도 함

① Visitor 패턴
② Observer 패턴
③ Factory Method 패턴
④ Bridge 패턴

참고 파트02-챕터02-섹션04

29 | 행위 패턴(Behavioral Pattern)

- 객체나 클래스 사이의 알고리즘이나 책임 분배와 관련된 패턴
- 객체 사이의 결합도 최소화에 중점을 두며, 패턴을 주로 클래스에 적용하는지 아니면 객체에 적용하는지에 따라 구분
- 종류 : Observer, Strategy, Command, State, Chain of Responsibility, Visitor, Interpreter, Memento, Mediator, Template Method, Iterator 등

디자인 패턴 중에서 행위 패턴에 속하는 것은?

① 커맨드(Command) 패턴
② 브리지(Bridge) 패턴
③ 프록시(Proxy) 패턴
④ 싱글톤(Singleton) 패턴

참고 파트02-챕터01-섹션06

30 | 아키텍처 패턴(Architecture Patterns)

- 특정한 소프트웨어 시스템의 구조와 구성요소 간의 상호작용을 결정하는 데 사용되며, 보통 시스템의 전체적인 골격 정의
- 소프트웨어의 고수준 구조를 형성하며, 시스템의 기본적인 특성들을 나타냄
- 그러므로 아키텍처 패턴은 소프트웨어의 전반적인 품질 요구사항과 관련 있음

아키텍처 패턴과 디자인 패턴에 대한 설명으로 틀린 것은?

① 아키텍처 패턴는 외부에서 인식할 수 있는 특성이 담긴 소프트웨어의 골격이 되는 기본 구조로 볼 수 있다.
② 소프트웨어 품질 요구사항은 아키텍처 패턴을 결정하는 데 주요한 요소로 작용한다.
③ 아키텍처 패턴은 소프트웨어 설계에서 자주 발생하는 문제에 대한 일반적이고 반복적인 해결 방법이다.
④ 디자인 패턴은 각기 다른 소프트웨어 모듈이나 기능 간의 설계 또는 해결책 간의 공통되는 요소를 재사용할 수 있게 해준다.

오답 피하기
- 디자인 패턴 : 클래스/객체 수준의 설계에서 반복적으로 등장하는 문제의 일반적이고 재사용 가능한 해법(예 전략, 옵저버, 팩토리 메서드 등)
- 아키텍처 패턴 : 시스템의 상위 수준 구조와 컴포넌트 분할·의존·통신 방식을 제시하는 청사진(예 레이어드, 클라이언트-서버, 파이프-앤-필터, 마이크로서비스 등)

참고 파트03-챕터02-섹션03

31 | V-모델

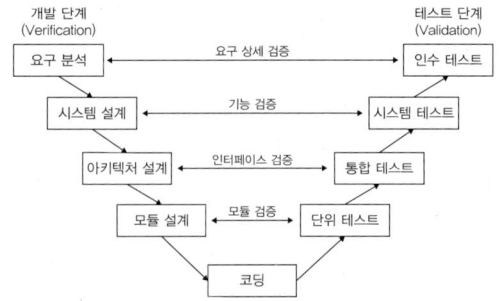

- 요구 분석 및 설계 단계를 필수적으로 거침
- 폭포수 모델의 변형으로 요구사항 분석, 설계, 코딩, 테스트 단계로 구성
- 각 단계는 순차적으로 진행되며, 이전 단계가 완료되지 않으면 다음 단계로 넘어갈 수 없음
- 특히 요구사항 분석 및 설계 단계는 시스템의 기능, 성능, 사용자 인터페이스 등을 명확하게 정의하는 중요한 역할을 함
- 생명 주기 초반부터 테스트 작업을 지원함

소프트웨어 생명주기 모델 중 V 모델과 관련한 설명으로 틀린 것은?

① 요구 분석 및 설계 단계를 거치지 않으며 항상 통합 테스트를 중심으로 V 형태를 이룬다.
② Perry에 의해 제안되었으며 세부적인 테스트 과정으로 구성되어 신뢰도 높은 시스템을 개발하는 데 효과적이다.
③ 개발 작업과 검증 작업 사이의 관계를 명확히 드러내놓은 폭포수 모델의 변형이라고 볼 수 있다.
④ 폭포수 모델이 산출물 중심이라면 V 모델은 작업과 결과의 검증에 초점을 둔다.

32 | 테스트 레벨의 종류

단위 테스트	개발자가 원시코드를 대상으로 각각의 단위를 다른 부분과 연계되는 부분은 고려하지 않고 단위 자체에만 집중하여 테스트
통합 테스트	단위 테스트를 통과한 개발 소프트웨어/하드웨어 컴포넌트 간 인터페이스 및 연동 기능 등을 구조적으로 접근하여 테스트
시스템 테스트	• 단위/통합 테스트가 가능한 완벽히 완료되어 기능상에 문제가 없는 상태에서 실제 환경과 가능한 유사한 환경에서 진행 • 시스템 성능과 관련된 요구사항이 완벽하게 수행되는지를 테스트하기 때문에 사전 요구사항이 명확해야 함 • 개발 조직과는 독립된 테스트 조직에서 수행
인수 테스트	• 일반적인 테스트 레벨의 가장 마지막 상위 레벨 • SW 제품에 대한 요구사항이 제대로 이행되었는지 확인하는 단계 • 테스팅 환경을 실사용자 환경에서 진행하며 수행하는 주체가 사용자 • 알파, 베타 테스트와 가장 밀접한 연관이 있음

통합 테스트에 대한 설명으로 틀린 것은?

① 기능적 요구사항 테스트 방법은 화이트박스 테스트를 수행한다.
② 하향식 테스트는 최상위 레벨에서 구축과 테스트를 시작한다.
③ 상향식 테스트는 최하위 레벨에서 구축과 테스트를 시작한다.
④ 샌드위치형 테스트는 상향식과 하향식을 절충한 방식이다.

33 | 인수 테스트

- 일반적인 테스트 레벨의 가장 마지막 상위 레벨로, SW 제품에 대한 요구사항이 제대로 이행되었는지 확인하는 단계
- 테스팅 환경을 실 사용자 환경에서 진행하며 수행하는 주체가 사용자
- 알파, 베타 테스트와 가장 밀접한 연관이 있음

알파, 베타 테스트와 가장 밀접한 연관이 있는 테스트 단계는?

① 단위 테스트
② 인수 테스트
③ 통합 테스트
④ 시스템 테스트

34 | 블랙박스 테스트(Black Box Test)

- 블랙박스 테스트는 소프트웨어가 수행할 특정 기능을 알기 위해 각 기능이 완전히 작동되는 것을 입증하는 테스트로, 기능 테스트라고도 함
- 종류 : 동치분할 검사, 원인효과 그래프, 오류예측 검사, 비교 검사, 경계값 분석

블랙박스 테스트 기법에 해당하는 내용 모두를 나열한 것은?

> ㄱ. 소프트웨어 인터페이스에서 실시되는 검사로 설계된 모든 기능들이 정상적으로 수행되는지 확인한다.
> ㄴ. 소프트웨어의 기능이 의도대로 작동하고 있는지, 입력은 적절하게 받아들였는지, 출력은 정확하게 생성되는지를 보여주는 데 사용된다.
> ㄷ. Equivalence Partitioning Testing, Boundary Value Analysis 등이 이 기법에 해당한다.

① ㄱ
② ㄱ, ㄴ
③ ㄴ, ㄷ
④ ㄱ, ㄴ, ㄷ

참고 파트03-챕터02-섹션06

35 | 테스트 하네스(Test Harness)

- 애플리케이션의 컴포넌트 및 모듈을 테스트하는 환경의 일부분으로, 테스트를 지원하기 위해 생성된 코드와 데이터를 의미
- 테스트 케이스, 테스트 시나리오, 테스트 오라클과 같은 다양한 테스트 요소들을 하나로 묶고 실행하는 역할
  - 테스트 케이스 : 특정한 기능이나 요구사항을 검증하기 위한 테스트 단계들의 집합
  - 테스트 시나리오 : 테스트 케이스들을 하나의 시나리오로 연결하여 실제 사용자의 행동을 모방하는 테스트 절차
  - 테스트 오라클 : 테스트 결과가 기대하는 기준을 충족하는지 판단하는 기준

애플리케이션의 컴포넌트 및 모듈을 테스트하는 환경의 일부분으로, 테스트를 지원하기 위해 생성된 코드와 데이터를 의미하는 것은?

① 테스트 하네스
② 테스트 케이스
③ 테스트 시나리오
④ 테스트 오라클

2과목 프로그래밍 언어 활용

참고 파트04-챕터01-섹션01

36 | 프로그래밍 언어

- 사람과 컴파일러가 이해할 수 있는 약속된 형태의 언어를 의미함
- 저급 언어와 고급 언어

저급 언어	• 기계어 : 0과 1로 표시되는 언어 • 어셈블리어 : 기호를 사용하여 기계어를 표현한 언어
고급 언어	• 사용자가 이해하기 쉽도록 표현한 언어 • C, C++, C#, Java, Python 등

프로그래밍 언어에 대한 설명으로 틀린 것은?

① 사람과 컴파일러가 이해할 수 있는 약속된 형태의 언어를 프로그래밍 언어라고 한다.
② 저급 언어 중 기계어는 0과 1로 표시된다.
③ 고급 언어에는 C, C++, C#, Java, Python 등이 있다.
④ 저급 언어는 사람이 이해하기 쉽도록 표현한 언어이다.

참고 파트04-챕터01-섹션01

37 | C언어의 자료형

- char : 문자형
- int : 정수형(2Byte)
- float : 실수형(4Byte)
- double : 실수형(8Byte)

C언어의 실수 자료형에 해당하는 것은?

① float
② char
③ long
④ int

정답 35 ① 36 ④ 37 ①

[참고] 파트04-챕터01-섹션02

38 | C언어의 입출력 함수

- printf( ) : 형식화된 출력
- puts( ) : 문자열 출력
- putchar( ) : 한 문자 출력
- scanf( ) : 형식화된 입력
- gets( ) : 문자열 입력
- getchar( ) : 한 문자 입력
- fflush( ) : 버퍼에 남아 있는 불필요한 데이터를 삭제해 주는 함수
- fopen( ) : fflush( ) 함수로 삭제된 버퍼에 스트림을 생성해 주는 함수
- fwrite( ) : 스트림에 바이너리 데이터를 작성할 때 사용하는 함수

C언어에서 한 문자 출력 시 사용하는 함수는?

① gets( )
② getchar( )
③ puts( )
④ putchar( )

[참고] 파트04-챕터01-섹션01

39 | C언어 변수명 작성 규칙

- 영문 대소문자(A~Z, a~z), 숫자(0~9), '_'를 혼용하여 사용 가능
- 첫 글자는 영문자나 '_'로 시작해야 함
- 영문자는 대소문자 구분
- '-'이나 공백을 포함할 수 없음
- 예약어(reserved word)를 사용할 수 없음

C언어에서 사용할 수 없는 변수명은?

① student2019
② text-color
③ _korea
④ amount

[참고] 파트04-챕터01-섹션03

40 | C언어 비트 연산자

- & : 비트 단위로 AND 연산(두 비트가 모두 1일 때만 1을 반환)
- | : 비트 단위로 OR 연산(두 비트 중 하나라도 1이면 1을 반환)
- ^ : 비트 단위로 XOR 연산(두 비트가 서로 다를 때만 1을 반환)
- ~ : 단항 연산자로서 피연산자의 모든 비트를 반전시킴
- << : 피연산자의 비트 열을 왼쪽으로 이동시킴
- \>> : 피연산자의 비트 열을 오른쪽으로 이동시킴

다음 C 프로그램의 결과값은?

```c
#include <stdio.h>
int main( )
{
    int a = 15, b = 64;

    a = a >> 2;
    b = b << 2;

    printf("%d, %d", a, b);
    return 0;
}
```

① 3, 256
② 8, 128
③ 32, 32
④ 64, 16

오답 피하기

#include <stdio.h>	표준 입력/출력 라이브러리 헤더 파일
int main( )	main 함수를 시작
{	
int a = 15, b = 64;	int 형 변수 a와 b를 선언하고 각각 15, 64 값으로 초기화
a = a >> 2;	• a 변수를 2비트 오른쪽 비트 이동 • 15(0b00001111)를 2비트 오른쪽 비트 이동하면 3(0b00000011)
b = b << 2;	• b 변수를 2비트 왼쪽 비트 이동 • 64(0b01000000)를 2비트 왼쪽 비트 이동하면 256(0b0001000000)
printf("%d, %d", a, b);	• printf 함수를 사용하여 두 개의 정수를 출력 • 두 개의 정수 형식으로 출력 • 각각 변수 a와 b의 값을 출력
return 0; }	main 함수를 종료하고 프로그램 종료

[참고] 파트04-챕터01-섹션03

41 | C언어 산술 연산자

- + : 더하기
- − : 빼기
- * : 곱하기
- / : 나누기
- % : 나눈 후 나머지(정수)

다음 C 프로그램의 결과값은?

```c
#include <stdio.h>
int main( )
{
    int x = 10;
    int y = 12;
    int z;

    z = x++ < --y ? ++x: y--;
    printf("%d", z);
    return 0;
}
```

① 10
② 11
③ 12
④ 13

오답 피하기

#include <stdio.h>	표준 입력/출력 함수 헤더 파일
int main( )	main 함수를 정의
{	main 함수의 시작
int x = 10;	정수형 변수 x를 선언하고 초기값을 10으로 설정
int y = 12;	정수형 변수 y를 선언하고 초기값을 12로 설정
int z;	정수형 변수 z를 선언

z = x++ < --y ? ++x: y--;	• 조건 연산자를 사용하여 x의 후위 증가 연산과 y의 전위 감소 연산을 수행
	  − x++ : 먼저 x의 값을 출력하고 1 증가(x는 11이 됨)
	  − --y : y의 값을 1 감소(y는 11이 됨)
	• 조건식은 x가 y보다 작으면 x를 증가시키고, 그렇지 않으면 y를 감소
	  − x++ < --y : x++의 결과(11)가 --y의 결과(11)보다 작은지 비교
	  − ++x : 조건이 거짓이므로 x를 1 증가(x는 12가 됨)
	  − y-- : 조건이 참이었다면 y를 1 감소
	• 이 값을 z에 할당

printf("%d", z);	변수 z의 값을 정수 형식으로 출력
return 0;	main 함수를 종료
}	main 함수의 끝

[참고] 파트04-챕터01-섹션05

42 | C언어 포인터(Pointer)

- 메모리의 주소값을 저장하는 변수
- 포인터와 연관되어 사용되는 연산자

주소 연산자(&)	변수의 이름 앞에 사용하며, 해당 변수의 주소값을 반환
참조 연산자(*)	포인터의 이름이나 주소 앞에 사용하며, 포인터에 가리키는 주소에 저장된 값을 반환

다음 C 프로그램의 결과값은?

```c
#include <stdio.h>
int main( )
{
    int a[3];
    int* p;
    int i;
    int sum = 0;

    p = a;

    *p = 10;
    *(p + 1) = 12;
    a[2] = a[0] + a[1];

    for(i = 0; i < 3; i++)
    {
        sum += a[i];
    }

    printf("%d", sum + a[2]);
    return 0;
}
```

① 22
② 33
③ 44
④ 66

정답 41 ③ 42 ④

오답 피하기

#include <stdio.h> int main( ) {	• 표준 입력 및 출력 함수 헤더 파일 • 프로그램의 진입점을 나타내는 main 함수를 시작
int a[3]; int* p; int i; int sum = 0;	정수형 배열 a[3], 정수형 포인터 p, 정수형 변수 i, sum을 선언
p = a;	포인터 p를 배열 a의 첫 번째 요소를 가리키도록 초기화

*p = 10;
*(p + 1) = 12;
a[2] = a[0] + a[1];
	• 포인터 p를 통해 배열 a의 첫 번째 요소에 10을 할당하고, 두 번째 요소에 12를 할당
	• 배열 a의 세 번째 요소에는 첫 번째와 두 번째 요소의 합(22)을 저장

for(i = 0; i < 3; i++)
{
  sum += a[i];
}
	배열 a의 모든 요소를 더하여 sum에 누적 (10+12+(10+12) = 44)

printf("%d", sum + a[2]);
return 0;
}
	• 배열 a의 모든 요소의 합(sum, 44)과 세 번째 요소(a[2], 22)를 더하여 66을 출력
	• main 함수를 종료

참고 파트00-챕터00-섹션00

44 | Java 예외 처리 예약어

- try : 예외가 발생할 수 있는 코드 블록 정의
- catch : 예외가 발생했을 때 해당 예외를 처리하는 코드 블록 정의
- finally : 예외 발생 여부에 상관없이 항상 실행되는 코드 블록 정의
- throw : 예외를 강제로 발생시킴
- throws : 메서드나 생성자에서 해당 메서드를 호출한 곳으로 예외를 던질 수 있음을 선언
- try-with-resources : 자원을 자동으로 해제하기 위해 사용되는 구문으로, 자원을 try 블록 내에서 선언하고 사용한 후 자동으로 해제됨
- catch multiple exceptions : 하나의 catch 블록에서 여러 예외를 처리하는 것을 가능하게 함
- try-catch-finally 중첩 : 예외 처리를 중첩하여 여러 예외 상황에 대응할 수 있도록 함
- custom exception : 사용자가 직접 정의한 예외 클래스를 사용하여 예외를 발생시킬 수 있음

Java에서 예외 처리 구문에 해당하는 것은?

① try...catch
② if...else
③ switch...case
④ while

참고 파트04-챕터02-섹션01

43 | Java 접근 제어자(접근 제한자)

제어자	접근 범위	적용 가능한 범위
public	모든 클래스	클래스, 필드, 메서드, 생성자
protected	같은 패키지, 상속받은 클래스	필드, 메서드, 생성자
default	같은 패키지에서만(명시적으로 설정하지 않음)	클래스, 필드, 메서드, 생성자
private	동일 클래스 내에서만	필드, 메서드, 생성자

Java 언어에서 접근 제한자가 아닌 것은?

① public
② protected
③ package
④ private

정답 43 ③ 44 ①

참고 파트04-챕터02-섹션02

45 | Java의 자료형

정수형(Integral Type)	• byte : 8비트 • short : 16비트 • int : 32비트 • long : 64비트
실수형(Floating-Point Type)	• float : 32비트 단정도 실수 표현(IEEE 754) • double : 64비트 배정도 실수 표현(IEEE 754)
문자형(Character Type)	char : 16비트 유니코드 문자
논리형(Boolean Type)	boolean : true 또는 false 값

Java에서 변수와 자료형에 대한 설명으로 옳지 않은 것은?

① 변수는 어떤 값을 주기억 장치에 기억하기 위해서 사용하는 공간이다.
② 변수의 자료형에 따라 저장할 수 있는 값의 종류와 범위가 달라진다.
③ char 자료형은 나열된 여러 개의 문자를 저장하고자 할 때 사용한다.
④ boolean 자료형은 조건이 참인지 거짓인지 판단하고자 할 때 사용한다.

참고 파트00-챕터00-섹션00

46 | Java의 Switch/Case문

- if문과 비슷하지만 좀 더 일정한 형식이 있는 조건/판단문
- 구조

```
switch (변수) {
case 값:
    실행문;
    break;

default:
    실행문;
    break;
}
```

다음 Java 프로그램의 결과값은?

```java
public class Test {
  public static void main(String[ ] args) {
    int value = 3;
    switch (value) {
      case 1: System.out.println("one");
      case 2: System.out.println("two");
      case 3: System.out.println("three");
break;
      case 4: System.out.println("four");
      case 5: System.out.println("five");
    }
  }
}
```

① one
　two

② one
　two
　three

③ three

④ four
　five

정답 45 ③ 46 ③

47 | Java 객체 생성 코드

- 클래스 → 인스턴스화 → 인스턴스(객체) 생성
- 구조

> 클래스명 변수명;
> 변수명 = new 클래스명( );

다음 Java 프로그램의 결과값은?

```
class XXX {
    String s1, s2;
}
class YYY {
    String s1, s2;
    YYY( ) { }
    YYY(String s1, String s2) {
        this.s1 = s1;
        this.s2 = s2;
    }
}
public class Exam {
    public static void main(String[ ] args) {
        XXX x = new XXX( );
        YYY y = new YYY("ba", "ab");
        x.s1 = "aa";
        x.s2 = "bb";
        System.out.println("a" + x.s1 + y.s2 + "b");
    }
}
```

① aaabbb
② aaaabb
③ abaabb
④ aaabab

오답 피하기

코드	설명

class XXX {
String s1, s2;
}
	• XXX 클래스 정의
	• 문자열 멤버 변수 s1과 s2 정의

class YYY {
String s1, s2;
YYY( ) { }
YYY(String s1, String s2) {
this.s1 = s1;
this.s2 = s2;
}
}
	• YYY 클래스 정의
	• 문자열 멤버 변수 s1과 s2를 가지며, 기본 생성자와 두 개의 문자열을 매개변수로 받는 생성자를 가짐
	• 생성자를 통해 s1과 s2 멤버 변수에 값을 할당

public class Exam {	Exam 클래스 정의
public static void main(String[ ] args) {	main 메서드 정의
XXX x = new XXX( );	XXX 클래스의 객체 x를 생성
YYY y = new YYY("ba", "ab");	• YYY 클래스의 문자열을 매개변수로 받는 생성자를 호출하여 생성 • "ba"는 s1에, "ab"는 s2에 할당
x.s1 = "aa";	객체 x의 s1 멤버 변수에 "aa"를 할당
x.s2 = "bb";	객체 x의 s2 멤버 변수에 "bb"를 할당
System.out.println("a" + x.s1 + y.s2 + "b");	문자열 "a", 객체 x의 s1 값, 객체 y의 s2 값, 문자열 "b"를 순서대로 이어서 출력
}	
}	

정답 47 ②

[참고] 파트04-챕터03-섹션02

48 | Python 리스트

- 여러 값을 저장할 수 있는 순서가 지정된 모음
- 목록은 대괄호([ ])를 사용하여 생성되며, 각 요소는 쉼표(,)로 구분

다음 파이썬(Python) 프로그램의 결과값은?

```
>>> a = [0,10,20,30,40,50,60,70,80,90]
>>> a[:7:2]
```

① [20, 60]
② [60, 20]
③ [0, 20, 40, 60]
④ [10, 30, 50, 70]

오답 피하기
- a[:7:2]는 리스트 a의 슬라이싱 연산을 의미한다.
- :은 생략 가능하며, 생략하면 전체 리스트를 의미한다.
- :7은 시작 인덱스 0부터 7번째 인덱스(7 제외)까지 슬라이싱한다.
- :2는 2칸씩 건너뛰어 슬라이싱한다.
- 리스트 a에서 0번째, 2번째, 4번째, 6번째 인덱스에 해당하는 값을 2칸씩 건너뛰어 추출하여 새로운 리스트를 생성한다.
- 결과값은 [0, 20, 40, 60]이다.

[참고] 파트04-챕터03-섹션04

49 | Python 함수 정의 및 반복문

- 함수란 Python에서 작업의 기본 단위이며, 반복문이란 특정 코드 블록을 반복하는 것을 의미함
- def 키워드를 사용해 함수를 정의하고 함수 식별자(함수 이름) 다음에 괄호와 콜론을 작성함
- 반복문에는 for 반복문과 while 반복문이 있음

다음 파이썬(Python) 프로그램의 결과값은?

```
def cs(n):
    s = 0
    for num in range(n+1):
        s += num
    return s print(cs(11))
```

① 45
② 55
③ 66
④ 78

오답 피하기
- 0부터 11까지의 모든 정수를 더하는 함수를 정의한 코드이다.
- 0+1+2+3+4+5+6+7+8+9+10+11 = 66

def cs(n):	n 매개변수를 갖는 cs 함수 정의
s = 0	변수 s를 0으로 초기화
for num in range(n+1):	• 0부터 n까지의 정수를 반복하는 루프를 시작 • range(n+1)은 0부터 n까지의 정수를 생성
s += num	num 값을 s에 합함
return s print(cs(11))	cs 함수를 호출하고, 매개변수로 11을 전달

50 | Python 비교 연산자

- is : 객체가 같음
- is not : 객체가 같지 않음
- == : 같음
- != : 같지 않음
- > : 큼(초과)
- < : 작음(미만)
- >= : 크거나 같음(이상)
- <= : 작거나 같음(이하)

다음 파이썬(Python) 프로그램의 결과값은?

```
#include <stdio.h>
int main( )
{
    int a = 100;
    int b = 200;

    printf("%d", a != b);
    return 0;
}
```

① 111111
② 1111"11"
③ 2211
④ 22"11"

오답 피하기

#include <stdio.h>	표준 입력/출력 함수 헤더 파일
int main( )	main 함수를 정의
{	main 함수의 시작
int a = 100;	정수형 변수 a를 선언하고 초기값을 100으로 설정
int b = 200;	정수형 변수 b를 선언하고 초기값을 200으로 설정
printf("%d", a != b);	• a와 b가 서로 다른지를 비교한 결과를 정수 형식으로 출력 • a와 b가 다르면 1을 출력하고, 같으면 0을 출력
return 0;	main 함수를 종료
}	main 함수의 끝

51 | 논리 연산(Boolean Logic)

- A and B : A와 B가 모두 참이면 참(True) 반환
- A or B : A와 B 둘 중 하나라도 참이면 참(True) 반환
- not A : A가 거짓이면 참(True) 반환, A가 참이면 거짓(False) 반환

다음 파이썬(Python) 프로그램의 결과값은?

```
>>> not 7 > 5
```

① 0
② 1
③ False
④ True

오답 피하기

- 7 > 5 → True
- Not True → Flase

[참고] 파트05-챕터02-섹션01

52 | 취약점(Vulnerability)

- 소프트웨어, 시스템, 네트워크 등에서 악용될 수 있는 결함이나 약점
- 마치 성벽의 구멍처럼 공격자가 침투하여 시스템을 손상시키거나 데이터를 탈취할 수 있는 기회를 제공하는 것
- 취약점을 방지하기 위한 방법

코드 검토	코드를 검토하여 프로그래밍 오류나 설계 결함을 발견하고 수정
침투 테스트	전문가가 공격자의 입장에서 시스템을 공격하여 취약점을 파악
보안 소프트웨어 사용	방화벽, 침입 탐지 시스템, 바이러스 백신 등의 보안 소프트웨어를 사용하여 공격을 차단
시스템 업데이트	운영 체제, 소프트웨어, 펌웨어 등을 최신 버전으로 업데이트하여 발견된 취약점을 해결
보안 교육	직원들에게 보안 교육을 실시하여 보안 인식을 높이고, 취약점을 악용하는 공격에 대비

보안 취약점을 의미하는 것은?

① Visibility
② Portability
③ Usability
④ Vulnerability

[참고] 파트05-챕터02-섹션02

53 | API(Application Program Interface)

- 응용 프로그램 개발 시 OS나 프로그램 언어 등에 있는 라이브러리를 이용할 수 있도록 규칙 등을 정의해 놓은 것
- 개발에 필요한 여러 도구를 제공하기 때문에 이를 이용하면 원하는 기능을 쉽고 효율적으로 구현할 수 있음
- 기존의 API를 이용해 새로운 프로그램을 만드는 것을 매쉬업(Mashup)이라고 함
- API의 장점 : 코드의 재사용, 모듈화, 플랫폼 독립성, 연계 및 통합
- 종류 : Windows API, 단일 유닉스 규격(SUS), Java API, 웹 API, Open API 등

API(Application Program Interface)와 관련된 설명으로 옳지 않은 것은?

① 라이브러리에 접근하기 위한 규칙들을 정의한 것이다.
② 기존의 API를 이용해 새로운 프로그램을 만드는 것을 매쉬업(Mashup)이라고 한다.
③ 프로그래머는 라이브러리가 제공하는 여러 함수를 이용하여 프로그램을 작성할 때 해당 함수의 내부 구조를 잘 알아야 한다.
④ API의 장점으로는 코드의 재사용, 모듈화, 플랫폼 독립성, 연계 및 통합이 있다.

[참고] 파트05-챕터03-섹션02

54 | 인터페이스의 구성

- 두 개체 또는 시스템 간의 상호 작용을 가능하게 하는 경계나 접점
- 예를 들면 두 나라 사이의 국경선처럼, 서로 다른 시스템들이 소통하고 데이터를 주고받을 수 있도록 규칙과 표준을 제공
- 인터페이스의 구성

모듈	특정 기능을 수행하도록 설계된 코드의 독립적인 단위
프로토콜	두 시스템 간의 데이터 전송 방식을 규정하는 규칙
프레임워크	소프트웨어 개발을 위한 기본 구조와 도구를 제공하는 플랫폼

두 개체 또는 시스템 간의 상호작용을 위한 경계나 접점을 의미하는 것은?

① 모듈
② 프로토콜
③ 프레임워크
④ 인터페이스

정답 52 ④ 53 ③ 54 ④

[참고] 파트05-챕터03-섹션02

55 | 웹의 3요소

웹 표준	웹에서 사용되는 기술이나 규약을 통일하여 웹 페이지의 구조와 동작을 표준화하는 것
웹 접근성	모든 사람이 웹 사이트를 이해하고 사용할 수 있도록 하는 것
웹 호환성	웹 사이트가 다양한 브라우저와 기기에서 동일하고 정확하게 표시되고 작동하는 것

웹의 3요소가 아닌 것은?

① 웹 사이트
② 웹 표준
③ 웹 접근성
④ 웹 호환성

[참고] 파트05-챕터01-섹션03

56 | HTML 태그

- HTML 요소(Element)라고도 부르며, HTML 문서를 구성하는 기본 단위
- 대표적인 HTML 태그

html	웹 페이지에 무조건 들어가야 하는 태그
head	html에서 필요한 여러 가지 정보들을 포함함
body	브라우저의 실질적인 표시 영역
title	웹 브라우저의 상단 제목 표시줄에 표시되며, 〈head〉 태그 안에 포함됨
meta	해당 웹 페이지의 인코딩 및 문서 키워드, 요약 정보
div	레이아웃을 나누는 데 사용
a	다른 웹 페이지로 연결해 주며, 보통 하이퍼링크에 사용
script	script 코드를 사용하기 위해 반드시 필요한 태그
link	외부의 리소스를 현재 작성 중인 문서로 불러올 때 사용
img	이미지를 넣을 때 사용

다음 중 밑줄에 들어갈 링크된 페이지의 URL을 명시하는 HTML의 〈a〉 태그의 속성은?

〈a_____="https://www.hrdkorea.or.kr"〉한국산업인력공단〈/a〉

① href
② link
③ url
④ des

오답 피하기
- ② link : HTML5에서 추가된 속성으로, 자원과의 관계를 표현
- ③ url, ④ des : HTML 속성이 아님

[참고] 파트05-챕터01-섹션03

57 | 〈br〉 태그

- 텍스트 블록 안에서 강제적으로 줄바꿈을 발생시키는 태그
- 단락 구분 없이 특정 위치에서 한 줄 텍스트를 다음 줄로 넘기는 데 사용

〈br〉두 번째 줄입니다.〈br〉세 번째 줄입니다.

텍스트 블록 내용의 일부인 텍스트의 줄바꿈을 만드는 목적으로 사용하는 태그는?

① 〈p〉 태그
② 〈br〉 태그
③ 〈pre〉 태그
④ 〈div〉 태그

오답 피하기
〈p〉 태그
- 단락(paragraph)을 나타내는 태그이다.
- 텍스트 블록을 새로운 단락으로 나누고, 기본적인 여백과 스타일을 적용한다.
- 단락 간에 자연스러운 공간을 만들고, 텍스트의 가독성을 향상시킨다.

〈p〉첫 번째 단락입니다.〈/p〉〈p〉두 번째 단락입니다.〈/p〉

[참고] 파트05-챕터01-섹션03

58 | text-indent 속성

- 블록 요소의 첫 줄 들여쓰기를 설정하는 데 사용
- text-indent 속성의 주요 특징

기본값	0(들여쓰기 없음)
값	양수 또는 음수 값을 사용
양수 값	들여쓰기(왼쪽 여백 증가)
음수 값	내어쓰기(왼쪽 여백 감소)
적용 대상	블록 요소(예 ⟨p⟩, ⟨div⟩, ⟨h1⟩ 등)
비적용 대상	인라인 요소(예 ⟨b⟩, ⟨i⟩, ⟨span⟩ 등)

다음 중 CSS의 text-indent 속성에 대한 설명으로 옳지 않은 것은?

① 블록에서 텍스트 뒤에 놓이는 공간의 길이를 설정한다.
② 기본값은 0이고 값이 양수이면 들여쓰기, 음수이면 내어쓰기 설정이다.
③ html의 block 요소에는 적용되고 inline 요소에는 적용되지 않는다.
④ ⟨span⟩ 요소에는 text-indent 속성을 설정해도 적용되지 않는다.

[참고] 파트05-챕터01-섹션03

59 | CSS의 margin과 padding

margin	요소 주변의 공간
padding	요소의 내용과 테두리 사이의 공간

다음 중 (가), (나) 영역에서 CSS의 margin과 padding 속성을 옳게 나열한 것은?

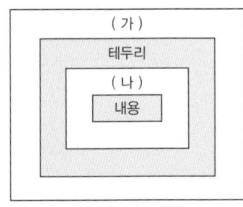

(가)   (나)
① margin, margin
② padding, margin
③ margin, padding
④ padding, padding

[참고] 파트05-챕터01-섹션03

60 | ⟨input⟩ 태그의 type 속성

text	일반 텍스트 입력 필드를 생성
password	비밀번호를 입력받는 입력 필드를 생성
radio	여러 옵션 중 하나를 선택할 수 있는 라디오 버튼 그룹을 생성
checkbox	여러 옵션 중 하나 이상을 선택할 수 있는 체크 박스를 생성
submit	폼 데이터를 서버로 제출하는 서브밋 버튼을 생성
button	사용자 정의 기능을 수행하는 버튼을 생성
hidden	사용자에게 보이지 않고 데이터를 서버로 전송할 수 있는 숨겨진 입력 필드를 생성

⟨input⟩ 태그의 type 속성의 값의 설명이 옳지 않은 것은?

① hidden – 사용자에게 안 보이게 입력
② password – 비밀번호 입력
③ radio – 라디오 버튼 삽입
④ button – 서버 전송 버튼

[참고] 파트05-챕터01-섹션03

61 | CSS의 선택자(Selector)

- 스타일을 적용할 HTML 요소를 선택하는 데 사용됨
- 다양한 방법으로 HTML 요소를 선택할 수 있으며, 이를 통해 웹 페이지의 특정 부분에 스타일을 적용할 수 있음
- 클래스 선택자는 클래스 이름을 가지는 특정 요소를 선택
- 아이디 이름은 # 기호를 사용하여 선택하며, 클래스 선택자는 . 기호를 사용하여 선택

다음 중 CSS의 선택자(Selector)에 대한 설명으로 옳지 않은 것은?

① 스타일을 적용할 대상을 선택하기 위해 사용한다.
② 전체 선택자는 HTML 문서 내의 모든 요소를 선택한다.
③ 클래스 선택자는 아이디 이름을 가지는 특정 요소를 선택한다.
④ HTML 요소 선택자는 요소의 이름을 직접 사용하여 선택한다.

참고 파트05-챕터01-섹션03

62 | Java Script의 〈script〉 태그

Java Script와 같은 클라이언트 사이드 스크립트(client-side scripts)를 정의할 때 사용하는 HTML 태그

Java Script와 같은 클라이언트 사이드 스크립트(client-side scripts)를 정의할 때 사용하는 HTML 태그는?

① 〈Javascript〉 태그
② 〈script〉 태그
③ 〈jsscript〉 태그
④ 〈Javascript〉 태그

오답 피하기
〈script〉외 나머지 보기는 존재하지 않는 태그이다.

참고 파트05-챕터01-섹션03

63 | Java Script의 메서드

console.log( )	디버깅 및 메시지 출력을 위한 함수
document.write( )	HTML 문서에 직접 내용을 삽입하는 함수
window.alert( )	사용자에게 경고 메시지를 띄우는 함수
document.getElementById( )	특정 ID 속성을 가진 HTML 요소를 선택하는 함수

다음 중 브라우저에 웹 페이지가 로딩될 때 가장 먼저 데이터를 출력하는 Javascript의 메서드는?

① console.log( )
② document.write( )
③ window.alert( )
④ document.getElementById( )

참고 파트00-챕터00-섹션00

64 | Java Script의 배열(Array)

- 한 개의 변수에 여러 개의 값을 순차적으로 저장할 때 사용
- 배열 안에 들어있는 값들을 요소라고 함

다음 Javascript 프로그램의 결과값은?

```
var myArray = ['one', 'two', 'three'];
myArray.push('four');
myArray.unshift('five');
myArray.pop( );
console.log(myArray)
```

① ["one", "two", "three", "four"]
② ["five", "one", "two", "three"]
③ ["one", "two", "three", "four", "five"]
④ ["five", "one", "two", "three", "four"]

오답 피하기

| var myArray = ['one', 'two', 'three']; |
| 문자열 'one', 'two', 'three'를 요소로 갖는 배열 myArray를 생성
myArray : ['one', 'two', 'three'] |
| 배열에 요소 추가 → (push 메서드): |
| myArray.push('four');
배열의 끝에 'four'를 추가
myArray : ['one', 'two', 'three', 'four'] |
| 배열의 앞에 요소 추가 → (unshift 메서드): |
| myArray.unshift('five');
배열의 맨 앞에 'five'를 추가
myArray : ['five', 'one', 'two', 'three', 'four'] |
| 배열의 마지막 요소 제거 → (pop 메서드): |
| myArray.pop( );
배열의 마지막 요소를 제거
myArray : ['five', 'one', 'two', 'three'] |
| 배열 출력 → (console.log): |
| console.log(myArray);
현재 배열의 상태를 콘솔에 출력
출력 : ['five', 'one', 'two', 'three'] |

3과목 데이터베이스 활용

65 | E-R 다이어그램

기호	의미	
사각형		개체(Entity)
마름모		관계(Relationship)
타원		속성(Attribute)
선, 링크		개체-속성, 개체-개체의 연결
2중 타원		다중값 속성

개체-관계 모델(E-R)에서 개체 간 관계 타입을 나타낼 때 사용하는 기호는?

① 삼각형
② 마름모
③ 타원
④ 오각형

66 | 데이터 모델의 종류

계층형 모델 (Hierarchical model)	• 데이터베이스를 트리(Tree) 구조로 표현 • 구조가 간단하여 이해하기 쉽지만, 데이터 상호 간의 유연성이 부족하고 검색 경로의 한정으로 비효율임
네트워크 모델 (Network model)	• 그래프(Graph) 구조로 표현(오너-멤버 관계) • CODASYL DBTG 모델이라고도 함
관계형 모델 (Relational model)	• 데이터베이스를 테이블(Table)의 집합으로 표현하여 간결하고 보기 편리함 • 데이터 간의 관계를 기본키(Primary Key)와 이를 참조하는 외래키(Foreign Key)로 표현됨 • 테이블(Table, 표) 데이터 모델이라고도 함 • 대응도 : 일대일(1:1), 일대다(1:N), 다대다(N:M)

계층형 데이터 모델에 대한 설명으로 옳지 않은 것은?

① 링크를 사용하여 자료와 자료 사이의 관계성을 나타낸다.
② CODASYL DBTG 모델이라고도 한다.
③ 각 레코드가 트리 구조 형태로 구성된다.
④ 데이터의 독립성이 보장된다.

67 | 데이터베이스 관리자(DBA)

• 데이터베이스 구축(개념 및 내부 스키마 정의)
• DBMS 관리 및 사용자 요구 정보 결정 및 효율적 관리
• 백업 및 회복 전략 정의
• 데이터 모델링을 수행하고 데이터베이스를 정의

DBA의 역할로 거리가 먼 것은?

① 응용 프로그램(Application program)의 작성
② 스키마 정의
③ 무결성 제약조건의 지정
④ 저장 구조와 액세스 방법 정의

68 | 순수 관계 연산자

Select	σ	튜플 집합을 검색
Project	π	속성 집합을 검색
Join	⋈	두 릴레이션의 공통 속성을 연결
Division	÷	두 릴레이션에서 특정 속성을 제외한 속성만 검색

다음 관계 대수 중 순수 관계 연산자가 아닌 것은?

① 차집합(difference)
② 프로젝트(project)
③ 조인(join)
④ 디비전(division)

69 | 무결성(Integrity)

- 개체 무결성 : 기본키의 값은 널(Null) 값이나 중복값을 가질 수 없다는 제약조건
- 참조 무결성 : 참조할 수 없는 외래키값을 가질 수 없다는 제약조건

다음 중 기본키는 NULL 값을 가져서는 안 되며, 릴레이션 내에 오직 하나의 값만 존재해야 한다는 조건을 무엇이라 하는가?

① 개체 무결성 제약조건
② 참조 무결성 제약조건
③ 도메인 무결성 제약조건
④ 속성 무결성 제약조건

70 | 외래키(Foreign Key)

- 현실 세계에 존재하는 개체 타입들 간의 관계를 표현하는 데 중요한 역할을 수행
- 외래키로 지정되면 참조 릴레이션의 기본키에 없는 값은 입력할 수 없음
- 외래키를 포함하는 릴레이션이 참조 릴레이션이 되고, 대응되는 기본키를 포함하는 릴레이션이 참조되는 릴레이션이 됨
- 참조 무결성 제약조건과 밀접한 관계가 있음

외래키에 대한 설명으로 옳지 않은 것은?

① 외래키는 현실 세계에 존재하는 개체 타입들 간의 관계를 표현하는 데 중요한 역할을 수행한다.
② 외래키로 지정되면 참조 릴레이션의 기본키에 없는 값은 입력할 수 없다.
③ 외래키를 포함하는 릴레이션이 참조 릴레이션이 되고, 대응되는 기본키를 포함하는 릴레이션이 참조하는 릴레이션이 된다.
④ 참조 무결성 제약조건과 밀접한 관계를 가진다.

71 | 릴레이션의 특징

- 튜플의 유일성 : 모든 튜플은 서로 다른 값을 갖음
- 튜플의 무순서성 : 하나의 릴레이션에서 튜플의 순서는 없음
- 속성의 원자성 : 속성값은 원자값을 가짐
- 속성의 무순서성 : 각 속성은 릴레이션 내에서 유일한 이름을 가지며, 속성의 순서는 큰 의미가 없음

릴레이션의 특징으로 거리가 먼 것은?

① 모든 튜플은 서로 다른 값을 갖는다.
② 모든 속성 값은 원자 값이다.
③ 튜플 사이에는 순서가 없다.
④ 각 속성은 유일한 이름을 가지며, 속성의 순서에는 큰 의미가 있다.

정답 68 ① 69 ① 70 ③ 71 ④

72 | 카디널리티와 디그리

- 한 릴레이션에 포함된 튜플(Tuple)의 수 → 카디널리티 (Cadinality, 기수)
- 한 릴레이션에 포함된 속성(Atribute)의 수 → 디그리(Dgree, 차수)

다음의 설명 ⊙과 ⓒ이 의미하고 있는 개념을 옳게 설명한 것으로 짝지어진 것은?

> ⊙ 릴레이션의 애트리뷰트 개수
> ⓒ 릴레이션에 포함되어 있는 튜플의 개수

	⊙	ⓒ
①	차수(degree)	레벨(level)
②	차수(degree)	카디널리티(cardinality)
③	레벨(level)	카디널리티(cardinality)
④	레벨(level)	차수(degree)

73 | 교차곱(Cartesian Product)

- 두 릴레이션 차수(Drgree)는 더하고 기수(Cardinality)는 곱하면 됨
- 즉 'R차수+S차수', 'R카디럴리티*S카디널리티'

릴레이션 R의 차수가 4이고 카디널리티가 5이며, 릴레이션 S의 차수가 6이고 카디널리티가 7일 때, 두 개의 릴레이션을 카티션 프로덕트한 결과의 새로운 릴레이션의 차수와 카디널리티는 얼마인가?

① 24, 35
② 24, 12
③ 10, 35
④ 10, 12

74 | 정규화(Normalization)

비정규형 릴레이션
↓ 모든 도메인이 원자값이 되도록 분해
제1정규형(1NF)
↓ 부분 함수 종속 관계 제거
제2정규형(2NF)
↓ 이행적 함수 종속 관계 제거
제3정규형(3NF)
↓ 후보키가 아닌 결정자 관계 제거
보이스 코드 정규형(BCNF)
↓ 다치 종속 관계 제거
제4정규형(4NF)
↓ 후보키를 통하지 않은 조인 종속 관계 제거
제5정규형(5NF)

- 데이터의 종속으로 인하여 발생하는 현상인 이상 현상(Anomaly)이 발생하지 않도록 하는 것
- 데이터베이스의 개념적 설계 단계와 논리적 설계 단계에서 수행
- 한 테이블에 너무 많은 정보를 포함해서 발생하는 이상 현상을 제거

정규화에 대한 설명으로 적절하지 않은 것은?

① 데이터베이스의 개념적 설계 단계 이전에 수행한다.
② 데이터 구조의 안정성을 최대화한다.
③ 중복을 배제하여 삽입, 삭제, 갱신 이상의 발생을 방지한다.
④ 데이터 삽입 시 릴레이션을 재구성할 필요성을 줄인다.

정답 72 ② 73 ③ 74 ①

75 | 관계형 데이터베이스의 구성요소

- 테이블(Table) : 행과 열로 데이터들을 표현한 것
- 속성(Attribute) : 테이블을 구성하는 각각의 열을 말하며, 데이터의 가장 작은 논리적 단위
- 튜플(Tuple) : 테이블을 구성하는 각각의 행을 말하며, 속성의 모임으로 구성
- 도메인(Domain) : 하나의 튜플이 가질 수 있는 모든 값의 범위

하나의 애트리뷰트가 가질 수 있는 원자값들의 집합을 의미하는 것은?

① 도메인
② 튜플
③ 엔티티
④ 다형성

76 | 데이터베이스 설계

- 사용자의 요구를 분석하여 그것들을 컴퓨터에 저장할 수 있는 데이터베이스 구조에 맞게 변형한 다음, 특정 DBMS로 구현하여 일반 사용자들이 사용할 수 있게 하는 것을 의미함
- 순서 : 데이터베이스 계획 → 요구사항 분석 → 데이터 설계 (개념적 → 논리적 → 물리적) → 구현
- 개념적 데이터 설계 단계에서 ERD를 작성함

데이터베이스의 설계 순서를 바르게 나열한 것은?

① 요구조건 분석-물리적 설계-논리적 설계-개념적 설계
② 요구조건 분석-논리적 설계-개념적 설계-물리적 설계
③ 요구조건 분석-개념적 설계-논리적 설계-물리적 설계
④ 요구조건 분석-논리적 설계-물리적 설계-개념적 설계

77 | 물리적 설계

- 목표 DBMS에 종속적인 물리적 구조 설계
- 저장 레코드 양식 설계 및 레코드 집중의 분석/설계
- 파일 조직 방법과 저장 방법 그리고 파일 접근 방법 등을 선정
- 응답시간 효율화를 위한 접근 경로 설계
- 트랜잭션 세부 설계

데이터베이스 설계 단계 중 물리적 설계 시 고려 사항으로 적절하지 않은 것은?

① 스키마의 평가 및 정제
② 응답 시간
③ 저장 공간의 효율화
④ 트랜잭션 처리량

78 | 데이터 모델의 구성요소

- 데이터 구조(Structure) : 데이터 구조 및 정적 성질 표현
- 연산(Operations) : 데이터의 인스턴스에 적용 가능한 연산 명세와 조작 기법 표현된 값들을 처리하는 작업
- 제약조건(Constraints) : 데이터의 논리적 제한 명시 및 조작의 규칙을 의미

데이터 모델에 표시해야 할 요소로 거리가 먼 것은?

① 논리적 데이터 구조
② 출력 구조
③ 연산
④ 제약조건

79 | 스키마 구조

개념 스키마 (Conceptual Schema)	• 데이터베이스 전체의 논리적인 구조 • 개체 간의 관계와 제약조건 명시 • 데이터베이스의 접근 권한 보안 및 무결성 규칙에 관한 명세 정의
내부 스키마 (Internal Schema)	• 물리적 저장 장치의 입장에서 본 데이터베이스 구조 • 실제로 데이터베이스에 저장될 레코드의 형식을 정의 • 저장 데이터 항목의 표현 방법, 내부 레코드의 물리적 순서 등을 나타냄
외부 스키마 (External Schema)	• 실세계에 존재하는 데이터들을 어떤 형식, 구조, 배치 화면을 통해 사용자에게 보여줄 것인지 정의 • 하나의 데이터베이스에는 여러 개의 외부 스키마 존재 가능 • 하나의 외부 스키마를 여러 개의 응용 프로그램이나 사용자가 공용 가능

다음에서 설명하는 스키마(Schema)는?

> 데이터베이스 전체를 정의한 것으로 데이터 개체, 관계, 제약조건, 접근 권한, 무결성 규칙 등을 명세한 것

① 개념 스키마
② 내부 스키마
③ 외부 스키마
④ 내용 스키마

80 | 트랜잭션의 특성

• 원자성(Atomicity) : 완전하게 수행 완료되지 않으면 전혀 수행되지 않아야 함
• 일관성(Consistency) : 시스템의 고정 요소는 트랜잭션 수행 전후에 같아야 함
• 격리성(Isolation, 고립성) : 트랜잭션 실행 시 다른 트랜잭션의 간섭을 받지 않아야 함
• 영속성(Durability, 지속성) : 트랜잭션의 완료 결과가 데이터베이스에 영구히 기억되어야 함

트랜잭션의 특성이 아닌 것은?

① Durability
② Isolation
③ Concurrent sharing
④ Atomicity

81 | 로킹 단위와 병행성

로킹 단위	커짐	작아짐
로크 수	적어짐	많아짐
관리 난이도	쉬움	어려움
병행 제어	단순해짐	복잡해짐
로킹 오버헤드	감소	증가
병행성 수준	낮아짐	높아짐
데이터베이스 공유도	감소	증가

로킹에 대한 설명으로 틀린 것은?

① 로킹의 대상이 되는 객체의 크기를 로킹 단위라고 한다.
② 로킹은 주요 데이터의 접근을 상호 배타적으로 하는 것이다.
③ 로킹 단위가 크면 병행성 수준이 높아진다.
④ 로킹 단위가 작아지면 로킹 오버헤드가 증가한다.

82 | 기본 자료구조

큐(Queue)	• 먼저 들어온 데이터가 먼저 나오는 선입선출(FIFO) 방식임 • 데이터를 enqueue 연산으로 저장하고, dequeue 연산으로 추출함 • 프린터 대기 줄, 네트워크 패킷 전송, 운영 체제 스케줄링 등 다양한 분야에서 활용함
스택(Stack)	• 리스트의 한쪽 끝에서만 자료의 삽입과 삭제가 이루어지는 선형 자료구조 • 가장 나중에 삽입된 자료가 가장 먼저 삭제되는 후입선출(LIFO) 방식임 • 가장 나중에 삽입된 자료의 위치를 Top이라 하고, 가장 먼저 삽입된 자료의 위치를 Bottom이라고 함

자료구조 중 큐에 대한 설명으로 옳지 않은 것은?

① 선형 리스트의 한쪽에서 삽입이 이루어지고 다른 한쪽에서는 삭제가 이루어진다.
② 후입선출(LIFO) 방식으로 자료를 처리한다.
③ 시작과 끝을 표시하는 두 개의 포인터가 있다.
④ 운영체제의 작업 스케줄링에 응용되는 구조이다.

정답 79 ① 80 ③ 81 ③ 82 ②

참고 파트06-챕터06-섹션03

83 | 정렬(Sort)

선택 정렬 (Selection Sort)	• 배열 내에서 최소값 찾기 • 큐(queue)를 이용 • 시간 복잡도 : $O(n^2)$
버블 정렬 (Bubble Sort)	• 왼쪽에서부터 두 데이터를 비교 • 시간 복잡도 : $O(n^2)$
삽입 정렬 (Insert Sort)	• 한 개의 값을 추출한 다음 앞쪽으로 비교해 가면서 정렬 • 처음 Key 값은 두 번째 자료부터 시작 • 시간 복잡도 : $O(n^2)$
퀵 정렬 (Quick Sort)	• 분할 정복(Divide and Conquer)에 기반한 알고리즘 • 피벗(pivot)을 사용 • 레코드의 많은 자료 이동을 없애고 하나의 파일을 부분적으로 나누어 가면서 정렬 • 시간 복잡도(최악의 경우) : $n(n-1)/2$회 = $O(n^2)$
힙 정렬 (Heap Sort)	• 정렬할 입력 레코드들로 힙을 구성하고 가장 큰 키값을 갖는 루트 노드를 제거하는 과정을 반복하여 정렬 • 완전 이진 트리(complete binary tree)로 입력 자료의 레코드를 구성 • 최대 힙 트리나 최소 힙 트리를 구성하여 정렬 • 시간 복잡도 : $O(n\log_2 n)$
합병 정렬 (Merge Sort)	• 분할 정복(Divide and Conquer)에 기반한 알고리즘 • 리스트를 1 이하인 상태까지 절반으로 자른 다음 재귀적으로 합병 정렬을 이용해서 전체적인 리스트 합병 • 시간 복잡도 : $O(n\log_2 n)$

다음 자료를 버블 정렬을 이용하여 오름차순으로 정렬할 경우 PASS 3의 결과는?

9, 6, 7, 3, 5

① 6, 3, 5, 7, 9
② 3, 5, 6, 7, 9
③ 6, 7, 3, 5, 9
④ 3, 5, 9, 6, 7

오답 피하기

버블 정렬은 오름차순 수행 시 매 회전(Pass)마다 마지막 값이 가장 큰 값이 된다.

초기	9, 6, 7, 3, 5
1Pass	6, 7, 3, 5, 9
2Pass	6, 3, 5, 7, 9
3Pass	3, 5, 6, 7, 9
4Pass	3, 5, 6, 7, 9

참고 파트06-챕터06-섹션05

84 | 색인 순차 파일

• 색인을 저장하기 위한 공간과 오버플로우 처리를 위한 별도의 공간 필요
• 레코드의 삽입과 수정 용이
• 순차 처리와 랜덤 처리가 모두 가능
• 인덱스를 이용한 액세스 때문에 랜덤 편성 파일과 비교해서 액세스 시간이 느림

색인 순차 파일에 대한 설명으로 옳지 않은 것은?

① 레코드의 삽입과 수정이 용이하다.
② 색인을 저장하기 위한 공간과 오버플로우 처리를 위한 별도의 공간이 필요 없다.
③ 순차 처리와 랜덤 처리가 모두 가능하다.
④ 인덱스를 이용한 액세스 때문에 랜덤 편성 파일과 비교해서 액세스 시간이 느리다.

정답 83 ② 84 ②

참고 파트06-챕터06-섹션02

85 | 트리 순회

구분	
전위 순회 (Pre-Order Traversal)	Root → Left → Right
중위 순회 (In-Order Traversal)	Left → Root → Right
후위 순회 (Post-Order Traversal)	Left → Right → Root

다음 트리에 대한 중위 순회 운행 결과는?

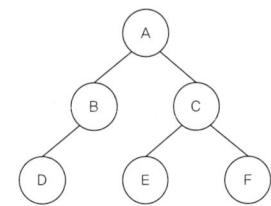

① ABDCEF
② ABCDEF
③ DBECFA
④ DBAECF

오답 피하기

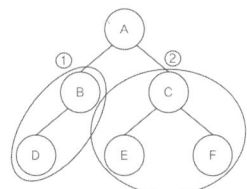

참고 파트06-챕터06-섹션01

86 | 스택 입력 및 출력

- 후입선출(LIFO, Last In First Out) 방식으로 마지막에 들어간 것이 먼저 출력됨
- 답안지의 보기를 보고 출력 순서를 유추해야 함(증명하는 방식으로 계산)

A, B, C, D의 순서로 정해진 입력 자료를 스택에 입력하였다가 출력한 결과가 될 수 없는 것은? (단, 왼쪽부터 먼저 출력된 순서이다.)

① C, B, A, D
② C, D, A, B
③ B, A, D, C
④ B, C, D, A

오답 피하기

- 우선 보기의 첫 번째 문자까지 스택에 입력해 보고 순서대로 PUSH와 POP을 진행한다.
- 첫 번째 자료가 제일 먼저 나온 자료이므로 첫 번째 자료 이전의 데이터가 순서대로 입력되어야 첫 번째 데이터가 출력될 수 있다는 것에 포인트를 두어 계산해야 한다.
  - 예1 : C가 제일 먼저 출력되려면 A, B, C까지 입력된 상태에서 C가 제일 먼저 출력될 수 있음(C→B→A→D 순)
  - 예2 : C가 제일 먼저 출력되려면 A, B, C까지 입력된 상태에서 C가 제일 먼저 출력되고, D가 입력되어 A, B, D인 상태에서 D가 출력될 수 있음
- 하지만 A, B인 상태에서 A가 먼저 출력될 수 없으므로 ②번은 출력 결과가 될 수 없다.

87 | SQL 명령어의 종류

DDL(데이터 정의어)	CREATE, DROP, ALTER
DML(데이터 조작어)	SELECT, INSERT, DELETE, UPDATE
DCL(데이터 제어어)	GRANT, REVOKE, COMMIT, ROLLBACK

다음 SQL 명령 중 DML에 해당하는 항목 모두를 나열한 것은?

㉠ SELECT
㉡ UPDATE
㉢ DELETE
㉣ INSERT
㉤ CREATE
㉥ DROP

① ㉠, ㉥
② ㉡, ㉣, ㉤
③ ㉠, ㉡, ㉢, ㉣
④ ㉠, ㉡, ㉢, ㉣, ㉥

88 | SELECT문의 기본 구조와 하위 질의

기본 구조	SELECT 속성명 [ALL | DISTINCT] FROM 릴레이션명 WHERE 조건; [GROUP BY 속성명1, 속성명2,…] [HAVING 조건] [ORDER BY 속성명 [ASC | DESC]];
	• ALL : 모든 튜플을 검색(생략 가능) • DISTINCT : 중복된 튜플 생략 • ASC : Ascending, 오름차순 • DESC : Descending, 내림차순
하위 질의	하위 질의를 먼저 처리하고, 그 결과를 상위 쿼리의 조건으로 대입

다음 질의문 실행의 결과는?

SELECT 가격 FROM 도서가격
WHERE 책번호 = (SELECT 책번호 FROM 도서
　　　　　　　WHERE 책명 = '운영체제');

〈도서 테이블〉

책번호	책명
1111	운영체제
2222	세계지도
3333	생활영어

〈도서가격 테이블〉

책번호	가격
1111	15000
2222	23000
3333	7000
4444	5000

① 5000
② 7000
③ 15000
④ 23000

오답 피하기

SELECT 책번호 FROM 도서 WHERE 책명 = '운영체제'

→ 도서 테이블에서 책명이 운영체제인 책번호 조회(1111)

SELECT 가격 FROM 도서가격 WHERE 책번호 = '1111'

→ 도서가격 테이블에서 책번호 1111에 해당하는 가격 조회(15000)

참고 파트06-챕터04-섹션04

89 | 뷰(View)의 특징

- 뷰(View)는 사용자에게 접근이 허용된 자료만을 제한적으로 보여주기 위해 하나 이상의 기본 테이블로부터 유도된 이름을 가지는 가상 테이블
- 저장장치 내에 물리적으로 존재하지 않지만 사용자에게는 있는 것처럼 간주됨
- 뷰를 이용한 또 다른 뷰의 생성이 가능함
- 하나의 뷰 제거 시 그 뷰를 기초로 정의된 다른 뷰도 함께 삭제됨
- 뷰에 대한 조작에서 삽입, 갱신, 삭제 연산은 제약이 따름
- 뷰가 정의된 기본 테이블이 제거되면 뷰도 자동적으로 제거됨

뷰(View)에 대한 설명으로 옳지 않은 것은?

① 뷰는 CREATE문을 사용하여 정의한다.
② 뷰는 데이터의 논리적 독립성을 제공한다.
③ 뷰를 제거할 때에는 DROP문을 사용한다.
④ 뷰는 저장 장치 내에 물리적으로 존재한다.

오답 피하기
뷰는 물리적이 아닌 논리적으로 구성되어 있고, 논리적 독립성을 제공한다.

참고 파트06-챕터06-섹션04

90 | 접근 통제

제산 방법(Division Method)	나머지 연산자(%)를 사용하여 테이블 주소를 계산하는 방법
중간 제곱 방법(Mid-Square Method)	레코드 키값을 제곱한 후에 결과값의 중간 부분에 있는 몇 비트를 선택하여 해시 테이블의 홈 주소로 사용하는 방법
중첩 방법(폴딩, Folding Method)	해싱함수 중 레코드 키를 여러 부분으로 나누고, 나눈 부분의 각 숫자를 더하거나 XOR한 값을 홈 주소로 삼는 방식
기수 변환 방법(Radix Conversion Method)	레코드 키를 구성하는 수들이 모든 키들 내에서 각 자리별로 어떤 분포인지를 조사하여 비교적 고른 분포를 나타내는 자릿수를 필요한 만큼 선택, 레코드의 홈 주소로 사용하는 방법
무작위 방법(Random Method)	난수를 발생시킨 후 그 난수를 이용해 각 키의 홈 주소를 산출하는 방법
계수 분석 방법(Digit Analysis Method)	레코드 키를 구성하는 수들이 모든 키들 내에서 각 자리별로 어떤 분포인지를 조사하여 비교적 고른 분포를 나타내는 자릿수를 필요한 만큼 선택, 레코드의 홈 주소로 사용하는 방법

해싱 함수(Hashing Function)의 종류가 아닌 것은?

① 제곱법(mid-square)
② 숫자분석법(digit analysis)
③ 개방주소법(open addressing)
④ 제산법(division)

최신 기출문제

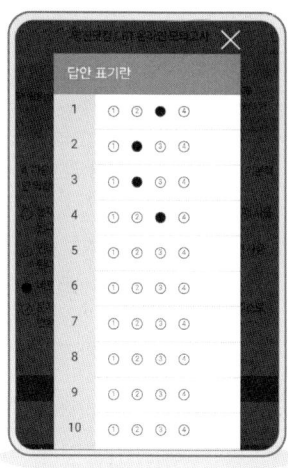

자동 채점 서비스

① 상단 QR 코드 찍기
② 오픈된 답안 표기란에 정답 체크
③ 입력 후 X 클릭, '답안 제출'
④ 자동 채점과 해설까지 즉시 제공

최신 기출문제 01회

시험 시간	풀이 시간	합격 점수	내 점수	문항수
90분	분	60점	점	총 60개

1과목 정보 시스템 기반 기술

참고 파트01-챕터01-섹션01

01 다음 중 하이퍼바이저(Hypervisor)의 기능으로 가장 적절한 것은?

① 가상 메모리에서 페이지 교체를 수행한다.
② 하나의 물리 서버에서 다수의 가상 머신을 실행한다.
③ 운영체제 커널을 대신하여 I/O 장치를 직접 제어한다.
④ 클라우드 서비스의 요금 정책을 결정한다.

참고 파트05-챕터02-섹션01

02 다음 설명에 해당하는 네트워크 보안 모델은 무엇인가?

- 사용자 및 장치 신뢰를 전제하지 않음
- 네트워크 내부·외부를 모두 불신
- 최소 권한 원칙을 적용
- 지속적 인증 및 검증을 수행

① 방화벽(Firewall)
② VPN(Virtual Private Network)
③ 제로 트러스트(Zero Trust)
④ IDS(Intrusion Detection System)

참고 파트02-챕터02-섹션01

03 객체지향 기법 중 다음 설명이 의미하는 것은?

- 상위 클래스의 모든 속성 및 연산을 하위 클래스가 재정의 없이 물려받아 사용하는 것이다.
- 상위 클래스는 추상적 성질을, 자식 클래스는 구체적 성질을 가진다.
- 하위 클래스는 상속받은 속성과 연산에 새로운 속성과 연산을 추가하여 사용할 수 있다.
- 다중 상속은 다수의 상위 클래스에서 속성과 연산을 물려받는 것이다.

① Inheritance
② Abstraction
③ Polymorphism
④ Encapsulation

참고 파트03-챕터02-섹션03

04 소프트웨어 테스트 순서가 바르게 나열된 것은?

① 인수 → 통합 → 단위 → 시스템
② 단위 → 통합 → 시스템 → 인수
③ 인수 → 단위 → 시스템 → 통합
④ 시스템 → 인수 → 단위 → 통합

참고 파트03-챕터01-섹션01

05 다음 중 클라우드 서비스 모델과 그 설명이 옳게 짝지어진 것은?

① IaaS - 소프트웨어 애플리케이션 제공
② PaaS - 개발 및 실행 환경 제공
③ SaaS - 가상 서버·스토리지 제공
④ FaaS - 네트워크 인프라 가상화 제공

참고 파트01-챕터02-섹션02

06 다음 중 DNS(Domain Name System)의 기능으로 옳지 않은 것은?

① 도메인 이름을 IP 주소로 변환한다.
② 루트 서버에서 모든 요청을 직접 처리한다.
③ 캐싱을 통해 성능을 향상시킨다.
④ 계층적 네임 서버 구조를 가진다.

참고 파트01-챕터02-섹션04

07 다음 중 IPv6의 특징으로 옳은 것은?

① 주소 길이는 64비트이다.
② NAT 기능을 반드시 사용해야 한다.
③ IPsec을 기본으로 지원한다.
④ 브로드캐스트 방식을 그대로 유지한다.

참고 파트01-챕터01-섹션04

08 SJF(Shortest Job First) 스케줄링에서 작업 도착시간과 CPU 사용시간은 다음 표와 같다. 모든 작업들의 평균 대기시간은 얼마인가?

작업	도착시간	CPU 사용시간
1	0	29
2	3	32
3	8	7

① 8
② 9
③ 12
④ 18

참고 파트06-챕터03-섹션03

09 다음 중 고가용성(HA) 시스템 구현 기법이 아닌 것은?

① 이중화(Redundancy)
② 클러스터링(Clustering)
③ 로드밸런싱(Load Balancing)
④ 페이징(Paging)

참고 파트05-챕터01-섹션01

10 다음 중 백업 전략에서 RPO(Recovery Point Objective)를 올바르게 설명한 것은?

① 장애 발생 후 복구까지 걸리는 최대 허용 시간
② 데이터 손실이 허용되는 최대 시점
③ 전체 시스템의 복원 가능성
④ 네트워크를 통한 백업 전송 속도

참고 파트06-챕터06-섹션04

11 다음 중 해시 함수(Hash Function)의 성질로 옳지 않은 것은?

① 입력 길이에 상관없이 고정 길이 출력을 생성한다.
② 충돌이 발생할 수 있다.
③ 해시값으로부터 원래 입력을 쉽게 복원할 수 있다.
④ 데이터 무결성 검증에 활용된다.

참고 파트03-챕터03-섹션02

12 테스트와 디버그의 목적으로 옳은 것은?

① 테스트는 오류를 찾는 작업이고 디버깅은 오류를 수정하는 작업이다.
② 테스트는 오류를 수정하는 작업이고 디버깅은 오류를 찾는 작업이다.
③ 둘 다 소프트웨어의 오류를 찾는 작업으로 오류 수정은 하지 않는다.
④ 둘 다 소프트웨어 오류의 발견, 수정과 무관하다.

참고 파트02-챕터02-섹션04

13 GoF(Gang of Four) 디자인 패턴을 생성, 구조, 행동 패턴의 세 그룹으로 분류할 때, 다른 그룹의 패턴은?

① Singlenton 패턴
② Bridge 패턴
③ Builder 패턴
④ Proxy 패턴

14 다음 중 관측성(Observability)의 3대 요소가 아닌 것은?

① 로그(Log)
② 메트릭(Metric)
③ 트레이스(Trace)
④ 세마포어(Semaphore)

15 다음 중 RAID 수준과 특징의 연결이 옳은 것은?

① RAID 0 – 미러링 제공
② RAID 1 – 스트라이핑 제공
③ RAID 5 – 패리티 분산 저장
④ RAID 6 – 패리티 없음

16 다음 중 가상 메모리 관리 기법으로 옳지 않은 것은?

① 페이징(Paging)
② 세그먼테이션(Segmentation)
③ 스래싱(Thrashing)
④ 스와핑(Swapping)

17 다음 중 운영체제 프로세스 스케줄링 알고리즘으로 옳지 않은 것은?

① FCFS(First Come First Served)
② SJF(Shortest Job First)
③ Round Robin
④ FIFO Queue Locking

18 다음 중 접근통제(Access Control) 모델로 옳은 것은?

① RBAC(Role Based Access Control)
② RAID
③ DNSSEC
④ OAuth 2.0

19 다음 중 인증(Authentication)과 인가(Authorization)의 구분 설명으로 옳은 것은?

① 인증은 사용자의 권한 범위를 결정한다.
② 인가는 사용자의 신원을 검증한다.
③ 인증은 신원 확인, 인가는 권한 부여이다.
④ 두 개념은 동일하다.

20 다음 중 PKI(Public Key Infrastructure) 구성요소가 아닌 것은?

① 인증기관(CA)
② 등록기관(RA)
③ 인증서 폐지 목록(CRL)
④ 가상 사설망(VPN)

2과목 프로그래밍 언어 활용

21 다음 중 C언어 포인터(Pointer)의 올바른 설명은?

① 포인터 변수는 변수 이름 자체를 저장한다.
② 포인터 변수는 변수의 주소값을 저장한다.
③ 포인터 변수는 반드시 전역 변수여야 한다.
④ 포인터 변수는 배열에 사용할 수 없다.

22 다음 중 Java의 오버로딩(Overloading)과 오버라이딩(Overriding)의 차이를 옳게 설명한 것은?

① 오버로딩은 상속 시 사용하고, 오버라이딩은 같은 클래스에서 사용한다.
② 오버로딩은 '메서드 이름 동일, 매개변수 다름'이고, 오버라이딩은 '상속 메서드 재정의'이다.
③ 오버로딩은 실행 시 결정되고, 오버라이딩은 컴파일 시 결정된다.
④ 오버로딩과 오버라이딩의 개념은 동일하다.

23 다음 Python 코드 실행 결과로 옳은 것은?

```
def func(x=[]):
    x.append(1)
    return x
print(func())
print(func())
```

① [1], [1]
② [1], [1, 1]
③ [1, 1], [1]
④ [ ], [1]

24 다음 JavaScript 코드 실행 결과로 옳은 것은?

```
const add = (x, y) => {
  return x + y;
};
console.log(add(3, 5));
```

① 3
② 5
③ 8
④ 오류 발생

25 자바스크립트에서 배열의 속성과 메서드에 대한 설명으로 옳지 않은 것은?

① pop( ) : 배열의 맨 끝의 값을 삭제한다.
② join( ) : 배열의 요소들을 구분자로 구분하는 하나의 문자열로 반환한다.
③ splice( ) : 배열에서 지정한 범위의 데이터를 가져온다.
④ length( ) : 배열의 길이를 반환한다.

26 모듈의 결합도는 설계에 대한 품질 평가 방법의 하나로서 두 모듈 간의 상호 의존도를 측정하는 것이다. 다음 중 설계 품질이 가장 좋은 결합도는?

① Common Coupling
② Data Coupling
③ Control Coupling
④ Content Coupling

27 Python의 제너레이터(Generator) 함수의 특징으로 옳은 것은?

① return으로 값을 여러 번 반환한다.
② yield 키워드를 사용한다.
③ 한 번 실행되면 종료된다.
④ 메모리를 항상 많이 사용한다.

28 다음 중 C언어 포인터 연산에 대한 설명으로 옳지 않은 것은?

① p++는 다음 메모리 위치를 가리킨다.
② 포인터 뺄셈은 두 포인터 사이 원소 수 차이를 반환한다.
③ 포인터 덧셈은 유효한 연산이다.
④ 배열 이름은 기본적으로 상수 포인터이다.

29 다음 중 단위 테스트(Unit Test)의 장점으로 옳지 않은 것은?

① 코드 품질 향상
② 디버깅 용이성
③ 통합 테스트 불필요
④ 회귀 버그 방지

30 다음 C 프로그램 실행 결과로 옳은 것은?

```c
#include <stdio.h>
int main() {
    char *p = "Hello";
    printf("%c\n", *(p+2));
    return 0;
}
```

① H
② e
③ l
④ o

31 Java에서 synchronized 키워드의 주 목적은?

① 메모리 절약
② 멀티스레드 동기화
③ 코드 실행 속도 향상
④ 객체 직렬화

32 단위 테스트(Unit Test)와 관련한 설명으로 틀린 것은?

① 구현 단계에서 각 모듈의 개발을 완료한 후 개발자가 명세서의 내용대로 정확히 구현되었는지 테스트한다.
② 모듈 내부의 구조를 구체적으로 볼 수 있는 구조적 테스트를 주로 시행한다.
③ 필요 테스트를 인자를 통해 넘겨주고, 테스트 완료 후 그 결과값을 받는 역할을 하는 가상의 모듈을 테스트 스텁(Stub)이라고 한다.
④ 테스트 할 모듈을 호출하는 모듈도 있고, 테스트 할 모듈이 호출하는 모듈도 있다.

33 C언어 malloc, free에 대한 설명으로 옳지 않은 것은?

① malloc은 동적 메모리를 할당한다.
② free는 해제된 메모리를 재사용 가능하게 한다.
③ malloc은 초기화된 메모리를 반환한다.
④ 할당 실패 시 NULL을 반환한다.

34 Python에서 데코레이터(Decorator)의 주 목적은?

① 클래스 상속
② 함수 기능 확장
③ 메모리 관리
④ 데이터 직렬화
① 클래스 상속

35 다음 중 정렬 알고리즘의 안정성(Stable Sort) 설명으로 옳은 것은?

① 키 값이 같은 경우에도 상대적 순서가 유지된다.
② 항상 O(n log n) 시간 복잡도를 가진다.
③ 메모리를 사용하지 않는다.
④ 모든 정렬 알고리즘이 안정적이다.

36 Java의 try-with-resources 구문의 장점은?

① 자원 자동 해제
② 실행 속도 향상
③ 모든 예외 무시
④ 메모리 절약 보장

37 다음 Java 코드 실행 결과는 무엇인가?

```
public class Test {
  public static void main(String[] args) {
      String s1 = new String("abc");
      String s2 = "abc";
      System.out.println(s1 == s2);
      System.out.println(s1.equals(s2));
  }
}
```

① true / true
② true / false
③ false / true
④ false / false

38 C언어에서 문자열 출력 시 사용하는 함수는?

① gets( )　　② getchar( )
③ puts( )　　④ putchar( )

39 JavaScript async/await 구문의 장점으로 옳은 것은?

① 비동기 코드를 동기처럼 작성 가능하다.
② 이벤트 루프를 제거한다.
③ 모든 콜백을 대체한다.
④ 동기 처리 속도를 보장한다.

40 다음 중 병행 제어(Concurrency Control) 기법으로 옳지 않은 것은?

① 낙관적 검증 기법(Optimistic Concurrency Control)
② 비관적 잠금 기법(Pessimistic Locking)
③ 타임스탬프 순서 기법(Timestamp Ordering)
④ LRU 교체 알고리즘(Least Recently Used)

3과목　데이터베이스 활용

41 다음 트리를 전위 순회(preorder traversal)한 결과는?

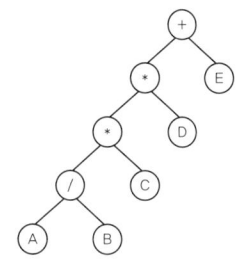

① +*AB/*CDE
② AB/C*D*E+
③ A/B*C*D+E
④ +**/ABCDE

42 다음 중 클러스터형 인덱스(Clustered/Primary Index) 설명으로 옳은 것은?

① 인덱스 리프 노드가 데이터와 별개라 랜덤 I/O가 많다.
② 테이블당 여러 개 생성할 수 있다.
③ 리프 노드가 곧 데이터라서 범위 스캔에 유리하다.
④ 항상 해시 구조로 구현된다.

43 해시 인덱스와 B+Tree 인덱스의 차이로 가장 적절한 것은?

① 해시는 범위 검색에 유리하고 B+Tree는 동등 비교에 유리하다.
② 해시는 조인 키에 항상 적합하고 B+Tree는 그렇지 않다.
③ 해시는 동등 비교에 유리하고 B+Tree는 범위 검색에 유리하다.
④ 둘의 성능 특성은 동일하다.

44 다음 중 READ COMMITTED에서 발생 가능한 현상은?

① Dirty Read
② Non-Repeatable Read
③ Phantom Read
④ Lost Update가 반드시 발생

45 MVCC(Multi-Version Concurrency Control) 환경에서 스냅샷 읽기를 가장 잘 설명한 것은?

① 항상 최신 버전만 읽는다.
② 트랜잭션 시작 시점의 일관된 버전을 읽는다.
③ 쓰기 트랜잭션과 동일한 버전을 강제한다.
④ 잠금이 필요 없으므로 충돌이 불가능하다.

46 Dead Lock 처리 전략과 설명의 연결이 옳은 것은?

① 예방(Prevention) : Wait-Die, Wound-Wait
② 회피(Avoidance) : 타임아웃으로 강제 해제
③ 탐지(Detection) : Wait-For Graph 분석
④ 무시(Ignore) : 주기적 순환 대기 차단

47 아래 SQL의 결과로 옳은 것은?

```
WITH S AS (
    SELECT dept, emp, sal,
           ROW_NUMBER() OVER (PARTITION
BY dept ORDER BY sal DESC) AS rn
    FROM Emp
)SELECT dept, emp, sal
FROM S
WHERE rn <= 2
ORDER BY dept, sal DESC;
```

① 각 부서별 급여 상위 1명만 출력된다.
② 전체에서 급여 상위 2명만 출력된다.
③ 각 부서별 급여 상위 2명이 출력된다.
④ 각 부서별 급여 하위 2명이 출력된다.

48 다음 중 NOT IN 사용 시 결과가 전체 0행이 되는 핵심 원인은?

① 서브쿼리에 중복 값이 존재한다.
② 서브쿼리에 NULL이 포함된다.
③ 메인쿼리에 인덱스가 없다.
④ 메인쿼리 조건이 항상 TRUE이다.

49 뷰(View) 삭제문의 형식으로 옳은 것은?

① DELETE VIEW 뷰이름;
② DROP VIEW 뷰이름;
③ REMOVE VIEW 뷰이름;
④ OUT VIEW 뷰이름;

50 머티리얼라이즈드 뷰(Materialized View)의 특징으로 옳은 것은?

① 항상 최신 데이터를 즉시 반영한다.
② 질의 결과를 물리적으로 저장한다.
③ 기본 테이블 변경 시 자동 갱신이 보장된다.
④ DML이 자유롭게 가능하다.

51 다음 중 파티셔닝에 대한 설명으로 옳지 않은 것은?

① RANGE 파티션은 날짜·연속 값 구간 분리에 유리하다.
② HASH 파티션은 값 분포를 균등화하려고 사용한다.
③ LIST 파티션은 비연속적 코드값 묶음에 적합하다.
④ 파티셔닝은 항상 조인 성능을 저하시킨다.

참고 파트06-챕터04-섹션03

52 다음 두 쿼리는 동일한 결과를 보장하는가? (단, t2.b에 NULL이 존재할 수 있음)

```
-- Q1
SELECT a
FROM t1
WHERE a NOT IN (SELECT b FROM t2);
-- Q2
SELECT a
FROM t1
WHERE NOT EXISTS (
SELECT 1 FROM t2 WHERE t2.b = t1.a
);
```

① 항상 동일하다.
② t2.b에 NULL이 있으면 Q1은 0행, Q2는 정상 결과를 낸다.
③ t2.b에 NULL이 있으면 Q1과 Q2 모두 0행이다.
④ t2.b에 NULL이 없으면 Q1은 0행, Q2만 결과가 있다.

참고 파트06-챕터02-섹션03

53 릴레이션의 특징으로 거리가 먼 것은?

① 모든 튜플은 서로 다른 값을 갖는다.
② 모든 속성 값은 원자 값이다.
③ 튜플 사이에는 순서가 없다.
④ 각 속성은 유일한 이름을 가지며, 속성의 순서는 큰 의미가 있다.

참고 파트06-챕터03-섹션03

54 다음 중 반정규화(De-normalization)를 적용하기에 가장 적절한 상황은?

① 갱신 트랜잭션이 매우 많아 쓰기 경쟁이 심한 경우
② 조회 비중이 압도적으로 높고 조인이 병목인 경우
③ 데이터 무결성 제약을 강화해야 하는 경우
④ 데이터 품질 검증이 최우선인 경우

참고 파트06-챕터02-섹션03

55 하나의 애트리뷰트가 가질 수 있는 원자값들의 집합을 의미하는 것은?

① 도메인
② 튜플
③ 엔티티
④ 다형성

참고 파트06-챕터04-섹션03

56 아래와 같은 결과를 만들어내는 SQL문은?

〈공급자〉

공급자번호	공급자명	위치
16	대신공업사	수원
27	삼진사	서울
39	삼양사	인천
62	진아공업사	대전
70	신촌상사	서울

〈결과〉

공급자번호	공급자명	위치
16	대신공업사	수원
70	신촌상사	서울

① SELECT * FROM 공급자 WHERE 공급자명 LIKE '%신%'
② SELECT * FROM 공급자 WHERE 공급자명 LIKE '?신?'
③ SELECT * FROM 공급자 WHERE 공급자명 LIKE '신%'
④ SELECT * FROM 공급자 WHERE 공급자명 LIKE '%신'

참고 파트06-챕터03-섹션01

57 CDC(Change Data Capture)를 가장 잘 설명한 것은?

① 주기적 전체 덤프만을 말한다.
② 트리거/로그/스트림으로 변경분만 추출한다.
③ 스냅샷 격리 수준을 의미한다.
④ 조인 순서를 고정하는 힌트다.

58 관계 대수에 대한 설명으로 옳지 않은 것은?

① 원하는 릴레이션을 정의하는 방법을 제공하며 비절차적 언어이다.
② 릴레이션 조작을 위한 연산의 집합으로 피연산자와 결과가 모두 릴레이션이다.
③ 일반 집합 연산과 순수 관계 연산으로 구분된다.
④ 질의에 대한 해를 구하기 위해 수행해야 할 연산의 순서를 명시한다.

59 SQL 인젝션 방지로 가장 보편적이고 효과적인 방법은?

① 사용자 입력을 단순 치환한다.
② 매 요청마다 커넥션을 새로 연다.
③ 파라미터 바인딩(Prepared Statement)을 사용한다.
④ 결과 집합을 캐싱한다.

60 데이터베이스 설계 순서로 옳은 것은?

① 요구 조건 분석 → 개념적 설계 → 논리적 설계 → 물리적 설계 → 구현
② 요구 조건 분석 → 논리적 설계 → 개념적 설계 → 물리적 설계 → 구현
③ 요구 조건 분석 → 논리적 설계 → 물리적 설계 → 개념적 설계 → 구현
④ 요구 조건 분석 → 개념적 설계 → 물리적 설계 → 논리적 설계 → 구현

빠른 정답 확인 QR
스마트폰으로 QR을 찍으면 정답표가 오픈됩니다.
기출문제를 편리하게 채점할 수 있습니다.

최신 기출문제 02회

시험 시간	풀이 시간	합격 점수	내 점수	문항수
90분	분	60점	점	총 60개

1과목 정보 시스템 기반 기술

01 운영체제의 주요 기능으로 가장 거리가 먼 것은?
① 프로세스 관리
② 기억장치 관리
③ 네트워크 패킷 교환
④ 파일 관리

02 다음 중 1형 하이퍼바이저(Type 1 Hypervisor)에 대한 설명으로 옳은 것은?
① 호스트 OS 위에서 동작한다.
② 하드웨어 위에 직접 설치된다.
③ 반드시 오픈소스로만 제공된다.
④ 컨테이너보다 가볍다.

03 컨테이너(Container)의 특징으로 옳은 것은?
① 운영체제를 완전히 가상화한다.
② 애플리케이션과 라이브러리 단위로 격리된다.
③ 하드웨어 리소스를 직접 제어한다.
④ 항상 윈도우 환경에서만 동작한다.

04 클라우드 서비스 모델 중 IaaS의 예시는?
① Google Docs
② Microsoft Azure VM
③ Oracle ERP Cloud
④ Gmail

05 UNIX 명령어 중 파일에 대한 액세스(읽기, 쓰기, 실행) 권한을 설정하는 데 사용하는 명령어는?
① pwd
② ls
③ chmod
④ fork

06 디자인 패턴 중에서 행위적 패턴에 속하는 것은?
① 커맨드(Command) 패턴
② 싱글톤(Singleton) 패턴
③ 프로토타입(Prototype) 패턴
④ 어댑터(Adapter) 패턴

07 해시 함수(Hash Function)의 성질로 옳지 않은 것은?
① 일방향성
② 충돌 회피성
③ 동일 입력은 동일 출력
④ 암호문을 복호화할 수 있음

08 RPO(Recovery Point Objective)의 의미로 옳은 것은?
① 서비스가 완전히 복구되기까지의 최대 허용 시간
② 장애 발생 시 데이터 손실 허용 한계 시점
③ 시스템 가용성을 유지하는 기술
④ RAID의 레벨 구분

09 고가용성(HA) 시스템을 구현하기 위한 방법으로 옳지 않은 것은?
① 이중화(Replication)
② 장애 조치(Failover)
③ RAID
④ 트랜잭션 롤백

10 DNS의 역할을 옳게 설명한 것은?
① 도메인 이름을 IP 주소로 변환한다.
② 암호화 세션을 관리한다.
③ 트래픽을 암호화한다.
④ 네트워크 라우팅을 담당한다.

11 IPv6의 특징으로 옳지 않은 것은?
① 128비트 주소 체계 사용
② NAT 필요성 감소
③ 패킷 암호화 IPsec 기본 내장
④ 주소 고갈 방지를 위해 32비트 유지

12 테스트에 사용되는 여러 테스트 케이스의 집합으로, 테스트 케이스 사이의 연관 관계를 포함하고 있는 것은?
① 테스트 스텁(Test Stub)
② 테스트 드라이버(Test Driver)
③ 테스트 슈트(Test Suites)
④ 테스트 하네스(Test Harness)

13 다음 중 선점형 스케줄링 방식에 해당하는 것은?
① FCFS
② SJF(비선점)
③ 라운드 로빈(RR)
④ HRN

14 가상 메모리(Virtual Memory)의 주요 기법으로 옳은 것은?
① 페이징(Paging)
② 버퍼링(Buffering)
③ 파이프라이닝(Pipelining)
④ 인터럽트 처리

15 RAID-1의 특징으로 옳은 것은?
① 스트라이핑을 통한 성능 향상
② 패리티를 이용한 오류 복구
③ 미러링을 통한 데이터 안전성 확보
④ 세 개 이상의 디스크 필요

16 RBAC(Role Based Access Control)의 특징으로 옳은 것은?
① 주체와 객체 관계에 따라 접근 허용
② 사용자 역할(Role)에 따라 권한 부여
③ 보안 등급에 따라 상위 사용자가 하위 정보 접근
④ 시간 조건에 따라 권한 제한

17 다음 중 인증(Authentication)에 해당하는 것은?
① 사용자가 접근 가능한 리소스를 제한하는 것
② 사용자 ID와 비밀번호를 확인하는 것
③ 데이터 무결성을 보장하는 것
④ 암호화된 통신 경로를 설정하는 것

18 OSI 7계층에서 세션(Session) 계층의 기능은?
① 라우팅 결정
② 데이터 표현 형식 변환
③ 대화 제어와 동기화
④ 암호화와 압축

참고 파트01-챕터02-섹션02

19 네트워크 프로토콜의 기본 요소에 포함되지 않는 것은?

① 구문(Syntax)
② 의미(Semantics)
③ 타이밍(Timing)
④ 압축(Compression)

참고 파트03-챕터03-섹션01

20 Observability(관측성)의 3대 요소로 옳은 것은?

① 로그, 메트릭, 트레이싱
② 로그, 라우팅, 스위칭
③ 패킷, 포트, 세션
④ 인증, 인가, 암호화

2과목 프로그래밍 언어 활용

참고 파트03-챕터01-섹션01

21 좋은 소프트웨어 설계를 위한 소프트웨어의 모듈 간의 결합도(Coupling)와 모듈 내 요소 간 응집도(Cohesion)에 대한 설명으로 옳은 것은?

① 응집도는 낮게 결합도는 높게 설계한다.
② 응집도는 높게 결합도는 낮게 설계한다.
③ 양쪽 모두 낮게 설계한다.
④ 양쪽 모두 높게 설계한다.

참고 파트04-챕터01-섹션04

22 다음 중 반복문의 종료를 가장 안전하게 설계하는 방법은?

① 무한 루프 후 강제 종료
② 반복 횟수와 조건을 명확히 정의
③ 내부에서만 break 다중 사용
④ 루프 내부에서 카운터를 항상 증가

참고 파트04-챕터01-섹션04

23 배열(Array)과 연결 리스트(Linked List)의 비교로 옳은 것은?

① 배열은 중간 삽입이 빠르고, 연결 리스트는 인덱스 접근이 빠르다.
② 배열은 인덱스 접근이 빠르고, 연결 리스트는 중간 삽입/삭제가 유리하다.
③ 둘 다 인덱스 접근이 O(1)이다.
④ 둘 다 중간 삽입이 O(1)이다.

참고 파트04-챕터01-섹션06

24 다음 C 코드의 출력으로 옳은 것은?

```
#include <stdio.h>
int main() {
    int a[5] = {10,20,30,40,50};
    int *p = a;
    printf("%d %d\n", *(p+1), a[3]);
    return 0;
}
```

① 10 20
② 20 40
③ 30 50
④ 20 50

참고 파트02-챕터01-섹션04

25 다음 설명에 해당하는 것은?

> 비슷한 유형의 응용 프로그램들을 위해 재사용이 가능한 아키텍처와 협력하는 소프트웨어 산출물의 통합된 집합으로, 특정 클래스의 재사용뿐만 아니라 응용 프로그램을 위한 핵심 아키텍처를 제공하여 설계의 재사용을 지원한다.

① 컴포넌트(component)
② 웹서비스(web service)
③ 프레임워크(framework)
④ 클래스 라이브러리(class library)

26 다음 중 평균 시간 복잡도가 가장 큰 것은?

① 정렬된 배열에서 이진 탐색
② 정렬되지 않은 배열에서 선형 탐색
③ 해시 테이블 조회(충돌 적음)
④ 균형 이진 탐색 트리 조회

27 다음 Java 코드의 출력으로 옳은 것은?

```
public class Main {
    public static void main(String[] args) {
        String s1 = "hi";
        String s2 = new String("hi");
        System.out.print((s1 == s2) + " ");
        System.out.println(s1.equals(s2));
    }
}
```

① true true
② true false
③ false true
④ false false

28 예외 처리의 주된 목적과 가장 거리가 먼 것은?

① 비정상 상황에서의 안전한 복구
② 오류 원인에 대한 정보 제공
③ 프로그램의 흐름을 숨겨 디버깅을 어렵게 함
④ 자원 해제와 정리 작업 보장

29 화이트박스 테스트와 관련된 설명으로 틀린 것은?

① 화이트박스 테스트의 이해를 위해 논리 흐름도(Logic-Flow Diagram)를 이용할 수 있다.
② 테스트 데이터를 이용해 실제 프로그램을 실행함으로써 오류를 찾는 동적 테스트(Dynamic Test)에 해당한다.
③ 프로그램의 구조를 고려하지 않기 때문에 요구나 명세를 기초로 결정한다.
④ 테스트 데이터를 선택하기 위하여 검증 기준(Test Coverage)을 정한다.

30 다음 Python 코드의 출력으로 옳은 것은?

```
a = [1, 2, 3]
b = a
c = a[:]
b.append(4)
c.append(5)
print(len(a), len(b), len(c))
```

① 3 4 4
② 4 4 4
③ 4 4 5
④ 4 3 4

31 정규 표현식에서 문자열 시작과 끝을 각각 의미하는 메타문자는?

① .과 *
② ^과 $
③ [과]
④ (과)

참고 파트06-챕터06-섹션03

32 다음 중 안정 정렬(Stable Sort)에 대한 설명으로 옳은 것은?

① 동일 키의 상대 순서를 보장하지 않는다.
② 동일 키의 상대 순서를 보장한다.
③ 항상 O(n) 시간에 정렬된다.
④ 보조 메모리를 절대 사용하지 않는다.

참고 파트02-챕터02-섹션01

33 다음 중 캡슐화(Encapsulation)를 가장 잘 설명한 것은?

① 상속을 이용해 기능을 확장한다.
② 내부 구현을 숨기고 인터페이스만 노출한다.
③ 동일 이름 메서드를 다른 시그니처로 중복 정의한다.
④ 여러 클래스를 하나로 합친다.

참고 파트05-챕터01-섹션03

34 고차 함수(Higher-Order Function)의 정의로 옳은 것은?

① 재귀적으로만 호출되는 함수
② 다른 함수를 인자로 받거나 함수를 반환하는 함수
③ 한 번만 호출 가능한 함수
④ 예외를 던지는 함수

참고 파트03-챕터02-섹션06

35 단위 테스트(Unit Test)의 이점으로 가장 거리가 먼 것은?

① 리팩터링 안정성 향상
② 회귀 버그 조기 발견
③ 문서화/예시 역할
④ 통합 테스트 필요성 제거

참고 파트05-챕터01-섹션03

36 다음 HTML 코드의 의미로 옳은 것은?

```
<a href="https://example.com" target="_blank" rel="noopener">
링크 열기
</a>
```

① 새 탭을 금지한다.
② 같은 창에서만 열린다.
③ 새 탭에서 열고, opener 참조를 차단한다.
④ 파일 다운로드 전용 링크다.

참고 파트05-챕터01-섹션03

37 다음 중 CSS 선택자와 의미의 연결이 옳은 것은?

① .btn – 태그 이름이 btn인 요소 선택
② #title – 클래스가 title인 요소 선택
③ ul > li – ul의 직계 자식 li 선택
④ a[href] – href가 없는 모든 a 선택

참고 파트04-챕터04-섹션01

38 다음 C언어 프로그램 실행 결과는?

```c
#include <stdlib.h>
int main(int argc, char* argv[]) {
  int i = 0;
  while (1) {
    if (i == 6) {
      break;
    }
    ++i;
  }
  printf("i = %d", i);
  return 0;
}
```

① i = 0
② i = 2
③ i = 4
④ I = 6

39 재귀 함수가 올바르게 동작하기 위한 필수 조건은?
① 스택 크기가 충분히 커야 한다.
② 종료 조건(베이스 케이스)이 명확해야 한다.
③ 지역 변수만 사용해야 한다.
④ 전역 변수만 사용해야 한다.

40 의존성(Dependency) 관리 도구를 사용하는 가장 큰 이유는?
① IDE를 대체하기 위하여
② 팀원별로 다른 라이브러리를 쓰기 위해
③ 라이브러리 버전과 트랜지티브 의존성을 일관되게 관리하기 위해
④ 소스코드를 자동 생성하기 위해

3과목 데이터베이스 활용

41 데이터베이스의 주요 특징으로 옳지 않은 것은?
① 데이터 중복 최소화
② 데이터 독립성 보장
③ 일관성 유지
④ 비정형 데이터 무조건 저장

42 후보키(candidate key)와 기본키(primary key)의 관계로 옳은 것은?
① 후보키 중 선택된 것이 기본키다.
② 기본키는 후보키보다 항상 많다.
③ 후보키는 외래키와 같다.
④ 후보키는 중복을 허용한다.

43 참조 무결성 제약조건 설명으로 옳은 것은?
① 기본키 값은 NULL이 될 수 있다.
② 외래키 값은 참조되는 기본키 값에 존재해야 한다.
③ 외래키 값은 자유롭게 입력 가능하다.
④ 무결성 제약조건은 데이터베이스와 무관하다.

44 다음 SQL 실행 결과로 옳은 것은?

```
SELECT dept, COUNT(*)
FROM employee
GROUP BY dept
HAVING COUNT(*) >= 2;
```

① 각 부서별 직원 수 전체 출력
② 직원 수 2명 이상인 부서만 출력
③ 직원 수가 2명 미만인 부서만 출력
④ 모든 직원 레코드 출력

45 SQL 문법에 대한 설명으로 옳은 것은?
① SELECT 절은 항상 WHERE 절 뒤에 온다.
② GROUP BY는 반드시 HAVING 뒤에 위치한다.
③ ORDER BY는 SELECT 문에서 마지막에 실행된다.
④ DISTINCT는 ORDER BY 다음에 쓴다.

46 관계 대수에서 σ(조건)(R)의 의미는?
① 속성 선택(Projection)
② 튜플 선택(Selection)
③ 집합 합집합(Union)
④ 집합 차집합(Difference)

47 트랜잭션의 ACID 특성 중 일관성(Consistency)을 올바르게 설명한 것은?

① 트랜잭션은 원자적으로 수행된다.
② 트랜잭션 수행 전후 데이터 무결성이 유지된다.
③ 동시에 실행 시 결과가 직렬화된 것과 동일해야 한다.
④ 완료된 트랜잭션 결과는 영구 저장된다.

48 인덱스(Index)의 주된 장점은?

① 데이터 중복 증가
② 검색 속도 향상
③ 저장 공간 감소
④ 갱신 성능 항상 향상

49 뷰(View)의 설명으로 옳은 것은?

① 뷰는 항상 독립적으로 데이터를 저장한다.
② 뷰는 가상 테이블로서 실제 데이터는 원본 테이블에 저장된다.
③ 뷰는 인덱스를 반드시 포함한다.
④ 뷰는 DML 연산이 불가능하다.

50 다음 SQL 실행 결과로 옳은 것은?

```
SELECT name FROM student s
WHERE NOT EXISTS
(
    SELECT * FROM enroll e
    WHERE e.sid = s.sid
);
```

① 수강한 학생 이름 출력
② 수강하지 않은 학생 이름 출력
③ 모든 학생 이름 출력
④ enroll 테이블의 모든 sid 출력

51 다음 중 제3정규형(3NF)에 해당하는 설명은?

① 반복 속성 제거
② 부분 함수 종속 제거
③ 이행 함수 종속 제거
④ 다치 종속 제거

52 다음 중 외부 조인(Outer Join)에 대한 설명으로 옳은 것은?

① 두 릴레이션의 교집합만 출력한다.
② 조건에 맞지 않는 튜플은 모두 제외한다.
③ 조건 불일치 튜플도 NULL을 채워 포함할 수 있다.
④ 항상 자연 조인과 동일하다.

53 NoSQL의 특징으로 옳은 것은?

① 모든 데이터는 스키마가 엄격히 고정된다.
② 관계형 데이터베이스보다 항상 ACID를 더 잘 보장한다.
③ 대량의 비정형 데이터 처리에 적합하다.
④ 관계형 모델만 지원한다.

54 데이터베이스 설계 시 물리적 설계 단계에서 수행하는 사항이 아닌 것은?

① 저장 레코드 양식 설계
② 레코드 집중의 분석 및 설계
③ 접근 경로 설계
④ 목표 DBMS에 맞는 스키마 설계

55 다음 릴레이션의 Degree와 Cardinality는?

〈학생〉

학번	이름	학년	전공
13001	홍길동	3	물리
13002	이산신	2	국문
13003	강중찬	1	영문

① Degree: 4, Cardinality: 3
② Degree: 3, Cardinality: 4
③ Degree: 3, Cardinality: 12
④ Degree: 12, Cardinality: 3

56 데이터 웨어하우스(DW)의 특징으로 옳지 않은 것은?

① 주제 지향적
② 시계열적
③ 갱신 위주
④ 통합적

57 참조 무결성을 유지하기 위해, 부모 테이블의 행을 삭제할 때 해당 행을 참조하는 자식 테이블의 행도 자동으로 삭제되도록 하는 외래키 옵션은?

① CLUSTER
② CASCADE
③ SET-NULL
④ RESTRICTED

58 백업 전략에서 차등 백업(Differential Backup)의 설명은?

① 전체 데이터 백업
② 마지막 전체 백업 이후 변경분을 누적 백업
③ 마지막 증분 백업 이후 변경분 백업
④ 트랜잭션 로그만 백업

59 빅데이터의 3V에 해당하지 않는 것은?

① Volume
② Variety
③ Velocity
④ Validity

60 연관 규칙 분석(Association Rule)에서 신뢰도(confidence)는 무엇을 의미하는가?

① 전체 데이터 중 특정 항목 빈도
② X 발생 시 Y도 발생할 확률
③ 항목 집합의 크기
④ 데이터 집합 크기

최신 기출문제 03회

시험 시간	풀이 시간	합격 점수	내 점수	문항수
90분	분	60점	점	총 60개

1과목 정보 시스템 기반 기술

참고 파트03-챕터04-섹션02
01 UI 설계 지침의 항목이 아닌 것은?
① 표준화
② 이식성
③ 사용자 중심
④ 가시성

참고 파트01-챕터01-섹션05
02 HRN(Highest Response-ratio Next) 스케줄링 방식에 대한 설명으로 옳은 것은?
① 대기 시간이 긴 프로세스의 경우 우선순위가 낮아진다.
② 우선순위를 계산하여 그 수치가 가장 높은 것부터 높은 순으로 우선순위가 부여된다.
③ FIFO 기법을 보완하기 위한 방식이다.
④ 실행 시간이 짧은 작업에게 유리한 방식이다.

참고 파트02-챕터01-섹션05
03 아키텍처 설계서 4+1 View의 종류가 아닌 것은?
① 논리 뷰(Logical View)
② 프로세스 뷰(Process View)
③ 유스케이스 뷰(Use Case View)
④ 사용자 인터페이스 뷰(User Interface View)

참고 파트03-챕터01-섹션01
04 개발 환경 구성을 위한 빌드(Build) 도구에 해당하지 않는 것은?
① Maven
② Ant
③ Git
④ Gradle

참고 파트05-챕터03-섹션01
05 코드 인스펙션(Code Inspection)과 관련한 설명으로 틀린 것은?
① 프로그램을 수행시켜보는 것 대신에 읽어보고 눈으로 확인하는 방법으로 볼 수 있다.
② 결함과 함께 코딩 표준 준수 여부, 효율성 등의 다른 품질 이슈를 검사하기도 한다.
③ 코드 품질 향상 기법 중 하나이다.
④ 동적 테스트 시에만 활용하는 기법이다.

참고 파트01-챕터01-섹션05
06 UNIX에서 명령어 해석기로 명령어를 읽어서 실행하는 것은?
① Kernel
② Shell
③ PCB
④ i-node

참고 파트02-챕터01-섹션02
07 다음 중 자료 흐름도(DFD)에 포함되지 않는 요소는?
① 프로세스
② 데이터 흐름
③ 데이터 저장소
④ 트랜잭션

참고 파트02-챕터02-섹션03
08 디자인 패턴에 대한 설명으로 거리가 먼 것은?
① 설계 변경에 따른 이식성과 유연성이 좋아진다.
② 객체지향 개발 위주로 사용할 수 있다.
③ 재사용성과 확장성이 좋아 개발 시간이 단축된다.
④ 구조나 가독성보다 기능에 비중을 둔 기법이다.

참고 파트02-챕터02-섹션03

09 다음 중 상황에 적합한 패턴의 선택이 아닌 것은?

① 호환성이 없는 클래스들의 인터페이스를 다른 클래스가 이용할 수 있게 할 때 - 브리지 패턴
② 인스턴스 한 개를 유지하면서 전역적인 접근을 허용하려고 할 때 - 싱글톤 패턴
③ 전체와 부분관계의 구조를 동일하게 취급하게 하려고 할 때 - 컴포지트 패턴
④ 복잡한 패키지 안에 손쉬운 API를 제공하려 할 때 - 중재자 패턴

참고 파트03-챕터02-섹션04

10 블랙박스 테스트를 이용하여 발견할 수 있는 오류의 경우로 가장 거리가 먼 것은?

① 정상적인 자료를 입력해도 요구된 기능이 제대로 수행되지 않는 경우
② 비정상적인 자료를 입력해도 오류 처리를 수행하지 않는 경우
③ 경계값을 입력하면 요구된 출력 결과가 나오지 않는 경우
④ 반복 조건을 만족하는데도 루프 내의 문장이 수행되지 않는 경우

참고 파트03-챕터02-섹션04

11 블랙박스 테스트의 기법으로 틀린 것은?

① 동등 분할 기법
② 원인 결과 그래프
③ 기초 경로 검사
④ 경계값 분석

참고 파트01-챕터02-섹션03

12 네트워크에서 목적지 도달 불가, 시간 초과, 패킷 손실 등의 정보를 전송하여 상태를 알려주는 TCP/IP의 제어 메시지 프로토콜은?

① ARP
② RARP
③ ICMP
④ PPP

참고 파트05-챕터03-섹션01

13 소프트웨어 개발 단계에서 요구 분석 과정에 대한 설명으로 거리가 먼 것은?

① 개발 비용이 가장 많이 소요되는 단계이다.
② 자료 흐름도, 자료 사전 등이 효과적으로 이용될 수 있다.
③ 분석 결과의 문서화를 통해 향후 유지보수에 유용하게 활용할 수 있다.
④ 보다 구체적인 명세를 위해 소단위 명세서(Mini-Spec)가 활용될 수 있다.

참고 파트01-챕터01-섹션02

14 병행 중인 프로세서들 간에 공유 변수를 엑세스하고 있는 하나의 프로세스 이외에는 다른 모든 프로세스들이 공유 변수를 엑세스하지 못하도록 제어하는 기법을 무엇이라 하는가?

① 접근제한
② 교착상태
③ 상호보완
④ 상호배제

참고 파트03-챕터02-섹션03

15 여러 개의 모듈을 결합하여 모듈 간의 인터페이스 및 상호작용이 정상적으로 동작하는지를 확인하는 테스트는?

① 통합 테스트(Integration Test)
② 시스템 테스트(System Test)
③ 인수 테스트(Acceptance Test)
④ 단위 테스트(Unit Test)

참고 파트04-챕터02-섹션01

16 다음 중 객체지향 설계의 3대 요소가 아닌 것은?

① 캡슐화
② 상속성
③ 모듈화
④ 다형성

17 다음 중 TCP의 특징으로 옳지 않은 것은?

① 흐름 제어 제공
② 신뢰성 있는 전송
③ 비연결형 서비스
④ 오류 제어 제공

18 시스템 콜(System Call)에 대한 설명으로 틀린 것은?

① 커널이 제공하는 서비스
② 사용자 프로그램이 호출
③ 하드웨어 인터럽트
④ OS 기능 접근

19 IPv6 주소 지정 방식 중, 여러 노드에 동일한 주소를 할당하지만 실제로는 가장 가까운 단일 노드에만 데이터를 전달하는 방식으로, 일반적인 그룹 통신 목적에는 사용되지 않는 것은?

① 유니캐스트
② 애니캐스트
③ 브로드캐스트
④ 멀티캐스트

20 소프트웨어 생명주기 중 테스트 단계에 수행되는 것은?

① 요구사항 분석
② 설계
③ 구현
④ 검증

2과목 프로그래밍 언어 활용

21 다음 설명에 해당하는 것은?

- 응용 프로그램 개발 시 재사용 가능한 뼈대(구조)를 제공한다.
- 핵심 아키텍처 제공, 제어의 역전(IOC)이 특징이다.

① 컴포넌트(Component)
② 웹서비스(Web Service)
③ 프레임워크(Framework)
④ 클래스 라이브러리(Class Library)

22 C언어의 전처리문(Preprocessing)에서 함수나 상수에 이름을 붙여 단순화해주는 매크로를 정의할 때 사용하는 선행처리 지시자는?

① #define
② #include
③ #undef
④ #error

23 다음 Javascript 프로그램의 결과값은?

```
var a = 5;
let b = 3;
for (let i = 0; i < 4; i++) {
    if (i % 2 == 0) {
        a += i;
    } else {
        b *= i;
    }
}
console.log(a + b);
```

① 4
② 13
③ 16
④ 17

[참고] 파트02-챕터01-섹션03

24 다음 중 모듈 결합도(Coupling)의 유형과 그 특성에 대한 설명으로 가장 적절한 것은?

① 제어 결합도는 모듈 간 공통 데이터를 공유하여 결합되는 형태이다.
② 외부 결합도는 두 모듈이 외부 매체나 장치를 통해 데이터를 공유할 때 발생한다.
③ 자료 결합도는 제어 정보를 전달하는 방식으로, 결합도가 가장 낮은 편이다.
④ 내용 결합도는 모듈 간에 함수 호출만으로 연결되어 가장 바람직한 형태이다.

[참고] 파트02-챕터01-섹션03

25 다음 중 가장 높은 응집도(Cohesion)에 해당하는 것은?

① 순서적 응집도(Sequential Cohesion)
② 시간적 응집도(Temporal Cohesion)
③ 논리적 응집도(Logical Cohesion)
④ 절차적 응집도(Procedural Cohesion)

[참고] 파트04-챕터01-섹션03

26 다음 중 단항 연산자는?

① ~
② &&
③ ||
④ ^

[참고] 파트02-챕터01-섹션03

27 C언어에서 배열(Array)에 관한 설명으로 틀린 것은?

```
#include <stdio.h>
int main()
{
    int arr[3] = {10, 20};
    printf("%d\n", arr[2]);
    return 0;
}
```

① 배열은 선언된 크기만큼 메모리를 확보한다.
② 배열의 첨자는 0부터 시작하므로 arr[2]는 세 번째 요소를 의미한다.
③ arr[2]는 명시적으로 초기화되지 않았지만, 0으로 자동 초기화된다.
④ 배열 초기화 시 값이 부족하면 컴파일 오류가 발생한다.

[참고] 파트04-챕터04-섹션02

28 C언어에서 다음과 같이 수행될 때, while문은 몇 번 수행되는가?

```
#include <stdio.h>

int main()
{
    int i = 1, sum = 0;
    while (i <= 5) {
        if (i % 2 == 0) {
            i++;
            continue;
        }
        sum += i;
        i++;
    }
    printf("%d\n", sum);
    return 0;
}
```

① 3   ② 4
③ 5   ④ 6

[참고] 파트05-챕터01-섹션03

29 HTML의 ⟨input⟩ 태그에 type 속성값에 대한 설명으로 틀린 것은?

① type 속성값을 "checkbox"로 설정하면, 사용자로부터 여러 개의 옵션 중 다수의 옵션을 입력받을 수 있다.
② type 속성값을 "text"로 설정하면, 사용자로부터 여러 줄의 텍스트를 입력받을 수 있다.
③ type 속성값을 "password"로 설정하면, 사용자가 입력한 내용이 별표나 원모양으로 표시되어 비밀번호를 입력받을 수 있다.
④ type 속성값을 "radio"로 설정하면, 사용자로부터 여러 개의 옵션 중 하나의 옵션만 입력받을 수 있다.

[참고] 파트04-챕터03-섹션04

30 다음은 파이썬으로 만들어진 반복문 코드이다. 이 코드의 결과는?

```
while True:
    print('A')
    print('B')
    print('C')
    continue
    print('D')
```

① A, B, C 출력이 반복된다.
② A, B, C까지만 출력된다.
③ A, B, C, D 출력이 반복된다.
④ A, B, C, D까지만 출력된다.

[참고] 파트04-챕터02-섹션01

31 Java에서 변수와 자료형에 대한 설명으로 틀린 것은?

① 변수는 어떤 값을 주기억 장치에 기억하기 위해서 사용하는 공간이다.
② 변수의 자료형에 따라 저장할 수 있는 값의 종류와 범위가 달라진다.
③ char 자료형은 나열된 여러 개의 문자를 저장하고자 할 때 사용한다.
④ boolean 자료형은 조건이 참인지 거짓인지 판단하고자 할 때 사용한다.

[참고] 파트04-챕터02-섹션02

32 다음 CSS 코드에 대한 설명으로 옳지 않은 것은?

```
<style>
  .box {
    width: 200px;
    height: 100px;
    border: 1px solid black;
    margin: 0 auto;
    padding: 20px;
  }
</style>

<div class="box">내용</div>
```

① margin: 0 auto;는 수평 방향 중앙 정렬을 위한 설정이다.
② padding: 20px;은 내용과 테두리 사이의 간격을 20px로 설정한다.
③ 이 코드에서 .box는 좌우 마진이 자동으로 설정되어 부모 요소 기준 중앙에 배치된다.
④ margin은 테두리와 내용 사이의 간격을 설정한다.

[참고] 파트04-챕터01-섹션02

33 다음 중 C언어에서 ⟨stdio.h⟩에 정의된 함수 중 파일 스트림 또는 표준 출력에 포맷 문자열을 출력하는 기능을 수행하는 함수는?

① scanf()
② fread()
③ fopen()
④ fprintf()

[참고] 파트05-챕터01-섹션03

34 HTML5에서 추가된 의미 요소 중 섹션이나 페이지의 시작 부분을 정의하는 것은?

① header 요소
② nav 요소
③ article 요소
④ figure 요소

35 HTML의 기본 태그에 대한 설명으로 틀린 것은?

① 〈!DOCTYPE html〉은 웹 페이지가 HTML5 문서임을 의미하며 HTML5에는 반드시 표기하지 않아도 된다.
② 〈html〉…〈/html〉은 HTML 문서의 시작과 끝을 의미한다.
③ 〈head〉…〈/head〉는 스타일과 스크립트를 선언하는 부분이다.
④ 〈body〉…〈/body〉는 사용자에게 보여주는 실제 내용이 구현되는 부분이다.

36 다음 중 Java에서 static 키워드의 역할에 대한 설명으로 옳지 않은 것은?

① 클래스에 속하는 멤버를 정의할 때 사용한다.
② static 메서드는 객체 생성 없이 호출할 수 있다.
③ static 변수는 모든 인스턴스에서 공유된다.
④ static 메서드는 인스턴스 변수에 접근할 수 있다.

37 C언어에서 다음 코드의 출력 결과는 무엇인가?

```
#include <stdio.h>
int main() {
    int a = 10;
    int *p = &a;
    int **pp = &p;

    **pp += 5;
    printf("%d", *p);
    return 0;
}
```

① 5
② 10
③ 15
④ 주소값

38 파이썬의 튜플(Tuple)에 대한 설명으로 틀린 것은?

① 튜플은 변경 불가능한(immutable) 자료형이다.
② 튜플은 소괄호( )로 생성할 수 있다.
③ 튜플은 리스트보다 속도가 느리다.
④ 튜플은 여러 자료형을 함께 저장할 수 있다.

39 Java에서 변수 선언문으로 옳지 않은 것은?

① short abc;
② int false;
③ float _x;
④ double A123;

40 소프트웨어 재공학의 주요 활동 중 역공학에 해당하는 것은?

① 소프트웨어 동작 이해 및 재공학 대상 선정
② 소프트웨어 기능 변경 없이 소프트웨어 형태를 목적에 맞게 수정
③ 원시코드로부터 설계정보 추출 및 절차 설계 표현, 프로그램과 데이터 구조 정보 추출
④ 기존 소프트웨어 시스템을 새로운 기술 또는 하드웨어 환경에 이식

3과목 데이터베이스 활용

41 데이터 모델에 표시해야 할 요소로 거리가 먼 것은?

① 출력 구조
② 제약조건
③ 연산
④ 논리적 데이터 구조

42 무결성 제약조건 중 개체 무결성 제약조건에 대한 설명으로 옳은 것은?

① 자식 릴레이션의 외래키는 부모 릴레이션의 기본키와 도메인이 동일해야 한다.
② 릴레이션 내의 튜플들이 각 속성의 도메인에 정해진 값만을 가져야 한다.
③ 기본키는 NULL 값을 가져서는 안 되며 릴레이션 내에 오직 하나의 값만 존재해야 한다.
④ 자식 릴레이션의 값이 변경될 때 부모 릴레이션의 제약을 받는다.

43 학생(STUDENT) 테이블에서 어떤 학과(DEPT)들이 있는지 검색하는 SQL 명령은? (단, 결과는 중복된 데이터가 없도록 한다.)

① SELECT ONLY DEPT FROM STUDENT;
② SELECT ONLY * FROM STUDENT;
③ SELECT NOT DUPLICATE DEPT FROM STUDENT;
④ SELECT DISTINCT DEPT FROM STUDENT;

44 릴레이션 R의 차수가 5이고 카디널리티가 5이며, 릴레이션 S의 차수가 4이고 카디널리티가 8일 때, 두 개의 릴레이션을 카티션 프로덕트한 결과의 새로운 릴레이션의 차수와 카디널리티는 얼마인가?

① 9, 35
② 12, 40
③ 10, 40
④ 9, 40

45 데이터베이스의 트랜잭션에서 일관성(Consistency) 속성에 대한 설명으로 옳지 않은 것은?

① 트랜잭션 수행 전과 후에 데이터 무결성이 유지되어야 한다.
② 시스템이 고장나도 일관성이 유지되어야 한다.
③ 트랜잭션 처리 결과가 모든 제약 조건을 만족해야 한다.
④ 트랜잭션 시작 전과 완료 후의 데이터 상태가 일관되어야 한다.

46 3NF에서 BCNF가 되기 위한 조건은?

① 결정자이면서 후보키가 아닌 속성 제거
② 이행적 함수 종속 제거
③ 다치 종속 제거
④ 부분적 함수 종속 제거

47 참조 무결성을 유지하기 위하여 DROP 문에서 부모 테이블의 항목 값을 삭제할 경우 자동적으로 자식 테이블의 해당 레코드를 삭제하기 위한 옵션은?

① SET-NULL
② RESTRICTED
③ CLUSTER
④ CASCADE

48 뷰(View)의 주요 목적이 아닌 것은?

① 보안
② 논리적 독립성 제공
③ 성능 최적화
④ 데이터 백업

49 아래 SQL문에서 WHERE 절의 조건이 의미하는 것은?

```
SELECT * FROM 고객
    WHERE 이름 LIKE '박%';
```

① '박'으로 시작하지 않는 모든 문자 이름을 검색한다.
② '박'으로 시작하는 3글자의 문자 이름을 검색한다.
③ '박'으로 시작하는 모든 문자 이름을 검색한다.
④ '박'으로 시작하지 않는 3글자의 문자 이름을 검색한다.

50 트랜잭션의 특징으로 거리가 먼 것은?

① Durability
② Automatic
③ Isolation
④ Consistency

51 정규화의 주요 목적 중 옳지 않은 것은?

① 데이터 중복 최소화
② 이상 현상 방지
③ 설계 복잡도 증가
④ 무결성 향상

52 색인순차(Index Sequence) 편성 파일에서 인덱스 영역(Index Area)에 해당하지 않는 것은?

① 트랙 인덱스 영역(Track Index Area)
② 기본 인덱스 영역(Prime Index Area)
③ 실린더 인덱스 영역(Cylinder Index Area)
④ 마스터 인덱스 영역(Master Index Area)

53 관계 데이터 모델에서 릴레이션(Relation)의 행을 의미하는 것은?

① tuple
② domain
③ schema
④ attribute

54 다음 그림의 이진 트리를 Preorder로 운행한 경우 C는 몇 번째로 탐색되는가?

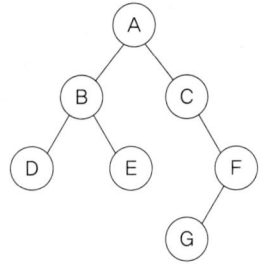

① 3번째
② 4번째
③ 5번째
④ 6번째

55 다음 관계대수 중 순수 관계 연산자가 아닌 것은?

① 조인(join)
② 차집합(difference)
③ 디비전(division)
④ 프로젝트(project)

56 데이터 제어어(DCL)의 기능으로 옳지 않은 것은?

① 데이터 보안
② 논리적, 물리적 데이터 구조 정의
③ 무결성 유지
④ 병행 수행 제어

57 시스템 카탈로그에 대한 설명으로 옳지 않은 것은?

① 데이터베이스에 포함된 다양한 데이터 객체에 대한 정보들을 유지, 관리하기 위한 시스템 데이터베이스이다.
② 시스템 카탈로그를 데이터 사전(Date Dictionary)이라고도 한다.
③ 시스템 카탈로그에 저장된 정보를 메타데이터라고도 한다.
④ 시스템 카탈로그는 시스템을 위한 정보를 포함하는 시스템 데이터베이스이므로 일반 사용자는 내용을 검색할 수 없다.

58 다음 SQL문을 실행했을 때 결과에 포함되는 학생 테이블의 이름은 누구인가? (단, 성적 테이블에는 학번, 과목, 점수 컬럼이 있으며, 점수는 100점 만점이다.)

```
SELECT 이름
FROM 학생
WHERE 학번 IN (
  SELECT 학번
  FROM 성적
  WHERE 과목 = '데이터베이스' AND 점수 >= 90
);
```

〈학생 테이블〉

학번	이름	학과
1001	김철수	전산과
1002	이영희	전기과
1003	박민수	전산과

〈성적 테이블〉

학번	과목	점수
1001	데이터베이스	92
1002	자료구조	85
1003	데이터베이스	88

① 김철수
② 이영희
③ 박민수
④ 김철수, 박민수

59 SQL의 TCL(Transaction Control Language)에 해당하지 않는 것은?

① GRANT
② SAVEPOINT
③ COMMIT
④ ROLLBACK

60 양 방향에서 입·출력이 가능한 선형 자료구조로 2개의 포인터를 이용하여 리스트의 양쪽 끝 모두에서 삽입·삭제가 가능한 것은?

① 데크(Deque)
② 스택(Stack)
③ 큐(Queue)
④ 트리(Tree)

빠른 정답 확인 QR
스마트폰으로 QR을 찍으면 정답표가 오픈됩니다.
기출문제를 편리하게 채점할 수 있습니다.

최신 기출문제 04회

시험 시간	풀이 시간	합격 점수	내 점수	문항수
90분	분	60점	점	총 60개

1과목 소프트웨어 설계

01 모듈화(Modularity)와 관련한 설명으로 틀린 것은?

① 시스템을 모듈로 분할하면 각각의 모듈을 별개로 만들고 수정할 수 있기 때문에 좋은 구조가 된다.
② 응집도는 모듈과 모듈 사이의 상호의존 또는 연관 정도를 의미한다.
③ 모듈 간의 결합도가 약해야 독립적인 모듈이 될 수 있다.
④ 모듈 내 구성요소들 간의 응집도가 강해야 좋은 모듈 설계이다.

02 아날로그-디지털 부호화 방식인 송신측 PCM (Pulse Code Modulation) 과정을 순서대로 옳게 나열한 것은?

① 표본화 → 양자화 → 부호화
② 양자화 → 부호화 → 표본화
③ 부호화 → 양자화 → 표본화
④ 표본화 → 부호화 → 양자화

03 블랙박스 테스트를 이용하여 발견할 수 있는 오류의 경우로 가장 거리가 먼 것은?

① 비정상적인 자료를 입력해도 오류 처리를 수행하지 않는 경우
② 정상적인 자료를 입력해도 요구된 기능이 제대로 수행되지 않는 경우
③ 반복 조건을 만족하는데도 루프 내의 문장이 수행되지 않는 경우
④ 경계값을 입력할 경우 요구된 출력 결과가 나오지 않는 경우

04 LAN의 한 종류인 100BASE-T 네트워크에서 사용되는 전송매체는?

① Coaxial cable
② Optical cable
③ UTP cable
④ Microwave cable

05 라우팅 프로토콜이 아닌 것은?

① Border Gateway Protocol
② Open Shortest Path First
③ Routing Information Protocol
④ Serial Line Internet Protocol

06 소프트웨어 생명주기에 대한 각 단계의 설명으로 가장 옳은 것은?

① 유지보수 단계 : 사용자의 문제를 구체적으로 이해하고 소프트웨어가 담당해야 하는 영역을 정의하는 단계
② 운용 단계 : 사용자의 문제를 정의하고 전체 시스템이 갖추어야 할 기본 기능과 성능을 파악하는 단계
③ 설계 단계 : 소프트웨어의 구조와 그 성분을 명확히 밝혀 구현을 준비하는 단계
④ 계획 단계 : 개발된 시스템이 요구사항을 정확히 반영하였는가를 테스트하는 단계

07 TCP/IP 모델에서 인터넷 계층에 네트워크 오류 메시지, 호스트 도달 불가 메시지 등을 전송하여 네트워크의 상태를 확인하는 프로토콜은?

① SMTP
② ICMP
③ SNA
④ FTP

08 UML의 클래스 다이어그램에서 부모 클래스와 실체화한 자식 클래스 간의 상속 관계로 설명되는 클래스들 사이의 관계를 나타내는 용어는?

① 일반화
② 추상화
③ 캡슐화
④ 집단화

09 GoF 디자인 패턴 중 객체를 생성하기 위한 인터페이스를 정의하여 어떤 클래스가 인스턴스화될 것인지는 서브 클래스가 결정하도록 하는 생성 패턴은?

① Singleton
② Builder
③ Factory method
④ Abstraction factory

10 객체지향 분석기법의 하나로 객체 모형, 동적 모형, 기능 모형의 3개 모형을 생성하는 방법은?

① Wirfs-Block Method
② Rumbaugh Method
③ Booch Method
④ Jacobson Method

11 DFD(data flow diagram)에 대한 설명으로 틀린 것은?

① 자료 흐름 그래프 또는 버블(bubble) 차트라고도 한다.
② 구조적 분석 기법에 이용된다.
③ 시간 흐름을 명확하게 표현할 수 있다.
④ DFD의 요소는 화살표, 원, 사각형, 직선(단선/이중선)으로 표시한다.

12 선점형 스케줄링 방식에 해당하는 것은?

① FIFO
② SJF
③ Round-Robin
④ HRN

13 모듈의 결합도는 설계에 대한 품질 평가 방법의 하나로서 두 모듈 간의 상호 의존도를 측정하는 것이다. 다음 중 설계 품질이 가장 좋은 결합도는?

① Common Coupling
② Data Coupling
③ Control Coupling
④ Content Coupling

14 IPv6 주소체계로 거리가 먼 것은?

① Unicast
② Anycast
③ Broadcast
④ Multicast

15 UML 다이어그램 중 순차 다이어그램에 대한 설명으로 틀린 것은?

① 객체 간의 동적 상호작용을 시간 개념을 중심으로 모델링 하는 것이다.
② 주로 시스템의 정적 측면을 모델링하기 위해 사용된다.
③ 일반적으로 다이어그램의 수직 방향이 시간의 흐름을 나타낸다.
④ 회귀 메시지(Self-Message), 제어블록(Statementblock) 등으로 구성된다.

참고 파트03-챕터04-섹션03

16 대표적으로 DOS 및 Unix 등의 운영체제에서 조작을 위해 사용하던 것으로, 정해진 명령 문자열을 입력하여 시스템을 조작하는 사용자 인터페이스(User Interface)는?

① GUI(Graphical User Interface)
② CLI(Command Line Interface)
③ CUI(Cell User Interface)
④ MUI(Mobile User Interface)

참고 파트03-챕터01-섹션02

17 소프트웨어 개발 단계에서 요구 분석 과정에 대한 설명으로 거리가 먼 것은?

① 분석 결과의 문서화를 통해 향후 유지보수에 유용하게 활용할 수 있다.
② 개발 비용이 가장 많이 소요되는 단계이다.
③ 자료 흐름도, 자료 사전 등이 효과적으로 이용될 수 있다.
④ 보다 구체적인 명세를 위해 소단위 명세서(Mini-Spec)가 활용될 수 있다.

참고 파트01-챕터02-섹션03

18 ARP(Address Resolution Protocol)에 대한 설명으로 틀린 것은?

① 네트워크에서 두 호스트가 성공적으로 통신하기 위하여 각 하드웨어의 물리적인 주소 문제를 해결해 줄 수 있다.
② 목적지 호스트의 IP 주소를 MAC 주소로 바꾸는 역할을 한다.
③ ARP 캐시를 사용하므로 캐시에서 대상이 되는 IP 주소의 MAC 주소를 발견하면 이 MAC 주소가 통신을 위해 사용된다.
④ ARP 캐시를 유지하기 위해서는 TTL 값이 0이 되면 이 주소는 ARP 캐시에서 영구히 보존된다.

참고 파트03-챕터02-섹션01

19 소프트웨어 테스트에서 오류의 80%는 전체 모듈의 20% 내에서 발견된다는 법칙은?

① Brooks의 법칙
② Boehm의 법칙
③ Pareto의 법칙
④ Jackson의 법칙

참고 파트01-챕터02-섹션03

20 4진 PSK 변조 방식에서 변조속도가 4800[Baud]일 때 데이터의 전송속도[bps]는?

① 2400
② 4800
③ 9600
④ 12800

2과목 프로그래밍 언어 활용

참고 파트04-챕터01-섹션02

21 C언어에서 파일을 열고, 파일 포인터를 반환하는 함수는?

① fopen( )
② fscanf( )
③ fgetc( )
④ fgets( )

참고 파트05-챕터01-섹션03

22 다음 JavaScript에서 HTML 문서에 사용되는 메서드의 기능이 잘못된 것은?

① getElementById() : 특정 id를 가진 요소를 반환
② querySelector() : CSS 선택자를 사용하여 요소를 선택
③ createElement() : 새로운 HTML 요소를 생성
④ removeChild() : 요소의 내부 HTML을 설정하거나 가져옴

23 다음 중 웹 페이지 제작에 따른 외부 스타일시트 확장자는?

① *.stc
② *.ssc
③ *.xls
④ *.css

24 C 언어에서 다음 코드의 실행 결과는?

```
#include <stdio.h>
int main()
{
    int a = 3;
    int b = 7;
    int c = a + b;
    printf("%d", c % a);
    return 0;
}
```

① 1
② 2
③ 3
④ 4

25 다음 중 CSS 클래스 선택자에 대한 설명으로 틀린 것은?

① 클래스 선택자는 요소에 추가적인 스타일을 부여하기 위해 사용된다.
② 클래스 선택자는 하나의 요소에 여러 개의 클래스를 지정할 수 있다.
③ 클래스 선택자는 ID 선택자보다 우선순위가 높다.
④ 클래스 선택자는 점(.)으로 시작하여 클래스 이름을 지정한다.

26 다음 중 현재 문서의 호스트명만 반환하거나 설정하는 Javascript의 Location 객체의 프로퍼티는?

① location.href
② location.search
③ location.hostname
④ location.pathname

27 다음 파이썬(Python) 프로그램의 결과값은?

```
x = 10
y = 4
result = x & y
print(result)
```

① 0
② 0000
③ 1010
④ 0100

28 HTML 요소에 대한 설명으로 틀린 것은?

① ⟨p⟩는 문단을 나타낸다.
② ⟨head⟩는 소개 및 탐색에 도움을 주는 콘텐츠를 나타낸다.
③ ⟨article⟩은 사이트 안에서 독립적으로 구분해 재사용할 수 있는 구획을 의미한다.
④ ⟨body⟩는 html 문서의 내용을 나타낸다.

29 JAVA에서 이전에 ObjectOutputStream을 통해 직렬화된 객체를 다시 원래의 객체 형태로 복원하는 역할을 하는 스트림은?

① BufferedInputStream
② ByteArrayInputStream
③ ObjectInputStream
④ PipedInputStream

30 다음 Javascript 프로그램의 결과값은?

```
var a = 10;
var b = 2;
for (var i = 1; i < 5; i+=2){
    a += i ;
}
console.log(a+b);
```

① 4
② 8
③ 16
④ 20

31 다음 파이썬(Python) 프로그램의 결과값은?

```
list1 = [1, 2, 3]
list2 = [4, 5]
list1.insert(2, list2)
print(list1)
```

① [1, 2, 3, [4, 5]]
② [[4, 5], 1, 2, 3]
③ [1, [4, 5], 2, 3]
④ [1, 2, [4, 5], 3]

32 C언어의 포인터 조작 연산에서 변수 pc에 대입되는 것과 같은 결과를 갖는 것은?

① pc = &array1[0];
② pc = &array1[2];
③ pc = array1[10];
④ pc = array1[1];

33 Java에서 변수 선언문으로 옳지 않은 것은?

① short abc;
② int false;
③ float _x;
④ double A123;

34 객체지향 개념에서 이미 정의되어 있는 상위 클래스(슈퍼 클래스 혹은 부모 클래스)의 메소드를 비롯한 모든 속성을 하위 클래스가 물려받는 것을 무엇이라 하는가?

① Abstraction
② Method
③ Inheritance
④ Message

35 C언어의 포인트 형(Pointer type)에 대한 설명으로 틀린 것은?

① 포인터 변수는 기억장소의 번지를 기억하는 동적변수이다.
② 포인터는 가리키는 자료형이 일치할 때 대입하는 규칙이 있다.
③ 보통 변수의 번지를 참조하려면 번지 연산자 #을 변수 앞에 쓴다.
④ 실행문에서 간접연산자 *를 사용하여 포인터변수가 지시하고 있는 내용을 참조한다.

36 HTML5에서 추가된 의미 요소 중 섹션이나 페이지의 시작 부분을 정의하는 것은?

① head 요소
② nav 요소
③ article 요소
④ figure 요소

37 다음 중 JAVA의 예외 처리 구문의 예약어가 아닌 것은?

① try
② catch
③ finally
④ extends

38 소프트웨어 재공학의 주요 활동 중 역공학에 해당하는 것은?

① 소프트웨어 동작 이해 및 재공학 대상 선정
② 소프트웨어 기능 변경 없이 소프트웨어 형태를 목적에 맞게 수정
③ 원시 코드로부터 설계정보 추출 및 절차 설계 표현, 프로그램과 데이터 구조 정보 추출
④ 기존 소프트웨어 시스템을 새로운 기술 또는 하드웨어 환경에 이식

39 구조적 설계의 평가 기준 중 모듈 응집도가 강한 것에서 약한 것의 순서로 옳게 나열된 것은?

① 절차적 응집도 → 통신적 응집도 → 순차적 응집도 → 기능적 응집도
② 통신적 응집도 → 절차적 응집도 → 순차적 응집도 → 기능적 응집도
③ 절차적 응집도 → 통신적 응집도 → 기능적 응집도 → 순차적 응집도
④ 기능적 응집도 → 순차적 응집도 → 통신적 응집도 → 절차적 응집도

40 다음 C 코드 결과로 나타날 수 있는 값은?

```
void main() {
    int k;
    k = 1;
    while(k<60)
    {
        if(k%4==0)
            printf("%d\n", k-2);
        k++;
    }
}
```

① 0 ② 8
③ 24 ④ 30

3과목 데이터베이스 활용

41 다음 설명과 관련 있는 트랜잭션의 특징은?

"트랜잭션의 연산은 모두 실행되거나, 모두 실행되지 않아야 한다."

① Durability
② Isolation
③ Consistency
④ Atomicity

42 데이터베이스에서 널(NULL) 값에 대한 설명으로 옳지 않은 것은?

① 아직 모르는 값을 의미한다.
② 아직 알려지지 않은 값을 의미한다.
③ 공백이나 0(ZERO)과 같은 의미이다.
④ 정보 부재를 나타내기 위해 사용한다.

43 조건을 만족하는 릴레이션의 수평적 부분 집합으로 구성하며, 연산자의 기호는 그리스 문자 시그마(σ)를 사용하는 관계대수 연산은?

① Select   ② Project
③ Join   ④ Division

44 다음 설명에 해당하는 스키마는?

물리적 저장장치의 입장에서 본 데이터베이스 구조로서 실제로 데이터베이스에 저장될 레코드의 형식을 정의하고 저장 데이터 항목의 표현 방법, 내부 레코드의 물리적 순서 등을 나타낸다.

① conceptual schema
② internal schema
③ external schema
④ definition schema

45 3NF에서 BCNF가 되기 위한 조건은?

① 이행적 함수 종속 제거
② 부분적 함수 종속 제거
③ 다치 종속 제거
④ 결정자이면서 후보키가 아닌 것 제거

46 개체–관계 모델의 E-R 다이어그램에서 사용되는 기호와 그 의미의 연결이 틀린 것은?

① 사각형 – 개체 타입
② 삼각형 – 속성
③ 선 – 개체 타입과 속성을 연결
④ 마름모 – 관계 타입

47 다음 SQL문에서 빈칸에 들어갈 내용으로 옳은 것은?

```
UPDATE 회원 (  ) 전화번호='010-14'
WHERE 회원번호 = 'N4';
```

① FROM   ② SET
③ INTO   ④ TO

48 릴레이션에 있는 모든 튜플에 대해 유일성은 만족시키지만 최소성은 만족시키지 못하는 키는?

① 후보키   ② 기본키
③ 슈퍼키   ④ 외래키

49 DML에 해당하는 것으로만 나열된 것은?

```
㉠ SELECT
㉡ UPDATE
㉢ INSERT
㉣ GRANT
```

① ㉠, ㉡, ㉢
② ㉠, ㉡, ㉣
③ ㉠, ㉢, ㉣
④ ㉠, ㉡, ㉢, ㉣

50 관계대수에 대한 설명으로 틀린 것은?

① 주어진 릴레이션 조작을 위한 연산의 집합이다.
② 일반 집합 연산과 순수 관계 연산으로 구분된다.
③ 질의에 대한 해를 구하기 위해 수행해야 할 연산의 순서를 명시한다.
④ 원하는 정보와 그 정보를 어떻게 유도하는가를 기술하는 비절차적 방법이다.

51 관계해석 중 '모든 것에 대하여(for all)'의 의미를 나타내는 것은?

① ∋
② ∈
③ ∀
④ ∪

52 로킹(Locking) 기법에 대한 설명으로 틀린 것은?

① 로킹의 대상이 되는 객체의 크기를 로킹 단위라고 한다.
② 로킹 단위가 작아지면 병행성 수준이 낮아진다.
③ 데이터베이스도 로킹 단위가 될 수 있다.
④ 로킹 단위가 커지면 로크 수가 작아 로킹 오버헤드가 감소한다.

53 사용자 X1에게 department 테이블에 대한 검색 연산을 회수하는 명령은?

① delete select on department to X1;
② remove select on department from X1;
③ revoke select on department from X1;
④ grant select on department from X1;

54 뷰(VIEW)에 대한 설명으로 틀린 것은?

① 뷰 위에 또 다른 뷰를 정의할 수 있다.
② 뷰에 대한 조작에서 삽입, 갱신, 삭제 연산은 제약이 따른다.
③ 뷰의 정의는 기본 테이블과 같이 ALTER문을 이용하여 변경한다.
④ 뷰가 정의된 기본 테이블이 제거되면 뷰도 자동적으로 제거된다.

55 데이터 모델에 표시해야 할 요소로 거리가 먼 것은?

① 논리적 데이터 구조
② 출력 구조
③ 연산
④ 제약 조건

56 분산 데이터베이스의 투명성(Transparency)에 해당하지 않는 것은?

① Location Transparency
② Replication Transparency
③ Failure Transparency
④ Media Access Transparency

57 A1, A2, A3 3개 속성을 갖는 한 릴레이션에서 A1의 도메인은 3개 값, A2의 도메인은 2개 값, A3의 도메인은 4개 값을 갖는다. 이 릴레이션에 존재할 수 있는 가능한 튜플(Tuple)의 최대 수는?

① 24
② 12
③ 8
④ 9

58 데이터베이스 설계 시 물리적 설계 단계에서 수행하는 사항이 아닌 것은?

① 저장 레코드 양식 설계
② 레코드 집중의 분석 및 설계
③ 접근 경로 설계
④ 목표 DBMS에 맞는 스키마 설계

59 한 릴레이션 스키마가 4개 속성, 2개 후보키 그리고 그 스키마의 대응 릴레이션 인스턴스가 7개 튜플을 갖는다면 그 릴레이션의 차수(degree)는?

① 1
② 2
③ 4
④ 7

60 다음 그림의 이진트리를 Preorder로 운행한 경우 C는 몇 번째로 탐색되는가?

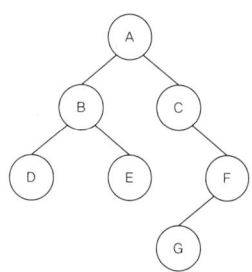

① 3번째
② 4번째
③ 5번째
④ 6번째

최신 기출문제 05회

시험 시간	풀이 시간	합격 점수	내 점수	문항수
90분	분	60점	점	총 60개

1과목 소프트웨어 설계

참고 파트05-챕터01-섹션02

01 프레임워크(Framework)에 대한 설명으로 옳은 것은?

① 소프트웨어 구성에 필요한 기본 구조를 제공함으로써 재사용이 가능하게 해준다.
② 소프트웨어 개발 시 구조가 잡혀 있기 때문에 확장이 불가능하다.
③ 소프트웨어 아키텍처(Architecture)와 동일한 개념이다.
④ 모듈화(Modularity)가 불가능하다.

참고 파트01-챕터02-섹션03

02 HDLC 프레임의 구조를 순서대로 나열한 것은?

① 플래그 → 주소부 → 제어부 → 정보부 → FCS → 플래그
② 플래그 → 제어부 → FCS → 정보부 → 주소부 → 플래그
③ 플래그 → 주소부 → 정보부 → FCS → 제어부 → 플래그
④ 플래그 → 제어부 → FCS → 주소부 → 정보부 → 플래그

참고 파트03-챕터01-섹션01

03 소프트웨어 형상관리(Configuration management)에 관한 설명으로 거리가 먼 것은?

① 소프트웨어에서 일어나는 수정이나 변경을 알아내고 제어하는 것을 의미한다.
② 소프트웨어 개발의 전체 비용을 줄이고, 개발 과정의 여러 방해 요인이 최소화되도록 보증하는 것을 목적으로 한다.
③ 형상관리를 위하여 구성된 팀을 'chief programmer team'이라고 한다.
④ 형상관리에서 중요한 기술 중의 하나는 버전 제어 기술이다.

참고 파트01-챕터02-섹션01

04 다음 중 라우터(Router)에 관한 설명으로 틀린 것은?

① 네트워크 계층을 지원한다.
② 전송되는 패킷들의 경로를 결정한다.
③ 게이트웨이(Gateway) 기능을 지원한다.
④ 브릿지(Bridge) 기능만을 지원한다.

참고 파트01-챕터02-섹션01

05 LAN의 토폴로지 형태에 해당하지 않는 것은?

① Star형
② Bus형
③ Ring형
④ Sqare형

참고 파트03-챕터02-섹션03

06 소프트웨어 생명주기 모델 중 V 모델과 관련한 설명으로 틀린 것은?

① 요구 분석 및 설계 단계를 거치지 않으며 항상 통합 테스트를 중심으로 V 형태를 이룬다.
② Perry에 의해 제안되었으며 세부적인 테스트 과정으로 구성되어 신뢰도 높은 시스템을 개발하는 데 효과적이다.
③ 개발 작업과 검증 작업 사이의 관계를 명확히 드러내 놓은 폭포수 모델의 변형이라고 볼 수 있다.
④ 폭포수 모델이 산출물 중심이라면 V 모델은 작업과 결과의 검증에 초점을 둔다.

참고 파트01-챕터02-섹션03

07 다음 국제표준 통신 프로토콜 중 IP 주소를 물리 주소로 변환하기 위해 사용되는 것은?

① ARP
② TCP
③ ICMP
④ DHCP

08 UML의 클래스 다이어그램에서 부모 클래스와 실체화한 자식 클래스 간의 상속 관계로 설명되는 클래스들 사이의 관계를 나타내는 용어는?

① 일반화
② 추상화
③ 캡슐화
④ 집단화

09 다음 내용이 설명하는 디자인 패턴은?

> 상속을 사용하지 않고도 객체 간의 결합을 통해 유연하게 기능들을 확장할 수 있는 구조 패턴이다.

① Singleton 패턴
② Observer 패턴
③ Decorator 패턴
④ Bridge 패턴

10 UML에서 활용되는 다이어그램 중, 시스템의 동작을 표현하는 행위(Behavioral) 다이어그램에 해당하지 않는 것은?

① 활동 다이어그램
② 배치 다이어그램
③ 유스케이스 다이어그램
④ 상태 다이어그램

11 자료 흐름도(DFD)에 대한 설명으로 옳지 않은 것은?

① 하향식 분할 원리를 적용하여 그림 중심으로 표현한다.
② 자료 저장소는 직사각형으로 표시한다.
③ 개발 대상 업무의 작업 흐름을 쉽게 이해할 수 있다.
④ 사용자의 요구사항을 정확하게 파악할 수 있다.

12 기억공간이 15K, 23K, 22K, 21K 순으로 빈 공간이 있을 때 기억장치 배치 전략으로 'First Fit'을 사용하여 17K의 프로그램을 적재할 경우 내부 단편화의 크기는 얼마인가?

① 5K
② 6K
③ 7K
④ 8K

13 다음 중 가장 약한 결합도(Coupling)는?

① Common Coupling
② Content Coupling
③ External Coupling
④ Stamp Coupling

14 자원 할당 그래프와 관계되는 교착상태 해결 기법은?

① Prevention
② Avoidance
③ Recovery
④ Detection

15 하향식 통합 시험을 위해 일시적으로 필요한 조건만을 가지고 임시로 제공되는 시험용 모듈은?

① Stub
② Driver
③ Procedure
④ Function

16 Windows 등의 운영체제에서 조작을 위해 사용하던 것으로, 그래픽(아이콘, 버튼, 문자)을 통하여 시스템을 조작하는 사용자 인터페이스(User Interface)는?

① GUI(Graphical User Interface)
② CLI(Command Line Interface)
③ CUI(Cell User Interface)
④ MUI(Mobile User Interface)

17 소프트웨어 개발 단계 중 요구 분석에 대한 설명으로 옳지 않은 것은?

① 자료 수집 → 요구사항 도출 → 문서화 → 검증의 절차를 거친다.
② 소프트웨어의 기능, 성능, 제약 조건 등에 대하여 기술하고 검토한다.
③ 요구사항은 기능적 요구사항과 비기능적 요구사항, 사용자 요구사항과 시스템 요구사항들로 분류된다.
④ 요구 분석 명세서의 정확성을 검증하기 위해 화이트박스 테스트를 수행한다.

18 IP 프로토콜의 주요 특징에 해당하지 않는 것은?

① 체크섬(Checksum) 기능으로 데이터 체크섬(Data Checksum)만 제공한다.
② 패킷을 분할, 병합하는 기능을 수행하기도 한다.
③ 비연결형 서비스를 제공한다.
④ Best Effort 원칙에 따른 전송 기능을 제공한다.

19 다음과 같은 프로세스가 차례로 큐에 도착하였을 때, SJF(Shortest Job First) 정책을 사용할 경우 가장 먼저 처리되는 작업은?

프로세스 번호	실행시간
P1	6
P2	8
P3	4
P4	3

① P1
② P2
③ P3
④ P4

20 OSI 7계층 중 종점 호스트 사이의 데이터 전송을 다루는 계층으로 종점 간의 연결 관리, 오류 제어와 흐름 제어 등을 수행하는 계층은?

① 응용 계층
② 전송 계층
③ 프레젠테이션 계층
④ 물리 계층

2과목 프로그래밍 언어 활용

21 C언어에서 정수 자료형으로 옳은 것은?

① int
② float
③ char
④ double

22 다음 C 프로그램의 결과값은?

```
#include <stdio.h>
#define POWER(x) x * x

int main()
{
    printf("%d", POWER(1+2));
    return 0;
}
```

① 4
② 5
③ 6
④ 9

23 다음 중 배경색을 설정하는 CSS의 속성은?

```
<style>
    body { _____ : blue; }
</style>
```

① bgcolor
② background-color
③ background-image
④ background-position

24 C언어에서 정수 변수 a, b에 각각 1, 2가 저장되어 있을 때 다음 식의 연산 결과로 옳은 것은?

```
a < b + 2 && a << 1 <= b
```

① 0
② 1
③ 3
④ 5

25 다음 중 CSS의 선택자(selector)에 대한 설명으로 옳지 않은 것은?

① 스타일을 적용할 대상을 선택하기 위해 사용한다.
② 전체 선택자는 HTML 문서 내의 모든 요소를 선택한다.
③ 클래스 선택자는 아이디 이름을 가지는 특정 요소를 선택한다.
④ HTML 요소 선택자는 요소의 이름을 직접 사용하여 선택한다.

26 다음 중 현재 문서의 전체 URL 주소를 문자열로 반환하는 Javascript의 Location 객체의 프로퍼티는?

① location.href
② location.search
③ location.hostname
④ location.pathname

27 다음 파이썬(Python) 프로그램의 결과값은?

```
>>> not 7 > 5
```

① 0
② 1
③ False
④ True

28 텍스트 블록 내용의 일부인 텍스트의 줄바꿈을 만드는 목적으로 사용하는 태그는?

① <p> 태그
②
 태그
③ <pre> 태그
④ <div> 태그

29 JAVA 언어에서 접근제한자가 아닌 것은?
① public
② protected
③ package
④ private

30 다음 Javascript 프로그램의 결과값은?

```
var myArray = ['one', 'two', 'three'];
myArray.push('four');
myArray.unshift('five');
myArray.pop();
console.log(myArray)
```

① ['one', 'two', 'three', 'four']
② ['five', 'one', 'two', 'three']
③ ['one', 'two', 'three', 'four', 'five']
④ ['five', 'one', 'two', 'three', 'four']

31 다음 파이썬((Python) 프로그램의 결과값은?

```
list1 = [1, 2, 3]
list2 = [5, 6]
list1.append(4)
list1.append(list2)
print(list1)
```

① 1, 2, 3, 4, 5, 6
② 1, 2, 3, 4, [5, 6]
③ [1, 2, 3, 4, 5, 6]
④ [1, 2, 3, 4, [5, 6]]

32 C언어에서 지정된 파일로부터 한 문자씩 읽어들이는 파일처리 함수는?
① fopen( )
② fscanf( )
③ fgetc( )
④ fgets( )

33 JAVA에서 조건이 참인지 거짓인지 판단하고자 할 때 사용하는 자료형은?
① byte
② char
③ int
④ boolean

34 객체지향 프로그래밍 언어(Object-oriented programming language)가 절차지향 프로그래밍 언어(Procedure-oriented programming language)에 비해 특히 우수한 점은?
① 구조화 프로그래밍(structured programming)이 가능하다.
② 함수(function)를 자유자재로 사용할 수 있다.
③ 컴파일 시 실행파일(executable file)의 속도가 향상된다.
④ 유지보수성(maintainability)과 재사용성(reusability)이 좋다.

35 C언어에서 사용할 수 없는 리터럴 상수는?
① 3.14f
② true
③ 'a'
④ "ABC"

36 HTML5에서 추가된 의미 요소가 아닌 것은?
① div 요소
② nav 요소
③ article 요소
④ figure 요소

37 다음 Java 프로그램의 결과값은?

```java
public class Test {
    public static void main(String[] args) {
        int x = 7;
        int y = 0;
        int z;
        try {
            z = x / y;
            System.out.println("H");
        } catch(ArithmeticException e)
        {
            System.out.println("R");
        } finally {
            System.out.println("D");
        }
        System.out.println("K");
    }
}
```

① R
  K

② RDK

③ R
  D
  K

④ H
  R
  D
  K

38 겉으로 보이는 동작이나 외부 행위를 바꾸지 않고 소프트웨어 내부 구조를 바꾸며 점진적으로 설계를 향상시키는 기법에 해당하는 것은?

① 역공학
② 인스펙션
③ 재공학
④ 리팩토링

39 구조적 설계의 평가 기준 중 모듈 응집도가 강한 것에서 약한 것의 순서로 옳게 나열된 것은?

① 절차적 응집도 → 통신적 응집도 → 순차적 응집도 → 기능적 응집도
② 통신적 응집도 → 절차적 응집도 → 순차적 응집도 → 기능적 응집도
③ 절차적 응집도 → 통신적 응집도 → 기능적 응집도 → 순차적 응집도
④ 기능적 응집도 → 순차적 응집도 → 통신적 응집도 → 절차적 응집도

40 JavaScript의 연산자의 설명이 옳지 않은 것은?

① % – 나머지 연산자
② instanceof – 인스턴스인지를 판단하는 연산자
③ new – 객체 생성
④ delete – 객체 제거

3과목 데이터베이스 활용

41 정규화의 의미로 옳지 않은 것은?

① 함수적 종속성 등의 종속성 이론을 이용하여 잘못 설계된 관계형 스키마를 더 작은 애트리뷰트의 세트로 쪼개어 바람직한 스키마로 만들어가는 과정이다.
② 좋은 데이터베이스 스키마를 생성해 내고 불필요한 데이터의 중복을 방지하며 정보의 검색을 용이하게 할 수 있도록 허용해 준다.
③ 정규형에는 제1정규형, 제2정규형, 제3정규형, BCNF형, 제4정규형 등이 있다.
④ 어떠한 릴레이션 구조가 바람직한 것인지, 바람직하지 못한 릴레이션을 어떻게 합쳐야 하는지에 관한 구체적인 판단 기준을 제공한다.

42 데이터베이스의 설계 순서를 바르게 나열한 것은?

① 요구조건 분석-물리적 설계-논리적 설계-개념적 설계
② 요구조건 분석-논리적 설계-개념적 설계-물리적 설계
③ 요구조건 분석-개념적 설계-논리적 설계-물리적 설계
④ 요구조건 분석-논리적 설계-물리적 설계-개념적 설계

43 트랜잭션(Transaction)의 특성에 해당하지 않는 것은?

① 원자성(Atomicity)
② 일관성(Consistency)
③ 지속성(Duration)
④ 무결성(Integrity)

44 다음 자료에 대하여 선택(Selection) 정렬을 사용하여 오름차순으로 정렬하고자 할 경우 1회전 후의 결과로 옳은 것은?

8, 3, 4, 9, 7

① 3, 4, 8, 7, 9
② 3, 8, 4, 9, 7
③ 3, 4, 9, 7, 8
④ 7, 9, 4, 3, 8

45 SQL 언어의 데이터 제어(DCL)에 해당하는 것은?

① SELECT
② INSERT
③ UPDATE
④ GRANT

46 현실 세계의 개념적 구조를 데이터베이스에 구현하기 위한 중간 단계로서 사용자의 입장에서 표현한 논리적 구조를 무엇이라 하는가?

① 개체-관계도
② 데이터 모델
③ 정보 모델
④ 데이터 구조

47 다른 관계에 존재하는 튜플을 참조하기 위해 사용되는 속성의 값은 참조되는 테이블의 튜플 중에 해당 속성에 대해 같은 값을 갖는 튜플이 존재해야 한다는 제약은?

① 개체무결성 제약
② 주소무결성 제약
③ 참조무결성 제약
④ 도메인 제약

48 해싱 함수에 의한 주소 계산 기법에서 서로 다른 키 값에 의해 동일한 주소 공간을 점유하여 충돌되는 레코드들의 집합을 의미하는 것은?

① Division
② Chaining
③ Collision
④ Synonym

49 로킹에 대한 설명으로 틀린 것은?

① 로킹의 대상이 되는 객체의 크기를 로킹 단위라고 한다.
② 로킹은 주요 데이터의 접근을 상호 배타적으로 하는 것이다.
③ 로킹 단위가 크면 병행성 수준이 높아진다.
④ 로킹 단위가 작아지면 로킹 오버헤드가 증가한다.

50 SQL 명령 중 DDL에 해당하는 것으로만 짝지어진 것은?

① CREATE, ALTER, SELECT
② CREATE, ALTER, DROP
③ CREATE, UPDATE, DROP
④ DELETE, ALTER, DROP

51 자료구조 중 큐에 대한 설명으로 옳지 않은 것은?

① 선형 리스트의 한쪽에서 삽입이 이루어지고 다른 한쪽에서는 삭제가 이루어진다.
② 후입선출(LIFO) 방식으로 자료를 처리한다.
③ 시작과 끝을 표시하는 두 개의 포인터가 있다.
④ 운영체제의 작업 스케줄링에 응용되는 구조이다.

52 아래 SQL문에서 WHERE절의 조건이 의미하는 것은?

```
SELECT 이름, 과목, 점수
FROM 학생
WHERE 이름 NOT LIKE '박_';
```

① '박'으로 시작하는 모든 문자 이름을 검색한다.
② '박'으로 시작하지 않는 모든 문자 이름을 검색한다.
③ '박'으로 시작하는 3글자의 문자 이름을 검색한다.
④ '박'으로 시작하지 않는 3글자의 문자 이름을 검색한다.

53 색인 순차(index sequence) 편성 파일에서 인덱스 영역(index area)에 해당하지 않는 것은?

① 트랙 인덱스 영역(track index area)
② 실린더 인덱스 영역(cylinder index area)
③ 기본 인덱스 영역(prime index area)
④ 마스터 인덱스 영역(master index area)

54 다음 SQL문에서 ( ) 안에 들어갈 내용으로 옳은 것은?

```
UPDATE 인사급여 (    ) 호봉=15 WHERE 성명 = '홍길동';
```

① SET
② FROM
③ INOT
④ IN

55 물리적 데이터베이스 설계에 대한 설명으로 거리가 먼 것은?

① 물리적 설계의 목적은 효율적인 방법으로 데이터를 저장하는 것이다.
② 트랜잭션 처리량과 응답 시간, 디스크 용량 등을 고려해야 한다.
③ 저장 레코드의 형식, 순서, 접근 경로와 같은 정보를 사용하여 설계한다.
④ 트랜잭션의 인터페이스를 설계하며, 데이터 타입 및 데이터 타입들 간의 관계로 표현한다.

56 다음 그림의 이진트리를 Preorder로 운행한 경우 C는 몇 번째로 탐색되는가?

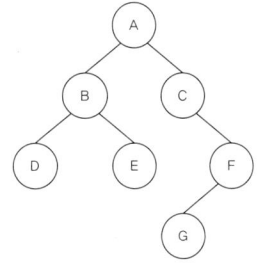

① 3번째
② 4번째
③ 5번째
④ 6번째

57 릴레이션 R의 차수가 4이고 카디널리티가 5이며, 릴레이션 S의 차수가 6이고 카디널리티가 7일 때, 두 개의 릴레이션을 카티션 프로덕트한 결과의 새로운 릴레이션의 차수와 카디널리티는 얼마인가?

① 24, 35
② 24, 12
③ 10, 35
④ 10, 12

58 뷰(VIEW)의 특징으로 옳지 않은 것은?

① 뷰에 대한 검색 연산은 기본 테이블 검색 연산과 비교하여 제약이 따른다.
② DBA는 보안 측면에서 뷰를 활용할 수 있다.
③ 뷰 위에 또 다른 뷰를 정의할 수 있다.
④ 뷰는 하나 이상의 기본 테이블로부터 유도되어 만들어지는 가상 테이블이다.

59 관계 대수 중 순수 관계 연산이 아닌 것은?

① project
② join
③ union
④ division

60 데이터베이스의 3단계 스키마 구조에서 데이터베이스를 활용하는 조직 전체의 논리적 구조를 표현한 스키마는?

① 외부 스키마
② 내부 스키마
③ 개념 스키마
④ ER 스키마

최신 기출문제
정답 & 해설

▶ 빠른 정답 확인표

최신 기출문제 01회

01 ②	02 ③	03 ①	04 ②	05 ②
06 ②	07 ③	08 ④	09 ④	10 ②
11 ③	12 ①	13 ①	14 ④	15 ③
16 ③	17 ④	18 ①	19 ③	20 ④
21 ②	22 ②	23 ②	24 ②	25 ③
26 ②	27 ②	28 ③	29 ③	30 ③
31 ②	32 ③	33 ③	34 ②	35 ①
36 ①	37 ②	38 ③	39 ②	40 ②
41 ④	42 ②	43 ④	44 ②	45 ②
46 ③	47 ①	48 ②	49 ②	50 ②
51 ④	52 ②	53 ④	54 ②	55 ②
56 ①	57 ②	58 ①	59 ③	60 ①

최신 기출문제 02회

01 ③	02 ②	03 ②	04 ②	05 ③
06 ①	07 ④	08 ②	09 ④	10 ①
11 ④	12 ②	13 ③	14 ①	15 ①
16 ②	17 ②	18 ③	19 ④	20 ①
21 ②	22 ②	23 ②	24 ②	25 ③
26 ②	27 ②	28 ③	29 ③	30 ②
31 ②	32 ②	33 ②	34 ②	35 ④
36 ②	37 ②	38 ④	39 ②	40 ②
41 ④	42 ①	43 ②	44 ②	45 ②
46 ②	47 ②	48 ②	49 ②	50 ②
51 ③	52 ③	53 ③	54 ④	55 ①
56 ③	57 ②	58 ②	59 ④	60 ②

최신 기출문제 03회

01 ②	02 ②	03 ④	04 ③	05 ④
06 ②	07 ④	08 ④	09 ④	10 ④
11 ③	12 ②	13 ①	14 ④	15 ①
16 ③	17 ③	18 ③	19 ②	20 ④
21 ③	22 ①	23 ③	24 ②	25 ①
26 ①	27 ②	28 ②	29 ②	30 ①
31 ②	32 ②	33 ②	34 ①	35 ①
36 ④	37 ②	38 ②	39 ②	40 ③
41 ①	42 ②	43 ②	44 ②	45 ②
46 ①	47 ④	48 ④	49 ②	50 ②
51 ③	52 ②	53 ①	54 ③	55 ②
56 ②	57 ④	58 ①	59 ①	60 ①

최신 기출문제 04회

01 ②	02 ①	03 ③	04 ③	05 ④
06 ③	07 ②	08 ①	09 ③	10 ②
11 ②	12 ③	13 ②	14 ③	15 ②
16 ②	17 ②	18 ④	19 ③	20 ③
21 ①	22 ④	23 ④	24 ①	25 ③
26 ③	27 ①	28 ②	29 ③	30 ③
31 ④	32 ②	33 ②	34 ②	35 ④
36 ②	37 ④	38 ③	39 ④	40 ④
41 ④	42 ②	43 ①	44 ②	45 ③
46 ②	47 ②	48 ③	49 ①	50 ④
51 ②	52 ②	53 ②	54 ②	55 ②
56 ④	57 ①	58 ④	59 ③	60 ③

최신 기출문제 05회

01 ①	02 ①	03 ③	04 ④	05 ④
06 ①	07 ①	08 ②	09 ③	10 ②
11 ②	12 ②	13 ④	14 ②	15 ①
16 ①	17 ④	18 ①	19 ④	20 ②
21 ①	22 ②	23 ②	24 ②	25 ③
26 ①	27 ②	28 ②	29 ②	30 ②
31 ②	32 ②	33 ④	34 ④	35 ②
36 ①	37 ②	38 ③	39 ④	40 ④
41 ④	42 ②	43 ②	44 ②	45 ④
46 ②	47 ③	48 ④	49 ③	50 ②
51 ②	52 ④	53 ③	54 ①	55 ④
56 ③	57 ③	58 ①	59 ③	60 ③

최신 기출문제 정답 & 해설

최신 기출문제 01회

01 ②	02 ③	03 ①	04 ②	05 ②
06 ②	07 ③	08 ④	09 ④	10 ②
11 ③	12 ①	13 ①	14 ④	15 ③
16 ③	17 ④	18 ①	19 ③	20 ①
21 ②	22 ②	23 ②	24 ③	25 ③
26 ②	27 ②	28 ③	29 ③	30 ③
31 ②	32 ③	33 ③	34 ②	35 ①
36 ①	37 ③	38 ③	39 ①	40 ④
41 ④	42 ③	43 ③	44 ②	45 ②
46 ③	47 ①	48 ③	49 ②	50 ②
51 ④	52 ②	53 ④	54 ②	55 ①
56 ①	57 ②	58 ①	59 ③	60 ①

01 ②

하이퍼바이저(Hypervisor)
- 물리적 하드웨어 위에서 가상 머신을 생성·관리하는 핵심 소프트웨어이다.
- 타입1(베어메탈)과 타입2(호스트 기반)로 나뉘며, 하드웨어 자원을 가상화해 VM 간 공유를 가능하게 한다.
- 가상화 계층을 제공하여 CPU, 메모리, I/O를 VM에 할당한다.
- 운영체제 대신 장치를 제어하지 않고, VM이 독립적으로 OS를 구동하게 지원한다.
- 따라서 물리 서버 자원을 효율적으로 분할하여 여러 가상 시스템 운영을 가능하게 하는 기능이 핵심이다.

02 ③

제로 트러스트(Zero Trust)
- 기존의 경계 기반 보안 모델을 대체하는 현대 보안 아키텍처이다.
- 네트워크 내부 사용자라도 자동으로 신뢰하지 않으며, 모든 접근은 인증·인가를 거쳐야 한다.
- MFA, 세션 단위 접근 통제, 지속적 모니터링이 필수적으로 적용된다.
- 내부자 공격, 랜섬웨어 확산과 같은 최신 위협에 효과적이다.
- 클라우드·원격근무 환경에서 보안 표준으로 자리잡고 있다.

03 ①

상속성(Inheritance)
- 상위 클래스의 모든 속성 및 연산을 하위 클래스가 재정의 없이 물려받아 사용하는 것이다.
- 상위 클래스는 추상적 성질을, 자식 클래스는 구체적 성질을 가진다.

오답 피하기
추상화(Abstraction)는 필요 없는 부분은 생략하고 객체의 속성 중 중요한 것만 개략적으로 표현하는 것이다.

04 ②

소프트웨어 테스트 순서
- 개발 과정에서 작은 단위부터 큰 단위로 점진적으로 진행된다.
- 건물을 지을 때 벽돌 하나하나를 검사하고, 그 벽돌들이 모인 벽을 검사한 후, 전체 건물을 검사하는 과정과 유사하다.

- 단계

단계	
단위 테스트 (Unit Test)	프로그램의 가장 작은 단위(함수, 클래스 등)가 의도한 대로 동작하는지 확인한다. 개발자가 직접 수행하며, 버그를 가장 초기에 발견할 수 있다.
통합 테스트 (Integration Test)	여러 모듈이나 컴포넌트들이 결합되어 올바르게 상호작용하는지 검증한다. 각 부품이 잘 작동하는지 확인했다면, 이제 부품들을 조립했을 때 문제가 없는지 확인하는 단계이다.
시스템 테스트 (System Test)	완성된 시스템 전체가 요구사항을 모두 충족하는지 종합적으로 점검한다. 기능뿐만 아니라 성능, 보안, 사용성 등 모든 측면을 테스트한다.
인수 테스트 (Acceptance Test)	개발된 시스템이 사용자의 요구사항을 만족하는지 확인한다. 사용자가 직접 참여하여 테스트를 진행하며, 이 테스트를 통과해야 최종적으로 소프트웨어가 배포된다.

05 ②

클라우드 서비스

IaaS	VM, 스토리지 같은 인프라 제공(예) AWS EC2)
PaaS	개발·실행·테스트 환경 제공(예) Heroku, Google App Engine)
SaaS	애플리케이션을 서비스 형태로 제공(예) Gmail, Office 365)
FaaS	이벤트 기반 서버리스 함수 실행 모델

06 ②

DNS(Domain Name System)
- 사람이 이해하기 쉬운 도메인을 IP 주소로 변환하는 분산형 시스템이다.
- 루트 서버는 모든 요청을 직접 처리하지 않고, TLD·권한 서버로 질의를 위임한다.
- 캐시를 통해 응답 시간을 줄이고 네트워크 부하를 낮춘다.
- 트리 구조(루트 → TLD → 권한 서버)로 계층적으로 관리된다.

07 ③

IPv6
- 128비트 주소 체계를 사용하여 IPv4 주소 부족 문제를 해결한다.
- 보안과 확장성을 고려해 설계된 차세대 인터넷 프로토콜이다.
- NAT를 쓰지 않아도 충분한 주소를 제공하므로 NAT는 필수가 아니다.
- 보안 통신을 위해 IPsec을 기본 사양으로 포함하고 있다.
- 브로드캐스트는 폐기되고 멀티캐스트·애니캐스트 방식이 도입되었다.

08 ④

작업	도착시간	사용시간	대기시간
1	0	29	0
3	8	7	(29−8) = 21
2	3	32	(29+7−3) = 33

09 ④
고가용성(HA) 시스템 구현
- 장애 발생 시에도 서비스 중단을 최소화하는 설계 철학이다.
- 이중화는 주요 장비를 이중 구성하여 장애 시 즉시 전환한다.
- 클러스터링은 다수 서버를 묶어 장애 허용·성능 확장을 제공한다.
- 로드밸런싱은 트래픽을 여러 서버에 분산시켜 가용성을 높인다.

오답 피하기
페이징은 메모리 관리 기법으로 고가용성 시스템 구현과 직접적 관련이 없다.

10 ②
- RPO(Recovery Point Objective) : 데이터 손실이 허용되는 최대 시점
- RTO(Recovery Time Objective) : 장애 발생 후 복구까지 걸리는 최대 허용 시간

11 ③
해시 함수(Hash Function)
- 단방향성이 강해 입력값 복원이 사실상 불가능하다.
- SHA-256, SHA-3 등이 대표적인 알고리즘이다.
- 동일한 입력은 동일한 해시값을 생성한다.
- 해시 공간이 유한하므로 충돌 가능성은 존재한다.
- 무결성·전자서명·비밀번호 저장 등 다양한 보안 용도에 활용된다.

12 ①

오답 피하기
- ② 테스트는 오류를 찾는 작업이며, 디버깅은 오류를 수정하는 작업이다.
- ③ 테스트와 디버깅은 모두 소프트웨어 오류를 발견하고 수정하는 데 중요한 역할을 한다. 오류를 단순히 찾는 작업이 아니라, 실제로 해결하는 과정까지 포함한다.
- ④ 테스트와 디버깅은 소프트웨어 오류의 발견 및 수정과 밀접하게 관련되어 있다.

13 ①
GoF(Gang of Four) 디자인 패턴

생성 패턴	Abstract Factory, Builder, Factory Method, Prototype, Singleton
구조 패턴	Adapter, Bridge, Composite, Decorator, Facade, Flyweight, Proxy
행위 패턴	Chain of Responsibility, Command, Interpreter, Iterator, Mediator, Memento, Observer, State, Strategy, Template Method, Visitor

14 ④
관측성(Observability)
- 시스템 내부 상태를 외부 지표로 이해할 수 있는 능력이다.
- 로그는 이벤트 기록, 메트릭은 수치 지표, 트레이스는 요청 경로 추적을 의미하며, 이 3가지를 함께 활용해 분산 시스템 상태를 효과적으로 파악한다.
- 클라우드·마이크로서비스 환경에서 필수적으로 강조되는 개념이다.

오답 피하기
세마포어(Semaphore)는 동기화 도구로 관측성과 무관하다.

15 ③
RAID 5는 분산 패리티를 통해 성능과 안정성을 균형 있게 제공한다.

오답 피하기
- RAID 0 : 스트라이핑만 제공해 성능 향상, 내결함성 없음
- RAID 1 : 미러링으로 안정성 보장, 저장 효율은 낮음
- RAID 6 : 이중 패리티로 고가용성을 높임

16 ③
가상 메모리
- 실제 물리 메모리보다 큰 공간을 제공하기 위한 기술이다.
- 페이징은 고정 크기 블록으로 분할 관리한다.
- 세그먼테이션은 의미 단위 블록으로 나눈다.
- 스와핑은 프로세스를 디스크와 교체하여 메모리 활용을 극대화한다.

오답 피하기
스래싱은 과도한 페이지 부재로 성능 저하가 발생하는 현상을 의미한다.

17 ④
FIFO Queue Locking은 동기화 방식이다.

18 ①

오답 피하기
- ② RAID : 디스크 배열 기술
- ③ DNSSEC : DNS 보안 확장
- ④ OAuth 2.0 : 인증 및 권한 위임 프로토콜

19 ③
- 인증은 '누구인가'를 확인(예 비밀번호, 지문 인식)하는 절차이며, 인가는 '무엇을 할 수 있는가'를 결정(예 읽기, 쓰기 권한)하는 절차로, 보안 체계에서 구분되는 역할을 가진다.
- 인증과 인가는 보통 연속적으로 수행되며, 함께 시스템 보안을 완성한다.
- 혼동하면 접근통제 정책을 잘못 설정할 수 있으므로 주의가 필요하다.

20 ④
PKI(Public Key Infrastructure)
- 공개키 기반 인증 체계로, 전자서명·암호화·인증서 관리에 활용된다.
- CA는 인증서를 발급·관리하는 핵심 기관이다.
- RA는 사용자 등록을 담당한다.
- CRL은 폐지된 인증서를 관리한다.

오답 피하기
VPN은 네트워크 보안 기술이다.

21 ②
포인터(Pointer)
- 메모리 주소를 저장하는 변수이다.
- 변수 이름은 주소를 참조하는 방식일 뿐, 이름 자체를 저장하지 않는다.
- 포인터는 지역·전역 변수를 모두 선언할 수 있다.
- 배열과 포인터는 밀접한 관계가 있어 배열 원소 접근에 활용된다.
- C언어의 핵심 개념으로, 메모리 직접 접근과 동적 할당에 필수적이다.

22 ②

- 오버로딩은 같은 클래스 내에서 동일 이름 메서드에 매개변수를 달리하는 방식이다.
- 오버라이딩은 상속받은 메서드를 하위 클래스에서 재정의하는 방식이다.
- 오버로딩은 컴파일 시 다형성, 오버라이딩은 실행 시 다형성을 제공한다.
- 오버로딩과 오버라이딩은 목적과 사용 맥락이 다르며, Java 다형성 이해의 핵심 포인트이다.

23 ②

- Python 함수의 기본 매개변수 값은 함수 정의 시 한 번만 평가된다.
- x=[]는 한 번만 생성되어 이후 호출에서도 같은 리스트를 참조한다.
- 첫 호출에서는 [1]이 반환된다.
- 두 번째 호출에서는 기존 리스트에 다시 1이 추가되어 [1, 1]이 된다.
- 따라서 결과는 [1], [1, 1]이다.

24 ③

- 화살표 함수 (x, y) => { return x + y; }는 두 인자를 받아 합을 반환한다.
- add(3, 5)는 3 + 5를 계산해 8을 반환한다.

오답 피하기

화살표 함수(Arrow Function)

- ES6에서 도입된 간결한 함수 표현식으로, function 키워드 대신 => 기호를 사용한다.
- 자신만의 this, arguments를 갖지 않고 상위 스코프의 것을 그대로 사용한다.
- 표현식이 한 줄일 경우 return과 중괄호 { }를 생략할 수 있어 코드가 더 짧아진다.
- 함수를 변수에 할당한 후 호출하는 패턴은 JavaScript에서 흔히 사용된다.
- 화살표 함수는 간결 문법이 가능하며, 함수 표현식을 대체하기 위해 도입되었다.

25 ③

splice( )는 배열에서 데이터를 삭제하는 기능뿐만 아니라, 새로운 요소를 삽입하거나 기존 데이터를 바꾸는 기능도 가지고 있다.

26 ②

결합도 종류(약→강 순)

- 데이터 결합도(Data Coupling) : 한 모듈이 파라미터나 인수로 다른 모듈에게 데이터를 넘겨주고 호출받은 모듈은 받은 데이터에 대한 처리 결과를 다시 돌려주는 경우의 결합도
- 스탬프 결합도(Stamp Coupling) : 두 모듈이 동일한 자료구조를 조회하는 경우의 결합도
- 제어 결합도(Control Coupling) : 한 모듈이 다른 모듈의 내부 논리 조직을 제어하기 위한 목적으로 제어 신호를 이용하여 통신하는 경우의 결합도
- 외부 결합도(External Coupling) : 한 모듈에서 외부로 선언한 변수를 다른 모듈에서 참조할 경우의 결합도
- 공통 결합도(Common Coupling) : 한 모듈이 다른 모듈에게 제어 요소를 전달하고 여러 모듈이 공통 자료영역을 사용하는 경우의 결합도
- 내용 결합도(Content Coupling) : 한 모듈이 다른 모듈의 내부 기능 및 그 내부 자료를 참조하는 경우의 결합도

27 ②

제너레이터(Generator)

- yield를 사용하여 값 하나씩을 순차적으로 반환한다.
- 메모리 효율적이며, 무한 시퀀스도 다룰 수 있다.
- 실행 중 상태를 유지해 다음 호출 시 이어서 실행된다.
- 이터레이터와 호환이 가능해 for 루프에서 활용된다.
- 대량의 데이터 처리와 스트리밍 처리에 적합하다.

28 ③

포인터 연산

- 주소를 기준으로 동작한다.
- 증감 연산은 타입 크기만큼 이동한다.
- 포인터 뺄셈은 배열 내 두 위치 차이를 구할 수 있다.
- 배열 이름은 포인터 상수로 취급되어 변경 불가하다.
- 포인터 덧셈은 의미 없는 연산으로 허용되지 않는다.

29 ③

단위 테스트(Unit Test)

- 모듈 단위 코드 검증에 유용하다.
- 버그를 조기에 발견하고 유지보수를 쉽게 한다.
- 회귀 테스트에 도움을 주어 코드 안정성을 높인다.

오답 피하기

단위 테스트로 통합 테스트를 대체할 수는 없다.

30 ③

- 문자열 "Hello"는 메모리에 Hello\0 순서로 저장된다.
- 포인터 p는 문자열의 첫 번째 문자를 가리킨다.
- *(p+2)는 p에서 2칸 이동하여 세 번째 문자를 참조한다.
- 즉 "Hello"의 세 번째 문자인 'l'을 출력한다.
- 따라서 결과는 l이다.

31 ②

synchronized

- 임계 구역 접근을 제어한다.
- 멀티스레드 환경에서 동시 접근 시 데이터 불일치를 방지한다.
- 한 번에 하나의 스레드만 임계 구역을 실행할 수 있다.
- 성능 저하가 발생할 수 있어 남용은 피해야 한다.
- 스레드 안전성이 중요한 코드에서 반드시 고려해야 한다.

32 ③

테스트 스텁(Test Stub)은 상위 모듈에서 하위 모듈로의 테스트를 진행하는 과정 중 하위 시스템 컴포턴트의 개발이 완료되지 않은 상황에서 시스템 테스트를 진행하기 위하여 임시로 생성된 가상의 더미 컴포넌트(dummy component)를 일컫는다.

오답 피하기

인자를 넘겨주고 결과값을 받는 역할은 테스트 드라이버(Test Driver)이다.

33 ③

malloc은 요청한 크기의 메모리를 할당하지만 초기화하지 않으며, 초기화가 필요하면 calloc을 사용한다.

34 ②

데코레이터(Decorator)

- 함수 또는 메서드에 추가 기능을 부여한다.
- @ 문법을 통해 함수 정의 위에 선언한다.
- 인증, 로깅, 캐싱 등 횡단 관심사 처리를 단순화한다.
- 코드를 중복하지 않고 기능을 확장할 수 있다.
- 함수형 프로그래밍 기법과 잘 어울린다.

35 ①
- 안정 정렬은 동일 키 값 요소의 원래 순서를 보존한다.
- 버블 정렬, 삽입 정렬, 병합 정렬은 안정적이고 퀵 정렬, 힙 정렬은 불안정하다.
- 안정성은 데이터 처리에서 중요하며, 특히 다중 키 정렬에서 필요하다.

36 ①
try-with-resources 구문
- JAVA 7부터 도입된 문법으로, 파일 입출력 스트림, 네트워크 소켓 등 사용 후 반드시 닫아주어야 하는 자원(resource) 관리를 위한 것이다.
- try 블록이 끝날 때, 자원이 정상적으로 사용되었든 예외가 발생했든 관계없이 AutoCloseable 인터페이스를 구현한 자원들을 자동으로 닫아준다.
- 기존에는 finally 블록을 사용하여 자원을 수동으로 닫아주어야 했지만, 이 경우 코드가 복잡해지고 자원 해제 과정에서 또 다른 예외가 발생할 가능성이 있었다.
- 복잡성을 해소하고, 누락된 자원 해제로 인한 메모리 누수나 오류를 방지하여 코드의 안정성을 높여준다.

오답 피하기
- ② 직접적인 장점이 아님
- ③ 예외를 무시하는 것이 아니라 안전하게 처리하도록 도움
- ④ 자원 해제를 보장하는 것이지, 메모리 절약을 직접적으로 보장하는 것은 아님

37 ③
- s1은 new 연산자로 새 객체를 생성하므로 힙 메모리에 위치한다.
- s2는 문자열 리터럴로 상수 풀에 저장된다.
- == 비교는 참조 비교이므로 false가 된다.
- .equals()는 문자열 내용을 비교하므로 true가 된다.
- 따라서 출력은 false / true이다.

String s1 = new String("abc");	s1 변수에 힙(Heap) 메모리에 새로 생성된 "abc" 문자열 객체를 할당한다.
String s2 = "abc";	s2 변수에 문자열 상수 풀(String Constant Pool)에 있는 "abc" 문자열 리터럴을 할당한다.
System.out.println(s1 == s2);	s1과 s2의 메모리 주소를 비교한다. s1은 힙에, s2는 상수 풀에 있으므로 주소가 달라 false를 출력한다.
System.out.println(s1.equals(s2));	s1과 s2의 실제 문자열 내용을 비교한다. 두 변수 모두 "abc"라는 동일한 값을 가지므로 true를 출력한다.

38 ③
C언어의 입출력 함수
- scanf( ) : 형식화된 입력
- gets( ) : 문자열 입력
- getchar( ) : 한 문자 입력
- printf( ) : 형식화된 출력
- puts( ) : 문자열 출력
- putchar( ) : 한 문자 출력

39 ①
async/await
- ES7(ECMAScript 2017)에서 도입된 자바스크립트의 비동기 처리 문법이다.
- async 키워드는 함수가 Promise를 반환함을 나타내고, await 키워드는 Promise가 처리(resolved)될 때까지 함수의 실행을 일시 중지시킨다.
- 콜백 헬(Callback Hell)과 같은 복잡한 비동기 코드를 마치 동기적으로 실행되는 코드처럼 간결하고 직관적으로 작성할 수 있게 해준다.

오답 피하기
- ② async/await도 자바스크립트의 이벤트 루프(Event Loop) 위에서 동작하며, 이벤트 루프를 제거하지 않는다. 오히려 비동기 작업을 통해 이벤트 루프가 블록되지 않도록 돕는다.
- ③ async/await는 콜백을 사용하는 많은 경우를 대체할 수 있지만, 모든 콜백을 완전히 대체하는 것은 아니다.
- ④ async/await는 비동기 작업의 코드 작성 편의성을 높여주는 것이지, 동기 처리 속도를 보장하거나 실행 속도를 빠르게 하지는 않는다. 내부적으로는 여전히 비동기적으로 처리된다.

40 ④
병행 제어(Concurrency Control)
- 다중 트랜잭션의 일관성과 격리를 보장한다.
- 낙관적 기법은 충돌 발생 시 검증 후 롤백한다.
- 비관적 기법은 잠금을 통해 충돌을 예방한다.
- 타임스탬프 기법은 트랜잭션 타임스탬프 기반으로 순서를 결정한다.

오답 피하기
LRU는 페이지 교체 알고리즘으로 병행 제어와는 무관하다.

41 ④
- 각 그룹을 운행한 뒤 그 결과를 합쳐 본다.
- 전위(Preorder) 운행 : Root → Left → Right

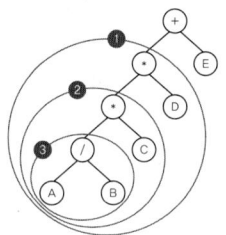

- - +❶E
- - +*❷DE
- - +**❸CDE
- - +**/ABCDE

42 ③
클러스터형 인덱스는 리프가 곧 데이터 페이지이므로 범위 조회 시 순차 접근이 가능하며, 범위 질의가 잦으면 클러스터형 인덱스의 효용이 크다.

오답 피하기
- ①은 보조 인덱스에 가까운 설명이다.
- ②는 보통 테이블당 1개만 허용(대표적으로 InnoDB).
- ④는 구현체마다 다르며 일반적으로 B+Tree가 사용된다.

43 ③
오답 피하기
- ① 해시는 동등 비교에 유리하고 B+Tree는 범위 검색에 유리하다.
- ② 조인 조건이 범위 비교일 경우 해시 인덱스는 부적합하다.
- ④ 둘의 성능 특성은 동일하지 않으며, 목적에 따라 차이가 크다.

44 ②

오답 피하기
- ① Dirty Read는 READ COMMITTED에서 발생하지 않는다.
- ③ Phantom Read는 READ COMMITTED에서 표준 정의상 언급하지 않는다(REPEATABLE READ 이상에서 발생).
- ④ Lost Update는 격리 수준의 직접 정의보다는 동시성 제어 미비 시 발생하는 현상으로, READ COMMITTED에서 반드시 발생하지는 않는다.

45 ②

MVCC(Multi-Version Concurrency Control)
- 트랜잭션 시작 시점의 스냅샷을 통해 일관된 읽기를 제공한다.
- 최신 버전을 보장하진 않으며 동시성 향상을 위해 버전 체인을 활용한다.
- 쓰기 트랜잭션과 동일한 버전을 강제하지 않는다(독립적 스냅샷).
- 락 감소로 읽기-쓰기 충돌은 줄지만, 갭락/넥스트키락 등으로 충돌은 여전히 가능하다.
- 일부 모드에선 스냅샷 기준이 스테이트먼트 시작 시점일 수도 있다.
- DBMS별 구현 차이를 이해하는 게 중요하다.

46 ③

데드락(Deadlock)
- 두 개 이상의 프로세스들이 서로 상대방이 가진 자원을 기다리며, 영원히 실행을 멈추게 되는 상태이다.
- 해결 방법

예방 (Prevention)	데드락의 4가지 필수 조건(상호 배제, 점유 및 대기, 비선점, 순환 대기) 중 하나 이상을 아예 성립하지 않도록 하는 방법이다.
회피 (Avoidance)	자원 할당 시 '안전 상태(Safe State)'에 있는지 미리 검사하여 데드락이 발생할 가능성을 사전에 차단하는 방법이다. 은행원 알고리즘(Banker's Algorithm)이 대표적이다.
탐지(Detection)	시스템에 데드락이 발생했는지 주기적으로 확인하고, 발생했을 경우 복구하는 방법이다. Wait-For Graph(자원 할당 그래프)는 현재 시스템의 자원 할당 상태를 분석하여 사이클(Cycle)이 있는지 확인함으로써 데드락을 찾아내는 데 사용된다.
무시(Ignore)	데드락이 거의 발생하지 않는다고 가정하고 별도의 데드락 처리 알고리즘을 사용하지 않는 가장 단순한 방법이다.

47 ①

- ROW_NUMBER() OVER (PARTITION BY dept ORDER BY sal DESC)는 부서별 급여 내림차순 순위를 매긴다.
- WHERE rn <= 2로 부서마다 1~2위만 남긴다.
- ORDER BY dept, sal DESC로 최종 정렬도 부서 → 급여 내림차순이다.
- 전체 상위 2명이 아니라, 그룹(부서)별 상위 2명이라는 점이 핵심이다.
- RANK/DENSE_RANK와 달리 동점이 있어도 정확히 2행을 보장한다(동점 처리 방식 차이).

오답 피하기
Top-N per Group의 전형적인 문제이다.

48 ②

NOT IN 연산자와 NULL의 관계
- SQL에서 NOT IN 연산자는 서브쿼리 결과에 NULL 값이 포함될 경우 예상치 못한 결과를 초래할 수 있다. 이는 SQL의 NULL 값이 '알 수 없음'을 의미하며, 다른 어떤 값과도 비교할 수 없다는 특성 때문이다.
- WHERE column NOT IN (값1, 값2, ..., NULL)과 같은 쿼리는 내부적으로 (column <> 값1 AND column <> 값2 AND ... AND column <> NULL)로 해석된다.
- AND 연산은 모든 조건이 TRUE일 때만 TRUE를 반환한다. 그러나 UNKNOWN이 포함되면 전체 조건이 FALSE 또는 UNKNOWN이 되므로, 결국 어떤 행도 조건에 부합하지 않게 된다.
- 이로 인해 최종 쿼리 결과는 0행이 된다. 따라서 NOT IN을 사용할 때는 서브쿼리 결과에 NULL 값이 포함되지 않도록 주의해야 한다. 이 문제는 SQL 쿼리 작성 시 자주 발생하는 함정 중 하나이다.

49 ②

뷰(View)의 특징
- 저장장치 내에 물리적으로 존재하지 않고 테이블에서 유도되는 가상의 테이블이며 기본 테이블에 의해 유도되므로 기본 테이블을 삭제하면 뷰도 삭제된다.
- 뷰의 생성 시 CREATE 문, 검색 시 SELECT 문을 사용한다.
- 뷰의 정의 변경 시 ALTER 문을 사용할 수 없고 DROP 문을 이용한다.
- 뷰를 이용한 또 다른 뷰의 생성이 가능하다.

50 ②

머티리얼라이즈드 뷰(Materialized View)
- 미리 정의된 질의(Query)의 결과를 데이터베이스 내부에 물리적인 테이블 형태로 저장하는 객체이다.
- 일반 뷰(View)는 질의가 실행될 때마다 동적으로 데이터를 가져오는 반면, 머티리얼라이즈드 뷰는 데이터를 미리 계산하여 저장해두기 때문에 접근 속도가 매우 빠르다.
- 이러한 특성 때문에 데이터 웨어하우스나 복잡한 질의가 많은 시스템에서 성능 최적화를 위해 주로 사용된다.

오답 피하기
- ①, ③ 머티리얼라이즈드 뷰는 기본 테이블의 데이터가 변경될 때마다 즉시 갱신되는 것이 아니라, 사용자가 지정한 시점(수동 또는 주기적)에 REFRESH 명령어를 통해 갱신된다.
- ④ 머티리얼라이즈드 뷰는 질의 결과를 저장한 것이므로, 일반 테이블처럼 DML(데이터 조작 언어, INSERT, UPDATE, DELETE)을 자유롭게 수행할 수 없다.

51 ④

파티셔닝(Partitioning)
- 관리·성능을 위한 데이터 물리 분할 기법이다.
- RANGE(날짜·구간), HASH(균등 분산), LIST(코드 그룹)에 적합하다.
- 다만 잘못된 키 선택은 오버헤드가 될 수 있다.
- 아카이빙/삭제/백업의 단위를 줄여 운영 효율을 극대화한다.
- 인덱스 파티셔닝과 함께 설계한다.

오답 피하기
조인은 파티션 프루닝/파티션 조인과 결합해 오히려 빨라질 수 있다.

52 ②

- NOT IN은 서브쿼리에 NULL이 포함되면 비교 결과가 UNKNOWN으로 전체가 거짓 취급된다. 따라서 Q1은 0행이 된다.
- NOT EXISTS는 상응 행의 존재 여부만 판단하므로 NULL의 영향이 없다. 이 때문에 실무에서는 NOT EXISTS가 안전한 패턴으로 권고된다. NOT IN을 고집한다면 WHERE b IS NOT NULL로 정제해야 한다.

53 ④
릴레이션의 특징
- 튜플의 유일성 : 모든 튜플은 서로 다른 값을 갖는다.
- 튜플의 무순서성 : 하나의 릴레이션에서 튜플의 순서는 없다.
- 속성의 원자성 : 속성값은 원자값을 갖는다.
- 속성의 무순서성 : 각 속성은 릴레이션 내에서 유일한 이름을 가지며, 속성의 순서는 큰 의미가 없다.

54 ②
반정규화(De-normalization)
- 조회 성능 개선을 위해 조인 수를 줄이거나 중복을 허용하는 기법이다.
- 캐시/요약 테이블/중복 칼럼/머티리얼라이즈드 뷰 등이 대표 수단이다.
- 적용 시 데이터 동기화 전략이 필수다.
- 운영·분석 혼합 환경(HTAP)에서는 절충 설계가 필요하다.

오답 피하기
- ① 쓰기 경쟁이 극심한 경우 중복 갱신 비용이 증가해 불리하다.
- ③, ④ 무결성·품질 강화가 최우선이면 정규화를 유지하는 것이 일반적이다.

55 ①

릴레이션(Relation)	행(Row)과 열(Column)로 구성된 테이블
릴레이션 스키마	• 릴레이션 스킴, 릴레이션 내포(Intension) • 정적 성질
릴레이션 인스턴스	릴레이션의 실질적인 내용 의미
튜플(Tuple)	테이블의 각 행(Row), 파일 구조의 레코드(Record)와 같은 의미
속성(attribute)	• 개체가 갖는 특성이나 상태 의미 • 테이블의 각 열(Column), 파일 구조의 필드(Field) 또는 항목(item)
도메인(Domain)	• 하나의 속성 취할 수 있는 같은 타입의 원자값들의 집합 • 정의된 속성은 반드시 그 해당 도메인 내에서만 값을 취함

56 ①
- WHERE 공급자명 조건이 동일하므로 공급자명에서 결과에 표시된 값의 공통 조건을 찾아본다.
- 공급자명에 '신' 자가 포함된 레코드만 출력된 것을 확인할 수 있다.

57 ②
CDC(Change Data Capture)
- 데이터베이스에서 데이터의 변경 사항(삽입, 갱신, 삭제)을 실시간 또는 거의 실시간으로 추적하고 캡처하는 기술이다. 이 기술의 핵심은 변경분(델타)만을 추출하여 처리하는 데 있다.
- 변경분 추출 방식

트리거(Trigger) 기반	테이블에 변경이 발생하면 미리 정의된 트리거가 작동하여 변경 내역을 별도의 테이블에 기록한다.
로그(Log) 기반	데이터베이스의 트랜잭션 로그를 읽어 변경 사항을 파악한다. 이는 데이터베이스의 오버헤드가 적어 가장 효율적인 방법으로 꼽힌다.
스트림(Stream) 기반	Kafka와 같은 데이터 스트리밍 플랫폼을 활용하여 변경 사항을 실시간으로 전달한다.

오답 피하기
- ① CDC의 반대 개념인 '전체 데이터 전송' 방식에 해당한다.
- ③ 데이터베이스 트랜잭션의 격리 수준 중 하나이며, CDC와는 무관하다.
- ④ SQL 최적화와 관련된 개념이다.

58 ①
관계 대수(Relational Algebra)는 원하는 정보와 그 정보를 어떻게 유도하는가를 기술하는 절차적인 방법이다.

오답 피하기
관계 해석(Relational Calculus)은 원하는 정보가 무엇이라는 것만 정의하는 비절차적인 방법이다.

59 ③
파라미터 바인딩(Prepared Statement)
- 쿼리와 데이터 바인딩을 분리해 구문 삽입을 원천 차단한다.
- 단순 치환/이스케이프는 불완전하며 우회 기법이 다양하다.
- 커넥션 관리나 캐시는 보안에 직접 효과가 없다.
- ORM/프레임워크는 기본적으로 파라미터 바인딩을 제공한다.
- 화이트리스트 기반 입력 검증을 추가하면 더 견고하다.
- 스토어드 프로시저도 설계에 따라 안전하지 않을 수 있다.

60 ①
데이터베이스 설계 순서 : 요구조건 분석 → 개념적 설계 → 논리적 설계 → 물리적 설계 → 데이터베이스 구현

최신 기출문제 02회

01 ③	02 ②	03 ②	04 ②	05 ③
06 ①	07 ④	08 ②	09 ④	10 ①
11 ④	12 ③	13 ③	14 ①	15 ③
16 ②	17 ②	18 ③	19 ④	20 ①
21 ②	22 ②	23 ②	24 ②	25 ③
26 ②	27 ③	28 ③	29 ③	30 ②
31 ②	32 ②	33 ③	34 ②	35 ④
36 ③	37 ③	38 ④	39 ②	40 ③
41 ④	42 ①	43 ②	44 ②	45 ③
46 ②	47 ②	48 ③	49 ②	50 ②
51 ③	52 ③	53 ③	54 ④	55 ①
56 ③	57 ②	58 ②	59 ④	60 ②

01 ③

- 운영체제(OS)는 프로세스, 메모리, 파일, 장치 등의 자원을 관리하는 기본 소프트웨어이다.
- 프로세스 관리, 메모리 관리, 파일 관리 모두 OS의 핵심 기능에 해당한다.

오답 피하기

네트워크 패킷 교환은 네트워크 장비나 프로토콜 계층의 기능이지 OS의 본질적 기능은 아니다. OS가 네트워크 스택을 제공하지만, 패킷 교환 자체는 OS의 주 역할은 아니다.

02 ②

하이퍼바이저(Hypervisor)

- 하나의 물리적 컴퓨터에서 여러 개의 운영체제(OS)를 동시에 실행할 수 있게 해주는 소프트웨어 또는 펌웨어이다.
- 가상 머신(VM)을 생성하고 관리하는 핵심 기술로, 가상 머신 모니터(Virtual Machine Monitor, VMM)라고도 한다.
- 유형

Type-1(1형, 베어메탈)	• 하드웨어 위에 직접 설치되어 동작 • 성능·안정성·보안 유리(오버헤드 낮음)
Type-2(2형, 호스트형)	• 기존 호스트 OS 위에서 앱처럼 동작 • 설치·사용 편리하지만 오버헤드 상대적으로 큼

오답 피하기

- ① 호스트 OS 위에서 동작하는 2형 하이퍼바이저 설명이다.
- ③ 잘못된 서술이며, 상용 제품도 많다.
- ④ 오히려 컨테이너가 더 가볍다.

03 ②

컨테이너(Container)

- 애플리케이션과 그 실행에 필요한 모든 파일(코드, 런타임, 시스템 도구, 라이브러리 등)을 하나로 묶어 표준화된 패키지로 만든 경량화된 가상화 기술이다.
- 호스트 커널을 공유하고, 애플리케이션과 그 런타임/라이브러리만 패키징하여 프로세스 단위 격리(네임스페이스·cgroups 등)를 제공한다.
- 배포가 가볍고 빠르며 이식성이 높습니다.

오답 피하기

- ① 하이퍼바이저 기반 VM의 특징이다.
- ③ 컨테이너는 커널을 통해 간접 접근한다.
- ④ 리눅스/윈도우 모두 지원된다.

04 ②

IaaS(Infrastructure as a Service)는 VM, 스토리지, 네트워크 같은 인프라를 서비스로 제공한다.

오답 피하기

- ① Google Docs, ④ Gmail은 SaaS에 해당한다.
- ③ ERP Cloud는 애플리케이션 서비스이므로 SaaS 범주이다.

05 ③

chmod

- change mode의 약자로, UNIX 및 리눅스 시스템에서 파일이나 디렉터리의 접근 권한(읽기, 쓰기, 실행)을 변경하는 데 사용되는 명령어이다.
- 소유자(user), 그룹(group), 기타 사용자(other)에 대해 각각 권한을 설정할 수 있다.
- 보통 8진수 표기법(예 chmod 755 filename)이나 기호 표기법으로 권한을 지정한다.

06 ①

디자인 패턴

생성 패턴	Abstract Factory, Builder, Factory Method, Prototype, Singleton
구조 패턴	Adapter, Bridge, Composite, Decorator, Facade, Flyweight, Proxy
행위 패턴	Chain of Responsibility, Command, Interpreter, Iterator, Mediator, Memento, Observer, State, Strategy, Template Method, Visitor

07 ④

해시 함수(Hash Function)

- 임의의 길이의 데이터를 고정된 길이의 데이터로 매핑하는 함수이다.
- 주로 데이터의 무결성을 검증하거나 패스워드를 저장하는 데 사용된다.
- 특징

고정 길이 출력 (Fixed-length digest)	입력 크기와 무관하게 일정 길이의 해시값 생성
결정성(Determinism)	같은 입력은 항상 같은 출력
단방향성/역상저항성 (Preimage resistance)	해시값만으로 원본 입력을 사실상 복원 불가
충돌저항성 (Collision resistance)	서로 다른 두 입력이 같은 해시값을 갖는 쌍을 찾기 매우 어려움
계산 효율(Efficiency)	대용량 데이터도 빠르게 해시값 계산 가능

오답 피하기

암호문을 복호화하는 것은 암호화(Encryption)의 특징이다. 암호화는 암호화된 메시지를 복호화(Decryption)하여 원본으로 되돌릴 수 있지만, 해시 함수는 복호화 기능이 없다. 따라서 해시 함수는 암호화와는 다른 개념이다.

08 ②

RPO(Recovery Point Objective)

- 재해 발생 시 허용 가능한 데이터 손실 시점을 의미한다.
- 즉, "몇 시간 전까지의 데이터까지 복구 가능하면 되는가?"를 정하는 지표다.

오답 피하기

- ① RTO(Recovery Time Objective)
- ③ HA(High Availability)
- ④ RAID 수준

09 ④

고가용성(HA, High Availability)
- 서비스 중단(다운타임)을 최소화해 가용성(Availability)을 높이는 설계/운영 체계이다.
- 시스템이 장애 상황에서도 중단 없이 지속적으로 서비스를 제공할 수 있도록 하는 것을 목표로 한다.
- 구현 방법

이중화(Replication)	서버·DB·네트워크 장비 중복 구성(동기/비동기 복제 구분)
장애 조치(Failover) & 복구(Failback)	헬스체크(Heartbeat)로 자동 전환
클러스터링(HA Cluster)	노드 간 상태 공유·쿼럼(스플릿 브레인 방지)
로드밸런싱(L4/L7)	헬스체크 기반 트래픽 분산, 비정상 노드 제외
RAID(1/5/6/10)	디스크 고장 시 데이터 지속 접근(스토리지 내 고장성)
지리적 이중화 (멀티 AZ/리전)	센터/리전 분산 + 데이터 복제
무상태(Stateless) 설계 + 세션 외부화	노드 교체·스케일아웃 유리
백업/스냅샷 + 복구검증	HA를 보완(=가용성 직접 수단 아님, 복구 가능성 확보)

오답 피하기

트랜잭션 롤백(Transaction Rollback)은 데이터베이스에서 트랜잭션 도중 오류가 발생했을 때, 해당 트랜잭션이 시작되기 전 상태로 되돌리는 기능이다. 이는 데이터의 무결성을 보장하는 기술이지, 시스템 전체의 가용성을 높이는 방법은 아니다.

10 ①

DNS(Domain Name System)
- 인터넷에 연결된 모든 컴퓨터는 숫자로 된 IP 주소를 가지고 있다. 하지만 사람들은 숫자를 외우기 어렵기 때문에 www.google.com과 같은 도메인 이름을 사용한다.
- 사용자가 입력한 www.google.com 같은 도메인 이름을 컴퓨터가 이해할 수 있는 IP 주소(예 142.251.42.100)로 변환해주는 과정을 네임 리졸루션(Name Resolution)이라고 하는데, DNS 서버는 이 변환 작업을 수행하는 일종의 '주소록' 역할을 한다.
- 따라서 DNS는 인터넷 주소 체계의 '전화번호부'와 같이, 사용자가 기억하기 쉬운 도메인 이름을 실제 컴퓨터 주소로 바꿔주는 중요한 역할을 한다.

11 ④

IPv6
- IPv4의 주소 고갈 문제를 해결하기 위해 개발되었다.
- 128비트 주소 체계를 사용하여 거의 무한에 가까운 주소를 제공한다. 이는 IPv6의 가장 큰 특징 중 하나로, 주소 공간을 대폭 확장하여 기하급수적으로 늘어나는 인터넷 기기들을 수용한다.
- IPv6는 매우 많은 공인 IP 주소를 제공하기 때문에 사설 IP와 공인 IP를 변환해주는 NAT(Network Address Translation)의 필요성이 크게 줄어든다.
- IPv6는 보안 강화를 위해 IPsec(IP Security) 프로토콜을 기본적으로 포함하고 있다. 이는 패킷의 인증 및 암호화를 지원한다.

오답 피하기

④번 내용은 IPv4의 한계이자 IPv6가 해결하고자 한 문제점이므로, IPv6의 특징으로 옳지 않다.

12 ③

테스트 슈트(Test Suites)
- 특정 기능이나 모듈을 검증하기 위해 관련된 테스트 케이스들을 모아놓은 논리적인 집합이다.
- 단순히 테스트 케이스들의 모음이 아니라, 테스트 케이스 간의 실행 순서나 종속 관계를 포함하고 있어 체계적인 테스트를 가능하게 한다.
- 자동화된 테스트 환경에서 자주 사용되며, 전반적인 테스트 프로세스를 관리하는 데 핵심적인 역할을 한다.
- 예를 들어, 회원가입 기능에 대한 테스트 슈트는 '유효한 정보로 회원가입', '중복된 아이디로 회원가입', '비밀번호 유효성 검사' 등 여러 테스트 케이스를 묶어 관리한다.

오답 피하기

① 테스트 스텁(Test Stub) : 상위 모듈을 테스트하기 위해 아직 구현되지 않은 하위 모듈을 흉내 내는 가짜 컴포넌트이다.
② 테스트 드라이버(Test Driver) : 하위 모듈을 테스트하기 위해 호출부(상위 모듈 역할)를 대신하는 구동 프로그램이다.
④ 테스트 하네스(Test Harness) : 테스트를 실행하기 위한 프레임워크/도구 묶음(환경)으로, 보통 드라이버·스텁, 스크립트, 데이터, 리포팅 도구 등을 포함한다.

13 ③

- 선점형 스케줄링(Preemptive Scheduling)은 운영체제가 실행 중인 프로세스를 강제로 중단시키고, 다른 프로세스에 CPU를 할당할 수 있는 방식이다. 이는 긴급한 작업이나 우선순위가 높은 작업을 먼저 처리할 수 있게 해준다.
- 라운드 로빈(RR, Round Robin)은 대표적인 선점형 스케줄링 방식이다. 각 프로세스에 정해진 시간 할당량(Time Quantum)을 부여하고, 이 시간이 지나면 강제로 중단시킨 후 다음 프로세스에게 CPU를 넘겨준다.

오답 피하기

FCFS(First-Come, First-Served), SJF(Shortest Job First)의 비선점형 방식, HRN(Highest Response-ratio Next)은 모두 비선점형 스케줄링 방식이다.

14 ①

가상 메모리(Virtual Memory)는 실제 메모리보다 큰 주소 공간을 제공하기 위해 페이징이나 세그먼테이션을 사용한다.

오답 피하기

- ② 입출력 성능 향상 기법이다.
- ③ CPU 명령 실행 최적화 기법이다.
- ④ CPU와 장치 간 제어 메커니즘이다.

15 ③

RAID-1
- 미러링(Mirroring) 방식으로 동일 데이터를 복제하여 저장한다.
- 읽기 성능은 다소 향상되며, 쓰기 성능은 디스크 수에 따라 약간 저하된다.

오답 피하기

① RAID-0, ② RAID-5, ④ 두 개의 디스크만으로도 가능

16 ②

RBAC(Role Based Access Control)는 사용자의 역할(Role) 단위로 권한을 관리한다.

오답 피하기

- ① DAC(임의 접근통제)
- ③ MAC(강제 접근통제, Bell-LaPadula 모델 등)
- ④ 시간/조건 기반 접근제어(ABAC, TBAC)

17 ②

인증(Authentication)
- 사용자가 누구인지 확인하는 과정이다.
- ID/비밀번호, OTP, 생체정보 등이 이에 해당한다.

오답 피하기
- ① 인가(Authorization)
- ③ 무결성 보장
- ④ 암호화

18 ③

세션 계층(Session Layer)
- 통신 세션을 열고, 닫고, 동기화하는 역할을 한다.
- 응용 계층과 전송 계층 사이에서 연결을 관리한다.

오답 피하기
- ① 네트워크 계층
- ②, ④ 표현 계층

19 ④

프로토콜의 기본 요소 : 구문, 의미, 타이밍

20 ①

관측성(Observability)
- 시스템 상태를 가시화하고 문제를 진단하기 위한 개념이다.
- 주요 요소는 로그(Log), 메트릭(Metrics), 트레이싱(Tracing)이다.
- 클라우드/컨테이너 환경에서 모니터링 핵심 지표이다.

21 ②

바람직한 소프트웨어 설계
- 응집도는 강하게, 결합도는 약하게 설계하여 모듈의 독립성을 확보할 수 있도록 한다.
- 유지보수가 수월해야 하며 복잡도와 중복을 피한다.
- 입구와 출구는 하나씩 갖도록 한다.

22 ②

반복문
- 진입 조건과 종료 조건을 명확히 하는 것이 핵심이다.
- 무한 루프는 예외 처리나 이벤트 루프에서나 제한적으로 사용한다.
- break 남용은 흐름을 복잡하게 만들어 유지보수성을 떨어뜨린다.
- 카운터 증가는 필요 조건일 뿐, 종료 조건 설계가 더 중요하다.
- 테스트 시 경계값(0, 1, 최대치)을 반드시 점검한다.

23 ②

- 배열 : 임의 접근 빠름(O(1)), 중간 삽입/삭제 느림(O(n))
- 연결 리스트 : 중간 삽입/삭제 유리(O(1) 또는 O(n)), 임의 접근 느림(O(n))

24 ②

- 배열 a는 a[0]=10, a[1]=20, a[2]=30, a[3]=40, a[4]=50으로 초기화된다.
- 포인터 p는 배열 첫 원소 주소를 가리키므로 *(p+1)은 a[1]인 20을 의미한다.
- 두 번째 출력 a[3]은 네 번째 요소로 40이다.

오답 피하기
- 배열과 포인터의 관계를 코드에서 자주 묻는 기초 문제 유형이다.
- C에서 포인터 산술은 요소 크기 단위로 이동한다.

25 ③

프레임워크(Framework)
- 특정 문제나 분야를 해결하기 위해 설계된 재사용 가능한 아키텍처와 소프트웨어 요소들의 집합이다.
- 개발자가 애플리케이션의 핵심 로직에 집중할 수 있도록 기본적인 구조와 규칙을 제공한다.
- 단순히 특정 기능만 제공하는 것이 아니라, 전반적인 애플리케이션의 뼈대(구조)를 제공하여 설계의 재사용을 돕는다.

오답 피하기
- ① 재사용 가능한 독립적인 부품
- ② 네트워크를 통해 접근 가능한 서비스 형태
- ④ 특정 기능들을 모아놓은 단순한 도구 모음

26 ②

정렬되지 않은 배열의 선형 탐색은 평균 O(n)으로 가장 크다.

오답 피하기
- ① 이진 탐색은 정렬 상태에서 O(log n)으로 효율적이다.
- ③ 해시 테이블은 평균 O(1) 조회가 가능하나 최악은 O(n)일 수 있다.
- ④ AVL/Red-Black 같은 균형 BST는 O(log n) 조회를 보장한다.

27 ③

- 문자열 리터럴 s1은 상수 풀에, new String("hi")는 힙에 생성된다.
- ==는 참조 동일성을 비교하므로 다른 객체인 이상 false다.
- .equals()는 내용 비교이므로 "hi" vs "hi"는 true다.
- Java 문자열 비교에서 ==와 .equals()의 차이를 반드시 구분해야 한다.
- 문자열 상수 풀의 동작은 최적화와 메모리 관리와도 관련이 있다.

String s1 = "hi";	's1' 변수에 문자열 리터럴 'hi'를 할당한다. 이 문자열은 String Constant Pool에 생성된다.
String s2 = new String("hi");	's2' 변수에 'new' 키워드를 사용하여 힙(Heap) 영역에 새로운 String 객체를 생성하고 'hi'를 할당한다.
System.out.print((s1 == s2) + " ");	두 변수의 참조(주소)가 같은지 비교한다. 's1'은 String Constant Pool을, 's2'는 힙 영역의 객체를 참조하므로 결과는 'false'이다.
System.out.println(s1.equals(s2));	두 변수의 내용(값)이 같은지 비교한다. 두 변수 모두 'hi'라는 동일한 값을 가지므로 결과는 'true'이다.

28 ③

예외 처리
- 에러의 감지-전파-복구를 구조화하는 기술이다.
- 목적은 안전한 종료, 의미 있는 로그, 필요한 경우 부분 복구이다.
- 과도한 예외 포착은 오히려 원인 은폐가 되므로 범위를 좁히는 게 좋다.
- 자원 해제(finally/try-with-resources)는 누수 방지의 핵심이다.

오답 피하기
흐름을 숨기는 것이 아니라, 예측 가능한 경로로 문제를 다루는 수단이다.

29 ③

화이트박스 테스트(White Box Test)
- 모듈의 원시 코드를 오픈시킨 상태에서 코드의 논리적 모든 경로를 테스트하는 방법이다.
- Source Code의 모든 문장을 한 번 이상 수행함으로써 진행된다.
- 종류로는 '기초 경로 검사'와 '제어 구조 검사'가 있다.
- 화이트박스 테스트의 이해를 위해 논리 흐름도(Logic-Flow Diagram)를 이용할 수 있다.
- 테스트 데이터를 이용해 실제 프로그램을 실행함으로써 오류를 찾는 동적 테스트(Dynamic Test)에 해당한다.

오답 피하기
화이트박스 테스트는 프로그램의 구조를 고려한다.

30 ②

- b = a는 같은 리스트 객체를 가리키므로 b.append(4)는 a에도 반영된다.
- c = a[:]는 얕은 복사로 다른 리스트를 만든다.
- 따라서 a와 b 길이는 4, c 길이도 4가 된다(5 추가).

a = [1, 2, 3]	a라는 이름의 리스트를 생성하고 [1, 2, 3]을 할당한다.
b = a	변수 b에 a를 할당한다. 이제 b는 a가 가리키는 동일한 리스트 객체를 참조한다.
c = a[:]	변수 c에 a의 '슬라이스'를 할당한다. 이것은 a의 내용을 복사한 새로운 리스트 객체를 생성한다.
b.append(4)	b가 참조하는 리스트에 4를 추가한다. b와 a는 같은 객체를 가리키므로, a에도 4가 추가된다.
c.append(5)	c가 참조하는 리스트에 5를 추가한다. c는 a의 복사본이므로, a와는 별개의 객체에 5가 추가된다.
print(len(a), len(b), len(c))	최종적으로 각 리스트의 길이를 출력한다.

오답 피하기
- 리스트 복사 방식은 슬라이싱, list(), copy.copy() 등 다양하다.
- 중첩 구조에서는 깊은 복사(copy.deepcopy) 여부를 구분해야 한다.

31 ②

정규 표현식
- .은 임의의 한 문자(개행 제외), *는 0회 이상 반복이다.
- ^는 문자열의 시작, $는 문자열의 끝을 의미한다.
- []는 문자 클래스, ()는 그룹화와 캡처 용도이다.
- 입력 검증에서 앵커(^, $)를 사용해야 전체 패턴 일치를 강제할 수 있다.

32 ②

안정 정렬 (Stable Sort)	• 정렬 대상 데이터에 동일한 값을 가진 요소들(동일 키)이 있을 때, 정렬 후에도 이들의 원래 순서가 그대로 유지되는 정렬 방식을 말한다. 예를 들어, 'A'라는 값을 가진 두 요소가 있고, 원래 'A1', 'A2' 순서였다면, 안정 정렬을 거친 후에도 항상 'A1', 'A2' 순서를 유지한다. • 📌 합병 정렬(Merge Sort), 버블 정렬(Bubble Sort)
불안정 정렬 (Unstable Sort)	• 동일 키를 가진 요소들의 상대적 순서가 바뀔 수 있다. • 📌 퀵 정렬(Quick Sort), 힙 정렬(Heap Sort)

오답 피하기
- ① 불안정 정렬에 대한 설명이다.
- ③ 정렬 알고리즘은 보통 O(nlogn) 또는 O(n^2)의 시간 복잡도를 가진다. O(n)은 최선의 경우에만 가능하다.
- ④ 정렬 알고리즘은 보조 메모리를 사용할 수도 있고, 사용하지 않을 수도 있다. 이는 알고리즘의 구현 방식에 따라 다르다.

33 ②

캡슐화(Encapsulation)
- 데이터와 연산을 묶고 내부 상태를 은닉하는 개념이다.
- 외부에는 선언된 인터페이스만 노출하여 결합도를 낮춘다.
- 정보 은닉은 보안과 유지보수성, 변경 용이성에 기여한다.
- 접근 지정자(public/protected/private)를 통해 구현한다.

오답 피하기
- ① 상속
- ③ 오버로딩

34 ②

고차 함수(Higher-Order Function)
- 함수를 값처럼 다루는 함수이다.
- 함수를 일급 객체(First-Class Citizen)로 취급하는 언어에서 가능하다. 일급 객체란 변수에 할당되거나, 다른 함수의 인자로 전달되거나, 함수의 반환값으로 사용될 수 있는 객체를 말한다.
- 자바스크립트의 map 함수는 배열의 각 요소에 대해 실행할 함수를 인자로 받으므로 고차 함수이다.
- 코드를 더 간결하고 유연하게 작성할 수 있다.
- 다음 두 가지 조건 중 하나 이상을 만족한다.
  - 다른 함수를 인자로 받는다. 📌 Array.prototype.map, Array.prototype.filter
  - 함수를 결과값으로 반환한다. 📌 클로저를 생성하는 함수

35 ④

단위 테스트(Unit Test)
- 프로그램의 가장 작은 단위(📌 함수, 메서드)가 제대로 작동하는지 검증하는 것이다.
- 자동차의 각 부품(엔진, 바퀴 등)이 개별적으로 잘 만들어졌는지 확인하는 것과 같다.
- 장점

빠른 피드백	작은 범위에서 즉시 실패 지점 확인 → 디버깅 시간 단축
회귀(Regression) 방지	수정·리팩토링 후 기존 기능이 깨졌는지 자동 검증
안전한 리팩토링	테스트가 안전망 역할 → 구조 개선을 자신 있게 수행
설계 품질 향상	테스트 가능한 코드 요구로 응집도↑/결합도↓, 인터페이스 명확화
문서화 효과	테스트가 사용 예시(Executable Spec)로 동작 → 의도와 요구사항을 코드로 기록
유지보수 비용 절감	초기에 결함을 조기에 발견 → 수정 비용 절감

오답 피하기
단위 테스트가 잘 되었다고 해서 통합 테스트가 필요 없어지는 것은 아니다. 자동차 부품이 각각 잘 작동해도, 그 부품들을 조립했을 때 전체적으로 문제가 없는지 확인해야 하는 것과 같다.

36 ③

- <a> 태그를 사용하여 하이퍼링크를 생성한다.
- href="https://example.com" : 링크를 클릭했을 때 이동할 URL을 지정한다.
- target="_blank" : 링크를 새로운 창이나 탭에서 열도록 지시한다.
- rel="noopener" : target="_blank" 속성과 함께 사용될 때 보안상의 이유로 사용되는 속성으로 새 탭에서 열리는 페이지가 window.opener 객체를 통해 원래 페이지(링크를 클릭한 페이지)의 window 객체에 접근하는 것을 차단한다. 이는 피싱 공격이나 다른 보안 취약점을 방지하는 데 도움을 준다.

37 ③

>는 부모-자식 관계를 나타내는 자식 결합자(Child Combinator)이다. ul 요소의 바로 아래에 있는 자식 li 요소만을 선택한다. 즉, 중첩된 ul 내부의 li는 선택되지 않는다.

오답 피하기

- ① .btn은 클래스 선택자로, 태그 이름이 아닌 class="btn" 속성을 가진 모든 요소를 선택한다. 태그 이름이 btn인 요소를 선택하려면 btn만 써야 한다.
- ② #title은 ID 선택자로, id="title" 속성을 가진 단 하나의 요소를 선택한다. 클래스를 선택하려면 . 기호를 사용해야 한다.
- ④ a[href]는 속성 선택자로, href 속성이 존재하는 모든 <a> 태그를 선택한다. href가 없는 a 태그를 선택하려면 a:not([href])와 같이 not 가상 클래스를 사용해야 한다.

38 ④

#include <stdlib.h>	<stdlib.h> 헤더 파일을 포함
int main(int argc, char* argv[]) {	main 함수를 정의
int i = 0;	정수형 변수 i를 0으로 초기화
while (1) {	무한 루프를 시작 1은 참을 나타내는 조건
if (i == 6) {	만약 i가 6과 같다면 아래의 코드를 실행
break;	현재의 루프를 빠져나옴
++i;	i의 값을 1씩 증가
}	if 문의 끝을 표시
printf("i = %d", i);	현재 i의 값을 출력 %d는 정수를 대응시키는 포맷 지정자
return 0;	프로그램 종료

39 ②

재귀 함수(Recursion Function)
- 반드시 종료 조건이 있어야 무한 호출을 방지한다.
- 문제는 보통 작은 하위 문제로 분할하여 재귀적으로 해결한다.
- 스택 크기는 실무 고려사항이지만, 논리적 전제는 종료 조건이다.
- 반복문으로의 전개(테일 재귀 최적화 가능 여부)는 언어마다 다르다.
- 디버깅을 위해 호출 깊이와 매개값 추적이 중요하다.

40 ③

의존성 관리 도구(Maven, Gradle, npm, pip 등)의 핵심 목적
- 프로젝트에서 사용하는 직접 의존성의 버전 고정
- 그 라이브러리들이 또 끌어오는 트랜지티브(간접) 의존성의 충돌/중복 해결
- 빌드 환경 간(개발자 PC · CI · 운영) 일관성 재현성 확보

41 ④

데이터베이스(DB)의 주요 특징
- 데이터 중복 최소화 : 정규화/제약으로 불필요한 중복 · 모순 감소
- 일관성 유지(무결성) : 도메인/키/참조무결성, 트리거 등으로 규칙 보장
- 데이터 공유/통합 관리 : 여러 응용이 동일 데이터를 공용, 중앙관리

42 ①

키(Key)

슈퍼키(Super Key)	• 행을 유일하게 식별할 수 있는 속성(들)의 집합 • 예 {주민번호}, {주민번호, 이름}
후보키(Candidate Key)	• 슈퍼키 중 최소성을 만족(불필요 속성 없음) • 테이블의 주 식별자 후보
기본키(Primary Key)	• 후보키 중 선정한 대표 키 • NOT NULL + UNIQUE, 중복/NULL 불가
대체키(Alternate Key)	• 기본키로 선택되지 않은 나머지 후보키 • 기본키와 동일한 수준의 유일성 유지
외래키(Foreign Key)	• 다른 테이블의 기본키(또는 후보키) 를 참조하는 키 • 참조 무결성 보장
복합키(Composite Key)	• 둘 이상 속성을 묶어 식별 • 예 {학번, 과목코드}로 수강기록 식별 → 결함을 조기에 발견 → 수정 비용 절감

43 ②

무결성 제약조건(Integrity Constraints)

개체 무결성(Entity Integrity)	각 튜플(행)이 고유하게 식별되어야 함
참조 무결성(Referential Integrity)	외래키 값은 참조 대상(부모 테이블)의 키에 존재해야 함
도메인 무결성(Domain Integrity)	속성(컬럼) 값이 정해진 타입 · 범위 · 형식을 따라야 함

44 ②

- GROUP BY dept는 부서별로 집계를 의미한다.
- COUNT(*)는 그룹별 직원 수를 센다.
- HAVING COUNT(*) >= 2 조건은 그룹 집계 결과에 적용된다.
- 즉, 직원 수가 2명 이상인 부서만 출력된다.

오답 피하기

WHERE은 그룹 전 필터, HAVING은 그룹 후 필터임을 구분해야 한다.

45 ③

- SQL SELECT 문의 실행 순서는 FROM → WHERE → GROUP BY → HAVING → SELECT → ORDER BY이다.
- 따라서 ORDER BY는 출력 결과를 정렬하는 마지막 단계다.

오답 피하기

- DISTINCT는 SELECT 절에 위치하여 중복을 제거한다.
- 문법 순서(SELECT → FROM → WHERE → GROUP BY → HAVING → ORDER BY)와 실행 순서를 혼동하기 쉽다.

46 ②

- 관계 대수(Relational Algebra)

순수 관계 연산자 (Relational Operations)	Select(σ, 선택)
	Project(π, 추출)
	Join(⋈, 결합)
	Division(÷, 나누기)
일반 집합 연산자 (General Set Operations)	Union(∪, 합집합)
	Intersection(∩, 교집합)
	Difference(-, 차집합)
	Cartesian Product(×, 교차곱)

- 관계 해석(Relational Calculus)

튜플 관계 해석(TRC)	튜플 변수를 사용하여 질의 표현
도메인 관계 해석(DRC)	속성(도메인) 단위의 변수를 사용하여 질의 표현

47 ②

트랜잭션의 ACID 특성

원자성(Atomicity)	트랜잭션 내 작업은 전부 성공하거나(Commit) 전부 취소(Rollback)된다.
일관성 (Consistency)	트랜잭션 전후로 데이터는 제약조건·규칙(무결성)을 만족하는 일관된 상태여야 한다.
격리성(Isolation)	동시에 실행되는 트랜잭션들이 서로 간섭하지 않도록 독립적으로 실행된 것과 같은 효과를 보장한다.
지속성(Durability)	커밋된 결과는 시스템 장애 이후에도 보존된다.

48 ②

인덱스(Index)
- 특정 컬럼에 대한 검색 속도를 대폭 향상시킨다.
- 추가 저장 공간을 필요로 한다.
- 데이터 변경(INSERT/UPDATE/DELETE) 시 인덱스도 갱신되어 오버헤드가 발생할 수 있다.
- 검색 위주의 시스템에 적합하다.

49 ②

뷰(View)
- 실제 데이터를 저장하지 않는 가상 테이블이다.
- SELECT 문 결과를 이름으로 저장하여 재사용한다.
- 단, 조건에 따라 DML 가능 여부가 달라진다(업데이트 가능 뷰).
- 보안과 편의성(컬럼 제한, 복잡한 쿼리 단순화)에 유용하다.

50 ②

NOT EXISTS
- 서브쿼리의 결과가 하나도 존재하지 않을 때만 TRUE를 반환하는 SQL 조건문이다.
- student 테이블의 각 행(학생)에 대해, enroll 테이블에 해당 학생의 sid와 일치하는 레코드가 있는지 확인한다.
- NOT EXISTS 조건에 따라, 서브쿼리(SELECT * FROM enroll e WHERE e.sid = s.sid)가 아무런 결과도 반환하지 않는 경우(TRUE), 즉 수강 기록이 없는 학생만 선택한다.
- 즉, enroll 테이블에 sid가 존재하지 않는 student 테이블의 name을 출력하게 된다.
- 따라서 이 쿼리는 수강 신청을 하지 않은 학생들의 이름을 조회한다.

오답 피하기
- ① EXISTS를 사용했을 때의 결과에 해당한다.
- ③ WHERE 절이 없을 때의 결과이다.
- ④ enroll 테이블의 sid를 직접 조회해야 얻을 수 있는 결과이다.

51 ③

정규화의 과정

비정규형 릴레이션
↓ 모든 도메인이 원자값이 되도록 분해
제1정규형(1NF)
↓ 부분 함수 종속 관계 제거
제2정규형(2NF)
↓ 이행적 함수 종속 관계 제거
제3정규형(3NF)
↓ 후보키가 아닌 결정자 관계 제거
보이스 코드 정규형(BCNF)
↓ 다치 종속 관계 제거
제4정규형(4NF)
↓ 후보키를 통하지 않은 조인 종속 관계 제거
제5정규형(5NF)

52 ③

- 외부 조인은 조건 불일치 튜플도 결과에 포함한다.
- LEFT OUTER JOIN은 왼쪽 테이블 튜플을 모두 유지한다.
- RIGHT, FULL OUTER JOIN도 유사한 방식으로 확장된다.
- INNER JOIN은 조건 만족 튜플만 출력한다.

53 ③

NoSQL(Not only SQL)
- 전통적인 관계형 데이터베이스(RDBMS)와 다른 방식으로 데이터를 저장하고 관리하는 데이터베이스 시스템이다.
- 대량의 비정형 데이터 처리에 적합하다.
- 고정된 스키마가 없거나 유연한 스키마를 가지기 때문에 다양한 형태의 비정형 데이터를 효율적으로 처리할 수 있다.
- 수평적 확장이 용이하여 분산 처리 및 대용량 데이터 관리에 강점을 가진다.
- ACID 속성(원자성, 일관성, 고립성, 지속성) 대신 BASE 속성(기본적으로 사용 가능, 소프트 상태, 궁극적 일관성)을 추구하여 일관성보다 가용성과 확장성을 우선시하는 경우가 많다.

54 ④

물리적 설계
- 목표 DBMS에 종속적인 물리적 구조 설계
- 저장 레코드 양식 설계 및 레코드 집중의 분석/설계
- 파일 조직 방법과 저장 방법 그리고 파일 접근 방법 등을 선정
- 응답 시간 효율화를 위한 접근 경로 설계
- 트랜잭션 세부 설계

55 ①

- 디그리(Degree) : 속성(열)의 수(차수) → 4개
- 카디널리티(Cardinality) : 튜플(행)의 수(기수) → 3개

56 ③

데이터 웨어하우스(DW)
- 의사결정 지원 시스템의 일환으로, 조직의 여러 운영 시스템에서 추출된 데이터를 통합하여 보관하는 대규모 데이터베이스이다.
- 특징

주제 지향적(Subject-Oriented)	특정 업무 주제(예 고객, 상품, 판매)별로 데이터를 구성하여 분석의 효율성을 높인다.
시계열적(Time-Variant)	과거의 데이터를 특정 시점별로 저장하여, 시간의 흐름에 따른 데이터의 변화 추이를 분석할 수 있다.
통합적(Integrated)	여러 운영 시스템의 분산된 데이터를 일관된 형태로 변환하여 통합 저장한다.
비휘발성(Non-Volatile)	데이터 웨어하우스에 적재된 데이터는 일반적으로 읽기 위주로 사용되며, 빈번한 갱신·삭제 대신 통제된 배치 적재(추가·교체)만 수행된다.

오답 피하기

갱신 위주는 온라인 트랜잭션 처리(OLTP) 시스템의 특징이다. DW는 분석을 목적으로 하기 때문에, 데이터는 정기적으로 적재될 뿐 실시간으로 빈번하게 갱신되지 않는다. 대신 읽기(Read) 위주의 작업을 수행한다.

57 ②

- CASCADE : 삭제할 요소가 다른 개체에서 참조 중이라도 삭제가 수행된다.
- RESTRICT : 삭제할 요소가 다른 개체에서 참조 중일 경우 삭제가 취소된다.

58 ②

- 차등 백업(Differential) : 가장 최근 전체(Full) 백업 이후 변경된 모든 데이터를 누적해서 백업
- 증분 백업(Incremental) : 마지막 백업(Full 또는 직전 증분) 이후 변경분만 백업

오답 피하기
- ① 전체 백업
- ③ 증분 백업
- ④ 트랜잭션 로그 백업

59 ④

빅데이터의 3V
- 빅데이터의 핵심적인 세 가지 특성을 설명하는 용어이다.
- 데이터의 양(Volume)은 데이터의 방대한 크기를, 다양성(Variety)은 정형/비정형 등 다양한 데이터 유형을, 속도(Velocity)는 데이터가 생성되고 처리되는 속도를 나타낸다.
- 데이터의 신뢰성(Veracity), 가치(Value), 가변성(Variability) 등 다른 특성들이 추가되면서 4V, 5V 등으로 확장되어 사용되기도 한다.

오답 피하기

Validity는 데이터의 유효성 또는 타당성을 의미하는 용어로, 빅데이터의 가치를 논할 때 중요한 요소이지만 전통적인 3V에 포함되지는 않는다.

60 ②

연관 규칙 분석의 신뢰도(Confidence)
- 연관 규칙 분석(Association Rule)은 대규모 데이터에서 항목들 간의 흥미로운 관계를 찾는 데이터 마이닝 기법이다. 주로 '장바구니 분석'에 사용된다.
- 신뢰도(Confidence)는 규칙의 정확성을 나타내는 지표로, 신뢰도(X → Y) = 지지도(X ∪ Y)/지지도(X)이다.
  - X 항목을 구매한 고객 중에서 Y 항목도 함께 구매한 고객의 비율을 의미한다.
  - 즉, 조건부 확률로 'X가 발생했을 때 Y도 발생할 확률'을 나타낸다.
- 예를 들어, '기저귀를 산 사람이 맥주도 산다'는 규칙에서, 신뢰도가 70%라면 기저귀를 산 고객 중 70%가 맥주도 샀다는 뜻이다.
- 규칙의 유용성을 평가하는 중요한 척도가 된다.

오답 피하기

지지도(Support)는 ①에 해당하며, 전체 거래 중 특정 항목 집합이 나타나는 비율을 의미한다.

최신 기출문제 03회

01 ②	02 ②	03 ④	04 ③	05 ④
06 ②	07 ④	08 ④	09 ④	10 ④
11 ③	12 ③	13 ①	14 ④	15 ①
16 ③	17 ②	18 ③	19 ②	20 ④
21 ③	22 ①	23 ③	24 ②	25 ①
26 ①	27 ④	28 ③	29 ②	30 ①
31 ③	32 ④	33 ④	34 ①	35 ①
36 ④	37 ②	38 ③	39 ②	40 ③
41 ①	42 ③	43 ④	44 ④	45 ②
46 ①	47 ④	48 ④	49 ③	50 ②
51 ③	52 ②	53 ①	54 ④	55 ①
56 ②	57 ④	58 ①	59 ①	60 ①

01 ②

UI(User Interface) 설계 지침
- 사용자가 시스템을 쉽게 이해하고 효율적으로 사용할 수 있도록 지원하기 위한 기준이다.
- 대표적인 UI 설계 지침 항목으로는 표준화, 사용자 중심, 가시성, 일관성, 접근성 등이 있다.
- 표준화는 UI 요소들의 일관성과 반복성을 유지하여 학습 비용을 줄이는 것을 의미한다.
- 사용자 중심은 사용자의 요구와 사용 환경을 고려한 UI 설계를 의미하며, 가시성은 정보와 기능이 눈에 잘 띄도록 구성하는 것을 말한다.

오답 피하기
이식성(Portability) : 소프트웨어가 다양한 플랫폼이나 환경에서 실행 가능한지를 의미하는 일반적인 품질 특성으로, UI 설계 지침에는 포함되지 않는다.

02 ②

HRN(Highest Response-ratio Next) 스케줄링
- 응답 비율(Response Ratio)을 기준으로 우선순위를 결정하는 방식이다.
- 응답 비율은 (대기 시간 + 서비스 시간) / 서비스 시간으로 계산한다.
- 대기 시간이 길거나 서비스 시간이 짧을수록 응답 비율이 높아져 우선순위가 높아진다.
- 이는 짧은 작업만 우선하는 SJF의 단점을 보완하여 긴 시간 대기한 작업에도 기회를 부여하는 방식이다.
- FIFO의 문제점인 기다림 시간의 불균형을 해소하고자 도입된 방식이기도 하다.

03 ④

4+1 View 모델
- 복잡한 소프트웨어 아키텍처를 다각도로 설명하기 위한 구조적 설계 모델이다.
- 이 모델은 다음과 같은 5가지 뷰로 구성된다.

논리 뷰(Logical View)	클래스, 객체 구조 등 시스템의 기능을 중심으로 표현함
프로세스 뷰(Process View)	병행 처리, 성능, 동기화 등 런타임 특성을 다룸
개발 뷰(Development View)	소프트웨어 모듈 구성과 개발 관점에서의 구조를 설명함
물리 뷰(Physical View)	시스템의 하드웨어 노드와의 연결과 배포를 설명함
유스케이스 뷰(Use Case View)	사용자의 요구사항 및 시나리오를 중심으로 다른 뷰들을 연계함

04 ③

빌드(Build) 도구
- 소스코드의 컴파일, 패키징, 테스트, 배포 등의 작업을 자동화하여 개발 과정을 효율화하는 도구이다.
- 대표적인 빌드 도구에는 다음과 같은 것들이 있다.

Ant	Java 환경에서 널리 사용된 XML 기반의 초기 빌드 자동화 도구
Maven	프로젝트 의존성 관리와 생명주기 관리를 지원하는 표준화된 빌드 도구
Gradle	Groovy 기반의 스크립트를 활용하며, 성능과 유연성이 뛰어난 최신 빌드 도구

오답 피하기
Git은 버전 관리 시스템(Version Control System)으로, 소스코드 변경 이력 관리에 사용된다.

05 ④

코드 인스펙션(Code Inspection)
- 소프트웨어 개발 과정에서 코드의 논리적 오류, 품질 문제, 표준 미준수 등을 정적(Static)으로 분석하는 기법이다.
- 실제로 프로그램을 실행하지 않고, 코드를 눈으로 직접 읽거나 도구를 통해 분석하는 방식이다.
- 주요 목적은 초기 단계에서 오류를 사전에 발견하고, 코드의 가독성, 유지보수성, 표준 준수 등을 점검하는 것이다.
- 정적 테스트 기법에 해당하며, 컴파일이나 실행 없이도 문제를 식별할 수 있다.

오답 피하기
동적 테스트는 프로그램을 실행하여 결과를 확인하는 방식으로, 인스펙션과는 구분된다.

06 ②

UNIX Shell은 명령어 해석기(Shell)은 사용자가 입력한 명령어를 읽고 실행하는 역할을 한다.

오답 피하기
- Kernel : 운영체제의 핵심 부분으로 하드웨어와 직접 상호작용하며, 시스템 자원을 관리하고 프로세스, 메모리, 파일 시스템 등을 제어한다.
- PCB(Process Control Block) : 각 프로세스에 대한 정보를 담고 있는 구조체로, 프로세스의 상태와 자원 할당 상태를 추적한다.
- i-node : 파일 시스템에서 파일에 대한 메타데이터(파일 크기, 위치, 소유자 등)를 저장하는 구조체로, 파일의 실제 데이터가 아닌 정보만을 담고 있다.

07 ④

자료 흐름도(DFD, Data Flow Diagram)
- 시스템 내의 데이터 흐름과 처리 과정을 시각적으로 표현하는 구조적 분석 도구이다.
- DFD는 시스템의 논리적 기능, 데이터 흐름, 저장소 간 관계를 보여준다.

- 기본 구성요소

프로세스(Process)	데이터를 처리하는 기능 단위
데이터 흐름(Data Flow)	데이터의 이동 경로를 화살표로 표현
데이터 저장소(Data Store)	데이터가 저장되는 장소로, 병렬선 등으로 표현
외부 엔티티(Terminator)	시스템 외부의 데이터 출입 주체로, 사각형으로 표현

08 ④

디자인 패턴
- 소프트웨어 설계에서 자주 발생하는 문제를 해결하기 위해 검증된 설계 구조를 재사용할 수 있도록 정형화한 기법이다.
- 시스템의 유지보수성과 확장성을 높이고, 구조적인 품질을 개선하는 데 있다.
- 디자인 패턴은 대부분 객체지향 설계 기반이지만, 절차지향 언어에서도 개념적으로 일부 활용 가능하다.
- 패턴을 적용하면 설계 변경이 유연해지고, 코드 재사용성과 확장성이 향상되어 개발 시간과 비용을 절감할 수 있다.
- 디자인 패턴은 기능 구현보다는 구조적 명확성, 설계 가독성, 모듈화에 중점을 둔다.

오답 피하기
'기능에 비중을 둔 기법'이라는 설명은 디자인 패턴의 핵심 철학과 맞지 않으므로, 가장 거리가 먼 설명이다.

09 ④

- 브리지(Bridge) 패턴은 구현부와 추상화를 분리하여 독립적으로 확장 가능하게 하며, 호환성 없는 인터페이스를 연결할 때 유용하다.
- 싱글톤(Singleton) 패턴은 인스턴스를 하나만 생성하여 전역적으로 공유할 때 사용된다.
- 컴포지트(Composite) 패턴은 전체와 부분을 동일한 구조로 처리할 수 있도록 하여 계층적 구조를 단순화한다.
- 중재자(Mediator) 패턴은 여러 객체 간의 복잡한 상호작용을 중앙 집중형 객체로 통제하여 객체 간 결합도를 낮추는 역할을 한다.

오답 피하기
복잡한 시스템에 손쉬운 API를 제공하려는 목적에는 퍼사드(Facade) 패턴이 적합하다.

10 ④

블랙박스 테스트
- 소프트웨어의 기능적 요구사항을 검증하는 테스트 기법이다.
- 내부 코드 구조나 논리를 고려하지 않고, 입력과 출력 간의 관계만을 기반으로 테스트를 수행한다.
- 대표적인 블랙박스 테스트 기법에는 동등 분할, 경계값 분석, 원인-결과 그래프, 오류 예측 기법 등이 있다.
- 블랙박스 테스트로 찾을 수 있는 오류 사례
  - 비정상 입력값을 넣었을 때 적절한 오류 처리가 이루어지지 않는 경우
  - 정상 입력값으로 기대한 결과가 출력되지 않는 경우
  - 경계값 처리 오류

오답 피하기
루프 구조나 반복 조건과 관련된 문제는 코드 내부 흐름을 기반으로 분석하는 화이트박스 테스트에서 주로 다룬다.

11 ③

블랙박스 테스트의 주요 기법

동등 분할 기법	입력값을 유효/무효 그룹으로 나누어 각 그룹에서 하나씩 테스트하는 기법
경계값 분석	경계 근처의 입력값에서 오류가 자주 발생하는 특성을 활용한 테스트하는 기법
원인-결과 그래프	입력 조건(원인)과 결과 사이의 논리적 관계를 기반으로 테스트 케이스를 도출하는 기법

오답 피하기
기초 경로 검사(Basis Path Testing)는 화이트박스 테스트 기법으로, 코드의 논리 경로(분기, 루프 등)를 분석하여 최소 테스트 경로 집합을 도출하는 방식이다.

12 ③

ICMP(Internet Control Message Protocol)
- TCP/IP 프로토콜군에서 제어 메시지를 전달하기 위한 프로토콜이다.
- 주로 목적지 도달 불가(Destination Unreachable), 시간 초과(Time Exceeded), 패킷 손실(Packet Loss) 등의 상태를 알리는 데 사용된다.
- ping 명령어가 ICMP의 대표적인 응용 예로, 네트워크 연결 상태를 테스트한다.

오답 피하기
- ARP는 IP 주소로 MAC 주소를 찾고, RARP는 MAC 주소로 IP 주소를 얻는 프로토콜이다.
- PPP는 두 장비 간의 점대점 연결을 위한 데이터 링크 계층 프로토콜이다.

13 ①

소프트웨어 개발 생명주기(SDLC)의 요구 분석 단계
- 사용자의 요구사항을 수집하고 분석하여 명확하게 문서화하는 초기 단계이다.
- 분석 결과는 요구사항 명세서(SRS)로 정리되어 이후 설계, 구현, 테스트의 기준이 된다.
- 이 과정에서는 자료 흐름도(DFD), 자료 사전, 소단위 명세서(Mini-Spec) 등의 도구를 활용하여 요구사항을 시각적으로 표현하고 구조화할 수 있다.
- 분석 결과의 체계적인 문서화는 향후 유지보수와 변경 관리에 매우 유용하다.

오답 피하기
개발 비용이 가장 많이 드는 단계는 일반적으로 유지보수 단계이다. 유지보수는 전체 생명주기에서 약 60~70%의 비용을 차지할 수 있다.

14 ④

상호배제
- 병행 프로그래밍 환경에서는 여러 프로세스나 스레드가 동시에 공유 자원(예: 변수, 파일, 메모리 등)에 접근할 수 있는 상황이 발생한다.
- 이때 데이터를 보호하기 위해 사용하는 대표적 기법이 상호배제(Mutual Exclusion)이다.
- 공유 자원에 한 번에 하나의 프로세스만 접근할 수 있도록 제한하여, 경쟁 상태(Race Condition)나 데이터 손상을 방지한다.
- 구현 방식에는 세마포어(Semaphore), 모니터(Monitor), 뮤텍스(Mutex) 등이 사용된다.

15 ①

통합 테스트
- 개별 단위 모듈들이 서로 결합되었을 때, 인터페이스 간의 데이터 전달, 호출 관계, 상호작용 등이 올바르게 수행되는지 확인하는 테스트이다.
- 보통 모듈 단위 테스트 이후에 수행되며, 상향식, 하향식, 샌드위치 방식 등 다양한 접근법으로 테스트가 진행된다.
- 예를 들어, 로그인 모듈과 사용자 정보 조회 모듈이 연결되어 있을 때, 사용자의 ID 전달과 그에 따른 처리 결과를 검증하는 것이 통합 테스트에 해당한다.

오답 피하기
- 단위 테스트는 개별 모듈에 대한 테스트이고, 시스템 테스트는 전체 시스템을 대상으로 한다.
- 인수 테스트는 최종 사용자 요구사항에 대한 만족 여부를 검증하는 단계이다.

16 ③

객체지향 설계의 핵심 3대 요소

캡슐화(Encapsulation)	데이터와 기능을 하나의 단위로 묶고 외부로부터 정보를 숨기는 방식
상속(Inheritance)	기존 클래스의 속성과 기능을 새로운 클래스가 재사용할 수 있게 하는 기능
다형성(Polymorphism)	동일한 메시지에 대해 객체가 각기 다른 방식으로 응답할 수 있는 성질

오답 피하기
모듈화는 일반적인 소프트웨어 설계 원칙 중 하나로, 시스템을 분리된 구성 요소로 나누는 개념이다. 객체지향뿐 아니라 절차지향 등 다양한 설계 방식에서 사용된다.

17 ③

TCP(Transmission Control Protocol)
- 연결형(Connection-oriented) 전송 방식의 프로토콜이다.
- 송신 측과 수신 측 사이에 연결을 설정한 후 데이터를 전송하며, 데이터의 순서 보장, 오류 제어, 흐름 제어 등을 제공한다.
- 흐름 제어는 수신 측의 처리 능력을 고려해 송신 속도를 조절하는 기능이며, TCP는 슬라이딩 윈도우 방식으로 이를 구현한다.
- 오류 제어는 전송 중 손상되거나 유실된 데이터를 재전송하여 데이터의 정확성을 확보하는 기능이다.

오답 피하기
비연결형 서비스는 UDP(사용자 데이터그램 프로토콜)은 연결 설정 없이 데이터를 전송하며 신뢰성을 보장하지 않는다.

18 ③

시스템 콜(System Call)
- 사용자 프로그램이 운영체제의 기능을 요청하기 위해 호출하는 인터페이스이다.
- 시스템 콜은 소프트웨어 인터럽트 또는 트랩(trap)을 통해 발생하는 것이 일반적이다.
- 일반 사용자가 직접 접근할 수 없는 커널 영역의 기능(예 파일 처리, 프로세스 제어, 메모리 할당 등)을 사용할 수 있게 한다.
- 커널이 제공하는 서비스를 간접적으로 사용할 수 있도록 중간 역할을 하며, 대표적인 호출 방식에는 read(), write(), fork() 등이 있다.

오답 피하기
하드웨어 인터럽트는 외부 장치(예 키보드, 타이머, I/O 장치 등)에서 발생하는 신호로, 시스템 콜과는 개념이 다르다.

19 ②

IPv6는 주소 지정 방식

유니캐스트	특정 하나의 수신자에게 데이터 전송
멀티캐스트	지정된 그룹에 속한 여러 노드에게 동시에 데이터 전송
애니캐스트	• 동일한 주소를 여러 노드에 할당하지만, 가장 가까운 한 노드에만 전송 • 주로 라우팅 최적화와 부하 분산에 사용되며, 일반적인 그룹 통신(멀티캐스트 목적)에는 적합하지 않음

20 ④

소프트웨어 생명주기(SDLC)
- 요구사항 분석 → 설계 → 구현 → 테스트 → 유지보수의 순서로 진행된다.
- 요구사항 분석, 설계, 구현은 테스트 이전 단계로, 코드 개발 전 또는 개발 도중에 수행되는 활동이다.
- 테스트 단계의 특징은 다음과 같다.
  - 소프트웨어가 요구사항에 맞게 동작하는지 확인하는 과정으로, 검증(Verification) 또는 확인(Validation)이라고도 한다.
  - 테스트 단계에서는 단위 테스트, 통합 테스트, 시스템 테스트, 인수 테스트 등 다양한 수준에서 검증 활동이 이루어진다.

오답 피하기
검증(Verification)은 주어진 입력에 대해 기대한 출력이 정확히 나오는지를 판단하며, 기능의 정확성, 안정성, 성능 등을 시험한다.

21 ③

프레임워크
- 소프트웨어 개발에 필요한 기본 구조를 제공하는 틀이다.
- 개발자는 프레임워크가 제공하는 구조 내에서 코드를 작성하면 된다.
- 제어의 흐름이 개발자에게 있는 것이 아니라 프레임워크가 관리한다. 이러한 특성을 제어의 역전(IoC, Inversion of Control)이라 한다.
- 재사용성과 일관성을 높이며 개발 생산성을 향상시키는 장점이 있다.

22 ①

#define
- C언어의 전처리 지시자 중 하나로, 상수나 매크로 함수를 정의하는 데 사용된다.
- 소스코드에서 특정 이름(식별자)에 값을 부여하여 반복되는 코드를 간단하게 처리할 수 있게 한다.
- 예를 들어 #define PI 3.14는 이후 코드에서 PI를 3.14로 치환하여 사용하게 만든다.
- 전처리기는 컴파일 전에 이 지시자들을 읽고 소스코드를 처리한다.

오답 피하기
- #include는 외부 헤더 파일을 포함하는 데 사용한다.
- #undef는 이미 정의된 매크로를 취소할 때 사용한다.
- #error는 사용자가 정의한 조건이 만족되지 않을 때 컴파일을 중단시키기 위해 사용한다.

23 ③

반복(i)	조건	실행 코드	a	b
i = 0	0 % 2 == 0	a += 0	a = 5 + 0 = 5	b = 3
i = 1	1 % 2 == 0	b *= 1	a = 5	b = 3 * 1 = 3
i = 2	2 % 2 == 0	a += 2	a = 5 + 2 = 7	b = 3
i = 3	3 % 2 == 0	b *= 3	a = 7	b = 3 * 3 = 9

결과 : a + b = 7 + 9 = 16

24 ②

결합도(Coupling)
- 모듈 간 상호작용의 밀접한 정도를 의미하며, 낮을수록 바람직하다.
- 결합도는 **(높음)** 내용 〉 공통 〉 외부 〉 제어 〉 스탬프 〉 자료 **(낮음, 바람직)** 순이다.
- 소프트웨어 구조 설계 시 모듈 간 결합도를 낮추고 응집도를 높이는 것이 좋은 설계 방식이다.
- 모듈 간 결합도가 낮을수록 재사용성과 테스트 용이성도 향상된다.

오답 피하기
- ①번은 제어 결합도가 아닌 공통 결합도에 대한 설명이다. 공통 결합도는 전역 데이터를 공유한다.
- ③번은 자료 결합도와 제어 결합도의 정의를 혼동한 것이다. 제어 결합도는 제어 플래그 같은 정보를 전달하며 자료 결합도보다 결합도가 높다.
- ④번은 내용 결합도에 대한 잘못된 설명이다. 내용 결합도는 한 모듈이 다른 모듈 내부로 직접 접근하는 방식으로, 결합도 중 가장 낮은 수준이 아닌 가장 높고 위험한 형태이다.

25 ①

응집도(Cohesion)
- 하나의 모듈 내부 구성요소들이 얼마나 밀접하게 연관되어 있는지를 나타내는 지표이다.
- 응집도는 높을수록 모듈 내부 기능이 하나의 목적을 향해 잘 통합되어 있음을 의미하며, 이는 유지보수성과 재사용성을 높인다.
- 응집도는 **(낮음)** 우연적 〈 논리적 〈 시간적 〈 절차적 〈 통신적 〈 순차적 〈 기능적 **(높음, 바람직)** 순이다.

오답 피하기
- 순서적 응집도는 한 작업의 출력이 다음 작업의 입력으로 바로 연결되는 형태로, 비교적 높은 응집도를 가진다.
- 시간적 응집도는 시간적으로 유사한 작업들을 함께 묶은 것으로, 예를 들면 프로그램 시작 시 초기화 작업 등을 포함한다.
- 논리적 응집도는 유사한 논리적 기능들을 묶어 놓은 것이며, 하나의 플래그나 조건문으로 수행 기능이 결정된다.
- 절차적 응집도는 수행 절차에 따라 기능을 모은 것으로, 내부 요소들 간 연관성이 상대적으로 약하다.

26 ①

- 단항 연산자는 피연산자 하나만을 대상으로 동작하는 연산자이다.
- ~는 비트 NOT 연산자로, 정수형 피연산자의 모든 비트를 반전시키는 단항 연산자이다. 예를 들어 ~5는 5의 비트를 뒤집어 결과적으로 −6이 된다.
- 단항 연산자의 대표적인 예로는 ++, − −, −, !, ~ 등이 있다.

오답 피하기
- ② &&는 논리 AND 연산자로, 두 개의 피연산자를 필요로 하는 이항 연산자이다.
- ③ ||는 논리 OR 연산자로, 역시 두 개의 피연산자를 요구하는 이항 연산자이다.
- ④ ^는 비트 XOR 연산자로, 두 피연산자의 비트를 비교하여 서로 다르면 1을 반환하는 이항 연산자이다.

27 ④

- C언어에서는 배열 초기화 시 초기화 리스트의 값이 배열 크기보다 적더라도 컴파일 오류가 발생하지 않는다. 대신, 나머지 요소는 0으로 자동 초기화된다.
- 문제의 코드에서 {10, 20}으로 초기화했지만, 배열 크기가 3이므로 arr[2]는 0으로 초기화된다.

오답 피하기
- ① 배열을 선언할 때 컴파일러는 해당 배열의 자료형과 크기에 맞춰 연속적인 메모리 공간을 할당한다. 문제의 코드에서 int arr[3]은 3개의 정수를 저장할 수 있는 메모리 공간을 확보한다.
- ② 대부분의 프로그래밍 언어에서 배열의 인덱스는 0부터 시작한다. 따라서 arr[0]은 첫 번째 요소, arr[1]은 두 번째 요소, arr[2]는 세 번째 요소를 가리킨다.
- ③ C언어에서 배열을 초기화할 때, 초기화 리스트에 제공된 값보다 배열 크기가 크면 나머지 요소는 자동으로 0으로 초기화된다. 문제의 코드에서 arr[2]는 초기화 리스트 {10, 20}에 포함되지 않으므로 0으로 초기화된다.

28 ③

- 1번째 반복 (i = 1):
  - i <= 5 → 참
  - i % 2 == 0 → 거짓 (1은 홀수)
  - sum += i → sum = 0 + 1 = 1
  - i++ → i = 2
- 2번째 반복 (i = 2):
  - i <= 5 → 참
  - i % 2 == 0 → 참 (2는 짝수)
  - i++ → i = 3
  - continue → sum += i는 실행되지 않고 다음 반복으로 이동
- 3번째 반복 (i = 3):
  - i <= 5 → 참
  - i % 2 == 0 → 거짓 (3은 홀수)
  - sum += i → sum = 1 + 3 = 4
  - i++ → i = 4
- 4번째 반복 (i = 4):
  - i <= 5 → 참
  - i % 2 == 0 → 참 (4는 짝수)
  - i++ → i = 5
  - continue → sum += i는 실행되지 않고 다음 반복으로 이동
- 5번째 반복 (i = 5):
  - i <= 5 → 참
  - i % 2 == 0 → 거짓 (5는 홀수)
  - sum += i → sum = 4 + 5 = 9
  - i++ → i = 6
- 6번째 반복 시도 (i = 6):
  - i <= 5 → 거짓
  - 루프 종료
- 결과
  - sum = 9 (홀수인 1, 3, 5의 합)
  - printf("%d\n", sum); → 9 출력
  - while문은 i = 1, 2, 3, 4, 5일 때 총 5번 실행된다.

29 ②

⟨input type="text"⟩는 한 줄의 텍스트 입력을 받는 데 사용된다. 예를 들어, 이름이나 이메일 같은 짧은 텍스트를 입력받을 때 적합하다. 여러 줄의 텍스트를 입력받으려면 ⟨textarea⟩ 태그를 사용해야 한다.

오답 피하기

- ① ⟨input type="checkbox"⟩는 체크박스를 생성하며, 사용자가 여러 옵션 중에서 다수를 선택할 수 있다. 예를 들어, 취미를 선택하는 폼에서 "독서", "운동", "여행" 중 여러 개를 동시에 선택 가능하다.
- ③ ⟨input type="password"⟩는 비밀번호 입력 필드를 생성하며, 사용자가 입력한 텍스트가 별표(*) 또는 원(●) 같은 마스킹 문자로 표시되어 내용이 노출되지 않는다. 이는 비밀번호 입력을 안전하게 처리하기 위한 기능이다.
- ④ ⟨input type="radio"⟩는 라디오 버튼을 생성하며, 동일한 name 속성을 가진 라디오 버튼 그룹에서 하나의 옵션만 선택할 수 있다. 예를 들어, 성별 선택에서 "남성" 또는 "여성" 중 하나만 선택 가능하다.

30 ①

- while True:는 무한 루프이다.
- print('A'), print('B'), print('C')는 매 반복마다 출력된다.
- continue는 반복문의 다음 루프로 즉시 이동하므로 print('D')는 절대 실행되지 않는다.
- break 문이 없으므로 프로그램을 수동으로 중단하지 않으면 계속 출력된다.
- 결과적으로 'A', 'B', 'C'만 무한 반복된다.

31 ③

Java에서 char 자료형

- 단일 문자 하나만 저장하는 데 사용된다.
- 예를 들어 char ch = 'A';처럼 하나의 문자만 가능하며, 작은따옴표로 감싼다.
- Java는 강타입 언어이므로 자료형의 정의와 용도에 맞게 정확히 구분해야 한다.

오답 피하기

- ①은 변수는 주기억 장치(RAM)에 데이터를 저장하기 위한 공간이라는 점에서 맞는 설명이다.
- ②는 자료형에 따라 정수, 실수, 문자 등 저장 가능한 데이터의 형태와 범위가 달라지므로 맞는 설명이다.
- ③은 여러 개의 문자를 저장하려면 String 클래스를 사용해야 하므로 틀린 설명이다.
- ④는 boolean은 true 또는 false 값을 저장하며, 조건 판단에 사용되는 자료형이므로 맞는 설명이다.

32 ④

margin은 테두리와 외부 요소 사이의 간격, 즉 외부 여백을 설정한다. 내용과 테두리 사이 간격은 padding이 설정하는 부분이다.

오답 피하기

- ① margin: 0 auto; : 상하는 0, 좌우는 자동 설정으로 수평 가운데 정렬된다.
- ② padding: 20px; : 내용(content)과 테두리(border) 사이의 간격인 padding을 20픽셀로 지정한다.
- ③ .box 클래스에 margin: 0 auto; 적용 : 좌우 마진이 자동 설정되어 부모 요소의 가운데 정렬된다.

33 ④

fprintf( )

- 파일뿐만 아니라 표준 출력에도 유연하게 형식화된 출력을 수행할 수 있도록 해주는 함수이다.
- 예를 들어, fprintf(stdout, "Hello, %s!\n", "World") → "Hello, World!"가 표준 출력에 출력된다.

오답 피하기

- ① scanf( ) : 입력 함수이며, 사용자가 입력한 값을 변수에 저장하는 데 사용된다.
- ② fread( ) : 파일에서 이진 데이터를 읽어오는 함수이다.
- ③ fopen( ) : 파일을 열고 해당 파일과 연결된 파일 포인터(FILE)를 반환하는 함수이다. 입출력 동작을 하지 않으며, 파일 스트림을 열기만 한다.

34 ①

HTML5에서 추가된 주요 요소

요소	설명
⟨nav⟩	• 문서 내 비게이션 링크 그룹을 정의 • 주로 웹사이트의 주요 네비게이션 링크를 감싸는 데 사용됨
⟨article⟩	• 문서, 페이지, 애플리케이션 또는 사이트 안에서 독립적으로 구분되거나 재사용 가능한 영역을 정의 • 블로그 게시물, 뉴스 기사, 댓글, 포럼 글 등과 같은 독립적인 컨텐츠를 표현하는 데 사용됨
⟨figure⟩	• 독립적인 콘텐츠를 정의하고 캡션을 제공 • 이미지, 동영상, 차트, 코드 조각 등과 같은 멀티미디어 콘텐츠를 표현하는 데 사용됨
⟨section⟩	• 문서 내에서 특정 테마나 콘텐츠 영역을 정의 • 일반적으로 제목(⟨h1⟩–⟨h6⟩ 요소)을 포함하며, 더 작은 섹션으로 나뉠 수 있음
⟨header⟩	• 섹션이나 페이지의 시작 부분을 정의 • 제목이나 로고, 탐색 링크 등의 콘텐츠를 포함함
⟨footer⟩	• 섹션이나 페이지의 하단 부분을 정의 • 작성자 정보, 저작권 정보, 연락처 정보 등을 포함하는 데 사용됨

35 ①

⟨!DOCTYPE html⟩ 선언

- HTML5 문서임을 명시적으로 나타내는 중요한 선언이다.
- HTML5 표준에서는 이 독타입 선언을 사용하는 것이 필수이다.
- 브라우저는 이 선언을 통해 문서가 HTML5 표준에 따라 해석되어야 함을 인식한다.
- 생략하면 브라우저가 호환 모드로 렌더링하여 예기치 않은 동작을 일으킬 수 있다.

36 ④

- static 메서드는 클래스 로딩 시 메모리에 올라가기 때문에 객체가 생성되지 않은 시점에서 인스턴스 변수에 접근할 수 없다.
- 인스턴스 변수에 접근하려면 객체가 생성되어 있어야 하므로 static 메서드 내에서는 인스턴스 변수 사용이 불가능하다.

37 ③

- int a = 10; : a는 정수형 변수. 값은 10이다.
- int *p = &a; : p는 a의 주소를 가리키는 포인터이므로, *p는 10이다.
- int **pp = &p; : pp는 p의 주소를 가리킨다.
- **pp는 p의 주소(즉, a의 주소)를 가리키는 이중 포인터이고, **pp는 p가 가리키는 값(즉, a의 값인 10)이다.
- **pp += 5; : **pp(즉, a)의 값에 5를 더한다.
- a의 값은 15이다.
- *p 역시 a를 가리키므로 그 값은 15가 된다.

38 ③

튜플은 불변(immutable) 자료형이므로 리스트보다 구조가 단순하고, 메모리 사용이 효율적이며, 접근 속도도 더 빠르다.

39 ②

false는 자바에서 예약어이기 때문에 변수 이름으로 사용할 수 없다.

40 ③

역공학(Reverse Engineering)
- 소프트웨어를 분석하여 소프트웨어 개발과정과 데이터 처리과정을 설명하는 분석 및 설계 정보를 재발견하거나 다시 만들어내는 작업이다.
- 현재 프로그램으로부터 데이터, 아키텍처, 그리고 절차에 관한 분석 및 설계 정보를 추출하는 작업이다.

41 ①

데이터 모델
- 현실 세계의 데이터를 컴퓨터에 표현하기 위한 개념적 도구로, 데이터의 구조, 제약조건, 연산 등을 정의한다.
- 일반적으로 데이터 모델은 다음 세 가지 요소로 구성된다.

논리적 데이터 구조	엔터티, 속성, 관계 등 데이터의 논리적 구성요소
연산(Operation)	데이터를 검색, 삽입, 삭제, 갱신하는 데 사용되는 연산 규칙
제약조건(Constraint)	데이터 무결성을 유지하기 위한 규칙(예 키 제약조건, 참조 제약조건 등)

오답 피하기
출력 구조는 데이터 모델의 개념적 표현 대상이 아니며, 출력 포맷이나 보고서 형식은 응용 또는 프레젠테이션 계층에서 다룬다.

42 ③

무결성 제약조건
- 데이터의 정확성과 일관성을 보장하기 위해 설정하는 규칙이다.
- 개체 무결성(Entity Integrity) 제약조건은 기본키(Primary Key)에 대한 규칙으로, 다음 두 가지 조건을 반드시 만족해야 한다.
  - 기본키는 NULL 값을 가질 수 없다.
  - 기본키는 릴레이션 내에서 유일(unique)해야 하며 중복될 수 없다.

오답 피하기
①은 도메인 무결성에 대한 설명이며, ②와 ④는 참조 무결성 제약조건(외래키 관련 제약)에 해당한다.

43 ④

- SELECT 문은 테이블에서 원하는 열(column)의 데이터를 조회할 때 사용된다.
- DISTINCT 키워드는 중복된 값을 제거하고 고유한(유일한) 값들만 조회할 때 사용된다.
- 문제에서 "중복된 데이터가 없도록"한다는 조건이 있으므로 DISTINCT가 반드시 필요하다.
- SELECT DISTINCT DEPT FROM STUDENT;는 STUDENT 테이블에서 중복되지 않는 학과(DEPT) 목록만 조회하는 SQL 문이다.

오답 피하기
- ① SELECT ONLY DEPT FROM STUDENT; → ONLY는 잘못된 키워드
- ② SELECT ONLY * FROM STUDENT; → ONLY는 SQL 표준이 아니며 문법 오류
- ③ SELECT NOT DUPLICATE DEPT FROM STUDENT; → NOT DUPLICATE는 잘못된 표현(정확한 문법은 DISTINCT)

44 ④

- 카티션 프로덕트(Cartesian Product)는 두 릴레이션의 모든 튜플을 짝지어 새 릴레이션을 생성하는 연산이다.
- 이때 새 릴레이션의 차수(Degree)는 두 릴레이션의 속성 수의 합, 카디널리티(Cardinality)는 두 릴레이션의 튜플 수의 곱이다.
- 문제에서 주어진 조건은 다음과 같다.

구분	차수	카디널리티
릴레이션 R	5	5
릴레이션 S	4	8

- 차수 = 5 + 4 = 9
- 카디널리티 = 5 × 8 = 40

45 ②

트랜잭션의 일관성(Consistency)
- 트랜잭션이 실행되기 전후의 데이터 상태가 무결성을 만족하는 일관된 상태로 유지되어야 한다는 속성이다.
- 이는 데이터베이스에 설정된 제약 조건(예 개체 무결성, 참조 무결성 등)을 위배하지 않도록 보장하는 것이다.
- 즉, 트랜잭션 수행 중 오류가 발생하더라도 최종적으로 반영된 결과가 제약 조건을 만족해야 한다.

오답 피하기
- 시스템 고장 시에도 일관성을 유지하는 것은 내구성(Durability) 또는 원자성(Atomicity) 속성과 관련이 있다.
- 예를 들어, 시스템 고장이 발생했을 때 트랜잭션이 완료되지 않았으면 롤백하여 원래 상태로 되돌리는 건 원자성. 성공적으로 끝난 트랜잭션의 결과가 손실 없이 보장되는 것은 내구성에 해당한다.
- 따라서 '시스템이 고장 나도 일관성이 유지되어야 한다'는 설명은 일관성의 정의와 직접적으로 맞지 않는다.

46 ①

- 정규화(Normalization)는 릴레이션에서 이상 현상을 제거하고 데이터의 중복을 최소화하기 위한 과정이다.
- 제3정규형(3NF)
  - 모든 이행적 함수 종속(Transitive Dependency)을 제거한 상태이며, 모든 비기본 속성이 기본키에만 함수적으로 종속되도록 한다.
  - 하지만 3NF는 결정자가 후보키가 아닌 경우를 허용할 수 있어서, BCNF(Boyce-Codd Normal Form)보다 덜 엄격하다.
- BCNF
  - 모든 결정자가 반드시 후보키여야 한다는 조건을 추가로 만족해야 한다.
  - 3NF 상태에서 BCNF로 가기 위해서는 결정자이면서 후보키가 아닌 속성을 제거하거나 새로운 릴레이션으로 분해해야 한다.
  - 이행적, 부분적, 다치 종속은 각각 3NF, 2NF, 4NF에서 제거 대상이므로 해당되지 않는다.

47 ④

참조 무결성(Referential Integrity)

- 외래키(Foreign Key)가 가리키는 부모 테이블의 기본키 값이 실제 존재해야 함을 보장하는 제약조건이다.
- 부모 테이블의 레코드를 삭제하거나 변경할 때, 그 값을 참조하는 자식 테이블의 레코드와의 일관성을 유지해야 한다.
- 이를 위해 외래키 제약조건에는 다음과 같은 옵션이 존재한다.

CASCADE	부모 레코드 삭제 시, 자식 레코드도 자동으로 함께 삭제
SET NULL	부모 레코드 삭제 시, 자식 테이블의 외래키 값을 NULL로 설정
RESTRICT 또는 NO ACTION	부모 테이블의 레코드를 참조 중이면 삭제/수정 불가
SET DEFAULT	자식 테이블 외래키를 기본값으로 변경

오답 피하기
CLUSTER는 인덱스 방식과 관련된 용어로, 무결성과는 무관하다.

48 ④

뷰(View)

- 하나 이상의 테이블에서 유도된 가상의 테이블로, 실제 데이터를 저장하지 않고 정의된 쿼리 결과를 참조한다.
- 주로 다음과 같은 목적에 사용된다.

보안(Security)	특정 사용자에게 보여줄 열(column)이나 행(row)만 제한적으로 제공
논리적 독립성 (Logical Independence)	실제 테이블 구조가 변경되더라도 사용자 쿼리를 변경하지 않아도 되도록 지원
성능 최적화	데이터의 중복을 최소화하여 성능을 최적화할 수 있도록 지원

오답 피하기
뷰는 데이터를 저장하지 않으며, 백업 기능은 DBMS의 내장 백업 도구나 외부 백업 시스템에 의해 수행된다.

49 ③

LIKE 연산자

- LIKE 연산자는 문자열 패턴 매칭에 사용되며, '%'는 0개 이상의 임의 문자를 의미한다.
- '박%'는 이름이 '박'으로 시작하고, 뒤에 어떤 문자가 0개 이상 올 수 있는 모든 문자열과 매칭된다. 예를 들어 '박', '박영수', '박철', '박123' 등이 모두 검색된다.
- 반대로 '박_ _'처럼 밑줄(_)을 사용하면 정확히 3글자인 경우만 매칭되며, NOT LIKE '박%'는 '박'으로 시작하지 않는 경우를 의미한다.

50 ②

트랜잭션(Transaction)

- 데이터베이스에서 하나의 논리적 작업 단위를 의미하며, 반드시 ACID라는 네 가지 특성을 만족해야 한다.
- ACID의 특징

Atomicity(원자성)	트랜잭션 내의 작업은 모두 수행되거나 전혀 수행되지 않아야 함
Consistency(일관성)	트랜잭션 수행 전과 후에 데이터는 무결성을 유지해야 함
Isolation(고립성)	여러 트랜잭션이 동시에 실행될 때 서로의 작업이 간섭하지 않아야 함
Durability(지속성)	트랜잭션이 성공적으로 완료되면 그 결과는 영구적으로 보존되어야 함

51 ③

정규화(Normalization)

- 관계형 데이터베이스 설계 시, 데이터 중복을 줄이고 이상 현상(삽입, 삭제, 갱신 이상)을 방지하기 위해 릴레이션을 여러 개로 분해하는 과정이다.
- 정규화를 통해 데이터 구조는 더 체계적이고 안정적이 되며, 설계의 복잡도는 오히려 감소하거나 효율적으로 조절된다.
- 정규화의 주요 목적
  - 데이터 중복 최소화
  - 무결성 제약 유지
  - 삽입, 삭제, 갱신 이상(anomaly) 방지
  - 논리적 구조의 단순화

52 ②

- 색인순차 파일(Index Sequential File)은 순차 파일과 색인 파일의 장점을 결합한 형태로, 데이터 검색 속도를 높이기 위해 여러 계층의 색인 구조를 가진다.
- 인덱스 영역(색인 영역, Index Area)은 디스크 구조(실린더, 트랙 등)에 따라 다단계로 구성되어 있어 검색 효율을 높인다.
  - 트랙 인덱스 영역(Track Index Area) : 트랙 단위의 색인을 관리
  - 실린더 인덱스 영역(Cylinder Index Area) : 실린더 단위 색인을 관리
  - 마스터 인덱스 영역(Master Index Area) : 전체 인덱스 구조를 총괄하는 최상위 인덱스 영역

53 ①

- 관계형 데이터 모델(Relational Data Model)에서 데이터는 릴레이션(Relation)이라는 2차원 테이블 형태로 표현된다.
- 릴레이션을 구성하는 기본 용어
  - 튜플(Tuple) : 테이블의 행(row)을 의미하며, 하나의 레코드(기록)를 나타낸다.
  - 애트리뷰트(Attribute) : 테이블의 열(column)을 의미하며, 데이터의 속성을 나타낸다.
  - 도메인(Domain) : 각 속성이 가질 수 있는 값의 범위를 의미한다.
  - 스키마(Schema) : 릴레이션의 구조(속성 이름, 데이터 타입 등)를 정의한 틀이다.

54 ③

Preoder(전위순회)는 Root → Left → Right 순으로 순회한다.

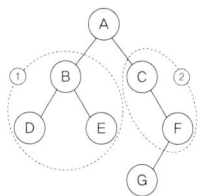

A①② → ABDE② → ABDECFG

55 ②

- 관계대수는 관계형 데이터베이스에서 릴레이션(테이블)을 조작하기 위한 이론적 언어이다.
- 순수 관계 연산자(Pure Relational Operators)는 오직 릴레이션만을 입력과 출력으로 사용하는 연산자이며, 집합 이론을 기반으로 한 연산들로 구성된다.
- 순수 관계 연산자의 종류
  - 셀렉트(Select, σ) : 조건을 만족하는 튜플(행)만 선택
  - 프로젝트(Project, π) : 지정한 속성(열)만 추출
  - 조인(Join, ⋈) : 두 릴레이션을 관련 속성 기준으로 결합
  - 디비전(Division, ÷) : 한 릴레이션에서 다른 릴레이션에 관련된 튜플만 추출

오답 피하기

일반 집합 연산자 : 합집합, 교집합, 차집합, 카티션 프로덕트

56 ②

DCL(Data Control Language)
- 데이터베이스에서 접근 권한 부여 및 회수, 보안, 병행 제어, 무+결성 유지 등을 담당하는 명령어 집합이다.
- 대표적인 DCL 명령어에는 GRANT, REVOKE 등이 있다.
- DCL의 주요 기능

데이터 보안	사용자의 권한을 제어하여 접근 제한 가능
병행 수행 제어	트랜잭션 동시 처리 시 충돌 방지(LOCK 등 사용)
무결성 유지	제약조건을 통해 데이터의 일관성 보장

오답 피하기

논리적/물리적 데이터 구조 정의는 DDL(Data Definition Language)의 기능이다. 예를 들어 CREATE, ALTER, DROP 등은 테이블이나 인덱스 등의 구조를 정의하거나 변경하는 명령어이다.

57 ④

시스템 카탈로그(System Catalog)
- 데이터베이스 내부에 존재하는 시스템 전용 테이블 집합으로, 데이터베이스에 정의된 테이블, 뷰, 인덱스, 제약조건, 사용자 권한 등 메타데이터를 저장하고 관리한다.
- = 데이터 사전(Data Dictionary) = 메타데이터 저장소

오답 피하기

- 시스템 카탈로그(System Catalog)의 정보들은 DBMS가 내부적으로 관리하지만, 일반 사용자도 INFORMATION_SCHEMA, USER_TABLES, ALL_TABLES 등의 뷰를 통해 검색이 가능하다.
- 보안상의 제한이 있을 수 있지만, 내용 검색 자체가 불가능한 것은 아니다.

58 ①

- 서브쿼리(Subquery)와 IN 연산자를 활용한 SQL 조건 필터링 문제이다.
- 서브쿼리에서는 성적 테이블에서 과목이 '데이터베이스'이고 점수가 90점 이상인 학번을 추출한다.
- 성적 테이블을 보면 조건을 만족하는 학번은 1001번(김철수)뿐이다.
- 1003번(박민수)도 '데이터베이스' 과목이지만 점수가 88점이므로 제외된다.
- 메인 쿼리는 학생 테이블에서 해당 학번(1001)의 이름을 조회하므로 결과는 '김철수'이다.

59 ①

TCL(Transaction Control Language)
- 트랜잭션의 실행을 제어하고, 데이터의 일관성과 무결성을 유지하기 위한 SQL 언어이다.
- TCL의 종류

COMMIT	현재까지의 트랜잭션 변경 내용 영구 반영
ROLLBACK	트랜잭션 도중 발생한 문제로 인해 변경 내용 취소(되돌리기)
SAVEPOINT	중간 지점을 저장하여, 부분 ROLLBACK 가능하게 함

오답 피하기

GRANT, REVOKE는 DCL에 해당한다.

60 ①

데크(Deque, Double-Ended Queue)
- 양쪽 끝에서 삽입과 삭제가 모두 가능한 선형 자료구조이다.
- 두 개의 포인터(앞과 뒤)를 사용하여 앞(front)과 뒤(rear)에서 데이터를 삽입하거나 삭제할 수 있다.
  - 입력 제한 데크 : 한쪽 끝에서만 삽입, 양쪽에서 삭제
  - 출력 제한 데크 : 양쪽에서 삽입, 한쪽에서만 삭제

오답 피하기

- 스택(Stack) : 후입선출(LIFO) 구조로, 한쪽(Top)에서만 삽입과 삭제 가능하다.
- 큐(Queue) : 선입선출(FIFO) 구조로, 한쪽에서 삽입(Rear), 다른 쪽에서 삭제(Front) 가능하다.
- 트리(Tree) : 비선형 자료구조로, 계층적 관계를 표현한다.

최신 기출문제 04회

01 ②	02 ①	03 ③	04 ③	05 ④
06 ③	07 ②	08 ①	09 ③	10 ②
11 ③	12 ③	13 ②	14 ③	15 ②
16 ②	17 ②	18 ④	19 ③	20 ③
21 ①	22 ④	23 ④	24 ①	25 ③
26 ③	27 ①	28 ②	29 ③	30 ③
31 ④	32 ①	33 ②	34 ③	35 ③
36 ①	37 ③	38 ③	39 ④	40 ④
41 ④	42 ③	43 ①	44 ②	45 ④
46 ④	47 ③	48 ③	49 ①	50 ③
51 ③	52 ②	53 ③	54 ③	55 ②
56 ④	57 ①	58 ④	59 ③	60 ③

01 ②
모듈화(Modularity)
- 거대한 문제를 작은 조각의 문제로 나누어 다루기 쉽도록 하는 과정으로, 작게 나누어진 각 부분을 모듈이라고 한다.
- 소프트웨어의 모듈은 프로그래밍 언어에서 Subroutine, Function 등으로 표현될 수 있다.
- 모듈화는 시스템을 지능적으로 관리할 수 있도록 해주며, 복잡도 문제를 해결하는 데 도움을 준다.
- 모듈화는 시스템의 유지보수와 수정을 용이하게 한다.

오답 피하기
모듈과 모듈 사이의 상호의존 또는 연관 정도를 의미하는 것은 결합도(Coupling)이다.

02 ①
펄스 코드 변조(PCM, Pulse Code Modulation)
- 송신측에서 아날로그 데이터를 표본화하여 PAM(펄스 진폭 변조) 신호를 만든 후 양자화, 부호화 과정을 거쳐 디지털 형태로 전송하는 방식이다.
- PCM 과정 : 표본화 → 양자화 → 부호화

03 ③
블랙박스 테스트는 각 기능이 완전히 작동되는 것을 입증하는 검사 기법이므로, 입력값에 대한 출력값이 맞는지를 테스트하는 기법이다. 그러므로 반복 조건 등의 중간 과정의 테스트는 이루어지지 않는다.

04 ③
- 100BASE-T : 100Mbps의 속도를 가지며, Twisted Pair 케이블을 사용한다는 의미이다.
- UTP 케이블
  - 비차폐 꼬임쌍선이라고 불리며, 일반적으로 우리가 사용하는 LAN 케이블이다.
  - 여러 가닥의 구리선을 쌍으로 꼬아서 전자파 간섭을 최소화한 케이블이다.

05 ④
라우팅 프로토콜(Routing Protocol)

내부 라우팅 프로토콜 (IGP)	• 같은 자치 시스템의 내부에서 라우터 간 라우팅 정보를 교환하는 프로토콜 • 종류 - RIP(Routing Information Protocol) : 거리 벡터 라우팅 프로토콜 중 하나 - OSPF(Open Shortest Path First) : Dijkstra 알고리즘을 사용하여 최단 경로를 계산 - IS-IS(Intermediate System-to-Intermediate System Protocol) : 최적 경로 계산을 위해 SPF(Shortest Path First) 알고리즘 사용
외부 라우팅 프로토콜 (EGP)	• 자치 시스템 외부에서 다른 자치 시스템과 라우팅 정보를 교환하는 프로토콜 • 종류 - BGP(Border Gateway Protocol) : 경로 벡터 라우팅 프로토콜에 해당하며, 대규모의 네트워크에서 사용

06 ③
소프트웨어 생명주기 단계
- 요구사항 분석 : 사용자의 요구를 파악하고 시스템이 제공해야 할 기능을 정의
- 설계 : 시스템의 전체적인 구조, 모듈, 인터페이스 등을 설계
- 구현 : 설계된 내용을 바탕으로 소프트웨어를 실제로 구현
- 테스트 : 개발된 소프트웨어가 요구사항을 충족하는지 검증
- 배포 : 개발된 소프트웨어를 사용자에게 제공
- 유지보수 : 사용자의 요구에 따라 소프트웨어를 수정하고 개선

07 ②
ICMP(Internet Control Message Protocol)
- 네트워크 오류 메시지, 호스트 도달 불가 메시지 등을 전송하여 네트워크의 상태를 확인하고 문제를 진단하는 데 사용되는 프로토콜이다.
- 인터넷 계층에서 네트워크의 상태를 관리하고 제어하는 역할을 한다.

오답 피하기
- SMTP(Simple Mail Transfer Protocol) : 인터넷을 통해 이메일 메시지를 주고받는 데 사용되는 통신 프로토콜
- SNA(Social Network Analysis) : 많은 사람들의 개인정보와 관계를 분석하여 사회 구조를 조사하는 과정
- FTP(File Transfer Protocol) : TCP/IP 프로토콜을 가지고 서버와 클라이언트 사이의 파일 전송을 하기 위한 프로토콜

08 ①
일반화(Generalization)
- 부모 클래스가 자식 클래스의 일반적인 특징과 행동을 정의하는 관계이다.
- 부모 클래스에서 자식 클래스로 화살표가 향하는 형태로 표시한다.
- 예시 : 동물(부모) → 개(자식), 고양이(자식)
  - 동물 클래스는 개와 고양이의 일반적인 특징(예 호흡, 이동)을 정의하고, 개와 고양이 클래스는 각각 고유한 특징(예 털 색깔, 품종)을 추가적으로 정의한다.
  - 상속은 코드 재사용성을 높이고 유지보수를 용이하게 하며, 부모 클래스에서 변경된 내용은 자식 클래스에도 자동으로 적용된다.

09 ③

Factory method
- 객체를 생성하기 위한 인터페이스를 정의하여 어떤 클래스가 인스턴스화 될 것인지는 서브 클래스가 결정하도록 한다.
- Virtual-Constructor 패턴이라고도 한다.

오답 피하기
- Singleton method : 유일한 하나의 인스턴스를 보장하도록 하는 패턴
- Builder method : 생성 단계를 캡슐화 해서 구축 공정을 동일하게 이용하도록 하는 패턴
- Abstraction factory method : 생성군들을 하나에 모아놓고 팩토리 중에서 선택하게 하는 패턴

10 ②

럼바우(Rumbaugh) 객체지향 분석 기법
- 소프트웨어 구성요소를 그래픽으로 모형화하였다.
- 객체 모델링 기법(OMT, Object Modeling Technique)이라고도 한다.
- 객체 모델링 → 동적 모델링 → 기능 모델링 순서로 진행된다.

객체 모델링(Object Modeling)	객체를 다이어그램으로 표시
동적 모델링(Dynamic Modeling)	상태를 시간 흐름에 따라 다이어그램으로 표시
기능 모델링(Functional Modeling)	자료 흐름도(DFD)를 이용하여 여러 프로세스 간의 자료 흐름을 표시

11 ③

데이터(자료) 흐름도(DFD, Data Flow Diagram)
- 시스템 내의 모든 자료 흐름을 4가지의 기본 기호(처리, 자료 흐름, 자료 저장소, 단말)로 기술하고 이런 자료 흐름을 중심으로 한 분석용 도구이다.
- DFD의 요소는 화살표, 원, 사각형, 직선(단선/이중선)으로 표시된다.

오답 피하기
③번은 시퀀스 다이어그램에 대한 설명이다.

12 ③

선점형 스케줄링	• 라운드 로빈 : 시분할 방식을 위해 고안된 방식으로, FIFO 방식으로 수행하되 각 작업은 할당 시간 동안만 CPU를 사용 • SRT(Shortest Remaining Time) : 남은 처리시간이 가장 짧은 작업을 먼저 수행
비선점형 스케줄링	• FIFO(First In First Out) : 가장 먼저 들어온 작업을 가장 먼저 처리 • SJF(Shortest Job First) : 처리시간이 가장 짧은 작업부터 먼저 처리 • HRN(Highest Response-ratio Next) : 처리시간이 긴 작업의 대기시간이 길어지는 SJF의 단점을 보안

13 ②

결합도(Coupling)
모듈 간 결합 정도에 따라 구분되며 결합도가 낮을수록 높은 품질이다.

자료 결합도(Data Coupling)	한 모듈이 파라미터나 인수로 다른 모듈에게 데이터를 넘겨주고 호출받은 모듈은 받은 데이터에 대한 처리 결과를 다시 돌려주는 경우의 결합도
스탬프 결합도(Stamp Coupling)	두 모듈이 동일한 자료구조를 조회하는 경우의 결합도
제어 결합도(Control Coupling)	한 모듈이 다른 모듈의 내부 논리 조직을 제어하기 위한 목적으로 제어신호를 이용하여 통신하는 경우의 결합도
외부 결합도(External Coupling)	한 모듈에서 외부로 선언한 변수를 다른 모듈에서 참조할 경우의 결합도
공통 결합도(Common Coupling)	한 모듈이 다른 모듈에게 제어 요소를 전달하고 여러 모듈이 공통자료 영역을 사용하는 경우의 결합도
내용 결합도(Content Coupling)	한 모듈이 다른 모듈의 내부 기능 및 그 내부 자료를 참조하는 경우의 결합도

결합도 낮음(높은 품질) ──────▶ 결합도 높음(낮은 품질)

자료 결합도 ⇨ 스탬프 결합도 ⇨ 제어 결합도 ⇨ 외부 결합도 ⇨ 공통 결합도 ⇨ 내용 결합도

14 ③

IPv6 주소체계는 유니캐스트(Unicast), 멀티캐스트(Multicast), 애니캐스트(Anycast) 등의 3가지로 나뉜다.

15 ②

순차 다이어그램은 행위 다이어그램이므로 동적이고, 순차적인 표현을 위한 다이어그램이다.

16 ②

사용자 인터페이스(User Interface)의 종류

CUI(Character User Interface)	문자 방식의 명령어 입력 사용자 인터페이스
GUI(Graphic User Interface)	그래픽 환경 기반의 마우스 입력 사용자 인터페이스
WUI(Web User Interface)	인터넷과 웹 브라우저를 통해 웹 페이지를 열람하고 조작하는 인터페이스
CLI(Command Line Interface)	사용자가 컴퓨터 자판 등을 이용해 명령 문자열을 입력하여 체계를 조작하는 인터페이스

17 ②

개발 비용이 가장 많이 소요되는 단계는 유지보수 단계이다.

18 ④

ARP 캐시에 저장된 정보는 영구적인 것이 아니라 TTL 값에 따라 유효 기간이 정해져 있으며, TTL 값이 0이 되면 캐시에서 삭제된다.

19 ③

오답 피하기

- Brooks의 법칙 : 지체되는 소프트웨어 개발 프로젝트에 인력을 더하는 것은 개발을 늦출 뿐이다.
- Boehm의 법칙 : 소프트웨어 프로젝트 중에 버그를 찾아 수정하는 비용은 시간이 지날수록 높아진다.
- Jackson의 법칙은 없음

20 ③

$2 \times 4800 = 9600$(bps)

오답 피하기

- 1비트 신호 단위인 경우(onebit; 2위상, 2진) : bps = baud
- 2비트 신호 단위인 경우(dibit; 4위상, 4진) : bps = 2baud
- 3비트 신호 단위인 경우(tribit; 8위상, 8진) : bps = 3baud

21 ①

fopen()
- 파일을 열고, 파일 포인터를 반환하는 함수이다.
- 파일을 읽기, 쓰기, 추가 등의 모드로 열 수 있다.

`FILE *fopen(const char *filename, const char *mode);`

오답 피하기

fscanf()	• 파일에서 서식화된 데이터를 읽어들이는 함수이다. • scanf() 함수와 비슷하지만, 파일 포인터를 첫 번째 인자로 받는다. `int fscanf(FILE *stream, const char *format, ...);`
fgetc()	• 파일에서 한 문자를 읽어들이는 함수이다. • EOF(파일의 끝)를 만나면 EOF를 반환한다. `int fgetc(FILE *stream);`
fgets()	• 파일에서 한 줄의 문자열을 읽어들이는 함수이다. • 최대 n-1개의 문자를 읽어들이며, 개행 문자도 포함된다. `char *fgets(char *str, int n, FILE *stream);`

22 ④

removeChild() : 특정 자식 요소를 부모 요소에서 제거

오답 피하기

innerHTML : 요소의 내부 HTML을 설정하거나 가져옴

23 ④

오답 피하기

- *.stc : Smart Tag Compiler의 확장자
- *.ssc : Style Sheet Compiler의 확장자
- *.xls : Excel 파일의 확장자

24 ①

`#include <stdio.h>`
`int main()`
`{`
	• 기본 입출력 라이브러리 추가
	• 정수형 main 함수 시작

`  int a = 3;`
`  int b = 7;`
`  int c = a + b;`
`  printf("%d", c % a);`
	• a 변수에 3 할당
	• b 변수에 7 할당
	• c 변수에 a 변수와 b 변수의 합 할당
	• c 변수와 a 변수의 나머지(%) 계산

`  return 0;` `}`	main() 함수 종료

25 ③

선택자 점수
- 점수가 높은 선언이 우선한다.
- 점수가 같으면, 가장 마지막에 작성된 선언이 우선한다.

인라인 스타일	가장 높음
id 선택자	100점
class 선택자	10점
태그 선택자	1점
전체 선택자	가장 낮음

26 ③

JavaScript의 Location 객체
- 현재 문서의 URL을 나타내며, 이 URL을 조작할 수 있는 다양한 프로퍼티와 메서드를 제공한다.
- 종류

href	• 현재 페이지의 전체 URL을 문자열로 반환하거나 설정
	• **예** 현재 페이지의 URL 출력
	`console.log(window.location.href);`
	• **예** URL 변경
	`window.location.href = 'https://www.example.com';`

hostname	• 호스트명만 반환하거나 설정 • **예** 'example.com' 출력 `console.log(window.location.hostname);`
pathname	• URL의 경로 부분을 반환하거나 설정 • **예** '/path/to/page' 출력 `console.log(window.location.pathname);`
search	• 쿼리 문자열을 반환하거나 설정 • **예** '?name=value' 출력 `console.log(window.location.search);`

27 ①

x = 10	2진수 : 1010
y = 4	2진수 : 0100
result = x & y	1010 0100 -------- 0000
print(result)	0 (2진수 : 0000)

28 ②

〈head〉 태그는 HTML 문서의 머리 부분으로, 문서에 대한 메타 데이터(제목, 스타일, 스크립트 등)를 포함하며, 실제로 페이지에 내용이 표시되지 않는다.

29 ③

오답 피하기

- ObjectInputStream
  - 기본 스트림이다.
  - 직렬화된 객체를 파일이나 네트워크 소켓 등에서 읽어와 객체로 복원하는 데 가장 일반적으로 사용된다.
- ByteArrayInputStream
  - 메모리 기반 스트림이다.
  - 바이트 배열을 입력 소스로 사용하는 스트림이다.
- PipedInputStream
  - Thread 간 통신 스트림이다.
  - 한 스레드에서 데이터를 쓰고 다른 스레드에서 읽는 데 사용되는 스트림이다.

30 ③

var a = 10; var b = 2;	• 변수 a에 10을 할당 • 변수 b에 2를 할당
for (var i = 1; i < 5; i+=2);	• var i = 1; : 변수 i에 1을 초기화 • i < 5; : i가 5보다 작을동안 반복 • i+=2 : 각 반복마다 i에 2를 더함
a += i	• a에 i를 더하고, 그 결과를 다시 a에 저장 • 첫 번째 반복 : a = 10 + 1 = 11 • 두 번째 반복 : a = 11 + 3 = 14
console.log(a+b)	• 최종적으로 a와 b의 합을 콘솔에 출력 • a는 루프를 통해 14가 되었고 b는 2이므로, 14+2 = 16을 출력

31 ④

list1 = [1, 2, 3] list2 = [4, 5]	list1과 list2를 생성
list1.insert(2, list2)	• list1 리스트의 인덱스 2 위치에 list2 전체를 삽입 • 파이썬 리스트의 인덱스는 0부터 시작하므로, 인덱스 2는 실제로 세 번째 위치 • list2 자체가 하나의 요소로 취급되어 list1의 세 번째 위치에 들어감
print(list1)	최종적으로 수정된 list1 리스트의 내용을 출력

32 ①

- char *pc, array1[100]; → 문자형 포인터 변수 *pc와 1차원 배열 array1[100]을 선언한다.
- array1[100] → 100개의 배열을 갖는 배열 변수를 의미한다. array1[100]의 첫 번째 배열 주소는 array1[0] 마지막 주소는 array1[99]이다.
- pc=array1 → array1 배열의 시작 주소를 포인터 변수 pc에 입력한다.

오답 피하기

pc = &array1[0]; → &array1[0](배열의 시작 주소)를 pc 포인터 변수에 입력한다는 표현이다.

33 ②

false는 자바의 예약어이므로 변수 이름으로 사용할 수 없다.

34 ③

객체지향 기법의 특성

캡슐화(Encapsulation)	연관된 데이터와 함수를 함께 묶는 것
정보은닉(Information Hiding)	객체가 다른 객체로부터 자신의 자료를 숨기고 자신의 연산만을 통하여 접근을 허용하는 것
추상화(Abstraction)	주어진 문제나 시스템 중에서 중요하고 관계있는 부분만을 분리하여 간결하고 이해하기 쉽게 만드는 것
상속(Inheritance)	상위 클래스의 속성과 메서드를 하위 클래스가 물려받는 것
다형성(Polymorphism)	많은 상이한 클래스들이 동일한 메서드명을 이용하는 것

35 ③

보통 변수의 번지를 참조하려면 번지 연산자 &를 변수 앞에 쓴다.

36 ①

HTML5에서 추가된 주요 요소

〈nav〉	• 문서 내비게이션 링크 그룹을 정의한다. • 주로 웹사이트의 주요 내비게이션 링크를 감싸는 데 사용된다.
〈article〉	• 문서, 페이지, 애플리케이션 또는 사이트 안에서 독립적으로 구분되거나 재사용 가능한 영역을 정의한다. • 블로그 게시물, 뉴스 기사, 댓글, 포럼 글 등과 같은 독립적인 컨텐츠를 표현하는 데 사용된다.
〈figure〉	• 독립적인 콘텐츠를 정의하고 캡션을 제공한다. • 이미지, 동영상, 차트, 코드 조각 등과 같은 멀티미디어 콘텐츠를 표현하는 데 사용된다.
〈section〉	• 문서 내에서 특정 테마나 콘텐츠 영역을 정의한다. • 일반적으로 제목(〈h1〉~〈h6〉 요소)을 포함하며, 더 작은 섹션으로 나눌 수 있다.
〈header〉	• 섹션이나 페이지의 시작 부분을 정의한다. • 제목이나 로고, 탐색 링크 등의 콘텐츠를 포함한다.
〈footer〉	• 섹션이나 페이지의 하단 부분을 정의한다. • 작성자 정보, 저작권 정보, 연락처 정보 등을 포함하는 데 사용된다.

37 ④

extends : Java에서 클래스 간의 상속 관계를 정의하는 데 사용된다.

오답 피하기

JAVA 예외 처리 예약어
- try : 예외가 발생할 수 있는 코드 블록을 정의한다.
- catch : 예외가 발생했을 때 해당 예외를 처리하는 코드 블록을 정의한다.
- finally : 예외 발생 여부에 상관없이 항상 실행되는 코드 블록을 정의한다.

38 ③

역공학(Reverse Engineering)
- 소프트웨어를 분석하여 소프트웨어 개발과정과 데이터 처리 과정을 설명하는 분석 및 설계정보를 재발견하거나 다시 만들어내는 작업이다.
- 현재 프로그램으로부터 데이터, 아키텍처, 그리고 절차에 관한 분석 및 설계 정보를 추출하는 작업이다.

39 ④

응집도(Cohesion)

우연적 응집도 (Coincidental Cohesion)	서로 간에 어떠한 의미 있는 연관 관계도 없는 기능 요소로 구성될 경우의 응집도
논리적 응집도 (Logical Cohesion)	유사한 성격을 갖거나 특정 형태로 분류되는 처리 요소들이 한 모듈에서 처리되는 경우의 응집도
시간적 응집도 (Temporal Cohesion)	연관된 기능이라기보다는 특정 시간에 처리되어야 하는 활동들을 한 모듈에서 처리할 경우의 응집도
절차적 응집도 (Procedural Cohesion)	모듈이 다수의 관련 기능을 가질 때 모듈 안의 구성요소들이 그 기능을 순차적으로 수행할 경우의 응집도
통신적 응집도 (Communication Cohesion)	동일한 입력과 출력을 사용하여 다른 기능을 수행하는 활동들이 모여 있을 경우의 응집도
순차적 응집도 (Sequential Cohesion)	모듈 내에서 한 활동으로부터 나온 출력값을 다른 활동이 사용할 경우의 응집도
기능적 응집도 (Functional Cohesion)	모듈 내부의 모든 기능이 단일한 목적을 위해 수행되는 경우의 응집도

응집도 낮음(낮은 품질) → 응집도 높음(높은 품질)
우연적 응집도 ⇒ 논리적 응집도 ⇒ 시간적 응집도 ⇒ 절차적 응집도 ⇒ 통신적 응집도 ⇒ 순차적 응집도 ⇒ 기능적 응집도

40 ④

k = 1;
while(k<60)
~
k++;
	변수 k는 1부터 60까지 1씩 증가한다.

if(k%4==0) 　printf("%d\n", k-2);	• 변수 k가 4의 배수이면 그때 k보다 2 작은 값을 출력한다. • 즉 1~60까지 수중에서 4의 배수인 값보다 2 작은 값이 출력된다. • (4)2, (8)6, (12)10, (16)14 ~ 32(30), 36(34) ~

41 ④

트랜잭션의 특성

원자성(Atomicity)	완전하게 수행 완료되지 않으면 전혀 수행되지 않아야 함
일관성(Consistency)	시스템의 고정 요소는 트랜잭션 수행 전후에 같아야 함
격리성(Isolation, 고립성)	트랜잭션 실행 시 다른 트랜잭션의 간섭을 받지 않아야 함
영속성(Durability, 지속성)	트랜잭션의 완료 결과가 데이터베이스에 영구히 기억되어야 함

42 ③

NULL(널)은 아직 알려지거나 모르는 값을 의미하며, 정보의 부재를 나타내기 위해 사용한다.

43 ①

Select는 조건에 맞는 튜플을 구하는 수평적 연산으로, σ(시그마)를 사용하는 순수 관계 연산자이며, σ〈조건〉(릴레이션명)으로 표기한다.

오답 피하기

순수 관계 연산자

select	σ	튜플 집합을 검색
project	π	속성 집합을 검색
join	⋈	두 릴레이션의 공통 속성을 연결
division	÷	두 릴레이션에서 특정 속성을 제외한 속성만 검색

44 ②

스키마(Schema) 3계층

외부 스키마(Internal Schema)	• 사용자나 응용 프로그래머가 접근할 수 있는 정의를 기술 • 서브 스키마라고도 함
개념 스키마(Internal Schema)	• 데이터베이스 전체의 논리인 구조 • 개체 간의 관계와 제약 조건을 나타내고, 데이터베이스 접근 권한, 보안 및 무결성 규칙 명세가 있음
내부 스키마(Internal Schema)	• 물리적 저장 장치의 입장에서 본 데이터베이스 구조 • 실제로 데이터베이스에 저장될 레코드의 형식을 정의하고 저장 데이터 항목의 표현 방법, 내부 레코드의 물리적 순서 등을 나타냄

45 ④

```
비정규형 릴레이션
   ↓ 모든 도메인이 원자값이 되도록 분해
제1정규형(1NF)
   ↓ 부분 함수 종속 관계 제거
제2정규형(2NF)
   ↓ 이행적 함수 종속 관계 제거
제3정규형(3NF)
   ↓ 후보키가 아닌 결정자 관계 제거
보이스 코드 정규형(BCNF)
   ↓ 다치 종속 관계 제거
제4정규형(4NF)
   ↓ 후보키를 통하지 않은 조인 종속 관계 제거
제5정규형(5NF)
```

46 ②

E-R 다이어그램(ERD)

기호		의미
사각형		개체(Entity)
마름모		관계(Relationship)
타원		속성(Attribute)
선, 링크		개체-속성, 개체-개체의 연결
2중 타원		다중값 속성

47 ②

UPDATE
- 튜플의 내용 변경하는 명령어이다.
- 기본 구조

```
UPDATE 테이블명
SET 속성명=데이터
WHERE 조건;
```

48 ③

키(Key)의 종류

기본키(Primary Key)	• 후보키들 중에서 하나를 선택한 키로, 테이블에서 기본키는 오직 1개만 지정할 수 있다. • NULL 값을 절대 가질 수 없고, 중복된 값을 가질 수 없다.
후보키(Candidate Key)	• 테이블에서 각 행을 유일하게 식별할 수 있는 최소한의 속성들의 집합이다. • 기본키가 될 수 있는 후보이며, 유일성과 최소성을 동시에 만족시켜야 한다.
슈퍼키(Super Key)	• 테이블에서 각 행을 유일하게 식별할 수 있는 하나 또는 그 이상의 속성들의 집합이다. • 유일성은 만족시키지만 최소성은 만족시키지 못한다.
대체키(Alternate Key)	• 후보키가 두 개 이상일 경우 그 중에서 어느 하나를 기본키로 지정하고 남은 후보키들이다. • 기본키로 선정되지 않은 후보키이다.
외래키(Foreign Key)	• 테이블이 다른 테이블의 데이터를 참조하여 테이블 간의 관계를 연결하는 것이다. • 참조되는 테이블의 기본키와 동일한 키 속성을 가진다.

49 ①

SQL(Structured Query Language)의 종류

데이터 정의어 (DDL, Data Definition Language)	• CREATE : 테이블 생성 • DROP : 테이블 삭제 • ALTER : 테이블 수정 • TRUNCATE : 테이블에 있는 모든 데이터 삭제
데이터 조작어 (DML, Data Manipulation Language)	• SELECT : 데이터 조회 • INSERT : 데이터 입력 • UPDATE : 데이터 수정 • DELETE : 데이터 삭제
데이터 제어어 (DCL, Data Control Language)	• GRANT : 권한 생성 • REVOKE : 권한 삭제

50 ④

관계대수(Relational Algebra)
- 원하는 정보와 그 정보를 어떻게 유도하는가를 기술하는 절차적인 방법이다.
- 주어진 릴레이션 조작을 위한 연산의 집합이다.
- 질의에 대한 해를 구하기 위해 수행해야 할 연산의 순서를 명시한다.
- 릴레이션 조작을 위한 연산의 집합으로 피연산자와 결과가 모두 릴레이션이다.
- 일반 집합 연산과 순수 관계 연산으로 구분된다.
- 종류 및 기호 : 셀렉션(σ), 프로젝션(π), 조인($\bowtie$), 디비전($\div$)

51 ③
관계해석 자유 변수

∀	전칭 정량자(Universal quantifier)	for all(모든 것에 대하여)
∃	존재 정량자(Existential quantifier)	There exists, For Some

52 ②
로킹의 단위

로킹의 단위가 큰 경우	• 로크의 개수가 적어져 병행 제어 기법이 단순해진다. • 병행성(공유도) 수준이 낮아지고 오버헤드가 감소한다.
로킹의 단위가 작은 경우	• 로크의 개수가 많아져 병행 제어 기법이 복잡해진다. • 병행성(공유도) 수준이 높아지고 오버헤드가 증가한다.

53 ③
REVOKE는 데이터베이스 사용자로부터 사용 권한을 취소한다.

오답 피하기

REVOKE의 기본 구조

```
REVOKE [GRANT OPTION FOR] 권한 ON 데이터 객체 FROM 사용자
[CASCADE];
```

- GRANT OPTION FOR : 다른 사용자에게 권한을 부여할 수 있는 권한을 취소한다.
- CASCADE : 권한을 부여받았던 사용자가 다른 사용자에게 부여한 권한도 연쇄 취소한다.
- 부여 가능한 권한 : Update, delete, Insert, Select

54 ③
뷰(View)의 특징
- 저장장치 내에 물리적으로 존재하지 않고 테이블에서 유도되는 가상의 테이블이다.
- 뷰를 이용한 또 다른 뷰의 생성이 가능하다.
- 하나의 뷰 제거 시 그 뷰를 기초로 정의된 다른 뷰도 함께 삭제된다.
- 뷰에 대한 조작에서 삽입, 갱신, 삭제 연산은 제약이 따른다.
- 뷰가 정의된 기본 테이블이 제거되면 뷰도 자동적으로 제거된다.
- 뷰의 생성 시 CREATE문, 검색 시 SELECT문을 사용한다.
- 뷰의 정의 변경 시 ALTER문을 사용할 수 없고, DROP문을 사용한다.

55 ②
데이터 모델의 구성요소

구조(Structure)	데이터 구조 및 정적 성질 표현
연산(Operations)	데이터의 인스턴스에 적용 가능한 연산 명세와 조작 기법 표현
제약 조건(Constraints)	데이터의 논리적 제한 명시 및 조작의 규칙

56 ④
분산 데이터베이스의 목표
- 위치 투명성(Location Transparency) : 하드웨어와 소프트웨어의 물리적 위치를 사용자가 알 필요가 없다.
- 중복(복제) 투명성(Replication Transparency) : 사용자에게 통지할 필요 없이 시스템 안에 파일들과 자원들의 부가적인 복사를 자유롭게 할 수 있다.
- 병행 투명성(Concurrency Transparency) : 다중 사용자들이 자원들을 자동으로 공유할 수 있다.
- 장애 투명성(Faiure Transparency) : 사용자들은 어느 위치의 시스템에 장애가 발생했는지 알 필요가 없다.

57 ①
- 모든 속성의 도메인 값을 곱하면 최대 튜플 수가 계산된다.
- 3×2×4 = 24(개)

58 ④

물리적 설계	• 목표 DBMS에 종속적인 물리적 구조 설계 • 저장 레코드 양식 설계 및 레코드 집중의 분석/설계 • 파일 조직 방법과 저장 방법 그리고 파일 접근 방법 등을 선정 • 응답시간 효율화를 위한 접근 경로 설계 • 트랜잭션 세부 설계
논리적 설계	• DBMS에 따라 서로 다른 논리적 스키마 설계 • 개념 스키마를 평가 및 정제 • 논리적 데이터 모델로 변환 • 트랜잭션 인터페이스 설계 • 개념 스키마의 평가 및 정제

59 ③
제시된 릴레이션의 스키마(속성)가 4개이므로 차수는 4가 된다.

오답 피하기

속성(Attribute)
- 테이블의 열(Column)에 해당하며 파일 구조의 항목(Item), 필드(Field)와 같은 의미이다.
- 차수(Degree) : 속성의 수(차수)

60 ③
Preoder(전위 순회)는 Root → Left → Right 순으로 순회한다.

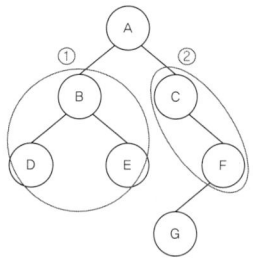

A ① ②
A B D E ②
A B D E C F G

최신 기출문제 05회

01 ①	02 ①	03 ③	04 ④	05 ④
06 ①	07 ①	08 ①	09 ③	10 ②
11 ②	12 ②	13 ④	14 ④	15 ①
16 ①	17 ④	18 ①	19 ④	20 ②
21 ①	22 ②	23 ②	24 ②	25 ③
26 ①	27 ③	28 ②	29 ③	30 ②
31 ④	32 ③	33 ④	34 ④	35 ②
36 ①	37 ③	38 ④	39 ④	40 ④
41 ④	42 ③	43 ④	44 ②	45 ④
46 ①	47 ③	48 ④	49 ③	50 ②
51 ②	52 ④	53 ②	54 ①	55 ④
56 ③	57 ③	58 ①	59 ③	60 ③

01 ①
Framework(프레임워크)
- 뼈대나 기반구조를 의미하며, 제어의 역전 개념이 적용된 대표적인 기술이다.
- 프로그래밍을 진행할 때 필수적인 코드, 알고리즘 등과 같이 어느 정도의 구조를 제공해 주기 때문에 프레임워크를 사용하는 프로그래머는 이 프레임워크의 뼈대 위에서 코드를 작성하여 프로그램을 개발하면 된다.

02 ①
HDLC 구조

| FLAG | ADDRESS | CONTROL | INFORMATION | FCS | FLAG |

- 플래그(Flag) : 프레임의 양 끝에 고유 비트 패턴인 01111110로써 제한하며, 프레임의 시작과 끝을 표시하므로 프레임의 동기화에 사용
- 주소부(Address) : 프레임을 송수신하는 부스테이션을 식별하기 위해 사용
- 제어부(Control) : 프레임의 종류를 식별하기 위해 사용
  - I-프레임 : 정보(Information) 프레임, 데이터에 대한 확인 응답
  - S-프레임 : 감독(Supervisory) 프레임, 오류제어와 흐름제어
  - U-프레임 : 비번호(Unnumbered) 프레임, 링크 설정과 오류 회복
- 정보부(Information) : 실제 사용자 데이터를 포함하는 필드
- FCS(Frame Check Sequence) 필드 : CRC(Cyclic Redundancy Checks) 방식을 이용한 프레임의 에러 검출을 위한 필드

03 ③
형상 관리(Version Control Revision Control)
- 구성 관리(Software Configuration Management)라고도 한다.
- 소프트웨어의 변경 사항을 체계적으로 관리하기 위하여 추적하고 통제하는 것이다.
- 단순 버전관리 기반의 소프트웨어 운용을 좀 더 포괄적인 학술 분야의 형태로 넓히는 근간을 의미한다.
- 작업 산출물을 형상 항목(Configuration Item)이라는 형태로 선정하고, 형상 항목 간의 변경 사항 추적과 통제 정책을 수립하고 관리한다.

오답 피하기
chief programmer team(책임 프로그래머)은 중앙 집중형 프로젝트 구성과 관련된 내용이다.

04 ④
라우터(Router)
- 게이트웨이 기능을 제공하며 네트워크망의 최단경로 탐색 기능을 수행한다.
- 네트워크 계층까지의 기능을 수행한다.

05 ④
LAN의 토폴로지 형태

스타형(Star, 성형)	• 중앙에 호스트 컴퓨터(Host Computer)가 있고 이를 중심으로 터미널(Terminal)들이 연결되는 중앙 집중식의 네트워크 구성 형태이다. • 중앙 컴퓨터와 직접 연결되어 응답이 빠르고 통신 비용이 적게 소요되지만, 중앙 컴퓨터에 장애가 발생하면 전체 시스템이 마비된다.
링형(Ring)	• 데이터는 한쪽 방향으로만 흐르고 병목 현상이 드물지만, 두 노드 사이의 채널이 고장 나면 전체 네트워크가 손상될 수 있다. • 한 노드가 절단되어도 우회로를 구성하여 통신이 가능하다.
버스형(Bus)	• 한 개의 통신 회선에 여러 개의 사이트가 연결된 형태이다. • 한 사이트의 고장은 나머지 사이트 간 통신에 아무런 영향을 주지 않는다.
계층형(Tree)	• 트리(Tree) 형태이다. • 분산 처리 시스템을 구성하는 방식이다.
망형(Mesh, 2분형)	• 각 사이트는 시스템 내의 모든 사이트와 직접 연결된 형태이다. • 통신 회선의 총 경로가 다른 네트워크 형태에 비해 가장 길게 소요된다. • 많은 단말기로부터 많은 양의 통신이 필요할 때 유리하다. • n개의 구간을 망형으로 연결하면 n(n-1)/2개의 회선이 필요하다.

06 ①
V-모델

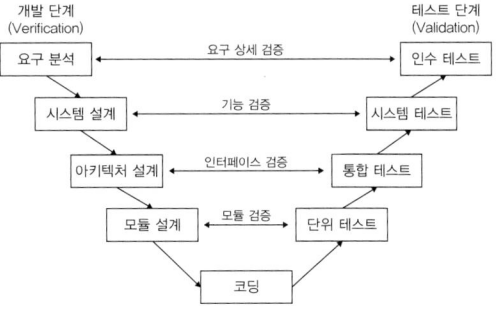

- 요구 분석 및 설계 단계를 필수적으로 거친다.
- 폭포수 모델의 변형으로, 요구사항 분석, 설계, 코딩, 테스트 단계로 구성된다.
- 각 단계는 순차적으로 진행되며, 이전 단계가 완료되지 않으면 다음 단계로 넘어갈 수 없다.
- 특히 요구사항 분석 및 설계 단계는 시스템의 기능, 성능, 사용자 인터페이스 등을 명확하게 정의하는 중요한 역할을 한다.
- 생명주기 초반부터 테스트 작업을 지원한다.

07 ①

ARP(Address Resolution Protocol)	IP 주소를 이용하여 물리적인 MAC 주소를 찾아 주는 프로토콜
RARP(Reverse Address Resolution Protocol)	호스트의 물리 주소를 통하여 논리 주소인 IP 주소를 얻어오기 위해 사용되는 프로토콜

08 ①

일반화(Generalization)
- 부모 클래스가 자식 클래스의 일반적인 특징과 행동을 정의하는 관계이다.
- 부모 클래스에서 자식 클래스로 화살표가 향하는 형태로 표시한다.
- 예시 : 동물(부모) → 개(자식), 고양이(자식)
  - 동물 클래스는 개와 고양이의 일반적인 특징(예 호흡, 이동)을 정의하고, 개와 고양이 클래스는 각각 고유한 특징(예 털 색깔, 품종)을 추가적으로 정의한다.
  - 상속은 코드 재사용성을 높이고 유지보수를 용이하게 하며, 부모 클래스에서 변경된 내용은 자식 클래스에도 자동으로 적용된다.

09 ③

데코레이터 패턴(Decorator Pattern)
- 객체 지향 설계 패턴 중 하나로, 기존 객체에 동적으로 기능을 추가하여 확장성을 높이는 데 효과적이다.
- 데코레이터 패턴 구성요소

Component	기본 기능을 정의하는 인터페이스
ConcreteComponent	Component 인터페이스를 구현하며, 기본 기능을 제공하는 클래스
Decorator	Component 인터페이스를 구현하며, 추가 기능을 제공하기 위해 다른 Component 객체를 감싸는 클래스
ConcreteDecorator	Decorator 클래스를 상속받아 추가적인 기능을 실제로 구현하는 클래스

- 데코레이터 패턴의 사용 예 : GUI 위젯 라이브러리, 네트워크 프록시 등

오답 피하기

싱글톤 패턴(Singleton Pattern)
- 객체 지향 설계 패턴 중 하나로, 특정 클래스의 인스턴스가 하나만 존재하도록 보장하는 패턴이다.
- 싱글톤 패턴의 사용 예 : 환경 설정, 로그 시스템, 캐싱 시스템 등

10 ②

UML 다이어그램의 분류

구조적 다이어그램	· 클래스 다이어그램(Class Diagram) · 객체 다이어그램(Object Diagrma) · 컴포넌트 다이어그램(Componet Diagram) · 배치 다이어그램(Deployment Diagram) · 복합체 구조 다이어그램(Composite Structure Diagram) · 패키지 다이어그램(Package Diagram)
행위 다이어그램	· 유스케이스 다이어그램(Use Case Diagram) · 시퀀스 다이어그램(Sequence Diagram) · 커뮤니케이션 다이어그램(Communication Diagram) · 상태 다이어그램(State Diagram) · 활동 다이어그램(Activitiy Diagram) · 상호작용 개요 다이어그램(Interaction Overview Diagram) · 타이밍 다이어그램(Timing Diagram)

11 ②

자료 흐름도(DFD, Data Flow Diagram)

구성요소	의미	표기법
프로세스 (Process)	자료를 변환시키는 시스템의 한 부분을 나타냄	프로세스 이름
자료 흐름 (Data Flow)	자료의 이동(흐름)을 나타냄	자료 이름 →
자료 저장소 (Data Store)	시스템에서의 자료 저장소(파일, 데이터베이스)를 나타냄	자료 저장소 이름
단말 (Terminator)	자료의 발생지와 종착지를 나타냄(시스템의 외부에 존재하는 사람이나 조직체)	단말 이름

12 ②

내부 단편화
- 데이터가 적재될 데이터 크기와 메모리 여유 공간의 차이를 의미한다.
- 기억 공간 중 17k를 입력할 수 있는 첫 번째 공간은 23k이므로, 23−17 = 6k이다.

오답 피하기

배치(Placement) 전략

최초 적합(First Fit)	입력되는 작업의 순서에 따라 주기억장치 첫 번째 기억 공간부터 할당
최적 적합(Best Fit)	입력되는 작업의 크기에 맞는 주기억장치를 찾아 할당
최악 적합(Worst Fit)	입력되는 작업의 크기에 맞지 않고 낭비가 가장 심한 공간을 찾아 할당

13 ④

결합도(Coupling)

모듈 간 결합 정도에 따라 구분되며 결합도가 낮을수록 높은 품질이다.

자료 결합도 (Data Coupling)	한 모듈이 파라미터나 인수로 다른 모듈에게 데이터를 넘겨주고 호출받은 모듈은 받은 데이터에 대한 처리 결과를 다시 돌려주는 경우의 결합도
스탬프 결합도 (Stamp Coupling)	두 모듈이 동일한 자료구조를 조회하는 경우의 결합도
제어 결합도 (Control Coupling)	한 모듈이 다른 모듈의 내부 논리 조직을 제어하기 위한 목적으로 제어신호를 이용하여 통신하는 경우의 결합도
외부 결합도 (External Coupling)	한 모듈에서 외부로 선언한 변수를 다른 모듈에서 참조할 경우의 결합도
공통 결합도 (Common Coupling)	한 모듈이 다른 모듈에게 제어 요소를 전달하고 여러 모듈이 공통자료 영역을 사용하는 경우의 결합도
내용 결합도 (Content Coupling)	한 모듈이 다른 모듈의 내부 기능 및 그 내부 자료를 참조하는 경우의 결합도

결합도 낮음(높은 품질) ────────────────→ 결합도 높음(낮은 품질)

자료 결합도 ⇒ 스탬프 결합도 ⇒ 제어 결합도 ⇒ 외부 결합도 ⇒ 공통 결합도 ⇒ 내용 결합도

14 ④

교착상태의 해결 방법

예방(Prevention)	• 교착상태가 발생하지 않도록 사전에 시스템을 제어하는 방법 • 일반적으로 자원의 낭비가 가장 심한 것으로 알려진 기법
회피(Avoidance)	• 교착상태 발생 가능성을 인정하고 교착상태가 발생하려고 할 때, 교착상태 가능성을 피해가는 방법 • 주로 은행가 알고리즘(Banker's Algorithm)을 사용
발견(Detection)	• 교착상태가 발생했는지 검사하여 교착상태에 빠진 프로세스와 자원을 발견하는 방법 • 자원 할당 그래프를 활용
회복(Recovery)	• 교착상태에 빠진 프로세스를 종료하거나 해당 프로세스가 점유하고 있는 자원을 선점하여 다른 프로세스에게 할당하는 방법 • 사용자가 직접 처리하는 방법과 시스템에 의해 자동으로 처리하는 방법을 활용

15 ①

테스트 스텁(Test Stub) : 상위 모듈에서 하위 모듈로의 테스트를 진행하는 과정 중 하위 시스템 컴포넌트의 개발이 완료되지 않은 상황에서 시스템 테스트를 진행하기 위하여 임시로 생성된 가상의 더미 컴포넌트(dummy component)

16 ①

사용자 인터페이스(User Interface)의 종류

CUI(Character User Interface)	문자 방식의 명령어 입력 사용자 인터페이스
GUI(Graphic User Interface)	그래픽 환경 기반의 마우스 입력 사용자 인터페이스
WUI(Web User Interface)	인터넷과 웹 브라우저를 통해 웹 페이지를 열람하고 조작하는 인터페이스
CLI(Command Line Interface)	사용자가 컴퓨터 자판 등을 이용해 명령 문자열을 입력하여 체계를 조작하는 인터페이스

17 ④

• 화이트박스 테스트는 일반적으로 소프트웨어의 내부 동작 및 코드 구조를 검증하는 데 사용되는 테스트 방법으로, 주로 개발자들이 코드를 작성하고 테스트하는 과정에서 활용한다.
• 요구 분석 명세서를 검증하는 기법에는 프로토타이핑, 인터뷰, 요구사항 검토 등을 이용한다.

18 ①

체크섬(Checksum)

• 네트워크를 통해서 전송된 데이터의 값이 변경되었는지(무결성)를 검사하는 값이다.
• 무결성을 통해서 네트워크를 통해서 수신된 데이터에 오류가 없는지 여부를 확인한다.

오답 피하기

IP 헤더 체크섬은 일반적으로 IP 헤더를 따르는 데이터는 자체 체크섬을 가지고 있기 때문에 IP 헤더를 통해서만 계산된다.

19 ④

SJF(Shortest Job First)

• 비선점 스케줄링 기법의 일종이다.
• 준비상태 큐에서 기다리고 있는 프로세스들 중에서 실행시간이 짧은 프로세스에 먼저 할당한다.
• 가장 적은 평균 대기시간을 제공한다.

20 ②

OSI 7계층의 기능

물리 계층(Physical Layer)	전기적, 기능적, 절차적 기능 정의
데이터 링크 계층(Data Link Layer)	흐름 제어, 에러 제어
네트워크 계층(Network Layer)	경로 설정 및 네트워크 연결 관리
전송 계층(Transport Layer)	통신 양단 간의 에러 제어 및 흐름 제어
세션 계층(Session Layer)	프로세스 간에 대한 연결을 확립, 관리, 단절 수단 제공
표현 계층(Presentation Layer)	코드 변환, 암호화, 압축, 구문 검색
응용 계층(Application Layer)	사용자에게 서비스 제공

21 ①

C언어의 기본 자료형

자료형	예약어	크기
정수형	int	4Byte
	long	4Byte
실수형	float	4Byte
	double	8Byte
문자형	char	1Byte

22 ②

#include <stdio.h>	표준 입력/출력 함수 선언
#define POWER(x) x * x	• #define은 매크로를 정의하는 데 사용되는 프리 프로세서 지시문 • POWER(x)는 매크로 이름이고, x * x는 매크로 본문 • POWER(x) 매크로는 매개변수 x를 제곱하여 값을 반환하는 매크로로 정의
int main() {	main 함수 시작
printf("%d", POWER(1+2));	• 프리 프로세서에 의해 POWER(x)에 정의된 식을 컴파일 전 printf("%d", 1+2*1+2)로 변환 • 1+2*1+2는 1+(2*1)+2이므로 5로 계산 • printf("%d", 5);는 5를 정수 형식으로 출력
return 0; }	프로그램 종료

23 ②

CSS의 배경색 설정 방법
- background-color : 요소의 배경 색상을 설정
- background-image : 요소의 배경에 이미지를 삽입
- background-repeat : 배경 이미지의 반복 방법을 설정
- background-attachment : 배경 이미지가 스크롤 될 때의 동작을 설정
- background-size : 배경 이미지의 크기를 설정

24 ②

- 풀이 순서 ① : a < b + 2를 평가
  - a는 10이고, b는 20이므로 b + 2는 40이다.
  - 따라서 1 < 4는 참(True)이다.
- 풀이 순서 ② : a << 1을 평가
  - a << 1은 1을 왼쪽으로 한 번 시프트하므로 2가 된다.
- 풀이 순서 ③ : a << 1 <= b를 평가
  - a << 1은 2이고, b는 20이다.
  - 따라서 2 <= 2는 참(True)이다.
- 풀이 순서 ④ : 전체 식 a < b + 2 && a << 1 <= b를 평가
  - 첫 번째 부분 a < b + 2는 참(True)이다.
  - 두 번째 부분 a << 1 <= b도 참(True)이다.
  - AND 연산자 &&는 두 피연산자가 모두 참일 때 참을 반환한다.
  - 따라서 전체 식의 결과는 참(True)이고, C언어에서 참은 정수 1로 표현되므로 결과는 1이 된다.

25 ③

CSS의 선택자(Selector)
- 스타일을 적용할 HTML 요소를 선택하는 데 사용된다.
- 다양한 방법으로 HTML 요소를 선택할 수 있으며, 이를 통해 웹 페이지의 특정 부분에 스타일을 적용할 수 있다.
- 클래스 선택자는 클래스 이름을 가지는 특정 요소를 선택한다.
- 기본 선택자

요소 선택자 (Type Selector)	• p를 이용하여 특정 HTML 요소를 선택 • 예 모든 <p> 요소의 텍스트 색상을 파란색으로 변경 `p { color: blue; }`
클래스 선택자 (Class Selector)	• .을 이용하여 특정 클래스를 가진 요소를 선택 • 예 class="example"인 모든 요소의 글자 크기를 20픽셀로 변경 `.example { font-size: 20px; }`
아이디 선택자 (ID Selector)	• #을 이용하여 특정 아이디를 가진 요소를 선택 • 예 id="unique"인 요소의 배경색을 노란색으로 변경 `#unique { background-color: yellow; }`
전체 선택자 (Universal Selector)	• *를 이용하여 문서의 모든 요소를 선택 • 예 웹 페이지의 모든 요소에 기본 여백과 패딩을 0으로 설정 `* { margin: 0; padding: 0; }`

26 ①

JavaScript의 Location 객체
- 현재 문서의 URL을 나타내며, 이 URL을 조작할 수 있는 다양한 프로퍼티와 메서드를 제공한다.
- 종류

href	• 현재 페이지의 전체 URL을 문자열로 반환하거나 설정
	• 예 현재 페이지의 URL 출력
	`console.log(window.location.href);`
	• 예 URL 변경
	`window.location.href = 'https://www.example.com';`

hostname	• 호스트명만 반환하거나 설정 • 예 'example.com' 출력 `console.log(window.location.hostname);`

pathname	• URL의 경로 부분을 반환하거나 설정 • 예 '/path/to/page' 출력 `console.log(window.location.pathname);`
search	• 쿼리 문자열을 반환하거나 설정 • 예 '?name=value' 출력 `console.log(window.location.search);`

27 ③

- 7 > 5: → True
- Not True → Flase

28 ②

⟨p⟩ 태그	• 단락(paragraph)을 나타내는 태그 • 텍스트 블록을 새로운 단락으로 나누고, 기본적인 여백과 스타일을 적용 • 단락 간에 자연스러운 공간을 만들고, 텍스트의 가독성을 향상시킴 `⟨p⟩첫 번째 단락입니다.⟨/p⟩⟨p⟩두 번째 단락입니다.⟨/p⟩`
⟨br⟩ 태그	• 텍스트 블록 안에서 강제적으로 줄바꿈을 발생시키는 태그 • 단락 구분 없이 특정 위치에서 한 줄 텍스트를 다음 줄로 넘기는 데 사용 `⟨br⟩두 번째 줄입니다.⟨br⟩세 번째 줄입니다.`
⟨pre⟩ 태그	• 사전 정의된 형식(preformatted)의 텍스트를 나타내는 태그 • 공백, 줄바꿈, 들여쓰기 등을 원래 형식대로 보존하여 출력 • 코드, 텍스트 예시, 표 등과 같은 텍스트 표현에 유용 `⟨pre⟩ function add(a, b) { return a + b; } ⟨/pre⟩`

29 ③

JAVA 접근제어자(접근제한자)

제어자	접근 범위	적용 가능한 범위
public	모든 클래스	클래스, 필드, 메서드, 생성자
protected	같은 패키지, 상속받은 클래스	필드, 메서드, 생성자
default	같은 패키지에서만(명시적으로 설정하지 않음)	클래스, 필드, 메서드, 생성자
private	동일 클래스 내에서만	필드, 메서드, 생성자

30 ②

`var myArray = ['one', 'two', 'three'];`

- 문자열 'one', 'two', 'three'를 요소로 갖는 배열 myArray를 생성
- myArray : ['one', 'two', 'three']

배열에 요소 추가(push 메서드):

- `myArray.push('tour');`
- 배열의 끝에 'tour'를 추가
- myArray : ['one', 'two', 'three', 'tour']

배열의 앞에 요소 추가(unshift 메서드):

- `myArray.unshift('five');`
- 배열의 맨 앞에 'tive'를 추가
- myArray : ['five', 'one', 'two', 'three', 'tour']

배열의 마지막 요소 제거(pop 메서드):

- `myArray.pop();`
- 배열의 마지막 요소를 제거
- myArray : ['five', 'one', 'two', 'three']

배열 출력(console.log):

- `console.log(myArray);`
- 현재 배열의 상태를 콘솔에 출력
- 출력 : ['tive', 'one', 'two', 'three']

31 ④

list1 = [1, 2, 3] list2 = [5, 6]	list1과 list2를 생성
list1.append(4)	• 리스트에 요소 추가(append 메서드) • list1 : [1, 2, 3, 4]
list1.append(list2)	• 리스트1에 리스트2 추가(append 메서드) • list1 : [1, 2, 3, 4, [5, 6]]
print(list1)	• 리스트 출력 (print 메서드) • list1 : [1, 2, 3, 4, [5, 6]]

32 ③

fopen()	• 파일을 열고, 파일 포인터를 반환하는 함수 • 파일을 읽기, 쓰기, 추가 등의 모드로 열 수 있음 `FILE *fopen(const char *filename, const char *mode);`
fscanf()	• 파일에서 서식화된 데이터를 읽어들이는 함수 • scanf() 함수와 비슷하지만, 파일 포인터를 첫 번째 인자로 받음 `int fscanf(FILE *stream, const char *format, ...);`
fgetc()	• 파일에서 한 문자를 읽어들이는 함수 • EOF(파일의 끝)를 만나면 EOF를 반환함 `int fgetc(FILE *stream);`
fgets()	• 파일에서 한 줄의 문자열을 읽어들이는 함수 • 최대 n-1개의 문자를 읽어들이며, 개행 문자도 포함됨 `char *fgets(char *str, int n, FILE *stream);`

33 ④

실수형	• float : 32비트 부동소수점 값 저장(IEEE 754 표준 기반, 단일 정밀도) • double : 64비트 부동소수점 값 저장(IEEE 754 표준 기반, 더 높은 정밀도)
문자형	char : 16비트 유니코드 문자 저장
논리형	boolean : true 또는 false 값 저장(조건 판단에 사용)

34 ④

객체지향 프로그래밍 언어는 유지보수성(maintainability)과 재사용성(reusability)이 좋다.

오답 피하기

나머지 보기는 구조적 프로그래밍 언어의 특징이다.

35 ②

C언어에서는 true와 false와 같은 불리언(boolean) 값을 나타내는 상수를 직접적으로 제공하지 않는다.

오답 피하기

정수 상수 (Integer Constants)	• 정수값을 나타낸다. • 10진수, 16진수, 8진수 등의 진법으로 표현할 수 있다. • 부호 있는(int) 및 부호 없는(unsigned) 정수를 표현할 수 있다. • 예 123, -456, 0, 0x1A(16진수), 077(8진수)
실수 상수 (Floating-point Constants)	• 부동 소수점 값을 나타낸다. • 소수점과 지수(e 또는 E)를 사용하여 표현된다. • float, double, long double과 같은 데이터 유형으로 표현된다. • 예 3.14, -0.001, 2.5e3, 1.23E-4
문자 상수 (Character Constants)	• 단일 인용부호(작은따옴표)로 묶인 단일 문자를 나타낸다. • ASCII 또는 Unicode 문자를 나타낼 수 있다. • 정수값으로 저장되며, 대부분 int 형식으로 사용됩니다. • 예 'A', 'x', '1', '&', '\n'
문자열 상수 (String Constants)	• 연속된 문자들을 나타낸다. • 이중 인용부호(큰따옴표)로 묶여 있다. • 내부적으로는 null 종료 문자열로 취급되며, char 배열로 저장된다. • 예 "Hello, world!", "C Programming", ""
포인터 상수 (Pointer Constants)	• 포인터가 가리키는 주소값이 없음을 나타낸다. • 프로그램에서 포인터가 아직 유효한 주소를 가리키지 않을 때 사용된다. • 보통 NULL 매크로로 정의되며, 0 또는 (void*)0과 같은 값으로 표현된다. • 예 NULL

36 ①

HTML5에서 추가된 주요 요소

⟨nav⟩	• 문서 내 내비게이션 링크 그룹을 정의 • 주로 웹 사이트의 주요 내비게이션 링크를 감싸는 데 사용
⟨article⟩	• 문서, 페이지, 애플리케이션 또는 사이트 안에서 독립적으로 구분되거나 재사용 가능한 영역을 정의 • 블로그 게시물, 뉴스 기사, 댓글, 포럼 글 등과 같은 독립적인 콘텐츠를 표현하는 데 사용
⟨figure⟩	• 독립적인 콘텐츠를 정의하고 캡션을 제공 • 이미지, 동영상, 차트, 코드 조각 등과 같은 멀티미디어 콘텐츠를 표현하는 데 사용
⟨section⟩	• 문서 내에서 특정 테마나 콘텐츠 영역을 정의 • 일반적으로 제목(⟨h1⟩~⟨h6⟩ 요소)을 포함하며, 더 작은 섹션으로 나눌 수 있음
⟨header⟩	• 섹션이나 페이지의 시작 부분을 정의 • 제목이나 로고, 탐색 링크 등의 콘텐츠를 포함
⟨footer⟩	• 섹션이나 페이지의 하단 부분을 정의 • 작성자 정보, 저작권 정보, 연락처 정보 등을 포함하는 데 사용

37 ③

```
public class Test {
    public static void main(String[] args) {
```

• main 메서드
• 프로그램의 시작점을 정의

```
int x = 7;
int y = 0;
int z;
```

• 변수 선언
• int x = 7; : 정수형 변수 x를 선언하고 7을 할당
• int y = 0; : 정수형 변수 y를 선언하고 0을 할당
• int z; : 정수형 변수 z를 선언

```
try {
    z = x / y;
    System.out.println("H");
```

• try 블록
• 예외가 발생할 수 있는 코드 포함
• z = x / y; : 변수 z에 x를 y로 나눈 값을 할당
• 여기서 y가 0이므로 ArithmeticException이 발생
• "H"를 출력하는 문장은 실행 안 됨

```
} catch(ArithmeticException e) {
    System.out.println("R");
```

• catch 블록
• try 블록에서 발생한 예외 처리
• ArithmeticException e : ArithmeticException이 발생했을 때 실행
• "R"을 출력

```
} finally {
    System.out.println("D");
```

- finally 블록
- 예외 발생 여부에 상관없이 항상 실행되는 코드를 포함
- "D"를 출력

```
System.out.println("K");
}
```

- try-catch-finally 블록을 벗어난 후 실행
- "K"를 출력

38 ④

리팩토링(Refactoring)이란, 소프트웨어를 보다 쉽게 이해할 수 있고 적은 비용으로 수정할 수 있도록 겉으로 보이는 동작의 변화 없이 내부 구조를 변경하는 것을 의미한다.

39 ④

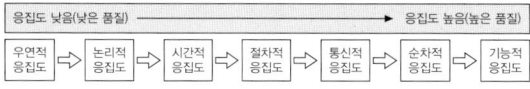

40 ④

JavaScript에서 객체를 제거하는 데 사용되는 연산자는 존재하지 않는다.

41 ④

정규화(Normalization)

- 데이터의 종속으로 인하여 발생하는 이상 현상(Anomaly)이 발생하지 않도록 하는 것이다.
- 정규화 단계를 통하여 릴레이션을 분할하여 이상 현상과 종속성을 해결한다.
- 데이터베이스의 개념적 설계 단계와 논리적 설계 단계에서 수행된다.
- 한 테이블에 너무 많은 정보를 포함해서 발생하는 이상 현상을 제거한다.
- 정규화에서 테이블의 필드 수와는 관계가 없다.

42 ③

데이터베이스 설계

- 사용자의 요구를 분석하여 그것들을 컴퓨터에 저장할 수 있는 데이터베이스 구조에 맞게 변형한 다음, 특정 DBMS로 구현하여 일반 사용자들이 사용할 수 있게 하는 과정이다.
- 데이터베이스 계획 → 요구사항 분석 → 개념적 데이터 설계 → 논리적 데이터 설계 → 물리적 데이터 설계 → 구현
  - 개념적 설계 단계에서 ERD를 작성한다.
  - 논리적 데이터 설계 단계에서 목표 DBMS에 맞는 스키마 설계, 트랜잭션 인터페이스 설계를 하며 더 좋은 관계 스키마를 만들기 위하여 정규화 한다.
  - 물리적 데이터 설계 단계에서는 목표 DBMS에 맞는 물리적 구조 설계, 트랜잭션 세부 설계를 한다.

43 ④

트랜잭션의 특성

원자성(Atomicity)	완전하게 수행 완료되지 않으면 전혀 수행되지 않아야 함
일관성(Consistency)	시스템의 고정 요소는 트랜잭션 수행 전후에 같아야 함
격리성(Isolation, 고립성)	트랜잭션 실행 시 다른 트랜잭션의 간섭을 받지 않아야 함
영속성(Durability, 지속성)	트랜잭션의 완료 결과가 데이터베이스에 영구히 기억되어야 함

44 ②

오름차순 선택 정렬의 경우 1pass마다 가장 작은 값이 맨 앞으로 이동한다.

45 ④

SQL 명령어

DDL(데이터 정의어)	CREATE, DROP, ALTER
DML(데이터 조작어)	SELECT, INSERT, DELETE, UPDATE
DCL(데이터 제어어)	GRANT, REVOKE

46 ②

- 데이터 모델이란, 실세계의 개념적 구조를 데이터베이스에 구현하기 위한 중간 단계로서 사용자의 입장에서 표현한 논리적 구조를 의미한다.
- 데이터 모델의 구성요소

데이터 구조(Structure)	데이터 구조 및 정적 성질 표현
연산(Operations)	데이터의 인스턴스에 적용 가능한 연산 명세와 조작 기법 표현
제약 조건(Constraints)	데이터의 논리적 제한 명시 및 조작의 규칙

47 ③

무결성(Integrity)

- 개체 무결성 : 기본키의 값은 널 값이나 중복값을 가질 수 없다는 제약 조건이다.
- 참조 무결성 : 참조할 수 없는 외래키 값을 가질 수 없다는 제약 조건이다. 예를 들어 릴레이션 R1에 저장된 튜플이 릴레이션 R2에 있는 튜플을 참조하려면 참조되는 튜플이 반드시 R2에 존재해야 한다는 무결성 규칙이다.

48 ④

동의어(Synonym)란, 해싱에서 동일한 홈 주소로 인하여 충돌이 일어난 레코드들의 집합을 말한다. 다시 말해 해싱 함수의 값을 구한 결과 키 K1, K2가 같은 값을 가질 때, 이들 키 K1, K2의 집합을 동의어(Synonym)라고 한다.

오답 피하기

충돌(Collision)은 레코드를 삽입할 때 2개의 상이한 레코드가 똑같은 버킷으로 해싱되는 것을 의미한다.

49 ③
로킹의 단위

로킹의 단위가 큰 경우	• 로크의 개수가 적어져 병행 제어 기법이 단순해진다. • 병행성(공유도) 수준이 낮아지고 오버헤드가 감소한다.
로킹의 단위가 작은 경우	• 로크의 개수가 많아져 병행 제어 기법이 복잡해진다. • 병행성(공유도) 수준이 높아지고 오버헤드가 증가한다.

50 ②
SQL 명령어

DDL(데이터 정의어)	CREATE, DROP, ALTER
DML(데이터 조작어)	SELECT, INSERT, DELETE, UPDATE
DCL(데이터 제어어)	GRANT, REVOKE

51 ②
큐는 선입선출(FIFO) 방식으로 자료를 처리한다.

52 ④
SQL 만능 문자

%	• 임의의 문자열 • 예 '%son' → 'son'으로 끝나는 문자열
_ (언더스코어)	• 임의의 단일 문자 • 예 'J_n'은 'Jon', 'Jan'과 같이 3글자이면서 임의의 가운데 문자열
[ ]	• 괄호 안에 포함된 문자 중 하나와 일치 • 예 'J[ao]n'은 'Jon' 또는 'Jan'
^ (캐럿)	• 부정을 나타냄 • 괄호 내에 사용될 경우 해당 문자를 제외한 모든 문자와 일치 • 예 'J[^o]n'은 'Jon'이 아닌 문자열

53 ③
색인 순차 파일(Indexed Sequential Access File)의 구성 중 인덱스 영역은 트랙, 실린더, 마스터 영역으로 구분된다.

오답 피하기

색인 순차 파일은 기본 영역(Prime area), 색인 영역(Index area), 오버플로 영역(Overflow area)으로 구성되어 있다.

54 ①
UPDATE
• 튜플의 내용을 변경(갱신)한다.
• 기본 구조

```
UPDATE 테이블명
SET 속성명=데이터
WHERE 조건;
```

55 ④

물리적 설계	• 목표 DBMS에 종속적인 물리적 구조 설계 • 저장 레코드 양식 설계 및 레코드 집중의 분석/설계 • 파일 조직 방법과 저장 방법 그리고 파일 접근 방법 등을 선정 • 응답시간 효율화를 위한 접근 경로 설계 • 트랜잭션 세부 설계
논리적 설계	• DBMS에 따라 서로 다른 논리적 스키마 설계 • 개념 스키마를 평가 및 정제 • 논리적 데이터 모델로 변환 • 트랜잭션 인터페이스 설계 • 개념 스키마의 평가 및 정제

56 ③
Preoder(전위 순회)는 Root → Left → Right 순으로 순회한다.

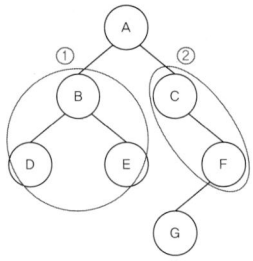

A ① ②
A B D E ②
A B D E C F G

57 ③
• 차수 : 속성 수
• 카디널리티 : 레코드수
• 카티션프로덕트 : R*S
• 카티션프로덕트를 실행하면 R차수+S차수, R카디럴리티*S카디널리티로 연산한다.

58 ①
뷰(View)의 특징
• 뷰를 이용한 또 다른 뷰의 생성이 가능하다.
• 하나의 뷰 제거 시 그 뷰를 기초로 정의된 다른 뷰도 함께 삭제된다.
• 뷰에 대한 조작에서 삽입, 갱신, 삭제 연산은 제약이 따른다.
• 뷰가 정의된 기본 테이블이 제거되면 뷰도 자동으로 제거된다.

오답 피하기

뷰는 삽입, 삭제, 갱신 연산에는 제한이 있지만, 검색은 기본 테이블 검색 연산과 동일하다.

59 ③

관계대수(Relational Algebra)
- 원하는 정보와 그 정보를 어떻게 유도하는가를 기술하는 절차적인 방법이다.
- 주어진 릴레이션 조작을 위한 연산의 집합이다.
- 질의에 대한 해를 구하기 위해 수행해야 할 연산의 순서를 명시한다.
- 릴레이션 조작을 위한 연산의 집합으로 피연산자와 결과가 모두 릴레이션이다.
- 일반 집합 연산과 순수 관계 연산으로 구분된다.
- 종류 및 기호 : 셀렉션(σ), 프로젝션(π), 조인($\bowtie$), 디비전($\div$)

60 ③

스키마(Schema) 3계층

외부 스키마 (Internal Schema)	• 사용자나 응용 프로그래머가 접근할 수 있는 정의를 기술 • 서브 스키마라고도 함
개념 스키마 (Internal Schema)	• 데이터베이스 전체의 논리적인 구조 • 개체 간의 관계와 제약 조건을 나타내고, 데이터베이스 접근 권한, 보안 및 무결성 규칙 명세가 있음
내부 스키마 (Internal Schema)	• 물리적 저장 장치의 입장에서 본 데이터베이스 구조 • 실제로 데이터베이스에 저장될 레코드의 형식을 정의하고 저장 데이터 항목의 표현 방법, 내부 레코드의 물리적 순서 등을 나타냄

이기적과 함께 또, 기적
또, 합격